U0877083

YEARBOOK OF WUJIAQU CITY OF THE SIXTH DIVISION 2015

六师五家渠市年鉴

六师 五家渠市人民政府 主管
六师五家渠市史志办 主办

新疆生产建设兵团出版社

图书在版编目(CIP)数据

六师五家渠市年鉴. 2015 / 新疆生产建设兵团第六师五家渠市史志办编. -- 五家渠 : 新疆生产建设兵团出版社, 2015.12

ISBN 978-7-5574-0163-4

Ⅰ. ①六… Ⅱ. ①新… Ⅲ. ①五家渠市－2015－年鉴 Ⅳ. ①Z524.54

中国版本图书馆 CIP 数据核字(2015)第 282297 号

六师五家渠市年鉴.2015

主　　编 皇甫志辉
责任编辑 文定讴　李守谦
　　　　 王元武　李　萍
装帧设计 铁　宇
责任校对 郭桂荣
新疆生产建设兵团出版社出版
新疆五家渠市迎宾路619号
邮编:831300
电话:0994-5677185 5677179
电邮:xjbtcbs@163.com
http://www.btcbs.com
传真:0994-5677519
六师五家渠市史志办
五家渠市长征东街603号
电话:0994-5828096 5800306
http://www.wjq.gov.cn
邮箱:szb5800306@163.com
乌鲁木齐科林印艺文化传媒有限公司照排制作
新疆新华印刷厂印刷
880×1230　16开
36.25印张
1000千字
2015年12月第1版
2015年12月第1次印刷
印数:1-1000
书号:
ISBN 978-7-5574-0163-4

定价:210.00元

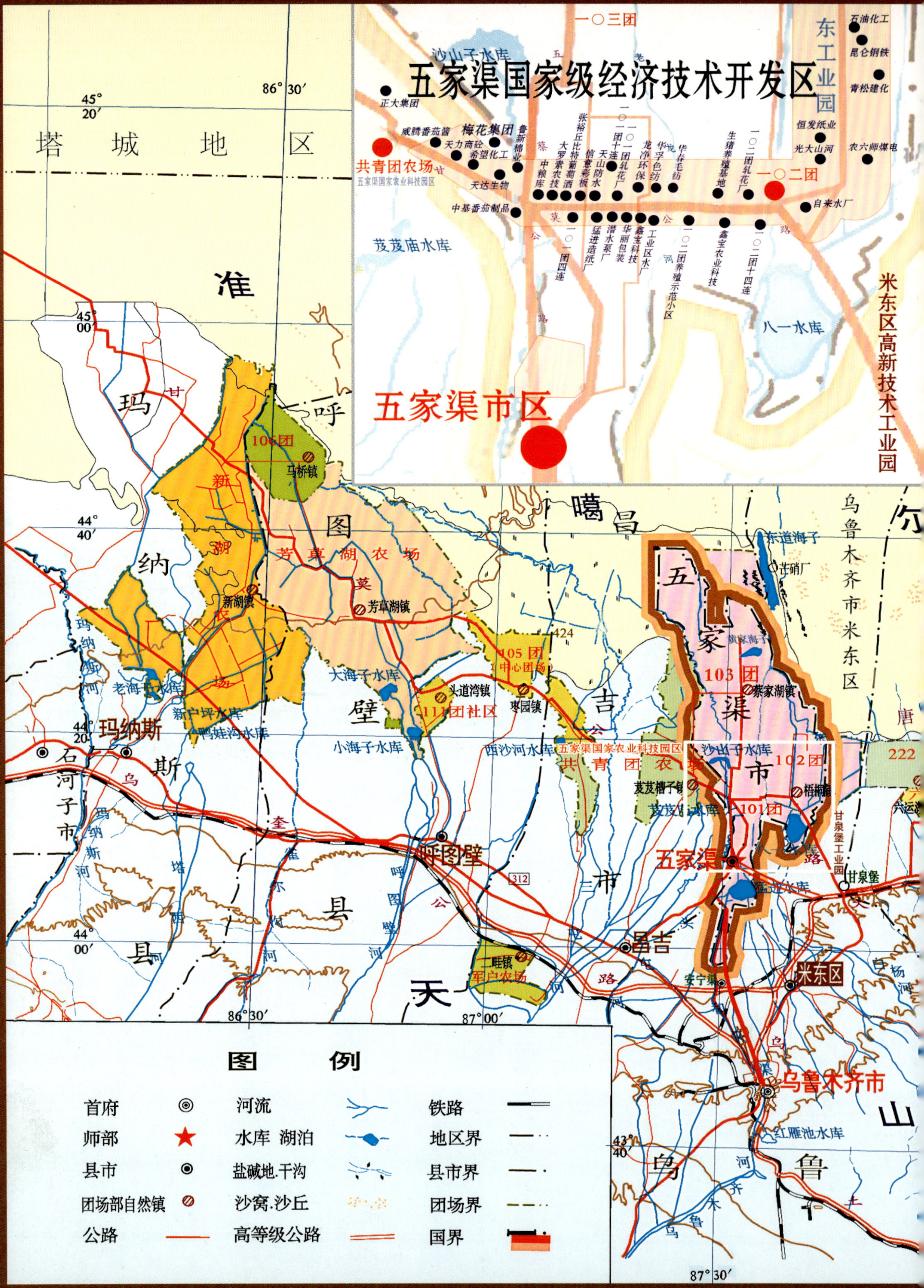
五家渠国家级经济技术开发区
五家渠市区
一〇三团
一〇二团
共青团农场
五家渠国家农业科技园区
东工业园
米东区高新技术工业园
沙山子水库
茨茨庙水库
八一水库
正大集团
威腾番茄酱
梅花集团
天力商砼
希望化工
天达生物
中基番茄制品
石油化工
昆仑钢铁
青松建化
恒发纸业
光大山河
农六师煤电
自来水厂
塔城地区
准
噶
尔
玛纳斯
新湖农场
芳草湖农场
106团
马桥镇
新湖镇
芳草湖镇
105团
111团社区
头道湾镇
枣园镇
大海子水库
小海子水库
老海子水库
新户坪水库
鸭娃池水库
西沙河水库
石河子市
玛纳斯县
呼图壁县
昌吉市
五家渠市
103团
102团
101团
蔡家湖镇
梧桐镇
东道海子
青格达水库
乌鲁木齐市米东区
米东区
甘泉堡
甘泉堡工业园
六运湖
222
二畦镇
军户农场
乌鲁木齐市
红雁池水库
安宁渠
天
山
乌
鲁
图例
首府
师部
县市
团场部自然镇
公路
河流
水库 湖泊
盐碱地.干沟
沙窝.沙丘
高等级公路
铁路
地区界
县市界
团场界
国界

六师五家渠市行政区划示意图

THE SKETCH MAP SHOWING THE RECLAMATION AREA OF THE 6TH FARMING DIVISION & WUJIAQU CITY

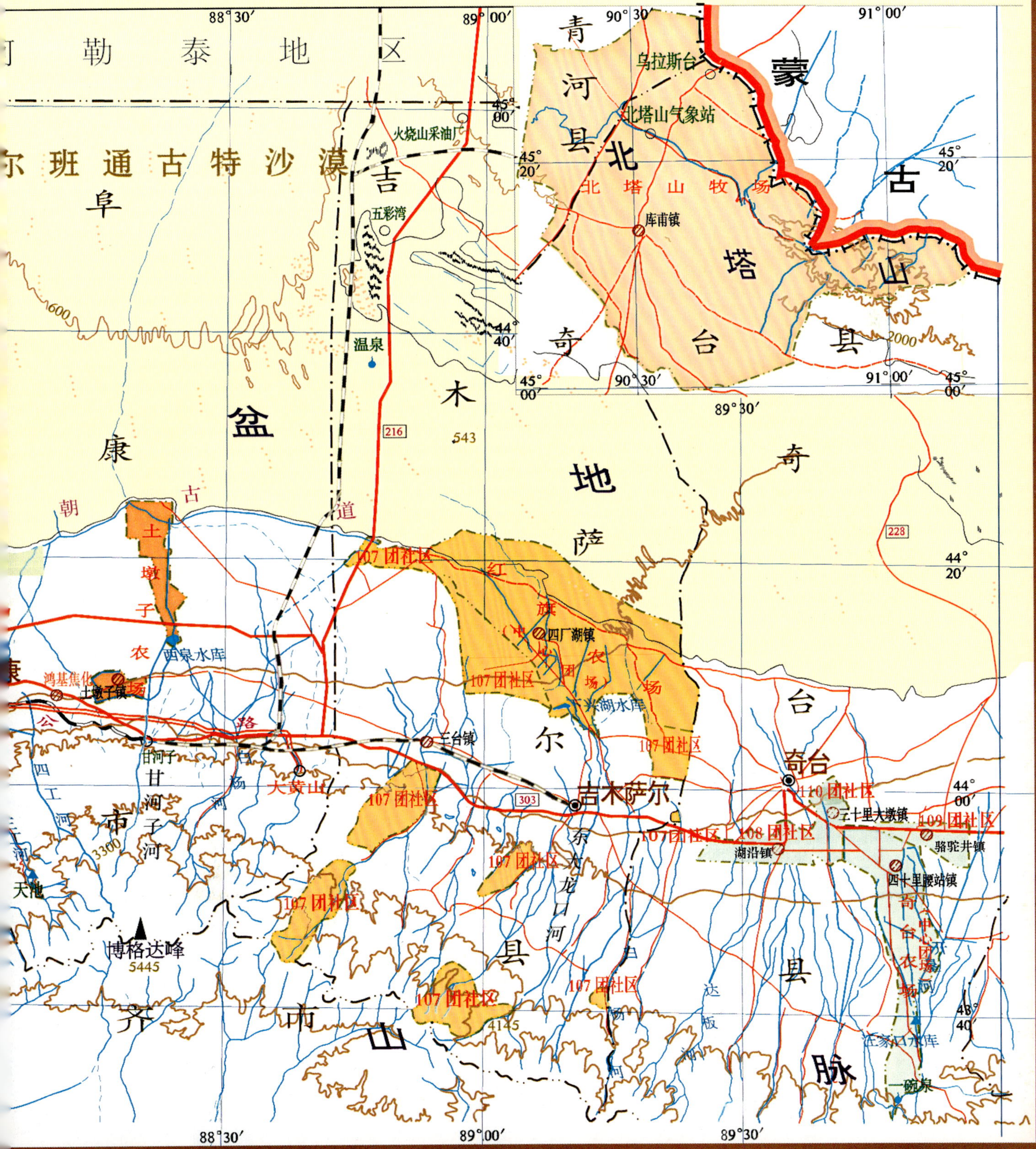

铁宇 编绘（2015年10月版）

铁宇 编绘（2015年10月版）

师市数字2014

土地总面积7 813.67平方千米
五家渠市740.10平方千米
总人口34万人
五家渠市12.17万人
人口自然增长率1.2‰
年平均气温6.4℃
五家渠市区6.6℃
五家渠市区年均降水量144.9毫米
五家渠市区年均日照2 284.7小时
农牧团场14个
镇2个
工业法人企业250个
团场从业人员10.44万人
生产总值204.85亿元
人均生产总值60 539元
上缴税费2.47亿元
农业增加值45.26亿元
农作物播种面积166.6千公顷
粮食产量37.68万吨
棉花15.58万吨
牲畜存栏105.56万头(只)
牲畜出栏122.02万头(只)
肉类产量6.48万吨
各级农业产业化龙头企业34个
国家级1个
兵团级13个
工业总产值361亿元
规模以上工业增加值72.18亿元
规模以上工业企业实现利润8.6亿元
各类园区5个
国家级经济开发区1个
兵团级园区2个
全社会建筑业产值72.98亿元
房屋建筑施工面积340万平方米
全社会固定资产投资268.63亿元
全年房地产开发投资91.17亿元
商品房销售面积101.16万平方米
实施各类城镇保障性安居工程14 500户
实施城镇棚户区改造7 800户
批发零售业商品销售总额144.77亿元
货物进出口总额2.58亿美元
招商引资项目192个
当年到位资金241.5亿元
新建引资项目92个
投资总额82.3亿元
对口援疆项目12个
对口援疆项目总投资43 126万元
民用汽车保有量2.36万辆
载客汽车1.08万辆
公路通达里程4 641.6千米
旅游企业18个
国家等级景区(点)8个
AAAA级2个
各类学校64所
在校学生46 361人
专职教师3 609人
高等学校2所
在校学生4 050人
专职教师262人
中等职业学校1所
在校学生2 046人
专职教师81人
普通中小学37所
在校学生34 062人
专职教师2 942人
幼儿园23所
在校幼儿6 203人
专职教师324人
卫生机构334个
各类卫生技术人员2 381人
每千人有医院床位4.87张
城镇常住居民人均可支配收入26 858元
连队常住居民人均可支配收入13 860元
广播电视播出机构22座

(图/李华北　文/统计局)

2014年6月30日，兵团政委车俊（左）来师市调研，在师政委马新平（右）陪同下看望老红军王钰（中），代表兵团党委、兵团向她致以节日的问候。（李新文）

2014年10月30日，兵团司令员刘新齐（前左三），率兵团行政审批服务和公共资源交易改革工作座谈会代表来师市观摩行政服务中心、兵团公共资源交易中心第六分中心建设运行情况，兵团党委常委、副政委、纪委书记刘向松（前左二），兵团党委常委、兵团党委秘书长、兵团秘书长李新明（前左四）一同观摩，师政委马新平（前右一），师长张顺帮（前左一）陪同。（李新文）

2014年9月4日，参加第四届中国—亚欧博览会上海合作组织—兵团现代农业发展与合作研讨会的国家农业部副部长牛盾（前右三），兵团党委常委、副司令员孔星隆（前右二）和塔吉克斯坦共和国农业部副部长泽瓦尔绍耶夫·泽瓦尔绍（前左二）等参会嘉宾和代表来师市考察，师长张顺帮（前右一）陪同考察。（李新文）

2014年4月25日，国家人力资源和社会保障部副部长邱小平（前右一），率调研组来师市调研人力资源和社会保障工作。兵团党委常委、副司令员宋建业（前右二）陪同。（李华北）

2014年11月25日，国家民委副主任、党组副书记、中央新疆工作协调小组办公室副主任李昭（左二）来师市考察，兵团党委常委、政法委书记杨福林（右二）陪同，师政委马新平（左一）陪同考察。 （李新文）

2014年10月8日，参加兵团成立60周年庆祝大会的中央代表团成员，在兵团党委常委、副司令员孔星隆（中）陪同下来师市考察，师长张顺帮（前左一）陪同。 （李新文）

2014年12月20日，山西省常务副省长高建民（前右二）在师市考察，兵团党委常委、副政委阿布力孜·尼牙孜（前左一），师政委马新平（前左二）陪同考察。（李新文）

2014年8月11日，山西省副省长王一新（左四）率考察团来师市就对口援疆工作和商务工作进行对接，师长张顺帮（左三）陪同考察。（李新文）

2014年12月1日至3日，兵团党委常委、副政委卢晓峰（右三）来师市调研科技、教育和卫生事业发展情况。（李新文）

2014年4月2日，兵团党委常委、军事部部长杨宏礼（左三）来师市检查指导武装工作。（李华北）

2014年4月5日，师市与中国中合三农集团签订战略合作框架协议，即建设中国·新西兰农业产业园。师政委马新平（后左三）出席签约仪式，师长张顺帮（前左）与中合三农集团总经理李志和（前右）代表双方签订协议，师总农艺师王显车（后左二）主持签约仪式。（李华北）

2014年3月25日，著名作家、长篇小说《亮剑》作者及电视剧编剧都梁（中）来师市采风，并与师市作家及文学爱好者进行座谈交流，师副政委吕清（左）参加座谈。（李华北）

山西省援疆支医支教服务队在北塔山牧场。（史　涛）

对口援疆结硕果

山西援建的晋康中医楼。（李华北）

2014年9月24日，师市召开"一对一"山西省援疆工作观摩座谈会。（李华北）

2014年，山西省实施援疆项目21个，涉及改善民生、产业发展、促进就业、干部人才培训等四大类21个，计划援疆资金1.58亿元，到位援疆资金1.58亿元；干部人才援疆项目1个，投入资金255万元。计划内选派援疆干部人才53名（党政干部23人，专业技术人员30人），计划外选派援疆人才62名。培训各类干部人才331人（通过援疆渠道赴对口支援省市培训305人次，团连两级赴对口省市轮训26人次），柔性引才33人，选派28名干部赴山西省挂职锻炼。

近年来，山西省广大援疆干部人才牢记使命，扎实工作，默默奉献，严以律己，展示了务实的工作作风和向上的精神面貌，树立了山西省援疆干部的良好形象。他们在改善师市民生、产业发展、干部人才等方面工作中取得显著成绩，受到兵师领导及受援地广大干部职工的认可和好评。

（文／崔家远）

山西省援疆医生为北塔山牧场牧民送诊。（史　涛）

由山西省援建的共青团农场设施农业示范基地项目。（李华北）

东区实验幼儿园是在山西援建下建成的一所高标准的现代化幼儿园。（李新文）

山西援建的五家渠第一中学晋昇教学楼。（李新文）

山西援建的北塔山牧场新居。（李新文）

山西省援疆教师为北塔山牧场学生授课。（史　涛）

来自山西医科大学第二医院骨科主任医师马全平（前排右一）指导科室医生就病患X光片进行诊断。（李新文）

山西援建的五家渠老年活动中心。（李华北）

来自山西交通职业技术学院的援疆干部靳炜（左一）指导学生学习汽车维修技能。（李新文）

山西援建共青团农场的晋祥苑住宅小区。（李新文）

农业现代化持续快速发展

2014年，师市实现农业增加值40.78亿元，实现农业产值96.92亿元。种植业耕、种、收综合机械化率95.8%。师市畜禽良种推广覆盖率达到89%，优质高产饲草种植收获加工示范田2 000公顷，养殖粪污资源化利用率达到87%。

截至2014年，师市共有各级农业产业化龙头企业34个。其中国家级1个，兵团级13个，销售收入过10亿元的有3家。龙头企业带动种植面积10公顷、牲畜饲养量9.7万头、禽类饲养量63万只。已建成1个全国现代农业示范区，1个全国现代农业示范区，1个全国农产品加工示范基地，2个全国"一村一品"示范团场，2个国家级无公害农产品示范基地和国家级农业标准化示范农场，示范面积6 667公顷。完成有机农产品、无公害农产品、绿色食品认证13个，认证面积达到6 667公顷，完成农产品地理标志认证1个。

大力推动农业专业合作社建设，截至2014年底，已有各类专业合作社344个，注册资金90 831.52万元，社员人数达到6 713人，销售收入52 245万元，共带动1.35万名职工参与产业化经营，实现社员户均增收1 721元。

（文/李华北）

共青团农场正大集团现代畜牧产业化示范项目基地鸡蛋检测分装流水线车间。（秦开明）

新疆银丰现代农业装备股份有限公司内部场景。（李华北）

共青团农场农业设施大棚。（史　涛）

共青团农场国家级现代农业示范区技术推广站站长程琦正在为油桃树梳枝。（李华北）

新湖农场花卉温室大棚。（史　涛）

一台美国进口的约翰迪尔7760自走式摘棉机在共青团农场兵团国家级现代农业示范区采收棉花。该场引进的这款新一代采棉机，可实现在田间采棉和机载打包作业一次性完成。（史　涛）

共青团农场西部准噶尔牧业奶牛养殖场奶牛挤奶车间。（秦开明）

芳草湖农场机械喷洒农药。（李华北）

共青团农场六连棉花地正在播种。（李华北）

新湖农场番茄生产形成规模。（高　雄）

新型工业化稳步提升

昆仑钢铁厂工人在炼钢作业。（李华北）

近年来，师市始终坚持工业强师市发展战略，充分发挥资源和区位优势，加大招商引资和固定资产投资力度，积极实施项目带动战略，培育产业龙头，推进产业聚集，迅速引进并建成一大批带动能力强的重点项目，有色金属加工、煤电煤化工、农副产品加工、纺织服装、机械装备制造等主导产业均初具规模。已初步形成以五家渠国家级经济技术开发区为核心，芳新、奇台工业园区为两翼的"一主两翼"工业布局，产业集聚效益凸显。五家渠经济技术开发区重点发展有色金属加工、电力、纺织服装、农副产品加工等四大主导产业，新能源行业、煤化工、机械装备、现代物流逐步向东线集聚，西线则重点发展农副产品加工产业园、建材产业，入园企业数占到师市企业总数的90%以上。

截至2014年年末，师市共有各类园区5个，其中国家级经济开发区1个，兵团级工业园区2个。2014年，师市完成工业总产值361亿元，比上年增长13%；实现工业增加值84亿元，比上年增长6.7%。

（图/文 除署名外均为工业局供稿）

昆仑钢铁有限公司螺纹钢生产线。

华春毛纺有限公司生产车间。（李华北）

梅花氨基酸有限责任公司合成氨工艺系统。

新业能源化工有限责任公司厂区。

六师煤电有限公司自备电厂外景。

畅通专用汽车制造有限责任公司挂车生产线。

华春毛纺有限公司电脑横机工序。

六孚纺织生产线。　（李华北）

大黄山鸿基焦化有限责任公司。

为民 务实 清廉
党的群众路线教育实践活动深入开展

2014年10月17日，政委马新平在教育实践活动总结大会上讲话。（李新文）

2014年3月10日，在群众路线教育实践活动中，师市领导参观师市博物馆，重温六师光辉历史。（李新文）

师市党的群众路线教育实践活动于2014年2月11日正式启动，自上而下分两个批次开展，参加第一批活动的有84个单位、795个党组织、17 000多名党员，活动对象为师市党委、团处级单位党委（党组）、机关部门和领导干部；第二批压茬启动的有485个基层党组织、8 000多名党员，活动对象为连队、社区和团场直属企事业单位的基层党组织和党员。在兵团第六督导组的有力指导下，师市党委始终把教育实践活动作为“一把手工程”来抓，坚持开门搞活动，坚持问题导向，坚持立行立改，常委班子带头先行，各单位各部门精心组织、认真实施，领导干部认真负责、广大党员积极参与、职工群众热情支持，确保活动不虚、不空、不偏、不走过场，取得了较好成果。

据统计，师市各级党组织共建立联系点554个，联系户910户，召开座谈会654场次，走访职工家庭4 283户。2 019名党员干部下社区、进企业、走连队、入农户，化解矛盾纠纷853起，解决实际问题、困难712件，提供帮扶资金1.8亿元，安排民生建设资金8.5亿元。

（文/师市教育实践活动领导小组办公室）

2014年2月11日，师市以电视电话会议形式召开党的群众路线教育实践活动动员大会，马新平政委作动员讲话，张顺帮师长主持会议。（李华北）

2014年10月17日，师市党委召开党的群众路线教育实践活动总结大会。（李新文）

2014年10月23日，马新平政委率相关师市领导及机关部门领导到基层调研。（李新文）

2014年2月20日，市人大常委会机关召开党的群众路线教育实践活动动员大会。（栗　庆）

2014年7月4日，市城建处同军垦路街道办事处就党的群众路线教育实践活动进行座谈交流。（任　磊）

真心实干访民情

真心实意惠民生　真心实感聚民心

师市住疏勒县巴合齐乡六村"访惠聚"活动工作组慰问少数民族困难群众。（吴昌辉）

开展"访民情、惠民生、聚民心"活动，是自治区和兵团党委深入贯彻落实党的十八大、十八届三中四中全会精神，践行党的群众路线教育实践活动，促进党员干部更加"为民务实清廉"地开展工作，维护新疆社会稳定和长治久安的重大举措。自2014年2月师市"访惠聚"活动启动以来，在各级各部门、各选派单位的重视和工作组及其全体成员的认真努力下，师市"访惠聚"活动取得了阶段性成果。一批干部党员投身到活动中，社会各界广泛关注支持，15人远赴南疆，142个工作组452名干部深入基层一线，和基层职工群众共同干事创业，受到基层干部群众的欢迎和好评。

（图/文　除署名外均为师市"访惠聚"活动工作领导小组办公室供稿）

2014年4月，师市住南疆疏勒县巴合齐乡喀勒克七村的"访惠聚"工作组开展"为村民送去一张全家福"活动，村民吾尔夫·赛来高兴地竖起大拇指，连声夸赞"亚克西"。（吴昌辉）

2014年3月24日，师市“访惠聚”活动工作组在六运湖农场一连职工肉孜家中走访了解生产生活情况。（李新文）

师市“访惠聚”住红旗农场十二连工作组与连队干部职工共同在民族手工艺产业孵化园举行以民族团结“共居、共学、共事、共乐”为主题的教育签名活动。

奇台农场一一〇社区二连“访惠聚”活动工作组结合5月科技周活动，组织科普知识下乡活动。

2014年10月13日，兵团住岳普湖县阿洪鲁库木乡喀力尕其三村工作组帮助80岁村民喀斯木·席日普收割包谷。（张庆供稿）

北塔山牧场草建连“访惠聚”活动工作组为18户牧民协调100万元小额贴息贷款用以发展养殖业。

2014年6月5日，师市“访惠聚”工作组第二十一组组长孙淑玲正在为北塔山牧场草建连热阿依大爷测量血压。2014年2月以来，师市住北塔山“三民”活动组已为连队职工群众提供医疗服务50余人次。（李华北）

师市住新湖农场“访惠聚”工作组结合“三严三实”主题教育，组织社区党员干部和少数民族挂职干部开展党员主题教育活动。

奇台农场一〇八社区民族连“访惠聚”活动工作组与民族连领导开展走访慰问活动。图为工作组与村民腊马扎孙亲切交谈。

师市住北塔山牧场“访惠聚”工作组帮助职工开展生产。（史　涛）

人民路街道的社工们来到东城社区向低保户杨香兰家赠送生活物品和学习用品，了解她家的生活状况，尽可能解决其家庭困难。（蒋雨冰供稿）

第十一届荷花节·观鸟节开幕。（多明忠）

群众文化生活丰富多彩

师市用亮剑精神凝心聚力，把“忠于使命，敢于担当，不畏艰难，创新争先”作为六师人的精神支柱和思想共识，激励广大干部职工群众不断提振精神，奋勇争先。到2014年末，师市广播、电视综合覆盖率分别达到90%和85%。年放映数字电影3 300场次。广播电视站、职工文化活动中心、文化广场100%覆盖到14个农牧团场。每个连队建有职工农家书屋，覆盖率也为100%。五家渠军垦博物馆于2014年7月试开馆，2015年7月正式开馆，作为爱国主义教育基地，全天候对外开放。群众文化活动丰富多彩，已连续多年举办“百日广场文化艺术节”、“职工文艺汇演”、“春节联欢晚会”等，职工自排自演，成为师市群众喜闻乐见的文化品牌。五家渠业余艺术团军垦之声合唱团参加“第五届七彩夕阳全国中老年合唱艺术节”，获群星金奖、明星金奖、指挥金奖和伴奏金奖。五家渠市荣获全国文化工作先进单位称号。

（文/宣传部）

一〇三团第三届甜瓜节。（史　涛）

老年太极拳比赛。（史　涛）

木兰扇展示活动。（孙　霞）

师市合唱比赛。　（孙　霞）

兵团题材话剧《生命如歌》在师市巡演。（左宏洲）

第九届郁金香节开幕。　（史　涛）

在五家渠市人民路街道举办的元宵灯展上，社区居民正观看节日彩灯。　（蒋雨冰）

师市第二届阿肯阿依特斯大会。（史　涛）

师市健美操比赛。　（孙　霞）

腰鼓赛。（李华北）

师市党委中心组2014年度第一次集体学习暨冬季军事训练

师市党委书记、师政委马新平在集体学习暨冬季军事训练活动中讲话。

师市党委副书记、师长张顺帮在集体学习暨冬季军事训练活动中讲话。

党委中心组集体学习会场。

2014年1月2～4日，师市党委中心组（扩大）2014年第一次集体学习暨冬季军事训练活动在五家渠职业技术学校举行。同时，师市职工冬季军事训练活动正式启动。3天里，师市170余名干部参加集中学习和军事训练，每天活动超过10个小时。既有军训内容，又有交流学习。师市领导带头做专题调研报告，从不同侧面畅谈学习党的十八届三中全会、中央经济工作会议和中央城镇化工作会议精神的认识和体会，结合实际安排下一步工作。

师市党委书记、政委马新平，师市党委副书记、师长、市长张顺帮作会议讲话，在家的师市领导全部参加了集体学习和军训活动。师市14个团场、师市机关8个部门、五家渠国家级经济技术开发区、2家国资企业和3家重点招商引资企业的负责人结合各自实际进行了交流发言。

（图文/ 准噶尔时报社李新文等）

整队集合。

打靶训练。

出早操。

聆听报告。

《六师五家渠市年鉴》编纂委员会

主　　任　马新平　张顺帮

常务副主任　严兆军

副 主 任　王小平　杨忠军　陈文新　谭　灿

委　　员　杨忠军　刘敬海　杨玉贵　英玉军　沈云锋　吴广明　张宝林　高华生　岳　超　秦克勤　张峰云　周　喜　王春晖　王占刚　徐　斌　任寒生　张建新　张鹤林　王　伟　钱　杰　王守云　朱　强　闫学东　宋光华　高炳杰　马新中　余建华　翟桂生　白　璟　董亮全　任燕琴　拜晓东　赵　庆　王　霞　张明华　王开会　周吉祥　李仁彬　梁瑞英　付　卫　周塞冰　韩　新　刘　洪　李　波　黄霁泓　易国才　冯世疆　皇甫志辉

办公室主任　皇甫志辉

《六师五家渠市年鉴2015》编辑人员

审　　定　韩　新

主　　编　皇甫志辉

责任编辑　文定讴　李守谦　王元武　李　萍

组稿撰稿人名单

丁梅华　于小丽　于 波　马卫东　马世成　马 伟　马 旺　马忠军　马学善
马晓婷　马德存　王万满　王小莉　王卫国　王水英　王玉琴　王玉霞　王 军
王志财　王 芳　王 玥　王 茜　王 茜　王树娟　王艳萍　王艳霞　王 晖
王 森　王 湃　王新芳　王 静　文定讴　文铁强　孔德红　邓丽华　左宏洲
石晓琳　叶芙蓉　田粮玮　史 涛　白东峰　白 冉　白 鸽　吕文新　朱桂燕
任安琪　任怀强　任昌玲　任凯飞　任美玲　任 磊　多明忠　刘 帆　刘志勇
刘 灵　刘佳佳　刘雅茹　刘新萍　刘 燕　刘露露　闫文科　祁新萍　孙天山
孙建歌　孙俊南　孙惠玲　孙 翔　孙 霞　花 鹏　严芬芳　杜建佳　杜 莉
李义强　李天翠　李书明　李玉强　李华北　李守谦　李 丽　李 兵　李林春
李 杰　李泽江　李建华　李 茜　李树楷　李俊山　李俊蓉　李 亮　李 洁
李 艳　李 莉　李莺歌　李根旺　李晓震　李海兵　李 萍　李 萍　李 彬
李敏晶　李焕善　李富娟　李新文　杨 华　杨忠永　杨金龙　杨晓明　杨新生
杨 静　肖文才　吴昌辉　何自斐　何姜萍　余 娜　邸玉华　邹 英　闵 锐
汪 莹　沈玉萍　宋秋霞　宋晓辉　宋 健　张友兰　张凤晴　张世昭　张生秀
张永新　张 冰　张 庆　张 军　张 军　张红梅　张志公　张春华　张 茜
张莉华　张 培　张 雪　张 猛　张淑琴　张 晶　张 强　张 颖　张 磊
张 霞　陆现华　陈天军　陈 龙　陈进书　陈 亮　陈春燕　陈 玲　邵忠新
武振海　耶 飞　卓 筠　易国才　呼海龙　罗永军　季海龙　金文彬　周学姣
周 彦　周晓丽　周凌云　周 雁　庞国芹　郑丽亚　宗振兴　屈小原　屈志和
屈 佳　赵明正　赵 学　赵建英　赵晓露　赵 辉　赵新萍　赵 群　赵 静
胡东洋　胡纯玉　胡学文　柳春彦　段 娜　皇甫志辉　姜红英　胥小丽　胥执高
姚军灵　姚 鼐　秦开明　栗 庆　夏国富　党伟俊　党淑芳　钱明芳　钱慧芳
倪 丰　徐 凯　徐 静　殷桂强　高 军　高明月　高 雄　郭军刚　郭 茹
郭 爽　郭银川　郭 婷　唐建力　唐建军　唐 勇　唐跃跃　唐 斌　黄霁泓
曹 敏　曹森林　曹斌才　崔家远　梁晓伟　梁 超　董玉霞　蒋雨冰　韩 飞
韩光磊　韩昌礼　韩欣童　景 薇　童 斐　曾丽娟　温 泉　谢 平　谢平珍
谢向阳　谢 科　谢继辉　靳 梅　路全民　满 莉　蔡尚权　蔡 策　裴成龙
樊洪涛　潘红斌　潘孟颖　薛勇平　魏国华

编辑说明

一、《六师五家渠市年鉴》由六师、五家渠市人民政府主办，是逐年编纂、连续出版、公开发行的大型综合性地方资料工具书。其宗旨是全面、系统、真实的介绍六师五家渠市及驻师市各单位的政治、经济、文化、军事、社会等方面的基本面貌和基本情况，为社会各界提供准确可靠的信息，为改革开放和全面建设和谐小康社会服务，为广大读者服务。

二、《六师五家渠市年鉴2015》全书分为35个部类，依次是：特载、综述、大事记、师市党政、党委机关部门、政权·政治协商、政法、对口援建、群众团体、军事、建设·环保、经济监督与管理、财务(财政)·税务、银行·保险、农业、水利、工业、建筑和房地产业、交通·信息产业、非公有制经济、旅游业、商贸流通、科学技术、国土资源管理、教育·体育、驻市院校、文化传媒、医疗·卫生、社会生活、劳动和社会保障、街道·社区、农牧团场、人物、荣誉、规范性文件。正文前后附有综合性彩页。

三、《六师五家渠市年鉴2015》翔实地反映了2014年1～12月师市和驻师市单位各项事业的新进展、新特点、新成就和新经验。为明析渊源，有的内容涉及相关历史资料；为反映重大变化，个别资料涉及2015年刊发稿前的资料。特载、彩页不受年度时间限制。

四、《六师五家渠市年鉴2015》采用的稿件，均由各单位、各部门确定的撰稿人提供，并经部门主要领导审核签字，具有权威性。所使用的国民经济和社会发展统计资料以师市的统计公报为准。

五、《六师五家渠市年鉴2015》采用部类、分目、条目编辑法，以版式、字体字号区别不同层次，少数条目下面增设子目层次。条目标题均为黑体加【】表示。

六、本书得到师市和驻师市单位的大力支持，以及有关部门的通力协作。在此，一并致以诚挚的谢意！水平有限，疏漏、错误之处，恳请读者批评指正。

供稿单位名录（排名不分先后）

师市党委办公室
师市史志办
师市档案局
师市党委组织部
师市保密局
师市纪委监察局
师市宣传部（文化广电、新闻出版局）
师市统战部
师市政研室
师市直党工委
师市政法委
师市编办
师市信息中心
师市信访局
师市老干局
师市机关事务管理局
师市发展改革委员会
市人大
市政协
师市公安局
师检察院
五家渠市垦区检察院
奇台垦区人民检察院
师中级人民法院
五家渠市垦区法院
芳草湖垦区法院
奇台垦区法院
师市司法局
师市监狱管理局
兵团五家渠女子强制隔离戒毒所
师市援疆办
师市环保局
师市统计局
师市审计局
师国资委
师国资公司
师市安全生产监督管理局
师市农业局
师市畜牧局
师市林业局
师市农机局
师市气象局
师市水利局
师市工业局
师市交通局
师市食品药品监督管理局
工商行政管理局
师质量技术监督局
市质量技术监督局
师市招商局
师市财务（财政）局
国家税务局
地方税务局
师市建设（环保）局
市规划局
市城市建设管理处
师市房屋征收管理办公室
师市城镇综合执法局
师市工会
师市妇联
师市团委
师市文联
师市工商联
师市残联
师市科技局（科协）
师市农业科学研究所
师市国土资源局
师市教育局
五家渠市第一中学
五家渠市第一小学
五家渠市第三小学
五家渠职业技术学校
兵团农业广播电视学校
新疆科技职业技术学院
六师党委党校
兵团党委党校
石河子大学商学院
新疆兵团警官高等专科学校
师市文化局
师市博物馆
准噶尔时报社
电视台
人民广播电台
新疆生产建设兵团出版社
师市卫生局
卫生监督所
疾病预防控制中心
师医院
奇台医院
十三户医院
师市计生委

师市人口和计划生育服务指导中心
师市民政局
师市劳动和社会保障局
军垦路街道
人民路街道办事处
青湖路街道办事处
十三户社区管理委员会
大黄山社区管委会
五家渠青湖生态经济开发区一〇一团
一〇二团梧桐镇
一〇三团蔡家湖镇
一〇五团
一〇六团
芳草湖农场
新湖农场
军户农场
共青团农场
六运湖农场
土墩子农场
红旗农场
奇台农场
北塔山牧场
师人武部
市人武部
武警四支队
武警训练基地
自来水公司
五家渠供电局
鸿达热力公司
鑫泰燃气公司
五家渠城市建设投资经营有限公司
新疆青格达生态投资开发集团有限公司

兵团住房公积金管理中心农六师管理部
中国人民银行五家渠支行
农业银行五家渠兵团分行
工商银行五家渠支行
农业发展银行五家渠兵团分行
建设银行五家渠支行
五家渠国民村镇银行
邮政储蓄银行五家渠支行
昌吉市农村信用合作联社兵团业务一部
中华联合财产保险股份有限公司昌吉分公司
中国人民财产保险股份有限公司五家渠支公司
中国人寿保险股份有限公司五家渠支公司
新华人寿保险股份有限公司五家渠营销服务部
六师煤电有限公司
新疆昆仑钢铁有限公司
大黄山豫新煤业有限公司
大黄山鸿基焦化有限公司
新业能源化工有限公司
五家渠现代石油化工有限公司
美景煤化工有限公司
五家渠风阳新能源有限公司
梅花氨基酸有限责任公司
科赛德薯业有限公司
金正薯业有限公司
光大日月油脂科技有限公司
震企油脂有限公司
中粮长城葡萄酒(新疆)有限公司
六孚纺织工业园有限公司

新疆合创棉业有限公司
华春毛纺有限公司
光大山河化工科技有限公司
蒙鑫水泥有限公司
新疆蓝天七彩建材有限公司
新疆龙净环保科技有限公司
新疆天鹅现代农业机械装备有限公司
畅通专用汽车制造有限责任公司
五家渠经济技术开发区
新疆百花村股份有限公司
新疆中基实业股份有限公司
五家渠邮政局
五家渠电信局
五家渠移动公司
中国联通五家渠分公司
旅游局
商务局
兵团石油六师五家渠市分公司
中央储备粮五家渠直属库
棉麻公司
新疆新农现代投资发展有限公司
准噶尔农业生产资料有限责任公司
新疆盛源种业有限责任公司
五家渠水利水务资产经营发展有限公司
五家渠新薯种业有限公司
新疆兵农园果蔬有限公司
五家渠融信小额贷款有限公司
新疆唐庭霞露酒庄有限公司
准葛尔银丰农机装备有限公司
方正工贸有限责任公司
新疆中山国际贸易有限责任公司
烟草专卖局

目 录

□ 大事记

Chronicle of Events

□ 师市党政

Party and Government Administration of the Sixth Agricultural Division and Wujiaqu City

□ 党委机关部门

Party Committee Organs & Departments

□ 政权·政治协商

Political Power & Political Consultation

□ 政法

Politics and Law

□ 对口援建

Partner Assistance Counterpart Assistance

□ 群众团体

The Mass Organizations

□ 军事
Military Affairs

□ 建设·环保
Construction & Environmental

□ 财务(财政)·税务

Financial Affairs(Finance) & Taxation

□ 银行·保险

Banks & Insurance

□ 水利

Water Conservancy

□ 工业

Industry

□ 建筑和房地产业
Construction and Real Estate Industry

□ 交通·信息产业
Transportation & Information Industry

□ 非公有制经济
Non-public Ownership Economy

□ 旅游业
Tourism

□ 商贸流通
Commercial circulation

□ 科学技术
Science and Technology

□ 国土资源管理
State-owned Territory Resources Management

□ 教育·体育
Education & Physical Education

□ 驻市院校

Colleges Located in Wujiaqu City

□ 文化传媒

Culture & Mass Media

□ 医疗·卫生

Medical Treatment & Sanitation

□ 社会生活

Social Activity

□ 劳动和社会保障

Labor and Social Seurity

□ 街道·社区

Streets & Communities

□ 农牧团场

Farming Organizations

□ 人物

Figures

□ 荣誉与表彰

Honour and cite commend

□ 规范性文件

Normative Documents

彩页目录

责任编辑 皇甫志辉
题图摄影 李华北

在第六师五家渠市党委十届五次全委（扩大）会议上的讲话

师市党委书记、政委 马新平

（2015年1月28日）

同志们：

这次会议的主要任务是，深入学习贯彻党的十八大和十八届三中、四中全会精神，深入贯彻落实第二次中央新疆工作座谈会、中央经济工作会议和自治区、兵团党委全委（扩大）会议的安排部署，报告常委会2014年的工作，分析当前形势，研究部署2015年师市各项工作，进一步统一思想、明确方向、凝聚力量、狠抓落实，努力完成"十二五"规划的各项任务。下面，我讲三点意见。

一、师市党委十届四次全委（扩大）会议以来的主要工作

2014年，对于师市来说，可谓大事多、要事多、喜事多，难事也多。我们在兵团党委的坚强领导下，以习近平总书记系列重要讲话和第二次中央新疆工作座谈会精神为统领，全面贯彻十八届三中、四中全会及兵团党委六届十二、十三次全委（扩大）会议精神，围绕社会稳定和长治久安总目标，按照"稳中求进、提质增效、改革创新"的总基调，统筹推进经济、政治、文化、社会、生态文明和党的建设，各项事业取得新成效。

我们突出抓好学习贯彻习总书记考察新疆、兵团时重要讲话和第二次中央新疆工作座谈会、十八届四中全会精神这件“大事”。

2014年4月29日习近平总书记亲临师市考察调研，发表重要讲话，赋予兵团新的历史使命。第二次中央新疆工作座谈会，对新疆、兵团工作提出新的希望和要求。十八届四中全会紧紧围绕推进依法治国进行顶层设计和战略部署。我们把全面贯彻落实习总书记系列重要讲话和中央、自治区、兵团党委系列会议精神作为全年的首要政治任务和工作主线，努力在学习理解上深化，在宣传阐释上深化，在贯彻落实上深化。专题组织党委中心组扩大学习5次，组织各级宣讲团宣讲30次，利用电视、报纸、网络等各类媒体，把党中央、习总书记的希望要求和自治区、兵团党委的安排部署传递到方方面面，使之成为指导师市工作的重要遵循。按照常委会的统一安排，各常委牵头，就分管领域的重点问题进行深入细致的调查研究，对如何处理好“三大关系”、发挥好“四大作用”、彰显好“三大功能”，加快推动调结构、转方式、促改革、惠民生，有序推进法治师市建设等重大问题进行深入思考，形成初步的工作思路和推进方案。通过学习，党委班子抓工作的方向更加明确，思路更加清晰，动力更加强劲。

我们扎实推进党的群众路线教育实践活动和维护稳定这两件“要事”。

开展党的群众路线教育实践活动，是党的十八大做出的一项战略部署。按照兵团党委的统一部署，从去年2月起，师市84个单位、1 094个党组织、2.5万名党员参加历时8个多月的教育实践活动。师市党委班子以身作则、以上率下，突出政治坚强，聚焦反对“四风”，扎实开展活动，集中理论学习8次，召开专题常委会7次，开展谈心谈话150余人次。各级党组织强化责任，狠抓落实，切实打好“学习教育、听取意见”这个基础，抓住“查摆问题、开展批评”这个关键，把握“整改落实、建章立制”这个根本。师市教育实践活动得到兵团党委的充分肯定和广大干部职工群众的普遍认同。通过活动开展，各级党员干部的纪律意识和责任意识明显增强，“四风”问题得到有效遏制。“三公”经费下降23.7%，行政审批事项减少29%，清理超标办公用房1.1万平方米，师市党委班子和个人的整改事项80%以上已经落实。我们把“访惠聚”活动作为教育实践活动的有效载体，抽调党员干部464人，组成142个工作组，分赴喀什地区、三师和师内团场社区、连队开展活动，走访职工群众7.1万人次，结对帮扶1 948户，参与重点部位执勤和值班备勤7 445人次。

我们始终把维稳戍边作为职责使命、立身之本和工作的重中之重。修订完善《师市处置暴恐事件预案》和《师市处置大规模群体性事件预案》，建立师市领导挂钩团场、街道、社区和重点连队制度；补充公安警力21名，支持武警四支队由三类支队提升为二类支队，全面落实民兵资金、装备、物资保障，投资1.9亿元的师市民兵训练基地和7个单位屯兵楼建成并投入使用；圆满完成习总书记等中央领导考察调研期间的安保工作，开展“网格化”巡控、卡点分控、排查清查等行动，集中力量开展整治非法宗教、邪教和严打暴恐专项行动，师市社会大局保持稳定。我们积极支持地方维稳，累计出动兵力1 400人次，圆满完成“7·5”、亚欧博览会等各项维稳任务，特别是“5·22”事件发生后，立即集结民兵600人，在5个小时内迅速担负起乌市3个区、4条BRT线路、75个站点的安防和执勤任务；武警四支队80名官兵常年担负头屯河与阜康2处卡点执勤任务，成功处置3起突发事件，收缴各类管制物品2万余件。我们强化意识形态领域宣传教育，广泛开展“十个一”活动，开展普法专项活动16次；开展“去极端化”讲座14次，教育信教群众3 000人，完成24处宗教场所和22名宗教人士基础信息数据库建设，全年没有出现零散朝觐情况；积极推进全民皆兵皆训，开展干部职工普训15万人次。我们高度重视并全面推进民族团结，与昌吉州积极开展民族团结进步兵地共建活动，荣获“全国民族团结进步创建活动(兵地)共建示范”称号。强化落实安全生产责任制，汲取“5·25”“7·5”和“10·13”事故的沉痛教训，严格开展“打非治违”行动，关闭安全生产不达标企业13家，责令停产停业整顿企业30家，消除安全隐患1 100项。

我们精心办好庆祝兵团成立60周年和五家渠建市10周年这两件“喜事”。

去年是兵团成立60周年。经中央批准，兵团举办迎接中央代表团考察慰问、发布《新疆生产建设兵团的历史与发展》白皮书、摄制播映《新军垦战歌》、举办“中国梦·军垦魂——兵团成立60周年历史文物展”等8类22项重点活动。师市非常荣幸地成为了庆祝活动的重要考察点和部分活动的承办点，成为展示兵团60年改革发展成就的重要窗口。师市党委对此高度重视，主动参与，精心组织，从大局着眼，从细节着手，高标准、高质量地完成各项准备和承办任务。先后迎来了刘延东、汪洋两位副总理和20多个国家部委领导组成的中央代表团的考察调研。承办了“心连心”艺术团专场庆祝演出等文艺活动27场次，迎接了《中国报道》等多家中央级媒体的考察采访。一系列庆祝活动的开展，让中央及国家机关各部门、全国各地通过六师五家渠市这个窗口，进一步全面真实地了解了兵团，也使师市干部职工更加坚定了履行好新使命、维护新疆社会稳定和长治久安的信心，极大地增强了作为兵团人的骄傲和自豪。

去年是五家渠建市10周年。师市党委十届四次全委(扩大)会议对建市10年的主要成绩和经验进行回顾总结。一年来，师市党委、人大、政府、政协及各单位、各部门主动汲取这些经验，巩固和放大改革和发展成果，特别是在如何进一步探索完善“师市合一”体制、健全和转变政府职能等方面进行研究和思考。师市党委宣传系统展开了强大的宣传和推介工作。开展10大主题宣传，在中央、省级主流媒体刊播五家渠建市10周年系列专题报道，拍摄播映了78集《美丽六师》宣传片，主办承办15场大型演出，邀请师外媒体来师市采访7批次150人。通过一系列活动，对外展示了新时期六师五家渠的形象，各项事业发展的思路和方向进一步理清，各级干部职工群众当好“稳定器”“大熔炉”“示范区”的责任感和使命感显著增强。

我们全力抓好稳增长调结构、重点领域改革和职工多元增收这三件“难事”。

我们积极应对工业品价格低迷、投资趋缓等经济下行压力，主动适应国家产业政策调整，正确处理稳增长与调结构、转方式的关系，进一步优化投资环境，做好经济运行调控，在打基础、利长远上下功夫，在提质增效上做文章，经济继续保持高速增长，发展质量明显提升。预计实现生产总值215亿元，增长16.5%，三次产业结构比由25:48:27调整为22:50:28，二、三产比重进一步提升；完成固定资产投资268亿元，投资结构由5:58:37调整为8:41:51，服务业、基础设施、民生建设投资的比重显著提高，投入产出比由1:0.6提高到1:0.8。实现全口径财政收入13.5亿元。服务业预计实现增加值60亿元，增长17.5%；完成服务业投资137亿元，增长25.4%，金科、润泰、地王、君豪、恒大等重点项目加快建设，义乌小商品城、轻纺城、“O2O”等项目有序推进，以“一城三馆一园”为重点的科教文化产业园规划通过评审。工业预计实现增加值91亿元，增长15.6%，编制完成《师市战略性新兴产业发展规划》，投入财政引导资金3 100万元，支持33家企业实施升级改造，淘汰了大黄山焦化、101煤矿等部分落后产能；梅花氨基酸、天鹅农机等4家企业获批高新技术企业，六师煤电、华春毛纺、梅花氨基酸等企业通过省级企业技术中心认定；金桥公司获批国家级中小企业服务平台。农业预计实现增加值48亿元，增长5%，种植业、畜牧业、果蔬园艺业比重达到49:28:23，畜牧业比重提高2个百分点，果蔬园艺业比重提高5个百分点，农业综合机械化水平达到95.5%，棉花机采率达到85%，番茄机采率60%，农产品加工产值与农业总产值之比提高到0.77:1。

我们努力冲破老思想、旧观念的束缚和固有体制的障碍，继续深化重点领域改革。顺利完成试点团场综合改革任务并通过兵团考核验收；中基公司债务重整顺利推进，水泵厂改制基本完成；完成青湖经济开发区行政职能授权和梧桐镇、蔡家湖镇行政职能延伸；积极探索通过延伸健全团场行政职能，通过模拟完善团场决策监督机制，通过重构理顺团场财政体系，研究形成实施方案；师市行政服务中心和公共资源交易中心机构、人员、职责逐步到位，运行良好；政府部门权力清单完成审核并正式向社会公布；探索试点活畜抵押和土地承包经营权抵押贷款，落实4亿元资金用于支持畜牧业发展；六师医院等事业单位改革试点和奇台医院医疗集团建设等各项改革稳步推进。

我们克服自然灾害频发和农产品价格下降的双重压力，全力推进职工多元增收。预计城镇居民人均可支配收入27 760元，增长13.6%，连队常住居民人均可支配收入14 970元，增长19%，实现人均增收2 400元，为近年来最高。召开高规格、广覆盖的团场职工多元增收现场观摩和经验交流会，达到统一思想、凝聚共识、取长补短、推进工作的目的。研究解决制约职工多元增收的资金、技术和市场等瓶颈问题，特别是畜牧业发展模式问题，指导成立各类农工专业合作社344家，入社社员6 713人，带动1.35万职工参与产业化经营；进一步推进土地承包经营权流转、转移就业、自主创业，职工外出承包土地面积达到50万亩，土地流转面积达到40万亩，职工转移就业1.2万人，较上年增长10%。

我们统筹推进城镇化、民生改善、生态文明建设、对口援疆等各项重点工作。一是稳步推进新型城镇化。五家渠城市总规得到自治区人民政府批复，各团场城镇总规、控规基本实现全覆盖；投资7亿元，进一步完善城镇基础设施配套；积极推进小区物业、城镇绿化、环卫、修缮等服务社会化、市场化；查处违规建设行为200余起，查处流动摊点3万余起；启动了16个连队功能区转型试点。二是扎实办好民生实事。完成民生和社会事业财政投入58.7亿元，占财政预算支出总额的87%。新建公共租赁住房、团场城镇棚户区改造1.4万户；发放小额担保贷款1.5亿元，带动创业2 980人，为1.4万人发放社会保险补贴，养老保险和医疗保险、社会救助实现全覆盖，低保标准每月提高50元；新增就业2万人，引进疆内外劳动力5 200人；研发经费占生产总值比重达到1.4%，获得兵团科技进步奖3项；大力实施“名师工程”，投资1.3亿元新建团场学校校舍、塑胶田径场和配备器材，教学条件和质量进一步提高；继续深化医药卫生体制改革，合理有序地推进卫生资源整合，积极引进民营医疗机构“进社区”并取得良好效果，医疗服务水平逐步提高；食品药品监督管理进一步加强，人口计生工作各项任务全面完成；建成了五家渠老年活动中心、养老院，成立老年大学，加大残疾人帮扶力度，老龄和残疾人事业发展进一步加快；投资4 600万元实施公共文化基础设施项目11个，大力开展各类“文化下基层”活动，12万职工群众享受了高品质文化盛宴，高效率、高质量完成博物馆改陈布展，接待参观10万余人次。三是加强生态文明和基础设施建设。严格落实水资源利用“三条红线”，累计查处违规凿井135起；结合林权改革，完成“三北”防护林、防沙治沙、退耕还林、国家级公益林等造林工程3万亩；投资6.2亿元改扩建公路328千米，实施引额灌区改造配套、甘河子水库、河道治理等一批水利工程，一批风电、太阳能项目和电网建设进展顺利；严格落实乌鲁木齐区域大气联防联控要求，投资近4 000万元对五家渠市区燃煤锅炉进行脱硫除尘等改造；督查企业严格落实环保设施建设，投资14.5亿元，六师煤电脱硫脱硝、蒙鑫水泥脱硝、工业区污水处理等18个减排工程全面建成，兵团下达的主要污染物总量减排任务顺利完成；严格环保“三同时”，项目环评执行率95%以上；严格落实各项环保法律法规，师市主要领导牵头督办环保重点问题，约谈了5家企业负责人，查处环境违法企业20余家，关停违规企业7家。尤其是针对梅花氨基酸有限公司生产期异味的问题，多次约谈企业领导，对消除和减轻异味提出高标准要求并严格监督限期整改。四是巩固和扩大援疆效果。21个援疆项目完成年度建设任务；新一批54名山西援疆干部全部到岗，开展工作；选派干部赴山西培训13个班次305人；6名干部赴山西相关地市部门挂职锻炼；“一对一”结对支援取得新进展，两地互访500余人次，签订10余份援助框架协议，从结对地市引入62名医生、教师开展中长期支医支教，太原经济技术开发区、太原高新技术开发区与五家渠经济技术开发区、青湖经济开发区结为对口支援园区并开展实质性合作。

我们高度重视从严治党管党。一是在强学、勤思、善做、严纪上下功夫，不断提高各级班子的执政能力和领导水平。围绕十八届三中、四中全会，第二次中央新疆工作座谈会、中央经济工作会议等重点内容，梳理出转型发展、团场改革、法治建设等8个方面66项重点工作，开展专项调研181人次，撰写调研报告63篇，提交常委会决策议案31件；切实加强党委对人大、政府、政协工作的领导，高度重视人大、政府、政协党组班子建设，全力支持人大行使权力、依法监督，支持政协参政议政、民主监督，支持政府依法行政，支持工会、共青团、妇联、工商联等开展工作。二是在公平、公正、公开上做文章，扎实推进干部人才队伍建设。严格遵守干部选拔任用条例，全年常委会研究干部6次，调整干部57人；坚持“凡进必考”面向社会公开招录公务员、事业单位人员，坚持竞争上岗，完成一〇一团、一〇三团、新湖农场等改革试点团场中层干部选拔；推荐2名干部赴十三师任职，开展各类干部培训2.2万人次；深入开展超职数、超规格、超编制配备干部、领导干部违规在企业兼职等6个专项整治，消化超职数配备干部18人，清理在企业违规兼职干部29人；引进城镇管理、服务业发展、农业高新技术等各类人才631人。三是在发挥作用、转化提升上求突破，加强基层党组织建设。推出党建创新载体35个，评选基层党建示范点35个，师市基层党建工作实现以点带面、点面结合、示范推动、整体提升的良好效果；集中力量对排查出的43个软弱涣散基层党组织进行整顿整改，全部实现转化提高；注重选拔工作能力强、群众基础好、个人威信高的党员担任党组织负责人，系统培训基层组织书记160人；扎实做好党员发展工作，全年发展党员291名。四是在纠风治乱、反腐治贪上见实效，不断提高党风廉政建设和反腐败工作水平。注重反腐倡廉顶层设计，制订出台惩治预防腐败体系五年规划实施办法和落实党风廉政建设主体责任、监督责任具体意见；将党风廉政建设和反腐败工作纳入党委重要议事日程，做到与中心工作同部署、同落实，全年14个专项议题研究审议党风廉政建设和反腐败工作，师团两级党政主要领导安排部署党风廉政建设工作330余次；签订目标责任书1 800余份，形成横向到边、纵向到底的责任体系；重视和加强考核，对基层30个单位的党风廉政建设进行检查。大力支持纪委实行“三转”，取消或退出纪委参与协调议事机构50个，增加2个行政编制加强纪检工作；支持纪检监察机关案件查办，转立案调查违法违纪案件61件，处分违纪党员干部72人，追究刑事责任24人，收缴违纪款841万元；全面开展纠风治乱工作，查处损害群众利益的问题11起27人次；狠抓作风督查，查处违反中央八项规定等案件11起16人。

我们高度重视常委会自身建设，努力提高总揽全局的能力。一是坚定政治立场。面对“三期叠加”的维稳形势和艰巨的工作任务，常委会始终保持政治上清醒坚定，始终在思想上、政治上、行动上与党中央保持高度一致，坚决贯彻落实中央对新疆工作的各项指示要求，坚决贯彻落实自治区和兵团党委稳疆、建疆、兴疆的决策部署。二是坚持理论武装。带头落实党委中心组学习制度，不断增强学习的针对性、实效性，努力建设好师市的领导核心，全年组织党委中心组(扩大)学习12次。三是坚决改进作风。以开展党的群众路线教育实践活动为契机，认真贯彻中央八项规定和兵团党委一系列要求，自觉弘扬焦裕禄精神和“亮剑”精神，以“三严三实”为标准，切实解决“四风”突出问题，以“访惠聚”活动为重要载体，健全联系服务群众长效机制，在作风建设上率先垂范，带动了师市干部作风的改进。四是坚持民主集中制。严格执行党委议事规则和决策程序，按照兵团党委关于师团党政主要领导不直接分管人财物的要求，重新调整党委常委班子工作分工；制定印发《师市党委全委会和常委会议事决策规则》，成立师市党委财经工作领导小组；全年召开常委会18次，研究审议各类议题87个，其中“三重一大”事项62项。主动运用批评和自我批评武器，开展积极健康、严肃认真的党内生活，进一步增进了班子团结，形成工作合力。五是坚守廉洁底线。严格落实党风廉政建设主体责任，认真履行组织领导责任、实施推进责任和率先垂范责任。带头落实《廉政准则》和兵团党委廉洁从政的各项规定，带头执行领导干部报告个人有关事项等制度，带头接受各方面的监督，较好保持清廉本色。

同志们，师市党委十届四次全会以来各项工作取得的成绩和突破，离不开兵团党委的正确领导，离不开师市各级党组织、广大党员干部和职工群众的团结奋斗，离不开各位委员富有成效的工作。在此，我代表师市常委会向大家表示衷心的感谢！也希望同志们对常委会的工作提出意见和建议。

回顾刚刚过去的2014年，我们强烈地感受到新一届党中央治国理政的阵阵新风，给我们的工作带来了很多新的变化，提出很多新的要求：全面适应新常态、全面履行新使命、全面深化改革开放、全面推进依法治国、全面从严治党管党。面对这些新变化、新要求，车俊政委在兵团党委六届十四次全委(扩大)会议上，结合实际提出兵团面临的四个新常态，并要求我们要全面认识新常态、主动适应新常态、自觉引领新常态。对照我们自己的思想认识和工作状态，还有很多不到位的地方。从适应和引领履行职责使命的新常态看，当好安边固疆的稳定器、凝聚各族群众的大熔炉、先进文化和先进生产力的示范区，是我们新时期必须履行的常态使命。当前新疆的社会稳定形势正处于“三期叠加”的特殊时期，反恐怖斗争已经进入比以往更加严峻复杂、更加尖锐激烈的新阶段。而我们一些党组织和领导干部还没有真正把工作的着眼点、着力点转到社会稳定和长治久安上，对履行新使命的新要求认识不够，专业维稳力量不足、实战经验缺乏，群众联防自保的意识较弱，邪教和非法宗教滋生的土壤仍然存在，一些领域的社会矛盾较为突出，容易被暴恐分子所利用。从适应和引领经济发展的新常态看，中央已经制订出台提升传统产业、消化过剩产能、淘汰落后产能、壮大新兴产业的一系列调控政策，对调结构、转方式提出更高的要求。而师市经济的结构性矛盾仍然较为突出，现代服务业发展才刚刚起步，比重依然较低；工业产业链较短，集团化程度不足，市场竞争力较弱；农业市场化、产业化程度低，现代畜牧业和设施农业发展仍需进一步加快；多数团场产业结构仍然以农业尤其是种植业为主，一些团场棉花经济的单一格局仍未打破；距离市场远、依赖资源高、消耗能源大、创新驱动弱、融资渠道窄等瓶颈问题仍然较为突出；以交通互联互通为重点的基础设施配套滞后，师市区位地缘优势没有有效发挥，通过产业发展吸引人口、涵养人口、壮大人口的能力与履行职责使命的要求还有一定差距。从适应和引领全面深化改革的新常态看，党的十八届三中、四中全会围绕实现治理体系和治理能力现代化，对全面深化改革、全面推进依法治国进行系统周密的部署，采取一系列重大改革措施强力推进。而我们一直存在对依法治理的认识不清楚、依法治理的体系不健全、依法治理的职能不到位、依法治理的能力不适应等问题，谋划工作习惯于按部就班，推动工作习惯于计划手段，解决问题习惯于行政命令，缺乏市场意识、法治意识和创新意识，全面改革工作面临“补旧课”和“学新课”的双重任务。从适应和引领从严管党治党的新常态看，新一届党中央自成立以来，管党治党的力度之大、决心之强、要求之高，前所未有。而我们一些干部对从严管党治党的认识不到位，担当意识、责任意识、廉政意识不足，改进党风、转变政风的信心、决心不够，能力素质距离履行使命的要求还有一定差距；一些基层党组织软弱涣散，部分基层党组织书记能力素质不适应；干部腐败问题在一些行业和领域还比较突出，反腐倡廉、纠风治乱的任务十分艰巨。这些不适应的问题，都需要我们在今后的工作中用大力气、下狠功夫全力破解。

面对新的形势，做好今后的工作，我们有“喜”、有“忧”、也有“底”。有“喜”，是因为师市的产业结构、投资结构和发展方式在市场的推动下，得到提升和优化，民生改善的力度越来越大、水平、质量越来越好。有“忧”，是因为在调整经济结构、消化过剩产能过程中，师内一些重点企业遇到了多重困难和挑战；今年经济下行的压力仍然较大，面临的困难可能更多。有“底”，是因为我们已经形成较好的产业基础，尤其是“十二五”以来，我们已经完成900多亿元的固定资产投资，重点在二、三产业，这些投资所形成的产能正在释放，目前正在投资建设的一批一、二、三产业项目，对增长的拉动作用也将在今年和“十三五”期间逐步释放，为我们稳增长、调结构、转方式打下坚实的基础。

二、按照“总基调”的要求，扎实做好2015年的经济社会发展工作

2015年，是全面深化改革、贯彻落实第二次中央新疆工作座谈会精神的关键之年，是“十二五”的收官之年，是全面推进法治师市建设的起步之年，做好今年的工作意义非常重要。兵团党委确定今年经济社会发展的总基调是“稳中求进、改革创新、提质增效”。就师市而言，“稳”，主要是经济发展的基本面要稳定，支持招商引资、支持职工增收、支持民生改善的各项政策要稳定，社会大局要保持稳定；“进”，主要是结构调整特别是现代服务业和现代畜牧业发展，民生和社会事业建设，基础设施建设，生态建设和环境保护要加快推进；“改”，主要是依法治理体系、师团行政职能、投融资体制、农业经营体制、科学技术和商业模式要改革创新；“增”，主要是职工群众的收入、政府的财力、企业的效益、经济社会的可持续发展能力、对外开放的水平要增长提高。

今年经济社会发展的总体要求是：以中央和自治区、兵团系列会议精神为指导，紧紧围绕维护社会稳定和长治久安总目标，聚焦发挥“稳定器”“大熔炉”“示范区”三大作用，坚持稳中求进、改革创新、提质增效，主动认识、适应、引领兵团发展新常态，着力在经济结构调整优化上取得新成效，在民生和社会事业建设上取得新作为，在全面深化改革上取得新突破，在法治师市建设上取得新进展，在维护社会大局稳定上取得新成绩，在从严管党治党上取得新提高，努力完成“十二五”规划各项任务，为全面实现“一个率先、三个力争”目标、更好地履行职责使命奠定坚实基础。

主要预期目标是：生产总值增长14.5%。完成固定资产投资230亿元以上。实现全口径财政收入15亿元，增长10%。城镇、连队居民人均可支配收入增长14.5%，与经济发展同步。新增就业1.3万人，城镇登记失业率控制在3%以内。

实现上述目标，重点要实施好十大工程。

（一）着力实施产业优化升级工程

1. 以配套增量为重点，加快发展现代服务业。实现服务业增加值71亿元，增长16.7%，完成服务业投资110亿元。要进一步完善《师市服务业发展指导意见》，开展好服务业促进年活动，做到三个“加快”。一是加快青湖经济开发区发展。尽快形成皮革、家具、企业总部、汽车会展、机电、小商品、轻纺和电子商务八大业态，积极创建兵团军垦文化旅游示范区、现代农业旅游示范区、国家生态旅游示范区；全力推进以“一城三馆一园”项目为重点的文化科教产业园区建设。二是加快完善师市现代服务业体系。积极适应集团化经营、专业化管理、品牌化服务的现代服务业特征，引进专业化、品牌化的大企业、大集团整合现有传统服务业，尤其是今年要在整合师市旅游业上取得实质性进展。主动适应当前个性化、多样化、链条化的消费特点，引导支持社会资金发展金融、社区服务、养老等新兴服务业，为消费者提供线下体验、线上购物、快速投送的新型消费方式，进一步丰富服务业态。积极争取五家渠物流机场项目落地。三是加快发展团场服务业。依托团场城镇建设，科学编制团场服务业发展规划，继续加大师市财政以奖代补力度，支持和引导团场发展现代服务业。特别要强调的是，发展服务业不同与其他产业，工业项目建成后，市场可以在其他地方，而服务业的市场多数必须本地化，对市场和环境的要求更高，我们必须围绕城镇基础设施建设、公共服务配套、对外快速交通建设、政务效能提升、人文环境改善等，营造市场，聚集人气，使项目最大程度的发挥效益。

2. 以提质增效为重点，加快推进新型工业化。实现工业增加值108亿元，增长17.3%。一是以延伸产业链为突破口盘活存量。“十二五”期间，师市工业投资近600亿元，但只有60%的项目建成投产，投产项目的达产率也只有60%，这些工业“存量”还大有潜力可挖。要帮助企业破解资金、原料、电力、运输等发展瓶颈，促进铝、钢铁、番茄酱、水泥、葡萄原汁等现有产能充分释放；要加快现代石油、新业能源等重点项目建设，确保年内顺利投产；要依托已投产企业，加大配套招商力度，着力打造铝制品深加工、煤电、精细化工、特钢制造、葡萄酒等产业集团，培育新的增长点。二是以产业升级为抓手提升质量。加大资金支持力度，引导企业建立科技研发中心，加大产品和技术研发力度，提高产品附加值，降低生产成本；支持蒙鑫水泥等企业开展行业整合，推进企业合并，提升行业整体竞争力和发展活力，带动产业升级。三是以园区建设为重点夯实基础。创新融资模式，进一步加强工业园区基础设施建设，加大对中小企业的服务支持力度，健全完善中小企业孵化园，促进产业集聚集约集群发展。

3. 以优化结构为重点，加快推进农业现代化。实现农业增加值51.5亿元，增长6.5%。全力推进现代农业示范师建设，今年拿出一批基础条件好、发展潜力大、示范带动强的连队开展试点。一是着力调整优化农业结构。以市场为导向，以提高亩效益为目标，按照“稳粮、优棉”的思路，做优种植业。狠抓棉花种植加工质量，坚决退出籽棉亩产低于300千克的次宜棉区，逐步退出一〇一团、一〇二团、一〇三团等风险棉区，棉花面积控制在100万亩以内。全面落实去年师市畜牧业发展专题会议的各项安排部署，做强畜牧业。科学编制师市现代畜牧业发展规划，加快构建“师团重点支持龙头企业壮大、龙头企业带动合作社健康发展、合作社组织职工持续增收”的畜牧业发展模式，健全完善种畜扩繁、市场销售、技术支撑、资金支持、利益联结、目标考核等“六大体系”。各部门、各团场要进一步支持日发、鑫宝、正大等龙头企业发展，引导规范畜牧养殖合作社建设；龙头企业要加快推进良种繁育、市场销售和品牌打造，加强对养殖合作社的技术指导；合作社要强化规范运行，带动职工从事养殖；师市将强化对各单位畜牧业发展的考核。力争现代畜牧业占农业的比重提高2个百分点。坚持高标准、高质量、高产出，做精果蔬园艺业。集中力量解决在设施农业发展中遇到的资金、技术和市场等问题，进一步完善设施农业发展模式，充分调动职工群众积极性，大力推进果蔬基地、特色园艺种植基地建设。二是着力提高农业产业化、标准化水平。进一步对加大中基、梅花、中粮长城等龙头企业的支持力度，力争农产品加工产值与农业总产值之比提高到0.9∶1。以市场化、产业化推动农业标准化、品牌化，进一步健全农产品质量安全认证体系，强化质量检测监督，支持龙头企业申报品牌认证、绿色认证,打造知名品牌,引领行业标准。三是着力推进农业服务业发展。以市场化、社会化为方向,结合团场综合配套改革整合农业科研资源和技术服务资源,支持龙头企业和民间资本发展良种繁育、气象服务、技术培训、农业信息、农机服务、病害防治等农业服务业。四是着力强化农业科技支撑。充分发挥国家级现代农业示范园区和科技园区平台作用,尽快做实园区机构,健全运行机制,增强对师市农业发展科技支撑力和辐射带动力,把园区建成兵团现代农业的窗口。五是着力加强水利建设。完成渠道防渗改建20千米,加快推进西沙河水库放水闸、一〇五团总干渠、鹰湖水库西放水渠防渗改扩建等工程。

4. 以规范做强为重点,加快发展建筑业。实现建筑业增加值19亿元,增长18.4%。一是积极培育建筑业市场主体。引进兵团、新疆乃至疆外高资质、高水平的建筑企业在师市设立具有独立法人资格的建筑安装企业。支持和帮助现有建筑法人企业扩大规模、提高资质,增强工程项目承揽能力。二是规范和加强建筑业运行管理。针对师市建筑市场出现的劳资纠纷、质量纠纷等突出问题,进一步强化政策落实,规范行业管理,推进工程质量治理两年行动,严格纠正施工转包、违法分包行为,建立"黑名单"和市场准入标准。

(二)着力实施维稳与安全生产能力提升工程

1.加强维稳力量建设。要强化"兵"的属性,提升"战"的本领,真正把师团建成"边"的可靠依托、"稳"的中流砥柱;要增强"融"的意识、"铸"的功能,发挥好党政军警兵民"六位一体"的机制作用,形成维护社会稳定和长治久安的强大合力。进一步补充政法部门人员编制,切实提高基层一线警力的比重。全力支持武警队伍建设,积极训练培养适应当前维稳形势的特战队伍。进一步创新民兵劳武结合方式,加快在城镇社区、重点企业设立民兵队伍,推进兵源多元化;加强民兵训练基地和屯兵楼建设,推进训练专业化;健全完善兵地一体、上下联动、应对及时、处置有力的体制机制,推进维稳常态化;打造"一师、一团、一营、一连",积极探索师市民兵备勤营和团场民兵值班连队建设,推进体系现代化。

2.强化社会面防控。全面落实"三个坚决"目标,加大"网格化"巡控力度,加强基层政权、交通要道、学校、医院和易受侵害职工群众防护,加强治安卡点查控。继续依法深入开展反恐严打专项斗争,保持对"三股势力"严打高压态势。严厉打击违法犯罪,尤其是非法集资等突出问题。高度重视食品药品安全,切实加大监督管理力度。切实提高舆情管控疏导能力,加强负面舆情源头防控,严格落实重大事件新闻发布制度,正面客观及时回应社会关切,加强新闻事件失控责任追究,对瞒报、漏报、迟报造成恶劣影响的,坚决严厉问责。强化基层基础工作,加强流动人口和特殊重点人群管理。改进城市、城镇社区管理,加快信息化和社区管理服务综合平台建设,提升服务居民和社会管理的能力。健全完善社会风险评估机制和维稳责任制,按照"属地管理"的原则切实落实好"一把手"工程。确保师市社会大局保持稳定。

3. 高度重视安全生产。当前师市的安全生产形势十分严峻,各级各部门一定要深刻吸取教训,强化红线思维,切实落实责任,师市将实行最严格的安全责任追究和问责,绝不姑息迁就。要进一步健全完善安全生产、交通道路安全和消防安全等监管机制,广泛开展宣传教育,深入开展"打非治违"专项行动,加大对煤矿、道路交通、化工、建筑施工等行业安全整治和人员密集场所消防整治工作力度,对安全生产不达标企业该整改的立即整改,该关停的必须关停。确保今年生产安全事故不超过兵团下达的控制指标,安全生产形势明显好转。

4. 切实做好信访稳定工作。落实和完善"大调解"机制和信访工作目标责任制,加大信访责任追究力度,进一步抓好领导干部包案制和接访下访活动。继续扎实推进矛盾纠纷排查化解,对近年来较为突出的农民工工资、出租车营运、城市建设管理和房屋拆迁征收等问题做到早发现、早防范、早处置。确保信访形势好于上年。

(三)着力实施城镇化配套提质工程

近年来,师市城镇化进程不断加快,城镇化率达到65%以上,这主要体现在"量"上,一大批保障性住房建起来了,基础设施建设、公共服务和城镇管理等配套滞后,城镇化"质"的层面与"调整社会结构、优化人口资源"的要求还有很大的差距,必须在配套提质上下功夫。一是在规划配套提质上下功夫。要尽快完善规划体系,确保城镇化建设有规可循。高标准、高水平完成五家渠市及产业园区各专项规划编制，完善师市城镇体系规划、团场团域体系规划和各专项规划，促进特色形成和品位提升。要进一步提高规划的执行水平，稳步推进“三规融合”，形成“一张图、干到底”，切实加强规划执法力度，严厉查处违规行为，维护规划在城镇化建设中“法”的权威。二是在产业配套提质上下功夫。要结合资源禀赋特点和“十三五”规划编制工作，认真研究发展优势和产业定位，加快推进“产城融合”，积极培育发展设施农业、农副产品加工、现代服务业等城市产业，根据自身条件发展生态旅游和农区观光休闲等产业，进一步改善就业环境，切实提高城镇涵养人口的能力。三是在公共服务配套提质上下功夫。对此大家要高度重视，从促进产业发展出发，这是一个经济问题；从提高职工群众的生活水平出发，这是一个社会问题；从履行兵团新使命的需要出发，它是一个政治问题。有了一定的人口基数，“稳定器”的基础才能夯实；有了良好的公共服务条件，“大熔炉”才有吸引力；有了现代的生产生活方式，“示范区”才能发挥辐射带动作用。各团场、各部门要在积极争取上级支持的同时，通过市场化的手段，千方百计加强城市、城镇教育、文化、卫生、养老和社会保障等公共服务体系建设，增加公共产品的供给量，提升公共服务的质量水平，引导职工群众消除“客居”心理，留住新疆、兵团本地人口，吸引更多内地人口扎根。四是在基础设施配套提质上下功夫。牢固树立“以人为本”的理念，进一步完善供水、排水、供热、垃圾处理等城镇基础设施建设，确保城镇居民住得下、住得舒适。力争城镇自来水普及率达到100%，集中供热覆盖率达到90%，燃气普及率达到85%。这几年，各团场积极利用国家支持政策，快速推进职工保障性住房建设，多数职工从连队平房搬进了城镇楼房，有的团场开发了好几个小区，建了几十甚至上百栋楼房，但是小区基础设施配套、物业管理到位的没几个，职工虽然住进了楼房，但居住环境仍然脏乱差，有的职工甚至雨天要踩着泥泞进出，这完全不是我们改善民生的初衷，不是我们想要的城镇化，这样的城镇化太过于粗放，不能充分体现以人为本。师市建设局要尽快把团场城镇基础设施欠账的底数摸清，把“欠账”的原因查清、把“还账”的责任分清。属于应由团场配套建设的，各团场要拟定整改推进方案，落实资金、时限和质量，尽快配套到位，师市财政专项资金和援疆资金要尽可能向这方面倾斜，加大支持力度。属于应由开发商配套建设的，各团场要逐个约谈企业负责人，限时整改。要严格审查团场保障性住房小区基础配套保证金制度落实情况，对落实情况差的，要追查责任，团(场)长是第一责任人，分管领导是直接责任人，问题严重的要严肃处理、绝不姑息。五是在城镇管理配套提质上下功夫。要进一步加强城镇管理执法队伍建设，健全职能，坚持严格执法和人性化管理相统一，疏堵结合、奖罚并用，切实解决城市和城镇乱搭乱建、乱停乱放、乱扔乱倒等问题，全力推进五家渠市创建全国卫生城市工作。要通过市场手段，全面提高居住小区物业服务管理配套水平。按照兵团要求加快推进五家渠市新型城镇化试点工作。要严格落实土地投资强度，提高土地利用率，加强监督监察，坚决查处土地利用违法违规行为，对违规土地依法进行收回。六是在原连队居住区转型发展上下功夫。突出特色产业发展，进一步完善原连队居住区转型规划，今年完成15个连队功能区转型。对连队功能区转型的建设用地指标存量挖潜、集中利用。今年上半年师市将适时召开团场城镇化建设现场观摩和经验交流会，重点观摩城镇规划的执行情况、城镇建设的配套情况、城镇管理的到位情况，让各团场都亮亮相，对工作做得差、长期整改不到位的，要严肃问责追责。

(四)着力实施生态环境保护工程

1.加强生态建设。一是结合林权改革加大造林力度。积极引导职工群众、企业等社会资本参与道路林建设和高标准农田林网化建设，完成造林1.8万亩；积极创建兵团防护林整团推进示范团场，城郊团场要积极探索加快发展林木产业。二是结合城镇化建设加大绿化力度。加快推进城镇、团场、连队绿化美化等环境整治工作，师市城镇绿化率提高到29%。三是结合农业结构调整加大退耕还林还草力度。继续实施退耕还林、还草工程，积极推进退出耕地发展花卉、苗木、林果等高效产业，力争今年退出中低产田5万亩。四是结合履行生态卫士职责加大生态工程实施力度。抓好准噶尔盆地南缘防沙治沙工程建设，加大生态林、荒漠林管护力度，严厉打击乱砍滥伐林木、乱垦滥占林地等违法行为。五是结合“三条红线”制度落实加大水资源管理力度。推动水资源高效配置、有序开发和合理利用。师市"十二五"规划提出要退出中低产田30万亩，但从实际情况看，耕种面积不减反增，一些团场地下水超采十分严重。这主要是由于我们一些干部对推进水资源高效合理配置的重要性、战略性认识不足，思路不清、办法不多、效果不好。同志们，这几年连续的旱情一次次给我们敲响了警钟，一定要警醒了！各单位一定要严守"三条红线"，严格控制更新和新建机井，杜绝任何形式的开荒打井，坚决做到"以水定地"，农业灌溉面积必须压缩到245万亩以内，这是硬任务，对超计划用水师市将不再补贴。

2. 加大环境保护力度。一是在产业引进上严把"准入关"。严格执行国家及乌鲁木齐城市圈大气联防联控各项要求，建立以排放达标率、投入产出率、土地集约利用率和税收贡献率等为主要指标的企业准入制度，严格限制高污染、高排放、高耗能项目进入。二是在污染治理上坚持"零容忍"。加快大气污染防治重点工程建设，开展城市扬尘综合整治，强化机动车污染防治，逐步淘汰10吨以下的燃煤锅炉，火电站的综合脱硫脱硝效率要达到80%以上。进一步强化五家渠市和工业区环保设施建设，坚决杜绝不达标排放和乱排乱放情况发生；进一步强化团场城镇环保基础设施建设，要拿出具体方案进一步提高环保设施设备利用率，力争污水处理率达到91%，生活垃圾无害化处理率达到98%；进一步强化节能减排目标责任落实，着力发展循环经济，严格执行建筑节能标准，加快既有建筑供热计量及节能改造。三是在环保监管上实现"全覆盖"。编制完成五家渠市及工业区环境保护规划。严格环保"三同时"，环保验收不合格的企业坚决不允许生产运营，建设项目环评执行率达到95%以上。切实加强环境执法监管，重点企业在线监测必须做到全覆盖。严厉查处环境违法行为，对设施不到位、环保不达标、群众反映大的企业必须限期整改，整改不到位、群众不满意的坚决关停。梅花氨基酸公司生产期异味问题，师市党委、政府高度重视，总投资7 300万元的整改计划已经实施，在去年投入620万元的基础上，今年上半年必须完成剩余6 680万元投资，力争上半年在消除异味上取得重大进展。

（五）着力实施民生保障工程

一是继续抓好以"十件实事"为重点的民生项目。加强与兵团有关部门的沟通衔接，在资金和项目建设上争取最大支持；根据职工群众生产生活的现实需要，加快民生项目前期工作，注重资金使用效率，确保项目早开工、早建设，尽快投入使用。确保今年民生投入不低于去年。二是全面完成职工多元增收三年行动计划。严格落实已出台的增收扶持政策，调整建立以职工收入为主要指标的考核体系，坚持"有利、有序、有保障"，进一步健全促进职工土地流转、转移就业的鼓励措施；在积极引进培养致富能人的同时，研究出台鼓励各级干部带领职工创业致富的措施办法，支持有想法、懂市场、会经营的干部带头创业；努力拓展职工多元增收新渠道，在盘活职工住房、土地等财产上取得突破。三是提高就业水平，完善社会保障体系。继续开展"三大攻坚行动"，进一步加大就业创业扶持力度，增加就业岗位，强化就业培训，引导居民转变就业观念，促进就业困难人员、高校毕业生、职工子女及富余劳动力实现充分就业，力争今年新增就业1.3万人以上。加大社会保险基金监督力度，巩固养老、医疗等保险扩面成果；健全完善社会救助体系，切实保障残疾人和困难群体基本生活。四是加快社会事业全面发展。不断加大科技投入，力争研发经费占生产总值比重提高到1.6%以上。优化教育结构和教学环境，扩大学区管理覆盖率，普通中小学学区管理覆盖面达到100%，重点做好幼儿园、数字化校园、标准化操场等建设；以名师、学科带头人、骨干优秀教师、师德标兵、优秀班主任评选表彰为抓手，培养一批高水平的教学人才。加快推进奇台垦区医疗集团试点，适时在师市中西线组建以六师医院为中心的医疗集团；进一步加强和完善引进民营医疗机构的管理工作机制，规范各民营医疗机构开展诊疗服务，满足市民多层次的医疗需求。以优化提高人口素质为目标，加强基层计划生育服务站建设，做好人口和计划生育工作。高度重视老龄和残疾人事业发展，探索创建孝道资金，在《准噶尔时报》、五家渠电视台开办《回首》《回眸》等栏目，进一步丰富老年人、残疾人文化生活。

发展社会事业，既要重视设施设备等"硬件"建设，更要重视人才技术等"软件"建设。特别是教育和医疗卫生事业，与每个职工群众都息息相关，是创造未来和拯救生命的事业，职工群众最为关注。近年来，师市对教育和医疗卫生事业的投入逐年加大，职工群众的就学、就医的硬件设施和硬环境明显改善，但是一些学校、医院教育和医疗服务水平，教师和医护人员的师德医风，学校、医院运行管理等软环境、软实力，与广大职工群众的要求还有一定差距，群众反映较为强烈，有关单位和部门要引起高度重视。作为单位领导尤其是主要领导，在学校、医院建设上，必须坚持以群众满意为目标，抓好班子、带好队伍、苦练内功，切实把工作的着眼点和着力点聚焦到加强管理、提升素质、优化服务上来，为师市经济社会发展做出应有的贡献，不辜负师市党委、政府和广大职工群众的期待和重托。

（六）着力实施全面深化改革工程

师市十届四次全委（扩大）会议对全面深化师市各项改革进行安排部署，明确提出要以市场为取向深化经济体制改革，以健全和转变政府职能为重点深化治理体制改革，以推进基本公共服务均等化为落脚点深化社会事业体制改革，以政社分开为手段深化社会管理体制改革，以增强文化创新发展活力为目标深化文化体制改革，以环境保护和生态修复为主要内容深化生态文明体制改革。如果说去年是全面深化改革的起步之年，我们的思路还在逐步理清，一些工作还处于研究摸索阶段，到了今年，一些领域的改革就必须取得实质性进展。

1.全面落实兵团深化改革顶层设计。师市全面深化改革领导小组要切实加强对各项改革工作的领导。8个专项小组要准确把握兵团全面深化改革的精神，广泛深入开展调查研究，结合实际拿出专项改革方案，尤其是牵头领导要切实负起责任，小组联络部门要配合牵头领导扎实推进工作。改革领导小组办公室要加强协调督促检查，对各项工作进度成效要及时向师市党委汇报。各单位和部门要按照方案的要求积极推进落实各项措施任务。

2.加快推进重点领域、重点环节改革。一是加快推进团场改革。继续深化新湖农场、一〇一团青湖经济开发区、一〇三团蔡家湖镇团场改革工作，按照兵团统一安排启动其他团场改革工作，力争成为兵团整师改革试点。二是加快推进国有企业改革。认真贯彻落实《兵团国有企业发展混合所有制经济指导意见》，积极推进国有企业股权多元化、企业人员薪酬和供销系统体制改革；坚持资产经营做优主业与资本运营做优资产相结合，用改革创新的思路和方法，进一步做强百花村、新中基等上市公司；积极推进企业上市，在上市公司建设上取得突破；着力推进兵团承接产业转移综合配套改革试点工作。三是深化行政体制改革。对于未建镇团场如何健全政府职能、如何确保行政权力依规运行并得到有效的监督制约、如何保证财权与事权相匹配，师市党委已经做出系统安排，目前工作方案已经形成，师市领导及各部门、各团场要从全面履行职责使命的高度和全面推进法治建设的视角，在不影响兵地关系大局、不引起法律纠纷的前提下，通过延伸健全团场行政职能，通过模拟完善团场决策监督机制，通过重构理顺团场财政体系，把团场“政”的职能立起来，进而推进政企分开、政事分开、政资分开、政社分开，这项工作今年上半年试点，力争取得实质性进展。严格执行政府权力清单，进一步规范公共资源交易中心和行政服务中心运行，完成师团机关机构和事业单位改革任务；加快户籍管理制度改革，建立适应履行新使命要求的管理体制。四是深化财政体制改革。继续完善师市合一财政体制，探索建立师市和团场事权和支出责任相适应的财政制度；盘活师市、团场两级存量资金用于民生投入，加大对边境困难团场和民族团场财政支持。五是创新融资方式。师市毗邻首府，地处乌昌核心区，在新疆可以说具备了良好的区位优势，但是由于长期以来我们与首府之间的快速交通和城际交通没有完全对接，没有与乌昌大市场有效连接起来，这种良好的区位优势没有完全转化为现实的经济优势，我们所希望的与首府的市场同城化效应并没有很好地显现，如果再不尽快解决，我们反而可能被边缘化。受到自身财力限制，这个影响师市发展最大的瓶颈始终没有有效破解。为了防范政府债务危机，去年国务院明确提出政府融资平台公司不得新增政府债务，但同时鼓励公私合营的融资方式，这恰恰给我们用社会资金盘活政府资源，重点补长交通“短板”带来了机遇。师市发改、金融、交通、土地、建设等部门要认真研究提出方案并加快实施。乌市北京路北延至青湖商务区要确保年内通车，北京路与五家渠市区连接段要尽快研究建设方案；要强化协调对接，抓住乌鲁木齐北扩机遇，积极融入乌昌地区交通网，全力推进乌五高速公路建设，全力争取公路、轻轨、地铁向五家渠延伸；力争将五家渠西外环路、福海至五家渠市公路、甘莫一级公路建设等项目纳入自治区、兵团计划。

特别需要强调的是，在经济体制改革方面，通过多年的探索实践，大家都已经充分地认识到，在市场经济条件下，推动经济发展最根本的力量来自各类真正的市场主体，大家可能还记得我向同志们推荐的那本书，就是《公司的力量》。如果说，我们在经济建设上与发达地区还有较大的差距，那么最根本的差距就是市场主体数量、质量和能力上的差距。这些年，虽然我们通过推行生产费用自理，确立了承包职工的市场主体地位，通过招商引资，引进和培育了一批市场主体，但是数量还不够多，块头还不够大，实力还不够强，还难以完全承担起"示范区"的职责使命。各级领导、广大干部要充分地认识到，经济建设尤其是调结构、转方式、扩规模、增效益等，最终都要靠市场主体去推动，市场主体是内因，政府、社会是外因，外因要通过内因发挥作用，因此，一定要尊重市场主体、善待市场主体，只要企业合法经营，我们就应该多一些支持、引导和服务，少一些干预、干涉和干扰，努力为他们搭建起充分展示自我的广阔舞台。把政府与市场的关系摆正了，经济体制改革也就到位了。

（七）着力实施现代文化引领工程

一是深化文化体制改革，增强文化引领能力。积极培育文化龙头企业，通过市场机制和政策引导，支持青投公司以"新疆国际大巴扎"为平台，把"新疆·兵团之窗""新疆·兵团文化体验馆"等植入疆内外重点城市，向国内外介绍真实、向上而具有魅力的新疆民族和地域文化；鼓励支持中小型文化单位向"专、精、新、特"方向发展，建立完善师团连三级业余演出团队等民间公共文化团体；加快推进媒体运行体制改革，探索按照市场方式整合资源，建立传媒集团。二是促进文化事业发展，促进文化繁荣发展。加快完善公共文化服务体系，实施团场文化中心、连队文化室和广播电视配套建设，师市广播电视综合覆盖率达到98%。积极开展形式多样的群众文化活动，创办高质量、高水平的专题节目，创新宣传方式，建立微博、微信等新媒体平台，用群众喜闻乐见的方式宣传弘扬先进文化和现代文明生活，抵御非法宗教和不良文化的侵害；继续深入开展兵团精神、亮剑精神"六进"和群众性体育活动，推进文明创建，不断提高职工群众文化体育素养。三是依托文化产业园区，大力发展文化产业。全力推进"一城三馆一园"文化产业园项目和文化科教产业园建设，加快推进亚欧风情园项目和红馆信息动漫项目建设。"一城三馆一园"项目作为师市的一号工程，中央、兵团各级领导高度认可，对项目推进非常关注并给予了大力支持，目前项目的创意设计已经完成，"一城"和"一园"的招商工作顺利推进。有关部门和单位要进一步提高认识，把这一重大项目建设作为硬任务，下大力气加快推进项目申报、土地供应、基础设施配套等各项工作，确保年内顺利实施。四是挖掘文化资源，加大优秀文化产品供应。大力弘扬"忠于使命、敢于担当、不畏艰难、创新争先"的亮剑精神，使之内化为师市干部职工的精神风貌和价值取向；积极培育引进文化创作主体，鼓励和引导各种非公有制文化企业健康发展，支持个体创作者、文化工作室、民办非企业文化机构发展，积极创作《扎根》《生命如歌》等反映六师题材的影视剧、现代舞台剧，通过各类文艺表现方式，宣传兵团精神、亮剑精神，让全国人民了解兵团，了解六师五家渠。

（八）着力实施开放融合发展工程

1.进一步提高对外开放水平。中央"一带一路"战略实施进一步加快，国家将出资400亿美元成立丝路基金，为"一带一路"基础设施建设、资源开发、产业合作等提供融资服务。自治区作为"一带一路"的重要节点和枢纽，也已经明确提出要加快建设能源、交通、通信"三大通道"、大型油气生产加工和储备、大型煤炭煤电煤化工、大型风电和光伏发电"三大基地"、交通枢纽、商贸物流、金融服务、文化科技、医疗服务等"五大中心"和机械装备、轻工产品、纺织服装、建材、化工、金属制品、信息服务、进口油气资源加工、进口矿产品加工、进口农林牧产品加工"十大进出口产业集聚区"。这为我们加快开放发展提供难得的机遇，我们要主动出击，抢抓机遇，不断提升对内对外开放水平。一是要推进精准招商。抓住"渝新欧""郑新欧""义新欧"通路建设机遇，积极与对欧外贸企业对接，出台优惠政策，引进大型外贸公司入驻师市，加快发展外贸产业；依托师市区位等优势，积极引进企业参与五家渠智慧城市建设，探索发展云计算、大数据、电子商务平台等产业，努力形成新的经济增长点。全年实现招商引资到位资金180亿元。二是要扩大对外合作。进一步加强与周边地区、内地和相关国家在农业开发生产、经贸交流等方面的合作,加强自产品出口,支持有实力的企业赴境外开拓市场,争取资源;发挥区位等优势,吸引援疆省市、兄弟师在师市发展“飞地经济”;要积极抢占先机,加快推进师市保税物流中心项目建设,尽快搭建师市乃至乌昌地区的对外开放和产业集聚的有效平台,力争年底前完成申报审批。

2.进一步推进兵地融合发展。在经济发展上共同推动,统筹兵地经济发展规划和政策,积极探索以集团化和股份制方式共同开发优势资源,联合发展优势产业,联手建设产业园区,共同打造旅游品牌,合力推进区域发展。在生产生活上互相帮助,充分发挥现代先进农业技术优势,为地方农牧民提供技术服务;加快医疗集团化建设,为周边地区农牧民提供医疗服务;积极吸纳地方群众尤其是少数民族群众来师市就业生活,切实发挥“大熔炉”作用。在民族团结上共同推进,和昌吉州协同进一步做好全国民族团结示范单位创建工作。在生态环境上共同保护,共同完善区域生态文明建设规划,实施统一的环境保护政策,合力有效治理区域生态环境。

3.进一步促进民族团结共荣。全面完成支持师市少数民族贫困团场发展的计划任务,继续加大力度支持北塔山牧场等少数民族聚居贫困团场发展。加大对口援助三师,落实资金、人才等各项措施。加强民族团结教育,扎实开展“五共同一促进”为主题的民族团结进步创建活动,不断密切各族职工群众的联系,激发他们携手维护民族团结的积极性和主动性;继续实施“兴边富民”项目,带动边境贫困少数民族团场职工群众脱贫致富。依法加强宗教事务管理,全力推进“去极端化”,规范朝觐活动,严厉依法打击非法宗教活动,坚决遏制宗教极端思想渗透。

4.进一步巩固扩大援疆成果。一是理清思路。准确把握第二次中央新疆工作座谈会和全国第四次对口援疆工作会议精神,进一步调整工作思路,创新工作机制,编制好“十三五”对口援疆规划。二是扩大效应。加快推进援疆项目建设进度,确保全面完成2015年建设任务。吸引山西企业将师市作为西出中亚、欧洲的战略基点,加快产业合作。积极拓展文化、科技、教育和医疗援疆,进一步延伸“一对一”援疆模式。三是用好人才。珍惜援疆人才,摒弃本位主义和个人利益得失,对援疆人才真正做到善用、敢用、用好、用足。

(九)着力实施法治师市建设工程

党的十八届四中全会首次把全面推进依法治国设定为主题,在新中国法治史上具有里程碑意义,体现新一届中央领导推进依法治国的坚定决心。自治区党委八届八次全委(扩大)会议、兵团党委六届十四次全委(扩大)会议,对贯彻落实全会精神作了全面部署,制订出台《关于全面推进依法治疆建设法治新疆的意见》和《关于贯彻落实党的十八届四中全会精神全面推进法治兵团建设的意见》。师市正在研究起草具体实施方案,争取上半年印发实施。

法治师市是一项系统工作,涉及方方面面,既要统筹协调全面推进,又要把握关键重点突破。要把构建符合师市实际的规范性文件体系、高效的法治实施体系、严密的法治监督体系、有力的法治保障体系作为师市法治工作的重点,坚持法治政府、法治社会一体建设,实现科学立法、严格执法、公正司法、全民守法,不断完善师市合一体制,促进师市治理体系和治理能力现代化。

1.要加快推进师市民主政治建设。加强和改进对人大、政协工作的领导,研究出台加强和改进新形势下人大、政协工作的实施意见,支持人大及其常委会依法行使权力,支持政协积极探索协商民主新途径,加强对“一府两院”的法律监督和民主监督;坚持党管干部和人大依法任免干部有机结合,进一步加强任后监督;强化代表、委员工作,健全完善师市领导联系基层人大代表、政协委员制度,加强建议、提案和议案办理,充分发挥代表、委员的主体作用。

2.要推进“六权治本”,建设法治政府。一是依法明确权力。按照职权法定、权责一致原则,依法审核权力,编制权力清单,做到每一项权力都按流程规范运行,消除权力设租寻租空间;坚持法定职责必须为、法无授权不可为,推进行政机构、职能、权限、程序、责任法定化,积极落实权力清单等各项制度,对于不符合法律法规设定的管理、收费、罚处项目,一律予以取消。二是科学配置权力。按照权力制衡原则,实施分级授权、分事行权、分岗设权,对决策权、执行权、监督权科学分解与制衡,形成既互相制约又相互协调的权力架构;推进行政审批制度改革,激发市场活力,提高生产经营活动的市场化程度;完善法制工作系统,建立健全师市政府、机关部门、团场的法制工作机构，做到机构、职责、人员三到位；深化行政执法体制改革，健全师团行政执法体系，加强机构和职责整合，逐步推进完善综合执法，减少层次、整合队伍、提高效率。三是制度约束权力。按照全面覆盖、全程到位、制度束权的要求，建立健全各项规章制度，杜绝“牛栏关猫”；建立行政机关内部重大决策合法性审查、终身责任追究制度和责任倒查机制，进一步强化各类决策主体的责任，把公众参与、专家论证、风险评估、法律审查、集体讨论决定确定为重大决策的必经程序，确保决策科学、程序正当、责任明确；切实提高规范性文件质量，完善师市规范性文件制发、公布、备案、审查、清理制度，建立规范性文件的前置法律审查机制，探索强化人大对行政规范性文件的审议职能。四是阳光行使权力。坚持以公开为常态、不公开为例外，实现权力在阳光下运行；坚持依法行政，健全依法决策程序，对涉及群众利益较广、影响全局工作较深的重大决策，要完善程序、明确范围并细化具体操作规则；完善行政审批服务中心和公共资源交易中心平台，健全推进服务承诺制、限时办结制、首问负责制、政务信息公开等制度；严格实行执法人员持证上岗和资格管理制度，严格规范公正文明执法；实施政府法律顾问制度，逐步健全以政府法制机构人员为主体、吸收专家和律师参加的法律顾问队伍，完善师市法律顾问咨询体系。五是合理监督权力。健全和落实党内监督、法律监督、民主监督、行政监督、司法监督、审计监督、社会监督和舆论监督制度，使各项监督协调配合，形成合力；加强对行政权力的制约监督，强化人大依法监督、政协民主监督和社会广泛监督，全面推进政务公开，提高民主治理、依法治理水平。六是严惩滥用权力。坚持有案必查、有腐必反、有贪必肃，完善责任追究和纠错问责机制，真正让制度成为“高压线”，做到“权力出笼子，人就进笼子”；坚决纠正不作为、乱作为，坚决克服懒政、怠政，坚决惩处失职、渎职，促进政府职能权责明确和权责统一。

3.增强全民法治观念，完善社会治理机制，建设法治社会。积极落实宪法宣誓制度，初任公务员入职时、国家公职人员任职时要向宪法宣誓，广泛开展宪法日公职人员重温誓词活动，强化各级干部的宪法法律意识，健全公职人员带头学法守法制度，在大中院校广泛开展宪法日成人宣誓活动，推动全社会树立法治意识。坚持公正司法，各级党委要带头维护司法权威，行政机关、社会团体及个人不得干预司法活动，保障司法机关依法独立公正行使职权，提高司法公信力。加强法治专门队伍的正规化、专业化、职业化建设，探索建立从符合条件的高学历法学专业毕业生、高水平律师、专家、学者中招录法官、检察官和其他法治专门人才的体制机制，研究建立执法、司法和其他法治工作部门之间的干部人才交流机制，努力提升法治队伍职业素养和专业水平。强化法律的权威地位，健全完善依法维权机制，完善调节、仲裁、行政裁决、行政复议、行政诉讼等有机衔接、相互协调的多元化纠纷解决机制，健全行政调解与人民调解、司法调解的联动工作体系，引导和支持各族职工群众理性表达诉求、依法维护权益，把信访纳入法制化轨道，发挥法律化解各类社会矛盾的作用。推进多层次多领域依法治理，坚持系统治理、综合治理、源头治理，充分发挥乡规民约、行业规章、团体章程等社会规范的作用，重视发挥人民团体和社会组织的作用，发展法律服务业，推进覆盖师团职工群众的律师、公证、司法鉴定、法律援助、基层法律服务等公共法律服务体系建设，提高社会治理法治化水平。

(十)着力实施“十三五”规划编制工程

今年是“十三五”规划的编制年。“十三五”师市将面临全面深化改革、全面推进法治建设、全面建成小康社会、全面从严治党等一系列重大任务，编制好“十三五”规划，意义十分重大。在发展思路上，要紧紧把握时代脉搏，在认真回顾总结“十二五”成绩经验的基础上，充分认识新常态、新使命带来的新形势、新要求，并准确体现在规划的各个方面；在“师市合一”体制、法治建设等重点问题上，可以积极借助高水平的“外脑”，组织专项深入研究；在发展目标的确定上，既要和全面建成小康社会的目标相对应，也要和新常态下的发展实际相适应；同时要做好同自治区、兵团规划和周边地方规划的衔接。师市“十三五”总体规划和各团场、各专项规划编制工作都要在年底前完成。

三、坚持党要管党、从严治党，全面提升党的建设科学化水平

(一)切实强化从严治党意识，落实党建责任

各级党委及其主要负责同志要认真落实党建工

作主体责任和第一责任，切实把抓好党建作为最大的主业和最大的政绩，认真研究党建工作的新情况，适应履行职责使命的新要求，以改革的意识和法治的思维，全力破解基层党组织软弱涣散、凝聚力不强、活动缺乏创新、党员的教育和管理存在疏漏等突出问题，切实增强从严治党的系统性、预见性和创造性。进一步强化各级党委的领导核心作用，严格民主集中制和“三重一大”制度执行，努力提高各级党组织依法执政的能力和水平。严格落实重大紧急信息报告制度，强化责任追究，各级各部门“一把手”要切实负起领导责任。建立党组织书记向上级报告党建工作制度，严格落实党委书记基层党建工作联述联评联考，探索推进党建工作量化考核，健全完善党建责任追究制度，坚持有责必问、有责必究，对管党治党履职不到位、措施不得力的，要及时进行诫勉谈话、限期整改，对管党治党不严致使问题频发多发，不正之风蔓延的，要追究领导责任，使聚精会神抓党建的观念深入人心，管党治党责任得到真正落实。

（二）切实加强思想政治工作

思想政治工作是我们党的优良传统和政治优势，是新常态下履行职责使命的重要思想保证。面对新疆反恐维稳严峻复杂的新形势、履行职责使命的新要求和职工群众生产生活方式的新变化，加强和改进思想政治工作十分重要、紧迫。各级党组织要大胆改进和创新思想政治工作方法，围绕学习型党组织建设，加强各级党委中心组学习和宣讲工作，不断强化党员领导干部的理论武装，强化政治定力、规矩意识和纪律观念，增强政治敏锐性、鉴别力和执行力，坚决贯彻执行中央的方针政策和兵师党委的决策部署，杜绝阳奉阴违、捕风捉影、妄加非议，不搞小山头、小圈子，不当“墙头草”“两面人”。紧紧抓住“理想信念”这个核心，教育广大党员干部切实做到心中有党、心中有民、心中有责、心中有戒，带头践行“三严三实”，带头弘扬社会主义核心价值观，带头践行“亮剑”精神，带头学法遵法守法用法，让兵团人的“红色基因”和优良传统代代相传，以坚定地理想信念教育人、影响人，形成履行好维稳戍边使命的强大精神力量。今年师市党委将按照兵团党委的部署，进一步健全、完善、细化加强和改进师市思想政治工作的各项措施和方案。

（三）切实坚持不懈改进作风

要牢固树立作风建设在路上、在坡上的理念，把从严治党、从严治吏的认识植入思想和灵魂深处，继续巩固扩大群众路线教育实践活动成果，全面完成各项整改，认真开展“回头看”，全面落实中央、自治区、兵团和师市各项改进作风的规定，自觉抵制和纠正“四风”问题，以锲而不舍、弛而不息的决心和毅力，把作风建设抓深抓实。一要持续改进思想作风。突出解放思想、实事求是，做到勤政、务实、为民，对群众深恶痛绝的事做到“零容忍”，对群众急需办理的事做到“零懈怠”，下大气力解决好人民不满意的问题，多做雪中送炭的事情，以优良的思想作风指导促进各项工作。二要持续改进工作作风。坚决整治“庸懒散拖”，将“快”体现在各项工作中，无论是项目建设、政策落实，还是服务群众、改善民生，都要紧抓快干、事不过夜，严格落实限时办结制度，严厉整治“中梗阻”现象，健全完善师市党委重大决策责任落实问责制度，加大各级党委督查力度，确保党委决策部署快速推动、高效执行。三要持续改进领导作风。各级党组织书记带头执行民主集中制，做到总揽不包揽、分工不分家、放手不撒手，坚持集体领导，分工负责，充分发挥班子成员的主观能动性；同时要充分运用批评和自我批评武器，严肃党内生活，切实发挥民主生活会的作用。四要持续改进生活作风。各级党员干部要把好权力关、金钱关、美色关，严守道德防线，坚决抵制拜金主义、享乐主义和极端个人主义，常补精神之“钙”，做到清清白白做人、干干净净做事、坦坦荡荡为官。今年，师市将按照中央和兵团党委的要求，开展“三严三实”专题教育活动，各级各部门要高度重视、提前谋划、精心组织、抓出成效。

（四）切实加强干部队伍建设

从严治党重在从严治吏，履行好新使命，需要一支强有力的干部队伍。一要认真贯彻执行新修订的干部选拔任用条例。严格按照习总书记“好干部”的标准，切实把好选人用人导向关、标准关、质量关和纪律关，进一步规范动议提名，严格程序步骤，做实考察考核，着力选拔政治强、能力强、作风强、心力强的“四强”领导干部，提高选人用人公信度。二要加强各级领导班子自身建设。要以“具有坚强的政治担当、坚强的领导核心、良好的领导体制、良好的政治生态”为标准，着力打造信念坚定、政治可靠，严守党规、依法执政，作风优良、清正廉洁，改革创新、敢于担当，能力过硬、实绩突出的领导班子。要进一步支持人大、政府、政协开展工作,支持工会、共青团、妇联、工商联等发挥作用。三要继续深化干部人事制度改革。坚持民主、公开、竞争、择优的原则,进一步完善干部选拔任用工作机制,提高选人用人的满意度;加大干部交流轮岗、挂职锻炼、教育培训力度,推动干部工作贴近实际、紧接地气。四要狠抓干部日常管理。认真落实廉政谈话、提醒谈话、函询诫勉和谈心谈话制度,健全和完善各级领导班子议事规则和决策程序,着力加强和改进对"一把手"行使权力的监督和制约,坚决杜绝干部管理失之于软、失之于宽。不断完善干部考核考评办法,加大对维护稳定、深化改革、依法行政、节能减排、科技创新等指标权重和考核力度。五要强化干部监督。健全和完善纪检、检察、审计、政法、信访等多部门、全方位、"网格化"干部监督体系,综合运用现代监督手段,增强干部监督工作的合力;积极探索和推行干部选拔任用纪实办法,进一步强化干部选拔任用责任倒查和追责。六要强化人才支撑。认真落实人才发展规划,出台师市吸引人才的系列配套政策,开辟人才引进绿色通道,实施好重点人才工程,引进高学历、高技能人才80人。继续加强与清华大学等高等院校和专业机构的联系,推进高校服务团队建设和援疆人才引进;强化人才队伍教育,积极推进党政领导干部、企业管理人员再教育和"第二学历"培训,突出抓好贫困和少数民族集聚团场人才队伍建设,加快法治人才培养。

(五)切实加强基层组织建设

一要实施基层党支部书记选优训强工程。选优配强基层党支部书记,着力提升基层党支部书记能力素质,打造一支"党性观念强、服务本领强、致富能力强、化解矛盾能力强、廉洁履职意识强"的基层队伍。充分发挥师市党委党校"主阵地"作用,采取"请进来、点菜式""走出去、提升式""走下去、现场式"培训方式,用三年左右的时间对全师基层党组织书记轮训一遍。二要强化基层党建工作责任制落实。各级党委特别是党委书记要认真履行抓基层党建的责任,定期研究部署,解决突出问题,狠抓工作落实。要完善基层党建服务平台建设,提高组织生活效果,夯实基层党组织建设。要严把党员发展的入口关,及时处置不合格党员,加强离退休党员的管理。三要继续加强软弱涣散党组织整顿。按照"巩固先进、推动一般、整顿后进"的要求,集中力量对基层党组织进行摸排、分类定级,对党组织凝聚力战斗力不强、党员队伍先锋模范作用发挥不明显、运行管理不规范的基层党组织要集中整顿,形成整顿工作常态化,不断提升新常态下基层党组织的战斗堡垒作用。继续深入开展"访惠聚"活动,把活动作为加强基层党建工作的重要载体。

(六)切实推进反腐倡廉建设

要深入学习贯彻十八届中纪委第五次全会精神,认真落实《兵团党委关于建立健全惩治和预防腐败体系2013—2017年工作规划实施办法》,进一步加大党风廉政建设和反腐败工作的力度。要强化落实党委主体责任和纪委监督责任,把党风廉政建设和反腐败工作与中心工作同部署、同落实、同检查、同考核。各级党委要大力支持本级纪委和纪检组开展工作,各级党政主要负责人要认真履行党风廉政建设第一责任人的职责,支持纪检监察机构强化监督执纪问责,维护党的各项纪律。要加快完善惩治腐败和预防腐败体系,强化教育的说服力、制度的约束力、监督的制衡力、惩治的威慑力,坚持示范教育和警示教育相结合,岗位教育和社会教育相结合,用身边的事教育身边的人。要杜绝制度执行"破窗效应",抓好行政审批、项目招投标、土地出让等重点领域和关键环节的反腐倡廉制度创新,健全完善廉政风险防控机制,着力铲除滋生腐败的土壤。要持续保持高压态势,以"零容忍"的态度惩治腐败,健全反腐倡廉网络举报和受理机制,完善鼓励实名举报的工作机制,严肃查办领导干部滥用职权、贪污受贿、腐化堕落、失职渎职案件,严肃查办发生在群众身边的不正之风和腐败案件,把顶风违纪搞"四风"列为纪律审查的重点,做到有案必查、有腐必反,努力营造风清气正的政治生态。

同志们,站在新的历史起点上,我们的任务更加艰巨、我们的使命更加光荣。我们要高举法治旗帜、高扬奋斗精神,坚定信心、振奋精神、久久为功、善做善成,不断开创各项工作新局面,为完成"十二五"规划各项目标,开创师市社会稳定和长治久安新局面而努力奋斗!

在师市党委十届五次全委(扩大)会议结束时的讲话

师市党委副书记、师长　张顺帮

(2015年1月28日)

同志们:

这次党委扩大会议,是在我国经济发展进入新常态,师市经济社会发展迈向新阶段的关键时期召开的一次重要会议。会议的主要任务是贯彻落实党的十八届三中、四中全会以及中央经济工作会议、兵团党委六届十四次全委(扩大)会议精神,进一步统一思想、凝聚力量,全力以赴抓好今年各项工作。今天上午,马政委代表师市党委作的工作报告认真总结2014年师市各方面工作,对今年的各项工作提出明确的目标、任务和要求。报告具有很强的思想性、指导性和针对性,希望各级各部门深入学习领会,认真抓好落实。下面,我就2014年工作情况及今年工作安排讲几点意见。

一、2014年经济社会发展回顾

在过去的一年里,师市上下按照"稳中求进、改革创新、提质增效"的总基调,全面贯彻中央、自治区和兵团党委一系列重要会议精神,紧紧围绕维护社会稳定和长治久安第一任务,牢牢把握主题主线,更加突出质量效益,改革发展稳定等各项工作取得新成就,迈出了新步伐。

预计完成生产总值215亿元,同比增长16.5%。完成固定资产投资268亿元,降低10.5%。五家渠市全口径财政收入13.5亿元,其中地方财政收入10.3亿元,增长7%。城镇常住居民人均可支配收入27 760元,增长13.6%;连队常住居民人均可支配收入14 970元,增长19%。改革向纵深发展。各项社会事业稳步推进。社会大局稳定有序。

经济社会发展的主要特点:

(一)促进发展的思路更加清晰

一年来,我们紧紧围绕社会稳定和长治久安总目标,按照"稳中求进、改革创新、提质增效"的总基调,坚持调结构转方式不动摇,坚持抓项目稳增长不动摇,坚持深化改革促发展不动摇,坚持多措并举惠民生不动摇,坚持兵地联手保稳定不动摇,坚持抓党建强基础不动摇,着重提高工作的执行力,强化决策部署的贯彻落实,各项事业健康发展。实践证明,这一思路是正确的,成效是明显的。

(二)优化结构的措施更加务实

针对师市经济结构还不合理,结构性矛盾还较突出等问题,我们坚持把调整优化结构作为经济工作的着力点和突破口,积极推进产业结构、各产业内部结构、投资结构和所有制结构调整,并取得积极进展。三次产业结构由2013年的25:48:27调整为22:50:28。产业内部特别是农业内部的种植业、畜牧业和果蔬园艺业比重由2013年的55:26:18调整为49:28:23。三次产业投资结构由5:58:37调整为8:41:51,服务业投资提高14个百分点。基础设施投入占固定资产投资的19.2%。非公经济总量在师市经济总量的比重达到67%,非公经济投资占师市投资总量的比重达到80.1%,这也充分反映出师市通过市场配置资源的能力明显提升,政府调控经济的作用在有效发挥。

(三)惠及民生的工作更加有力

我们把保障和改善民生作为一切工作的出发点和落脚点,不断改善职工群众生产生活条件。完成民生投入58.7亿元,占财政预算支出总额的83%。新增就业2万人,完成计划的166%;团场富余劳动力转移就业1.2万人,完成计划的110%;零就业家庭动态清零。大力实施团场职工多元增收三年攻坚行动计划,多元增收格局初步形成,实现农牧工家庭人均纯收入净增2 400元。不断改善职工家庭住房条件,完成保障性住房建设投入6.4亿元，新建公共租赁住房6 542户，超额完成兵团下达的计划。积极推进扶贫开发工作，落实资金1.72亿元，加大边境贫困团场保障性住房、教育医疗、基础设施等投入，提升边远团场公共服务水平。重点社会事业快速推进。养老保险覆盖率达到99.8%，医疗保险覆盖率达到109.8%。“名师工程”顺利实施。城市社区卫生服务市场化程度不断提高。教育、医疗人才援疆成效显著。大力推进科技工作，顺利通过兵团科技进步目标责任制考核，名列兵团各师第一。

（四）改革开放的步伐更加坚定

只有全面推进改革开放，创新体制机制，才能破解发展中的各种矛盾和问题。一年来，我们始终坚定改革开放的信心与决心不动摇，积极稳妥地推进团场改革试点工作，新湖农场、一〇一团、一〇三团等兵师试点团场综合改革顺利通过兵团阶段性验收。国资国企改革、重点企业的整合重组以及事业单位分类改革稳步推进。转变行政职能、推进简政放权、实行师市机关部门权力清单制度迈出坚实步伐。“两个中心”建立运行，在实现资源交易公平公正公开、提高行政服务质量与效率、防止腐败滋生等方面取得重要成果。医疗体制改革取得成效，奇台垦区医疗集团试点工作进展顺利。土地流转又有新进展，2014年职工流转土地40万亩，为实现职工多元增收和适度规模经营创造了条件。创新融资方式，制定职工土地承包经营权抵押贷款和活体牲畜保险抵押贷款政策，实现融资4亿元，这项改革在全兵团走在了前列。全年实现各类融资53.17亿元，其中非银行融资23.66亿元。这在去年国家调整投资结构、压缩信贷规模的情况下，对师市重点项目建设发挥重要的支撑作用。大力提高招商引资的质量和效果，预计完成招商引资到位资金248亿元，增长3.3%。对口援疆工作持续有力推进，产业、教育、人才、文化援疆深入实施，完成对口援疆项目21个，总投资3.9亿元。“一对一”结对支援取得新进展。

（五）强化管理的手段更加有效

在经济下行压力增大的情况下，我们高度重视通过加强管理提高工作质量和效率。坚持每季度召开经济运行分析会议，及时研判经济形势，增强运行调节的预见性、针对性和时效性。认真抓好师团经济社会发展争先进位、企业分类划级和机关部门绩效管理考核等工作，营造干事创业、比学赶超的浓厚氛围，提高各级干部的责任心和使命感。严格制度管理，重点对群众反映强烈的违规打井开荒、城市私搭乱建、占道经营、阻碍旧城区改造等违规违法行为，依法采取强制措施，彻底进行纠正和处理。严肃财经纪律，加强预决算管理。“三公”经费减少1 327万元，下降23.7%。加强审计监督管理，加大对政府投资重大项目的审计力度，通过审计核减工程造价8 733.6万元，为师市“三化”建设节约了大量资金。

（六）维护稳定的基础更加牢固

按照中央、自治区和兵团党委要求，围绕维护新疆社会稳定和长治久安总目标，我们认真履行反恐维稳职责，建立健全维稳指挥和常态参与机制。切实加强民兵队伍和武装力量建设，不断加大维稳硬件建设投入，师市民兵训练基地建成并投入使用，基层连队（社区）警务室、一级消防站设施进一步完善，维护稳定的基层基础工作更加稳固。积极开展“访惠聚”活动，在改善民生、促进社会稳定方面做了大量工作，取得明显成效。重视敏感时期和重要节点的维稳安保工作，社会大局和谐稳定。同时，加强社会矛盾的源头预防，及时消除不稳定隐患。加大内部矛盾调处力度，认真做好信访工作。

二、准确把握经济社会发展面临的新常态

中央经济工作会议科学认识当前形势，准确判断未来走势，做出我国经济发展进入新常态的重要判断，指出：我国经济增速由高速转为中高速、发展方式从规模速度型粗放增长转向质量效率型集约增长、结构调整从增量扩能为主转向调整存量和做优增量并存的深度调整、发展动力从传统增长点向新的增长点转变是新常态的基本特征。认识新常态，适应新常态，引领新常态，必须深刻认识新常态下师市经济社会发展的阶段性特征，并按照新常态的要求，正确研判形势，把握发展机遇，全面推进师市各项事业发展。

（一）认识新常态，必须正确研判师市经济社会发展面临的新形势

从全球形势来看，世界经济仍处在国际金融危机后的深度调整期，今年世界经济增速可能会略有回升，但总体复苏疲弱态势难有明显改观，国际金融市场波动加大，国际大宗商品价格波动，地缘政治等非

经济因素影响加大。

从国内形势来看，我国经济发展正处于增长速度换挡期、结构调整阵痛期、前期刺激政策消化期“三期叠加”阶段，经济下行压力加大，正在向形态更高级、分工更复杂、结构更合理的阶段演化。

从新疆形势来看，经济下行压力也在持续加大，同时严峻的反恐维稳形势不可避免地对经济发展造成一定的冲击，这些都会影响到兵团、影响到师市。

从师市形势来看，发展的阶段性上升趋势没有改变，发展的机遇依然大于挑战。但发展的困难和压力也在明显加大。其问题主要表现在：产业层次还不高，产业结构还不合理；受市场环境影响，企业经济效益明显下滑；固定资产投资特别是工业投资增速下降；招商引资难度加大，重大项目储备不足；职工多元增收渠道还比较单一；人才缺乏问题十分突出；节能减排形势不容乐观；安全生产方面形势较为严峻；依法行政、转变职能还有较大差距。

（二）适应新常态，必须把握好师市经济社会发展面临的新机遇

当前，我们面临的新机遇，主要表现在：

一是建设丝绸之路经济带核心区带来的机遇。第二次中央新疆工作座谈会和国家“一带一路”战略规划明确新疆丝绸之路经济带核心区的战略定位。这将为师市当前和未来的持续发展带来更多更大的发展空间和现实机遇，必将释放出长期发展的巨大动力。

二是第二次中央新疆工作座谈会带来的机遇。第二次中央新疆工作座谈会进一步明确兵团的工作定位和用力方向，出台支持兵团发挥特殊作用的政策措施，必将对师市工作产生重大而深远的影响。

三是乌昌石城市群发展战略带来的机遇。乌昌石城市群被列为国家重点打造的十大城市群之一。随着城市群战略规划的逐步实施，作为城市群中的一员，五家渠市的区位优势、交通潜力也将会逐步放大，必将带动城镇化、新型工业化、农业现代化和现代服务业快速发展。

四是全面深化改革、全面推进依法治国带来的机遇。党的十八届三中、四中全会先后作出全面深化改革和全面推进依法治国的决定，为我们深入推进各领域改革、实现党政军企合一特殊管理体制与市场机制接轨，为我们完善并创新师市合一体制、强化履行职责使命的法制化制度化保障，提供新的机遇。

（三）引领新常态，必须明确今年师市经济社会发展的总体要求和目标。

引领新常态，就是要把握发展的规律，科学确定发展的思路和目标。要认真贯彻落实兵团党委六届十四次全委（扩大）会议精神，按照师市党委提出的总体要求，紧紧围绕“维护社会稳定和长治久安”总目标，坚持“稳中求进、改革创新、提质增效”工作基调，着力在经济结构调整优化、民生和社会事业发展、全面深化改革、法治师市建设、维护社会稳定等方面取得新成效，开创新局面，努力完成“十二五”规划目标，更好地发挥“稳定器”“大熔炉”“示范区”重要作用。

根据总体要求，综合考虑各种因素，今年经济社会发展的主要预期目标是确保实现生产总值249.5亿元，增长14.5%。完成固定资产投资230亿元以上。五家渠市实现全口径财政收入15亿元，增长10%（其中公共财政预算收入10.8亿元，增长10%）。城镇居民人均可支配收入31 785元，增长14.5%；农牧工家庭人均可支配收入17 140元，增长14.5%。新增就业1.3万人，城镇登记失业率控制在3%以内。招商引资到位资金180亿元。

上述指标是通过反复测算和认真论证提出的。虽然压力大、难度大，但通过坚定不移、坚持不懈的努力，是完全可以实现的。

三、今年经济社会发展的重点任务

今年是全面贯彻落实党的十八届三中、四中全会和第二次中央新疆工作座谈会精神的关键之年，是全面完成“十二五”规划的收官之年，做好今年经济社会发展工作意义重大。目标、思路确定之后，关键看落实。为此，我们要重点抓好以下几个方面的工作。

（一）坚持调结构转方式，切实提升发展的质量效益

以发展现代农业为基础，以新型工业化为支撑，以服务业为重点，着力构建现代产业体系。

大力提高现代农业发展质量。今年，围绕提高质量，第一，要在调整优化农业结构上有新突破。按照“稳粮、优棉、兴牧、精果”的基本方针，实现以下目标，即农业增加值51.5亿元，增长6.5%。种植棉花100万亩（较上年减少18万亩），单产实现400千克；粮食70

万亩，单产600千克；加工番茄14万亩，总产105万吨；葡萄实现果品总产5.5万吨；90%以上棉花实现机采，80%加工番茄实现机采，种植业农机综合机械化水平达到95.9%；农产品加工业产值与农业总产值之比达到0.9∶1。这里特别强调的是，一要坚决退出单产300千克的低产棉田，逐步减少并退出中线次宜棉区。二要突出抓好棉花质量。在今年严峻的棉花市场形势下，没有质量，就没有销售。要从种植、管理、收获到加工等各环节全过程严管理、重质量，力争棉花颜色级三级以上比例达到95%以上，长度28毫米以上达到90%以上，加工质量好的比例达到92%以上。三要扩大亩效益2 000元以上高效作物种植面积，积极发展大棚果蔬种植、食用菌、花卉园艺等亩效益5 000元以上的高效农业为主体的设施农业。四要把大力发展畜牧业作为农业内部结构调整的主攻方向。今年计划实现牲畜存存栏120万头(只)，增长15%，出栏147万头(只)，增长20%；完成饲草种植面积20万亩，力争实现畜牧业产值占农业产值比重达30%。师市将尽快制定畜牧业发展规划和鼓励畜牧业发展的政策措施。第二，要在培育新型经营主体，加快推进农业产业化上有新进展。师市农业面临的突出问题之一，就是产业化程度和经营管理水平不高。今年要继续培育和引进产业化龙头企业，按照现代企业制度要求经营运作。同时，要继续培育和扶持一批充满活力、规范运作的专业合作组织。第三，要在现代农业示范园区建设发展上有新作为。目前，团区合一的管理体制已确立，要抓紧编制园区规划，创新园区管理体制，加快园区产业集聚，把园区建设成为兵团节水技术、农业机械化、科技信息、特色林果、设施农业、现代畜牧、农产品加工示范园，以此为引领，结合师市将作为兵团整师创建国家级现代化农业示范园区项目试点，采取集中力量、重点突破、批次推进的方式，选择30个左右的连队先行先试，带动师市、团场现代农业整体发展。第四，要在推进农业可持续发展上有新举措。严格推行“以水定地”，落实“三条红线”指标，强化水资源论证工作，规范取水许可管理。师市将把用水总量控制指标核定分解到各团场，促使团场压缩农业种植面积。要加大投入，加强水利基础设施建设。在完成甘河子水库配套工程、西沙河改造及西沙河至芳草湖农场整渠扩建工程、鹰湖水库至新湖农场渠系改造工程几项重要水利工程的同时，加大渠道防渗改造和新建节水灌溉工程的投入力度。师市正加快编制水利发展规划。第五，要在推进连队功能转型发展上有新成果。要把连队功能转型发展与优化农业内部结构、发展多种经营、推进职工多元增收相结合，让职工群众在转型发展中得到更大的实惠、更大的利益。此项工作已于去年作了安排，要求一个团场抓好一个连队试点。今年对此项工作要进行总结评估。同时，按师市农业部门安排部署，各团场要启动第二批连队功能转型工作。

大力提高工业经济效益。坚持以提高效益为中心，加快工业经济发展，实现工业增加值108亿元，增长17.3%。第一，调整优化工业内部结构。当前，与重工业相比，师市轻工业发展较慢；与传统工业相比，新兴工业发展较慢；从工业产出来看，初级产品加工为主；从产品附加值来看，产业链较短；从竞争力来看，科技含量高的企业较少。“慢的、少的、短的”就是当前和今后主攻的方向，也就是调整的重点。既要以煤炭、煤电、煤化工、石油化工及钢铁、铝业等高耗能高排放行业为重点，鼓励和引导企业加大技术研发和改造升级，推广运用新工艺、新装备，延长产业链，推动传统产业向中高端迈进，又要通过大力发展新能源、新材料、节能环保、生物信息等战略性新兴产业，实现调整优化的目的。今年计划启动建设30万千瓦风电、4万千瓦光伏发电。第二，做大做强工业园区。合理布局“一主两翼”，五家渠经济技术开发区这一“主”重点发展先进制造业、高新技术产业、战略性新兴产业。在园区内部，加快建成中小企业创业园，加快引进起点高、效益好的中小项目，形成与大中型企业互动配套、集群发展的格局。要充分发挥东西线“两翼”园区的优势与后续发展能力，奇台、红旗、土墩子农场东线园区要依托良好的交通和矿产资源条件，主动承接大型煤电煤化工、石油化工、金属加工、机械制造等项目，芳草湖、新湖等西线园区要围绕农副产品资源优势，大力发展食品加工、生物饲料、生物肥料、生物农药、农用机械、节水材料等涉农工业。要支持园区，特别是五家渠经济技术开发区，创新园区管理体制机制，按照责权统一，重心下移的原则，适度下放行政审批和管理权限，扩大园区管委会自主权，促进园区加快开发建设，不断提高园区工业占师市工业的比重。

第三，加强对工业经济的协调服务。抓好日常调研摸底工作，及时掌握重点行业经济运行的趋势。全力协调解决重点企业、新投产企业在原料组织供应、产品销售过程中遇到的突出困难和问题，确保企业开工、生产、经营顺利。积极做好师市大宗工业产品铁路运输协调工作。继续做好自有工业产品内部销售。第四，强力做好节能减排工作。一是严格项目准入。对进入项目从严进行节能评估审查和环境影响评价，严禁高污染项目进入，严控高载能、高排放行业产能。二是加快淘汰落后产能步伐。对已有的技术落后、污染严重的企业，限期搬迁或就地拆除。三是突出抓好六师煤电、铝业、新业能源、昆仑钢铁、梅花氨基酸等重点企业能耗和环保工作监督管理，确保各项指标达到国家要求。四是严厉查处各类环境违法行为。认真贯彻落实环保法，建立和完善目标责任制，强化政府监管和企业自身责任，对违反环保法及相关制度规定的要从严查处。

大力提升服务业水平。今年要实现服务业增加值71亿元，增长16.7%。发展服务业不仅要重数量、重速度，更重要的是重质量，切实实现服务业更好更快发展。第一，要继续重点抓好青湖经济开发区的建设发展。坚持“一区三园”发展思路，着力打造商贸物流、旅游会展和科教文化“三大板块”，使之成为“丝绸之路经济带”核心区服务业发展的重要一极。加大园区基础设施投入，重点实施道路、供热、排污等基础设施配套建设项目，尤其是年内要打通乌市北京路北延至商贸物流园区的通道。要抓好润泰汽车城、海宁皮革城、新疆总部经济等6个重点落地项目的建设进度，确保年内完成投资计划。要抓好义乌小商品城、中国轻纺城、O2O智慧城、清华产业园和红馆科技等新签约项目的开工建设。力争到2017年，园区要累计完成投资500亿元。第二，要着力抓好综合保税中心、航空物流园、迪士尼乐园等重点项目的洽谈，争取早签约、早落地、早开工。同时，积极做好科教文化园区大学园及“一城三馆一园”规划实施的前期工作。第三，要充分利用城市城镇扶持发展商贸物流、金融服务、社区服务、特色旅游等服务业。加快推进专业批发市场及商贸中心建设，继续实施“百团万店”“新网工程”等市场工程，健全商贸流通体系。支持各类金融机构发展，完善金融体系，创新金融产品，增强服务经济发展的能力和水平。坚持规范发展，依法加强小额贷款公司和担保公司管理，严厉打击非法放贷和吸储等非法金融活动，有效防止和化解风险。大力支持城市城镇社区服务业，促进医疗、家政、托幼、养老、维修等各类社区服务业发展。规范发展律师事务、法律援助、司法鉴定、资产评估和会计、审计、税务代理等中介服务业，增强服务业发展活力。第四，要扶持发展旅游业和对外贸易。大力培育“四季四节”旅游品牌，继续整合包括国际大巴扎在内的旅游资源，科学制定旅游精品线路，加大旅游产品推介力度，突出发展红色旅游、现代农业观光旅游、沙漠旅游，积极探索“丝路带动”区域旅游经济发展新路子。努力扩大自产品出口，加快推动焦炭、番茄酱、纺织品、食用油等出口基地建设，利用好“国家外贸转型升级专业型示范基地”的平台，引导外贸转型升级。第五，要大力开展服务业促进年活动。按照《兵团加快服务业发展的指导意见》，研究出台师市推进服务业发展的实施意见。

（二）坚持创新驱动聚要素，加快推进新型城镇化建设

城市城镇是资金、技术、信息、人才、管理等现代生产要素的集聚“高地”。新型城镇化与农业现代化、新型工业化、服务业现代化密不可分。没有新型城镇化创造条件、提供辐射，其他“两化”就难以推进。我们要坚持以人为本，扎实开展“城镇化提升年”活动，持续提高城镇化水平。一是坚持以科学规划指导城镇化建设。完成五家渠市供热、燃气、供水、市域体系等7个专项规划的编制工作。按照《兵团城镇化发展规划（2014~2020年）》，加快对师域城镇体系规划、团场体系规划和团场城镇规划修编工作，年内全部调整到位。二是继续加大城市、城镇基础设施建设力度。在水、电、暖、路、气等基础设施建设中，坚持城市及相邻区域、团场城镇及公共服务配套建设要统一规划、统一建设、统一管理。要特别解决好近年来因基础设施配套没到位而出现的房屋空置问题，建设部门要会同相关团场认真会诊、提出解决的办法。今年，要力争自来水普及率达到100%，污水处理率达到91%，集中供热覆盖率达到90%，燃气普及率达到85%，生活垃圾无害化处理率达到98%。三是促进产城融合。坚持以城市城镇为载体，加快产业发展，努力做到以产兴城、以城聚产、产城互动。引导促进项目、资金、技术、

劳动力向城市城镇和产业园区聚集，积极打造特色城镇。坚定不移地实施产城一体发展战略，一方面要大力培育主导产业，完善产业链条，推动产业链条式、集群式发展，提升城市城镇支撑力；另一方面，要加快城市城镇发展，注重城市城镇与产业的功能对接，注重城市城镇发展的低碳和环保、生态和绿色，提升竞争力。四是全面提高城市城镇综合管理水平。积极探索并建立城市综合执法管理体制，并向团场城镇延伸，切实解决执法主体不明的问题。依法加强环境综合治理，严厉整治乱搭乱建、乱停乱放、乱扔乱倒等问题。加强食品药品监督管理，严查并打击假冒伪劣商品。加强专业化、社会化的物业管理，提高物业管理水平。对于城市或城镇公共服务市场化情况，师市将进行考核评估。五是加强保障性住房建设与管理。今年要新建公共租赁住房3 200套，实施棚户区改造4 000户。推进保障性住房“实名制”管理，建立健全保障性住房分配机制和信息公开机制，促进公开公正公平。继续推进城市旧城区改造工作，完成房屋征收500户，逐步改善居住环境，发展成果惠及民生。六是积极推进建镇工作。要加大协调沟通力度，今年力争实现芳新建镇工作有新进展。同时，积极争取红旗农场、奇台农场启动建镇工作。

（三）坚持投资拉动稳增长，不断增强发展的动力

保持一定的投资总量，依然是实现保增长、促发展的关键。一是着力加强基础设施投入。加快能源、交通、水利等基础设施投入，完成能源投资18.65亿元，新增发电5亿千瓦时；完成公路建设总里程227千米，完成投资3亿元，重点是要积极争取五家渠至甘莫公路建设项目、福海至五家渠市公路建设项目纳入自治区交通规划；完成水利工程投资2亿元，重点实施甘河子水库配套工程、西沙河改造及西沙河至芳草湖农场整渠扩建工程和鹰湖水库至新湖农场渠系改造工程。加快园区基础设施建设，今年“三大园区”要完成基础设施投资14.5亿元，不断完善园区功能，增强项目承载能力。二是着力加快重点产业项目建设。围绕服务业提升水平，壮大规模，加快建设君豪、地王等一批服务业项目，确保服务业投资增速不低于16%。围绕工业转型发展、提质增效，加快新业能源1，4丁二醇、现代石油、北塔山300万吨石灰石矿开采及深加工、华春毛纺工业园二期、龙净环保二期项目建设，同时，促成铝制品深加工、精加工项目早日落地。三是着力抓好重大项目储备工作。加快开展“十三五”重大项目计划编制工作，谋划、储备一批基础性、全局性、战略性的重大项目。要紧紧抓住丝绸之路经济带核心区建设和承接东部产业转移机遇，不失时机地引进一批质量高、效益好、带动力强的好项目大项目。四是着力解决发展中的资金瓶颈。鼓励和支持符合条件的企业通过发行公司债券、中期票据，以及实施金融租赁，以及有效发挥小贷公司、担保公司的作用，扩大金融市场融资功能。加快职工土地承包经营权抵押贷款和活体牲畜保险抵押贷款推进工作。对基础设施和公用设施可实行包括BOT、TOT在内的特许经营，同时，努力探索PPP模式，以及探索对战略性新兴产业设立投资基金或投资引导资金，吸引社会资金进入，放大投资倍数。积极支持华春毛纺、西普公司等非公企业上市融资。总之，多方面、多层次、多渠道解决经济社会发展中的融资瓶颈问题。五是着力抓好项目管理。健全项目管理“六项机制”，强化协调配合，2月初研究批复今年固定资产投资计划，4月20日前完成项目开工前的一切准备工作。特别强调，要严格履行项目招投标程序，对违犯规定者严肃追责。

（四）坚持深化改革增活力，着力破解发展中的矛盾问题

改革创新是发展的根本动力。只有全面深化改革，才能解决发展中的矛盾和问题。一是深入推进团场改革。团场改革要在去年实施的兵团和师试点团场改革的基础上继续深化，从而全面完成试点改革任务。尤其是政企分开要规范和到位，不仅在机构、人员、职责上彻底分开，而且在实际运营中团场要支持公司充分发挥市场主体和法人实体功能。今年师市将按兵团总体要求，全面实施团场综合配套改革。二是加快推进国资国企改革。就国有资本的监管而言，按照竞争类、公益类企业分类监管。国资委要由管资产向管资本转变，形成国资委—投资运营公司—企业这样的多级监管体系。就国有企业而言，要大力推进混合所有制改革，加快发展混合所有制经济。这是深化国企改革的方向。进一步完善激励约束机制，严格规范企业负责人薪酬水平。对亏损严重企业，加快改制重组步伐。今年3月底之前要彻底完成中基公司的二次重整。要积极寻求合作伙伴，加快鸿基焦化公司和梅斯布拉克煤矿的企业重组步伐，使企业尽快走出低谷。三是转变行政职能。按照兵团统一部署，大力

推进师团机构改革。按照职能转变要求，师市要继续简政放权，研究下放部分审批事项。今年要全面落实已公示的政府部门权力清单制度。积极推进公务用车制度改革，按照兵团统一要求，师团机关和企事业单位年底前要全面完成。规范运行公共资源交易中心和行政审批中心，强化权力监督和过程管理。深入推进审计结果"双公开"工作，强化社会对政府的监督。四是按照完善师市合一基本要求，加快延伸团场行政职能步伐。今年，师市先选两个团场试点，由师市所属行政机构对各团场进行委托执法，明确执法授权项目和范围，理顺法律关系。同时，理顺团场财政体制，实现财权与事权相适应这项工作也一同试点。就委托授权而言，要在研究下放部分审批权的同时，重点推进多种政府执法职能的到位和建立，比如：在食品药品安全、工商质检、公共卫生、安全生产、文化旅游、资源环境、农林水利、交通运输及城镇建设与管理等领域有序推进。五是推进社会领域关键环节改革。加快分类推进事业单位改革步伐，探索建立多种形式的法人治理结构，使其真正成为独立的法人。积极推进机关事业单位养老保险制度改革和工资调整工作。稳步实施学校、医院以外事业单位绩效工资制度。进一步推进奇台垦区（模拟）医疗集团试点工作。坚持积极稳妥、规范有序的原则，积极推进户籍制度改革。六是要研究制定鼓励土地流转的政策措施，尽快出台师市土地流转的指导意见。

（五）坚持开放合作促发展，努力提高开放型发展程度

开放的程度决定发展的速度。在经济发展新常态下，只有大踏步的对外开放，才能实现大踏步的快速发展。一是要抓住机遇扩大开放。丝绸之路经济带核心区建设和乌昌石城市群建设是难得的历史性机遇。我们要根据自治区和兵团的规划意见和行动计划，尽快制定产业规划和实施方案，力争在新一轮发展中赢得主动、走到前头。要坚持以空间换时间，充分发挥区位优势，吸引大企业大集团来师市开发建设；要坚持以资源换产业，充分利用已有的资源优势，通过合资合作、招大引强，实现资源优势向产业优势转化。同时，快速打造包括综合保税中心在内的开放平台建设，大力发展开放型经济。二是要持续加大招商引资工作力度。要着力在提高招商引资的质量和效果上下功夫，坚持围绕师市产业发展规划和结构优化的要求抓招商，围绕新疆丝绸之路经济带核心区定位抓招商，围绕战略性新兴产业抓招商，围绕重点基础设施建设抓招商，围绕延长产业链、打造新的经济增长点抓招商，努力引进一批科技含量高、产业链长、成长性好、带动力强、绿色环保的优质项目。师市上下要高度重视招商引资工作，各级党政主要领导要亲自安排部署，亲自外出招商，实现招商引资新突破，力争今年实现招商引资到位资金180亿元。三是继续做好对口援疆工作。认真贯彻落实第二次中央新疆工作座谈会精神，以就业、教育、人才为重点，大力实施干部人才援疆、"一对一"结对援助、教育卫生惠民、先进文化传播示范、产业援疆等五项工程，扩大对口援疆"飞地"经济合作范围，把与援疆省、其他省市及中央企业的合作与交流推向更宽领域、更高层次，确保"十二五"援疆规划目标任务顺利完成。要认真评估"十二五"援疆规划实施情况，在此基础上科学编制"十三五"对口援疆规划。

（六）坚持改善民生促和谐，全面推进各项社会事业发展

切实改善和保障民生。一是要认真实施团场职工多元增收三年攻坚行动计划。拓宽职工多元增收渠道，加快劳动力转移就业促增收，调整农业结构、大力发展畜牧业促增收，创新农业生产经营体制促增收，提高劳动者择业能力促增收，落实包括鼓励土地流转及有关奖励补助在内的惠民政策促增收，进一步明确今年目标任务，强化考核的激励与约束，确保实现农业经营以外的收入比重超过40%，圆满完成"十二五"团场职工多元增收目标。二是实施重大惠民工程。继续办好"十件实事"，持续加大基础设施、教育、医疗卫生、就业及扶贫开发等领域的投入，不折不扣地把实事办好、办实。三是师团都要研究扶持一批就业能力强的"短平快"项目，以产业促就业。进一步加大就业创业政策的扶持力度，促进高校毕业生、职工子女、团场富余劳动力就业。继续开展转移富余劳动力、组织劳务创收、加大技能创业培训"三大攻坚行动"，扎实推进"双五千"工程。设立师市电子商务创业孵化园，鼓励并吸纳各类人才到师市自主创业，培养适应经济发展的复合型人才和创新型人才。围绕企业招工难问题，继续开展校企合作、校校合作，为企

业与劳动者搭建平台，做好服务。四是大力实施扶贫开发工作。巩固贫困团场三年扶贫攻坚成果。继续集中力量支持北塔山牧场建设发展，使各族职工群众共享改革发展成果。实施边境团场贫困职工精准扶贫，将精准扶贫项目资金与建档立卡贫困户实名挂钩，加大边境团场扶贫攻坚力度，使贫困职工早日脱贫。五是全面推进社会事业发展。加强科技工作，着力强化创新驱动发展顶层设计，谋划编制“十三五”科技发展规划，提出一批科技创新工程。大力引进和培养科技人才，提高科研水平。聚焦师市“三化”建设，加强科技支撑和引领作用。促进科技与经济深度融合，力争师市科研经费占生产总值的比重比去年提高0.5个百分点。统筹发展各类教育。围绕义务教育初步均衡发展目标，统筹师域内教育均衡发展，大力实施“改薄”工程、名师工程和学区建设工程“三项工程”。推进卫生事业发展，把提高职工群众健康素质作为改善民生的重要目标。同时，加快文化体育事业发展。进一步完善社会保障体系。

（七）坚持依法行政为核心，大力推进法治师市建设

兵团党委已制订出台关于贯彻依法治国若干重大问题决定的意见。根据兵团党委要求，师市也将制定贯彻实施方案。这里我主要强调依法行政问题。依法行政是依法治国的重要环节。只有严格依法行政，才能把依法治国落到实处。推进法治师市建设，关键是要坚持依法行政。一是依法履行行政职能。积极探索完善“师市合一”“团镇合一”“区团合一”行政管理体制，逐步将政府行政职能延伸到市辖以外的团场，明确依法行政的行为主体。师市要在原有基础上进一步完善法制机构。团场要结合综合配套改革，统筹内部行政编制，做到机构、人员、职能到位。从今年起，师市机关要全面推行政府权力清单制度，加快建设法治政府、阳光政府、廉洁政府。坚持法定职责必须为、法无授权不可为，坚决纠正不作为、乱作为，坚决克服懒政、怠政，坚决惩处失职、渎职。转变行政职能，规范行政审批服务中心和公共资源交易中心运行，提高行政服务效率，有效防止腐败行为。二是健全依法决策机制。进一步修改完善政府工作规则，把公众参与、专家论证、风险评估、合法性审查、集体讨论决定作为重大行政决策法定程序，确保决策制度科学。健全政府法律顾问制度，建设政府法律顾问队伍，充分发挥政府法制部门牵头、社会律师广泛参与的工作机制，保证法律顾问在制定重大行政决策、出台重要文件、推进依法行政中发挥积极作用。建立重大决策终身责任追究制度及责任倒查机制，对决策严重失误或依法应该及时做出决策但久拖不决造成重大损失、影响恶劣的，严格追究相关责任人的法律责任。三是深化行政执法体制改革。推进综合执法，理顺城管执法体制，加强城市管理综合执法机构建设，提高执法和服务水平。严格实行行政执法人员持证上岗和资格管理制度，未经执法资格考试合格，不得授予执法资格，不得从事执法活动。严格执行罚缴分离和收支两条线管理制度。建立行政执法机关、公安机关、检察机关、审判机关信息共享、案情通报、案件移送制度。四是强化对行政权力的制约和监督。自觉接受人大的法律监督和政协的民主监督，认真办理人大代表议案、建议、意见和政协委员提案。加强审计监督，对财政资金、国有资产、国有资源和领导干部履行经济责任情况实行审计全覆盖。五是全面推进政务公开。按照“公开为常态、不公开为例外”的原则，扩大公开领域，创新公开形式。要依据权力清单，向社会全面公开法律依据、实施主体、职责权限、管理流程、办理时限等事项。对涉及公民、法人或其他组织权利和义务的规范性文件，要按照政府信息公开要求和程序予以公布。实行政府采购信息公告制和采购结果公示制。推进政务公开信息化，加强政府网站服务平台和便民服务平台建设。六是加强法治能力建设。加强公务员队伍自身建设，重视行政机关工作人员依法行政意识与能力的培养。积极开展法治“六进”活动，做好“六五”普法检查验收工作。

（八）坚持驰而不息抓作风，确保各项目标任务顺利完成

作风建设事关事业成败。自去年开展党的群众路线教育实践活动以来，“四风”问题得到明显遏制，但“四风”问题的影响还远远没有清除干净，稍不注意，“四风”问题就会卷土重来。只有驰而不息纠正“四风”，才能切实转变作风，弘扬正能量，确保各项目标任务顺利实现。第一，要始终坚持“作风建设永远在路上”。进一步加强群众路线教育实践活动整改落实和巩固拓展情况专项检查，认真组织开展“回头看”活动。同时，根据中央部署要求，扎实开展“三严三

实”活动，建立作风建设的长效机制，推进作风建设常态化。这里特别强调的是，面对今年艰巨的工作任务，各级干部特别是领导干部必须主动作为，狠抓落实。认真思考问题、研究问题，对问题及成因要了然于胸。唯有如此，才能找到解决问题的招数。要知难而进、锲而不舍，主动选择最复杂、最紧迫的问题，带头深入一线，亲自破解难题，一个行业一个行业分析，一个单位一个单位研究，一个问题一个问题解决，抓细抓实，务求实效。要高标准、严要求，不能不求过得硬、但求过得去。师市相关部门要把监督检查工作作为抓落实的重要责任，师市党委督查部门要对重点工作列出清单，专项督查，对不作为、慢作为和乱作为的单位、部门主要领导实施严肃问责，确保目标任务顺利实现。第二，要守纪律，讲规矩。人不以规矩则废，党不以规矩则乱。各级党员干部尤其是领导干部要主动适应政治新常态，切实增强党纪国法意识，严守党的纪律、严明党内规矩，始终做到清正廉洁，始终做到慎微慎独慎初慎行、自重自醒自警自励，始终做到令行禁止，不越雷池、不触底线。特别是要贯彻落实好“三重一大”制度，重大问题集体研究决定，确保民主决策、科学决策。要严格执行中央“八项规定”、兵团党委“二十六条规定”和师市党委“八条规定”，大力营造风清气正的社会环境。大力支持纪检监察、审计部门工作，对违返制度规定者要严肃问责，从严处理，并与业绩考核紧密挂钩，强化制度的严肃性和权威性。第三，要坚持原则，强化管理。一是认真抓好绩效考核工作和争先进位工作。按照科学发展的要求，完善绩效考核指标，认真落实争先进位标准，并将其分解落实到师市分管领导和部门，切实发挥考核指标的导向和激励约束作用，力求通过扎实的过程管理来保障预期的具体结果。二是深入开展“两个大检查”“审计两重点”“四项严管控”工作。“两个大检查”就是财务大检查、安全生产大检查；“审计两重点”就是项目投资审计和干部任中审计；“四项严管控”即严格管控项目招投标、主要农资统一采供、工业产品内部销售以及恶意拖欠农民工工资。三是继续压缩“三公”经费。今年，师市本级“三公”经费要在去年的基础上下降5%。继续降低团场债务风险，力争团场平均资产负债率比上年再下降3个百分点。此外，深入开展机关事业单位“吃空饷”等集中整改工作。做到彻底清理，坚决纠正，取得成效。第四，认真抓好安全生产和稳定工作。去年，师市发生多起安全生产事故，社会影响极大，教训十分深刻。今年，我们一定要认真贯彻落实新的安全生产法，按照“一岗双责、党政同责、齐抓共管”的要求，进一步健全安全生产责任制，大力推进“依法治安”。强化“红线”意识，始终把人民群众的生命安全放在首位，发展决不能以牺牲人民群众生命为代价，这是一条不可逾越的“红线”。强化行政执法检查，对于违规违法行为，要重拳出击，决不手软，对不符合安全生产要求、标准和规定的，该整顿的整顿，该关闭的关闭，该取缔的取缔，不留隐患、不留死角，切实防止和杜绝安全生产事故的发生。切实抓好信访稳定工作，进一步畅通并拓宽信访渠道，着力解决群众的合理诉求，有效化解信访积案，大力营造和谐稳定的社会环境。树立维稳常态化意识，健全社会风险评估、矛盾排查、处置等机制，强化“网格化”管理，深化平安创建工作，有效推进依法治理。

四、抓好当前的几项重点工作

（一）学习宣传好这次会议精神

这次会议是在经济社会发展新常态下召开的一次重要的会议，对于实现“十二五”规划目标，开启“十三五”规划征程，加快推进师市各项事业发展具有十分重要的意义。会议结束后，各级各部门要迅速组织传达学习，把思想和行动统一到师市党委的决策部署上来。在此基础上，谋划好本单位、本部门今年的工作目标任务和措施。对于这次会议确定的重大决策部署和目标任务，要尽快形成具体的落实方案，明确责任、完成时限和保障措施。党政督查部门要及时对会议的学习宣传、贯彻落实情况进行督查，确保政令畅通。

（二）做好“十三五”经济社会发展规划编制工作

这项工作已于去年9月份做了安排。各级各部门要严格按照师市“十三五”规划编制工作方案的要求，明确责任部门、单位、责任人以及任务节点、完成时间，确保完成1个总体规划、17个专项规划和12个团场规划的编制。同时，做好“三规合一”试点单位的规划编制工作。建立专家顾问咨询制度，加强与兵团、自治区和昌吉州规划的对接，下决心、下功夫编制出一个具有创新性、时代性、前瞻性的发展规划。

（三）认真抓好冬春农业生产和团场职工多元增收工作

相关部门和单位要做好农业种植计划的安排落

实以及农产品订单的签订。及早做好种子、地膜、农药、化肥等生产资料的储备，确保春耕春播农资供应。要加强农资市场的监管，确保主渠道采供顺畅。组织好农机具检修、更新改造和调试工作。加强重大动物疫病防控，确保不发生重大疫情。山区牧区做好牲畜产羔育幼和雪灾、洪灾等各类灾害的应急准备工作，确保牲畜安全越冬度春。切实加强冬春团场职工多元增收工作。这项工作师市已做了安排，要通过有效的措施和途径，确保冬春团场职工农牧工家庭人均纯收入增加1 200元以上。

（四）妥善安排好职工群众生活

切实做好年底职工收入分配兑现和农民工工资兑现工作，春节前要足额兑现到位。近期，各级各部门要深入基层、深入群众，组织好走访慰问、送温暖等活动，重点慰问贫困户、低保户、优抚对象等，帮助他们解决实际问题。关心职工群众生活，充分发挥国储肉、便民蔬菜店的调控作用，保持价格稳定，保证生活用品及水、电、暖供应。组织开展丰富多彩的群众性节日文化活动，让职工群众过上一个欢乐祥和的春节。

（五）高度重视社会稳定和安全生产工作

认真贯彻自治区党委稳定工作会议精神，消除兵团、师市范围内不会发生暴恐事件的盲目乐观思想，严格执行值班、执勤制度，健全情报信息网络，执行常态化巡逻防控，严密防范各类事件发生。抓好信访工作，落实信访工作责任制，畅通信访渠道，加强矛盾纠纷排查调处，妥善解决职工群众反映强烈的突出问题，严防大规模群体性事件，确保社会大局和谐稳定。组织开展安全生产专项大检查，加强对重点区域和企业的安全隐患排查治理，加强人员密集场所安全管理，特别注重防火、防爆和交通安全，确保节日期间万无一失。要加强食品药品安全日常监管，确保辖区内不发生食品药品安全事故。

同志们，今年的工作目标任务已经明确，任务艰巨、使命光荣。让我们紧密团结在以习近平同志为总书记的党中央周围，在兵团党委的正确领导下，主动适应新常态，迎接新挑战，努力开创师市各项事业发展的新局面，为更好地发挥兵团特殊作用、维护新疆社会稳定和长治久安做出新的更大的贡献！

政府工作报告

——2015年3月3日在五家渠市三届人大五次会议上

五家渠市人民政府市长　张顺帮

各位代表：

现在，我代表市人民政府向大会作政府工作报告，请予审议，并请市政协委员和列席人员提出意见。

2014年工作回顾

一年来，在师市党委的正确领导和市人大、政协的监督支持下，市政府紧紧围绕科学发展第一要务、维护稳定第一任务，按照“稳中求进、改革创新、提质增效”总基调，调整经济结构，优化产业布局，深化各项改革，努力改善民生，促进社会稳定，较好地完成市人大三届四次会议确定的各项工作任务。

一、经济实现较快增长

面对复杂严峻的经济形势，我们着力推进园区和项目建设，调整优化产业结构，保持经济较快发展。

预计全年实现生产总值135.5亿元,增长20.5 %;完成固定资产投资204.4亿元,下降14 %;城镇居民人均可支配收入27 760元,增长13.6 %,连队常驻居民人均可支配收入14 970元,增长19 %;实现全口径财政收入13.5亿元,其中地方财政收入10.3亿元,增长7%。

——服务业保持快速发展。预计实现增加值41.3亿元,增长16.6%。青湖经济开发区完成投资82亿元,金科、润泰、地王、君豪和恒大等重点项目加快推进。后续服务业重点项目招商工作进展顺利,总投资95亿元的义乌小商品城、轻纺城、O2O智慧城和信息动漫城等项目正式签约,前期手续和规划设计正在有序进行。科教文化产业及"一城三馆一园"的总体规划通过评审。保税物流中心项目及航空物流项目申报工作顺利推进。完成五家渠市商业网点规划工作。旅游业发展迅猛。青格达湖旅游区被评为"2014美丽中国十佳旅游度假区",中基番茄红素列入国家"旅游必购商品"名录。全年接待游客117.6万人次,增长27.6 %;实现旅游综合收入2.2亿元,增长27.4 %。

——新型工业化加快推进。预计实现增加值76亿元,增长16.1%。优化工业发展布局、促进产业转型升级。推进《师市战略性新型产业发展规划》《五家渠市电力发展规划》等专项规划的编制工作。五家渠经济技术开发区健康发展,预计实现工业增加值70亿元,增长26.6%,占全市工业经济的92.1%。有色金属冶炼、农副产品加工、煤电煤化工、纺织服装、建材、机械制造六大支柱产业带动作用明显,规模以上工业企业实现产值285亿元、增长15%。支持企业技术改造和企业信息化建设,安排项目补助和奖励3 147万元。新增国家级高新技术企业2家、自治区级企业技术中心3家、自治区级产学研示范基地1个,4家企业入选自治区第三批战略性新型产业重点支持和重点培育企业名单。淘汰过剩产能推进节能减排,严禁污染项目进入辖区,对排放不达标企业限期整改。

——农业现代化稳步推进。预计实现增加值7.56亿元,增长5%。种植业、畜牧业、果蔬园艺业产值比为41∶30∶29。设施农业规模不断扩大,建成标准化葡萄园2.2万亩、规模化养殖场32个、温室大棚1 924座。发展休闲观光农业和体验农业,累计接待游客5万人次,实现观光旅游综合收入500万元。农业产业化进程不断加快,农产品加工企业达到50家,其中农业产业化重点龙头企业10家。农产品加工产值与农业总产值比达到0.77∶1。引进和培育一批畜牧龙头企业,扶持鑫宝科技等畜牧业龙头企业不断发展壮大。新增注册农工专业合作社5家。新建续建规模养殖场(区)4个。

——建筑业持续发展。实现增加值10.62亿元,增长172 %。完成建筑施工187.9万平方米,增长98.1%。资质企业完成建筑业产值42.9亿元,增长194.1%。切实规范建筑市场秩序,完成招投标项目241个,中标金额17.02亿元。依法核发建设工程施工许可证108件。建筑施工质量进一步好转,创建兵团级文明工地20个、自治区文明工地4个、自治区天山奖1项、兵团昆仑杯5项。华源·贝鸟语城项目荣获中房协"第六届中国广厦奖",贝鸟·逸轩项目获得国家康居工程优秀奖。

二、建设管理水平不断提升

——城镇规划进一步完善。五家渠市总规修编获自治区批复。一〇二团梧桐镇近期建设范围内控制性详细规划、一〇三团蔡家湖镇重点建设片区控制性详细规划及农副产品深加工区控制性详细规划等专项规划编制完成,城区控制性详细规划编制覆盖率达到85%。

——城市建设步伐加快。完成城镇建设投资11.4亿元。开工建设4个水利工程项目。完成自来水厂供水改扩建项目,日新增供水能力1.32万立方。经济技术开发区东工业园220千伏和城区110千伏变电站建成,青湖商务区220千伏、北工业区220千伏和五家渠750千伏变电站前期工作开展顺利。实施交通建设项目3个,公路改扩建60千米;建立公交出租智能管理系统,新增城市公交线路1条。完善经济技术开发区基础设施配套,建设道路21.5千米、供电线路10.7千米。完成青湖经济开发区道路12.7千米、供气管线21千米、绿化781亩。旧城区改造项目稳步推进,投入资金2.86亿元,征收11.05万平方米。完成"暖房子"工程10.61万平方米,完成既有建筑节能改造16万平方米。智慧城市建设起步顺利,第四代移动通信网络基本覆盖中心城区和郊区重点区域,五家渠市建成区面积达到17.36平方千米。

——城镇综合管理水平明显提升。依法加强市容市貌、环境卫生治理,严厉整治乱搭乱建、乱停乱放、占道经营等问题，拆除私搭乱建9 387平方米。集中整治团结巷和富强街，取缔原皮革厂路口、阳光康居西门、师医院路口等流动摊点和占道经营摊点，解决一批群众反映强烈的热点难点问题。10家便民蔬菜店开业，稳定了市场菜价。清理违规广告牌匾250块。按照“试点、示范、推广”的原则，积极推进小区物业、城镇绿化、环卫、修缮等服务社会化、市场化、专业化。加强交通管理，主要干道设置了隔离栏；认真开展“打击非法营运车辆”治理活动，规范出租车运营行为。受理师(市)长信箱来信424件，办结率72%，其他来信正在办理；“12319”城管服务热线受理市民来电408个，投诉办结率100%，满意率95.3%。

三、改革开放成效显著

全面推进政府职能转变，行政服务中心和公共资源交易中心正式运行。公共资源交易中心完成各类交易2 012批次，交易金额99.5亿元，节约资金3亿元；行政服务中心办理各类业务1.5万余件，办结率100%，满意率97%。政府权力清单已完成审核，行政审批事项已向社会正式公布。完成青湖经济开发区一〇一团、一〇三团蔡家湖镇2014年改革试点任务和验收评估工作。积极推进政府职能延伸，完成青湖经济开发区行政职能授权以及梧桐镇、蔡家湖镇行政职能的完善和执法证件的换发工作。完成新疆水泵厂改制工作。稳步推进事业单位改革，准噶尔时报社、师医院、五家渠一中、畜牧兽医站等单位先行先试，积极探索事业单位分类改革新途径。医疗卫生改革稳步推进。出台《师市引进民营医疗机构开展社区卫生服务管理办法》，引进4家民营机构进入5个社区卫生服务站。

积极推进对外开放，招商引资到位资金192亿元。实现外贸进出口总额4.6亿美元。援疆工作成效显著，“一对一”结对支援取得新进展，山西太原经济技术开发区与青湖经济开发区共同出资1.25亿元组建了新疆青湖晋高投资公司，以此为平台建设清华科技产业园。推进兵地融合发展，加强与周边地州市的交流与协作。

四、民生和社会事业全面推进

——惠民实事全面实施。投资2.02亿元用于惠民实事建设。其中：投资460万元完成五家渠商贸城外围环境改善工程；投资680万元完成五家渠高级中学运动场建设项目；投资608万元完成一〇二团晋援路社区联建楼建设项目；投资430万元完成一〇三团团结街社区服务中心及社区老年人日间照料中心项目；投资1 500万元完成六师医院医疗设备更新建设项目；投资217万元铺设长征西街供水管道，预计今年完成；投资1 127万元铺设军垦路供水管道；投资644万元建设富强西街青湖路至滨河路步行街工程，今年完工；投资1.22亿元的青湖路北延工程，今年7月底前完工；投资2 330万元实施五家渠市西区煤场改造项目，今年8月底前完成。

——社会保障进一步完善。新增就业1.03万人，援助就业困难人员就业849人，团场富余劳动力转移就业3 565人，引进疆内外劳动力3 900人。“零就业家庭”动态清零，城镇登记失业率控制在3%以内。各项社会保险待遇按时足额兑现。制定《师市职工医保门诊大病、门诊慢性病管理暂行办法》《师市职工生育保险暂行办法》。发放社会救助资金593.96万元，累计救助2 074人次。出台《关于支持养老服务业发展的意见》，成立老年大学，完成养老院主体工程建设，今年5月投入运营。西林路社区日间照料中心投入运营，一〇二团和一〇三团日间照料中心建设完成。投资6 393万元新建公共租赁住房592户4.7万平方米。投资1.48亿元实施4个保障性安居工程配套基础设施项目。加大残疾人帮扶力度，老龄和残疾人事业各项工作扎实开展。大力实施团镇职工多元增收三年攻坚行动计划，实现连队常住居民人均可支配收入净增2 400元。

五家渠市第三届人民代表大会第五次会议会场。
(栗　庆)

——社会事业全面进步。完成民生和社会事业投入5.4亿元。坚持教育优先发展，投资3 739万元完成3个街道体育健身工程、2所青少年俱乐部体育器材配备等8个教育建设项目。出台《关于加快学前教育发展的实施意见》《师市二期学前教育三年行动计划》，九年制义务教育均衡发展稳步推进，高中阶段教育质量不断提升，学区化办学机制得到进一步完善，社会化办学取得新突破，科信职业学院顺利完成首批新生招录工作，启蒙幼儿园、一〇一团恩美幼儿园迁入新址。科技创新步伐明显加快，承担国家、兵团科技项目55个，争取上级科技经费2 000万元，增长30%。研发经费占生产总值比重达到1.4%，获得兵团科技进步奖2项。全面提升食品药品治理能力，查处制售假劣食品药品案件20起，捣毁药品制假窝点1个，移送公安机关案件1起。人口计生各项工作任务全面完成。文化事业蓬勃发展，投资3 216万元实施公共文化基础设施项目5个，博物馆完成改陈布展，一〇三团知青馆竣工开馆，五家渠军垦之声合唱团获五彩夕阳全国中老年合唱艺术节四项金奖。

五、生态环境持续改善

——生态建设取得新成效。着力构筑生态环境屏障，实施准噶尔盆地南缘防沙治沙工程，加强国家级公益林和荒漠植被管护，巩固退耕还林、退牧还草成果。植树造林5 260亩，建成区绿地面积474.77公顷，绿地率33.43%，绿化覆盖率37.25%，人均公园绿地面积11.32平方米。严格落实水资源利用"三条红线"，坚持推行"总量控制、定额管理"的水资源管理机制，以水定地，加强水资源保护。

——环境治理实现新进展。加大污染治理力度，严格落实乌鲁木齐区域大气联防联控要求，加大投入，重点实施脱硫除尘工程，完成重点控制区燃煤锅炉脱硫除尘改造，脱硫效率达70%以上、除尘效率99%，启动筹建机动车尾气检测系统工程。加强企业环保设施建设，投入14.5亿元，建设六师煤电脱硫脱硝、蒙鑫水泥脱硝、工业区污水处理等18个减排工程，完成率100%，兵团下达的主要污染物总量减排任务全面完成。完成重点污染源在线自动监测设备验收5项，建设项目环评执行率95%以上，"三同时"执行率85%以上。加强环境保护执法，出动环境执法人员1 500余人次，检查企事业单位及建设项目630余次，关停小塑料加工点4家，立案处罚企业2家，下达责令整改通知7份，督办通知1份，监察执法通知29份；受理查处环境污染投诉、环境信访80件，处理率100%。

六、社会大局保持和谐稳定

高度重视反恐维稳工作。加大维稳经费保障，投入3亿元用于建设民兵训练基地、社区警务室和技防等建设，投入8 000万元用于市内敏感节点维稳保障经费，投入300余万元用于公安、武警购置卡点和其他维稳执勤装备。依法加强宗教事务管理，认真开展打击非法宗教专项活动。同时按照兵团统一部署在师市开展打击暴力恐怖专项行动，维护辖区社会稳定。圆满完成"4·29""8·31""10·7"敏感节点和国家领导人视察以及兵团60周年庆典科目演示、"心连心"艺术团慰问演出等重大安保任务30余次。强化人口流出流入地"双向管"工作措施。重点行业、主要街道、商业网点密集区、宾馆酒店等活动场所的治安管理和安全检查取得积极成果。深刻吸取安全生产事故教训，全面开展"六打六治"专项行动，关闭、责令停产整顿一批不符合安全标准的企业，消除安全隐患，创新安全监管方式，加强基层安监队伍建设，做到编制、人员、经费落实。扎实做好信访工作，畅通诉求渠道，妥善化解社会矛盾纠纷，维护群众合法权益。完善人民调解与行政调解、司法调解联动机制，构建大调解的工作体系。

七、政府自身建设不断加强

深入开展党的群众路线教育实践活动，聚焦"四风"，集中解决市民反映强烈的66个突出问题，狠抓整改落实和建章立制，扎实推进"访惠聚"活动，干部作风明显转变，干群关系更加紧密。认真贯彻落实中央八项规定、自治区、兵团和师市党委相关规定，"三公"经费支出下降20.7%，精简会议活动和文件简报，办公用房按标准完成清理腾退工作。自觉接受人大法律监督和政协民主监督，努力在解决问题上下功夫。全年办理人大代表议案、建议131件，政协委员提案68件，办复率100%、满意和基本满意率100%，议案建议办结率81.5%。加大政府信息公开力度，覆盖师市机关及团镇的OA办公平台搭建完成并投入使用。公共交易中心和行政审批服务中心人员职责逐步到位，运行良好。加强法治政府建设，法制办专职人员充实到位，组织开展执法证换证培训2次共789人。"六五"普法工作扎实开展。支持工会、共青团、妇联、工商联、残联等群团组织发挥作用。绩效考核、行政监察、审计监督、政府督查不断强化,认真落实党风廉政建设主体责任,廉政风险防控体系进一步完善,营造干部清正、政府清廉、政治清明的良好发展环境。

各位代表,一年来,我们取得的成绩来之不易。这是师市党委正确领导的结果,是人大代表、政协委员依法监督、参政议政的结果,是全市上下开拓奋进的结果。在此,我代表市人民政府,向全市各族干部群众、援疆干部、公安干警、驻市人民解放军和武警官兵,以及所有关心、支持和帮助五家渠改革发展的同志们、朋友们致以崇高的敬意和诚挚的感谢!

在看到成绩的同时,我们也清醒地认识到,工作中还存在一些矛盾和问题,主要表现在:外围交通互联互通配套不到位,区位地缘优势发挥不明显;产业层次还不高,产业结构还不合理;受宏观经济和市场因素影响,企业经济效益明显下滑,固定资产投资增速下降;职工多元增收渠道还比较单一,增收结构不尽合理;人才缺乏问题突出,创新发展动力不足;节能减排形势不容乐观;安全生产形势依然严峻;政府依法行政、转变职能等还有一定差距。

关于2015年工作

今年政府工作的总体要求是:深入学习贯彻习近平总书记系列重要讲话精神,认真贯彻落实党的十八届三中、四中全会精神,自治区和兵团党委(扩大)会议及师市党委十届五次全委(扩大)会议精神,紧紧围绕维护社会稳定和长治久安总目标,坚持"稳中求进、改革创新、提质增效"工作总基调,主动适应新常态,突出发挥"稳定器""大熔炉""示范区"作用,着力优化经济结构调整、改善和保障民生、全面深化改革、推进法治师市建设和维护社会稳定等方面取得新成效,努力完成"十二五"规划目标。

今年经济社会发展的主要预期目标是:实现生产总值158亿元,增长15%。三次产业结构比5:65:30。全口径财政收入15亿元,增长10%。全社会固定资产投资160亿元。社会消费品零售总额35.2亿元,增长16.8%。城镇居民可支配收入31 785元,增长14.5%;连队常住居民人均可支配收入17 140元,增长14.5%。城镇登记失业率控制在3%以内。

围绕以上目标重点做好以下七个方面工作:

一、抓调整、转方式,加快推进转型升级

推进服务业创新发展。实现三产增加值48亿元,增长15%。重点抓好青湖经济开发区的建设发展,按照"区团合一"功能的实际需要,完善区团内设机构,理顺区团项目审批、财政管理等相关体制。坚持"一区三园"发展思路,着力打造商贸物流、旅游会展和科教文化"三大板块"。加大园区基础设施投入,加快实施道路、供热、排污、绿化等基础设施配套建设项目,完成北京路北延至商贸物流园区道路建设。抓好润泰汽车城、海宁皮革城、新疆总部经济等6个重点在建项目,启动义乌小商品城、中国轻纺城、O2O智慧城、清控科创科技园和红馆科技等新建项目,争取综合保税中心、航空物流园、麦杰克乐园等重点项目早签约、早落地、早开工。做好科教文化园区大学园及"一城三馆一园"规划实施的前期工作。抓住中信、上海申致联和喀发集团整合新疆旅游资源,组建新疆旅游运输集团的重大机遇,争取落户五家渠市和在五家渠市设立旅游免税购物中心,在师市旅游资源整合提升上迈出实质性的一步。创新扶持现代服务业发展的相关政策,支持商贸物流、金融服务、健康服务、社区服务、会展旅游等服务业,保持服务业迅猛发展的强劲势头。支持各类金融机构发展,完善金融体系,创新金融产品,增强服务经济发展的能力和水平。加强小额贷款公司和担保公司管理,严厉打击非法放贷和吸储等非法金融活动,有效防止和化解风险。规范发展律师事务、法律援助、司法鉴定、资产评估和会计、审计、税务代理等中介服务业,增强服务业发展活力。提高办节水平,牢牢抓住今年举办兵团首届旅游产业博览会有利时机,大力培育"四季四节"旅游品牌。努力扩大自产品出口,加快推动焦炭、番茄酱、纺织品、食用油等出口基地建设,利用好"国家外贸转型升级专业型示范基地"的平台,引导外贸转型升级。

推进农业提质增效。实现一产增加值8亿元,增长5%。调整优化农业结构,突出发展城郊旅游观光休闲农业和现代畜牧业。坚决退出单产300千克以下的低产棉田,逐步减少并退出次宜棉区。扩大亩效益2 000元以上高效作物种植面积,积极发展大棚果蔬种植、食用菌、花卉园艺等亩效益5 000元以上的高效设施农业。大力发展畜牧业,实现牲畜出栏24万头(只)、肉类总产1.7万吨、奶0.7万吨,完成饲草种植2万亩。大力培育和引进产业化龙头企业,按照现代企业制度规范运作。继续培育和扶持专业合作组织。抓紧编

制五家渠现代农业科技示范园区规划，创新园区管理体制，加快园区产业集聚，把园区建设成为兵团节水技术、农业机械化、科技信息、特色林果、设施农业、现代畜牧、农产品加工示范园。严格推行“以水定地”，落实“三条红线”指标。

推进工业优化升级。实现工业增加值90亿元，增长17%。调整优化工业内部结构，大力发展新能源、新材料、节能环保、生物信息等战略性新兴产业和高新技术产业。以煤炭、煤电、煤化工、石油化工及钢铁、铝业等行业为重点，鼓励和引导企业加大技术研发和改造升级，推广运用新工艺、新装备，延长产业链，推动传统产业向中高端迈进。做大做强工业园区，重点发展先进制造业、高新技术产业、战略性新兴产业。加快建成工业园区中小企业创业园，引进起点高、效益好的中小项目，形成与大中型企业互动配套、集群发展的格局。创新园区管理体制机制，按照责权统一、重心下移的原则，适度下放行政审批和管理权限，扩大园区管委会自主权，促进园区加快开发建设。协调解决好重点企业、新投产企业在原料组织供应、产品销售过程中遇到的困难和问题，确保企业开工、生产、经营顺利。继续做好自有工业产品内部销售。

二、抓建设、强管理，不断提升综合服务功能

探索城镇发展一体化体制机制，坚持走以人为本、遵循规律、“四化”同步、优化布局、生态文明、传承文化的新型城镇化道路。

加快基础设施建设。自来水普及率100%，污水处理率89.8%，集中供热覆盖率98%，燃气普及率90%，生活垃圾无害化处理率95.8%。全力推进交通互联互通建设，北京路北延至青湖商务区确保8月底通车，尽快编制北京路与五家渠市区连接段建设方案；全力推进乌五高速公路建设，全力争取轻轨、地铁向五家渠延伸；力争将五家渠西外环路、福海至五家渠市公路、五家渠连接甘莫公路等项目纳入自治区、兵团规划。继续实施“公交优先”战略，提高公交网络覆盖率，实施客运线路公交化和班线公司化改造，加快推进城镇客运一体化步伐，提升信息化、智能化水平。落实350套公共租赁住房、300套棚改房的建设任务，完成10万平方米既有建筑节能改造任务，启动5个片区旧城区改造工作。加强地下管网建设，做好综合管网普查测绘和完善工作。强化城市公共设施的建设、运营和管理，完善城市应急管理、治安防控、救济救援体系。

全面提升城市管理水平和市民文明素质。推动智慧城市创建工作，国家即将批准将五家渠市列入第三批智慧城市试点，我们要抓住机遇尽快完成智慧城市规划，启动智慧维稳、智慧社区建设。建立城市综合执法管理体制，并向两区、两镇延伸。加强城镇管理执法队伍建设，坚持严格执法和人性化管理相统一，疏堵结合、奖罚并用。依法加强环境综合治理，继续严厉整治乱搭乱建、乱停乱放、乱扔乱倒和占道经营等问题。对已建成小区，按照物业管理条例和五家渠市物业管理办法，建立小区业主委员会，实现物业管理全覆盖，规范物业公司的经营管理行为，提高物业管理水平。加强土地监督监察，提高土地利用率，坚决查处土地利用违法违规行为，依法收回违规土地。巩固国家园林城市和自治区文明城市创建成果，按照改善八大环境测评要求，制定落实相关制度，推进市民文明素质工程建设。全面开展自治区卫生城市创建工作。

三、抓改革、促开放，不断提高发展活力

深化改革。按照师市推进试点团场改革的要求，进一步完善青湖经济开发区一〇一团、一〇三团蔡家湖镇综合配套改革，切实在机构、人员、职责上实现政企分开。启动一〇二团梧桐镇综合配套改革和经济技术开发区财政体制改革；深化国资国企改革。坚持由管资产向管资本转变，形成国资委—投资运营公司—企业多级监管体系，实现竞争类、公益类企业分类监管。推进混合所有制改革，加快发展混合所有制经济。进一步完善激励约束机制，严格规范企业负责人薪酬水平。加快鸿基焦化公司和梅斯布拉克煤矿的企业重组步伐。3月底前完成中基公司二次重整；按照职能转变要求，市政府要继续简政放权，研究下放部分审批事项。全面落实政府部门权力清单制度。积极推进公务用车制度改革，这项工作年底前完成。规范运行公共资源交易中心和行政审批中心，强化权力监督和过程管理。深化国库集中支付改革，财政性资金统一纳入国库单一账户管理，继续推进公务卡制度改革，提高财政支出透明度。推进综合执法，理顺城管执法体制，完成城市管理综合执法机构整合，提高执法和服务水平；加快推进事业单位分类改革步伐。积极推进机关事业单位养老保险制度改革和工资调整工作，稳步实施学校、医院以外事业单位绩效工资制度；创新融资方式。鼓励和支持符合条件的企业发行公司债券、中期票据，实施金融租赁，发挥小贷公司、担保公司作用，扩大金融市场融资功能。推进基础设施和公用设施特许经营，努力探索PPP模式和设立战略性新兴产业投资基金或投资引导资金，吸引社会资金进入，放大投资倍数。同时，尽快出台《土地流转指导意见》。

扩大开放。牢牢抓住丝绸之路经济带核心区建设和乌昌石城市群建设的历史性机遇，根据自治区、兵团的规划意见和行动计划，尽快制定产业规划和实施方案，力争在新一轮发展中赢得主动、走到前头。坚持以空间换时间，发挥区位优势，吸引大企业大集团来五家渠开发建设；坚持以资源换产业，充分利用资源优势，通过合资合作，实现资源优势向产业优势转化。努力打造保税物流中心等开放平台，大力发展外向型经济。着力提高招商引资的质量和效果，坚持围绕产业发展规划和结构优化的要求抓招商，围绕新疆丝绸之路经济带核心区定位抓招商，围绕战略性新兴产业抓招商，围绕重点基础设施建设抓招商，围绕延长产业链、打造新的经济增长点抓招商，重点引进科技含量高、产业链条长、成长性好、带动力强、绿色环保的优质项目。高度重视招商引资工作，各级党政主要领导要亲自安排部署，亲自外出招商，实现招商引资新突破。今年，力争完成招商引资到位资金150亿元。抓好对口援疆工作。认真贯彻落实第二次中央新疆工作座谈会精神，以就业、教育、人才为重点，大力实施干部人才援疆、"一对一"结对援助、教育卫生惠民、先进文化传播示范、产业援疆五项工程，扩大对口援疆"飞地"经济合作范围，实现与援疆省、其他省市及中央企业更宽领域、更高层次的合作与交流。认真评估"十二五"援疆规划实施情况，科学编制"十三五"对口援疆规划。

四、抓服务、惠民生，不断增进人民群众福祉

牢固树立民生优先、群众第一的理念，确保用于保障和改善民生的财政支出不低于公共财政预算支出的80%，让全体人民共享改革发展成果。

全面推进社会事业发展。实现义务教育初步均衡发展目标。完善五家渠市引进民营医疗机构管理工作机制，更好地为市民提供健康服务，以实现三甲医院为目标，加快推进师医院管理体制和机制创新。改革完善食品药品监管体制，监管职能向团（镇）、街道延伸，加快构建食品药品安全治理体系。实施文化精品工程，继续开展文化下乡和文化交流活动，编排群众喜闻乐见的舞台剧，出版相关的重要书目。创新科技管理体制机制，加快五家渠国家农业科技园区建设，设立科技专项支持企业发展。积极发展养老服务业，鼓励支持社会力量兴办养老机构。

健全社会保障体系。实施积极的就业政策，新增就业6 000人，援助就业困难人员就业1 000人，实现"零就业家庭"动态为零。培训各类人员6 000人次，发放小额担保贷款2 000万元。做好创业带动就业工作，建立电子商务创业孵化园。做好养老、医疗、失业、工伤和生育等社会保险工作，进一步扩大保险覆盖面，实现"应保尽保"。推进机关事业单位养老保险制度改革，提高企业退休人员基本养老金水平。拓宽职工多元增收渠道，认真实施团镇职工多元增收三年攻坚行动计划。

扎实办好惠民实事。投资5 833万元，实施七项惠民实事工程：一是投资1 251万元实施一〇二团"双语"幼儿园建设工程；二是投资460万元实施五家渠滨河景观带环境治理工程；三是投资380万元实施五家渠市便民服务店和农副产品市场建设工程；四是投资100万元实施五家渠市公共自行车服务系统"绿色出行"工程；五是投资640万元实施城市棚户区改造配套供热设施及既有供热设施改造续建工程；六是投资159万元实施五家渠富强小区、皮革厂、卫校及建筑公司小区安全饮水工程；七是投资1 250万元实施既有居住建筑节能改造工程。

五、抓源头、强治理，大力推进生态文明建设

加强生态建设。加大植树造林力度，当好生态卫士。继续推进准噶尔盆地南缘防沙治沙工程，加大生态林、荒漠林管护力度。严厉打击乱砍滥伐林木、乱垦滥占林地等违法行为。结合林权改革，积极引导职工群众、企业等社会资本参与道路林建设和高标准农田林网化建设，完成造林4 000亩。加强水资源保护，要坚持生活用水优先，工业用水从紧，农业持续节水的原则，要加大退耕还林还草力度，巩固退耕还林成果，加强湿地保护。加快推进城市、团镇、社区连队绿化美化等环境整治工作，积极打造美丽城市，努力打造国家生态旅游示范区。

强化环境保护。严禁污染项目进入辖区，严控高载能、高排放行业产能。积极开展乌鲁木齐区域大气联防联控交叉检查工作，在环保监管上实现全覆盖，加大环境监测工作力度，准确摸清排污单位底数，提高污染源监督性监测的权威性。严格环保“三同时”，建设项目环评执行率95%以上，加大环境空气质量信息公开发布力度。加强环境执法监管，重点检查煤电、钢铁、水泥、电解铝、棉浆粕、新业能源、焦化和梅花等重点企业，强化对上述企业环保工作的监督管理。同时对市民关注的梅花氨基酸生产异味、青湖景区养殖区污水排放等进行重点治理。加快大气污染防治重点工程建设进度，今年要完成对市区和六师煤电等工业企业燃煤锅炉的脱硫除尘等改造，完成梅花企业尾气处理工程。

强化节能减排。认真落实节能低碳目标责任，健全节能低碳统计、监测和考核体系，强化节能评估审查、严格项目准入。加快淘汰落后产能步伐，对技术落后、污染严重的企业，限期搬迁或就地拆除。要突出对重点企业严格监管，确保各项指标达标。认真贯彻落实新环保法，建立和完善目标责任制，强化政府监管和企业自身责任，严厉查处各类环境违法行为。同时鼓励发展新型能源，大力发展循环经济。

六、抓稳定、促和谐，确保社会安定有序

全面推进平安五家渠市建设。维护社会稳定，创新社会治理，确保人民安居乐业、社会安定有序。始终坚持底线思维、逆向思维，充分认识反分裂斗争的长期性、复杂性、尖锐性，把维护社会稳定作为发展的基本前提，把民族团结作为长治久安的根本保障，全面落实中央、自治区、兵团和师市党委关于维稳的一系列决策部署，坚持总体稳控、主动出击、教育引导“三结合”，坚决做到“堵、挤、打”不放松，既定维稳措施不动摇、常态化长效化工作不懈怠。

保持反恐防暴高压态势。当前和今后一个时期，新疆仍将处于暴力恐怖活动的活跃期、扩散期和反分裂斗争激烈期，要继续深入开展严打暴恐专项行动。严格落实维稳领导责任制，主要领导要亲自分析研判、亲自安排部署、亲自检查落实，严格执行“三包制度”，围绕“三个坚决防止”目标，强化情报信息工作，打早打小，果断处置，坚决把敌人的渗透破坏和暴恐图谋摧毁在预谋阶段和行动之前，处置在第一时间和第一现场，牢牢把握对敌斗争的主动权。深化基层综治维稳平台建设，支持团镇、区团、街道、企业加强维稳队伍建设，做到财力、物资有保障。加强对特殊群体的教育、转化和管控，制止、打击非法宗教活动，强化流动人口服务管理，完善以证管人、夯实以房管人、突破以业管人的措施，加大重点区域集中整治，不留死角。强化人员密集场所、重点部位防范工作，提高人防、物防、技防水平。

创新社会治理机制。坚持以群众工作为统揽，健全和完善信访工作制度，狠抓信访工作首问责任制的落实，畅通群众诉求渠道。深入排查化解矛盾纠纷，加快推进“三大调解”衔接联动机制建设。坚持系统治理、依法治理、综合治理、源头治理，运用法治思维和法治方式化解社会矛盾，推动社会管理向社会治理转变。深入开展“六五”普法工作。加强社会治安综合治理。严格落实社会稳定风险评估机制。严格落实“一岗双责、党政同责、齐抓共管”的工作要求，落实安全生产责任制，强化企业安全主体责任，建立隐患排查治理和安全预防控制体系，对隐患坚持“零容忍”；强化政府对安全生产监管，坚持天天讲安全，时时抓安全，严厉查处违规违法行为，坚决遏制较大以上生产安全事故发生，努力促进全市安全生产形势持续稳定好转。

加强街道社区建设。要尽快研究出台明确街道社区工作职责、理顺与政府机关部门工作关系的相关文件，进一步规范街道社区工作准入制、落实“费随事转”的相关规定；提高为民服务和平安社区建设水平。要结合智慧社区建设和旧城区改造，强化社区居民“一站式”服务场所、活动场所、托老服务场所、物业服务场所和信息化平台的软硬件建设。要尽快研究出台政府购买服务的相关办法和支持社区社会组织发展的相关政策，创新完善为民服务方式，培育支持社区社会组织的快速发展；拓宽和理顺街道社区干部选拔使用渠道。要尽快研究出台机关、团场、企事业单位和街道社区干部轮岗交流选拔使用的具体办法，充实街道社区缺编人员，清理规范街道社区工作人员薪酬，制定落实街道社区工作量化考核制度，努力打造一支综合素质高、敬业精神强、人民群众信得过的街道社区干部队伍。

七、抓法治、转作风，切实加强政府自身建设

严格依法行政，在建设法治政府上迈出新步伐。牢固树立法治观念，坚持法定职责必须为、法无授权不可为，健全法制工作系统，完善行政执法体系，推进综合执法，严格执法责任，建立权责统一、权威高效的依法行政体制。扎实推进法治"六进"活动，引导群众自觉守法、办事依法、遇事找法、解决问题靠法。自觉接受人大法律监督和政协民主监督，不断提高人大代表议案建议和政协委员提案的办理质量。严格规范性文件管理和重大决策合法性审查，把公众参与、专家论证、风险评估、法律审查、集体讨论确定为重大行政决策法定程序，全面推行法律顾问咨询机制，推进行政决策科学化、民主化、制度化。深化行政审批制度改革，建立和规范政府权力清单、责任清单和负面清单，优化审批流程。加强政务公开，强化执法监督，着力营造公平、高效、有序的社会环境。

创新管理模式，在建设责任政府上取得新成效。从清理确认职能入手，明确界定政府、社会与市场之间的责任关系，合理划分政府层级之间、部门之间、岗位之间的职能权限，围绕社会需求强化公共服务职能，努力做到有权必有责、权责相统一。倡导对市民负责的价值理念，积极回应社会和公众的需求，加强政府信息公开、行政权力网上公开透明运行、行政服务、法制监督、电子监察及"12319"政府服务热线"六位一体"的综合性电子政务服务平台建设，认真履行义务和承担责任。建立责任制约权力机制，实现权力行政向责任行政的转化，诸如对噪音扰民、垃圾处理、农贸市场管理等行政管理事项明确有关部门的职能分工，切实解决职能交叉、权责分离、多头执法、运行不畅以及管理真空等问题。

巩固教育实践成果，在建设服务型政府上树立新形象。进一步巩固和拓展党的群众路线教育实践活动成果，以反对"四风"为重点，持续加压给力，深入持久地推进作风建设，抓好各项整改任务的落实，努力根除作风"顽疾"。加强干部队伍管理，强化规矩意识、底线思维，促使政府部门依法规按程序办事，坚决破除权力部门化倾向。大力优化发展环境，继续深入转变政府职能，打通服务企业、服务群众"最后一公里"，为企业和群众提供更加高效便捷的服务。始终把群众满意作为第一标准，把更多精力放到服务发展上，把更多财力用到民生改善上，把更多的改革红利惠及到群众身上。

五家渠市人大三届五次会议主席团会议。 （栗 庆）

强化权力制约监督，在建设清廉政府上展示新风气。严格遵守八项规定、党政机关厉行节约反对浪费条例等各项政策规定，严格"三公"经费支出，坚持艰苦奋斗，勤俭办一切事业。深化党政领导干部和国有企业领导人员经济责任审计，自觉履行"一岗双责"，加强对领导干部、政府机关、公共资源交易等重点领域和关键环节的监督，完善党政领导廉洁履职社会监督体系，扎实推进惩防体系建设，打造清廉政府。

科学编制"十三五"规划。"十三五"期间，我们将全面深化改革，全面推进法治五家渠建设，全面建成小康社会。今年是谋划"十三五"的关键之年，我们要加强与自治区、兵团和周边州市县的规划对接，要认真研究制定出一个体现自治区和兵团战略定位、符合五家渠市发展实际的"十三五"规划。"十三五"规划要在今年年底前完成。

各位代表，百舸争流，奋楫者先。让我们在兵师党委的正确领导下，紧紧依靠和团结全市各族群众，适应新常态、抢抓新机遇，奋力拼搏、锐意进取，为努力完成"十二五"规划目标任务、开创五家渠市经济社会发展新局面而努力奋斗！

综 述 | Summary

责任编辑 皇甫志辉

题图摄影 史 涛

第六师概貌

【地理位置】 新疆生产建设兵团第六师(简称第六师),地处天山东段北麓,准噶尔盆地东南缘,北纬43°31′16″~45°33′20″、东经86°07′30″~91°11′48″范围内。东起中蒙边境的北塔山,西临玛纳斯河,南倚天山,北入古尔班通古特沙漠,东西长500千米,南北宽40~200千米。成片状散布在昌吉回族自治州、阿勒泰地区和五家渠市3地州(市)境内。乌伊公路(312国道)、乌奇公路(216国道)和吐乌大、乌奎高速公路横贯东西,北疆铁路穿越垦区南端。

师部五家渠,南距新疆首府乌鲁木齐市32千米,地理坐标:北纬44°20′10″,东经87°32′20″。2002年9月,国务院批准按照石河子市管理模式,设立五家渠市。2004年1月,五家渠建市挂牌,为新疆维吾尔自治区直辖县级市。

【地貌特征】 土地总面积78.14万公顷,平原占49.9%,山地和丘陵占31.2%,沙漠占18.9%。根据地形、方位、土壤、开发方向等差异,大体分四种类型。西部冲积洪积平原由呼图壁河、玛纳斯河、塔西河进入盆地后所形成的冲积洪积平原,占土地总面积25.33%,海拔360~532米,坡降1‰~3‰,土层深厚,土壤多为灌溉荒漠灰钙土和少量荒漠化灰钙土(占10%左右),黏质土占30%~40%,壤质土占40%,土壤熟化程度高,保水保肥力较强。是棉花、粮食、甜菜、啤酒花的主产地,土地区划命名为芳新垦区。中部冲积洪积平原由三屯河、头屯河、乌鲁木齐河、三工河、四工河、甘河子河进入盆地后形成的冲积洪积平原,占总面积的19.9%,海拔420~610米,地势由东南向西北倾斜,坡降0.7‰~7.5‰,土壤多为栗钙土、棕钙土,土层较厚,盐碱较重,盐碱地面积占40%。是粮食、西瓜、哈密瓜、油料和水产、禽蛋、肉类的主产地,与乌鲁木齐市、昌吉市相邻,具备发展城郊型农业的条件,土地区划命名为五家渠垦区。东部的奇台农场为山前冲积洪积扇戈壁平原,地势南高北低,由东南向北倾斜,坡降1‰~3‰,局部地区坡降较大,土层0.3~1.5米,中下部是主要农田,适种小麦、甜菜、大麦、油菜等;吉木萨尔北部的红旗农场为冲积沼泽平原,海拔560~1 220米,土壤含盐量较大,部分地区有泉水溢出,是小麦、红花的主产地。占总面积的26.9%,土地区划命名为奇台垦区。北塔山山地占总面积的27.1%。北塔山北段和东北的山地,海拔1 031~3 290米。砾漠、石漠面积大,土壤主要是灰棕荒漠土、棕钙土、栗钙土、黑钙土、草甸土。山体小,无终年积雪，四周被戈壁围绕，辐射强，干旱缺水，草场多为干荒漠，级低等劣，以畜牧业为主，土地区划命名为北塔山牧区。

【气候】 第六师垦区深居亚欧大陆腹地，属中温带大陆性气候，干旱、低温，光照时数多，昼夜温差大，气温变化剧烈。春秋季节不明显，冬寒夏热，具有显著的大陆性特征。垦区大致可分为3个气候区。即南部山区、北部沙漠区和中部平原区。南部山区特点是温凉多雨，差异分明。中部平原区地域辽阔，夏季炎热，冬季寒冷，降水量少，蒸发强烈，光照充足，热量丰富。春秋季气温变化剧烈，温差大，无霜期较长，冬季有稳定的积雪。北部沙漠区气候干旱，降水量少，冬季严寒，夏季酷热，昼夜温差大，多风沙，差异明显。中部平原区年均气温6.5℃~8℃，最高气温40℃~42℃，最低气温-38℃~-43℃。年均降水量116~228毫米，年蒸发量2 000毫米，无霜期167~179天，日照2 600~3 200小时/年。

【自然资源】 2014年，垦区拥有土地面积78.14万公顷，其中，耕地18.36万公顷，园地0.66万公顷，林地9.49万公顷，草场30.39万公顷，城镇及工矿用地2.6.1万公顷，交通运输用地1.29万公顷，水域及水利设施用地2.36万公顷，其他用地12.97万公顷。全年批准建设用地767.47公顷，供应土地1 205.53公顷，土地出让合同价款7.78亿元。全年垦区水资源径流量12.9亿立方米，其中，地表水资源8.1亿立方米，地下水资源4.8亿立方米。淡水面积0.92万公顷，其中，可养殖面积占28%。年末20座水库总容量2.415 5亿立方米。全年总用水量中农业灌溉用水8.83亿立方米，工业、生活及城市绿化用水0.98亿立方米。

全年规模以上工业企业综合能源消费量674.54万吨标准煤，增长18.9%。其中，煤炭消费量932.65万吨，增长6.3%；汽油251.82万吨，降低36.2%；柴油2 570.52万吨，增长8.6%；电181.47亿千瓦小时，增长30.1%。

2014年，垦区平均气温6.4℃，比上年低1.2℃。其中，五家渠地区年平均气温6.6℃，年降水量144.9毫米，无霜天数168天，日照时间2 284.7小时；芳草湖垦区年平均气温6.8℃，年降水量140.6毫米，无霜天数168天，年日照时间2 588.3小时；奇台垦区年平均气温5.6℃，年降水量255.8毫米，无霜天数143天，年日照时间2 227小时。垦区晴天多，云雾少，光照充足，热量丰富。全年日照率为2 227~2 539小时，大于等于10℃的积温3 110℃~3 500℃。太阳年辐射总量为130~140千卡/平方厘米，且干旱少雨，太阳能开发利用潜力十分巨大。全年城市空气质量好于二级的天数为335天，保持在91.8%以上。北塔山牧场部分地区处风口，有可利用的风力资源。全面积利用总功率约13万千瓦。

主要旅游景点有青格达湖、一万泉、三台沟、凤栖湖、北塔山岩画、北塔山硅化木、石钱滩、白家海子、古尔班通古特沙漠、唐朝路、马桥故城、新渠故城、营盘梁遗址、西泉烽火台、土墩子清真寺、绿洲田园等。

【历史沿革】 第六师的历史沿革历经红军九十一师、新四旅和十七师3个时期。1927年11月，由黄(安)麻(城)起义组建的工农革命鄂东军，1933年整编为红军三十一军九十一师。抗日战争时期，番号为八路军一二九师三八六旅七七一团。1938年7月，七七一团与东进纵队的二团、抗日游击独立第二师合编为一二九师独立旅，8月，独立旅与青年抗日游击纵队合并，仍称“青纵”。1940年5月，青纵改编为八路军一二九师新四旅，成为第二个时期的新四旅。1944年2月，七七一团和十六团、二十五团组成第三个时期新四旅，称陕甘宁晋绥联防军区新四旅。1947年10月，新四旅和教导旅合编为西北野战军第六纵队，称 六纵新四旅。1949年1月，新四旅改编为步兵第六军十七师。1953年6月5日，十七师更名为中国人民解放军新疆农业建设第六师。是年冬，师部迁至五家渠。1954年10月，新疆军区生产建设兵团成立，农六师编属兵团领导。1975年5月，农六师建制撤销；1982年4月1日，农六师建制恢复；2012年年12月，更名为新疆生产建设兵团第六师。

【垦区境域】 1953年，垦区成星状散布在北疆沿天山一带的奇台、乾德(今米泉)、迪化(今乌鲁木齐)、昌吉、沙湾、奎屯、绥定(后并入霍城)、霍城、巩留等地，所辖面积约9万公顷，牧区散布在奇台的北塔山、孚远(今吉木萨尔)的三台沟、迪化的南山、焉耆的南哈尔莫墩,面积约30万公顷,农牧区共39万公顷。1955年6月,驻焉耆的八一农场焉耆牧场撤销,地盘划归地方;1956年驻伊犁的五〇农场划归农四师。从1958年开始,相继在木垒、奇台、吉木萨尔、阜康、昌吉、呼图壁等地开荒建新场,到1960年共建新场11个,垦区总面积51.12万公顷,其中农区为24.12万公顷,牧区为27万公顷。1971年原一一〇团和原一一一团并入,面积52.04万公顷。1982年,恢复师建制后,州农垦局管辖的芳草湖农场等8个地方国营农场并入;之前,一〇四团(含南山牧场)、养禽场划出,土地总面积为83.24万公顷。垦区土地分5大片、10小片。主要散布在昌吉州和五家渠市境内,少部分跨入阿勒泰地区。

北塔山片(北塔山牧区):东与蒙古人民共和国接界,南与奇台县五马场乡将军戈壁相邻,西部插入古尔班通古特沙漠东缘,西北部跨入阿勒泰地区的青河县境。奇台垦区:奇台片(奇台农场中心团场、一〇八社区、一〇九社区、一一〇社区),北邻216国道,南部顺开垦河上溯直抵萨尔勒克达坂,东与奇台县老奇台镇接壤,西与奇台县东湾乡为界。红旗片(红旗农场中心团场、一〇七社区),东起吉木萨尔与奇台县界,西至吉木萨尔与阜康市界,北部迈进古尔班通古特沙漠,南部与三台乡为邻;之外,还有6小片土地(渭户沟、大龙口沟、炭窑子沟、大三台沟、白杨河)散落在吉木萨尔境内303省道以南的天山前山丘陵与山地中。五家渠垦区:五家渠片(一〇一团、一〇二团、一〇三团、共青团农场),东达乌鲁木齐市米东区与阜康市界,西邻昌吉市佃坝乡,南部沿和平渠东岸伸入乌鲁木齐县,与安宁渠镇接壤,北部向沙漠腹地延伸;2004年五家渠建市后,五家渠城区、一〇一团和一〇二、一〇三团的大部分地域从原米泉、昌吉两市析出,划归五家渠市。土墩子农场的南北两小片,东面与阜康甘河子牧场相连,西与阜康种羊场接壤,北至沙漠边缘,南邻216国道,南北两片相距10千米,被阜康天山牧场所隔;六运湖农场为单独一小片,在阜康市境内,东与天池乡接界,西至二二二团柳城子水库引水渠,南临二二二团冰湖水库环坝公路,北部与二二二团为邻;军户农场为独立一小片,在昌吉市境内,东以三屯河为界,北靠312国道,南与阿什里乡毗邻,西与榆树沟乡接壤,北疆铁路穿境而过。芳新垦区土地全部连片,五家渠垦区的一〇五团和共青团农场富强分场也与此相连,东面跨入昌吉市与大西渠乡,西部的新湖七场紧邻玛纳斯河,北部伸入沙漠腹地,南部靠近昌吉、呼图壁、玛纳斯段的312国道,为垦区最大的连片土地。

2014年,第六师辖区总面积78.14万公顷,有县级市1个、农牧团场14个、镇2个;有各类学校63所,其中,普通高等院校2所、中等职业学校1所、普通中学28所,小学9所、幼儿园23所,有各类卫生机构334个(含营利性卫生机构),其中师团综合医院18所,专科医院3所,社区卫生服务机构29家,基层卫生室189家,个体医疗机构78家,综合门诊12家;有科研机构1个,工程技术研究中心1家,高新技术企业4家,兵团创新型试点企业3家;勘察设计机构1个;年末有规模以上工业企业89个,年末,有工业法人企业250家,具有资质等级的总承包和专业承包建筑企业17家、公路运输法人企业20家、批发和零售餐饮法企业339家、房地产开发企业55家。有上市公司2家。有各类园区5个,其中国家级经济开发区2个,兵团级园区2个。

【经济建设】 2014年,六师实现生产总值204.85亿元,比上年增长12.3%(按2010年可比价,下同)。其中,第一产业增加值40.78亿元(按国家行业划分要求,农林牧渔业服务业调至三产),增长7.5%;第二产业增加值100.79亿元,增长13%;第三产业增加值63.28亿元,增长14.6%。三次产业占生产总值比重由上年23:48:29调整为20:49:31,在经济增长中的贡献率分别为12.5%、53.2%和34.3%,分别拉动经济增长1.5、6.6和4.2个百分点。人均生产总值60 539元,比上年增长11%。14个农牧团场实现生产总值118.3亿元,增长15.3%。三次产业结构比为34:29:37。全师国有控股农工建交商企业实现利润1.73亿元,比上年减少2.33亿元,下降57.4%。全年上缴各类税费2.47亿元。上缴兵团国有及国有控股企业资本收益0.93亿元。年末师国资委监管企业改制面达到70%。

全年新疆居民消费价格比上年上涨2.1%,其中,食品价格上涨3.6%,居住价格上涨1.9%。农业生产资料价格下降2.3%。工业生产者出厂价格下降3.8%,工业生产者购进价格下降2.5%。固定资产投资价格上涨0.3%。

【对口援建项目】 2014年,山西省对口援建六师五家渠市项目12个,总投资4.31亿元,实际完成投资3.93亿元,其中援助资金1.58亿元。当年12个援建项目全部开工,完工8个。其中,城乡住房及城镇基础设施项目5个,完成投资8 206万元,到位援助资金7 850万元;社会事业项目5个,完成投资8 422万元,到位援助资金5 830万元;人才培养、培训项目1个,完成投资255万元,到位援助资金255万元;其他项目1个,完成投资22 441万元,到位援助资金1 865万元。

【农业】 2014年,全师完成农业增加值40.78亿元,增长7.5%;实现农业总产值96.92亿元,增长9.3%。全师农作物播种面积16.67万公顷,增长15.7%。其中,粮食种植面积4.44万公顷,下降8.2%。粮食产量37.68万吨,比上年下降8%;棉花种植面积8.05万公顷,增长17.2%。棉花产量15.58万吨,下降1.9%;油料种植面积1.1万公顷,增长138.9%。油料产量4万吨,增长109.2%;蔬菜种植面积(含菜用瓜)1.2万公顷,增长7.8%。蔬菜产量125万吨,增长21.5%。

【畜牧业】 2014年末牲畜存栏105.56万头(只),增长18.2%。其中,牛5.44万头,增长7.1%;猪23.57万头,增长9.3%;羊75.98万只,增长22.3%。年内牲畜出栏122.02万头(只),增长8.7%;其中,肉类总产量6.48万吨,增长9.4%;羊毛产量0.23万吨,增长9.6%;禽蛋产量1.34万吨,下降11.3%;牛奶产量2.65万吨,增长4.8%;水产品产量0.36万吨,增长20%。年末农业机械总动力63.7万千瓦。

【农业新技术应用】 2014年,全师种植业耕、种、收综合机械化率95.8%。畜禽良种推广覆盖率达到89%,优质高产饲草种植收获加工示范田达到3万亩,养殖粪污资源化利用率达到87%。作物精量播种面积13.3万公顷,比上年增长64%。其中,棉花精量播种面积6.67万公顷,增长10.5%。测土配方施肥面积7.37万公顷,增长10%。有效灌溉面积14.64万公顷,其中高新节水灌溉面积14.12万公顷。完成"三品"(有机农产品、无公害农产品、绿色食品)认证13个,认证面积达到0.67万公顷,完成农产品地理标志认证1个。

【农业产业化】 师市各级农业产业化龙头企业34个。其中,国家级1个,兵团级13家,销售收入过10亿元的有3家。龙头企业带动种植面积10万公顷、牲畜饲养量9.7万头、禽类饲养量63万只,带动团场和农村农户近10万户。已建成1个全国现代农业示范区,1个全国农产品加工示范基地,2个全国"一村一品"示范团场,2个国家级无公害农产品示范基地和国家级农业标准化示范农场,示范面积近万公顷。

【工业】 2014年,全师完成工业总产值361.3亿元,增长14.7%。实现工业增加值84亿元,增长6.7%。工业产销率95.5%。轻、重工业比重为24∶76。轻工业增长7.1%,重工业增长17.3%。规模以上工业增加值72.18亿元,增长5.8%,占师工业增加值的85.9%。规模以上工业中,煤炭开采和洗选业增加值比上年下降48.7%,农副食品加工业增长70.9%,食品制造业增长12.5%,纺织业下降23.4%,有色金属冶炼

小麦收割。 (李华北)

及压延加工业下降21.0%，电力、热力生产和供应业增长1%。全年规模以上工业企业实现利润8.6亿元，比上年下降16.5%。年末，师市共有各类园区5个，其中国家级经济开发区1个，国家级现代农业示范区1个，国家农业科技园区1个，兵团级园区2个。

【主要工业产品产量】 2014年，煤炭开采438万吨，增长23.4%；焦炭66.5万吨，增长3.6%；水泥212.9万吨，增长42.4%；钢材62.5万吨，增长81.3%；铝110.4万吨，增长37.4%；电力173.8亿度，增长19.3%；精制食用植物油7万吨，增长25%；软饮料4.6万吨，增长17.3%；番茄酱罐头15万吨，增长28.2%；葡萄酒1.88万吨，增长79%；纱3万米，增长15.4%；布匹345万米，增长1.5%；塑料制品9.5万吨，增长3.3%；硅酸盐水泥熟料98万吨，增长108.8%。

【建筑业】 2014年，实现全社会建筑业产值72.98亿元，增长89.5%。完成建筑业增加值16.79亿元，增长68.2%。各类建筑施工单位签订合同额82.53亿元，比上年增长71.7%。全年房屋建筑施工面积340万平方米，增长89.9%。师市具有资质等级的总承包和专业承包建筑企业17家。

【房地产开发】 2014年房地产开发投资91.17亿元，比上年增长39.3%。商品房销售面积101.16万平方米，增长19.3%。其中，住宅77.5万平方米，增长6%。商品房待售面积50.39万平方米，增长179.1%。商品房销售额44.34亿元，增长40.8%。

【固定资产投资】 2014年实现全社会固定资产投资268.63亿元，下降10.5%。其中，一产完成投资21.09亿元，增长31.8%，主要以畜牧公司化繁育养殖畜房建设及设施农业大棚为主。二产完成投资110.58亿元，下降36.8%。其中，制造业完成投资68.91亿元，下降42.1%；电力、燃气及水的生产和供应业完成投资41.67亿元，下降25.5%；三产完成投资136.96亿元，增长25.4%。固定资产投资三次产业构成为7.9∶41.2∶50.9。交通运输业完成投资6.29亿元，比上年下降3.8%。新建、改扩建公路209千米。全年新增固定资产143.53亿元，增长36.8%。主要新增生产能力或效益：电解铝55万吨，输电线路52千米。以民生为主的“十件实事”完成投资14.8亿元。

【批发零售及进出口贸易】 2014年，实现批发零售业商品销售总额144.77亿元，增长18.5%。实现社会消费品零售总额67.98亿元，增长21.6%。完成货物进出口总额2.58亿美元（区域海关），比上年下降19.8%。其中，货物出口2.45亿美元，下降21.7%；货物进口0.13亿美元，增长48.8%。

【交通运输业】 2014年，全师交通运输业实现营运收入37.46亿元，增长39.4%。其中个体营运纯收入13.25亿元，增长22.5%。全师完成货物周转量71.7亿吨千米，增长40%。其中个体货物周转量25.2亿吨千米，增长49.1%；货运量0.9亿吨，增长23.4%。其中个体货运量0.38亿吨，增长52.2%；旅客周转量12.06亿人千米，增长10.1%。其中个体旅客周转量5.7亿人千米，增长12%；客运量0.24亿人，增长5.9%。其中个体客运量0.09亿人，增长6.7%。

年末师市公路通达里程4 641.6千米。其中，二级542.2千米、三级400.3千米、四级1 253.6千米。民用汽车保有量2.36万辆，比上年末增长14.9%。民用轿车0.69万辆，增长39.2%。民用汽车中，载客汽车1.08万辆，增长45.4%；载货汽车0.82万辆，增长0.6%；其他汽车0.46万辆，减少7.1%。

【旅游业】 2014年，师市拥有旅游企业18家。国家等级景区（点）8个，其中AAAA级景区（点）2个。全国工农业旅游示范点2家，星级农家乐3个，旅游星级饭店10家，旅行社4家，旅游规划资质单位1家，旅游集团公司2家，导游员5人。全年旅游直接就业人员0.21万人，间接就业人员1万人。实现旅游综合收入3.15亿元，增长26%。

【住宿餐饮业】 2014年，全师共有各类住宿餐饮企业7家，完成增加值1 881万元，较上年增长1.2%；实现商品销售额1 300万元，较上年增长8.2%。实现营业额5 200万元，较上年增长35.3%。

【财政收入】 2014年，师本级财政总收入65.55亿元，增长3.2%。公共财政预算收入为53.6亿元,增长2.4%。其中,上级补助收入47.58亿元,下降0.6%;非税收入2.32亿元,增长79.1%;山西援疆资金收入1.58亿元,增长5.3%。政府性基金预算收入11.96亿元,增长6.8%;其中,上级补助收入737万元,下降93.8%。

【金融保险业】 2014年,全师各项存款金额144.07亿元,增长7.0%。其中:企业存款61.39亿元,增长2.2%。各项贷款余额143.2亿元,比上年增长32%。其中:短期贷款95.33亿元,增长22.9%,占66.6%;中长期贷款47.87亿元,增长55.5%,占33.4%。全年保险业务收入5.57亿元,其中财产险2.01亿元,占保险收入的36%。赔付金额3.1亿元,赔付率55.7%。

【教育事业】 2014年,全师有各类学校64所,在校学生45 861人,增长3.6%,教职工4 284人,增长1.9%,其中专职教师3 558人,增长2.9%。毕业生12 064人,下降9%。普通中小学在校生34 062人,招生8 456人,毕业生8 304人,教师2 942人。小学适龄儿童入学率100%,初中适龄人口入学率100%。幼儿园23所,在校生6 203人,教职工324人。

【科学技术】 2014年承担各级各类科技项目156项,获得各类科技经费总额2 614万元,比上年增长25.67%,项目年经费投入强度每项近17万元。其中,承担实施各类国家科技计划项目11项,到位资金860万元;兵团各类科技计划项目56项,到位资金954万元;师本级科技计划项目89项,下达科技经费800万元。年末全师有工程技术研究中心1家、高新技术企业4家、兵团创新型试点企业3家。

全年有2项科技成果获兵团科技进步奖,其中二等奖1项、三等奖1项;获得师科技进步奖34项,其中一等奖3项、二等奖11项、三等奖20项。全年全师专利申请量45件,获得授权专利量38件,其中发明专利授权量6件。

【文化产业与传媒】 2014年,全师有广播电视播出机构22个,其中师电视台和广播电台各1座,农牧团场广播电视站19座,分场及工矿企业广播电视站1座。广播电视综合覆盖率分别达到90%和85%。数字电影放映工程全年放映3 271场次。有群艺馆1座,军垦博物馆1座。全师市建有文化中心(文化宫)1个,14个团场建有文化活动中心。师团有文化广场13个。建有文化信息资源共享工程师级分中心1个、团级分中心7个、连队服务点6个。有不可移动历史文物点26处,兵师级爱国主义教育基地3个。拥有网站1家。年末有公开发行报纸1家即《准噶尔时报》,全年发行1.3万份。

【群众文化活动】 2014年,承办4场大型慰问演出活动,中国文联组织艺术家专场演出、“心连心”艺术团来师慰问演出、海政文工团来师慰问演出、山西省文化厅大型说唱剧《解放》。代表兵团参加10月10日~13日在山东济南举办的第三届中国非物质文化遗产博览会,5个系列300多件非遗产品参展,获组委会优秀组织奖和3个传承人奖。五家渠业余艺术团军垦之声合唱团参加第五届七彩夕阳全国中老年合唱艺术节,获群星金奖、明星金奖、指挥金奖和伴奏金奖。共青团农场邵忠新获国家级“书香之家”称号。五家渠军垦博物馆作为爱国主义教育基地,全天候对外开放,在兵团成立60周年之际,接待了中央领导代表团。

【卫生事业】 2014年,全师有各类卫生机构334个(含营利性卫生机构),各类卫生技术人员2 381人。其中,执业和执业(助理)医师741人,注册护士1 092人。每千人执业(助理)医师2.18人,每千人注册护士3.21人,每千人有医院床位4.87张。传染病报告发病率(甲乙类传染病)378/10万,婴儿死亡率3.41‰,孕产妇死亡率56.75/10万。年末有各类收养性单位9个,床位数810张,在院收养294人。

【人民生活】 2014年,全师城镇常住居民人均可支配收入26 858元,增长10.0%;连队常住居民人均可支配收入13 860元,增长10.3%。全年在岗职工工资总额39.52亿元,增长12.6%。在岗职工年平均工资47 257元,比上年增加3 335元,增长7.6%。

【社会保障】 2014年,职工基本养老保险参保人数178 334人,居民社会养老保险参保人数16 309人。参加基本医疗保险271 508人,其中职工基本医疗保险

157 951人，居民基本医疗保险113 557人。参加失业保险69 541人、工伤保险75 651人、生育保险72 207人。

【社会服务】 2014年，师市最低生活保障累计发放6.85万人次，下达兵团低保资金预算2 918万元，发放低保、补助资金2 220万元。发放医疗救助资金936.5万元，1.4万人次得到医疗救助。全年国家抚恤、补助各类优抚对象326万人，接收安置退役士兵140人。

【就业】 2014年，全师从业人员15.79万人，比上年增长9.4%。其中，第一产业4.96万人，下降4.8%；第二产业4.85万人，增长16.3%；第三产业5.98万人，增长18.2%。三次产业从业人员构成比为31∶31∶38。年末非私营从业人员8.55万人，增长4.9%，占54.1%。其中，在岗职工8.2万人，增长4.7%。私营及个体从业人员6.12万人，增长20%。全年全社会新增就业1.36万人。年末城镇登记失业率3%。团场从业人员10.44万人，增长6.9%，占全师66.1%。三次产业从业人员就业构成为45∶20∶35。

【人口】 2014年年末，六师总人口34万人，比上年增长1%，其中，男性17.62万人，女性16.38万人。性别比为108(女=100)。在总人口中，汉族人口30.91万人，占总人口的90.9%；少数民族人口有3.09万人，占总人口的9.1%。其中，维吾尔族人口1 834人，哈萨克族人口7 791人，回族人口17 803人，蒙古族人口713人，其他少数民族人口2 770人。全年出生人口2 040人，出生率为6.03‰；死亡人口1 633人，死亡率为4.83‰；人口自然增长率为1.2‰。

【能源消费】 2014年规模以上工业企业综合能源消费量674.54万吨标准煤，比上年增长18.9%。其中，煤炭消费量932.65万吨，增长6.3%；汽油251.82万吨，降低36.2%；柴油2 570.52万吨，增长8.6%；电181.47亿千瓦小时，增长30.1%。

【环境保护】 2014年全师工业废水排放量3 054.87万吨；化学需氧量排放量9 168.03吨，比上年增加2.4%；氨氮排放量113.85吨，比上年减少18.5%；二氧化硫排放量29 658.9吨，比上年增加18.2%；氮氧化物排放量19 793.33吨，比上年增长53.2%；烟(粉)尘排放量7 819.535吨，比上年增加27.7%。工业固体废物产生量120.814万吨，比上年增加68.1%。

【安全生产】 2014年师市工矿商贸企业共发生职工死亡事故4起，事故死亡28人，死亡人数与上年增长4.6倍。共发生交通事故826起，下降23.7%；死亡47人，增长23.7%；经济损失119.34万元，增长121.6%。发生火灾28起，增长64.7%；经济损失1 096.1万元，增长151.5%。亿元生产总值生产安全事故死亡人数0.136 7人。工矿商贸企业就业人员每10万人生产安全事故死亡人数5.42人。煤矿百万吨死亡人数为6.39人。

（皇甫志辉 李萍）

五家渠市概貌

【地名由来】 清末民初有杨、冯、杜等5户人家，为种地从老龙河引出一条水渠，人称“五家渠”。1950年6月，王震陪同彭德怀到此考察；1951年7月，中国人民解放军六军十七师冬耕队到此开荒；1952年3月，十七师师长程悦长率队勘察修筑水库，“五家渠”开始被作为地名使用。1953年11月，十七师更名为农六师后，师部迁此，“五家渠”被作为自然镇名称沿用到2001年。2002年9月，国务院批准在五家渠设立新疆维吾尔自治区直辖县级市。2004年1月19日，五家渠正式挂牌设市。

【位置境域】 五家渠市位于天山山脉博格达峰北麓，准噶尔盆地南缘，东、东南、南依次以八一东干排洪沟、八一水库浸没线、八一分支外排沟接南大渠、老龙河、猛进水库东坝保护带、猛进水库浸没线、场界沟为界，与乌鲁木齐市米东区接壤；南端突出部分东以场界沟、南以和平渠东一支渠、西以和平渠为界，与乌鲁木齐市为邻；西南、西、北依次以乌五公路南、师直引水渠、头屯河、二屯枯沟、邓家大沟、望杆子至北沙窝到白家海子南端、沿青草岭至凰家梁到老龙河的昌吉与米东区的界点为界，与昌吉市相连。南北长75千米，东西宽29千米，面积711平方千米。地理坐标处于北纬43°59′25″~44°39′00″，东经87°17′42″~87°43′15″之间。市辖城区和一〇一、一〇二、一〇三等3个团场。城区南距乌鲁木齐市33千米，西距昌吉市23千米，东距阜康市55千米(均为公路距离)，至乌鲁木齐国际机场30千米。

【气候】 属中温带大陆性气候，2008~2014年年均气温6.5℃~8℃，最高气温40℃~42℃，最低气温-38℃~-40℃。2013年1月平均气温-16.7℃，7月平均气温24.7℃；2 008~2013年日照为2 149~2 736小时，无霜期天数167~179天，年平均降水量为116~227毫米。年平均风速为2米／秒，冬半年平均风速为1.5米／秒，冬季平均风速为1.2米／秒。极端最大风速为28米／秒，冬季极端最大风速为16米／秒。最多风向频率为东风和东北风，次多为西风和西南风。冬季东风及东偏北风出现频率较大；春季东风及东偏北风、西风及西偏南风、西北风的出现频率较大；夏季西风及西偏南风的出现频率较大。年静风20%，其中冬季30%，春季13%。

【资源】 2014年，辖区拥有土地面积7.4万公顷，其中，耕地2.17万公顷，园地965公顷，林地6 786公顷，草地767公顷，城镇及工矿用地8 456公顷，交通运输用地2 256公顷，水域及水利设施用地7 863公顷，其他用地2.51万公顷。全年批准建设用地503.07公顷，供应土地559.53公顷，土地出让合同价款6.02亿元。全年市水资源径流量3.49亿立方米，其中，地表水资源2.19亿立方米，地下水资源1.24亿立方米。淡水面积2.06千公顷，其中，可养殖面积占100%。年末有4座水库，水库总容量1.29亿立方米。全年总用水量中农业灌溉用水1.31亿立方米，工业、生活及城市绿化用水0.68亿立方米。市区供水综合能力达4.7万立方米/日，年供水量940万立方米，自来水普及率和水质合格率均达100%。集中供热面积达478万立方米，年供热总量310.7万吉焦。管道天然气用户2.5万户，供气总量633万立方米，燃气普及率98%。城市生活垃圾处理率5.45%。排水管道长度57千米。城市道路面积285万平方米。

五家渠青格达湖景区。 (李华北)

盛产瓜果、蔬菜，是国家无公害农产品生产基地。矿产资源主要有芒硝、天然气和石英砂等。野生动物有鹅喉羚、野兔、狐狸、沙鸡等。野生药用植物有甘草、阿魏、肉苁蓉、锁阳、大黄等。主要旅游景区有青格达湖景区(国家AAAA级旅游景区)、凰家梁沙湖生态景区(国家AAA级旅游景区)。名优特色产品有“五家渠”牌潜水泵、“准噶尔”牌皮棉、“大草原”牌饮品、哈密瓜、番茄酱罐头、葡萄酒、棉纱、机制纸、农用化肥等。

【建置沿革】 清乾隆二十二年(1757)，历经康、雍、乾三朝，历时68年的平定准噶尔叛乱以清廷的胜利而告终。次年，在迪化设都统；乾隆三十八年(1773)，改为迪化直隶州，今市域为其所辖。光绪十年(1884)，新疆设省；次年，迪化州升为府，同时增设迪化、昌吉等6县，该地为迪化县、昌吉县所辖。民国十七年(1928)设置乾德县，该地地域属迪化道(后为专区)管辖的乾德县、昌吉县的一部分。

1949年9月，新疆和平解放。中国人民解放军六军十七师进驻迪化专区各县，帮助地方建党建政，并开荒生产建立军垦农场。1953年，十七师更名为农六师，师部由迪化迁至五家渠。五家渠当时为三五户人家的自然村落。农六师所属的猛进农场在五家渠南北一带开荒生产，八一农场在乾德县梧桐窝子一带开荒生产，十六团农场在蔡家湖一带开荒生产(地跨乾德、昌吉两县)。1954年2月,乾德县更名为米泉县,同年7月,昌吉回族自治区成立(1955年改为昌吉回族自治州),该地地域属昌吉回族自治区(州)管辖的米泉县和昌吉县。1983年和1997年,昌吉、米泉分别撤县设市,该地地域仍属两市管辖。2002年,农六师所属的一〇一(全部)、一〇二(大部)、一〇三(大部)3个团场和师直五家渠(全部)的地域从原米泉市和昌吉市析出,成立五家渠市。五家渠市为新疆维吾尔自治区直辖县级市。

【行政区划】 新疆解放前,五家渠、梧桐窝子、蔡家湖为仅有数十户人家的自然村落,分属米泉和昌吉两县的区、乡管辖,当地未设行政机构。新中国成立后,建立猛进、八一、十六团3个军垦农场和农六师师部五家渠,行政区划仍属米泉、昌吉两县,工商税务等由两县派出机构管理,其他司法、行政事务属新疆军区生产建设兵团的师、团场管理。1975年,农六师建制撤销后,团场归属昌吉回族自治州。1978年后,由昌吉回族自治州政府在五家渠分别设立工商、税务、物价监督、质量技术监督等机构,管理五家渠和一〇一、一〇二、一〇三3个团的上述行政事务。1982年,兵团和农六师建制恢复后,团场复归农六师。师部五家渠成为由新疆生产建设兵团管理和地方政府通过工商、税务等机构行使政府部分职能的特殊行政区划单位。根据1997年中共中央、国务院关于在农六师师部五家渠设立自治区直辖县级市的文件精神,1998年1月成立五家渠市筹备委员会。2002年9月,国务院批准新疆维吾尔自治区设立县级五家渠市。2003年12月,自治区人民政府就五家渠设市发出通知。2004年1月19日,五家渠建市挂牌。五家渠设市后,五家渠市辖梧桐、蔡家湖2镇。第六师与五家渠市党、政机构合一,人大、政协按相应法律程序设置;2镇分别与团场机构合一。2013年辖军垦路、青湖路、人民路3个街道,一〇一(与五家渠青湖生态经济开发区区团合一)、一〇二、一〇三3个团场和1个工业园区。

【概况】 五家渠市位于天山东段北麓,准噶尔盆地南缘。市区距乌鲁木齐市32千米。2014年市辖1个团场(一〇一团)、2个镇(一〇二团梧桐镇、一〇三团蔡家湖镇,团镇合一)、3个街道办事处。

【经济建设】 2014年,五家渠市实现地域生产总值117.26亿元,比上年增长13.2%(按2010年可比价,下同)。其中,第一产业增加值6.66亿元,增长7.7%;第二产业增加值69.67亿元,增长12.8%;第三产业增加值40.93亿元,增长14.7%。经济总量占师的57.2%。三次产业结构比为6∶59∶35。三次产业对经济的贡献率分别为4%、57%、39%。人均生产总值96 805元,增长11.7%。

【农业】 2014年,实现农业总产值14.46亿元,比上年增长8.2%。实现农业增加值6.66亿元,增长7.7%。农作物播种面积16.36千公顷,增长14.8%。其中,粮食种植面积2 118公顷,下降5.1%;棉花种植面积8 266公顷,增长23.9%;蔬菜种植面积(含菜用瓜)2 273公顷,下降6.3%。

棉花、玉米作物精量半精量播种面积7 333公顷,比上年增长13.6%。其中,棉花精量播种面积6 533公顷,增长21%。测土配方施肥面积13 868千公顷,下降9.5%。全年粮食产量1.54万吨,比上年下降8.8%;棉花产量1.76万吨,增长24.5%;蔬菜产量23.3万吨,比上年下降1%;水果1.1万吨,比上年增长50%。完成人工造林80公顷。

年末牲畜存栏18.3万头(只),增长70.8%。其中,牛0.23万头,增长15%;猪7.37万头,增长9%;羊10.78万只,增长185.3%。年内牲畜出栏20.32万头(只),增长14%。其中,肉类总产量1.47万吨,增长16%;羊毛产量86吨,增长6.2%;禽蛋产量955吨,下降4.4%;牛奶产量5 640吨,下降18.8%;水产品产量1 586吨,增长14.3%。

【工业】 2014年完成工业总产值288亿元,比上年增长13.8%。工业增加值64.72亿元,比上年增长9.9%。规模以上工业增加值62.78亿元,占市工业97%,增长9.8%,企业实现利润6.5亿元,比上年下降25%。主营业务收入272亿元,实现利税22亿元,工业产销率91%。轻、工业重工业比重为24∶76。五家渠市经济技术开发区实现产值257.7亿元,增长17.1%。增加值58.6亿元,增长6.1%。销售收入245亿元,增长18.4%。综合利润8.9亿元，增长5%。经济技术开发区入住企业115家，行成生产能力88家。

主要工业产品产量：煤炭开采170万吨，增长40%；焦炭62.3万吨，增长6.5%；水泥212.9万吨，增长42.4%；钢材62.5万吨，增长81.3%；铝110万吨，增长37.4%；电力173.8亿度，增长19.3%；精制食用植物油1.9万吨，增长11.8%；软饮料4.6万吨，增长18%；番茄酱罐头13万吨，增长32.6%；葡萄酒0.5万吨，增长25%；纱2.3万米，增长28%；塑料制品1.1万吨，增长10%；硅酸盐水泥熟料98.6万吨，增长109%。

【建筑业】 2014年，全市具有资质等级的总承包和专业承包建筑企业12家，产值21.48亿元，比上年增长70%。实现建筑业增加值4.94亿元，比上年增长63.4%。实现利润0.6亿元，增长36.4%。各类建筑施工单位签订合同额49.68亿元，比上年增长134.3%。全年房屋建筑施工面积187.97万平方米，增长98.1%。

【房地产开发】 2014年，全年房地产开发投资85.16亿元，比上年增长36.4%。商品房销售面积94.22万平方米，增长20.8%。其中，住宅76.70万平方米，增长9.9%。商品房待售面积50.39万平方米，增长182.5%。商品房销售额39.56亿元，增长39.6%。保障性住房开工592户，新建及续建保障性住房基本建成592户，竣工592户。

【固定资产投资】 2014年，全社会固定资产投资204.42亿元，比上年下降14.4%。固定资产投资三次产业构成为3.2∶43.6∶53.2。工业完成投资89.09亿元，比上年下降41.9%。其中，制造业完成投资63.14亿元，下降39.7%；电力、燃气及水的生产和供应业完成投资25.95亿元，下降44.6%；农、林、牧、渔业完成投资6.63亿元，上涨95.6%；交通运输、仓储和邮政业完成投资1.74亿元，下降21.8%；水利、环境和公共设施管理业完成投资13.35亿元，上涨47.9%；居民服务、修理和其他服务业完成投资0.045亿元，下降15.5%，教育完成投资0.89亿元，上涨20.5%；卫生和社会工作完成投资0.42亿元，下降66.9%；文化、体育和娱乐业完成投资0.39亿元，下降11.2%；公共管理、社会保障和社会组织完成投资0.13亿元，上涨84.5%。

【批发零售及住宿餐饮】 2014年，全市批发零售业商品销售总额81.11亿元，比上年下降2.8%。实现批发零售业增加值10.3亿元，增长16.4%。全年社会消费品零售总额40.19亿元，比上年增长18.8%，按行业分，批发额46.97亿元，减少14.8%，零售额34.15亿元，增长20.6%；住宿餐饮业中住宿和餐饮业零售额0.84亿元，下降26.2%。限额以上法人批发零售贸易业商品购进总额21.86亿元，下降26.9%；商品销售总额21.5亿元，减少39.8%；年末库存总额8.87亿元，增长12.2%。

【招商引资】 全年招商引资项目共192个。当年到位资金241.5亿元，比上年增长0.5%。当年新建引资项目92个，投资总额82.3亿元。

【财政收入】 2014年，实现全口径财政收入13.53亿元，下降3.8%。其中，地方财政收入10.32亿元，增长7%。实现公共财政预算收入9.81亿元，增长5.6%，其中，各项税收收入9.14亿元，增长1.8%。

【对口援建】 2014年，全市对口援建项目4个，总投资5 713万元，其中援助资金2 577万元。当年援建项目全部开工，已完工3个，实际完成投资4 450万元，到位援助资金2 577万元。

【交通运输业】 2014年，全市道路运输旅客周转量7.87亿人千米、货物周转量45.49亿吨千米，分别比上年增长10.2%和21 %。年末，全市民用汽车保有量1.21万辆，比上年末增长25.4%。其中，民用轿车0.32万辆，增长18.5%。民用汽车中，载客汽车0.52万辆，增长57.5%；载货汽车0.56万辆，增长3.7%；其他汽车0.17万辆，持平。城市道路面积285万平方米。全市有公交运营车辆111辆，运营线路总长度已达265千米。有城市出租车576辆，其中，市区330辆，市域团场区域出租车246辆。

【旅游业】 2014年，全市旅游景点4个。旅游星级饭店3家，旅行社4家，旅游规划资质单位1家，全年接待游客117.6万人次，同比增长27.6%，旅游综合收入2.2亿元，同比增长27.4%。

【进出口贸易】 2014年,全市完成货物进出口总额2.58亿美元(区域海关),比上年下降19.8%。其中,货物出口2.45亿美元,比上年下降21.7%%;货物进口0.13亿美元,比上年增长48.8%。

【金融】 2014年,五家渠市各项存款金额101.46亿元,增长8.5%,其中:企业存款47.81亿元,增长4.7%。各项贷款余额113.9亿元,比上年增长32.3%,其中:短期贷款74.65亿元,增长19.2%,占65.4%;中长期贷款39.25亿元,增长68%,占34.46%。

【教育】 2014年,全市有各类学校20所,在校学生21 082人,教职工1 743人,专任教师1 475人。普通高等学校2所,在校生3 550人,新招生1 185人,毕业生751人;中等职业学校1所,在校生2 046人,新招生460人,毕业生626人;普通中学6所,在校生7 130人,新招生2 260人,毕业生2 401人;小学3所,在校生6 439人,新招生1 046人,毕业生1 118人;幼儿园8所,在园幼儿2 639人,新招幼儿1 192人,毕业生848人。小学适龄儿童入学率100 %,初中适龄人口入学率99.1%。

【科学技术】 2014年承担各级各类科技项目137项,获得各类科技经费总额2 138万元,比上年增长25%,项目年经费投入强度每项近17万元。其中,承担实施各类国家科技计划项目7项,到位资金470万元;兵团各类科技计划项目52项,到位资金932万元;师本级科技计划项目78项,获得科技经费736万元。工程技术研究中心1家、高新技术企业4家、兵团创新型试点企业3家。全年有2项科技成果获兵团科技进步奖,其中二等奖1项、三等奖1项;获得师2014年科技进步28项,其中一等奖3项、二等奖10项、三等奖15项。全年全市专利申请量39件,获得授权专利量31件,其中发明专利授权量6件。年末有科学研究与技术开发机构1个。

【文化产业与传媒】 年末有广播电视播出机构4个,其中市电视台和广播电台各1座,农牧团场广播电视站3座。有线电视用户3万户。广播电视综合覆盖率分别达到100%和100%。《准噶尔时报》全年发行1.3万份。拥有网站1家。

【卫生】 2014年,全市有各类卫生机构107个。有各类卫生技术人员1 000人。其中,执业和执业(助理)医师334人,注册护士495人。每千人执业(助理)医师2.77人,每千人注册护士4.07人,每千人有医院床位6.53张。传染病报告发病率(甲乙类传染病)273/10万,婴儿死亡率1.69‰,孕产妇死亡率168.92/10万。

【园林绿化】 2014年,建成区园林绿地597公顷,公园绿地77公顷,建成区绿化覆盖率37.56%。

【能源消费】 2014年市规模以上工业企业综合能源消费量632.67万吨标准煤,比上年增长20.6%。其中,煤炭消费量797.04万吨,增长6.9%;汽油207.21万吨,减少13.8%;柴油1 762.74万吨,增长35.2%;发电179.04亿千瓦小时,增长30.6%。

【人口】 2014年年末全市总人口12.17万人,比上年增长0.9%,其中,男性6.28万人,女性5.89万人。性别比为107:100(女=100)。在总人口中,汉族人口11.57万人,占总人口的95 %;少数民族人口0.6万人,占总人口的5%。其中,维吾尔族人口538人,哈萨克族人口768人,回族人口3 438人,蒙古族人口443人,其他少数民族人口848人。全年出生人口500人,出生率为4.13‰;死亡人口563人,死亡率为4.65‰;人口自然增长率为-0.52‰。

【就业】 2014年,全市年末从业人员6.89万人,比上年增长15.4%。第一产业1.01万人,下降10.4%;第二产业2.94万人,增长23%;第三产业2.94万人,增长20%。三次产业从业人员构成为14:43:43。其中,年末在岗职工4.03万人,比上年增长19.9%,占58.5%。私营及个体从业人员2.53万人,增长35.3%。全年全社会新增劳动力就业1.03万人。

【人民生活与社会保障】 2014年,全市城镇常住居民人均可支配收入26 858元,比上年增长10%,连队常住居民人均可支配收入13 860元,增长10.3%。五家渠市在岗职工工资总额20.5亿元,比上年增长15%。职工年平均工资57 173元,比上年增加4 934元,增长9.4%。参加职工基本养老保险61 959人、居民社会养老保险2 119人。参加基本医疗保险95 429人,其中职工基本医疗保险62 595人,居民基本医疗保险32 834人。参加失业保险26 942人、工伤保险29 641人、生育保险29 533人。

【社会服务】 2014年全市最低生活保障累计发放1.324 1万人次,下达兵团低保资金预算447万元,发放低保、补助资金447万元。发放医疗救助资金147.6万元,0.2万人次得到医疗救助。全年国家抚恤、补助各类优抚对象141万人,接收安置退役士兵49人。年末有各类收养性单位3个,床位数485张,在院收养人数140人。全年受理劳动保障监察投诉案件142件,结案142件,结案率100%;处理劳动争议案件131件,其中,调解处理54件,立案处理77件,结案率100%。 (皇甫志辉)

五家渠经济技术开发区

【概况】 五家渠经济技术开发区成立于2004年4月。2012年8月30日,被国务院批准为国家级经济技术开发区,批准规划面积14.8平方千米。开发区管理委员会行政办公楼位于五家渠市人民北路3092号,占地面积4 345平方米。管委会有人员33人,其中女性6人,党员21人。

【经济发展】 2014年,实现工业总产值260亿元(现价,下同),同比增长18%,占师市工业总产值(初步预计400亿元)比重的65%,实现工业增加值58.6亿元,同比增长21.78%,占师市工业增加值(84亿元)比重的69.8%,实现固定资产投资85.5亿元,占师市固定资产投资(268亿元)比重的32%。实现就业人数15 124人,增长1.3%。实现进出口总额3 522.02万美元,实现税收收入2亿元。

【规划布局】 开发区规划总面积为90.36平方千米,按照"一区两园"规划布局,其中:北工业园规划面积31.01平方千米,东工业园规划面积37.95平方千米,东工业园扩区21.4平方千米。开发区基础设施功能齐全、配套完善,基本实现"七通一平"。

【产业规划】 开发区在产业规划上实施分区规划。北工业园区为农副产品加工区,东工业园区为优势资源转换区。"十二五"产业规划重点发展有色金属加工、煤电煤化工、纺织服装、食品加工、机械制造五大产业,在此产业基础上,积极培育和发展新型材料、饲料、生物医药和环保产业,建立"5+3"产业体系,逐步形成大企业、大集团为龙头,优势突出,规模效益显著的产业体系。启动了《开发区产业发展规划(2014~2020年)》编制工作。完成《五家渠开发区循环经济发展规划(2014-2018年)》编制工作。

共青团农场农业科技示范区示范基地。 (李华北)

【基础设施建设】 2014年,开发区共下达基础设施建设项目计划25个,完成基础设施投资21 360万元。其中新建道路工程投资9 451万元,道路总长度为26.96千米,总面积51.1万平方米;续建道路工程投资1 364万元;新建绿化工程投资4 472万元,总长度1千米,总面积37.8万平方米;新建路灯工程投资1 597万元,新建线路18.4千米,1 057盏路灯;供电工程投资369万元及其他工程投资4 107万元。截至2014年底,开发区基础设施已累计完成投资19.74亿元。其中修建园区道路里程137千米,修建供水管线108千米,修建排水管线69千米,架设供电线路119千米,基础设施配套建设基本覆盖所有入园企业。

【招商引资】 截至2014年底,开发区累计入驻企业115家,建成投产企业88家,规模以上企业32家。招商引资企业累计到位资金512亿元。是年,开发区洽谈招商引资项目62个，签约项目16个，计划总投资20.8亿元。产业涉及铝制品深加工、食品、机械制造、新兴建材、商贸物流、科技服务等重点产业。

【投资公司融资】 2014年，五家渠开发区建设投资经营有限公司与国家开发银行、浦发银行等各商业银行接洽，争取浦发银行授信6 000万元。完成投资公司增资扩股，现公司注册资金4.1亿元，净资产达到16.3亿元。

【党建工作】 截至2014年底，开发区党工委已批准成立企业党组织20个（单独组建18个，联合组建1个，派员组建1个）。已完成新建基层团组织9个。 （罗永军）

国家级现代农业示范区（国家级现代农业科技园区）

【概况】 六师共青团农场现代农业示范区于2010年正式升格为国家级现代农业示范区。规划总面积126.62千公顷。整个园区占地10万亩，分别由“一区、五园、三中心”组成。一区即核心区，五园即现代农业节水技术示范园、特色林果产业园、设施农业示范园、现代畜牧产业园、农产品加工产业园，三中心即科技研发中心、管理服务中心、信息技术中心。

【示范区建设】 示范区由现代农业节水灌溉示范基地、设施农业示范基地、特色林果种植示范基地和现代畜牧养殖示范基地4个示范基地组成。截至2014年，示范区已入驻中基番茄、梅花氨基酸等30余家农产品加工企业，注册“双渠”牌蔬菜等20个品牌，基本形成以棉花、小麦、加工番茄、鲜食酿酒葡萄和优质畜禽为主导的良种繁育推广、标准种养殖和农产品深加工为一体的产业链。同时园区是兵团重要的星火红色产业带基地。示范区已建成6.8万亩现代农业节水灌溉示范基地，建成“三用一备”和“四用一备”大型调频加压泵站2座；现代畜牧养殖示范基地建成了24万只青年鸡场、48万只蛋鸡示范场和2 400头父母代种猪示范场；优质高效葡萄示范基地已建成4个优质高效葡萄示范基地，总面积达到3万亩；设施农业示范基地已建成智能繁育温室4个，温棚148座。

【经济发展】 2014年，示范区招商引资实施项目29个，其中续建项目9个，新建项目20个，完成固定资产投资4.8亿元，较2013年增长29.04%。引进新疆丽润有限公司资金1.35亿元，建成建筑面积1.5万平方米的商业综合体。

【国家级现代农业科技园区挂牌】 2014年12月18日，六师五家渠国家科技园区管委会在共青团农场正式挂牌。六师五家渠国家科技园区批复于2012年2月，科技园区依托共青团农场国家级现代农业示范区，设计规划的目标定位是：建成基础设施配套完善，服务功能齐全，区域特色突出，产业结构合理，科技含量高，社会经济效益显著，辐射带动效果明显，国内先进的农业技术示范园区。 （邵忠新）

新疆百花村股份有限公司

【概况】 新疆百花村股份有限公司的前身是成立于1959年的百花村饭店。1996年在上海证券交易所成功上市，成为兵团第一家上市企业。股票代码600721。2006年，公司借股改契机，积极实施产业结构调整和战略转型，由原来传统的餐饮服务，逐步转型为集煤炭采选和煤化工于一体的资源类上市公司。是由兵团第六师控股的兵团最大的煤焦化企业集团之一。截至2014年末，公司资产总额已从2006年的2.6亿元增长到44.66亿元，形成年产原煤160万吨、焦炭80万吨、尿素21万吨、发电量1.82亿千瓦时的产能。公司旗下拥有新疆大黄山豫新煤业有限责任公司、新疆大黄山鸿基焦化有限责任公司、新疆天然物产贸易有限公司等6个子（分）公司。

【经济建设】 2014年，公司资产总额41.66亿元，负债31.68亿元，净资产9.98亿元，营业总收入11.09亿元，营业成本10.60亿元，三项费用合计3.73亿元。

2014年生产原煤50.68万吨，较2013年的121.60万吨减少70.92万吨。焦炭生产64.30万吨，较上年同期60.44万吨增加3.86万吨。生产尿素16.86万吨，较上年同期14.14万吨增加2.72万吨。

【推行混合所有制经济】 2014年，

公司秉承"公开、自愿,基层优先、领导候补"原则,先后对所属子(分)公司——新疆百花村数码影像技术有限公司、新疆同信物业服务管理有限公司进行股份制改造,调动各级各类人员工作积极性。改制子(分)公司当年实现平稳过渡,生产经营初见成效。

【人才培养】 2014年,公司先后组织员工、子(分)公司领导层进行为期1年的和君商学院企业管理知识培训。共组织培训20次,参训人数达1 000人次。重视"双语"教学,组织员工参加初中级职称评审继续再教育、外语考试及计算考试20人次,通过率100%。

【荣获"乌鲁木齐餐饮老字号"称号】 新疆百花村快餐连锁有限责任公司是新疆百花村股份有限公司旗下一家老字号品牌企业,也是百花村发展历史最长的基础产业。其前身为1959年4月创立的国营百花村联合食堂。近年来,多次获得各种奖项及荣誉。2014年10月,被乌鲁木齐市商务局评为"乌鲁木齐餐饮老字号"。

【新疆大黄山豫新煤业有限责任公司】 2014年公司共计生产原煤32.25万吨,完成掘进进尺439米,发电373万千瓦时,销售原煤34.7万吨,实现工业总产值9 772万元,实现工业增加值7 329万元,实现利润-7 149万元。2014年7月5日,公司大黄山煤矿+708综采工作面,在压缩密闭期间发生瓦斯爆炸事故,造成17人遇难、3人重伤。

【新疆大黄山鸿基焦化有限责任公司】 公司是一家以焦化生产为基础,以煤气综合利用和化工产品生产为重点,以高端化工和精细化工为主导方向,集"焦—化—电"为一体、具有循环经济特征的综合型煤化工生产企业,也是疆内首家以焦炉煤气为原料生产合成氨/尿素的企业。2014年,公司共采购原煤105.7万吨,生产焦炭64.3万吨,生产粗苯1.23万吨,生产焦油3.45万吨,生产尿素16.86万吨,发电量6 243.38万千瓦时。共销售焦炭56.42万吨,销售焦油3.45万吨,销售粗苯1.24万吨,销售尿素22.72万吨。实现营业收入7.6亿元,实现工业总产值7.33亿元,实现工业增加值8 300万元。全年各项成本在2013年基础上降低30%。是年,公司被兵团评为兵团循环经济示范试点单位。

【新疆天然物产贸易有限责任公司】 公司位于拜城县黑英山乡梅斯布拉克村,隶属新疆百花村股份有限公司。公司主要开采25号主焦煤,矿井地质总储量约8 000万吨。煤质属于优质的工业用煤,其特性为低硫、低磷、特低氯、中热值。2014年,公司完成生产原煤18.43万吨,完成掘进进尺1 404米,累计销售原煤15.38万吨,完成销售收入5 267.6万元,职工收入全年人均6.12万元。矿井安全改造项目(瓦斯抽采与利用)纳入国家2014年度煤矿安全改造中央预算项目。项目总投资2 696万元,资金由公司自筹70%,共计1 887万元;申请国家安全改造补助资金30%,计809万元。采煤方法改造项目(急倾斜煤层斜切分段综采放顶煤采煤方法)纳入兵团"四个一批"项目建设中,项目完成后,其矿井工作面年单产不低于30万吨。该项目计划投资720万元,其中公司自筹650万元,申请兵团"四个一批"专项补助70万元。

【新疆百花村股份有限公司软件园信息产品展示中心】 新疆百花村股份有限公司软件园信息产品展示中心(以下简称百花村软件园)于2001年2月经乌鲁木齐市人民政府和乌鲁木齐高新技术产业开发区管委会批准设立,由新疆百花村股份有限公司承建,是新疆第一家为中小软件开发企业提供全方位服务平台的园区。百花村软件园系乌鲁木齐市高新技术产业开发区的园外园,园区位于乌鲁木齐市中山路商业黄金地段——中山路与红旗路的交汇处,隶属新疆百花村股份有限公司。2014年,百花村软件园实现利润1 555万元,上缴国家利税403万元,上缴现金流1 694万元。

【新疆百花恒星房地产开发有限公司】 公司成立于2010年5月26日,是一家具有独立法人和独立核算的公司。由新疆百花村股份有限公司和新疆天润恒星投资有限公司共同投资设立,注册资本1 000万元。新疆百花村股份有限公司投资510万元,占投资额的51%;新疆天润恒星投资有限公司投资490万元,占投资总额的49%。截至2014年末,公司总资产

8 234.21万元。负债总额5 919.22万元。2014年末，公司净利润1 139.03万元，比2013年增加97.8万元，增幅为9.39%。公司主要从事房地产开发业务，承接五家渠仁和居百花苑小区房地产开发项目，住宅总建筑面积9.73万平方米，实际规划建设总面积8.7万平方米（其中商铺面积为2 775.33平方米），规划建设24栋商品房。开发项目预计在2015年上半年全部交付使用。截至2014年末，已安置拆迁户211户。 （张 军 薛勇平）

新疆中基实业股份有限公司

【概述】 新疆中基实业股份有限公司是新疆生产建设兵团第六师控股的一家上市公司，是新疆生产建设兵团重点扶持发展的以番茄制品深加工为主营业务，集番茄种植、生产、加工、贸易、科研开发为一体的农业产业化龙头企业。中基公司成立于1994年6月，2000年9月26日，公司股票在深交所上市，股票代码000972SZ。

中基公司自2000年开始进入番茄行业，至2014年，具备3.8万吨/日鲜番茄加工能力和12万吨/年小包装番茄制品分装能力，国内第二位、全球第三位。从种子研发、育苗移栽、机械化采收到番茄制品加工和番茄红素生产等，番茄产业链已充分得到完善，公司主业转型升级也基本完成。

【经济发展情况】 2014年，中基公司在团场落实番茄种植面积7 808公顷，其中，推广杂交品种种植面积5 913公顷，占总种植面积的76%，平均每公顷单产103吨，较上年提高4吨，职工每公顷收入增加近1 868元。是年，中基公司生产大桶番茄酱13.4万吨，生产小包装番茄制品1.5万吨，生产番茄红素75 580瓶（453.48万粒）。中基公司完成工业总产值8.33亿元。公司总资产19.71亿元，净资产8.27亿元，营业总收入4.17亿元，净利润0.11亿元。

【转型升级 提升质量】 一是加强原料基地建设，提高公司对原料供应和品质管控的能力。二是通过新品种推广提高单产和原料质量。2014年，公司新品种的推广率为60%，番茄原料中能够用于加工的果肉固形物含量从过去的4.2毫克/千克提高至4.8毫克/千克，广大团场职工由过去的“看情况种植、随意种植”转变为“愿意种植、科学种植”。三是通过大规模、机械化采摘，降低职工采摘费的支出，让职工得到实惠，实现公司对原料质量和交售环节的有效管控。四是通过品种和种植模式的调整，延长番茄加工期，提高设备利用率，降低生产成本。

【开源节流 降本增效】 通过对番茄种植品种的全面更新，提高番茄原料固形物含量，严格控制番茄原料质量和生产过程中的工艺损失，在番茄原料成熟度不足的情况下，将标酱料酱比控制在6.3以下（每6.3吨鲜番茄产1吨番茄酱），仅此一项较2013年节约原料成本近千万元。中基公司大包装番茄酱的制造成本2014年控制在800美元以内，与国内同行业企业相比具有竞争力。

【大力推行机械化采收】 中基公司共引进68台番茄采收机。2014年，机采模式种植面积达到5 987.8公顷，同比提高200%，占总面积的56%。实现机械采收5 118.16公顷（2013年机采1 421.39公顷），同比提高260%；机采原料量51.04万吨（2013年为13.28万吨），同比增加284%。每台机采可节约采摘成本230-300元/亩，实现农户增收与企业效益的统一性和稳定性。

【社会事业】 2014年，公司参保员工1 244人，缴纳社会保险973万元。为员工办理团体意外伤害险、基本医疗补充险。缴纳住房公积金177万元。为公司困难员工发放生活补助累计10万元。每年为社会提供数千个临时就业岗位。

（陈进书）

番茄加工生产线。 （宣传部）

大事记 | Chronicle of Events

责任编辑　皇甫志辉

题图摄影　启　航

★ 2013年12月15日，经过40年的艰苦寻访，周春山烈士的父母及弟妹在河北省霸州市被找到。2014年1月，天津老知青代表一行前往河北霸州看望慰问烈士的亲人，共同缅怀烈士英灵，表达对英雄的崇敬之情。

★ 截至2013年12月23日，师市皮棉加工工作全面结束，18家轧花厂全年共计加工皮棉9.599 6万吨，完成组批9.236 3万吨，组批并符合国储标准皮棉9.115 1万吨，符合国储标准皮棉达到94.95%。师棉麻公司累计完成国储棉销售7.95万吨，完成全年皮棉销售任务的82.84%。

★ 2013年12月26日，五家渠市军垦之声合唱团70人赴乌鲁木齐参加由兵团党委宣传部、兵直党工委、兵团文联、兵团文化广播电视局联合主办的纪念毛泽东诞辰120周年演唱会。

★ 2013年12月29日，40余名海外学人在兵团团委副书记、青联副主席陈宗的陪同下，来师市考察。此次考察活动，是“放眼丝路、聚集兵团——2013年海外学人回国创业周兵团行”活动的一部分，由团中央、全国青联、欧美同学会主办，兵团团委、兵团青联承办，活动时间为2013年12月26~31日，旨在进一步开发海外青年人才资源，推动海外学人回国创业和以多种方式为国服务。

一月

1日，经兵团批准，2014年1月1日起，师市再次提高失业人员失业保险金标准比例10个百分点，即领取失业保险金期限在第一至第十二个月的，每人每月按当地最低工资标准的80%领取，期限在第十三至第二十四个月的按75%领取。

2日，五家渠市车管所正式启动国产小型轿车牌照申领、转入、转出、变更、抵押业务。2013年，昌吉州车管所将五家渠市及一〇一团、一〇二团、一〇三团、共青团农场、一〇五团的国产轿车（包括合资生产轿车）业务移交给五家渠市车管所，方便六师辖区居民办理车辆业务。

2~4日，师市党委中心组（扩大）2014年第一次集体学习暨冬季军事训练活动在五家渠职业技术学校举行。同时，师市职工冬季军事训练活动正式启动。3天中，师市170余名干部参加集中学习和军事训练。

4日，师市劳动和社会保障局在一〇五团举办“创办你的企业”（SYB）培训，这是自2003年师市启动创业培训以来的第100期培训班。几年来，师市累计培训学员2 760人，成功创业1 530人，带动就业3 965人。

6日，中国侨联组织人事部副巡视员李鸿兴一行来师市慰问侨眷。师副政委付爱琴陪同。

9日，“感动韩城·最美韩城人”颁奖典礼在陕西省韩城市举行。韩城市民营企业家郭景山捐助50万元救助五家渠市哈萨克族青年萨布拉江的事迹感动了很多人。典礼上，最美韩城人郭景山被五家渠市授予“荣誉市民”称号。

10日，师市举行2013年度“六师先锋”颁奖典礼。此次活动由师市党委组织部、宣传部主办，准噶尔时报社、五家渠电视台、五家渠人民广播电台承办。“六师先锋”人物的产生通过全师干部职工网络投票、报纸投票以及师市15个部门组成的评审组三轮选拔，最终从45名候选人中产生10名“六师先锋”奖和10名“六师先锋”提名奖。

同日，五家渠市丽润国际广场开业。该项目于2011年由新疆丽润房地产开发有限公司投资建设，项目总投资2亿元，建筑面积约4.6万平方米。

14日，五家渠地税局召开2014年工作会议。师长、市长张顺帮，师市党委常委、五家渠市副市长李金平出席会议。2013年度，五家渠地税局共组织各项收入77 263万元，同比增长43.11%。其中税收73 960万元，同比增长42.75%；累计实现一般预算地方税收68 204万元，同比增长42.82%。

同日，五家渠市被国家住房和城乡建设部命名为国家级园林城市。根据《国家园林城市申报与评审办法》和《国家园林县城城镇标准和申报评审办法》等相关文件要求，国家住房和城乡建设部组织专家对2012年所有申报城市、县城和城镇进行评审。综合现场考查和评审结果，有37个城市被命名为国家园林城市，五家渠市是其中之一。截至2014年，五家渠市建成区园林绿地597公顷，公园绿地77公顷，建成区绿化覆盖率37.56%。

16日，国家工信部原材料司副司长骆铁军一行来师市，就师市电解铝行业发展情况进行调研，师长张顺帮陪同。截至2014年，师煤电公司已建成投产电解铝规模135万吨，在建规模55万吨，该公司采用400千安和500千安系列电解槽，单系列产能、工艺技术装备等均为行业领先水平。

17日，师市召开老干部情况通报会。师政委马新平向老干部致新春贺词，师长张顺帮通报师市2013年经济社会发展情况及2014年工作目标和打算。师副政委付爱琴主持会议。

19~20日，师市党委十届四次全委（扩大）会议暨五家渠建市十周年庆祝大会召开。师市党委书记、师政委马新平作工作报告，师市党委副书记、师长、市长张顺帮作总结讲话。

21日，五家渠国税局召开国税年度工作会议。师长张顺帮，师市党委常委、副市长李金平出席会议。2013年度，五家渠国税局全年完成税收收入60 150万元，比上年同期增收10 162万元，同比增长20.33%；地方公共财政预算收入21 647万元，比上年同期增收3 705万元，同比增长20.65%。税收收入首次突破6亿元大关，再创历史新高。

同日，兵团召开统计工作电视电话会议，副师长董庆利在师市分会场参加会议。

同日，兵团召开商务工作电视电话会议，师市相关部门领导在师市分会场参加会议。

同日，师市党委宣传部、文联、博物馆联合举办“迎新春、送春联、赠图书”活动，现场赠出春联100多幅，图书300多本。

24日，师长张顺帮，师市党委常委、副市长李金平一行亲切看望慰问邵戊子、徐旭东、于尚志、孙承云、曹莲英等老干部，送上新春祝福。

同日，师副政委付爱琴一行亲切慰问老红军、老八路及老干部王和、孙成仁、王志信、高保忠、李进全等。

25日，师市纪委书记严兆军一行亲切看望慰问离退休老干部及遗孀李全友、韩效愈、韩宗林、宋秉琦和贾淑贞等，并向他们致以节日祝福。

26日，师市宣传文化系统“迎新春、走基层”文艺节目在一〇二团文化中心精彩上演。师副政委吕清及师市宣传文化系统各单位人员观看演出。

同日，师政委马新平前往老红军王钰，老八路郭安喜、李旭昌和闫林枫夫妇、程文斌家中慰问，并为他们送去慰问金。

27日，兵团第二批党的群众路线教育实践活动第六督导组组长李文英率督导组来师市召开座谈会，了解师市党的群众路线教育实践活动筹备情况，指导师市党的群众路线教育实践活动开展。师政委马新平参加座谈，师副政委付爱琴汇报师市党的群众路线教育实践活动筹备情况，师副政委吕清参加会议。

同日，师市妇联拿出6.2万元，为每位“两癌”母亲发放慰问金2 000元和一个“母亲邮包”，希望她们乐观面对癌症，早日康复。

同日，师副政委吕清前往师人武部，看望参加春节期间维稳备勤的师市民兵。师人武部部长沈开疆陪同慰问。

27~29日，市政协主席甘应枝一行看望慰问曹莲英、王可夫、焦继军、马文辉等政协老领导，市政协委员杨新平及青湖路街道困难群众，为他们送去慰问品和新春问候。

28日，兵团司令员刘新齐、兵团党委常委田建荣一行，前往大黄山豫新煤业有限公司，看望一线干部职工，为他们送去新春的祝福。师长张顺帮陪同慰问。

同日，师政委马新平率慰问组前往市自来水公司、鸿达热力公司东区热源点，为坚守岗位的干部职工送上节日的祝福。

同日，市人大常委会主任刘毅一行来到身患重病的市第三届人大代表、西林路社区工作人员邵玉梅家进行慰问，送上由市人大常委会领导班子成员捐助的爱心款，鼓励她保持乐观，祝她早日康复。

29日，师长张顺帮、师总经济师黄立军一行到芳草湖农场走访慰问老八路、劳模和困难群众，为他们送去慰问金和新春祝福。

同日，师市党委常委、副市长李金平一行慰问环卫工人，向他们送去新春祝福。

30日，师长张顺帮、师副政委吕清、市政协主席甘应枝一行，先后到师市机要局、准噶尔时报社、五家渠人民广播电台、五家渠电视台看望慰问工作人员，并送去新年祝福。

同日，副师长董庆利一行前往电信公司、联通公司、移动公司、五家渠供电营业部，慰问节日期间坚守工作岗位的员工。董庆利详细了解各公司营业情况，并听取了节日期间值班和安全保卫工作情况汇报。

同日，副师长刘新跃一行看望师医院、市120急救中心、振兴街社区卫生服务中心的医务工作者。

是月，五家渠市再次获得2011~2013年“自治区精神文明建设先进城市”荣誉称号，这是继2008年成功创建以来，五家渠市再次荣获该称号。

二月

10日，国家新闻出版广电总局出版管理司司长吴尚之一行，在兵团党委宣传部副部长王瀚林陪同下来师市，就团场农家书屋建设情况进行调研。师副政委吕清陪同。师市已为329个连队和社区的农家书屋配送图书及出版物。每个农家书屋配送图书及出版物1 500多种。所有连队和社区已实现“职工农家书屋”全覆盖。

同日，来自师市各垦区公安一线的17名新民警在师市公安局特警队开始进行3个月的集训。

11日，国家交通运输部综合规划司司长孙国庆一行来师市，就交通运输发展情况进行调研。师长张顺帮、副师长董庆利陪同。

同日，师市召开党的群众路线教育实践活动动员会议。师市党委书记、师政委马新平作动员讲话。师市党委副书记、师长张顺帮主持会议。兵团党的群众路线教育实践活动第六督导组组长李文英、副组长蒋振乾，师市领导等在五家渠主会场参加会议。会议以电视电话会议形式召开，在部分团场设分会场。一〇二团、一〇五团领导作表态发言。

12日，师市党委中心组（扩大）举行2014年第二次集体学习，专题学习党的群众路线教育实践活动的相关内容。师市党委副书记、师长张顺帮主持学习并就做好近期学习实践活动提出具体要求。师市领导参加学习。兵团党委党校副教授张旭团作党的群众路线教育实践活动专题辅导。

13日，以“兵地融合昌五兴、丝绸之路中国梦”为主题的昌吉州文联、师市党委宣传部（文联）艺术交流活动在五家渠市举行。师副政委吕清参加活动。

14日，五家渠市文化广场举行元宵节社火表演。一〇一团、军垦路街道办等18支代表队、1 200余名职工群众参加社火表演。

同日、17日，师市党委分别召开党的群众路线教育实践活动征求意见座谈会，就如何解决“四风”问题，促进师市经济社会发展，扎实开展党的群众路线教育实践活动，向“两代表一委员”和师市老干部征求意见和建议。师政委马新平讲话，师长张顺帮、师副政委付爱琴分别主持会议。

17日，五家渠市召开街道办党的群众路线教育实践活动动员大会。会后，督导组组织各街道办机关科室负责人、社区书记、主任、部分市人大代表和市政协委员共计70人，对3个街道办党工委班子12名成员，进行民主测评。

18日，师市党委稳定暨政法综治工作会议召开。总结2013年师市稳定及政法综治工作，分析研判当前形势，部署2014年稳定及政法综治工作。师政委马新平作重要讲话，师长张顺帮，师市领导出席会议。师副政委、师市政法委书记吕清主持会议并讲话。会议表彰2013年度师市社会管理综合治理工作先进单位、2013年度师市防范和处理邪教工作先进单位；传达了中央政法工作会议、兵团党委稳定暨政法工作会议和兵团集中整治非法宗教活动、依法打击宗教极端违法犯罪专项行动电视电话会议精神。

同日，清华大学党委组织部副部长、研究生工作部部长张小平一行来师市考察。张小平一行先后参观了恒大金碧天下项目、师市博物馆、师煤电公司、新疆银丰现代农业装备股份有限公司、新疆华春毛纺有限公司、共青团农场晋祥苑小区，详细了解师市"三化"建设发展情况和屯垦戍边发展历程。

18~19日，自治区人大常委会副主任贾帕尔·阿比布拉率执法检查组，对五家渠市大气污染防治法执行情况进行检查，了解区域内大气污染的程度、状况，大气污染防治规划和计划情况，采取的具体治理步骤和措施以及主要经验做法、存在的主要问题和具体对策及建议意见。师政委马新平，师长张顺帮，副师长董庆利、曾超，市人大常委会主任刘毅陪同检查。

20日，山西援疆六师五家渠市分指挥部向红旗农场学校捐赠电视机35台。

21~24日，师政委马新平先后赴北塔山牧场、奇台农场、红旗农场、六运湖农场进行群众路线教育专题调研。

25日，师市党委中心组（扩大）举行2014年第三次集体学习。师市党委书记、政委马新平主持学习活动并讲话。此次集体学习的目的是通过深入学习党的十八大以来习近平总书记一系列重要讲话精神，对开展党的群众路线教育实践活动重要性、紧迫性的认识再深化、再提高，发挥师市党委常委的表率作用，为深入开展好教育实践活动打下坚实的思想基础和理论根底。师市领导付爱琴、吕清、董庆利、刘新跃、马运侠、尹乃明分别进行交流发言。付爱琴副政委总结通报了师市党的群众路线教育实践活动开局及进展情况，并就下一阶段活动进行具体安排部署。师市党委党校常务副校长赵浩德作专题辅导。

27日，市政府党组成员谢继玄、吴明、王以贵、张霞、杨淼森、杨治国在军垦路街道办事处召开党的群众路线教育实践活动座谈会，搜集市民对市政府领导班子及个人在工作和"四风"方面的意见和建议，自觉接受群众的监督。

同日，兵团副司令员孔星隆率兵团多元增收及冬季生产经营现场推进会参会代表来师市参观。师长张顺帮、副师长姜振东等陪同。

同日，兵团统计局局长孙法臣率兵团全国第三次经济普查领导小组成员来师市督导"三经普"工作，并召开座谈会。副师长董庆利参加座谈。

同日，师市召开2014年建设环保、国土资源工作电视电话会议。会议提出，要深入开展党的群众路线教育实践活动，加快师市重点项目审批流程，全过程跟踪服务，提高行政效能。副师长曾超出席会议。

28日，师市召开2014年度武装工作会议。师政委马新平强调，要认真学习贯彻党的十八大、十八届三中全会和习近平总书记系列重要讲话精神，为维护新疆社会稳定和长治久安做出新的更大贡献。师副政委吕清就军事武装工作提出具体要求，师市党委常委、师人武部部长沈开疆安排部署2014年度师市武装工作，师人武部政委李碧胜主持会议，市政协主席甘应枝参加会议。会议表彰2013年度师市武装工作先进集体及个人。

同日，市人大常委会召开第十四次会议。市人大常委会主任刘毅参加会议。

2月28日至3月1日，山西省委常委、组织部部长汤涛送山西省第二批援疆干部人才到师市，就人才援疆、加强合作等方面与师市领导座谈，并考察了五家渠老年活动中心等援建项目。兵团党委常委、组织部部长宋浩，师政委马新平，师长张顺帮，师副政委付爱琴，副师长马运侠、尹乃明等参加座谈并陪同考察。应师市要求，山西省委先后于2013年9月和11月选派18名教师和13名医生对师市展开第二批对口支援，早于全国其他省市半年进疆开展工作。

是月，师农科所完成马铃薯种

薯繁育体系建设。经过5年研究与试验,马铃薯脱毒苗茎尖脱毒苗成活率提高到21.6%,转接用工率提高50%以上,马铃薯脱毒试管苗移栽成活率由原来85%提高到95%以上,可满足马铃薯7万余亩的生产良种需求。

市人大、政协组成联合调研组就师属团场延伸人大工作和人大职能进行调研。(栗 庆)

三月

2日,师市党委宣传部、组织部、工会、团委、博物馆等部门联合举办"纪念毛泽东同志为雷锋题词51周年"图片展。此次图片展展出时间为3月3~31日,图片展共分"雷锋生活纪实""老一辈革命家为雷锋同志题词""雷锋在我们身边"3个篇章,共计87张展板100多幅照片。

3日,师市召开第十届纪律检查委员会第四次全体会议。师政委马新平讲话。师市纪委书记严兆军代表师市纪委常委会作题为《强化主业主责,助推改革创新,深入推进党风廉政建设和反腐败斗争》的工作报告。会议通过师市第十届纪律检查委员会第四次全体会议工作报告和会议公报。

同日,政协五家渠市第三届委员会第三次会议举行预备会议,市政协主席甘应枝主持会议。

4日,政协五家渠市第三届委员会第三次会议隆重开幕。市政协主席甘应枝代表政协五家渠市第三届委员会常务委员会,向大会报告工作;市政协副主席杨玉贵向大会报告市政协三届二次会议以来提案工作情况。市政协副主席黄明凤主持会议。

同日,市三届人大四次会议举行预备会及党员大会。师政委马新平讲话。会议通过大会议程、主席团和秘书长名单(草案)、设立议案审查委员会和计划预算审查委员会的决定(草案)、议案审查委员会和计划预算审查委员会名单(草案),宣布了临时党委名单和各代表团临时党支部书记、副书记名单。

同日,市三届人大四次会议召开主席团第一次会议。市人大常委会副主任朱忠礼主持会议。

同日,五家渠工商局召开实施注册资本登记制度改革新闻发布会,邀请疆内主流媒体记者和五家渠市70余家企业代表进行座谈,介绍注册资本登记制度改革的有关情况。该局此次改革包括五个方面的内容:一是放宽注册资本登记条件;二是将企业年检制度改为年度报告制度;三是放宽市场主体住所(经营场所)登记条件,由地方政府具体规定;四是大力推进企业诚信制度建设;五是推进注册资本由实缴登记制改为认缴登记制,降低开办公司成本。

5日,五家渠市第三届人民代表大会第四次会议隆重开幕。师市党委书记、师政委马新平主持会议,师市党委副书记、师长、五家渠市市长张顺帮作政府工作报告。会议听取了《关于2013年五家渠市国民经济和社会发展计划执行情况与2014年国民经济和社会发展计划(草案)的报告》《关于五家渠市2013年财政预算执行情况和2014年财政预算(草案)的报告》。

同日,兵团副司令员宋建业来师市,就师市承接产业转移综合配套改革试点工作进行调研。师长张顺帮、副师长曾超陪同。

同日,市三届人大四次会议举行第二次全体会议。会议听取了市人大常委会主任刘毅作的《五家渠市人大常委会工作报告》、五家渠市人民法院院长赵萍作的《五家渠市人民法院工作报告》、五家渠市人民检察院代检察长李新科作的《五家渠市人民检察院工作报告》。

同日,师市召开党的群众路线

教育实践活动学习教育听取意见环节工作会议。师市党委书记、师政委马新平作重要讲话;兵团党的群众路线教育实践活动第六督导组组长李文英出席会议。

6日,政协五家渠市第三届委员会第三次会议闭幕。师市党委书记、师政委马新平出席会议并作重要讲话,市政协主席甘应枝作总结讲话,市政协副主席杨玉贵主持会议。

同日,市政协三届三次会议举行参政议政大会。会上,7名市政协委员分别就打造现代服务业基地、建立"准军事"民兵备勤营、增强自主创新能力等问题发言。

同日,五家渠市第三届人民代表大会第四次会议完成所有议程,胜利闭幕。市人大常委会主任刘毅主持闭幕会议。

7日,师市党委中心组(扩大)举行2014年第四次集体学习,集中观看教育专题片《生命线》《四风之害》和《苏联亡党亡国20年祭——俄罗斯人在诉说》。

同日,共青团师市第九次代表大会召开。兵团团委书记芮宏,师政委马新平、师长张顺帮及在家的师市领导出席会议。芮宏、马新平分别代表兵团团委和师市党委、市政府向大会召开表示祝贺。师市团委书记王霞作共青团师市第八届委员会工作报告;大会选举产生共青团师市第九届委员会委员、候补委员及出席兵团团代会代表。

10日,师市党委中心组(扩大)举行2014年第五次集体学习,师市党委书记、师政委马新平在率领中心组成员参观了师市博物馆后,主持集体学习并讲话。

11日,保利房地产(集团)股份有限公司总经理朱铭新一行来师市考察。

同日,五家渠市老年大学第一期培训班开班,师市党委常委、副市长李金平出席开班仪式,老年大学校长陈萍致辞。五家渠市老年大学第一期培训班开设声乐培训、舞蹈培训、书法培训,共计招收学员70余人。

同日,师市工会召开四届七次全委(扩大)会议暨师市妇联二届三次执委(扩大)会议,师副政委吕清讲话。会议表彰2013年度师市妇联基层组织建设示范团场、连队、社区、机关事业单位,表彰2013年度"三八红旗集体""优秀妇女之家""巾帼科技致富示范园区""三八红旗手""多元增收致富女能手"和"优秀妇联干部"。

同日,师市工会召开职工自营经济多元增收经验交流暨表彰会议,师副政委吕清讲话。会议表彰2013年师市"职工自营经济多元增收先进示范基地""先进农工专业合作社""百佳示范户"和"职工自营经济多元增收电视专题展播活动优秀电视专题片"。

同日,师市欢送15名干部赴南疆锻炼。师副政委付爱琴就开展好"访民情、惠民生、聚民心"活动提出要求,师市纪委书记严兆军就抓好组织纪律和考核工作提出要求。15名干部将于3月15日抵达工作地。

12日,师市召开农业和农牧团场工作座谈会。总结2013年师市农业工作,安排部署深化农牧团场改革、促进团场职工多元增收和2014年农业各项工作。新湖农场、芳草湖农场、一〇五团、军户农场、共青团农场、奇台农场分别在会上介绍经验。

同日,师市召开2014年农业保险工作座谈会。会议听取2013年师市保险业务经营情况汇报,宣读了《关于调整师市保险协调领导小组的通知》和《关于进一步加强农业保险合规经营的通知》。新湖农场、奇台农场、共青团农场分别作典型发言。

同日,师市党员干部深入基层"访民情、惠民生、聚民心"活动工作组培训班开班,师市机关、企事业单位和抽调的各团场部分党员干部共85人参加集中培训。师副政委付爱琴授课。师市党委首批选派100名党员干部参加"访民情、惠民生、聚民心"活动。其中,15名党员干部赴南疆锻炼;85名党员干部组成22个工作组,深入师市各单位开展"访民情、惠民生、聚民心"活动。

14日,师市召开组织工作会议。总结2013年师市组织人事老干部工作,对2014年工作进行安排部署。师政委马新平讲话。师副政委、师市党委组织部部长付爱琴主持会议。

同日,师长张顺帮率调研组前往六运湖农场调研,详细了解团场经济社会发展情况,为团场今后发展"把脉"。

15日,师市第二批援疆干部培训结束,师副政委付爱琴、副师长尹乃明出席结业仪式。

16日,国务院安委会安全生产第十二督查组副组长、国家能源局总工程师杨昆,带领督查组第一小组来师市检查督导安全生产工作。副师长董庆利陪同。

18日，师市召开宣传思想工作视频会议。师政委马新平作重要讲话。师副政委付爱琴主持会议。会议通报表彰2013年度政治工作先进单位及优胜单位、宣传工作先进单位及个人。

同日，兵团老年体协常务副主席王永松、副主席李焕章及兵团老年活动中心主任邓跃铃一行来师市调研老年人体育工作。

同日，兵团级六师、五家渠市青湖经济开发区获批成立，成为兵团首家以现代服务业聚集园区为定位发展的经济开发区。青湖经济开发区规划总面积20.93平方千米，已规划建设商贸物流园区、旅游会展园区、文化科教园区3个板块。开发区预计2017年全部建成，计划累计完成投资900亿元以上。2012年4月，六师依托一〇一团，按照“一套人马、两块牌子”的“区团合一”模式，挂牌成立五家渠市青湖经济开发区及其管委会。新疆亚欧国际汽车城项目、君豪海宁皮革城项目等大型现代服务业项目累计签约投资325亿元，现已全面动工建设。恒大金碧天下城市综合体、恒尚·伯骏马术俱乐部等项目完成投资127亿元，旅游会展产业已初具雏形。

19日，中组部干部一局巡视员、副局长刘晔华在兵团党委组织部副部长郭灵计、邓选斌陪同下参观师市博物馆。师政委马新平，师副政委付爱琴等陪同。

同日，中国国际工程咨询公司战略咨询部主任李华一行来师市考察，实地查看了师市产业发展和城镇化建设、兵地融合发展、维稳戍边队伍建设等情况。副师长陈宏曲陪同。

20日，师市召开党的群众路线教育实践活动学习教育听取意见环节第二次工作会议，听取教育实践活动近期工作汇报，交流开展教育实践活动的经验做法，进一步查找解决存在的问题，推动教育实践活动再深入再提高。

同日，师市召开残联工作电视电话会议。回顾总结师市残联2013年工作，安排部署2014年师市残联工作。师市党委常委、副市长李金平参会。

同日，五家渠市文化馆春季班开始报名。短短两天，11个班、300多个免费名额被踊跃参与的市民一抢而空。

21日，师市召开统战工作会议。总结2013年师市统战和工商联工作，对2014年工作进行安排部署。师副政委付爱琴参加会议。

25日，著名作家都梁来师市采风，他先后参观了一〇三团凰家梁水库、一〇三团沙漠、师市将军博物馆等地，并与师市文联作家及文学爱好者进行座谈交流，师副政委吕清参加座谈。都梁，原名杨湛，20世纪50年代出生，现为自由撰稿人。2000年1月出版长篇小说《亮剑》，并著有《血色浪漫》《狼烟北平》《百年往事》等代表作品。

同日，师市召开财政、审计工作电视电话会议。总结回顾2013年度财政、审计工作，安排部署2014年工作任务。

同日，以“体验科学”为主题的“中国流动科技馆”全国巡展在六师五家渠站启动，副师长姜振东参加启动仪式。此次“中国流动科技馆”由中国科学技术协会主办，中国科学技术馆、兵团科协承办，师科协、师教育局、五家渠第二中学协办。此次巡展是面向兵团社会公众和广大中小学生举办的一次大型流动科普教育展览，整个展览设置了声光体验、电磁探秘等8个主题展区、52件互动展品，在师市将进行为期2个月的展出。

26日，师市举行2013年度文明单位表彰大会. 15个单位被命名为自治区级文明单位，其中，五家渠地税局被自治区命名为最佳文明单位。4个单位被命名为兵团级文明单位，10个单位被命名为师级文明单位，3个单位被命名为市级文明单位，4个单位被命名为师级文明生态小康连队。

同日，师政委马新平在共青团农场、一〇二团梧桐镇调研并指导党的群众路线教育实践活动和春耕春播工作。

同日，五家渠市召开旧城区改造工作会议。师市党委常委、副市长李金平总结2013年旧城区改造工作整体情况，并对2014年旧城区改造工作进行具体安排。张顺帮强调，要全力以赴打好这场旧城区改造房屋征收攻坚战。2013年，五家渠市政府先后对原食品厂、工程处等13个片区实施旧城区改造，全年共完成房屋征收1 707户，完成年度计划的107%，征收面积超过28万平方米。在原油毡厂、皮革厂等片区集中新建安置楼3 440套，安置面积超过32万平方米。2014年，师市确定旧城区改造“启动18个片区，完成房屋征收1 600户，力争达到2 000户”的工作目标，新建安置房680套。

27日，师副政委付爱琴率领督导组成员到驻乌鲁木齐市的百花村股份有限公司、准噶尔物资公司督查党的群众路线教育实践活动开展情况。

28日，师市党的群众路线教育实践活动第一督导组组织各单位召开学习教育、征求意见环节工作推进会，师副政委付爱琴对各单位开展教育实践活动情况给予点评，对近期教育实践活动进行安排，并对师市教育实践活动办公室及各单位抓好教育实践活动提出具体要求。

同日，师市召开工业、发改、统计、交通、安全生产、质监工作电视电话会议。回顾总结2013年工作，安排部署2014年工业、发改、统计、交通、安全生产、质监工作。副师长董庆利参加会议。

同日，师市召开清明节祭扫安全保障工作会议，市民政局、公安局、卫生局、殡葬管理处等部门汇报了清明节祭扫期间处理和预防各类突发事件应急处置预案，师市党委常委、副市长李金平出席座谈会。

29日，全国总工会书记处书记赵世洪一行来师市调研，兵团工会党组书记、主席李广申，师副政委吕清陪同。

30日，兵团副政委阿布力孜·尼牙孜前往北塔山牧场，代表兵团工商联为牧民赠送50套家用太阳能照明设备，并为牧场干部上党课。师副政委付爱琴陪同。

同日，新疆康辉旅游五家渠地区台湾包机启航，首批30位游客赴台湾开始8天的环岛旅行。

3月31日至4月1日，师市党委书记、师政委马新平深入中西线团场，就开展好党的群众路线教育实践活动、春耕春播、促进职工多元增收等工作进行调查研究。芳草湖农场、新湖农场、一〇三团、一〇五团、一〇六团汇报当前教育实践活动开展情况及春耕春播各项准备工作情况。一〇二团、共青团农场等单位参加座谈会。

是月，新疆科技职业技术学院基础设施趋于完善，正紧锣密鼓为秋季招生做准备。该校位于五家渠市猛进南路，于2010年10月在五家渠市开工建设，一期建设用地150余亩，投资5千余万元，总规划占地面积570亩，预计总投资将达3.5亿元。新疆科技职业技术学院是一所民办普通高等院校，有人力资源管理、市场营销、工商管理、文秘、酒店管理、电子商务、会计与审计、旅游管理8个专业，分为基础教育部、公共管理系、旅游系、经济管理系、酒店管理系、预科部6个部系。2014年秋季，学校计划招生1 200人。

是月，师市“访民情、惠民生、聚民心”活动选派精兵强将组成工作组赴南疆和师市少数民族团场连队开展工作。共选拔师、团、社区各级机关干部379名，其中15名派往三师和喀什驻连驻村工作组，3月14日进点开展工作，师市内部组成116个工作组，进驻全师重点连队和社区，3月17日进点开展工作。

是月，师市党委政策研究室《完善师市合一体制，加快兵团城镇发展问题研究》的课题，获得兵团政研系统研究课题一等奖。

四月

1日，市政协委员培训班开班，师副政委付爱琴，市政协主席甘应枝出席开班仪式。培训班为期1天，市政协委员90余人参加培训。

同日，师市召开“爱国卫生月”活动动员会，师市党委常委、副市长李金平出席会议。此次活动旨在动员广大市民积极行动起来，掀起一场以“远离病毒侵害，你我同享健康”为主题的全民爱国卫生运动高潮，为创建自治区级卫生城市做贡献。

2日，兵团军事部部长杨宏礼来师市检查指导武装工作。先后参观师市武装部训练基地、一〇二团武装部和师市博物馆。

2~3日，师市分领域召开党的群众路线教育实践活动学习教育、听取意见环节工作汇报会，师副政委付爱琴对各单位、各部门教育实践活动开展情况给予点评，查找问题，对推进教育实践活动进行再安排再部署。

3日，师市党委中心组(扩大)举行2014年第六次集体学习。师市党委书记、师政委马新平主持学习活动并讲话。

同日，兵团党委宣传部及直属当代兵团杂志社、兵团文化中心、兵团歌舞剧团、兵团杂技团等单位党员干部30余人参观师市博物馆，兵团党委宣传部常务副部长曾建勇率队，师副政委吕清陪同。

4日，师市召开2014年度绩效管理工作电视电话会议，通报2013年绩效管理工作开展情况，安排2014年工作。

同日，师市召开安全稳定工作

电视电话会议，师市交通集中整治专项行动同时启动。师副政委吕清出席会议。

同日，红旗农场医院、奇台农场医院、北塔山牧场医院与师奇台医院共同签订协议，成立师奇台垦区模拟医疗集团。这标志着师奇台垦区医疗机构走上规模化、集约化发展道路，医疗模式向集团化办医转变，实现医疗机构的优势互补，方便当地职工群众看病就医。

8日，师市第三期民营企业家培训班在师市党委党校开班，来自师市30家民营企业负责人参加为期一周的培训。师副政委付爱琴出席开班仪式。

12日，120多名第四批中央和国家机关、中央企业和各省的援疆干部到一〇三团“援疆干部生态林暨万亩荒漠治理工程”荒漠区，开展植树造林劳动竞赛。师政委马新平、兵团党委组织部副部长郭灵计参加植树活动。

同日，师长张顺帮前往奇台农场、红旗农场调研，指导春耕春播工作。

13日，由兵团工会、兵团日报社等五单位联合举办的“最美兵团人”大型评选表彰活动揭晓，共评选出60名来自兵团14个师、兵直单位和院校的“最美兵团人”，其中师市有5人获此殊荣。分别是：大黄山豫新煤业有限责任公司党委书记、董事长侯铁军，五家渠市军垦路街道军垦南路社区副主任陈萍，师医院外三科主任、副主任医师张雷，五家渠垦区人民法院党组书记、院长赵萍，六师煤电有限公司董事长戚宗华。

14日，第十二届兵团青少年科技创新大赛在兵团二中落下帷幕。五家渠二中师生在“学生创新项目”“少年儿童科学幻想画”“辅导员优秀项目”及“优秀科技教师方案”4个项目中，获得6个一等奖，1个二等奖和2个三等奖。

16日，五家渠市第九届郁金香节新闻发布会在青格达湖旅游风景区召开。中新网、新疆日报社、兵团日报社、准噶尔时报社等20多家新闻媒体的记者参加发布会。

17日，师政委马新平在青湖生态经济开发区部分重点项目现场调研，并召集8家企业进行座谈。师市党委常委、副市长李金平陪同调研。

同日，市政府召开2014年度市人大代表议案建议和市政协委员提案交办会，将1件人大代表议案、131件建议，68件市政协委员提案交给市政府办理。

19日，五家渠市举办第六届职工乒乓球、羽毛球比赛，副师长刘新跃出席开幕式。在为期2天的比赛中，来自市乒协、羽联，师市企事业单位，驻市单位的18支代表队、200余名运动员参赛，角逐11个项目的奖牌。

20日，师市刺绣技艺专题培训班在五家渠职业技术学校开班，师副政委吕清出席开班式。此次培训班为期10天，邀请河南省汴绣传承人程曼平等4位刺绣大师，从汴绣历史、基本针法、工艺特点等方面结合实际操作，进行授课。

22日，兵团深化团场改革试点工作北疆一片区座谈会在师市召开，兵团副司令员孔星隆出席座谈并讲话。师政委马新平参加座谈，兵团党委政研室主任冯杰主持会议。兵团党委政研室副主任王世荣、兵团农业局副局长何建明、师市纪委书记严兆军、师总农艺师王显车、八师石河子市纪委书记田业平、十师北屯市副师长石勇、十二师总农艺师付国清、十三师副政委张明胜、兵团党委党校副校长金勇钢等参加座谈。新湖农场、一四九团、一八五团、五一农场、红星一场等5个兵团深化改革试点团场代表交流改革成果。

24日，兵团检察院在师市举办兵团检察机关侦查技能业务培训班，师副政委吕清出席开班仪式。参加培训人员是来自全兵团13个检察分院和29个垦区检察院的主管领导和反贪局局长，共计65人。

25日，兵团司令员刘新齐在师市调研农业受灾情况。4月23日凌晨至24日上午，一场大范围、持续性的强风雪突袭师市，导致刚出苗的农作物大量冻死，特别是对棉花、番茄、酿酒葡萄等农作物影响较大。初步调查，大风揭膜、损毁滴灌带的农田面积5.35千公顷(8.03万亩)；持续低温造成近20千公顷(30万亩)各类已出苗大田作物不同程度冻伤或冻死。

同日，国家人力资源和社会保障部副部长邱小平率调研组来师市，调研人力资源和社会保障工作。兵团副司令员宋建业、师副师长刘新跃陪同。

25日，五家渠市2014年首届房地产展示交易会新闻发布会召开。新疆日报、兵团日报、准噶尔时报社等15家新闻媒体的20余名记者参加发布会。

26日，师市召开2014年一季度经济运行分析电视电话会议。师长、市长张顺帮讲话，副师长姜振东通报师市农业受灾初步统计情况。

同日，五家渠市第九届郁金香节在青格达湖景区开幕。副师长尹乃明出席开幕式并致辞。此届郁金香节以“丝路花海五家渠”为主题。开幕式上进行歌舞表演、妇女手工艺品展览，并为10对新人举办“玖玖相约郁金香”集体婚礼。

同日，师市2014年“春风行动”法律法规宣传暨民企招聘周活动启动。2014年的活动主题是“搭建供需平台，促进转移就业”，来自师市的50多家各类民营企业携2 600多个就业岗位虚位以待。副师长刘新跃出席启动仪式。自2005年起，师市启动“春风行动”，提供就业岗位16 878个，引导团场富余劳动力、城镇失业人员与企业达成就业意向的6 861人。

29日，中共中央总书记、国家主席、中央军委主席习近平深入兵团第六师考察，看望慰问各族干部群众，对做好兵团工作发表重要讲话。习近平十分关心新疆生产建设兵团广大干部职工生产生活。4月29日上午，他来到六师共青团农场新疆银丰农业装备有限公司，察看拖拉机、翻犁机、联合整地机、播种机、喷药机、采棉机等现代农业机械，了解兵团农业现代化情况，肯定兵团在农业机械化方面的科研、生产、应用能力。随后在五家渠召开的座谈会上，习近平听取了兵团负责人工作汇报和有关人员发言，就做好兵团工作做出重要指示。王沪宁、范长龙、栗战书、王正伟和中央有关部门负责人陪同考察。

30日，师市举行第九届青少年文化艺术节开幕式暨五四颁奖典礼。师副政委吕清、市人大常委会主任刘毅、市政协主席甘应枝观看开幕式文艺演出，并为获得五四红旗团委、“青年文明号”、优秀团干部、优秀辅导员、优秀少先队员称号的单位和个人颁奖。

同日，师市工会、师市党委宣传部等部门联合举办“中国梦、劳动美”职工拔河比赛暨摄影展，来自师市企事业单位的34支队伍，共计350多名队员参加比赛。

同日，兵团重点工程建设项目劳动竞赛活动在五家渠青湖生态经济开发区启动，兵团副秘书长曲德林，兵团工会主席李广申，师副政委吕清出席活动仪式。

是月，红旗农场哈萨克族毡绣和布绣产业孵化园基地被批准为第二批国家级非物质文化遗产生产性保护示范基地，这是兵团此次唯一获得的生产性保护示范基地项目。

是月，芳草湖农场大东沟社区六连职工王生辉获得2013年度全国文艺创作年度人物奖。

五月

1日，五家渠首届房地产展示交易会开幕。此届房交会主题为“魅力之城、宜居福地”，现场共有40家房地产、家电、建材企业参展。此次房地产展示交易会由五家渠市房产管理局、五家渠市商务局主办，新疆青格达生态区投资开发集团有限公司承办。首届房交会为期3天。

1~2日，五家渠青湖御园举办首届音乐节。中国殿堂级摇滚乐队黑豹乐队以及新疆本土艾尔肯乐队、嘻咔乐队、疆乐队等，为现场观众带来一场不同风格交织的音乐盛宴。为期2天的首届新疆青湖御园音乐节共吸引3万余人到场狂欢。

4日，师市党委中心组(扩大)组织第七次集体学习，学习贯彻习近平总书记在新疆考察时的重要讲话精神。师市党委书记、师政委马新平主持学习并作重要讲话，

同日，师市党委书记、政委、师人武部党委第一书记马新平出席“争当新时代的新青年、新民兵”主

毡绣布绣作品。 (师市党委宣传部)

题实践活动大会，号召广大青年民兵认真学习贯彻落实习近平总书记在新疆考察时的重要讲话精神，牢记职责，再接再厉，为新疆稳定和长治久安再立新功。

同日，师市在共青团农场举行“新时代、新青年、新使命”团员青年学习贯彻习近平总书记讲话精神誓师大会。来自师市部分团场和企事业单位的700余名团员青年参加誓师大会。

6日，五家渠市召开全市社会综合治税、加强税源控管工作会议，分析当前面临的形势和任务，研究部署今后一个时期的社会综合治税工作。师长、市长张顺帮参加会议并讲话。师市党委常委、副市长李金平主持会议。

6~14日，师市红旗农场残疾人运动员樊程程参加全国残疾人田径锦标赛，在F41级铁饼和标枪比赛中荣获第二名，铅球获得第三名。

10日，新湖农场环卫站被新疆维吾尔自治区总工会授予“工人先锋号”荣誉称号。新湖农场环卫站自2005年成立以来，60多名环卫工人承担着总场38条主要大街小巷共计20多万平方米的清扫保洁任务。该站连续多年被六师工会授予“工人先锋号”称号。

12日，师市党委党校2014年春季主体班开班。师副政委付爱琴出席开班仪式。该期主体班为期一个半月，主要学习内容为党的十八届三中全会精神、习近平总书记在新疆考察时的重要讲话、党的群众路线教育实践活动、“三化”建设、推进社会事业改革等内容。参加培训的人员为师市团场基层干部和国有及国有控股企业管理干部。

13日，自治区副秘书长张小平一行，来师市就棉花检验工作进行调研。师长张顺帮、副师长姜振东陪同调研。中国棉花公证检验五家渠实验室是由兵团五家渠棉花检验测试中心、五家渠纤维检验所和西安市纺织品监督检验所三家联合组成。该实验室承担甘莫公路沿线的六师、八师共33家轧花厂的棉花仪器公证检验工作，2009年至2014年已累计检验棉花347.89万包78.55万吨。

14日，兵团副政委、兵团第六督导组第一组组长阿布力孜·尼牙孜来师市指导群众路线教育实践活动，就师市教育实践活动第一环节工作进行点评，对第二环节工作安排提出指导意见。师市党委书记、政委、师市教育实践活动领导小组组长马新平主持会议，兵团第六督导组组长李文英参加会议，师市党委常委、副政委、教育实践活动领导小组副组长兼办公室主任付爱琴汇报师市教育实践活动开展情况。

15日，中国航天科技集团副总经理张建恒一行在兵团勘测设计院党委书记杨正生的陪同下，来师市就五家渠市“智慧城市”建设和团场农机自动化发展进行参观考察。师长、市长张顺帮陪同考察。“智慧城市”是在物联网、云计算等新一代信息技术的支撑下，形成的一种新型信息化的城市形态，通过实时分析、沟通、协作，确保公共安全并提供煤、水、电、气、热、交通以及其他服务。

同日，五家渠市多部门联合开展春季爱国卫生运动检查评比活动，师市党委常委、副市长李金平参加检查评比。

16日，师市在共青团农场召开农业暨农田灌溉现场会，总结师市2014年春耕春播工作，安排部署下一阶段农业生产工作。

同日，师市举办残疾人工作表彰大会暨“我梦最美”演讲比赛。会议表彰23名残疾人自强模范、4个集中安置残疾人就业先进单位、9个缴纳残疾人就业保险金先进单位及5个扶残助残先进集体。

18日，国家土地督察西安局在师市召开土地例行督察工作启动会议。国家土地督察西安局副局长沈廷霞、兵团副秘书长郝佩祥出席会议并讲话，师长、市长张顺帮作表态发言，副师长曾超汇报相关情况，国家土地督察西安局专员段怡春主持会议。此次国家土地督察西安局对师市土地例行督察的时间为5月16日至6月10日。

同日，第二十四个全国“助残日”，师市党委副书记、师长张顺帮代表师市党委、市政府向残疾人及其亲属致以诚挚问候，向所有关心支持残疾人事业的社会各界人士致以崇高的敬意。

19日，师长、市长张顺帮前往青湖经济开发区（南区），就开发区建设及现代服务业重点项目推进情况进行调研。

19~20日，新疆青格达湖自然保护区湿地遭到附近部分村民非法开垦，据统计，约有9.3公顷（140亩）湿地遭到破坏。

20日，师市召开推进政府部门权力清单制度动员会。师长张顺帮，师副政委付爱琴，师市纪委书记严兆军，师市党委常委、副市长李金平参加会议。

同日，师市召开2014年援疆工作经验交流座谈会，听取各部门对2010年以来援疆工作取得的成果和2014年新一轮援疆工作开展情况汇报。

同日，来自全国14个省市的19支中老年合唱队聚集在北京国家大剧院，参加"七彩夕阳"唱响国家大剧院暨全国中老年合唱艺术节，此次活动共有38个合唱曲目、834人参加。师市"军垦之声"合唱团演唱《沁园春·雪》《戈壁滩上建花园》这两首经典曲目。最终，两首歌曲分别获得合唱艺术节最高奖项"明星金奖"，合唱指挥张兴义获得"优秀指挥奖"，团队获得"最佳指挥奖"。师市"军垦之声"合唱团成立已经14年，这次代表兵团参赛的师市中老年代表一共57人，平均年龄54岁。

21日，兵团召开第二批党的群众路线教育实践活动视频会议。兵团党委常委、秘书长李新明主持会议，兵团党委常委、组织部部长宋浩讲话。师市党委书记、政委马新平，师市党委副书记、师长张顺帮，兵团党的群众路线教育实践活动第六督导组组长李文英，师市党委常委付爱琴、吕清、刘新跃、曾超、李金平、姜振东、沈开疆，师总经济师黄立军，市政协主席甘应枝在五家渠市分会场参加会议。

22日，共青团兵团第五次代表大会闭幕，师市有9名团员青年和10个单位获兵团团委表彰。杨玲、韦鹏等6人荣获"兵团优秀共青团员"称号，王晶等3人荣获"兵团优秀共青团干部"称号，一〇二团团委等3个单位荣获"兵团五四红旗团委"称号；一〇一团四连团支部、奇台农场一〇八社区机关团支部等5个单位荣获"兵团五四红旗团支部"称号。此外，一〇二团幸福路社区和军垦路街道向阳路社区荣获兵团首批"青年文明社区"称号。

23日，师市召开党的群众路线教育实践活动视频会议，总结分析教育实践活动学习教育、听取意见环节工作，研究部署查摆问题、开展批评环节有关工作，安排师市第二批教育实践活动。师市党委副书记、师长张顺帮作重要讲话，兵团教育实践活动第六督导组组长李文英提出要求，师市党委常委、师副政委付爱琴主持会议。

同日，师政委马新平，师人武部部长沈开疆前往乌鲁木齐市，看望慰问执行首府维稳任务的师市民兵。

24日，奇台农场晋美奇残疾人康复中心举行发放仪式，22位残疾人接受由山西省援助的、价值3万多元的残疾人辅助器具。

25日，6时35分左右，在甘莫公路86千米处发生一起特大交通事故，一辆车牌号为新BC8425的轻型货车拉载41名民工沿甘莫公路由南向北行驶，另一车牌号为新AA7719的重型货车（空车未载货）在该路段同向行驶，新AA7719重型货车在超越新BC8425轻型货车时与轻型货车发生刮碰，致使两车侧翻入路基林带中，造成10人死亡、32人受伤，其中6人重伤。

26日，2014年"学习型兵团建设大讲堂"第一讲在兵团机关举行。中共中央党校哲学教研部副主任、教授董振华作专题讲座，"学习型兵团建设大讲堂"是兵团党委加强兵团党员干部理论武装、推动学习型党组织建设的重要举措。

29日，师市举办第二批基层单位教育实践活动骨干培训班。师副政委付爱琴出席开班仪式，并就师市教育实践活动第一环节工作进行点评，对第二批基层单位教育实践活动进行安排部署。

30日，师市召开非公经济人士理想信念报告会暨举办2014年"华春"企业家活动日活动，师副政委付爱琴参加活动。

同日，师市召开全国普通高等院校招生考试工作会议。副师长、师市招生委员会主任刘新跃出席会议。2014年，五家渠考区共有1 271名考生参加高考，设置2个考点、54个考场，分别为五家渠高级中学考点33个考场、五家渠三小考点21个考场。

同日，师市灌溉及抗旱工作座谈会在芳草湖农场召开，副师长姜振东就当前及今后一段时间农业田管工作提出具体要求。

同日，由师市妇联、关工委、文化局主办的"环保六一·绿色梦想"少儿书法绘画优秀作品展在师市博物馆举行。活动共展出师市14个农牧团场及五家渠市各小学、幼儿园的140余幅书法绘画作品，并评选出一、二、三等奖。展出时间为5月30日至6月10日。

六月

3日，师市召开打击暴力恐怖活动专项行动动员会，安排部署师市严厉打击暴力恐怖活动专项行动。师市党委书记、师政委马新平主持会议并讲话，师市党委副书记、师长张顺帮传达兵团打击暴力恐怖活动专项行动动员会精神。

4日，师市召开第四届老年体育协会换届大会。师副政委付爱琴出席会议。会议听取了师市第三届老年体协工作报告，通过新修订的老年体协章程，选举产生师市第四届老年体协委员会委员与委员会主席。曹莲英当选为新一届老年体协主席。

5日，兵团召开“十三五”规划编制工作电视电话会议，对“十三五”规划编制工作进行部署。兵团副司令员于秀栋出席会议。副师长曾超在五家渠市分会场参加会议。

6日，师市在梅花氨基酸有限责任公司举行2014年“安全生产月”活动启动仪式。师长张顺帮、副师长董庆利参加启动仪式。

同日，自治区召开2014年夏粮收购工作电视电话会议。副师长姜振东在五家渠市分会场参加会议。

同日，师奇台垦区(模拟)医疗集团运行举行启动仪式，标志着奇台垦区(模拟)医疗集团正式运行。启动仪式上，师奇台医院和北塔山牧场签订委托书，进行资产及人员委托交接。

同日，来自俄罗斯、白俄罗斯、哈萨克斯坦、吉尔吉斯斯坦、乌兹别克斯坦、土库曼斯坦、摩尔多瓦等国共19名农业管理和技术人员在五家渠市参加农业新技术培训班，培训期间，各国代表还前往共青团农场国家农业示范园区参观考察。

9日，兵团外事局领导陪同外交部干部司于福龙副司长、胡昌智副处长、殷涛来师市考察。考察期间于福龙一行前往师市军垦博物馆和一〇一团设施农业进行参观。师副政委付爱琴、副市长张霞参加活动。

10日，师市举行第十一届中老年门球赛开幕式。师副政委付爱琴出席开幕式。此次比赛为期3天。来自一〇一团、一〇五团、新湖农场、五家渠市振兴街社区、师医院、兵团党委党校等12支参赛队伍分两组进行角逐，每组前三名进入第二阶段比赛。

11日，五家渠国民村镇银行北塔山支行开业，试运营当天办理业务20多笔，存款20余万元。北塔山支行开业，实现全疆县处级以下金融网点全覆盖，结束了北塔山牧场建场62年来无金融网点的历史。

12日，师市举行第九个全国“文化遗产日”系列活动启动仪式暨第二届民族手工艺作品展销会，师副政委吕清致辞，兵团党委宣传部副部长、文化局副局长李立新参加活动。启动仪式上，有关领导向红旗农场民族手工艺孵化园颁发国家级非物质文化遗产生产性示范基地牌匾，向红旗农场新疆曲子戏传承人刘淑珍颁发中华非物质文化遗产保护薪传奖。来自奇台农场、红旗农场、北塔山牧场，以及周边的奇台县和木垒县的140多个家庭，共展出毡绣布绣、汴绣等民族手工艺作品4 000余件。

同日，师市召开2014年援疆项目推进会。听取各团场项目单位2014年援疆项目进展情况。副师长尹乃明出席会议。

13日，兵团副政委、兵团党的群众路线教育实践活动第六督导组第一组组长阿布力孜·尼牙孜来师市，主持召开座谈会，听取师市党委和北塔山牧场党委常委班子教育实践活动情况汇报，对师市教育实践活动进行检查和指导。

同日，国家京剧院送戏下基层名家名段慰问演出在师煤电公司举行。来自国家京剧院的演员们表演了传统京剧和现代京剧选段。师副政委吕清，副师长刘新跃、马运侠，师总经济师黄立军观看演出。

同日，师市召开落实改革任务促进会。师长张顺帮，师副政委付爱琴，副师长董庆利、刘新跃，师市纪委书记严兆军参加会议。

同日，师市召开2014年职业教育招生工作会议。副师长刘新跃出席会议。会议对2013年度师市中职教育招生工作先进单位进行表彰。

14日，中央党校国际战略研究所副所长、教授周天勇率调研组，在兵团党委党校常务副校长赵柳成陪同下来师市，调研师市“三化”建设。师政委马新平、纪委书记严兆军陪同调研。

15日，山西援疆前方指挥部师市分指挥部召开传达贯彻第二次中央新疆工作座谈会精神会议。副师长尹乃明讲话，副市长、山西援疆前方指挥部师市分指挥部指挥长杨治国主持会议。师市援疆干部听取了喀什市伽师县“双语”教师蔡秀梅的援疆工作报告。

17日，师市西片团场安全生产标准化推进会在芳草湖农场召开。会议传达了国家安监局等部门《关于全面推进工贸企业安全生产标准化建设的意见》,宣读了《师市企业安全生产标准化建设实施方案》《小微企业标准化评定考评说明》《企业安全生产标准化评审工作管理办法》等。各团场有关领导分别与各自辖区内企业签订企业安全生产标准化建设目标任务责任书。

17~19日,山西省援疆干部前往北塔山牧场开展支医支教活动,并向该场学校捐赠教学书籍。副师长尹乃明、副市长杨治国参加活动。12名山西省援疆医生分别前往该场医院和各连队为牧民进行义诊,7名山西省援疆教师在该场学校授课,并与牧场学校老师交流经验。

18日,兵团副秘书长刘以雷率领兵团稳增长、促改革、调结构、惠民生督查组来师市督查,副师长董庆利陪同。

19日,副师长曾超以《从团队建设解析开展党的群众路线教育实践活动重大意义》为题,为师市国土资源局、建设(环保)局、统计局的党员干部上党课。

同日,外交部干部司副司长于福龙、副处长胡昌智、殷涛一行3人来六师五家渠市考察。

24日,为期4天的师市离退休干部党支部书记培训班在师市党委党校开班,师副政委付爱琴出席开班仪式。

25日,师市召开干部大会,传达学习自治区党委八届七次全委(扩大)会议精神,并就贯彻落实会议精神做出安排部署。

同日,师市召开少数民族异地挂职干部座谈会。师政委马新平出席会议并讲话,师副政委付爱琴主持会议。来自吐鲁番地区、哈密地区和兵团第三师的少数民族异地挂职干部参加会议。师市部分团场分管挂职干部的领导和少数民族异地挂职干部代表作了发言。

26日,师市召开2014年上半年项目推进会。会议听取各团场及相关部门关于重点项目推进情况的汇报,就项目推进过程中存在的问题进行梳理。师长、市长张顺帮对项目推进提出具体要求。

同日,师市第七届新编"卧尔兹"演讲比赛在土墩子农场举行。来自土墩子农场、军户农场、六运湖农场、奇台农场等单位的14名选手参加比赛。该届新编"卧尔兹"演讲比赛由师市党委统战部主办,师市党委宣传部协办,演讲比赛以"确立正信、抵制极端,构建和谐宗教"为主题。经过角逐,土墩子农场和军户农场的选手获得第一名。

同日,中国农业科学院研究生培养基地签约仪式在芳草湖农场工业园区的新疆友合生物科技有限公司举行,这标志着中国农业科学院研究生培养基地正式落户芳草湖农场 。

27日,兵团廉政教育基地授牌仪式在师市举行。师市博物馆正式成为兵团廉政教育基地。师政委马新平出席授牌仪式,兵团纪委副书记、监察局局长李自林为师市博物馆授牌并颁发专项教育经费,师副政委吕清出席仪式并致词,师市纪委书记严兆军主持授牌仪式。

同日,山西省卫生和计划生育委员会党组书记王进喜一行来师市,考察对口支援师市卫生工作,并与师市相关部门及山西省卫生系统援疆干部进行座谈。副师长刘新跃、尹乃明参加座谈。

27~28日,兵团党委常委、副政委、兵团党的群众路线教育实践活动第六督导组第一组组长阿布力孜·尼牙孜到教育实践活动联系点北塔山牧场,指导北塔山牧场党委常委班子召开专题民主生活会。师市党委书记、政委马新平,兵团第六督导组组长李文英、副组长将振乾,师市党委常委、师副政委付爱琴参加活动。

30日,兵团政委车俊在兵团党委常委、秘书长李新明陪同下来师市调研,并走访基层党支部,看望慰问基层党员,代表兵团党委、兵团向广大党员致以节日的问候织。

同日,师市举行纪念建党93周年暨七一表彰大会。表彰为师市各项事业发展做出突出贡献的先进基层党组织、优秀共产党员和优秀党务工作者。

同日,五家渠经济技术开发区工商联(商会)成立并召开第一次会员代表大会。大会宣读并通过《选举办法》,选出开发区工商联(商会)一届执行委员会主席、副主席、秘书长等领导班子成员。

同日,山西省农科院玉米所专家陈永欣研究员来师市农科所,就"甜糯玉米产业现状及栽培保鲜加工技术"进行科研交流,并到土墩子农场、六运湖农场举办培训班。

是月,五家渠市质量技术监督综合检测检验所对市区出租车为期15天的统一安装调试检测计价器工作顺利完成。

是月，2014年自治区职业院校技能大赛暨全国职业院校技能大赛新疆区预赛结果揭晓，五家渠职业技术学校共有31人参加比赛，其中7人获一等奖、12人获二等奖、10人获三等奖，在兵团各师中职学校中名列前茅。

七月

2日，师农科所马铃薯脱毒试管苗移栽工作如期完成。从2008年开始，师市农科所瞄准马铃薯种薯繁育这一产业，建成有一定规模的马铃薯脱毒苗实验中心，购建6个品种的脱毒基础苗体系。

3日，兵团党委常委田建荣来师市，就工业企业运行情况开展调研。副师长董庆利陪同。田建荣一行先后前往昆仑钢铁有限公司、新业能源化工有限公司、师煤电公司、华春毛纺公司、六孚纺织公司、梅花氨基酸公司，对企业的生产、经营、管理、产品销售情况及在建项目进展情况等进行调研。

4日，中央纪委副书记陈文清在兵团副政委、纪委书记刘向松陪同下，率调研组来师市调研。

4日、6日，师副政委，政法委书记吕清前往乌鲁木齐市和五家渠市各维稳执勤卡点，看望慰问坚守在维稳一线的师市公安干警、武警官兵和民兵。

7日，师市召开2014年度征兵工作会议，师副政委吕清，人武部部长沈开疆参加会议。会议总结2013年师市征兵工作，对2014年征兵工作进行安排部署。并表彰师市2013年度夏秋季征兵工作先进单位和个人。

8日，河北省委副书记、省长张庆伟率党政代表团来到师市，就推进对口援疆工作进行考察交流。自治区主席努尔·白克力，兵团政委车俊，自治区领导肖开提·依明，兵团司令员刘新齐，河北省人民政府副省长秦博勇、兵团副政委、纪委书记刘向松，师市政委马新平陪同考察。

同日，全国总工会社会保障部副部长陈杰平一行来师市，就工会系统开展对口援疆工作进行考察。

同日，"感知新疆——多媒体中外记者兵团行"采访团来师市采访。10月7日是兵团成立60周年纪念日。为全面贯彻落实第二次中央新疆工作座谈会精神和展现兵团屯垦戍边60年辉煌成就，中国国际广播电台与兵团外宣办共同策划组织"感知新疆——多媒体中外记者兵团行"采访活动，此项活动7月7日正式启动。师市是采访团的第一站。

8日、10日，师市直党工委、师市工会分别举办以"中国梦·劳动美·我与改革创新"为主题的演讲比赛。来自师市各单位的33名选手和师市直机关的18名选手参加比赛。经过激烈角逐，五家渠市东区实验幼儿园教师王艳丽获得第一名，芳草湖农场王新康、五家渠价格监督局周莱、新湖农场谢平珍获得第二名。

10日，2014年上半年兵团道路运输经济运行及安全生产分析会在五家渠 召开。会议总结上半年道路运输经济运行和安全生产情况，安排部署了下一阶段工作。兵团交通局副局长张泽民出席会议，各师交通局局长及道路运输企业负责人参加会议。

师市工会"中国梦·劳动美·我与改革创新"演讲比赛。（唐　勇）

11日，市政协召开《五家渠文史》第四辑评审会，对该书内容、结构等进行评审，市人大常委会主任刘毅出席会议，市政协主席甘应枝主持会议。《五家渠文史》第四辑重点以北京知青在六师的工作、生活经历为主要内容，共收录126篇55万字的文稿及160余张珍贵照片。

14日，2014年兵地青少年"民族团结好伙伴"融情夏令营开营仪式在师市博物馆举行。自治区团委书记阿依努尔·买合赛提致辞，兵团团委书记芮宏为夏令营授旗，师副政委吕清出席仪式。

7月14日~8月31日，清华大学赴六师五家渠短期挂职支队成员在师市开始为期6周的挂职锻炼。该支队成员由来自人文、法学、水利、汽车、微纳电子、软件学科的7位同学组成，挂职单位分别是师市党委宣传部、党办、政法委、师市水利局、教育局、安监局、发改委等7个部门

15日，山西省总工会支援的师市、阜康工会干部培训班开班，山西省总工会对外联络部部长董翠云、师副政委吕清出席开班仪式。此次培训为期三天半，由山西省总工会和兵团工会的老师亲自授课。

16日，五家渠第十届荷花·观鸟节开幕式在青格达湖风景区举行。此次荷花·观鸟节以“魅力荷花、万鸟放歌”为主题，将向广大游客展示63个品种的荷花、碧莲以及185种珍稀鸟类，活动时间持续至10月底。

17日，庆祝兵团成立60周年——中国文联文艺志愿服务团“送欢乐下基层”慰问演出在五家渠文化中心举行。演出以“兵团魂”为主题，共分为“故事——不是传说”“奇迹——不是神话”“兵团魂——是守土开疆，共筑中国梦”3个篇章。艺术家刘兰芳、刘斌、郭蓉、岳红、徐涛，戏曲名家王艳、王红丽、惠敏莉、王琴和艺术家迪丽娜尔、斯琴格日乐、乌兰图雅等纷纷登场。为兵团干部职工们奉献了一场主题鲜明、情感真挚、内涵丰富的文化盛宴。兵团副政委阿布力孜·尼牙孜，中国文联党组成员、副主席李前光分别致辞并观看演出。

同日，兵团司法行政基层建设推进会在师市召开。兵团司法局党委书记何玮，师副政委吕清参加会议。

18日，2014年“双五千”计划劳动力招收安置工作现场会在师市召开，兵团副司令员宋建业出席会议。

19日，兵农葡萄庄园开园。市人大常委会主任刘毅出席开园仪式。庄园集旅游观光、休闲度假、民族风情为一体，为游客休闲、洽谈商务、朋友聚会、举办婚礼搭建了平台。

21日，自治区科技厅副厅长崔玉亭一行来师市就科技创新工作进行调研，师政委马新平出席座谈会，副师长陈宏曲主持会议。

同日，兵团各师专武干部来师市参观武装工作建设情况。师人武部政委李碧胜参加活动。

23日，师市召开2014年安全生产暨上半年经济运行分析电视电话会议，总结上半年师市安全生产及经济工作，分析当前经济形势，对下半年安全生产及经济工作进行安排部署。师政委马新平主持会议并作重要讲话，师长张顺帮全面分析了上半年安全生产及经济运行情况，并对做好下半年安全生产及经济工作提出具体要求。

同日，经师市招商引资企业——新疆君豪置业集团房地产有限公司董事长石金禹引荐，海宁中国皮革城股份有限公司董事长、总裁任有法，中国宏达高科技股份有限公司董事长、海宁中国皮革城股份有限公司董事沈国甫，浙江中国轻纺城集团股份有限公司董事长、党委书记翁桂珍等来师市考察，师长张顺帮与企业家座谈，师市党委常委、副市长李金平陪同。

同日，师市副政委吕清带领师市公安局消防部门及工业园区管委会有关人员，对工业园区的新业能源公司、昆仑钢铁公司、信发集团公司、梅花集团公司和商贸城的汇嘉时代等企业进行消防安全大检查。

同日，师市召开纪检监察上半年工作推进会，对上半年纪检监察工作情况进行通报，对开展师市第十九个党风廉政建设教育月活动再部署再安排。师市纪委书记严兆军讲话。

24日，山西省新闻出版广电局副局长薛荣一行4人来师市就广播电视工作考察对接。

28日，妇女干部领导力专题培训班在山西省委党校开班，来自山西省妇联系统以及师市妇联系统的126名妇女干部参加培训。此次培训班由山西省委组织部、妇联联合师市组织部，妇联举办，培训班为期15天。

29日，肉孜节前夕，师副政委付爱琴、市人大常委会主任刘毅、市政协主席甘应枝等分别看望、慰问师市爱国宗教人士和少数民族干部群众。

30日，师市举行2014年大学生志愿服务西部计划出征仪式，80名大学生志愿者奔赴师市各单位进行为期1~3年的志愿服务，师副政委吕清出席。2014年是大学生志愿服务西部计划在兵团实施的第十二年，至2014年共有642名志愿者来到师市服务，其中期满留疆307名，占总人数的47.82%，留兵团205人。

同日，五家渠市人大常委会召开代表议案、建议办理情况汇报会。

31日，一架无人驾驶的遥控直升机在技术人员用GPS遥感定位指挥下，成功在新湖农场新野社区进行高标准农田测绘航拍作业。这标志着今后高标准农田测绘工作不再需要人工操作。

7月31日至8月1日，新湖农场党委常委班子召开专题民主生活会，认真聚焦"严守政治纪律，履行职责使命"和"四风"方面的突出问题，进行对照检查。

是月，师国资委按照企业产权登记管理规定，集中力量对15家团场(含水管处)及10家国资监管企业(含中基公司和供销公司)产权登记网络信息及纸质档案工作进行专项检查。

八月

1日，"缘聚天山·爱洒兵团"真情援疆3周年联欢会在师市举行，来自中央部委、中央国家机关、中央企业112家单位的166名援疆干部，用一台自编、自导、自演的联欢节目，讴歌伟大的兵团精神，汇报援疆工作的收获，表达对第二故乡兵团的热爱和感激之情。兵团副政委徐伟华致辞；师政委马新平、师长张顺帮及部分师市领导出席联欢会。

2日，中央文明办秘书局副局长钟声率中央文明办检查组来师市检查2014年上半年中央文明办重点工作落实情况。师副政委吕清陪同。

4日，市人大常委会召开党组专题民主生活会。师市党委书记、政委马新平到会指导。

4~5日，师市党委副书记、师长张顺帮参加指导芳草湖农场党委常委班子专题民主生活会。

7日，针对当前经济运行中存在的一些困难和问题，本着突出重点、分类指导、解决制约发展瓶颈的原则，兵团党委常委田建荣率调研组深入师市工业企业调研。副师长董庆利陪同。

同日，兵团宣讲团报告会在师市举行，兵团宣讲团成员、兵团党委党校副校长吴珍就第二次中央新疆工作座谈会、自治区党委八届七次全委(扩大)会议和兵团党委六届十三次全委(扩大)会议精神作宣讲。

11日，师市举办棉花加工管理培训班。副师长姜振东参加开班仪式。此次培训班为期6天，培训内容主要有棉花设备操作规范、机采棉工艺技术要求、轧花厂安全生产等。

11日，师市召开第四届中国—亚欧博览会参会筹备工作协调会议。此届亚欧博览会，师市有4家企业及1个团场申请5个专业展位。

同日，师市第二届暨六运湖农场首届花儿演唱会在六运湖农场举行。来自师市少数民族团场的文艺爱好者，用一台精彩的盛会，讴歌民族团结一家亲，唱响民族文化"好声音"，拍好团结进步"全家福"，师副政委付爱琴致辞。

11~21日，师市劳动和社会保障局分别在新湖农场，芳草湖农场举办致富带头人培训班，来自新湖农场、芳草湖农场、一〇六团的合作社负责人、种植养殖大户等60余人参加培训。

15~16日，山西省文化厅厅长张瑞鹏率考察组来师市，就文化援疆工作进行调研，对接说唱剧《解放》在师市巡演等事宜。师政委马新平与考察组一行座谈。说唱剧《解放》由山西戏剧职业学院打造，荣获2009~2010年度国家舞台艺术精品工程重点资助剧目。已在全国各地巡演数百场。

18日，中国人民解放军海军慰问团赴奇台农场，慰问海军东海舰队入疆支边老兵。海军副政委王森泰、兵团副司令员成家竹、师副政委吕清参加慰问活动。海政文工团团长宋祖英、副团长吕继宏等表演精彩节目。

同日，兵团科技局副局长周霖率领兵团各师党政主要领导、科技进步目标责任制考核组对师市党政主要领导2012~2013年科技进步目标责任制完成情况进行考核，师政委马新平向考核组汇报了2012~2013年师市科技工作开展情况，并介绍了师市"十三五"科技工作思路。

19日，清华大学研究生骨干在师市短期挂职座谈会举行。师政委马新平出席座谈会，师副政委付爱琴主持会议。7名清华大学研究生骨干与师市党委组织部领导、接收单位师市党办、宣传部、政法委、发改委、教育局、水利局、安监局领导等参加座谈会。挂职期间，他们深入基层、深入企业、深入群众，搞调研、作报告、献计策、谋发展，做了大量具体而富有成效的工作，形成一大批可资借鉴的调研成果，受到所在挂职单位的普遍赞誉。

20日，2014年全国百城千村健身气功交流展示——六师五家渠市启动仪式暨健身气功、太极剑、柔力球交流活动在五家渠文化广场举行。师副政委付爱琴出席活动，师市老年体协主席曹莲英致辞。“全国百城千村健身气功交流展示”系列活动是国家体育总局推出，被国际奥委会授予“发展与促进奖”的健身气功品牌项目。

同日，兵团督察组就师市贯彻落实兵团上半年经济运行分析视频会议精神情况进行专题调研并实地查看，听取师市上半年经济运行、主要经济指标下滑主要原因、重点项目推进和采取的主要工作措施等情况汇报。师长张顺帮参加座谈。

22日，中华全国总工会党组书记、副主席、书记处第一书记陈豪，全国总工会党组副书记、副主席、书记处书记刘国中一行，在兵团副政委阿布力孜·尼牙孜陪同下来师市调研，看望慰问民兵，并与老军垦及劳模代表座谈，师政委马新平、副政委吕清、师人武部部长沈开疆陪同。

23日，师市召开现代畜牧业发展观摩座谈会。师政委马新平，师长张顺帮，副师长姜振东，师总农艺师王显车，市人大常委会主任刘毅，市政协主席甘应枝参加会议。

同日，师市工会与山西省总工会联合举行2014年金秋助学金发放仪式，为212名家庭困难、品学兼优的学生每人发放2 000~3 000元助学金，共计51万元。山西省总工会常务副主席郭新民、山西省总工会副主席王荣、师副政委吕清出席仪式。2013年，师市工会系统共获得山西省总工会对口援助资金219万元，其中有51万用于金秋助学资金。近几年，通过金秋助学活动，师市工会已累计发放助学金170.5万元，帮助819名困难职工子女圆了大学梦。

同日，自治区高级人民法院党组书记闫汾新来师市调研法院系统工作。

26日，师市召开第三轮全国艾滋病综合防治示范区项目启动会。副师长刘新跃出席会议。师市第三轮全国艾滋病综合防治示范区项目为期5年（2014~2018年）。

同日，兵团第十一届青少年运动会开幕式在五家渠高级中学举行，兵团教育（体育）局副局长刘景峰、六师副师长刘新跃出席开幕式。此届运动会为期4天，来自兵团14个师和兵团直属机关的700余名运动员，分别参加田径、篮球和乒乓球比赛。

同日，在新湖农场一中举办的“国酒茅台·国之栋梁——2014年希望工程圆梦行动大型公益助学活动”中，6名考上大学的贫困学生每人领取到5 000元公益助学金。2014年，中国贵州茅台酒厂有限责任公司继续向中国青少年发展基金会实施希望工程圆梦行动大型公益助学活动。师市有30名考入大学的家庭经济困难学生，获得每人5 000元助学金，共计捐赠15万元。

27日，山西省审计厅审计组来师市，审计山西省对口支援师市资金和项目实施情况，并与师市召开支援师市资金和项目跟踪及决算审计进点会议。师长张顺帮，山西省审计厅党组成员、副厅长高爱平出席会议。

29日，师市召开行政服务中心入驻部门工作动员会。师长张顺帮，师市纪委书记严兆军，师市党委常委、副市长李金平参加会议。师市行政服务中心于9月1日全面投入使用，共有师市公安局、建设局、农业局、民政局、发改委、国土资源局、房产局、五家渠工商行政管理局、国税局、地税局等24个部门设立37个服务窗口，为群众提供“一站式”服务。

同日，师市召开党的群众路线教育实践活动第二环节工作总结暨第三环节工作部署会议。师市党委书记、师政委、师市教育实践活动领导小组组长马新平强调，要深入贯彻中央、自治区、兵团党委关于教育实践活动的工作要求，认真总结师市教育实践活动第二环节工作情况，扎实做好党的群众路线教育实践活动第三环节工作，师市党委副书记、师长、师市教育实践活动领导小组组长张顺帮主持会议；师市党委常委、副政委、师市教育实践活动领导小组副组长付爱琴就开展好第三环节整改落实、建章立制工作做出具体安排部署。

同日，自治区政协教科文卫体委员会副主任李万寿率部分自治区政协委员来师市，就中小企业创新能力建设情况进行调研视察，并与市政协部分委员座谈。市政协主席甘应枝陪同调研。五家渠市有中小企业96家。其中，大黄山鸿基焦化有限责任公司、震企油脂有限公司、大黄山豫新煤业有限责任公司、天鹅现代农业机械装备有限公司的企业技术中心等4家企业技术中心被认定为自治区级企业技术中心；震企油脂有限公司、梅花氨基酸有限责任公司、格辉化工有限责任公司、光大山河化工科技有限公司等4家企业获批“高新技术企业”。2012~2013年，师市3家企业被授予首批创新型企业、4家企业先后进入兵团创新型企业试点行列，企业技术创新平台建设工作位居兵团前列。

同日，总投资14亿元的北疆综合批发市场在新湖农场开工奠基。新湖农场北疆综合批发市场项目是由新疆汇兴工贸集团汇兴房地产开发有限公司五家渠分公司投资建设的项目。建筑面积7.81万平方米，总投资14亿元，一期投资为2.3亿元。一期工程计划建成农副产品批发交易区、建材批发交易区，主要包括新鲜蔬菜、水果、粮食保鲜、仓储、交易区和建材的交易仓储等基础设施。

30~31日，中共中央政治局委员、国务院副总理汪洋在新疆考察调研农业农村工作。中共中央政治局委员、自治区党委书记张春贤陪同调研。在兵团六师五家渠市，汪洋先后来到共青团农场新疆银丰现代农业装备股份有限公司、一〇二团梧桐镇鑫宝农业科技开发有限公司，考察农业机械化装备和现代化畜牧养殖情况，汪洋肯定了这些企业在农业机械化和畜牧养殖方面的科研、生产、应用能力。30日下午，汪洋主持召开棉花目标价格改革试点工作座谈会。国家有关部门领导，自治区及兵团领导努尔·白克力、车俊、黄卫、朱海仑、白志杰、刘新齐、钱智、于秀栋分别陪同调研。在师市调研期间，师政委马新平、师长张顺帮陪同，并介绍相关情况。

31日，中航资产管理有限公司董事长朱幼林一行来师市考察。师长张顺帮、副师长曾超陪同。

是月，第四届兵团道德模范候选人出炉，师市有2人入围。北塔山牧场医院医生范春霞和奇台农场一一〇社区六连职工潘大想分别成为“敬业奉献”和“孝老爱亲”候选人。

是月，师市劳动和社会保障局监察支队被国家人力资源和社会保障部、公安部、工商总局第三次授予“全国清理整顿人力资源市场秩序专项行动取得突出成绩单位”荣誉称号。

九月

1日，市政府召开会议，向市人大常委会、市政协通报上半年工作情况。师市党委常委、副市长李金平，市人大常委会主任刘毅、市政协主席甘应枝出席会议。上半年，全市实现生产总值40.14亿元，同比增长17.7%，完成计划的27%；实现城镇居民人均可支配收入13 494元，增长20.3%，实现农牧工家庭人均现金收入4 065元，增长21.6%；实现全口径财政收入6.34亿元，完成年计划的37.3%；实现社会消费品零售总额19.56亿元，完成年计划的63%；十件惠民实事完成投资2 473万元。

2日，山西省阳泉市市委书记洪发科率阳泉市代表团来师市考察，并与师市就如何推动援疆工作向更深层次发展进行座谈，师政委马新平主持座谈。山西省阳泉市委常委、秘书长刘星，党委组织部部长李定武参加考察及座谈。师副政委付爱琴介绍师市援疆工作干部人才管理情况，副师长尹乃明、马运侠参加上述活动。

3日，第四届中国—亚欧博览会兵团签约仪式在乌鲁木齐市徕远宾馆举行，师市收获7个项目，项目签约总额265亿元，占兵团签约项目总金额的29%以上，成为此届亚欧博览会上兵团签约金额最多的师(市)，其中5个项目签约金额超过40亿元。兵团司令员刘新齐，兵团副政委徐伟华，兵团党委常委、秘书长李新明出席签约仪式。师政委马新平，师长张顺帮，师市党委常委、副市长李金平参加签约仪式。师市签约的7个项目中，有5个是现代服务业项目，签约总额215亿元，占师市总签约金额的81%以上。其中，中联资产管理有限公司计划在五家渠市投资60亿元，用于建设涵盖O2O业态的综合现代服务业项目——中航亚欧物联港项目。

4日，参加第四届中国—亚欧博览会上海合作组织—新疆生产建设兵团现代农业发展与合作研讨会的国家农业部副部长牛盾、兵团副司令员孔星隆和塔吉克斯坦共和国农业部副部长泽瓦尔绍耶夫·泽瓦尔绍等参会嘉宾和代表来师市考察，师长张顺帮、副师长姜振东陪同考察。

同日，师市召开“消费促进年”活动推进会，按照兵团要求制定并下发具体实施方案。师长张顺帮强调，师市相关牵头部门及各团场、部门要明确实施的制度规定，熟悉运作程序，密切配合，切实落实责任，加强领导，确保活动取得成效。副师长曾超在会上传达《关于印发〈2014年兵团“消费促进年”活动方案〉的通知》，师市党委常委、副市长李金平参加会议。

同日，师副政委付爱琴率师市“女知联”一行到新疆国际会展中心，参观师市亚欧博览会参展企业和团场展台，并详细了解参展企业和团场招商引资情况。

5日，中秋节来临之际，师副政委付爱琴率慰问组前往援疆干部驻地慰问援疆干部，并送去慰问品。

同日，伊宁市政协主席郑军来师市参观考察，市政协主席甘应枝陪同。

同日，师市召开机关党员干部警示教育大会，通过服刑人员现身说法，党员干部接受了一次发人深省、令人警醒的廉政教育。

8日，时值中华民族传统佳节——中秋节之际，中央电视台“心连心”艺术团与兵团歌舞团的艺术家们到六师五家渠市慰问演出。兵团副司令员、兵团党委宣传部部长成家竹，师政委马新平，师长张顺帮，师副政委付爱琴、吕清，市人大常委会主任刘毅，市政协主席甘应枝，与师市职工群众一同观看演出，并与全体演职员工欢度中秋。此次演出活动是以庆祝中华人民共和国成立65周年，新疆生产建设兵团成立60周年为主题，以五家渠市成立10周年为契机而举办的一场重大艺术盛会。庆祝活动邀请了男高音歌唱家王宏伟，女歌唱家张也、刘媛媛、雷佳、王丽达和王莉等。此次慰问演出分六师五家渠市和十师北屯市2个会场录制，于10月7日在中央电视台播出。成家竹代表兵团党委、兵团向长期关心、关怀兵团宣传文化事业的中宣部、中央电视台表示感谢，向中央电视台“心连心”艺术团全体演职人员表示感谢，并致以节日的祝福。

9日，师市召开党的群众路线教育实践活动整改落实、建章立制环节工作推进会，通报各单位专题民主生活会、专题组织生活会召开情况，“两方案一计划”和整改清单上报情况，对深入推进师市整改落实、建章立制工作进行再安排再部署，提出督导方案和工作要求。兵团教育实践活动第六督导组副组长蒋振乾出席会议并讲话。

同日，师市庆祝第三十个教师节大会暨师德师风演讲比赛在师市机关举行，活动中通报表彰评选出的191名名师、学科带头人和骨干教师，15个师德师风建设先进集体，命名了一批师市中小学教研基地、学校（学科）教研基地，副师长刘新跃出席会议并讲话。

10日，师市召开残疾人基本服务和需求专项调查工作会议暨残疾人基础信息核查工作培训班，师市党委常委、副市长李金平出席会议。培训班为期1天，培训主要内容有兵团残疾人基本服务和需求专项调查核查系统工作流程介绍等。

同日，兵团职工“中国梦·劳动美·我与改革创新”主题演讲比赛决赛在乌鲁木齐市落下帷幕，来自兵团各师局的20名选手进行激烈角逐。2名选手荣获一等奖，4名选手荣获二等奖，6名选手荣获三等奖。师市选送的东区幼儿园教师王艳、芳草湖农场丹坂社区五连政工员刘欢欢荣获二等奖。

11日，共青团山西省委援建六师五家渠市共青团工作结对签约仪式在师市举行，师副政委吕清，兵团团委书记、党组书记芮宏，共青团山西省委书记赵雁峰、山西援建市（单位）团委书记参加签约仪式。签约仪式上，山西援建市（单位）团委书记与师市受援团场团委书记签订援建项目协议书。师市团委接受山西省共青团对口援建资金30万元及40万元的物资。

12日，麦杰克乐园中国有限公司董事、总经理许晨和美国麦杰克乐园董事吴耐颉率项目调研组来师市考察。并确定项目选址在五家渠市。师长张顺帮，师市党委常委、副市长李金平与调研组就合作事宜进行深入交流。

同日，山西省政协副主席、卫计委主任卫小春来师市看望慰问援疆干部、医生。兵团卫生局局长朱东兵，师长张顺帮，副师长刘新跃、马运侠陪同。

同日，山西省总工会援建师市工会资金捐赠暨师水管处“青湖职工创业园”揭牌仪式在五家渠市青格达湖水库举行。山西省人大常委会副主任、省总工会主席田喜荣，兵团党委、兵团副秘书长曲德林，师副政委吕清出席仪式。

14日，国家农业部党组书记、部长韩长赋到师市考察调研现代农业情况。兵团党委书记、政委车俊，兵团副司令员孔星隆陪同调研。师政委马新平、师长张顺帮介绍师市相关情况，副师长姜振东陪同。

15日，师长张顺帮前往五家渠市中基番茄制品有限责任公司调研，了解番茄收购、生产加工、产品检验情况。

16日，师市召开棉花目标改革试点工作会议。师长张顺帮、副师长姜振东参加会议。张顺帮强调，2014年是棉花销售直接面对市场的第一年，师市各级各部门要积极应对市场波动对棉花收购带来的影响，确保棉花采收、加工和销售工作顺利开展。姜振东通报师市棉花种植和加工情况，对做好棉花采收、加工和销售各环节工作，以及如何科学合理规避市场波动，严把采收质量关等方面进行具体安排。

17日，全国政协和法制委员会副主任宋育英率中央党的群众路线教育实践活动第十一巡回督导组，来师市督导调研教育实践活动。师政委马新平、兵团副秘书长赵广勇、师副政委付爱琴陪同调研。

同日，世界台商会会长许瑞麟来五家渠市参观考察。市政协主席甘应枝陪同。

18日，由中国关心下一代工作委员会和安利公益基金会共同主办的“春苗营养厨房”项目设备发放仪式在师市举行，中国关工委“春苗营养厨房”项目办公室常务副主任宋立英，师副政委付爱琴出席发放仪式。

同日，师市老干部老年书画协会在市老年活动中心举行第一届换届选举大会。选举马育宏为会长，同时选出6名副会长、1名秘书长及6名常务理事。师市老干部老年书画协会于2010年正式注册，5年中，协会成功举办书画展23次，展出书画作品2 559幅，举办笔会7次，与兵团联展3次。

19日，师市召开审计整改工作会议。师长、市长张顺帮出席会议并强调，师市各级各部门要切实抓好审计整改工作，积极稳妥地做好审计结果公告工作。师市党委常委、副市长李金平主持并总结。

同日，兵团劳动模范先进事迹巡回报告团走进师市，劳动模范用他们的亲身经历和朴实话语，讲述了兵团各条战线上劳动模范爱岗敬业、开拓创新、乐于奉献的先进事迹。

同日，由山西省文化厅主办、师市承办的山西省非物质文化遗产精品展在师市举办。山西戏剧职业技术学院院长李培勇，师副政委吕清出席活动。此次山西非物质文化遗产精品展共展出包括省级以上非物质文化遗产项目20多个，传承人手工技艺作品和产品600多件。

20日，师市武装系统举办首届“亮剑杯”篮球比赛，来自师市各农牧团场的17支队伍近200名民兵参加比赛。师人武部部长沈开疆出席开幕式。

20~22日，山西说唱剧《解放》在师市文化中心连演3场，场场座无虚席。这部由著名舞蹈编导张继钢导演、由山西戏剧职业学院和国家大剧院联合出品的舞台剧，以崭新的舞台样式，以说书、舞蹈、民歌等多种艺术相融合的表现手法，演绎了一段感人的爱情故事。由山西戏剧职业学院华夏之根艺术团演出的说唱剧《解放》是国家舞台艺术精品工程剧目、文华奖优秀剧目，曾获“五个一工程”奖。

21日，国家林业局副局长孙扎根一行来师市考察，兵团副司令员孔星隆，师长张顺帮、副师长姜振东陪同考察。

22日，师市召开基本公共卫生服务能力培训班。此次培训为期4天，主要内容有老年人健康教育、健康教育服务规范、卫生专项资金管理等，来自师市各农牧团场卫生医疗系统的70余名医务人员

说唱剧《解放》场景。 （李华北）

参加培训。

23日，山西省司法厅巡视员李满胜一行来师市，就山西省司法对口援疆工作进行调研。副师长尹乃明陪同。

同日，兵团党委组织部副部长秦富平来师市考察，并与援疆干部进行座谈。师政委马新平，师副政委付爱琴，副师长尹乃明、马运侠参加座谈。

同日，师市统战与民族宗教干部培训班开班，兵团党委统战部副部长郭小平，师副政委付爱琴出席开班仪式。

同日，六师煤电公司举行向五家渠市老年门球协会和师市妇联捐款仪式，师副政委付爱琴出席仪式。5年来，六师煤电公司先后为五家渠市、一〇二团、北塔山牧场学校、养老院等捐款捐物1 870余万元。

同日，兵团外事局领导陪同瑞典驻华大使罗睿德来师市考察。考察期间罗睿德一行赴兵农庄园和一〇二团团史馆参观。副师长梁俍参加活动。

24日，师市召开"一对一"山西省援疆工作观摩座谈会。师长张顺帮、山西省援疆前方指挥部总指挥、昌吉州党委副书记赵友亭，师副政委付爱琴，副师长刘新跃、尹乃明、马运侠出席会议。

同日，师市老干部局在市文化广场举办老干部柯祥个人诗歌展。

25日，君豪海宁皮革城新项目签约。师长张顺帮，师市党委常委、副市长李金平，副师长尹乃明出席签约仪式。此次签约的新项目是深圳君豪置业集团在五家渠青湖经济开发区投资开发的又一城市高端综合体项目。项目占地面积86.67公顷，总建筑面积300万平方米，商业部分集海宁皮革城、中国轻纺城、义乌小商品城于一体，项目建成后，将成为具备商品批发、零售、现代物流配送、仓储、会展、休闲娱乐等功能的综合性现代服务业集散地。

同日，自治区税务学会中片区第十六届税收理论研讨会在五家渠市召开。来自乌鲁木齐、昌吉、吐鲁番、哈密、石河子、五家渠等地州市税务学会以及国(地)税系统的代表参加研讨会。

26日，由师市党委宣传部和师市文化局主办的"大美新疆情"——《江山多娇》风光摄影展在市文化馆开展，师副政委吕清出席摄影展开幕式。

同日，兵团党委组织部在师市召开兵团少数民族异地挂职干部实践锻炼经验座谈会。兵团党委组织部副部长邓选斌出席会议并讲话。师副政委付爱琴到会致辞。

同日，兵团副司令员孔星隆率兵团现代农业建设现场观摩推进会代表来师市观摩，副师长姜振东陪同。

29日，师市举行第十二期中青年干部培训班开班典礼。师副政委付爱琴出席开班典礼。

同日，师市举行庆祝兵团成立60周年、五家渠建市10周年职工健排舞大赛。师副政委吕清观看比赛。此次大赛由师工会主办、比赛以"迎国庆、庆建市"为主题，来自一〇二团梧桐镇、芳草湖农场、鸿基焦化有限责任公司、师奇台医院、青湖投资开发有限公司、五家渠东区实验幼儿园的19支代表队、300余名选手参加比赛。最终，五家渠东区实验幼儿园代表队获得第一名。

同日，师市召开2014年老龄工作暨"老有所为"表彰大会。会议表彰43位"老有所为之星"、9个"为老服务集体"、6名"养老服务先进个人"和5家"热心公益事业优秀民营企业家"。

同日，师市卫生局、建设局、文明办、五家渠市人大、政协等部门联合开展秋冬季爱国卫生检查活动。

29~30日，在庆祝中华人民共和国成立65周年、兵团成立60周年、五家渠建市10周年之际，师市领导马新平、付爱琴、吕清分别看望慰问老红军、老八路、老干部，并向他们致以节日问候。

30日，师市召开2014年推进师市经济社会发展争先进位活动会议。贯彻落实兵团经济社会发展争先进位电视电话会议精神，总结2013年师市争先进位推进情况。师长张顺帮讲话。副师长董庆利总结2013年度师市及团场争先进位活动、师团排序情况，指出存在的问题，安排下一步工作。

是月，师市国土资源局将五家渠经济技术开发区作为试点单位，进行无人机低空大比例尺航拍。获取到五家渠经济技术开发区东工业区内的低空遥感影像，影像分辨率高达0.08米，影像内的房屋、厂房、道路等尽收眼底。

是月，师医院新成立耳鼻咽喉头颈外科，由山西省援疆医疗专家夏立军担任科主任。截至国庆前夕，该科已诊治患者300余例。

十月

6日，经过一年试开馆的师市将军纪念馆正式开馆。师政委马新平，师副政委付爱琴参加开馆仪式。

师市将军纪念馆占地面积1.5万平方米，建筑面积5 650平方米，展厅面积3 700平方米，馆藏文物3 500多件，珍贵的历史照片4 500多张。

7日，中共中央政治局委员、国务院副总理、中央代表团团长刘延东率中央代表团到六师五家渠市慰问考察。刘延东一行先后实地考察了六师五家渠市民兵训练基地，听取了应急民兵队伍建设情况介绍并观看民兵装备和民兵演练；参观考察了将军纪念馆和“一城三馆一园”项目展示中心，在共青团农场机械化采收棉花示范点观看现场作业；在六师医院考察了医院的诊室、药房和医疗设备。

中共中央政治局委员、新疆维吾尔自治区党委书记、兵团党委第一书记、第一政委张春贤，中央军委委员、总参谋长、中央代表团副团长房峰辉，全国政协副主席、国家民委主任王正伟，新疆维吾尔自治区党委副书记、兵团党委书记、政委车俊，兵团党委副书记、司令员刘新齐，中央代表团全体成员参加考察。

同日，中国邮政集团公司发行一套《新疆生产建设兵团成立60周年》纪念邮票，一套共3枚，面值3.6元，以“艰苦创业”“维稳戍边”“再创辉煌”为主题，庆祝兵团成立60周年。

8日，参加兵团成立60周年庆祝大会的中央代表团成员，在兵团副司令员孔星隆陪同下来师市参观考察。师政委马新平，师长张顺帮，副师长姜振东陪同。

9日，中国延安精神研究会常务副会长、全国总工会原副主席倪豪梅一行来师市考察。师副政委吕清陪同。倪豪梅一行先后前往共青团农场西部准噶尔牧业股份有限公司、唐庭霞露酒庄、一〇二团梧桐镇鑫宝科技有限公司、六师煤电有限公司、师市博物馆进行考察。

10日，师市党委中心组（扩大）举行2014年第九次集体学习，学习习近平总书记在党的群众路线教育实践活动总结大会上的讲话精神，通报中央代表团来师市慰问考察的相关情况。师市党委书记、政委马新平主持学习活动。

同日，师市召开北塔山牧场创建爱民固边模范团场命名大会。师副政委吕清授匾。

13日，山西省民政厅副厅长许富昌来师市参观考察对口援疆项目建设情况。师市党委常委、副市长李金平，副师长马运侠陪同。

同日，师市成立老年健身体育舞蹈协会。

14日，国家公务员局副局长吴云华一行来师市考察。师副政委付爱琴陪同。

同日，国家环境保护部西北环境保护督查中心主任赵浩民一行，来师市督查指导环境保护工作。兵团环保局局长刘平，师市党委常委、副市长李金平陪同。

同日，五家渠市人大常委会召开市政府办理代表建议、批评和意见情况汇报会，听取2014年五家渠市人民政府关于市三届人大四次会议以来代表提出的建议、批评和意见办理情况汇报。师市党委常委、副市长李金平，市人大常委会主任刘毅参加会议。

15日，备受五家渠市民关注的团结巷改造工程竣工。自8月21日起，市政府投资近700万元，开展团结巷整治改造活动，此次改造历经1个多月的紧张施工，改造项目包括搭建彩钢板房128间、道路硬化2 000余米以及配套设施等，彩钢板房以每平方米每月25元出租给商户使用。

16日，山西省商务厅副厅长张跃建率考察团来师市考察。副师长马运侠陪同。考察团先后前往新疆新业能源有限公司、新疆梅花氨基酸有限公司进行实地考察。

17日，师市党委召开党的群众路线教育实践活动总结大会。会议以电视电话会议形式举行。师市党委书记、政委、师市教育实践活动领导小组组长马新平讲话，兵团第六督导组组长李文英、副组长蒋振乾及督导组全体成员出席会议，师市党委副书记、师长、师市教育实践活动领导小组组长张顺帮主持会议。会议期间，主会场参会代表对师市党委班子和班子成员教育实践活动开展情况进行测评。

22~23日，师政委马新平率调研组深入新湖农场、五家渠青湖经济开发区一〇一团调研职工多元增收工作开展情况，并赴八师一四四团学习职工多元增收工作经验。师市纪委书记严兆军，副师长姜振东、梁似，师总农艺师王显车参加调研。

24日，师市召开学习习近平总书记在中央文艺座谈会上的重要讲话精神座谈会，副师长梁俍，市人大常委会主任刘毅参加座谈会。座谈会邀请全国作协会员孟丁山，兰州军区著名编剧王元平，自治区、兵团作协会员龚培德、闵长庆等同六师文艺工作者一起座谈。

26~27日，师市召开1~9月经济运行分析暨职工多元增收电视电话会议。师政委马新平主持会议，师长张顺帮作师市1~9月经济运行分析，安排部署第四季度各项工作。师副政委付爱琴宣读表彰决定，副师长刘新跃就做好今冬明春团场职工多元增收工作进行动员部署。会议表彰2013年职工多元增收工作中涌现出的先进团场、先进典型示范合作社、创业典型示范户和青年职工创业项目带头人。

28日，师监狱系统第十四届文化艺术节开幕。此次文化节以“中国梦·兵团魂·狱园风·新生情”为主题。兵团监狱局局长程克强，师副政委吕清参加文化艺术节开幕式。

同日，师市纪委监察局内设室主任进行竞争上岗。师副政委付爱琴、师市纪委书记严兆军出席竞职演讲会。此次竞争职位是师市纪委监察局案件一室、二室和党风政风监督室等3个副处级领导岗位。有14个符合标准进入民主测评和竞职演讲环节。

28~29日，广州市政府副秘书长、经贸代表团团长刁爱林在兵团副秘书长奉希文陪同下，来师市考察。师长、市长张顺帮，副师长梁俍陪同。

30日，兵团行政审批服务和公共资源交易改革工作座谈会代表来师市，观摩师市行政服务中心、兵团公共资源交易中心第六分中心建设运行情况。兵团司令员、兵团行政审批制度改革和公共资源交易市场建设工作领导小组组长刘新齐率队观摩，听取情况介绍并点评。兵团副政委、纪委书记刘向松，兵团党委常委、秘书长李新明一同观摩。师政委马新平，师长、市长张顺帮，师市党委常委、副市长李金平等陪同。

31日，师市召开轧花质量现场会。通报皮棉公检环节存在的问题，并对后期皮棉加工工作作安排。师市农业局、乡企局及各团场分管轧花厂工作的领导、棉花加工工厂厂长参加会议，先后参观了一〇五团和共青团农场轧花厂。

同日，位于长安东街的五家渠启蒙幼儿园举行迁园剪彩仪式，副师长刘新跃、市人大常委会主任刘毅、市政协主席甘应枝出席仪式。启蒙幼儿园在16年的建设发展过程中，从最初只有32名幼儿、1个班级、2名教师、40多平方米的教室发展到现在有幼儿600人、班级11个、教职工42人、校舍面积4 000平方米的新幼儿园。它是目前五家渠市最大的一所民办幼儿园。

是月，第三次全国经济普查百名“最美普查员”名单正式公布，五家渠市军垦路街道办事处振兴街社区普查员白庆芬荣获全国百名“最美普查员”称号。

是月，五家渠职业技术学校被国家民委评为第二批全国民族团结进步创建活动示范学校，成为兵团唯一获此殊荣的学校。

是月，被师市授予“残疾人自强模范”荣誉称号的红旗农场残疾运动员樊程程，来到兵团残疾人培训中心，参加兵团残联组织的为期3个月的集中训练，这已是2014年以来，樊程程第二次参加兵团组织的集训。此次集训是为备占全国第九届残运会，参赛的仍是铁饼和标枪两个项目。

十一月

1日，第四届兵团名优地产品展销会暨第八届石河子名优地产品展销会在石河子科技馆开幕。为期3天的展销会吸引疆内外310家企业参展，师市14家企业单位参加此次展销会。

同日，师市召开预防和处理拖欠农民工工资问题座谈会，就如何解决拖欠农民工工资问题提出办法。师长张顺帮讲话，师副政委吕清、副师长刘新跃、师市纪委书记严兆军参加座谈会，副师长曾超主持并作总结。

同日，师市首趟拾花工返乡专列从乌鲁木齐火车南站开出，3 000余名在师市拾花的农民工返乡。2014年来师市拾花的农民工有3万余名，师市及早做好拾花工返乡工作，确保内地拾花工于11月中旬前完成返乡工作。

2日，山西省太原市委组织部、市发改委、教育局领导率队来师市，就下一阶段教育对口援疆工作进行协商，山西省太原市部分中小学与五家渠青湖经济开发区一〇一团、一〇二团梧桐镇、一〇三团蔡家湖镇学校签订友好学校协议。师副政委付爱琴，副师长刘新跃出席会议。

3日，师政委马新平前往东工业园区调研企业环保工作开展情况，副师长曾超参加调研。

4日，师市党委党校2014年秋季干部培训班开班，师副政委付爱琴对参加培训的人员提出要求。

6日，师市党委中心组（扩大）举行2014年第十次集体学习。师市党委书记、师政委马新平主持学习并总结。兵团党委党校常务副校长赵柳成对《新疆生产建设兵团历史与发展》白皮书进行专题辅导，国家行政学院援疆干部、兵团党委党校法学教研部主任李勇对党的十八届四中全会精神进行解读。

同日，国家电网新疆电力公司副总经理叶军来师市，对电网建设及发展规划情况进行考察。师政委马新平，副师长董庆利参加考察。

同日，山西省太原市组织部、发改委、教育局等部门领导在师市召开山西省太原市教育系统对口援疆工作总结暨“二对一”友好学校合作签约仪式。副师长刘新跃、尹乃明出席签约仪式。

同日，奇台农场与山西大同市达成合作意向，奇台农场5所学校和山西大同市5所学校结为友好学校，定期互派教师交流学习；利用寒暑假双方学生开展“手拉手”等活动。

同日，芳草湖农场、军户农场和共青团农场无偿援助北塔山牧场的800吨棉籽壳运抵牧场，受到牧场各族职工群众的称赞。

7日，师市“瑜您同行”志愿服务队在五家渠二中、五家渠商贸城、新疆青格达生态区投资开发集团有限公司和六师煤电有限责任公司开展关爱农民工子女万人签名活动。师市“瑜您同行”关爱农民工子女志愿服务队于2011年成立。

9日，山西创升科技有限公司总经理崔晓红、副总经理贾鹏应邀来师市考察山西省对口援助项目——大学生电子商务创业孵化园，并对 大学生电子商务创业孵化园项目的实施及发展与师市劳动和社会保障局、团委、商务局、新疆青格达生态区投资开发集团的领导和有关人员进行座谈。大学生电子商务创业孵化园3 000平方米的场地建设已完工，计划吸纳100名大学生入园，带动500人就业。

10日，兵团第四届道德模范暨首届“最美家庭”颁奖典礼在兵团举行，北塔山牧场医院医生范春霞荣获敬业奉献道德模范称号。师市荣获兵团第一、三届道德模范称号的张新玲、张晓东应邀为兵团第四届道德模范颁奖。兵团第四届道德模范和首届“最美家庭”评选活动从2014年3月开始，最终评选产生16位道德模范和10个“最美家庭”。

12日，师政委马新平率调研组深入五家渠青湖经济开发区一〇一团南区商务区进行调研，并与区团及开发区部分企业进行座谈。师市党委常委、副市长李金平参加调研。

同日，师市第十二期中青年干部培训班的35名学员赴山西省委党校，参加为期半个月的延伸培训。

14日，师长张顺帮率调研组前往共青团农场，围绕加快五家渠国家级现代农业示范区和五家渠国家级农业科技园区建设和发展进行调研。张顺帮强调，要把这两个园区作为师市全力推进农业现代化的突破口、农业发展方式转变的排头兵、统筹城乡发展的试验田，将两个园区建设成为兵团全国节水灌溉示范基地、农业机械化推广基地和现代农业示范基地中的典范。该园区始建于2008年3月，2010年8月被国家农业部批准为国家级现代农业示范区；2012年5月，被国家科技部等六部委批准为国家级农业科技园区。经师市党委常委会专题研究，确定两个园区管委会与共青团农场实行“行政引导、区场合一、市场运作”的组织管理运营模式。

16日，一〇三团蔡家湖镇举行兵团知青纪念馆及亮剑团史馆揭牌仪式，副师长梁俍参加揭牌仪式。兵团知青纪念馆、亮剑团史馆共两层，一层为兵团知青纪念馆，二层为亮剑团史馆。两馆内布展有文字、图表、图片543幅，展板533张，文物507件，雕塑6组。主要展示上海、北京、天津、江苏等省市的支边知识青年在兵团工作、生活的场景以及一〇三团蔡家湖镇的历史沿革、屯垦戍边、开发建设等内容。

同日，兵团第八届文艺汇演师市专场在石河子市演出。师副政委付爱琴，市人大常委会主任刘毅观看演出。此台专场演出的节目由师市自编自演，集中反映师市从亘古荒原崛起壮大的历程。此次文艺汇演是庆祝兵团成立60周年系列文化活动之一。兵团14个师和石河子大学、塔里木大学共1 439名演职人员参加历时12天的文艺汇演。

17日，兵团举行党的十八届四中全会精神报告会，中央政法委副秘书长姜伟应邀作辅导报告，兵团政委车俊主持报告会。报告会采取视频会议形式举行，师政委马新平，副政委付爱琴，纪委书记严兆军，副师长马运侠、姜振东，师总经济师黄立军，市人大常委会主任刘毅、市政协主席甘应枝在师市会场参加报告会。

18日，师市召开工程质量治理两年行动宣传贯彻工作会议，安排部署师市工程质量治理两年行动计划。

19日，师水管处"文化之冬"系列活动拉开帷幕，副师长曾超出席开班仪式，并就如何组建一个好的团队及团队运作、管理等方面进行授课。

20日，山西省政法委副书记薛永辉率考察团来师市考察。师副政委吕清、副师长尹乃明陪同考察。

同日，市人大、市政协对市政府2014年惠民实事完成情况进行联合视察。师市党委常委、副市长李金平，市人大常委会主任刘毅、市政协主席甘应枝及视察组成员参加视察。2014年市政府计划投资1.98亿元用于五家渠市十项惠民工程建设。

21日，全国人大常委会副委员长艾力更·依明巴海在新疆维吾尔自治区人大常委会副主任任永明、兵团党委常委王世江陪同下，来师市考察，实地参观了入驻五家渠国家级经济开发区的企业师煤电有限公司，并与兵团、师市及企业领导进行座谈。师政委马新平、副师长曾超等陪同考察。

24日，师市工业管理培训班开班。培训内容主要包括企业融资筹划、电子商务与市场营销、工业项目申报与项目管理、企业安全生产管理、财务管理等。

25日，军垦情——戴本颢书法作品在五家渠文化馆展出。师副政委付爱琴出席展出仪式并讲话，师副政委吕清观看作品展。戴本颢1961年毕业于上海社会科学院政治法律系，后分配到兵团农学院任教师、教研室主任，兵团教育学院院长，退休后任自治区老干部协会副会长、自治区老干部书法协会副会长、兵团老年书画学会副会长。这次展出的150幅书法作品，是从戴本颢诸多作品中挑选出来的精品。

25~26日，在兵团党委党校参加培训的中央和国家机关、中央企业的100多名援疆干部来师市观摩考察，参加军事训练。师副政委付爱琴、副师长梁俍陪同。

26日，师市召开2014年统计年报工作会议，副师长董庆利出席会议。会议主要贯彻兵团统计年报会议精神、总结2014年统计工作、安排部署统计年报和2015年订报等工作。

11月26日~12月1日，山西省卫生和计划生育委员会组织山西日报社、卫生健康报社、山西卫视等媒体记者，来师市采访山西省对口支援师市医疗卫生事业情况。

28日，师市第十二期中青年干部培训班汇报会暨结业典礼在师市党委党校举行。师政委马新平、副政委付爱琴出席结业典礼，并为学员们颁发结业证书和优秀学员证书。

是月，师市文化系统赴山西挂职培训的工作人员完成学业回到师市。此次有10人参加为期半年的挂职培训。

十二月

1~3日，兵团副政委卢晓峰率兵团教育局局长高继宏、科技局局长黄斌、卫生局局长朱东兵等部门领导来师市调研科技、教育、卫生事业，师长张顺帮、副师长刘新跃、姜振东陪同调研，参加座谈。

2日，师市业余文艺演出队赴北塔山牧场为牧民表演以"高歌猛进圆梦路"为主题的专场文艺节目。

3日，一部反映兵团人屯垦戍边生活的大型情景剧《扎根》，在一〇三团蔡家湖镇进行实景拍摄。

同日，师市在五家渠高级中学举办宪法知识竞赛，龙泉社区获得一等奖。

3~5日，师政委马新平，兵团党的群众路线教育实践活动第六督导组组长李文英先后前往师市各垦区，就党的群众路线教育实践活动建章立制和整改落实情况、基层党组织建设工作、民主决策及信息公开情况、重点改革实施情况等进行调研。

4日，师市举办“国家宪法日”专题讲座，邀请国家行政学院法学部副研究员李勇作题为《学习贯彻四中全会精神——庆祝第一个“国家宪法日”》专题讲座。

5日，新疆汉光嘉业纤维科技有限公司挂牌上市仪式在上海市浦东新区高科技园举行。该公司成立于2011年3月15日，位于一〇三团蔡家湖镇，是该团镇招商引资的一家农副产品深加工企业。

6日，国家发改委副巡视员李明传率中央调研组来师市，就师市现代农业及农机装备、民兵建设、五家渠市青湖经济开发区建设等情况进行调研。师长张顺帮，副师长董庆利，师市党委常委、副市长李金平陪同。

同日，师市首家综合性电子商务网站——“青湖人网”(www.qinghuren.com)正式上线运营。青湖人网站及青湖人公众微信(qinghuren1)，是由新疆青投广告传媒有限公司及五家渠在线网络传媒有限公司联合打造的五家渠地区首家综合生活门户网站平台。

7日，师市专业技术人员继续教育培训班在五家渠职业技术学校开班，来自师市的293名专业技术人员参加培训。此次培训分农牧、工程、经济、新闻4个班。

9日，新疆宏茂能源与新疆鸿源勘探公司合资成立新疆鸿茂天达能源有限公司，并召开第一次股东会与监事会。双方签订合作开发师市天然气资源协议。鸿茂天达公司一期投资4亿元，在师市开发15亿立方米天然气，经营城市天然气销售、压缩天然气销售、管道燃气工程安装和燃气具销售等业务。

10日，兵团党委政研室主任冯杰率调研组来师市就建立完善团场土地经营权流转制度、推进团场土地承包经营权流转开展调研，并与师市领导及有关部门领导座谈。师政委马新平主持座谈会，副师长姜振东汇报师市团场土地承包经营权流转工作开展情况。

11日，师市召开2014年年度考核动员会，安排部署各级党委(党组)年度考核工作。师政委马新平出席会议并就做好年终考核工作提出要求，师副政委、师市党委组织部部长付爱琴主持会议。

同日，山西省团委支援六师青年创业班在芳草湖农场开班。

16日，师市召开2014年度财政财务决算工作会议。副师长刘新跃出席会议。

17日，师市党委书记、政委马新平主持召开师市宣传思想文化工作座谈会，代表师市党委、师市向奋战在师市宣传思想文化战线的全体人员表示慰问。

18日，五家渠国家农业科技园区管委会在共青团农场正式挂牌。副师长姜振东参加挂牌仪式。五家渠国家农业科技园区成立于2012年2月，整个园区占地10万亩，分别由核心区、示范区、辐射区3大块组成。里面有五园，即现代农业节水技术示范园、特色林果产业园、设施农业示范园、现代畜牧产业园、农产品加工产业园。

19日，师市举办机关干部学习贯彻党的十八届四中全会精神讲座，并邀请自治区党委党校法学部主任陈奇彪进行专题讲解，师市机关各部局240余人聆听讲座。

20日，山西省常务副省长高建民在兵团副政委阿布力孜·尼牙孜陪同下来师市，就山西省援疆任务落实情况进行督察，考察师市经济社会发展情况，制订2015年对口支援计划，并就山西省对口支援工作“十三五”规划展开前期调研。山西省援疆前方指挥部总指挥赵友亭，师政委马新平，师副政委付爱琴，副师长刘新跃、尹乃明、马运侠、梁俍陪同调研。

25日，师市召开其他事业单位绩效工资实施暨机关事业单位“吃空饷”问题集中治理部署工作会议。师长张顺帮出席会议并讲话，师副政委付爱琴作动员讲话，副师长刘新跃主持会议。师市各团场主要领导，师市其他事业单位领导和相关工作人员参加会议。

26日，师市党委中心组(扩大)举行2014年第十二次集体学习。兵团党委常委、副政委徐伟华应邀作《在“三期叠加”的形势下，兵团如何形成发挥特殊作用的新常态》专题报告，兵团纪委第一监察室主任郭世田应邀作《官德、官风、作风》专题讲座，师市党委书记、政委马新平主持学习并作总结讲话；师市党委副书记、师长张顺帮总结2014年经济工作，对2015年经济工作做出安排。

师市党政
Party and Government Administration of the Sixth Agricultural Division and Wujiaqu City

责任编辑　皇甫志辉
题图摄影　李晓震

师市领导

【中共第六师五家渠市委员会】

党委第一书记：李建国（兼）
党委书记：马新平
党委副书记：张顺帮
党委常委：付爱琴（女）
党委常委：吕　清
党委常委：张光华（2014年2月免职）
党委常委：董庆利
党委常委：刘新跃
党委常委：陈宏曲（中央援疆干部，正师级，2014年9月离任）
党委常委：闫晨曦（山西援疆干部，正师长级，2014年5月离任）
党委常委：曾　超
党委常委：严兆军
党委常委：李金平
党委常委：尹乃明（山西援疆干部）
党委常委：马运侠（山西援疆干部）
党委常委：姜振东
党委常委：梁　俍（中央援疆干部，2014年9月任职）
党委常委：田　兵（山西援疆干部，2014年5月离任）
党委常委：沈开疆
党委常委：要建军（兼）

【第六师】

第一政委：李建国（兼）
政　委：马新平
师　长：张顺帮
副政委：付爱琴（女）
副政委：吕　清
副师长：张光华（2014年2月免职）
副师长：董庆利
副师长：刘新跃
副师长：陈宏曲（中央援疆干部，正师级，2014年9月离任）
副师长：闫晨曦（山西援疆干部，正师长级，2014年5月离任）
副师长：曾　超
副师长：尹乃明（山西援疆干部）
副师长：马运侠（山西援疆干部）
副师长：姜振东
副师长：梁　俍（中央援疆干部，2014年9月任职）
副师长：田　兵（山西援疆干部，2014年5月离任）
副师长：要建军（兼）

【师总师】

总农艺师：王显车
总经济师：黄立军
副总会计师：刘敬海

【新任职的师市党委常委简历】

梁　俍，男，汉族，内蒙古赤峰人，1975年3月出生，1996年7月参加工作，1997年8月入党，在职

研究生学历（厦门大学金融专业毕业），现任六师五家渠市党委常委、副师长（中央企

业援疆干部)。

1992年9月,中国金融学院投资经济专业学生;1996年7月,任国家开发银行电力信贷局项目三处干部;1996年12月,任国家开发银行中南信贷局广东处干部、副科级行员(其间,1997年12月至1999年3月,在深圳代表处业务部工作);1999年10月,任国家开发银行人事局机关干部处副科级行员(其间,在南方证券公司投行部工作6个月);2000年10月,任国家开发银行信贷管理局中南处副科级行员、正科级行员;2005年7月,任国家开发银行信贷管理局地区信贷四处副处长;2006年3月,任国家开发银行安徽省分行办公室副主任、保卫处副处长;2007年3月,任国家开发银行安徽省分行办公室副主任、保卫处副处长兼人事处副处长(主持工作);2007年6月,任国家开发银行安徽省分行办公室主任、保卫处处长兼人事处处长;2008年5月,任国家开发银行办公厅秘书处副处长、综合处副处长(正处级);2010年11月,任国家开发银行办公厅综合处处长;2012年8月,任国家开发银行办公厅督办处处长;2013年12月,任国家开发银行办公厅秘书二处处长。(其间2011年9月至2014年8月,在北京市金融工作局挂任局长助理)。2014年9月任现职。 (崔家远)

师市机关部门负责人

秘书长、副秘书长

秘书长 严兆军(兼,2014年4月离任)、杨忠军(正处,2014年4月任职)

副秘书长 闫国强(正处,2014年4月任职)、沈云锋(正处)、孙海军(正处)、英玉军(正处)、杨忠军(正处,2014年4月离任)

纪委

书记 严兆军

副书记、监察局局长 吴广明

副书记 衡淑侠(女,2014年11月离任)

师市党委办公室、师办公室

主任 杨忠军

副主任 英玉军(正处级)、戴启明(调研员,2014年4月离任)、韩新、毕鲁梅(女,2014年4月任职)、杨书丽(女)

保密局(二级局)

师市保密委员会办公室主任、保障局长、师市党办调研员 任燕琴(女)

党委机要局(二级局)

局长 孟杰

副局长 党慧(女)

党委档案局(二级局)

局长 空缺

信访局(二级局)

局长 李根旺(正处级)

机关事务管理局(二级局)

局长 舒晓玲(女)

史志办(二级局)

主任 皇甫志辉(女)

旅游局

局长 空缺

副局长 刘洪

党委组织部

部长 付爱琴(女,兼)

常务副部长、人事局局长 张宝林

副部长、人事局副局长 李斌(正处长级)

副部长、老干局局长 孙玉琳(女)

老干局副局长 魏兆海

党委宣传部(广电局、新闻出版局)

部长(局长) 高华生

副部长 沈际明(正处)、尹慧莲(女)

副部长、广电局副局长:陈建国(2014年5月离任)

党委统战部、民宗局

部长(局长) 杨玉贵

副部长(副局长) 高迎旭(女,2014年5月离任)

党委政法委

书记 吕清(兼)

副书记 杨忠军(享受副师级待遇)、谢继玄(兼)

综治办主任 边勇

副主任 董峻

610办公室副主任 陶定成

党委政研室

主任 秦克勤

副主任 任晓婷(女)

直属机关党工委

书记 张峰云

纪工委书记、调研员 赵平(女)

工会主席 空缺

编委办公室

主任 周喜

发展和改革委员会(质量技术监督管理局、粮食局)

党组书记 空缺

党组副书记、主任 吴明

党组成员、副主任 王春晖(女,正处级)

党组成员、副主任、纪检组长 卢晓成

党组成员、副主任 葛烨、杨英(女)、雷海军

援疆办主任 王春晖(女,正处级)

援疆办副主任 高东磊(2014年5月离任)

质量技术监督局副局长　王建江

安监局

局长　王占刚

副局长　徐明

工业局

局长　拜晓东

教育(体育)局

党组书记、副局长　李武斌

党组副书记、局长　徐斌

党组成员、副局长　刘为民(女)

科学技术局

局长　任寒生

副局长　王新生(正处级,2014年9月离任)

民政局

局长　张建新

副局长　刘海泉(回族)

副局长、社区指导办主任　黄明辉

财务(政)局

党组书记、副局长　邱建江

党组副书记、局长　刘敬海

党组成员、纪检组长、副局长　李广甫

党组成员、副局长　蒋海

劳动和社会保障局

党组书记、副局长　张鹤林

党组副书记、局长　王以贵

党组成员、纪检组长、副局长　吴一军

国土资源局

党组书记、局长　余建华

党组成员、纪检组长　李竹

党组成员、副局长　丁国勇、杨燕华(女)

党组成员、土地执法监察大队大队长　方剑民

建设(环保)局

党组书记　谢继玄(兼,2014年4月离任)

党组副书记、局长　闫国强(2014年4月离任)

党组书记、局长　王伟(2014年4月任职)

党组成员、副局长、调研员　邹锦超

党组成员、副局长、执法监察局局长　奚猛(正处级)

党组成员、副局长、调研员　陈德新

党组成员、副局长、房产局局长　张建新

党组成员、副局长、规划局局长　郇富君

党组成员、副局长　张冬梅(女,山西援疆干部,2014年3月任职)

交通局

局长　朱强

副局长　柳文祖、刘玉灵、李小忠

水利(务)局

党组书记、副局长　王水生

党组副书记、局长　钱杰

党组成员、副局长　刘兴国、李刚

农业局(畜牧局、林业局、农机局、农业产业化办公室)

党组书记、农业产业化办公室常务副主任　王守云(正处级)

党组成员、副局长　曲建法(正处级)

党组成员、副局长,农机局副局长　宋庆文

党组成员、纪检组长　刘彩虹(女)

党组成员、乡镇企业局副局长　段文福

党组成员、畜牧局副局长　陈江伟

党组成员、农业局副局长　赖军臣

商务局

局长　闫学东

副局长　赵珠莉(女)

卫生局

党组副书记、局长　武耀平(2014年2月离任)

党组书记、局长　宋光华(2014年4月任职)

党组成员、纪检组长、副局长　徐元杰

食品药品监督管理局

党组副书记、局长　高炳杰

党组成员、副局长　赵敬明(2014年9月离任)

人口与计划生育委员会

主任　空缺

副主任　周塞冰

审计局

党组书记、副局长　马新中

党组副书记、局长　李宏图

党组成员、纪检组长、副局长　秦万德(2014年5月离任)、杨再谋(2014年11月任职)

统计局

局长　翟桂生

副局长　卢萍(女)

国家统计局新疆兵团第六师调查队副队长:陈琦(女)

国资委

党委书记、副主任　沈云锋

党委副书记、主任　空缺

党委委员、纪委书记　肖安成(正处级)

副主任　白宏本

招商局

局长　白璟

副局长　赵志清、丁建宏

(崔家远)

师市领导调研活动

▲1月14日,张顺帮出席2014年五家渠地税工作会议。对五家渠地税局圆满完成2013年税收工作给予充分肯定,并就如何做好今后税收工作提出要求,一是要加强

管理，注重实效，不断深化财税体制改革；二是要严征细管、科学聚财，狠抓财政收入增长；三是要立足长远、主动作为，积极培植财源税源；四是强化效能建设，不断优化纳税服务；五是师市党委、政府将全力支持税务部门公正执法，全方位为地税部门开展工作、履行职能创造条件，提供支持，全面推动五家渠地税事业科学快速发展。师市党委常委、副市长李金平参加会议。

▲2月14日，师市党委常委、副师长姜振东到农业局所属相关事业单位调研。姜振东一行先后到农业技术推广站、动物卫生监督所、种子管理站、林业工作管理站、农机监理所、农机技术推广站、畜牧兽医工作站等相关单位实地走访，慰问，并在调研时指出：农业技术推广站肩负着为农业生产保驾护航的重要作用，在以后的工作中要更加务实，在师市农业生产中体现出农业技术部门的价值。要通过有技术含量，接地气的农业技术推广项目带动服务，将项目和农业生产有机结合，壮大现有人才队伍，充实到农业生产一线中去。质检站配备当前最先进的设备仪器，配置了年富力强、操作熟练的专业技术人才，在下一步工作中要尽快办理相关资质，充分利用师站平台，建立覆盖全师的农产品质量安全检测网络。从事动检工作的人员很辛苦，希望动检所的全体工作人员能够克服困难，强化责任心，确保师市广大市民能够食用上放心畜禽产品。畜牧兽医工作要同师市畜牧业发展紧密连接，抓住如何在技术层面起到技术支撑作用这个重点。农机技术推广工作开展要以事实说话，农业生产要首重农机安全。林业工作站在共青团农场有1 000亩苗圃基地，要充分利用资源优势，好好规划，规范管理，克服前期困难，为实现后期巨大收益奠定坚实基础。

▲2月17日下午，师市党委常委、副师长刘新跃前往一〇六团挂钩连队——四连调研。针对职工大都热衷于种好自己的身份田，而不愿意在种养殖等多元增收致富上闯市场，刘新跃强调，大田种植只能提供职工日常的吃喝等生活开支，要想发家致富还得靠家庭种养业。建议连队职工发展投资少，短、平、快的仔猪育肥和蛋鸡养殖，建好示范点，发挥示范引领作用。用好家庭宽带入户这一信息资源，拓展销售渠道。

▲2月19日，师市党委常委、副师长尹乃明一行4人赴挂钩单位红旗农场调研党的群众路线教育实践活动。尹乃明要求红旗农场各级党组织应把建立健全党的群众路线长效机制作为一项重要工作，积极继承好传统、发扬好作风，认真从当下的党建工作、党建活动中总结好经验、创新好做法，实现党的群众路线教育的常态化。

▲2月20日，师市党委常委、副师长马运侠一行6人到联系点六运湖农场调研，并走访一连、五连、六连4户职工群众家庭。之后，调研组与农业连队和场直单位职工代表进行座谈，参加人员纷纷提出阜六路扩建、农场引水渠防渗、居民小区物业不健全等10多条关乎农场发展方面的意见及建议。马运侠表示，调研组将对提出的问题做对口梳理，并监督各部门明确责任，抓好整改落实。同时强调，农场各级领导干部要增强积极性与主动性，认真参与到党的群众路线教育实践活动中来，抓好每个环节的落实。

▲2月21至22日，师市党委书记、政委马新平一行赴挂钩联系点北塔山牧场进行调研。对拓宽职工多元增收致富路子提出指导建议。并强调指出，师市党委近期将对牧场的情况做专题研究，在人才培养、教育、医疗卫生、牧场与各团场的对接等方面形成配套优惠政策。师总农艺师王显车，师市副秘书长、两办主任杨忠军，统战部部长杨玉贵，政研室主任秦克勤，北塔山牧场领导杨科生、巴合提拜、木合布利、陈斌等陪同调研。

▲2月21日，师市党委常委、副师长董庆利前往一〇二团梧桐镇就党的群众路线教育实践活动进行调研，以座谈会的形式面对面公开征求团镇各级领导干部、基层职工群众对活动的意见和建议。董庆利强调，一〇二团梧桐镇党委、政府领导班子要聚焦作风建设，紧密联系实际，坚决纠正“四风”方面存在的问题，着力查摆、整改、解决群众反映强烈的突出问题，以改进作风的新成效，赢得群众支持；要进一步转变职能、转变作风、改进服务，把主要精力集中在破解团镇社会经济发展方面的诸多难题上，更好地服务发展、服务民生、服务群众，共同建设大美梧桐和谐团镇

▲2月23至24日，师市党委书记、政委马新平一行前往红旗农场、奇台农场、土墩子农场、六运湖

农场调研。通过实地走访、召开座谈会等形式，广泛征求建议和意见。马新平强调，东线团场要结合党的群众路线教育实践活动，倍加珍惜发展机遇，站在更高、更好的目标要求上，在团场体制改革、调优作物结构、文化产业发展、维稳戍边能力上下功夫，谋划好农场发展；要依托农业，做好畜牧业发展这篇大文章，带动周边经济发展；要突出抓好三产服务业，多途径、多渠道实现职工多元增收致富，团场增效。要充分考虑民族团场的实际情况，把握好国家的相关政策，将职工群众最关心和最期待解决的突出问题尽快提到日程上，帮助少数民族职工更快更好地致富。

▲3月18至19日，师市党委常委、纪委书记严兆军一行深入土墩子农场、红旗农场、奇台农场，就贯彻落实2014年师市纪委全会精神、团场纪委班子开展群众路线教育实践活动、突出主业抓好查办案件等工作开展情况进行督查调研。督查组采取了听取单位情况汇报，查看单位近三年来信访工作台账，审阅信访案件、立案案件卷宗等方法。严兆军要求，师市各级纪委要突出主业，抓好查办案件工作；认真筛查案件线索；抓好中央“八项规定”的贯彻落实，认真查处违反“八项规定”的案件；认真抓好纪检监察系统党的群众路线教育活动。

▲3月24日，师总农艺师王显车到六运湖农场调研。他建议，从优势资源的充分利用，一产、二产、三产的经济运行以及解决职工群众反映强烈的突出问题等入手，找好产业，做好项目规划，并合理利用国家的惠农政策，结合开展的群众路线教育实践活动，让职工群众实现增收致富目标。

▲3月27日，师市党委常委、副政委兼组织部部长付爱琴率领督导组成员到驻乌鲁木齐市的百花村股份有限公司、准噶尔物资公司督查调研党的群众路线教育实践活动开展情况，提出下一阶段工作任务与要求。督导组一行采取听汇报、查阅档案原始资料、台账、读书笔记、现场检查活动点等形式，真实掌握单位活动开展情况。付爱琴要求各级领导干部要认真查摆个人在“四风”方面存在的问题，要立行立改、早改真改，让群众满意；要脚踏实地开展好走访调查活动，把群众的困难和诉求时刻挂在心上，切实为人民群众解难题，办实事；要扎实开展好联系点、联系户活动，确保活动取得实实在在的效果。

▲4月2日，师市党委常委、副师长姜振东带领师科技局一行前往六师农科所调研。姜振东在充分听取农科所工作汇报和近年来的成绩、不足后，对农科所以后的发展提出三条建议：一是要找准农科所的定位，明确农科所以后发展的思路、研究方向和内容；二是要保特点、抓重点、促亮点，将研究方向与当地经济发展紧密结合；三是结合科研开展技术服务，促进产学研结合，加强与区内外科研院所的合作，充分展示科研工作者的表演才能，真正体现科技是第一生产力，将成果和服务融入到农业生产的各个过程。

▲4月8日，师市党委常委、副师长刘新跃一行到六师医院调研中医楼项目，实地了解师医院中医楼部分功能区的使用情况。刘新跃要求六师医院要以中医楼的即将投入使用为契机，充分听取援疆专家的意见和建议，引进新的管理理念，加快完善配套设备，同时要结合实际，科学、适度做好规划。他指出中医楼的即将使用，解决师医院病房紧张的硬件问题，希望六师医院充分发挥援疆专家的作用，提高医护人员素质，提升服务质量，切实解决群众看病难题。

▲4月12日，师市党委副书记、师长张顺帮前往奇台农场、红旗农场调研。张顺帮强调，要进一步加大推进农业内部结构调整力度，继续制订出台更完善的扶持措施，通过团场引导、能人牵头、职工入股的方式，加快推动农业专业合作社发展，引导职工群众积极参与合作社发展，以发展设施农业、现代畜牧业等优势产业为重点，加快合作社发展步伐。要培育壮大一批示范专业合作社，使各类专业合作社真正成为团场农业结构调整、职工多元增收、富余劳动力转移的重要抓手和有效平台。在推动土地流转工作中，各团场要解放思想，按照“依法、自愿、有偿”原则，在坚持职工土地承包权不变的前提下流转土地，积极引导职工承包经营地。要制定鼓励职工土地流转的优惠措施，大力推广土地流转中的好经验、好做法，通过树立典型、示范引领的作用，激发职工土地流转的积极性.在实现农业现代化方面，要通过全面推广机械化、节水灌溉、实现精量播种技术等，推动农业向规模化、集约化、有机化、品牌化方向发展，同时要加快

林权改革，合理调配、利用好水资源，为农业发展打好基础。师总农艺师王显车参加调研。

▲4月17日，师市党委书记、政委马新平在青湖生态经济开发区部分重点项目现场调研，并召集8家企业进行座谈。他强调，加快发展现代服务业，是现代经济的重要特征，是产业结构调整的重中之重，是转型升级的战略举措。"十二五"时期，师市将与开发区及企业携手，共同打造乌昌区域乃至全疆一流的现代服务业产业聚集区。师市各部门及青湖生态经济开发区管委会要树立大局意识和发展现代服务业的信心，简化办事流程，提高办事效率，继续抓好协调服务，强化政策扶持，提升招商引资质量和效益，形成加快服务业发展的强大合力；引导更多社会资源参与服务业开发，尽快将青湖生态经济开发区打造成乌昌区域乃至全疆一流的现代服务业产业聚集区。师市党委常委、副市长李金平陪同调研。

▲5月19日，师市党委副书记、师长、市长张顺帮到青湖经济开发区(南区)，就开发区建设及现代服务业重点项目推进情况进行调研。张顺帮先后调研了新疆亚欧国际汽车城、金科家居世博汇、君豪新疆海宁皮革城等招商引资项目的建设情况，并听取青湖经济开发区及各企业的情况汇报。

张顺帮指出，师市要抓住国家打造丝绸之路经济带的机遇，加快现代服务业发展；要按照自治区、兵团的总体要求，依托区位优势和园区平台，着力发展科教文化、商贸物流、旅游会展等现代服务业项目。师市各部门要切实为落户青湖经济开发区(南区)的企业做好服务工作，优先推进公共基础设施建设，加快推进项目进度，积极帮助企业解决项目建设中存在的问题；要严格按照规划组织实施各重点建设项目，严格按照合同完成投资建设。一是严格按规划要求实施，不论是政府部门还是项目单位，都要坚持按园区总体规划组织实施。二是严格按照政府和企业签订合同投资建设内容认真履约，尤其是要同步推进项目企业公共建设和房地产开发，优先推进公共基础设施建设。三是明确责任，通力协作，各企业和政府各职能部门要相互支持、协调配合，切实为落户的招商企业做好服务。四是千方百计做好项目融资，积极创新融资模式，保证项目建设资金充足。五是高度重视，认真做好征迁职工安置工作。六是各项目单位要支持师市招商引资企业，特别是对昆仑钢铁和蒙鑫水泥在保证质量、价格优惠的条件下，引导企业优先使用其产品，实现互惠互利、共同发展。副师长曾超，师市党委常委、副市长李金平参加调研。

▲6月10日，师市党委常委、副政委、政法委书记吕清一行先后深入一〇三团、共青团农场、一〇五团机关、学校等重点要害部位检查调研维稳工作。吕清要求，各级党政要进一步提高认识，科学研判评估维稳形势，充实维稳一线力量，做细、做实各项维稳预案，确保维稳责任落实到人；要加大维稳宣传力度，教育引导一线维稳人员思想上不放松、行动上不懈怠、措施上再强化，发动广大干部职工积极参与，打一场严打暴恐活动的人民战争。要进一步强化情报信息工作，加大信息员业务能力建设，提高预情预警能力。要加大流动人员的清查登记工作，着力抓好重点流动人员的活动轨迹，做到底数清、情况明。要通力合作，统筹安排，全力以赴做好维稳工作。

▲6月19日，师市党委常委、副师长曾超到国土资源局、建设(环保)局、统计局调研，以《从团队建设解析开展党的群众路线教育实践活动重大意义》为题，为师市国土资源局、建设(环保)局、统计局党员干部上党课。曾超指出，要重视和发挥好领导班子、领导干部在群众路线教育实践活动中的表率作用，领导干部要树立问题意识、坚持问题导向，要到实践和群众中去寻找解决问题的办法，认真开好专题民主生活会，以整风精神开展批评和自我批评，认真撰写对照检查材料，扎实抓好整改工作。

▲7月18日，师市党委常委、副师长曾超一行到一〇五团就美丽中心连队建设情况进行检查指导调研。曾超指出，在开展美丽中心连队试点建设工作中，团场要按照"统一规划、集中建设、提升公共服务、推行社区化管理"的要求，坚持绿色、生态、低碳发展理念，在打造"宜居"环境上下足功夫，使美丽中心连队的建成为团场职工提供一个舒适安定的环境，让更多的居民享受到现代文明生活。

▲8月1日，六师总农艺师王显车带领师市工会和农业银行、农村信用社、国民村镇银行、中华保险等金融部门负责人，到芳草湖农场调研职工多元增收和农工专业

合作社建设发展情况。王显车强调，在2014年旱灾灾情较重的情况下，抓好职工多元增收尤为重要。农场要在带资入社，扩大规模、壮大实力、提质增效、实现双赢上下功夫，要按照积极发展、逐步规范、强化扶持、提升素质的要求，加大力度、加快农工合作社发展步伐，切实提高引领带动能力和市场竞争力。要以《农民专业合作组织法》为依据，不断探索和创新行之有效的合作模式；要以"团场引导，能人牵头，职工入股，民主管理，按股分红"的方式发展农工合作组织。

▲8月28日，师市党委常委、副政委、组织部部长付爱琴前往军户农场调研，并看望慰问师市"访惠聚"工作组成员和南疆少数民族挂职干部。付爱琴指出，"三民"工作组要通过"访惠聚"活动，了解基层连队的真实情况，分类分析，为兵团基层连队建设提供有价值的调研报告。"访惠聚"工作组要认真梳理半年的工作，进行全师的交流活动，为下一步更好地开展工作打好基础。付爱琴希望挂职干部要认真学习"双语"，提高素质增强本领。

▲9月17日，师市党委常委、副师长刘新跃带领师有关部门人员到芳草湖农场，对促进农场职工多元化增收工作进行调研。刘新跃强调，转变发展方式、调整产业结构，增强抵御风险的能力，保证职工多元增收是发展的方向。他要求芳草湖农场领导要高度重视，建立促进职工多元增收的长效机制，进一步探索农业内部结构调整的新模式、新途径，要把发展设施农业和现代畜牧业作为重要突破口，全力以赴抓典型、抓技术、抓培训、抓服务，典型示范带动、以点带面、稳步推进，逐步实现产业化、规模化经营，努力形成促进农场职工多元增收、快速增收、持续增收的新格局。

▲10月22至23日，师市党委书记、政委马新平率调研组深入新湖农场、五家渠青湖经济开发区一〇一团调研职工多元增收工作开展情况，并赴八师一四四团学习职工多元增收工作经验。师市纪委书记严兆军，副师长姜振东、梁俍，师总农艺师王显车参加调研。

马新平指出，多元增收是一项重大的民生工程，也是团场可持续发展的有效途径，更是争先进位的有力抓手。各团场要就多元增收、连队整合等工作做好规划和整体部署，做好示范引领工作；要有预期目标，以城镇化为基础，以产业为支撑，通过发展产业搞好多元增收工作，其中，重点结合当前农业发展形势，以棉花目标价格改革工作为契机，抓好农业产业结构调整，尤其是要抓好畜牧业发展规划和推动现代畜牧业健康有序发展。要将落实职工多元增收三年攻关计划作为近一个时期的重要工作，带领职工群众探索多元增收模式。

▲10月29日，师市党委常委、副师长董庆利带领师市安监局、工业局主要领导前往新疆拜城百花村煤业有限责任公司梅斯布拉克煤矿就安全生产工作进行监察调研。董庆利一行深入该矿矿井每个工作面进行安全现场监察指导，对矿井地面主皮带运输机房、副斜井安全设施、井口检身房、主扇房、地面瓦斯抽放系统和公司监控中心等工作场所进行安全监察巡访。对该公司提出12条要求。一是要始终牢固树立安全责任意识，解决职工安全认识问题。二是以加强煤矿安全基础管理为重点，以落实师市停产整顿为抓手，加大整改力度，强化安全生产责任，落实实行好师市安监局人员住矿管理工作，确保职工生命安全，矿区安全，经济效益安全等。三是加大隐患排查治理，坚决做到不安全不生产，要提高煤矿特别异常和煤岩性异常的判断能力等。四是加强日常安全管理工作。五是强化施工队统一管理制度。把安全培训、教育、文明生产，软硬件管理纳入公司的安全监管、服务工作中来。六是抓好入职人员安全培训，人员转岗教育管理工作。七是认真贯彻落实好"四最七不"安全理念。八是加强基础技术管理工作。九是加大1818水平回采煤层瓦斯抽放管理工作。十是进一步加强矿区稳定管理工作。解决好矿区、员工、外来人员安全稳定问题，要看好自己的门，管好自己的人，干好自己的事。十一是做好兵团、师市安全整改项目，为积极恢复生产奠定基础。十二是加快推进公司与重庆院采煤方法改造合作工作。

▲10月29日下午，师市党委常委、纪委书记严兆军带领组织部、编办、政研室等部门，到一〇三团检查调研团场改革工作落实进展情况。检查组对一〇三团在落实团场改革工作任务中遇到的问题作了深入讨论，认真分析，得出了明确解决方案，为一〇三团更好开展团场改革工作指明方向。

▲11月3日，师市党委书记、政委马新平前往东工业园区调研企业环保工作开展情况。马新平指出，环保工作关系群众切身利益，深受社会各界关注，经济社会的发展对环保工作的要求越来越高，政府和企业都应加大对环保的关注力度，高度重视环保工作。企业要有高度的社会责任，在环保工作中查找不足、尽快完善整改。各项环保措施要落实到位，严格废气、粉尘的达标排放，加强对废水的回收处理，确保废弃物密封密藏，保证各种环保设备、环保措施按照要求完整、系统、不间断运行；各监管单位要切实负起监督管理职能，实现环保管理实时监控，环保部门要定期、及时向社会发布环保信息，本着对社会负责的态度，完成好环保监督工作。副师长曾超参加调研。

▲11月3至6日，师市党委常委、副政委、政法委书记吕清深入芳草湖垦区、奇台垦区、五家渠垦区调研基层司法行政工作。吕清仔细察看新湖农场、共青团农场、一〇五团等6个团场司法所的办公场所，认真听取相关工作汇报，详细了解交通装备、人员编制、经费保障情况和干警生活情况。强调，当前工作：一是要迅速掀起学习贯彻落实党的十八届四中全会精神热潮，全力提高基层干警思想政治素质、业务工作能力和职业道德水准；二是要充分发挥法律顾问作用，认真提供法律服务，通过法律途径解决人民群众关心的热点、难点问题；三是要打牢基层工作基础，创新社会管理形式，努力把人民调解、特殊人群管理、维稳法制宣传等维护社会稳定的基础工作做细做实。

▲11月7日，师市党委常委、副师长尹乃明在五家渠质量技术监督局考察调研，对质监工作提出要求：一是要研究并实践质监工作在体制调整、兵地两级关系过渡时期的工作办法；二是针对新疆整体安全形势，质监工作应未雨绸缪，确保安全无事故。尹乃明要求，六师质监局与五家渠质监局在师市全盘工作中应统筹考量，工作中不分你我，共同承担工作，发挥各自优势资源，尤其在特种设备安全方面，要以五家渠质监局为牵头，全盘规划特种设备安全工作，通过延伸安全监管触角，建立安全预警机制，打通特种设备监督检验平台，实现特种设备动态监管，确保特种设备安全监管无死角。

▲11月12日，师市党委书记、政委马新平率调研组深入五家渠青湖经济开发区一〇一团南区商务区进行调研，并与区团及开发区部分企业进行座谈。马新平指出，五家渠青湖经济开发区商务区2015年将陆续进入大建设和集中投产运营中，产业需进一步优化升级，提升产业层次。目前，师市引进的轻纺城、小商品城和O2O项目落地商务区，将丰富开发区现代服务业业态形式，区团党委及各落地企业要积极给予支持。他要求，区团及各企业当前要认真谋划，做好2015年计划开工项目的前期准备工作，抢抓项目建设进度，尽早投入运营。要引进专业团队，认真研究部署景观绿化等基础配套项目。师市各相关职能部门要与区团相互配合，认真研究商务区发展现状及未来规划，共同完善园区机构、功能，以适应园区不断发展升级的需求。同时，结合商务区规划调整契机，抓紧做好商务区产业布局调整和规划调整完善，共同推动商务区升级发展；同时，区团及各企业要加紧推进项目进度，完善基础配套及景观规划建设，做好商务区承接重大商务活动的准备工作。

▲11月13日，师市党委常委、副师长董庆利率师市发改委、交通局等部门来到北塔山牧场就招商引资、工业、道路、桥梁等工作进行实地查看调研。在实地查看五家渠京能新能源、哈密风阳新能源、三峡新能源3家公司后，董庆利副师长指出，要对落地项目实行项目专人联系制度，对拟建、在建的重大项目进行跟踪联系，确保项目按计划投资建设。一是要突出工作重点，抓重大项目建设；突出服务水平，抓投资发展环境。围绕叫响富有自己特色的风电品牌，提供从申请到建设等高效优质的服务，努力为投资者创造良好的环境。二是牧场要经常到招商引资企业进行走访，解决企业生产经营过程中遇到的问题，全面营造“亲商助商”的发展氛围。三是交通部门要结合牧场实际尽快做好道路、规划工作，道路建设一定要本着长远、适用、便民的原则进行，要通过合理规划使道路成为适应牧场工业发展的快车道。

▲11月13日，师市党委常委、副师长梁俍一行到边境少数民族团场——北塔山牧场调研。调研中，梁俍了解了三峡新能源风电项目及北京金能源风电项目建设情况。在中蒙边境163号界碑处，梁俍一行

感受了界碑的神圣和庄严。梁倡在了解了五家渠国民村镇银行北塔山支行的发展历程后,对北塔山牧场党委对五家渠国民村镇银行北塔山支行的支持给予赞扬。

▲11月14日,师市党委常委、师长张顺帮率调研组前往共青团农场,围绕加快五家渠国家级现代农业示范区和五家渠国家级农业科技园区建设和发展进行调研。

张顺帮指出,当前首要任务是尽快完成园区管委会机构的组建和挂牌,确定管委会人员配置,明确园区任务目标,制定完善园区现阶段工作计划,确保园区有专人干事。师市各部门与共青团农场要通力合作,一是科学制定园区总体规划,尽快邀请国内顶级的机构来帮助调整规划。二是加大基础设施投入力度,制定优惠政策,吸引社会资本参与园区基础设施投入。组织开展与科研院所、大专院校之间的产学研联合体,促进科技成果转化。三是共青团农场要加快结构调整,加大招商引资力度,全力抓好农业科技园区的建设和发展工作。四是通过深化改革,创新体制机制。处理好园区与团场、与以后团场综合改革等之间的关系。五是制定完善政策,组织开展农业新技术、新品种的试验、示范推广工作,争取上级项目资金,开发农业、科技等项目,并有计划有重点地制定扶持政策;六是切实加强领导,明确工作目标,突出工作重点,完善保障措施,健全转变行政职能,提高园区服务能力和水平,把园区办出特色办出水平。

▲12月3至5日,师市党委常委、政委马新平,兵团党的群众路线教育实践活动第六督导组组长李文英先后前往师市各垦区,就党的群众路线教育实践活动建章立制和整改落实情况、基层党组织建设工作、民主决策及信息公开情况、重点改革实施情况等进行调研。

马新平指出,从严治党是开展所有工作的保障,要树立党委书记抓党建的理念,抓好各级班子建设、抓好党员队伍建设,严格做到从严治党、党要管党。要把做好党的群众路线教育实践活动的建章立制和整改落实、开展好"访惠聚"工作同从严治党结合起来,作为当前最重要的任务,作为检验党的群众路线教育实践活动工作成效的根本标准,坚持不懈地抓紧、抓好、抓实,各级党员干部要对此项任务有清晰的认识。在做好整改落实的基础上,要通过各项规章制度,将整改效果长效化;要认识到各项工作任务能否贯彻、落实、执行到位,需要有坚强有力的基层组织来保障,要结合后进支部整顿,抓好基层党组织建设,把各级党支部的建设抓好抓实。

师副政委付爱琴,师市纪委书记严兆军,市人大常委会主任刘毅,市政协主席甘应枝及兵团党的群众路线教育实践活动第六督导组成员、师市各相关部门领导参加调研。 (王树娟)

师市会议

【师市党委十届四次全委(扩大)会议暨五家渠建市十周年庆祝大会】 在五家渠市成立十周年之际,1月19至20日,师市党委十届四次全委(扩大)会议暨五家渠建市十周年庆祝大会在五家渠市召开。师市党委书记、政委马新平作工作报告,师市党委副书记、师长、市长张顺帮作总结讲话。师市党委常委付爱琴、吕清、董庆利、刘新跃、陈宏曲、曾超、严兆军、李金平、马运侠、姜振东、沈开疆,师总经济师黄立军、总农艺师王显车,市人大常委会主任刘毅、市政协主席甘应枝出席会议。

这次会议的主要任务是:回顾总结建市十年共同走过的改革发展历程,更好地学习贯彻党的十八大和十八届三中全会精神,深入贯彻落实中央经济工作会议、农村工作会议、城镇化工作会议精神以及自治区和兵团党委全委(扩大)会议的安排部署,报告师市党委常委会过去一年的工作,研究部署师市全面深化改革和2014年的工作,进一步振奋精神,坚定信心,扬帆鼓劲,迅速掀起新一轮改革发展的热潮。

会议指出:十年前的五家渠,还是一个典型的农垦小镇。十年改革,十年发展,师市综合实力明显增强,社会事业全面进步,群众生活显著改善,社会大局和谐稳定,城镇面貌焕然一新。十年间,师市经济总量从26亿元增长到187亿元,翻了近3番,年均增长16.4%;对兵团的贡献率从不足1.5个百分点,提高到3个百分点;人均生产总值从8 787元增长到55 000元,从兵团的第九位上升到第四位;累计完成固定资产投资887亿元,是建市前五十年投资总和的15倍；财政收入从无到有达到14亿元；三次产业结构由51:16:33调整到26:47:27，实现经济形态由农业经济向工商经济的转变。

会议要求，要强化责任，转变作风，健全制度，全面推进党的建设。一是切实加强党对全面深化改革和经济工作的领导；二是全面开展群众路线教育实践活动，进一步强化干部作风建设；三是进一步加强理论武装和意识形态领域工作；四是加强基层党组织建设，充分发挥战斗堡垒作用；止是加强干部队伍建设，充分调动干事创业的积极性；六是大力推进党风廉政建设和反腐败工作，进一步营造清正廉洁的良好氛围。

会议号召，师市各级各部门要认真回顾总结“十二五”前三年的工作，对照规划提出的目标任务，查找差距，制定措施，狠抓落实，为顺利完成“十二五”各项目标任务、谋划好“十三五”发展奠定坚实的基础。

会议就抓好此次会议精神的落实，抓好当前各项工作提出具体要求。

会议宣读了2013年度团场目标管理考核情况，团场工作先进单位。第二天上午参加大会的各单位主要领导参加了中央党的群众路线教育实践活动电视电话会议。

市人大、政府、政协领导，师市秘书长、副秘书长，部分离退休老同志和退休的市人大、政府、政协领导，部分市人大代表、政协委员，团场领导班子成员，街道办事处领导，社区书记、主任，政法系统各单位领导班子成员，师市机关、企事业单位的主要领导，驻市单位的主要领导，民营企业和招商引资企业代表等出席会议。（张　霞）

师市党政文件

【师市党发文件(部分)】

1月17日，《关于2013年度团场目标管理考核情况暨正职领导绩效奖励的通知》。

1月17日，《关于表彰奖励2013年度团场工作先进单位的决定》。

2月14日，《关于表彰2013年度师市政治工作先进单位、优胜单位的通报》。

3月31日，《关于成立师市党委全面深化改革领导小组的通知》。

4月4日，《六师五家渠市党委关于落实巡视反馈意见整改方案的报告》。

4月4日，《关于印发六师五家渠市党委常委及“总师”工作分工的通知》。

4月3日，《关于公布师市党内法规和规范性文件清理结果的通知》。

6月10日，《关于六师土墩子农场草场补偿费问题的报告》。

6月27日，《关于表彰师市先进基层党组织、优秀共产党员、优秀党务工作者的决定》。

7月20日，《关于六师五家渠市推进“一城三馆一园”重大文化项目建设的请示》。

9月1日，《关于师市2013年度团(处)级干部考核定等结果的通知》。

11月7日，《关于印发六师五家渠市党委财经领导小组议事决策规则的通知》。

11月19日，《关于印发中国共产党六师五家渠市委员会全体委员会和常务委员会议事决策规则的通知》。

【师市党办发文件(部分)】

1月21日，《关于建立领导干部党的群众路线教育实践活动联系点的通知》。

2月24日，《关于调整六师五家渠市党委党风廉政建设责任制领导小组的通知》。

3月7日，《关于印发〈六师五家渠市党政机关电报格式规范〉的通知》。

3月19日，《关于进一步加强领导干部外出报备工作的通知》。

3月24日，《关于印发〈师市党委十届四次全委(扩大)会议重点任务分解方案〉的通知》。

4月21日，《关于调整师市保密委员会成员的通知》。

9月15日，《关于成立六师五家渠市国家安全领导小组的通知》。

9月25日，《关于成立六师五家渠市党委外事领导小组的通知》。

11月21日，《六师五家渠市关于做好重大紧急信息报告的通知》。

12月25日，《关于印发〈六师五家渠市本级会议费管理暂行办法〉的通知》。

【师市发文件(部分)】

8月29日，《关于关闭呼图壁县三利工贸友好公司的决定》。

12月4日，《撤销增加实物资产资本金有关文件的决定》。

12月4日,《第六师关于申报创建国家现代农业示范区的报告》。

【师发文件(部分)】

1月8日,《关于五家渠蔡家湖国有资产投资经营有限公司企业债券发行情况的报告》。

2月24日,《关于五家渠经济开发区2014年第二批次农用地转用地的请示》。

5月9日,《关于为第六师国有资产经营有限责任公司在交通银行贷款提供担保的批复》。

5月16日,《关于六师五家渠市环境综合整治项目的请示》。

5月26日,《关于新疆中基实业有限公司加快调整促进产业发展的报告》。

6月16日,《关于协调呼图壁河流域水资源管理的请示》。

8月11日,《关于解决北塔山牧场水资源紧缺问题的请示》。

9月23日,《关于六师一〇六团殡仪服务站建设项目用地的请示》。

9月29日,《六师2014年上半年兵团级以上开发区(工业园区)国有未利用地审批情况报告》。

9月30日,《关于〈六师五家渠市棉花目标价格改革试点工作实施方案〉的报告》。

10月28日,《六师五家渠市关于国家土地督察西安局督察意见整改落实情况的报告》。

11月24日,《六师五家渠市关于承办兵团首届经贸洽谈会的请示》。

11月30日,《关于同意新疆五家渠市城市建设投资经营有限公司发行公司债券相关情况的报告》。

12月8日,《关于师市所属企事业享受自治区地产工业品临时出疆补贴的请示》。

12月12日,《关于六师五家渠市落实最严格水资源管理制度的情况报告》。

12月30日,《关于办理中煤能源新疆天山煤电有限公司一〇六团煤矿许可证的请示》。

【师市办发文件(部分)】

1月24日,《关于印发〈六师五家渠市专项资金管理暂行办法〉的通知》。

2月13日,《关于印发六师五家渠市2014年重点项目推进工作实施方案的通知》。

2月25日,《关于做好师市2014年团场社会保险费征缴工作的通知》。

3月7日,《关于表彰六师五家渠市首届中小学名师学科带头人、骨干教师的决定》。

3月10日,《关于印发六师五家渠市支持社会养老服务业发展的通知》。

3月11日,《关于进一步做好六师五家渠市农业保险合规经营工作的通知》。

3月12日,《关于表彰六师五家渠市人口和计划生育目标管理考核达标单位的通报》。

4月15日,《关于规范建设领域农民工工资管理办法的补充通知》。

4月17日,《关于下达2014年六师五家渠市科技计划和重大科技专项计划的通知》。

5月15日,《关于成立师市第一次全国地理国情普查工作领导小组的通知》。

5月22日,《关于印发〈六师五家渠市团场土地承包经营权证管理办法(试行)〉等4个文件的通知》。

5月22日,《转发兵团办公厅关于提高兵团失业人员领取失业保险金标准的通知》。

6月8日,《关于印发〈2014年六师五家渠市承接产业转移综合配套改革试点工作计划〉的通知》。

6月24日,《关于成立六师五家渠市"十三五"规划编制工作领导小组的通知》。

9月1日,《关于印发〈六师五家渠市促进团场职工多元增收奖励办法(试行)〉的通知》。

9月2日,《关于印发六师五家渠市经济责任审计工作联席会议的通知》。

9月24日,《关于印发〈六师五家渠市引进民营医疗机构,开展社区卫生服务管理办法(试行)〉的通知》。

10月28日,《转发兵团办公厅关于印发〈兵团各类评审活动管理和评审费发放暂行办法〉的通知》。

10月28日,《关于印发〈2014年六师五家渠市能繁母羊补贴政策实施方案〉的通知》。

11月10日,《关于印发六师五家渠市闲置土地处置办法的通知》。

11月21日,《关于五家渠水利水务资产经营发展有限公司实施五家渠灌区引水工程建设项目的通知》。

11月15日,《关于印发六师五家渠市部门联动遏制国土资源违法行为实施办法的通知》。

11月30日,《关于新疆五家渠

城市建设投资经营有限公司保障性住房项目回购资金来源情况的安排》。

11月30日,《关于新疆五家渠城市建设投资经营有限公司应收政府有关部门款项的情况和解决措施》。

12月3日,《关于印发六师五家渠市开展年度工业区土地集约利用评价工作的通知》。

12月25日,《关于印发〈六师五家渠市构建安全生产长效机制暂行规定〉的通知》。（王玉琴）

师“十件实事”

【“十件实事”建设】

2014年,六师五家渠市“十件实事”包括10大类44项建设内容,项目总投资17.08亿元。其中,申请中央专项资金6.47亿元、中央财政补助资金1.7亿元、兵团本级财务资金0.26亿元、单位及个人自筹资金8.65亿元。

1.城镇建设完善工程。城镇保障性安居工程。建设团场城镇保障性安居住房14 500户(新建公租住房6 500户、实施城镇棚户区改造7 800户、发放租赁补贴200户),完成投资9.41亿元。城镇保障性安居工程配套基础设施建设。建设团场保障性安居工程配套设施建设供暖及管网、给排水、道路等基础设施,完成投资3.53亿元。团场环卫设施建设。为新湖农场、六运湖农场、土墩子农场、军户农场4个团场购置居民区配套垃圾车及清污设备,完成投资220万元。团场卫生公厕建设。新建一〇一团、六运湖农场完整下水道式卫生公厕各1座,年底完成投资80万元。

2.公共服务提升工程。团场社区综合服务设施建设。新建奇台农场新奇社区综合服务设施,其中,申请中央资金180万元、单位自筹142万元,年底完成投资322万元。养老服务设施建设。新建奇台农场养老院和一〇三团社区老年人日间照料服务中心,其中,申请中央资金150万元、兵团本级财务资金270万元、单位自筹318万元,年底基本完工。团场殡仪服务站建设。新建一〇六团、土墩子农场殡仪服务站,总投资120万元,其中,申请兵团本级财务资金90万元、单位自筹30万元,年底基本完成。北疆团场小型清雪设备配置。为一〇二团购置小型清雪设备,总投资30万元,已采购完毕。镇区公共活动场地及配置全民健身设施。建设军户农场、奇台农场、土墩子农场、新湖农场、芳草湖农场5个团场镇区公共活动场地及配置健身器材,完成投资150万元。团场城镇公共服务补助。对14个农牧团场城镇公共运转经费进行补助,共补助1 900万元。

青格达湖。（秦开明）

3.教育发展保障工程。学前教育推进工程。新建一〇六团场幼儿园,总投资230万元。团场学校教师周转宿舍建设。新建北塔山牧场教师周转宿舍,总投资270万元。团场初中校舍改造工程。建设红旗农场一〇七社区学校宿舍、食堂、浴室等基础设施,完成投资75万元。薄弱学校改造工程。按照兵团义务教育均衡发展规划目标,对兵团2014年实现义务教育均衡化的军户农场、奇台农场、一〇五团、一一一社区、一〇一团场校舍进行建设和设施配备,完成投资2 200万元。中小学布局调整。实施芳草湖农场、一〇三团2个团场学校布局调整项目,共投资1 200万元。少数民族学前“双语”教师工资补助。实施土墩子农场、六运湖农场、军户农场、奇台农场、红旗农场、北塔山牧场等11个民族团场幼儿园学前“双语”教师工资补助,共补助114万元。完善团场义务教育经费保障机制。为团场家庭经济困难寄宿生提供生活补助(补助标准为小学1 000元/生/年、初中1 250元/生/年),为团场所有义务教育阶段学生提供免费教科书（小学120元/生/年、初中210元/生/年），按学生人数进行公用经费补助（补助标准为小学680元/生/年、初中880元/生/年），共补助5 029.8万元。免除城市义务教育阶段学生学杂费。免除城市义务教育阶段学生学杂费（小学144元/生/年、初中196元/生/年），同时为城市贫困中小学生免费提供国家课程教科书（补助标准为小学90元/生/年、初中180元/生/年），共补助147.74万元。家庭经济困难大中专学生助学金补助。对经济困难的高中生、中职学生和本专科学生进行资助（高中1 500元/生/年、中职1 500元/生/年、本专科3 000元/生/年），共补助643.2万元。中职学校免学费补助。对家庭经济困难的中职学生免学费补助，共补助393.05万元。

4. 就业培训促进工程。基层就业和社会保障服务设施建设。新建一〇二团基层就业和社会保障服务设施，总投资100万元。促进就业困难人员就业。解决1 400名就业困难人员就业，巩固“零就业”家庭动态清零成果，完成投资720万元。职工职业技能和素质培训。开展各类职工职业技能和素质培训1.2万人次，总投资720万元。

5. 社会保障服务工程。困难群体医疗救助。对社区“三无”人员、重度残疾人、儿童和老人等弱势群体进行门诊、住院和资助参保救助，2014年救助1万人次，总投资968万元。师市居民最低生活保障。实施城乡低保对象动态管理下的应保尽保、分类施保，月均保障5 460次，总投资2 918万元。重点优抚对象生活补助。对师市331名重点优抚对象实施抚恤和生活补助，共补助350万元。

6. 文化阵地繁荣工程。团场综合文化活动中心建设。新建北塔山牧场综合文化活动中心，计划投资800万元，实际完成投资1 020万元。“农家书屋”书刊购置。为全师237个“农家书屋”购买图书刊物，总投资37.92万元。

7. 富民创业增收工程。农机购置补贴。按农机购置补贴有关政策，对团场（除北塔山牧场）购置农机进行农机补贴，合计补助资金4 200万元，全部申请中央资金。草原生态补贴。按草原生态补贴有关政策，对禁牧7.67万公顷、草畜平衡22.13万公顷、生产资料补贴2 845户进行草原生态补贴，总补贴1 330.25万元。农作物和畜牧良种补贴。对8.2万公顷农作物良种和1.2万头奶牛、1 000只种羊畜牧良种进行补贴，合计补贴1 885.5万元。职工自主创业增收计划。建设职工自主创业示范项目180个，带动职工180户，项目内职工每户年均增收入万元以上；总投资44.1万元，全部申请兵团本级财务资金。青年自主创业增收计划。帮助团场青年创业致富，扶持200名青年创业，总投资30万元。

8. 生活质量提高工程。“暖房子”工程。对14个团场、1个矿区2007年以来竣工但未执行50%节能标准的既有居住建筑小区进行节能改造，改造面积10万平方米，完成投资1 200万元。“柴煤改气”工程。对1 000户城镇和连队使用燃气特别困难的职工给予燃气补助（400元／户），合计投资40万元。农村安居工程。建设农村安居住房4 600户，总投资7 360万元。其中，申请中央资金6 440万元、单位及个人自筹920万元。

9. 卫生健康关爱工程。团场医疗卫生服务体系建设。建设军户农场、北塔山牧场的医疗卫生基础设施及配套设施，完成投资715万元。团场医院周转宿舍建设。建设芳草湖农场、土墩子农场、一〇一团等团场周转宿舍，完成投资157万元。老年人免费健康体检。为师市1.5万名65岁以上老年人进行免费体检，合计投入313.5万元。孕前优生健康检查。为师市1 200对夫妇实施免费孕前优生健康检查，完成投资96万元。计划生育节育奖励。对符合条件自愿参加“少生快富”工程项目者，对生育一胎、二胎绝育奖励（4 000元/例）；对生育一胎、二胎落实长效节育手术（上环、皮埋）者奖励（1 000元/例），共投资47.8万元。80岁以上老年人生活关爱。为师市6 328名80岁以上老年人发放基本生活津贴，共发放258万元。

10. 扶贫帮困发展工程。兴边富民行动。实施奇台农场、红旗农场畜牧养殖、农业基础设施、改水工程建设等项目，完成投资2 700万元。加快少数民族聚居团场经济社会发展。通过加大基础设施建设、发展优势产业和特色经济、扶贫、推进社会建设等措施，加快北塔山牧场少数民族聚居团场经济社会发展，促进群众就业和多元增收，完成投资315万元。（胡学文）

责任编辑　皇甫志辉
题图摄影　李晓震

纪检·监察

【师市纪委监察局领导和机构负责人】

书记　严兆军

副书记、监察局局长　吴广明

副书记　衡淑侠(女,2014年11月离任)

【概况】 2014年,师市各级纪检监察机关为确保师市党委重大决策部署在贯彻落实中效力不递减、执行不走样,变参与执法为监督执法,向负责教育收费、药品价格及医疗服务、环境保护、国土使用权出让、食品药品安全、强农惠农资金等行业主管部门发出行政监察建议函,开展专项检查98次,实现由"参与监督"向"监督问责"的转变,从过程监督向事后监督的转变。进一步完善落实干部谈话制度。对21名领导干部进行诫勉谈话,对34名新任职干部进行任前廉政谈话。对发现的苗头性、倾向性问题,尚未构成违纪的党员干部,坚持抓早抓小、防微杜渐,及时进行谈话提醒、诫勉教育,共发书面函询通知23人次。　(王　晖)

【加强自身建设】 对自2011年换届以来,委局牵头或参与的议事协调机构进行全面清理,共清理各类领导小组67项,保留16项,把不该管的工作交给主责部门,集中精力履行好执纪监督问责职责。坚持内设机构不增加、领导职数不增加原则,挖掘内部潜力,调整机关内设机构,撤销党风(教育)室,设立党风政风监督室;撤销执法监察室,设立第二案件检查室,将主要精力和主要人力放在执纪监督上。通过竞职演讲、民主测评、组织考察等程序,在系统内部公开竞争上岗3名副处级室主任,并对6个内设室的职责进一步明确。调整后,新增2个编制,编制总数由17个增至19个,从事执纪监督的机构数量和人员分别占编制总数的83.3%和63.2%。职责定位更加明确,履职尽责能力不断提升。举办全师纪检监察干部业务培训班,培训各级纪检监察干部120余人次;先后选派16名纪检监察干部参加中纪委和兵团纪委举办的各类培训班;采取以案代培方式,共抽调28人次配合兵师纪委办案,提高业务技能;师市纪委机关积极开展"每周一课"学教活动,不断提升自身执纪水平。

【师市纪委会议】 3月3日,召开六师五家渠市第十届纪律检查委员会第四次全体会议。按照兵团纪委六届七次全会和师市党委十届四次全委(扩大)会议工作部署,会议强调,师市各级纪检监察机关要认真学习贯彻落实兵团纪委六届七次全委会议精神，突出主业主责，以纠正“四风”为抓手，以查办腐败案件为重点，紧紧围绕师市党委十届四次全委（扩大）会议安排部署的工作任务，转职能、转方式、转作风，不断推进师市党风廉政建设和反腐败工作。师市党委书记、政委马新平作重要讲话，师市党委常委、纪委书记严兆军作工作汇报。（王　晖）

【师市纪委监察局文件（部分）】

《关于转发兵团纪委办公厅〈关于对6起违反中央规定和兵团党委二十六条规定精神典型问题通报〉的通知》。

《关于节日期间做好廉洁自律工作的通知》。

《关于印发〈师市纪委监察局开展党的群众路线教育实践活动工作机构方案〉的通知》。

《关于做好2014年师市党风廉政调研工作的通知》。

《关于做好“纪检监察干部”的一天图片征集活动的通知》。

《关于开展山西省援疆项目建设专项检查的通知》。

《关于中秋、国庆、古尔邦节期间做好廉洁自律工作，持之以恒纠正“四风”问题的通知》。

《关于转发〈关于对领导干部大操大办婚丧喜庆事宜加强监督管理的规定〉的通知》。

《第六师五家渠市纪检监察机关案件检查工作考核办法（暂行）第六师五家渠市纪委监察局关于实行查办案件工作问责的暂行办法》。

《关于认真清理土地面积，上交利费农业水费的通知》。

《关于重申严禁党员干部大操大办婚丧喜庆事宜有关规定的通知》。

《关于报送2013年至2014年度优秀办案集体和优秀办案人员的通知》。

《关于举办师市纪检干部培训班的通知》。

《关于对师市纪检监察组织建设情况进行统计的通知》。

（赵　辉）

【党风廉政建设责任制和领导干部廉洁自律】 师市党委和各级党组织认真落实“两个责任”，始终把党风廉政建设和反腐败工作放在重要的议事日程，及时下发《关于调整六师五家渠市党委党风廉政建设责任制领导小组的通知》，制定《六师党委领导班子成员党风廉政建设责任分解》和《师市机关各部门党风廉政建设责任分解》，层层签订责任书1 800余份，把反腐倡廉6个方面19项工作任务分解落实到师市副厅以上领导、84个牵头单位和42个协办单位，全年对反腐倡廉重大问题批示15件，工作部署36次，批转督办案件21件。师市党委注重反腐倡廉顶层设计。制订出台惩治预防腐败体系五年规划实施办法和落实党风廉政建设主体责任和监督责任具体意见，研究出台廉政风险防控实施办法，建立领导干部个人有关事项抽查核实等制度，制定实施招商引资项目建设、环境保护和污染治理、重大工程、重大项目建设的监督管理和责任追究等规定，用制度“管事”，有效防治权力失控、决策失误、行为失范。（赵　辉）

【落实八项规定，纠正“四风”问题】 紧紧抓住元旦、春节、五一等重要节点，集中力量对贯彻落实中央八项规定和兵团党委十条规定、师市党委八条规定执行情况进行监督检查，通过群众举报、明察暗访和现场督查等措施，对发现的问题及时纠正。师团两级共开展明察暗访70余次，查处违反中央八项规定精神的问题11起，涉及16人，其中处级干部7人，科级干部7人，一般干部2人，有力维护纪律的严肃性和权威性，营造风清气正的社会环境。同时，制定下发《关于重申严禁党员干部大操大办婚丧喜庆事宜有关规定的通知》和《关于节日期间做好廉洁自律工作的通知》，进一步强化作风建设。（王　晖）

【党风廉政宣传教育】 认真组织学习中央、自治区和兵团党委关于党风廉政建设方面的重要文件，注重廉政教育阵地建设，6月27日，师市博物馆作为“兵团廉政文化教育基地”正式挂牌，全年接待参观团体540多个，参观人数十万余人次。全面开展以“十个一”为主题的教育活动，组织播放各类警示教育片90余场，3 000余人观看，订购发放各类学习资料1 000余份。师市各级纪检监察机关以开展党的群众路线教育实践活动为契机，加强各级党员干部廉政从政教育，深入查找“四风”方面存在的问题，狠抓干部队伍建设。师市纪委监察局利用节假日组织师市案件查办工作人员深入基层，指导基层办案，以实际行动转变作风。（赵　辉）

【纪检信访举报、查办案件、案件审理】 以信访工作为基点，加强信访举报督办力度。克服因空编人员不足等困难，将主要力量向办案一线倾斜，大力推行办案协作区工作机制，把委局机关、基层团场纪委、公检法司三方面的办案力量整合起来，增强办案力量。将量化考核引入办案工作，制定下发《师市纪检监察机关案件检查工作考核办法》和《师市关于实行查办案件工作领导干部问责的暂行办法》，定目标、强责任、明奖惩，有力推进了基层查办案件工作。认真贯彻“查办案件以上级纪委领导为主，线索处置和案件查办在向同级党委报告的同时必须向上级纪委报告”要求，开展“案件线索大排查”活动，定期召开分析会，变被动坐等、主要依靠信访举报为主动出击，全方位、多渠道地挖掘案件线索，大力拓展案源，探索“快查、快结、快移”办案方式，提高揭露腐败问题几率和违纪案件查处率。全年师市各级纪检监察机关共接受信访举报166件次，初步核实97件，转立案58件，结案52件，查处违纪党员领导干部72人，其中处级16人，乡科级25人，一般干部31人；收缴违纪款852.72万元，追究刑事责任24人。中央驻兵团巡视组转来信访举报26件，按时完成上报调查结果。查处了正处级领导干部刘某某受贿案、奇台农场一一〇社区连队干部套取国家粮食补贴窝案，配合兵团查处了大黄山豫新煤业“7·5”瓦斯爆炸重大责任事故案等一些大案要案。

（赵　辉）

组织人事

【党组织及党员队伍概况】 截至2014年年底，六师五家渠市有基层党委75个、党工委5个、党组23个、总支94个、支部939个。共有党员25 482名（五家渠市党员9 971名）。其中，妇女党员6 285名（五家渠市女党员2 742名），占党员总数的24.66%，比上年增长3.24%；少数民族党员1 038名（五家渠市少数民族党员205名），占党员总数的4.07%，比上年增长1.96%。

【党员队伍建设】 年龄结构。25岁以下党员341名，占党员总数的1.34%，比上年增长9.65%；26~30岁党员1 067名，占党员总数的4.19%，比上年增长2.79%；31~35岁党员1 153名，占党员总数的4.52%，比上年增长2.58%；36~40岁党员1 915名，占党员总数的7.52%，比上年减少7.84%；41~45岁党员3 179名，占党员总数的12.48%，比上年减少8.17%；46~50岁党员4 245名，占党员总数的16.66%，比上年减少1.53%；51~54岁党员2 579名，占党员总数的10.12%，比上年增长24.77%；55~59岁党员2 287名，占党员总数的8.97%，比上年减少2.26%；60岁及以上的党员8 716名，占党员总数的34.2%，比上年增长3%。其中离退休党员9 257名，占党员总数的30.33%，比上年增长2.12%。

学历结构。研究生以上学历181名，占党员总数的0.71%，比上年增长6.47%；大学学历4 018名，占党员总数的15.77%，比上年增长5.54%；大专学历5 341名，占党员总数的20.96%，比上年增长2.06%；中专学历2 493名，占党员总数的9.78%，比上年减少0.2%；高中2 873名，占党员总数的11.27%，比上年增长2.39%；初中以下10 576名，占党员总数的41.5%，比上年减少0.96%。

在岗职工党员情况。2014年度，全师在岗职工党员共有13 792名，占全师党员总数的54.12%，比上年增长0.2%。其中，女职工党员3 685名，占在岗职工党员总数的26.72%，比上年增长1.91%；少数民族党员735名，占在岗职工党员总数的5.33%，比上年增长0.82%；25岁以下职工党员247名，占在岗职工党员总数的1.79%，比上年减少7.49%；26~30岁党员925名，占6.71%，比上年减少0.11%；31~35岁党员1 083名，占在岗职工党员总数的7.85%，比上年增长3.54%；36~40岁党员1 697名，占在岗职工党员总数的12.3%，比上年减少7.82%；41~45岁党员2 769名，占在岗职工党员总数的20.08%，比上年减少7.82%；46~50岁党员3 560名，占在岗职工党员总数的25.81%，比上年减少1.87%；51~54岁党员2 080名，占在岗职工党员总数的15.08%，比上年增长25.38%；55~59岁党员1 306名，占在岗职工党员总数的9.47%，比上年增长0.15%；60岁及以上的党员125名，占在岗职工党员总数的0.91%，比上年增长38.89%。在岗职工党员学历情况是：研究生以上学历176名，占在岗职工党员总数的1.28%，比上年增长6.02%；大学学历3 616名，占在岗职工党员总数的26.22%，比上年增长4.72%；大专学历4 122名，占在岗职工党员总数的29.89%，比上年增长0.19%；中专学历1 134名，占在岗职工党员总数的8.22%，比上年减少2.41%；高中1 615名，占在岗职工党员总数的11.71%，比上年减少1.94%；初中及以下3 129名，占在岗职工党员总数的22.69%，比上年减少2.92%。（注：由于全国统计口径有所改变，导致在岗职工党员中50~60岁之间的人数较上年浮动偏大，内退、离职离岗人员按在职统计。下同）。

党员分布。分布在师市直属单位共有党员7 677名，占全师党员总数的30.13%；分布在团场17 805名，占69.87%。

【发展党员情况】 2014年，全师共发展党员291名，比上年减少7.91%。其中发展女党员123名，占发展党员总数的42.27%；发展少数民族党员16名，占5.5%；25岁以下28名，占9.62%；26~35岁的110名，占37.8%；36~40岁63名，占21.65%；41~45岁60名，与上年相同；46~50岁26名，占8.93%；51岁及以上的4名，占1.37%；高中及以上245名，占84.54%。

【农牧团场党组织及党员情况】 截至2014年年底，团场有党委32个、总支56个、支部557个。共有党员17 805名，其中，女党员3 918名，占团场党员总数的22.01%；少数民族党员859名，占团场党员总数的4.82%。

年龄结构。25岁以下党员211名，占团场党员总数的1.19%；26~30岁党员553名，占团场党员总数的3.11%；31~35岁党员585名，占3.29%；36~40岁1 412名，占7.93%；41~45岁2 249名，占12.63%；46~50岁党员3 061名，占17.19%；51~54岁党员1 872名，占10.51%；55~59岁党员1 644名，占9.23%；60岁及以上6 218名，占34.92%。

学历结构。研究生学历39名，占团场党员总数的0.22%；大学本科学历1 878名，占10.55%；大专学历3 697名，占20.76%；中专学历1 770名，占9.94%；高中1 952名，占10.96%；初中以下8 469名，占47.57%。

党员分布。分布在团场机关1 365名，占团场党员总数的7.67%；分布在农牧连队7 429名，占71.72%；分布在团场工交建商单位1 266名，占7.11%；分布在团场中小学、医院等事业单位2 722名，占15.29%。

在岗职工党员情况。2014年度，团场在岗职工党员共有9 751名，占团场党员总数的54.77%。其中，女党员2 277名，占团场在岗职工党员的23.35%；少数民族党员609名，占6.25%；25岁以下党员145名，占1.49%；26~30岁439名，占4.5%；31~35岁528名，占5.41%；36~40岁1 234名，占12.66%；41~45岁2 004名，占20.55%；46~50岁2 725名，占27.95%；51~54岁1 551名，占15.91%；55~59岁1 025名，占10.51%；60岁及以上100名，占1.03%；研究生学历37名，占0.38%；大学本科学历1 684名，占17.27%；大专学历2 978名，占30.54%；中专学历933名，占9.57%；高中1 266名，占12.98%；初中以下2 853名，占29.26%。

发展党员情况。2014年度，团场共发展党员193名，占全师发展党员总数的66.32%。其中，发展女党员81名，占团场发展党员总数的41.97%；少数民族党员11名，占5.7%；在岗职工177名，占91.71%；25岁及以下党员21名，占10.88%；26~35岁党员59名，占30.57%；36~50岁党员109名，占56.48%；51岁及以上党员4名，占2.07%；大学本科及以上学历42名，占21.76%；大学专科72名，占37.31%；中专15名，占7.77%；高中24名，占12.44%；初中及以下40名，占20.73%。

【干部队伍建设】 截至2014年年底，全师共有干部13 139名，比上年增长2.46%。其中，女干部6 060名，占干部总数的46.12%，比上年增长1.47%；少数民族干部844名，占6.42%，比上年增长4.58%；机关干部1 320名，占10.05%，比上年增长14.19%；事业单位干部6 780名，占51.6%，比上年增长2.19%；企业单位干部5 039名，占38.35%，比上年增长0.14%。

干部队伍学历结构。研究生学历191名，占干部总数的1.45%，比上年增长3.83%；大学本科学历5 501名，占41.87%，比上年增长3.62%；大学专科学历5 352名，占40.73%，比上年增长1.36%；中专学历1 281名，占9.75%，比上年增长0.31%；高中及以下814名，占

6.2%，比上年增长5.3%。

干部队伍的年龄结构。35岁及以下3 947名，占干部总数的30.04%，比上年增长1.65%；36~40岁1 630名，占12.41%，比上年减少8.01%；41~45岁2 302名，占17.52%，比上年减少6.99%；46~50岁2 549名，占19.40%，比上年减少0.89%；51~54岁1 724名，占13.12%，比上年增长23.76%；55岁及以上的987名，占7.51%，比上年增长35.58%；全师干部平均年龄41.54岁。 （胡东洋）

【“访惠聚”活动】 2014年，赴南疆的15名工作人员和在师市内参加“访惠聚”活动的142个工作组、452名工作人员认真贯彻党的群众路线，积极响应兵师党委的号召，舍小家顾大家，主动融入基层、主动与职工群众打成一片、主动发现问题和扶贫帮困，增进了民族团结信任、传播了先进文化知识，大力保障和改善基础民生、汇聚了民心民力民智，及时处置一批不稳定因素、维护社会的治安稳定。据统计，师市各级工作组共走访职工群众6.8万人次，重点人员3 166人次，结对帮扶1 948户，宣传教育群众8 383场次，参与值班备勤5 956人次。

参加“访惠聚”工作组的各级干部经过一年的实践锻炼，接了地气、去了官气、多了土气、足了底气，表现出良好的精神风貌、政治责任意识和敢于担当精神，赢得了社会各界的广泛赞誉和肯定、信任和拥护，在南疆乡村、兄弟师市的广大基层党员干部、职工群众中树立六师五家渠市干部队伍的良好形象。

一年的“访惠聚”活动和扎实有效的工作，为师市“访惠聚”活动的深入推进、扩大成果提供重要启示，那就是必须坚定信心决心，强化政治责任担当；必须坚持领导带头，切实发挥表率作用；必须带着深厚感情，真诚用心工作；必须激发内在动力，发挥主体作用；必须统一意志，形成整体合力。

【教育实践活动】 按照中央和兵团党委的部署，师市党的群众路线教育实践活动于2014年2月11日正式启动，自上而下分两个批次开展，参加第一批活动有84个单位、651个党组织、17 000多名党员，活动对象为师市党委、团处级单位党委（党组）、机关部门和领导干部；第二批压茬启动的有485个基层党组织、8 000多名党员，活动对象为连队、社区和团场直属企事业单位的基层党组织和党员。在兵团第六督导组的有力指导下，师市党委高度重视，始终把教育实践活动作为“一把手工程”来抓，坚持开门搞活动，坚持问题导向，坚持立行立改，常委班子带头先行，各单位各部门精心组织、认真实施，领导干部认真负责、广大党员积极参与、职工群众热情支持，确保活动不虚、不空、不偏、不走过场，取得“六个方面“的成效：一是进一步强化了政治意识和大局观念，增强严守政治纪律、履行兵团职责使命的自觉性和坚定性。二是进一步树牢了党员干部的宗旨意识，党群、干群关系明显改善。三是进一步聚焦反对“四风”抓整改，专项整治和服务民生更加主动。四是进一步严格了党内政治生活，形成严肃认真的良好氛围。五是进一步树立正确政绩观，形成求真务实的优良作风。六是进一步增强廉洁从政自觉性，提高清正廉洁奉公的能力。据统计，各级党组织共建立联系点554个，联系户910户，召开座谈会654场次，走访职工家庭4 283户。2 019名党员干部下社区、进企业、走连队、入农户，化解矛盾纠纷853起，解决实际问题、困难712件，提供帮扶资金1.8亿元，安排民生建设资金8.5亿元。

通过近一年教育实践活动的扎实开展，给师市各级党组织坚持党要管党、从严治党，着力加强干部作风建设提供“六点”经验启示。一是必须把增强党员干部思想自觉和行动自觉贯彻始终。二是必须把落实领导责任、体现领导带头贯彻始终。三是必须把强化问题导向，立说立行、早改真改贯彻始终。四是必须把坚持开门搞活动，让职工群众参与监督贯彻始终。五是必须把坚持严字当头、严格要求贯彻始终。六是必须把坚持围绕中心、服务大局，以良好作风推动事业发展贯彻始终。 （王万满）

【公务员队伍情况】 截至2014年年底，全师国家公务员及参公人员共有1 604名（参公人员284名）。其中，女公务员453名，占公务员总数的28.24%，比上年增长12.41%；少数民族公务员61名，占3.8%，比上年增长8.93%。

学历结构。研究生学历71名，占公务员总数的4.43%，比上年增长24.56%；大学本科学历1 060名，占66.08%，比上年增长9.5%；

大学专科学历420名，占26.18%，比上年增长11.7%；中专学历21名，占1.31%，比上年增长40%；高中及以下32名，占2%，比上年减少9.4%。

年龄结构。35岁以下的595名，占公务员总数的37.09%，比上年增长1.19%；36~40岁的190名，占11.85%，比上年增长2.7%；41~45岁的258名，占16.08%，比上年增长15.18%；46~50岁的216名，占13.47%，比上年减少1.37%；51~54岁209名，占13.03%，比上年增长48.23%；55岁及以上的136名，占8.48%，比上年增长44.68%；平均年龄41.22岁。

职务结构。厅局级及以上（含非领导职务）18名，占公务员总数的1.12%，比上年减少10%；处级干部（含非领导职务）303名，占18.89%，比上年增长14.77%；科级干部及以下1 283名，占79.99%，比上年增长9.94%。（李莺歌）

【专业技术人员】 截至2014年年底，全师管理及专业技术人员共有11 535名（包含参公单位的技术人员），占全师干部总数的87.79%，比上年增长1.43%。其中：女性5 607名，占管理及专业技术人员总数的48.61%，比上年增长0.68%；少数民族783名，占6.79%，比上年增长4.26%；大专及以上学历9 493名，占82.3%，比上年增长1.29%；35岁以下的3 352名，占29.06%，比上年增长1.73%；36~45岁3 484名，占30.2%，较上年减少9.22%；46~54岁3 848名，占33.36%，比上年增长6.74%；55岁以上851名，占7.38%，比上年增长34.23%；平均年龄41.67岁。专业技术干部11 113名。其中：高级职务823名，占专业技术干部总数的7.41%；中级职务3 025名，占专业技术干部总数的27.22%；初级职务4 392名，占专业技术干部总数的39.52%。

【团场干部及专业技术干部概况】 团场干部。共计8 434名，占全师干部总数的64.19%。其中：女干部3 937名，占团场干部总数的46.68%；少数民族干部641名，占7.6%；研究生38名，占0.45%；大学本科学历2 740名，占32.49%；大学专科学历3 962名，占46.98%；中专学历1 065名，占12.63%；高中及以下的629名，占7.46%。

团场专业技术干部。有8 275名，占全师专业技术干部总数的73.18%。其中：女性3 854名，占团场专业技术人员总数的47.39%；少数民族621名，占7.64%；研究生29名，占0.36%；大学本科学历2 609名，占32.08%；大学专科学历3 844名，占47.27%；中专学历1 033名，占12.7%；高中及以下617名，占7.59%。高级职务471名，占5.7%；中级职务2 157名，占26.07%；初级职务3 303名，占39.92%。

团场农牧连队干部。有1 578名，占团场干部总数的18.71%。其中，女干部383名，占农牧连队干部总数的24.27%；少数民族干部150名，占9.51%；中共党员1 323名，占83.84%；大学本科249名，占15.78%；大学专科910名，占57.67%；中专学历198名，占12.55%；高中107名，占6.78%；初中及以下114名，占7.22%；35岁及以下322名，占20.41%；36~45岁569名，占36.06%；46~54岁552名，占34.98%；55岁及以上135名，占8.56%。（胡东洋）

【领导班子和干部队伍建设】

2014年，师市党委先后研究任免干部6批次57人，其中提拔22人，平级调整33人，免职2人。按照干部人事制度改革实施意见规定批准离岗18人（其中提高待遇离岗4人），批准退休20人。主要做了五项工作：认真学习贯彻执行中组部新修订的《党政领导干部选拔任用工作条例》，营造良好的选人用人环境。一是把学习贯彻条例纳入党委中心组学习重要内容，并将干部条例原文印发给每位常委进行自主学习；二是组织师市党委主要领导、班子成员以及组织人事部门负责人、团场党政正职、分管领导120人，集体参加兵团党校举办的干部条例专题学习班进行系统学习；三是选派师市党委组织人事系统和各单位组织人事业务骨干，分期分批在兵团干部学院进行专题业务学习；四是师市上下广泛宣传，各级党委（党组）、广大干部群众掀起学习贯彻新条例的热潮。规范程序，严格把关，干部选拔任用工作弘扬正气。坚持把民主推荐、民主测评和民主评议作为干部选拔任用必须履行的程序，做到全面推行考察预告、考察结果集体通报、全委会票决、征求意见等制度。常委会讨论干部任免做到“五个不研究”，即未经民主推荐和民主测评的不研究、民主推荐偏低的不研究、未履行组织考察工作的不研究、未按规定征求意见的不研究、程序不符合规定的不研究。全年共差额考察干部20人，征求师市纪委、检察院以及上级主管部门意见建议59人次，常委会差额票决干部20人，任前公示26人。拿出师市纪委3个内设处室领导岗位在本系统进行竞争上岗，从符合条件的17名候选人中，差额确定6名考察对象，常委会票决任命3名领导干部。另外，还先后审查批准师市公安局、师市医院科级干部竞争上岗和一〇一团、一〇三团、新湖农场试点改革后事业单位领导干部竞争上岗工作方案，共有72名科级干部通过竞争上岗方式走上领导岗位。结合师市党的群众路线教育实践活动，深入开展"访民情、惠民生、聚民心"活动，挑选85名团处级和营科级后备干部组成22个"访惠聚"工作组，15名文教卫生干部支医支教，另选派15名干部参加南疆工作组，师市各团场采用挂钩蹲点、联系户等方式选派120个工作组赴师市各连队、实现师、团、连"访惠聚"工作全覆盖。2014年，共选派3批、6名副处级后备干部到师市信访局进行挂职锻炼，选派6名新录用公务员赴基层挂职锻炼，选派6名领导干部赴山西省挂职锻炼，进一步开阔干部眼界、提升领导干部的综合能力和水平。深化改革，从严管理。一是积极探索对机关部门负责人和团场党政正职采取结构化评优的方式进行考核，并按照师市领导班子、团场企事业单位、机关部门3个层面按比例折算，进一步提高年度考核对领导干部正确、客观、全面的评价。2013~2014年，先后有24名团场党政正职、35名副职给予评优；对机关部门17名正职、37名副职给予评优，得到奖励干部、激励干部的良好效果。二是充分运用年度考核结果，认真落实领导干部约谈诫勉谈话制度。分批分层次对正职基本称职和不称职率超过10%，副职超过15%的领导干部进行约谈和诫勉谈话。三是认真落实干部任用试用期制度，2014年，通过民主测评、个别谈话、征求意见和组织鉴定等方式，对26名试用期满的干部，分别从政治品德、职业道德、社会公德和家庭美德等方面进行综合考察，考察合格后正式予以任命。四是落实责任制，强化责任追究。先后对因违反党风廉政建设责任制、安全生产、综合治理、信访稳定等问题的19名领导干部进行党风廉政建设教育和一岗双责专题谈话。强化监督，专项整治。一是建章立制，规范干部监督工作。按兵团党委组织部要求，制定下发《六师五家渠市党委组织部派员参加基层党委（党组）讨论决定干部任免会议办法》，建立师市干部监督工作联席会议制度，进一步规范师市在职干部参加学历或学位教育工作，多管齐下、多方联动，形成师市干部监督工作整体合力。二是严格要求，专项整治。按照中组部和兵团党委组织部要求，集中开展超职数、超规格、超编制配备干部的"三超"专项治理活动，全面筛查和梳理分析师市当前的"三超"情况，对20个单位的处级和科级干部进行梳理，有针对性地提出专项整改消化方案。认真开展处级以上领导干部（521名）个人有关事项报告信息的录入、分析、整理、核查和筛查工作，并按规定比例和随机抽查的方式对21名处级领导干部个人有关事项报告信息进行专项抽查。同时，将领导干部个人有关事项报告核查纳入干部考察的重要内容。集中开展领导干部违规在企业兼职任职、持有股份、个人和配偶子女违规经商办企业、离退休干部在社会团体兼职任职以及"裸官"的专项清理整治工作。四是认真落实党政领导干部和国有企业领导人员经济责任审计规定，先后对24名党政正职进行离任审计。三是畅通信访监督渠道。按照规定，及时对群众反映的问题进行调查核实。全年共办理各类信访举报信件26件，其中兵团党委组织部转办信访件15件，兵团组织部领导签批件5件，和4个单位领导进行信访回复约谈。坚持教育引导，筑牢思想道德防线。通过组织领导干部观看廉政教育专题片、聆听专题报告、开展警示教育等活动，不断增强各级干部反腐倡廉、拒腐防变能力，先后对信访举报问题突出、违反中央八项规定和有个人生活作风问题的3名领导干部进行约谈，做到早提醒、早打招呼。全年，师市先后处理违反党纪政纪领导干部72人，其中团处级19人，科级29人，一般干部20人，其他干部4人。移送司法机关12人。 （崔家远）

【援疆干部人才工作】 2014年，山西省计划内选派援疆干部人才53名（党政干部23人，专业技术人员30人），计划外选派援疆人才62名。实施援疆项目21个，涉及改善民生、产业发展、促进就业、干部人才培训等四大类，计划援疆资金

1.58亿元，到位援疆资金1.58亿元；干部人才援疆项目1个，投入资金255万元。培训各类干部人才331人（通过援疆渠道赴对口支援省市培训305人次，团连两级赴对口省市轮训26人次），柔性引才33人，选派28名干部赴山西省挂职锻炼。

1月，援疆干部公寓楼建成后，师市及时落实资金，完善各项基础设施建设，为援疆干部们配好、配齐日常生活设施、文化娱乐设施，并精心挑选素质好、厨艺精、擅长晋食烹饪的人员负责援疆干部们的日常饮食服务。按照兵团党委组织部的安排，详细统计山西援疆干部的信息，建立援疆干部档案，将援疆干部、联系方式、工作材料等信息归档，做到有档可查。每逢端午、中秋、元旦、春节等重要节日，师市领导特别是分管领导都要走访慰问援疆干部，与援疆干部们共度佳节。

3月，新一轮53名援疆干部人才全部到岗后，立即启动对新到岗援疆干部人才的培训工作，促进援疆干部人才全面了解新疆、兵团和师市现状，同时快速进入工作状态。完成53名援疆干部人才的通讯录工作。为方便援疆干部人才出行和探亲，经过梳理，为35名援疆干部人才办理南航高端服务卡，多方面给予援疆干部人才工作上的支持、生活上的帮助、政治上的爱护。

9月，为深入贯彻落实第二次中央新疆工作座谈会精神，全面推进师市援疆各项工作深入开展，2014年9月23~24日，召开“一对一”援疆工作推进现场观摩会，现场观摩和听取了新湖农场、一〇六团等6个单位的援疆工作汇报，为进一步总结成绩和下一步打算奠定基础。

11月，积极摸底调研，在充分征求各受援单位意见的基础上，完成2015年度中期轮换援疆干部人才的需求计划工作，其中，师级干部1名，处级干部16名，均为师市急需专业干部人才，并同时报山西省委组织部，以便提前做好新一轮援疆干部人才的选派工作。

根据师市与山西省对口支援干部人才计划的相关规定，6月，师市党委选派宋亮、李东方、李刚、严福、张燕、王飞等6人赴山西省挂职锻炼。（陈　龙）

【干部教育培训】 2014年，五家渠市共培训干部2 025人次。师市党校举办培训班26个，培训学员1 430人次。组织赴对口援疆省市挂职锻炼及培训班次14个，培训干部295人。赴兵团党委党校、兵团干部培训学院参加各类培训班68个，培训干部258人。赴境外香港班培训10人次。赴中央党校、国家行政学院、上海市委党校等内地院校培训32人。一是创新培训方式。2014年共选派44名领导干部到中央、兵团党校、干部培训学院学习；开展“案例+互动+竞争”三位一体的教学模式、结构化研讨式教学、领导干部如何面对媒体的情景模拟式教学等新教学方式。强化援疆培训力度，举办骨干医师及教育管理等4个培训班，选派干部挂职培训67人。从城市建设与管理、招商等7个系统中选派175名领导干部和专业技术人员赴山西省培训。在井冈山举办师市党建理论研讨班，在山东联合开办55名干部与专业人才参加的农业合作发展研讨班，选派4名处级干部参加太原市委组织部市管干部轮训班、4名处级后备干部参加太原市第34期中青年干部培训班。二是营造干部教育培训良好环境。通过邀请自治区、兵团党委党校客座教授、专家、中央博士服务团成员兼职等方式在师市党校授课，客座教师队伍近50人。邀请兵团领导、山西教育、卫生系统、名师名医40多人次在师市教育教学和医疗卫生系统公开授课。选派12名教师赴发达省市党校、干培院参训。（李　彬）

【干部人事档案】 2014年，按照《兵团干部人事档案审核工作的通知》精神，对全师在职副团以上领导干部508卷、师机关公务员及参公人员、所属部分事业单位人员共计1 781卷档案进行整理、收集、汇总、录入、立卷，并及时做好调出、调入干部人事档案的报、送工作，收集、补充资料上万余份。确保干部人事档案内容真实准确、完整规范、目录清楚、材料齐全、装订整齐。全年共为党委组织部及各单位提供查阅档案1 000多卷。转进档案900册、转出档案26册；完成离退休人员工龄认定115人次，严格审查副处级以上干部因公、私出国境资料45人次。（李　萍）

【少数民族挂职干部工作】 根据自治区党委和兵团党委组织部的统一安排部署，2014年3月，自治区第十六批390名挂职干部中，共有25人被选派到师市开展为期一年的挂职，他们分别来自吐鲁番地区的吐鲁番市、鄯善县、托克逊县、哈密地区的哈密市、巴里坤县和伊吾县等6个市县，其中维吾尔族22人，哈萨克族3人，均为科员级。师市党委统筹安排，将挂职干部分配到条件较好的一〇二团、一〇五团等5个挂职工作点。师市党委组织部制订《关于做好师市接收自治区第十六批异地挂职干部工作的方案》，明确挂职培训的指导思想、基本要求、工作目标及保障措施，并要求5个挂职工作点党委全力做好接收前准备工作。同时，组织挂职干部进行为期7天的培训课程。培训课程内容涵盖师市经济社会发展现状介绍，汉语基础教学、民族宗教及反邪教警示教育，师市经济技术开发区、招商引资企业和师市博物馆参观等内容。为认真落实自治区"双挂职、挂实职、轮岗制"的工作要求，要求各接收单位根据挂职干部的原工作岗位和职务，提前安排好帮带人、挂职干部的挂职岗位等。25名挂职干部均被挂职单位党委任命了团场机关和连队职务。师市党委组织部为各挂职干部发放挂职干部挂职期间基础汉语、政治理论学习材料和《挂职干部工作笔记》《挂职干部学习笔记》《挂职干部社会调查笔记》《挂职干部帮带工作笔记》等笔记本，由帮带人定期组织汉语知识学习和政治理论学习。结合挂职干部进点前汉语摸底考试情况，实行差别化教学。师市党委组织部研究制定《六师五家渠市异地挂职干部管理手册》，管理手册含有《异地挂职干部理论学习和汉语学习制度》《挂职干部八小时以外管理制度》等12项制度，涉及挂职干部的工作、生活和学习的方方面面，对异地少数民族挂职工作实行科学化、制度化、规范化管理。（李　彬）

2014年6月5日，师市"访惠聚"工作组在北塔山牧场指导牧民进行大棚种植管理。（李华北）

【人事招录和团场改革】 2014年，组织3次事业单位公开招录，为15个单位招录事业单位人员61人。完成一〇一团、一〇三团机关共计163名工作人员的公务员过渡考试、登记、工资套改工作。完成一〇一团、一〇三团、新湖农场3个团场"四类"事业单位（文化类、交通环保城建类、经济监督和信息咨询类）共计220人的纳编考试和工资套改工作，从3个团场机关分流科级干部15人，工作人员28人。（李莺歌）

【大学生招录】 2014年，师市党委组织部坚持"按需招聘、双向选择、灵活机动和高学历招聘"的原则，先后2次赴河南、陕西、甘肃、石河子等疆内外30所院校人才招聘5次，共签约大学生541人，落实兵团选派生8人。引进3批大学生选派生和大学生连官共计146人、"西部计划""三支一扶"等4项人员117人。（王新芳）

【工资工作】 完成师市一〇一团、一〇三团、新湖农场机关、事业单位的工资套改配套工作。共套改团场公务员工资163人，团场事业单位工资220人，工资总额1 935万元。积极稳妥做好师市机关、事业单位工作人员2014年正常晋升薪级工资（级别、级别工资档次）的审批兑现工作，共审批正常晋升工资6 083人，增资总额221.29万元。完成师市135个机关、事业单位2013年度工资年报统计。审核师市27个教育单位、3 114名教职工工资，总额1.52亿元。完成师市事业单位岗位变动后工资审批，兑现增资1 092人，总额413.5万元。（张　磊）

【考试和职称】 2014年，师市4 378人报名专业技术资格考试：其中参加卫生专业技术资格考试

382人;参加职称外语等级考试195人;参加会计、经济资格考试655人;参加全国技术人员计算机应用能力考试3 003人;参加全国土地登记代理人、招标师、社会工作者、质量等35个专业技术人员考试共143人。2014年,共组织273人参加财经、农牧、工程、新闻4个系列12个班次的专业技术人员继续教育培训,组织15人参加高级研修班。圆满完成全年高、中、初级的职称评定、审核、申报等工作。其中,高级236人,中级230人,初级220人。 (李 萍)

【强化自身建设】 一是以党的群众路线教育活动为抓手,打造过硬的组工干部队伍。强化学习。采取周五例会学习、个人自学、专题辅导、邀请党校教师授课、观看宣传教育片、举办学习专栏等,传达学习第二次中央新疆工作座谈会、习近平总书记系列重要讲话精神。全年共组织学习12次,撰写心得体会29篇,编发简报信息9篇,完成兵团干部在线学习2 119人。牵头抓好组工干部作风转变,通过召开各种座谈会、深入基层调研,共征集意见建议65条,调查问卷216份,提出意见建议46条,制定整改措施26条。班子成员召开互评会,梳理出对班子的批评意见12条,班子成员互评意见28条。开展结对帮扶,深化作风建设。2014年,连续两年与共青团农场1名哈萨克族养殖户结对帮扶,共拿出2万元,帮助其发展养殖业,目前已经脱贫致富。

二是以建党93年庆祝活动为契机,扎实开展各类主题实践活动。集中开展"庆祝大会、典型表彰、走访慰问、重温誓词、知识竞赛"等主题实践活动。集中开展对生活困难党员、老党员和集体所有制"三老"人员的走访慰问,发放慰问金、生活补贴170余万元。进行革命传统教育。先后6次组织全体组工干部观看"周总理四个昼夜"等教育宣传片,实地参观师市军垦博物馆。积极组织参加师市党工委举办的拔河比赛,民族团结教育月、党风廉政建设知识考试、师市机关敏感节点派出所部门轮岗及值班备勤等,多种形式锻炼组工干部综合能力素质。

三是扎实开展职能绩效考核管理工作。科学合理制定年度工作指标。2014年,师市党委组织部制订绩效考核方案,围绕干部人事制度改革等7项重点工作和人才短缺等3个需要着力解决的问题,逐项进行细化、量化47个具体指标,形成以重点工作为核心,履行职责为重点,追求绩效为目的的指标体系。建立绩效考核管理责任机制。以重点关注部门、科室、干部3个层面的绩效考核为核心,突出领导班子成员和科室负责人在绩效考核管理工作中的重要作用,按照科室职责和个人岗位将绩效指标进行层层分解,明确指标的质量标准和目标完成的时限要求,使干部在清晰的目标指引下工作,建立"一级抓一级、一级对一级负责"的责任机制。抓好短期目标和年度目标的落实。认真落实绩效考核管理"四个一"要求,采取每周一通报、每月一小结、每季度一检查、半年一考核以及主要领导定期不定期听取科室绩效汇报等形式,督导落实组织人事工作每月具体目标任务的完成,认真解决工作中遇到的困难和问题。认真做好各项工作目标任务业务台账的整理、汇总和归档工作,做到业务台账和绩效职能目标相互印证、准确反映。

四是突出抓好师市重点工作和重大项目的完成。重点围绕2004年师市十届四次全委(扩大)会议上确定的9项党建工作,市政府工作报告需完成的3项重点工作,师市党办、发改委确定的重点工作和重点项目等,统筹纳入绩效考核范围,并按照分管领导负责牵头抓总、科室负责人具体承办抓落实的职责要求,进一步明确任务分工,量化细化目标任务和完成时限,强化督促检查和跟踪问效力度,确保组织部门牵头负责的重点工作和重点项目保质保量按时完成。截至年末,师市党委组织部7项重点工作、3个需要突出解决的问题全部完成,绩效业务台账和相关档案整理规范有序编制,形成资料齐全、编制规范、装订整齐的职能绩效业务台账,并顺利完成年度绩效考核检查工作。 (柳春彦)

老干部工作

【概况】 截至2014年年底,六师五家渠市共有离退休干部9 485人(含内退),其中,离休干部364人,退休干部9 121人。离休干部中:副地厅级8人,正县处级21人,副县处级124人,科级及以下211人;按参加革命工作时间分为:1937年7月6日之前参加革命工作的2人;

1937年7月7日~1942年12月31日参加革命工作的10人;1943年1月1日~1945年9月2日参加革命工作的27人;1945年9月3日~1949年9月30日之前参加革命工作的325人;机构分布:行政机关37人,事业单位63人,企业单位264人。退休干部中:正厅级1人,副地厅级22人,正县处级201人,副县处级241人,正副科级1 227人,一般干部7 429人;机构分布:行政机关373人,事业单位3 352人,企业5 396人。

【思想政治和支部建设】 一是6月23~27日,在师市党委党校举办老干党支部书记培训班,共有31人参加培训。9月份,对全师老干党支部建设情况进行摸底排查。部分农牧团场、企事业单位通过邀请专家学者解读、领导干部上党课等形式及时传达贯彻习总书记系列讲话精神和座谈会精神。二是以庆祝兵团成立60周年为契机,给老干部发放邮折、举办书画展、宣传"老兵精神"、印发《兵团"老兵精神"研讨文章选编》等,共发放邮折386份,宣传老干部在兵团建设中的丰功伟绩。三是发挥老干部建言献策、监督、议政作用。在党的群众路线教育实践活动中,召开老干部座谈会,师市党委征求老干部对师市党委班子和各级党委的意见和建议。四是继续为离退休干部赠订报刊杂志,订阅《生活晚报》7 327份。五是历经2年时间收集整理的《亮剑之师》第一、二辑——《将军记忆》《亲历军垦》出版发行,向各单位发放近1 500册,受到各界好评。从下半年开始编写《亮剑之师》第三辑《建城戍边》。

【服务管理】 一是提高全师离休干部的护理费标准;转发兵党组发〔2014〕51号文件,补发了自2011年8月1日起,企业和事业单位离休干部病故一次性抚恤金差额;提高离退休干部活动经费,退休干部活动经费提高到每人每年600元,离休干部活动经费提高到每人每年700元。二是继续坚持"六必访"制度。为纪念兵团成立60周年,春节前、十一前,师市各单位由领导带队慰问离休干部和遗孀共计783人。为师级离退休干部免费体检。三是组织40名离退休干部赴内地健康疗养。

针对老干部"双高期"(高龄、高发病期)的新特点、新需求,细化服务管理。在师市各单位建立老干部工作联络员制度。针对有特殊困难的离退休干部,开展与单位和老干部挂钩帮扶活动,师市老干局每个工作人员与一个单位挂钩,协助解决老干部工作中存在的突出问题,结对帮扶鳏寡孤独、身边无子女的离休干部。为老红军、老八路和师级离退休干部的生日送祝福。凡居住在五家渠地区的,师市老干局领导和工作人员都要在老干部生日当天亲自上门送上祝福,居住在外地的,都要在生日当天打电话送去生日祝福并寄去150元慰问金。进一步利用社区资源,做好离退休干部就近学习、就近活动、就近得到关心照顾、就近发挥作用工作。为军垦路街道、青湖路街道的3个社区赠送价值3万元的老干部学习、活动设施。开展人性化、个性化服务。针对老干部及遗孀进入"双高期"和空巢老人不断增加的情况,师市干休所制定并细化了"党员联系户""一找通""六必访"等制度,对在职党员设岗定责,开展工作人员和全所老人自愿结合、人人参与的"拉家常"活动。

【老年文化体育工作】 2014年,师市老年体协、各专业协会顺利完成各项换届工作,实现新老班子平稳顺利交接。一是老年文体活动再创佳绩。是年5月,师市"军垦之声"合唱团参加在北京国家大剧院举办的第五届"七彩夕阳"全国中老年合唱艺术节比赛,在全国14个省市19支中老年合唱团中脱颖而出,总分排名第一,荣获明星金奖、同时获得优秀指挥奖、优秀钢琴伴奏奖、优秀组织奖。9月,师市柔力球队代表兵团赴广西桂林参加全国第十三届中老年人柔力球交流活动,获得集体全能优胜奖。五家渠老年活动中心荣获"全国老年人健身示范基地"称号。二是10月13日,师市老年体协健身舞蹈协会成立暨首届中老年健身舞蹈展示交流活动在五家渠文化广场举行,五家渠市11个中老年舞蹈队、200多人同台竞技,展示师市老年人多姿多彩的文化体育生活和精神风貌。三是在老年活动场所建设上,不断加大资金投入力度,五家渠市修建了第二个高标准的草坪门球场。红旗农场为推广发展门球运动,修建了兵团首家农牧团场草坪门球场。

【自身建设】 结合群众路线教育实践活动,师市老干局进一步加强作风建设,在工作人员中开展"以老干部作风做好老干部工作”活动，组织开展老干部工作知识竞赛活动。各单位分管领导、老干工作人员和部分老干部参加知识竞赛，共发放试卷473份，回收473份，平均得分90分以上。选送4名老干部工作人员参加兵团老干部业务知识培训班。同时，借助各级各类宣传媒体及时宣传老干部工作。师市党委老干局被兵团党委、兵团授予“兵团离退休干部工作先进集体”荣誉称号。（王玉霞）

【关心下一代工作】 2014年是师市关工委开展“三年基层工作年”的最后一年，师市关工委采取深入基层调研、个别走访指导等形式，狠抓“五好”基层关工委创建活动，推进关心下一代工作健康有序发展。一是不断加强基层关工委组织建设。及时调整充实有工作经验、德高望重的老同志担任关工组织的常务副主任或副主任，并把素质好、能力强的年轻干部调整到关工委工作岗位上，建立起老中青相结合的领导队伍。各级关工组织深入辖区对“五老”“十大员”进行调查摸底，逐一登记造册，并从中动员选拔素质好、身体健康的老同志加入到“五老”“十大员”队伍，同时组织他们参与到“大手拉小手”“一帮一”结对子、“老少同乐”等活动中，调动他们发挥余热的积极性。师市关工委队伍不断壮大，“五老”“十大员”逐年增加。截至2014年末，师市从事关心下一代工作的“五老”达到15 079人，其中“十大员”9 674人。二是多形式开展活动。2014年，师市关工委把学习宣传党的十八大精神和“老少共筑中国梦”主题教育活动有机结合起来，通过示范解读、骨干宣讲和广泛宣传，让青少年认知中国梦，理解中国梦，从自身做起，以实际行动积聚正能量，为实现“中国梦”做贡献。师市各级关工委通过组织开展中国梦演讲会、“我的梦·中国梦”征文活动，校园艺术节、开办“中国梦”学习专栏，校园广播、升国旗仪式等多种形式，宣传中国梦、畅想中国梦。各中小学关工委把“中国梦”学习教育纳入教育教学中，开展“中国梦”书画展、征文评选、谈心得体会等活动，并结合“中国梦”主题读书活动，举办读书报告会、演讲会、交流会等，广泛开展中国梦教育活动。各级关工委组织“五老”编写“我的中国梦”主题宣讲报告，培训骨干，深入团场、社区和学校进行宣讲，截至年末，师市各级关工组织编写辅导材料127份，组织“五老”做辅导报告264次，受教育青少年达2万多人。是年8月份，为庆祝兵团成立60周年，提高学生的思想道德素质，师市关工委举办以“继承革命先烈遗志，老少共筑中国梦”为主题的老少讲故事比赛，五家渠市各街道社区共有18名“五老”及青少年参赛，分获一、二、三等奖。结合“学雷锋树新风”主题教育活动，各级关工委组织充分利用校外辅导站、家长学校、电子阅览室、图书室等载体，开展英雄事迹报告会、读书演讲会、老少同乐文艺展示等活动，使青少年在活动中领悟到雷锋精神、兵团精神和亮剑精神。全年，师市共举办各种形式的中国梦教育活动1 200场次，参加学生达3万多人。

三是各单位关工委在做好常规教育活动的基础上，结合“五好”基层关工委创建工作，大胆创新，不断为创建活动增加新亮点，促进关工委工作提档升级。基层关工委注重推陈出新，抓好“自选”活动载体建设。如：芳草湖农场芳新东街社区关工委创建“六点半学校”品牌活动，解决农场学生放学后无人看护等难题，深受职工欢迎。五家渠市青湖路街道猛进社区关工委开办“一米阳光”学生假期学习辅助班，为放假的孩子提供学习乐园。五家渠一中关工委开展“将军文化进校园”活动等。师市关工委被全国关工委评为创建“五好”基层关工委组织先进单位。师市关工委还授牌表彰师市首批十个“五好”基层关工委先进单位和达标单位。

四是重视制度建设，围绕青少年思想道德建设等各项教育活动，制定或修改各项工作管理制度，推动关心下一代工作逐步走向规范化、科学化。一些社区不但将活动场所免费向青少年开放，还将社区的图书室、阅览室等教育资源一并列入开放范围，有许多老年活动场所为社区、学校关工委共享资源。一些学校关工委组织积极与社区联系，利用社区资源辟建青少年教育活动阵地，做到学校放假、社区开学。节假日，青少年有了健康、宽敞、设施完备的活动场所，减少在社会上逗留的时间。

五是主动参与社会治理，不断加大法治宣传力度。2014年，继续开展“关爱明天，普法先行”活动，积极创建“零犯罪团场”“零犯罪社区”“零犯罪学校”，把未成年人零犯罪活动深入开展下去，实现常态化管理。关工委积极配合师市综治办等主管部门，健全家庭、学校、社区“三位一体”的未成年人教育网络。

六是积极开展爱心救助活动。2014年首次争取到中国关工委“春苗营养厨房”项目，共为师市9所寄宿制贫困学校配备价值54万元的厨房设备。各级关工委组织与基层学校结成一对一共建对子，开展为共建学校办好事、为贫困学生解决困难等活动，收到显著效果。（闵　锐）

宣传思想工作

【概况】 六师五家渠市党委宣传部是主管意识形态方面工作和文化艺术事业、广播电视事业、新闻出版事业、精神文明建设的综合性职能部门。2014年行政编制10人，实际在编7人。其中：部长1人（兼文化、广电、新闻出版局局长），副部长3人，调研员1人，工作人员3人。部长高华生兼任文化局局长、广电局局长、新闻出版局局长。副部长沈际明2010年7月起兼任准噶尔时报社党组副书记、总编、社长，分管新闻工作；副部长尹慧莲分管文化工作；副部长陈建国兼任广电局副局长、新闻出版局副局长，分管广电工作和理论宣传，2014年5月调入五家渠职业技术学校任校长；调研员韩国庆（正处），2014年11月退居二线。

【政治工作调研检查】 2014年12月22~30日，由师市党委宣传部牵头，有关部门共同参与，在师市各农牧团场、工交建商、科教文卫共44个单位开展政治工作大调研（检查）活动。活动采取听取汇报、抽查连队、查阅资料、走访职工、召开座谈会、问卷调查等形式，对各单位领导班子建设、组织人事工作、宣传思想工作、政研工作、政法综治工作、统战（工商联）工作、工会工作、共青团工作、武装工作、信访工作以及思想政治工作基础建设、队伍建设等各方面的工作进行调研检查，并表彰9个思想政治工作先进单位和9个政治工作单项工作优胜单位。

9个思想政治工作先进单位是：一〇一团、红旗农场、军户农场、师国资公司、准噶尔物资公司、师检察分院、青湖路街道办事处、师市党委党校、奇台医院。9个思想政治工作优胜单位是：一〇三团、新湖农场、土墩子农场、五家渠经济开发区、青湖投资公司、师市公安局、五家渠职业技术学校、军垦路街道办事处、五家渠高级中学。

【理论武装工作】 2014年，师市党委中心组集体学习12次，发放各种理论书籍8批次以上，重点学习习近平总书记系列重要讲话精神，习总书记视察新疆和兵团的重要讲话精神；选派师市党校10名骨干教师，精心制作《党的十八届三中全会主要精神解读》《学习贯彻习近平总书记系列讲话精神》《兵师党委（扩大）会议精神》《党的十八届四中全会精神解读》等经典课程，深入到基层各单位开展理论宣讲30多次，听课人数超过3 000人。宣传文化系统开展思想大讨论活动，聚焦“四风”问题进行讨论交流。加强理论研讨活动，征集纪念兵团成立60周年理论文章25篇，其中有13篇获兵团党委宣传部表彰奖励（二等奖2个，三等奖5个，优秀奖6个）。举办基层广电技术骨干培训班、政工职称继续教育培训班，文化馆免费举办舞蹈、声乐、器乐、美术、书法、摄影、跆拳道等16个培训班。其中，8个艺术团体、9个培训机构，培训街道、社区、团场、连队各类人员4.4万人次。

【宣传文化系统党的群众路线教育实践活动】 师市党委宣传部成立宣传文化系统教育实践活动领导小组，并负责督导3家新闻媒体实践教育活动的开展，在学习教育环节、听取意见环节丰富学习内容、创新学习形式，除必学篇目外，还组织开展听讲座、看电影、观展览、上党课等活动，赋予学习更多内涵。按照师市实践教育活动统一部署，通过自查、走基层、集中座谈、个别走访和问卷调查等形式，认真查找、广泛征求职工群众的意见和建议，发放调查问卷130份，征求意见建议35条。针对存在的突出问题做到即知即改，立行立改。修改完善宣传部综合管理12项制度，对领导班子和个人存在的“四风”问题明确整改时限，制定时间表。宣传部与军户农场六连结成帮扶对子，开展“走基层、查实情、转作风、办实事”的专题调研。针对加强“三贴近”问题，在师市新闻媒体中开展“七走、七访”活动，即走社区，访民生；走企业，访跨越；走学校，访教育；走团场，访致富；走家庭，访弱势；走园区，访发展；走窗口，访服务的“大走访”活动，全年共派出记者近120多人次，采写新闻1 200余篇（条）。出宣传文化信息30期。

制订下发《宣传文化系统教育实践活动宣传工作方案》，在3家新闻媒体统一开设“深入开展党的群众路线教育实践活动”一个总栏目和“转变作风、服务群众”“躬身践行群众路线”2个分栏目，对教育实践活动进行专题、专栏宣传报道。做到电视、电台每天，报纸每期有教育实践活动的宣传报道。全年新闻媒体刊播稿件1 743篇（条），刊发理论文章32篇，出宣传简报89期，刻录讲座光盘2 100张；《兵团日报》刊发专题报道217篇。

【新闻宣传工作】 一是继续落实《师市新闻奖罚激励机制实施办法》和每月通报制度，分解任务，明确责任、制定“上大台、上联播、上大报、上头条”目标，全年省级以上刊稿2 700余篇（条），其中中央媒体刊发50余篇（条），位居全兵团第一。二是为将习总书记4月29日视察六师五家渠市的重要讲话精神学习好、贯彻好、落实好，师市专门成立新闻宣传工作领导小组，下发《六师五家渠市关于加强近期新闻报道工作的方案》，建立健全“四项”制度，即新闻稿件四级审查制度、新闻通气制度、新闻联络员制度、党政一把手负责制度。邀请人民日报、新华社、中国报道、兵团日报采访团来师市采访，通过选题抓重点、内宣抓深度、外宣抓广度等宣传形式，不断提高学习宣传、贯彻落实习总书记考察新疆重要讲话精神的实效，各媒体共刊登播发相关新闻稿件130余篇（条）。其中，国家级媒体刊稿16篇，省级媒体刊稿14篇，地州级107篇。三是制订兵团成立60周年和五家渠建市10周年宣传方案，从十年巨变、文化、民生、城镇化、招商等8个方面对兵团和师市建设进行大篇幅、长时段宣传，集中宣传合力、放大宣传效果。四是制定《关于做好第三十二个民族团结教育月宣传工作的通知》，新闻单位开辟“民族团结从我做起”等专题专栏，大力宣传民族团结教育月活动的开展情况。五是组织第九届“准噶尔之春”好新闻评选活动和四批“走、转、改”活动，形成制度化和常态化。六是举办五家渠市第十一届冰雪风情节，第九届郁金香节、荷花节，五家渠首届房地产展示交易会，君豪海宁皮革城，“青湖人网”上线等6场新闻发布会，邀请中央、自治区、兵团、乌市新闻媒体7批次22家，记者210多人次进行集中采访报道。七是以师市3家新闻媒体为重点，创新宣传形式，做精做优专题栏目，建立新闻及栏目质量考评机制，不断提高传媒宣传效果。准噶尔时报、五家渠电视台、五家渠人民广播电台围绕主题宣传重点，抓好大型专题栏目的设置、组稿和跟踪报道，先后编辑刊播师市党委十届四次全委（扩大）会议精神、对口援疆项目、城镇化、新型工业化、农业现代化及郁金香节、荷花节、职工多元增收工作等专题、专栏、专版进行集中报道，形成强势宣传。八是健全完善师市突发公共事件的新闻发布机制，落实《师市突发公共事件新闻报道实施办法》，做好应急预案，提高快速反应能力。对“出租车上访事件”“甘莫公路特大交通事故”“青湖湿地失火事件”“网民王大豪对师市不实负面报道事件”、一〇六团煤矿事故、大黄山煤矿事故、师医院医患事件等，及时调查真相、发布通稿，积极引导媒体客观真实报道，防止媒体片面和夸大炒作，消除负面影响。九是继续抓好基层通讯员队伍建设。举办师市新闻写作培训班1期，培训基层通讯员87人，同时积极选派基层骨干通讯员参加上级新闻写作培训活动。

【精神文明创建工作】 一是下发《六师五家渠市组织推动培育和践行社会主义核心价值观工作实施方案》，利用各种媒体和各种宣传文化阵地一起发力，在全社会叫响“三个倡导”24个字，分步骤、有重点地推进社会主义核心价值观的培育践行。二是陕西韩城民营企业家郭景山捐助50万元救助身患尿毒症的五家渠市园艺场哈萨克青年沙布拉江，师市授予郭景山“五家渠市荣誉市民”称号，并在韩城参加“感动韩城·最美韩城人”颁奖活动。三是联合工商部门开展“百家诚信单位”宣传活动；联合食品药品监督管理局等部门评选出20个“文明餐桌”示范单位，为320家餐饮单位制作400个“不剩饭、不剩菜、文明餐桌”公益广告牌贴。在第九届郁金香节开展期间，进行为期10天的“讲品牌、说亮点”100家五家渠文明单位展板展览活动。四是组织开展自治区第十三个“公民道德建设月”活动和“学雷锋讲文明树新风”志愿服务系列活动，清理垃圾152吨，擦拭将军街画像120余幅，隔离护栏3 000余米，在集市、社区、连队设立“咨询台”“服务站”，开展多种形式的便民服务活动，为孤寡老人进行生活护理、环境清洁、捐资赠物、心理疏导。五是组织开展师市第四届道德模范评选活动，并积极参加兵团第四届道德模范评选活动。通过推荐评选最终选出22人，其中10人为提名奖，12人上报兵团参评兵团道德模范。北塔山牧场范春霞被评为兵团道德模范，陶怒等12人获师市第四届道德模范表彰。六是积极推进未成年人思想道德建设工作，申报国家乡村少年宫建设项目，已有4个单位获批。“西部开发助学工程”为12名大学生发放“西部助学”资金6万元。（王小莉）

统战对台工作

【政协委员联络工作】 组织25名师市无党派人士参加“我为兵团献一计”活动，选拔8名党外人大代表和政协委员的优秀建议和意见上报兵团。推荐1名优秀企业代表参加中央统战部举办的民营重点骨干企业主要负责人专题研究班。推荐师市3名党外副处级干部参加自治区党外干部培训班。2014年5月，组织22名非党政协委员开展关于师市混合所有制经济融资和师市文化产业发展情况的调研活动，为师市党委决策提供依据。7月，组织12名政协委员赴米东区学习考察民族宗教事务管理工作。

【对台工作】 开展对台交流交往，协助接待台湾省少数民族交流协会参访团一行22人，开展文艺活动，不断深化对台交流成果。帮助台商杰尼尔种子公司协调解决企业生产生活用水、土地租赁问题，协助台商宇程公司解决劳务纠纷问题。

【部门建设】 2014年，师市党委统战部着力开展党的群众路线教育实践活动，按照“照镜子、正衣冠、洗洗澡、治治病”的总要求，聚焦“四风”问题，多渠道广泛征求意见，梳理出“四风”方面存在的问题43条，意见建议33条，制定5个方面30条整改措施和5个专项制度，先后组织统战系统干部20余人次参加师市统战系统培训班，统战队伍思想认识进一步提高，部门制度措施进一步完善。（王　军）

政策研究

【团场改革试点工作扎实推进】 3个团场改革试点任务全部落实到位。根据兵团和师市的要求，政研室充分发挥总协调总牵头作用，积极做好兵师两级团场改革综合试点单位的各项工作。认真协调完成行政职能延伸、公务员纳编分流、团场事业单位整合、工作探索创新等团场改革重点内容。严格按要求完成《2014年师市团场改革工作推进计划》《关于向新湖农场延伸部分行政职能的通知》《关于向五家渠青湖经济开发区（一〇一团）延伸部分行政职能的通知》《关于向一〇三团蔡家湖镇延伸部分行政职能的通知》，以及相关批复等重要文件的印发和各阶段的总结汇报工作，在一定层面上确保师市团场综合改革工作关键环节把握准确、重点工作落实到位、整体工作积极稳妥。全年师市团场改革工作调研28次，组织召开团场改革工作会议24次，收集整理撰写各类改革工作材料94篇，师市新湖农场、青湖开发区一〇一团、一〇三团蔡家湖镇等3个团场改革试点任务全部落实到位。

【全面深化各项改革】 紧紧围绕兵团贯彻落实全面深化改革意见的要求，进一步明确师市经济体制和生态文明体制改革、财政财务体制改革、团场和农业经营体制改革、社会体制和社会治理改革、文化体制改革、社会事业领域改革、党的建设制度改革、纪律检查体制改革等8个专项改革内容的工作思路、任务目标和工作重点，通过正式发文形式将分项改革规划每个阶段工作列入牵头部门每月的动态绩效考核任务，确保师市全面深化改革工作基础扎实、推进有序、务实有效。

【团场目标管理考核工作】 一是落实2013年团场目标管理考核兑现工作，对团场领导班子进行2013年度考核兑现。二是修订完善团场目标管理考核办法，将团场目标管理考核指标调整为政治建设、经济建设、社会建设、文化建设和生态建设五大部分内容，把促进职工增收工作作为导向，对团场考核办法进行方向性调整，增加职工多元增收考核指标的权重。进一步完善对各团场生产总值的考核，不再确定副职领导的绩效奖励计奖比例，而是由各团场党委根据副职领导分管工作情况确定奖励水平，形成更加科学、更加合理、更加全面的考核办法。印发2014年度团场经济考核指标。三是加强经济技术开发区的考核，对《五家渠经济技术开发区目标管理考核奖励办法》和《青湖生态经济开发区（一〇一团）目标管理考核办法》提出修改完善意见，形成完善五家渠经济技术开发区考核目标和青湖生态经济开发区目标管理考核奖励办法的意见。

【职工多元增收】 围绕兵团、师市党委的思路和要求，开拓创新，多渠道促进师市职工多元增收。一是认真贯彻落实兵团促进团场职工多元增收工作总结表彰电视电话会议精神。师市有2个团场荣获兵团先进、有4个合作社荣获兵团新型农业经营主体先进典型、有11户职工荣获兵团“职工自主创业典型示范户”称号、有10人荣获兵团“青年职工创业项目带头人”称号。二是认真学习领会，不断总结提升。兵团表彰会后，根据2014年指标完成度及具体得分情况，将量化指标明确到各相关责任部门和责任主体，制定推进措施和刚性考核，确保目标落实到实处，为做好2015年职工多元增收指明方向。三是深入调研分析，全面评估研判，解决团场职工增收的实际困难和问题。四是制定奖励办法形成长效机制。根据兵团职工多元增收表彰会议精神，结合师市实际，先后3次召开多元增收领导小组会议，经过反复讨论研究，在机关七部门制定行业考核细则的基础上，制订出台《六师五家渠市促进团场职工多元增收考核奖励办法》，拿出280万元表彰奖励6个团场、5个合作社、10个职工自主创业典型示范户和10个青年职工创业项目带头人。五是配套相关政策，助推多元增收。六是成功召开促进团场职工多元增收现场推进表彰会，对师市5个团场的7个职工多元增收示范点进行考察观摩，并对师市2014完成目标任务综合排序前6名的团场及带动职工增收的25个先进典型予以表彰奖励。七是强化督导推动，抓好组织发动。八是培树示范典型，发挥引领作用。九是认真组织制订《做好今冬明春及2015年促进团场职工多元增收工作方案》，切实将多元增收工作抓早、抓细、抓实，确保实现“八个突破”。

【政策研究】 政研课题研究范围区域扩大、重点内容深入、质量层次提升，全年共计完成22篇课题。年初制定下发《关于做好2014年度课题研究工作的通知》和《团场政研工作管理考核办法》，明确工作目标和考核要求。完成兵团重点政研课题“六师促进团场职工多元增收问题分析”的前期调研和撰写工作，并结合师市发展实际，确定“团场改革的难点和攻克的思路”“建立健全激励和约束机制，更好发挥目标考核作用问题研究”“加快现代服务业发展的问题探讨”等3个自定课题分配到每个人，全年政研室共完成课题4个。指导团场完成“促进经济结构调整，转变发展方式的问题研究”“加快构建现代产业体系的问题研究”和“大力推进团场综合改革和单项改革试点的问题研究”等18个课题。全年收集、整理、编辑14个农牧团场和相关部门信息、简报、论文共77篇，汇总印发《政研信息》5篇，被兵团《决策服务》采用4篇，占兵团采用各师总数（12篇）的33%，在14个师排名第一。同时，奇台农场信息采用数也位列兵团各团场第一（共3篇）。 （张　猛）

师市直属机关党工委

【概况】 2014年，师市直机关党工委按照定编职数配备工作人员5人，其中党工委书记1人，纪工委书记1人，工会主席1人，副调研员1人，团工委书记1人。师市直党工委作为师市党委的派出机构，负责领导和管理师市机关和直属单位21个党总支、109个党支部、1个营科级党委、1 896名党员的党务和机关直属单位的群众团体工作。同时，负责承担师市机关的学习、普法、绩效管理、文明创建等工作。

【思想建设】 以学习贯彻党的十八届三中全会精神和习近平总书记系列讲话为重点，建立健全党员干部经常性教育长效机制。全年组织集体学习10次，内容涵盖政治、经济、法治、廉政、民族宗教等内容。组织各类培训学习201人次，其中春季调训4个班次54人，秋季调训5个班次147人。

【党的建设】 以推进服务型党组织建设为重点，下发《师市直机关党建工作目标管理考评细则》，将机关党组织重新整合为14个党总支、69个党支部并进行集中换届选举。表彰奖励2013年先进基层党组织26个、优秀共产党员55名、优秀党务工作者29名。举办56人参加的党员发展对象培训班，完成1 896名党员基础信息维护和年报统计、党费收缴工作，全年接转党组织关系130人次。上报兵团党建研究论文14篇、师市党建研究论文30篇，开展机关、直属单位党建论文研究表彰奖励活动。发展预备党员24人，审查批准预备党员转正29人，举办40名党务干部参加的师市机关党建业务骨干培训班。开展建设服务型机关党组织典型案例征集活动，协助组织部做好机关"访民情、惠民生、聚民心"活动，年初慰问老党员、困难党员，全年对患病党员进行帮扶，验收合格表彰的第三批党建示范点5个。

【党风廉政建设】 以严明党的纪律为重点，着重对师市机关和直属单位的各级党员干部开展理想信念和宗旨意识教育，开展师市机关党风廉政建设知识考试活动，举办服刑人员现身说法警示教育大会，抓好正反面典型教育，营造浓厚的机关廉政文化氛围。坚持一岗双责，落实党风廉政建设责任制。在机关党组织整合中配强配好支部书记，强化一岗双责制，落实好党风廉政建设责任制。同时，选配好总支和支部的纪检委员，协助总支书记和支部书记抓好党风廉政建设各项工作；进一步加大监督检查力度，做好信访和案件查办工作。对师市机关1名部门领导干部的信访问题展开调查了解，立案查处直属单位2名违纪党员干部。

【工会和共青团工作】 以建设和谐机关为重点，充分发挥工、青、妇组织的桥梁纽带作用。大力加强师市直工会工作。2人获得师市工会2013年师市"工人先锋号"称号，1个获得2012~2013年度师市准噶尔劳动奖状，3人获准噶尔劳动奖章，同时，获2013年师市模范职工之家1个、2013年度师市先进女工委1个、优秀工会干部1名，优秀女工干部1名。开展书香"三八"——阳光女性·幸福中国"读书征文活动，征集文章51篇，荣获一、二、三等奖各1名，优秀奖2名。组织参加五家渠市第六届职工乒乓球比赛，并在团体和个人比赛中取得名次。举办庆五一"中国梦·劳动美"师市机关职工拔河比赛，来自机关和直属单位的14支男队、14支女队近300人参加比赛。举办师市直机关"中国梦·劳动美·我与改革创新"主题演讲比赛。参加庆祝兵团成立60周年、五家渠建市10周年职工健排舞比赛，并荣获一等奖1名，优秀奖1名。全年对机关和直属单位的患病职工进行慰问，对困难党员进行救助和帮困，六一儿童节对下属一小、三小、幼儿园等单位进行助学慰问，五一前为劳模发放慰问金共计6 500元。

组织参加师市第九届青少年文化艺术节系列活动、师市"新时代、新青年、新使命"誓师大会。开展"学雷锋志愿服务月"活动、"希望工程一元捐"活动、兵团纪念"青年文明号"活动20周年系列活动、"关爱农民工子女志愿服务"活动，"一帮一"帮助困难学生活动、结对子扶贫帮困活动，"送法进校园"活动，植树造林活动，"为环卫工人替岗"活动。受师团委表彰的青年文明号2个，青年岗位能手1名、五四红旗团支部3个，优秀共青团干部3名，优秀共青团员5名。做好师市第九次团代会团工委10名代表选举参会工作、兵团第五次团代会师市直团工委代表参会工作；新成立五家渠拆迁办团支部，对地税局团支部进行换届改选；组织安排4名团干部参加山西团干部培训班。

积极做好师市直妇女工作。开展寻找师市"最美家庭"评选活动、"说说我身边的雷锋故事"征文活动、巾帼文明岗创建活动、妇女儿童权益保障法律法规知识答题活动和扶贫帮困献爱心活动等。参加2014年"全国低碳日"少年儿童低碳主题绘画作品评选活动、"金秋有约，情缘一生" 相亲大会、"环保六一·绿色梦想"少儿书法绘画比赛。2014年新建立妇工委1个，改选妇工委组织1个；开展创先争优活动。受师市妇联表彰的2013年三八红旗集体1个、三八红旗手2名、优秀妇联干部1名。

【绩效目标管理工作】 2014年是师市机关开展绩效目标考评的第三年，师市直党工委按照师市总体部署要求，围绕中心，服务大局，扎实开展好此项工作。一是科学设置考评指标，突出“三个融入”、实行“三次审核”原则。二是完善绩效管理机制，建立每月集中审核制度。三是坚持“四个一”工作制度，将人大、政协、发改委的考评内容细化，在机关5个办公楼门前设制“机关作风建设意见箱”，公布投诉电话，印制《师市机关作风建设征求意见单》，让前来机关办事的人员填写，每半个月进行收集整理后向相关部门反馈情况，督促做好整改，组织机关绩效办明察暗访组对机关5处办公场所部门、工作人员作风、效能建设进行明察暗访，对查出问题的部门、个人进行通报并要求上报整改措施。2014年，师市直44个机关、部门、单位申请参加绩效考评，其中党群部门12个、经济管理部门单位11个、社会管理部门11个、执法监督部门10个。考评内容分为履行职能情况、管理效率、服务效果、党的建设情况等六个方面。

【加强机关作风建设】 2014年，党工委督导40个机关部门、11个直属单位开展群众路线教育实践活动。将反对和克服“四风”内容纳入到机关绩效考评和文明创建检查内容，开展“四风”问题专项整治活动，着力转变机关作风。

【文明创建】 以精神文明创建为重点，履行好部门职责，做好机关日常管理工作。一是修订下发《机关文明创建考评细则》，对机关文明部门创建工作进行检查，深入开展精神文明创建活动。二是下发师市机关普法学习重点，组织机关“首个宪法日”专家法律讲座，开展“12·4”师市机关干部普法考试活动，做好普法依法治理工作。三是组织安排师市机关民兵军事训练，认真做好机关民兵训练工作，不断提升师市机关干部“兵”的意识、责任和能力。 （李俊蓉）

政法综治维稳

【概况】 2014年，师市政法综治维稳工作紧紧围绕学习贯彻党的十八届三中、四中全会和师市党委十届四次全委（扩大）会议精神这条主线，服从和服务师市经济社会发展这个中心，狠抓维护社会和谐稳定这个重点，突出群众路线教育实践这项活动，不断创新社会治理方式，健全完善司法管理体制，稳步推进“平安师市”“法治师市”建设，社会稳定工作目标实现“五个坚决防止”（坚决防止发生危害国家安全和社会稳定的重大政治事件、坚决防止发生严重暴力恐怖事件、坚决防止发生大规模群体性事件、坚决防止发生大规模到兵团上访事件和重大个人极端事件、坚决防止发生重大公共安全事件），平安建设指标实现“四个加强、四个下降”（综治维稳基础性工作、基层综治维稳队伍、基层综治维稳阵地和科技防控手段得到明显加强，刑事、治安、交通和邪教发案明显下降），法治建设进程实现“四个提高，四个解决”（提高规范化执法水平，解决执法能力弱问题；提高执法办案质量和水平，解决涉诉信访突出问题；提高服务“三化”建设能力，解决服务意识不强问题；提高普法宣传效果，解决群众法律意识不强问题），政法队伍建设实现“四个增强”（执法为民的理念、执法办案的水平、拒腐防变的能力和党对政法综治工作的领导得到全面增强）。师市上下呈现出社会稳定、经济发展，职工群众安居乐业的良好局面，实现“大事不出、小事可控”的目标。全年，政法机关荣获国家级表彰集体（个人）17个，省、部级表彰集体（个人）33个，地市级表彰集体（个人）72个。据统计，师市群众安全感、满意度在97%以上。

【加强维稳保障】 2014年是新疆大事多、喜事多、敏感节点多、暴恐案件多的一年，师市维护社会稳定工作也是继2009年“7·5”事件之后，维稳总体形势最严峻，维稳任务最繁重，防控压力最大，投入维稳力量最多，持续时间最长的一年。特别是昆明“3·01”、乌市“4·30”“5·22”暴恐事件发生后，师市迅速启动一级响应。为克服公安警力不足问题，检、法、司干警、武警官兵、机关干部、民兵、兵团警校师生和广大综治干部齐心协力、全员备勤，圆满完成各项维稳安保工作。师团党委高度重视稳定工作，2名主要领导亲自部署稳定工作达10次之多；新湖农场、军户农场、红旗农场党委高度重视，主要领导亲自安排、亲自部署、亲自抓好落实；重新调整师市、垦区两级政法班子40多人，新招公安干警21名，协警260名。经费足额保障到位。为政法机关更新车辆46辆，投入300余万元为公安、武警购置新装备。

师市政法委领导班子民主生活会会场。 （李晓震）

【增强维稳力量】 健全师团“两级”维稳指挥机构和指挥体系，召开维稳会议52次，修订各类预案84份；强力推行领导带班、干部值班、“零”报告、分析、会商、研判、督查、通报、考评和应急力量储备等10项制度；新湖农场、芳草湖农场、红旗农场、奇台农场、土墩子农场和一〇二团、一〇五团7个单位的屯兵楼，在维稳力量轮训备勤上发挥“蓄水池”和“充电站”作用；北塔山牧场严格落实党政军警兵民“六位一体”防控机制，爱民固边工作突出。界定维稳重点单位和区域，并落实责任制和挂钩负责制；军户农场、六运湖农场、芳草湖农场在重点部位防控上强化管控措施、舍得资金投入，联防联控效果明显。用足“网格化”巡控、卡点封控、排查清查和应急演练等手段。公安、武警、民兵、检、法、司和治安联防队通力协作，有效发挥卡点“过滤器”作用。一〇二团、新湖农场、芳草湖农场、军户农场4个重点团场治安卡点，按照师市党委的维稳部署，不等不靠、主动作为，自觉克服警力、装备等诸多困难，全力做好查控封控工作。师市民兵圆满完成乌市重点区域“网格化”巡控和公交站点执勤任务，师市民兵常年驻守乌市某训练基地，担负自治区维稳遂行任务；武警官兵圆满完成乌市外围卡点封控和师市社会面巡逻防控工作，并成功处置多起突发事件；监狱系统连续10年实现监管“五无”目标；公安、武警、民兵等牢记使命、团结协作，圆满完成习近平总书记、汪洋副总理、刘延东副总理来师市视察期间的安保工作，圆满完成兵团60周年庆典课目演示等一系列重大安保任务30余次。各维稳力量以习总书记提出的“安边固疆的稳定器、凝聚各族群众的大熔炉、先进生产力和先进文化的示范区”为己任，勇于担当，善于落实，圆满完成各项维稳安保工作，确保师市辖区社会大局稳定。

【依法加强非法宗教整治】 深入开展集中整治非法宗教、依法打击宗教极端违法犯罪、严厉打击暴力恐怖、严厉打击暴力恐怖音视频、防范和应对非法出境“五个专项行动”。查获取缔非法讲经点15个，查处非法学经396人，摸排出涉嫌违法犯罪或从事非法宗教活动人员41人；成功侦破师市邪教人员非法传播案件2起，抓获邪教人员4人。师市公安局、新湖、共青团农场及五家渠市3个街道办，严防严打各类邪教活动，反邪教工作成效显著。

【加强社会治安管理】 加强对社会治安重点地区和突出治安问题的排查整治。一是认真组织开展清查敌社情复杂区域、城乡结合部、兵地结合部专项活动，收缴各类违禁品1 149件。二是交警部门联合宣传、城建、交通、运管、农机等部门开展为期60天交通安全集中整治专项行动，查处交通违法行为3.1万起，交通秩序明显好转，伤人类交通事故同比上年下降83%。三是严格居住证制度，全面落实便民联系卡和车站实名售票等措施，实现流动人口、出租屋信息采集率、登记率、列管率100%，居住证办理率达83%。一〇一团、一〇三团、一〇六团严格以证管人，居住证、便民联系卡实现全覆盖。

【提升政法服务能力】 法院系统

受理各类案件5 350件，审结5 101件，审结率91.81%。检察机关受理提请逮捕案件104件160人，起诉案件215件333人，受理职务犯罪案件33件35人。公安机关立刑事案件1 244起，破1 006起，破案率为80.9%。发现受理治安案件2 379起，查处治安案件2 283起，查处率为96%。司法行政机关排查调处纠纷4 352件，调成4 351件，调成率99%以上；办理公证3 154件。

【加强社会矛盾源头预防】 着力解决进京非正常访等突出问题。对师市重大工程建设项目开展风险评估专项督察，将信访工作纳入综合治理目标考核，对进京非正常访问题突出的奇台中心团场进行专项处罚，成功化解一批涉法涉诉信访积案。

【夯实综治维稳基础】 新建群防群治自治组织110个，建成并投入使用警务室96个，新建110指挥中心、交警队大楼和民兵训练基地投入使用。一〇二团、新湖农场、军户农场、红旗农场警务室运行规范，基层防控能力进一步增强。准噶尔物资公司、奇台医院加大人员密集场所安检设施和技防建设力度，对流动人员严格动态管控。

【加强自身建设】 扎实开展党的群众路线教育实践活动。政法系统以“十个一”活动为载体，建立联系点（户）138个，走访356家，座谈35场次，收集整理意见建议620条，整改“四风”突出问题98条，建章立制86项。教育实践活动突出了政法工作特点，聚焦“四风”、触及灵魂，从严从实、注重实效，即知即改、建章立制。政法机关“四风”得到有效遏制，新作风、新面貌正在形成。 （李晓震）

机构编制

【团场机构改革】 2014年，按照兵团《关于对六师五家渠市自定试点团场改革试点实施方案的审核意见》和师市《关于进一步加快推进师市团场改革工作有关事宜的通知》的要求，师市编办以政企、政事、政资、政社分开为突破口，加快推进团场机关行政职能转变，强化公共服务和社会管理能力，加强机构和职责整合，理顺权责关系，结合实际，修改完善一〇一团（青湖经济开发区）、一〇三团蔡家湖镇机关机构改革方案。一〇一团（青湖经济开发区）机关设7个内设机构：纪律检查委员会机关（监察局与纪委机关合署办公）、党政办公室、政工办公室、政法办公室、经济发展局、财政局（挂财务局牌子）、社会事业发展局、工会机关（挂妇联牌子）、团委机关；武装部单设，不占农场机关机构数。调整内设机构职能，核定人员编制及领导职数，机关人员行政编制总数核定为55名（含社建办2名编制），其中，区团党政领导职数核定为7名（含武装部部长），机关部门领导职数24名。一〇三团蔡家湖镇机关设7个内设机构：纪律检查委员会机关（监察局与纪委机关合署办公）、党政办公室（镇人大与党政办公室合署办公）、政工办公室、政法办公室、经济发展局、财政局（挂财务局牌子）、社会事业发展局、工会机关（挂妇联牌子）、团委机关；武装部单设，不占农场机关机构数。调整内设机构的职能，核定人员编制及领导职数，机关人员行政编制总数核定为54名（含社建办2名编制），其中党政领导职数核定为7名（含武装部部长），专职副镇长2名，机关部门领导职数25名。

根据兵团《关于下达第六师改革试点团场文化类、交通环保城建类、经济监督和信息咨询类事业编制的通知》精神，师市编办按照“总量控制、动态管理”的原则，为推进新湖农场、一〇一团、一〇三团3个试点团场事业单位改革，优化团场资源配置，创新体制和机制，结合实际，将农业科研类、文化类、交通环保城建类、经济监督和信息咨询类、社区服务类事业单位进行整合。在3个团场分别成立农业技术服务中心、文化中心、城镇建设综合服务中心、核算中心、社会事务服务中心，为团场直属正科级事业单位。

【机构编制管理】 按照中央编办和兵团编办的统一部署，师市将2014年作为“机构编制核查年”，并制订《师市机构和人员编制核查工作实施方案》。师市及团场机关、事业单位通过梳理机构编制审批文件，仔细审查本单位机构编制事项，做到机构清、编制清、领导职数清、实有人员清。9月份，编办采取“查、问”方式，深入各单位部门和团场，对核查工作进行实地复核，通过查阅各单位机构编制管理证、机构编制文件、财政人员工资花名册等，了解机构编制管理规定执行中有无违规行为。针对实地查阅文件、资料的情况，结合联合审核意见和日常管理掌握的情况，对重点督查内容进行实地核查，共对85个师直单位、9个团场进行实地核查，占机构总数的59%。通过对机构和人员编制核查，实现具体机构设置与按规定审批的机构相对应、实际配备人员和财政供养人员与批准的编制和领导职数相对应，不但加强了各单位对机构编制管理的认识，而且强化了各单位机构编制实名制管理意识，为实名制管理进一步夯实了基础。

【机构编制实名制管理】 为加强师市机关事业单位编制管理，科学合理配置人员编制资源，师市编办严格执行进人用编审批制度，开展师市机关、政法系统各单位及各类纳入机构编制管理的事业单位年度编制使用计划申报工作。行政机关和事业单位进人，都必须先办理用编审批手续，在有空编的基础上，经编办根据其实际用人需求审核办理用编手续。按照年初确定的各单位编制使用计划，全年办理入编手续134人次。通过规范用编进人程序，有效防止机关事业单位超编进人，从源头上控制财政供养人员无序增长状况。

为确保机构编制管理证有效使用，2014年初，编办对师本级各单位实名制信息进行全面梳理，对机构编制管理证进行年检。针对团场实名制工作，编办会同人事部门对团场上报的实名制信息逐一审核编制文件、纳编手续和人事手续，并要求团场按规定公示，凡手续不全的一律不予实名制登记。

【机构编制保障工作】 优化机构编制资源配置，为师市经济社会发展提供机构编制保障。成立师公共资源交易与行政审批服务管理办公室、兵团公共资源交易中心第六分中心、师市行政审批服务中心；成立师市监察局效能监察室；成立师市劳动人事争议仲裁院。成立师市金融办，在发改委挂牌；成立师财政票据管理中心，在师会计核算中心挂牌；在14个团场和大黄山煤矿社保所增挂劳动监察所的牌子。将农广校并入职业技术学校，在职业技术学校加挂农广校的牌子。为师市党委办公室、3个街道调整内设机构。为3个街道、社保中心、东区实验幼儿园、五家渠第三小学、环境监察支队、环境监测站、师财政票据管理中心增加人员编制。为编办、社保中心、房屋征收补偿管理办公室增加领导职数。调整城市建设管理处、卫生监督所人员编制。

【事业单位分类改革】 根据师市分类推进年事业单位改革领导小组安排，结合兵团试点要求，编办作为师市分类推进事业单位改革领导小组办公室，拟定下发师市分类推进年事业单位改革试点方案。针对如何界定行政类、公益类、经营类事业单位，在全师市138个直属事业单位开展认真调研和征求意见，每个事业单位根据自身存在的问题和需要解决的困难，都提出明确的意见建议，编办根据每个事业单位的职能属性，提出具体的模拟分类意见，经师市领导小组逐一审核，进行完善修改后统一上报了兵团编办。

为加快推进事业单位分类改革工作，6月9日，师市召开分类改革工作推进会，对试点单位下一步工作进行明确安排。针对师直4个事业单位分类改革试点单位，要求准噶尔时报社、六师医院、五家渠一中、师市畜牧兽医站分别在公立医院改革、探索法人治理结构、收入分配制度和人事制度改革、整合内设机构、精简管理人员、提高工作效率以及加强党的建设等方面先行先试。11月底，各试点单位根据兵团1+10文件要求，按照事业单位改革领导小组办公室确定的改革目录，结合本单位实际制订各分项改革方案，为全面推进事业单位分类改革探索新路。

根据《关于深化兵团水利管理体制改革的实施意见》精神，结合师市水利管理体制改革实际，师市编办与师市水利主管部门按照整合控制机构数量的原则提出水利系统事业单位机构编制方案。

【落实权力清单制度】 为推进五家渠市政府职权清理，推进权力清单制度落实，师市成立五家渠市政府职权清理推行权力清单制度工作领导小组，并下发职权清理推行权力清单制度工作实施方案。编办作为牵头部门，分三个步骤开展工作。一是由40个政府部门及单位通过梳理本部门职权，分析履职情况，提出行政审批、处罚、强制、监督、确认、征收及其他行政权力等7个方面的权力。二是经分管副市长组织相关部门进行初步审核确定。三是组织权威专家最终审核确定了行政审批权力154条，经领导小组审核后，于12月在准噶尔报社、五家渠政务网上对外公布。

【事业单位法人登记管理工作】 按照《事业单位登记管理暂行条例》及《事业单位登记管理暂行条例实施细则》的规定，师市事业单位登记管理局完成2013年度事业单位法人网上年度检验工作。师市已登记事业单位223个，应进行年度检验的单位187个，完成年检单位187个，年检合格率100%；办理设立登记3项，变更登记134项，证书补领9项，注销登记1项。

【加强人员培训】 为更好完成师市机构和人员编制核查工作，4月28日举办机构和人员编制核查工作信息采集业务培训班，来自师团两级168家机关、事业单位、政法系统业务人员参加培训。通过培训增强核查工作的可操作性，为圆满完成机构和人员编制核查工作奠定基础。

【加强调查研究】 根据兵团对团场机关机构改革的要求，进一步转变团场机关职能，理顺职责关系，优化组织结构，积极探索新管理体制下团场机关的机构设置和职能划分，编办多次深入综合改革试点的一〇一团、一〇三团，通过深入调研和多层次的座谈，根据不断变化和发展的形势，探讨研究团场机关在协调促进团场经济社会发展、社会管理、公共服务方面的职能和作用，修改完善一〇一团（青湖经济开发区）机关机构改革方案、一〇三团蔡家湖镇机关机构改革方案。针对团场事业单位改革试点工作，经过调查研究，将除教育、卫生外承担公益性职能机构整合为5个事业机构，并下发《关于一〇一团农业科研类、文化类、交通环保城建类、经济监督和信息咨询类、社区管理类单位整合设置的通知》《关于一〇三团农业科研类、文化类、交通环保城建类、经济监督和信息咨询类、社区管理类单位整合设置的通知》，完善团场公益性服务机构的职能配置。 （刘　燕）

外事侨务

【因公出国（境）审批管理】 按照兵团党委的要求，成立师市外事工作领导小组，师市在经费上予以保障，为外事局配备指纹机等设备，确保外事工作业务顺利开展。严控党政机关及参照公务员管理的事业单位领导干部因公出国（境）；加强出国经费管理，出国人员须提交单位财务经费证明；严格控制名目繁多、无实质内容的一般性考察、培训、研讨、洽谈等出访。根据兵团外事局要求，制定师市2014年因公出国（境）计划，做到按计划有序服务，2014年计划执行情况：六师五家渠市2014年上报因公出国（境）计划23批62人，实际审批出国（境）8批20人。办理邀请函5次，邀请外国专家和技术人员5批13人次来师市考察、安装设备等。对因公出国（境）人员分批次进行外事、保密纪律教育。

【外事接待服务】 按照礼宾工作规定，2014年，师市共接待外宾、来宾3批30人次。一是接待瑞典驻华大使罗睿德一行到六师五家渠市参观考察；二是接待亚欧等七国派遣的农业管理和技术人员来六师五家渠市参观考察；三是接待外交部干部司副司长于福龙、副处长胡昌智、殷涛一行3人来六师五家渠市考察。

【侨务（侨联）工作】 进一步做好走访慰问暖侨心工作。2014年春节前夕，共慰问46户归侨侨眷，慰问金额总计3.39万元。在兵团成立60周年之际，慰问侨眷侨属8户共计4 000元，每户500元。中国侨联在春节前到六师五家渠市慰问侨眷侨属4户，每户1 000元，把党中央的关怀和温暖送到边疆侨眷侨属的心里。

【积极参加活动】 国庆前夕，师市侨联组织归侨侨眷代表选送节目参加兵团侨联举办的“2014年兵团侨界国庆联谊会”，受到兵团领导和与会侨眷侨属的赞扬好评；组织师市中小学生作文163篇参加“世界华人中小学生作文大赛”。

【做好信访工作】 通过积极沟通协调，部分信访归侨退休后80元补助及住房补助得以正常发放和补足。

【侨法宣传活动】 进一步深入开展侨法宣传。在五家渠政务网站发宣传标语，在互联网上和QQ群里宣传侨法及实施办法；“全国社区侨务工作示范点”在六师五家渠市青湖路街道友谊路社区设立；充分发挥“全国社区侨务工作示范点”和2个“侨法宣传角”的阵地作用，加大侨法宣传，营造依法护侨的良好社会氛围。

【侨务干部专题培训】 师市选派3人次赴疆外参加侨务干部培训，不断提高侨务干部业务水平和能力素质。

【归侨侨眷摸底登记】 对归侨侨眷进行摸底调查和统计造册，为更好地服务侨眷侨属打好基础。

（屈　佳）

保密工作

【保密宣传教育】 一是在五家渠政务网，对保密法律法规、泄密案例、保密宣传标语和保密常识等进行宣传。二是通过文件转发进行网站泄密案例、全国泄密案例通报、十八届三中全会泄密以及机关单位违反规定通报等案例学习宣传；师市各单位各部门利用中心组学习、晨会和集体学习日等形式深入贯彻学习中央领导、国家保密局长在全国保密工作会议上的讲话和兵团保密工作会议精神，以及《保密法实施条例》等。落实领导责任制，充分发挥保密工作领导责任制，形成一级抓一级，层层抓落实的责任体系。三是举办培训班和派员参加培训。全年共对206人次领导干部和涉密人员进行培训。其中师市举办定密培训班1次，45个单位和部门的79位定密责任人参加培训；保密委主任在师市党校为农牧团场和国企2个班的73名后备干部上党课，宣传保密法。一〇三团、红旗农场、芳草湖农场、共青团农场和师党校的保密委主任也为本单位领导干部265人次上保密教育课；选派未取得上岗证的40名涉密人员参加兵团举办的上岗证培训班学习；选派政务网管理人员7人参加兵团网络管理培训。四是通过保密宣传月举办讲座、看电视宣传片、LED电子屏、保密知识问答、QQ群等多渠道进行宣传。五是签订责任书，2014年，师市保密委主任与42个单位和部门的第一责任人签订保密责任书，有40多个涉密单位和要害部门的834人签订保密承诺书，监狱局等单位还签订涉密计算机使用责任书。六是师市房屋征收办等一些新成立单位和领导调整的单位和部门及时成立和调整保密领导小组成员，明确岗位职责，加强对保密工作的组织领导。

【监督管理】 一是加强定密管理。重新确定定密责任人，45个单位和师市机关各部门确定79名定密责任人。对师市机关2个秘密事项一览表进行调整修订，印发国家秘密范围规范定密工作；二是组织开展政府信息公开保密审查，根据《中华人民共和国政府信息公开条例》和《中华人民共和国保守国家秘密法》，制定《六师五家渠市政府网站信息发布保密管理规定》，严格遵循“谁主管、谁负责；谁公开、谁审查；先审查、后公开”原则，确保公开信息不涉密，涉密信息不公开；三是督促完成兵团电子政务内网建设和测评后的整改工作；四是加强网络保密技术防范工作，增加投入，师团两级投资115.9万元，购买“三合一”设备及网络检查工具，确保网络安全。

【检查查处】 师市保密局组织检查小组对14个团场、23个企事业单位、政法系统各单位及师市机关各部门非涉密网络保密管理进行专项检查，对非涉密网络基本情况、保密管理情况和保密制度落实情况等3个方面8项内容进行检查。抽查计算机407台，检查过程中发现问题及时纠正并督促整改。组织开展师市涉密中央文件专项检查，成立检查领导小组，召开检查工作会议，部署检查任务，并对检查组人员进行检查培训。师市各单位、部门按照要求，对照检查目录进行全面自查，师市对25个单位和部门进行抽查。认真抓好涉外保密管理，加强师市因公出国（境）团组的保密宣传教育。2014年，共对师市因公出国（境）8批20人进行出国前保密教育；对师市2013年年鉴、《共青团农场简史》《土墩子农场简史》，五家渠市政协《五家渠文史》第四集等公开出版物进行保密审查。参与师市高考工作的保密管理并对高考等各类考试进行保密监督，防止各类考试失泄密事件发生。

【队伍建设】 一是通过群众路线教育，参加警示教育、各类业务培训、督促检查、技术防范等活动，突出“管人、管物、管事”3个重点，加强管理；二是师市保密局到国有企业国资公司，对国有企业商业秘密保护工作进行调研，到保密要害单位监狱管理局，对涉密人员管理工作进行调研，了解情况，摸清底数，增强有效服务。（屈　佳）

档案工作

【概况】 六师五家渠市档案局(馆)设置编制7人，实际在编5人(2014年新增工作人员2名)。档案行政管理部门1个，各级综合档案馆15个，其中，地州级综合档案馆1个，县级综合档案馆14个；地州级综合档案室1个，县级综合档案室14个；县级企事业单位综合档案室55个(事业单位综合档案室45个，企业单位综合档案室10)。师市在编人员74人，其中，地州级5人，县级68人。全宗283个，其中，综合档案馆全宗224个，档案室全宗59个。

【档案接收】 2014年，师市档案馆接收五家渠辖区内企事业单位综合档案室档案1 787卷，其中，中基公司33卷，高级中学1 011卷，国土资源局511卷，垦区法院68卷，机关事务管理局38卷；旧印章35卷，全宗卷16卷；师市领导办公室收集资料1 892册；上级来文530件。另接收2009~2014年干部死亡档案75卷。

【年度归档】 2014年，师市各级档案部门共归档案45 272卷、31 094件，其中，各级档案馆归档18 485卷、15 909件，综合档案室归档26 787卷，15 185件。照片档案1 999张，其中，各级档案馆归档1 309张，综合档案室归档690张。底图128张，其中：各级档案馆归底图50张，综合档案室归底图78张。

【档案利用和销毁】 师市各级综合档案馆(室)为广大公众和师市经济建设、工作查考等提供利用档案9 481人次、10 519卷次、6 040件次，其中，档案馆提供给利用单位2 083人次、4 265卷次、2 150件次；档案室提供利用有关经济建设7 398人次、6 254卷次、3 890件次；提供给个人利用295卷次、242件次；提供给单位利用3 970卷次、1 908件次；档案室提供利用有关经济建设241卷次、96件次；宣传教育45卷次、60件次；工作查考7 961卷次、6 286件次；其他36卷次、73件次。销毁档案100件。

【档案馆建设】 一是新建档案馆建设项目2个，即六师五家渠市综合档案馆、红旗农场综合档案馆。红旗农场综合档案馆计划建设总规模1 118平方米，实际建设总规模1 118平方米，中央预算内总投资212万元，自筹42万元，实际总投资212万元。红旗农场综合档案馆与其他项目合建，到2014年10月，红旗农场综合档案馆主体已封顶，进入内部装修阶段。二是申报档案馆项目3个(一〇一团、一〇三团、芳草湖农场)。三是编制上报“十三五”档案馆建设项目计划。新馆建成后，师市档案局分别给六师水管处、一〇五团、新湖农场、奇台农场分别赠送1台电脑、3台打印机、1台扫描仪。

【目标管理】 2014年，师市档案局对五家渠垦区公安局等公安系统3家综合档案室和师市国土资源局、一〇一团土地分局等国土系统13家综合档案室、大黄山豫新煤业有限责任公司综合档案室进行档案目标管理复审工作。经复审，17家综合档案室经整改和不断完善，符合目标管理要求，通过自治区一级标准复审认定。

【档案宣传】 国家档案局决定自2013年开始，把每年6月9日定为“国际档案日”，作为全国档案部门的宣传活动日。师市档案局利用“国际档案日”宣传活动，拓展档案工作的宣传途径和档案文化教育的社会功能。一是积极组织师市各单位参加国家档案局举办的“走进档案”征文活动，各团场、企事业单位向师市档案局投稿征文23篇，向上级推荐5篇；制作宣传栏6块。二是参加兵团档案局举办的“开展国际档案日宣传暨兵团成立60周年图片展”，向兵团机关各级领导展示师市发展变迁。三是在活动日当天，同时向师市机关、人大、政协、街道、社区、团场机关发放“走进档案——档案连着你、我、他”宣传画册1 000册，分发画册照片34张。

【制度建设】 主抓国家档案局9

号令《各级各类档案馆收集档案范围的规定》、10号令《企业文件材料归档范围和档案保管期限规定》的贯彻执行。对机关43个部门的文件归档期限表进行调整修改。对一〇五团、新湖农场等5家档案馆收集档案范围细则给予批复，对国资委监管企业国资公司、百花村等10家企业文件材料归档范围和档案保管期限表逐一审核并通知实施或调整修改。同时，还制定《关于做好党的群众路线教育实践活动师市文件资料归档工作的具体要求》，便于做好群众路线教育实践活动文件资料的归档工作。

【业务培训】 一是2014年6月，师市档案局对3个街道的档案工作进行全面检查。7月，与国资委组成联合检查组，对国资委监管的国资公司、城投公司等10家公司的档案工作进行检查。针对检查中存在的问题，在8月举办1期企业街道档案业务培训班，目的是改变档案员对文件汇编和档案的认识。培训本着易懂、易操作、回单位用得上的原则，期间，局业务人员利用授课、多媒体播放等方式，系统地对档案术语、归档流程、文书档案整理、数码照片档案整理等进行现场交流和演示。二是继续开展对机关、基层档案工作的业务指导，送服务到部门、单位、街道、社区、企业等。采取业务人员一对一服务，主要对五家渠质量技术监督局、地税局、农行等单位提供业务指导服务工作，全年采取单个、集体业务培训70人次。三是与兵局互派工作人员进行为期3个月的业务交流。四是山东省副秘书长档案局局长杜文彬等一行来师市进行馆际交流。 （张　霞）

信息督查

【信息督查报送及采用】 2014年，师市信息督查工作紧紧围绕师市改革发展稳定大局，紧紧围绕“上报兵团信息”和“服务同级和基层党委”两个重点，着力抓好党委督查工作的落实，全年，师市共向自治区、兵团报送党政信息243篇，其中：向自治区报送政务信息3篇；向兵团报送党政信息240条（篇），被兵团办公厅采用69条（篇），其中被中办采用2条（篇）、《兵团信息》采用11条（篇）、《信息专报》采用7条（篇）、《每日要情》采用51条（篇），报送兵团信息得到兵团领导批示4条次；编辑下发《六师信息》11期；转发办理兵团《每日要情》210期。全年，共开展各类督查51项，撰写上报兵团《督查专报》24篇，被兵团采用6篇；编辑办理下发《督查通知》14期、《督查情况》3期，《督查情况通报》8期；办理兵团《督查通知》16项，办结率达100%。确保各项工作的落实。 （王树娟）

师市党办信息中心举办OA系统培训班。 （刘　帆）

信息化工作

【政府门户网站】 2014年，师市门户网站围绕“信息公开、网上互动和在线办事”三大宗旨，以自治区、兵团电子政务外网为依托，启动”1+100”网站群项目，即整合师市机关40个部局委办、14个团场、36个企事业单位信息资源，统一网站管理平台，统一数据库，从而实现对外公开信息资源的共享，更好地为公众服务，进一步提升六师五家渠门户网站信息公开力度和影响力。经过不断完善栏目设计，不断丰富充实内容，通过《师市概况》《领导之窗》《政务公开》《政民互动》《公共服务》等5大栏目和96个二级栏目，师市全委（扩大）会议、政府工作报告、统计公报、规划纲要等重要信息全部在网站上公示，保障师市各族人民群众的知情权。政府门户网站成为群众了解政府，政府对外树立形象的重要窗口。据统计，2014年，共发布主动公开政府信息13 452条，其中，政务信息9 640条，通知公示类信息760条，招投标信息2 646条，政府文件25条，其他类信息381条。师市门户网站点击量累计突破556万人次，日点击率由建立之初的200~300人次到现在的6 000人次，投稿量由当初的每周几件到现在的每天近百件。

【电视电话会议】 电视电话会议系统日趋成熟，传统会议模式逐渐被电视电话会议所取代，电视电话会议具有节约费用、节省时间、实时性强、不受地域限制的优点。因此，师市电视电话会议系统是师市机关精减办公经费的重要途径。2014年，兵团党委以兵团电子政务内网为依托，建立兵、师、团三级联动的视频会议系统。共建立主会场2个，分会场14个。可以同时传输和接收国家、兵团电视电话会议信号，并实现同时向14个分会场转播。制定相应管理制度，规范电视电话会议运作流程。2014年成功召开各类会议118场，与建设初期相比场次提高1倍，成为师市办会的主流模式，大大节约了会议经费，提高办公效率。

【师(市)长信箱】 2014年，“师(市)长信箱”总体运行情况良好，全年共受理信件424件，办结305件，办结率72%。“师(市)长信箱”已成为党和政府与市民密切联系的“连心桥”。新版的“师(市)长信箱”实现与各团场、各单位、机关各部门待办信件的自动转办和答复功能。

【协同办公系统应用效果明显】 师市新版协同办公系统是以师市为中心、实现各机关各部门、各团场和企事业单位全覆盖的办公模式，各单位不仅能够实现内部的公文运转、会议室使用和领导活动的协调，而且可实现与师市机关各部门的纵向公文传输；为推广使用协同办公系统，尽快实现师市公文无纸化办公，师市党委办公室、师办公室决定，自5月1日起，停发、停收全师各类纸质公文，非涉密上、下行文全部走电子公文运转。截至年末，师市协同办公系统完成280个流程的制作，传送文件3 203件，大大提升师、团两级机关办公效率与自动化水平。

【行政审批和电子监察系统的建设工作】 由信息中心负责建设的师市行政审批和电子监察系统于2014年7月5日前建设完成，并投入运行。根据行政服务大厅建设实际，师市按照“一个主厅，多个辅厅”的运行管理模式，采取现场监控和程序监控两种方式监督各辅厅的日常业务工作，主厅重点承担单位法人业务的受理办理工作，共设有24个窗口；各部门的办事大厅(辅厅)主要承担公民个人业务的受理办理工作，大厅实行统一管理、统一监督、统一考核，形成“行为规范、运转协调、公开透明、廉洁高效”的行政服务管理体制。截至年末，已完成一个主厅(行政服务大厅)和2个辅厅(劳动厅+国土厅)的建设工作，后续根据师市需要继续完成其他辅厅的建设工作。

【师市标准化机房建设】 2014年，师市标准化机房建设项目正式动工。自2014年10月1日起，经过6个多月的紧张施工，项目完成过半，预计2015年5月底前完工，信息中心下发文件，统计上报，基本完成机关部门和各单位拟迁入网络设备和业务的梳理工作，为标准化机房的合理布局做好前期准备工作。

【信息化项目管理】 为准确了解师市信息化现状，更好地指导各有关单位开展信息化建设，信息中心积极参与各有关单位的信息化项目建设，并指导规划。信息中心先后参与了五家渠高级中学、职业技术学校数字校园项目的可研、实施等评审工作，参与了芳草湖监狱管理局数字监控项目的验收工作、师市司法局办公楼综合布线、视频监控的可研及评审工作、服务中心行政楼综合布线的可研工作。

【智慧城市建设】 2014年底，根据国家住建部智慧城市建设规划，新疆兵团第六师五家渠市被国家列为第三批智慧城市建设试点单位。

【师市网络和信息安全保障日益加强】 师市信息中心按照《关于加强党政机关计算机信息系统安全和保密管理的若干规定》等有关文件要求，对各部门及基层单位的信息报送、网上发布等严格把关，严防网络泄密事件的发生，确保网络信息安全。师市信息中心对管理的服务器定期进行安全检查，及时打系统补丁，及时升级杀毒软件。及时对机房各项设备进行全面检修，对主要网络设备进行维护。同时，修订完善信息安全责任制度和门户网站内容保障管理制度，规范师市机关上网计算机行为，提升网络带宽的有效使用率和机关效能管理力度。通过此项措施，将师市机关所有上网计算机纳入审计范围，对出现问题的计算机能够迅速定位及溯源、净化上网环境，提高整个网络的安全防护能力。加强重要数据的灾备工作。师市信息中心每天定时对师市门户网站、邮件服务器、协同办公系统等重要应用系统的数据库进行备份。加强师市机关计算机的保密工作。2014年,师市信息中心协助保密局建设了兵、师、团三级涉密信息管理系统,更加有效地管理涉密信息,提高涉密信息的安全性。

【电子政务培训】 信息中心先后赴14个农牧团场举办协同办公和网站管理培训班19场,针对机关各部门和企事业单位兼职信息员进行集中培训2场,并根据部门需求,到各部门进行现场培训和指导。通过集中培训和现场指导,让学员基本掌握与电子政务发展相适应的信息获取、处理、分析、发布及利用的知识和技能,提高全师的信息化应用水平。

【师市信息化发展环境】 师市党委对信息化工作重要性的认识越来越清晰,在资金、人力、设备等方面都给予大力支持。五家渠电视台和准噶尔时报社等新闻媒体加大对师市信息化建设和应用工作的宣传力度,多次报道政府门户网站的应用情况,特别对"师(市)长信箱"应用作专题报到。(刘 帆)

信访工作

【概况】 师市信访局设置编制4人,实际在编4人,后备干部挂职4人,全师14个农牧团场有专职信访干部17人,其中:一〇二团、芳草湖农场、新湖农场、军户农场、奇台农场各2人,一〇一团、一〇三团、一〇五团、一〇六团、共青团农场、红旗农场、土墩子农场各1人,六运湖农场、北塔山牧场为兼职人员。是年,师市整修扩建了接访大厅,增加2间办公室。

是年,师市信访局本级共受理来访总量350批3 345人次,同比(2013年500批3 309人次)批次减少30%,人数增加1.1%。其中:集体访159批2 977人次,同比(2013年164批2 664人次)批次减少3%,人数增加11.7%。

是年,师市职工群众赴兵团上访总量117批523人次,同比(2013年254批980人次)批次减少53.9%,人数减少46.6%,其中:集体访24批401人次,同比(2013年31批682人次)批次减少22.6%,人数减少41.2%。2014年,师市职工群众赴京非正常访29批82人。师市职工向中央巡视组来访、来信、来电信访153人次,均已答复完毕。

【群众反映的主要问题】 2014年,群众到师市来访反映的主要问题有:一是反映冬季供暖及物业管理问题;二是反映拖欠农民工工资问题;三是劳动就业及工资待遇问题;四是反映农业承包、农产品交售及草场补贴问题;五是反映出租车要求扩大运营范围及权属归己问题;六是反映市场管理整顿规范问题;七是反映房屋拆迁补偿及被断水断电、权证办理问题;八是反映环境污染问题;九是反映棚户区改造问题;十是反映职工身份及子女劳动就业、工资待遇等问题。

【党委重视信访工作】 2014年下半年,师市党委召开一次重要信访工作会议,师市2名主要领导和党委常委全部参加会议,这次会议为全面推进2014年师市信访工作的深入开展注入了强大动力。会议结束以后,信访局按照会议的要求,把影响师市信访稳定和可能发生越级上访的61个重大信访问题,按照领导分工实施师领导包案,集中进行处理和化解,截止到2014年11月底全部得到妥善处理。

【创新信访工作机制】 2014年,六师信访工作按照"资源共享,共同协作"的原则要求,在体制创新、制度完善上下功夫,形成"左右联动、上下协调、运转顺畅"的信访工作新机制。进一步完善信访与公安机关密切协作的信访处置机制,建立师信访联席会议办公室与公安机关领导的定期沟通和案情共同分析制度,2014年,师市公安机关为维护正常的信访秩序共出警65次2 360人次,有16批突发的重大群众信访活动成功化解在基层。

将涉法涉诉信访问题移交师市政法委综治办,充分利用司法杠杆解决信访问题,成功化解多起信访问题。建立司法行政律师介入信访工作的制度,共参与师市各类信访工作23次,推动师市信访工作法制化建设的深入发展。

【领导干部接访】 2014年,制定修改师市各级领导干部定期接待职工群众来访实施细则,对领导干部如何开展接待群众来访工作进行具体规定和要求，信访部门把排查出来的各类信访问题交到需要下基层的师市机关33个部门，机关部门带案下访，到基层一线了解情况，解决问题。

2014年，把“领导干部接访、下访活动”与“第二批群众路线教育实践活动”相结合，在认真总结上年工作的基础上，进一步开展好全年的领导干部接访、下访活动。2014年1~11月底，师市领导、党委班子成员在接访日亲自接待近400人次来访，协调推动156个来自出租车要求扩大运营范围及权属归己问题，农业、城市管理、破产企业和棚户区改造中的信访案件得以解决；团场主要领导和班子成员在接访日亲自接待1 542人次，协调推动365个信访案件得以解决。

【信访信息化建设】 师市于2012在2个团场开展信息化试点工作。2013年3月，师市统一给18个基层单位配备价值30多万元的设备，统一进行安装调试。截至2014年底，六师五家渠市14个农牧团场、3个街道办事处及十三户社区的设备、人员已全部配备到位，其中2个全国信访信息系统试点团场一〇二团、新湖农场运行状况良好。全师范围内信访信息系统运行良好，提高信访工作水平。5月27~30日，对师属18个基层单位的信访信息员进行集中培训，取得较好效果，目前，师市各基层单位信访信息员都能熟练掌握应用全国信访信息系统。

截至11月30日，师市本级信访信息系统共录入办理信访件279件，涉及2 561人次，录入率100%，其中集体访114批2 278人次。办理兵团转办全国信访信息系统信访件215件，涉及683人次，转办率100%。其中：集体访19批337人次，来信12批36人次。

【矛盾纠纷排查和积案化解】 2014年4月29日，中共中央总书记习近平到六师五家渠市视察调研，信访局配合公安部门认真开展横向到边、纵向到底的矛盾纠纷摸底排查工作，对于排查出的各类问题，认真梳理汇总，分类排序，落实“五包”，通过信访局和公安系统的不懈努力，确保习总书记视察六师五家渠市、全国“两会”、自治区“两会”期间师市的信访稳定。

2014年，信访局按照年初制订的工作计划，进一步组织开展信访积案化解活动。化解历史积案率达到95%以上，解决初信初访问题和息诉息访率达到80%以上，信访总量、集体上访、重信重访、非正常上访数量比2013年均有下降。主要措施：一是建立台账，汇集案卷。认真调查核实，切实掌握上访人反映的问题、案件处理、稳控措施等情况，逐案落实包案领导、承办人员、办结时限、解决措施等。对重大复杂的信访积案，主要领导都做到了带头包案处理，直接推动问题彻底化解。二是集中人力、物力、财力，因案施策，分类化解，努力实现“事要解决”和息诉息访。三是落实责任追究。按照《六师五家渠市关于对非正常信访活动实行干部责任追究的暂行办法》，落实信访责任追究制度，对因工作方法简单粗暴，不积极接待职工群众，不认真处理信访人反映的信访问题，推诿扯皮，敷衍塞责的，严格按照国家和师市有关规定要求，严肃追究有关方面和有关人员的责任。

【依法逐级走访工作】 2014年4月23日，国家信访局发布《关于进一步规范信访事项受理办理程序，引导来访人依法逐级走访的办法》，自2014年5月1日起不再受理越级访。信访局根据《信访条例》和相关法规文件，结合工作实际，按照“属地管理、分级负责，谁主管、谁负责，依法、及时、就地解决问题与疏导教育相结合”的原则和有关规定，分级受理职责范围内的信访事项，并按规定的程序和期限办理。高度重视初信初访，及时就地妥善处理信访事项，防止因受理不及时、办理不到位导致信转访或走访上行，收到较好效果。　（李根旺）

史志工作

【团场简史工作】 坚持先易后难、逐个突破，多种方式、加快进度的工作原则，2014年重点对进度较慢的东线团场的简史编写工作加大业务指导和监督检查力度，取得较明显工作成效：一是《一〇六团简史》正式出版发行，《共青团农场简史》进入印刷阶段。二是《土墩子农场简史》先后通过师级和兵团级评审，开始最后的修改工作；《新湖农场简史》进入兵、师两级责任编校和图片整理阶段。三是《奇台总场简史》及奇台农场一〇八、一〇

九、一一〇社区简史均已完成初稿。

【二轮修志工作】 坚持严格评审、保证质量，加强协调，稳步推进。一是《一〇三团志(2001~2010)》通过兵团级评审，一〇三团党委高度重视，迅速投入人力开始进行志稿的修改调整工作，力争成为师市首部正式出版的二轮志书。二是《芳草湖农场志》已收到兵团反馈回来的修改意见，虽然修改的任务很重，但志书的结构框架、主要内容已基本确定。三是圆满完成兵团二轮修志师市经济、政治、社会等各项事业概况资料的撰写工作。此次兵团二轮修志，上限自1986年，下限至2010年，历时25年，具有时间跨度大、资料难收集、稿件撰写要求高等特点，师市史志办历时5个月，收集整理6万多字的资料汇编，经反复修改，最终形成1.8万字的师市概况资料综述，相关文字材料经师市领导审核后上报兵团，材料质量得到兵团史志办的好评。

【年鉴编纂工作】 《六师五家渠市年鉴2014》由六师五家渠市史志办负责编纂，主编皇甫志辉，由新疆生产建设兵团出版社出版，新疆新华印刷厂印刷，书号为ISBN 978-7-80756-954-1，全书分为36个部类，1 400千字，42.25个印章，是自2006年创刊以来的第九部年鉴，定价210元。2014年年鉴较之往年年鉴相比，一是版面进行更新改进，由原来的小16开本，改进为大16开本，封面设计，字号、字体等也较以往有所改进。二是对年鉴文字内容进一步进行充实和规范。增加一〇二团梧桐镇、一〇三团蔡家湖镇、五家渠园区建设、习总书记到师市视察等重点内容，增强年鉴的时代感，客观反映师市“三化”建设的新变化和新成果。三是对基层报送稿件进一步进行严格规范和要求，如照片的报送、严把文字保密审查关等，以提高基层稿件质量。四是收集整理了习总书记到师市考察相关内容的图片、影视、文字资料等，作为师市这一历史事件的重要资料保存。五是集中力量，完整收集了师市自2006年第一部年鉴至2013年各年度的年鉴电子版，为建立师市年鉴数据库做好准备。

【职能发挥】 充分发挥史志工作的职能作用，积极参与其他部门的相关工作。一是参与了五家渠市政协文史资料第四辑《天山脚下的北京支青》的评审工作，为文史资料的顺利出版提供有价值的意见参考；二是参与了师市博物馆内部陈设的改进工作；三是参与了《亮剑之师》第三辑《建城戍边》相关内容的资料收集和撰写工作。

【培训交流】 对外联系交流工作坚持学习为主，积极主动。一是热情接待了自治区地方志编纂委员会书记廖运健及全体人员约40余人，周到细致的参观考察线路安排和节俭的就餐出行受到自治区编纂委的好评。二是两次接待八师石河子市史志办，重点就年鉴的编纂、出版、印刷工作进行交流和学习。三是先后选派4人参加兵团史志办统一组织的年鉴编纂培训班，学习先进理念和成功经验，与兵团其他师局加强交流了解。四是利用兵团专家评审《一〇三团志》的大好机遇，组织各团场史志工作人员现场参评，学习提高业务水平。 （皇甫志辉）

机关事务管理

【概况】 2014年，机关事务管理局新招公务员1名。机关事务管理局共有干部11名，职工2名。其中高级会计师1名，高级统计师1名，中级会计师2名，工程师1名，政工师1名，初级会计师3名。

【以绩效考核促全面工作】 2014年，机关事务管理局将机关绩效考核工作作为全年工作重点，通过分析研究，将全局工作的重点、难点列为绩效考核的工作目标，对任务逐项分解认领，对多个人的分管工作给予具体的任务化打分和日常监督管理考核，全局上下，心有所想，干有目标，始终将绩效考核的工作任务融入日常工作中，通过目标管理促进各项服务。

【提升服务质量】 一是3月，新行政中心办公楼启用之际，通过公开招投标方式，积极引进专业物业公司，为办公楼的正常运转提供专业物业服务。10月，又将政府办公楼和人大、政协办公楼，采取同样方式，交由物业公司做具体的专业物业服务。通过实际运行，取得积极成效，3个办公楼的物业服务更加规范化、精细化。二是对师市机关车辆维修费及保险费进行公开招标，由报价低、服务好的单位提供服务，节约机关公务用车开支。三是完成师市机关办公用品和耗材的公开招标采购工作，进一步规范师市机关对办公用品和办公耗材的管理。四是针对调入师市机关工作人员的住宿问题，出台新的管理办法，将过去无偿无限期占用公共资源，变为有偿有期限使用，彻底改变宿舍紧张问题。

【加大政务公开力度】 2014年，按照贯彻落实中央八项规定和“三公”经费公开的要求，管理局积极推进“三公”经费收支情况公示。先后通过政务网和管理局橱窗，公示师市机关2013年度部门决算、2014年部门预算，以及各部门全年每个季度的经费预算使用情况。此项举措的落实，不仅要求管理局扎实做好经费的预算管理工作，更是一种适应新常态，主动接受社会各界监督的积极态度。在加大政务公开力度的同时，机关事务管理局还不断完善各项管理制度，先后制定《管理局工作人员工作流程图》《公务人员周转住房暂行办法》《师市机关驾驶员管理办法》《机关车辆费用报销规定》《关于机票、火车票报销的有关补充规定》《办公用房管理规定》等多项制度措施。用制度管事管人，提高管理工作的水平和效率。

【坚持每周例会工作制度】 2014年，机关事务管理局继续坚持每周一例会制度，通过例会进行学习和工作交流安排，将学习与工作有机结合起来，特别是在党的群众路线教育实践活动期间，管理局结合工作实际，认真查找“四风”问题，并将过去习以为常的一些做法从思想认识上进行对照剖析，从而使每个人的思想深处受到教育，认识得到提高。

【有序完成常规工作】 财务管理工作2014年完成预算拨款33 075万元，支出27 952万元。顺利完成师市机关办公用房的清理、搬迁和改造工作，腾出5处办公用房，共计一万余平方米。完成行政中心的改造、启用及部门搬迁工作。综治工作每月例行检查，全年无各类治安事件发生，获得2014年师市综治工作专项奖。行政管理工作完成春秋两季义务植树及冬季清雪工作。公共机构节能工作完成第二批节能示范单位的资料上报工作，完成上报自治区和兵团的各项节能统计分析报表。完成将军府酒店承包经营权的公开招标，并协助国资公司完成承包经营权移交的相关事宜。圆满完成习近平总书记4月29日视察六师五家渠市时的后勤服务保障工作。

（李　丽）

党委党校工作

【提升教职工队伍素质】 强化全体教职工集体学习。围绕中央、自治区、兵师的最新精神，全年组织12次政策理论和业务知识学习。开展社会调研活动。要求29位教师每人至少完成2个调研课题，教师带着课题深入团场、企业，通过问卷调查、座谈交流、实地考察等方式进行深入调查分析。深入开展学术交流，围绕教学科研任务，全年开展学术交流20次。加强教职工高校进修学习，安排30人次到疆内外高校进修学习；开展专业技术岗位聘任。根据《党校岗位聘用办法》，3位高级讲师顺利晋升到专业技术岗位的上一级，5位研究生顺利晋升到中级讲师岗位；客座教师队伍建设进一步规范，建立完善60人客座教师队伍；严格落实《党校财务管理制度》《党校干部人事改革若干意见》《党校教职工绩效考核管理办法》《党校岗位聘用办法》等核心制度；中青年教师培养步伐加快。自2005年以来，已陆续引进本科、硕士研究生19人，占党校教师比例的65%。

【提升干部培训质量】 2014年，党校完成27期培训班，培训干部1 620人，主要包括：群众路线专题培训班120人、兵团第五批援疆干部培训班42人、十八届三中全会与兵师党委（扩大）会议精神专题研讨班120人、少数民族挂职干部培训班2期60人、民营企业家培训班30人、师市纪检干部培训班65人、统战与民族宗教干部培训班30人、中青年干部培训班35人、机关党建业务骨干培训班40人；同时，与师市部局委联办培训班20期，培训人员2 000人次；组织教师开展送教上门40场次，授众4 000人次。全年累计培训7 620人次。精心设计培训内容。按照“三个三分之一”的教学布局，突出3个培训重点：一是突出理论培训。以党的十八届三中全会精神、中央第二次援疆工作座谈会精神、兵师党委

(扩大)会议精神为主,作为各培训班次必学内容。二是突出专业培训。根据不同班次设置针对性强、实用性强的专业知识,尤其是加强对学员相关政策法规知识的培训。三是突出联系实际培训。在各培训班中设置不少于50%的联系师市经济社会发展实际尤其是“三化”发展实际的培训课程。同时,安排80%以上的培训学员赴山西省委党校、八师石河子市、七师、奎屯市、昌吉市进行延伸式培训。增强理论与实际的联系;大力推行教学方式创新。鼓励并资助教师采用案例式、模拟式、互动式、研讨式、调研式、“2+1”等多种教学方式授课,受到学员的普遍欢迎;狠抓教师备课质量的提升。建立完善“三个教学目录库”,包括《2011~2013年党校教学目录库》,共收集3年来校内教师的113个教学精品专题课、《2011~2013年外请教学目录库》,共收集91个外请专家和教师专题课,以及《国内知名专家精品教学(视频)目录库》。组织开展教学比赛活动。2014年10月,组织全校中青年教师开展教学比赛活动,对表现突出的教师进行表彰,以加快提升中青年教师的教学水平。

【提升科研质量】 一是积极参与兵团党校系统、全疆党校系统理论研讨会。在兵团党校第十八届理论研讨会上取得丰硕成果。共上报27篇文章,有17篇获奖,获奖率为62.9%,其中一等奖4篇、二等奖5篇、三等奖6篇、优秀奖2篇。同时,在全疆党校系统第十四届理论研讨会上报送5篇论文,3篇获奖,获奖率为60%,其中2篇获得一等奖、1篇获三等奖。二是围绕师市党委政府中心工作开展调研活动。全年撰写调研报告52篇,其中6篇以《领导参阅》形式报送师市领导、人大、政府、政协及师市机关部门参阅。三是加大科研成果向教学成果转换的力度,要求每位教师一个学期撰写一篇紧密联系师市实际的研究报告在《青湖论坛》上发表;每位教师全年必须有一个科研成果向教学成果转换的专题课参加学术交流。四是精心打造3个科研品牌刊物:《领导参阅》《学员研究报告》《青湖论坛》。五是积极参与各类科研征文和评比活动。2014年全年参与兵团及师市部门的19次征文活动,共计完成各类科研论文及调研报告84篇。为师市政研室理论研究提供多篇理论文章。参加兵团党校系统第八届科研成果评奖,申报10项,7项获奖,其中一等奖2项,二等奖3个,三等奖2个,并荣获“科研工作组织奖”。

【提升联合办学水平】 积极加强与昌吉州党校、兵团党委党校、自治区党校、山西省委党校的联系和交流。全年邀请兵团党委党校专家教授15人次来校讲学,安排10名教师到兵团党委党校学习教学科研工作;11月安排中青班35位学员前往山西省委党校延伸培训12天,并开展八路军圣地武乡红色教育;邀请自治区党校知名教授白力来校讲课,自治区党校给师党校7个培训名额前往苏州、自治区党校学习培训;与昌吉州党校加大教学科研合作力度,积极开展精品师资共用、教学基地共享、兵地融合共研活动。

【提升电大办学质量】 全年招生644人,目前在册人数达到2 000人,根据师市当地需要,开设法学、会计、工商管理、汽修、土木工程、护理等实用专业;师党校已经建立起一支由19名电大责任教师组成的高效管理团队,重点抓好学员网上学习、面授、考试3项核心环节。

【提升思想政治和后勤服务水平】 制定2014年政治工作要点,对校政治工作进行全面部署,重点抓好抓实党建、组织人事、纪检监察、宣传、综治、工青妇、统战档案、老干等各项政治保障工作,各项工作再创佳绩。特别是党校教育实践活动得到师市党委的肯定。党校群众路线教育实践活动得到师市活动办和督导组的表扬,并撰写经验材料以供交流。2014年11月,党校全国文明单位届满复验得到上级考核组的一致好评。后勤保障服务质量进一步提升。严格按照相关制度规定,对培训楼经营进行严格规范管理,提升党校餐饮食宿质量。积极推进新校区建设,在完成新校区可行性研究报告、向国家申请建设资金、师市批准新校区规划用地3项工作的基础上,2013年10月,师市为党校批准下达8 000万元新校区建设项目计划(其中计划国家资金3 000万元)。截至年末,基础性工作已经完成,待国家资金下达后,即刻启动新校区建设。

(李俊山)

责任编辑 皇甫志辉

题图摄影 李华北

市三届人大常委会

【市三届人大常委会组成人员】

主　任　刘毅(副师级)

副主任　朱忠礼(正处级)、赵虹山(正处级)、蒋玲(女,正处级)

秘书长　张明华(正处)

委　员　王建军、王道君、王新乐、刘志勋、孙卫华、孙延良、李干、李培义、张宝林、张新玲(女)、陈建春(回族)、赵庆(女)、赵浩德、胡永蕙(女)、戚宗华

【市人大常委会党组领导班子成员】 2014年度,刘毅任五家渠市三届人大常委会党组书记,朱忠礼、赵虹山、蒋玲、张明华任五家渠市三届人大常委会党组成员。

【市第三届人民代表大会第四次会议】 2014年3月5~6日,五家渠市第三届人民代表大会第四次会议在五家渠市召开。大会听取、审议并通过师市党委副书记、师长、市长张顺帮作的《政府工作报告》;审议并批准了《关于2013年五家渠市国民经济和社会发展计划执行情况与2014年计划草案的报告》《2014年五家渠市国民经济和社会发展计划》《关于2013年五家渠市财政预算执行情况与2014年五家渠市财政预算草案的报告》《2014年五家渠市财政预算》;听取、审议并通过市三届人大常委会主任刘毅作的《市人大常委会工作报告》、市人民法院院长赵萍作的《市人民法院工作报告》以及市人民检察院代检察长李新科作的《市人民检察院工作报告》;选举王建军、孙卫华、赵浩德为市三届人民代表大会常务委员会委员,李新科为市人民检察院检察长。

【市人民代表大会常务委员会会议】 2014年,五家渠市人民代表大会常务委员会共举行6次会议,即五家渠市第三届人民代表大会常务委员会第十四次会议至第十九次会议。

第十四次会议　2月28日在五家渠市召开,出席会议的常委会组成人员有17名,市人大常委会主任刘毅主持会议。会议听取了关于市三届人大四次会议筹备情况的汇报;会审了拟提交市三届人大四次会议的市人大常委会工作报告;表决通过市第三届人民代表大会第四次会议有关程序性的事项;审议通过市人大常委会代表资格审查委员会《关于补选的市三届人大代表的资格审查报告》。任命王建军为市三届人大常委会教科文卫工作委员会主任,孙卫华为市三届人大常委会办公室主任。任命丁梅、章梅娟、王新华、马志龙、王振红、周相海、魏小娱、沈红岩、杨保华、王孝安、陈杰为市人民法院人民陪审员。

第十五次会议　5月9日在五家渠市召开，出席会议的常委会组成人员17名，市人大常委会主任刘毅主持会议。会议组织相关人员聆听了《中华人民共和国食品安全法》专题讲座；听取和审议了市人大常委会执法检查组关于市贯彻实施《中华人民共和国审计法》情况的执法检查报告和市政府关于市食品安全监管情况的专项工作报告。

第十六次会议　7月3日在五家渠市召开，出席会议的常委会组成人员有17名，市人大常委会主任刘毅主持会议。会议组织与会人员聆听了《中华人民共和国民事诉讼法》专题讲座；听取和审议了市政府关于市经济适用房建设管理情况的专项工作报告，关于市科技经费投入、使用和管理情况的专项工作报告；市人大常委会执法检查组关于市贯彻实施《中华人民共和国民事诉讼法》情况的执法检查报告，市人大常委会调研组关于对职业技术学校教育发展情况的调研报告。聘任杨建为市人大常委会教科文卫工作委员会委员，任命孙卫华为市人大常委会代表人事工作委员会委员。任命王学琦为市人民政府副市长（援疆），王占刚为市安全生产监督管理局局长，王伟为市建设（环保）局局长，宋光华为市卫生局局长。免去孙景利、田兵市人民政府副市长职务，闫国强市建设（环保）局局长职务，武耀平市卫生局局长职务，刘振江市旅游局局长职务。任命赵萍、陈娜、赵慧燕为市人民法院审判员、审判委员会委员，王宏为市人民法院审判员、审判委员会委员、副院长，栾红为市人民法院审判员、刑事审判庭庭长，徐素梅为市人民法院审判员、行政审判庭庭长，赵光辉为市人民法院审判员、立案庭副庭长，甘卫东为市人民法院审判员、民事审判第二庭副庭长，刘建新为市人民法院审判员、审判监督庭副庭长，韩志金、张卫民、金文彬、冯世祥、拜会民、刘杰、渠底模、张高豫、杨锐、刘静、单春燕、党天江、石娟、李冠霖、牛静、邹山银、王丽、许亚军为市人民法院审判员。免去栾红市人民法院刑事审判庭副庭长职务、徐素梅市人民法院行政审判庭副庭长职务。任命宋亮、张卫红为市人民检察院检察员、检察委员会委员、副检察长，高红江、李强、张建波、关小琴为市人民检察院检察员、检察委员会委员，李铭、毛新生、齐强文、魏跃峰、杨晋媛为市人民检察院检察员。

第十七次会议　8月28日在五家渠市召开，出席会议的常委会组成人员有19名，市人大常委会主任刘毅主持会议。会议听取和审议了市政府关于2014年上半年计划执行情况的报告、2014年上半年财政预算执行情况的报告、2013年财政决算的报告、2013年本级预算执行和其他财政收支情况的审计工作报告；听取和审议了市人大常委会财经工作委员会关于对五家渠市2013年财政决算的审查报告；市人大常委会视察组关于城市综合执法情况的视察报告；审查批准了五家渠市2013年财政决算。

第十八次会议　10月29日在五家渠市召开，出席会议的常委会组成人员有17名，市人大常委会主任刘毅主持会议。会议听取、审议并通过市政府关于代表议案办理情况的专项工作报告、食品安全监管情况审议意见研究处理情况的报告、《中华人民共和国审计法》执法检查提出问题整改落实情况的报告；听取和审议了市政府关于代表议案建议办理情况的专项工作报告、依法行政工作开展情况的专项工作报告、2014年财政预算调整的报告；听取和审议了市人大常委会财经工作委员会关于对五家渠市2014年财政预算调整方案的审查报告，市人大常委会调研组关于市养老服务体系建设情况的调研报告；审查批准了五家渠市2014年财政预算调整方案。

第十九次会议　12月25日在五家渠市召开，出席会议的常委会组成人员有18名，市人大常委会主任刘毅主持会议。会议听取和审议了市政府关于“惠民实事”办理情况的专项工作报告；听取、审议并通过市政府关于经济适用房建设管理情况审议意见研究处理情况的报告、科技经费使用和管理情况审议意见研究处理情况的报告以及市人民法院关于《中华人民共和国民事诉讼法》执法检查提出问题整改落实情况的报告。市政府关于2013年本级预算执行和其他财政收支审计报告中提出问题整改情况的报告未获通过。会议决定2015年3月召开五家渠市第三届人民代表大会第五次会议。

【检查、视察和调研活动】　2014年，市人大常委会先后听取和审议“一府两院”专项工作报告12个，整改落实情况报告6个；对2部法律法规的贯彻落实情况进行检查；组织代表开展检查、视察、调研18次，形成调研、视察报告3篇。

重点执法检查。一是《中华人民共和国审计法》贯彻实施情况。4月9~10日，市人大常委会执法检查组对全市贯彻实施《中华人民共和国审计法》情况进行执法检查。提出审计人员的工作作风和服务水平，审计监督质量还有待进一步提高，审计决定执行难的问题依然存在，审计队伍与审计任务的矛盾较为突出等四个方面的问题，并从进一步加大审计法的宣传力度，加强审计队伍建设，强化重点审计和全面审计的有机结合，强化执法手段等五个方面提出建议，检查结果以书面形式反馈给市政府，要求认真进行整改落实。二是《中华人民共和国民事诉讼法》贯彻实施情况。6月9~10日，市人大常委会执法检查组对市贯彻实施《中华人民共和国民事诉讼法》情况进行执法检查。提出立案不规范，执行难的问题尚未根治，少数案件办案效率不高，部分办案工作人员能力有待提高，基层司法工作力量不够等五个方面的问题，并从强化案件质量监管，切实加强队伍建设，加大经费保障力度等四个方面提出建议，以书面形式反馈给市人民法院，要求认真进行整改落实。

重点视察调研项目。一是调研食品安全监管情况。4月9~10日，市人大常委会调研组对市食品安全监管情况进行调研。收集整理出食品生产经营企业整体水平不高，发展不平衡；农产品批发环节安全检测缺失，入市农产品存在安全隐患；食品监管力量不足，群众食品安全意识不强，自我保护能力较差等五个方面的问题，并从市政府要积极落实国家和自治区机构改革方案，建立健全统一的食品安全监管体系，加强食品安全检测机构建设和基层执法机构建设等六个方面提出建议，反馈给市政府，要求在专项工作报告中予以回应。二是调研科技经费投入、使用和管理情况。6月10~11日，市人大常委会调研组对市科技经费投入、使用和管理情况进行调研。收集整理出本级财政科技经费投入规模小，科技经费分配不够合理、拨付不够及时，存在“重立项、轻管理”现象，对本市具备发展潜力的知名老企业支持力度不够等五个方面的问题，并从进一步加大科技经费投入、调整优化科技经费分配结构、加强预算管理、及时拨付科技经费、抓好科技经费绩效考核等五个方面提出建议，反馈给市政府，要求在专项工作报告中予以回应。7月3日，市人大常委会第十六次会议听取和审议了市政府关于科技经费投入、使用和管理情况的专项工作报告。提出进一步加大本级财政科技经费投入，调整和完善财政科技经费的使用结构和方式，强化财政科技经费监督管理，抓好财政科技经费使用绩效考核，着力提高科技经费使用效益等四个方面的审议意见，要求市政府研究处理。三是视察“惠民实事”办理落实情况。11月20~21日，市人大、市政协组成联合视察组，对市政府承诺的2014年“惠民实事”办理落实情况进行视察。收集整理出“惠民实事”选题不够准确、办理协调不到位、完成不理想，部分“惠民实事”缺乏前期调研论证、施工不合实际等等四个方面的问题，并从科学选题、统筹安排、有效衔接、建管兼顾、确保项目按时完成，成果持续有效等三个方面提出建议，反馈给市政府，要求在专项工作报告中予以回应。

【专题询问】 2014年10月29日，市人大常委会组织召开军垦路街道西林路社区老年人日间照料中心建设运行情况专题询问会。这次专题询问，是市人大履行监督职能的一次有效探索和创新，在市人大常委会历史上尚属首次。会上，市政府及相关部门从政策和措施的制定、加快养老服务体系建设等方面对询问人的询问做出回应，并表态将全力做好“十二五”的收官工作，继续加快推进五家渠市养老服务体系建设，实现“老有所养”的目标。同时，在“十三五”期间，通过加快养老服务基础设施建设，健全养老服务机构，积极推进社区居家养老服务，促进医疗卫生与养老服务相结合，促进养老服务业持续健康发展。

【代表议案建议办理情况】 市第三届人民代表大会第四次会议期间，共收到代表提交的议案1件。经大会议案审查委员会审查，将王明虎等13名代表联名提出的《关于一〇三团蔡家湖镇知青馆布展项目的议案》作为大会议案。共收到代表提交的建议、批评和意见143件，经过进一步整理合并为131件。4月17日，市人大常委会相关工作机构将1件议案和130件建议交由市政府承办，1件建议交由市人民法院承办。其中，确定《关于一〇三团蔡家湖镇知青馆布展项目的议案》《关于整顿治理一〇一团团结巷临时农贸市场的建议》等9件议案建议作为2014年重点督办的议案建议。

王明虎等13名代表联名提出的《关于一〇三团蔡家湖镇知青馆布展项目的议案》，由副市长李金平和副市长杨治国牵头协调督办，文化局主办，发改委和财政局协办。市文化局迅速下发《关于协助一〇三团知青馆、团史馆征集历史文物的通知》，要求各单位积极配合，安排人员做好文物的征集、捐献等工作，并安排师市博物馆做好无偿提供相关资料、图片，帮助审核设计布展方案，无偿提供需要的富余文物等工作。发改委对布展项目给予立项，加大对项目资金的扶持力度。一〇三团蔡家湖镇成立由政委、团长为组长，副政委为副组长，其他领导及相关科室负责人为成员的领导小组，确定了具体的承办科室及人员，明确任务和责任。并委托新疆鼎业环境艺术工程公司对知青馆(团史馆)内部陈列布展进行设计和制作，委托六师勘测设计院对知青馆(团史馆)实施方案进行专家评审。在议案办理过程中，市政府及有关部门和一〇三团蔡家湖镇密切协作，一是多次召开领导小组会议和座谈会，及时通报议案办理进展情况，研究解决工作中的具体问题；二是加大督办力度，市政府先后对议案办理情况进行3次督促检查；三是建立办理信息反馈制度。一〇三团蔡家湖镇多次邀请市人大领导和有关代表座谈、现场视察，征求对议案办理工作的意见建议。年末，知青馆全部完成布展并开馆。13名提议案的代表对答复和落实情况均表示满意。

市政府对收到的130件建议交由36个部门及单位办理，并下发《关于认真做好2014年度人大代表议案建议和政协委员提案办理工作的通知》，对办理工作进行全面部署，全年130件建议全部答复完毕，答复率为100%。其中，已经解决或基本解决的106件，占81.5%；列入规划逐步解决或作为工作参考被采纳的12件，占9.2%；与政策不符或条件暂时不许可而作解释性回复的12件，占9.2%。代表对建议的答复情况满意和基本满意率为100 %；代表对建议的落实情况满意和基本满意125件、不满意5件，满意和基本满意率为96.2%。市人民法院对收到的1件建议进行认真答复和办理，代表对建议的答复和落实情况均表示满意。

【职能延伸】 为贯彻落实党的十八届三中、四中全会和师市党委十届四次全委(扩大)会议精神，在师属团场延伸人大工作和人大职能，市人大常委会多次邀请师市党委组织部、政研室，师市法制办、工会等部门领导，师党校教授学者召开座谈会讨论、拟订出《关于在师属团场建立人大代表联系会的实施意见》，并多次审议修改，后报请师市党委审查批准。该《实施意见》主要从职能作用、机构设置及成员、主要任务、经费保障和使用等四个方面、20条意见对在师属团场建立人大代表联系会进行详细的阐述。

【党的群众路线教育实践活动】 2014年，市人大常委会党组按照师市党的群众路线教育实践活动的统一部署，切实抓好学习教育、听取意见、查摆问题、开展批评、整改落实、建章立制等各环节工作，对市三届人大以来形成的16项常委会工作制度和25项机关工作制度，修改和完善3项、废止2项、新修订4项。市人大常委会党组始

2014年10月29日，市人大常委会组织召开军垦路街道西林路社区老年人日间照料中心建设运行情况专题询问会。(花　鹏)

终把“四让、四讲、四带头、六个一”贯彻于活动始终，推进活动深入开展。“六个一”即邀请党校教授开展一次群众路线教育实践活动的专题辅导，与挂钩单位共同组织集中上一次党课，每个党员干部撰写读书笔记一万字以上，举办一次机关全体干部学习体会交流活动，开辟一个“群众路线教育活动大家谈”学习专栏，开展一次下基层排忧解难活动；“四让”即开门搞活动要做到让群众参与、让群众评判、让群众监督、让群众满意；“四讲”即以教育实践活动促常委会机关自身建设，做到讲政治、讲学习、讲廉洁、讲效能；“四带头”即教育实践活动中领导干部要发挥引领示范作用，带头开展学习调研、带头征求各方面意见、带头做好对照检查、带头抓好整改落实。

【新闻宣传】 全年在中央、省市各类媒体及网站刊稿500余篇，与新疆人大杂志社联合推出《五家渠市人大代表群像图》，为亮剑之师第三辑《建城成边》组稿2篇；为纪念全国人大成立60周年、自治区人大成立35周年、五家渠市成立10周年组织编辑了系列宣传稿件，给新疆人大提供文章10余篇，准噶尔时报社专题文章1篇，设计编排市人大成立10周年发展历程专栏(图片)1期；编辑出版《人大工作理论与实践》《人大代表风采录》，编印《人大信息》52期，《常委会会刊》5期；对市人大网站进行改版升级，设置有新闻中心、监督工作、代表工作等18个栏目，上传信息440条。 （花 鹏）

五家渠市人民政府

【市政府领导班子组成人员】

市政府党组书记、市长　张顺帮

市政府党组副书记、副市长　李金平

市政府党组成员、副市长　谢继玄(正处级)

市政府党组成员、副市长　吴明(正处级)

市政府党组成员、副市长　王以贵(正处级)

市政府党组成员、副市长　杨治国(正处级，山西援疆干部)

市政府党组成员、副市长：王学琦(正处级，山西援疆干部，2014年3月任党组成员，7月任副市长)

市政府党组成员、副市长　张霞(女，2014年2月任正处级)

市政府副市长　杨森森(2014年2月任正处级)

【市政府部门负责人】

办公室主任　杨忠军

发改委主任、粮食局局长　吴明

教育(体育)局局长　徐斌

文化广播电视局、新闻出版局局长　高华生

科学技术局局长　任寒生

民族宗教局局长　杨玉贵

监察局局长　吴广明

公安局局长　侯建新(享受副师级待遇)

民政局局长　张建新

司法局局长　徐世明

财政局局长　刘敬海

人事局局长　张宝林

农林牧局局长　空缺

劳动和社会保障局局长　王以贵

建设(环保)局局长　闫国强(2014年7月离任)、王伟(2014年7月任职)

水务局局长　钱杰

商务局局长　闫学东

卫生局局长　武耀平(2014年7月离任)、宋光华(2014年7月任职)

人口与计划生育委员会主任　空缺

食品药品监督管理局局长　高炳杰

交通局局长　朱强

旅游局局长　刘振江(2014年7月离任)

审计局局长　李宏图

统计局局长　翟桂生

国土资源局局长　余建华

安监局局长　王占刚(2014年7月任职) （崔家远）

【五政发文件(部分)】

2月12日，《关于兵团文化科技创意园区核心区项目创意设计有关问题的批复》。

3月21日，《关于表彰五家渠市2013年度旧城改造工作先进集体、先进个人的决定》。

3月26日，《关于解决五家渠市旧城改造房屋征收资金缺口问题的批复》。

4月3日，《关于变更新疆天然物产贸易有限公司名称的请示》。

4月7日，《关于乌五公路(S102线)加宽和增设部分路口的请示》。

4月8日，《关于协调解决五家渠2014年农业用水的请示》。

4月8日，《关于〈五家渠梧桐镇(一〇二团)近期建设片区控制性详细规划修编〉的批复》。

4月8日,《关于〈五家渠市旧城区幸福街以南、青湖路以西、迎宾大道以北地段控制性详细规划修编〉的批复》。

4月8日,《关于〈五家渠市旧城区改造B6地块控制性详细规划修编〉的批复》。

4月15日,《关于〈五家渠市27号地控制性详细规划修编〉的批复》。

7月4日,《关于〈五家渠市东城区猛进北路以东、富强东街以北地段控制性详细规划〉的批复》。

7月14日,《关于〈五家渠市东城区猛进北路以东、长安东街以北地段控制性详细规划〉的批复》。

8月12日,《关于依法关闭五家渠信强铝电流有限公司加油站的决定》。

9月15日,《关于〈五家渠市青湖路以东(前进街—新华街)地段控制性详细规划〉的批复》。

9月23日,《关于〈迎宾大道以南(青湖南路以东—五库路以西)地段控制性详细规划〉的批复》。

9月23日,《关于〈五家渠市青湖路以北(军垦路—青湖路)地段控制性详细规划〉的批复》。

10月15日,《关于收回五家渠市天宏服务有限责任公司国有土地使用权的决定》。

11月17日,《关于调整五家渠市城镇土地使用税征税范围与适用税额标准的请示》。

11月19日,《关于〈五家渠市旧城区前进街以北、富强街以南、青湖路以西(P)地块控制性详细规划修编〉的批复》。

11月19日,《关于〈五家渠市旧城区长征街以北、长安街以南、友谊路以东、头屯路以西地块控制性详细规划修编〉的批复》。

12月1日,《关于〈五家渠市城北(北海街—北环路)控制性详细规划〉的批复》。

12月8日,《关于〈五家渠市长征街以北、长安街以南、猛进路以东地块控制性详细规划〉的批复》。

12月9日,《关于〈五家渠市总体城市设计〉的批复》。

12月22日,《关于〈五家渠市道路交通专项规划〉的批复》。

【五政办发文件(部分)】

2月27日《关于印发〈五家渠市物业管理办法(试行)〉的通知》。

2月28日,《关于印发〈五家渠市消费维权"一会两站"规范化建设实施方案〉的通知》。

3月20日,《关于印发〈五家渠市促进广告业发展实施意见〉的通知》。

3月24日,《关于印发〈2014年政府工作报告重点工作责任分解〉的通知》。

5月8日,《关于认真做好2014年度人大代表议案建议和政协委员提案办理工作的通知》。

6月4日,《关于表彰五家渠市第九届郁金香节先进单位、先进个人的通报》。

6月9日,《关于成立五家渠市政府职权清理、推行权力清单制度工作领导小组的通知》。

6月26日,《关于撤销师市本级全额拨款预算单位基本存款和基本建设专户的通知》。

6月26日,《关于青湖经济开发区(一〇一团)南区街路标准地名命名的通知》。

8月26日,《关于成立五家渠市智慧城市建设试点领导小组的通知》。

9月24日,《关于明确五家渠经济技术开发区代管区域的通知》。

10月20日,《关于印发〈五家渠市举报盗窃损坏市政设施奖励办法(试行)〉的通知》。

10月24日,《关于印发〈五家渠市社会综合治税加强税源控管实施方案〉的通知》。

11月13日,《关于合作建设"璀璨西域、圆梦新疆"大型数字演艺项目的批复》。

12月22日,《关于五家渠市人民路街道成立北海社区的批复》。

(王玉琴)

【十件惠民实事】 2014年,市政府计划投资1.977亿元(含青湖路北延征收拆迁资金1亿元),用于"十件惠民实事"建设。

1.五家渠商贸城外围环境改善项目。计划投资460万元,改造商贸城外围设施、隐蔽工程及地坪。项目由一〇一团承办,4月开工建设,6月份建成。完成投资460万元,完成计划的100%。

2.五家渠高级中学运动场建设项目。计划总投资680万元,新建体育运动场。项目由高级中学承办,4月开工建设,8月完工,新建体育运动场18 216平方米,400米标准塑胶跑道,维修、粉刷4 200平方米主席台和学生看台以及附属配套工程等。实际完成投资680万元,完成计划的100%。

3.一〇二团晋援路社区联建楼建设项目。计划投资608万元,解决一〇二团社区无活动场所问题。项目由一〇二团承办。4月开工建设，10月完工，新建2 664.16平方米联建楼，其中社区服务中心及卫生服务站1 300平方米、老年日间照料中心1 000平方米及一连连队办公室364.16平方米及配套设施等，完成年初计划的100%。

4.一〇三团团结街社区服务中心及社区老年人日间照料中心项目。计划投资430万元，解决一〇三团社区无活动场所问题。项目由一〇三团承办，项目于7月开工，10月份完工。新建团结街社区服务中心及老年人日间照料中心，建筑面积2 087.85平方米，配套室内给排水、采暖及供电设施以及室外地坪、道路等工程。完成年度计划的100%。

5.六师医院医疗设备更新建设项目。计划投资1 500万元，经审核后下达项目投资计划3 398万元（含企事业单位自筹），由六师医院承办，年度计划完成1 523万元设备采购，完成年初计划的100%。

6.长征西街供水管道铺设工程。计划投资217万元，实施DN300PE供水管道1 354米及附属工程。项目由五家渠城投公司代建，于2014年9月底完成工程招投标工作，年末完成天山路以东管线的铺设，当年完成投资173万元，完成计划的79%。天山路至军垦路段管线需要结合远景一条街的实施进度铺设，工程将于2015年初全部完成。

7.军垦路供水管道铺设工程。计划投资1 127万元。项目由五家渠城投公司承办。于2014年9月底完成工程招投标工作，年底完成投资747万元，完成年度计划的66%。管线铺设当年完成，路面恢复工程将于2015年初完成。

8.富强西街（青湖路至滨河路）步行街工程。计划投资644万元，经审核下达项目投资214.9万元，项目由五家渠城投公司承办。于2014年8月底开工建设，当年完成140万元，完成年度计划的65%。由于冬季气温偏低，达不到铺油所要求的温度，剩余水稳层和油面将于2015年春节天气转暖后施工完成。

9.青湖路北延建设项目。计划投资1.2亿元（含青湖路北延征收拆迁资金1亿元），实施青湖路北延工程。项目由五家渠城投公司承办，于2013年完成工程招投标，2014年作为收尾续建项目，完成征收拆迁7 000万元，完成征收拆迁工作的70%。因拆迁难度大，拆迁工作未能如期完成，2015年工程将继续推进。

10.五家渠市西区煤场改造项目。计划投资930万元，项目于2014年5月完成第一版实施方案，设计方案为露天敞开式煤场维护结构，因方案评审无法满足环保要求，方案进行重大变更调整为全封闭式煤场维护结构，第二版实施方案于10月评审通过，下达投资计划。因方案调整，项目总投资由原计划的930万元调整为2 336万元，由五家渠城投公司代建，计划于2015年6月实施完毕。 （胡学文）

【依法行政】 2014年，师市引进1名清华大学博士负责法制办工作，并调入1名具有法律学科背景的正式干部，法制工作力量得到加强。根据师市党委通过延伸、模拟和重构等途径逐步健全团场政府职能的安排，师市法制办通过积极向兵团、自治区争取，获得自治区政府法制办新政法函〔2014〕88号文件，支持师市法制办统一办理师市全域行政执法证换发工作。该文件是兵团各师（市）第一家获取的，为完善师市合一体制提供重要支撑，为健全师团行政执法体制奠定基础。在不断完善行政执法体制机制的同时，强化监督，大力推进行政执法规范化。深化对行政执法行为的执法监督，加强行政执法主体资格管理，加强队伍规范化管理，把好行政执法人员准入关。2014年，共776人参加师市综合法律知识培训，其中师市机关和部分团场人员376人已经领取执法证，其他人员将于行政执法委托书正式签订后予以发放。

【行政复议】 积极受理并认真办理行政复议案件。2014年，市政府收到邵春凯等申请工亡认定案、五家渠金科房地产开发有限公司申请土地行政处罚案等行政复议申请2件，做出复议决定或处理2件。

【规范性文件备案工作】 对2013年12月31日之前师市及师市办公室制发的行政规范性文件进行全面清理，其中104件继续有效，20件废止或失效。在报备工作中基本做到了有件必备、及时报备和规范报备。2014年，师市共向自治区政府法制办、兵团法制办、市人大常委会报备规范性文件18件。 （马 伟）

【人大议案、建议及政协提案办理情况】 市三届人大四次会议期间,市政府共收到市人大常委会交办的人大代表建议、批评、意见130件,议案1件、政协委员提案64件。经市政府办公室认真梳理后,市政府于2014年5月初将议案建议、提案交由32个部门及单位办理,并先后下发《关于认真做好2014年度人大代表议案建议和政协委员提案办理工作的通知》,对办理工作进行全面部署,明确承办单位、办理工作程序及有关工作要求。截至10月,市人大130件建议、批评、意见、市政协64件提案已全部答复完毕,答复率为100%。代表对议案建议答复情况的满意和基本满意率为96.2%,代表对议案建议落实情况的满意和基本满意率为81.5%;政协委员满意率100%。 (高明月)

【市城镇管理综合执法】

概况　五家渠市城镇管理综合执法局是在原五家渠市城市建设管理处城建监察大队基础上组建的,原来行使的职能是城建监察五大职能,管理权限仅限于市容市貌方面。根据师市编办《关于建设(环境保护)局所属单位机构编制调整的通知》(师市编发〔2009〕50号)文件精神,五家渠市城镇管理行政执法局于2010年6月成立。机构规格:副处级,下设行政执法大队,隶属于师市建设(环保)局,属全额拨款事业单位。人员编制19名,领导职数2名(执法局局长1名、执法大队队长1名,其中执法局局长由建设环保局副局长奚猛兼任)。2012年5月公开招聘10名聘用人员充实城镇管理执法队伍。2013年7月,根据师市编办《关于调整师市城镇管理行政执法局隶属关系的通知》(师市编发〔2013〕35号)文件精神,执法局的隶属关系由建设(环保)局管理调整为师市直属管理。单位性质和建制暂不变。目前,执法局大学学历15人,法律学专业6人,学士学位1人。

违章摊点治理　对店外经营摊点、占道经营摊点及流动摊点采取反复巡查、重点治理、专人盯守、集中清理等长效化管理机制。以军垦路、天山路、团结路、青湖路、前进街、长征街、长安街、旧货市场、商贸城、美食娱乐城,园艺场市场、富强街批发市场、向阳路建材市场为清理重点,开展多次集中整治。8月9日上午7点30分,按照师市领导部署和治理富强路步行街的总要求,对五家渠富强路步行街进行为期一周的集中整治。在整治期间要求整条街商贩在贩卖蔬菜、瓜果等食品时不得占用人行道进行经营、不得门面外再设店面,经营范围暂时都在路沿石之上,并且在经营中、经营后保障路面和周边卫生。通过治理达到预期效果。

广告牌匾整治　按照"一店一牌、效果美观"的原则,对市区的门楣广告、建筑工地围挡广告等牌匾进行全面清查。对陈旧、破损牌匾要求业主按规定尺寸更换,对一店多牌现象开展清理整治,共清理小广告牌匾200余块,横幅布标150余条。

查处整治违章车辆　对轻度违规车辆多采取批评、教育、警告的行政处罚手段。对于违反法律法规较为严重的案件采取罚款的行政处罚决定。在查处违规车辆方面,做到"三个管住"。一是管源头,在市区各工地开工初期,告知各相关单位。要求各单位车辆必须办理渣土清运证,并按照指定路线进行清倒;车辆进出工地的路面必须硬化,车辆不准带泥上路,污染城市道路;二是管中途,实行高峰期间沿路巡查制、群众举报制,发现一起严查一起;三是管住终点,对检查出的问题逐一督促整改落实,确保检查到位、服务到位、指导到位。提高执法效能。全年查处各类违章车辆(带泥上路、未盖蓬布、侵占人行道)600余起,下发违章停车通知单120份,行政处罚

市城镇管理综合执法局集中整治富强路步行街脏乱差。 (童　斐)

280起,收缴罚款33 400元

乱搭乱建拆除情况 2014年,按照市政府《关于集中整治私搭乱建行为的公告》(市政府2014年第2号),对正在实施的私搭乱建设施立即进行拆除;对已经建成的私搭乱建建筑,规划局在到达现场后1小时内给予鉴定并出具行政执法文书,城镇综合执法局24小时内予以拆除。全年拆除违法建筑197户,拆除面积达9 387平方米。其中,对群众反映的皮革厂内洗车房、北新佳境4处房屋、团结巷116户私搭乱建等热点难点问题进行严厉打击,并进行依法拆除工作。

举报信访受理及提案建议办理情况。投诉举报电话全天开通,专人接听受理;对上级转办的各类信访事件、人大建议和政协提案专人管理、积极督办,做到热情受理、详细登记、妥善处理、及时答复。全年共接到群众举报电话85起、答复办理率达100%;上级转办信访案件10起、人大建议和政协提案13起,办理答复率达100%。 (童 斐)

市政协三届委员会

【市政协三届委员会主席、副主席、秘书长、常委】

主 席:甘应枝

副主席:杨玉贵、杨阜正、黄明凤(女)、马文梅(女,回族)

秘书长 王开会

常 委 马军、王莹(女)、刘玉灵、杜月英(女)、王建玉、方瑛(女)、李斌、周吉祥、周黎明、姜波、董亮全

【市政协三届三次会议】 2014年3月4~6日,市政协三届三次会议在师市机关二楼会议中心召开。

3月4日,市政协三届三次会议举行开幕大会,大会听取了市政协主席甘应枝代表市政协三届常委会所作的工作报告、市政协副主席杨玉贵代表市政协常委会所作的市政协三届二次会议以来提案工作情况的报告。会后,委员和列席代表分组讨论了市政协常委会工作报告和提案工作报告。并协商讨论政协副主席候选人、协商推荐总监票人、监票人建议名单、协商讨论《选举办法》草案。

3月5日,政协委员和列席代表列席市人大三届四次会议,听取并讨论市长张顺帮所作的政府工作报告;协商讨论关于2013年五家渠市国民经济和社会发展计划执行情况及2014年国民经济和社会发展计划(草案)的报告、关于2013年五家渠市财政预算执行情况和2014年财政预算(草案)的报告、五家渠市人民法院工作报告、五家渠市人民检察院工作报告。

3月6日上午,市政协举行选举大会、参政议政大会和闭幕大会。选举大会通过无记名投票,选出杨阜正任政协副主席。在参政议政大会上,张术华、王开会、任寒生、马金云、王冬梅、任华、周黎明7位政协委员分别作大会发言.师市党委副书记、师长、五家渠市市长张顺帮作讲话。闭幕大会审议通过《政协五家渠市第三届委员会第三次会议关于常务委员会工作报告的决议》《政协五家渠市第三届委员会第三次会议关于三届二次会议以来提案工作情况报告的决议》《政协五家渠市第三届委员会第三次会议政治决议》。会议对12名优秀政协委员和7件优秀提案及8个提案办理工作先进单位进行表彰。师市党委书记、政委马新平在闭幕大会上讲话。

【市政协三届委员会常务委员会会议】 2014年,市政协第三届委员会常务委员会共召开5次会议,即第九次到第十三次。

第九次常委会议 2014年2月13日在市政协机关一楼会议室举行。会议主要议程:协商审议有关人事事宜;通报三届三次会议筹备工作情况;审议通过三届三次会议议程、日程;审议通过常委会工作报告;审议通过提案工作报告;审议通过拟表彰的2013年优秀政协委员、优秀提案及提案办理工作先进单位。会议由主席甘应枝主持。

第十次常委会议 2014年3月5日在市政协机关一楼会议室举行。会议听取三届三次会议各小组讨论情况汇报;决定提交大会通过的三届三次会议关于常委会工作报告的决议(草案);决定提交大会通过的关于三届二次会议以来提案工作情况报告的决议(草案);决定提交大会通过的市政协三届三次会议政治决议(草案);决定提交大会选举的政协副主席候选人;通过总监票人、监票人名单;通过《选举办法(草案)》。会议由主席甘应枝主持。

第十一次常委会议 2014年3月24日在市政协机关一楼会议室举行。会议通报市政协领导分工调整情况;听取三届三次会议期间委员分组讨论情况汇总的意见

建议；协商审议《市政协常委会2014年工作要点》；协商决定市政协内设机构人事任免；安排近期工作。会议由主席甘应枝主持。

第十二次常委会议 2014年7月21日在市政协机关一楼会议室举行。会议传达学习兵团党委六届十三次全委(扩大)会议精神；通报市政协上半年工作情况，安排部署下半年工作。会议由主席甘应枝主持。

第十三次常委会议 2014年11月26日在市政协机关一楼会议室举行。会议传达学习中共十八届四中全会和习近平总书记在庆祝人民政协成立65周年大会上的讲话精神；听取师市党委组织部(人事局)关于街道社区干部选拔交流的情况说明；听取师市编委关于城市规划、土地、建设和管理执法权整合情况的通报。会议由主席甘应枝主持。

【参政议政】 2014年，市政协7名政协委员围绕经济、政治、文化、社会、生态文明建设，着眼于五家渠市改革发展和社会长治久安作了参政议政大会发言。委员们针对《政府工作报告》提出涉及改革创新、经济发展、城市建设与管理、社会事业、综合治理、政协提案办理等方面的28条意见建议，得到市政府有效采纳。如：委员们建议市政府要加大对商贸城周边环境脏乱差的治理，市政府将商贸城周边环境治理列入2014年“十件惠民实事”之一，投资460万元，改建了团结巷市场，多年影响城市形象的难点问题得到有效治理。坚持常委会专题协商。全年召开常委会4次。围绕完善街道社区管理体制，加强与师市人事局、编办在规范街道内设机构和制定街道社区干部选拔、交流管理办法制度方面的沟通。组织政协常委会，联合市人大，开展对兵团综合改革试点团场新湖农场的考察。坚持主席会重点协商。全年召开主席会12次。围绕深化财税体制改革，听取市财政局就建立和完善财政对“两镇两区”转移支付制度落实情况的通报；围绕推进医疗体制改革，听取师市卫生局就社区医疗服务社会化推进情况的通报。围绕重点提案办理进行协商，听取师市发改委、卫生局、畜牧局、商务局办理落实情况的通报，并就有关问题进行协商和沟通，形成共识。坚持专门委员会对口协商。2014年，各专委会开展对口协商28次，涉及部门31个，围绕推进产业结构优化升级、提升城市城镇化建设管理、保障和改善民生、生态文明建设等课题加强对口协商。

2014年，市政协注重社情民意的反映和解决，常委会结合党的群众路线教育实践活动，持续开展“3+3+3”联系界别群众活动，引导委员广泛收集整理人民群众的愿望诉求，拓宽委员们参政议政、民主监督的沟通渠道。全年编发《社情民意专报》12期，办复率100%，委员们反映的青湖路街道天山南路社区的团结、建设、兴农、猛进4个巷道与前进西街交汇处道路的修整，长征西街太平巷司法小区停水等社情民意均得到及时有效落实，特别是关于天山南路社区前进西街新港小区天然气管防护栏安装的建议，促成全市各居民小区内安装天然气管防护栏，受到广大市民的热情点赞。

2014年，市政协围绕市政府关注、人民群众关切的热点难点问题，选择重点领域、重点项目开展视察调研活动，推动相关工作。2014年共安排视察课题4项、调研课题4项，配合完成自治区调研课题3项，对外考察2项，联合市人大进行惠民实事视察1项，协助一〇三团蔡家湖镇委员联络站开展专题调研1项，全年撰写视察、调研、考察报告15篇。其中《关于商贸城周边环境治理情况的视察报告》在充分肯定治理工作取得成效的同时，对存在的多头管理、权责不清、职责不明、冬季商户取暖、机动车和非机动车停车等问题提出建议，得到市政府有关领导的阅批。《关于对奇台垦区医疗集团改革试点运行情况的考察报告》，建议有关方面认真研究，加强与委员的交流，共商医改大计，共解改革难题，得到市政府领导的重视。

【创新履职】 2014年，市政协坚持重心下移、创新履职。一是加强对“两镇”委员联络站的指导。帮助一〇二团梧桐镇、一〇三团蔡家湖镇委员联络站健全职能，并加大硬件投入，为联络站开展活动、发挥职能作用创造良好条件。二是积极探索人民政协在师与市之间职能延伸的运行机制，在充分调查研究、多方论证的基础上，起草了《关于组建师辖团场政协委员联络站的实施意见》，经师市党委常委会研究决定，将新湖农场、奇台农场作为试点团场。三是积极尝试“互动式”协商机制。通过召开常委会、主席会、座谈会、政情通报会、提案办理、个别沟通等协商形式，面对面直接对接互动，使所提意见建议更具针对性和可操作性。

【对外交流】 积极参加自治区政协文史工作座谈会，首次作为唯一一个兵团城市政协进行经验交流。积极参加全国22省市政协暨新疆五州八市政协工作联系会、全国部分城市（县市）政协第二十七次工作研讨会、兵团城市政协工作会议等，开阔眼界，借鉴经验，不但对政协工作起到积极的促进作用，也向外推介了五家渠市。主动开展对外工作交流，4个专委会带着课题分别走访了乌鲁木齐市米东区、石河子市、阜康市、木垒县政协等，进行学习交流，缔结友谊，传递信息，推进工作。

【宣传工作】 2014年，市政协宣传工作不断加大力度，通过新闻媒体报道履职亮点，展现委员风采，扩大工作影响。全年对外刊稿139篇，编发《政协信息》34期，其中1期关注菜篮子工程的信息被国家商务部网站采用。

【文史工作】 2014年，先后出版《五家渠文史》第三辑和第四辑，为庆祝新疆生产建设兵团成立60周年、五家渠建市10周年及北京知青进疆50周年献上一份厚礼。

【提案工作】 2014年，委员共提交提案95件，经整理归并审查立案68件，其中，经济建设类18件，科教文卫类15件，综合类35件。并案15件，不立案12件。截至2014年10月30日，立案交办的95件提案，办复率100%，提案人对提案办复满意率为80.8%，基本满意率为19.2%。

【政协提案选录】《关于加强市街道社区卫生服务站建设的建议》。提案人杜月英委员建议：一是完善工作职能，理顺管理体制；二是加强教育培训，提高服务水平；三是创新管理方式，盘活公共资源；四是保证设备药品，满足就诊所需；五是广泛宣传引导，充分发挥职能。提案提出后得到师市卫生局高度重视，在2013年试点工作的基础上，进一步加大引进民营医疗机构进入社区卫生服务机构的力度，按照有关程序，成功引进4家民营机构进入前进西街、猛进、龙泉和北海东街4个社区，目前已全部运营，受到市民群众的一致好评。

《关于进一步加强市“菜篮子”工程建设、平抑蔬菜价格的建议》的提案。提案人钟麟委员建议：一是采取市场询价、平价菜店限价、政府补贴的方法，降低菜价；二是产销结合，减少流通环节，降低经营成本，平抑过高的菜价；三是建立仓储基地；四是由当地政府牵头和企业合作，建立便民蔬菜店；五是政府建立副食品价格调节基金，进行蔬菜副食补贴，直补市民。提案得到市政府重视，在师市商务局、劳动和社会保障局的共同努力下，计划设立10家便民蔬菜店，和1个蔬菜批发市场，完善各小区蔬菜销售网点布局，确保90%以上的居民，在距家300~500米的范围内能方便地购买蔬菜等生活必需品。截至年底开业8家，平抑了菜价，为市民提供便利。

《关于加大支持师市畜牧业发展的建议》提案。提案人刘敬海委员建议：师市尽快出台承包经营权抵押、活畜（主要是能繁母畜）抵押贷款管理办法，配套活畜保险农业补贴办法，加大合作社和职工养殖业资金投入。2014年师市制订出台《活畜抵押贷款管理办法》，师团拿出专项财政资金支持养殖企业和合作社对活畜进行保险，拓宽了担保资源，有效解决融资难问题。

【自身建设】 一是加强政协委员的学习教育和管理。就人民政协相关理论知识、提案撰写和社情民意信息知识举办一期政协委员专题培训班。坚持委员管理考评，每年通报一次履职情况，并将考评结果作为年终委员评优的依据。二是完善政协内设机构的调整，形成“一办四委”的工作格局。三是扎实开展党的群众路线教育实践活动。举办专题报告、学习交流22次，专题讨论15次、收看专题片21部，召开征求意见座谈会12场，发放意见征集表438份，针对“四风”问题收集到的意见建议69条，归并整理12项。市政协党组认真撰写对照检查材料，共拿出12条整改措施，6名干部参加全国政协、自治区政协、师市等调训。配合师市党委统战部举办阿肯弹唱会、花儿演唱会和卧尔兹演讲比赛。积极开展民族团结进步创建活动，被命名为师市“五共同一促进”民族团结进步创建（兵地共建）活动示范点。

（王艳霞）

政 法 Politics and Law

责任编辑 皇甫志辉

题图摄影 公安局

公 安

【师市公安机关负责人】

师市公安局 党委书记、局长侯建新(副厅级),党委委员、副局长彭勇(正处级)、梁钧(正处级、挂职干部)、张新(副处级),党委委员、政治处主任范淑萍(女,副处级),党委委员、纪委书记冯新平(副处级),党委委员、副局长孙明舟(副处级;援疆干部),国保支队支队长樊明威(副处级),治安支队支队长丁有林(副处级),治安支队政委习有绪(副处级),刑侦支队支队长陈涛(副处级);副处级侦查员曹家明、吕建华、霍胜利、王水平、周勇智、冯锡坤、寇成刚、乔春生、李玉山。

五家渠垦区公安局 党委书记、局长张建国(副处级),党委副书记、政委王俊(副处级)。

芳草湖垦区公安局 党委书记、局长孙红军(副处级),党委副书记、政委缪祖明(副处级)。

奇台垦区公安局 党委书记、局长侯吉栓(副处级),党委副书记、政委马骏(副处级)。

【概况】 2014年,师市公安机关共立刑事案件1 319起,破刑事案件1 023起,抓获刑事作案成员354人,打掉犯罪团伙26个,抓获犯罪成员102人,涉案200起,涉案价值205.1万元。命案发6起破6起,抓获网上在逃人员39人,其中当地4人,外地35人。

全年受理治安案件2 493起,查处治安案件2 391起,查处违法人员2 012人。其中,警告8人,罚款456人,拘留462人,其他处理1 086人。

全年受理各类经济案件22起,经初查不符合立案条件14起,移送1起、立案侦查7起,其中涉税案件3起、职务侵占案件2起、非法吸收公众存款案件2起,涉案金额2 000余万元,破案5起,共抓获犯罪嫌疑人13名,挽回经济损失800余万元。

五家渠市公安局交警大队接处警1 004起,现场调解300起,立案704起。其中,财产损失类交通事故667起,伤人交通事故6起,死亡交通事故31起,造成47人死亡。直接经济损失119.83万元。破获逃逸案件8起。录入违法有效数据52 131条,处理违法行为36 240起,处理34 643人次。车管所共办理审验证3 880个,转入1 232辆,补换证3 436个,新车落户20 835辆,审车8 326辆,过户374辆。业务办结率100%,准确率100%。

全年共发生火灾事故27起,死亡1人(一氧化碳中毒死亡)、伤

3人，火灾直接经济损失1 096万元。

【领导班子建设】 以开展第二批党的群众路线教育实践活动为契机，对征求到的197条意见建议合并整理为47条，按职责分工逐条逐项分解到各部门。局党委班子研究制订整改方案，提出整改任务38项，党委班子个人、各部门整改措施197条，落实整改推进时间表，明确责任和进度，有效解决“四风”问题。全局32个支部345名党员召开专题组织生活会，强化了人民警察核心价值观教育。

在选好配强领导干部特别是“一把手”上下功夫，严格按照《党政领导干部选拔任用工作条例》的规定，顺利完成6名垦区公安局领导班子成员选拔任用和17名中层领导选拔任用工作。做好民警挂职锻炼选派工作。配合兵团公安局做好2014年对口援疆干部挂职锻炼、跟班学习工作，选派3名民警赴上海挂职锻炼。积极参与师市“三民”活动，抽调2名民警下基层，走访职工家庭893户，调解矛盾纠纷94起，为群众实际解决困难43件，捐款捐物价值6 000元。

【纪律作风和反腐倡廉】 2014年，局纪委接到信访投诉38件，严格核查，逐一回复，其中，劝阻处置群体访4起，中央巡视组转办4件，上级领导交办5件，人访13起，电话访16起。受理立案3起，处分3人，通报批评1人。针对公安机关的职业特点，层层签订《2014年度党风廉政责任书》《纠风目标责任书》48份、签订《师市公安局党委领导班子成员党风廉政建设责任分解》《家庭助廉承诺书》。扎实开展《公安机关人民警察纪律条令》学习月活动。成立局扶贫帮困基金会。针对队伍中出现的伪造假身份证和户口迁移证办理学籍等问题做到“零懈怠”，坚决予以严肃查处。

【反恐维稳工作】 2014年，师市各级公安机关紧紧围绕维护兵团社会大局稳定和长治久安工作中心，强化应急处突能力建设，完善处置突发事件工作预案。坚决打赢打胜兵团成立60周年大庆安保、“7·5”事件5年、第四届亚博会等高危敏感节点安保攻坚战役，实现“一稳定三提升”工作目标，通过严厉打击暴力恐怖活动专项行动，成功侦破芳草湖垦区“7·17”、新湖农场“8·18”邪教案，消除了现实危害。

【社会面防控】 2014年5~10月，治安维稳卡点盘查车辆20万余辆，清查人员35万余人次，并全部上网比对，未发现异常。

在“两会”期间和重要敏感时期，对排查出的重点涉稳人员严格实行分管局领导、派出所所长和责任民警工作责任制，会同有关部门和相关团场严格落实管控措施，预防涉稳人员重大滋事和涉法涉诉上访事件的发生。加强“网格化”巡逻防控，最大限度将警力摆上街面，重点对车站、学校、市政府、商贸城等要害部位实行了24小时武装巡逻、动中备勤的常态化。

【刑事侦查】 以命案必破为龙头，成功侦破“1·13”五家渠水泵厂平房区托合提库尔班·阿外提抢劫杀人案、“3·18”奇台总场赵泽故意杀人案、“9·5”新湖总场李云被杀案、“9·22”一〇五团李占德故意杀人案、“10·17”奇台总场李万成故意伤害致人死亡案和“11·4”奇台总场董刚生故意伤害致人死亡案。

立各类侵财性刑事案件1 016起，破793起（破外地205起）。先后破获“李建强等人系列盗窃电瓶案”“赵军平等人盗窃牲畜案”“吴嘉滨、林瑜等人特大电信诈骗案”“段丽军等人系列入室盗窃案”“阿迪木呷、曲比拉同系列攀爬楼房入室盗窃案”“张智行、张鹏鹏系列盗窃摩托车案”等一批群众反映强烈的案件。

在开展严厉打击侵害公民个人信息、电信诈骗等新型犯罪活动中，共立电信诈骗案件104起，涉案总价值298.94万元；破获88案，涉案价值218.1万，抓获犯罪嫌疑人15人，破获跨省团伙诈骗案3起。5月16日，芳草湖垦区公安局成功打掉一电信诈骗团伙，抓获团伙作案成员7人，涉案20余起，涉案价值30余万元。6月16日，由兵团公安局刑侦总队、六师公安局和五家渠垦区公安局成立的专案组连续奋战38天，成功侦破新疆思利达商贸有限公司网络平台诈骗案，抓获犯罪嫌疑人11人，暂扣赃款30余万元。

【专项行动】 在全师范围内开展治暴缉枪、打击赌博违法犯罪、严厉打击拐卖妇女儿童、禁毒专项清查、流动人口、出租房屋大清查等10项专项行动，对重点要害部位、行业场所进行治安、消防大排查、大清查。全年，登记流动人口47 846人，办理居住证13 747证。共登记出租房屋3 875户，21 475间，与房主签订治安责任书3 900份，出租房屋安全检查12 604次，不断提高社会治安整体防控水平。

针对近年来涉及犯罪、非法吸收公共存款案件增多问题，开展打击经济犯罪，"打击非法集资"专项行动，并围绕"打击防范经济犯罪护航改革，保障民生"的主题，主动联系税务、工商、质监、药品等13个职能部门，采取悬挂宣传条幅、设立展板，发放宣传资料、开展咨询等方式，多层面大范围加强预警防范宣传。

【安全保卫】 2014年，师市公安局围绕兵团、师市重大活动工作部署，细化职责，精心组织，周密部署，完成各项安保任务38次。其中，完成"两会"、国家领导人来六师视察、中国文联"送欢乐下基层"慰问演出以及"心连心"艺术团慰问演出等重大会议、重大活动安全保卫任务11次，一级加强警卫3次，其他安保任务24次，出动警力3 200余人次。以万无一失、绝对安全的标准，得到上级有关部门充分肯定和高度评价。

【信息化建设】 以"金盾工程"二期建设为载体，深入推进公安信息化建设和应用。信通部门建成350兆同频同播无线通讯指挥系统，完成二、三级公安加密专网建设和高清视频会议系统建设。完善信息研判机制，通过强化对各类基础信息的自动比对、关联查询、动态分析，把信息转化为警力、转化为效力、转化为战斗力。大力推进综合指挥调度平台建设，完成指挥中心卫星地面系统建设，充分利用大情报平台开展重点人员管控工作。加强基层基础工作，推进派出所进一步加强情报信息、危安重点人员管控、教育转化以及基础调查、协助侦办案件、核查线索等国保工作，不断发挥派出所在维稳中的基础作用。培养全体民警树立"信息就是基础""信息导侦""信息增效"等新理念，使基层民警在日常工作中养成收集、录入、查询、比对、积累、运用信息的习惯和做法。在兵团试点启动居民身份证指纹信息采集工作，按要求在33个户籍窗口安装身份证指纹信息采集仪，共采集居民身份证指纹信息12 632条，办理带指纹信息的居民身份证8 851证。

【警务实战化建设】 牢固树立"一切面向实践、一切立足实践、一切服从实践、一切为了实践"的理念，突出各项警务工作机制的扁平化、一体化、合成化运行。深入实施"轮训轮值、战训合一"训练模式，强化教育训练的技能性、实用性。坚持全脱产、全封闭式集训，相继开展3期轮值轮训培训班，全局335名民警分级分类进行轮训。制订《师市公安机关开展依法使用武器警械专项训练活动实施方案》，并组织开展培训活动，重点训练警械使用和手枪应用射击等内容，师局机关及各垦区公安局举办警务实战技能培训班10期，398人参加培训，送教下基层4次，受培训人员70余人。

【执法规范化建设】 加强全体干警法治理念教育。3~4月，法制支队组织机关各部门召开业务警种执法质量考评工作培训会，着重讲解《兵团公安机关执法质量考核评议标准》，到3个垦区公安局和交警大队就"一法两规"和《道路交通安全法》中常见的执法问题进行专题讲座；对各局民警法律知识和警务技能进行培训。5月，全局185名民警参加基本级、中级执法资格等级考试，11月，53名民警参加高级执法资格考试，通过以考促学，不断提升民警执法水平。

出台《关于五家渠市交警大队办理刑事案件管辖的规定》，解决交警大队在办理刑事案件从受理、调查、取证、强制措施、移送起诉的程序问题，并导入到案件办理系统。坚持和完善基层所对领导办案机制，严格落实冤假错案责任终身追究机制，建立重大、疑难案件集体讨论制度。

深化执法质量考评，健全执法监督措施。开展3个季度执法质量考评，随机抽取考评了3个垦区公安机关办理的180起伤害类刑事、行政案件，考评发现执法问题384个。加大案件审核力度，审核刑事案件1 011起，发现存在的问题1 516个；审核行政案件137起，其中交通行政案件15起，发现存在的问题108个。开具法律文书42份。

【队伍正规化建设】 深化党的群众路线教育实践活动，深入开展谈心活动，与民警谈心，与民警家属沟通，局党委班子成员共与民警谈心30余人次，从源头上确保队伍不发生问题。坚持从优待警工作的落实，建立关爱民警机制，落实从优待警政策，为每名民警投一份意外伤害保险，协调医院开通疾病救治“绿色通道”，落实年休假和体检制度。积极协调，督促落实民警加班补贴，按照相关政策提高地方性津补贴。加强心理辅导和心理干预，师垦两级公安机关设专人，随时为民警进行心理咨询，缓解民警因长期超负荷工作带来的心理负担。加强宣传引导，传递公安正能量，全年共刊发稿件1 618篇。

【人口管理】 2014年，五家渠市公安局将全部户口、居民身份证业务迁移至市政府政务中心集中办理，简化办事程序，实现五家渠市户籍业务一站式办理。户政大厅设立8个办事窗口，配备户籍民警5人，协警4人，照相室、档案室、办公室各1间，接入公安网，除户口准迁、主项变更业务外，其他业务全部当场办结。

【交通管理】 开展“春运”“三客一危”、交通安全“点对点”精细化管理与服务、货车违法行为专项清查行动、酒驾大清查等26次大型专项整治行动。在六师辖区内严厉打击各类道路交通违法行为，共出动警力16 100多人次，查处各类交通违法行为36 240起，行政拘留13人，吊销机动车驾驶证15人。交警大队紧紧围绕“关爱生命、平安出行”主题，不断创新宣传手段，丰富宣传内容，充分利用电子大屏、电台及电视台展开交通安全宣传，LED电子大屏共计播放6 750次交通宣传资料，并配合电视台做交通安全宣传，提高五家渠市民的安全意识。

【消防安全管理】 开展“清剿火患”、安全生产月、“三秋”消防安全保卫、重大火灾隐患集中整治等专项行动。审核新建、改建和扩建建筑工程项目122个，验收新建、改建的建筑工程36个。消防安全检查770次3 586家。对中小学校、幼儿园所、商场、农贸市场、人员密集场所、轧花厂、宾馆、旅社、商业网点、网吧、企业、易燃易爆场所、其他公共娱乐场所进行全面检查，对消防安全重点单位、场所、部位定期检查，督促整改火灾隐患869处，下发责令限期改正通知书321份，下发停止使用通知书9份，下发重大隐患整改通知书1份。

【社会矛盾化解】 针对师市土地征用、房屋拆迁、环境污染等可能影响社会和谐稳定的突出问题，组织广大民警进社区、进连队、进企业、进机关、进校园，开展滚动式、拉网式矛盾纠纷集中排查，全年，共排查各类矛盾纠纷1 349起，全部予以及时化解或及时处理。

【社区警务工作建设】 建成警务室94个，结合工作实际，积极争取增加协警编制数70个，合理调整警务室警力配置，制订《招聘社区警务室协警员工作方案》。6月3日公开招聘，经笔试、面试、政治审查、体能测试、体检、岗前培训等多个环节，46名协警员走上社区警务室工作岗位，24名辅警充实到交警大队和特警支队。共计为五家渠市、各团场招录协警188名。推动落实警务室民警在社区（连队）班子兼职机制，不断密切与基层组织

2014年5月15日，第六师公安局联合师市相关部门开展“打击经济犯罪、护航改革、保障民生”主题宣传活动。

（公安局）

的协调配合。

【监管工作】 开展看守所勤务模式科学化、执法行为规范化、管理方式精细化、监管手段信息化、设施保障标准化"五化"建设工作。在拘留所全面推进规范执法、创新管理、化解矛盾"三项重点工作"。全面提高监所管理能力和执法规范化建设,确保全师监管场所安全、稳定。

【绩效工作】 把绩效工作纳入到日常工作中、配备专人组织开展各部门绩效考核工作,从确定重点目标和解决突出问题入手,确定了10项重点目标和3项解决突出问题共计29项工作,实行月报季评,绩效办适时督促。 (蔡 策)

【五家渠市长安街消防中队】 2014年,五家渠市长安街消防中队中队长孙俊南(2月任职);政治指导员李东晟;副中队长敬雷民(2月离任)、孙俊南(2月离任)、孙晨(2月任职)。

是年,五家渠消防中队共接处警出动347起,其中,火灾250起,抢险救援29起,社会救助9起,水域救援2起,安全保卫7次,开展辖区消防安全重点单位灭火演练60次,出动消防车417辆次,消防人员2 224人次,抢救被困人员31人,疏散人员137人,抢救财产价值2 209.8万元。同比上年,接警起数上升27.88%,出动次数上升27.88%,抢救被困人员数上升10.71%,疏散人员数上升356.67%,抢救财产价值上升328.26%。

加强思想政治建设。重点开展公安现役部队党的建设工作会议精神教育、党的十八届三中全会、中纪委三次全会精神教育、民族团结教育、"牢记强军目标,践行消防使命"主题教育和廉政建设学习等系列活动。大力开展红门影院规范化建设,充分发挥红门影院在政治教育中的主阵地作用。深入开展官兵面对面心交心活动90余次,准确掌握官兵思想动态,关心关爱中队官兵,想方设法为其解决生活、学习、工作上的困难。扎实贯彻"敞开红大门"和"五进"工作落实,使社会各界进一步认识消防、支持消防工作。

加强部队管理。在作风纪律教育整顿、条令条例教育月专题活动教育中,中队党支部认真动员部署,制订计划和推进表,层层抓落实。中队官兵严格落实一日生活制度、请销假等制度。认真组织召开支部大会、官兵座谈会、部队安全管理分析会等,及时分析当前部队管理教育工作中存在的不足和漏洞,全年未发生任何违法违纪事件。期间,中队先后3次完成习总书记等国家领导人对兵团第六师工作视察的安全保卫任务,出色的完成"7·5"敏感节点、亚博会及各节假日的消防安保工作。

大力开展执勤岗位练兵活动。中队认真践行习近平总书记"能打仗、打胜仗"的强军目标,加强官兵的实战能力,坚持科学组训,注重结合实际、贴近实战,坚持"火怎么灭,兵就怎么练"的原则。3次参加支队片区铁军比武竞赛,并取得不俗成绩。根据实战需要成立水域救援分队、维稳处突护卫组、灭火救援攻坚组、"三人应急小组"等战斗小组,为成功完成急、难、险、重任务奠定坚实的基础。进一步深化科技强警,全面提升部队战斗力,不断推动中队岗位练兵的深入开展。注重官兵的业务知识学习,不断提高官兵的业务素质。要求每名官兵必须有笔记、作业,课后开展讨论,并进行理论测试,全体官兵平均成绩均达到92分以上,体技能训练达到35%优秀,80%良好,100%及格。 (孙俊南)

检 察

【师市检察机关负责人】

六师检察分院 党组书记、检察长于军(副师级),党组成员、副检察长、纪检组长、政治部主任靳桥(正处级),党组成员、副检察长田相伟(正处级),党组成员、副检察长胡春丽(女,正处级),党组成员、副检察长陈疆(正处级);检察委员会专职委员李明(副处级)、曹超(副处级),正处级检察员孙军、孙荣先、王多荣,副处级检察员聂新华、吴汝钧、周骏(4月退休)。

五家渠垦区(市)人民检察院 党组书记、检察长李新科(正处级),党组成员、副检察长宋亮(副处级),党组成员、纪检组长、副检察长张卫红(女,副处级)。

芳草湖垦区人民检察院 党组书记、检察长戚兴录(副处级),党组成员、纪检组长、副检察长吴怡菲(正科),党组成员、副检察长王金星(正科级);检察委员会专职委员李晓明(副处级)。

奇台垦区人民检察院 党组书记、检察长赵志东(副处级),党组成员、纪检组长、副检察长胡家文(副处级),党组成员、副检察长张春华(正科级)。

【刑事检察】 2014年,六师检察机关批准逮捕104件160人,起诉215件333人,办理上诉案件10件16人。立案监督4件,追诉漏罪13起,追诉漏犯10人,办案数位居兵团第一。芳草湖院办理批捕案件上升39%,起诉案件上升65%,科室人均办案39件,1名干警办案50件,创兵团检察系统个人办案纪录。在兵团检察机关相关业务量化考核中荣获第一名。分院侦监、公诉处被授予"青年文明号"称号。

【职务犯罪侦查】 2014年立案17件17人,其中大案10件10人,全部有罪判决,创建院以来最好成绩,挽回经济损失239.4万元,制发检察建议8份,均被采纳。奇台院职侦办案数上升600%,创历史新高。开展法治宣传活动14次,与师市纪委共同举办反腐倡廉预防犯罪巡展,与北塔山牧场等多家单位和团场开展兵地共建、检团共建。在兵团检察机关相关业务量化考核中荣获第一名。

【刑事执行监督】 以开展罪犯交付执行与留所服刑专项检查活动和违法减刑、假释、暂予监外执行专项监督为主线,加大监督力度。全年审查减、假、保案件1 405件,依法撤销60件,创历史最高。查办狱内控告申诉案件13件,提出检察建议36次,保持监管场所"五无"工作目标。分院驻新湖监狱检察室被最高人民检察院评定为第四届全国检察机关派驻监管场所一级规范化检察室。

【综合接访】 建成综合接访大厅,案件管理部门受理分流案件371件,对8件24人瑕疵案件做出不予受理的决定,发出案件预警119次,对案件在流程上有效监督。面向社会公开信息17件,创办《统计分析报告》《案管园地》在兵团推广。先后组织6次案管业务培训,确保统一业务应用系统、统计衔接、案件信息公开3个系统的准确、及时、高效运行。在兵团检察机关相关业务量化考核中荣获第一名。民事行政、控告申诉部门全年受理案件39件,全部办结。师检察分院继续保留全国检察机关"文明接待室"称号。

【检察研究、宣传、培训】 围绕检察实践热点和难点开展专题调研,全年发表各类调研文章233篇,在兵团检察理论调研年会上做经验发言,并在相关业务量化考核中荣获第一名。加强检察宣传工作,发布信息稿件737篇,制作《亮剑精神耀检徽》宣传片。山西省检察机关派出3批次29人来六师培训讲学、指导办案,双方互派挂职干部4人。组织2次全员集中培训,15次业务集训,64人次外出学习,其中参加高检院组织的各类培训25人。

【党的群众路线教育实践活动】 2014年,六师两级检察院深入开展党的群众路线教育实践活动,率先召开动员大会,率先开展"肃纪正风"活动,先后3次在全师做经验介绍。兵师督导组、巡视组多次给予充分肯定。通过活动,党员领导干部贯彻党的群众路线的自觉性和坚定性明显增强,"四风"得到有力整治,民主生活会、组织生活会回归本真,制度建设有力推进。

【班子队伍建设】 两级检察院6名新进班子成员按期转正,16名干警职务职级得到晋级,新招录干警3名。分院班子测评满意率95%,3个垦区院满意率均为100%。签订党风廉政建设目标责任书36份,检务督察26次。

【检务保障】 制定和修订27项工作制度,推行"三公"经费公开。筹资327.4万元,建成分院、五家渠市院805平方米备勤楼,新建车库240平方米,新建监视居住场所100平方米。"花园式单位"绿化达标全市第二名。完成两级四院办案区维修改造、专线网分级保护。芳草湖院外墙保温,奇台院文体室、会议室等改造项目。检察技术工作服务办公、办案,成效明显。攻克电子取证,数据恢复等技术难题,完成建设项目的配套网络建设。争取援疆资金、设备237万元。

【维稳安保】 围绕社会稳定长治久安总目标,2014年两级四院干警5 000人次、350车次在4个卡点,

昼夜执勤160余天。对暴恐危安案件保持严打高压态势,"7·17"危安案10名被告依法判处2~16年有期徒刑。（王 茜）

【五家渠垦区(市)人民检察院】 2014年,受理公安机关提请批准逮捕案件48件71人。经审查做出批准逮捕决定45件64人、不批准逮捕3件7人。向公安机关发出《逮捕案件继续侦查提纲》33份,占受理数的70.2%。受理公安机关、职务犯罪侦查局移送起诉案件123件164人(其中职侦局移送起诉3件3人、五家渠垦区公安局移送起诉119件160人,昌吉市检察院移送1件1人。2013年积存案件12件20人。经审查后做出起诉决定的128件173人,不起诉案件2件5人,报送分院4件4人,未结1件2人。

受理职务犯罪案件9件9人(初查6件6人,存查3件3人),全年共初查案件8件8人(含往年积案2件2人),其中3件做不立案决定,2件移送相关部门处理,立案3件3人。

举报中心共受理群众举报线索11件11人。其中,10件10人转职侦部门办理,1件1人自行初核完毕;民行部门办理3件,其中办理民事督促起诉案件2件,协助上级院办理1件,均已办结。发出检察建议书3份。接访来访群众20余人次,制作检察长接待来访笔录13份;与分院联合接访10余人次。

案管部门共受理、分流各类案件191件280人(另外接收退查重报案件8件15人),其中,审查逮捕案件48件71人,审查起诉案件123件164人,提请批准延长侦查羁押期限案件6件24人,自侦案件3件3人,民行案件3件3人,不予受理审查逮捕案件1件4人。向业务部门发出口头期限预警80余件次;进行结案审查186件;监管涉案款50余万元,涉案物品21 846件。共开展2次全院案件质量评查。

（党伟俊）

【芳草湖垦区人民检察院】 2014年,芳草湖垦区人民检察院弘扬亮剑精神,抓班子、带队伍,抓办案、强监督,抓基础、促保障,各项检察工作稳步发展,全院各项工作再上新台阶。执法办案创"五项记录":全年批捕起诉案件116件200人,同比案件数上升39.7%,人数上升49.3%;院公诉部门人均办案38.7件,是兵团检察系统公诉部门人均办案的3倍;全年立案监督3件3人;追诉刑事犯罪漏犯11人;反贪立案4件4人,同比上升300%,侦结职务犯罪案件7件12人(其中3件8人为分院交办)。全年全院无干警违法违纪案件发生、无办案安全事故发生、无车辆交通事故发生,辖区社会稳定,治安良好。

2014年,该院扎实做好"访惠聚"活动;举办演讲比赛、"道德讲堂""三庭"观摩考核、公诉人论辩赛等岗位练兵活动;全年选派业务骨干和青年干警外出学习11次64天;在基础硬件建设上,完成域内监控和技侦楼既有建筑节能改造;完成院办案区、备勤室项目立项、征地拆迁、资金筹措等工作。全年派遣干警参加五家渠市卡点维稳值勤计222天,为维护师市社会稳定做出应有贡献。（陆现华）

【奇台垦区人民检察院】 全年共受理审查逮捕案件5件6人,做出批准逮捕决定4件5人、不批准逮捕1件1人;受理审查起诉案件12件17人,审结12件17人,提起公诉9件14人,报送分院1件1人,不起诉2件2人;积极就"3·19"灭门案、奇台农场一一〇社区系列贪污案、"7·8"

2014年11月24日,芳草湖院与辖区工商分局就联合查办涉农案件进行座谈。（检察院）

枪击案等重大案件(事件)提前介入,加强引导侦查,效果良好。

共受理各类职务犯罪案件线索7件7人,初查6件6人,立案6件6人,立案数较上年同期上升600%,办理分院交办的立案侦查案件1件1人,侦查终结并移送起诉4件7人,侦结率和移送起诉率均为100%,系列案件已做出有罪判决,为国家挽回经济损失86万余元。

案管部门共受理分流各类案件23件30人;结案审核15件;向公安机关提出口头纠正意见3条;口头向业务部门提出办案期限预警3次;共受理接待律师阅卷2次;安排辩护人申请听取意见1次;通过统一业务应用软件录入办理案件11件,在案件信息公开系统发布重要案件信息1件;全年开展案件评查活动1次。

民行控申部门共接待申诉及法律咨询45人次,检察长接待11人次,受理贪污贿赂案件线索7件7人,6件6人移送职侦部门;受理控告申诉案件线索3件3人,均按法定程序办结;全年无民事申诉案件。

在考勤、办文、办会、接待、设备购置、派车、卫生、安全、文印等方面狠抓落实。圆满完成维稳值班任务,抽调干警15人次,累计在五家渠卡点执勤109天。做好专线网运行维护、电视电话会议保障工作。高质高效完成财务预算、决算,严格财务管理制度,加强日常管理,降低财务费用,不断提高财务服务质量;接受援疆资金25万元,办案用车1辆,办公电脑10台,总价值50余万元;对办公楼、办案区、多功能综合会议室、干警健身房等进行施工改造,累计投入资金70余万元;对包括考勤、公务接待等多项规章制度进行初步制定。根据师检察分院提出的改革举措,结合实际,积极推进6项改革举措。制定绩效考核标准,进行2次督导检查。共发表新闻报道174篇,撰写《检察新闻简报》59期,发表检察理论调研文章37篇。

(张春华)

审 判

【师市审判机关负责人】

师中级人民法院 党组书记、院长胡建民(副师级),党组成员、副院长赵文晋(正处级)、杨其辉(正处级)、朱世平(副处级),审判委员会专职委员陈永红(女,副处级)、米建平(副处级)、赵炳疆(副处),副处级审判员任艺(女)、衡玉柱、何代疆、甄红星、张峰山、渠源、刘君(女)、赵群(女)。

五家渠市(垦区)人民法院 党组书记、院长赵萍(女,正处级)。

芳草湖垦区人民法院 党组书记、院长张翔(副处级)。

奇台垦区人民法院 代理院长米建平(副处级)。

【概况】 2014年(截至11月20日),六师两级法院共受理各类案件5 350件(不含旧存206件),同比上升0.17%;审结5 101件,审结率91.81%。其中,刑事一审收案218件,同比上升26.74%,审结率98.67%;刑事二审收案26件,同比上升13.04%,结案率100%;刑事再审收案1件,审结率100%。减刑、假释收案1 414件,结案率100%。民商事一审新收2 551件,同比上升3.24%,审结率93.89%,调撤率68.8%;民商事二审新收195件,同比下降32.29%,结案率93.94%,调撤率37.1%;民商事再审收案8件,审结率75%。行政一审收案21件,同比上升61.54%,审结率95.24%;行政二审收案12件,同比上升200%,审结率100%;赔偿案件收案2件,审结率100%。申诉案件收案29件,审结率96.55%。执行新收868件,旧存112件,同比上升10.86%,执结率72.04%。

【刑事审判】 2014年,六师两级法院共受理刑事案件252件,结案249件,生效判决共判处被告人286人,其中十年以上有期徒刑6人,十年以下有期徒刑、拘役、缓刑276人,免予刑事处罚4人。刑事审判发挥“枪杆子”“刀把子”作用,严厉打击“三股势力”暴恐犯罪,依法惩治杀人、抢劫、绑架、侵害儿童等暴力犯罪,以及严重危害人民群众安全感的犯罪,维护辖区社会稳定。深入推进量刑规范化工作,做到高起点、高标准、高质量。

【民商事审判】 2014年,两级法院共受理民商事案件2 754件,审结2 666件,一审调撤率为68.8%%。依法妥善审结劳动就业、征地拆迁、社会保障、住房消费等领域的纠纷,妥善处理好交通事故、劳动争议、教育医疗等涉及民生的案件,维护群众合法权益。慎重处理好“三农”案件,对关系农村生产经营的农产品买卖、农村土地承包、农用机械买卖等纠纷,做到优先立案、优先审理,对涉及"农民工"的案件,开通"绿色通道",依法加大权利保护力度。坚持平等保护,妥善审理涉及不正当竞争、侵犯自主经营权等案件,促进建立公正开放透明的市场规则,营造良好有序的市场环境。

【行政审判】 2014年,两级法院共受理行政案件35件,结案35件,结案率100%。在行政审判中,注重对行政审判环节中出现的新情况新问题进行调查研究,积极探索行政机关负责人出庭参加诉讼制度,把维护人民群众的合法权益放在首位,在不违背法律、行政法规的前提下,保护弱势群体的利益。

【执行工作】 2014年,两级法院共受理执行案件868件,同比上升10.86%,执结706件,执结率72.04%。扎实开展"转变执行作风、规范执行行为"专项活动,积极推进执行信息化、规范化建设,配备执法记录仪,做到执行行为全程录音录像,有力提高执行工作能力,规范执行行为。积极推进涉民生案件集中执行活动,受理涉民生案件30件,执结18件,结案标的额27.58万元。积极发挥对失信被执行人的信用惩戒制度作用,联合银行等有关单位,利用报刊、电视、网络等媒体,对"老赖"相关信息进行曝光,两级法院公布失信人员71人次,形成较强的威慑作用。

【审判监督】 2014年,六师两级法院发挥民事再审的监督职能作用,以保障当事人申请再审诉讼权利和依法纠错维护法律权威为重点,公正高效办理再审案件。两级法院共受理再审案件8件,办结7件,所办案件全部在审限内结案,当事人服判息诉,实现依法纠错,维护法律权威的目的。扎实做好减刑假释工作,严格按照中央政法委《关于严格规范减刑、假释、暂予监外执行,防止司法腐败的意见》和最高法院"五个一律"的要求,严格程序,公开透明,各环节接受监督,保证减刑假释案件的质量。全年共审理减刑假释案件1 414件,其中,假释案件63件,准予假释52件,不予假释11件,不予减刑4件,批准撤回减刑申请8件。

【立案信访窗口建设】 2014年,两级法院建成200平方米的诉讼服务中心,运用LED公告屏及电子触摸查询设备等便民科技手段,强化立案文明窗口功能,完善一站式服务,方便群众诉讼。奇台垦区法院开展"假如我是当事人"群众理念大讨论,五家渠垦区法院对于符合立案条件的,坚持做到30分钟立案,芳草湖垦区法院推行"上门送执行款"和"电话预约、上门立案、上门送达"制度。充分运用好诉讼费缓、减、免制度,尽可能减轻当事人诉讼成本,两级法院全年为当事人减免诉讼费用20余万元。加强人民法庭建设,恢复新建二畦、梧桐镇、枣园、四十里腰站、湖沿5个人民法庭。完善和建立巡回审判点,实现"坐堂问案"到"零距离"审判的转变。做好申请再审案件的立案审查,2014年,共审查27件再审案件,其中3件进入再审程序,1件撤回申请,1件调解。继续加强涉诉信访工作,充分发挥司法救助制度作用。两级法院涉诉信访情况明显好转,越级访比例下降,进京访降至历年来最低。

【审判管理】 充分发挥"两评查"的监督指导作用,创新庭审考评工作,打破过去为观摩而观摩的考评方式,采用随机抽选方式选取案件,规定基层法院送交在近期拟开庭审理案件的排期表,随机抽查、考评庭审,改变以往"打分式"评查,评查人员采取庭审时"听庭审"、庭审结束承办人员"谈庭审"、最后由观摩人员"点庭审",提高庭审考评效果。是年,中院庭审考评8次,评查系统法院裁判文书74份,评查外地法院裁判文书67份。推进裁判文书公开平台建设,制定《第六师法院在互联网公布裁判文书实施细则》,确保裁判文书上网有章可循,全年公布裁判文书137份。

【领导班子建设】 2014年,六师两级法院扎实开展党的群众路线教育实践活动,征求"四风"和司法作风方面意见建议86条。班子成员之间谈心5次,分别与分管部门谈心19人,主动约谈和接受干警约谈20余人。认真撰写对照检查材料,党组班子查摆出16项问题,班子成员共计查摆出38项问题。针对党组存在的20项问题,共制定45项具体整改推进措施;班子成员针对个人存在的问题，每人制定至少15项整改措施。

【队伍建设】 2014年，六师法院21名干警职务职级晋升，43名干警初任法官等级进行评定，32名法官等级晋升。同时，做好4名法警警衔的评定审核，为符合退休条件的干警办理退休2人。2014年，参加国家法官学院培训40余人，自筹经费20余万元，组织33人参加师市各类培训，3名干警参加山西省高院组织的预备法官培训，两级法院全体干警参加兵团法院综合素质考试取得集体第三名的好成绩。六师中院举办刑事证据、民事审判、裁判文书制作3期专题培训，邀请上级法院多位资深法官进行授课。两级法院5名干警参加在职法律硕士考试，有3名干警硕士毕业并取得学士学位。经组织推荐，六师中院1名干部前往南疆工作组挂职工作。

【党风廉政建设】 是年，"三公"经费支出同比减少22.74%。组织开展廉洁司法教育活动和第十九个党风廉政教育月活动，举办"先进事迹报告会"、家属助廉活动。重新修订《廉政监察员工作制度》《特邀监督员实施办法》，组织召开廉政监察员、特邀监督员座谈会。制定《六师法院廉政回访暂行办法》，印制发放案件廉政监督卡，组织人员重点对部分已生效的民商事和执行案件进行廉政回访15件。加强对重点部门和关键岗位的监督，重点加强对评估、拍卖、车辆管理使用、工程建设维修、办公用房清理整改等重点工作进行监督检查，修订《对外委托鉴定、评估、拍卖工作管理规定》。坚持开展司法巡查和审务督察工作，对基层法院执行八项规定、纪律作风、庭审规范等方面进行明察暗访，监督检查，对存在的问题进行公开通报批评督促整改。加强信访举报工作，建立六师中院举报网络，公布举报电话，设置举报箱，随案发放廉政监督卡，认真核查违法违纪线索，全年受理信访、网络举报、上级转办案件9件。 （赵 群）

【五家渠市(垦区)人民法院】 2014年，五家渠市(垦区)人民法院共受理各类案件2 070件，同比增长18.22%；结案1 980件，结案率为95.65%。其中，受理刑事案件130件，较上年增加13件，增长11%，审结130件，审结率100%；受理民商事案件1 439件，较上年同期增加168件，增长13.22%，审结1 430件，审结率99.37%；受理行政案件19件，审结19件，结案率100%；受理执行案件481件(其中旧存17件，新收464件)，同比增长37.82%，执结400件，执结率为83.16%，为国家、集体和个人挽回经济损失2 901.97元。

2014年，五家渠市法院被最高人民法院授予"全国优秀法院"称号；刑事审判庭被最高人民法院授予"全国法院少年法庭工作先进集体"光荣称号；民一庭被六师党委政法委表彰为"人民满意政法单位"。 （金文彬）

【芳草湖垦区人民法院】 2014年，共受理各类案件1 071件(不含旧存29件)，同比下降4.8%，审结1 065件(含旧存29件)，审结率96.81%。其中诉讼案件新收案803件(旧存10件)，审结807件(含旧存10件)，审结率99.26%。刑事案件收案67件，同比上升63.4%，审结67件，审结率100%。民商事案件收案715件(不含旧存10件)，同比下降7.26%，审结719件(含旧存10件)，审结率99.16%，调解撤诉626件，调撤率87.06%。

慎重处理好"三农"案件，对关系农村生产经营的农产品买卖、农村土地承包、农用机械买卖等纠纷，做到优先立案、优先审理，对涉及"农民工"的案件，开通"绿色通道"，依法加大权利保护的力度。进一步规范执行行为、改进执行工作、提高执行质效，杜绝执行程序不规范、消极执行、拖延执行问题的发生。加强法院信息化建设，新建5个科技法庭，建成数字化审判委员会会议室，安装监控设备、购置X光机，做到全院安保无死角。 （张红梅）

【奇台垦区法院】 2014年，共受理各类案件419件，结案416件，结案率99.28%。其中，受理刑事案件9件，审结9件，结案率100%，准确率均达100%，被告人服判率100%。受理民商事案件305件，审结304件，结案率为99.67%，调解率达62.13%。受理执行案件105件，结案103件，结案率98.09%。受理执行案件92件，结案90件，结案率为97.82%，旧存案件13件，结案13件，执结率为100%。审判执行工作实现政治效果、社会效果、法律效果的高度统一。

2014年，奇台垦区人民法院队伍素质明显提升，司法作风深得民心，法院文化建设成效显著，审判执行工作高效开展，涉诉上访事件和廉政违法违纪事件实现“零”发生，以审判执行为中心的各项工作取得新进展。（李泽江）

司法行政

【师市司法行政系统负责人】

师市司法局 党组副书记、局长徐世明（正处级），党组成员、副局长王立辉（副处级），党组成员、纪检组长孟明成（副处级），党组成员、副调研员熊记山（副处级），党组成员、政治处主任李文英（副处级），调研员李桂军（正处级）。

奇台垦区司法局 局长滕绍兵（副处级）。

芳草湖垦区司法局 局长李文飞（副处级）。

【概况】 第六师司法局成立于1984年2月，行政和业务受兵团司法局和师市党委双重领导。下辖2个垦区司法局，即芳草湖垦区司法局和奇台垦区司法局，均为副处级编制；3个公证处（五家渠市公证处、芳草湖芳新公证处和奇台万泉公证处）；5个律师事务所（即新疆塞北律师事务所、新疆芳洲律师事务所、新疆廉誉律师事务所、新疆伯忠律师事务所和新疆道然律师事务所）；23个基层司法所，各司法所业务受司法所驻地团场党委和师市司法局双重领导。编制110人，现在编干警100人。

【人民调解】 2014年，师市人民调解工作在完善基层调解组织建设上，狠抓兵地联调建设，与昌吉周边县、镇共建联调组织43个，年调处纠纷100件以上。协调相关部门制定下发《六师司法局关于建立专业性、行业性人民调委会的实施方案》，重点突出医患纠纷、房屋征收等5个重点领域调解组织建设，在原有基础上，新增师团两级行业性、专业性调解组织21个；在提升调解队伍素质上，举办“岗位练兵”“调解业务能手”等比武考核活动，加大人民调解员培训力度。举办各级人民调解培训班3期，65场次，培训调解人员3 300人次；在实施规范化管理上，及时对基层调解队伍进行调整、充实，完善调解员信息档案，建立绩效考核制度，全方位落实工作责任。在排查摸底基础上，重新选聘出1 341名基层调解员，增聘33名首席人民调解员。全年共发放人民调解补贴16万元，极大调动调解员工作积极性，涌现出一〇二团“流动调解室”、新湖总场“婆婆民事纠纷调解站”、共青团农场“老军垦调解室”、六运湖农场“兵地联合调解室”以及北塔山牧场“毡房调解室”等具有特色、亮点的基层人民调解组织。全年全师各级调委会共调解矛盾纠纷4 352件，成功调处4 351件，调处成功率在99%以上。与上年同期相比调处案件数上升16.3%。全年防止群体性上访30起1 200人次。

【法制宣传】 不断创新普法形式，形成一批以共青团农场青城普法小区、芳草湖农场“农信通”普法、青湖路街道“法制故事会”、红旗农场法律微博为代表的法制宣传品牌。重点加强公职人员和青少年法制宣传教育，定期邀请兵团党校、兵团警校法学教授开展法制讲座活动。在师市全面落实由人大、政协监督，组织部门和法制部门组织对副科级以上干部任职前法律知识考试制度。2014年，师市共举办干部普法培训班67期，举办各类普法培训班44期，举办其他类法制讲座48期，为青少年上法制教育法制课125场次，组织巡回宣讲135场次，开展“法治六进”活动488次。受教育群众12万人次，师团两级法治化水平进一步提升。

【特殊人群管理工作】 2014年，师市建立特殊人群联合管控协调沟通机制。发挥特殊人群管理专项组协调作用，定期召开联席会议，加强部门间沟通协作。全面落实GPS电子监控，建成“社区矫正信息平台”，实现师、垦区、司法所三级24小时实时监控，社区矫正工作质量有效提高。截至2014年末，师市累计接收社区矫正对象435人，累计解除237人，现有在册社区矫正对象198人（其中缓刑193人，假释2人，暂于监外执行3人）。全年共接收刑满释放人员186人，帮教186人，帮教率100%，安置169人，安置率90.8%，建立安置帮教基地3个。成功为1名刚解除社区矫正纳入安置帮教系统的人员的子女申请助学金5 000元。

师市特殊人群无一重新犯罪,回归社会效果良好。

【法律援助】 2014年,师、垦区法律援助中心,团法律援助站三级法律援助机构通过优化法律援助中心窗口环境,公开服务承诺,积极开通绿色通道,法律援助工作实现应援尽援。全年共受理、指派法律援助案件1 103件,其中办理普通法律援助案件206件,办理中央专项彩票公益金案件897件,共为5 300余人提供法律援助,办案数量连续五年居兵团前列,师法律援助中心被列为全国法律援助质量评查试点单位。

【法律服务】 2014年,加大基层法律服务所和律师事务所管理,规范法律服务市场,构建"半小时法律服务圈",贴近基层开展法律服务。广大律师担任企业法律顾问16家,代理案件完成刑事案件37件,民事案件374件,咨询698件,代书411件,避免和挽回损失2 171.56万元。基层法律服务工作者担任团场党政、企业法律顾问283家,代理诉讼52件,非诉讼185件,避免和挽回经济损失1 524万元。

【法律顾问】 师市司法局有效整合律师、法律服务资源,充分发挥职能作用,为师市党委政府依法行政、招商引资、维护稳定提供优质、高效、可行的法律服务。2014年,师市法律顾问组参与师市重大合同谈判18次,审查草拟合同25件。特别是在师市"5·25"特大交通事故、"7·5"大黄山矿难、"10·13"一〇六煤矿事故等重大案件处理中主动靠前,发挥作用,耐心做好善后工作,涉及赔偿资金3 500余万元,为维护师市稳定做出了积极贡献。

【公证工作】 2014年,师市司法局投入资金220万元,完成五家渠市公证处、奇台万泉公证处、芳草湖芳新公证处3个公证处窗口建设,搭建了"一站式、窗口化、综合性"便民服务窗口。3个公证处围绕师市"三化"建设、招商引资、棚户区改造、房屋征收等重大项目建设充分发挥职能,认真开展"为民办证零障碍"便民服务工程,为年老、残疾、危重病人等特殊群体提供上门办证,为经济困难群体提供减免费用服务。全年共办理各类公证3 154件,解答公证法律咨询5 600人次。服务水平明显提升,社会公信力显著增强。

【对口援建】 2014年10月,山西省司法厅李满胜巡视员一行赴六师司法局调研考察,援助师市司法局20台电脑、20台打印机、8部照相机、8部摄像机,价值29万元,双方就进一步做好对口援助工作达成一致意见。

【兵团司法行政系统基层工作现场推进会】 2014年,师市司法局在新湖农场司法所、共青团农场司法所等3个团场司法所开展"一所四中心"(一所指司法所,四中心指基层人民调解中心、法律服务中心、矫治帮教中心、法制教育中心)试点工作,整合司法行政职能,规范工作流程,实现司法行政工作一站式、窗口化服务模式。7月,兵团司法行政基层工作推进会在六师召开,对师市基层司法建设特别是"一所四中心建设"进行观摩学习。

【队伍建设】 2014年,认真开展党的群众路线教育实践活动,师、垦区司法行政系统两级领导干部分为10个组,深入到23个基层联系点,发放征求意见函54份,发放调查问卷276份,走访调研18次,面对面谈话交流152人次,征求到各类意见和建议74条。其中对班子

山西省司法厅、六师司法局对口援助工作座谈会。　（司法局）

整体意见45条，对班子成员的意见和建议29条，并全部整改完毕。全年共举办12次系列主题教育活动，选派出疆参加培训学习2人次，参加兵团举办的培训4期15人、师市机关培训3期4人次，组织系统内部业务培训3期300余人次。调整、选拔任用干部7人，系统外调入1人(军转安置)。

【对外宣传工作】 全年撰写新闻信息1 632篇，完成中国普法创新网、新浪网、天山网、胡杨网、兵团政务网、兵团司法行政网等省部级外网宣传稿件486篇，师政务网刊稿180篇，师市司法行政网刊稿820篇，《准噶尔时报》刊稿72篇，《兵团日报》及其他省部级报刊杂志刊稿8篇。各级各类广播、电视播稿66篇。 (刘志勇)

监狱管理

【师监狱管理系统负责人】

师监狱管理局 党委书记、政委李全明(正处级)，党委副书记、局长单爱国(正处级)，党委委员、副局长周云(正处级)，党委委员、政治处主任王中印(正处级，2014年9月调整为调研员)，党委委员、副局长周虹(正处级)，党委委员、纪委书记张桦(副处级)。

五家渠监狱 党委书记、政委宋江斌(正处级)，党委副书记、监狱长田银峰(正处级)。

芳草湖监狱 党委书记、政委赵明革(正处级)，党委副书记、监狱长高明阳(正处级，2014年9月任监狱长)。

新湖监狱 党委书记、政委池海明(正处级)，党委副书记、监狱长张国营(正处级)。

【概况】 2014年，六师监狱局认真贯彻落实兵团监狱管理局党委一届一次(扩大)会议部署，以“兵团监狱跻身全国监狱中上水平”为目标，紧紧围绕“一个中心”(教育改造)、抢抓“三个机遇”(中央新疆工作座谈会、布局调整、为维护新疆稳定长治久安做贡献)、狠抓“三个提高”(提高队伍素质、提高规范化执法水平、提高反恐维稳等7种能力)、确保“一个红线”(监狱持续安全稳定)。连续九年实现“五无”工作目标。

【教育改造】 积极开展职业技术教育及SYB再就业培训，逐步实现罪犯文化、技术课教育社会化；组织开展积极健康的监区文化活动，成功举办六师监狱系统第十四届文化艺术节；系统开展“中华优秀传统文化进狱园”活动，宣传优秀传统文化、新疆人文地理、兵团精神。

【监管安全】 进一步完善“五项机制”(防控机制、排查机制、应急处置机制、安全稳定研判机制、领导责任机制)、“四防一体化”(人防、物防、技防、联防)建设。补充投入40余万元，完成关押点武警监门哨建设。投入30余万元，完善“一墙两网”和狱内“三大现场”警戒隔离设施建设。加强与武警、公安等维稳力量的联防，积极开展“三共”活动。认真落实监管安全排查、突查和夜查制度，全年开展巡查、突查、夜查39次。

【党的群众路线教育实践活动】 师监狱系统各级党组织和500名党员积极投入活动。召开民警座谈会22场次、面对面谈心谈话942人次、发放征求意见表700份，调查表17份，广泛征求意见建议800条，梳理整理134条。局领导分别到挂靠联系点开展专题讲座5场次，深入基层蹲点调研40天。坚持“一把手”亲自上党课13次。全年党委中心组集体学习22次，讨论13次。

【民警队伍建设】 认真落实《党政领导干部选拔任用工作条例》，组织开展全系统第六轮科级岗位竞争上岗，首次在师局机关分2批开展科级干部竞争上岗和一般工作人员“双向选择”。认真组织完成上级调训任务51批313人，培训费40余万元。自主举办培训班6期3 240人次，投入培训经费18万元。选派3名民警参加司法部监狱警察防暴技能实训班，2名同志被评为优秀学员，受到广东司法警官职业学院通报表彰；选派1名民警参加兵团基层干部“双语”强化培训，受到兵团政法委的通报表扬。认真开展中华优秀传统文化“双进”活动，局机关及3所监狱共投入238万元加大营区规范化建设，购买开展警营文化活动的装备、器材、设施。报销历年民警出差费、培训费、学费101.4万元。制作《优秀传统文化每日一句》，编印发放《中华传统节日和二十四节气“口袋书”》700册。邀请中国书协会员、原兵团书协副主席王宗鹏讲授《国学传承的启迪》，切实以传统文化修身养性。举办民警摄影作品展、硬笔书法展和传统文化读书笔记展评、优秀论文评比，参展作品1 090幅。组织防暴技能、擒敌拳、查缉战术和盾牌操等警体技能大比武。围绕“忠、孝”两大主题，征集格言警句建设文化墙、格言墙、文化长廊；对外宣传工作在《中国监狱》《兵团日报》等新闻媒体上刊稿310篇。

【党风廉政建设】 师局主要领导与各监狱签订党风廉政建设责任书，分管领导与分管科室签订“一岗双责”目标责任书；深入开展“谨防罪犯拉下水、细算为警七笔账”主题教育实践活动、“维护法纪权威、规范执法行为、促进公正廉洁执法”“第十六个党风廉政教育月活动”；严格落实“三重一大”决策制度，局监察部门认真参与土地承包、生活用煤招投标、大宗物资采购的监督工作，清理土地承包户124家。全年精简会议15场次，精简文件71个，“三公”经费较上年同期下降23.38%。全年受理民警、职工、群众和罪犯及其亲属来信来访13件50余人次，化解12件，化解率92.3%；认真对六师监狱系统29名处级以上领导干部及亲属经商办企业等情况进行专项清理自查。纪检监察部门与狱政、刑罚执行部门对敏感问题采取“双办双行”制度，实现办理罪犯减刑、假释无违规违纪案件。

【基础保障】 加强监狱食品、药品购进时的监督和操作时的流程管控，确保罪犯饮食安全、就医用药安全；坚持早发现、早治疗，对新入监、转监罪犯进行体验；与团场医院建立“就医绿色通道”，全年未发生1起因措施不到位引起的病亡及传染病扩散事件。投入30余万元对清真食堂进行改扩建和设备购置；继续推进和巩固罪犯社会医疗保险工作，将全系统罪犯纳入社会医疗保险，此项工作走在了兵团监狱系统的前列。积极配合兵局完成信息化一期工程项目建设工作。完成256万元的局机关新建视频监控指挥中心、扩建监狱指挥中心及118个视频监控点位的建设任务。

监狱布局调整工作取得实质性进展。年初师局党委向兵局党委提出3所监狱由偏远团场向五家渠市转移的监狱布局调整方案，得到兵局党委的大力支持。在五家渠监狱新建项目过程中，局党委积极筹措资金，保证项目工程如期完成总量的65%以上，此项工程被国家发改委评为全国政法项目第四名。 （季海龙）

兵团五家渠女子强制隔离戒毒所

【兵团五家渠女子强制隔离戒毒所负责人】 党委书记、所长秦燕（女，正处级），党委委员、政委周虎（副处级），党委委员、副所长郭亚利（女），党委委员、强戒大队长刘艳（女），党委委员、警戒大队长李文斌。

【戒毒康复工作】 2013年底，按照全国人大常委会决议，兵团女子强戒所摘除劳教所牌子，全面向强制隔离戒毒工作转型。一是建立完善与强制隔离戒毒工作相适应的安全管理机制。，进一步深化、细化现有安全防范体系，构建合理科学完善的具有强制隔离戒毒工作特色的管理、安全防范、应急处置和责任追究体系。二是逐步规范与强制隔离戒毒工作相适应的矫治流程。突出场所规范化、标准化、精细化管理，加强各项管理措施的落实，确保强戒人员从入所到出所全过程的工作流程和执法标准的质量。三是不断优化疾病防治模式，切实把好健康检查关。医生严格执行每日1次巡诊；每3日1次诊疗；每周1次卫生咨询、药品清查；每月1次体检、卫生宣教；每季度1次传染病筛查和防治专题教育、医疗卫生突发事件预案演练，确保强戒人员能够及时有效得到诊治。2014年，新建医务所，购置心电监护、全自动生化仪、24小时动态心电仪，彩色多普勒B超机和药品储备、应急救护等一批相关医疗设施。配备兼职医生5人，其中，已获资质执业中医师1人，执业助理西医师2人，强戒人员就诊、检查、治疗、康复得到有效保障。

【教育戒治】 一是强化《强制隔离

戒毒人员应知必会》的落实，重视强戒人员入所规范意识，举办入所教育研讨会，每周召开1次教育研讨会，从强戒人员及民警角色定位、入所教育规范管理及流程、生理脱毒期管理和文化氛围作用等方面，摸索可操作的建设性方法。二是明确教育目标，实行分类教育。冬季教育、日常教育开设课程共11门，完成课堂化教学450课时的课时标准。开展案例式戒治，推出一批具有借鉴意义的成功个案。三是组织开展“6·26戒毒日”主题教育活动、“民族团结从我做起”“读书月”“我爱祖国畅谈会”等各类主题教育活动10次，给戒毒人员情绪减压。四是把手语操、广播体操与中华传统健身项目相结合，广泛开展运动康复训练。每周1句心灵寄语、每周学唱2首歌、每周3天练习太极拳、每周4天体能康复训练，每周5天跳健身操，让学员们充分感受到积极向上的生活氛围。

【心理矫治】 建立心理咨询师包夹重点对象制度，发挥专业知识的功效，帮助强戒人员调节不良情绪，促进心理健康。开展以感恩、放松训练、环境适应等为主题的团体心理辅导共10场，开展心理辅导120余次，组织学员到宣泄室、音乐室、沙盘游戏室进行心理治疗80余次，创新典型心理矫治个案8人。围绕强戒人员身心康复、行为矫正等需求，逐步加快心理咨询师的培养工作步伐，是年，有3位民警获得国家二级、2位民警获得国家三级心理咨询师资格证书，使获证心理咨询师人数达到14人。

【民警队伍建设】 围绕强制隔离戒毒工作实现“去劳教化”，广泛深入开展工作理念大转变讨论活动，逐步改变原有不符合强制隔离戒毒工作属性，实现强制隔离戒毒工作快速接轨、无缝接入。开展“廉洁公正执法司法”专项教育整顿工作，着力加强执法监督检查，围绕所外就医、单独管理、警戒具使用和民警执法管理等，有针对性地查找存在的突出问题，对查摆出的问题制订整治方案和措施，及时纠正解决。

【行政保障】 信息化系统建成启用一年来，指定专人负责设备日常维护工作，政务内、外网及视频会议系统各类信息传输畅通，巩固完善戒毒人员信息管理、办公自动化、监控网络数字化工程，各项工作的开展更加方便、快捷、高效。后勤保障工作完善内部会计控制制度。规范外出学习参观考察活动及相关财务工作，增收节支，切实建设节约型戒毒所。落实中央“八项规定”，压缩经费开支。严格物品采购、水电管理、公务接待等方面的制度，并定期分析全所行政、生产以及专项经费的使用情况。加强公务用车管理。认真落实公务车辆定点保险、定点加油、定点维修和办公室统一管理、调派使用制度，降低车辆运行成本。进行监控系统改造工程，所内监控视频覆盖率达100%。实施室外供暖管道改造工程，努力改善民警工作生活环境。

【场所安全】 在亚欧博览会、APEC会议、重大节庆日期间开展排查整治行动，积极营造和谐的教育戒治氛围，促进场所稳定。在严把重点节点上，进一步加强对重点人员、重点岗位、重点环节和重点时段管理。同时，加强日常巡查管理力度，对进出人员严格管理、检查，严防违禁物品流入。开展以“抓细节、促矫正”为目标的“行为养成规范”活动，结合日常内务卫生、队列行进、文明用语、学习情况等开展行为养成评比，加强强戒人员行为养成。针对强戒人员传染病多、身体条件差等特点，健全统一指挥、科队联动、与卫生防疫部门协同就诊的病情应急处置机制，防止非正常死亡事件的发生。加强夏季防暑降温工作，及时调整作息时间，严格食品采购渠道，规范食品加工过程，确保解暑汤供应，搞好环境卫生，避免和减少各种疾病的发生，稳定场所教育戒治秩序。（张　茜）

什么是毒品？

毒品是一个难以定义的概念，不同的职业有不同的解释。法学家认为，毒品是受法律程序严格管理和控制使用的，对个人、家庭和社会都有严重危害的违禁品；从医学角度来看，毒品是一种药品，具有止痛、镇静、催眠等作用。可见，毒品是一个相对的概念，关键在于人们如何使用它，使用得当，毒品就是药品，滥用滥食，药品就成了毒品。第八届全国人民代表大会修订的《中华人民共和国刑法》第357条规定：毒品是指鸦片、海洛因、甲基苯丙胺（冰毒）、吗啡、大麻、可卡因以及国家规定管制的其他能够使人形成瘾癖的麻醉药品和精神药品。这个定义语言简洁，达义明了，阐明了毒品的定义和性质。

责任编辑 皇甫志辉

题图摄影 李华北

【对接互访】 2014年,在山西省对口援疆工作方案指导下,山西省党政领导多次到访师市,实地考察指导对口援疆工作。山西省委组织部,省卫计委、文化厅、民政厅、审计厅、卫生厅、教育厅、统计厅等部门先后来师市考察对接,并取得多项成果。2014年12月20日,山西省常务副省长高建民来师市考察援疆工作,视察援疆项目并看望慰问援疆干部。师市机关部门也多次组团赴山西就对口支援具体工作进行考察交流和沟通对接,全年,师市赴山西参观考察学习600多人次。

【援疆项目建设】 2014年,山西省对口支援项目紧紧围绕就业、教育、人才等3个重点方面安排,共12大项21个小项,工程总投资4.31亿元,年度总投资.4.01亿元,其中山西省援助资金1.58亿元。

主要实施完成五大类工程:一是大力促进就业工程项目。新建一〇五团、红旗农场、奇台农场、新湖农场羊舍、猪舍417座,新建一〇一团、一〇二团、一〇五团日光温室大棚197座,带动职工就业2 000多人,拓宽职工就业渠道。二是加大教育领域基础设施建设。新建4个团场中小学校风雨操场建设项目,新建新湖农场幼儿园3 700平方米,改扩建土墩子农场幼儿园1 000平方米,改善农导播中小学生及幼儿教育条件。三是加强医疗卫生设施和设备配套建设。建设9 000平方米六师五家渠市妇幼保健院,新增师市专业医院。四是加强基层党组织阵地建设及人才培训项目建设。新建6个团场基层党组织活动室及党员远程教育项目,师市共培训各级、各类干部2 025人次,各级党员干部业务水平进一步提高。五是加快改善与职工群众生活紧密相关的供水、排水、供热、道路、天然气等基础设施建设项目。实施新湖农场安全用水全覆盖及集中供热送温暖项目、北塔山牧场晋北路建设和天然气入户工程、一〇三团集中供热送温暖、奇台农场安全用水全覆盖等工程项目,各项目当年完成并投入使用。

【教育卫生领域援疆】 一是山西省12名援疆医生、7名援疆教师前往北塔山牧场医院和连队开展支医支教活动,并向该场学校捐赠教学书籍。二是山西省教育厅派出由省直属山西大学附属中学、山西省幼教中心幼儿园、山西省康乐幼儿园、小店区九一小学等4所学校共17人的教育专家团队赴六师五家渠市为700余名中小学教师及幼儿教师进行为期4天的短期培训。三是山西省委组织部和教育厅选派38名优秀教师到六师五家渠市进行短期支教。四是新湖农场组织农场文教卫生单位负责人组成交流团，前往山西临汾市对接交流，解决新湖农场文教卫生事业单位部分专业人才短缺问题，为暑期及秋季双方教学交流互访奠定基础。山西临汾襄汾县中学校长刘彦青一行17人到新湖农场一中进行为期9天的教研学术交流，分学科开展讲课、听课、评课等教研活动，并就办学理念、管理、教学和教研等方面进行深入探讨。一〇六团政委杨建玲等一行8人赴山西接洽，通过互访，山西省忻州市医疗、卫生、教育行业专业技术人员对一〇六团进行援助。

【人才援疆】 一是按照中组部要求，53名山西省援疆干部分赴师市教育卫生等岗位，把先进的医疗技术、教育理念和管理理念带到师市各行业。二是继续加大干部人才交流培训力度，师市采取短班培训、挂职培训、省外培训和“一对一”培训等方式，先后在山西省举办完成13个班次305人的培训工作。师市机关、政法系统、农牧团场、重点企业和科研单位选派6名师市干部(4名副处级以上干部、2名一般干部)赴山西相关地市部门挂职锻炼。三是进一步做好援疆干部日常管理工作。始终坚持援疆干部“任实职、负实责、给实权”，为发挥援疆人才作用，搭建好平台。落实援疆干部在师市期间的各项福利待遇，为援疆干部顺利开展工作提供保障。通过开展节日慰问、组织援疆干部观看文艺演出等活动，丰富援疆干部业余生活。组织援疆干部人才赴偏远贫困团场开展支医支教活动，赴边境团场北塔山牧场进行爱国主义教育活动，增强援疆干部对兵团的认识。四是积极探索省外培训模式，2014年分别在山东烟台和江苏苏州成功举办3期农业产业化和党建工作培训班。

【文化援疆】 “山西艺术精品新疆行”再次走进师市，山西说唱剧《解放》在师市连续演出4场，“山西省非物质文化遗产精品展”也同期在师市博物馆展出，师市共有1.2万余人次观看和参观演出和展览，反响强烈。同时，两地还开展文化讲座、书画展示、摄影艺术联展、创作交流、座谈研讨和社区慰问演出等数十次活动。多层次的文化交流与合作，推动双方合作交流不断深化。

【对口援疆工作会议】 2014年5月13日，师市召开2014年对口援疆工作会议，回顾总结过去一年对口援疆工作，重点安排部署2014年援疆项目建设和“一对一”结对支援工作任务。副师长尹乃明、副市长杨治国、援疆办主任王春晖出席会议。会议听取了师市援疆办及各团场关于2013年援疆项目建设完成情况、“一对一”结对支援工作情况及2014援疆项目进展情况，同时，对2014年师市开展“观摩一对一、晾晒成绩单”活动作进一步安排部署。 (姚　鼐)

【农牧团场对口援建工作】

一〇一团　2014年，与山西省互访共计10批次，计52人，其中，山西省代表团访问区团3批次、20人；区团机关及基层单位各级干部去山西学习、挂职4批次，计21人(学习15人、挂职6人)；商务考察、项目洽谈3批次11人。山西省对口支援六师项目落实在区团的有：新建日光温室47座，占地面积7.7公顷；新建道路1 159.7米；380伏输电线路578米；输水管道1 485米。总投资376万元，其中，援建资金47万元，团场及职工自筹资金329万元。当年完成投资350万元；山西省对口支援六师五家渠市妇幼保健院项目在区团落地起动，计划总投资2 564.64万元，占地面积6 810.67平方米，其中，援建资金1 100万元，区团自筹1 464.64万元。 (赵　学)

一〇二团　落实山西援建资金880万元，完成团子校风雨操场塑胶跑道建设和4连小康村富民安居工程建设。建立山西太原与团场支医支教长效机制，团子校与太原市成城中学、师范一附小学，团医院与太原市人民医院结成帮扶对子，全年双方开展支医支教活动2批40余人次。 (段　娜)

一〇三团　2014年，总投资4 337万元，其中，中央拨款150万元，山西省太原市援建资金1 830万元，师团自筹2 357万元，主要实施团镇集中供热项目、基层党组织活动室及社区老年日间照料中心联建楼项目、团镇学校风雨操场(标准化运动场)项目。团医院与太原市第二人民医院结为友好医院，建立医疗援疆长效机制。团学校与太原市外国语学校及太原市实验小学结为友好学校，共同开展教研活动，达成教育援疆的意向。团镇“十三五”对口援疆规划已编制完成并报师市援疆办审核。

(胥执高)

一〇五团　加强与晋城市援疆办的衔接沟通，总投资6 359万元，其中援建资金1 540万元，实施标准化运动场、基层党组织、畜牧养殖、设施农业基础设施配套等项目，项目受益人口达1万余人。山西选送6名教师和2名医生来团支医支教，团场选派24名干部赴山西培训学习。有食用菌和养殖2个项目形成合作意向，并试种2个大棚的香菇。是年，六师援疆办在该团召开对口援疆现场会，兵师领导也先后6次到团场检查指导对口援疆项目，极大促进团场援疆工作。（邓丽华）

一〇六团　团场与山西省忻州市开展第三次对接工作，组织专业人员前往忻州实地考察学习，在人才引进、业务培训等方面与忻州市委达成统一，连续3年忻州市工会组织人员来团场指导工作，是年，忻州市工会援助资金15万元，对口援疆资金投资320万元，完成团场基层党组织活动室及党员远程教育活动中心项目建设。（郭银川）

新湖农场　2014年，农场先后组团7次，共163人去山西临汾进行交流学习。山西临汾市总工会为新湖农场职工培训中心、民兵训练基地援助20万元。2014年，山西省援疆项目4个，总投资13 847.81万元，其中，山西省援建资金5 448万元，中央预算内资金726.56万元，总场自筹7 673.25万元。分别是：山西省对口支援农场安全用水全覆盖及集中供热送温暖项目—集中供热管网改造及配套完善工程（已经完成）；山西省对口支援农场安全用水全覆盖及集中供热送温暖项目——生活垃圾处理工程（已经完成）；山西省对口支援农场公共幼儿园建设项目（主体已完成，附属设施还未完工）；山西省对口支援第六师就业促进工程——畜牧养殖及设施农业建设项目已完成。（李天翠）

芳草湖农场　与山西省长治市在教育、卫生工作方面进行专题对接。农场6名干部和2名医务人员先后到长治市参加培训学习。基层党组织活动室及党员远程教育援建项目已经完工，已确定援疆项目3个，争取援疆资金3 000万元。（靳　梅）

军户农场　是年，山西省阳泉市与军户农场开展"一对一"对接活动，9月，阳泉市市委书记与农场签订人才援疆意向书，为军户农场选派3名支医支教人员，军户农场选派4名党员干部前往山西学习深造，援疆支医、支教长效机制基本形成；在建工程军户农场学校塑胶运动场总投资726万元，其中援疆资金400万元。（李林春　任美玲）

六运湖农场　2014年，山西朔州市为农场援建资金330万元，用于农场用水、供暖、排污等方面。争取到山西朔州3位教师和1位正处级校长来农场学校支教。（武振海　李书明）

土墩子农场　运城市投入援疆资金300万元，实施农场幼儿园项目。山西运城市选派8名教师、5名医生，来农场开展支医支教工作，农场选派3名教师赴运城市培训学习。运城市工会支援农场工会10万元帮助农场开展惠民活动。（王志财）

奇台农场　落实山西援建一〇八社区人饮水项目、畜牧养殖小区配套设施项目、《奇台农场与大同市第二轮援疆3年规划》等27个项目的对接。委托山西编制《奇台农场2016~2020年产业发展规划》，同时抓紧启动农场"十三五"规划编制工作。邀请山西大同市文工团艺术家来场慰问演出5场次，受益观众达1.5万人。2014年，积极与大同市对接，农场5所学校与大同市6所学校建立友好学校关系。大同市先后选派12名教师、8名医生、3名电视台工作人员、5名社区文化服务工作人员到奇台农场工作。2014年8月18日，中国人民解放军海军慰问团一行25人在海军副政委（中将）王森泰的带领下来农场，专程对1964年集体转业到兵团支援奇台农场建设的海军支边老兵进行慰问。（陈天军）

红旗农场　山西省晋中市8名医生、6名教师到农场进行为期1年的支医支教服务。农场选派7名教育和医疗卫生人员到山西省晋中市学习培训。编制了新一轮援建规划。山西省援建的学校塑胶风雨操场已投入使用，援建的基层组织活动室正在建设之中。（李义强）

北塔山牧场　一是山西省投资1 600万元实施的牧场晋北路建设、天然气入户2项民生重点援建项目落实到位，援疆成果进一步惠及牧场牧民群众。二是继续落实师市各团场与北塔山"一对一"援助工作，牧场学校4名教师分别到奇台农场、一〇八社区、一〇九社区学校跟班培训，提高教学水平。

芳草湖农场、奇台农场2名教师来牧场执教，提高牧场教学质量。师市各团场援助牧场棉籽壳800吨，用于解决因旱情造成牲畜饲草料不足的问题。三是承接兵团组织部对口帮扶工作。通过兵团党委组织部挂钩“定连帮户”扶贫，为2个连队捐赠哈语电教宣传片100张、书籍200本、电脑2台、投影仪1部、活动经费10万元。四是加快牧场人才引智工作。利用组织部下拨人才发展专项资金40万元，引进4名急需人才。 （夏国富）

山西援建的北塔山牧场富民安居工程。 （启 航）

【对口援建】 山西省各地市工会与师市各团场工会“一对一”对口支援机制成常态，选派基层工会干部互访、互学已形成制度。2014年，山西省人大常委会副主任、省总工会主席田喜荣应邀来师市考察指导，为师市工会捐赠援建资金70万元，并为省总工会援建的青湖职工创业园揭牌。10月，师市工会组织13名劳动模范赴山西考察疗养，援疆工作内涵更加丰富。2014年，山西省各级工会已为师市各级工会捐赠援建资金218.3万元，援建资金在职工多元增收、困难职工帮扶、职工书屋建设、职工创业培训等方面正在发挥着重要的推动作用。 （杨金龙）

【对口援建工作】 一是培训援助。4月18~27日，30名少先队工作者和辅导员参加山西·新疆兵团六师少先队工作者和辅导员培训班；12月11~15日，选派22名基层共青团干部到山西省委党校培训。12月10~12日，山西团省委选派青年创业指导专家组一行5人，来到一〇五团、芳草湖农场和新湖农场，进行为期3天的创业就业培训。专家组还深入5个青年就业创业点，现场实际观摩，给予具体指导。二是帮扶援助。顺利举行山西省共青团对口支援师市共青团工作结对签约活动，山西11个地市级团委及3个团省委直属单位团委与师市14个农牧团场团委结对签约，争取到30万元助学金和40万元物资援助。三是联谊活动，山西团省委书记赵雁峰和山西团省委统战部部长、省青联秘书长杨建忠亲自带领山西省青联委员到一〇三团开展送文艺慰问演出。四是晋疆两地青少年“手拉手”活动。六师五家渠市27所小学与山西太原市小学开展对接活动，山西太原市小店区九一小学与五家渠三小，山西临汾市第二小学与新湖一场小学已经通过书信开始联系。五是项目援助，新接收山西籍志愿者17名。 （孔德红）

一〇二团晋康职工健身中心。 （孙天山）

【对口援建】 兵团残联党组书记、理事长杨璞斌携师市残联赴山西省残联，与山西省残联党组书记、理事长李亚明等领导座谈交流对口援建工作。对接后，师市残联选派定点医院低视力康复医生和基层残联工作人员参加在山西省举办的培训班，这是山西省残联首次对师市残联系统专业技术人员和工作人员进行培训。 （刘佳佳）

群众团体 | The Mass Organizations

责任编辑　皇甫志辉
题图摄影　于小丽

工　会

【师市工会负责人】

党组书记、工会副主席、纪检组长　曹阳(正处级)

党组副书记、工会主席　董亮全(正处级)

调研员　谭世清(正处级)

副调研员　王卫国(副处级)

【概况】　2014年,师市工会编制9人,在编7人,机关下设组宣部(民主管理部)、经济工作部(自营经济办公室)、法律保障部、女职工工作部4个内设机构,下属事业单位1个师市困难职工帮扶中心。截至2014年9月底,全师基层工会49个(不包括非直属新建企业,下同),在册职工97 276人,其中女职工46 446人,农民工25 087人;工会会员92 148人,其中女会员44 375人,农民工会员22 410人;工会专职干部97人,工会兼职干部679人。

【四届七次全委(扩大)会议】　2014年3月11日,师市工会四届七次全委(扩大)会议在五家渠市召开,师市工会第四届委员会委员及各直属单位工会主席参加会议,会议替(增)补了师市工会第四届委员会委员,总结和安排部署了工作,表彰奖励了工会先进集体、个人;师市党委常委、副政委、政法委书记吕清到会并作重要讲话。　(王卫国)

【群众路线教育实践活动】　2月12日,师市工会召开"师市工会党的群众路线教育实践活动动员大会",师市工会党组书记、活动领导小组组长曹阳主持会议并作动员讲话,全面安排师市工会机关教育实践活动。五家渠市副市长张霞,师市工会党组副书记、工会主席董亮全及师市工会机关全体干部参加会议。8月18日,师市工会党组领导班子召开专题民主生活会。师市第一督导组组长张峰云、成员张金成、王兵团到场指导。会上领导班子2名成员接受互评意见各4条。9月5日,师市工会党支部在工会三楼会议室召开组织生活会,并对工会机关9名党员进行民主评议。活动中,师市工会共组织机关全体人员集中学习27次,听党课4次,专题讲座2次,学习交流3次,考试2次。共计发放159份征求意见函,经认真梳理,共征求对领导班子的建议16条,业务工作方面建议17条,领导班子成员意见建议44条,全部进行整改。　(汪　莹)

【开展"建家"活动】　在基层工会全面开展"职工之家"创建活动,表彰奖励了9个模范职工之家、14个先进职工之家、22个先进女职工委员会、2项工会工作创新成果,并将

"建家"活动向非公企业延伸,有效推动非公企业工会工作的开展。有11个团级工会荣获全国、自治区、兵团、师市"模范职工之家"称号,有5个二级工会组织荣获兵团级"模范职工之家"称号。

【民主管理】 坚持做好职代会各项制度的落实,团级职代会每年召开1~2次,营连级职代会每年召开3次以上,各级职代会在组织形式、运作方式、工作程序和代表培训等方面都进一步规范。坚持做到企业改革和发展的重大方案提交职代会审议,重要规章制度经职代会讨论通过,涉及职工利益的重大事项经职代会讨论决定,企业招待费使用情况向职代会报告。团(企)务公开工作已走上经常化、科学化、正规化轨道。

【"两个普遍"】 "两个普遍"即依法推动企业普遍建立工会组织,依法推动企业普遍开展工资集体协商。26家非公企业成立工会组织。师市国有及国有控股企业已全面开展工资集体协商工作,民营企业正在逐步推开。 (王卫国)

【建功立业竞赛活动】 以"工人先锋号"创建活动为载体,广泛开展各类建功竞赛活动。继续深入开展春耕、春播、秋收等各个时节的农业生产劳动竞赛。联合师市援疆办开展援疆项目劳动竞赛,并评选表彰6个援疆项目劳动竞赛先进集体和9名先进个人。五一前夕,表彰2012~2013年度准噶尔劳动先进集体10个、先进个人30名,同时命名师市"工人先锋号"先进集体45个。成功推荐兵团先进工作者和劳动模范9人。深入开展"安康杯"竞赛活动,"安全生产月"期间,在芳草湖农场举办由196名职工参加的师市第五期企业班组长培训班;广泛开展"红线意识"主题征文活动,收到征文102篇。投入8万元,建立4个职工(劳模)创新工作室。兵团工会重点工程项目建设劳动竞赛启动仪式在师市成功举行。

【职工自营经济】 根据《师市团场职工自营经济发展三年攻坚计划》,计划实现职工自营经济人均纯收入增长16%,达到4 360元以上的发展目标。师团两级工会利用128万元援建资金,扶持特色种植、养殖、农副产品加工业、"农家乐""牧家乐"等职工自营经济多元增收示范项目22个,带动职工358户。其中师市工会投资10万元扶持师水管处工会建立青湖职工创业园,为近200名下岗职工就业创业搭建平台。争取兵团工会职工自主创业示范项目4个,项目贷款资金700万元,扶持带动职工180户,预计户均收入1.5万元以上。制定扶持职工多元增收政策196项,18 500多名职工从中受益。各级工会积极推进万名职工转岗转业培训活动,通过开展自营经济百名专家服务团下基层巡回培训指导,举办三产特色、家政服务、手工艺品制作、种植、养殖等各类培训班,培训职工15 700余人次。同时利用连队"职工书屋"坚持开展职工"读书活动",积极引导职工依靠科技致富。召开师市自营经济多元增收经验交流暨表彰大会,表彰一批2013年职工自营经济多元增收先进典型。同时,成功推荐兵团职工自主创业示范户11户,师市职工自主创业示范户10户。师市工会将是否完成职工自营经济多元增收年度攻坚目标作为团场工会年度考核的重要依据。 (杨金龙)

【文化活动】 2月14日,市总工会举办"梦想家园"元宵节社火表演。共有4个单位的18支社火队约1 500人参加表演,一〇一团荣获一等奖,军垦路街道荣获二等奖,青湖路和人民路街道荣获三等奖。4月18日,六师五家渠市"中国梦·劳动美"文艺下基层、进班组活动圆满结束。文艺小分队深入豫新煤业公司、鸿基焦化公司、一〇二团,进车间、进社区进行为期2天的慰问演出。4月30日,由师市工会和党委宣传部主办的"中国梦·劳动美"职工摄影展在博物馆开展,收到41名参赛者的作品229幅,表彰一等奖2个,二等奖4个,三等奖6个,优秀奖18个,展览共展出60幅(组)优秀作品。4月30日,市总工会举办"中国梦·劳动美"职工拔河比赛,20个男队、14个女队参赛。7月10日,六师五家渠市职工"中国梦·劳动美·我与改革创新"主题演讲比赛选拔赛落幕。历经一个多月,29个单位选拔出34名选手参加师市选拔赛,东区实验幼儿园的王艳获得一等奖;另外,产生二等奖3名、三等奖5名。7月17日,中国文联"送欢乐下基层"文艺志愿者服务团一行慰问演出在五家渠文化中心举办,师市工会承担了800余名观众的组织和协调工作。9月8日,中央电视台"心连心"艺术团慰问演出在五家渠市青湖御园举行,师市工会承担了千余名观众的组织和协调工作。9月10日，兵团职工“中国梦·劳动美·我与改革创新”主题演讲比赛决赛在乌鲁木齐徕远宾馆落下帷幕，师市选送的东区幼儿园教师王艳和芳草湖农场丹板社区五连政工员刘欢欢均荣获二等奖。

【职工素质建设】 6月5~6日，工会举办学习宣传第二次中央新疆工作座谈会精神暨企业工会干部培训班。师市55名工会干部参加培训。期间参观了国资公司、宏寓房产公司、华春毛纺公司、煤电公司、豫新煤业公司、鸿基焦化公司等企业工会重点工作现场，还邀请华春集团公司工会主席高青讲授了做好工会工作的感受、方法和经验。7月14~18日，山西省总工会对口援建师市、阜康市工会干部培训班在师市党校举办，师市副政委吕清参加开班仪式并作重要讲话，兵团工会副主席孙涛给学员授课，山西省总工会派部长董翠云率省总工会干校3名教研室主任亲临授课。来自师市各基层单位的82名工会干部和阜康市总工会选派的20名工会干部参加培训，学习内容包括：中国特色社会主义工会发展道路、习近平总书记系列讲话精神、工会基础知识、工会组建工作、职工民主管理、工会女工工作、工资集体协商集体合同等。 （王卫国）

【困难帮扶】 为帮助困难职工尽快脱贫，师工会联合劳动和社会保障局制定《六师五家渠市总工会劳动和社会保障局扶持困难职工增收小额担保贷款管理暂行办法》。工会每年拿出300万资金作为担保基金，拟为困难职工发放1 500万元贴息贷款扶持多元增收。“两节”期间，师市工会以“情系职工，温暖万家”为主题，在师市范围内开展送温暖活动，共下拨资金144.7万元，慰问困难家庭2 482户。活动期间师市工会还为43名困难职工发放共计11.8万元的大病医疗救助金。

【“金秋助学”】 8月23日，师市工会在困难职工帮扶中心举行2014年“金秋助学”助学金发放仪式，为212名家庭困难、品学兼优的职工子女发放助学金51万元。山西省总工会常务副主席郭新民、山西省总工会王荣，师副政委吕清出席仪式。 （满 莉 曾丽娟）

【抗灾自救】 2014年4月22日晚因天气突变，给六师一些团场带来风、雪、冻灾害，师市工会主席董亮全带领相关工作人员第一时间赶赴共青团农场、一〇一团、一〇二团、一〇三团，深入基层连队田间、地头查看灾情，与连队干部和职工共同商讨抗灾措施，并鼓励大家树立信心，开展抗灾自救，最大限度减少经济损失。同时，下发紧急通知，要求各单位工会全力组织职工抗灾自救，并做好受灾职工的安抚工作和受灾情况的统计，对受灾团场的561名困难职工给予了30.5万元资金帮扶，缓解困难职工的受灾压力。 （满 莉）

【女职工工作】 1月14日，师市工会开展“女职工关爱行动”，拨款4万元，救助20名生活贫困单亲的女职工。2月，为表彰先进，树立典型，进一步激发女职工的创造潜能和创造活力，师市工会选树36个“巾帼标兵岗”、46名“巾帼标兵”，表彰22个先进女工委、27名优秀女工干部。3月，下发《关于开展女职工安康保险活动的通知》，为师市14个单位的14 432名女职工办理团体女性安康重大疾病保险。5~7月，师市工会组织近2万名女职工参加全国第二届书香“三八——阳光女性·幸福中国”读书征文活动，共征集征文400余篇，5人荣获全国奖项。 （汪 莹）

2014年8月23日，“金秋助学”为贫困家庭的孩子圆了大学梦。 （唐 勇）

妇 联

【师市妇联负责人】

师市妇联主席　赵庆(女,正处级)

【概况】 师市女性人口总数14.7万人,占47.31%,儿童3.5万人;职工总数6.43万人,其中女职工3.15万人,占职工总数的48.9%。师市妇联下属各级基层妇联组织共234个,其中有14个农牧团场、8个团级医院和学校等事业单位、7个政法单位、1个师直机关、五家渠市3个街道办事处、1个直属社区及200个连队妇代会。有团体会员3个(师市工会女职工委员会、师市女知识分子联谊会、红旗农场妇女手工编织协会)。现有师级妇联干部5人,团级专兼职妇联干部34人,营连级兼职妇联干部378人。师市妇联设常委13人,执委34人。

【"三学三比"和"巾帼建功"系列活动】 在各级妇联组织中开展"三学三比"和"巾帼建功"系列活动,引导妇女群众参与岗位练兵、技术比武等劳动竞赛,全年,选树师级"巾帼科技致富示范园区"10个、"三八红旗集体"10个、"三八红旗手"30名、"多元增收致富女能手"10名,8个集体和4名个人荣获兵团"巾帼建功"系列荣誉称号,2个集体和1名个人荣获全国"巾帼建功"系列荣誉称号。在一〇五团启动"巾帼绿色家园"行动,成功申请1 406.74公顷绿色园林为兵团"巾帼绿色家园"基地。

【妇女创业就业】 全年共举办5期妇女手工编织及刺绣培训班;选派18名女巧手参加兵团手工编织培训班;举办第五届妇女手工艺品展销会,组织3 600余件手工艺品参加亚欧博览会、西洽会、兵团名优地产品等展示展洽会,促进师市民族传统手工艺文化的交流。为奇台农场地毯厂、一〇二团手工制品加工厂、芳草湖农场地毯厂申请200万元援疆项目资金;指导师水管处建立妇女手工编织展销基地,扶持一〇五团建立哈萨克族布绣毡绣合作社,促成军户农场妇联与库尔勒焉耆玉兰娘家绣坊的合作意向。截至年末,全师共建立手工编织基地9个,编织协会6个,培养骨干人员355人,扶持店铺12个,年创收达242.35万元。

【普法宣传及维权工作】 利用各级信访网络、维权服务热线及巾帼志愿者队伍,抓住"三八"妇女维权周、"12·4"国家宪法日等有利时机,以设点咨询、发放资料、文艺展演、有奖问答等形式,广泛开展《妇女权益保障法》《婚姻法》《法律援助条例》的普法宣传活动,增强妇女群众法律意识。联合有关部门和各类媒体,在《准噶尔时报》开辟《三八法律法规知识竞赛》专栏,举办"三八维权周"法律法规宣传及现场咨询服务活动。坚持妇联领导干部接访制度,畅通信访投诉、妇情反馈渠道。以"家庭暴力投诉中心"、妇女儿童法律援助工作站、12338妇女维权热线为工作平台,构建师市、团场街道、连队社区三级信访代理协理工作网络,设立信访代理协理服务中心1个、工作站17个、工作室202个,确定代理协理员249名。全年,各级妇联组织共接待来电来访318件662人次,代理协理信访案件58件,化解家庭矛盾60件,答复咨询213件,结案率达到95%,对维护妇女儿童合法权益和社会稳定起到积极作用。

【妇儿工委工作】 加强对妇女发展规划、儿童发展规划的宣传、培训和实施,督促师市妇儿工委各成员单位认真落实好《妇女儿童发展规划(2011~2020年)》各项指标,召开妇儿工委成员单位联席会议,总结、安排部署新时期妇女儿童工作,联合师市统计局完成并发布2013年度统计监测报告,推动解决妇女儿童工作中的热点难点问题,促进妇女儿童事业的健康发展。迎接兵团妇儿工委"新两规"(2010~2020年妇女发展规划、2010~2020年儿童发展规划)推进情况检查,为2015年中期评估奠定基础。

【关爱妇女儿童】 广泛开展"圆梦助学行动",为9名女高中生、2名女大学生争取到1.3万元"圆梦助学金"。在各级妇联组织中开展"下基层、访妇情、办实事"活动,根据走访调研一〇一团、一〇三团、军户农场、红旗农场、新湖农场、五家渠振兴街社区妇女群众征集到的意见建议,与师市财政局联合下发《关于进一步规范妇联工作经费的通知》,规范妇联组织工作经费的来源、管理和使用。积极向兵团、师市申请公益项目和救助资金,争取到价值200元的"母亲邮包"120个;为20名单亲贫困母亲发放每人1 000元的"单亲贫困母亲"救助金;为31名"两癌"贫困母亲发放每人2 000元慰问金，解决贫困母亲、困难家庭的燃眉之急。

【“两癌”筛查工作】 大力宣传由全国妇联、中国妇女发展基金会设立的“贫困母亲两癌救助”中央专项彩票公益金救助项目，宣传开展“两癌”筛查的必要性，做好“两癌”患病妇女摸底登记，积极向兵团妇联争取“贫困母亲两癌救助”项目。全年，向12名贫困母亲每人发放1万元的救助资金，争取到2014年救助名额36人；发挥“母亲健康快车”作用，提供健康普查2 514人次、义诊咨询3 155人次，产妇转诊10人次，救助52人次，发放药品价值42 420元。

【妇女思想教育】 教育引导师市广大妇女深入开展“我与中国梦”主题教育活动，以弘扬十八大精神和传承六师“亮剑精神”为载体，举办各类教育活动125场次，激发广大妇女积极投身实现“中国梦”伟大实践的热情。大力开展反邪教宣传活动，把拒绝邪教、稳定是福的思想根植到家庭中。大力宣传先进妇女典型，在《准噶尔时报》刊发一期“庆三八”专刊，集中展示新时期师市女性的精神风貌。

【家庭文化建设】 集中开展寻找“最美家庭”活动，发动妇女和家庭踊跃自荐、相互推荐、互评互议、共同分享，举办14次家风家训评议会和故事会，晒出150组幸福家庭照片。经过层层推荐和评审，评选出5户师市首届“最美家庭”，其中2户家庭获得兵团“最美家庭”提名。开展以“和谐、幸福”为主题的家风家训征集、家庭助廉等家庭文化宣传活动，展现新时期家庭文明新貌。深化家庭建设活动，为10对新人举办“玖玖相约郁金香”五家渠市首届集体婚礼，弘扬婚事新办的社会新风；举办“相约在金秋”大型青年联谊活动，为260名未婚适龄青年男女搭建交流平台。

【儿童工作】 各级妇联组织积极开展爱心妈妈、一帮一结对帮扶活动。红旗农场成立首个哈萨克族妇女爱心妈妈基金会，40多位爱心妈妈首次捐助5 000多元，资助困难家庭的孩子。举办“环保六一·绿色梦想”少儿书法绘画大赛，从各小学、幼儿园书法绘画作品中选出140幅优秀作品，在五家渠市博物馆进行为期一个月的展出。

【强基固本工程】 275个“妇女之家”全部实现妇联主席、妇代会主任进班子或支委；师市团场、街道社区妇联组织和连队妇代会组建率达100%。进一步推进社区妇联组织规范化，健全以社区“妇女之家”为龙头、网格联系点为基础的基层妇女工作组织服务网络。继续开展强基固本“示范”创建活动，对28个妇联基层组织建设示范单位进行命名表彰和授牌，芳草湖农场及13个连队、社区被评为兵团基层组织建设示范单位。

（刘　灵　严芬芳）

共青团

【师市团委负责人】

书　记　王霞(女，正处级)

副书记　张金成(副处级)

【概况】 2014年，师市团委编制3人，实有3人。全师基层团委64个，团总支36个，团支部643个，派驻基层团工委4个。师市14~28岁青年2.31万人，14~35岁青年3.04万人。团员10 380人，其中少数民族团员909人，占团员总数的9%，发展新团员2 175人，“推优”入党106人。

【团基层组织建设】 根据兵团团委要求和团章规定，3月6~7日，召开师市第九次团代会，选举产生九届委员会。编印《师市第九次团代会文件汇编》。先后有6个团场召开团代会，完成换届选举工作。坚持资源向基层倾斜，努力争取到团中央专项经费12万元和社区团建经费3万元，支持少数民族聚居团场共青团工作，向8个基层单位拨付活动经费3.5万元。加大共青团组织建设力度和覆盖面，重点在新建企业和农工专业合作社开展团组织建设工作。2014年，新建10家非公团组织，新建6家农工专业合作社团组织，全年完成兵团团委调训任务50余人次 。

【思想教育工作】 以五四青年节、六一儿童节、少先队建队日和兵团成立60周年、五家渠建市10周年为契机，广泛开展情感教育和青少年养成教育，组织各中小学深入开展缅怀革命先烈、传承亮剑精神、“红领巾相约中国梦”“核心价值观记心中”主题演讲等活动百余场，培养青少年良好的道德规范。4月，举办第九届青少年文化艺术节及2013年度共青团表彰颁奖晚会;5月4日,在共青团农场组织举行"新时代·新青年·新使命"学习贯彻习近平总书记讲话精神誓师大会,师市各界团员青年代表和部分学校团员代表共740余人参加。先后3次组织"兵团青年讲坛"活动,聆听"中国梦的历史与现实""创新思维与经营管理创新"等精彩报告,团干部和团员青年累计达800人次参加。为师市团队干部征订《共青团优秀活动100例》《共青团基础知识教程》《新时期企业共青团工作》书籍240余本,征订《社会主义核心价值观教育挂图》《文明礼仪挂图》《预防青少年违法犯罪宣传挂图》78套,为一〇六团、军户农场小学配备科普类图书2 460本。开展青少年励志教育。在一〇一团、共青团农场、红旗农场、奇台农场、北塔山牧场等直属团组织举办5场"奉献的青春最美丽"座谈交流活动。北京交通大学研究生支教团五家渠服务队先后在师职业技术学校、五家渠一中、一〇二团、红旗农场等学校,开展"中国梦·我的梦——爱国主义、民族团结"主题宣讲活动。通过巡回演讲,1 600余名学生受到教育。开展民汉青少年"手拉手"活动,全师结对小学生总人数106对。继续开展少年军校活动、鼓号队等品牌活动。师市20余所学校2 400余名中小学生开展"少年军校"活动,重点组织一〇一团学校参加兵团第二届少年军校技能大赛,获得三等奖。充分利用网络新媒体及时发布信息,全年发布信息达200余条。依托新闻报纸、电视台、广播等传统媒介,全年投稿发稿180余篇。

【青年创业就业】 联合劳动部门举办创业指导员(信保员)培训班和大学生志愿者就业指导培训班,共培训团委书记和志愿者143人。联合科技局开展送科技下基层活动,在各团场举办涉及马铃薯、葡萄、棉花和园艺等技能培训,累计开展科技培训39次,培训人员2 768人。选派马旭龙参加团中央在华中农业大学举办的全国青年创业致富带头人学习培训班。深入开展青年创业贷款和"助力行动"畜牧业贴息贷款,全年协调扶持258名青年创业贷款1 883万元,带动就业592人。全师组织开展SYB、阳光工程、种养殖技能培训等各类创业就业培训30余场次,全年累计培训青年3 866人。重点在芳草湖农场、新湖农场、奇台农场开展多元增收、创业就业事迹报告会3场,山西青年创业指导专家组一行送课到团场,全师有600多名青年参加培训。继续开展少数民族劳动力转移就业工作,全年共转移少数民族劳动力211人,转移季节性劳动工2 820人。通过兵团"青年创业增收引领计划"贴息项目,为师市100名创业青年贴息30万元,撬动贷款资金564万元。重点落实青年职工多元增收奖励激励政策,选树10名典型创业青年,发放奖励资金5万元。以"纪念青年文明号20周年活动"为主题,组织全师各农牧团场、企事业单位、驻市单位的团干部,开展青年文明号创建工作交流活动。共授予全师35个单位、部门、窗口"青年文明号"称号,并予以表彰。开展青年岗位能手、青年致富带头人评选表彰活动,确定张青等33名青年为师市青年岗位能手,确定马斌等15名创业青年为师市青年致富带头人。命名师级农产品标准化生产青年示范基地2家,通过各单位推报,师市团委组织评选审核,确定一〇一团的"鲜食葡萄标准化生产青年示范基地"和共青团农场的"设施农业示范基地"为师级农产品标准化生产青年示范基地。

【青少年维权工作】 按照《兵团重点青少年群体服务管理和预防犯罪工作实施方案》文件要求,结合六师实际,制订《第六师重点青少年群体服务管理和预防犯罪工作实施方案》,确定4个试点单位(芳草湖农场试点闲散青少年群体、奇台农场试点有不良行为或严重不良行为青少年群体、共青团农场试点留守儿童群体、新湖农场试点服刑在教人员未成年子女群体),均完成专题调研报告。深入实施"青春服务与维权工程",落实2014年预防青少年违法犯罪专项工作经费8万元。以思想教育为主线,通过理论讲座、模拟法庭以及实践指导等形式对青少年进行法制教育、道路交通法规以及自护教育和心理健康教育,累计全年开展法制教育讲座19场、自护教育30次、心理健康教育80次,受教育师生约3.2万余人。根据师市公安局、六师法院提供数据,自2012年师市团委作为师市社会管理综合治理委员会预防青少年违法犯罪专项组组长单位以来,2014年青少年(含未成年人)涉罪率比前三年平均都有下降,其中25岁以下青少年涉罪率比前三年平均值下降4.3%;2014年未成年人犯罪比例比前三年平均犯罪率下降8.05%,25岁以下青少年犯罪比例比前三年平均犯罪率下降22.44%。

【助学帮困行动】 2014年,共筹得善款579 919.3元,累计资助贫困学生3 151人次。其中,山西省共青团对口支援30余万,其中9.5万元用于资助190余名贫困生;其余资金重点资助学校、社区多媒体建设。"国酒茅台·国之栋梁——2014希望工程圆梦行动大型公益助学行动"累计15万元,用于资助30名贫困大学新生;青投集团"金太阳"公益助学金共筹得善款约15万元,用于资助5名大学生四年的所有费用(其中资助1名学生从高中到大学期间的所有费用);"希望之星"春季奖学金3 000元用于资助6名贫困中学生;包括各团场、社会团体和社会各界爱心人士捐赠共计165 439元,用于资助贫困学生。

【大学生志愿服务西部计划工程】

2014年3月26~28日,举办志愿者岗中培训班,邀请专业人士针对志愿者公考、自主创业等需求进行培训。进一步完善西部计划和"三支一扶"志愿者留师市就业相关制度,为志愿者提供就业信息和岗位对接,6月,与组织部(人事局)合作,将志愿者纳入招聘大学生安置工作行列,一次性推荐、安置14名大学生志愿者到基层工作。组织志愿者培训6场次,覆盖志愿者150余人。结束服务期的48名志愿者中,36人顺利就业,其中在兵团实现就业25人,兵团就业率达52.1%。新招募大学生志愿者94人(其中西部计划54人、研究生支教团20人、"三支一扶"20人),在岗大学生志愿者共143名,分别在教育、卫生、团场、企业、党政机关等30余个岗位开展志愿服务。师市团委于7月28-30日对新到的志愿者进行为期3天的岗前培训,出征仪式上,表彰12个基层农牧团场项目办和30余名优秀大学生志愿者。志愿者积极参加新湖农场、土墩子农场义务拾棉花活动,协助其他部门做好"送欢乐·下基层"中国文联文艺演出、中央电视台心连心艺术团赴六师慰问演出、山西文化援建《解放》演出及师市"相约金秋"青年相亲会等志愿服务工作。六师五家渠市大学生志愿者项目办荣获兵团"优秀项目办"荣誉称号。

【志愿服务行动】 深入开展关爱农民工子女活动,各级团组织累计组织关爱行动150场次,志愿者与农民工子女结对744对。中秋节,师市团委组织机关大学生志愿者与一〇一团学校农民工子女进行联谊会,共有120余人参加。12月,在广州举办的首届中国青年志愿服务项目大赛中,六师"瑜您同行"关爱农民工子女志愿服务队荣获大赛银奖。另外,通过一元捐、希望之星和社会爱心人士爱心捐赠,募集资金19万元,帮助农民工子女700余人。以"保护母亲河"活动为契机,开展爱绿、护绿、兴绿活动。广泛动员青少年和社会公众参加植绿护绿劳动,参与青少年近2万人次,共种植树木90万株,占地341.33公顷。 (孔德红)

科学技术协会

【科学技术协会负责人】

主　席　张岳莉(女,正处级)

副主席　王　莹(女,副处级)

【科普宣传】 成功举办科技活动周、全国科普日、科普进社区、科技下团场等品牌活动,在科技周期间,举行以"科技生活·创新圆梦"为主题的"社区居民走进流动科技馆"活动,共展出展板20余块,科普挂图60余张,250余名街道、社区居民参加活动。五家渠二中开展青少年科幻画比赛,科技实践"越高越好"竞技比赛、航天梦想从纸飞机开始及出一期专题黑板报、一期科技小报等系列活动,进一步激发学生科技兴趣。科普教育基地面向社会开放,向学生、居民发放宣传单。9月20日,以"创新发展·全民行动"为主题的师市2014年全国科普日活动正式启动。9月23日,师市科协邀请山西援疆医生、六师医院相关专家,举办以"中医养生"为主题的科普讲座,各社区共计140多人参加讲座。在科普日活动期间,利用科普大篷车进街道、进社区,共发放科普挂图200余套、科技图书400余本、科普宣传单3 000余张。利用五家渠市文化广场LED大屏,不间断播放与群众生活息息相关的科普片,引起广大市民的关注。期间还发挥科普教育阵地作用,面向公众开放;受到"社区科普益民计划"奖补的社区，结合社区实际，带头开展贴近居民实际、体现科技改变生活等方面的科普宣传活动，使广大群众同享创新成果。

【“中国流动科技馆”走进五家渠】 组织承办由中国科学技术协会主办，中国科学技术馆、兵团科协承办，师市科协、教育局、五家渠二中协办的以“体验科学”为主题的“中国流动科技馆”全国巡展兵团六师五家渠站启动仪式，随着为期近3个月的巡展活动在五家渠二中举行。此次展出面积共300多平方米，集声光体验、电磁探秘、运动旋律、数学魅力等8个主展区52件展品，内容涉及电学、磁学、光学、力学、天文、地理、生命探秘等学科。活动中组织六师五家渠市一小、一中、二中和高级中学4所学校的学生参加，每周一至周日下午开馆。活动期间，应周边学校要求，为满足市区以外学校学生对流动科技馆的向往，还利用双休日组织周边共青团农场、一〇三团等学校学生参观科技馆，参观人数达1.5万人次。

【青少年科普活动】 2014年，圆满举办由师市科协，教育局联合主办、五家渠二中承办的师市第十一届青少年科技创新大赛，大赛共收到参赛作品1 573件(包括书法、摄影)。按不同类别成立由18名专家组成的专家评审委员会，共评出136件获奖作品，12所学校荣获基层赛事优秀组织奖，69名辅导员被评为优秀科技辅导员。组织参加兵团第十二届青少年科技创新大赛，获得“十佳”学校奖1个、一等奖18个、二等奖28个、三等奖29个、主席奖项目1个，六师科协、教育局获优秀组织奖。组织参加全国第二十九届青少年科技创新大赛，有8个作品参加全国大赛，获全国大赛科幻画一等奖5个、二等奖2个，小发明获全国大赛三等奖。

【“科技之冬”培训】 开展2013~2014年“科技之冬”培训，制订并下发《2013~2014年度“科技之冬”培训方案》，师团两级分别根据培训方案组织不同形式的专业技术培训。培训主要对全师干部职工进行农业信息化、玉米高产技术、机采棉栽培技术、棉花轧花技术、农业全程机械化技术、现代农业知识、节水灌溉技术、畜牧业高效养殖、防灾减灾青少年科技辅导员等专业技术进行培训，培训达5 000人次，各农牧团场也根据师培训要求，对职工进行技术培训和素质培训，培训达5万人次。

【科普建设】 社区科普建设。组织开展全国、兵团科普示范社区创建工作，创建兵团科普示范社区2个。科普惠农服务。组织相关单位申报全国科普惠农兴村计划项目，完成材料的修改、审核和网上申报，经评选，共青团农场黄江涛获全国科普惠农先进个人表彰。科普教育基地建设。开展师级科普教育基地和科技示范合作社认定工作，组织认定师市科普教育基地2个，科技示范合作社4家。

(马　旺)

文学艺术界联合会

【文联负责人】

主席　李仁彬(正处级)

副主席　王湃(女，副处级)

【概述】 师市文联行政编制2人，下属作家协会、美术家协会、书法家协会、音乐家协会、舞蹈家协会、摄影家协会、电视艺术家协会、民间文艺家协会8个艺术专业协会，协会会员共计321人。成立农牧团场文联14个、行业文联5个。近年来，文联采取联合办创作基地的方式，共挂牌美术、书法、摄影创作基地3个。2014年，新发展各艺术家协会会员12名，向上级文联推荐艺术专业会员10名。

【重大艺术活动】 春节期间，组织艺术家开展“迎新春、走基层——迎新春、送祝福”春联展，展览共展出春联200余幅。4月16日，组织书画家陪同兵团文联工作人员，携带书画作品到一〇五团开展“我们的中国梦·送欢乐下基层”活动。此次书画活动到团场，是文联开展“艺术三进”活动的延续，丰富基层群众文化生活。5月10日，为迎接兵团成立60周年，五家渠建市10周年，举办李永梅、李卫红和王湃3人剪纸作品展，弘扬兵团先进文化和光荣传统，展现兵团人在亘古荒原上创造的历史奇迹和取得的辉煌成就。7月17日，庆祝兵团成立60周年——中国文联文艺志愿服务团“送欢乐下基层”慰问演出在五家渠文化中心举行。这次演出为师市干部职工们奉献一场主题鲜明、情感真挚、内涵丰富的文化盛宴。9月28日，师市文联、老干局、民政局联合举办美术书法作品展，以书法作品见证五家渠建市10年的奋斗历程，建市10年的辉煌历史。

【加强骨干队伍建设】 文联与市文化中心联合举办书画培训班8期，舞蹈培训班3期，声乐培训班1期，共培训文艺骨干400余人。

【书法进校园】 继续开展“书法进校园”活动，师市书协组织书法家按时完成授课任务，一周承担13节书法课，在缺少经费的情况下，书协骨干力量抽出每日下午的时间，对青少年进行亲自教导。

【送欢乐下基层】 继续开展“送欢乐、下基层”活动，全年由师市党委宣传部与师市文联联合多次开展“送欢乐、下基层”活动，宣传部部长高华生，文联主席李仁彬带领师市文联书画家等20人，到师市基层单位献艺作画共计60余幅。

【基层文联工作】 向上级文联推荐文艺骨干人才参加兵团举办的骨干培训班、艺术作品展，举办各种送文化下乡活动10余次。

（王　湃）

工商业联合会(商会)

【师市工商联(商会)负责人】

党组书记、副主席　杨玉贵
党组副书记、主席　周吉祥
党组成员、调研员、副主席　李兵
副主席　游小平、姜胜刚、朱华、刘百里、张国庆、李桂新、谢奇志、葛伟、宋德荣、吴一军、陈旭华、董亮全、戚宗华、曹援成、贾文清、张宏波
秘书长　李兵(兼)

【概况】 2014年，师市工商业联合会有会员总数4 021个，其中，个人会员3 540个，企业会员470个，团体会员11个；执委73名、常委31名，会领导班子成员19名；共有工商联组织19个，其中，地方工商联1个(六师五家渠市工商联)；基层工商联18个(团场工商联14个、街道工商联3个、五家渠经济技术开发区工商联1个)。师市非公经济人士中，担任五家渠市人大代表的13名，工商联界别政协委员16名，兵团工商联副主席1名、副会长2名、常委6名、执委14名，自治区工商联执委1名，全国工商联执委1人，担任基层工商联副主席的有90多名。

【师市工商联(商会)三届二次执委(扩大)会议】 2014年3月20日，师市工商联召开三届二次执委(扩大)会议，师市工商联三届执委、各团场、街道工商联工作分管领导共计90人参加会议。会议的主要任务是深入学习贯彻党的十八届三中全会、兵团工商联四届二次执委会议和师市党委十届四次全委(扩大)会议精神，总结2013年工商联工作，安排2014年各项任务。师市工商联党组副书记、主席周吉祥代表工商联(商会)三届常委向执委会作工作报告。会议按照规定，将曹援成、贾文清和张宏波3人替补为三届副主席、常委，将张述春、吴友萍、朱海兵、佟莹雪、赵来鲜、黄泽荣6人替补为师市工商联(商会)三届工商联执委。会议通报了2013年度师市非公系统涌现出的先进集体和先进个人，表彰一〇一团工商联等9家荣获2013年度师市工商联系统先进集体的基层工商联。师市党委常委、副政委付爱琴出席会议并讲话。

【加强非公经济人士思想引导】 2014年3月11~14日，组织15名工商联干部及副主席企业家代表，参加兵团党委统战部、兵团工商联在兵团党校举办的兵团非公有制经济人士贯彻党的十八届三中全会精神培训班。5月，同师市党委统战部共同开展师市非公有制经济人士综合评价工作，对已担任人大代表、政协委员、工商联副主席的36名非公经济人士和3名拟作政治安排及推荐到兵团工商联执委、副会长候选人的人选进行信息登记，从个人表现、诚信守法状况、企业经营及履行社会责任等方面进行综合评价。5月，与师市党委组织部共同在师市党校举办第三期非公有制企业家培训班，30名民营企业董事长、总经理参加培训。5月30日，在华春毛纺有限公司举办“爱国、敬业、诚信、守法、贡献”非公有制经济人士理想信念教育专题报告会，师市非公经济人士理想信念教育领导小组成员，统战、工商联干部，师市工商联副主席、执常委、企业代表人士共75人参加，5名企业家代表分别作专题发言。师市党委常委、副政委付爱琴出席

报告会并作重要讲话。

【扶持非公经济健康发展】 一是与师市劳动和社会保障局联合举行2014年“民企招聘周”活动，六师煤电有限公司、梅花氨基酸有限公司、华春毛纺有限公司等52家民营企业为求职者提供管理、生产等服务岗位2 650个，吸引860名求职者现场报名应聘，当场达成就业意向550人。二是组织民营企业家赴昌吉市、五家渠经济技术开发区、将军纪念馆参观学习考察，帮助民营企业家开扩眼界、增长见识，接受爱国主义和兵团优良传统教育。先后3次共组织50余家民营企业参加兵团相关经济发展论坛。三是积极争取兵团非公有制中小微企业扶持专项资金，2014年推荐上报企业8家，获批3家，落实扶持资金共计100万元。积极协调五家渠农业银行、国民村镇银行、诚信融资担保有限公司等为中小微企业解决融资难问题，协调并配合五家渠邮政储蓄银行为93家中小微企业、个体工商户贷款4 936万元。四是两次举办“华春毛纺”“万恒泰”“企业家联系日”活动，共157人次企业家代表参加活动。五是组织新疆恒宇科建筑安装工程有限责任公司等8家企业到奇台农场投资洽谈，有1家企业与奇台一〇八社区物流园达成合作协议。

【参政议政、抓好调查研究工作】 一是开展上规模企业调研、自治区工商联定点民营企业调研和五家渠市民营经济发展研究工作，做好兵团工商联执常委数据库信息录入、会员统计和六师民营经济发展研究，撰写《2013年农六师五家渠市民营经济发展报告》《2013年五家渠市民营经济发展报告》等调研文章。二是8名工商联界别政协委员针对五家渠市基础设施建设，老年、残疾人生活和经济建设提出提案9件，得到市政府的重视。三是关注中小微非公企业发展。对五家渠市非公有制企业融资难、用工难等问题进行调研，撰写《关于师市非公有制经济融资难、融资贵问题的调研报告》。对60家中小微非公有制企业发展现状进行问卷调查，同时开展中小微企业技术创新综合调研活动。

【加强工商联基层组织建设】 一是以“五好”工商联(领导班子好、会员发展好、商会建设好、作用发挥好、工作保障好)建设为抓手，推进城镇商会、街道商会、园区商会工作上台阶。制订实施《五家渠市工商联“五好”县级工商联建设工作实施方案》。组织23名工商联干部参观学习全国先进县级工商联吉木萨尔县工商联在社区商会、镇商会、异地商会和非公有制经济服务中心的先进经验和做法。二是成立五家渠经济技术开发区工商联(商会)。2014年6月30日，召开五家渠经济技术开发区工商联(商会)第一次会员大会暨五家渠经济技术开发区工商联(商会)成立大会，选举产生五家渠经济技术开发区第一届工商联(商会)主席(会长)和会领导班子。出席大会的会员40名，由开发区工商联(商会)会员民营企业、个体工商户和公职人员组成。三是成立新湖餐饮百货业商会。2014年12月2日，新湖农场召开餐饮百货商会第一次会员代表大会，成立六师首家行业商会——新湖餐饮百货业商会，选举产生新湖农场餐饮百货商会第一届理事、第一届餐饮百货商会会领导班子，有5位非公经济人士分别担任会长、副会长职务。师市工商联主席周吉祥出席成立大会并致辞。

【信息宣传工作】 印发《六师五家渠市工商联(商会)信息宣传工作奖励办法》。有119篇信息稿件被刊用在国内各级各类媒体上，其中，全国工商联网站21条，商务部网站2条、《兵团日报》3条、兵团手机报2条、兵团新闻网2条、《新疆民营经济动态》3条、自治区《工商联信息》6条、兵团《工商简讯》刊用33条、《准噶尔时报》1条、五家渠市政务网42条。推荐并组织5名非公有制经济代表人士出席兵团成立60周年纪念大会；推荐六师煤电有

五家渠经济技术开发区工商联(商会)成立大会后合影留念。（李　兵）

限公司董事长戚宗华在《新疆人物》上进行宣传，2014年，戚宗华本人荣获“兵团劳动模范”称号，六师煤电有限公司被全国工商联、人社部、全国总工会授予“全国就业与社会保障先进民营企业”称号。

【发扬光彩事业】 2014年春节前，组织震企油脂公司、五家渠河南商会等为师市35户贫困家庭、残疾人捐款捐物3万元；5~6月，组织民企为六运湖农场13个少数民族贫困家庭和11名少数民族贫困学生捐助1万元，为一〇三团20名品学兼优的小学生捐助1万元；八一前后，组织亚克西姆建材公司慰问维稳一线的公安、武警战士和民兵，送去慰问品1.5万元；10月，组织六师煤电有限公司为妇联“鹊桥会”、老年门球协会捐款10万元；协调兵团工商联为北塔山牧场牧民捐赠太阳能照明设备50套，价值40万元。全年，师市工商联组织河南商会、六师煤电、鑫宝牧业、亚克西姆建材等非公企业捐款捐物共计65万元，积极为3家企业申请国家光彩事业扶贫开发资金6 000万元。

【服务基层】 争取上级资金支持，为14个团（场）、3个街道和五家渠经济技术开发区共18个单位的工商联（商会）各配备1台集打印、复印、传真、扫描功能的一体机。

（李　兵）

残疾人事业联合会

【师市残联负责人】

理事长　梁瑞英（女，正处级）

副理事长　王建军

【全国助残日活动】 重点开展残疾人就业、就学、康复、扶贫等助残活动，举行助残仪式，营造扶残助残的良好社会氛围。师市争取各级各类资金230余万元，办好“十件实事”。一是为3个团场残疾人综合服务站点提供45万元康复器材资金，实现残疾人就地就近享受康复服务。二是为1 825名残疾人缴纳居民基本养老保险18.25万元。为3 700名贫困残疾人购买城镇居民基本医疗保险提供资助18万元。三是给五家渠市3个街道享受低保政策的316名贫困残疾人每人发放400元资助金，总计发放12.64万元，用于购买面粉、清油等生活用品。四是为自主创业并缴纳养老保险的残疾人发放奖励3.24万元。五是为领取残疾人驾照的残疾人报销残疾人机动车驾驶培训费2.6万元。六是为贫困精神残疾人住院提供资助9.13万元。七是实施“阳光家园”计划，为1 200名居家托养和31名机构托养残疾人发放补助金81.92万元。八是为65名贫困残疾学生上学提供资助6万元。九是为30名听力残疾人发放助听器30具，为55名低视力残疾人发放助视器55个，为贫困残疾人免费配发轮椅等辅助器具200件，共计33万元。十是师市残疾人工作委员会成员单位慰问五家渠市3个街道贫困残疾人30人。各单位领导、残工委成员单位和广大党员干部主动与贫困残疾人结对子，加大对贫困残疾人的扶持与救助力度。

【残疾人专项调查工作】 按照兵团残疾人基本服务状况和需求专项调查工作要求，成立师市残疾人基本服务状况和需求专项调查领导小组，制订印发《专项调查工作实施方案》。对各单位残疾人专项调查工作按照15元/人的标准核拨工作经费，为师市残联和20个团场、街道、社区统一采购、配备笔记本电脑、打印机。师市残疾人专项调查预算投入约为40万元。举办师市残疾人基本服务状况和需求专项调查工作培训班。与各团场、街道签订《专项调查保密协议》，与专项调查人员签订《专项调查保密承诺书》。同时，深入基层进行抽查，师市残联采取团场、街道间相互抽查的方式，分成7个组，对14个团场、街道，122个连队、社区的1 420户残疾人进行抽查，确保核查信息的真实、准确、完整。年末，师市全面完成专项调查入户阶段工作，复录合格率在兵团名列第一位。

【市内残疾人免费乘坐公共交通工具】 五家渠顺通公交公司因公司改制，职工工资费用增加、油料、材料价格上涨等运营成本增加因素，计划取消残疾人市内免费乘车的优惠。经师市残联对五家渠市属残疾人人数、残疾人出行能力的测算，积极协调，报请师市领导批准，由师市财政每年拿出20万元资金，用于解决残疾人免费乘坐市内公交车问题。

【活动开展】 组织开展师市残疾人自强模范，集中安置残疾人就业先进单位、缴纳残疾人就业保障金先进单位、扶残助残先进集体的评比表彰活动，共发放奖励金8.9万元。组织对师市一〇二团、一〇五团、共青团农场、军户农场、芳草湖农场、奇台农场、十三户医院、五家渠青湖康寿园等8所残疾人托养机构进行“两节”前慰问，发放慰问品价值3万元。组织开展由残疾人和残联工作人员参加的“我梦最美”演讲比赛。组织对师市各团场、街道158名残疾人“五协会”主席、副主席进行走访慰问，发放2.37万元慰问品。继续开展第七届残疾学生夏令营和残疾人协会活动。

【康复工作】 制定印发《关于调整师市精神残疾人住院费报销标准的通知》，在师十三户医院住院的师市精神残疾人报销比例，由过去报销住院费总额的20%，调整为报销精神残疾人住院费用自费部分的80%；最高限额由过去的不超过3 000元，调整为最高限额不超过5 000元。开展残疾人辅助器具需求情况调查以及白内障、低视力、残疾儿童七彩梦等综合筛查。奇台农场、共青团农场和一〇五团及时将师市残联下拨的康复资金通过统采程序购买康复器材，满足残疾人就近康复锻炼需求。完成白内障术前筛查126例，进行手术41例；指导开展康复业务培训1期，转介康复训练20人次。

【教育援助、就业培训】 加大师市范围内残疾人就业保障金征收力度，2014年征收残疾人就业保障金293.6万元，较2013年增加81.2%。对残疾人就业创业贷款提供贴息申报审核，为62名残疾人发放残疾人小额贷款433万元，贴息30余万元。2014年与兵团残疾人就业服务指导中心联合举办“创办你的创业”培训班2期，培训83人；残疾人技能培训4期，培训120人。通过培训，残疾人拓宽了创业路子、增加了就业机会。组织9名残疾人参加兵团残疾人职业技能培训。着力实施教育援助工程，实施“彩票公益金助学”项目，对师市各类各级134名残疾学生发放助学资金9万元。

【贫困残疾人帮扶】 摸底、审核、录入师市残疾人危旧住房改造、廉租住房、经济适用房相关数据，为126户残疾人发放住房补贴43.2万元。解决残疾人基本生活需求。2014两节期间，师市各单位共筹集慰问资金197.2万元，慰问贫困残疾人家庭2 520户。

【宣传文体工作】 统计2013年度各媒体刊载反映师市残疾人事业发展情况稿件篇目，并进行奖励，发放奖励金3.8万元。积极筛选和推荐残疾人体育人才，选送红旗农场残疾人樊程程、新湖农场残疾人史小娥参加运动员集训。

【维权工作】 实施残疾人机动车燃油补贴项目，做好师市各单位残疾人燃油补贴摸底工作，为1 276户残疾人发放燃油补贴33.18万元。配合有关部门做好残疾人维权、普法宣传工作，着力解决残疾人信访问题。

【党的群众路线教育实践活动】 坚持开门搞活动，领导带头，开展集体封闭学习，进一步细化完善《师市残联绩效管理考核办法》，健全完善《残联财务报账管理规定》等管理制度，清理行政职权24项，严格落实公务用车使用管理规定并切实执行车辆经费年度预算，严格按照规定标准使用办公用房，“三公”经费开支比上年同期大幅下降。建立联系点、联系户制度，走访贫困残疾人家庭，通过召开基层干部、职工座谈会，发放调查问卷，开展谈心谈话活动等方式广泛征求意见，梳理意见34条。在立说立改的同时，不断完善内部管理制度，确保活动取得实效。

2014年，芳草湖农场荣获“全国扶残助残先进集体”荣誉称号，受到党和国家领导人、兵团领导的亲切接见。五家渠华孚纺织有限责任公司荣获自治区残联“集中安置残疾人就业先进单位”称号，与新疆3家华孚公司共同获得奖金20万元；师市残疾人梁春新荣获自治区残联“自强不息自主创业之星”称号，获奖金2万元。师市残联在兵团第四次残疾人职业技能大赛中荣获组织奖，师市残疾人选手获得2个第一名、1个第二名、1个第三名。师市芳草湖农场残疾人李志远荣获第八届全国残疾人艺术汇演湖南赛区三等奖，奖金3 000元。 （刘佳佳）

军 事 | Military Affairs

责任编辑 李 萍

题图摄影 李新文

师人民武装部

【概况】 师人民武装部(以下简称师人武部)党委第一书记马新平,部长沈开疆,政治委员李碧胜(大校),副部长兼军事科长岳超(上校),政工科长谢平(中校),后勤科长张开明(中校)。2014年,围绕建设全国一流民兵队伍奋斗目标,抢抓建设发展机遇,主动作为、不断创新,圆满完成以维稳执勤为中心的各项工作。学习中突出团以上领导干部这个重点,并注重把学习向基层专武干部延伸,以理论学习推动部队和民兵建设创新发展。组织营以下干部和基层专武干部进行理论轮训,落实武器库警卫和民兵经常性教育,月课系列教育,打牢官兵忠诚可靠的思想政治基础。在执勤中,发展"党员先锋岗""红旗模范执勤点"活动,开展以"共培核心价值观、共护民族团结、共育守法公民、共树家庭美德、共建基层组织,促进社会管理创新和社区和谐稳定"为主要内容的"五共一促"活动。师维稳执勤中群众工作经验做法被军事部转发、在新疆军区7月28日《情况动态》第25期刊载。

【轮训备勤】 2014年,师人武部严格落实战备制度,在各重大节假日、重要敏感期的战备值班,建立师团战备组织机构,指定值班分队,做到遇有突发情况时手中有兵,处置有力。严格按照时间节点,采取灵活的方法,组织民兵训练,有效提高训练质量。组织完成基干民兵军事训练2 791人,完成全年任务数的139%。干部职工普训31 520名,其中师市干部4 140人,职工27 380人,采取相对集中抽组人员的方式,共组织5期600名民兵在西山教导队进行轮训备勤。

【民兵基层建设】

抓协调 部党委积极与上级协调,争取奇台农场、新湖农场民兵训练建设项目。抓规范 制定下发《基层武装部正规化建设标准》,统一内容、统一标准、统一制度、统一落实,在软件建设上为基层提供参照系。

抓督导 师市人武部领导适时组织对基层建设情况进行检查,对建设得好的单位予以奖励和补助,并纳入先进单位评比之中。10月20日至11月4日,师市人武部组成联合检查组,对14个团场、3个街道基层建设情况进行综合检查考评。总的情况是基层建设整体推进有序,发展情况良好。

【反"四风"正作风】 2014年,师人武部注重紧贴师市人武部党员干部思想和工作实际抓学习搞教育,正副书记带头上党课，着力启发思想自觉，提高政治定力，按照“清、治、建、学”的思路细化方案，确定重点纠治军事训练作风、党委集体领导、经费管理、物资采购、工程建设、公务接待、发放福利等10个方面的32个问题，成立专项整治领导小组，明确责任分工和整治时限，腾退6套违反法规占住的公寓房，对面积超过30%的7名领导干部办公用房进行封存和调整使用。在经费管理使用方面，共压减经费预算项目3个7.4万元：压减行政消耗性开支5万元，同比下降20%：压减公务接待费10万元，同比下降70%；取消不合理奖金补贴6.6万元，取消重复建设项目2个。围绕党委理财、经费使用管理、物资采购、公务接待、困难救济、住房管理、选人用人、廉洁征兵、训风演风考风等9个方面制定《第六师人武部党委班子作风建设整改措施》，并修订完善《党委议事规则》等11项制度规定。

【综合保障能力】 2014年，坚持大项经费开支、大宗物资采购等重大财经事项必须集体研究、民主决策，确保经费开支投向投量的正确性。加强预算管理，从源头上控制经费的开支总量，确保经费收支平衡。严格落实经费开支报销联审会签制度，严把审核报销关，做到开支有计划、审批有权限、报销按程序，确保经费开支合规合法。搞好大项活动后勤保障，在经费没有来源共给的情况下，积极向师协调预拨款150万元，从而经费保证了各项重大任务的顺利完成。

【安全稳定】 2014年，把安全稳定工作纳入党委重要议事日程，做到每月有安排、有教育、有分析、有讲评。大力纠治有法不依、有章不循、执纪不严等问题，保持正规战备、训练、工作和生活秩序。安全领导小组定期召开形势分析会，查找在安全及保密方面存在的问题，先后6次组织安全保密隐患排查及安全保密大检查。首先是加强人员管控，重点抓工勤人员、在外人员和执勤民兵的教育管理；其次，是加强车辆管控；再次，是加强督导管理，发挥每日行政值班员的作用，对武器库警卫履职尽责和干部、职工“八小时”以外活动情况进行抽查，每天交班时进行通报。 （谢　平）

【思想政治教育】 2014年，师人武部组织营以下干部和基层专武干部进行为期5天的理论轮训。落实武器库警卫和民兵经常性教育、月课系列教育等，开展“牢记强军目标，献身强军实践”主题教育活动；在全师范围内开展“牢记习主席关于兵团要成为‘稳定器’‘大熔炉’‘示范区’的要求，争当新时代的新青年新民兵”主题实践活动；举办六师武装系统首届“亮剑杯”篮球比赛，丰富民兵业余文化生活，展现六师民兵良好素质。投入8万元为社区建警务室、购置维稳装具和文体器材，共同研究制订维稳方案、组织协警处突演练、防暴技能训练，协助建强维稳力量；帮助社区党支完善组织制度、规范工作流程、建好支部阵地；社区邀请市艺术剧院演出，慰问执勤民兵，接通了地气、聚起了人气，建起一座群众工作的“大熔炉”。

【维稳执勤】 2014年5月，根据兵团军事部命令，师人武部组织600名民兵紧急进驻首府，担负乌鲁木齐4条BRT公交车线路75个站台安保和天山区2个社区的巡逻排查任务。执勤第一周，师人武部奉命先后3次调整任务，变换3次驻勤点位。自5月22日至7月30日两个多月中，先后进行社区巡逻11 283次、盘查车辆近120万台次、交通站点检查乘客3 500万人次、配合公安收缴违禁书刊182本、非法影视资料44套、非法出版物16本和大量宣传单，处置各类突发情况36起，制止无端闹事12起，帮助处理交通事故5起，救助受伤群众5人，并积极与驻地社区开展以“共育核心价值观，共护民族团结、共育守法公民、共创五好家庭、共建基层组织，促进社会创新管理，社区和谐稳定”为主要内容的“五共一促”活动，先后帮助调解3户邻里纠纷、化解5户家庭矛盾、组织300人的服务小分队，进到社区进行环境整治，美化群众家园，密切了兵地关系，展现六师民兵精神风采。

【基地建设】 2014年，师人武部主动作为，协调师部机关各业务部门，推进民兵训练基地建设，完善办理各项手续资料，追加投资5 600万元，审批配套设施建设项目。目前已完成形象进度85%，完成塑胶跑道7 045.3平方米，人工草坪7 649.1平方米，（总造价约536万元），完成室内塑胶地面1 260平方米（造价42万元），完成营区场地道路硬化32 600平方米（造价约500万元），完成营区大门警卫室64平方米，铁栏围墙186米（约82万元），完成屯兵楼内外装饰全部工程（约1 648万元），完成教学楼外装工程、外墙保温、石材干挂、玻璃幕墙等14 200平方米（约536万元，目前内装工程正在进行）。另外，完成上级申请芳草湖、新湖农场2个屯兵基地项目，建筑面积9 980平方米，投资2 630万元。完成奇台农场屯兵基地、芳草湖农场武器库改扩建工程项目投请审批工作。协调师财政补助190万元用于各基层武装部配备战备物资器材，武装工作的阵地建设落实，民兵队伍的应急能力、战斗力得到提升。

【防雹护农】 师属一〇五团、一〇六团、芳草湖农场、新湖农场地处师辖区西线，每个团编有1个民兵高炮分队，担负着该场的人工影响天气的任务，防止冰雹天气对农业生产（棉田）造成伤害，给团场经济带来的巨大损失。防雹队4月进点，9月撤出。在长达6个多月的时间里，边值班，边训练，加强对天气侦观报知，适时作业。据不完全统计，年内先后4次对极端强气候进行作业，共计发射炮弹6 872发，火箭弹57枚，其中芳草湖农场作业4次发射炮弹734发，火箭弹4枚；一〇六团作业4次，发射炮弹2 960发，火箭弹35枚；新湖农场作业6次发射炮弹3 023发，火箭弹14枚；一〇五团作业2次，发射炮弹155发，火箭弹4枚。有效地减少和避免了冰雹灾害，为团场挽回近8 000万元的经济损失。

【习主席视察六师民兵应急营】 2014年4月29日11时，中共中央总书记、国家主席、中央军委主席习近平及中央政治局常委、全国政协主席俞正声等党和国家领导人在中央政治局委员、自治区党委书记张春贤，中央军委副主席范长龙，兰州军区司令员刘粤军，自治区人民政府主席努尔·白克力，兵团党委书记、政委车俊等领导的陪同下，冒雨视察兵团第六师重点民兵应急营。早已列队完毕的六师民兵应急营，队伍整齐、军容严整迎候习主席的视察。当车队停在师办公楼前广场，主席一走下车，六师人武部部长沈开疆立即跑步向习主席敬礼，用洪亮的声音向主席报告："报告首长，兵团第六师重点民兵应急营集合完毕，请指示！"面对精神振奋，士气高昂的民兵队伍，习主席十分高兴，频频向列队官兵招手示意，高声对大家说："我是来看望大家的！"风雨中，习主席冒雨检阅了民兵队伍。细雨打湿了习主席的肩头，主席仍亲切地与前排民兵战士一一握手，仔细地观看民兵执勤装备，还饶有兴致地拿起民兵防暴维稳器材，详细地询问民兵装备的性能、装备管理使用及民兵应急营的训练战备情况。嘱托六师民兵指战员要努力提高综合素质和训练水平，要更好地履行担负起的特殊使命。

【中央代表团视察六师民兵训练基地】 10月7日下午，以中央政治局委员、国务院副总理刘延东为团长，中央军委委员、总参谋长房峰辉上将为副团长中央代表团一行20人，在第六师民兵训练基地出席"兵团成立60周年大庆活动"，观看训练课目汇报演示。主要有三项内容：一是一流民兵队伍建设成果展；二是民兵训练课目汇报演示；三是民兵武器装备展示。其中，一流民兵队伍建设成果展共制作主题展板9块、摄制"兵之魂"1个录像片，系统反映兵团及军事部、六师及人武部抓武装工作、维稳戍边工作中好的做法及取得的成绩。民兵训练课目汇报演示分为"警棍盾牌术、防暴队形、女子摩托车驾驶（兵直）、双37高射炮操作、反恐分队障碍设置、防暴装甲指挥车和防暴水炮车性能演示"等6个课目，全面体现兵团民兵在基础科目、专业技能、分队战术及维稳执勤中的良好训练水平及军事素养。自治区党委书记张春贤、新疆军区司令彭勇、兵团政委车俊、兵团司令员刘新奇、兵团军事部政委王兴国等陪同出席活动。活动中，师市人武部共抽组民兵近600人进行军事课目汇报演示，参演民兵士气高昂、精神振奋、程序清楚、动作整齐，展示兵团建设全国一流民兵队伍成果。中央代表团团长刘延东副总理观看课目演示后高兴地说："看了你们的训练，水平很高，反映出你们平时组织民兵训练很认真。希望你们大力弘扬兵团精神，牢记习近平总书记关于'兵团要真正成为安边固疆的稳定器、凝聚各族群众的大熔炉、先进生产力和先进文化的示范区'的指示，更好地发挥民兵作用，履行维稳戍边使命。"对六师的武装建设给予了充分肯定，对兵团的事业寄予殷切希望。（谢 平 韩昌礼）

【全国总工会领导视察六师民兵训练基地】 8月22日16时，全国总工会党组书记、副主席、书记处第一书记陈豪，全国总工会党组副书记、副主席、书记处书记刘国中一行调研工作组在自治区工会、兵团工会领导的陪同下视察兵团第六师民兵训练基地，接见民兵代表，总工会领导参观民兵装备，并向备勤民兵连赠送30万元的慰问金。随后视察一〇一团兵农葡萄庄园，接见老军垦、劳模代表，视察师属共青团农场银丰现代化农业装备股份有限公司。（唐　斌）

市人民武装部

【概况】 市人民武装部(以下简称市人武部)部长李铖(上校)，政治委员唐斌(上校)，副部长尚峰(中校)，后勤科长张宾(少校)。

【思想政治建设】 2014年，市人武部抓好党委中心组和干部理论学习，开展"大力弘扬亮剑精神、忠实履行维稳戍边使命"学习实践活动。按照"集中抓学习、持续抓整治、积极抓转化"的思路，扎实开展党的群众路线教育实践活动。广泛收集团场、街道和师市机关意见和建议，教育实践活动深入扎实，专项整治成效显著，机关支部、基层党组织和党员作风明显改进。在广大民兵中深入开展"牢记强军使命，献身强军实践"主题教育活动；不断打牢官兵忠诚可靠的思想政治基础。确保干部管理不失控、行为不失范。

【战备训练】 2014年，市人武部修订完善各类预案，并结合预案进行实战化演练，不断提高指挥员应急指挥能力。加强战备物资管理，武器库、兵器室、器材室严格实行双人双锁，枪支和训练器材定人定位，各类特种车辆和运输车严格落实车辆管理规定，定期维护保养，使之处于良好战备状态。按照"建设一流民兵队伍"要求，狠抓军事训练。完成街道及辖区单位干部职工130名民兵年度训练任务；利用重点应急一营、城市民兵担负西山备勤的时机，完成共120人的训练任务；利用担负乌市维稳间隙，完成应急营200人的军事训练任务。3~8月，人武部完成2期备勤工作。主要担负天山区"两所""八条主要街道""两个重点区域"的"网格化"执勤任务。5个多月来累计出动民兵5 000人次、出动车辆800余台次，行程万余千米。执勤期间，处理各类报警上千个，盘查可疑人员3 000余人，协助公安特警抓获嫌疑人380人。

【维稳执勤】 2014年，"5·22"暴恐袭击事件发生，市人武部重点应急一营民兵，冒雨仅用4个小时就完成集结，在乌鲁木齐市2条BRT线路(2、3号线)33个站点配合公安、协警担负安防任务。2个多月来，累计安检200余万人，协助公安、协警处置各类突发事件30余起，为群众做好事300余件，受到天山区政府和乌市各族群众的广泛赞誉。"7·5"敏感期、第三届亚欧博览会、"双节"等重要时节，还出动30人，在五家渠市外环路口、猛进路口配合公安、特警担负五家渠市设卡盘查任务，另安排150人担负五家渠市备勤力量。

【基层建设】 2014年，市人武部根据编制计划，优化组织结:构，合理布局民兵专业分队，完成基干民兵整组任务。投入10万余元，完善一〇二团武装部基础设施建设，一〇二团武装部正规化建设示范点全年接受各级检查7次，参观学习5批520人次。投入30余万元，抓好3个街道武装部正规化建设，配齐战备物资，规范战备库室。投入

备勤连官兵不惧严寒，常年巡逻在首府闹市区。（市人武部）

2万元，对武器库安防设施进行维修，调试动态枪支管理系统，实现武器库与师人武部、军区作战值班室监控点联网。

【安全稳定】 2014年，开展安全隐患排查；落实每季对武器库全面检查1次，不定期地组织专项检查，每日对武器库携枪带弹哨位进行检查，确保流动枪弹不失控。严格落实保密制度，每日对处理文电、计算机及涉密载体进行检查，对文电和电子文档及时整理归档。及时消除安全隐患真正做到不漏一处、不漏一库，确保不发生任何安全问题。

【综合保障】 2014年，市人武部全年保障各类经费100余万元（不含维稳执勤经费），投入16余万元用于干部职工普训及城市民兵训练；投入30余万元用于街道武装部库室建设、武器库管理、民兵整组等活动；投入5万余元对基层团场、街道武装部进行正规化建设。全年应急营及本部车辆维修保养投入20余万元，较好地保障民兵应急营执行节日战备、维稳执勤、驻训备勤和各类检查观摩及装备展示任务。

【双拥共建】 2014年，市人武部开展"一部帮一校、一干助一生"活动，4名党委委员资助市二小4名贫困生学费和生活费2 400元；春节期间，走访慰问生活困难和一线职工18人，发放慰问金9 000元；投入2万元组织市高级中学150人的青年先锋营进行训练和开展国防教育；与天山区大湾管委会延安东路社区共同提出"五共一促"目标，为社区购置警用装备、器材，走访慰问、资助困难群众和学生，协助培训协警，举办军民联欢等军民共建活动，受到街道、社区及各族群众的广泛赞誉。 （马世成）

【征兵工作】 2014年，市人武部针对征兵时间的调整，特别结合近年出现的"当兵冷""征兵难"的实际，市人武部及时转变思想观念，不等不靠、主动作为、及早谋划，提前部署，充分利用广播、电视、报纸等媒体，在电视台《准噶尔时报》等媒体开设"征兵宣传"专栏，对征兵政策进行广泛宣传，开展"征兵宣传"周"征兵宣传日"文艺演出活动，扩大宣传效果，营造积极参军报国的社会氛围。同时，把征兵任务分解每名干部头上，狠抓报名、体检、复查、政审"四关"，确保新兵征集质量。在预征对象政审期间利用10天时间对52名预征对象采取集中食宿，连队式封闭管理，进行军事化训练，考察预征对象是否适应紧张的一日生活和高强度训练，从中挑选40名优秀青年补入部队。

团场武装工作

【一〇五团武装部征兵工作】 2014年，一〇五团武装部积极做好征兵工作。6月22日及时召开征兵工作会议，武委会主任、政委王明生亲自组织会议，与基层单位领导签订责任书，明确具体责任。加大宣传力度。坚持把征兵宣传贯穿于征兵工作全过程，印制宣传单1 000余份，悬挂横幅15条，出动宣传车11次，行程500千米，电视台滚动播放征兵宣传100余次，发放宣传手册500余册，开办征兵咨询3场次，在全团范围内营造征兵工作的良好社会氛围。严把体检、政审、复查、定兵4个关节，确保兵员质量，并做到报名、体检、政审、定兵"四公开"，接受社会监督，确保征兵工作公开、公正、透明。2014年，适龄青年报名52人，达到征兵任务数的6:1比例。经过初检初审，上站体检48人，合格11人，选送9名优秀青年应征入伍，其中大专1人，高中7人，初中1人；团员4人，有专业特长3人，较之上年，新兵质量有了明显提高。

【奇台农场装备管理】 2014年，奇台农场武装部始终把武器装备安全管理当作全场安全防范工作的重中之重来抓。发挥党支部战斗堡垒作用，落实"三会一课"制度，组织党团员开展"三互"活动，发挥党团员的模范带头作用，增强党支部的"向心力""凝聚力"。坚持武装干部、武库主任轮流住库值班带哨及武器库安全管理的各项规章制度，做到不松懈、不走样、不变通。开展自查自纠。及时对武器库的安防设施、制度规定执行情况、装备数质量、人员的思想动态开展自查自纠，发现问题，立即纠正，不拖延，不误事，不放纵，及时消除一切事故隐患。及时汇报武器库安全管理情况，取得团场领导的支持，及时解决警卫缺编问题，警卫人员由11人增加到17人；提高干部警卫的伙食标准，由原来的18元/天提高到25元/天；及时解决警卫人员婚恋问题，解决家属就业

师人武部政委李碧胜深入奇台农场检查民兵武器装备安全管理工作。

(师人武部)

和管理员20天婚假，调动干部警卫的工作积极性和责任心。开展种植(养)殖工作，增加警卫人员的收入，提高警卫人员的生活标准。搞好军政训练，全面提高警卫人员的素质。坚持每日检查1次武库的每个部位，每周进行1次防偷袭演练，每月分期讲评1次安全形势，提高武器库的警卫自卫防范能力，确保民兵武器库的安全。

【北塔山牧场赴边合训】 2014年，北塔山牧场落实师人武部下达的军事训练计划，搞好年度“赴边合训”。成立以场政委为组长、武装部部长为副组长的军训领导小组，下设计划协调、军事训练、宣传教育、后勤保障4个小组，加强赴边合训的组织领导、计划安排、备课试教、安全管理、后勤保障等一系列工作。召开由边防营、连、边防派出所、边防民兵连排长参加的协调会议，对赴边合训进行具体的安排。召开动员大会，统一参训人员的思想，提高对“合训”的认识，激发“合训”的积极性。1月1~20日场武装部组织115名民兵分赴乌拉斯台边防连和三个泉边防连进行赴边合训。在20天的训练中主要进行队列、战术、班组巡逻、夜间哨所反偷袭、轻武器操作、实弹射击、边防政策法规学习等13个科目的学习训练。经考核验收，总评成绩均达到及格以上成绩。

【红旗农场党管武装】 2014年，红旗农场坚持“党管武装”原则不动摇。将农场武装工作纳入全场年度工作的总体规划，做到同步筹划、同步考核。做到“五个到位”，即机构按规定单设到位，人员编制配备到位，待遇按职级享受到位，调配按程序承办到位，队伍建设保障到位。强化武装部规范化建设。投资对民兵装备器材室进行装修改造，购置器材架、训练迷彩服、警棍、盾牌等防暴和抢险救灾器具和物资，为武装部办公室购置电脑、打印机、资料柜。目前场武装部基础设施建设配套，制度职责完善，各类资料齐全，装备物资“三分四定”管理规范，基本上达到基层建设正规化建设标准。

【芳草湖农场维稳执勤】 2014年，芳草湖农场武装部积极做好维稳执勤工作。1~2月由农场选派100名民兵单独执行兵团西山教导队轮训备勤任务。备勤民兵团结一心，刻苦训练，严守纪律，文明执勤，多次受到上级的通报表彰。5月22日，场武装部按照师人武部的命令紧急组织190名民兵在3个小时内赶赴乌鲁木齐集结地域。在师维稳支队编成内完成历时两个多月的巡逻防控任务。为保证首府维稳执勤兵员需求，农场组织100名民兵应急支援分队。预备队在待命期间分组对场区进行不间断巡逻，维护辖区社会稳定，同时参加呼图壁县警民联合维稳演练，展现兵团民兵威武形象，受到当地政府的积极评价。平息非法宗教活动。6月，五场八连发现不法宗教人员的异常活动，场政委王晓明在第一时间带领支援分队30名民兵配合公安进行调查搜捕，当场抓获宗教极端分子10余人，缴获管制刀具15把，非法讲经材料光碟10余套，平息事态的蔓延。

【一〇一团武器库安全管理】 2014年，一〇一团始终把民兵武器库安全管理列入武装工作的重中之重来抓。补齐配强警卫力量。根据武器库人员管理规定，对不适合武器库工作的警卫进行清退，从当年优秀的退伍军人和适龄青年中选拔11人，补充到武器库工作，调整警卫人员工资待遇。工资从原每月2 600元调整到3 000元，夜班补助由原来的10元调整20元。警卫人员由原来的12人增加到15人。发挥支部堡垒作用。加强支部建设，积极开展整治思想工作，在警卫队伍开展“结对子”和“三互”活动，调动积极因素，融洽内部关系，增进内部团结，消除内部隐患。坚持干部住库值班。武装部干部和武器库主任轮流住库带班，加强对警卫值班和执勤枪弹的检查和安全管理。2014年，一〇一团武器库保障各类训练103次，动用枪支618支，弹药25 000发，未发生1次差错，接受上级检查21次计130余人次。

【一〇二团战备维稳】 2014年，一〇二团贯彻师人武部关于做好2014年维稳战备工作的指示，圆满完成各项维稳执勤任务。抓好该辖区的巡逻防控，团武装部组织40名民兵在主要路口设卡盘查，编成4个巡逻组在场区进行昼夜巡逻，确保该辖区的安全稳定。抽调26名民兵担负2014年度的第二和第三期首府西山训练备勤和“网格化”巡逻防控任务。“5·22”事件后，团武装部依据师市人武部命令，迅速组织50名民兵赴首府参加维稳执勤，在BRT3号线5个站点9处执行安防任务。在150天的执勤中，先后出动兵力7 280人次，车辆520余台次，行程近7 000余千米，为首府的社会安全稳定做出积极贡献。一〇二团民兵先后在4月、10月接受习总书记和刘延东副总理的视察，同时组织180名民兵担负首长视察时外围安全警戒任务，确保首长活动的顺利进行。（温　泉）

武警兵团指挥部第四支队

【概况】 武警兵团指挥部第四支队（以下简称四支队）支队长方会军（上校，9月到上海总队第四支队交流代职）、周峰（上校，9月从上海总队第四支队交流代职），政治委员赵峰远（上校，1月离任）、薛斌（上校，1月任职，7月晋衔），副支队长王聚云（中校，3月转业）、孙波（中校）、吴元国（中校，6月任职）、魏春华（中校，1月任职），副政委姜军（中校），参谋长张禄伟（中校），政治处主任李旭春（中校），后勤处处长董子胜（少校，1月离任）、李延强（少校，1月任职）。

2014年，四支队党委以强军目标为统领，牢牢把握稳中求进总基调，科学谋划、周密部署、齐心协力、攻坚克难，圆满完成以执勤处突为中心的各项任务，连续15年实现执勤安全无事故。

【党委班子建设】 2014年，组织集中学习教育12次，研讨交流9次，统一思想认识，解放思想，与时俱进，确保部队建设方向正确。全年，17人考学，120人选改士官，调整使用干部64人，均符合程序要求。严密组织开展党的群众路线教育实践活动，着眼纠治“四风”，督促各级深入学习党中央、中央军委和习主席关于加强作风建设的决策指示，贯彻执行“纠四风”“改作风”廉政措施和上级《纯正部队风气补充管理办法》，紧盯节假日和敏感时段，纠治公款吃喝、过节送礼、公车私用、铺张浪费等问题。以开展整治“五超”和“三清”活动为契机，搞好警示教育，特别是徐才厚、周永康查处后，第一时间组织学习讨论、吸取教训，净化党员干部心灵，廉洁从政氛围更加浓厚。

【思想政治建设】 2014年，四支队以学习贯彻习主席系列重要讲话精神为契机，教育引导官兵坚定政治立场。4月份以来，采取专题辅导、小课串讲、开设专栏等形式，扎实开展“牢记强军目标、献身强军实践，永远做党和人民的忠诚卫士”主题教育，完成6个专题教育内容，实现教育认识更深一层，行动自觉更进一步。每季度组织“四会”优秀政治教员评比，每月召开教育准备会，每周网上大课辅导，有效地整合教育资源，提升教育效果。结合担负城市武装巡逻、卡点执勤等任务实际，开展“战斗力标准大讨论”，加强遂行任务中政治工作研训和资金投入，发挥政治工作作战功能。针对意识形态领域出现的新情况新问题，搞好“四反”教育和形势任务教育。运用“三互”“双四一”等载体，开展“深知兵、真爱兵”“五个一遍”活动，定期分析官兵思想形势，跟进做好15名落榜考生、10名转业待安置干部教育引导工作，协调解决官兵家庭涉法问题2起，转化思想工作重点关注对象8人。开展“强军风采”系列活动和“中国梦·强军梦·我的梦”主题团日活动。举办“网络春晚”“亮剑卫士杯”运动会等官兵喜闻乐见的文化活动，激发了官兵政治热情。并先后配发文体娱乐器材160件、图书2 000册、照相机9部，培训文体骨干36人，建设支队文化长廊，更换基层橱窗、宣传栏，营造良好的营区文化氛围。

【训练执勤】 2014年，四支队严密组织首长机关室内想定作业、实兵拉动演练和“卫士-14·天山”演习，组织7批680人次军事训练集训活动，培养各类教练员49人。组织特勤排进行150天的淘汰式、封闭式强训，特种装备操作手集训和狙击手集训2次23个训练日，利用激光模拟对抗系统组织各分队应急力量进行现地地形对抗式训练，利用勤训轮换时机组织反恐应急班岗位强化训练，处置突发事件能力提升。突出抓好营区防袭击工作，加装监控探头、增设报警器，实现全域可视、全时互通。针对危安犯入监，AB门建设进度慢等实际，协调召开监武联席会议和“两警”会议，就联检联评、联合演练、联席会议、沟通联席达成共识。强化执勤教育和执勤检查，狠抓执勤“三项纪律”和各类执勤措施的落实，修订完善各类预案，加强战备演练，确保执勤安全。全年，四支队出动兵力完成全国“两会”“3·14”“7·5”敏感时期备勤、五家渠郁金香节安保、心连心艺术团慰问演出等多起临时勤务。以指挥部大队片区协同演练、卡点勤务情况处置试点任务为契机，加强遂行任务能力研究，针对担负卡点执勤任务实际，研究制定《卡点分队换防组织流程》《卡点勤务分队防袭击指导要则》和《卡点勤务的组织与实施》，提高组勤管勤质量。

【安全管理】 2014年，四支队以“执勤、管理法规学习月”活动为抓手，采取集中授课、专题辅导、要点解读、领导宣讲与个人自学等方式，重点对法规、规章制度进行学习，促进部队正规化建设。健全安全工作责任制，注重发挥安全委员会作用，坚持周隐患排查制度，先后4次专题分析部队安全形势，利用首长办公会和周交班会明确落实措施，专门指定常委负责，签订安全工作责任书，增强各级创安意识和责任。组织4次安全员培训，分别对10个大项、23个课目进行学习研究，提高安全员队伍素质。

【基层建设】 2014年，四支队认真贯彻武警部队基层建设工作会议精神，制定支队党委按纲指导帮扶计划，建立党委常委包片、机关股室挂钩帮带责任制。利用日常工作指导、按纲建队考核、定期蹲点帮建等时机，派出4批联合工作组、37人次下部队蹲点调研和指导帮建。以党支部书记培训和岗位练兵为载体，进行实案化演示和课题式研讨，纠治基层党组织功能弱化、经常性工作落实不严和倾向性问题整治不力等问题；组织新分配学员岗前培训，选派10名干部送学培训。制定《四支队关爱干部工作实施细则》，严格落实指令性休假，组织联谊会为大龄青年干部牵线搭桥，为特困干部和贫困党员发放困难补助2万元，为2名干部申请特困补助，解决5名干部子女入托入学。

2014年10月21~25日，指挥部结合年终工作检查，对支队展开了遂行任务能力评估，检验支队机关启动应急响应机制、前指带机动分队出动演练、特勤排处置劫持人质战斗等内容。（谢　科）

【后勤保障】 2014年，四支队着眼服务中心任务、服务部队建设、服务基层官兵，全力推进现代后勤建设。根据遂行任务后勤应急保障能力建设要求，结合自身担负任务实际，着重做好后勤战备训练，修订战备方案和各类后勤保障预案，加强后勤综合保障能力建设。投入49万元购置军需、营房、运输等战备物资器材，完成8起重要任务后勤保障任务。开展“伙食管理年”活动，配送压面机、和面机、消毒柜和豆浆机，为驻地水质较差的4个中队安装净水器，建设支队自动化蛋鸡圈舍、豆腐坊，提升伙食保障硬件建设水平。

【党的群众路线教育实践活动】 2~9月，四支队采取统一部署、梯次展开、压茬推进的办法组织开展第二批党的群众路线教育实践活动。党委常委建立联系点,全程跟进引导,督促开好民主生活会。发放936份调查问卷,组织19次集体座谈、320人次个别谈心,汇集各方面意见建议90条。严格接待标准和流程,压减接待经费32万元。

【联合设卡勤务】 2014年,四支队担负乌鲁木齐市外围头屯河、阜康收费站2个卡点联合设卡勤务。任务中,协助公安特警处置突发事件3起,收缴各类违禁物品2万件,抢救灾情2起。5、7月,四支队出动兵力,完成五家渠市外环路口和气象局2处要道联合设卡勤务。

【誓师大会】 5月23日,四支队出动官兵参加驻疆武警部队严厉打击暴力恐怖活动专项行动誓师大会,并圆满完成乌鲁木齐城区扬威造势行动。自治区党委书记张春贤和公安部部长郭声琨要求新疆军警民睁大眼睛,攥紧铁拳,敢于出手,重拳出击,严厉打击暴恐活动,坚决打掉暴恐分子嚣张气焰,打出威风、打出正义、打出人民的安宁。

【抢险救灾】 4月22日,兵团第六师新湖农场一民房发生大火,四支队一中队迅速出动兵力,利用水桶、脸盆和铁锹、扫把等工具成功扑灭火灾,救出被困群众3人。

【依法从严治警集训试点】 5月15日至7月30日,指挥部依托四支队组织依法从严治警集训试点活动。对营院"人物技联"一体化安防体系、集中文印室建设管理、反恐防袭措施落实、机关单身干部管理、安全文化建设、一日生活制度、各类库室设施和内务设置等8类26项内容进行统一规范,拍摄录像片3部。并组织成果观摩展示活动。

【"亮剑卫士"杯运动会】 10月1日,支队组织"亮剑卫士"杯群众性文体运动会。组织篮球、拔河、乒乓球、台球比赛,开展"我真的很不错"心理健康操比赛和"唱响强军战歌"歌咏比赛。通过系列活动,丰富警营文化生活,为激发广大官兵献身国防、忠诚奉献的工作热情奠定良好基础。

【"传承雷锋精神、弘扬时代新风"岗位学雷锋事迹报告会】 3月,四支队利用党团活动时间,举行"传承雷锋精神,弘扬时代新风"岗位学雷锋事迹报告会,用先进事迹诠释雷锋精神新的时代价值。广泛开展"进社区、送温暖"活动,真正把雷锋精神学在实处、用在实处。

【读书·圆梦活动】 2014年,四支队将读书学习活动与强军目标结合起来,本着"求知、成才、明理"的宗旨,广泛开展读书学习活动,定期为基层配发图书,开展活动奖励图书,节假日组织读书演讲活动,引导官兵将读书学习作为促进个人成长成才,实现强军梦的助推器。

【"问兵需、解兵难、排兵忧、缓兵压"活动】 2月,四支队采取逐个谈心、问卷调查、茶话会等形式,开展"问兵需、解兵难、排兵忧、缓兵压"活动。对9名身体有病的同志进行专诊,为16名失恋官兵一对一教育疏导。 (谢 科)

武警兵团指挥部司令部训练基地

【概况】 武警兵团指挥部司令部训练基地(简称训练基地)主任安永江(上校,3月转业),主任张典庆(上校,1月任职,信息化处原副处长),政治委员刘继光(上校),副主任张照泉(中校),副主任宋登华(中校)。

2014年4月,训练基地体制编制调整,下设办公室、教研室2个工作部门,3个学员队,1个勤务分队,编配若干教员、参谋、干事、助理员、医师。训练基地主要担负教学、训练、示范和各类培训保障,研究执勤、处突、反恐等任务。

【思想政治工作】 2014年,编印《习近平讲话汇编》,组织专家讲座4次,研讨交流10次,学原著、读原文、悟原理,使习主席系列讲话精神深入思想,内化于心,外化于行。注重强化思想引领,组织"牢记强军目标、献身强军实践,永远做党和人民的忠诚卫士"主题教育,配合核心价值观、"四个正确对待""八个教会"等教育活动,辅导学习党的创新理论、解读党的方针政策。分层组织战斗力标准大讨论、"中国梦·强军梦·我的梦"演讲比赛、学唱"强军战歌",筑牢军魂意识。组织参观将军纪念馆、参加驻地植树造林、结对帮扶贫困学生等活动，增强官兵使命感、责任感；制作宣传展板（牌）32块、播放《焦裕禄》等红色影片21部；投资8万元新建羽毛球场2个、添置图书2 000册。发挥文化阵地作用，每周开放图书室和网络学习室。

【党委班子建设】 2014年，开展"重学习、尽职责、讲道德、守法纪"和"讲党性、守党规、严党纪"教育活动，使党委一班人始终保持头脑清醒、标准清楚、思路清晰、勇于担当。做到创新理论系统学，法规制度经常学，上级文电及时学，每月把学习贯彻习主席讲话精神纳入党委中心组机关理论学习内容，研读原文，把握精髓，指导实践。开展第二批党的群众路线教育实践活动，征求官兵意见建议4次，查找和梳理问题9类32个，召开反思式分析会3次，研究制定《训练基地党委解决官兵意见建议的措施》。整治"五超"，行政性开支同比下降23%，关停基地领导小灶，坚持用车用人规章制度。党的群众路线教育实践活动，群众满意度100%。争取五家渠市建设资金80万元，解决供暖问题，指挥部投入40万元，解决供气问题；自筹20万元，安装餐厅电视机、烧水器、洗澡锅炉，维修改造澡堂、洗衣房、菜窖、下水管道，购置增压水泵解决高楼层长年不能供水；聘请驻地学校音乐、舞蹈老师授课，培育官兵健康情操。

【教学训练工作】 通过法规学习周、每月2天业务训练、培训空闲期强化训练等方法，培养官兵能力素质。结合夜战近战巷战课题研训，交任务、压担子，定期安排不同岗位官兵轮换，提升教练员任教组训能力。年内，2名干部送学培训，2名官兵参评武警部队标兵（优秀）教练员。结合新疆反恐维稳实际，在夜战近战巷战等课题的内容设计、教案编写、训法研讨、组织施训等每个环节组织严密。在教学上拓展卡点勤务、三战训法、营区反袭击等课题研究，在训练上创新"问答式研讨、案例式分析、课题式研究、现地式教学"等方法，在保障上自主研制和革新擒敌、突入射击综合训练器材，研发综合训练架、简易多功能沙盘等教学训练设施。成立教学研究组和综合保障组，集智攻关解难题，专题研究夜战近战巷战战法，组织编写《夜战近战巷战指导纲目》《卡点勤务防袭击训练指导案》，拍摄"三战"（夜战、近战、巷战）、擒敌术、木质警棍使用和营区反袭击实战化训练示范教学片，为部队实战化训练趟路子，为破解训练难题起引领。

【安全管理工作】 2014年，针对新疆暴恐案件频发实际，开展形势任务教育，树牢真打实备思想。制定《训练基地值班（执勤）规范》，加强勤务管控，落实战备要求。修订战备方案和处突预案，落实战备教育，补充战备物资，组织防袭反袭演练，确保部队绝对安全。贯彻指挥部从严治警集训精神，经常性抓好《纲要》、条令学习教育，强化官兵按纲建队意识。把落实计划工作制作为提高正规化建设水平的一个长效机制，缩短落实周期，提高工作效益。对照正规化管理办法，每月对机关和教保中队正规化建设情况进行检查，统一标准，规范设置。每周安全风险提示，每月召开安全形势分析会，组织安全隐患排查治理；从严加强人员管控，对外出人员实行定人定责跟踪问效；从严落实车场日、武器擦拭保养等制度，做到出车有交代、操作讲规程、外出提要求，确保人员、车辆、枪弹安全；抓好干部跟班作业、请示报告工作、作风纪律建设，关注意识形态教育和防间保密工作，强化官兵军人意识、号令意识，部队安全机制完善，运行顺畅。

【勤务分队建设】 2014年，基地党委注重帮带建强支部，帮助分析形势、理清思路，提高支部"三个能力"。落实周三干部学习日制度，系统学习《党支部条例》《政工条例》及上级有关指示精神，提高依法决策水平。注重士官支委培养使用，既交任务压担子，更给予关心支持，充分调动工作积极性主动性，支部战斗堡垒作用坚强有力。中队党支部确立"抓班子建队伍，抓教育统思想，抓精细促正规，抓训练精技能，抓安全保稳定"工作思路，发挥典型引路、奖优罚劣、竞争上岗等激励机制作用，调动官兵创先争优热情。以教学训练为平台，激励官兵发扬"吃螃蟹"精神，开展实战化训练，为部队实战化训练探索路子。坚持教保并举，一手抓教学示范、一手抓培训保障，年内担负营区反袭击、夜战近战巷战等5个实战化课目示范演示任务，完成《纲要》培训，依法从严治警集训等12次保障任务。因地制宜发展农副业生产，种植西红柿、辣椒等20个品种蔬菜，养殖鸡鹅等5个品种家禽，收益3万元，夏秋季节蔬菜基本实现自给。

【武警部队副司令员潘昌杰视察】 9月4日，武警部队副司令员潘昌杰一行到训练基地检查指导。听取训练基地承训情况、场地建设和“夜战近战巷战”研训情况汇报，实地检查指导训练基地营房、训练场地和生活设施建设，对训练基地选址、征地和建设规模等问题进行研讨论证。

【武警部队后勤部副部长沈金伦视察】 8月22日，武警部队后勤部副部长沈金伦一行到训练基地检查指导。工作组检查调研了基地营房、训练场地和生活设施建设情况。

【慰问困难党员】 1月22日，指挥部司令员邸明到训练基地慰问困难党员程习东，赠送慰问金2 000元。

【党委班子和营团职干部考评】 11月8~9日，指挥部司令员邸明带工作组采取述学述职述廉、民主测评、理论测试、个别谈话等方式对训练基地党委班子和营团干部进行考评。

2014年7月28日，兵团指挥部司令部训练基地组织集训学员开展警容风纪检查。 （李海兵）

【基层主官《纲要》培训保障】 2~3月，指挥部在训练基地组织基层主官《纲要》培训，训练基地完成2期基层主官教学示范、军事训练、管理和食宿保障任务。

【战斗力标准讨论辨析会】 6月5日，训练基地组织全体官兵开展战斗力标准讨论辨析会。围绕“战斗力标准是什么、战斗力现状怎么看、战斗力建设怎么办”主题，通过摆事实、论危害、找差距，破解突出问题，强化官兵思战谋战的忧患意识。

【“夜战、近战、巷战”研训】 5~7月，训练基地紧贴驻疆武警部队任务实际，以处置遭袭事件为背景，组织夜战、近战、巷战课目研训活动，重点对遭袭时的战法和处置进行研究训练，并组织观摩演示，为部队训练起到引路作用。

【武警部队标兵教练员、二等功个人——杨清正】 杨清正，男，汉族，河南淮阳人，1982年7月出生，2000年12月入伍，2003年6月入党，大学本科学历，上尉警衔。任训练基地教学保障中队中队长期间，编写《如何搞好士兵军姿训练》《队列常见问题60问》《队列训练指导纲目》《擒敌术实战化训练教案》《夜战近战巷战理论探索》5部教材。摸索出反袭击10种战法和擒敌术实战化课目“1234”组训法。10月，带领10名示范兵，坚持白天练动作，晚上编教案，连续奋战28天，参加武警部队标兵教练员评比竞赛，获第四名，被表彰为武警部队“标兵教练员”。是年，荣立二等功。 （李海兵）

建设·环保 Construction & Environmental Protection

责任编辑 李 萍
题图摄影 沈玉萍

综 述

【保障性住房建设】 2014年，兵团下达六师保障性安居工程14 300户。其中公共租赁住房6 500户，棚户区改造7 800户；新增租赁补贴计划200户。根据师市领导的要求，师市建设局明确分工责任到人，1名领导具体负责组织实施，六师新建公共租赁住房开工建设6 542户，开工率是总计划的101%，开工面积43.25万平方米，完成投资逾5.42亿元。2014年，兵团下达六师棚户区改造计划7 800户，在年底任务已全面完成，各类档案资料齐全，团场城镇面貌发生巨大的变化。

【农村安居工程】 2014年，兵团下达六师农村安居工程计划指标6 000户，其中：用于解决住房困难家庭户数1 836户。在项目实施过程中，组织开展多次检查，始终严格基本建设程序，严把项目招标关，严控工程材料质量，确保工程质量验收一次性通过，职工群众对此非常满意。通过年末的核查，六师2014年农村安居工程实际完成6 062户，超额完成计划任务。目前，农村安居工程补助资金已全部发放各团场，网上录入也已基本完成。

【团场卫生公厕工程】 2014年，团场卫生公厕建设项目是2014年兵团确定的“十件实事”之一，兵团下达六师卫生公共厕所项目2个，上级补助资金80万元，于4月15日联合师市卫生局、发改委将计划下达到项目单位，要求各单位按照实施方案高标准、严要求、抓紧时间组织实施，建设面积不低于100平方米的水冲式厕所。并要求项目团场按照国家和兵团基本建设相关规定和程序组织项目实施，委托设计、施工单位进行设计、建设，通过多次召开会议和精心组织，截至目前，确定的一〇一团、六运湖农场均完成卫生公厕建设任务，并顺利投入使用。

【建设项目招标管理】 截至2014年12月，共监督招投标项目498项，公开招标项目450项，邀请招标48项，中标金额共计34.9亿元。其中，房屋建筑工程222项，中标金额22.7亿元；市政工程164项，中标金额10.6亿元；设备材料采购55项，中标金额1.09亿元；设计招标15项，中标金额2 052.1万元；监理招标项目42项，中标金额1 336.4万元。中标价比预算控制价累计节约资金12 902.19万元。

【城镇规划】 2014年，全年核发规划设计条件142份；核发建设项目选址意见书94份；核发建设用地规划许可证89份;核发建设工程规划许可证93份;核发修建性详细规划批复12份,累计批复项目总占地面积9 938.07亩。 (潘孟颖)

五家渠市规划

【五家渠市城市总体规划修编】 2014年6月,自治区人民政府对《五家渠市城市总体规划(2013~2030年)》批复实施。2014年9月19日,项目组就《总体城市设计(导则)》成果向师市专题汇报,2014年度第七次规委会审议通过,市政府于12月9日批准实施。五家渠市东、西外环路初步设计(代可研),2014年初经师市长办公会议专题审议通过,6月18日,通过专家技术审查会,9月19日项目组就《规划》成果向师市专题汇报。五家渠市道路交通专项规划(2013–2030年)的修编,经专家技术审查通过后,又征询师市领导及相关部门意见,2014年9月19日项目组就《规划》成果向师市专题汇报,年度第七次规委会审议通过,市政府于12月22日批准实施。

【文化产业园总体规划(2014~2030年)】 为全力打造面向新疆及"丝绸之路经济带"的中华文化传播高地、兵团文化产业创新基地,师市于2014年3月委托中国建筑设计研究院编制园区总体规划、控规及城市设计。园区总体规划方案经多次讨论修改及与"一城三馆一园"创意设计对接,8月18日师市组织专家对规划方案进行审查,并补充文化产业专题研究,规划成果于10月31通过专家技术审查。

【城北(北海街—北环路)控制性详细规划】 依据城市总体规划,2014年4月启动编制《城北(北海街—北环路)控制性详细规划》,规划区总用地616.72公顷。7月31日,组织规划(方案)汇报及意见征询会,9月29日组织专家技术审查,并于10月16日提请规委会第七次会议审查通过,12月市政府对规划批准实施。

【规划的实施与管理】 2014年,共核发选址意见书21项,规划设计条件54项,建设用地规划许可证51项,总用地面积134.42万平方米。建设工程规划许可证90项,总建筑面积194.73万平方米,道路管线长度7.44万米。建设工程临时证33项,建设工程竣工认可书21项。共签订工程档案移交责任书101项,办理工程档案预验收认可证80份,接收工程档案2 287卷。接待工程档案查询106项,查询档案210卷。

(马晓婷)

城市建设与管理

【概况】 城市建设管理处是五家渠市人民政府主管城市管理的职能部门,为科级全额拨款事业单位。现有处领导4人。内设综合办公室、市政养护管理办公室、计划财务人事科、信访办公室、征费办公室、靓丽保洁保绿服务部(以上部门办公地点位于北海东街802号农水大厦办公楼内),城管质检监督指挥中心(办公地点位于振兴街文化广场办公楼内)。2014年,单位总收入6 614.55万元(其中财政拨款6 427.55万元,事业收入187万元)。总支出6 584.6万元(其中基本支出843.65万元,城市维护项目支出5 740.95万元)。截至2014年末,从业人员数470人(其中正式人员58人,聘用人员412人),管理人员12人,专业技术人员22人,技术工人12人,离退休人员104人,党员72人(其中退休党员35人)。2014年,在城建职工的不懈努力下,住房和城乡建设部命名五家渠市"国家园林城市"荣誉称号;兵团妇女联合会授予城建处靓丽保洁保绿服务部"兵团三八红旗集体"荣誉称号。

【园林绿化】 2014年,实施启动《五家渠市绿色图章管理规定》管理。做好市区新建项目附属绿化工程审批,全年绿化审批项目46个,所有绿化审批除规划设计条件另外有约定的项目,其余全部要求新城区小区新建项目绿地率达35%以上,老城区达30%以上,商业区达20%以上。开展植树造林活动。制订春秋季植树方案,组织全市78家企事业单位、驻市单位开展义务植树造林活动,全年栽植各类乔木近2万株,灌木2万余株,宿根花卉22.5万株,五色草造型5组,全年共完成植树造林264亩。截至2014年,五家渠市建成区面积14.16平方千米,建成区绿地面积474.77公顷,绿地率33.43%,绿化覆盖率37.25%,人均公园绿地面积11.32平方米。对照《国家园林城市标准》，市综合管理、绿地建设、建设管控、生态环境、节能减排、市政设施、人居环境和社会保障8个大类64项指标均已达到国家园林城市标准，2014年1月14日，住房和城乡建设部公布了《关于命名2013年国家园林城市、县城和城镇的通报》，五家渠市名列其中，这是继2009年荣获"自治区园林城市"、2010年荣获"全国绿化模范城市"、2011年荣获"全国绿化先进集体"后，五家渠市获得的又一张闪亮的城市名片。"国家园林城市"称号由国务院授权住建部统一颁布，是国家评价城市园林绿化水平的最高荣誉，每两年评选一次。这次一共公布了37个成功创建国家园林城市的名单，其中，新疆维吾尔自治区除了五家渠市以外，阿勒泰市和乌鲁木齐市也同批成功创建国家园林城市，同时，五家渠市还是此次成功创建国家园林城市中唯一的兵团城市。2014年，做好树木病虫害防治工作。按照"预防为主、综合防治"的原则，完成春季飞防工作的实施，严格做好农药的采购及管理，采取空中作业和地面日常防护相结合，及时观察虫情，对城区近6 000亩绿地统一实施飞防作业，飞机喷药作业76架次。做好重要节点活动街道花卉摆放、装点工作。4月底，在文化广场、环岛等地栽种草花约10个花色品种。在新华路、前进路大桥和长征街大桥摆放花箱36个、花架26个。十月，更换草花3万株，在民兵训练基地栽种草花1万株，据统计，在各绿地街道摆放、栽种草花11万株。继续做好头屯河、青湖北路、滨河三期B段、滨河二期、法院及一中南侧等26万平方米绿地及其他市政设施环境治理各项对外承包工作。组织开展五家渠市花园式单位、绿化合格单位检查验收，按照考核标准对全市获得绿化称号的单位、小区进行复查和绿化指导，将检查结果进行全市通报，截至2014年，五家渠市花园式单位33个，花园式文明小区24个，绿化合格单位1个，绿地认养先进单位10个。

【市容管理】 2014年，做好道路清扫、公厕管理工作。继续对市区6座水冲式公厕管护进行承包管理，对8座水冲式公厕进行维修，对14个社区的所有旱厕累计清理41次，改建棉纺厂旱厕1座。开展"环卫工人节"庆祝活动。制订《五家渠市第十届环卫工人节庆祝活动方案》并组织实施，在新闻媒体刊登、播放"五家渠市人民政府致全市环卫工人的慰问信"，组织社会各界开展"我与环卫工人零距离"的体验活动，为让环卫工人热热闹闹过节，组织环卫工人开展"庆环卫工人节趣味运动会"，受到职工群众的喜爱。做好垃圾填埋处理工作。关闭原有五连垃圾场，自5月中旬，垃圾中转站压缩的垃圾运往一〇三团垃圾填埋场填埋处理，出动压实机、推土机、铲车对进场垃圾推平、压实、覆土填埋，截至11月，共运送垃圾784车次，1万余吨。全市新增滨河和长征西街果皮箱20个，新建地埋式垃圾箱10个、维修12个。

【市政设施维护】 完成新建市政项目。新建向阳路、新华东街人行道；完成城区3万平方米道路标线进行施划，并对施工现场进行监督，安装青湖路、长征街等道路隔离栏；新建前进街公交站台2座；对市区破损道路进行维修。对全城55.3千米主排水管网进行全面、彻底地疏通和检查，确保排水管网畅通；做好1 362座检查井的巡查管护工作，对窨井盖丢失补缺问题，做到"发现一个处理一个"，全

2014年1月10日，城建处在北海公园开展消防演练活动。 （任　磊）

年维修更换井盖83套；做好泵站运行各项安全措施，新安装监控设施2套；完成向阳路小区、亚特房产小区、印刷厂小区等近10余个小区管道堵塞抢修任务，对全市新建小区申请接入市政排水主管网进行审批及验收，严格要求接管施工，严防私自接管。按照《五家渠市户外广告设置管理规定》，做好户外广告的设立、监管、维修、版面更新、横幅悬挂的管理及审批；做好748盏灯杆广告审批和巡查、维护更换画面的监督管理，改造户外广告设施4个，维修42块；完成120块路名牌、将军像的更换画面及维护工作；做好广场、公园标识牌的维护、更新、新增工作，做好文化广场电子屏的播放和日常维护。更换长征街大桥LED灯带，路灯改造，将天山路59盏路灯更换为新型节能灯，完成富强街滨河段路灯维修，全年维修路灯2 056盏，保证亮灯率在98%以上。制定《城市建设管理处冬季清雪工作预案》，细化清雪责任和分工，实施清雪演练，做好各项准备工作，确保清雪工作顺利进行。为做好中央领导及代表团3次来访五家渠视察期间的城市环境综合整治工作，完成市区道路修补、市容卫生治理、户外广告更新、市政设施维护等工作。具体整治工作包括更换维修市政府门前347平方米广场大理石砖，更换广告画面17块，制作不锈钢宣传牌854块，更换交通标示牌29块，维修路名牌5个；粉刷全城区人行道隔离桩826根，安装人行道隔离桩103根、安装挡车杆103个；完成文化宫环境改造面积25亩，包括种植草坪、提升22座检查井、砌井6座，铺设绿化管线等工程。环境专项整治活动时间紧、任务重，高起点，严要求，尤其是在武警训练基地绿化建设工作中，从设计施工到播种草坪栽种花卉等绿化建设，城建职工放弃节假日，加班加点，赶工期、抢进度，圆满完成绿地建设任务，在环境整治活动中，城建处得到师市领导的肯定和好评。

【征费管理】 2014年，要求亮证收费，文明收费，与80多个企、事业单位签订垃圾收费协议书。一年来，拆除广告横幅、牌匾783个，停止未经许可开挖林地、道路49起，强行拆除私自接排水4家，全年累计完成行政收费260余万元。

【城管质检监督】 2014年，制定大队12项管理制度，加强组织纪律、廉政作风建设的培训学习；通过运用数字城管系统GPS定位技术，实现质检人员工作从签到、巡线、发现问题、反馈问题、处置问题等全过程信息化处理"网格化"条块管理的模式；合理划定管理责任片区，落实岗位职责，务实开展工作。当年已解决城市管理各类问题近467件，已办结447件(外单位95件)。

【送温暖献爱心活动】 2014年，为97名困难职工发放大米、清油、面粉；为306名女职工办理女性重大疾病保险；为337名女职工进行身体健康检查；为291名园林一线员工发放夏季降暑慰问品；组织开展"学雷锋、讲文明、树新风"志愿服务活动，组织市文明单位、街道社区、中小学校、大中专院校等28个单位志愿服务队清洗市区将军像、道路护栏、公交站台等市政公共设施。 （张　冰）

城市供水

【概况】 五家渠市自来水公司(以下简称自来水公司)党支部书记杨科举，党支部副书记刘兆勇，公司副经理史为民、薛飞。2014年，全年超额完成经济增加值、利润、上缴税金计划指标。经营总收入1 438万元，比上年同期1 139万元增加299万元，增加26.25%；水费收入1 304万元，比上年同期1 075万元增加229万元，增加21.3%；自来水安装收入108万元，比上年同期55万元增加53万元，增加96.36%。上缴税金79万元，缴纳社保基金115万元，其中，养老保险金69万元、基本医疗金34万元、失业保险金7万元、住房公积金76万元。2014年，供水产量940万立方米，比上年同期增加160万立方米，增加20.5%。

2014年，水质综合合格率保持100%达到国家标准，经师市环保监测部门监测，根据监测数据显示：水质监测的25项指标均达到地下水环境质量标准，满足饮用水卫生标准，水质各项指标达标率100%，属于优良水质。管网水压压力合格率达到国家标准，设备完好率98%，生产安全率达到100%，无任何安全责任事故发生。公司其他各项经济指标也都有历史性的新突破。日最高供水突破3万立方米。漏失率控制在8%以下。

【供水设施维修】 2014年,自来水公司竭尽全力降水损,提高维修及时率,加大监察力度,堵漏增收。供水管网是供水企业的命脉,只有供水管网正常运行,才能保证正常供水。公司组织技术人员,对城区供水管网进行摸底。挤出人力、物力,加大维修力度,设立24小时维修服务热线,使发现问题时抢修人员能及时赶到现场,确保按时完成抢修工作,做到小修不过夜,大修连续作战直到通水,供水管网维修及时率达到100%。确保供水管网安全运行,减少水资源的浪费,减少管网供水漏失率,减少公司的经济损失。随着五家渠市城市建设的飞速发展,在新城扩容和老城拆迁改造过程中经常出现违章违法用水、非法占压供水管线等情况,而在相应的供水工程建设过程中,因为施工单位的蛮干、盲干和操作不规范给安全供水带来许多隐患和困难。2014年,公司在资金困难的情况下,添置抢修服务车辆,更新发电、焊接等抢修设备,同时加强职业技能培训,充分发挥人员设备的使用效能,大大提高抢修速度、抢修能力和服务水平。2014年公司维修队管网维修多达400余次,其中突发性爆管抢修40余次,DN100以上大口径管网抢修16次。

【供水服务保障】 2014年,自来水公司干部职工以供水服务保障为中心,制定突发事件工作预案,责任落实到人,各项保障措施得力,重点加强春节、劳动节、中秋、十一等重大节日和各个重要活动期间的防恐工作,全面开展安全检查和隐患排查,发现问题及时整改,不留死角。作为供水企业,安全供水是日常工作中的重中之重,在供水运行工作中,认真做好供水设施设备日常检修、养护制度,对供水设备做到早检查、勤维护,确保设备完好率在98%以上;坚持巡井制度,发现问题及时处理;制定突发性事故应急预案等一系列安全生产制度,从而有效地减少和避免事故的发生。2014年,修漏及时率达到90%以上;全年共完成报装IC卡表500余家。供水管网维修达400余次,及时率达到100%。全年共稽查核查商品用户和个人用户近9 000余户,严格控制和减少水资源的"跑、冒、滴、漏"。

【水厂建设】 努力加强基础设施建设,为更好地服务城市居民生活、生产,公司积极地与师市政府和建设局以及城投公司等单位沟通、协调,至2014年3月完成水厂供水改扩建项目并网供水工作,新增供水能力1.32万立方米/天,新建水厂自动化控制设备3套。

【水源地建设】 2014年,完成水源地新打机井3眼,配套建设井房及附属设施;共铺设DN250PE给水管道1 580米;新建DN315排水管1 530米;新建10千伏高压配套电线1 550米;新建0.4千伏低压输电线路90米。

【供水稽查】 2014年,全年共稽查核查商品用户和个人用户近9 000余户,同时,市自来水公司呼吁广大市民,爱护供水设施,珍惜节约水资源。如果您发现偷盗城市公共供水或损害供水设施的行为,请及时拨打12315市政服务热线和自来水公司对外服务电话5835111进行举报。

【精神文明】 2014年,公司兵团级文明单位创建工作也已初步通过验收。荣获2014年度师市百家文明单位"道德讲堂"评比课二等奖。组织员工参观五家渠市的将军博物馆,使全体员工缅怀先烈的丰功伟绩,受到传统的红色教育。积极开展"世界水日,节水宣传周""安全卫生宣传周"活动、创建"民族团结模范单位"等活动。同时,强化水厂、收费大厅、稽查等窗口服务人员的素质,要求公司员工讲诚信、讲文明、重礼节。规范服务流程,提高办事效率,缩短办事时限,提升服务质量,创建优质服务品牌,在全社会树立供水企业服务群众的良好形象。 (唐建力)

城市供电

【概况】 国网新疆电力公司五家渠市供电公司(以下简称五家渠市供电公司)党支部书记、经理李楠(3月离任),党支部副书记、副经理李昊(支部工作,3月任职),副经理部峰(生产,3月任职),邵江波(生产,3月离任),副经理黄健(营销)。公司位于五家渠市长征东街178号,五家渠市供电公司下设综合管理部、运维检修部、营销部(客户服务中心)3个部门及配电运检班、配电抢修班、高压用电检查班、低压用电检查班、营业班、安宁渠供电所6个班组。现有职工43人,退休职工67人，由汉族、回族、维吾尔族、达斡尔族4个民族组成。全年累计受理各类新装客户4 733户，合计新装容量47 639.5千伏安。完成售电量4.41亿千瓦时，同比增长12.26%，连续多年实现全网电费回收率100%的目标。

【供电设施】 2014年，110千伏五家渠东工业园变电站2014年9月投入运行，主变压器总容量为2×5万千伏安。五家渠地区在建110千伏五家渠南区变电站，预计2015年可投入运行。五家渠地区用电构成主要以工业为主，2014年，工业用电占总用电量的58.39%，农业用电占总用电量的22.51%，照明用电占总用电量的14.92%，商业用电占总用电量的4.18%。2014年，五家渠地区城网供电可靠率RS1：99.960 3%，同比提高0.010 1%；农网供电可靠率RS1：99.944 0%，同比提高0.062 9%。

【党的群众路线教育实践活动】 2014年，共组织集中学习10次，开展调查研究3次，发放征求意见表55份，征集对领导班子及成员意见建议3条，公司各部门的意见建议10条，开展谈心活动33人次，经过8次修改提升，切实找准“四风”方面存在的突出问题，已完成整改落实12项，确保规定动作做到位，自选动作显特色，取得良好成效。

【安全管理工作】 2014年，五家渠市供电公司安全生产长周期运行6 228天，未发生人身轻伤及以上事故，未发生一般电网事故，未发生火灾及交通事故，未发生误操作事故。将2014年新一轮县级供电企业安全性评价、安全生产达标评级、三标一体外审纳入年度安全生产重点工作统筹安排，完成自查自评及整改工作，接受新疆电力公司2014年新一轮县级供电企业安全性评价、安全生产达标评级及三标一体外审工作工作，各项基础工作得到查评专家组的肯定。

2014年，公司共计排查和治理各类隐患57条，查处教育各类违章37起，完成隐患治理率100%的目标。查出问题31项，整改完成率100%，杜绝各类事故的发生，为迎峰度夏、迎峰过冬工作打下坚实的安全基础。

【农网改造项目管理】 2014年，对35条线路、42个低压台区开展配网整治工作。通过农网升级改造工程的实施和加强线路的运行维护，改善线路设备状况，提高运行可靠性和线路抵御自然灾害的能力，实现年度配网无故障日315天，在乌鲁木齐供电公司排名第一。同时，完成2010~2013年农网升级改造项目36项96条问题的整改和延伸检查消缺工作。

【营配贯通工作】 全年共完成19条10千伏配网线路的数据普查工作和101个公变台区的营配数据普查工作，完成年度计划的110.75%。

【获评兵团六师五家渠市百家《道德讲堂》评优课一等奖】 2014年，在兵团六师五家渠市百家文明单位“道德讲堂”评优课活动中，五家渠市供电公司在此次评优课活动中一如既往的发挥模范引领作用，发挥文明单位创建排头兵作用，喜获师市百家文明单位“道德讲堂”一等奖的好成绩。

【供电服务】 2014年，五家渠市供电公司努力践行“你用电、我用心”的服务宗旨，深入重要客户、企业、连队，解决客户安全可靠用

供电人员进行电网改造工作。（胡纯玉）

电工作。利用“3·15国际消费者权益保障日”活动，在五家渠市国际蓝湾小区内举办一场电力服务和宣传活动。现场搭建“你用电、我用心”“天山雪莲”共产党员电力社区主题活动宣传板、“智能用电展板”“缴费网点分布展板”“缴费方式展板”“国网新疆95598微博、微信二维码展板”“社区客户经理展板”等。现场讲解员针对居民开展电力咨询、宣传、有奖调查问卷等活动。现场向过往居民发放数百份百度地图查询缴费网点宣传资料，宣传二维码搜索功能。同时，进行针对居民客户的“我最喜欢的电费交纳方式”有奖问卷调查活动，现场发放调查问卷1 000余份。（郭 茹）

城市供热

【概况】 鸿达热力有限公司党委书记，副经理刘金栋（正处，2014年8月免职），党委副书记、总经理李仁勇，副总经理刘如海、何立军、谢龙平，纪委书记、工会主席高德海，总工程师张玉忠。

2014年，热力有限公司总占地面积37 000平方米，公司现有职工152人，其中：管理人员41人，职工11人，中级职称管理人员10人，高级职称2人。公司下设党委、行政办公室、生产技术科、财务科、企管科、客服中心、西区锅炉车间、东区锅炉车间，承担着五家渠集中供热工程的建设和城市供热任务。热力公司目前投入使用的供热站有2个，分别为西区供热站和东区供热站，总供热负荷为570吨（401兆瓦），其中城西区供热站装机容量为：1台40吨、2台65吨、2台100吨锅炉，共计370蒸吨（261兆瓦），额定供热负荷340万平方米，实际供热负荷280万平方米；城东区供热站一期工程装机容量为2台100吨锅炉，额定供热负荷200万平方米，实际供热负荷153.72万平方米。已建成热交换站89座，其中，板式热交换站62座，供热机组27座，敷设一次管网45千米，二次管网21千米。2014年，热力公司共产生热量243.49万吉焦，热用户38 692个，供热建筑面积近477.21万平方米，全年完成固定投资1 600万元，全年实现工业总产值9 050.78万元，实现增加值2 858万元，全年亏损186.60万元，比年初计划减亏99.40万元。2014年共完成热费收缴8 707万元，完成2014年计划任务的96.2%。

【夏季检修】 在整个夏季检修过程中，共完成工时13 540个，历时36天，为2014年冬477.21万平方米的供暖工作筑牢安全生产第一防线。

【项目建设】 2014年，狠抓既有换热站及“问题管网”的整改。改建换热站1座，增加一体化机组6座，新建、改建一二次管网改造5 691.9米，完成既有建筑分户控制改造144户，联通东、西区分段井4座，累计完成投资额约1 600万元，新增供热建筑面积77.2万平方米。既有换热站和问题管网的整改，减少二次管网频繁失水现象的发生，对供热的达标和减少投诉率起到积极的促进作用。

【原煤储备】 公司利用夏季原煤价格较低的有利时机，抓紧原煤储备工作。整个夏季共储备原煤5.3万吨，较上年增长1.1万吨，同比增长26%，进场煤炭实行双盲检验，实行优质优价，按质论价，发现不合格煤炭连续进场立即通知煤矿停止供应，全年共进15.55万吨锅炉用煤，平均低温发热量6 238大卡，较上年5 866大卡提高372大卡。

【员工培训】 2014年，对锅炉、换热站操作规程，热网平衡调整、客户服务管理、应急演练、安全生产、监控、热线服务电话、公司规章制度等方面的知识进行930人次的培训，较上年增加550人次，同比增长1.4倍。通过多种形式，公司先后派出各级干部69人次，赴疆内（兵师党校、乌市、昌吉、奎屯）、疆外（山西、上海、杭州、大连）等地进行观摩学习96人次，学习借鉴先进经验，启迪创新思维，鞭策促进工作。

【成立监控调度中心】 2014年，引进供热管理智能化系统先进技术及理念，成立监控调度中心。随着城市化进程发展和热计量改革工作的全面推进，公司原有热网的调节方式已不能满足城市热网的急速扩增，为实现节能降耗目标，公司成立监控调度中心，利用智慧热网管理系统来提升热网综合管理水准，通过监控换热站、热网的运行情况，适时调整运行状态，确保热网安全、可靠、经济、高效运行目标的实现。供热管理智能系统不仅仅确保“高效”目标的实现，同时也是智慧城市的主要内容，是师市建设智慧城市的一种重要体现。

【精细化管理】 2014年，根据天气变化及时调整锅炉运行参数和换热站管网运行参数，着力以二次管网平衡为落脚点，该采暖期热用户温度总体在18~22度之间，16度以下的低温区和24度以上的高温区明显低于往年。在节能降耗方面，该采暖期每平方米耗煤32.3千克，较上年煤单耗34千克/平方米下降1.7千克，同比下降5%；每平方米耗电2.07千瓦时，较上年电单耗1.98千瓦时/平方米增加0.09千瓦时，同比增加1.5%；每平方米耗水11.6千克，较上年水单耗11.5千克/平方米增加0.1千克，同比增加较上年增加1.8千克，增长0.8%，脱硫除尘设备的增加是水、电单耗上升的主要原因。

【节能减排】 2014年，做好脱硫除尘改造工作。西区热源的脱硫除尘改造项目被列入兵团重点监控的节能减排项目。为不影响供热，脱硫除尘改造项目于2014年9月前完成，并对此项目进行项目竣工验收工作。10月，脱硫除尘设备投入运行后，二氧化硫由上采暖期的每立方米900毫克下降到400毫克以下，同比下降55.5%，烟尘由每立方米400毫克下降到80毫克以下，同比下降80%，烟尘及二氧化硫的排放指标都达到乌鲁木齐市的大气污染排放标准，排放信息及时通过在线监测设备实时传输至师市环保局。

【客户管理】 公司制定《客户服务管理标准》《24小时服务热线管理制度》《客服人员上门服务标准化》《收费服务标准化》等一系列客户服务标准化制度，使服务更加规范化，人性化。供暖前，对客服人员进行专项的培训，并规范服务程序。2014年，采暖期共接城管热线和公司客服电话等转办单共3 371起，较上年增加1 193起，同比增长54.7%。其中咨询类2 650起，占总比例78.6%，较上年增加940起，同比增长54.9%；投诉类327起，较上年减少140起，同比减少29.9%；正常派工并回访393人次，本采暖期稽查报停用户797起，违规用热54起，违规报停用户23起，整改71起；违规更改房屋结构及房屋性质18起，稽查新增供热面积3 000平方米。

【开展教育实践活动】 2014年2月起，公司全体党员干部参加历时9个月的教育实践活动。“三公”经费下降10%，清理办公用房超标面积64平方米，整治工作作风、纠正工作纪律涣散、作风不实问题3起，公司党委班子和个人的整改事项95%以上已经落实，新制订出台制度29个，修订完善制度6个，废止制度1个。通过“访惠聚”活动，走访职工群众106人次，结对帮扶28户。 （周学姣）

城市燃气

【概况】 五家渠市鑫泰燃气有限责任公司（以下简称鑫泰燃气公司）总经理曾平宣，副总经理邓斌。

2014年是公司工程建设快速增长和经营发展稳步提升的重要一年，伴随着股份公司即将上市及五家渠市经济大发展的机遇，借助天然气能源行业优势，以突破民用户发展为经济增长点、以项目建设和延续工程建设为主要目标，牢固树立安全第一的指导思想。抓住机遇、奋力拼搏。较好地完成年度的各项目标任务。

【募投项目和加气站扩能技改】 2014年，工程建设部在管理上重点加强施工队的现场管理，每一个项目都抽调1名专人负责项目建设管理，从施工队进场交底开始，到施工隐蔽工程签证，再到工程竣工等每个环节上，工程管理人员都进行实地监控和把关，克服施工队技术力量薄弱的客观因素。截至年末，已完成南区南站和蔡家湖加气站的工程建设任务，蔡家湖加气站场站建设已完成，加气站设备调试完成，办公楼地基已经完成；南区南站办公楼及站房主体已完工。恒大至南区高压管线已全线贯通，全长9 900米，目前已投产使用；南区中压管网已全线贯通，全长10 700米，目前已投产使用。一〇三团城区中压管网建设，全长3 854.4米，已具备使用条件。另外还完成一〇三团文化、光大、康居苑、久安丽景4个小区1 490户的民用户安装；南区一〇一团安装小区472户，新疆总部基地商用户3户的安装。

【营销市场拓展】 2014年，完成民

用安装7 384户，商业用户安装190户。新增高压管网9.9千米，中压10.7千米，庭院管网19.6千米，围楼管、立管37.8千米，新增PE阀井50座，新增调压箱（柜）34台，新建加气站2座，改造加气站1座，即工业园区加气站三角地改造。全年共做预算方案96个。完成南站、蔡家湖加气站的施工图纸审查，消防审查。办理南站和蔡家湖站的规划许可证。办理完成五家渠公司、梧桐分公司、工业园区加气站的燃气经营许可证；到土地局、规划局、审图中心办理一〇三团项目、青湖生态经济开发区（南站、管线）项目的土地、规划、审图、安评、环评等审批手续；完成北工业园区加气站土地招拍挂及土地买卖合同的签订；青湖生态经济开发区燃气管线通过湿地的协调工作；经多方协调，东、北工业园燃气管线项目已完成规划局选址意见书的办理工作；及时的到规划局、城建部门办理工业园区加气站三角地改造及路口开设事宜；协调办理一〇三团中压燃气管线开挖破路等事宜。

【工程建设管理】 2014年，鑫泰燃气公司注重工程建设管理。工程质量是燃气输配系统安全运行的本质，尤其是对于隐蔽工程更是重中之重，为此严格要求对隐蔽工程必须由工程管理员现场确认、现场签证后方可进行下一道工序。在现场检查中如果发现钢管焊接、回填不符合要求等问题，能现场改正及时整改，不能及时整改的责令施工单位限期整改，施工单位积极配合。经过严格管理和及时现场检查，后期没有出现此类工程质量问题。全年整改返工率极低，也没有耽误工期。2014年，由于南区工程项目上马，物资材料的供应需求增大，为此，工程建设部在做好常规材料物资计划的基础上，掌握各个工程的施工动态，提前计划施工所需物资材料，联系材料到货地点，做到材料的及时供应，保证延续工程和南区项目的施工进度。为公司的持续、健康、安全、平稳的发展做出应有的贡献。

【员工队伍管理】 2014年，鑫泰燃气公司在优化完善内部工作流程的基础上，对公司各项制度进行修订、整理、汇总工作，并将股份公司下发的各类文件按VI标示印发各部门组织学习并撰写学习心得。根据公司发展需要，及时掌握业务发展对人员的需求，合理招聘，并根据人员特长进行人岗匹配的调整，做到人尽其才、岗得其人。借助股份公司颁布的《后备干部管理制度》为公司培养人才，建立和完善后备干部培养选拔机制，加强人才储备库的建设，让员工清晰地看到公司飞速发展的轨迹和未来发展的宏伟蓝图，极大地激励和调动员工的工作积极性。制定《工会经费使用管理办法》，如夏季高温补助、中秋节慰问品的采购发放、生病员工探望、婚嫁祝贺、丧葬吊唁等。在第四季度还组织开展以“感恩、成长、传承、创新”为主题的员工座谈会，极大地提高公司的规范化管理制度和企业形象的宣传力度，提高员工的满意度。 （党淑芳）

五家渠城市建设投资经营有限公司

【概况】 五家渠城市建设投资经营有限公司（以下简称城投公司）党委书记、董事长罗建新，党委副书记、总经理王以胜，党委委员、副总经理张柠、杜海滨，党委委员、纪委书记高燕，党委委员、副总经理马玉省。

【城市基础设施建设】 2014年，共承建项目27项，完成投资约1.44亿元（其中续建7 798万元，新建6 629万元）。先后完成五家渠市养老院、中医综合楼、前进西街、前进东街等项目，并在中央领导视察前，先后完成将军府室外维护、五家渠市博物馆二次陈列等重点工程。

【融资】 2014，城投公司融资5.27亿元（其中，项目贷款1.15亿元，流动性贷款0.3亿元，股权质押融资1.82亿元，为中基公司进行银行融资2亿元），项目使用资金1.23亿元。

【产业发展】 2014年，新组建下属参控股3家，汇总以成立的下属子公司经营数额，该年度预计经营总利润约9 000万元，极大地提高公司经营性收益。截至年末，公司已成立下属参控股子公司12家，经营行业涵盖环境治理、金融、建设材料大宗销售、房地产等多领域。

【安全工作】 2014年，城投公司坚持“预防为主”的原则，狠抓安全生产管理，组织开展“安全法制进工地"活动，确保该年度项目无安全事故。同时，对所有施工人员进行个人信息登记，保证施工队伍人员安全。定期走访征收遗留户、监督农民工工资发放，将矛盾解决在萌芽状态，确保全年无越级上访。建立防控应急预案，严格敏感时期的值班制度，搭建公司总部及子公司的防控体系，做到了维稳工作全覆盖。强化维稳力量，建立维稳队伍。共开展安全生产检查7次，邀请街道司法所领导赴项目现场授课2次，建立防控应急预案8份，登记各项目施工人员个人资料300余人。（白　冉）

新疆青格达生态区投资开发集团有限公司

【概况】 新疆青格达生态区投资开发集团有限公司(以下简称青投公司)党委书记郑彩红(女)，董事长吴明，监事会主席李广甫，执行副总经理刘非，纪委书记、副总经理周卫东，副总经理、工会主席余展，副总经理、财务总监许文军。

2014年，集团有子公司22个。其中一级全资子公司4个，一级控股子公司5个，一级参股子公司4个，二级全资子公司2个，二级控股子公司1个，二级参股子公司4个，三级全资子公司1个。集团内部员工总数为336人，员工平均年龄33.7岁。大专以上学历占总人数的40%以上。集团公司员工总数已达959人(含大巴扎、中山国际、兵青旅、天农超市)。

【经营情况】 2014年，公司资产总额23.46亿元，同比增长25%；负债总额22.06亿元，同比增长26%；营业收入3.72亿元，同比下降26%；资产负债率94%，负债率高的原因是由于流动资产大量被应收账款、预付账款、存货所占用，企业利润呈整体下滑趋势。

【企业融资】 2014年度计划融资5亿元，通过各家银行、兵团住房公积金等多融资渠道，年内已实现银行审批到位贷款4.81亿元，当年，偿还各项借贷款本息1.78亿元，剩余贷款放在2015年偿还。

【转型发展】 2014年，青投公司立足师市面向师外，大力推进和实施产业转型发展系列举措。并购商服企业，增强企业发展后劲。完成中山国际通讯市场的并购。完成新疆国际大巴扎资产移交、人员接收，整体内地拓展方案及商业模式已基本完成研发，当年完成自治区AAAA级景区评审、新疆礼物卖场授牌、兵团60周年文艺汇演等重点工作。完成对乌市环球酒店、中和酒店的合作谈判，并进入合作前期的运营监管阶段，现已完成债权债务清理、法人治理结构完善、议事制度建立，经营方案经营团队确定等监管工作。

2014年，公司全力配合师市进行以"一城三馆一园"为核心的文化科教产业园项目的推进，年度内协助完成项目总规、可研的前期工作，并积极与各大项目实施主体进行对接沟通，力促项目早日落地建设。

成立家政服务中心，不断拓展家政服务项目和市场。成立二手房销售服务中心。广告传媒公司提质升级，通过拓展邮政报纸广告、网络微营销等手段服务于师市各经济实体。筹备运营五家渠市蔬菜及商品销售配送店，年内有8家店铺开业运营，另有5家店正在筹备中。

【工程建设】 2014年，全面完成北塔山场镇建设项目、五家渠市行政服务中心改造续建项目以及"青湖101"安居工程项目。

【安全生产】 2014年，青投公司严格查处各种安全生产违规行为，对施工单位加大监管力度。全年开展安全大检查8次，排查隐患311条，整改率100%。是年，没有发生安全生产事故，并荣获"2014年师市安全生产管理先进"单位、消防安全先进单位称号。

【党工团建设】 2014年，在省级媒体发稿实现零突破，在中央级网络媒体刊稿4篇；省级报刊刊稿4篇，网络媒体刊稿67篇；在地州级报刊刊稿45篇，网络媒体刊稿100篇。全年共出刊《青湖人》内刊12期，用稿395篇。发挥工会、共青团、妇联等群团组织的桥梁纽带作用，举办各项凝人心、聚活力的文体活动，极大地丰富职工群众的业余文化生活，积极组织参与师市举办的各项文体活动。组织干部员工开展"奉献一片爱心，增强社会责任"活动，全年共向困难群众、灾区捐助各类款项3次10 560元。是年8月28日，公司团委开展"金太阳"爱心助学公益活动，筹得善款近15万元，资助4名大学生和1名初中生。11月，公司团委联合青

2014年8月28日，师市团委、工会、宣传部、民政局、教育局等部委领导参加了青投集团“金太阳”公益助学计划启动仪式，共收到了来自新疆中山国际贸易有限责任公司、新疆环球国际酒店管理有限公司、乌鲁木齐环球酒店、新疆双庆中和酒店有限公司、新疆青格达华盛市政园林工程有限公司、新疆昆仑工程监理有限责任公司等10家爱心企业捐助善款共计14.5万元。（张　强）

投广告传媒公司鼎力协助“瑜您同行”志愿者服务队参加广州首届中国志愿者服务项目大赛获银奖。

【人才基地建设】 为不断强化专业人才队伍、增强公司核心竞争力，公司制定专门的人才引进制度，通过良好的薪酬激励机制多方式引才，吸纳来自全国各地的优秀人才。2014年，共签订实习生协议30份，到岗实习生27人。2015年将提供实习岗位15个。（张　强）

住房公积金管理

【概况】 六师（五家渠市）住房公积金管理部（以下简称师市公积金管理部）主任杨林。

截至2014年11月，全师建立住房公积金制度的单位305个。因破产、撤并停缴单位28个，目前正常汇缴单位277个。实缴存人数19 957人，其中封存人数2 200人。95%的单位缴存比例达到12%，当年住房公积金归集16 912万元，新增开户15个单位，新增缴存职工76人，缴存总额95 086.67万元，缴存余额57 131.97万元。

【住房公积金使用】 截至2014年11月，住房公积金当年提取9 558.53万元。其中，购房提取2 850.48万元；离、退休提取1 361.55万元；偿还贷款本息提取4 067.64万元，累计提取额37 954.7万元。

【个人贷款发放】 截至2014年11月底，当年发放贷款225笔，4 463.4万元。累计发放贷款3 012笔，34 343.9万元，存量贷款1 306笔，贷款余额15 884.93万元，个贷率42%。

【项目贷款】 2014年，师市住房公积金支持保障性住房建设项目贷款的试点工作在六师顺利推进，六师五家渠青湖·铭城保障性住房建设属于棚户区改造项目，项目位于五家渠城市东部，猛进南路以东，长征东街以南，东环路以西，前进东街以北。项目总占地面积20.98万平方米，计划开发总建筑面积357 000平方米，其中居住建筑面积281 600平方米，商业建筑面积75 400平方米，总计3 290户，项目总投资82 600万元。

经批准放款额度5.3亿元，该项目贷款发放、支出、收入资金专户封闭运行。截至2014年11月底对该项目已发放贷款5笔3.94亿。其中用于工程支付112次合计金额3.76亿元，用于利息支出2 385.91万。该项目于2012年6月开工建设，截至2014年11月在建43栋，其中13栋竣工验收，7栋基本建成，23栋正在完成内外装饰，已设定抵押的33栋，取得预售许可证43栋，已完成投资4.92亿元，完成总投资59%。

项目销售工作从2014年10月开始启动，同时启动的还有回迁户的回迁安置工作。该项目根据第六师五家渠市发改委2014年9月的批复销售定价为3 280每平方米元（市发改发〔2014〕316号），截至2014年11月，项目对外销售的有16栋楼总计620套，进入监管账户销售资金170万。

【扩大住房公积金制度覆盖范围】 2014年，不断宣传住房公积金制度，普及住房公积金的适用范围及程序是管理部永恒的工作主题。我管理部充分利用广播电视、网络信息等宣传媒体，深入广泛地宣传住房公积金政策，同时加大催建催缴力度。是年，师市公积金管理部当年缴存额已达1.69亿元，在师(市)行政事业单位、国有企业基本归集到位的情况下，公积金管理部在抓好团场学校的正常缴存工作的同时，不断向五家渠市新建企业和私营企业扩展。为考虑兵地交叉，平衡兵地经济差距，公积金管理部每年的缴存基数上限采用昌吉州政府公布的缴存上限额，下限按照六师社保基数执行，缴存比例严格控制在6%~12%之间。

【提高住房公积金的使用率】 2014年，师市公积金管理部继续按照兵团中心下达的扩大公积金使用范围，执行大病支付、商贷一年一支、“应提尽提”和“先提后贷”的同时，师市管理部全面开展住房公积金月缴存换月供业务，职工住房公积金提取额大幅增加，最大限度满足职工购房需求力，体现住房公积金提取和使用的目的。2014年，做好第六师事业单位集资建房工作，为使工作有条不紊的顺利开展，师市公积金管理部对各房产公司统一进行指导，统一操作程序，由于双方的努力以及在房产公司的积极配合及人力物力的大支持下，统建房的支取及贷款工作按计划进行，有力地支持当地的住房建设。

【贷款平稳发放】 2014年，为保障贷款业务快捷有序的进行，师市公积金管理部要求房产公司为借款人准备好贷款资料，并指导填写好个人及房产公司相关信息，来到公积金管理部只做好审核、确认、面签的工作，这样加快了办理速度，更方便借款人。严格审核借款人的资格、条件、还款能力、有效首付款及契税凭证等，检查购房合同和申请是否真实、完整、有效，通过个人征信系统查询借款人信用及商贷情况，对不符合贷款条件的人员不予发放贷款。从源头上控制风险。严格按照国家规定的贷款比例及中心授权最高限额审批贷款，及时归档保存完整的贷款资料，发现逾期及时催收，强化“贷前调查、贷中审查，贷后核查、逾期即催”的工作措施，管理部截至2014年底未出现一笔呆坏账。

2014年，利用住房公积金支持保障性住房建设项目贷款工作顺利推进，师市公积金管理部严格按照利用住房公积金支持保障性住房建设项目贷款实操规范，进行系统信息录入上传、资料收集、贷款发放、资金使用支出、贷款利息回收、定期检查、资料归档等工作，并按照规定的工作日完成各项业务工作。该年度共接受住建部3次检查，均得到检查组的好评。

【为企业服务】 2014年7月第六师大黄山煤矿发生瓦斯安全事故，死亡18人，师市公积金管理部接到六师通知后即刻向兵团中心反映相关人员的公积金支取情况，在得到中心的答复后公积金管理部立即组织人员和资金前往事发地，现场为死难者家属办理住房公积金支取工作，工作人员克服重重困难，积极为死难家属排忧解难，现场办理公积金支取80余万元。

2014年8月，师市公积金管理部全体到离五家渠80千米外的鸿基焦化企业现场为职工办理住房公积金支取业务，公积金支取业务300笔，共计320余万元，这一工作的开展赢得单位和职工的好评，也是管理部深入开展党的群众路线教育实践活动的具体体现。(张莉华)

环境保护

【概况】 2014年，五家渠城区环境空气质量优良天数为335天，优良率为91.8%，同比上年同期优良天数增加7天。建设项目环评执行率达95%以上，“三同时”执行率达到85%以上，五家渠市集中饮用水水质达标率100%。主要污染物排放总量继续控制在兵团下达的范围之内。

【环境保护目标责任考核】 2014年年初，师市分管领导与18个重点减排项目企业负责人签订重点项目减排目标责任书，落实目标责任和分解任务，并对责任书落实情况进行全年考核检查，确保各项指标的顺利完成。同时，将减排目标完成情况和措施落实情况作为领导班子综合评价考核的重要内容，纳入绩效和国有企业业绩管理，增加考核比重。

【污染治理与减排工作】 2014年是国家、兵团和六师五家渠市实现“十二五”减排目标的关键一年。“十二五”兵团与国务院签订的主要污染物总量减排目标责任书中，六师减排重点项目7个，兵团下达师市2014年度重点减排项目18个。师市分管领导与减排项目企业负责人签订主要污染物减排目标责任书，强化主体责任，同时，将减排目标完成情况和措施落实情况作为领导班子综合评价考核的重要内容，纳入绩效和国有企业业绩管理，增加考核比重。环保部门全力做好对上衔接及横向协调工作，了解和掌控全年度减排工作进展情况。采取分类型组织相关减排企业召开减排工作促进会，加强对企业督促指导。各重点企业加大污染治理投入，切实开展污染治理设施建设，发挥污染减排主体作用。广大人民群众对环境保护的关注度越来越高，这对污染减排工作既是压力，更是动力，促使师市上下更加重视环保工作。领导的精力在向环保倾斜，财政资金的投入在向保护倾斜。师市在减排项目上已累计投入14.5亿元。截至2014年年底，师市18个年度减排项目工程全部完成工程建设，完成率100%，经核查核算，削减化学需氧量1 148吨，氨氮94吨，二氧化硫7 858吨，氮氧化物1 186吨。

【建设项目环境管理】 2014年，严把项目预审关。对企业上报的项目，认真对照相关规定，查阅与项目有关的各种报件资料是否齐全，严格环保准入，优化产业发展结构。严把项目选址关。实地对项目选址认真进行勘察，对选址不符合环保要求的项目提出调整意见，防止因选址不当给企业造成损失和造成环境污染风险隐患。严把建设项目环评审批关。环境污染重，产品质量低，能耗、物耗消耗高，特别是污染物排放不能达标的项目一律不批；建设项目入驻的园区未开展规划环评的项目一律不批。严把监督检查关。不定期深入项目建设现场进行检查，督促项目污染防治设施与主体工程同步建设，要求建设单位积极采取有力措施，防止建设过程中产生环境污染和生态破坏。严把建设项目环保竣工验收关。对不执行环评文件中提出的各项环保措施及不按照环保“三同时”要求开展建设的项目，一律不予批准试生产，不予通过验收。同时，每年定期召开师市环境保护工作会议，并根据师市经济发展目标和兵团加强环境保护工作要求，部署年度环境保护工作任务，强化环保目标责任考核，细化考核目标，确保有目标、有落实、有考核。2014年，共受理建设项目审批事项325项，其中环境影响报告书35项、环境影响报告表93项，环境影响登记表177项；完成重点污染源在线自动监测设备验收5项；完成建设项目竣工环境保护验收50项，建设项目环评执行率达95%以上，“三同时”执行率达85%以上。

【大气联防联控】 2014年，按照乌鲁木齐区域环境保护工作领导小组办公室有关要求，市政府制订《五家渠市重点区域大气污染防治“十二五”规划2014年度实施方案》，筹措资金，实施大气污染防治重点工程，完成重点控制区五家渠鸿达热力有限公司集中供热5台燃煤锅炉进行脱硫除尘改造，改造后脱硫效率达到70%以上、除尘效率提高至99%；开展扬尘综合整治项目。加强机动车尾气污染监督管理工作，并实施油气回收改造工程。开展五家渠市大气联防联控区域内年度大气污染治理项目完成情况和各类大气污染控制措施落实情况专项检查工作，并定期在冬季采暖期开展乌鲁木齐区域联合交叉检查，按时报送《大气污染防治专项检查行动快报》。

【重点污染源环境监管】 2014年，兵团确定师市国控重点污染源共13家，全年对国控污染源企业污染治理设施建设、维护、运行情况进行全过程监督检查，加大现场监察频次，每月不少于1次，有效遏制企业超标排污环境违法行为。另外，继续加大重点行业日常环境执法检查力度，重点对电力、钢铁、水泥、煤焦化、味精、浆粕、造纸、纺织、番茄制品及规模化养殖等行业环保法律法规的执行、污染治理设施的运转、污染物达标排放等情况的专项检查和整治。同时，联合多部门，对五家渠市及各团场工业区建设项目环境违法问题的集中整治，特别是集中整治五家渠经济技术开发区建设项目“环评”和“三同时”环保验收的执行情况。2014年，师市共出动环境执法人员1 500余人次，检查企事业单位及建设项目630余家次，取缔污染严重的小企业7家，立案处罚3起，罚款22万元，下达责令改正通知8份，督办通知1份，监察执法通知32份，制作现场监察笔录630份。同时，受理查处环境污染投诉、环境信访80件，处理率100%。

【环保专项行动】 2014年，师市成立以师市分管领导任组长，师市建设（环保）局、发改委、工业局、安监局、农业局、水利局、司法局、宣传部、工商局、供电局及五家渠经济技术开发区等部门主管领导为成员的环保专项行动领导小组，制定

《六师五家渠市2014年整治违法排污企业保障群众健康环保专项行动工作方案》，成立环保专项行动领导小组办公室，明确职责，为专项行动有序开展奠定坚实的基础。全年，共开展“师市限期治理企业后督察”“师市重点减排项目进展情况专项检查”“危险化学品、危险废物产生企业环境安全大检查”“饮用水水源保护地专项检查”“规模化畜禽养殖减排项目专项检查”“高、中考期间噪声污染专项执法检查”“国控污染源自动监控数据弄虚作假专项执法检查”以及“棉浆泊企业提标改造专项检查”“五家渠市区小塑料作坊专项检查”“乌鲁木齐区域大气联防联控专项检查”等10项专项行动，共出动环保执法人员1 000余人次，检查企事业单位及建设项目450余家次。

【环境监测】 2014年，共完成各类监测工作138家次，出动监测人员800余人次。其中监督性监测45家次，共获得监测数据近2 000个；建设项目竣工验收监测23家次，共获得监测数据近1 000个；建设项目环评现状监测65家次，共获得监测数据1 000余个；委托性监测和来样测试5家次，获得监测数据近100个。此外，为兵团环科所等环评单位提供监测资料50余份，为师市统计局、城建处、建设局等部局委办提供所需环境监测、环境统计的相关资料近20份。

【农村环境质量现状调查】 2014年，完成师市辖区内一〇五团二连、七连和九连等3个连队一年2次的环境空气质量、地表水环境质量、声环境质量和一年1次的土壤环境质量现状调查工作。

【环境空气质量日报】 2014年，环境空气质量自动监测站采集监测数据157.68万个，有效监测天数为365天，优良天数为335天，环境空气质量优良率为91.8%。根据国家和自治区环境监测部门的有关要求，完成PM2.5等项目监测系统的购置、安装和调试工作，并于2014年11月25日实现与国家监测网的联网。

【科技项目】 2014年，完成《第六师五家渠市持久性有机物(POPs)调查与防治对策》及《环境空气质量监测点位优化布点研究方案》2个科技项目的调查和研究工作，并通过六师科技局的验收。

【环境统计】 2014年，全师工业源、农业源、城镇居民生活源、集中式处理设施均纳入环境统计工作。工业源统计重点企业55户，全年废水排放3 054.87万吨，化学需氧量排放9 168.03吨，氨氮排放113.85吨；废气排放1 425.22亿立方米，二氧化硫排放29 658.52吨，氮氧化物排放19 793.41吨，工业烟尘排放7 967.44吨；工业固体废弃物产生量120.81万吨，综合利用率100%。农业源统计规模化畜禽养殖共计70家，全年化学需氧量排放6 945.74吨，氨氮排放331.70吨，总磷排放287.67吨，总氮排放2 875.26吨。城镇居民生活源统计(五家渠建成区)，全年废水排放量873.89万吨，化学需氧量排放534.05吨，氨氮排放188.37吨，二氧化硫排放294.1吨，氮氧化物排放45.67吨。集中式处理设施统计2家污水处理厂和3家垃圾填埋场，全年化学需氧量排放24.38吨，氨氮排放1.22吨。

【环境保护宣传】 2014年，开展世界环境日系列宣传活动，倡导共同建设天蓝地绿水净的美好家园。“6·5”世界环境日期间，师市环保局围绕“向污染宣战”的主题，由国家博士服务团挂职干部副局长冉春秋多次进校园、党校宣讲、授课，取得良好的宣传效果；同时，围绕环保中心工作开设环保宣传专栏，及时发布环保工作动态，有效增强广大职工群众的环保生态意识。全年，在五家渠市政务网、《准噶尔时报》刊发环保文章260余件。

【环境综合整治】 2014年，集中式饮用水水源水质达标率、农村饮用水卫生合格率均达到100%；地表水、空气、声环境质量达到环境规划要求；生活污水集中处理率达到75%以上，工业污染源排放达标率95%以上，团(场)镇生活垃圾集中处理率为80%，人均公共绿地面积大于20平方米，清洁能源普及率大于90%；集中供热率100%，农作物秸秆综合利用率为95%；农作物秸秆综合利用率达95%，人均公共绿地面积(平方米／人)大于25平方米，建城区绿化覆盖率大于35%，规模化畜禽养殖场粪便综合利用率大于80%，规模化畜禽养殖场污水排放达标率大于80%。

(高　军)

经济监督与管理 Economic Supervision and Management

责任编辑 李 萍
题图摄影 孙 翔

宏观调控

【发改委机构设置】 第六师五家渠市发展和改革委员会(简称发改委)挂第六师粮食局、第六师以工代赈办公室、第六师扶贫开发办公室、第六师金融工作办公室，下辖五家渠市价格监督局、五家渠市价格认证中心、师市特种设备劳动安全检测中心、五家渠市棉花检验检测中心4个事业单位。六师质量技术监督局与发改委合署办公，2014年师市发改委在编15人。五家渠市副市长吴明兼任师市发改委主任。

【国民经济和社会发展】 2014年，全师实现生产总值204.85亿元，比上年增长12.3%(按2010年可比价，下同)。其中，第一产业增加值40.78亿元(按国家行业划分要求，农林牧渔业服务业调至三产)，增长7.5%；第二产业增加值100.79亿元，增长13.0%；第三产业增加值63.28亿元，增长14.6%。三次产业占生产总值比重为20:49:31，上年为23:48:29。三次产业对经济的贡献率分别为12.5%、53.2%和34.3%，分别拉动经济增长1.5、6.6和4.2个百分点。人均生产总值62 952元，比上年增长11%。团场生产总值118.3亿元，增长15.3%。三次产业结构比为34:29:37。全年全社会固定资产投资268.63亿元，比上年下降10.5%。其中，第一产业21.09亿元，增长31.8%；第二产业110.58亿元，下降36.8 %；第三产业136.96亿元，增长25.4%。固定资产投资三次产业构成为7.9:41.2:50.9。

五家渠市实现地域生产总值117.26亿元，比上年增长13.2%(按2010年可比价，下同)。其中，第一产业增加值6.66亿元，增长7.7%；第二产业增加值69.67亿元，增长12.8%；第三产业增加值40.93亿元，增长14.7%。经济总量占全师的57.2%。三次产业结构比为6:59:35。三次产业对经济的贡献率分别为4%、57%、39%。人均生产总值96 805元，增长11.7%。实现全口径财政收入13.53亿元，下降3.8%。其中，地方财政收入10.32亿元，增长7%。实现公共财政预算收入9.81亿元，增长5.6%，其中各项税收收入9.14亿元，增长1.8%。

【宏观经济管理】 2014年，师市面对经济增速放缓、投资下滑趋势，密切跟踪经济运行中的新情况、新问题，以狠抓季度经济运行监测分析、十大领域建设工程、“十件实事”和投资促进年活动为载体，健全完善产业监测体系，形成涵盖11大领域、100余家样本企业，包括14个团场及产业园区的监测网络。注重大宗工业产品价格趋势、重点项目进展等问题的分析研究，做好季度经济运行分析、产业经济运行监测、固定资产投资统计工作。及时制订应对措施，制定下发《师市首季“开门红”活动方案》《2014年重点项目推进工作方案》和《师市固定资产投资攻坚方案》，加强对重大问题的专题调研，组织开展现代服务业发展、“十三五”规划前期调研、参与丝绸之路经济带核心区建设等一系列调研工作，形成工作报告为领导决策提供参考。成立师市“十三五”规划编制领导小组，制订《师市“十三五”规划编制工作方案》，召开“十三五”规划编制启动会议，探索“三规合一”编制模式，广泛听取各方意见和建议，为形成“十三五”规划编制纲要奠定坚实基础。

【固定资产投资管理】 充分发挥投资对师市经济发展的拉动作用，持续抓好固定资产投资管理。下发《六师五家渠市2014年重点项目推进工作实施方案》和《六师五家渠市2014年“十件实事、惠民实事”工程推进工作实施方案》，将47个重点项目全部分解到分管师市领导和部门，落实项目责任人和项目推进目标。针对2014年投资首次出现下滑的问题，及时制订《师市固定资产投资攻坚方案》，实行周、月报制，定期召开项目协调推进会，投资下滑幅度得到遏制。积极谋划产业发展、基础设施、社会事业、改善民生等项目，落实各类国家资金7.2亿元。全年完成固定资产投资268.63亿元，比上年下降10.5%。

【产业结构调整】 培育新兴产业发展，除传统产业外，京能六师北塔山风电场99兆瓦、风阳新能源北塔山风电场99兆瓦和三峡新能源北塔山风电场99兆瓦风电项目完成投资13.15亿元，其中风阳新能源年底并网发电。根据六师五家渠市服务业发展指导意见，明确提出全师服务业发展重点和方向。恒大金碧天下、亚欧国际汽车城、海宁皮革城、金科家居建材市场、地王企业总部等项目建设顺利，有力推动师市产业结构调整。推进农业现代化建设，加快发展畜牧业和设施农业，构建特色林果产贮销一体化，扶持农业产业化龙头企业发展，加快农业结构调整。

【节能减排】 2014年，对师属年用能量1万吨标煤以上的15家企业开展节能目标现场核查和评价考核，完成兵团下达的万家企业节能量目标任务的245%。指导六师煤电、铝业、大黄山豫新煤业等企业完成能源审计工作，能源利用状况报告、能效对标活动开展顺利。引导企业组织申报5个资源节约和环境保护项目、节能技术改造等节能重点工程。引导新疆和仁能源服务公司等第三方中介机构参与合同能源管理项目。推广1.6万只LED节能灯、节能家电等高效节能产品。严格执行建筑节能标准，完成13万平方米既有建筑供热计量及节能改造。参与国家“循环经济十百千行动计划”，支持引导企业大力发展低碳经济和循环经济，实施循环经济试点工程，大黄山鸿基焦化被列为兵团级循环经济示范企业。六师煤电、梅花氨基酸等能源消耗高、污染排放大的行业，实施并推广产业循环经济模式。加快产业园区循环化改造，编制完成《五家渠经济技术开发区循环经济发展规划》，组织希普生物、光大山河、华春毛纺、正大食品等4家企业参加第三届中国国际循环经济成果交易博览会。

【扶贫开发和以工代赈】 2014年，完成4个边境贫困团场扶贫人口“建档立卡”工作，逐团逐连逐户摸清贫困人口的贫困程度、致贫原因、生产经营状况等，共有1 286户、4 028人作为贫困人口报请兵团进行建档立卡。落实资金1.72亿元，其中师市专项资金2 000万元、山西援疆资金5 153万元，用于边境贫困团场保障房、教育医疗、转移就业、基础设施、优势产业等方面的建设，提升边远团场基本公共服务水平和自我发展能力，促进区域均衡发展。投资1 460万（其中中央预算内资金1 250万元）实施以工代赈项目4个，重点对4个贫困团场小型农田水利、基本农田建设、中低产田改造等方面给予资金和项目支持；下达兵团扶贫奖励资金400万元，用于红旗农场、奇台农场发展畜牧养殖和基础设施建设；落实兴边富民项目5个共1 480万元，鼓励东线贫困团场为职工搭建发展畜牧养殖的平台，奠定产业发展基础。推进“双五千”工程。2014年招收安置各类劳动力1 700人，其中农村劳动力1 100人，大专院校毕业生500人，退役军人100人。

【粮食生产和流通管理】 2014年，

夏粮收购指导计划11万吨。共完成夏粮收购15.12万吨(其中中储粮收购6.07万吨,昌粮集团收购9.05万吨),完成计划任务的137.4%。按照国家粮食局在粮食行业安全生产领域开展安全生产大检查"百日行动"和粮食流通监督检查活动的部署,对粮食收购企业、粮油加工企业从储存设施、制度建设、操作规程等15个方面进行专项检查和全面排查,开展粮食加工产能专项调查和粮食流通专项检查。强化对政策性粮油购销活动的监测,对师市5家从事粮油储藏业务的企业进行摸底了解。

【保障和改善民生】 2014年,引导大田种植户向设施农业、畜牧业和二三产业转移,发展劳动密集型产业,鼓励职工自主创业,努力拓展职工就业创业渠道,开创职工多元增收新局面。优化教育结构,重点做好幼儿园基础设施、数字化校园、标准化操场、团场教师周转房建设,提高幼儿入学率和中小学数字化教学环境。推进卫生事业改革和发展,把提高职工群众健康素质作为改善民生的重要目标,实施师医院中医综合楼、高级中学数字化校园建设等,逐步改善职工群众就医就学环境。加快文化体育事业发展,发展公益性文化事业,加快完善公共文化服务体系,实施团场文化中心、五家渠电视台配套建设、改善师市文化设施条件。完善社会保障体系,实施社区服务中心、日间照料服务中心、团场殡仪服务站、团场综合档案馆、劳动就业服务平台建设。

【体制机制改革】 2014年,在全师市开展产业转移综合配套改革试点工作,起草完成《2014年度产业转移综合配套改革试点工作计划》,制定产业转移综合配套改革的年度目标和改革任务。围绕试点任务开展专题调研2次,理清试点改革思路,查找存在问题,协助制订解决方案,保障试点工作有序推进。开展棉花目标价格试点工作,制订《师市棉花目标价格改革试点工作实施方案》,牵头完成价格监测点的设置和价格信息采集工作,发放棉花目标价格改革政策宣传手册2.51万册。

【对口援疆】 通过援疆工作座谈会、领导小组成员单位通报会和"观摩'一对一'、亮晒成绩单"等援疆交流活动,使援疆工作机制不断加强。2014年安排12大项、21个援疆项目,计划总投资4亿元,其中山西援助资金1.58亿元,目前项目已全部完工,援助资金到位100%。与山西省委省政府就推动"就业、教育和人才"工作进行对接,初步确定坚持"三位一体"(就业、人才、教育)、两地统筹(援助地、受援地)、重点实施"五项工程"(飞地经济工程、文化传播工程、1+1深化工程、教育卫生惠民工程、城市化建设工程)的援疆工作思路。山西省专业技术援疆干部选派比例,由上一轮的6名增加至31名。师市学校409名15个学科教师到山西省"一对一"学校进行跟岗培训;落实并完成40个山西省普通高校定向师市招生指标;五家渠市7所直属学校、幼儿园、职业技术学校分别与山西省11所学校签订对口支援及合作办学的框架协议。一〇六团、土墩子农场、红旗农场、军户农场、奇台农场等从山西省结对地市引入58名医生、87名教师分赴各团场开展中长期的支医支教活动;一〇五团引入1.8万株苗圃栽培、晋善晋美服务公司物流项目,新湖农场引入光合有机肥生产项目。

【金融改革】 因地制宜推进金融体制改革,通过推动金融改革创新,出台活畜抵押贷款和土地承包经营权抵押贷款相关办法,有力地支撑农牧转型发展和职工多元增收。创新金融发展思路,充分依托边防派出所,在北塔山牧场设立金融网点。推动企业上市新三板,师市与券商签订新三板的企业已有3家,数量居兵团各师首位。

【价格监督】 加强对蔬菜、牛羊肉、蛋奶和建材价格的每周监测,组织开展农资、教育、医疗、涉企收费专项检查,全年共出动检查人员349人次,检查国家机关、企事业单位210家次,查出价格违法所得3.6万元,退还消费者2.1万元。全年共受理价格举报咨询25件,办结回复25件,退还消费者2万元。共受理各类价格鉴证业务205件,其中涉案案件170件,价格鉴证标的162万元;非涉案物品价格鉴证35件,价格鉴证标的36.35万元。认真做好涉案物品的价格鉴证工作,对参审的132个单位收费情况进行检查,年审率为100%。变更收费许可证项目32个,取消行政事业性收费金额100多万元,降低行政事业性收费金额5万多元;取消收费许可证年审管理费,2014年取消年审管理费50多万元。认真履行定价程序,做好价格审定。核定调整污水处理费、非居民天然气价格、出租车运价、线路车票价、城市供热价格和经济适用住房、廉租房和限价商品房等保障性住房价格和道路清障拖车、专用停车场收费标准。

【质量技术监督】 2014年,围绕兵师棉花目标价格改革试点工作,积极适应国家新的棉花公检改革要求,开展棉花仪器化公证检验工作。配合师市新品种棉花研发和培育工作,累计测试各类样品近3 000组。加强财务管理,制定《五家渠实验室废弃棉样管理办法》。严格加强特种设备检验,截至年底共检验各类特种设备2 405台,压力管道23.3千米,下发检验意见书40份,整改通知单350份,提出各类整改意见600余条。继续实行组织机构代码证网上年审,换发组织机构代码证102个,年检代码证121个。

【简政放权】 按照国家发改委项目审批简政放权的要求,规范项目审批程序,将项目备案权下放五家渠经济技术开发区、青湖生态经济开发区。按照师市党委要求,将备案相关事宜全部集中在行政审批服务中心受理,做到权力与监管同步。扩大行政审批权限下放范围,提出将项目备案、部分节能审批等审批权下放至新湖农场、一〇二团、一〇三团的方案,待师市批准同意后初步施行。完善工作制度,明确项目审批和项目备案时限,清理国家、自治区和兵团已经废止的行政审批事项,提高服务效率和项目审批质量。

【党的群众路线教育实践活动】 围绕“四风”方面存在的突出问题,深入开展学习讨论,先后召开四次全委大会进行学习讨论,通过学习坚定发改委党员干部的理想信念和党性修养。在广泛征求意见环节,发改委坚持开门搞活动,采取谈心、走访、问卷、座谈、设立群众意见箱等方式,扩大征求意见范围,拓宽听取意见渠道,先后发放征求意见表230余份,征求梳理出3个方面14项,其中涉及“四风”方面的意见建议11条。

【干部队伍建设】 2014年,组织参加各类培训6次,探索实现发改业务网上远程培训和数字化交流,全年召开委内专题学习会11期,外部培训13次。加强监督检查,坚决保障兵师党委重大决策部署的贯彻落实,做好重点工作的监督检查。完善监督检查机制,健全定期检查和专项检查制度,全年开展针对固定资产投资管理的各类专项检查9次。 (胡学文)

统 计

【概况】 2014年底,师统计局编制5人,在编4人,其中,领导2人,主任科员1人,科员1人。统计局下属参公事业单位六师社会经济调查队编制3人,在编3人,聘用2人,局长兼任社会经济调查队队长。国家统计局兵团第六师调查队编制6人,与师统计局共同办公,局长兼队长;在编4人,其中,副队长1名,主任科员1名,科员2名。局队现有高级会计师1人、高级统计师2人,中级统计师1人。

【统计报表及调查工作】 2014年,统计局开展的业务有全面报表、经常性抽样调查、临时性抽样调查、经济普查。

全面报表 18个专业:包括基本单位、国民经济核算、固定资产投资、农业、劳动与人口、工业、建筑业、房地产业、保障性住房、交通运输业、批发及零售业、住宿及餐饮、能源、科技、重点服务业、文化及相关产业。

经常性抽样调查 一体化住户调查450户(其中兵团调查样本150户,师调查样本300户)、农作物抽样调查(10个团场30个样本小区)、主要农产品中间消耗和生产价格调查、规模以下工业抽样调查、工业品价格调查24个单位、企业景气调查11个单位、服务业小微企业调查、采购经理调查。

社情民意调查 在党政机关、团场机关、企事业单位开展兵团职工群众安全感和对政法综治工作满意度调查,涉及7个连队、4个社区198个调查户。开展统计数据质量专项调查。加强妇儿监测统计工作,完成2013年度师市妇女儿童统计监测报告。

【经济普查工作】 六师经济普查工作基本完成,进入资料开发、表彰先进阶段。全师普查出单位2 368家,涉及87个行业。其中,法人1 556家，产业812家；个体户15 870户。五家渠市单位980家。其中，法人779家，产业201家；个体户5 798户。师市统计局先后参加自治区、兵团第三次全国经济普查重点研究课题招标申报工作。

【争先进位工作】 组织争先进位联席会议，通报2013年师、团排名情况，将兵团反馈的争先进位数据发送到师市争先进位领导小组成员单位和团场，逐项分析师市争先进位指标，按季度收集部门和团场数据。起草转发争先进位文件5份，撰写争先进位简报6期，对兵团争先进位工作提出合理化意见和建议2条，召开师市及团场争先进位工作会议2次。

【小康监测工作】 按照国家全面建成小康社会统计监测新方案，收集2013年小康监测指标体系所需39个指标数据，测算师市2000~2012年小康指数，形成小康监测报告。

【统计基层基础工作】 出台《六师关于加强基本单位名录库管理的通知》，对团场、经济技术开发区、街道、独立工矿区等单位，明确基本单位管理的任务，落实责任追究制。制定《六师五家渠市基本单位名录入库流程》，对入基本单位库、“四上”企业入库进行流程示意，明确基层单位、师市各专业的责任。

【统计分析与研究】 2014年，为自治区、兵团、师市党委、部门提供服务。全年撰写论文及分析86篇，其中，月度师市国民经济运行分析

2014年统计业务春季培训班。 （统计局）

16篇，专题分析5篇。从师市各单位征集论文26篇，向兵团第十七次统计论文研讨会投稿5篇。局队有2篇论文被兵团作为研讨会交流材料，其中1篇荣获兵团第十七次统计论文三等奖。“优化工业结构 提升工业产业发展水平”一文被选入2014年度兵团科学论文交流集，此篇论文与“房产企业入住走俏 一座新城拔地而起”等4篇一起被《新疆统计》2014年第4、第5期（总第184期、总第185期）收录。

【统计服务】 定期发布统计资料，对外公布统计成果。在五家渠政务网、《准噶尔时报》发布《六师五家渠市2013年国民经济和社会发展统计公报》。出版《2014年六师五家渠市统计年鉴》和《2014年六师五家渠市领导干部手册》。向师市领导、机关相关部门提供《六师五家渠市国民经济运行手册》13期、《统计资料信息》16期。上传自治区、兵团统计局及师政务网各类信息共306篇。师局10篇统计分析报告分别获得师长张顺帮，副师长董庆利、刘新跃、曾超，党委常委、副市长李金平和姜振东的批示。“抓机遇，调结构，促进师市经济社会健康稳定发展”一文得到师长张顺帮的批示，指出“该分析内容全面、分析透彻，提出的建议针对性强，符合师市发展实际”。其他师市领导也对各专业人员的分析给予肯定。

【统计宣传】 与宣传部联合制订宣传方案，对《全国经济普查条例》和《统计法》进行广泛宣传。各级普查单位印制宣传横幅、制作板报和经普简报、发放宣传手册和宣传画。《准噶尔时报》和五家渠市电视台、广播电台随时跟进，报道师市经济普查进展情况。9月19日，第五届“中国统计开放日”，以“统计为您服务”为主题，在全师开展宣传工作。发放宣传手册和资料，宣传统计知识。

【统计教育培训】 2014年，下发《关于印发2014年六师五家渠市

统计教育培训工作要点的通知》(师统发〔2014〕8号文件)。维护师市各单位《统计人员基本情况调查表》,完成统计从业资格考试电子档案信息管理。4月,在师党校举办统计业务培训班,各团场统计科和"四上"企业130人参加会议。举办6期师市统计继续教育培训班,全师599人参加继续教育培训,强化统计人员的统计基础知识与统计实务技能。师团两级共有12人参加10月份的中级师考试、3人参加助理统计师考试,其中,8人参加兵团举办的统计师继续教育培训班。师、团两级选派2人参加第三期统计干部赴成都提高班。师市统计局(队)、农牧团场、"四上"企业及联网直报服务业统计共597人,法人单位统计304人,非法人单位统计293人。汇总表显示:女性居多,408人,占总人数的68.3%;45岁及以下是中坚力量,405人,占总人数67.8%;文化程度较高,大专及以上学历534人,占总人数89.4%;统计新兵较多,从事统计工作5年及以下的251人,占总人数42%;有职称人数不少,但初级居多,有职称人数397人,占总人数66.5%,初级职称342人,占总人数57.3%;有从业资格证人数478人,占总人数80%。

【统计法制建设】 2014年,统计局、国家统计局六师调查队下发《六师统计局、国家统计局兵团六师调查队转发国家统计局关于印发加强和规范统计上弄虚作假案件查处工作的若干规定的通知》,开展2014年度统计执法大检查,从2014年8月开始至9月结束,按照自查、检查、抽查3个阶段推进。重点检查9个农牧团场、14个企业单位的统计台账、基层报表数据、文档整理。在统计执法检查中发现1起统计违法案件,立案查处,给予警告处分。

【统计援疆】 加强与对口援建的山西省统计局的交流和联系,学习山西省统计局的先进经验,在人才培养、信息化建设和改善基层办公条件上下功夫,争取援建资金10万元。

【扶贫帮困】 2014年,师市统计局看望人民路社区东城社区残疾人郭红斌,帮扶奇台农场一〇九社区因病离岗的原综合统计马红军,全年累计送去慰问金和礼品价值4 000元。　（徐　静）

审　计

【概况】 2014年,六师五家渠市审计局人员编制11人,在编11人,退休3人。领导职数3人。下属参公事业单位审计中心在编25人,领导职数7人,其中,11月17日,原副主任(副处级)杨再谋,调入审计局党组成员、副局长、纪检组长,兼师市审计中心主任;李娜从新湖农场调任审计中心副主任(副处级)。在编人员19人,缺编6人。退休1人,聘用驾驶员1人。

【审计成果】 2014年,计划审计项目86个,实际完成97个,完成计划的113%。查出问题金额23.45亿元,其中,违规金额1.77亿元,管理不规范金额21.68亿元,非金额计量问题224个,移送事项5个,移送处理金额94万元。提出审计建议153条,被采纳121条。是年,上报自治区审计厅AO审计项目,《巧用AO选目标,堵塞税收征管漏洞显奇效》《AO在百花村股份有限公司审计》荣获优秀奖。上报兵团审计局百花村股份有限公司1个审计项目,被评为兵团审计局优秀审计项目。

【国有监管企业资产负债损益审计】 2014年,师市审计局组织全体人员,分成审计组,分别对8个国有监管企业2013年资产负债损益及经营业绩目标情况进行审计。确认国有监管企业资产负债、损益的真实性、合法性及经营业绩完成情况,以促进国有监管企业深化改革,加强管理,健全内控制度,保证国有资产保值增值。

【五家渠市本级预算执行审计】 2014年,促进各项政策措施的落实,加强财政管理,提高财政资金使用效益为目标,对五家渠市财政局具体组织的2013年市本级预算执行及其他财政财务收支审计。抽审城建处等6个单位。审计结果表明,五家渠市财政预算执行总体情况较好,编制决算较真实地反映财政收支情况,但也存在政府性债务未纳入全口径预算管理,未建立债务风险预警机制;公共财政支付系统指标中,有部分项目支出预算未按照人大预算批复数下达,在各类款项中调剂安排或未安排;年初预算按预算编制精细化要求,未落实到部门和具体项目,向非预算单位拨款等需要改进的问题。8月28日，审计局向市第三届人民代表大会常务委员会作《五家渠市关于2013年度本级预算执行和其他财政收支的审计工作报告》，对上年审计发现的问题，进行落实整改，人大常委会审议通过审计工作报告。

【完成预算执行单位审计】 2014年，审计局对五家渠市预算执行、师市机关部局存量资金、"三公"经费、"小金库"清理进行审计和检查。既避免支出浪费，又避免闲置资金趴窝的浪费。在对残联进行审计时，发现部门领导利用手中的权力，采取套取资金等形式，谋取个人利益，移送司法机关处理，涉案人员2人，涉案金额94万元。

【上级审计机关安排的审计】 2014年，师市审计局重点关注惠民资金的收支、管理和效益。年初，按照兵团审计局统一要求，统筹部署完成14个农牧团场保障性住房审计。经过审计，2013年收到中央及兵团廉租房、棚户区改造、公共租赁补助资金70 741万元全部到位，全年计划完成保障性住房1 500套。审计发现部分团场存在资料档案不全、工程款支付手续不完整等问题，均已责令相关责任单位落实整改并将审计整改情况书面汇报审计局。

【农业综合开发审计】 2014年，师市审计局受财务局的委托，对新湖农场、芳草湖农场、奇台农场等7个农牧团场的农业综合开发资金进行审计。以资金走向为主线，对农业综合开发资金的真实性、合法性、效益性予以评价。审计结果表明，在农业综合开发资金的使用情况上，各团场能够结合实际，灵活掌握，能将该资金用对用好，充分发挥出其应有的效益。

【领导干部任期经济责任审计】 2014年，以规范部门(单位)预算管理及财务管理，提高财政资金使用效益为目标。以促使党政领导干部增强依法行政、依法履行职责的能力为目标，依据师市党委组织部的委托，加强与组织、纪检监察等部门的沟通协调，积极稳妥的安排实施经济责任审计。主要对一〇三团、一〇六团、共青团农场、六运湖农场2013年度资产负债损益及原任领导任期经济责任进行审计。通过审计，对领导干部任期内的工作实绩做出客观的评价，促进领导干部廉洁勤政、从源头上预防和治理了腐败，加强对权力的制约和监督。

【重大基本建设投资项目审计】 2014年，审计局完成10个大项总计32个项目的政府投资审计任务。其中包括：山西对口援疆项目5个，部分团场2013年轧花厂技改项目5个、国有监管企业项目2个，客运站工程项目2个，城镇基础设施建设项目8个，教育系统工程项目2个，农网改造项目3个，公路项目1个，公安武警建设项目2个，水利工程建设项目2个。审计工作重点关注建设项目的投资、资金管理、造价管理及交付使用固定资产管理情况，对建设项目的立项、可研、审批、设计、招投标、施工、监理、概预算、工程结算和资金使用的全过程实施审计。截至12月底，以出具审计报告32份，项目投资额14.05亿元，审定总投资14.18万元，核减工程投资8 550万元，平均核减率3.12%，查出违规事项135条。

【开展优秀项目评选活动】 2014年，师市审计局成立优秀审计项目评选小组，对2013年度出具的80份审计报告，评选出优秀项目3个，表彰项目2个。评选出优秀审计人员一等奖4名，二等奖5名，三等奖4名。同时，还对团场债务审计调查和保障性安居工程审计评出单项先进个人。

【师市领导交办的审计】 2014年，审计(调查)项目：青格达投资有限公司资产负债损益审计；师机关固定资产管理情况清查；五家渠鑫泰燃气公司燃气补贴情况调查；国家审计署关于稳增长、调结构、惠民生政策措施落实情况跟踪审计调查；六师引额灌区改造配套与节水项目——甘河子水库工程项目跟踪审计；奇台(中心)团场2010年集约化养猪沼气工程竣工决算审计；一〇六团轧花厂改建项目竣工决算项目审计；军户农场学校实验楼抗震加固项目竣工决算审计；五家渠高级中学标准化运动场建设项目竣工决算审计；青湖尚城1号商铺地下一层停车场工程结算审计、拆迁补偿资金使用审计调查等。

【党风廉政建设】 2014年，师市审计局党组成立廉政风险防控工作

国资委党委书记沈云锋与监管企业代表签订党风廉政建设责任书。（周　雁）

领导小组，重点加强任务分工和责任分解，形成一把手亲自抓，分管领导具体抓，班子成员分工负责，党政齐抓共管，多方联动，上下协同，全员参与的廉政风险防控工作领导体制和工作机制，为廉政风险防控工作的顺利推进提供有力组织保障。制度落实，用制度管人管事。在以2012年制定的《关于印发〈六师五家渠市审计局廉政风险点防控管理实施细则（试行）〉的通知》等一系列文件的基础上，以党的群众路线教育活动为契机，建立健全内部管理制度，制订出台《第六师五家渠市审计机关行政管理制度》《六师审计局、审计中心人员工作量化考核办法》等制度，规范审计人员行为，提高工作效率，提高审计人员工作积极性、主动性。

【抓绩效目标考核】 2014年，制订出台《2014年度绩效考核逐级量化分解检查考评办法》的通知，并按照“定岗定人定责”的原则，制定绩效管理指标体系及责任分解，内容包括考核内容、分值、责任科室、责任人、分管领导，并层层分解目标责任。做到用制度规范各项工作、用绩效激励审计人员。绩效考核评估采用指标考核、公众评议和察访核验相结合的方法，把考核工作落实到日常工作中，提升审计人员的执行力。将考核结果与年终评选优挂钩，作为年度评优考核的重要依据。

【抓党建工作】 2014年，审计局对党支部委员进行换届选举。完善支部相关制度，推进支部工作规范化、制度化建设。召开局支委会4次，党员大会5次，党组会26次，上党课3次，开展党的活动3次。转正1名预备党员，培养积极分子2名，全体在岗党员完成干部网上在线学习和普法考试，按时收缴党费，并将收取的党费上墙张榜公布，接受审计系统人员监督。七一期间，组织全体审计人员奔赴挂钩团场芳草湖农场丹坂社区二连，帮助贫困职工棉花打顶1天，力所能及地帮助职工解决实际困难。召开本局退休老干部、老党员及工作人员座谈会，共征求到意见和建议527条，梳理党组班子18条，班子成员108条。局党组制订出台《审计局行政管理制度》等。活动期间，审计局向师市政务网投稿40余篇，被师市政府网采纳稿件30余篇，被兵团网转载10余篇。同时，还组织全体审计人员到挂钩联系点帮助职工棉花打顶1天。

【全面推行审计信息化】 2014年，为配合审计署金审工程的推行，逐步实现行政办公无纸化、审计工作数字化和审计管理信息化，审计局不断完善中心机房设备，更新改造计算机网络，全面完成金审工程网络平台、应用系统和信息安全建设，保障信息系统的安全稳定运行；按规定购置16台台式电脑，同时，为每台电脑安装外置硬盘和物理隔离卡，既满足审计系统内部需要，又能满足接入互联网的需要。为金审工程网络平台运行流畅，审计局聘请专家进行为期2天的授课。对外，实现和兵团审计局资源共享，对内，实现公文流转无纸化办公。（丁梅华）

国有资产管理

【概况】 2014年，全师资产规模达326.33亿元，同比增长13.66%，负债总额273.59亿元，同比增长14.43%。资产负债率83.84 %，比上年增长0.56个百分点。所有者权益52.74亿元，同比增长9.83%；累计实现营业收入83.10亿元，同比下降2.04%；盈利1.73亿元，同比减盈2.54亿元。2014年12月末，国资监管企业资产总额196.34亿元，同比增长13.23%；负债总额165.36亿元，同比增长18.03%；所有者权益30.98亿元，同比下降6.97%；全年实现营业收入38.69亿元，同比增长31.13%；亏损2.48万元，同比增亏3.49万元。

【经济布局和企业改革发展】 2014年，并购重组，推进城市化进程。青投公司并购商服企业，完成中山国际通讯市场的整体布局调整，新疆国际大巴扎资产和人员的移交，对乌市环球酒店、中和酒店的合作谈判，并进入合作前期的运营监管阶段。城投公司充分整合资源，拓展土地收储和开发、基础设施建设、房地产开发、园林绿化、融资租赁、物业管理等方面的新业务，努力打造具有综合实力的投融资项目平台；加快中小企业改制重组工作。国资公司加快鸿源勘探公司与恒通公司业务推进，对多处实地考察，完成进出口公司股权退出；面对低水平、小规模私营滴管带生产作坊式企业在师市区域扩增，造成滴管带产能过剩，无序竞争的市场环境，方兴塑化公司采取资产租赁的方式积极推进企业转型，现已完成对外承包租赁，正积极依法合规办理职工安置补偿等相关工作。将军府消防结算及将军府酒店已租赁资产未办手续资产的签字确认、资产清理、盘点、报损和华联公司清算补偿等工作。在师市总体部署下，完成中基的重整工作。

【融资平台建设】 国资系统全年融入资金近60亿元，国资公司完成鸿银小贷公司注册，累计发放贷款近亿元，国资公司、城投公司、农投公司成立的小贷、典当公司成为今年新的利润增长点。针对近几年短贷长投所产生的金融风险，今年重点加强对财务的风险管控。严控对外担保，回收应收账款，降低资产负债率。国资公司加强富强担保公司担保贷款风险防控，及时回收担保贷款，尝试诉讼保全担保新业务。针对新中基资产重组进展缓慢、债务企业久欠公司应收账款巨大且不按期归还及逾期不还，导致资产负债率偏高，影响公司融资平台建设等问题，对多次不良信用记录的债务企业并纳入师黑名单管理，进行多次下企业面对面的约谈，计划进行信用息罚和诉讼保全。推行非生产性经营预算和推进国有资本经营预算制度，严防国有资产流失，确保国有资产安全。全面推行预算管理“三级审核”制度和内部审计追踪监督落实制度。

【国资监管】 加强企业财务预算管理、决算管理和风险管控，按月对企业运行情况进行统计分析，提出风险警示事项。强化经营业绩考核激励约束。完成2013年度国资监管企业负责人经营业绩考评和绩效兑现，提出和下达2014年度企业经营业绩目标并签订业绩合同。完善和规范产权交易。建立国家出资企业产权登记管理平台，由过去的纸质报送年检制改为现在的网络申报审批制，便于及时准确了解细化产权交易规则，加强网络竞价体系建设，努力打造产权交易阳光平台。共完成国有资产评估备案项目3个，其中2个是国有资产评估项目、1个非国有资产评估备案项目。指导团场国有资产投资体制改革。配合团场体制改革领导小组，研究团场经营性国有资产监管体系建设和管理办法，推进团场体制改革工作。

【历史遗留问题】 面向企业、团场做好监管协调、支持、服务工作，着力提高监管效率，做到急事急办，特事特办，发挥职能作用，积极帮助监管企业协调解决生产经营中的矛盾和困难。主要是针对团场投融资管理、资产和产权转让中遇到的问题，及时依法、依规、有据地给予解决，不能办理提出合理化的建议；积极协调处理印刷厂、华新公司皮革厂历史遗留问题；按照国家、自治区有关政策规定，牵头组织开展好妥善解决国有企业职教、幼教退休教师待遇问题工作，着力把事关民生的改革事情做实做好。

【国有资产产权分布情况】 按照监管关系划分：国资监管企业9户（新疆生产建设兵团第六师国有资产经营有限责任公司、新疆百花村股份有限公司、新疆青格达生态区投资开发集团有限公司、新疆新农现代投资发展有限公司、五家渠城市建设投资经营有限公司、新疆生产建设兵团第六师棉麻公司、五家渠鸿达热力公司、新疆准噶尔物资公司、新疆生产建设兵团农六师供销合作公司），另兵团委托六师托管1户（新疆中基实业股份有限公司）。具体详见《2014年六师所属团场及国有企业产权登记表》《2014年六师所属团场及国有企业产权分布图》。

【国有企业党的建设】　通过在国有企业扎实开展党的群众路线教育实践活动，取得较好的实效，党委班子民主集中制和落实“三重一大”集体决策方面、会议过多方面、企业机关面向基层服务质量和水平方面、“三公”经费开支方面、公车使用和办公用房超面积方面以及企业机关干部工作纪律执行方面。各企业通过集中专项整治“三公”经费开支明显下降，同期下降32.85%；办公室超标问题已全部整改，清理办公超标面积312平方米；企业机关干部作风整治收到显著效果，建立服务承诺15项；单一专项会议转向综合性会议，取消单一会议57个，减少文件各项通知印发数量1 325份；压缩评比活动13个，合并和减少各类领导小组和议事协调机构35个；完善落实“三重一大”制度配套措施，建立完善11项配套制度。　　（周　雁）

2014年六师所属团场及国有企业产权登记表

单位：万元

企业名称	企业类别	组织形式	企业级次	国家出资企业申报数	国有全资法人出资企业申报数	国有绝对控股法人出资企业申报数	国有实际控制法人出资企业申报数	其他企业申报数
新疆生产建设兵团第六师一〇一团	国有全资企业	全民所有制企业	1级	5 000	0	0	0	0
新疆潜水泵厂	国有全资企业	全民所有制企业	2级	0	903	0	0	0
新疆生产建设兵团农六师一〇一团运输队	国有全资企业	全民所有制企业	2级	0	71	0	0	0
新疆五家渠食品公司	国有全资企业	全民所有制企业	2级	0	322	0	0	0
新疆兵团农六师一〇一团供销服务站	国有全资企业	全民所有制企业	2级	0	50	0	0	0
新疆金果葡萄产业发展有限公司	国有全资企业	有限责任公司	2级	0	300	0	0	0
新疆五家渠华亿资产经营投资有限责任公司	国有全资企业	有限责任公司	2级	0	10 170	0	0	0
新疆青湖晋高投资开发有限公司	国有绝对控股企业	有限责任公司	3级	0	2 100	400	0	0
新疆青格达华盛市政园林工程有限公司	国有绝对控股企业	有限责任公司	3级	0	600	400	0	0
五家渠军垦绿茵苗木有限公司	国有绝对控股企业	有限责任公司	4级	0	0	300	0	0
新疆华实农业科技有限公司	国有全资企业	有限责任公司	3级	0	150	0	0	0
五家渠新潜泵业有限公司	国有绝对控股企业	有限责任公司	3级	0	700	0	0	41
新疆五家渠双渠蔬菜果品有限公司	国有实际控制企业	有限责任公司	3级	0	0	0	36	64
五家渠一〇一团鸿翔物业服务中心	国有全资企业	全民所有制企业	2级	50	0	0	0	0
五家渠市龙河节水灌溉有限责任公司	国有参股企业	有限责任公司	2级	0	40	0	0	160

续表

企业名称	企业类别	组织形式	企业级次	国家出资企业申报数	国有全资法人出资企业申报数	国有绝对控股法人出资企业申报数	国有实际控制法人出资企业申报数	其他企业申报数
新疆农鑫园商贸有限公司	国有参股企业	有限责任公司	2级	0	4	0	0	23
新疆生产建设兵团农业建设第六师一〇二团	国有全资企业	全民所有制企业	1级	2 896	0	0	0	0
新疆梧桐种苗公司	国有全资企业	一人有限责任公司	2级	0	500	0	0	0
五家渠梧桐新华书店	国有全资企业	全民所有制企业	2级	0	7	0	0	0
新疆生产建设兵团农六师一〇二团供销公司	国有全资企业	全民所有制企业	2级	0	118	0	0	0
新疆五家渠梧桐资产经营投资有限责任公司	国有全资企业	有限责任公司	2级	0	1 500	0	0	0
五家渠梧桐城镇投资经营有限公司	国有绝对控股企业	有限责任公司	2级	0	1 000	0	0	0
五家渠梧桐建筑安装工程公司	国有全资企业	有限责任公司	2级	0	63	0	0	0
五家渠梧桐变电所	国有全资企业	全民所有制企业	2级	0	133	0	0	0
新疆生产建设兵团第六师一〇三团	国有全资企业	全民所有制企业	1级	5 491	0	0	0	0
新疆五家渠蔡家湖国有资产投资经营有限公司	国有全资企业	有限责任公司	2级	0	1 500	0	0	0
五家渠市蔡家湖变电所	国有全资企业	全民所有制企业	2级	0	20	0	0	0
新疆生产建设兵团农业建设第六师一〇五团	国有全资企业	全民所有制企业	1级	5 767	0	0	0	0
新疆兴枣园资产经营投资有限责任公司	国有全资企业	有限责任公司	2级	0	1 000	0	0	0
新疆生产建设兵团第六师一〇六团	国有全资企业	全民所有制企业	1级	4 096	0	0	0	0
一〇六团金桥资产投资经营有限公司	国有全资企业	有限责任公司	2级	0	1 000	0	0	0
新疆生产建设兵团第六师芳草湖农场	国有全资企业	全民所有制企业	1级	7 456	0	0	0	0
新疆芳草湖机械厂	国有全资企业	全民所有制企业	2级	0	89	0	0	0
新疆兵团农六师芳草湖总场供销合作公司	国有全资企业	全民所有制企业	2级	0	158	0	0	0
新疆芳草湖兴芳资产经营投资有限公司	国有全资企业	有限责任公司	2级	0	5 000	0	0	0

续表

企业名称	企业类别	组织形式	企业级次	国家出资企业申报数	国有全资法人出资企业申报数	国有绝对控股法人出资企业申报数	国有实际控制法人出资企业申报数	其他企业申报数
呼图壁县芳草湖盛达物业服务有限责任公司	国有全资企业	有限责任公司	3级	0	50	0	0	0
新疆银海建设有限责任公司	国有参股企业	有限责任公司	3级	0	250	0	0	750
新疆生产建设兵团农业建设第六师芳草湖一场	国有全资企业	全民所有制企业	2级	0	250	0	0	0
新疆生产建设兵团农业建设第六师芳草湖二场	国有全资企业	全民所有制企业	2级	0	476	0	0	0
新疆生产建设兵团农业建设第六师芳草湖三场	国有全资企业	全民所有制企业	2级	0	282	0	0	0
新疆生产建设兵团农业建设第六师芳草湖四场	国有全资企业	全民所有制企业	2级	0	399	0	0	0
新疆生产建设兵团农业建设第六师芳草湖五场	国有全资企业	全民所有制企业	2级	0	667	0	0	0
新疆生产建设兵团农业建设第六师芳草湖六场	国有全资企业	全民所有制企业	2级	0	182	0	0	0
呼图壁芳草湖滴灌液体肥料厂	国有全资企业	全民所有制企业	2级	0	150	0	0	0
新疆生产建设兵团农六师芳草湖天汇房地产开发有限责任公司	国有绝对控股企业	有限责任公司	2级	0	784	0	0	16
新疆芳草湖益民塑料化工有限公司	国有绝对控股企业	有限责任公司	2级	0	438	0	0	155
新疆生产建设兵团农六师新湖农场	国有全资企业	全民所有制企业	1级	9 529	0	0	0	0
新疆新湖晨光农业发展有限责任公司	国有全资企业	有限责任公司	2级	0	5 000	0	0	0
新疆新湖新晨资产经营投资有限责任公司	国有全资企业	有限责任公司	2级	0	5 000	0	0	0
新湖总场绿蕾综合加工有限责任公司	国有全资企业	有限责任公司	3级	0	402	0	0	0
新湖百迪塑料制品有限责任公司	国有全资企业	有限责任公司	3级	0	284	0	0	0
玛纳斯县新湖聚辉包装有限公司	国有参股企业	有限责任公司	3级	0	30	0	0	90

续表

企业名称	企业类别	组织形式	企业级次	国家出资企业申报数	国有全资法人出资企业申报数	国有绝对控股法人出资企业申报数	国有实际控制法人出资企业申报数	其他企业申报数
新疆天佑农业科技发展有限公司	国有参股企业	有限责任公司	3级	0	120	0	0	880
玛纳斯县新湖农场鼎盛农业有限责任公司	国有绝对控股企业	有限责任公司	3级	0	125	140	0	35
新疆天湖节水设备有限责任公司	国有全资企业	有限责任公司	3级	0	300	0	0	0
新湖农场物资供应中心	国有全资企业	全民所有制企业	3级	0	239	0	0	0
新疆兵团农六师新湖镇社区管理服务中心	国有全资企业	有限责任公司	3级	0	335	0	0	0
玛纳斯新湖新振热力有限公司	国有全资企业	有限责任公司	3级	0	100	0	0	0
玛纳斯新湖兴达建筑安装工程有限责任公司	国有参股企业	有限责任公司	3级	0	76	0	0	632
玛纳斯县新湖天信商混有限责任公司	国有参股企业	有限责任公司	4级	0	240	0	610	350
新疆生产建设兵团农六师新湖农场一场	国有全资企业	全民所有制企业	2级	0	664	0	0	0
新疆生产建设兵团农六师新湖农场二场	国有全资企业	全民所有制企业	2级	0	668	0	0	0
新疆生产建设兵团农六师新湖农场三场	国有全资企业	全民所有制企业	2级	0	683	0	0	0
新疆生产建设兵团农六师新湖农场四场	国有全资企业	全民所有制企业	2级	0	928	0	0	0
新疆生产建设兵团农六师新湖农场六场	国有全资企业	全民所有制企业	2级	0	324	0	0	0
新疆生产建设兵团农六师新湖农场七场	国有全资企业	全民所有制企业	2级	0	431	0	0	0
新疆生产建设兵团农六师新湖农场水管处	国有全资企业	全民所有制企业	2级	0	353	0	0	0
新疆生产建设兵团第六师军户农场	国有全资企业	全民所有制企业	1级	1 404	0	0	0	0
新疆永发资产投资经营有限公司	国有全资企业	有限责任公司	2级	0	1 500	0	0	0
新疆生产建设兵团农六师共青团农场	国有全资企业	全民所有制企业	1级	3 352	0	0	0	0

续表

企业名称	企业类别	组织形式	企业级次	国家出资企业申报数	国有全资法人出资企业申报数	国有绝对控股法人出资企业申报数	国有实际控制法人出资企业申报数	其他企业申报数
新疆兵团农六师共青团农场经销公司	国有全资企业	全民所有制企业	2级	0	20	0	0	0
五家渠市现代农业发展有限责任公司	国有全资企业	有限责任公司	2级	0	6 000	0	0	0
农六师共青团农场综合加工厂	国有全资企业	全民所有制企业	2级	0	30	0	0	0
新疆生产建设兵团农六师六运湖农场	国有全资企业	全民所有制企业	1级	640	0	0	0	0
新疆阜康市六运湖供销贸易公	国有全资企业	全民所有制企业	2级	0	59	0	0	0
新疆生产建设兵团第六师土墩子农场	国有全资企业	全民所有制企业	1级	2 566	0	0	0	0
新疆绿源食品有限公司	国有全资企业	有限责任公司	2级	0	40	0	0	0
新疆鑫烽资产投资管理有限责任公司	国有全资企业	有限责任公司	2级	0	1 000	0	0	0
新疆生产建设兵团农业建设第六师红旗农场	国有全资企业	全民所有制企业	1级	3 987	0	0	0	0
新疆生产建设兵团农六师红旗农场供电所	国有全资企业	全民所有制企业	2级	0	80	0	0	0
新疆兵团农六师奇台中心农场	国有全资企业	全民所有制企业	1级	14 548	0	0	0	0
新疆田奇农业科技有限责任公司	国有全资企业	有限责任公司	2级	0	1 000	0	0	0
农六师一〇八团供销贸易总公司	国有全资企业	全民所有制企业	2级	0	94	0	0	0
新疆生产建设兵团农六师一一〇供销公司	国有全资企业	全民所有制企业	2级	0	100	0	0	0
新疆裕丰建设有限公司	国有参股企业	有限责任公司	2级	0	400	0	0	1 600
奇台农场泰通农业科技有限公司	国有参股企业	有限责任公司	2级	0	50	0	0	450
新疆大奇国有资产投资有限公司	国有全资企业	有限责任公司	2级	0	1 000	0	0	0
农六师奇台垦区电力公司	国有全资企业	全民所有制企业	2级	0	301	0	0	0
奇台总场农业生产资料供应站	国有全资企业	全民所有制企业	2级	0	68	0	0	0
新疆生产建设兵团农六师北塔山牧场	国有全资企业	全民所有制企业	1级	201	0	0	0	0

续表

企业名称	企业类别	组织形式	企业级次	国家出资企业申报数	国有全资法人出资企业申报数	国有绝对控股法人出资企业申报数	国有实际控制法人出资企业申报数	其他企业申报数
农六师北塔山牧场煤矿	国有全资企业	全民所有制企业	2级	0	10	0	0	0
新疆生产建设兵团第六师水利管理处	国有全资企业	全民所有制企业	1级	1 600	0	0	0	0
五家渠青格达湖旅游公司	国有全资企业	有限责任公司	2级	0	25	0	0	0
新疆新农现代投资发展有限公司	国有全资企业	有限责任公司	2级	0	3 000	0	0	0
新疆盛源种业有限责任公司	国有绝对控股企业	有限责任公司	3级	0	910	0	0	680
新疆唐庭霞露酒庄有限公司	国有绝对控股企业	有限责任公司	3级	0	1 128	0	0	830
日发新西域五家渠牧业有限公司	国有参股企业	有限责任公司	3级	0	3 000	0	0	7 000
五家渠水利水务资产经营发展有限公司	国有全资企业	有限责任公司	3级	0	3 000	0	0	0
五家渠市融信小额贷款有限公司	国有绝对控股企业	有限责任公司	3级	0	3 100	500	0	1 400
五家渠新薯种业有限公司	国有绝对控股企业	有限责任公司	3级	0	390	60	0	150
五家渠新农现代农资有限公司	国有全资企业	有限责任公司	3级	0	600	0	0	0
新疆准噶尔银丰农机装备有限公司	国有绝对控股企业	有限责任公司	3级	0	990	1 010	0	0
五家渠市锦禾农业有限责任公司	国有全资企业	有限责任公司	3级	0	120	0	0	0
新疆兵农园果蔬有限公司	国有实际控制企业	有限责任公司	3级	0	68	0	0	132
农六师国有资产经营有限责任公司	国有全资企业	有限责任公司	1级	198 128	0	0	0	0
新疆中基实业股份有限公司	国有实际控制企业	股份有限公司（上市）	2级	0	35 555	0	0	41 573
乌鲁木齐园中苑生态酒店有限责任公司	国有实际控制企业	有限责任公司	3级	0	0	0	100	0
新疆中基番茄制品有限责任公司	国有绝对控股企业	有限责任公司	3级	0	3 370	0	40 466	0
天津中辰制罐有限公司	国有实际控制企业	有限责任公司	3级	0	0	0	15 500	0

续表

企业名称	企业类别	组织形式	企业级次	国家出资企业申报数	国有全资法人出资企业申报数	国有绝对控股法人出资企业申报数	国有实际控制法人出资企业申报数	其他企业申报数
天津中辰番茄制品有限公司	国有绝对控股企业	中外合资企业	3级	0	1 325	0	9 768	3 707
五家渠中基番茄制品有限责任公司	国有参股企业	有限责任公司	3级	0	0	0	97 451	0
新疆中基天然植物纯化高新技术研究院有限公司	国有实际控制企业	有限责任公司	3级	0	0	0	3 000	0
新疆青格达生态区投资开发集团有限公司	国有绝对控股企业	有限责任公司	2级	0	3 000	0	0	2 000
五家渠青格达昆仑工程管理有限公司	国有参股企业	有限责任公司	4级	0	0	40	0	60
新疆青投文化发展有限公司	国有绝对控股企业	有限责任公司	3级	0	0	3 000	0	0
新疆青投广告传媒有限公司	国有实际控制企业	有限责任公司	4级	0	0	500	0	0
五家渠青格达物业服务有限公司	国有绝对控股企业	有限责任公司	3级	0	0	50	0	0
乌鲁木齐青格达置业有限公司	国有绝对控股企业	有限责任公司	3级	0	0	50	0	0
新疆青格达建筑安装工程有限公司	国有绝对控股企业	有限责任公司	4级	0	0	1 000	0	0
新疆天新房地产开发有限公司	国有绝对控股企业	有限责任公司	3级	0	980	1 020	0	0
新疆青格达文化旅游有限公司	国有实际控制企业	有限责任公司	3级	0	0	3 000	0	2 000
新疆一万泉旅游文化产业发展有限公司	国有绝对控股企业	有限责任公司	4级	0	300	700	0	0
新疆国际大巴扎文化旅游产业有限公司	国有参股企业	有限责任公司	4级	0	0	15 867	0	6 800
新疆中山国际贸易有限责任公司	国有绝对控股企业	有限责任公司	3级	0	0	5 322	0	3 548
新疆西部准噶尔牧业股份有限公司	国有参股企业	股份有限公司	2级	0	4 740	3 860	0	0
新疆鸿源勘探开发有限公司	国有全资企业	有限责任公司	2级	0	5 000	0	0	0
五家渠市大地房地产开发有限公司	国有参股企业	有限责任公司	2级	0	214	0	0	320

续表

企业名称	企业类别	组织形式	企业级次	国家出资企业申报数	国有全资法人出资企业申报数	国有绝对控股法人出资企业申报数	国有实际控制法人出资企业申报数	其他企业申报数
五家渠新建旅客运输有限责任公司	国有全资企业	有限责任公司	2级	0	200	0	0	0
五家渠国民村镇银行有限责任公司	国有参股企业	有限责任公司	2级	0	700	420	0	5 580
中煤能源新疆天山煤电有限责任公司	国有参股企业	有限责任公司	2级	0	24 000	0	0	0
新疆五家渠顺通城市公交有限责任公司	国有全资企业	有限责任公司	2级	0	414	0	0	0
新疆百花村股份有限公司	国有实际控制企业	股份有限公司（上市）	2级	0	19 340	0	0	7 544
新疆大黄山豫新煤业有限责任公司	国有实际控制企业	有限责任公司	3级	0	10 718	0	11 155	0
新疆大黄山鸿基焦化有限责任公司	国有实际控制企业	有限责任公司	3级	0	15 405	0	30 000	0
新疆天然物产贸易有限公司	国有实际控制企业	有限责任公司	3级	0	0	0	3 000	0
新疆百花恒星房地产开发有限公司	国有实际控制企业	有限责任公司	3级	0	0	0	510	490
新疆百花村餐饮发展有限公司	国有实际控制企业	有限责任公司	3级	0	0	0	272	91
新疆百花村软件园发展有限公司	国有实际控制企业	有限责任公司	3级	0	0	0	900	300
新疆百花村数码影像技术有限公司	国有实际控制企业	有限责任公司	3级	0	0	0	270	30
新疆准噶尔农业生产资料有限责任公司	国有绝对控股企业	有限责任公司	2级	0	1 676	0	0	587
呼图壁县芳草湖准噶尔农资有限公司	国有绝对控股企业	有限责任公司	3级	0	46	61	0	13
奇台县准噶尔农资有限公司	国有绝对控股企业	有限责任公司	3级	0	70	74	0	16
阿克苏准噶尔农业生产资料有限责任公司	国有绝对控股企业	有限责任公司	3级	0	0	50	0	0
五家渠市嘉禾科技开发有限责任公司	国有绝对控股企业	有限责任公司	3级	0	60	450	0	25
五家渠诚信融资担保有限公司	国有全资企业	有限责任公司	2级	0	5 651	0	0	0
新疆天鹅棉机械制造有限公司	国有参股企业	有限责任公司	2级	0	190	0	0	210

续表

企业名称	企业类别	组织形式	企业级次	国家出资企业申报数	国有全资法人出资企业申报数	国有绝对控股法人出资企业申报数	国有实际控制法人出资企业申报数	其他企业申报数
五家渠市富强中小企业融资担保有限公司	国有绝对控股企业	有限责任公司	2级	0	9 700	180	0	120
新疆方兴塑化有限责任公司	国有绝对控股企业	有限责任公司	2级	0	2 358	0	0	197
新疆生产建设兵团第六师棉麻公司	国有全资企业	全民所有制企业	2级	0	3 330	0	0	0
新疆五家渠城市建设投资经营有限公司	国有全资企业	有限责任公司	1级	16 886	0	0	0	0
五家渠市龙河污水处理有限公司	国有全资企业	有限责任公司	3级	0	50	0	0	0
五家渠市城融小额贷款有限公司	国有绝对控股企业	有限责任公司	2级	0	5 100	0	0	900
五家渠城和典当有限公司	国有绝对控股企业	有限责任公司	2级	0	3 760	0	0	240
五家渠城兴建材有限公司	国有全资企业	有限责任公司	3级	0	500	0	0	0
新疆城创市政园林工程有限公司	国有实际控制企业	有限责任公司	3级	0	590	0	0	565
五家渠市自来水公司	国有全资企业	事业单位	2级	0	1 476	0	0	0
新疆万达有限公司	国有绝对控股企业	有限责任公司	2级	0	1 161	0	430	559
五家渠市城建房地产开发有限公司	国有绝对控股企业	有限责任公司	2级	0	1 530	0	0	1 470
五家渠市鸿达热力有限公司	国有全资企业	有限责任公司	2级	0	7 610	0	0	0
新疆准噶尔物资公司	国有全资企业	全民所有制企业	1级	1 524	0	0	0	0

（周　雁）

国有资产经营有限责任公司

【概况】 国有资产经营有限责任公司(以下简称国资公司)党委书记、董事长马波,党委副书记、总经理王道君,党委委员、专职副书记、监事会主席肖安成,党委委员、副总经理乔新平,纪委书记、工会主席宋非(女),党委委员、副总经理吴治周、李润。2014年,纳入国资公司全年报表范围子公司12户,全年实现营业总收入31.93亿元,同比减少16.84亿元,减幅34.52%;利润总额2.37亿元,同比增加0.39亿元,增幅19.69%;净利润8 555万亿元,同比减少1 803万元,减幅17.4%。

【国资委下达考核指标完成情况】 2014年,师国资委下达国资公司管理费用考核指标860万元(不含无形资产摊销额和融资费用),全年支出1 488万元,剔除无形资产摊销536万元,融资费用119万元,实际支出833万元,完成考核指标

860万元的97.7%。师国资委下达国资公司国有及国有控股企业投资收益考核指标150万元(剔除预算外政府补助),4户监管企业实现投资收益579万元,完成考核指标的386%。师国资委下达国资公司其他应收款核定金额8 000万元,已收回8 042万元,完成回收指标100.5%。

【融资担保工作】 2014年,国资公司融入资金29.01亿元,其中银行短期借款26.01亿元、长期借款3亿元。有序完成还贷、错时倒贷、提供流动资金的工作。为各类企业提供担保总额50.3亿元,担保余额39.8亿元。

【党委班子思想作风建设】 2014年,国资公司党委围绕开展党的群众路线教育实践活动,不断加强班子思想政治建设。坚决做到坚定政治立场。在思想上、行动上始终与党中央和兵师党委保持高度一致,立场坚定,旗帜鲜明地拥护党中央的决定,扎实履行兵团职责使命,坚定不移地维护民族团结。加强党性锻炼。全年组织召开20次党委中心组(扩大)会议,重点学习党的十八大,十八届三中、四中全会和师市党委十届四次全委(扩大)等重要会议精神以及习总书记在兰考讲话精神和焦裕禄等重点学习篇目,对照"四风"认真撰写班子和成员党性分析材料7篇,力求政治理论武装头脑,不断增强党性素养和改革创新的决心。认真贯彻落实公司"三重一大"决策实施规定,全年共召开党委会17次,按照党委"集体领导、民主集中、个别酝酿、会议决定"的原则,对公司86项"三重一大"事项民主决策,杜绝一言堂,形成党委会纪要、季度工作会议纪要15份。在开展党的群众路线教育实践活动中,2位主要领导率先垂范,建立良好的沟通机制。班子成员勇于开展批评与自我批评,积极开展谈心,营造坦诚相待、补位不拆台、相互支持、相互协作、精诚团结、努力工作的和谐氛围。领导班子成员和本部工作人员下基层企业指导、调研达72人次,帮助企业解决各类实际问题18件,为困难员工解决实际问题6件,解决员工集体反映的重大问题3件,班子成员撰写专题调研报告7篇。高度重视信访问题,积极配合、处理200余名华联公司职工拆迁赔偿问题,采取有效措施预防天山煤电公司民工集体信访问题,积极处理原商贸公司在企业改制中遗留问题和大地公司诉讼遗留问题,党委始终把防范重大信访隐患的作为重点工作。开展班子成员与困难职工结对子帮扶活动,发放爱心联系卡55张。开展廉政摄影作品展,征集作品50幅。组织广大党员干部观看警示教育片6部,教育党员干部引以为戒、防微杜渐,提高拒腐防变的能力。

【党的群众路线教育实践活动】 2014年,撰写并多次修订班子对照"四风"分析检查材料,召开一次高质量的专题民主生活会,制定整改落实方案16个,出台或修订密切联系群众方面制度3个,规范权力运行方面制度4个,加强自身建设方面制度1个。立足不走过场、务求实效,努力为群众办实事、为基层办好事上见实效。领导整改清单汇总83条,立知立改已完成42条,已整改长期坚持41条,深入调研形成扶贫帮困长效机制,领导班子成员及机关干部下基层企业指导、调研人次达108人次,帮助企业解决各类实际问题72件,为困难员工解决实际问题18件,解决员工集体反映的重大问题5件。党委领导班子成员、中层干部撰写《民情日记》12篇以上,总计220余篇。公司党委意见确定帮扶措施,形成《国资公司群众路线教育实践活动"结对帮扶"工作实施方案》,成立国资公司"爱心助力基金",覆盖480名企业员工,形成长效机制。2014年公司较往年压缩大型会议4次,合并或减少发文7件。对照"四风"要求,2位主要领导带头立知立改,已将隔断的2间办公室,1间用作财务办公室,1间用作鸿银小贷公司办公室。清理和整改办公室超标面积58.6平方米,企业班子成员清理超标面积132.8平方米。

【廉政建设】 2014年,国资公司印发《国资公司廉政风险防控机制建设实施方案》,公司领导班子成员6人、公司机关各部门中层领导6人,业务人员12人全部填写个人岗位廉政风险防控登记表。其中:查找工作作风风险22个,查找权力行使风险15个、查找制度机制风险25个,制定部门和个人的廉政承诺书共计29份。通过排查廉政风险,制定应对措施,预防可能产生的腐败问题。组织公司党员干部认真学习廉政准则、八项规定、六项禁令等，不断增强廉政意识。3个权属企业开展3场专题学习，公司机关组织全体人员专题学习1场次，有158人次参加。开展廉政摄影作品展，征集作品50幅。组织广大党员干部观看警示教育片6部，教育党员干部引以为戒、防微杜渐，提高拒腐防变的能力。

【项目推进】 2014年，顺通公交基本完成二期保暖公房建设项目，受锦华农药土地归属问题的影响，师市领导正协调相关部门积极推进检测中心及修理公房项目抓好落实；新建公司拟建五家渠二手车市场、黄绿标检测站、大型物流停车场等项目，向师市争取300亩项目用地已落实，后续的工作正在积极推进。

【文明单位创建】 2014年，深入开展以创建精神文明“道德大讲堂”为主题的道德教育活动，为社区老年人送祝福的话语50条、送手套50双。实施自治区文明单位零基启动方案，确保荣获自治区文明单位三年一次复验顺利通过。

【业绩考核】 2014年，国资公司在本部和监管企业高层领导实施可上下浮动的差异化绩效工资改革试点，对2013年度18名员工绩效工资实施差异化处理，对量化考核达不到优秀员工标准的扣减绩效年薪，达到标准的实施奖励。逐步建立“以岗定薪”和“绩效评价”为核心内容的企业经营班子薪酬管理办法，完成对权属企业定编定岗工作。

【安全工作】 2014年，国资公司在季度末、重大节日及特殊时期召开安全生产例会9次，不定期对权属企业进行安全检查18次，在“安全月”期间举办师市交通运输应急演练活动，全面开展“安康杯”安全生产竞赛，组织“百日”安全生产大检查，重点对春运、郁金香节“7·5”以及亚欧博览会等重要节日，旅客出行携带危险品上车进行专项治理，强化驾驶员超速、超载的日常安检。

【国资公司国有独资控股企业名单】

新疆方兴塑化有限责任公司；新疆准噶尔农业生产资料有限责任公司；五家渠市准噶尔种业有限责任公司；新疆生产建设兵团第六师棉麻公司；新建五家渠顺通城市公交有限公司；五家渠市富强中小企业融资担保有限公司；五家渠诚信融资担保有限公司；五家渠新建旅客运输有限公司；新疆百花村股份有限公司；新疆青格达生态投资开发有限责任公司；新疆鸿源勘探开发有限公司；五家渠市鸿银小额贷款股份有限公司。 （刘新萍）

安全生产监督管理

【概况】 师市安全生产监督管理局（以下简称安监局），下设师市安全生产执法监察支队，为参照公务员管理的事业单位，核定人员编制6名，在编6人。安监局和执法支队合署办公。师市安全生产委员会办公室设在安监局。安全生产监督管理局对师市范围内的安全生产进行综合监管和执法监察，承担煤矿、非煤矿山、危险化学品、烟花爆竹、工贸行业安全生产工作；参与对生产安全事故的调查处理和应急救援工作；承担师市范围内的安全教育培训和对特种作业人员的安全管理工作。2014年，落实安全生产“党政同责、一岗双责、齐抓共管”要求，牢固树立“红线”意识，强化安全生产责任制落实。然而，师市安全生产形势却异常严峻，生产安全事故呈现频发、多发的不利工作局面，特别是在不到4个月的时间里，相继发生2次矿难事故。

【事故情况】 2014年，师市共发生生产安全死亡事故4起，死亡28人。

2014年师市安全生产事故统计表

事故发生时间	事故单位	事故类型	死亡人数	受伤人数	事故性质	结案情况
2月20日	昆仑钢铁工作	机械伤害	1	—	责任事故	已结案
4月17日	奇台农场新疆美景煤化工有限公司	机械伤害	1	—	责任事故	已结案
7月5日	大黄山豫新煤业公司一号井	瓦斯爆炸	17	2	责任事故	已结案
10月13日	中煤能源天山煤电公司	顶板	9	2	责任事故	已结案

【落实安全生产责任制】 2014年，3月28日，召开安全生产工作电视电话会议，全面总结2013年师市安全生产工作，明确2014年的工作目标和工作任务，会议上对上年安全生产工作达标的26个单位予以奖励，对工作不达标的经济技术开发区和一〇五团予以“一票否决”，并按规定取消当年度评先评优的资格。按照国家和兵团的规定要求，2014年师市与52个单位、部门的党政主要领导签订安全生产责任书，严格依据“党政同责、一岗双责”的原则，强化领导安全生产责任，全面落实安全生产责任制。

【打非治违专项行动】 按照兵师工作部署，师市安委会印发《关于集中开展“六打六治”打非治违专项行动实施方案的通知》，成立专项整治工作领导小组，明确重点整治行业和领域，提出工作要求。在专项整治期间师市领导靠前指挥，率先垂范，副师长董庆利率师市安监局到大黄山豫新公司进行检查，利用休息时间不打招呼，直接深入芳草湖农场动力源生物科技公司等重点化工单位进行督查；师长张顺帮和常委李金平到五家渠商贸城进行安全检查，多次召开会议，协调各部门和单位制订工作方案，消除事故隐患；副政委吕清率公安部门到经济技术开发区对重点消防单位进行检查；副师长曾超率建设部门对师市重点建设工地进行隐患排查；根据群众反映五家渠市一液化气站无证非法经营，副市长杨森森率师市安监、建设、质监、运管等部门深夜对其突查，扣押车辆，没收不符合安全要求的钢瓶，严厉打击了非法经营单位的不法行为。师市安监部门在“六打六治”打非治违专项行动期间，共关闭企业13家；责令停产停业整顿企业30家；约谈企业负责人40人次；下达整改指令文书260份，排查隐患1 152条，已整改1 065条，整改率92.4%；发放建议书37份；经济处罚207.33万元。其中，对信强物流加油站非法建设、非法生产、非法经营的行为，依法进行查封关闭；对新疆动力源有限公司试生产期限到期未经安全验收继续生产和生产工艺过程粉尘浓度超标的情况，责令立即停产整顿，10月底，该企业将隐患问题全部整改完毕，并经兵团安监局验收合格恢复生产；对新疆昆仑钢铁有限公司未按照期限办理安全设施“三同时”和职业卫生“三同时”验收手续的行为，给予上限处罚53万元；对新疆恒发纸业有限公司未按期限办理相关手续、落实隐患整改的行为，联合师市质监、消防和环保等部门进行共同执法，责令其立即停产停业，并监督企业执行停产整顿，要求该企业必须将所有隐患整改完毕，并经师市有关部门验收合格，方可恢复生产。

【“安全生产月”活动】 2014年，师市重视“安全生产月”活动，召开会议专题安排部署，制订工作方案，向全师发出开展“安全生产月”活动的通知，组织开展一系列行之有效的活动：6月6日，在新疆梅花氨基酸有限公司开展六师五家渠市“安全生产月”活动启动仪式，师长张顺帮在启动仪式上作动员讲话。师市领导，师市有关部门领导，一〇一团、一〇二团、一〇三团，五家渠经济开发区及企业500余名干部和职工参加启动仪式。师市安全生产月活动小组在师市、人大机关办公楼和五家渠主要街道悬挂横幅70余条，五家渠电视台滚动播放安全生产宣传标语，《准噶尔时报》专版宣传安全生产工作。各企业、基层单位在厂区、矿区、建筑施工工地等悬挂横幅420余条，张贴宣传标语8 400余幅，展出安全生产板报370余块，出动宣传车175辆次。6月10~17日，师市宣传部门出动宣传车，下基层巡回放映《盲洞·迷途》《生产安全事故典型案例盘点(2014版)》《生命刻度》等影片。师市工会牵头组织，以增强“红线意识”为主题，以倡导安全文化，传播安全理念，推动安全文化建设为宗旨，突出“以人为本、安全发展”理念的征文活动，共征集74篇稿件。6月17~23日，梅花氨基酸公司、大黄山豫新公司、鸿基焦化、建设局、水利局均组织员工开展应急救援演练，各团场也都组织相关单位开展安全生产应急救援演习。

【全面部署安全生产工作】 “5·25”重大道路交通事故、“7·5”重大矿难事故发生后，师市采取一系列重大举措。7月21日，副师长董庆利主持召开2014年第三次安委会全体成员会议，会上通报当年1~7月的事故情况，在师市安委会安排部署的工作基础上，为使师市广大干部接受教育，警醒起来，行动起来，7月23日，政委马新平主持召开全师安全生产电视电话会议，副师长董庆利在会议上分析今年以来师市事故频发的根源，对搞好师市安全生产工作作出详细的安排，提出具体要求。师长张顺帮在讲话中告诫师市全体领导干部，要深刻认识当前师市所面临的安全生产严峻形势，要立即开展安全大检查和专项整治行动。会后按照要求，师市安委会印发《六师五家渠市关于进一步加强安全生产工作的紧急通知》，明确10项安全生产重点工作，要求自下而上全面开展一次拉网式的安全大检查和在煤矿、道路交通、化工、建筑、消防和人员聚集场所开展专项整治行动。师市还做出2项特别要求，凡有毒有害、易燃易爆的生产单位，没有完备安全相关手续的，责令其立即停产停业，限期办理相关安全生产手续，对拒不停产整顿，有令不行、有禁不止的单位负责人，依法予以拘留；对一般性生产企业，没有办理相关安全手续的，限期办理相关手续，逾期未办理的责令其停产停业，并依法按上限、顶格处罚，以“铁制度、钢执行”重拳出击，开展安全生产专项整治行动。

【煤矿停产整顿】 2014年，为确保停产整顿矿井真正做到真停、真查、真改，不走形式，采取以下措施和办法：组织各煤矿在停产整顿工作中，认真学习国发99号文件精神和兵团煤监局发电2号、14号明电通知精神，深刻吸取“7·5”“10·13”事故教训，通过对停产整顿工作的认识。成立师市煤矿停产整顿工作领导小组，制定停产整顿方案及验收工作方案，明确工作目标、步骤、工作内容、提出工作要求。依据兵团煤监局提出的9条停产整顿工作内容，结合煤矿工作实际，制定六师五家渠市煤矿停产整顿验收表，细化验收内容和标准要求。检查督促各煤矿积极开展自查自改活动，开展隐患整改效果评价活动。组织各产煤团场、公司向停产整顿煤矿派出驻矿人员，对煤矿的停产整顿情况实行专盯，督促隐患整改工作。师市聘请自治区、兵团煤矿专家组成验收组，分别对各煤矿的隐患整改工作情况及效果进行验收，并对验收中存在的问题下达继续停产整改指令书。继续加强对停产整顿矿井的监督检查，坚持矿井未通过验收合格，未达到复产条件，未经批准，不允许进行井下采掘作业。

2014年3月16日，国务院安委会督查组来师市检查安全生产工作。 （倪 丰）

【创新安全监管方式】 近几年来，随着师市“三化”建设的步伐加快，师市经济结构和经济发展方式发生很大的变化，企业数量和就业人数不断增加，车流、人流、物流迅速增长，面对新形势、新变化，安全生产工作任务非常艰巨，为使安全生产工作适应师市经济社会发展变化，师市安委会研究，在经济技术开发区试行，由“行政主导、专家查隐患、部门严执法、企业抓落实”的安全监管新格局，分季度由安全评价公司组织相关专家深入企业进行隐患“会诊”，对企业的组织机构、安全责任制落实、规章制度建立、安全教育培训、重大事故防控等方面提供技术服务。截至2014年底，专家共排查隐患3次，检查企业10家，排查隐患355条，在专家查处隐患的基础上，师市安监部门向相关单位下发执法文书10份，要求企业按照“五定原则”上报隐患整改方案，并督促企业进行整改。

在不断探索和创新安全监管工作方式的同时，力推安全生产标准化达标创建，力推安全生产许可和“三同时”手续的办理，力推对重点行业事故隐患防控和应急救援工作机制建设。通过分片区召开标准化推进会，制定奖惩机制，企业标准化创建工作有较大突破，截至目前共有107家企业通过安全标准化验收；通过严格执法，强力推进，安全“三同时”工作也取得巨大进展，现已办理“三同时”手续的企业73家，办理安全许可手续的企业47家，还有60多家企业相关安全手续正在办理中；在关键时间节点、重点事项上，向师市21个单位、部门及时印发建议书37份，有效督促各行业领域隐患排查治理，做好事故防控，同时，安排专人制定师市综合和专项应急救援预案，目前已经过专家审核和修改，应急救援机制建设取得可喜成果。

【基层安监队伍建设】 2014年，师市面向社会公开招聘23名基层安全监管人员，其中团场17人，3个街道办事处，每个街道1人，五家渠经济技术开发区3人，目前23名安监员已全部进入工作岗位，充实了基层安监队伍，加强基层安全监管力量。

【加强安全培训】 针对2014年发生的4起死亡事故，师市安全教育培训中心，加大安全教育培训工作力度，2014年以来，共举办职工安全教育培训班16期，培训1 236人次。江苏昆山"8·2"粉尘爆炸事故发生后，立即对33家涉尘企业进行检查，9月19日组织粉尘防爆知识专题培训，对各安监科（办）主任及所有涉及粉尘爆炸危险企业的主要负责人和安全管理人员，就防范粉尘爆炸知识及《〈五条规定〉条文释义》进行宣传教育。（倪 丰）

食品药品监督管理

【概况】 五家渠市食品药品监督管理局（以下简称食药监管局）党组书记、局长高炳杰。2014年，局机关行政编制14人，机关工勤编制2人。2012年3月成立食品药品检验所（加挂食品药品监督所、药品不良反应监测中心牌子），核定事业编制10人，现到岗6人。局机关现有13人（2014年6月退休1人，女，副处级；2014年10月病逝一人，男，副处级）其中正处级1人，正科级5人，副科级3人，本科以上学历10人，大专以上学历3人；下属事业机构实有人员6人，全局共有党员14人。

【餐饮服务食品安全监管】 2014年，师市食药监管局依据《食品安全法》《餐饮服务许可管理办法》等法律法规，对拟开办餐饮服务从业人员提供咨询、一次性告知等事宜，严格按照法律程序和规定时限审核资料、现场核查，核查合格后，方予以发放餐饮服务许可证，共发放餐饮服务许可证397家，新办理餐饮服务许可证107家，变更6家，临时许可发证87家。完成397户发放餐饮服务许可证的餐饮服务企业食品安全监督量化分级管理评定工作，其中被评定为A级5家，B级272家，C级12家，待评定21家。日常监督检查1 260人次，检查餐饮服务单位1 000余户次，下达责令改正通知书51份，监督意见书831份，立案3起，罚款6 000元整，没收违法所得136元整。共开展食品安全专项整治11个。按照《市餐饮服务环节食品安全事故应急预案》要求，组织开展餐饮服务环节一般食品安全事故（四级）应急演练。

【典型案例】 涉嫌使用无标签标识油脂和使用超过保质期食品案。2014年11月25日局执法人员在恒达红旗大饭店经理陪同下对该酒店进行检查：1、发现在该酒店操作加工间有2桶无标签植物油（一桶已使用完）；2、库房存放19桶无标签植物油（4桶已使用完）共计21桶（规格22升/桶）；3、操作加工区操作台面下发现一瓶已使用半瓶的过期"金牌厨师"食用色粉（生产日期2011.9.2，保质期24个月 300克/瓶，成份：日落黄、胭脂红），当事人未提供索证索票登记记录。无标签油脂已扣押。当事人行为，涉嫌违反《餐饮服务食品安全监督管理办法》第十四条第一项，《中华人民共和国食品安全法》第二十八条第八项、第九项规定，依据《中华人民共和国食品安全法》第八十五条第七项、第八十六条第二项 的规定，建议给予：1.没收违法所得884.25元（无标签油脂5桶×22千克/桶×8元/千克+过期食品色粉4.25元=884.25元）；2.没收违法食品原料无标签油脂16桶（22千克/桶）；3.并处罚款人民币10 000元。

【药品监管】 2014年，共受理新开办药品零售企业16家，按照程序完成受理、现场检查、审核等工作，核发药品经营许可证12家，已受理药品零售企业换发药品经营许可证申请22家，受理药品零售企业各项变更申请28家，按照程序许可变更28家。共受理新开办药品零售企业药品经营质量管理规范认证申请6家，通过验收并核发药品经营质量管理规范认证证书3家，结合日常监督检查和药品安全专项整治工作开展GSP跟踪检查20家次，责令改正10家次，警告2家次。"两网"建设达到100%的覆盖率（"两网"即药品供应网和药品监管网）。

【稽查打假】 2014年，师市食品药品监督管理局坚持依法办案，秉公执法，查处一批食品药品案件，捣毁一处制假售假窝点，依法惩处一批违法犯罪分子，食品药品市场秩序得到净化，群众的饮食用药安全得到有效保障。全年共出动执法人员1 265人次，检查药品、医疗器械经营和使用单位630余家次，接举报投诉20件，调解处理为群众挽回经济损失2万余元。查处案件16件，其中：简易程序案件6件，一般程序案件5件，移送公安部门1件，移送工商部门4件，捣毁制假窝点1处，罚没款34 900元。

【典型案例】 制售假劣药品案。2014年1月22日食药监管局接到群众举报，五家渠市国际蓝湾小区有人制售药品，局领导高度重视，立即安排部署，执法人员前往进行暗访调查，发现国际蓝湾小区17号楼2单元302室门口有中药味且在住户门口有咖啡色的污渍，在对周围住户询问时发现302室的住户是个“医生”，经常在房间内、在地下室晾晒药丸，“医生”是个外地人。食药监管局联合公安机关、社区、物业临时组成调查组对302室进行突击检查。发现302室有中药柜3组，中药饮片257种，总重220.3千克；西药7个品规，349盒；自制名为“温健脾胃丸”“安神定惊丸”“补肾丸”等80个品种160袋(包装袋为新疆特产包装袋)，连同中药散剂共计160.4千克；制药用具10多个；各种手写配方10多份；在其地下室发现一台制粒机及油脂、淀粉等辅料和设备。局执法人员对现场进行摄像取证，对涉案物品依法进行扣押。公安机关对涉嫌犯罪当事人欧阳春彪、刘卉进行刑拘。此案件已移送五家渠垦区公安局进行处理。五家渠垦区公安局于2014年5月27日以生产、销售假药罪将欧阳春彪、刘卉移送五家渠垦区人民检察院审查起诉，五家渠垦区人民法院对欧阳春彪、刘卉涉嫌制售假药案进行宣判，欧阳春彪被判处有期徒刑1年，刘卉被判处有期徒刑6个月，缓期1年，罚款5 000元。

【食品药品抽检】 2014年，完成餐饮服务食品安全监督抽检与风险监测的130批次，收到石河子农业部食品质量监督检验测试中心的检验报告35份，报告显示不合格样品6批次，其中包括餐饮自制粽子(风险监测项目)4批次，炒货及坚果制品(祥林葵花籽、原味香酥鹰嘴豆)2批次。针对流通环节不合格样品的处理问题，食药监管局立即与五家渠工商局取得联系，工商局对超市不合格样品进行下架处理，不允许再出售。完成药品抽样89批次的抽样任务，其中监督抽样60批次、基本药物抽验14批次、中药饮品15批次；完成兵团基本药物抽样32批次；完成自治区保健食品抽样2批次、化妆品抽样2批次；完成兵团保健食品监督抽验9批次、保健食品快检6批次。

【食品安全专项整治】 共开展食品安全专项整治11个，主要包括：春节期间餐饮服务食品安全专项整治，春季学校食堂食品安全专项整治，加强夏秋季经营领域食品安全监管做好食物中毒防控工作专项整治，五一、端午节期间餐饮服务食品安全专项检查，高考期间餐饮食品安全专项整治，儿童食品和校园及其周边食品安全专项整治，中秋国庆节日期间餐饮服务食品安全专项整治，兵团团场食品市场“四打击四规范”专项整治，肉及肉制品专项整治等。局领导高度重视，针对各类专项整治工作开展专题会议，成立以局长为组长的专项整治工作领导小组，制订专项整治方案，确定目标和重点，确保专项整治工作有条不紊地开展。全年专项整治行动共出动执法检查人员395人次，车辆108辆次，检查学校食堂及各类餐饮单位1 194户次，下达监督意见书、责令整改通知书共561份。通过检查规范餐饮单位及学校幼儿园食堂的索证索票制度及食品添加剂使用制度，督促保持其清洁卫生，肉制品案件专项检查未发现问题肉制品，确保全市人民群众饮食安全。

【药品专项整治】 医疗器械“五整治”。“五整治”即整治虚假注册申报的行为，整治违规生产行为，整治非法经营行为，整治夸大宣传行为，整治使用无证产品行为。食药监管局在整治工作的第一阶段积极组织人员就医疗器械的购进、验收、经营、使用、用后销毁、索证索票等方面应当注意到的问题向相对人积极进行宣传。同时，通过QQ工作群等方式向辖区内医疗器械经营企业在专项工作整治前下发相关告知书，以此促使他们从思想上提高对安全经营、使用医疗器械的认识，从而为专项整治工作顺利进行奠定基础。此次专项整治，食药监管局共监督检查医疗器械经营企业54家次，使用单位17家次，下达责令改正17家，查处案件1起，罚没款6 536元。严厉打击“食品”冒充药品行为。对2007年11月21日以后生产，标示QS号、胶囊、口服液、片剂、冲剂等形态出现的及2008年1月1日以后生产，未标示QS号的产品，按假药论处。对2008年1月1日以后生产，标示QS号，以非胶囊、口服液、片剂、冲剂形态出现的产品。经协查标示的QS号为虚假的，按假药论处；标示的QS号真实，涉嫌虚假夸大宣传，并违反食品标识标签管理有关规定的，要责令药品经营企业停止销售、撤下柜台。截至2014年底，共检查药品经营企业41家，责令改正35家，共下架涉嫌“食品”冒充药品产品2 234盒。

【药品不良反应监测】 2014年，举办药械不良反应监测工作培训班6期，培训药品不良反应监测工作信息员400余人次。辖区内现有涉药单位报送不良反应423例，其中严重的不良反应39例，死亡报告2例；医疗器械不良事件32例，其中医疗机构上报380例，经营企业上报25例。

【教育培训及宣传】 2014年，师市食品药品监督管理局举办药品从业人员再教育培训班5期，培训从业人员600余人；举办餐饮服务食品安全监管人员培训班1期，对各团场(街道)餐饮服务监管人员(协管员)50余人进行培训；举办五家渠市餐饮服务单位食品安全负责人培训班1期，对五家渠市餐饮服务单位食品安全负责人300余人进行培训；举办药品不良反应培训班5期。通过“3.15”国际消费者权益日、食品安全宣传月、全国安全用药月、“12·4”全国法制宣传日等宣传教育活动和法律法规“六进”活动的开展，引导人民群众合理、安全用药。全年举办社区食品药品安全知识讲座3期，为150余名老年群众详细讲解饮食安全、安全用药常识和正确识别真假劣药品知识。共展示假劣药品50余种，接受群众咨询6 000余人次，散发宣传单2万余张，悬挂宣传横幅及标语100余条。

【依法行政】 2014年，师市食品药品监督管理局认真贯彻落实国务院《全面推进依法行政实施纲要》，规范执法行为、促进依法行政。将法制工作纳入年度食品药品监管目标责任制考评的重要内容，形成一级抓一级，逐级抓落实的责任机制。严格执行《行政处罚自由裁量权实施办法》，现行政处罚自由裁量“零空间”，确保行政执法有序、高效运行。同时，积极推行行政执法公示制，将行政执法依据、执法程序，执法权限、办结案期限等职权目录和行政许可事项告知单等信息在政务公开栏和部门网站上公开，实行阳光政务，规范行政行为。落实案件审查监督制度，及时自我纠正，确保即将生效的行政行为合法合理，公正公平，质量保证。完善执法程序，邀请法律专家指导办案，对于疑难复杂、稽查人员之间存在异议的案件，在合议时打破常规，邀请法制审核人员提前介入，对查出的问题进行整改，提高工作效能。

【党风廉政建设】 2014年，六师五家渠市食品药品监督管理局制定并执行《党风廉政建设责任制度》，在贯彻执行党风廉政建设责任制中，坚持从严治党、从严治政；坚持集体领导与个人分工相结合；坚持“谁主管、谁负责”；坚持一级抓一级、层层抓落实的方针，贯彻落实上级关于反腐倡廉的部署和要求。认真执行不准收受现金和有价证券、配偶子女从业、住房、乘车、通讯工具、个人重大事项向组织报告等廉洁自律方面的规定。

(郭　婷)

工商行政管理

【概况】 五家渠工商行政管理局(以下简称五家渠工商局)党组书记、副局长李斌；党组副书记、局长张浩；党组成员、副局长宋保勇、王东海、陈旭华；党组成员、纪检组长庆永亮。全局核准编制63人，现有在职干部职工53人，其中少数民族干部职工6人；妇女干部25人；党员35人；大专以上文化程度53人。退休27人。

【服务经济发展】 2014年，师市已有市场主体5 827户，较上年末增长18.4%，其中内资企业266户，私营企业1 089户，个体工商户4 348户，农民专业合作社124户，分别较上年末增长15.4%、27.2%、15.4%和80.9%。特别是3月1日实施注册资本登记制度改革以来，新登记企业254户，同比增长55.2%，第三产业增长幅度大，带动了产业结构优化，促进就业。推进市场主体年报和信息公示工作成效显著，截至12月31日，年报率已达78.1%。

【市场监管执法】 强化市场监管。以反不正当竞争执法、打击传销为突破口，严查各类违法案件，在维护社会公平正义中，体现工商执法权威，维护改革发展稳定大局。强化商标广告监管。深入开展“双打”专项整治，查办“双打”案件19件。开展广告监测，打击虚假、违法广告，提高广告监管监测工作的有效性，监测广告2 432条，违法率1.5%。继续做好流通领域食品安全监管工作。深入开展专项整治，依法严查食品违法经营行为。认真清理规范非融资性担保公司，向公安部门移送非法吸收公众存款案1起，涉案金额604万元。全年查结各类违法案件26件，罚没款25.77万元，罚没物品标值3.41万元，其中大要案件16件。行政处罚决定100%执行。无行政复议和行政诉讼案件。

【提升维权效能】 围绕消费维权效能提升，营造安全放心消费环境。深化消费“大维权”机制建设，细化政府“大维权”绩效考核项目，提高权重比例，提升职能部门对“大维权”工作的重视度和关注度，调动各成员单位开展工作的主动性。消费维权工作经费保障水平有新提升，市政府已将“大维权”工作经费列入财政预算，实现常态化。切实发挥“自治区消费维权网络平台”作用，各成员单位全面应用平台受理解决消费投诉举报。截至12月31日，共受理消费者申诉举报案件202件，为消费者挽回损失32.3万元。创新维权方式，以市政府下发《五家渠市消费维权“一会两站”规范化建设实施方案》为契机，推行星级“一会两站”建设，按照星级标准规范建设基层站点，并赠送工作电脑，指导帮助基层站点规范开展维权工作。在3·15活动现场公开表彰消费维权先进集体和先进个人，扩大消费维权工作社会影响力。勇于创新发展，探索微信、网络新媒体与传统媒体整合利用机制，互动提升效果，应用全媒体方式传播工商法规和消费维权知识，受到群众欢迎。推行“百名食品安全监督员”“千名消费维权志愿者”工作机制，动员全社会力量推进消费维权工作纵深开展。

【维护稳定】 2014年，继续加大“三非”整治和查禁暴力恐怖音视频工作力度。积极做好消费维权、打假治劣等社会面监管工作。充分发挥监管服务责任区工作机制优势，在市场巡查中加强对群众、市场经营户的思想教育，引导各族经营者认清“三股势力”险恶用心，像爱护自己的眼睛一样爱护民族团结。充分发挥私营个体企业协会作用，在广大会员中广泛开展维护祖国统一、维护民族团结、维护新疆稳定、反对暴恐犯罪、反对非法宗教、反对民族分裂政策宣讲，做好个体私营队伍稳定工作。全年举办宣讲活动3次，受教育会员1 000余人。全面实行局领导带班的24小时双人双岗值班制度，强化物防技防措施，强化安全稳定。

（张　军）

六师质量技术监督局

【质量技术管理】 2014年，师质量技术监督局围绕“抓质量、保安全、促发展”工作方针，全面实施以质取胜战略，开展“质量月”宣传活动，成立师“质量月”活动领导小组，开展“检测实验室开放日”“电梯安全宣传周”以及“重点产品质量提升行动宣传周”等活动，六师棉花公检质量较上年度有明显提升；强化食品质量安全，六师质监局与五家渠质量监局联合组织开展对食品生产加工企业和小作坊的监督管理，建立健全师市应对突发性食品安全事件的救助体系和应急反应机制；开展师质量工作考核工作，质量安全责任有效落实，着力把经济发展重点转移到质量和效益上来。组织师市企业参加兵团质监局举办的质量管理小组活动诊断师级培训和兵团26次QC小组发表会，师市大黄山东豫新煤业有限价公司、鸿基焦化有限公司分别获得2、3名。推进实施标准化战略，一〇一团国家级果蔬标准化示范区项目建设稳步推进；规范组织机构代码证管理，年检换发代码证150个，相继开展清理、纠正、整顿沉淀数据和问题数据工作，保证代码数据有效、准确、完善。

【特种设备检验】 2014年，重点开展特种设备条例宣传、贯彻工作，专门成立师市特种设备监管工作小组，加强特种设备和重点单位持证上岗监督检查。全年六师辖区内共注册特种设备电梯502部

(台)、验收475部(台),定检354部(台),起重机械注册313台,行车验收30台,行车定检14台;压力容器注册13 388台(只),验收74台(只),定检248台(只)。压力管道检验23.3千米。液化气瓶定检362只,车载气瓶安装检验128只。共下发检验意见书40份,整改通知单350份,提出各类整改意见近600余条,并责令限期整改。

【棉花公证检验】 五家渠棉花检验测试中心即中国棉花公证检验五家渠实验室,是省际联合实验室,2009年按照国家中纤局的统一安排由新疆生产建设兵团五家渠棉花检验测试中心、五家渠纤维检验所和西安纤维检验所三家联合组成,检验期间实验室实行三方管委会制度。

2014年,联合三方共同制订五家渠实验室棉花公证检验废弃样品管理办法;贯彻落实国家在新疆实施棉花目标价格改革的试点工作,实施《监管棉花公证检验实施办法》即公证棉花检验实施入库监管取样。2014~2015年棉花实际承检31家轧花厂,完成皮棉检测22.6万吨,检验棉样100.2万包,其中六师片区13.3万吨,八师三个团场片区9.3万吨。实现师市100%入库、100%公检,截止到2015年1月31日,共计检验22.6万吨,锯齿机采棉16.36吨占72.2%,锯齿细绒棉6.29吨占27.8%;颜色级白棉二级及以上占18.6%,白棉三级占76.6%;长度级27毫米占19.3%,28毫米占62.4%,29毫米以上占18.3%;马克隆值以A级为主占67.2%,B级占29.4%;断裂比强度以中等以上为主占99.2%;长度整齐度以中等以上为主占99.5%;轧工质量以中等及以上为主占88.4%,白棉三级以上达到85.1%的年度目标。机台相符率略高于国家平均水平,实验室各项工作名列兵团各实验室前列。

2014年10月13日,国家中纤局局长张克才在姜振东副师长陪同下来联合实验室考察调研,检查、听取棉花公检机构在《棉花目标价格改革试点工作实施方案(草案)》和《监管棉花公证检验实施办法(暂行)》落实过程中存在困难、问题,以及在实施过程中所采取的好的管理办法和应对措施,并对棉花检验工作提出新的要求。

2014年11月4日,国家质量技术监督局副局长吴清海,中纤局局长张克才一行8人在师长张顺邦、副师长尹乃明的陪同下来联合实验室检查、调研。 (孙惠玲)

五家渠质量技术监督局

【概况】 五家渠质量技术监督局(以下简称五家渠质监局)局长苗锐,党组书记李建林。2014年,正式在编人员34人,其中:局机关实有12人,稽查队实有5人,局机关工勤实有1人,综合检测检验所实有7人,纤维检验所实有7人,党员干部20名。

【依法行政】 2014年,配合自治区局及六师法制办,再次梳理、上报五家渠质监局执法依据,分解执法职权,确定执法岗位,明确执法责任,并在局网站上进行公示。基本健全五家渠质监局法制监督体系,使行政执法工作做到有章可循,有法可依。对局机关、稽查队、纤检所进行依法行政及案卷自查自评工作,系统依法行政工作达标率为100%。全面推行"阳光执法、开门审案"工作。被自治区质监局确定为"自治区质监系统首批依法行政考核示范单位"。

【质量管理】 2014年,制定《五家渠局贯彻落实质量发展纲要2014年行动计划实施方案》和《五家渠局质量效益管理年专项活动工作方案》,明确质量管理工作目标。制定2014年六师五家渠市产品质量监督检验计划,对辖区滴灌带、地膜、红砖、低压电器、防水卷材等产品开展监督抽查,监督抽查4类产品,47家企业,64批次,合格55批次,不合格7批次,合格率86%。按时完成企业质量信用档案数据录入工作,共计录入企业信息241条。接收食品样品共计272组,出具食品检验报告272份。通过采取监督抽查,及时发现可能存在的产品质量安全隐患,做到对产品质量安全问题早发现、早预警、早处置,确保产品质量安全底线。

【特种设备安全监察】 2014年,推进车用气瓶电子监管系统安装,辖区内11家天然气加气站签订安装协议,车用气瓶电子监管系统安装基本完成。加强对液化石油气市场的清理整顿,对液化气充装站、天然气加气站及供热公司进行检查,出动执法人员46人次,对15家使用存在特种设备安全隐患的单位下发《特种设备安全监察指令书》，扣押不合格钢瓶362只，扣押不合格计量器具5台，查封1家无证充装站，年内未发生特种设备安全事故。

【标准化工作】 2014年，完成3个企业产品标准备案工作，推荐1家企业的产品执行标准申请采用国际标准。两年共完成对7大类69家111个产品执行标准登记及29个规模企业执行标准调查。完成六师农业科学研究所申报的7个马铃薯种植繁育技术农业地方标准的制定、发布和备案。2014年组织机构代码证全部做到网上申报，全年办理代码证664套。新疆五家渠青格达湖景区被国家标准化管理委员会评定为“国家级服务业标准化试点合格单位”。

【计量工作】 2014年，五家渠质监局对5家自治区级重点用能企业能源数据实现网上直报。会同发改委、工业局、统计局一起，对六师七家重点耗能单位进行节能目标考核，完成重点企业的能效对标工作。已建立六师辖区最高计量标准和社会公用计量标准19项，开展30个检定项目及13个校准项目。通过计量认证及实验室“二合一”评审，取得二类实验室等级。共检定辖区内计量器具15 745台（件）。按照地方政府的要求新增出租车计价器的检定能力，完成328辆出租车计价器的调试和检定工作。

【打假治劣】 以整顿和规范市场经济秩序为主线，以涉及广大人民群众人体健康和人身、财产安全以等产品领域为重点，狠抓专项执法打假、区域整治、重大质量违法突发案件，组织开展打击生产加工假冒伪劣食品、农资产品、絮棉制品等违法行为。将使用量大面广的滴灌带作为整治的重点产品，对自治区组织的统一监督检查不合格40家滴灌带生产企业依法进行查处。开展“3·15”农资执法打假宣传咨询服务，联合自治区审核评价中心、五家渠市人民法院等多家单位，共同在一〇三团广场开展现场咨询活动，为团厂职工群众讲解产品的辨别方法，并受理投诉举报。全年，查处各类违法案件46起，其中立案43起，现场处罚3起，结案5起；“12365”受理投诉17起。

【质量宣传工作】 建立全疆质监系统首个微信公众服务平台，及时向社会公众发布质量监督、标准化、计量、纤检特种设备等各类信息，时事更新质监工作动态，受理群众各类咨询和举报，此举极大的拓展服务宣传的平台，取得良好的社会效益，更是深化服务型政府的又一重要举措。

【检验监测】 2014年，五家渠质监局已建立六师辖区的最高计量标准和社会公用计量标准25项，开展32个检定项目及20个校准项目。通过计量认证及实验室“二合一”评审，目前通过的产品检验参数为992个，涵盖食品、农药、化肥、建材等基础检测项目。顺利通过水表、酸度计、线缆计米器、定量灌装机、膜式燃气表、出租车计价器的法定计量检定扩项考核工作。是年，国家棉花目标价格改革工作正式推开，面对纤检工作呈现较大变化带来的繁重压力，做好棉花仪器化公检、驻库公检、企业自用棉公检及监督管理的各项工作。在2014年度棉花质量监督检查中，共检查棉花收购加工企业51厂次，检查籽棉大垛202垛，检查棉农小样253个小样，下责令整改通知书5份，立案6起。 （任凯飞）

招商引资

【概况】 全年实施项目总数为192个，到位资金总额241.5亿元，超额完成兵团下达的200亿元的招商目标任务。其中包括续建项目97个，占项目总数的51%，到位资金189.5亿元，占到位资金总额的78%；新建项目95个，占项目总数的49%，到位资金52亿元，占到位资金总额的22%。按产业分，一产项目20个，占10.4%；二产项目96个，占50%；三产项目76个，占39.6%。

【领导高位推动】 2014年初，师市召开党委十届四次全委（扩大）会议，会上确定今年招商引资到位资金目标。为完成这一艰巨任务，师市主要领导高位推动，率先垂范，逢会必讲招商引资，亲自研究部署招商引资工作，亲自促进重大招商引资项目，多次带领招商团队前往北京、山东、上海、浙江、广东等地拜访企业，亲自带队参加西洽会“兵团日”活动，促成了一批项目的签约落地。

【园区发挥主体作用】 2014年，青

2014年10月21日，师市招商局工作人员在奇台农场招商引资项目建设现场调研查看项目进展情况，帮助企业解决问题困难。（陈 亮）

湖生态经济开发区以三产服务业为重点，开展招商工作。去年金科集团家居城项目、重庆润泰汽车城项目、地王实业总部基地项目、海宁皮革城项目等现代服务业大项目相继进驻园区，目前这些项目正在紧锣密鼓的建设中。共青团农场国家级现代农业示范区，以农副产品及畜产品加工为基础，积极引进农业产业化及食品加工产业项目，以特色葡萄产业定位，打造葡萄酒产业、农业观光，旅游产业等，目前已引进中粮、梅卡等6家葡萄酒企业，葡萄酒产业集聚效应已经开始凸显。

【项目建设】 继续实施师市领导挂钩重点招商引资项目督办负责制，年初招商局经过认真梳理汇总，将市重点项目进行师市领导挂钩督办，围绕项目落户、开工、建设等各环节，实行全程跟踪服务，及时协调解决项目存在的困难和问题，确保项目能够顺利开工建设投产。

【项目推进会】 2014年，定期组织召开项目协调会，自年初开始，招商局继续落实重点项目推进会制度，每周一负责调查汇总招商项目存在困难问题，根据问题类别，适时组织相关部门召开推进会，师长主持及师市领导督办各部门限时解决项目建设过程中存在的问题，并由招商局全程负责跟踪督办落实，将影响项目建设的水、电、路等问题解决在萌芽状态，保证招商项目春季均如期正常开工建设。

【企业服务】 2014年4月，招商局领导率队对师市园区及一〇三团招商引资工作情况和项目进行实地调研，与企业负责人沟通交流，了解项目进展情况，投资计划，帮助企业解决影响开工建设问题，督促团场及相关部门加快办理进度。与园区领导深入探讨，查找招商瓶颈，讨论研究招商引资工作思路和产业规划等，为当年组织外出招商做好充分准备。5月上旬，在春季施工期到来之际，为确保所有续建、新建项目能够按时开工建设，招商局服务督办组对园区企业进行实地调研考察，掌握项目开工建设情况，及时解决影响项目开工的问题，指导园区今年招商工作计划、目标和实施措施。除此之外，招商局人员还不定期的深入项目现场，主动了解项目进展情况，协调解决项目困难及企业人员生活上遇到的难题，受到企业高度认可。

【主动外出招商】 2014年，招商局制订外出招商的计划，利用冬季时间，认真研究产业项目，精心编制推介项目，以开展外出招商活动为平台，以龙头企业为主体，找准目标，主动拜访。5月份、8月份、10月份，由白璟局长带领招商人员，先后赴陕西、江苏、山东、四川、北京等地开展招商工作，针对机械制造企业、农产品加工、食品加工目标企业进行走访洽谈，取得显著成效，并诚挚邀请企业到师市参观考察、投资兴业。

【展会招商】 2014年，认真筹备，积极组团参加第十八届西洽会。此次展会，落实签约项目，共签约5个，签约金额115亿元；9月初参加第四届亚欧博览会，签约7个项目，签约金额265亿元；9月8日参加厦门第十八届中国投洽会，签约两个项目，签约金额16亿元，并在厦门会展中心举办五家渠市专题推介会，邀请30多家企业代表。10月20日参加在成都举办的十五届中国西部国际博览会，签约5个项目，签约金额10.58亿元。（杨 静）

财务(财政)·税务 Financial Affairs (Finance) & Taxation

责任编辑 李 萍

题图摄影 铁 宇

财务(财政)

【概况】 师市财务(财政)局处级建制,行政编制19人(含票据管理中心参照公务员管理编制3人),实有16人。直属事业机构3个,分别是师市直属事业单位会计核算中心、师市国库集中支付中心和师市财政投资评审中心。9月19日师市统一采购中心移交给师市公共资源交易中心。管理学会、协会2个(会计学会、珠算协会)。

【六师财务预算执行情况】

六师本级财务情况 截至2014年年末,净资产总额59 783万元,其中:预算资金结余57 517万元,基金预算资金结余2 266万元。

六师本级预算收支及平衡情况 六师本级公共财政预算收入535 956万元,比上年的523 568万元增加12 388万元,增长2.37%。其中:上级补助收入475 794万元,比上年的478 498万元减少2 704万元,下降0.57%;非税收入23 162万元,比上年的12 933万元增加10 299万元,增长79.09%;下级上解收入3 373万元,比上年的2 524万元增加849万元,增长33.64%;山西援疆资金收入15 800万元,比上年的15 000万元增加800万元,增长5.33%;调入资金17 827万元(其中:国有资本经营收入5 309万元),比上年的14 613万元增加3 214万元,增长21.99%。

2014年,六师本级公共财政支出总计为532 146万元,比上年的527 847万元增加4 299万元,增长0.81%。其中:六师本级公共财政支出为262 814万元,比上年的255 490万元增加7 324万元,增长2.87%;补助下级支出257 459万元,比上年的263 983万元减少6 524万元,下降2.47%;上解上级支出11 873万元,比上年的8 374万元增加3 499万元,增长41.78%。

2014年,六师本级公共财政上年结余53 707万元(其中:累计净结余-22 667万元,结转下年资金76 374万元),本年收入总计535 956万元,本年支出总计532 146万元,年末结余57 517万元(其中:累计净结余-22 667万元,结转下年资金80 184万元)。

六师本级政府性基金预算收支及平衡情况 2014年六师本级政府性基金预算收入总计119 581万元,比上年的111 983万元增加7 598万元,增长6.78%,其中,上级补助收入737万元,比上年的11 928万元减少11 191万元,下降93.82%;国有土地使用权出让及新增费收入118 745万元,比上年的100 003万元增加18 742万元,增长18.74%;残疾人就业保障金收入99万元,比上年的52万元增加47万元,增长90.38%。

2014年，六师本级政府性基金预算支出总计为133 333万元，比上年的106 123万元增加27 210万元，增长25.46%。其中：六师本级基金预算支出为79 137万元，比上年的59 738万元增加19 409万元，增长32.49%；补助下级支出43 208万元，比上年的37 199万元增加6 009万元，增长16.15%；上解上级支出10 988万元，比上年的9 186万增加1 802万元，增长19.62%。

2014年，六师本级政府性基金预算上年结余16 081万元(其中：结转14 343万元，结余资金1 833万元)，本年收入119 581万元，本年支出总计133 333万元，年末结余2 266万元(其中：结转下年1 979万元，结余资金287万元)。

师本级国有资本经营预算收支及平衡情况 2014年六师本级国有资本经营预算收入5 309万元，国有资本经营预算支出5 309万元，全部调出至公共财政，收支平衡。

【五家渠市财政预算执行情况】

财政预算完成情况 2014年实现公共财政预算收入98 089万元，完成调整预算的103.6%，同比增收5 172万元，增长5.6%，其中：税收收入91 415万元，完成调整预算的100.8%，同比增收1 605万元，增长1.8%；非税收入6 674万元，完成调整预算的166.4%，同比增加3 567万元，增长114.8%。政府性基金收入5 079万元，完成调整预算的147.8%，同比增加1 570万元，增长44.7%，主要是征收城市基础设施配套费3 131万元，同比增加931万元，增长42.3%。自治区补助收入17 366万元，完成调整预算的100%，同比减少990万元，下降5.4%。地方财政收入(公共财政预算收入+政府性基金收入，下同)103 168万元，完成调整预算的105.1%，同比增收6 742万元，增长7%。地方可用财力(地方财政收入+自治区补助收入，下同)120 534万元，完成调整预算的105.8%，同比增加5 752万元，增长5%。上划中央收入完成31 863万元，完成调整预算的103.5%，同比减少12 408万元，下降28%。上划自治区收入完成349万元，完成调整预算的99.7%，同比增加275万元，增长371.6%。实现全口径财政收入(地方财政收入+上划中央及省级收入，下同)135 380万元，完成调整预算的104.7%，同比减少5 391万元，下降3.8%。

财政预算支出完成情况 2014年完成公共财政预算支出120 625万元，完成调整预算的106.3%，同比增加5 861万元，增长5.1%。政府性基金支出642万元，完成调整预算的57.6%，同比减少137万元，下降17.6%。上解支出2 160万元，完成调整预算的106.8%。财政支出(公共财政预算支出+政府性基金支出+上解支出，下同)123 427万元，完成调整预算的105.6%，同比增加6 106万元，增长5.2%。

财政预算收支平衡情况 2014年五家渠市完成公共财政预算收入98 089万元，自治区补助收入17 366万元，调入资金7 334万元，上年结转123万元，上年净结余-1 133万元；公共财政预算支出120 625万元，专项上解支出2 160万元，结转下年77万元，当年结余50万元，累计净结余-1 083万元。2014年政府性基金收入5 079万元，自治区补助收入44万元，上年结余1 679万元；政府性基金支出642万元，调出至公共财政预算资金6 043万元，年终结余117万元。

【国有及国有控股企业财务管理情况】

企业效益 2014年全师企业汇编户数85户，其中：一级子企业户数21户(农业企业14户，工交建商企业7户)，二级子企业户数31户，三级子企业户数23户，四级子企业户10户。与去年相比汇编户数增加16户。减少五家渠梧桐城镇建设投资经营有限公司1户。2014年，全师综合盈利17 338万元。其中，盈利企业51户，盈利额58 874万元，盈利面60%；亏损企业34户，亏损额41 536万元，亏损面40%。全年实现利润17 338万元，与上年实际40 698万元比较减少23 360万元，减幅57.39%，全兵团排列第9位，比上年第7位相比下降2位。其中：农业企业实现利润40 523万元，较上年实际33 315万元，增盈7 208万元，增幅21.63%；工业企业实现利润-35 647万元，较上年同期增加亏损37 750万元，减幅高达1 691.31%；交通运输企业实现利润29万元，较上年的40万元减盈11万元，减幅为27.5%；商品流通企业实现利润12 433万元，较上年5 213万元增盈7 220万元，增幅138.49%。是年，师上缴兵团国有资本收益9 277万元。

财务状况 2014年六师国有

及国有控股企业资产总额3 258 311万元，较上年增长16.30%；负债总额2 735 916万元，较上年增长14.38%；所有者权益522 395万元(其中少数股东权益99 829万元)，比上年增长27.57%。

【社会保障资金管理】

养老保险基金　2014年，第六师参加企业职工基本养老保险人数为177 831人。其中：在职职工108 112人，退休人员69 719人，离休人员602人。实际缴费人数为104 786人。是年，第六师企业职工基本养老保险基金收入202 140.7万元，其中：基本养老保险费收入71 972.5万元，利息收入1 791.2万元，财政补贴收入127 683万元，转移收入694万元(其他地区个人账户转入)。2014年度企业职工基本养老保险基金支出193 078.9万元，其中：基本养老金支出183 823万元，丧葬抚恤补助支出8 599.9万元，转移支出656万元。当年企业职工养老保险基金收支结余9 061.8万元，上年结余36 693.3万元，年终滚存结余45 755.1万元。

失业保障基金　2014年度第六师参加失业保险人数69 541人，比上年69 480人增加61人。2014年，第六师失业保险缴费基数总额215 628万元。2014年度第六师领取失业保险金年末人数7 715人，领取失业保险金人月数为71 576人月，失业保险金标准为779.03元。是年，第六师失业保险基金收入6 483.6万元，其中：失业保险费收入6 471.4万元，利息收入10.4万元，转移收入1.8万元。2014年六师失业保险基金支出为5 840.52万元，其中：失业保险金支出5 575.9万元，转移支出5.3万元，医疗补助金支出40.42万元，其他费用支出218.9万元，为其他促进就业支出。2014年六师失业保险基金收支结余643.08万元，上年结余5 475.6万元，年终滚存结余6 118.68万元。

基本医疗保险基金　2014年，第六师参加基本医疗保险基金年末人数为157 951人，其中：在职职工98 548人，退休人员59 403人。2014年，第六师参加基本医疗保险基金单位缴费基数总额为222 599万元，个人缴费基数总额284 649万元。是年，第六师职工基本医疗保险基金收入36 313万元，基本医疗保险基金支出32 235万元，当年收支结余4 078万元，上年结余25 653万元，年终滚存结余29 731万元。

工伤保险基金　2014年度第六师参加职工工伤保险的人数75 651人，享受工伤保险待遇全年人数763人。缴费基数总额300 516万元。六师2014年度职工工伤保险基金收入3 985.8万元，2014年度工伤保险基金支出3 279.1万元，工伤保险基金本年收支结余706.7万元，上年结余2 080.5万元(其中按照文件规定提取风险储备金257.58万元)，年终滚存结余2 787.2万元。

生育保险基金　2014年度第六师参加生育保险的人数72 207人，享受生育保险待遇全年人次数981人次。2014年，六师生育保险基金收入1 146万元，2014年度生育保险基金支出810.4万元。2014年度生育保险基金收支结余335.6万元，上年结余138万元，年终滚存结余473.6万元。

居民医疗保险基金　2014年，参加居民医疗医保险年末人数为113 557人。2014年度六师居民医疗保险基金收入4 443万元，其中，保险费收入770.8万元，利息收入172.2万元，财政补贴收入3 500万元。2014年度居民医疗保险基金支出2 951万元，本年收支结余1 492万元；上年结余10 926.4万元，年末滚存结余12 418.4万元。

【基建专项资金管理】　2014年，六师共收到中央财政及兵团本级基建拨款98 343.90万元。其中：兵团本级拨款840万元，中央财政拨款97 503.90万元；收到中央各类专项资金37 914.90万元。收到山西省援疆资金15 800万元。

【财政投资评审】　2014年，对244个工程项目进行投资评审，项目送审投资7.97亿元，累计审减0.92亿元，平均审减率为11.51%，为师市节约了有限的财政资金。

【农业综合开发项目资金】　2014年，申报高标准农田建设项目6个，争取国家补助资金4 800万元，其中，共青团农场现代农业园区试点项目获得批复，争取中央财政资金1 500万元。完成2013年农发项目师级验收并通过兵团级检查验收，六师芳草湖农场被评为兵团农发优秀团场。

【"一事一议"项目资金】　2014年，

师市财政局积极开展团场连队公益事业“一事一议”建设工作，争取“一事一议”财政奖补资金2 830万元，为完善农牧团场基础设施，提升团场公共服务水平和管理职能、改善连队职工群众生产生活条件起到十分明显的效果。同时，积极开展“美丽中心连队”建设试点工作，在全兵团31个试点连队中，六师5个团场7个美丽中心连队试点建设获兵团批准，占全兵团1/5。其中新湖农场新东社区被列入兵团级试点单位，占全兵团总数的1/2，争取中央财政奖补资金3 790万元，目前已完工并交付使用。

【会计管理】 2014年，组织《行政单位财务规则》《中小学财务会计制度》以及“金财工程”系统应用平台运行操作技能培训、部门预算编制培训、企业财务能力提高培训等共计5次培训，组织实施会计从业人员网上继续教育培训2 500人次，农业专业合作社财务会计培训250人次，团场财政信息化平台建设培训班100人次，自治区、兵团集中调训200人次，累计培训达到3 200人次。征集学术交流文章和论文10篇，专题调研报告11篇，会计学术交流和论文征集数量和质量有了提高。

【财政财务监督检查】 2014年，全面开展师市财政财务监督大检查工作，通过采取自查自纠与重点检查相结合的方式，对14个团场和会计核算中心之外管理的53个本级预算单位进行重点检查。开展“一事一议”奖补资金、农业综合开发、国家基本公共卫生、廉租住房、2012年“兴边富民行动”等专项资金检查。配合纪委和审计部门，对乱发津补贴、奖金等情况进行检查，针对发现的问题及时要求整改，并跟踪落实。联合纪委和审计部门，加大对“小金库”专项治理和强农惠农资金的检查力度。在人民银行五家渠市支行的积极配合下，加强对小额贷款公司合规性检查和风险排查工作。

【政府采购】 2014年，政府采购制度不断完善。规范政府采购工作流程，建立多元化采购平台，实行采购信息公告制和采购结果公示制，主动接受社会监督，政府采购的公开、公平、公正性得到广泛认可。2014年，师市行政审批政府采购项目3 600批次，采购预算金额为5.1亿元，实际采购金额为4.75亿元，节约资金0.35亿元，资金节约率7%。

【国库集中支付】 2014年，深化和完善国库集中支付制度改革。推进团场国库集中支付改革，协调上级财政财务部门和银行，帮助团场开设财政零余额账户，及时解决团场在国库集中支付改革中出现的各种问题，使得团场改革得以顺利推进。随着国库集中支付改革不断深入，资金支付流程更加规范，直接支付范围扩大，资金安全性提高。14个农牧团场已全面实现预算单位国库集中支付平台系统和预算单位大平台会计核算系统的应用。

【财政财务改革】 2014年，认真研究人员和资产定额相结合的部门预算基本支出定额标准体系；建立“预算编制有目标，预算执行有监督，预算完成有评价，评价结果有反馈，反馈结果有应用”的良性运行机制。开展绩效评价工作，上报兵团的绩效评价6个项目经考核，1个优秀，5个良好，1个合格。通过绩效评价，建立上级财政部门、项目主管部门、师市财政部门、预算单位相互沟通协调的运行机制，提高专项资金效益，使财政资金做到了规范使用。做好预、决算和“三公”经费信息公开工作，主动接受社会监督。截至2014年年末，师市本级114个行政事业单位中，有107户预算单位已在五家渠市政务网向社会公开2014年部门预算以及“三公”经费，公开比率为93%。

【党风廉政建设】 2014年，师市财政局以落实党风廉政建设责任制为统领，以“党的群众路线教育实践活动”为载体，以推进师市财政管理与改革为抓手，以完善财政惩治和预防腐败体系建设为主线，认真履行好财政党风廉政建设职责，围绕“财政资金运行安全和财政干部成长安全”这一目标，坚持“标本兼治、综合治理、惩防并举、注重预防”的方针，坚持将党风廉政建设及反腐败工作与各项财政工作紧密结合，把党风廉政建设责任制目标和财政业务工作目标一起研究部署、一起推动落实、一起检查考核。坚持完善财政制度，严肃财经纪律，整顿财经秩序。严格落实局党组党风廉政建设主体责任以及局纪检组的监督责任，以中央八项规定和兵团二十六项规定为切入点，持之以恒地纠正“四风”问题。

严格按照"一岗双责"要求,认真落实责任,敢抓敢管,真抓善管,切实做到业务工作和廉政工作两手抓、两手硬。 (马卫东)

五家渠国家税务局

【概况】 2014年,五家渠国家税务局党组书记、局长罗国祥(8月任职),党组成员、纪检组长王新江(7月离任),党组成员、总经济师徐刚毅,党组成员、总会计师马廷富。内设办公室、政策法规科、征收管理科、纳税服务科(办税服务厅)、人事教育科、监察室、税源管理科;1个直属机构,即稽查局。全局现有在职干部职工64人(少数民族干部2人),其中:处级干部5人,科级干部24人,一般干部34人,工勤人员1人,女干部33人,全局现有党员47人,其中女党员25人。大专以上学历100%,干部平均年龄40.39岁。

五家渠国税局负责五家渠市城区、一〇一团、一〇二团、一〇三团的企业和个体工商户的增值税、消费税、企业所得税、储蓄存款利息个人所得税等税种的征收管理工作。截至目前,管辖纳税人3 938户,其中:企业1 173户(增值税一般纳税人380户)、个体工商户2 765户。班子成员:党组书记、局长汪继元(2014年8月离任)。

【组织收入应收尽收】 2014年,全年组织税收收入31 170万元(不含免抵调),完成调整后年度计划

2014年4月税法宣传月,税务干部在市区人员密集区为市民送税法。 (胥小丽)

103.9%;完成地方公共财政预算收入9 609万元,完成调整后地方公共财政预算收入109.2%。

【依法行政能力】 2014年,加强税收宣传月和"六五"普法宣传,大力宣传和普及税法知识,落实西部大开发、小型微利、残疾人就业、资源综合利用等税收优惠政策,全年共减免税款43 970万元,助力企业发展。落实税务行政审批制度改革要求,清理审批事项,公开审批项目,加强后续管理,严格行政执法和责任追究。开展税收专项检查和发票专项整治,加大稽查力度,严厉打击非法开具发票、骗取出口退税等涉税违法行为,查补税额4 051万元,查补入库税款181万元。

【纳税服务】 2014年,落实区局2批问题清单和减负清单,对185项税收业务进行清理,取消报送314项资料及复印件,取消进户执法137项,取消审批项目136项。推进《全国县级税务机关纳税服务规范》,开展一站式、个性化、延时服务,及时总结经验,切实提高服务水平。推广新疆征纳互动平台、手机版纳税服务客户端等服务功能。利用办税服务厅、门户网站、QQ群和征纳互动平台、广播电视及报纸等多种载体,畅通征纳双方沟通交流渠道,构建了和谐征纳关系,营造良好的税收法治环境。

【征管事项前移】 2014年,累计办理退税6 499万元。加强企业所得税核定征收、汇算清缴及税前扣除等后续管理。加强风险监控,增强纳税评估工作准确性和指向性,评估企业88户,入库税金及滞纳金1 697万元,调增应纳税所得额101万元,调减留抵税额529万元。主动加强与工商、财政、地税、电力等部门的沟通联系,注重第三方信息在税源管理和纳税评估工作的应用,推进综合治税。

【干部队伍建设】 2014年,修订考勤制度,落实勤政谈话、AB配角、岗位衔接等制度。深入细致抓思想政治工作,坚持正激励、弘扬正

能量，完善领导谈心谈话制度，及时了解干部职工思想动态，正确引导。加强干部培训，增强培训的针对性和实效性，积极开展能手竞赛、岗位练兵活动。纳税服务科张小勋在全区国税系统能手竞赛活动中被自治区国税局评为纳税服务能手，受到表彰奖励。

【精神文明建设成效显著】 丰富文明创建载体，组织开展6期“道德讲堂”，第2期“道德讲堂”得到中央文明办秘书局副局长钟声的高度评价，第4期“道德讲堂”课荣获师市百家“道德讲堂”评优课活动一等奖。开展扶贫帮困和军民共建、兵地共建活动，与5户困难家庭结成“帮扶对子”。认真做好离退休老干部工作，做到政治上关心、生活上关怀，使老干部老有所为、老有所养、老有所乐。

【党风廉政建设深入开展】 认真落实党风廉政建设责任制，层层签订党风廉政责任书，强化党组的主体责任和党组纪检组的监督责任，将税收违法违纪行为处分规定的落实与内控机制有机结合，认真开展执法监察，防范廉政风险。贯彻落实中央八项规定，完善措施，狠抓落实。开展廉政文化建设，深化反腐倡廉教育。加强外部监督，开展明察暗访，广泛征求纳税人意见，充分发挥社会和服务对象的监督作用，不断加强政风行风建设，提升国税机关和干部形象。

【教育实践活动成效显现】 组织集中学习，明确学习要求，撰写心得体会，举办专题辅导，积极开展讨论，强化群众意识、激发教育动力。广泛征求意见，领导班子及成员认真梳理“四风”问题，严肃认真地召开专题民主生活会和组织生活会，开展民主评议党员活动，以整风精神开展批评和自我批评，使每位党员都经受一次严格的党内生活教育和党性锻炼，增强为民服务的宗旨意识，提高服务大局、服务税户的能力。

【深入开展专项整治】 深化“三清三察三审三治”工作。开展为税不廉、纵酒行为等“六项集中整治”，清理腾退办公用房面积245.4平方米。坚持立行立改、建章立制，与绩效考核相结合，修订完善公务接待、车辆管理、经费管理等制度，狠抓整改落实，领导班子完成整改任务16项，完成进度89%，修订制度34个，完成进度100%。认真制订“两方案一计划”，继续保持作风建设“永远在路上”的精神状态，明确“巩固深化拓展”主题活动要求，以作风建设新常态推动五家渠国税事业发展。

【维护稳定常抓不懈】 落实区局党组和师市党委、政府工作部署，担当维护稳定责任。坚持领导带班及干部24小时值班制度，完善基础设施建设，警卫室安装防护栏，办税服务厅聘请专职保安。严格履行重大事件报告程序，积极处置网络涉税舆情，努力降低负面影响。指定4人进行24小时不间断监控，发现问题及时向上级报告。同时，加强干部学习，提高舆情应对处置能力，加强正面宣传，维护国税形象。 （胥小丽）

五家渠地方税务局

【概况】 五家渠地方税务局（以下简称五家渠地税局），党组书记、副局长李培义，党组副书记、局长梁君，党组成员、纪检组长徐虹，党组成员、总经济师徐卫东。五家渠地税局为正处级单位，由自治区地方税务局直管。现有干部45人（少数民族3人），党员29人，大专以上学历占86.67%。内设办公室、人事教育监察科、税政法规科、征收管理科、计划财务科、信息科，其他机构包括稽查局、城区税务所、梧桐税务所、蔡家湖税务所。。

【税收收入】 2014年，五家渠地税局累计组织各项收入96 357万元，同比增长24.71%，增收19 094万元。其中：税收收入92 329万元，同比增长24.84%，增收18 369万元；累计实现一般预算地方税收收入82 043万元，同比增长20.29%，增收13 839万元，完成年度一般预算地方税收收入计划80 500万元的101.92%。

【税收征管改革】 2014年，推进征管改革工作，7月1日新征管模式顺利试运行；在完成区局推送风险任务的基础上，启用税收风险管理平台，自行推送3批、涉及855余户风险任务，通过实施税收风险管理累计查补税款2 450万元；推进综合治税工作，由师市政府组织召开综合治税工作会议,提请市政府印发《关于实行社会综合治税加强税源控管工作的实施方案》,对政府各部门职责进行再明确,形成"政府领导、财政主管、部门配合、司法保障、社会参与、信息化支撑"的综合治税新格局;落实税收征管质量评价体系,利用区局征管考核系统,实施征管数据三级考核,加大执法过错责任追究,夯实征管基础数据,提高征管数据应用能力。

【纳税服务】 2014年,通过税企互动平台、门户网站、纳税服务QQ群发布税收政策170条、涉税通知160余条,涉税服务短信52条,涉及纳税人2.75万人次。落实《纳税服务规范》,从工作责任、流程、时限、行为等方面严格规范办税服务厅人员。设立导税服务台,认真落实首问责任制、限时办结制等服务承诺制度。充分利用电子屏和公开栏,公开纳税人权利与义务、管理服务工作规范、办税指南等事项,切实保护纳税人合法权益。

【依法治税】 2014年,先后开展建安分包营业税、小型微利企业所得税、政府收回土地营业税等专题调研和效应分析。按照税收优惠政策的审批程序和权限完成减免税审批事项,并对减免税政策实施情况予以跟踪调查,全年办理审批类减免6户、备案类减免81户,共计减免税款4 242万元。开展规范性文件制定、公布、实施、清理、报备和政策解读等各项工作;全年组织实施4次税收执法督察,查处问题50余条。拟定《税收执法案卷评查办法》,组织开展8户案卷评查工作;做好2013年企业所得税汇算清缴和核定征收工作,核定征收企业较上年增加25户,同比增长89.3%。个人所得税12万元,申报人数达391人,较上年增长184人;通过引导企业自查、实施专项检查、管查互动,发挥稽查严厉打击涉税违法行为的震慑作用,全年共检查企业19户,查办百万元以上案件5户,查补入库税款1 789.30万元,入库收入较上年增加1 016.81万元。

【干部队伍建设】 2014年,五家渠地税局严格按照《党的群众路线教育实践活动专题民主生活会整改方案》,坚持领导带头、立行立改、聚焦群众反映的问题开展专项整治,确保把群众提出的意见整改到位;落实党组中心组学习制度,提高领导干部看问题、管干部、驾驭队伍的能力,对班子进行充实和分工调整;始终将思想政治工作放在核心地位,常抓不懈,认真践行区局提出的思想政治工作"九字"工作法,积极开展干部思想状况调查分析和谈心交流活动,不断增强干部队伍的向心力、凝聚力和战斗力;坚持日常学习不放松,定期通过学、考、评检验学习成果,全面提高干部职工的综合素质;积极推进绩效考核工作,对绩效考核任务指标进行分解,明确各岗位责任和完成时限,促进作风转变、效率提升。

【党风廉政建设】 2014年,严格落实党风廉政建设责任制,将党风廉政建设、纠风工作与税收工作紧密结合,做到一起部署、一起落实、一起考核;严格落实"三重一大"集体决策程序,强化领导班子和领导干部"两权"监督。重新聘任特邀监察员,组织召开廉政风险防控民主评议会,自觉接受纳税人和社会各界监督;组织学习廉政制度及违规违纪案件通报,观看廉政教育警示片,撰写心得体会,提升干部抵御廉政风险的能力;加大党务政务公开力度,最大限度地扩大群众的知情权和监督权;开展领导干部及亲属违规经商办企业、税务培训中心、税务干部违规收受购物卡红包等问题的专项清理检查及机关事业单位"吃空饷"专项治理工作。严格执行财经纪律,加大"三公"经费、专项资金等各项公务开支审计监督。

【内部管理】 2014年,做好全国精神文明单位创建工作。开展公民道德建设月、民族团结教育月各项活动。大力开展"三好"干部评选和表彰活动,涌现出徐江陵、魏玉梅、徐飞等一批"品德好、工作好、业务好"的三好干部,形成学先进、讲奉献、比干劲的浓厚氛围。加强人文关怀,邀请专家开展心理辅导课程专题讲座,塑造阳光心态。坚持抓管理提效能,加强机关政务调研、督查督办、公文管理、信息宣传、政务公开等工作,档案管理晋升为自治区一级单位。党、团、工、青、妇组织开展环卫工人替岗、趣味运动会、"寻军垦魂 铸青年梦"徒步等各具特色的文化娱乐活动。坚持厉行节约,加强预算执行监督检查,严格资产管理和政府采购。落实好维护稳定的各项部署,统筹做好涉税舆情引导、信访、应急、安全管理工作,全力维护和谐平安家园。通过扎实工作,机关内部管理水平和行政效能有了新提高。

(王　茜)

银行·保险 Banks & Insurance

责任编辑 李 萍
题图摄影 铁 宇

中国人民银行五家渠支行

【概况】 中国人民银行五家渠支行(以下简称人行五家渠支行)党组书记,行长王新和(正科)、副行长潘竟海(副科)、纪检组长金星(副科)。人行五家渠支行是人行乌鲁木齐中心支行下辖的直属县支行。内设4个职能股室,即会计国库股、综合业务股、办公室、纪检监察审计室。现有在职员工18人,其中,科级干部4人,一般干部14人,党员12人,女职工4人,中级职称4人,大专以上学历11人。

【执行货币政策情况】 2014年,第六师金融机构各项存款余额144.08亿元,比年初增加9.49亿元,增长7.05%,各项贷款余额143.2亿元,较年初增加34.71亿元,增长31.99%,其中,五家渠市金融机构各项存款余额101.42亿元,比年初增加7.91亿元,增长8.46%,其中个人存款涨幅较大,截至年末,个人存款中储蓄存款余额53.05亿元,较年初增加6.02亿元。各项贷款余额113.90亿元,比年初增加27.78亿元,增长32.25%,其中单位短期贷款余额61.10亿元,比年初增加8.15亿元。六师五家渠市整体金融运行平稳,货币信贷运行态势良好,存、贷款增幅均较大,存贷款结构优化,趋向合理。

【金融服务】 2014年,人行五家渠支行不断完善金融服务组织体系建设,截至2014年底,五家渠市共有13家小贷公司,较上年新增小贷公司4家,注册资金共计8.25亿元,贷款余额8.4亿元,为小微企业、个体商户及时解决流动资金难的问题;为满足六师五家渠市跨越式发展,积极争取支农再贷款额度,2014年向村镇银行发放支农再贷款1.19亿元,有效缓解村镇银行资金缺口大的难题,基本满足农牧团场春耕生产,农资储备贷款和农场职工贷款需求,有力的支持“三农”的发展;提高金融服务工作质量和水平。首先是组织协调辖区银行机构加大对农牧团场ATM机、POS机和特约商户的投入,加大银行卡等非现金支付工具的推广,使农牧团场支付结算环境得到明显改善,截至2014年12月,市区银行机构网点21个,农牧团场银行网点32个,银行卡发卡量673 352张,特色惠农卡40 863张,银行卡交易量4 954 532笔,银行卡交易金额1 633 038万元,银行卡消费交易量933 811笔,银行卡交易金额278 520万元,特约商户633个;ATM机共布防158台,POS机971台;单位银行结算账户3 214户,个人银行结算账户758 179户。加强日常业务管理,充分发挥国库会计核算系统效能准确、及时、完整的办理国库各项预算的收纳、划分，报解和库款的支拨以及退库业务，实现国库资金业务核算无差错的目标，确保国库资金安全。截至12月末，支库共办理预算收入116 646万元，同比增长28.22%，其中中央级预算收入24 527万元，同比增幅22.11%。省区级预算收入344万元，同比增幅8.12%，区县级预算收入91 774万元，同比增幅48.98%。办理预算支出99 936万元；同比增幅68.12%，办理退库8 228万元，同比增幅13.11%；在“3·15”消费者权益日，支行组织辖区金融机构在繁华地段统一悬挂宣传横幅，集中摆放宣传台，向过往群众发放反洗钱、反假币、征信等宣传资料2 000余份、咨询人数达800人次，并就群众关心的如何识别假币、反洗钱及个人信用等问题，逐一解答，通过此类宣传活动，普及广大市民金融意识，收到了良好的社会效果。十一组织辖区24个金融机构网点集中开展“跨行支付、服务千家万户”为主题的支付系统宣传活动，宣传期间营业网点共悬挂横幅11条，张贴标语百余张，发放资料1 300余份，接待咨询700余人次，通过开展丰富多彩的宣传活动，不仅普及了支付结算知识，还使群众熟知支付系统，提高支付系统的公众认知度。

【创新工作】 2014年，人行五家渠支行积极协助政府出台2项利民政策，即“土地承包经营权抵押贷款管理办法”“活畜抵押贷款管理办法”，并积极引导各家行社推动实施，目前已投放贷款3.2亿元，有力的支持农业产业结构的调整，促进农民多元增收。加速推动辖区企业上“新三板”工作，成效显著，2014年一家企业已挂牌（迎风农机），华春毛纺、鑫宝牧业、西普生物已进入最后审批程序。延伸覆盖金融服务空白点，五家渠国民村镇银行在六师边境牧场（北塔山牧场）设立支行，填补了金融机构服务的空白，改变了金融服务无盲区面貌。

【精神文明创建】 2014年，人行五家渠支行开展民族团结进步教育，深化民族团结进步主题教育活动和创建活动。引导支行广大干部职工做好民族团结工作，由于领导重视，机构健全，专人负责，支行民族团结工作在2014年11月27日再次被青湖街道党工委授予“民族团结进步创建先进单位”。是年，人行五家渠支行认真开展文明单位创建工作，严格按照总行、西安分行、乌中支有关要求，依据支行“三年创建规划”扎实抓好创建工作，始终围绕抓班子，带队伍，促业务的创建目标，结合支行实际认真整理文明单位创建3年档案资料，装订成册，积极迎接乌中支检查组的验收，并且按照“人民银行文明单位创建工作管理”系统操作使用，做好支行电子台账资料录入和展示平台信息上传工作，此项工作正在有序进行之中。

【内部管理】 2014年，人行五家渠支行不断强化内部风险防范和系统性金融风险防范水平。从制度入手，建立完善规章制度，提高制度执行力，改进薄弱环节、堵塞漏洞，在2014年第二批群众路线教育实践活动中，支行围绕整改落实和建章立制2个关键环节，认真对现有有关规章制度进行排查，清理和废止12项规章制度，修改和完善8项制度，新建9项制度。通过实施月例会制度，各部门汇报本月工作、安排下月工作，达到一级向一级负责，层层抓落实的工作格局，执行力、工作效率得到明显提升。强化内控，不断加强对重点部门、重点岗位、重点工作环节、重点人员的“四个重点”对象进行教育，定期、不定期进行检查，从而杜绝各类风险的发生。狠抓劳动纪律，实行领导带队，定期不定期抽查，通报检查情况，由于责任落实、奖罚分明，靠制度管理人、约束人，从而使支行劳动纪律有明显好转，确保支行内部管理工作再上一个新台阶。

【业务培训】 2014年，人行五家渠支行为提高小贷公司人员业务素质，适时举办业务培训班，对五家渠市13家小额贷款公司财务人员进行金融统计制度、征信业务培训，通过培训使村镇银行和小额贷款公司人员对央行反洗钱、金融统计、征信业务有新的认识和理解，从而为以后做好业务工作奠定扎实的基础。

【建立五家渠银行金融机构反假货币联络机制】 2014年，人行五家渠支行根据上级有关要求，支行建立五家渠辖区银行业金融机构反假货币联络机制，其目的就是为充分调动辖区银行业金融机构反假币工作的积极性，完善银行业金融机构反假货币信息报送和交流机制，全面提升银行业金融机构高效防范和堵截假币非法流通，提高银行业金融机构对突发事件的反应速度和执行力度。人行五家渠支行作为联络会议牵头单位和日常办事机构，成员由辖区各金融机构负责此项工作的领导及部门负责人组成，联络会议为不定期会议制度，但要求各金融机构要定期报送反假货币工作简报，涉及要事和突发事件的要求在48小时内以专报形式报送人行五家渠支行，此反假货币联络机制的建立，为辖区银行业金融机构反假货币的重大事件及突发情况，正确引导社会舆情，维护银行业金融机构信誉起到不可低估的保障作用。

【社会治安综合治理】 2014年，人行五家渠支行认真传达师市综治委和青湖路街道办有关维护社会稳定的重要指示，安排部署重大节日、敏感时期的综治维稳工作措施，实行24小时政务值班制度，做到领导带班，干部值班，每天定时向乌中支汇报辖区安全维稳工作情况；街道党工委书记、主任与支行党组书记（行长），行长与副职，副职与分管部门负责人层层签订社会管理综合治理目标责任书；在2014年11月，支行根据公安消防部门的要求，新购16具手提式水基灭火器，配备到各个楼层和重点部位，确保支行消防安全；坚持做到综治工作与业务工作同安排、同部署、同落实、同检查、同考核、同总结，由于领导重视、责任落实、制度健全，从而确保辖区金融一方平安，全年来无违法违纪案件发生，2015年3月支行又被青湖街道办评为2014年度社会管理综合治理先进单位。

【党的群众路线教育实践活动】 2014年3月，人行五家渠支行作为第二批开展党的群众路线教育实践活动的单位，人行五家渠支行党组在2014年3月7日召开动员大会，成立领导小组，制订学习计划和“深入开展党的群众路线教育实践活动实施方案”，全体党员干部认真做好学习笔记，其中，党员干部笔记字数最多者在7万字以上，最少者也在2万字左右，每位党员干部撰写心得体会在4篇以上，举办学习园地，领导班子成员认真撰写剖析材料，征求金融机构、支行员工意见，召开党员领导干部民主生活会，认真查找班子和成员自身存在的“四风”问题，然后进行整改和建章立制，3个环节一气贯通，扎实推进，此外，支行一把手亲自主持制订领导班子整改落实方案、专项整治方案和制度建设计划（两方案一计划），编撰支行群众路线教育活动工作情况和简报34期。通过近8个月的集中教育实践活动，基本达到预期目的，较为圆满地完成任务，教育实践活动取得阶段性成果。 （杨新生）

中国农业银行股份有限公司五家渠兵团分行

【概况】 中国农业银行股份有限公司五家渠兵团分行（以下简称五家渠兵团分行）党委书记、行长王玉花（女），党委副书记、副行长王松（1~8月任职），党委委员、副行长渠杰、徐昆，党委委员、纪委书记、副行长金衍海（12月任职）。五家渠兵团分行下辖5个县级支行，分别为五家渠市兵团支行、阜康市兵团支行、芳草湖兵团支行、新湖兵团支行、奇台县兵团支行等26个营业网点，在芳草湖三场设立芳草湖大东沟金融服务站，阜康市土墩子农场设立阜康市土墩子金融服务站，员工461人。全年未发生案件和重大违规现象，实现创建平安农行阶段性目标。

【业务经营】 截至2014年末，农行五家渠兵团分行人民币各项存款余额91.34亿元，较年初增加8.74亿元，储蓄存款余额52.69亿元，较年初增加4.45亿元；对公存款余额38.61亿元，较年初增加4.29亿元。各项贷款余额57.95亿元，较年初净增13.39亿元。不良贷款余额和占比实现双降，较年初分别减少1 665万元，1.16个百分点。2014年，机构存款余额38.61亿元，较年初增加4.29亿元；机构日均余额39.77亿元，较年初增加4.98亿元。配合农业发展银行与新疆兵团分行营业部办理5亿元同业存款业务。全行法人优质贷款客户35户，较年初增加18户，法人贷款余额较年初净增12亿元。

【“三农”信贷业务】 2014年，农行五家渠兵团分行投放农户贷款8.4亿元，较年初增加5.2亿元，其中农村个人生产经营（农业大户）贷款4.07亿元，占农户贷款余额的48%，新增农户贷款中个人生产经营贷款占比57%。开办农村土地承包经营权抵押担保贷款3 220万元，新增活畜抵押的方式发放贷款1 014万元。

【贸易融资、票据等授信业务】 2014年，农行五家渠兵团分行通过推广“流资+信用证”“流资+票据”等产品组合方案,提高中间业务收入和综合回报率。到2014年末,全行累计办理国内信用证业务1.85亿元,银行承兑汇票业务2.3亿元,信用证项下买方押汇1.2亿万元,福费廷2.3亿元。

【信贷项目储备】 2014年,农行五家渠兵团分行为师市下属华亿投资公司、青投、城建投、国资公司、奇台医院、鸿基焦化发放贷款7.6亿元,截至12月末,已办结法人客户储备项目12个,占全年项目57%,进入C3流程项目9个。

【国际业务】 2014年,国际业务收入增幅578%,国际结算量、结售汇量、跨境人民币结算量分别完成年度计划任务的165%、106%和317%。国际业务系统内考核位列第一。国际业务收入占昌吉辖区市场份额的41.84%,较同期增加34.8%,同业市场份额位列昌吉辖区第一,荣获昌吉州“先进单位”称号。

【网点建设】 2014年,农行五家渠兵团分行制定《五家渠兵团分行2014~2015年网点建设规划》《2015~2017年网点建设规划》。完成阜康二二二团支行的新址选址工作和五家渠市支行新营业部、芳草湖支行营业部的装修改造工程。完成5个自助银行的建设改造,5个离行式自助设备的布放,安装投入自助设备28台。

【运营基础管理】 2014年,农行五家渠兵团分行创建总行级“三铁”(铁账、铁款、铁规章)单位4个,符合总行“三铁”标准单位7个,“良好”单位达60%以上,无“不达标”单位,“三基本”(基本知识、基本制度、基本技能)考试达标率100%。

【风险管控能力】 2014年,全年调阅合同298份,发现问题合同15份;法律审查非制式文本80个,出具法律审查意见70条,采纳率100%。提供现场法律支持与法律咨询22人次。各层级开展全方位员工行为排查18次。

【党的群众路线教育实践活动】 五家渠兵团分行党委按照“照镜子、正衣冠、洗洗澡、治治病”的总要求,紧扣“为民务实清廉”主题,把学习教育、活动开展与解决基层、员工、客户反映强烈的问题相结合,把反对“四风”、整风精神、领导带头贯穿始终。通过多种形式共征求内外部意见和建议12条,经梳理、归纳,按照立行立改的原则,整改落实12条。

【队伍建设】 2014年,组织实施各级各调线业务产品知识和综合素能提升培训9期,培训人员382人次。选派4期共8人参加总行援疆师资培训班,全力做好上岗资格考试工作,协调组织2014年员工上岗资格考试17场,涉及银行各个岗位18个专业,考试人员达174人次。

【“职工小家”建设】 2014年,农行五家渠兵团分行将“职工小家”建设工作作为拴心留人、凝心聚力、稳定队伍的民生工程。在全行建立健全“党委领导、工会主抓、部门配合、整体联动”的“职工小家”创建机制。对全辖17个团场营业网点及4个县域支行的职工食堂、职工宿舍、职工活动室及阅览室进行摸底,确定10个团场营业网点和3个县域支行职工之家建设投资维修项目。2014年全辖职工之家建设投资总额953.76万元(固定资产投资596.64万元,费用投入357.12万元,其中用于室内设施购置投入85.17万元)。建设项目中,团场网点10个投资总额205.94万元,县域支行4个投资总额747.82万元。目前,该行团场营业网点实现有食堂、有澡堂、有周转房、有健身房、有阅览室、有娱乐室的“六有”目标,基层员工的生活环境、工作环境得到极大改善。

【基层服务型党组织建设】 2014年,农行五家渠兵团分行把基层党建工作融入到网点建设、员工管理、业务经营、服务之中,将基层组织优势转化为业务经营优势。以各类综合营销活动为基石,在全行党员干部中开展“三亮四比三评”、创建“四好”班子、“五好”党支部、“共产党员先锋岗”等活动,增强基层党组织的凝聚力和战斗力。同时,加强对领导干部和后备领导人员监督管理工作。完成机关中层干部、支行班子成员2013年度考核工作和对各级领导民主测评工作,满意率达99.49%。帮助指导支行股级干部、网点运营主管的竞聘上岗工作,干部队伍梯次建设得到优化。

【党风廉政建设】 2014年,农行五家渠兵团分行全行各单位逐级签订《2014年度党风廉政建设、案件防控责任书》476份，制定《农行五家渠兵团分行党委关于领导班子成员二〇一四年党风廉政建设工作任务分解的意见》，完善综合绩效考核办法。加大“两个责任”的贯彻落实力度。将党委主体责任落实转化为指导工作的思想武器，不断坚定改革与发展的信心。完成对机关中层干部、各县支行领导班子成员“履行党风廉政建设职责民主测评”工作，满意率分别为97%和97.8%。通过创新党风廉政宣传教育，向全行各级党员干部发送廉政春联3条，廉政警句6条，廉政提示2条。开展巡察监督及员工参与经商办企业、民间借贷和非法集资专项治理活动。

【企业文化建设】 2014年，农行五家渠兵团分行以“爱心基金”“全国助残日”为契机，开展扶贫帮困，公益募捐等送温暖活动。全年走访慰问离退休老干部、困难员工、困难党员等29人，发放慰问金4.5万元。同时，建立困难员工档案，及时发放救助金20.5万元。通过组织开展庆三八、职工气排球比赛、先进人物事迹宣讲、“道德讲堂”，与六师国资委、经济技术开发区及财务局职工运动会举办运动会等活动。

【社会管理综合治理】 2014年，农行五家渠兵团分行牢固树立“经营加安全等于效益”的思想，努力做好安全防范工作，充分发挥保卫工作的保驾护航作用，营造良好的安全环境，确保全辖的安全稳定和业务经营的安全运行。仅2014年，全行共堵截各类诈骗案件5起，金额93 000元。

【消费者权益保护工作】 2014年，农行五家渠兵团分行对内开展消费者权益保护培训教育，提高员工消费者权益保护工作意识，对外开展各类金融知识宣传活动，提升广大金融消费者金融知识水平。在全行开展学习贯彻《中华人民共和国消费者权益保护法》、“3·15”消费者权益保护日、“金融消费者权益日”“普及金融知识万里行”“金融知识进万家”“金融知识普及月”等活动，每项活动全行26个网点全部参与，各项活动累计出动宣传人员200人次，发放各种宣传材料近4万份，举办金融知识讲座15次，营造稳定和谐的金融环境，取得良好的社会效果。组织开展金融知识进社区、进工厂、进学校、进乡村“四进”营销活动，举办金融知识讲座和推介会等方式，将银行卡、理财、自助渠道、中小企业贷款等金融知识送到金融消费者身边。（于　波）

中国工商银行股份有限公司五家渠支行

【概况】 中国工商银行股份有限公司五家渠支行（以下简称工商银行五家渠支行）党支部书记、行长陈薇（女），副行长张竟，石小彪。五家渠支行位于五家渠市长征西街666号，工行内设机构1个（五家渠支行营业部）。全行现有员工32人，其中女职工22人，少数民族职工2人，有大中专以上学历30人，中级职称2人，以及金融理财师，分析师6人。

【经营情况】 截至2014年12月末，实现拨备后利润9 992.66万元，较上年同期增加3 794.71万元，增幅61.25%；实现净利润7 516.02万元，同比增加2 838.58万元，增幅60.69%；人均实现净利234.88万元，较上年增加73.59万元，增幅45.63%。人民币存款余额（含同业）84 330.87万元，较年初减少4 329.61万元，增幅-4.88%。其

农业银行总行机关党委常务副书记赵剑辉（左一）慰问五家渠兵团分行五一劳动奖章获得者、困难党员张静平（中）。（宗振兴）

中储蓄存款余额45 326.35万元,较年初减少2 972.79万元;公司存款余额19 908.18万元,较年初减少5 025.23万元,机构存款余额15 459.01万元,较年初增加3 110.86万元,同业存款2 080.36万元,较年初减少526.96万元。人民币贷款余额232 724.80万元,较年初增加70 557.24万元,增幅43.51%。其中:个人贷款余额34 274.8万元,较年初增加17 107.24万元;公司贷款余额198 450万元,较年初增加53 450万元。

截至2014年12月末,实现中间业务收入3 425.51万元,完成序时进度286.17%;同比增加1 595.19万元,增幅87.15%,人均107.05万元。新兴业务也取得较好的业绩。个人网银证书客户,个人手机银行客户,企业网银证书客户都超额完成上级行下达的考核指标任务。

【业务发展】 2014年,工商银行五家渠支行始终坚持"定位中端,竞争高端,发展潜力"客户的新理念,将扩户工作作为金融产品营销的一个系统工程,充分利用各种有利因素,全方位开拓目标客户市场,全行上下牢固树立存款就是兴行立行之本,利用各种渠道抢抓业务源头,不断与工商行政管理部门,各类协会、商会的合作,同时也加大对新开户的考核和验资账户的营销力度,平时注重企业信息收集工作,重视前期与工商银行合作单位的信息交流,以招商引资大客户为目标,以其上下游客户为切入点,做好联动营销,增加开户数量,实现以点带面逐步扩大市场份额。在争揽账户的同时,严格把握消户关,确保工商银行账户比例提高。在夯实网点营销阵地基础上,通过规范营销,网点客户维护,账户激活和消户挽留,不断提升账户活跃度和综合贡献度,在加快中高端客户发展中,始终坚持"一手抓存量客户潜力,一手抓新客户发展",通过全行职工的密切配合和各种营销途径,在迅速扩大客户规模总量的基础上,推进存量客户结构优化调整,做好中高端客户的分层次维护工作。2014年工商银行五家渠支行围绕师市、六师煤电、碳素等大中型客户,再次实现公司,机构存款余额及中间业务收入增量的大突破。并在维护好存量客户的基础上,通过密集营销,积极跑动,与新疆梅花氨基酸有限责任公司建立长期合作关系。

【风险防控】 截至2014年末,五家渠支行不良贷款余额103万元(农贷),不良贷款率为4.43%。严格控制在总行要求限额以内。内控评价考核分值连续4个季度在全州排名第一。没有发生操作风险损失事件,运营风险考核也未出现超时回复现象,在全州开展的"双零"柜员活动中,工商银行五家渠支行有5人次评选为季度"双零"柜员,为增强员工风险防控意识,支行实行对员工行为动态管理,每月对员工进行1次案防教育,主要组织员工集中学习有关规章制度和上级行通报的各种案例,提醒大家防范风险。重要部门和行领导每年都要签订案件防范和党风廉政建设责任书,每2个月由行长亲自组织召开1次案件防范分析。每季度对全行员工进行1次非法集资风险专项排查活动,发现隐患苗头及时处理纠正,及时将隐患消灭在萌芽状态。在面对特殊的区情、社情情况下,支行更是高度警惕,及时成立护行小分队,加强行政值班和节假日安全巡查工作,平时定期开展防爆,防恐维稳及驻点保安履职,集中整治和各种突发事件应急预案演练。严防外部侵害性案件发生,在日常工作中,不断强化安全意识,营造和谐稳定的良好发展环。

【企业文化建设】 2014年,工商银行五家渠支行在快速稳健发展业务的同时,积极倡导以人为本的经营理念,在工会组织的大力倡导下,全行员工自觉开展岗位练兵活动,支行为员工搭建展示才华和业务技能的平台。为引导员工充分发挥自己的特长和爱好,丰富员工业余文化生活,支行党支部、工会、共青团经常组织员工开展各类健康向上的有益活动,除积极参加上级行组织的文艺节目,演讲、征文、摄影、知识竞赛、才艺比拼和广播体操等比赛外,支行还结合本行特点组织员工春季踏青、徒步、庆生以及三八节慰问女职工,六一儿童节给职工子女发放读书卡,夏季高温为员工送清凉,送健康,春秋绿化义务植树造林等各种形式活动。 (李焕善)

中国农业发展银行五家渠兵团分行

【概况】 中国农业发展银行五家

渠兵团分行(以下简称农发行五家渠兵团分行)党委书记、行长曾源,党委委员、副行长杨国伟、吴鲁江、石红。农发行五家渠兵团分行下辖3个县级支行,在职员工74人,党员47人。

【业务经营】 截至2014年末,农发行五家渠兵团分行各项贷款余额218 567.63万元。其中:政策指令性贷款14 537.63万元,占比6.65%;政策指导性贷款138 957万元,占比63.58%;商业性贷款65 073万元,占比29.77%;存款日均余额28 831.82万元,中间业务收入50.62万元;不良贷款持续保持"双无"。全年累放贷款220 015.62万元,累收贷款171 523.34万元,中长期贷款占比28.01%。

【规范经营】 2014年,中长期项目贷款继续实行投放和收回"双线"管理。对短期流动资金贷款计划,按照"扶优扶强、限小限劣、区别对待、及早规划"的工作要求,重点向龙头加工企业老客户、黄金客户、农业农村基础设施等领域倾斜,使信贷资产结构不断优化。是年,农发行五家渠兵团分行将组织存款作为改善经营的一项重要内容来有效推进,树立贷款、存款、中间业务"大营销"理念,"以存增效、存款兴行"提升服务水平,推进存款业务发展;2014年日均存款余额和人均存款均创历史新高。在利率管理方面,严格按照风险定价、效益定价、贷款利率定价体现政策倾斜和审慎下浮的定价原则,发挥利率杠杆对业务发展的促进作用;保证贷款存贷利率要素完整和利率执行正确。

【风险排查】 2014年,农发行五家渠兵团分行扎实做好贷款客户、机构人员信贷制度执行合规操作风险排查工作,对全辖20家,计79笔,金额25.58亿元的贷款和辖内信贷条线3个机构,20名信贷操作人员信贷制度执行合规操作情况进行排查,对发现问题建立台账,限期整改。对2家民营企业多头开户、多方融资情况的现状和风险隐患做出风险提示;对3家贷款企业或有负债事项进行风险提示,提升相关企业的贷款监管力度。

【客户评级授信工作】 2014年,农发行五家渠兵团分行完成22家客户的评级工作,贷款企业信用等级状况同比提升,AA+级以上客户贷款占比明显增加;完成21家客户的授信工作,授信总额489 218万元,总授信额度控制在合理水平,同时也客观反映用信实际需求情况,为确保信贷资产安全,有效防控信贷风险牢固树立第一道防线。

【法律合规审查】 2014年,农发行五家渠兵团分行开展各项法律合规工作,为主体业务保驾护航。全年共开展业务合同审查17笔计348 000万元,共出具法律审查意见47条(含风险提示7条);开展非业务合同审查17笔。其中有标的额2笔计52 057.38万元,共出具法律审查意见38条。完成信贷担保法律审查业务10笔计303 465.4万元,共出具法律审查意见40条。

【宣传教育】 2014年,农发行五家渠兵团分行在五家渠市繁华路段设立咨询点、悬挂宣传条幅、向广大社会群众散发宣传资料等方式,进行历时1个月的防范和打击非法集资宣传教育活动。特别针对中老年人及城市低收入阶层,重点进行现场咨询讲解宣传。5月,农发行五家渠兵团分行开展以"助小微、促升级、防风险、惠民生"为主题的小微企业金融服务宣传月活动。举办"六五"普法教育培训,聘请律师讲解担保法、物权法和合同法等法律条款并进行互动、考试,在准噶尔时报刊登庆祝中国农业发展银行成立20周年专版,在主要街道利用灯箱广告牌宣传农业发展银行支持"三农"发展及经营理念,全面增强全员的法律意识和激发学习法律的热情。

【群众路线教育实践活动】 2014年,农发行五家渠兵团分行按照中央教育实践活动的要求,坚持主题不变,镜头不换,抓住"四风"问题不放,解决"庸软懒散"现象和群众反映强烈的突出问题。一是全行集中学习达30多次,学习篇目达60多篇。二是组织开展革命传统教育。全体党员干部参观五家渠市军垦博物馆和"弘扬雷锋精神·践行党的群众路线"——纪念毛泽东同志为雷锋题词51周年图片展;赴五家渠监狱现场听服刑人员现身说法,接受警示教育。三是认真开展征求意见工作。分行党委通过谈心、走访客户、发放征求意见表等方式,广泛征求行内外意见。发放分行党委领导班子及成员作风情况民主评议表共计80份。其中地方政府、人民银行、银监局及贷款企业10份，收回率均为100%；发放基层行班子及成员作风情况民主评议表共计37份。开展谈心征求意见活动77人次。其中企业高管、业务人员10人次。通过各种方式共征求到意见和建议21条。

【培训学习】 2014年，农发行五家渠兵团分行鼓励和支持员工参加各类上岗资格考试、学历教育考试、社会职业资格考试。有1人参加MBA培训考试。充分利用卫星远程通信网，组织收看各项业务视频讲座，接受培训人员共计120人次，培训天数共计70天。

【廉政建设】 2014年，农发行五家渠兵团分行贯彻落实中央八项规定和六项禁令，加强作风建设、廉政教育，落实党风廉政建设责任制。突出抓好以领导干部为重点的反腐倡廉教育，分支两级行领导班子成员能够坚持领导干部廉洁自律各项规定，填报个人重大事项报告表。组织领导干部和党员集体观看全国优秀共产党员电视系列片《焦裕禄》，组织全行员工举办“弘扬雷锋精神、树立文明新风”专题道德讲堂。按月组织员工收看52集大型纪实电视专题片《忏悔人生》廉政教育系列片。

【维稳工作】 2014年，农发行五家渠兵团分行积极做好在重大会期、节庆日和敏感期的维护稳定和安保工作。层层签订安全保卫责任书，坚持24小时领导带班及员工值班制度，按季开展安全保卫大检查和营业机构风险等级自评工作；充实调整维稳安保领导小组和应急小分队，完善应急处置预案。严格落实安保的各项要求，对外来人开包检查、查验身份，质询事由并登记。安保相关人员定期对办公楼各类安全防范设施、安保监控设备等安保防范设施进行测试和检查。

【企业文化建设】 2014年，农发行五家渠兵团分行结合农发行总行开展建行20周年系列庆祝活动，组织开展“庆祝农发行成立20周年”为主题的五家渠兵团分行第三届职工摄影比赛；组织开展学雷锋青年志愿公益活动；开展以“青春筑梦农发行”为主题的纪念五四运动95周年“青年文化月”活动；组织女职工参加在三八节期间举办的以“减缓工作压力增进身心健康”为主题的心理疏导讲座；在第103个三八国际劳动妇女节来临之际，开展“我与农发行”征文活动。农发行五家渠兵团分行为员工送温暖：向身患帕金森综合症的员工捐款。全行参加捐款人数84人，捐款达31 750元。彰显全体员工高尚情操、良好的整体素质。 （张　晶）

中国建设银行股份有限公司五家渠支行

【概述】 中国建设银行股份有限公司五家渠支行（以下简称建行五家渠支行）党支部书记、行长李建新（女），党支部委员、副行长沙智江，张廷伟。

2014年，建行五家渠支行有营业网点2个，综合业务部门1个；全行现有在职人员30人，其中二级分行委派人员2人。女职工13人，博士生1人，大学专科以上学历29人。截至2014年末，全行一般性存款达到16.02亿元，本年减少1.27亿元，人均存款5 340万元；各项贷款余额26.14亿元，净投放新增了6.48亿元；年利润8 750万元。

【业务发展】 截至2014年末，支行实现账面利润8 750万元，实现中间业务净收入2 333万元 。信贷资产总额261 365万元，比年初增加64 769万元，信贷资产稳步增长，总量在当地占比居第二位。2014年实现中间业务净收入2 333万元，一般性存款余额160.21亿元，比年初负增加12 702万元。通过继续实施积分管理办法、落实案件防控和风险防范，支行员工的工作积极性和责任心进一步提高，安全运营、合规经营的意识逐步深入人心，全行风险管理和内控能力也得到提升。

【金融服务】 建行五家渠支行已形成本外币共同发展、立体交叉式的金融服务网络格局，金融产品渗透到社会生活的各个层面，成为当地最具综合实力的大型商业银行之一。2014年，五家渠支行拥有2个对外营业机构，5个自助银行（共计自动存取款机16台）及覆盖面广的电子银行，形成一个十分广阔的金融服务体系。发挥建设银行中长期贷款和经营管理固定资产投资的传统业务优势，不断加大对重点行业、优势行业和重点项目、支柱产业项目的信贷投入，对城镇基础设施建设、煤电、交通、水利、特色优质高效农业和高新技术产业等信贷支持，关注民生，对基础设施和公共事业领域的金融支持力度；加强对小微企业的信贷支持；服务“三农”，发展兵团农贷和各项绿色农业贷款，在当地经济建设中发挥金融主力军的作用。

（潘红斌）

五家渠国民村镇银行

【概况】 五家渠国民村镇银行董事长兼行长朱定国。2014年，五家渠国民村镇银行共设有9个管理部门和15个对外营业机构。管理部门分别是：业务发展部、合规风险部、信贷管理部、资产保全部、资金财务部、会计结算部、稽核内审部、科技部和综合管理部；营业机构分别是：微小贷款业务部、营业部、梧桐支行、芳草湖支行、新湖支行、呼图壁支行、枣园支行、蔡家湖支行、军垦路支行、红旗农场支行、共青团支行、奇台农场支行、商贸城支行、马桥支行、北塔山支行，全行员工共计175人。

【存款业务】 2014年，五家渠国民村镇银行各项存款余额15.4亿元，较年初增加15.2亿元，增幅10.9%。其中对公存款余额6.7亿元，较年初减少1.34亿元，减幅16.6%；储蓄存款余额8.22亿元，较年初增加2.72亿万元，增幅49.4%。全年日均存款余额14.4亿元，较年初增加3.8亿元，增幅35.8%。

【信贷业务】 2014年，五家渠国民村镇银行调整信贷结构，坚持“小额、流动、分散”的经营原则，降低经营风险。成立微小贷款业务部，满足当地中小微企业、个体工商户的信贷需求。根据六师五家渠地区产业结构调整和土地改革步伐，创新信贷产品，尝试推出土地经营权抵押贷款、活畜抵押贷款，满足新产业结构下的客户信贷需求。在调整信贷结构的同时，积极开展信用工程建设。在辖区4个支行进行信用工程建设试点工作，建立职工经济、信用档案，对客户进行信用等级评定，提高客户的信用意识，建立团场、连队、村镇银行为一体的信用服务体系。截至2014年末，五家渠国民村镇银行各项贷款余额12.67亿元，全行各项贷款总计12 245笔，贷款笔均额度11.81万元，较年初笔均额度增加3.34万元。贷款主要投放对象为农户贷款。其中：农户贷款余额8.93亿元；农村企业贷款余额3.25亿元；非农贷款余额5 017.04万元。存量贷款中法人客户81笔（62户），贷款余额3.25亿元，占比25.61%；个人类客户7 654笔，贷款余额9.43亿万元，占比74.39%。

【创新业务】 2014年，五家渠国民村镇银行拓展新业务，建立新机构，起用新人，拓宽新业务增长点。5月23日，第一张蜜蜂卡发行，年末累计发行蜜蜂卡22 700张，卡存款余额19 333万元，卡均存款0.85万元。7月20日，第一台POS机投入运营，全年布设理财POS机17台，商户POS机162台，全民付POS机13台，交易额达16 000万元。2014年，新开办五家渠“郁金香节”门票款代收业务、兵团石油加油站点油款代收业务、师市部分团场养老金代发业务。全年累计代收资金1.67亿元，代发养老金550万元，增加营销存款的新途径，增强存款的稳定性。2014年，根据六师五家渠地区近年产业结构及团场合并情况，新建分支机构5个，并启用年轻人担任管理人员。年末，新建机构存款余额27 801万元，日均存款达到12 144万元。

【合规经营】 2014年，全年累计制订完善信贷类制度共11项，会计类制度21项，下发各类明确事项3项；对信贷、会计工作从操作到管理实行标准化、规范化管理，根据各条线标准化、规范化实施细则严格操作管理，使“双基”工作有规可循，有章可依；认真做好反洗钱工作，通过规范操作流程，强化按章操作，使员工反洗钱意识逐步增强；探索不良资产处置、内部审计等其他管理工作的标准化、规范化建设，不断提升五家渠国民村镇银行的风险防范水平。

【风险防范】 2014年，五家渠国民村镇银行加大信贷、会计条线工作检查力度，全年共开展信贷检查8次，会计检查9次；安全保卫工作坚持“预防为主，防治结合”的工作方针，全年对营业网点进行安全保卫及信息科技安全大检查4次，按时通报检查结果，保障各行物防、技防设施安全；按季度对本行的监控、报警、办公设备进行巡检，对检查出的故障及时进行维修，确保设备运行正常；组织全行进行消防安全学习、消防演练，提高安全防范意识；把案件防控工作摆在重要位置，层层签订案件防控责任书，抵制非法民间融资活动，定期召开案件防控动员会进行案防分析，提升案件防控能力；积极开展各类自律监管检查、专项审计检查和员工行为排查工作，全年共组织自律监管、专项审计检查共10次，按季度进行员工行为排查，使案件防控工作不留死角。

【员工考核培训】 2014年，五家渠国民村镇银行管理部门完善薪酬管理考核体系，加大干部员工培训力度，适时吸收“新鲜”血液，提升全员综合素质。对分支机构实行等级管理制度，根据分支机构经营规模、盈利能力、管理能力等因素，划分等级实行差异化薪酬管理。根据不同岗位员工实行员工等级管理，根据员工综合技能、业绩等因素实行差异化薪酬管理。制定员工积分管理办法，将员工积分管理与绩效考核有机结合，激发员工工作的主动性。加强干部员工培训力度，提升综合素质。全年共开展集中培训29次，客户经理培训3次、会计主管柜员培训8次，聘请外部培训机构培训1次，组织9名中、高层管理人员在浙江大学培训1次，组织人员在国民村镇银行内部交流学习21次，通过培训学习提高干部员工的综合素质。2014年按招聘流程招聘新员工35人，对在工作中表现优异的19名优秀员工进行转正。通过推荐、竞聘启用5名年轻人走上管理岗位，储备后备干部2人，后备会计主管4人。

【文化建设】 2014年，五家渠国民村镇银行组织员工走街头、跑市场，进学校医院、入社区住户，上企业团场、下连队农户，开展“送福到万家”“金融知识进万家”“小微企业金融服务宣传”“敬老助弱”等一系列宣传活动，通过短信、横幅、电视媒体、报纸、内部刊物等工具提升公信力；把握时机，在全辖范围持续开展“早春创佳绩”“淡季比贡献”“蜜蜂行动、收获金秋”等存款活动；多渠道掌握信息，抓大不放小，做好大客户的存款稳定工作。组织员工开展迎新春暨成立6周年文艺汇演、新闻知识讲座、传统文化学习、商务礼仪学习、弘扬雷锋精神清洁家园、敬老爱老、关爱儿童、书画展、摄影比赛、演讲比赛等各类活动。通过广播、期刊、微信，提高企业文化影响力，2014年本行利用新建的视频系统开办“国民之声”广播站，全年“国民之声”广播站共播出22期；全年共编印《工作动态》20期，编印《国民人》报纸11期14 000份，向相关单位部门及客户共发送刊物7 000余份。

（刘雅茹）

中国邮政储蓄银行五家渠市支行

【概况】 中国邮政储蓄银行五家渠市支行（以下简称邮储银行五家渠市支行）党支部书记、行长王玲（女）。

2014年，邮储银行五家渠市支行内设综合业务部和综合管理部两大部门。辖属2个营业部6个营业网点，其中：城市网点3个，团场网点5个，代理网点7个。全行在职员工31人，其中女员工23人；本科以上学历21人。是年，全行总资产11.3亿元，人民币各项储蓄存款9亿元；与邮储银行昌吉州分行共同发放六师地区兵团小额贷款2.1亿元，电子银行、理财业务快速增长，新开办贵金属业务。

【信贷业务】 2014年，邮储银行五家渠市支行加强信贷管理，提高资产质量，大力支持中小企业、团场种养殖业和个体经营业的发展。落实贷款“三查”制度，监督检查到位，严控信用风险；规范信贷从业人员行为，“阳光”放贷。严格执行“九不准”“九严禁”制度规定，按季开展“背靠背”人员行为排查，防范道德风险；继续与劳动保障局合作，优先解决养殖、小商品经营和残疾人员等再就业、创业资金短缺的问题；深入中小企业和连队集中居住区，统一宣传中小企业贷款和小额贷款业务；开展“百日清收”活动，提高资产质量，贷款不良率控制在1%的可控范围之内。

【内控管理】 2014年，邮储银行五家渠市支行定期以合规大讲堂、案例警示等教育方式，提高员工合规意识；长期开展“合规大行动”活动，组织员工开展法律法规知识学习、员工巡回宣讲和讨论，自查自纠找出违规点，讨论整改措施并落实到位;每季度开展各业务条线风险排查、合规评价和检查工作,梳理出各项金融业务的风险点,并提出控制整改措施。在资金安全管理方面,通过现场检查、突击检查和专项检查等形式,对金融资金安全进行全面检查,及时整改存在的风险隐患;人员管理方面,按季开展金融从业人员的行为排查,定期进行重要岗位人员的轮岗。

【创先争优活动】 2014年,邮储银行五家渠市支行注重建设"学习型"银行,开展"创先争优"活动,激发员工们勇于进取的主动性,每周三定期学习金融知识和业务制度,采取分层面授、实战演练、现场提问等互动方式提升培训效果,激发从业人员学习热情;同时开展岗位技能大练兵活动,从手工点钞、汉字输入和模拟系统操作等基本功入手提高员工业务技能和素质;确立团队"创争"活动目标,明确"学习型组织""知识型员工"的条件。使员工明确目标,端正学习态度,全身投入到"创争"活动之中。通过每季一次的"操作能手"和"业务精英"比赛,及时通报并予以奖励,员工们"比、学、赶、超"竞赛氛围浓厚,争先创优意识高涨。2014年取得银行业从业资格证书的有28人,转聘优秀劳务工4名,累计转聘12人,是昌吉州分行转聘人数最多的支行;同时,做好"培优选树"工作,连续五年工作业绩优、资产质量好的信贷员孙黎明荣获新疆区分行"最美信贷员"称号。

【党的群众路线教育】 2014年,在党的群众路线教育活动中,邮储银行五家渠市支行开展服务基层、服务发展、服务群众的"三服务"活动,解决联系服务群众"最后一公里"问题,实地调查和收集各类意见建议及困难问题14条,一一进行解决和答复。同时,党员干部对照"四风"方面存在的问题进行自查自纠,及时整改。实现"干部转作风、党员受教育、群众得实惠"的教育目的,党员以实际行动密切党群关系。党支部组织中层管理人员认真学习《中国共产党章程》《国有企业领导人员廉洁从业若干规定》等规定,观看警示教育、学习优秀共产党员先进事迹,使党员干部真正做到自重、自省、自警、自励;公示高管人员履职监察要点和服务承诺,广泛接受群众的评议和监督。

【金融服务】 2014年,邮储银行五家渠市支行通过细化服务考核标准、加强培训工作、深入开展"创先争优 为民服务"活动,金融服务质量得到提升。网点坚持每日服务演练,使窗口服务工作做到标准化、规范化。邮储银行五家渠市支行营业网点按照《新疆分行营业网点服务规范》主要内容,在每日晨会上对柜员进行模拟演练和专业化培训,通过从品牌价值、服务创造价值、服务技巧、情绪管理与服务,启发和引导员工树立良好的服务理念,用心做好服务,真诚与客户沟通,建设一流的服务团队。支行以争创"服务示范窗口"为动力,一如既往地坚持微笑服务、双手递接、迎送问候。自2008年成立至2014年,无1例用户有理由申告。支行配备8台ATM机,其中,存取款一体机4台,取款机4台,覆盖城市和重点中心团场,客户可以灵活使用自助设备办理金融业务。

针对团场农户金融常识贫乏、金融理财观念淡薄、金融信息来源渠道少等情况,邮储银行五家渠市支行开展主题突出、形式多样的"送金融知识下团场"宣传活动。在宣传内容上注重实用性、时效性。先后开展"送国债知识下乡""普及金融知识万里行""反洗钱知识"宣传、"反假币知识"宣传、"珍爱征信记录""小微企业贷款知识下乡""送下岗再就业、创业人员贷款业务下团场"等大中型集中宣传活动。普及型宣传内容和重点内容相结合,既有各类金融业务的使用常识,也针对社会上出现新的金融诈骗防范金融知识。自"送金融知识下团场"宣传活动开展以来,累计开展宣传活动20余次,受众达3.2万余人,占覆盖区域农户的60%以上。广大团场农户通过宣传活动,不同程度地了解和掌握存贷款、预防假币、抵制非法集资、农户小额信用贷款、小企业贷款、银行卡、农村保险、投融资等方面的金融知识,受到较为全面的金融教育。 (朱桂燕)

昌吉市农村信用合作社兵团业务一部

【基本情况】 昌吉市农村信用合作社兵团业务一部(昌吉市联社兵团业务一部)经理赵岩明,副经理唐永亮,成立于2009年12月,办公地点设在五家渠信用社2楼。昌吉市联社兵团业务一部管辖五家渠信用社、梧桐信用社、一〇三团信用社、共青团农场信用社,员工13人。

【经营成果】 2014年,昌吉市联社兵团业务一部各项存款63 134.18万元,较上年减少982.96万元,下降 1.53 %。其中：储蓄存款 37 802.37 万元，占各项存款 59.88%；各项贷款 67 288.57 万元，较上年增加 15 502.68 万元，增长 29.94%；实现各项收入 7 005.91 万元，较上年增加 2 282.66 万元，增长 48.33%；实现中间业务收入 219.31 万元，较上年增加 94.71 万元，增长 76.01%。发行银行卡 7 303 张，安装 POS 机 49 个，开通网银 1 062 户，开通手机银行 771 户。

【金融服务】 2014年，昌吉市联社兵团业务一部主要为六师中、小、微企业，个体工商户，城市居民，连队职工提供金融服务。全年累计投放各项贷款 3 458 笔，金额 69 678.70 万元，累计投放涉农贷款 3 146 笔，金额 38 897.60 万元；累计投放小农场贷款 5 笔，金额 150.00 万元，累计投放小微企业贷款 4 笔，金额 2 320.00 万元，累计投放专业合作社贷款 46 笔，金额 1 469.00 万元，累计投放居民消费贷款 275 笔，金额 5 353.90 万元；签发银行承兑汇票 207 笔，金额 12 184.00 万元；办理企业及个人理财业务 68 笔，金额 1 231.00 万元。全年累计办理业务 100.07 万笔，柜面业务共办理 22.54 万笔，其中：现金收付业务 22.12 万笔，汇兑结算业务 0.42 万笔，ATM 机业务 77.25 万笔。

昌吉市联社五家渠信用社

【基本情况】 昌吉市联社五家渠信用社主任张玉梅，副主任张粤新。信用社成立于 2003 年 5 月，位于五家渠市天山北路 220 号，营业办公面积 440.34 平方米。2014 年，有员工 9 人。

【经营成果】 2014 年末，昌吉市联社五家渠信用社各项存款 3.56 亿元，较上年增加 1 931.95 万元，增长 5.74%。其中：储蓄存款 1.91 亿元，占各项存款 53.67%；各项贷款 38 351.53 万元，较上年增加 8 972.97 万元，增长 30.54%；实现各项收入 3 866.75 万元，较上年增加 1 085.47 万元，增长 39.03%；实现中间业务收入 132.28 万元，较上年增加 56.09 万元，增长 73.62%；发行银行卡 2 488 张，安装 POS 机 30 个，开通网银 427 户，开通手机银行 308 户。

【金融服务】 2014 年，昌吉市联社五家渠信用社主要为五家渠市辖内 3 个街道（军垦路街道、青湖路街道、人民路街道），1 个团场（一〇一团）等小区城市居民和周边的企事业单位提供金融服务。建立优质客户档案，开通 VIP 客户通道，狠抓存款组织工作。积极开展贷款营销，开办网银业务，深入市场推销安装 POS 机。开展“金融知识进万家”宣传活动。全年累计投放各项贷款 1 028 笔，金额 3.66 亿元，累计投放涉农贷款 834 笔，金额 1.33 亿元；累计投放小农场贷款 5 笔，金额 150.00 万元，累计投放小微企业贷款 1 笔，金额 200.00 万元，累计投放专业合作社贷款 8 笔，金额 529.00 万元，累计投放居民消费贷款 123 笔，金额 2 072.20 万元；签发银行承兑汇票 206 笔，金额 1.07 亿元；办理企业及个人理财业务 68 笔，金额 1 231.00 万元。全年累计办理业务 51.85 万笔，柜面业务共办理 11.70 万笔，其中：现金收付业务 11.55 万笔，汇兑结算业务 1 560 笔，ATM 机业务 4.01 万笔。

昌吉市联社梧桐信用社

【基本情况】 昌吉市联社梧桐信用社主任王多虎，副主任郭慧。梧桐信用社成立于 2013 年 5 月，位于第六师一〇二团阿凡提路凤凰商贸城 A 区 1 号，营业办公面积 964 平方米。2014 年有员工 6 人。

【经营成果】 2014 年末，昌吉市联社梧桐信用社各项存款 7 225.07 万元，较上年减少 3 475.25 万元，下降 32.48%。其中：储蓄存款 6 293.90 万元，占各项存款 87.11%；各项贷款 1.03 亿元，较上年增加 2 303.01 万元，增长 28.76%；实现各项收入 1 165.65 万元，较上年增加 755.18 万元，增长 183.98%；实现中间业务收入 54.38 万元，较上年增加 29.34 万元，增长 117.21%；发行银行卡 2 568 张，安装 POS 机 8 个，开通网银 210 户，开通手机银行 108 户。

【金融服务】 2014 年，昌吉市联社梧桐信用社主要为一〇二团辖内 17 个农业连队，17 个工交建商企业和科技、文卫事业单位，小区居民和周边的企事业单位提供金融服务。全年累计投放各类贷款 669

笔、金额9 600.00万元，累计投放涉农贷款568笔，金额4 520万元；累计投放小微企业贷款2笔，金额1 950.00万元，累计投放专业合作社贷款35笔，金额610.00万元，累计投放居民消费贷款136笔，金额2 520.00万元；签发银行承兑汇票1笔，金额1 500.00万元。全年累计办理业务35.95万笔，柜面业务共办理4.65万笔，其中：现金收付业务4.56万笔，汇兑结算业务912笔，ATM机业务31.30万笔。

昌吉市联社一〇三团信用社

【基本情况】 昌吉市联社一〇三团信用社主任丁建军，成立于2009年12月，位于第六师一〇三团蔡家湖商贸城A区1栋15号，营业办公面积355平方米。2014年有员工6人。

【经营成果】 2014年，各项存款8 785.05万元，较上年减少1 773.79万元，下降16.80%。其中：储蓄存款5 737.05万元，占各项存款65.30%；各项贷款9 053.87万元，较上年增加1 567.28万元，增长20.93%；实现各项收入1 029.41万元，较上年增加312.60万元，增长43.61%；实现中间业务收入16.43万元，较上年增加5.3万元，增长47.65%；发行银行卡1 177张，安装POS机5个，开通网银213户，开通手机银行165户。

【金融服务】 2014年，主要为一〇三团辖内15个农业连队，34个营连级单位，小区居民和周边的企事业单位提供金融服务。全年累计投放各类贷款885笔，金额1.18亿万元，累计投放涉农贷款885笔，金额1.18亿元；累计投放专业合作社贷款3笔，金额330.00万元。全年累计办理业务7.44万笔，柜面业务共办理3.87万笔，其中，现金收付业务3.77万笔，汇兑结算业务987笔，ATM机业务3.57万笔。

昌吉市联社共青团农场信用社

【基本情况】 昌吉市联社共青团农场信用社主任寇维庆，农场信用社成立于2009年12月，位于第六师共青团农场团部，营业办公面积260平方米。2014年有员工5人。

【经营成果】 2014年末，昌吉市联社共青团农场信用社各项存款1.15亿元，较上年增加2 334.13万元，增长25.40%，其中：储蓄存款6 665.34万元，占各项存款57.84%；各项贷款9 573.30万元，较上年增加2 659.43万元，增长38.47%；实现各项收入944.10万元，较上年增加129.41万元，增长15.88%；实现中间业务收入16.21万元，较上年增加3.96万元，增长32.41%；发行银行卡1 070张，安装POS机6个，开通网银212户，开通手机银行190户。

【金融服务】 2014年，昌吉市联社共青团农场信用社主要为农场辖内8个连队，1个现代农业示范园区，小区居民和周边的企事业单位提供金融服务。全年累计投放各类贷款876笔、金额1.17亿元，累计投放涉农贷款859笔，金额9 224.70万元；累计投放小微企业贷款1笔，金额170.00万元，累计投放居民消费贷款16笔，金额761.70万元。全年累计办理业务4.81万笔，柜面业务共办理2.31万笔，其中，现金收付业务2.24万笔，汇兑结算业务750笔，ATM机业务2.50万笔。 （王 玥）

中华联合财产保险股份有限公司昌吉分公司

【概况】 中华联合财产保险股份有限公司（以下简称中华保险昌吉分公司）昌吉分公司党委书记、总经理成协力。

2014年中华保险昌吉分公司坚持合规经营，创新改革，做强农业保险，做大做优车险、非车险、意外伤害和健康保险，以渠道建设、内控管理为抓手，以落实责任、创造业绩为重点，不断增强昌吉分公司综合实力，推进规模和效益的"双提升"实现昌吉分公司的新跨越。

【业务发展】 昌吉分公司2014年完成保费48 979.45万元，完成全年保费计划的108.91%。其中车险保费14 585.2万元，完成全年车险保费计划的108.84%；非车财险保费3 657.8万元，完成全年非车财险保费计划的97.28%；意外伤害和健康险保费4 315.73万元，完成全年人险保费计划的89.69%；农险完成保费26 420.7万元，完成全年保费计划的114.87%。

赔款支出：2014年赔款支出28 416.48万元，简单赔付率58.01%。其中，车险赔款支出8 152.02万元，简单赔付率55.89%；非车财险赔款支出312.07万元，简单赔付率8.5%；农险赔款支出18 301.36万元，简单赔付率69.26%；意外伤害和健康险赔款支出1 651.01万元，简单赔付率38.25%。

【农业保险合规经营】 2014年，中华保险昌吉分公司在农险合规经营上严格按照“三到户”“四统一”“五公开”“六条经营红线”的要求做好农险各项工作。其中“三到户”：一是承保到户，二是定损到户；三是理赔到户。“四统一”：统一政策，统一核算，统一条款，统一实物流程。“五公开”：一是惠农政策公开；二是承保情况公开；三是理赔结果公开；四是服务标准公开；五是监管要求公开。“六条经营红线”：严禁虚增承保面积以及改变承保品种；严禁使用未报备的条款、变更已报备的条款、费率进行批改；严禁虚假赔案；严禁侵占农户赔款；严禁以各种方式套取农险费用；严禁农户和县级及以下的政府欠费出单。公司做到开好职代会，开好团、连两级农业保险协调领导小组扩大会议，开好银保合作座谈会。采取多种形式进行学习宣传，让团场职工家喻户晓，依法维权。

【优赔增效】 2014年，中华保险启动“优赔增效”活动以来，公司从根本上入手，所谓“优赔增效”，即“优化理赔质量，促进降本增效”，这项活动不仅仅是要从理赔环节把好出口关，更要从销售、承保、风险合规等环节把好进口关，提高业务质量，重点关注“一进一出，一里一外”，需要各机构和各部门通力合作，全面协调，最终实现“降低费用 降本增效”的工作目标。公司在推行“优赔增效”活动中，将中华保险的“中华行活动”“八个三”工程和“五个一”工程等特色服务作为客户服务的工作重点，提高公司的知名度与美誉度，为公司业务发展打下夯实的基础。

【重大赔付】 2014年7月5日，中华保险昌吉分公司承保的新疆大黄山豫新煤业有限责任公司一号井发生瓦斯爆炸，导致井下17名工人遇难的重大事故，总公司及时批示于7月8日预付赔款约300万元。

【思想教育】 昌吉分公司每年注重对员工的思想道德教育，提升员工道德修养。按照每月1期的形式，开展以“身边人讲身边事，身边人讲自己事，身边事教身边人”为形式的“道德讲堂”活动，通过一个小故事、一首歌曲，学习《论语》《道德经》等经典，在潜移默化中提升员工文明素质。激发员工向身边好人学习，立足本职，爱岗敬业，廉洁诚信。

【公益活动】 2014年5月30日，六师民政局和中华保险昌吉分公司领导在端午节来临之际看望五家渠康寿圆养老院的老人，公司并送去8 000元慰问金。2014年11月6日，昌吉分公司组织公司全体员工向奇台农场敬老院孤寡老人捐献冬季御寒衣物300余件，并带去慰问金5 000元。每年的春秋两季昌吉分公司都积极参加六师五家渠市绿化植树造林活动，为师市的园林城市尽一份力。 （梁晓伟）

中国人民财产保险股份有限公司五家渠支公司

【概况】 中国人民财产保险股份有限公司五家渠支公司（以下简称人保财险五家渠支公司）经理钱晓峰。

2014年，人保财险五家渠支公司本着合规经营客户至上的服务理念，优化险种结构，向保费要效益，向市场要规模的经营理念，实现人保财险五家渠支公司业务规模向效益规模转变的过程。同年共完成非农险保费1 067万，实现利润97万，完成各项税收175万元。

【快赔增效】 2014年，五家渠支公司共接到客户报案近3 000件，达到立案的有近2 667件，人保财险五家渠支公司查勘人员在接到报案后快速反应，及时和客户联系，现场查勘率达到98.5%，对于案件赔付金额2 000元以下的实现当天结案，且当天结案率能达到30%，对于人伤案件进行人伤跟踪，实行理赔调解快速处理，全年人伤调解率达50%，为公司节省诉讼费等其他费用近5万元。

【销售管理】 公司自2012年实行多渠道销售开通4001234567的销售服务电话后，2014年又相继开通网上销售，手机销售等新的渠道，并取得优秀成绩，同时对于非车险业务也开通网上销售和手机销售等平台，大大方便客户。公司对于各种销售渠道都实行当日查验标的承保政策，这一举措为公司风险控制方面做出了重大贡献。

【公益活动】 2014年，人保财险五家渠支公司积极响应街道社区的号召，主动承担该社区内两家残疾贫困家庭的扶贫帮困工作，参与师市绿化办的春秋两季植树造林的工作，积极参与"3·15"消费者权益日的宣传工作。 （庞国芹）

中国人寿保险股份有限公司五家渠支公司

【概况】 中国人寿保险股份有限公司五家渠支公司（以下简称人寿保险五家渠支公司）经理杨镇江。人寿保险五家渠支公司隶属于中国人寿保险昌吉州分公司管理。公司位于五家渠市前进西街67号，下设经理室、综合管理部、个险销售部、团体业务部、银行保险部、客户服务部等6个内部职能部门，在六师一〇二团设有1个营销服务部。公司现有员工11人，保险营销员100余人。

【业务简介】 人寿保险五家渠支公司现已开办人寿保险、健康保险、意外伤害保险、分红保险、代理财产保险等5大类业务共上百个险种。公司坚持以发展传统型和分红型产品为重点，为服务于社会主义新农村建设，现又开办符合农民保险需求的国寿农村小额团体意外伤害保险、国寿附加小额意外费用补偿团体医疗保险等新型农村合作医疗保险。寿险以"新版康宁"系列重疾险为主，分红产品以"国寿鑫丰新A保险""国寿鸿盈保险"为主打产品，同时开办学生保险、计划生育保险、团体险、建工险、财产保险、车辆保险、银行、邮政代理保险等一系列品种齐全的保险业务。

【保费收入】 2014年，总期交保费收入1 062余万元，趸交保费1 000余万元，短险保费310万元，续期保费2 500余万元，超额完成上级公司年初下达的各项任务指标，国寿市场占有率89%以上。全年共计赔款630件，赔款金额814万元。 （张友兰）

新华人寿保险股份有限公司五家渠营销服务部

【概况】 新华人寿保险股份有限公司五家渠营销服务部（以下简称新华保险五家渠营销服务部）经理张严元。员工120人。

【业务发展】 2014年，新华保险五家渠营销服务部的团险、银代、个险、续收等四大业务渠道持续运行良好。4条业务渠道营销员严格执行新华保险《个人业务保险营销员合规品质管理办法》，思想统一，遵纪守法，坚持合规开展高品质的销售服务，一致受到客户好评。是年，新华保险五家渠营销服务部完成总保费900万元，其中新单期缴保费420万元，意外险完成保费80万元，银代保费完成400万元。为方便客户详细了解新华保险产品和进行优质高效的品牌服务，新华保险昌吉中心支公司为五家渠营销服务部派发了55部新华移动展业专用平板电脑，经客户亲身体验，使得保险内容、利益演算等问题一目了然，5分钟就可以完成承保。同时，还为五家渠营服派发1部POS刷卡机，为客户现场刷卡缴费带来便利，也使保险业务办理完全实现现代化、简易化。

【特色产品营销】 2014年，新华保险五家渠营销服务部根据市场和家庭需求，推出"新华盛世赢家""精彩一生"两个新的主打产品，受到客户欢迎。并且针对不同消费人群、不同年龄人群，为客户负责，量身打造全方位的保障计划，是年，新华保险五家渠营销服务部为五家渠千家万户送去的保障计划，产品涵盖了重大疾病保障、养老保障、意外伤害保障。人性化豁免条款保障了被保险人的权益。

【理赔服务】 2014年，新华保险五家渠营销服务部推出3G快速理赔业务，理赔专员上门服务，现场勘查取照，送鲜花礼品慰问出险客户，把理赔条款仔细地提示给客户，将理赔手续做到简单化、便捷化，半小时之内办理完理赔手续并进行支付赔款金额，既节省理赔时间，又解决客户的燃眉之急。新华保险五家渠营销服务部要求营销员找理由帮助客户完成理赔，将以客户为中心把服务落到实处。

是年，新华保险五家渠营销服务部赔付出险事故73起，赔付金额153万元，为出险家庭解决实际经济困难，也为政府部门减轻社会压力。 （任安琪）

农 业 | Agriculture

责任编辑 李 萍
题图摄影 铁 宇

综 述

【农业经济运行情况】 2014年，围绕“农业增产、团场增效、职工增收”的工作目标，坚持“稳粮、优棉、扩果蔬、增饲草”的结构调整方针，克服长期低温、冰雹、干旱、霜冻等多种灾害天气的影响，完成年初确定的工作目标，农业生产取得全面的丰产丰收。全年完成农业总产值96.92亿元，比上年增长9.3%。实现农业增加值40.78亿元（不含农林牧渔业服务业，调至三产），增长7.5%。连队常住居民人均可支配收入13 860元，增长10.3%。

【现代农业发展】 2014年，新增高标准农田6.2千公顷；新建续建规模养殖场（区）33个，建成棚圈584栋，棚圈面积43万平方米。创建国家级示范养殖场3个，师级示范养殖场6个；新建温室大棚189座；新建团场农机服务中心库棚8个，创建全国农垦农机标准化示范团场2个、兵团级平安农机示范团场2个。制定下发《六师五家渠市棉花机械采摘管理办法》，以质量为核心，对机采棉工作进行综合考核和奖励，促进机采棉各项工作开展，2014年全师完成棉花机采49.07千公顷，较上年增加7.69千公顷，占棉花总面积85%；番茄机采4.93千公顷，较上年增加3.93千公顷，占番茄总面积的58%。师市种植业综合机械化水平预计达到95.8%，较上年提高0.45个百分点。预计实现农产品加工产值83.84亿元，较上年增加12.35亿元，预计农产品加工业产值与农业总产值的比达到0. 82∶1。全师节水灌溉面积110千公顷；种子包衣85.67千公顷；棉花精量播种57.5千公顷；推广棉花超宽膜种植17.13千公顷；棉花、番茄、小麦、玉米优良品种覆盖率达100%。推广葡萄“厂”型标准化生产示范园建设，推进葡萄栽培管理技术标准化，产量比上年增长50%以上。

【防灾减灾】 2014年，自春耕春播工作开始以来，师市连续遭受3次大风、沙尘、低温冻害的灾害性天气影响，导致各类作物重播26.28千公顷，其中棉花重播20.1千公顷（含大风成灾1.38千公顷），其中：揭膜重播8.52千公顷，机械重播8.16千公顷，人工补种3.4千公顷。面对灾情，农业局反应迅速，决策果断，根据师领导安排对保苗低于70%的地块全部进行机械重播，其他的人工进行补种，在5月1日前全面完成重播补种和滴水工作，为抗灾夺丰收奠定基础，也给广大职工树立信心。大力推进病虫测报标准化、病虫绿色防控技术，完成专业化统防统治面积157千公顷，确保师市农业生产安全。

【畜牧业发展】 2014年，制订出台《六师五家渠市活畜抵押贷款管理办法(试行)》，创新信贷模式，盘活存量资产、拓宽担保资源，有效解决生产经营主体融资难的问题。是年，3个试点团场的2家养殖企业和1家养殖专业合作社通过活畜抵押方式获得金融机构贷款2亿元。2014年师市畜牧业贴息贷款额度1.56亿元，达历史最高水平，缓解发展资金不足的矛盾。制订出台《2014年六师五家渠市能繁母羊补贴政策实施方案》，师、团拿出专项补贴资金1 500万元，鼓励和支持养殖企业、合作社从疆外购买优质多胎生产母羊，提高能繁母羊数量和存栏比例。是年，全师从疆外引进优质多胎生产母羊10万只，预计生产母羊存栏比2013年提高10%以上。积极争取国家、兵团、山西对口援建等各类项目资金和补助资金9 400万元，达历史最高水平，大大改善师市畜牧业设施条件和装备水平。通过龙头企业带动和合作社的组织化作用，逐步建立"龙头企业(公司)+养殖专业合作社+农牧工"的产业发展模式，初步形成产加销相互衔接和协调发展的现代畜牧业产业体系。

【农工专业合作社】 截至2014年底，在工商部门注册登记各类专业合作社344个，比上年新增135个，其中种植业专业合作社41个，新增27个；畜牧养殖业合作社247个，新增97个；农机合作社34个；果蔬园艺业合作社22个，新增11个。注册资金达到90 831.52万元，社员人数达到6 713人，销售收入52 245万元，共带动1.35万职工参与到产业化经营，实现社员户均增收1 721元。农工专业合作社已成为师市农牧职工多元增收的重要组织形式。

【棉花加工质量】 2014年，投资1 799万元完善轧花工艺、更新生产设备、电路、管道和除尘设备，是年，师市各轧花厂累计收购籽棉37.1万吨，其中团属轧花厂收购籽棉30.2万吨。师市各轧花厂加工皮棉14.5万吨，其中团属轧花厂累计加工皮棉11.4万吨，白棉三级以上达到96.9%，各团场轧花厂已于12月20日前按期完成加工任务。

【强农惠农政策】 2014年，全年落实发放各类惠农资金1.61亿元，其中落实小麦农资综合补贴资金4 689.3万元，补贴小麦种植面积46.5万亩；良种补贴资金2 310.74万元；国家农机购置补贴资金5 600万元，带动农机投入总资金达2.8亿元；草原生态奖补资金1 330.25万元，涉及草原面积447万亩，牧民2 845户；兵团能繁母畜补贴资金1 550万元；测土配方施肥补贴资金200万元；农作物高产创建补贴资金151万元；小麦"一喷三防"补贴资金146.85万元；基层动物防疫工作补助资金95万元。

【生态文明建设】 2014年，实施准噶尔盆地南缘防沙治沙工程，完善高标准农田林网化和防护林建设，抓好绿色通道、城镇及中心连队绿化，加强国家级公益林和基本草原管护，采取有力措施巩固退耕还林、退牧还草成果，坚决依法严厉打击破坏森林植被、违法开垦林地、草场的违法行为。2014年完成植树造林1.85千公顷，完成高标准农田林网化造林0.67千公顷，森林(含特灌林)覆盖率达24.12%，实施退牧还草6.67千公顷。认真贯彻落实《畜禽规模养殖污染防治条例》，通过示范引导，采取干湿分离、分级沉淀、堆肥还田、生物发酵床等措施，不断提高规模养殖场粪污无害化处理水平，2014年先行试点5个养殖场并取得一定经验。依托师市独特的区位优势，把绿色农业、生态农业和旅游业结合起来，发展绿色生态休闲观光旅游农业和庄园农业。年度累计接待游客8万人次，带动团场富余劳动力达1 500余人，人均创收2.5万元以上。

【团场原连队居住区转型发展】 2014年，按照兵、师关于"三集中"工作部署和农业转型发展工作要求，全面促进师市团场原连队居住区转型发展工作有序发展，师市主要领导亲自多次召开现场办公会，将工作扎扎实实落到实处，将责任落实到人头，形成齐抓共管的良好局面，并要求农业局定期对各团场此项工作开展情况进行专项督导，将各团场原连队居住区转型工作开展情况纳入团场党委当年绩效考核范围。全年农业局进行专项督导2次，下达督查通报1期，截至2014年8月31日，全师所有团场连队原居住区转型发展试点连队已动工，目前大部分团场连队试点转型已初见成效。

【农业安全生产】 加强安全生产，严格落实安全责任制和责任追究制，严防重大消防安全和安全生产事故的发生。狠抓农电、农药、农机安全作业、农畜产品质量等方面的安全生产工作，组织开展清理整顿“黑车非驾”“农资打假”“农产品质量安全”“瘦肉精”等为重点的专项治理活动，依托五家渠农产品质监站、动检所、农机监理所等检测和执法单位对农业生产全过程安全实现全程监管，全年未出现1起重（特）大农业安全责任事故。

（路全民）

种植业

【概况】 2014年，完成粮食种植面积45.7千公顷，同比减少5.5%，预计总产40.36万吨，同比减少1.5 %，平均单产8 835千克/公顷，同比增长4.2%。其中小麦30.33千公顷，平均单产7 425千克/公顷；冬小麦播种面积20.93千公顷，平均单产7 395千克/公顷，春小麦9.41千公顷，平均单产7 500千克/公顷；玉米13.74千公顷，平均单产11 895千克/公顷，同比增长13.4%；水稻播种面积0.27千公顷，总产0.28万吨，平均单产10 320千克/公顷，同比增加3.1%；马铃薯种植面积0.46千公顷，平均单产10 080千克/公顷，同比增加11.9%。

完成棉花种植面积78.87千公顷，同比增加14.9%，预计总产19.01万吨，同比增长19.6%，单产2 415千克/公顷，同比增加4.1%。

2014年师市共上缴中央和地方粮库商品粮12.1万吨，超额10%完成国家下达任务指标。落实小麦农资综合补贴资金达到4 077.15万元。

【高产创建工作】 2014年，国家小麦整建制高产创建和4个玉米模式化攻关创建、1个棉花万亩高产创建项目，奇台农场2.8千公顷小麦整建制高产创建示范片平均单产达到8 700千克/公顷。奇台、红旗、共青团农场和一〇五团玉米模式化栽培万亩高产创建示范片平均单产分别达到15 855千克/公顷、12 405千克/公顷、16 680千克/公顷和15 930千克/公顷。

师市整连高产创建活动成效显著。一〇五团十一连165.6公顷小麦平均单产达到9 045千克；棉花三连354公顷平均单产达到6 780千克；奇台八道滩社区66.7公顷玉米平均单产达到18 360千克。土墩子农场四连138公顷食葵平均单产达到3 825千克。通过在高产创建示范片区内大力推广示范新冬22号、石冬8号及良玉66号、KX6 524、先玉335等优良品种，认真落实好粮食良种补贴、小麦农资综合直补、农机具购置补贴等政策，实施种子包衣、节水灌溉、化学调控、全程机械化、病虫害综防统治等技术，带动周边职工推广使用农业新技术，有效地提高粮食生产水平和稳产能力。

【测土配方施肥项目】 2014年，重点对芳新两湖垦区的耕地地力评价工作进行完善，主要完成的工作：收集整理相关资料。已收集第六师两湖区域MAPGIS格式的最新的行政区划图、土地利用现状图等。1980年第二次土壤调查成果图纸，芳草湖农场和新湖农场土壤图。各条田取样点GPS数据，共计3 682条数据。条田农业生产数据如作物产量、历年施肥量、土壤质地、碱解氮、速效磷、速效钾含量、盐分含量、灌溉水矿化度、地面坡度、剖面构型等资料。项目执行期间所有3414试验资料和示范资料。还包括土地、人口、农作物布局、国民生产总值、农业生产资料供应和生产、经营以及效益情况。耕地地力评价数据处理与编辑。完成两湖耕地空间资源数据的处理与编辑。采用ARCGIS软件对收集到最新的MAPGIS格式土地利用现状图进行格式转化为农业部要求的数据格式（SHP）。在土地利用图的基础上，依据土地利用信息和耕地地力采样点分布，编绘两湖区域的耕地资源空间数据。完成两湖土壤图的数字化工作。采用ARCGIS软件对收集到土壤图进行数字化。首先对两湖土壤图进行高清扫描，其中新湖有18幅，芳草湖有23幅。依据最新的土地利用现状图，将1980年的土壤图配准，使得土壤图较为准确的落在相应的空间位置。完成41幅土壤图的数字化工作。

【良种补贴项目】 2014年，配合兵团检查组对师5个团场2013年良种补贴项目实施情况进行核查，对存在问题的团场进行督促整改；对其他8个团场自查整改情况进行督导检查，并将检查结果、存在的问题和建议向团场进行通报。对2014年良种补贴面积进行核实上报，并及时将良种补贴第一次补贴资金下拨各团场。对小麦、玉米、棉花、水稻等4种作物共计101.5千公顷实施优良品种使用补贴，补贴标准分别为225元/公顷、150元/公顷、225元/公顷和225元/公顷，共补贴资金2 195.73万元。

【新型职工培训项目】 2014年，下达的培训计划为280人，经师市承担培训任务的畜牧兽医工作站、师市职业技术学校调研后，落实培训人数约500人，重点是对兵团确立的示范团场共青团农场和师市新湖农场、一〇三团的技术职工进行农艺栽培、特色种植、特色养殖方面进行培训，并对每人给予2 000元左右不等的食宿、交通、教材等方面的补贴，共发放补贴资金56万元。

【主要生产技术应用】 2014年，主要推广的小麦品种为新冬22号、石冬8号、新春17号及优良玉米品种KWS3564、郑单958等优良品种。粮食新品种推广率达到100%。加大节水灌溉技术推广应用。2014年全师粮食生产中应用喷滴灌面积39.02千公顷，占粮食播种面积77.25%，增加22个百分点。其中小麦滴灌面积5.54千公顷、占小麦种植面积的47%，增长了22个百分点；玉米节水灌溉面积14.89千公顷，占玉米种植面积的66.98，增长了4.7个百分点。在各级领导的重视下，小麦收获后复播面积大大增加，2014年复播面积达到4.51千公顷，平均公顷增收益6 300元左右。大力推广玉米高密度栽培技术。是年，全师玉米种植面积为22.23千公顷，基层各团场同时也加强对玉米的品种选择、密度配置及化学调控、全程机械化等技术的试验和推广。（路全民）

园艺业

【概况】 2014年，全师种植园艺作物23.4千公顷，其中种植酱用番茄8.52千公顷，同比增加33%，总产96万吨，同比增加23%，平均单产112.5吨/公顷；种植葡萄6.3千公顷，总产5万吨，同比增加67%；加工辣椒1.6千公顷，总产5万吨；西甜瓜4.3千公顷，同比增加25%，总产12.6万吨，同比增加40%；蔬菜种植2千公顷，总产13.5万吨；啤酒花种植0.5千公顷，总产1 575吨；发展设施农业420公顷，其中日光温室199公顷（当年新建日光温室189座）塑料大棚221公顷（当年新建89座），总产1.8万吨，主要种植西红柿、黄瓜、辣椒等蔬菜作物，发展特色林果作物280座，主要种植油桃、樱桃、葡萄、大枣、草莓、花卉等；发展连栋智能温室5座；郁金香、牡丹6.7公顷160万株，荷花33.3公顷25万株。

【果蔬园艺】 2014年，科学合理搭配番茄早中晚熟品种，选择3~5个主栽品种，大力推广机采模式配套技术。通过番茄育苗移栽、早中晚熟品种搭配拉开播期，突出早期和晚期原料均衡供应，育苗移栽占50%，中晚熟品种搭配占30%，今年机采番茄已达到50%以上；葡萄产业重点抓体制机制改革、低产低效园改造和培育丰产树形。通过多次学习考察八师葡萄管理先进经验，推行费用自理改革，加强标准化管理，提高职工管理的积极性和技术措施的到位率，葡萄产量5万吨，比上年增长67%以上。设施农业在抓好常规蔬菜的同时，探索发展特色产品。目前种植油桃70座、葡萄133座、食用菌92座等特色作物280多座。依托葡萄产业，发展绿色生态休闲观光旅游农业。延伸葡萄产业链，突出城郊特色，发展休闲观光农业、体验农业和都市旅游农业。采取认养、体验、采摘、文化、农家乐等形式，打造五家渠“葡萄谷”，年度累计接待游客5万人次，带动周边连队富余劳动力达1 000余人，人均创收2.5万元以上，观光旅游综合收入500万元以上。

【争取国家项目发展葡萄产业和林业】 积极申报国家项目和利用师市农业产业化资金，推动园艺业发展进度。2014年成功申报国家农业综合开发经济林项目资金270万，建设50公顷葡萄标准园和200公顷林业生态示范园，争取国家巩固退耕还林成果项目资金608万元，发展葡萄标准园和节水灌溉133.63公顷，发展林下养殖项目1个，林业补植补造533.33公顷，利用师市产业化资金设施农业“以奖代补”和农工专业合作社扶持办法积极推动园艺业发展进程，新建温室大棚278座，发展园艺农工专业合作社3家。

【加大改革力度，创新体制机制】 师市葡萄产业体制改革，坚持产权属性不变，职工承包经营管理，两费全额自理，生产实施“五统一”管理，加大葡萄产业管理力度，团场建立健全葡萄产业管理部门，配齐配强技术员，提高职工管理的积极性和技术措施的到位率。师市葡萄种植团场9个，体制改革团场7个，改革面积5.28千公顷，产量4.5万吨，比上年增长51.7%，其中葡萄体制改革的7个团场平均增长85.9%。

【作物高产创建推动园艺产业发展】 按照“百亩主攻单产，千亩创建高产，万亩带动增产”的要求，继续开展高产攻关，各团场积极上报参与高产攻关活动，加工番茄和鲜食葡萄小面积和整连高产创建验收工作全面完成，经高产创建验收一〇五团加工番茄单产达14.242吨，一〇五团三连整连制高产创建10吨以上面积207.72公顷；一〇一团鲜食葡萄弗雷二级果以上单产达1.56吨。

【发展特色园艺产业】 在抓好设施农业常规蔬菜的同时，大力发展特色高效园艺作物，不断提升特色产业档次和效益，促进设施农业经济的均衡发展和多渠道增收。共青团农场引进红颜、御用等优质草莓苗，于9月中旬全部定植，元旦、春节前上市，单产1吨左右，单价100元/千克，亩产值达10万元；军户农场、芳草湖农场、一〇六等团场大力引进食用菌种植，每棚每茬单产8吨，单价16元/千克，每棚产值达12万元以上。

【推广新科学新技术】 2014年，师市大力推广葡萄树形改造133.3公顷，葡萄标准园建设133.3公顷，葡萄标准化栽培管理6千公顷，葡萄机械施肥、喷药、除草和埋土6千公顷；推广园艺作物种子包衣16千公顷，精量半精量机械播种13.3千公顷，优良品种使用率达100%，使用杂交品种率达75%；育苗移栽3.2千公顷，其中酱用番茄2.8千公顷，占播种总面积的33%以上，鲜食蔬菜0.4千公顷；加工番茄机采面积5千公顷，占播种总面积58%以上，同比增加270%。 （宋晓辉）

农业植保

【主要农作物病虫害发生防治概况】 2014年，师市全年主要农作物病虫草鼠蝗害总体2级发生，累计发生面积160.1千公顷·次，较上年增加23.9千公顷·次，防治233.7千公顷·次，减少33.6千公顷·次，防治挽回损失7.08万吨；虫害发生面积77.9千公顷·次，增加18.5千公顷·次；病害发生面积18.7千公顷·次，减少5.2公顷·次；农田草害发生面积55.9千公顷·次，增加2.94千公顷·次；鼠害发生面积6.8千公顷·次，飞蝗发生面积0.8千公顷·次。

棉花病虫草发生62.9千公顷·次，较2013年减少29.4千公顷·次，防治91.7千公顷·次，减少79.7千公顷·次。其中棉蚜、棉黑蚜、棉蓟马、双斑萤叶甲等虫害1级发生，棉叶螨、棉铃虫2级发生，棉花病害(枯、黄萎病)2级发生。

粮食作物中，小麦病虫害发生面积4.36千公顷·次，较上年减少6.71千公顷·次，防治8.6千公顷·次，减少16.6千公顷·次；玉米病虫害11.8千公顷·次，减少9.4千公顷·次，防治13.1千公顷·次，减少26.4千公顷·次。

蔬菜(番茄)发生面积11.92千公顷·次，防治25.67千公顷·次，葡萄发生面积2.73千公顷·次，防治5.93千公顷·次，其他作物发生2.58千公顷·次，防治3.2千公顷·次。

【病虫害预测测报】 2014年，师市植保站把病虫测报作为首要工作来抓，从4月份开始至8月下旬每星期下团场进行田间调查，收集信息，利用各种预测预报技术对我师范围内病虫害的发生期和发生量进行预测预报，在病虫监测的关键期，要求师市13个测报站点每3天上报1次数据，同时与其他师局和邻近地方农业技术推广部门专家探讨、交流农作物病虫害的发生态势，通过多方数据多方位、多角度的全面分析，预测出准确的农作物病虫危害高峰期。2014年，各团场测报站向六师、兵团提供病虫草各类调查结果130余次，各类病虫害报表450余份，调查数据15 000余条，发送各类病、虫信息报告70余期，1 500余份，预报短期准确率在90%以上，中期准确率在70%以上，覆盖全师85%以上的面积。六师测报站共发《病虫情报》8期，长期预报准确率95%，中短期预报95%。为全师开展病虫防控，提供可靠依据和技术保证，有力的指导了我师农作物病虫草害的防治。

【植物检疫】 2014年，严格按照产地检疫规程规定，在农作物生长期间，组织人员，认真开展田间检疫检验，全年共受理7个单位8种植物49份产地检疫申报单，实施产地检疫面积464.5公顷，总产量635.1吨，签发产地检疫合格证48份。强化调运检疫，把好种子苗木及应检植物、植物产品进出关，全年办理各类种苗调运检疫证15批次5 037千克10万株，鲜活农产品105批次3 139吨，共收取各类检疫费用2.75万元，为师市种苗和鲜活农产品外运外调做出配套的服务。同时在4月份种子市场经销旺季，联合工商、种子管理站对师市农资市场进行两次检查。按照自治区《关于开展2014年蔬菜种子检疫专项联合执法检查的通知》(新农办植〔2014〕第31号)要求，重点针对蔬菜种子生产繁育企业(基地)和批发市场，主要检查企业是否依法申请开展产地检疫和调运检疫、是否存在假冒检疫证明编号和编号不全、是否存在不经检疫就私自外运等违法行为，集中整治蔬菜种子持证率低，检疫证书编号不实等突出问题。在检查中，针对种子经营店铺存在的无检疫证书等违规行为，做出处理决定并进行说服教育，要求及时补证，同时与经销户主展开面对面的法律法规宣传交流，发放宣传材料200份。根据《全国农技中心关于开展2014年全国农业植物检疫宣传月活动的通知》(农技植保〔2014〕42号)和自治区《关于开展2014年全区农业植物检疫宣传月活动的通知》的要求和精神，9月组织开展五家渠市"植物检疫宣传月"活动，宣传月期间组织植物检疫人员在市主要种苗繁育基地及批发市场、农产品集散地等设立宣传站点1个，宣传短信20条，发放宣传资料210份。

【推广示范项目、试验完成概况】 2014年，承担兵团项目4个，棉田化学农药减量示范项目示范区设在共青团农场和新湖农场各133.33公顷，棉花病虫害绿色防控技术示范项目示范区设在共青团和新湖农场各133.33公顷，玉米全程防控核心示范区项目133.33公顷设在军户农场，海岛素示范项目20公顷设在共青团农场。2014年六师植保站利用10万元项目资金采购绿色生物农药，改造施药药械用于项目示范区建设，共投入生物农药品800千克，用于减量控害和绿色防控项目的实施，帮助军户农场改造药械和烟雾机各1台。承担兵团药剂试验6个，包括草还通、意比西除草剂试验，迈舒平种衣剂试验，可立施杀虫剂试验，玉米螟、红蜘蛛、瘤黑粉病7个药剂对比试验，脱叶剂试验。完成六师科技局食诱剂项目1个，六师脱叶剂试验示范1个。

【统防统治】 2014年，六师专业化服务组织13个，从业人员1 986人，较上年新增176人，持证上岗人员1 440人，大中型植保机械3 571台架。完成统防统治面积156.9千公顷·次，其中全程统防统治面积87.6千公顷·次。2014年农药使用总量600吨，其中杀虫剂178吨，杀菌剂113吨，除草剂163吨，杀螨剂81吨，植调剂50.9吨，杀鼠剂14.1吨。配合兵团技术推广站工作人员对中西线垦区开展农药、肥料质量抽检，重点对师、团国营农资公司(仓库)、个体私营门店的各种农药肥料产品展开质量抽检活动，抽检兵团指定农药样品30个、肥料样品20个。

【植保技术服务】 成立植保专业技术工作组，加大对专业技术人员和职工的培训力度，提高绿色防控技术和科学使用化学农药的水平。在病虫发生期间到各团场田间进行病虫害摸底调查，分析病虫发生态势，并进行技术指导，做好预防和防治的办法和措施。制定农作物重大病虫害防治预案，确保对突发性病虫害的发生采取有效的防治措施。大力推进绿色防控和减量控害、玉米病虫害全程防控示范区的建设，集成"农业防治、物理防治、新型诱控、生物防治"等高效配套技术，使之成为先进农业技术推广示范的窗口。 (殷桂强)

畜牧业

【概况】 2014年，全师实现牲畜存栏105.56万头(只)，同比增长18.2%，其中，牛存栏5.44万头，同比增长7.1%、猪存栏23.57万头，同比增长9.3%、羊存栏75.98万只，同比增加22.3%、家禽存栏209.65万羽，同比增加33%；全年出栏牲畜122.02万头(只)，同比增长8.7%，其中，生猪出栏38.81万头，同比增长6.5%、牛出栏7.91万头，同比增长8.7%、羊出栏75.07万只，同比增长9.9%、禽类出栏552.92万羽，同比增长22.2%；肉类总产6.48万吨，同比增长9.4%;牛奶总产2.65万吨,同比增加4.8%;禽蛋总产1.34万吨,同比减少11.3%。实现畜牧业产值22.29亿元,占农业生产总值的23%。

【饲料价格】 2014年,一季度师市玉米平均价格为2.1元/千克,同比下跌2%;棉粕平均价格为1.95元/千克,同比下跌9.4%;苜蓿平均价格为1.67元/千克,同比下跌9.3%;麦秆价格为0.3元/千克,同比上涨6%。三、四季度,玉米、苜蓿、麦秆、棉粕均有上涨,年末价格分别为2.15元/千克、1.75元/千克、0.35元/千克、2.22元/千克,较上年同期涨幅分别为6.48%、19.05%、17.86%和13.85%。

【生猪价格】 2014年,从2月份开始,师市生猪生产形势发生逆转,产品价格大幅下跌,最低时,生猪活重跌至10.2元/千克,同比下跌27.1%,猪肉市场零售价格跌至19元/千克,同比下跌23.8%。年末,生猪市场出现轻微反弹,生猪价格11.6元/千克,猪肉市场零售价达到22元/千克。总体来看,全年生猪养殖处在亏损状态,平均出栏每头生猪亏损295元。

【牛羊肉价格】 2014年年初,伴随着猪肉价格的一再下滑,市场猪肉消费量增长较快,而价格偏高的牛羊肉受到冲击,消费量大幅下降,牛羊肉滞销现象十分普遍。牛肉出屠宰场批发价为40元/千克,市场零售价为55元/千克,较上年价格下降8%。牛活畜收购价由上年的29元/千克下跌为26元/千克,下跌10.3%;羊肉活畜价格为21元/千克,较上年度同比下跌23.08%,市场零售价格为50元/千克,较上年度同比下跌17.86%,养羊效益显著降低。

【禽类产品价格】 2014年,禽类生产总体形势较平稳。鸡蛋价格波动较大,尤其是二季度,鸡蛋价格涨跌交替,幅度较大,最高时达到11.5元/千克,创下近5年来蛋价的新高,最低时蛋价保持在7.6元/千克,基本处于盈亏平衡点,全年鸡蛋均价9.8元/千克,较上年度同比上涨8.89%;肉鸡价格较稳定,一直维持在17~18元/千克,较上年度同比增长15.38%,淘汰蛋鸡价格35元/羽,较上年度同比增长29.4%。养鸡效益十分突出,全师新增养鸡户数量较多。

【牛鲜奶价格】 2014年,全师成年奶牛存栏减少较多,鲜奶平均零售价5元/千克,较上年同比下跌16.7%,奶厂收购价3.6元/千克,较上年度同比下跌22.3%。

【畜牧业标准化养殖场建设】 2014年,师市按照“六化”和“六统一”的要求,推进标准化规模养殖场(区)建设,全年师市新建续建规模养殖场(区)33个,建成棚圈584栋,棚圈面积43万平方米。截至年底,已建成标准化规模养殖场185个,其中国家级示范场5个,兵团及师级示范场14个。

【肉牛肉羊养殖】 2014年,师市仍坚持以推进肉牛肉羊养殖作为突破口和重要抓手,加快全师畜牧业发展。争取兵团能繁肉牛、肉羊母畜补贴政策,鼓励和引导企业、合作社购买优质肉牛肉羊生产母畜,提高能繁母畜数量和存栏比例,增强自繁自育能力,制订出台《2014年六师五家渠市能繁母羊补贴政策实施方案》,师本级财务补贴300元/只,团场补贴200元/只,共计1 500万元,鼓励和引导养殖企业、合作社从疆外购买优质多胎生产母羊,提高能繁母羊数量和存栏比例,夯实发展基础。全年全师从疆外引进优质多胎生产母羊11.18万只。扩大饲草料种植面积,全年种植饲草17.34万亩,同比增加7万亩。

【养殖专业合作社】 师市按照“团连引导、干部带头、能人牵头、职工入股、统一经营、按股分红”模式积极推进养殖专业合作社发展,全师共注册养殖专业合作社247家,2014年新增91家,注册资本金7.5亿元,注册社员3 691人,带动职工6 344人,养殖专业合作社已成为师市畜牧业发展和职工增收的重要组织形式。鼓励和引导龙头企业创办、领办合作社,支持龙头企业参与合作社基地建设,通过保底收购、股份分红、利润返还、合作社与龙头企业相互持股等方式构建二者紧密型利益联结机制,逐步建立“龙头企业(公司)+养殖专业合作社+农户”的产业发展模式,形成全产业链协调发展的格局。

【畜牧业政策资金扶持】 师市以规模化、标准化、产业化为方向,不断加大政策资金扶持力度。协调农行、国民村镇银行、信用社等金融机构，扩大畜牧业贴息贷款规模，全年师市畜牧业贴息贷款额度1.56亿元，达历史最高水平，大大缓解发展资金不足的矛盾，有力地推动师市畜牧业向标准化、规模化、产业化方向转型。制订出台《六师五家渠市活畜抵押贷款管理办法(试行)》(师市办发〔2014〕19号)等文件，盘活活畜资产、拓宽担保资源、创新信贷模式，有效解决养殖专业合作社、养殖企业等生产经营主体融资难的问题。截至年底，3个试点团场的2家养殖企业和1家养殖专业合作社通过活畜抵押方式获得金融机构贷款2亿元。争取国家、兵团、山西对口援建等各类项目资金和补助资金9 429万元，其中已落实到位兵团甘莫公路示范带养殖基地建设项目资金3 000万元、山西对口援建资金1 668万元、兵团能繁母畜补贴资金1 550万元、草原生态奖补资金1 800万元、标准化养殖场建设项目资金270万元、退牧还草建设项目资金298万元、畜牧良种补贴资金133万元、基层动物防疫工作补助资金95万元、重大动物疫病疫苗资金615万元。

【规模化养殖场粪污无害化处理】 2014年，师市现有规模化养殖场185个，粪污处理工作相对滞后，当年通过示范引导，采取干湿分离、分级沉淀、堆肥还田、生物发酵床等措施，着力解决猪、牛养殖场的粪污处理工作，主动向周边地区先进经验学习，不断提高粪污无害化处理水平，当年先行试点5个养殖场并取得一定经验，为推进规模养殖减排工作打下基础。

【重大动物疫病防控】 2014年，全师累计领购猪O型W疫苗179万毫升，牛羊O-I型W疫苗235万毫升，牛A型W疫苗73万毫升。累计免疫牲畜W病309.72万头(只)。其中：O型-亚I型双价苗免疫牛13.24万头次，免疫羊195.19万只；A型疫苗免疫牛13.24万头次；免疫羊10.7万只次；O型疫苗免疫猪77.19万头次；免疫其他动物0.16万头次。

累计领取禽流感灭活苗255万毫升，禽-新冻干苗84万羽份。免疫鸡393.08万羽次，鸡新城疫免疫393.08万羽次。

累计领取猪瘟疫苗157.2万头份，免疫猪瘟77.19万头次；高致病性猪蓝耳病灭活疫苗23.4万毫升，活苗131.4万头份，免疫高致病性猪蓝耳病77.19万头次。

累计领取小反刍兽疫疫苗159万头份，免疫羊119.26万只次。

【重大动物疫病检测】 2014年，共检测畜、禽血清4.95万份次，其中牛1.03万份次，羊1.06万份次，猪1.24万份次，禽1.61万份次。其中：牛口蹄疫O型免疫抗体检测3 663份，合格3 315份，合格率90.5%；牛口蹄疫亚I型免疫抗体检测3 290份，合格3 039份，合格率92.4%；牛口蹄疫A型免疫抗体检测3 320份，合格3 012份，合格率90.7%。羊口蹄疫O型免疫抗体检测4 677份，合格3 875份，合格率82.9%；羊口蹄疫亚I型免疫抗体检测4 137份，合格3 446份，合格率83.3%；羊口蹄疫A型免疫抗体检测230份，合格205份，合格率89.1%。猪口蹄疫O型免疫抗体检测4 228份，合格3 269份，合格率77.3%；猪瘟免疫抗体检测4 593份，合格4 155份，合格率90.5%；高致病性猪蓝耳病免疫抗体检测3 585份，合格3 314份，合格率92.4%；高致病性禽流感免疫抗体检测8 508份，合格7 819份，合格率94.3%；新城疫免疫抗体检测7 649份，合格7 172份，合格率93.8%；羊小反刍兽疫免疫抗体检测1 582份，合格1 046份，合格率66.1%。

【病原学检测及送检】 病原学检测4 798份次，其中师本级检测984份，兵团委托检测3 814份。采集口蹄疫等病原学样品送兵团畜牧兽医工作总站检测，共送检样品3 263份，其中口蹄疫O-P液241份，禽流感H5N1亚型拭子样846份，新城疫拭子样846份，禽流感H7N9亚型拭子样546份、血清106份、环境拭子样15份，小反刍兽疫眼结膜拭子153份，血清40份，犬粪样470份。

【“两病”监测】 2014年，师市检测牲畜布鲁氏菌病和牛结核病104 543头(份)次。布鲁氏菌病8.30万份次，阳性样品3份，阳性率0.004%。牛结核病监测2.15万头次，检出阳性牛8头，阳性率0.04%。

【其他动物疫病监测】 2014年，师市动物疫病防控中心监测其他疫病检测1 955份次。其中犬狂犬病免疫抗体检测97份，合格56份，合格率57.7%；牛、羊棘球蚴检测528份，阳性样品2份，阳性率0.38%；

马传贫检测119份，未检出阳性样品，马鼻疽检测40份，未检出阳性马匹；H7N9禽流感检测1 171份，未检出阳性样品。另外，猪甲型H1N1流感临床观察12.367万头次，无临床疑似病例。

【小反刍兽疫防控工作】 2014年，全师共免疫羊84.5万只，免疫密度达98%，新生羔羊和新购入羊的免疫工作持续进行。开展小反刍兽疫疫情监测和流行病学调查工作。为了解师市小反刍兽疫免疫情况，保证免疫质量，师市畜牧兽医工作站制订小反刍兽疫检测方案，同时加强流行病学调查。截至目前，共抽取1 582份羊血清进行监测，合格1 046份，合格率达66.1%。加强检疫监管，防止疫情传入。师市切实加强对养殖户的宣传，严禁从疫区购入羊只，同时对各团场外购羊只进行查证验物，做到物证相符。严格执行外购畜审批程序，加强引入后监管，杜绝因异地引种带入疫病。加大对动物及动物产品交易市场的监督检查力度，一旦发现来自疫区的动物及其产品，要严格按照国家有关规定及时、果断处置。

【重大动物疫苗储运】 师市重大动物疫病免疫疫苗严格按照兽用生物制品的管理规范，执行疫苗主渠道供应制度，疫苗实行专人管理。为做好疫苗等冷链体系建设工作，师市目前已建立冷藏库2个，冷冻库1个，解决集中免疫前大量疫苗储存不便的问题，保证师市疫苗储备充足，配送便捷。按照师市一年3次集中免疫要求，在集中免疫前分3次租用冷藏车向13个农牧团场统一配送重大动物疫病疫苗，累计配送口蹄疫疫苗268万毫升，高致病性禽流感240万毫升、猪瘟124万头份、高致病性猪蓝耳病87万头份，高致病性猪蓝耳病灭活苗28万毫升，确保疫苗在运输途中冷藏保存；各团场每周对冷冻、冷藏疫苗冰箱、冰柜进行1~2次的测温；2014年师市购买180个防疫冷藏包，并全部发放师市基层动物防疫员，确保疫苗的质量。

【重大动物疫情应急演练】 2014年，为积极应对突发动物重大疫情和公共卫生事件，师市在加强防控体系建设的同时，积极建立突发重大动物疫情应急体系。师市成立重大动物疫病防控指挥部，分别制定应对突发高致病性禽流感、高致病性猪蓝耳病、牲畜口蹄疫等重大动物疫病的应急预案。是年11月12日，在全师组织开展1次重大动物疫情防控应急演练，制订《六师五家渠市突发重大动物疫情应急演练脚本》《六师五家渠市2014年应急演练实施方案》。

【动物标识和疫病可追溯体系建设】 2014年，师市各团(场)认真执行国家动物标识和疫病可追溯体系建设政策，认真做好动物标识的申请、签收和发放工作，师市牲畜二维码标识实行统一网上订购，统一发放，同时规范团场二维码标识的入库、发放记录。是年的耳标统计及网上申报工作已经完成，共订购猪耳标29.35万枚，牛耳标7.11万枚，羊耳标43.8万枚。为解决耳标钳在佩戴过程中容易断裂的问题，师市统一采购160把质量好、易操作的耳标钳下发至各团场，保证防疫员人手1把，确保耳标佩戴工作顺利开展。开展牲畜二维码标识佩戴工作，辖区内牲畜标识佩带率达100%，统一标识佩戴登记表，登记内容详细到户、到畜。

【基层动物防疫员补助经费落实】 2014年，为加强基层动物防疫员的动态化管理，提高基层动物防疫员工作的积极性，合理有效的使用好基层动物防疫工作补助经费，制定《农六师五家渠市基层动物防疫员工作补助资金管理办法》，团场将3次集中免疫密度和免疫质量作为考核基层动物防疫员的重要依据。同时，将考核结果与兑现防疫员补助经费相挂钩，使基层动物防疫员感受到考核的严肃性，防疫员的责任心得到进一步增强。年初师市对上级拨付的95万元防疫补助经费已全部下拨各团场，各团场根据基层动物防疫员的考核情况予以发放。

【团场实验室建设】 2014年，师市兽医实验室对酶标仪、生化培养箱、污水处理系统等设备进行补充和更换。一〇三团、军户农场各30万专项资金，用于兽医实验室改造、仪器设备购置等。目前，六师有10个兽医实验室，5个兽医实验室通过考核验收，一〇二团、芳草湖农场兽医实验室已提出申请验收。一〇三团、军户农场在师市兽医实验室人员指导下，正在积极开展实验室改建、仪器设备购置、体系文件建设等工作。

【肉羊杂交改良】 2014年，师市积极争取国家畜牧业良种补贴项目资金123万元，其中绵羊良种补贴项目资金96万元，补贴种羊1 200只；27万元良补冻精的采购，共计2.7万剂。全师存栏肉用种羊4 753只(包括种羊场1 981只)，其中新购进优质肉用种公羊387只，肉羊杂交改良授配母羊31.64万只，2014年产肉羊杂交改良羔羊22.18万只；落实完成品种改良示范连队52个、示范户362户；组织完成梧桐种羊场、新湖方兴肉用种羊场、奇台裕繁种羊场1 981只种羊的分级鉴定，并对其档案资料、饲养管理情况及产羔情况进行调查；按计划开展肉羊杂交改良考核检查工作。完成奶牛良种补贴冻精授配母牛2 965头，肉牛良种补贴冻精授配母牛1 147头。

【草原生态补奖政策执行情况】 2014年，按照兵团要求完成2012年和2013年草原生态保护补奖机制牧户信息系统录入审核，以及2013年禁牧区、草畜平衡区和牧草良种补贴地块上图工作；完成2014年师草原生态保护补助奖励机制实施方案兵、师、团报批工作，全师实施禁牧补贴115万亩，落实草畜平衡奖励332万亩，享受牧民生产资料综合补贴2 845户；完成2013年师草原生态保护补助奖励机制绩效评价资料汇编并上报；组织开展2014年师草原工作检查，重点对草原补奖工作进行检查考核并对实施效果进行调查，完成草原生态保护补助奖励机制评估报告，规范草畜平衡年检卡和巡查管护记录的填写。

【师市基本草原划定】 2014年，在上年完成禁牧和草畜平衡区域转绘上图的基础上，4月经师畜牧兽医局协调，从师国土资源局借调北塔山牧场、红旗农场和奇台农场草原权属界线相关数据，按照3个团场提交的划定方案及规划预留用地说明，师草原监理所到石河子大学联合兵团专家指导组对基本草原划定草图再次进行修正，明确团场基本草原权属界线；9月团场畜牧部门、国土部门对划定结果进行确认，并行文上报师和兵团，目前基本草原划定成图正在制作中，经划定确认：北塔山牧场划定基本草原300.8万亩，基本草原划定面积占草场总面积的90.22%；红旗农场划定基本草原81.14万亩，占草场总面积的49.9%；奇台农场划定基本草原面积21.19万亩，占草场总面积的51.1%。

【草原征占用审核审批】 2014年，师完成受理各类草原征占用审核审批项目9个，其中征用使用草原7个(涉及临时占用草原6个)，修建服务用工程设施使用草原2个，项目涉及北塔山牧场哈密风阳、三峡新能源、京能新能源风电场及输变电站，红旗农场养殖小区建设等，共征占草原面积13.15公顷，企业向兵团缴纳植被恢复费29.59万元。9月底，代表兵团迎接农业部草原监理中心对草原征占用审核审批工作的专项检查。

【草原执法监督】 2014年，共查处各类草原违法案件9起，其中非法征收征用使用草原案1起、违反草原禁牧休牧规定案5起、违反草畜平衡规定案1起、其他破坏草场围栏案2起。向兵团报送草原各类信息11篇，其中在中国草原网刊登7篇、中国草业网刊登1篇。师草原监理所被评为2014年兵团草原普法宣传月活动先进单位。

【草原生态监测】 为保障监测数据不受外界因素影响，各团场积极规范草原生态监测点建设，今年全师6个草原生态固定监测点(兵团级重点监测点3个)全部完成围栏建设，并设立监测标志牌，9月底全面完成6个固定监测点的监测任务，共计做测产样方95个，取得有效的监测数据。通过2014年监测数据分析，草原补奖机制实施4年来，师禁牧区草原植被盖度、平均高度均值为17%、19.2厘米，分别比实施前增加8.97%、3.1厘米；草畜平衡区草原植被盖度、平均高度、单位干草产量均值为34%、22.08厘米、55.83千克/亩，分别比实施前增加16.9%、4.6厘米、7.31千克/亩。

【鼠虫害测报防治】 2014年，师、团草原部门上下联动，在鼠害发生严重区开展“草原灭鼠减灾”活动，通过进连入户，提高广大农牧民科学灭鼠积极性。2014年全师草原鼠害发生44.1万亩，其中严重危害16.1万亩，害鼠以黄兔尾鼠、大沙鼠为主，平均密度为210~420个有效洞口/公顷，累计防治面积10.93千公顷，挽回牧草直接经济损失147.6万元，实现“保护草原、减少损失、惠及牧民”的目标。6~8月，师团实行草原虫灾24小时值班制度和报告制度。2014年全师草原虫害发生39.2万亩，其中严重危害15.7万亩，虫害种类以西伯利亚蝗、意大利蝗为主，虫口平均密度为18~30头/平方米，累计防治面积16.1万亩，其中北塔山牧场和红旗农场完成兵团4万亩印楝素防治蝗虫任务。

【畜牧兽医科研工作】 2014年，师市畜牧兽医研究室申报师项目课题7个，审批3个(其中专项课题1个)，分别是：牧区土种牛高效杂交研究与示范(红旗农场、奇台农场和北塔山牧场为课题完成单位，需配合此项课题的实施)；野生动物疫病监测与预警系统研究(与青格达湖自然保护区管理站合作完成)；多胎肉用羊三元杂交技术的研究与示范；是年共实施项目课题8个，其中：专项课题2个，2014年结题课题3个，2015年结题课题3个，2016年结题课题2个；3月底，向师科技局申报2009~2013年师科技进步奖项目课题8个，并于5月30日通过由师科技局组织专家进行的答辩，其中2个为科技进步二等奖；9月，申报2015年兵团科技计划2个，1个应用基础研究项目，1个软科学研究项目，分别于10月15日和17日完成答辩；实施兵团重大科技专项1个，现已完成一期试验，当年正在开展1期试验，并发表论文2篇；建成动物营养实验室，为以后师市动物营养研究奠定基础。

【培训工作】 2014年，举办3期畜牧兽医业务培训班，各农牧团场分管畜牧领导、畜牧科长、兽医站长、草原站站长、动物卫生监督所长及业务骨干参加培训班。培训班对上年各项工作进行总结，提出存在的问题，并对2014年工作开展方式进行交流探讨，同时对畜牧兽医相关业务报表、基层动物防疫员防控、实验室监测理论知识、检测技术操作、绵羊人工授精理论和实践操作技能进行分班分批次培训，共培训专业人员200余人次，通过培训切实提高师市畜牧兽医人员的知识理论水平和业务素质；《草原司法解释》解读、草原征占用审核审批、草畜平衡年检卡填写、草原报表规范、鼠虫害防治等，还邀请石河子大学教授进行现场草原监测技能操作培训。

【动物卫生监督法律法规宣传】 2014年，师市动物卫生监督所为积极推行动物产品安全生产诚信体系建设，增强监管对象的社会责任意识，师市动物卫生监督所始终把宣传贯彻落实《动物防疫法》等相关法律法规作为一项常抓不懈的工作来抓，通过发传单、摆板报、设立咨询台向广大群众传授兽药饲料、畜禽产品安全等方面的知识，增强广大群众安全消费观念。是年“3·15”消费者权益日，发放《动物防疫法》《肉品鉴别常识》《购买动物产品须知》等宣传单2 000余份。另外，参加五家渠市电视台的《民生》栏目2期，以动物防疫执法办案现场为背景，告知广大消费者不要购买未检疫的动物产品。

【屠宰检疫】 2014年，师市动物卫生监督所严格执行屠宰检疫操作程序。按照“定点屠宰，集中检疫”的原则，要求官方兽医严格执行屠宰检疫程序，规范检疫操作，严格按照操作规程实施宰前、宰后检疫。严把“入场关”“待宰关”“同步检疫关”“宰后处理关”。加强入场索证登记、标识回收登记制度落实，确保屠宰检疫申报率和受理率达到100%，出场动物产品检疫合格率100%，保证上市动物产品质量安全。另外，为提高检疫业务技能，结合实际编写“屠宰检疫程序”和“屠宰检疫主要传染病、寄生虫病的症状及病理变化”材料，组织检疫员认真学习，并反复理论考试和实际操作考核，确保检疫操作规范。推进畜禽屠宰监管职能交接。为贯彻落实《国务院机构改革和职能转变方案》和中央编办关于将商务部生猪定点屠宰监督管理的职能划入农业部的精神，是年10月，师市编委下发《关于调整师市畜禽屠宰监管职责有关问题的通知》(师市编办发〔2014〕10号)文件，将师市商务局畜禽屠宰监督管理的职责划入师市农业局(畜牧兽医局)，在师市动物卫生监督所增挂师市屠宰技术中心的牌子，加强师市畜禽屠宰监督管理的技术支撑和服务保障工作。

【跨省乳用种用动物检疫】 为规范师市跨省引进乳用、种用动物检疫审批工作，师市动物卫生监督所按照有关规定，做好行政许可的告知，统一制作公示牌，公示审批程序、实验室检测要求、申请单位或个人所需提供资料，使养殖户对审批手续一目了然,节省办事时间,提高办事效率;严格检疫审批,严把输出地、输入地资料、实验室检测是否达到要求;抓好引进动物的落地监管,严格按照《动物检疫管理办法》的规定时限监管隔离,做好隔离观察日志,建立审批、落地监管记录归档制度。从2010年至今共引进种猪1 502头、种羊3 339只、奶牛1 800头、种鸡45 000羽,检疫审批率100%,审批表查验率和实验室检疫率100%,隔离观察率100%,杜绝外来疫源,保障养殖生产安全。

【动物卫生监督管理】 师市动物卫生监督所坚持重大节日定期、日常不定期监督检查的原则,对动物饲养场、屠宰场、动物产品经营场所进行监督检查。养殖场重点检查动物防疫条件、管理制度落实、养殖档案建立、检疫申报等;经营环节重点检查动物产品的来源、检疫情况,做到重大节日固定检查,日常每月随机两次检查;屠宰场重点检查动物防疫条件、制度落实情况。全师统一印制动物饲养场(户)养殖监管记录表、动物屠宰场监管记录表、动物产品经营环节监管记录表,从监管内容、记录格式上再次规范监管工作。是年,组织监督检查团场养殖场140个次,五家渠市动物产品经营摊点440个次,监督检查过程中立案查处违法行为15起,罚款2 725.5元,无害化处理不合格动物产品300千克,没有出现行政复议、行政诉讼案件。

【兽药及其残留监管】 根据兵团办公厅《关于兵团2012年农业投入品质量监督抽查情况的通报》和师市领导的相关要求和部署,师市动物卫生监督所在年初下发《关于加强兽药使用监管工作的通知》,组织开展兽药专项整治活动。结合兵团下达计划任务,制订师市兽药、饲料、动物及动物产品兽药残留监控工作计划,安排部署抽检任务。2014年送检兽药22批次,药残26批次,饲料38批次,完成全年送样任务。对被通报的不合格兽药的经营者进行查处,同时实施“检打联动”,做到一店查处,全辖区清缴,对五家渠市21家兽药店逐个排查,未发现《通报》中的同批次假劣兽药。为各兽药店建立诚信档案,将3年来的违法行为记录在案,逐店下发告知书,以此增强从业人员依法经营的意识。当年,监督所组织兽药店监督检查3次,参与农业局组织的农资打假活动1次,出动执法人员12人次,执法车辆2车次,监督检查兽药店21家,查办经营假兽药案7起,罚款5 018元,通过工作方式的改变、创新,有效控制兽药监督案件的发生,维护兽药经营市场秩序,保障投入品质量安全。

【“瘦肉精”专项整治】 为保证养殖安全,杜绝饲养过程中添加“瘦肉精”或其他违禁物质,师市自2011年每年拨付专项资金用于开展全师养殖环节、屠宰环节、调运环节的生猪、肉牛、肉羊瘦肉精抽检工作。此外,加强宣传,制定养殖安全承诺书,告知养殖户添加使用“瘦肉精”是违法行为,将被追究法律责任,3 000余户养殖户自愿签订养殖安全承诺书,承诺饲养过程中绝不使用“瘦肉精”等违禁物质。是年,全师发放“瘦肉精”检测卡6 700套,其中师级购置6 550套,兵团下发150套,养殖环节检测生猪2 015批次、肉牛281批次、肉羊1 344批次,屠宰环节检测873批次,截至目前未发现阳性样品。

【病死猪无害化处理监管】 为确保师市生猪无害化处理工作有序开展,向养殖场户发放《病死或死因不明动物无害化处理告知书》,明确养殖户是无害化处理的第一责任人,让其了解病死猪无害化处理补助政策和申领补助程序。落实监管职责,依次做好生猪规模化养殖场(区)病死猪数量登记、无害化处理过程监管、影像资料存档等工作。推行集中、定点无害化处理模式,各团场根据实际情况,选择适合的无害化处理方式。六师主要采取直接掩埋法,生猪养殖较为集中地区设立无害化处理点,挖宽1米、深2米、长50~100米的坑,从坑的一端开始,按无害化处理要求铺撒石灰,放入病死猪,在尸体上铺撒石灰,掩埋放病死猪的一段坑,逐段填埋,根据养殖规模确定坑的数量。六师共青团农场正大猪场采用的是化尸房,化尸房是采用美国生猪死亡无害化处理模式进行设计建造而成的,高3.8米、长20米、宽4米,分5个小单元,每个单元4×4米,使用时撒布锯末及正大欧力信菌类,每个单元使用1个季度,年处理能力3 000头。开展专项检查确保补助经费的发放,2012年、2013年师市分别无害化处理生猪2.20万头、2.26万头,补助资金已全部发放到位,2014年数据收集上报工作已完成。

【兽药经营使用监管】 师市卫生监督所为认真落实农业部、兵团组织开展的兽药产品标签和说明书规范行动要求，制订《六师五家渠市兽药产品标签和说明书规范行动实施方案》，对兽药店下发《关于组织开展兽药产品标签和说明书规范行动告知书》，规范兽药产品标签和说明书，保障养殖安全用药。是年，监督检查兽药店64个次，抽检兽药21批次，查处经营假兽药案4起，罚款2 604元。对抽检发现的假兽药实施“检打联动”，做到一店查处，全辖区清缴。

【五家渠市城郊畜牧业】 五家渠市畜牧业以饲养奶牛、生猪、家禽为主，年末牲畜存栏18.3万头(只)。其中，牛存栏0.23万头，猪存栏7.37万头，羊存栏10.7万只，家禽存栏23.7万羽；牲畜出栏20.22万头只，增长14.1%，其中：牛出栏0.39万头，生猪出栏15.36万头，羊出栏8.32万只，禽出栏214.32万羽，肉类总产1.47万吨、增长16%，牛奶总产5 640吨、下降18.8%，禽蛋总产955吨，下降4.4%，实现畜牧业总产值5.32亿元，占农业总产值的32%，较上年提高5.13个百分点。 （樊洪涛）

林 业

【概况】 2014年，全师林地资源面积207.333千公顷，其中有林地10.273千公顷，灌木林地179.02千公顷，疏林地0.38千公顷，未成林造林地1.866千公顷，苗圃0.4千公顷，无立木林地0.306千公顷，宜林地28.42千公顷。森林面积189.293千公顷，森林覆盖率（含特灌林）24.12%（根据六师林地保护利用规划成果）。

2014年，全师造林计划1.8千公顷，实际完成1.847千公顷，完成计划任务的102.8%。其中防护林（乔木林）完成1.154千公顷；防风固沙林（灌木林）0.693千公顷。义务植树12.4万人次，植树1 035万株。全师林改面积已达7千公顷。全年办理采伐证56份，采伐蓄积量18 314.4立方米。巩固退耕还林9.6千公顷，完成国家级公益林管护任务161.64千公顷。育苗面积600公顷，育苗2 100万株。开展林业有害生物预测预报110千公顷，林业有害生物实际发生面积为3.713千公顷，整体属于偏轻发生年份，其中春尺蠖发生面积0.713千公顷，鼠害发生3千公顷，生物农药防治森林病虫鼠害3.713千公顷，无公害防治率达100%，林业有害生物成灾率低于0.8‰。全年发生森林火情7起，过火面积20公顷，森林火灾受害率低于0.4‰。保护湿地6.067千公顷，解救和救护国家二级以上保护鸟类40余只，依法制止无关人员进入青格达湖自然保护区核心区和缓冲区近400人次，上报野生动物疫源疫病防控情报290期，H5N7型、H7N9型禽流感监控期开展野外取样检验200余次。

【退耕还林工程】 2014年，全师巩固退耕还林工程面积9.6千公顷，拨付退耕还林补助资金1 253万元。同时，积极争取六师2014年巩固退耕还林成果建设项目，项目投资568万元，林地节水灌溉0.133千公顷、标准园0.133千公顷、补植补造0.533千公顷，培训1 273人。强化退耕还林管理，巩固退耕还林成果，积极支持鼓励职工发展林业产业和特色林果，开展树种改良、林下经济、花卉苗木、森林旅游等后续产业，为职工增收、团场增效，林业产业发展开辟新的途径。

【国家级公益林管护工程】 2014年，师市圆满完成师辖区161.64千公顷国家级公益林管理管护任务，强化9个团场和单位国家级公益林管护中心建设，落实管护人员共322人。年度建设完成围栏153千米、界桩199块、宣传碑48块、管护用房40平方米。

【森林防火】 落实防火期24小时值班制度，加强护林防火宣传，发放宣传单2 500份，防火安全手册600本，宣传扑克135副，出动宣传巡逻车38台次，防火成果展板9张，森林防火简报3期，上报宣传报道7篇，广播电视宣传21次。加快森林防火项目建设，增强防火装备保障能力，年度完成“六师森林重点火险区综合治理建设项目”163万元国投资金，新建4座火情瞭望塔、4套森林火险监测系统，30块护林防火宣传牌，200台风力灭火机，200把打火拖把，200套扑火服等防火设备。

【林业宣传】 师、团林业站向兵团林业局报送林业信息30篇，悬挂法律法规宣传横幅标语40条次，团场撰写宣传文章72篇。师森林公安局充分利用团场科技之冬学习时机，分别在一〇三团、一〇五团、一〇六团、新湖农场、芳草湖农场等团场开展警示教育活动，进行退耕还林、公益林法律法规知识和案例分析授课，制作彩图喷绘皮卡流动宣传车、印制发放宣传单10 000份，并录制公益林及退耕还林知识宣讲带4段。

青格达湖自然保护区管理站开展科普宣传教育活动，2月2日“世界湿地日”组织全站干部职工到周边乡镇和五家渠市开展湿地宣传活动，并制作发放湿地保护宣传单6 000份、挂图200份、PPT宣传牌100个取得良好效果。5月21日科技周活动期间，按照师市科协要求，会同龙泉社区组织六师技校近百名师生到湿地进行“与湿地握手，和生态拥抱”科普宣传活动，五家渠电视台进行全程拍摄。8月21日，全国科普日活动期间，根据师市科协文件精神，以“创新发展，全民行动”为主题，组织社区中小学生结合湿地保护工作，进行科学知识宣传和湿地保护教育。同时为更好的宣传湿地，五家渠电视台在青格达湖自然保护区拍摄《湿地纪录片》，为兵团成立60周年献礼。

【林业培训】 2014年，师市林业局开展林业培训工作，全年培训林业技术人员500余人次，团场职工2 100余人次。重点推广生根粉、泥浆沾根、保水剂、盐碱改良剂等科技造林技术，派出林业技术人员现场指导职工采取科技造林，全师造林成活率平均提高25%。

8月18~19日，加强森林资源管理，规范国家级公益林管护，提高森林资源管理人员的管理技能和水平，结合师市林业工作开展情况，在五家渠举办国家级公益林与森林资源管理暨编制“十三五”期间年森林采伐限额培训班。培训各团场和单位林业技术骨干50多名，主要学习森林资源公益林及林地年度变更软件使用、布置学习“十三五”期间年森林采伐限额编制方案及软件使用和重点学习林地资源管理软件Arcview。

【非法侵占林地清理排查专项行动】 2014年11月20日，师市林业局接到国家林业局“非法侵占林地清理排查专项行动部署电视电话会议”、《国家林业局关于开展非法侵占林地清理排查专项行动的通知》(林资发〔2014〕156号)和《关于开展非法侵占林地清理排查专项行动的通知》(兵林(资)发〔2014〕106号)文件，师市林业局制定《六师开展非法侵占林地清理排查专项行动实施方案》(后简称《实施方案》)，成立专项行动领导小组，下达《六师关于开展非法侵占林地清理排查专项行动的通知》(师市农(林)传〔2014〕98号)，安排部署全师及各团场开展非法侵占林地清理排查专项行动。2014年11月27日~12月15日，由团场开展专项行动全面自查工作，12月15~30日，由师市林业局、森林公安局、林业工作管理站组成联合调查组，开展此次专项行动团场复查工作。

《六师开展非法侵占林地清理排查专项行动实施方案》下达各团场后，各团场均能积极展开专项行动，按时完成清理排查工作，及时上报行动总结和非法侵占林地清理排查专项行动统计表。团场自查情况为违法违规侵占林地12起，涉及林地面积56.771 5公顷，蓄积202.786 4立方米，其中违法占用林地2起，涉及林地面积0.271 5公顷，蓄积202.786 4立方米；毁林开垦10起，涉及林地面积56.5公顷；案件发生区域均不在自然保护区、森林公园、湿地公园、重点国有林林区、国有林场范围内，收回林地面积56.52公顷。

根据团场自查情况，师市联合调查组按时开展第二阶段复查行动，共出动警力人力200余人次、车辆50多台次，走访调查相关人员200余人。经详细调查：违法违规侵占林地11起，涉及林地面积54.831 5公顷，蓄积202.786 4立方米。目前团场完成处理1起，森林公安局立案9起，已办结3起，处罚违法行为人3人，已收回林地面积54.58公顷。师森林公安局对于非法侵占林地资源的，无论案件大小均要依照《中华人民共和国森林法》《中华人民共和国刑事诉讼法》等相关法律法规立案，并按照程序处理，依法追究涉林案件当事人法律责任，做好被非法侵占林地的收回、植被恢复工作。

【森林公安执法】 2014年，师森林公安共接受各类报警82起，出动警力328人次，共受理各类涉林案件22起，查处22起，其中立为刑事案件15起(非法占用农用地案13起，盗伐林木案2起)，破获15起，移送起诉10案13人；立行政案件7

起，查处7起，处罚违法行为人8人，收缴罚没金额21.55万元，案件综合查处率为100%，全年无错案，无退侦案件。同时收回封育林地203.7公顷，填埋侵占林地非法机井3眼，拆除机井高压线3.7千米，进行国家级公益林及野生动植物保护巡视20余次。

按照兵团森林公安局的统一安排和部署，师森林公安从2014年3月1日至5月30日期间，开展为期三个月的保护林地资源、严厉打击毁林开垦非法占用林地专项行动。共出动警力126余人次、警车83余台次，查处刑事案件7起，起诉4人，涉案国家级公益林45.3公顷。开展师市辖区内兵团重点保护野生动物造成职工利益受损的补偿申请工作，年度共受理各类野生动物侵害家畜事件53起，全局共出动警力212人次，制作现场勘验报告53本，称重、掩埋被袭击牲畜220只，在做好受灾农户信息整理上报工作的同时，师森林公安局专门组成调查组，深入团场监督、核查上一年度野生动物袭击家畜补偿资金发放情况，严格按照兵团森林公安局要求，督促团场做到专款专用，使资金及时、准确发放到受灾农户手中。

5月13~28日，6月5~20日，师森林公安干警分两批参加兵团森林公安局在三师图木舒克市举办的为期15天的反恐防暴应急处突培训班，提高全体民警的快速反应能力和反恐、处突实战技能。

师市高度重视森林公安建设，筹措资金110万元，对新建森林公安办公楼进行功能区改造，建设全封闭、全程摄录像办案区280平方米，其中讯问室2间，询问室2间，辨认室1间，信息采集室1间，该功能区改造完成后，将使森林公安局规范化执法办案能力得到新的提升。刑事技术方面，全年勘验现场105次，制作现场勘验报告105本，现场照片983张，摄像2 856分钟，刻录光盘56份。

为改善民警的工作、生活条件，森林公安局积极开展留人、留心工程，在新办公楼落成之际，筹措资金21万元购置设备，规划建设民警小餐厅、洗衣房、健身房、图书室各1座，该批工程的顺利建成，将极大方便民警的日常起居，提高民警业余生活水平。

【青格达湖自然保护区】 2014年，自然保护区管理站疏浚河道5千米、新建铁丝围栏近10千米、消防水坑100个，收割芦苇近千亩、制作砖混宣传牌2座，铁艺宣传牌50个。购买割草机设备1套，道路平整机1台、平整道路10千米。加强湿地保护基础设施建设，有效提升湿地管理和森林防火能力。

保护区管理站年度共救护野生鸟类76只，救护的鸟类有：国家二级保护鸟类蓑羽鹤、黑耳鸢、猫头鹰、大麻鳽，列入国家三有鸟类的大白鹭、苍鹭、红嘴鸥等。经管理站技术人员的精心照料，逐渐康复，并联合师市兽医站对救护鸟类进行放飞前检查，现大部分鸟类已重返蓝天。

管理站科技人员申请实施师市科技项目2项，青格达湖自然保护区外来入侵植物的调查分析（项目编号：1415），五家渠市野生动物疫病监测和预警系统研究（项目编号：1420），目前项目均进入具体实施阶段。

【林业有害生物防治】 2014年，开展森林病虫鼠害测报及防治工作，师森防站和全师3个中心测报站（奇台农场国家级森林病虫鼠害中心预测预报站、一〇三团和新湖农场兵团级森林病虫害预测预报站）共监测林地110千公顷，发布病虫鼠害情报60期，发送森防宣传信息78篇。林业有害生物实际发生面积为3.713千公顷，整体属于偏轻发生年份，其中春尺蠖发生面积0.713千公顷，鼠害发生3千公顷，生物农药防治森林病虫鼠害3.713千公顷，无公害防治率达100%，林业有害生物成灾率低于0.8‰。同时，除对主测对象春尺蠖、杨梦尼夜蛾、杨毒蛾、害鼠进行监测外，还对毛毡病、白杨透翅蛾、杨蓝叶甲、青杨天牛、蚜虫、红蜘蛛等病虫害进行监测。

全师春尺蠖发生0.714千公顷，其中轻度发生0.608千公顷，中度发生1千公顷，重度发生6.7公顷。主要危害特点：整体为轻度发生，点片呈中度、个别林带点片呈重度发生。防治情况：3月中旬，全师各团场近万人对农场主干道路林进行翻耕林床、涂白、修枝工作，预防面积为1.213千公顷。药物防治：各单位于4月23日开始进行机械喷雾防治，采用药剂为生物制剂BT。防治面积0.714千公顷，防治率100%，防治效果数据显示死虫率达93.3%。

林木害鼠发生情况：发生范围

主要在重点公益林梭梭区域。发生面积3千公顷，其中轻度发生2.533千公顷，中度发生0.4千公顷，重度发生66.7公顷。防治情况：计划秋季进行防治，防治措施主要采取天敌防治和生物防治相结合的方法进行：在轻度发生的区域不进行投药，依靠猫头鹰、狼、狐狸等天敌控制其数量。在中度发生的区域，在鼠洞附近投放无二次中毒的鼠药——鼠耙和溴敌隆进行防治。协调昌吉市周边各团场林业站开展与昌吉市植物检验检疫局进行林木病虫害的联防工作，联防联治共同防治林业有害生物。

【林业发展存在的主要问题】 师市位于古尔班通古特沙漠南缘的准噶尔盆地绿洲地带，属中温带大陆性干旱气候类型，干旱缺水，生态脆弱，灾害性气候多。师市境内主要植被为荒漠灌木林和垦区防护林，由于人为打井开荒，过度开发地下水资源，地下水位下降，造成荒漠灌木林因缺水死亡退化，同时因灌溉方式改为滴灌，造成老防护林灌水困难而干枯死亡，条田林带的防护效益显著降低，春季风害次数明显增多。

亟待培养高素质林业资源管理队伍。应林业资源信息化管理的要求，基层团场林业站的林业资源管理队伍必须掌握一定的林地信息化管理技术，但目前绝大多数团场林业站因缺少专业技术人才和技术人员老龄化，因此急需配备林学专业毕业大学生，积极培养高素质林业资源管理队伍。一些团场对生态建设重视不足，不能及时完成生态工程项目，比如三北防护林工程、退耕还林工程、国家级公益林重大抚育项目等。（张立宇）

农业机械化

【农业机械装备】 2014年，师市农业机械总动力可达65.95万千瓦，较上年64.82万千瓦，增长0.017%，各类拖拉机12 919台，其中：大中型拖拉机8 306台，小型拖拉机4 613台；各类联合收割机652台，采棉机163台，各类大中型农具16 117台(架)，大中型拖拉机农具配套比1:2。

【农业机械化水平】 2014年，机耕面积162千公顷，机播面积152.88千公顷，机收面积115.93千公顷。机耕、机播、机收水平分别达到100%、98.08%、91.48%。机械铺膜面积137.3千公顷，机械植保面积140.65千公顷，秸秆还田面积91.2千公顷，节水灌溉面积152.3千公顷，2014年，师市农业综合机械化率水平达到96.29%，较2013年95.35%增长0.94个百分点。

【农机购置补贴】 2014年，师市农机购置补贴项目带动总投入资金2.4亿元，其中：国家补贴资金5 600万元，职工自筹1.84万元。共补贴农机具2 071台架，享受补贴政策农户及组织1 379人。

各类农机具补贴实施情况：动力机械359台(架)、占17.3%，耕整地机械233台(架)、占11.3%，种植施肥机械619台(架)、占29.9%，田间管理机械93台(架)、占4.5%，收获机械531台(架)、占25.6%，收获后处理机械93台(架)、占4.5%，排灌机械5台(架)、占0.2%，畜牧水产养殖机械73台(架)，占3.5%，农田基本建设机械13台(架)、占0.6%，设施农业47台(架)、占2.3%，其他机械5台(畜牧用电机、卫星导航设备)、占0.2%。

【农机安全生产】 2014年，师市将农业安全生产工作纳入六师安全生产管理，成立农业安全生产领导小组，组长由主管农业的副师长担任，相关部门为成员单位。农业局与安委会签订安全生产责任书，农业局与各事业单位签订安全责任书，各单位与团场相关部门签订安全生产责任书，达到层层落实责任，级级有人负责的良好局面。

加大农机安全生产整治力度 结合师市安委会要求，在6~10月在全师范围内组织开展以打击“黑车非驾”、拖拉机非法改装、拖拉机违法载人为主要内容的“打非治违”专项整治工作，结合各团场实际，有针对性的制定出具体整治措施。在各农业生产阶段，加强对专项整治工作的检查和督查，对检查中发现的安全隐患，及时督促，限期整改，对不认真履行职责，监管不力的有关单位，给予通报批评并追究责任。开展农机安全执法检查103天，治理黑车196台，清理非驾117人，强制排查安全隐患35个。通过田检路查共检查车辆1 097台，纠正违章460起，罚款101 500元。2014年实现农机事故率、死亡率和直接经济损失分别控制在1‰、0.7‰和3万元以内的目标。

狠抓以安全使用农药为内容的农业安全生产工作 要求做到团场专人管理，专库存放。农药使

用方面必须在团场生产科室、连队技术人员的现场指导下，安全配药，操作人员必须采取适当的防护措施，剧毒农药操作人员必须佩戴防毒面具、橡胶手套，农药使用后的包装袋、农药箱、农药瓶要集中销毁。全师未发生农药使用中毒事件。

抓好机采棉安全生产 坚持对机采棉工作实行“五统一”管理，制定机采棉采摘、加工考核奖励办法。以防火为重点，加大操作人员专项培训。单车配备专职安全员。全师组织投入采棉机212台，完成机采49.07千公顷，较上年增加7.69千公顷，占棉花总面积比例85%，实现历史性突破，全年未发生1起采棉机着火及人员伤亡安全事故。

做好重大动物疫病防控工作 完成重大动物疫病累计免疫454.35万头（只）次，所有畜禽重大动物强制免疫做到应免尽免，完成疫病监测43 486份次，抗体合格率均达70%以上。加强培训工作，全年组织开展畜牧兽医业务培训3次，开展重大动物疫情应急演练活动1次，提升师市畜牧兽医队伍的整体工作水平和业务素质。加强动物卫生监督执法工作，加大饲养、屠宰、流通环节畜禽及其产品的检疫监管力度，强化外购畜禽监管工作，防止外源性疫情输入。通过狠抓各项防控措施的落实，全年未发生区域性重大动物疫情和重大畜产品质量安全事件。抓好师市轧花厂安全生产。

督促各团场健全和完善轧花厂安全消防生产各项规章制度，开展轧花厂安全生产隐患排查工作 全面贯彻落实安全消防生产责任制；加大轧花厂职工消防安全培训工作，确保进厂操作人员培训率达到100%，达到“两知三会”，即“知道本岗位的火灾危险性、知道消防基本常识；会报警、会扑救初期火灾、会组织人员疏散”；做好轧花厂防火安全工作，各轧花厂均制定消防灭火预案，真正做到“五到位”，即“主体责任到位，消防设施到位，人员培训到位，消防管理到位，监督检查到位”；对辖区棉花加工企业进行专项安全消防检查，认真落实隐患排查和治理，及时排除隐患，确保安全生产；全面落实轧花厂技改过程的安全管理工作，凡是安全不达标和存在安全隐患的要立即停工整改；加强对棉花采摘和拉运机械安全生产全过程的管理检查，加大检查抽查和处罚力度，有效保障籽棉采摘拉运的安全；要求轧花厂做好每周一次的消防和生产安全自检自查例会制度并有记录，对检查的事故隐患及时整改，厂领导坚持每天24小时值班、巡回检查制度及门卫检查火种验身登记制度，杜绝一切火种带入场区内。

【农业机械化推广服务基地】 2014年，农机化推广基地建设步伐加快，农机经营管理模式不断创新实现新突破。师市农机社会化服务组织建设不断加快。全师13个团场（除北塔山外）完成注册成立农机合作社34个，实现团场农机服务体系全覆盖；围绕发展规划农机库棚建设加快。奇台农场、军户农场积极争取保护性耕作项目建设团场农机库棚，一〇五团、共青团农场、新湖农场、芳草湖农场以兵团农机服务中心项目建设完成团场农机库棚并投入使用，红旗农场、土墩子农场自筹资金建设完成团场农机库棚。完成农机规范化管理基础平台的搭建工作。

【农机新技术新机具推广】 2014年，完成棉花双模覆盖播种5.27千公顷，占总面积10.3%；棉花超宽膜机械式精量播种34.43千公顷，占棉花总播面积67.4%；完成机采40.07千公顷，较2013年增加7.69千公顷，占团场棉花总面积85%；番茄机采达到4.93千公顷，占总面积的58%，较2013年增加3.93千公顷。加大残膜回收、秸秆还田、机械植保等农机化技术推广应用，穴盘精量播种、机械移栽、保护性耕作、高架吊杆式喷雾，葡萄开沟、铺膜、施肥、喷药及埋藤机械作业，等离子种子处理等农机化新技术得到试验示范。2台世界最先进的迪尔7760自动打捆采棉机继续投入生产使用，单台作业面积333.33公顷以上。

【机采棉技术】 2014年，师市成立机采棉工作领导小组，下设机采棉办公室，农业局、发改委、棉麻公司、财务局、公安局等各成员单位分工明确，职责清晰，目标层层分解，责任明确到人，确保机采棉各项工作顺利实施。是年，全年召开由师市领导亲自参加的机采棉工作专项协调会议2次，各类有关机采棉工作现场会7次，组织采棉机驾驶操作人员培训7期，培训驾驶员486人，组织开展采棉机安全专项检查26天，共检查采棉机266台次。通过组织召开机采棉工作协调会、机械作业现场会议，开展阶段性专项检查评比，推动机采棉各项工作的落实。

不断完善机采棉管理办法。制订出台师市农传〔2014〕71号《六师五家渠市棉花机械采摘管理办法》，对外来采棉机进入师市团场进行作业，必须由师市农机局登记备案，进行资格审查，合格机车纳入新疆准噶尔银丰农机装备有限公司统一管理，由公司根据需要统一安排作业团场，费用由公司统一结算。以质量为中心，按照《机采棉采摘、加工考核奖励办法》制定出工作任务目标，对7个机采棉团场实施量化考核，师市专门拿出30万元用于对机采棉先进团场和轧花厂表彰奖励。及早协调，由新疆准噶尔农机装备有限公司与7个机采棉团场签订年度服务合同，确定作业面积和机车数量及收费标准、作业质量要求等，按照合同组织落实好机车，确保按期完成任务。2014年，新疆准噶尔银丰农机装备有限公司共组织各类采棉机212台，其中公司自有采棉机149台（包括当年新购进30台6行凯斯620型），纳入公司统一管理的各类个体采棉机63台。以服务团场为目标，以利益为纽带，积极创新，鼓励驾驶操作人员长期合作经营公司采棉机。从师市产业化扶持资金中拿出10万元，由农机技术推广部门组织开展采棉机驾驶操作人员技术培训和安全生产专项培训，努力提高驾驶操作人员水平。积极协调帮助解决机采作业过程中的各类问题，推动机采棉工作顺利进行。

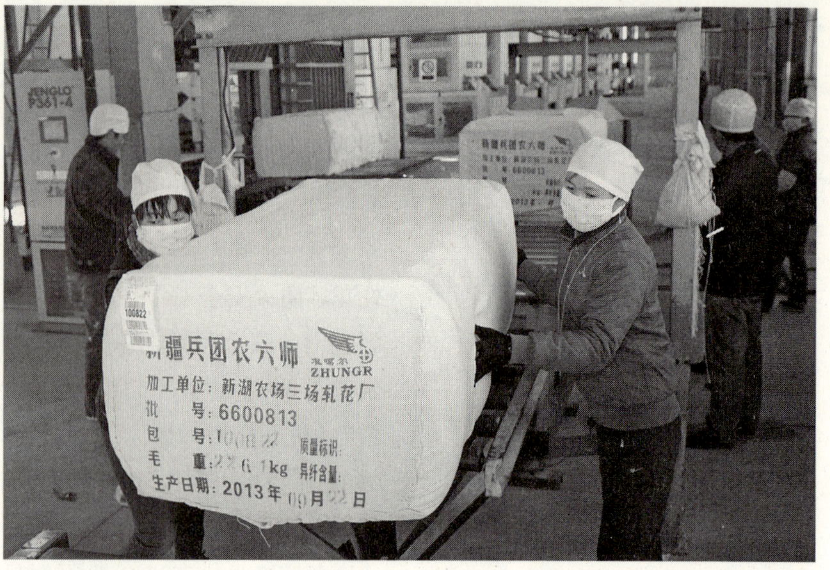

新湖农场轧花厂。 （史 涛）

在共青团农场、一〇三团、一〇五团3个团场推广从机械采摘到配套田间打模、机械运模、自动开模及散籽棉自动喂花、自动刷唛、自动捆包等环节全面进行示范生产，3个团场的棉花90%实现机械化生产，降低成本，提高效率和质量，起到很好的引导和示范作用。提高机采棉综合质量。针对原有（66+10）模式下，棉叶脱而不落导致籽棉含杂高导致加工后皮棉质量下降的问题，在2013年试验（72+4）机采棉模式取得经验的基础上，2014年采用（72+4）模式种植棉花3.1万亩。通过（72+4）厘米和（66+10）厘米两种栽培模式对照，结果表明：（72+4）单产为395.2千克/亩，较对照的382.55千克/亩，高3.31%；脱叶率达到88.44%，较对照86.74%高1.7%；采净率95.38%，较对照94.37%高1.01%；试轧后目克皮棉含杂11.35%，较对照11.79%低0.44%；籽棉含杂为8.19%，较对照低8.77%低0.58%。

【等离子体种子处理技术推广】 2014年，共完成3个作物8个点的试验工作，掌握全部的试验数据，棉花经2安培电流处理的平均增产2.11%，经过2.5安培电流处理的平均增产3.05%。玉米经过1.5安培电流处理的平均增产4.56%，经2安培电流处理的平均增产5.9%。番茄经1.5安培电流处理的平均增产13.17%，经2安培电流处理的平均增产26%。这些数据的取得，为以后此项目的开展提供最基础的依据。

【农机安全监理】 2014年，利用年度检验、春播安全检查、“三秋”执法检查、劳务市场整治。发放农机安全手册7 500本、宣传册1 500份，出动宣传车55天，制作安全警示图版165块。把7 500份“平安农机”倡议信在检验时送到每一位机手的手上，安全警示标语张贴到每一个连队，让每一位机手牢牢绷紧“安全”这根弦。筑牢农机安全生产的基础。为提高师市农机度检验工作，农机监理所按照年初制定的检验计划，要求各团场按照计划，利用各种方式及早通知农机户，并且做好上门服务工作。3月份开始下到团场、连队对拖拉机进行检验，本着服务机手、方便机手的工作原则，采取安全技术检验、粘贴反光警示标志、办理拖拉机交强险、缴费、签章、领取检验合格证一条龙服务。对刹车、灯光等关键部位检验不合格，必须修复后检验员才能签字、盖章，全年共检验各类拖拉机7 500台，办理交强险8 250份，粘贴反光警示标志16 500米。以转变服务观念、提升服务水平为抓手，师市农机监理所要求每一位监理员严格按制度办事，并结合岗位实际做出服务承诺，把文明服务用语、服务忌语在业务大厅张贴，用笑脸相迎、用问候暖心。业务办理本着最大限度的便民、利民原则，把“为民服务创先争优示范窗口”活动落到实处。坚持党员“三会一课”制度，把政治业务学习作为提高干部职工工作能力的抓手。目前，全师在岗、在职的47名监理员全部取得农机监理执法证。其中1人荣获农业部“为民服务创先争优”岗位标兵称号。

【创建农机标准化示范团场】 2014年，组织开展全国农机标准化示范农场创建活动，通过精心组织，狠抓落实，扎实推进，12月初顺利通过农业部农垦局专家组验收，芳草湖农场、新湖农场被国家农业部评为3星级农机标准化示范团场。

【创建平安农机】 农机安全生产是国家安全生产的重要组成部分，“平安农机”创建活动是确保农机安全生产的重要举措，涉及到安全生产的多个环节。通过创建活动推进全师农机安全生产工作的深入开展，监理人员为民的服务意识落到实处。新创建兵团级平安农机示范团场7个，其中2014年新创建2个，被评为国家级平安农机示范团场2个。 （呼海龙）

农业产业化

【概况】 合作社发展情况。2014年，共有在工商部门注册登记各类专业合作社344个，比2013年新增134个，涉及蔬菜种植、畜牧养殖、水产养殖、农机服务、花卉苗木等多个领域，在促进农业规模化经营、标准化生产、提高农业效益、促进职工增收方面起到积极的示范带动作用。全部合作社注册资金达到46 375.52万元（其中种植业2 840万元，畜牧养殖业30 603.52万元，农机7 095万元，果蔬园艺业5 837万元），社员人数达到6 713人，销售收入52 245万元，共带动1.35万职工参与到产业化经营，实现社员户均增收1 721元。五家渠蔡家湖农友果蔬农民专业合作社、共青团沃尔多生猪产业合作社、新湖昕望农业开发专业合作社、军户新武畜牧养殖专业合作社等4各合作社获得兵团农业专业合作社先进奖。五家渠蔡家湖农友果蔬农民专业合作社、新湖农场新屹养殖专业合作社、芳草湖芳溢畜禽养殖农民专业合作社、一〇五团彤鑫农机服务合作社、奇台农场硕之辰农业产业化专业合作社等5个合作社获得师市促进职工多元增收先进示范合作社荣誉称号。

2014年，全师共有农产品加工企业106家，其中农业产业化重点龙头企业40家（国家级龙头企业1家，兵团级龙头企业13家、师级17家）。发展壮大一批规模大、效益好、带动能力强、辐射面广的农产品加工龙头企业。以新疆梅花氨基酸有限公司、中粮长城葡萄酒（新疆）有限公司、中基番茄制品有限公司、天裕葡萄酿酒有限公司、新疆新光油脂有限公司为代表的农业产业链集群初步形成，对师市农业产业化的发展起到积极推动作用。

2014年，农产品加工产值达到84.95亿元，同比增加13.46亿元；农产品加工业产值与农业总产值的比达到0. 84∶1。

【农工专业合作社】 师市的农工专业合作社主要行业构成为种植业41个，占11.9%；畜牧业247个，占71.8%；果蔬园艺业22个，占6.4%；农机服务业34个，占9.9%。按照“民办、民管、民受益”的创建原则，主要有以下几种组织类型：

龙头企业链接型 五家渠梧桐鑫宝现代畜牧养殖农民专业合作社是由兵团级农业产业化重点龙头企业五家渠鑫宝畜牧科技有限公司、一〇二团本地职工及北塔

山牧场转移牧民户共同发起组建的，现有入社社员380人(转移师北塔山牧民100户)，其中：团场职工275人。2014年底存栏母羊30万只，出栏羔羊7万只，计划2018年存栏母畜120万只，年出栏300万只，生产有机肥100万吨，沼气9 000万立方米，以及湖羊带来的下游产品，实现产值80亿元以上。计划4年内入社社员3 000人，其中为团场转移劳动力1 000人。社员可实现年度一次性分红5万元，工资收入4万元，人均收入约9万元。

行政推动型 军户农场九仙菇食用菌种植专业合作社。2013年农场与新疆九鼎天库生物科技有限公司合作开始种植双孢菇，由九鼎公司提供菌种、菌袋、种植技术，专业合作社负责种植、管理，产品由新疆九鼎司负责按市场批发价回收，形成"龙头企业+专业合作社+职工"的发展模式。按一年两茬种植双孢菇计算，1个温室可实现纯收入12万元以上；2014年，已发展社员62名，新建疆内第一家工厂化生产木腐菌菌包生产加工厂，年加工菌包600万个，在满足团场职工种植食用菌需求的同时，向师内团场提供食用菌菌包。2014年，根据农场对食用菌种植规划，到年底计划达到80座棚的种植规模，按3个人管理2个温棚测算，可提供120名富余劳动力转移就业岗位；在食用菌采收阶段，为农闲职工提供就业岗位300多个，月收入3 500元。食用菌种植已成为职工多元增收、拓宽就业渠道的有效途径。

能人牵头示范型 2014年，师市鼓励团场机关、连队干部发挥政策接触面广、新事物接受能力强的优势带头领办合作社，创办一批经济效益好、示范带动作用强的农工专业合作社。新湖农场新屹蛋鸡养殖专业合作社，由新湖晨光农业公司总畜牧师谭磊于2012年5月领办，已建成20万羽蛋鸡生产示范区，吸纳社员153户，其中困难职工25户，总投资2 250万元。预计2015年末发展社员到300户，其中带动困难职工30户脱贫，社员人均收入达到2万元。

种养大户领办型 奇台农场硕之晨专业合作社注册成立于2013年5月10日，现有入社社员102户。理事长周生伟组织周边集体所有制职工把土地经营权流转给合作社，合作社以高于市场租赁价给职工支付土地经营流转费，职工再以合作社社员的身份种植和管理土地，每月可领取工资3 000元，合作社把土地集中起来实现大规模生产降低生产成本，统一种植食葵、鹰嘴豆、扁豆等，然后通过加工、包装后进入市场，目前运作情况良好，不但合作社取得可观的经济效益，并与192户职工签订购销合同，带动职工增收。

【农产品加工业】 2014年，基地建设逐步优化，订单农业稳步发展。在鼓励发展订单农业的同时师市专门出台《大宗农产品订单交售管理办法》，把管住产品、防止产品外流作为一项纪律，严格控制农产品，防止棉花、番茄等农产品流失，确保订单原料足量交售给合同企业，杜绝原料流向订单外企业。师市农业产业化发展局全程协调，完善利益联结机制，特别是在订单合同的签订、原料收购等方面进行协调，确定最低收购价，进行随行就市定价收购。加工季节协调龙头企业收购原料，基本保证基地原料都能按合同收购，确保加工企业能够有足够的原料供应。把师市范围内原料在"三同"(同地、同质、同价)的前提下，首先供应给师内农业产业化重点龙头企业，使他们有充足的原料，取得好的效益。同时坚决制止和消除企业在收购原料时压级、压价现象发生。坚持树立诚信为重、长期合作的思想。努力做到农产品加工企业与农工双方利益的合理化、最大化。加强行业自律管理，避免恶性竞争，对订单完成好的企业和团场给予重点奖励，引导团场、职工与龙头企业实行多种形式的联合与合作，与龙头企业结成利益共享、风险共担的利益共同体，充分调动职工参与产业化经营的积极性。年初协助中基公司与全师各番茄种植团场签订番茄交售合同，落实种植面积，确保企业原料供应充足、职工产品不愁销。

按照农业标准化发展要求，通过召开专题会议、现场观摩、舆论宣传等多种形式呼吁广大职工坚决禁用高毒、高残农药，增强环境保护意识，推行无公害标准化生产。开展一系列"三聚氰胺、瘦肉精"专项整治、"植物检疫宣传月"等宣传活动，强化农业投入品监管。目前全师共有有机产品认证3项，绿色食品认证产品4项，无公害农产品认证产品2项，获得农产品地理标

志保护产品1个。 （曹森林）

【原连队居住区转型发展工作】 2014年，师市各团场依据兵团《关于推进团场原连队居住区转型发展的指导意见》、师市《关于做好团场原连队居住区转型发展有关工作的通知》和《关于做好连队转型发展规划编制工作的通知》精神，积极落实，结合自身农业连队实际，合理规划布局，优先打造一批试点连队，取得一定成效。

一是各团场均成立连队居住区转型发展建设领导小组，全面负责和协调连队转型发展实施过程中的组织和决策。在师市统一安排部署下，全师14个农牧团场坚持因地制宜、适度聚集、职工自愿、节约用地、有利生产、生活方便的原则编制连队转型发展规划，共打造试点连队16个，其中发展畜牧养殖业3个，发展设施农业5个，发展综合性产业8个。截至2015年1月，已有14个试点连队投入转型生产，发展态势较好。

二是各团场结合城镇化建设，以职工多元增收为目标，按照转型规划，有序推进各项工作，克服资金、人才、技术等多方面困难，较好的完成2014年连队转型任务，形成较为成熟的经验，如一〇二团依托鑫宝牧业围绕鑫宝牧业，将三连整体搬迁，重点发展畜牧业养殖和优质饲草料种植；一〇六团对温室大棚给予每座13.35万的补贴，鼓励职工进行特色种植，新建12座大棚种植双孢菇，预计一年出菇4茬，每座大棚实现年纯收入11万余元；芳草湖农场将五场五连规划搬迁，依托现有基础设施建设食用菌大棚，生产平菇、双孢菇、金针菇等食用菌，1月已有13个大棚开始生产；六运湖农场依托地缘优势，引进企业投资900万元进行拆迁和建设，建立农家乐生态园区，并由能人牵头成立专业合作社，带动吸纳职工参与经营乡村休闲、农业观光、特种养殖、餐饮服务等项目，各团场均形成团场特色，达到规模效益，最终实现职工增收，团场增效。 （郭 爽）

气 象

【概况】 局长程相儒，书记马德成。气象局位于五家渠市猛进南路，总占地面积2.53公顷，目前共有工作人员21人，其中，领导职数2人，专业技术人员17人，聘用人员2人。内设有气象台、气象观测站、雷达站（人影办挂靠雷达站）3个机构，并下辖5个团场气象站和12个无人值守要素站及27个人影作业点。全师共有新湖农场、芳草湖农场、一〇二团、红旗农场、奇台农场5个团场人工、自动双轨运行观测站；新湖农场、芳草湖农场、一〇五团、一〇六团4个团场开展人影工作。

【年度气候概述】 2014年度（2013年12月~2014年11月）总的气候特点是：与常年相比，平均气温中西线略偏高，东线偏低。降水量除奇台略偏多外，其余均略偏少；≥10℃、15℃、20℃积温西线偏多，中东线偏少；日照时数偏少；开春期各地接近常年，终霜期各地偏晚，初霜期接近常年略偏晚，入冬期接近常年略偏晚。农牧业气象年景为平年。主要的天气气候事件有寒潮、大风沙尘、高温时段、强对流、霜冻等。

气温 与常年相比，中西线偏高0.3~0.8℃，东线偏低1.9℃；与上年相比，西线偏低0.2℃，中线偏高0.3℃。西线（新湖，下同）为7.2℃，较常年（6.9℃）偏高0.3℃，较上年（7.5℃）偏低0.3℃；中线（一〇二团，下同）为7.3℃，较常年（6.5℃）偏高0.8℃，较上年（7.0℃）偏高0.3℃；东线（奇台，下同）为4.3℃，较常年（6.2℃）偏低1.9℃.

降水 与常年相比，中西线偏少1~3成，东线偏多一成；与上年相比，中西线偏少二~四成。西线为106.9毫米，较常年（152.5毫米）偏少三成，较上年（173.3毫米）偏少四成；中线为150.0毫米，较常年（165.6毫米）偏少一成，较上年（205.7毫米）偏少二成。

积温 全年≥10℃积温：与常年相比，西线偏多311.7℃，中东线偏少35.8~267.3℃；与上年相比，西线偏多49.1℃，中线偏少268.0℃。西线为3 946.0℃，较常年（3 634.3℃）偏多311.7℃，较上年（3 896.9℃）偏多49.1℃；中线为3 528.1℃，较常年（3 563.9℃）偏少35.8℃，较上年（3 759.8℃）偏少231.7℃；东线为3 082.9℃，较常年（3 350.2℃）偏少267.3℃。全年≥15℃积温：与常年相比，西线偏多303.5℃，中线偏少84.4℃；与去年相比，西线偏多28.1℃，中线偏少253.9℃。西线为3 349.1℃，较常年（3 045.6℃）偏多303.5℃，较上年（3 321.0℃）偏多28.1℃；中线为2 935.6℃，较常年

(3 020.0℃)偏少84.4℃,较上年(3 189.5℃)偏少253.9℃。全年≥20℃积温:与常年相比,西线偏多614.2℃,中线偏少71.5℃;与去年相比,西线偏多382.5℃,中线偏少305.0℃。西线为2 654.2℃,较常年(2 040.0℃)偏多614.2℃,较上年(2 271.7℃)偏多382.5℃;中线为1 894.0℃,较常年(1 965.5℃)偏少71.5℃,较上年(2 199.0℃)偏少305.0℃。

日照　年度日照时数,中西线较常年与上年均偏少。西线为2 539.6小时,较常年(2 656.1小时)偏少127.8小时,较上年(2 669.4小时)偏少129.8小时;中线为2 519.7小时,较常年(2 930.5小时)偏少410.8小时,较上年(2 734.4小时)偏少214.7小时。

开春期　西线为3月16日,较常年(3月17日)偏早1天,较上年(3月13日)偏晚3天;中线为3月17日,较常年(3月18日)偏早1天,较上年(3月14日)偏晚3天。

终霜期　西线为4月26日,较常年(4月15日)偏晚11天,较上年(3月16日)偏晚41天;中线为4月25日,较常年(4月21日)偏晚4天,较上年(4月6日)偏晚19天;东线为5月2日。

初霜期　西线为10月11日,较常年(10月10日)偏晚1天,较上年(9月22日)偏晚19天;中线为10月11日,较常年(10月7日)偏晚4天,较上年(9月22日)偏晚19天;东线为9月22日。

入冬期　西线为11月15日,较常年(11月11日)偏晚4天,较上年(11月10日)偏晚1天;中线为11月15日,较常年(11月11日)与去年(11月11日)偏晚4天。东线为11月12日。

【各季气候概述】　冬季(2013年12月~2014年2月)与常年相比,平均气温偏高2.0~2.1℃,降水量多四~六成;与2012/2013年相比,平均气温偏高3.1~3.4℃,降水量西线偏多一成,中线偏少一成。≥5厘米的稳定积雪出现在1月8日,较常年(12月11日)偏晚28天,较2012/2013年(11月20日)偏晚49天。年最大积雪深度为25厘米,较常年(22厘米)偏厚3厘米,较2012/2013年(24厘米)偏厚1厘米。平均气温:西线为-13.4℃,较常年(-15.4℃)偏高2.0℃,较2012/2013年(-16.8℃)偏高3.4℃;中线为-13.4℃,较常年(-15.6℃)偏高2.1℃,较2 012/2013年(-16.5℃)偏高3.1℃。降水量:西线为32.9毫米,较常年(23.2毫米)偏多四成,较2012/2013年(29.0毫米)偏多一成;中线为32.4毫米,较常年(21.2毫米)偏多六成,较2012/2013年(36.7毫米)偏少一成。

春季(3~5月)与常年相比,平均气温偏低0.1~0.4℃,降水量偏多四~五成;与上年相比,平均气温偏低2.3~3.0℃,降水量西线偏多三成,中线偏少一成。平均气温:西线为10.0℃,较常年(10.4℃)偏低0.4℃,较上年(13.0℃)偏低3.0℃;中线为9.7℃,较常年(9.8℃)偏低0.1℃,较上年(12.0℃)偏低2.3℃。降水量:西线为55.6毫米,较常年(40.1毫米)偏多四成,较上年(43.3毫米)偏多三成;中线为69.8毫米,较常年(48.5毫米)偏多五成,较上年(78.0毫米)偏少一成。

夏季(6~8月)与常年相比,平均气温偏高0.2~0.3℃,降水量偏少八成;与上年相比,平均气温偏高0.5~0.7℃,降水量偏少八~九成。平均气温:西线为24.5℃,较常年(24.2℃)偏高0.3℃,较上年(24.0℃)偏高0.5℃;中线为24.4℃,较常年(24.2℃)偏高0.2℃,较上年(23.7℃)偏高0.7℃。降水量:西线为13.4毫米,较常年(48.5毫米)偏少八成,较上年(89.9毫米)偏少9成;中线为12.8毫米,较常年(54.8毫米)和上年(59.5毫米)偏少八成。

秋季(9~11月)　与常年相比,平均气温偏高0.4~1.0℃,降水量偏少一~三成;与去年相比,平均气温偏低0.4~0.9℃,降水量偏多一~二成。平均气温:西线为8.2℃,较常年(7.8℃)偏高0.4℃,较上年(9.1℃)偏低0.9℃;中线为8.4℃,较常年(7.4℃)偏高1.0℃,较上年(8.8℃)偏低0.4℃。降水量:西线为24.5毫米,较常年(37.6毫米)偏少三成,较上年(20.3毫米)偏多二成;中线为35.0毫米,较常年(41.8毫米)偏少一成,较上年(31.5毫米)偏多一成。

【主要天气气候事件】

寒潮　2014年2月24~25日受强冷空气影响,各地出现寒潮过程,东西线普降中雪,中线达大量,25~26日气温明显下降,中西线48小时平均气温下降16~17℃,最低气温下降19~23℃。

4月22~24日受强冷空气的影响,各地出现寒潮过程,除新湖外、各地普降中雨转雨夹雪或雪,并伴有8~9级大风,24小时平均气温下降11℃左右，最低气温下降8℃左右，24~25日早上，全师出现重霜冻。

大风沙尘　5月8~9日受气压差影响，各地出现8~9级大风沙尘天气，气温有些下降；23日午后、31日凌晨，各地出现7~8级大风沙尘天气。8~9日受气压差影响，各地出现8~9级大风沙尘天气，气温有些下降；23日午后、31日凌晨，各地出现7~8级大风沙尘天气。

高温时段　6月13~16日，29~7月2日，7月11~15日，20~23日，26~29日，8月12~13日，24~26日，各地出现最高温度≥35℃的高温天气。

强对流　全年防区内共出现强对流天气过程4次，分别是5月29日、6月19日、6月30日、7月5日，并对这4次强对流天气过程实施防雹指挥作业，作业后出现不同程度的阵性降水，没有冰雹灾害发生。

霜冻　4月24~25日早上，受寒潮天气影响，全师出现重霜冻，最低气温降至-5.6~-1.9℃；5月1~2日，红旗农场最低气温降至-2.4~-0.8℃。　（张　颖）

【人工影响天气】　2014年，防雹季节期间强对流天气偏少，但全站人员仍然严格执行值班制度，有天气过程时所有人员能迅速到岗，确保150天中无脱岗、漏测、漏报天气现象发生。在重点加密观测强对流天气中，切实落实提前作业、早期催化、实施联防的技术路线。全年共监测强对流天气12次，并对5月14日；6月19、25、30日达到冰雹预警指标的4次强对流天气过程实施防雹指挥作业，作业后出现不同程度的阵性强降水、软雹，有效减轻了冰雹灾害的损失程度。全年累计作业炮弹6 967发，火箭弹44枚。

雷达站严格执行人影物资计划、订购、运输、调拨备案等管理制度。在订购16 000发炮弹计划后，安排专人办理兵团气象科技中心、专业武装押运公司、芳草湖武装部等相关手续，确保人影物资安全运输、存储。雷达站安排两人负责办理人影物资出入库登记。加强对高炮和火箭作业现场秩序的维护和管理工作。要求作业点划出操作安全区域，加强人影作业点的安全射界和禁射区域管理，严格空域申请制度，作业期间，雷达站负责申请空域，并及时传达空域批复情况，减少作业时意外事故的发生。

雷达站认真调研防雹团场人影装备的维修情况，购买9万多元的高炮维修、易损配件，于4月18~20日对全师4个防雹团场30门人影高炮，进行全面的检查与维修，并对防雹团场弹药储备情况进行安全检查。为防雹作业点顺利、安全进点打下良好的基础为全师人工防雹工作的全面展开提供技术保障，确保全年安全作业无事故。5月中旬雷达站安排技术人员对待建4个建设炮点进行实地调研和选址，根据冰雹路径和人员生活的基本条件，确定4个标准作业点建设位置。建设中及时协调团场和施工管理方，使作业点建设达到防雹工作的要求。通过3年的作业点基础设施建设，已建成17个“标准化”作业点，修缮两个防雹作业点，使师市19个防雹作业点基础设施有很大的改善，也使防雹作业人员有较好的工作、生活环境，稳定了防雹队伍。年初，师市气象局在接到上级领导《关于气象局购置防雹业务雷达的报告》的批复后，立即组成由局领导带队、雷达站三名业务技术人员参与的考察组，于2月22日至3月2日赴一师、三师、四师、五师、博州气象局雷达站，对雷达设备选型及配套辅助设备、土建、雷达业务应用软件等进行实地调研，并参观考察了各师防雹业务工作开展情况。7月初完成项目的资金批复、选址、设计；土建、设备招标等前期工作。9月10~15日，配合兵团专家组在安徽四创电子公司完成防雹业务雷达的出场验收工作，10月初完成雷达设备架设调试工作，大屏、监控等配套设施逐一完工。截至11月气象局防雹业务雷达项目顺利完成。该项目的实施能充分发挥快速有效地监测冰雹等中小尺度强对流天气系统，为师人工影响天气的作业指挥提供实时准确的气象决策信息，为师防灾减灾体系的建设提供科技支撑。　（谢向阳）

【气象观测业务】　2014年，着重加强地面观测内容、技术学习和提高，巩固天气预报的报发要点，提高值班员的综合素质。完善各项规章制度，值班制度、观测员制度、仪器维护制度等制度，强化灾害性天气的观测流程。报表、质量报表均能及时上传，自动气象站运行状态良好，无重大责任性事故发生，无使用超检仪器现象。测报无错情，测报质量达到兵团气象局标准，按要求完成测报任务。9月，师市气象局配合兵团气象服务中心，对全师所有气象观测站仪器进行年检和维护，为准确观测提供有力的保障。为加强气象局雷达站业务的开展，根据雷达配套设施的具体要求，雷达站通过立项、招标等手续，9月27日，完成监控大屏项目的安装、调试工作。此次监控大屏的安装的基础设备有：46寸液晶显示大屏、LED双色条屏、UPS电源、监控摄像头、网络视频服务器、图像处理器、空调等。安装工作由中标单位鸿博安达电子科技有限公司完成，主要安装工作分为两大部分，气象局四楼会议室监控设备、大屏框架的安装及室内装修等，在共青团安装UPS电源及空调。全年工作中无重大责任性事故发生。为制作天气预报、防灾减灾和科研项目提供不可缺少的基础数据，同时为决策服务和农业生产提供参考依据，大力提高气象防灾减灾能力。

【气象培训】 2014年3月，开展气象业务、人影防雹技术培训班，对各团场气象站业务人员、防雹团场管理人员、炮点骨干共60人进行技术培训和考核，通过培训，使每个参训人员都能较为全面的掌握气象灾害预警防御工作的相关知识，提高业务素质和操作技能，为师市培养一批气象业务和灾害预警防御工作的骨干力量，提高全师气象业务和气象灾害防御的整体水平。在兵团气象局的大力支持下，全局共有15人次参加人影业务、雷达机务、预报、气象台站基础设施改造及卫星气象单收站升级改造等业务的培训学习；另外，还有2人次参加师里组织的继续教育等的学习，对外的学术交流和培训工作有力地调动技术人员钻研业务的积极性。

【气象科普与宣传】 气象局充分利用世界气象日、全国科技活动周、“5·12”防震减灾日、“6·5”世界环境日等渠道，组织开展专家座谈会、广场、街头科技咨询、媒体现场报道等一系列丰富多彩的活动。并持续开展气象、环保、防震减灾科普知识进机关、进学校、进社区、进企业、进团场、进家庭活动，科普宣传辐射整个师市14个农牧团场和五家渠市。2014年接待参观者1 000余人，发放宣传材料1 500余份。还通过广播、电视、报纸、手机短信、互联网等媒体和开展科普讲座等形式，加大科普工作的力度，满足社会公众对气象科学知识的需求，大力宣传普及气象科技和防灾减灾知识，提高市民科技文化水平，增强群众防灾减灾意识；加深公众对气象科技的认识和了解，充分展示气象局的良好的公众形象，也成为五家渠市科技文明的窗口。

【党建和精神文明建设】 2014年，坚持把抓好党风廉政建设放在突出位置，在全局深入开展政务公开和推行局务会制度。同时，通过层层分解党风廉政建设责任制，坚持严格的目标考核制度，形成局领导负总责、部门领导各负其责，干部职工广泛参与的党风廉政建设良好局面。以“道德讲堂”建设为载体，以全体干部职工为主要对象。以倡导勤政廉洁、忠诚负责、知礼守礼等为主要内容，将参与“公民道德大讲堂”活动纳入全体干部职工教育培训体系，并作为评优考核的依据之一，教育引导大家牢固树立立党为公、执政为民意识，改进作风、提升效率、搞好服务，争做公民道德建设的实践表率，营造“讲道德，讲文明”的良好氛围，推动气象局各项工作又好又快的发展。2014年气象局重点开展迎接兵团级文明单位复查验收和师市机关文明部门验收活动，文明工作领导小组在工、青、妇等群团组织积极配合下，召开专题会议，全局上下齐动员，合理分工，严格按照《兵团级文明单位测评体系》和《师市机关创建文明部门考核验收细则》的测评内容收集、整理台账资料，顺利通过兵团级文明单位和机关文明部门的复查验收，推进部门文明创建和行业文化建设。建立健全气象局党建带工建、带团建、带妇建的领导体制和工作机制，积极探索和创新群众工作的新途径和新方法，充分发挥群团工作在创建文明、构建和谐中的重要作用。 （张　颖）

综　述

【概况】　2014年，全师水资源总量12.9亿立方米，引水总量为12.29亿立方米，其中地表水7.51亿立方米，地下水4.78亿立方米；供水总量为11.38亿立方米（地表水6.83亿立方米，地下水4.55亿立方米），其中生态和农业用水10.43亿立方米，工业用水6 918万立方米，城镇用水2 544万立方米。

截至2014年底，全师共有水库24座，设计总库容2.44亿立方米，其中中型水库7座，设计库容2.1亿立方米，小型水库17座，设计库容0.34亿立方米。灌区干、支、斗、农四级渠道总长5 318.18千米，已防渗2 559.1千米，干、支渠总长度2 163.3千米，其中已防渗1 688.75千米，各类渠系建筑物7 799座；机电井3 283眼，总装机容量135.9千千瓦，可提水能力5.32亿立方米；全师堤防总长度153.36千米；全师节水灌溉面积达157.1千公顷，占耕地面积的82.5%，其中一〇一团、一〇二团、一〇三团、一〇五团、一〇六团、新湖农场、芳草湖农场、共青团农场、土墩子农场、六运湖农场的高效节水灌溉面积覆盖率已达90%以上。五家渠工业园区建有水厂2座（1号水厂、2号水厂），污水处理厂1座，1号水厂日产水能力5万立方米，承担五家渠市东工业园区和一〇二团供水任务，2号水厂日产水能力2.5万立方米，承担五家渠市北工业园区、一〇三团、共青团农场供水任务，污水处理厂处理能力为4.5万立方米/天，主要处理六师煤电、梅花氨基酸、新业能源、昆仑钢铁等企业产生的工业污水、梧桐镇生活污水。

2014年年末，全师水利系统在职员工1 436人，其中师水利局机关及所属事业单位43人；场外水管机构1个（师水利管理处），256人；团场水管机构14个，1 137人。

【水产渔业】　2014年，全师水产养殖面积3 309公顷，其中池塘养殖面积171公顷，水库大水面养殖3 138公顷；全年实现水产品总量3 635吨，较上年增长69%，其中草鱼1 124吨、鲢鱼763吨、鳙鱼273吨、鲤鱼993吨、鲫鱼405吨、观赏鱼26吨，其他鱼类和甲壳类水产品51吨；渔业总产值3 710万元，渔业利润825万元，其中成鱼养殖产值3 382万元，水产苗种产值233万元，休闲渔业产值95万元；渔业户数48户，渔业职工60人，渔业人口186人，渔业专业从业人员74人，渔业人均纯收入44 351元；各类渔业船舶36艘，其中机动渔船26艘（捕捞渔船21艘，养殖渔船2艘，辅助渔船3艘），总吨位89.5

吨，总功率738千瓦，非机动渔船10艘，总吨位8.4吨，对符合中央财政国内捕捞机动渔船油价补助条件的19条机动捕捞渔船进行审核、上报，申报主机总功率511.57千瓦，测算补助用油量125.85吨；师域范围内8座水库全年投放各类鱼种99万尾，其中猛进水库投放鲢鱼、鳙鱼、草鱼等鱼种30万尾，一〇二团八一水库投放鲢、鳙、鲤、草鱼鱼种15万尾，一〇三团沙山子水库投放鱼种10万尾，黄家梁水库投放鱼种5万尾，新湖农场鸭洼沟水库投放鱼种8万尾，芳草湖农场东河水库投放鱼种10万尾，共青团农场芨芨庙水库投放鱼种9万尾，红旗农场下新湖水库投放鱼种12万尾，争取国家鱼类资源增殖放流补助资金10万元，购买鲢鱼、鳙鱼、草鱼等鱼种30万尾投放至猛进水库。

【水管体制改革】 六师水管体制改革工作2013年12月正式启动，成立师市水管体制改革领导小组。2014年2月，编制完成《第六师五家渠市水利管理体制改革实施方案》，当年12月，兵团对师水利局所属事业单位和师直属水利事业单位的机构编制情况进行批复。核定师水利局所属事业单位5个，编制共62名，经费实行全额预算管理，其中第六师防汛抗旱办公室为承担行政职能的正营级事业单位，第六师水利工程质量安全监督站、第六师水政（渔政）监察支队、第六师水资源管理中心、第六师水利工程建设管理处为公益一类的副团级事业单位。师水利管理处为公益二类事业单位，核定事业编制256名，其中财政供养事业编制142名，自收自支事业编制114名。

防汛抗旱

【防汛】 由于2014年特殊的气候条件，全师出现分片区洪旱灾情交替的现象。6月上旬，由于上游河道来水量的持续偏少，西线灌区出现旱情，并持续扩大，农作物受旱面积达11千公顷。6月中旬，吉木萨尔县水西沟河道裹着大量泥沙下泄洪水，导致红旗农场66.67公顷地被淹。

2014年，重点是抓预防管理，师市组织技术及管理人员分别于1月、3月和12月对全师水库安全进行3次大检查，重点检查水库大坝、泄洪通道、防汛组织机构、抢险物资、队伍、通讯等关键点位、人员保障和物资保障情况，对检查中发现的问题进行逐级明确责任，逐项整改落实。从师市至团场（含水管处），首先落实防汛行政首长负责制，其次落实防汛技术责任制，建立安全责任制和落实值班防守责任制。各蓄水水库、防洪堤坝关键点位按照规定均配备防汛物资，全师储备防汛编织袋19.74万条，无纺布6.04万平方米，铅丝39.7吨，桩木31.68立方米，块石1.84万立方米，砂石料2.67万立方米等。师水利管理处和各团场单位均组建30~50人不等的防汛抢险突击队，处置险情等突发事件。2014年6月25日，师市组织水利局、水利管理处、一〇二团和五家渠水务公司共180人在八一水库开展防汛抢险应急演练。

【抗旱】 2014年，提前20天从“500”水库调水，西延干渠连续两个月的高水位超负荷运行，全年从“500”水库调水12 049万立方米，较上年同期多调水4 910万立方米，确保新湖农场从鹰湖水库引水1 200万立方米。发挥和利用现有机井抗旱作用，青格达湖水源地、富强水源地、鸭洼沟水源地及时维修养护机电井35眼，青格达湖水源地机井在6月10日前完成改造并运行，新湖农场更新和新建抗旱机井10眼，芳草湖农场抢修机井82眼，一〇六团抢修机井15眼，新建机井6眼，增加地下水提取水量1 225万立方米。为加强农田灌溉及田间管理工作，师市在5月16日和5月30日两次召开农业灌溉现场会，制定下发《2014年六师农业灌溉管理指导意见》，加强农田基础设施的维护保养力度，提高水资源利用率，以《西线团场农业灌溉及抗旱预案》指标为依据，明确西延干渠各阶段调水量，用于补充西线团场农业灌溉用水。全师投入2 800万元抗旱设备，包括抗旱应急拉水车45台、打井洗井设备11套、输水软管24千米、水泵496套、发电机组88台、储水罐31台和挖掘机8台。筹资700万元用于建设抗旱机井、维修西沙河引水渠、土墩子农场引水渠等水毁工程。投入抗旱人力2 000余人次，投入铲车350台时，挖掘机250台时，吊车20台班，移动抽水泵120台，发电机73台，出动其他车辆600余次。

水政水资源管理

【依法行政】 2014年，初步确定权限范围内取水等19项行政许可事项，开发建设项目水土保持方案审批等3项非行政许可审批事项，未经批准擅自取水等16项行政处罚，拒不缴纳或者拖欠水资源费等8项行政强制，水资源费的征收等3项行政征收及年度用水计划的核发等工作转入行政服务中心政务大厅办理，并简化办事程序，压缩承诺时限，提高办事效率，方便企业和群众办事。在第二十二届“世界水日”、第二十七届“中国水周”活动期间，向基层团场干部职工发放涉水法规宣传资料2 000余份，在甘漠公路沿线制作安装涉水法规宣传栏2块，在五家渠市、新湖农场、芳草湖农场主要地段悬挂宣传横幅，出动宣传车在基层单位宣传水法规3天。2014年1月17~19日，举办水政渔政监察员培训班，培训基层水政监察员45名，培训内容主要有水政渔政监察工作基本程序、规范，《水法》《防洪法》《行政处罚法》和《取水许可和水资源费征收管理条例》等法律法规要点，加强基层水政执法的队伍素质和能力建设。全年共查处各类违规凿井、在水库保护范围内违规开挖鱼塘等水事违法案件20起。其中，行政处罚7起，罚款57 000元，要求钻机撤离现场4起，填井7起，吊销取水许可证1起，解决新湖二场水事纠纷、一〇六团二连水事纠纷、一〇五团水事纠纷。

【水资源管理】 2014年，全师新增或改善高效节水灌溉面积5.64千公顷，其中一〇一团133公顷、一〇二团334公顷、一〇三团367公顷、一〇六团47公顷、共青团农场134公顷、新湖农场334公顷、军户农场247公顷、六运湖农场450公顷、红旗农场2 951公顷、奇台农场647公顷。推进水资源论证工作，对新建、改建或扩建项目要求必须进行水资源论证，并编制水资源论证报告书并报兵团审批，水行政主管部门按制度规定组织专家对铝业公司和新业能源等单位的建设项目水资源论证报告进行技术审查，确保水资源科学合理开发利用。新建及更新机井的审批管理，今年共实地勘察机井230眼，其中批准新建机电井33眼，更新机井127眼。依法征收工业园区受水企业水资源费和建设项目水土补偿费41.03万元。推进“三条红线”用水总量控制分解工作，自治区给昌吉地区下达用水总量控制指标后，昌吉州以2011年水利普查数据为依据，根据相应权重比例压缩指标，分解后六师2015年总用水量8.44亿立方米，2020年总用水量8.14亿立方米，2030年总用水量7.85亿立方米(均不含五家渠市和北塔山牧场水量)，为确保“三条红线”控制指标的落实，师市制定方案，计划在2014~2018年5年中，共压减灌溉面积22千公顷，其中2014年已压减种植面积0.67千公顷，计划2015年压减面积2.67千公顷，2016压减面积3.33千公顷，2017年压减面积6.67千公顷，2018年压减面积8.67千公顷。完善水利信息化平台，在师市农业水利科技信息门户网站搭载水情信息快报软件，北塔山牧场、土墩子农场等6个团场的山洪灾害防治县非工程措施项目建设完成后，9个公网雨量监测站、18个公网水位监测站，13个雨水一体监测站，3个卫星雨量站相继投入运行，水利信息化平台已具备水情自动监测功能。

项目及工程管理

【争资立项】 2014年，全年共争取下达23个水利项目投资计划，总投资29 855万元，其中中央资金16 803万元，自筹13 052万元。五家渠灌区防渗改建6条渠道，总长20.39千米，配套改造渠系建筑物27座。玛纳斯灌区防渗改建新湖农场6条支渠24.87千米，配套改造渠系建筑物41座。开垦河灌区建设奇台农场自压灌溉系统1.45万亩，改造引水渠0.15千米，新建骨干管道长度18.82千米，配套节制分水闸、沉砂池、过滤器等。引额灌区防渗改建六运湖水库引水干渠放水渠4.6千米，新建五家渠灌区引水管道7.1千米。扩建一〇五团总干渠15.5千米，新建西沙河水库放水闸1座、清淤100万立方米，防渗改建鹰湖水库西放水渠5.6千米。甘河子河、卡哈提河、水磨河一〇一团段、塔西河、麻沟河、雀儿沟河、黄山河防洪治理工程。土墩子农场新打抗旱机井7眼，一〇六团新建就急调水渠8.7千米，新建“500”水库取水首部1座，五家渠新建供水管道5 359米，建设现代农业示范区科技研发中心大楼13 190平方米。

至2014年底，师市水利项目库储备有大型灌区、中小水源、节水灌溉、病险水闸除险加固和农村饮水安全五大类项目，规划总金额近29.94亿元，当年新增加猛进水库、东河水库、鹰湖水库的水土保持项目，雀尔沟、黄山河、水磨河河道治理项目，病险水闸除险加固项目，水库清淤工程和小农水等项目，还完成《第六师农田水利建设规划》和《第六师水资源配套规划》的编制和评审工作。

【工程建设】 2014年，开工建设的水利工程项目共30个，完成工程建设总投资2.55亿元。完成引额灌区改造配套一期工程五家渠引水工程首部稳流池和管道12.3千米，完成投资2 400万元。完成甘河子水库拦河大坝、泄洪放水洞、溢洪道等主体工程全部完成，完成投资3 500万元。完成卡哈提河道治理6.5千米、麻沟河河道治理13.3千米、甘河子河道治理11千米、水磨河一〇一团段治理河道23.35千米和塔西河单侧防护堤9千米，完成投资5 410万元。完成五家渠青湖生态经济开发区内机井建设工程，新建机井30眼及配套设施，完成投资2 900万元。中小河流水文监测项目完成土建及设备安装工程，完成投资为1 910万元。一〇五团和芳草湖农场小农水专项建设12个棉花滴管系统及配套设施，完成投资约590万元。青湖生态经济开发区水厂建设工程全部完工，新打机井3眼及其他配套设施，供水规模1.5万立方米/天，2014年完成投资270万元。建设五家渠经济技术开发区供水管网15.6千米，排水管网7.57千米，完成投资2 478万元。西沙河水库清淤16.1万立方米，完成投资约450万元。土豆窖建设项目新建轻钢结构复合式土豆窖(冷藏保鲜库)2座，单窖建筑面积2 027平方米(8 000吨容级)，完成投资1 300万元等。

【质量监督】 水利工程质量监督部门严格贯彻工程项目质量监督申请制度，对第六师五家渠青湖生态经济开发区机井建设工程、第六师西沙河水库清淤工程、六师“500”引水工程(取水首部改造部分)等18个工程项目进行全程质量监督。对监理单位上报的项目划分进行认真仔细的审批，完成第六师中小河流水文监测系统建设项目、五家渠经济技术开发区优势能源转换区供水管道工程、中小河流2013~2015年大黄山河治理项目等7个工程的项目划分批复。

是年，完成第六师山洪灾害防治县级非工程措施建设项目、第六师2011年兵团本级土地整治项目(土墩子农场)、第六师新湖农场二分场八连等六个单位2012年土地整理和居民点复垦项目、第六师新湖农场2012年土地整治项目、五家渠市工业园区1号水厂建设工程、第六师引额灌区“500”水库引水工程、东工业园区供水管网工程、第六师一〇九团小型农田水利建设项目、第六师一〇八团小型农田水利建设项目、第六师奇台农场2千公顷中低产田改造工程建设项目、第六师奇台农场斗渠防渗改建工程项目、第六师2012年小型农田水利专项工程12个项目的质量评定，评定结果为“合格”。

对当年开工建设和续建的38个工程项目从立项、初设到施工图进行审查，与第六师五家渠青湖生态经济开发区机井建设项目、第六师中小河流水文监测系统建设项目等当年开工建设工程的建设单位、施工单位、监理单位签订安全生产责任书10份。水利安全监督管理单位组织人员进行安全检查6次，通报检查结果，监督责任单位对安全隐患进行整改落实，全年师市水利工程行业未发生安全事故，达到既定的目标。

【工程审计】 2014年，共完成11个项目的工程审计，即2011年小型农田水利项目一〇一团、一〇二团、一〇三团、一〇五团4个工程，2012年小型农田水利项目一〇三团、一〇五团2个工程，共青团场外引水干渠，共青团场外引水干渠交叉建筑物，一〇五团一支渠，2011~2013年度西沙河水库清淤工程，“十二五”五家渠垦区饮水安全工程。

【工程验收】 2014年，完成7个项目的竣工验收工作，即大石头水库除险加固工程，老陈湾水库除险加固工程，五家渠市上游头屯河防洪工程，五家渠市工业园区1号水厂建设工程，引额灌区“500”水库引水工程，五家渠工业区东工业园区经二路、纬七路、纬八路供水管网工程，一〇二团八一东干渠防渗改建工程。

(吕文新)

责任编辑 李 萍
题图摄影 李华北

综 述

【工业发展概述】 2014年，师市完成工业总产值362亿元，比上年增长13%(可比价)，实现工业增加值84亿元，比上年增长6.7%，工业增加值占师市生产总值比重达到41%，比2013年降低2个百分点。轻、重工业比重分别为24:76。五家渠市完成工业总产值288亿元，增长13.8%，实现工业增加值64.72亿元，增长9.9%。“一主两翼”发展格局已经形成。工业迅速向园区聚集，各园区功能定位明确，工业产品结构 得到调整。以中线为主的五家渠工业区产业带动能力明显发挥，以东线奇台农场、红旗农场、土墩子农场工业区，西线芳草湖、新湖农场为两翼的工业区已形成一定规模和带动力。五家渠经济技术开发区开展兵团新型工业化产业示范基地创建工作，通过促进示范区内主导产业发展，加强土地集约节约利用，推进节能减排与资源综合利用，提升企业自主创新能力、技术装备与产品质量，加强安全生产管理，促进两化融合进程，完善产业公共服务体系建设等系列措施，五家渠经济技术开发区逐步形成以有色金属加工和农副产品深加工为代表的产业发展基地。2014年，五家渠经济技术开发区完成产值257.7亿元，增长17.1%，实现工业增加值58.6亿元，增长6.1%。经济技术开发区入驻企业115家，形成生产能力88家。六大主导产业快速发展，带动力强。2014年金属冶炼及加工行业完成产值150.3亿元、增长20%，占师市工业总产值的41.5%；煤电煤化工行业完成产值76亿元、增长11.8%，占师市工业总产值的21%；农副产品加工业完成产值58.53亿元、增长10.4%，占师市工业总产值的16%；纺织服装行业完成产值13.4亿元，增长6.3%，占师市工业总产值的3.7%；建材行业完成产值14.5亿元，增长11.5%，占师市工业总产值的4%；机械装备制造业完成产值5.26亿元，增长2.8%，占师市工业总产值的1.5%。

重点项目建设进展顺利。师市采取重点抓和普遍抓相结合的方法，对重点项目力争做到从前期工作，立项备案，项目建设的全过程进行跟踪和监督，促进一批项目早开工、早建设、早投产。2014年全年完成工业固定资产投资110.58亿元，下降36.8%，占全社会固定资产投资总额的41.2%。一年来，师市重点工业建设项目进展顺利。其中，六师铝业累计完成投资14.31亿元，电解铝二期2×55万吨生产线建成投产，成形190万吨电解铝生产规模；六师煤电累计完成投资21.26亿元，2×1 100兆瓦发电机组第一台110万千瓦发电机组已投入运行，第二台110万千瓦发电机组计划2014年底并网运行。新业能源20万吨/年1,4丁二醇精细化工及配套工程项目累计完成投资25.38亿元，项目一期年产10万吨混合芳烃项目已建成投产，二期年产50万吨甲醇项目计划2015年建成投产，形成50万吨甲醇生产规模。现代石油年产30万吨催化脱蜡、润滑油生产联合装置项目累计完成投资8.9亿元。梅花氨基酸综合项目今年完成投资8.26亿元，25万吨谷氨酸钠、2万吨黄原胶已建成投产。产业转型加快推进、发展质量明显提高。在推进师市工业总量做大的同时，也高度重视产业转型工作。通过安排本级专项资金和争取上级专项资金，重点支持一批产品有市场、发展有潜力的企业开展技术改造、技术创新、产业升级、节能改造、品牌建设、两化融合等工作，促进企业技术创新和产业升级。积极引导和鼓励企业与科研机构、院校开展产学研合作，加速提升企业的技术研发能力和技术创新水平。2014年度，师市工业企业共申报各类专利技术超过20项，引进新技术、新工艺超过10项，新增国家级高新技术企业4家，自治区级企业技术中心3家，自治区级产学研示范基地1个。截至年底，师市已有国家级高新技术企业6家，自治区级企业技术中心7家，自治区级产学研示范基地3个，自治区名牌产品3个。年初印发《六师五家渠市开展工业“质量效益管理年”活动实施意见》，将六师煤电等13家企业纳入师市开展工业企业“质量效益管理年”活动重点考核对象，同时通过开展现场检查、树立先进典型、开展“质量信誉承诺”活动、举办工业企业管理培训班等方式，积极引导和帮助企业提高质量管理水平，加快企业质量技术创新步伐，增强企业竞争力。自专项活动开展以来，大部分企业按照师市工业企业质量效益管理年活动的总体安排和部署，在企业内部积极开展“6S”管理、“QC”质量小组、“五小”等形式多样的质量管理活动。

推进中小企业服务体系建设，打造服务型部门。以五家渠金桥中小企业服务公司为代表的中小企业服务机构得到快速成长，公司主要为产业集聚区内100多家中小微企业提供信息服务、创业服务和培训服务，目前该公司已获得国家级中小企业服务平台的认定。此外，师市一批从事科技咨询服务、信息化服务的机构也先后成立，这些机构为师市中小企业提供各类创业、培训、信息、管理咨询等各种服务工作，在促进中小微企业在制度、管理、信息和技术等方面的创新，提高企业的核心竞争力和综合实力，促进师市中小微企业健康发展方面发挥不可替代的作用。淘汰落后产能和节能减排工作稳步推进。2014年，彻底关停大黄山焦化年产7万吨焦炉，关闭百花村股份公司101煤矿6万吨小矿井，推动天然物产公司梅斯布拉克煤矿加快采煤方法改造。与重点用能企业签订节能目标责任书，提高企业节能减排的意识，在全师重点耗能企业中开展能效对标工作，推进企业节能管理，引导企业走可持续发展之路。 （祁新萍）

五家渠经济技术开发区

【概况】 五家渠经济技术开发区(以下简称开发区)管委会主任董庆利(兼)，党工委书记、管委会副主任付卫，党工委副书记、管委会常务副主任梁军，副主任李京宁(5月任职)、副主任张宏波。

开发区管委会占地面积4 345平方米。管委会现有人员33人，女6人，党员21人。

2014年，实现工业总产值260亿元(现价，下同)，同比增长18%，占师市工业总产值(初步预计400亿元)比重的65%，实现工业增加值68亿元，同比增长21.78%，占师市工业增加值(108亿元)比重的63%，实现固定资产投资85.5亿元，占师市固定资产投资(268亿元)比重的32%，实现就业人数15 124人，增长1.3%，实现进出口总额3 522.02万美元，实现税收收入2亿元。开发区累计入驻企业115家，建成投产企业88家，规模以上企业32家。

【产业规划】 开发区在产业规划上实施分区规划。一是北工业园农副产品加工区，二是东工业园优势资源转换区。“十二五”产业规划重点发展有色金属加工、煤电煤化工、纺织服装、食品加工、机械制造五大产业，在此产业基础上，积极培育和发展新型材料、饲料、生物医药和环保产业，建立“5+3”产业体系，逐步形成大企业、大集团为龙头，优势突出，规模效益显著的产业体系。2014年,启动开发区产业发展规划(2014~2020年)编制工作。完成《五家渠开发区循环经济发展规划(2014~2018年)》编制工作,在加强开发区资源能源综合利用、推动污染集中治理和提高资源能源利用效率方面,起到促进作用。

【基础设施建设】 2014年,开发区共下达基础设施建设项目计划25个,完成基础设施投资21 360万元。其中新建道路工程投资9 451万元,道路总长度为26.96千米,总面积51.1万平方米;续建道路工程投资1 364万元;新建绿化工程4 472万元,总长度18千米,总面积377 980平方米;新建路灯工程投资1 597万元,新建线路18.4千米,1 057盏路灯;供电工程369万元及其他工程4 107万元。开发区基础设施配套工程的快速建设完善,保障开发区项目开工前期和企业生产经营的顺利进行。

截至2014年底,开发区基础设施已累计完成投资19.74亿元。其中修建园区道路里程137千米,修建供水管线108千米,修建排水管线69千米,架设供电线路119千米,基础设施配套建设基本覆盖所有入园企业。

【招商引资】 截至2014年年底,开发区累计入驻企业115家,建成投产企业88家,招商引资企业累计到位资金512亿元。是年开发区洽谈招商引资项目62个,已签约项目16个,计划总投资20.8亿元。产业涉及铝制品深加工、食品、机械制造、新兴建材、商贸物流、科技服务等重点产业。

【投资公司融资】 2014年,五家渠开发区建设投资经营有限公司,积极与国家开发银行、浦发银行等各商业银行接洽,争取浦发银行授信6 000万元。完成投资公司增资扩股,现公司注册资金4.1亿元,净资产达到16.3亿元。

【党建工作】 2014年,开发区党工委对重点单位开展党建示范点创建工作的指导,做到细化方案,优化措施,及时跟踪创建进度,按时按质完成创建工作,建立一批成熟的党建示范点。开发区非公有制企业党组织基本实现有固定活动场所、有配套的活动设施、有健全的规章制度、有正常组织活动,党组织生活日趋经常化、规范化、制度化。截至2014年,开发区党工委已批准成立企业党组织20个(单独组建18个,联合组建1个,派员组建1个)。

【群团工作】 2014年6月,在师市工商联的大力协助下,成立开发区工商联(商会)。2014年,开发区先后开展两次规模较大的调研活动,对开发区内各基层工会组织的基本状况、工作开展情况、取得的成绩、存在的问题以及下一步开展工会组建和会员发展工作进行系统的调查研究,把握基层工会和组建工作的基本情况,为推进工会组建和会员发展工作奠定良好的基础。2014年,累计建立工会组织17家。发挥共青团组织党联系青年的桥梁和纽带作用,组织开展公益活动,组织参与"希望工程1元捐"等公益活动;强化基层组织建设,印发党建带团建实施方案,开展非工企业团建"百日攻坚"活动,已完成新建基层团组织9家。

【社会综合治理】 2014年,开发区投产企业已基本建立组织机构,配备专(兼)职人员,落实办公场所,做到机制健全,有专人抓,落实考评标准,确保企业的安定、稳定。是年,开发区共下发综治、维稳等文件300余份,治安、刑事案件共发236起,其中刑事案件27起。开展矛盾纠纷排查调处活动。注重排查调处涉及拖欠民工资等债权债务等多发性纠纷,共调解各类纠纷包括农民工工资186起,民工集体上访索求工资和纠纷6起,涉及农民工工资总额达1 074.4余万元,人数达691人。悬挂横幅46条,张贴标语、发放各类宣传单1 000余份,其中安全消防画报传单400份,防邪挂图传单600余份,对115家企业进行全面安全防范检查,出动车辆47台次,人员共141人次,夜间巡逻达65个夜晚。严密防范"三股势力"渗透,做好重点人员稳控工作。开展多种形式教育活动,尤其切实抓好对"重点人员"的宣传教育和稳控工作。加强外来人员管理,创建无邪教园区。针对外来人员,进行一一核实、登记造册,建立档案。2014年,共清查外来人员8 632人,办理居住证152人。

【平安创建】 2014年,落实消防责任制,层层签订责任书。开发区成立防火安全委员会，与各基层单位签订防火安全责任书115份。配合师市相关部门打非治违。深入基层排查消防安全隐患。2014年开发区组织消防安全检查10次，查处安全隐患40余处，下发责令整改书20余份，发放宣传教育资料200余份，市消防队与有消防车的企业形成联防联控的工作机制。创新消防安全管理模式。开发区在师市安监局的大力协助下，创新工作方式，鼓励企业通过向社会专业消防安全中介机构购买服务的方式解决企业消防问题。目前已有3家企业通过购买服务的方式解决企业的消防安全问题。

（罗永军）

有色金属加工业

【概述】 截至2014年底，产值超亿元的企业达到27家，产业体系完善，形成有色金属加工、煤电煤化工、农副产品加工、纺织服装、新型建材、机械装备制造等6大主导产业。以六师铝业和昆仑钢铁为龙头的金属冶炼及加工行业，已形成190万吨电解铝、100万吨钢、70万吨铝合金制品生产规模。围绕电解铝加工延伸工作初显成效，当前已有4家铝制品深加工企业入驻五家渠经济技术开发区。2014年金属冶炼及加工行业完成产值150.3亿元、增长20%，占师市工业总产值的41.5%。师市金属冶炼及加工业的快速发展，已成为目前乃至今后相当长时期内推进师市工业经济快速发展的重点支撑产业。

【新疆农六师铝业有限公司】 2014年，新疆第六师铝业有限公司累计完成投资14.31亿元，电解铝二期2×55万吨生产线建成投产，形成190万吨电解铝生产规模。经过5年多的建设发展，六师铝业公司已拥有2×40万吨、2×55万吨四条电解铝生产线，形成190万吨电解铝产能，其中已达产135万吨，四期55万吨电解铝已试运行。为加快发展步伐，公司不断加大科技创新力度，不断提高能源资源利用效率，全年共完成技改创新106项，获得科技补贴120万元，其中主要技改创新有净化系统改造，净化效率提升，公司发明的循环投料系统（正在申报国家专利），解决净化系统运行过程中经常出现喷吹口堵料、氟化氢控制指标不稳定现象，降低氟化物排放量，减少除尘布袋的使用。

2014年，公司生产原铝110.4万吨，同比增长46.8%，生产铝锭68.1万吨，增长15.6%；铝棒35.3万吨，增长194%。销售铝锭、铝棒等成品107.2万吨，同比增长48.6%，完成产值128亿元，实现销售收入124亿元，利税11亿元。

【新疆昆仑钢铁有限公司】 2014年，新疆昆仑钢铁有限公司累计完成投资3.59亿元，一期工程已建成投产，形成100万吨特钢生产规模。为加快发展，提高技术和装备水平，增强企业核心竞争力，公司抓好节能、环保、技术改造工作，全面推行清洁生产，投资10亿元，重点实施七大节能、环保和技改工程：高炉喷吹煤粉——降低焦比、高炉BPRT系统——发电节能、高炉和转炉煤气回收发电、转炉和轧钢余热发电、烧结机脱硫、炼铁炼钢系统除尘、高炉水渣、转炉钢渣废弃物综合利用等项目，降低生产成本，取得显著的经济效益、环境效益和社会效益。2014年，公司生产螺纹钢62.5万吨，同比增长81%。完成产值17.84亿元，实现销售收入9.17亿元。

煤电煤化工产业

【概况】 以百花村股份公司、六师煤电、新业能源为龙头的煤电煤化工行业，已形成550万吨原煤、80万吨焦炭、60万吨碳素、21.5万吨尿素、10万吨混合芳烃MTG、电力装机388万千瓦（其中，火电364万千瓦、光伏发电13.6万千瓦、风力发电9.9万千瓦）生产能力。2014年完成产值76亿元、增长11.8%，占师市工业总产值的21%。

【新疆大黄山豫新煤业有限公司】 2014年，新疆大黄山豫新煤业公司生产原煤59.4万吨，完成年计划的41.8%，煤炭销售市场继续低迷，原煤销售单价持续下降，原煤平均销售价格已低至318元/吨。为有效利用资源，公司发展循环经济和低碳经济，开展节能减排工作。立足于煤层气（瓦斯）的深度开发和利用，完成16×500千瓦瓦斯发电项目的建设工作，同时，煤层气（瓦斯）民用开发和利用，使煤层气（瓦斯）在供热、民用领域取得较大进展。

【新疆大黄山鸿基焦化有限责任公司】 2014年，新疆大黄山鸿基焦化有限责任公司主营产品有焦炭、粗苯、焦油、尿素。公司循环经济产业链运行平稳，但市场环境恶化，产品价格下降等因素严重制约公司经济效益的增长。针对现状，公司采取积极措施，通过开展降本增效、成本考核工作，有效降低生产成本，从而提高产品的市场竞争力，现场基础管理水平显著提高，产业链实现平稳高效运行。2014年，公司生产焦炭64.3万吨，生产粗苯1.23万吨，生产焦油3.45万吨，生产尿素16.86万吨，发电量6 243.38万千瓦时。完成产值7.33亿元，实现销售收入7.6亿元。

【新疆农六师煤电有限公司】 2014年，新疆农六师煤电有限公司累计完成投资21.26亿元，2×1 100兆瓦发电机组第一台110万千瓦发电机组已投入运行，第二台110万千瓦发电机组已建成，计划2015年并网运行。六师煤电公司完善安全管理体系，做到安全教育培训到位，安全活动开展及时，通过建立考核责任制，实行安全与奖金考核挂勾；加大安全检查力度，狠抓隐患排查治理。通过多项措施，全年实现零事故安全运行。

2014年，完成发电量165亿度，同比增长13.7%。完成产值32.17亿元，实现销售收入34.86亿元。

【新疆新业能源化工有限责任公司】 2014年，新疆新业能源化工有限责任公司累计完成投资25.38亿元，项目一期年产10万吨混合芳烃项目已建成投产，二期年产50万吨甲醇项目计划2015年建成投产，形成50万吨甲醇生产规模。公司采用国际先进水平的碎煤加压气化技术，将煤炭通过气化全部转化成甲醇，再生产甲醛，继而与乙炔合成1，4丁二醇精细化工产品。同时联产煤焦油（燃料油）、天然气、芳烃（汽油）等副产品；综合利用余压余热发电；采用污水生化、深度处理、达到污水“零”排放、使产品单耗降到最低，具有经济型、循环型、节能型、环保型生产特点。

新业能源生产车间——MTG分离生产线。 （工业局）

2014年公司10万吨/年甲醇制芳烃装置生产汽油3.85万吨，生产液化天然气（LPG）0.74万吨，生产重油0.34万吨。完成产值2.41亿元，实现销售收入2.87亿元。

【新疆五家渠现代石油化工有限公司】 新疆五家渠现代石油化工有限公司成立于2013年3月，位于五家渠经济技术开发区东工业园，占地面积1 500亩，注册资本5亿元。公司投资新建30万吨/年催化脱蜡—润滑油生产联合装置项目，总投资29.86亿元。2014年累计完成投资8.9亿元，项目一期60万吨/年原料预处理装置、60万吨/年重油催化裂化装置基建工程及设备采购已完成。公司30万吨/年催化脱蜡—润滑油生产联合装置项目将填补新疆兵团石油综合加工和润滑油生产的技术空白，成为兵团最大的石油综合加工和润滑油生产项目，达到国内润滑油基础油同类型生产装置最大规模。2014年完成产值1.4亿元，实现销售收入1.4亿元。

【新疆美景煤化工有限公司】 新疆美景煤化工有限公司是响应党中央和国务院关于“产业援疆”的精神，2012年通过山西省政府牵线搭桥在对口援疆单位——新疆建设兵团第六师奇台农场落户的民营股份制企业。系国内唯一一家采用回转炉专业生产粉状活性炭企业，主营业务为兰炭、活性炭综合利用及销售。公司创始人系国内活性炭专家，多年来一直专注于活性炭生产设备的设计、生产和进出口业务开发研究，在业界内有良好的信誉和口碑，并在印尼、墨西哥、朝鲜以及国内供应并建造煤质和椰壳制造的活性炭生产工厂，公司坚持企业规模和产品技术创新和质量的同步发展，始终秉持明朗的国外市场和巨大潜力的国内市场齐头并进，实现生产与应用的相互促进，迅速开拓活性炭应用范围，成功开创了活性炭生产新时代。2014年完成产值1.2亿元，实现销售收入1.2亿元。

【五家渠风阳新能源有限公司】 五家渠风阳新能源有限公司是哈密风阳投资有限公司的控股子公司，哈密风阳投资有限公司公司致力于以风力发电、光伏发电投资营运、发电服务业务（包括项目前期开发、技术咨询、电厂设计、电场建设与安装调试、电场专业运行及维修维护服务）为主营业务。风阳公司第六师北塔山风电场一期、二期2×49.5兆瓦风电场，安装66台单机容量为1 500千瓦的风电机组，总装机容99兆瓦。配套工程包括新建一座110千伏升压站、66台风机基础、箱变基础、集电线路等。该项目于2012年5月18日开工，2014年12月27日顺利投运发电。项目投运后，年等效满负荷运行小时数为2 601.78小时，平均容量系数为29.70%。

农副产品加工业

【概况】 以梅花氨基酸、新中基、科赛德薯业为龙头的农产品加工行业，主要包括玉米、番茄酱、马铃薯、红薯、葡萄酿酒、精制食用植物油、啤酒麦芽、肉制品等产品加工，目前已形成氨基酸系列产品55万吨（其中谷氨酸10万吨、谷氨酸钠15万吨、赖氨酸20万吨、苏氨酸7万吨、黄原胶3万吨）、日处理番茄6.32万吨、啤酒麦芽6万吨、食用植物油14万吨（其中玉米胚芽油3万吨）、酒精8万吨、葡萄酒6万吨、薯类淀粉2.5万吨、马铃薯全粉2.2万吨的生产能力。

2014年，生产氨基酸系列产品37万吨、增长85%；番茄酱15万吨、增长28.2%；食用植物油7.2万吨、增长28.6%；大麦芽4万吨、下降11%；薯类淀粉1.91万吨、增长138.8%；马铃薯全粉1.2万吨、增长9%；饲料12.5万吨、增长4.3%。农副产品加工业完成产值58.53亿元、增长10.4%，占师市工业总产值的16%。

【新疆梅花氨基酸有限责任公司】 2014年，新疆梅花氨基酸有限责任公司累计完成投资8.26亿元，其中15万吨谷氨酸钠、2万吨黄原胶项目已建成投产。公司主营产品有苏氨酸、赖氨酸、核苷酸、黄原胶、谷氨酸及小品种氨基酸，年产各类氨基酸总计50万吨。是年，公司研发中心完成2项自主研发专利项目，分别是《一种DNA分子及重组质粒和大肠杆菌》和《混糖发酵生产L-色氨酸的细菌及发酵方法》，并成功获得国家审批颁发的专利证书。2014年公司成功申报省级企业技术中心、国家级高新技术企业、兵团农业产业化龙头企业三项荣誉。

2014年，公司生产赖氨酸16.8万吨，苏氨酸6.2万吨，谷氨酸6.1万吨，黄原胶1.7万吨，呈味核苷酸二钠8 000吨。完成产值29.52亿

中基公司机械化采收番茄。 （工业局）

元,实现销售收入29.98亿元。

【新疆中基实业股份有限公司】 2014年,新疆中基实业股份有限公司与专业化的物流公司合作,全面推行物流外包工作。通过供应链信息化体系的建立,整合采摘、装袋、运输等社会物流资源,提升跨部门、跨行业、跨地域物流单位的一体化协作能力,通过现代农产品物流体系的建立,提高物流效率,加强产品质量追溯能力,促进农产品加工行业的发展。公司在维系老客户的同时,重新制定新兴市场的开拓计划,逐步恢复俄罗斯市场,在2014年9月18~24日前往莫斯科参加莫斯科展会,同时参加法国SIAL国际食品展会。

2014年公司落实番茄原料面积15.56万亩,累计收购鲜番茄原料84.9万吨,生产大桶番茄酱13.4万吨;生产小包装番茄制品1.5万吨。完成产值8.33亿元,实现销售收入4.58亿元。

【新疆科赛德薯业有限公司】 新疆科赛德薯业有限公司主营产品有马铃薯雪花全粉、马铃薯精制原淀粉、马铃薯水晶粉丝、马铃薯水晶粉皮。公司已形成年加工马铃薯12万吨,马铃薯制品3万吨的生产能力。公司通过对现有的12间马铃薯储藏库增加智能化控制系统和对两条现有的全粉生产线增加自动控制系统以及建设一套全面的厂区、生产车间监控系统。马铃薯储藏库增加智能化控制系统后使马铃薯的存储时间由目前的4个月增加到7个月,储藏损失率由15%降低到6%。生产线进行自动化控制建成后,产品的合格品率由93%增长到98%。公司利用当地资源、企业技术和资金优势,按照市场需求进行马铃薯深加工,取得较好的经济效益,还促进奇台农场种植产业结构的调整,改变奇台农场及周边乡镇种植结构单一的难题,使马铃薯种植成为当地农民致富的重要作物。

2014年,公司累计收购马铃薯原料4.5万吨,生产马铃薯精制原淀粉3 120吨,马铃薯雪花粉3 088吨。完成产值1.51亿元,实现销售收入1.34亿元。

【新疆金正薯业有限公司】 新疆金正薯业有限公司主营产品有红薯淀粉、红薯粉条,注册商标“薯乐美”“天山薯业”。目前已形成红薯育苗—大田种植—淀粉加工—粉条加工的产业链条,公司发展目标是打造中国西部最大的红薯制品产业基地。公司在新疆新湖农场有自己的原材料红薯种植基地,目前已发展到1万亩,形成种薯培育—科学育苗—大田种植—鲜薯储存—淀粉加工—粉条加工的产业链条。产品加工原材料来源于自己的原材料基地,依靠新疆特殊无污染的地理环境和加工环节,无任何添加剂,确保产品的健康纯正品质。公司目前已通过QS认证、ISO9001国际质量体系认证和环保评价、安全评价、节能评价等基础性工作,正在进行有机产品认证。2014年完成产值4 558万元,实现销售收入4 631万元。

【新疆光大日月油脂科技有限公司】 新疆光大日月油脂科技有限公司是集食用油生产、研发、国际贸易为一体的油脂企业。目前拥有年产10万吨的油葵籽油生产线1条,3万吨红花籽油生产线1条,5万吨番茄籽油生产线1条,2万吨葡萄籽油生产线1条,1万吨玉米胚芽油生产线1条;3万吨精炼油、色拉油、高烹油、调和油罐装(小包装)生产线1条。公司按照国家出口食品加工标准,高起点、高品位,现代化的规划设计建设,采用国内最先进的生产工艺和设备,是我国西北地区最大的特种食品油生产基地。2014年完成产值1 784万元,实现销售收入4 420万元。

【新疆震企油脂有限公司】 新疆震企油脂有限公司主营产品有生物蛋白饲料脱酚棉籽蛋白、调和油、粕壳类副产品等,其中饲用脱酚棉籽蛋白生产技术和产品质量处于行业领先水平。为发挥高新技术企业的示范带头作用,引领行业技术发展,公司组建脱酚棉蛋白工程技术研究中心,依托塔里木大学生命科学学院的科研优势,共同研究脱酚棉籽蛋白节能、质量控制等新技术,延长棉籽精深加工产业链,研究开发新产品技术,同时进行新产品新技术的推广应用,促进我国脱酚棉籽蛋白行业的可持续发展,同时缓解畜牧业植物蛋白的缺口,带动周边行业的共同发展。现该中心已经获得自治区脱酚棉籽蛋白工程技术研究中心批复。2014年,公司生产脱酚棉籽蛋白饲料产品10 120吨、食用油2 870吨,其他副产品10 010吨。完成产值1 241万元,实现销售收入3 040万元。

【中粮长城葡萄酒(新疆)有限公司】 中粮长城葡萄酒(新疆)有限公司是一家集葡萄示范园、葡萄酒加工、高端酒庄酒生产、餐饮、旅游和文化展示为一体的庄园式工厂。公司采用国际先进的酿酒技术和高自动化生产技术,生产葡萄原酒能力达2万余吨,高端酒庄酒生产能力1 000吨。核心产品是酒庄级的“长城”葡萄酒。公司与六师各团场配套建设葡萄种植基地,严格按照国际标准种植模式建设葡萄园,现已配套合作葡萄基地近2 000公顷亩,达产后可年产各类葡萄酒2万余吨,年销售收入可达3亿多元,实现葡萄酒产业与葡萄种植农业的同步发展。2014年共收购酿酒葡萄原料7 000多吨,酿造葡萄原酒共计4 800吨,完成产值1 453万元,实现销售收入1 453万元。

纺织、服装产业

【概况】 纺织工业是师市“十二五”工业发展规划重点发展产业之一。以六孚纺织和华春毛纺为主的纺织行业,已形成环锭纺22万锭(其中色纺12万锭)、精制棉5.2万吨、棉浆粕3万吨、纤维素1万吨、羊绒衫60万件生产规模。2014年,新增羊毛衫16万件;生产棉纱2.6万吨,增长13%;精制棉2.3万吨,增长21%;棉浆粕3.1万吨,下降6%;纤维素3 000吨,增长3.5%。纺织服装行业完成产值13.4亿元,占师市工业总产值的3.7%。

【新疆六孚纺织工业园有限公司】 新疆六孚纺织工业园有限公司是华孚色纺股份有限公司下属企业,以提供“时尚、环保、科技”的色纺纱线为主营业务,“华孚牌”色纺纱已成为色纺行业国际品牌,全球市场占有率名列前茅,主导产品远销欧美、日韩、港澳、东南亚等几十个国家和地区。六孚纺织12万锭色纺纱项目,采用国内外先进设备建成,具有自动化程度高,操作简单,用工少,质量稳定等特点。产品以色纺纱系列的中、深色、漂白、增白系列产品为主,目前共有员工1 410余人,2014年被新疆维吾尔自治区残联、总工会联合评为“集中安置残疾人就业先进单位”。

2014年,公司生产色纺纱线1.59万吨,完成产值5.59亿元,实现销售收入8亿元。

【新疆合创棉业有限公司】 新疆合创棉业有限公司是在原国有企业转制后重新组建的现代化民营企业。现有员工145人,招录的人员45%以上是原棉纺厂下岗职工,现有60名残疾员工就业,占公司人员比例41%。公司在设备方面投入大量的资金对老化、陈旧的设备进行全方位的技术改造,并配备先进的YG135条干仪检测设备,全自动生产设备,经过改造后的设备充分发挥效能。2014年完成产值4 025万元,实现销售收入4 212万元。

【新疆华春毛纺有限公司】 新疆华春毛纺有限公司是新疆华春投资集团有限公司的全资子公司。现拥有日本纺纱设备4梳5纺全套生产流水线,年生产加工能力为240吨纱线;年生产加工洗净绒700吨;染色年生产加工能力为300吨;年生产加工各类针织衫50万件。

公司借助新疆资源特色,打造国际羊绒高端生产基地,逐步推进品牌建设和垄断羊绒资源的“十三五”发展战略,用创新的思维带动企业各项工作的开展,在国内及国际市场持续萧条的背景下,华春毛纺在逆境中逆向思维,选择欧美市场,积极宣传和打造“新疆牌”概念,创新服务意识和营销模式,让国际客户直接指导公司产品开发和品质控制,快速提升毛纺管理水平和国际市场接轨。2014年,公司生产羊绒衫20.4万件,外贸出口完成18.5万件,内销完成1.9万件。完成产值5 300万元,实现销售收入3 627万元。

【新疆光大山河化工科技有限公司】 新疆光大山河化工科技有限

华春毛纺工业园全景图。 (工业局)

公司主营产品有纤维素、精制棉、棉浆粕。现已建成1万吨羟丙基甲基纤维素醚生产线1条，精制棉生产线两条。公司加强科技创新，不断采用新技术、新工艺，制订先进的、合理的技改方案。车间原有循环水降温水管水流量偏小，凉水塔管线设计不合理，根据生产实际，将原来一台45千瓦的双开泵更换为75千瓦的离心泵，循环水管线由原来的133更改为219管线，满足脱溶釜冷却器降温需求。2014年公司开展精细化管理和原料监督责任制，针对原料进厂监督缺失现象，生产部结合质检科、供应部层层把关，根据质量情况严格按标准进行扣重、降价、退货等措施，为公司节约资金近20万元。

2014年，公司生产纤维素产品入库2 500吨，精制棉2.03万吨，棉浆粕798.4吨。完成产值1.81亿元，实现销售收入1.5亿元。

建材工业

【概况】 以蒙鑫水泥为龙头的新型建材行业，已形成水泥300万吨、商混175万立方米的生产规模。2014年，生产水泥212.9万吨、增长42.9%；商品混凝土107.4万立方米、下降24.6%。建材行业完成产值14.5亿元，增长11.5%，占师市工业总产值的4%。

【新疆蒙鑫水泥有限公司】 新疆蒙鑫水泥有限公司主营产品有水泥、熟料、石灰石、熟石灰。新型干法水泥生产线项目，是目前国内先

蒙鑫水泥厂区。 （工业局）

进成熟的熟料、水泥生产项目。公司通过对岗位巡检、专业巡检、专业技术人员点检的三级设备检查落到实处，精心组织维修力量对设备不足之处进行技术改造，最大限度保证生产工艺系统的稳定运行。2014年，公司生产熟料98.6万吨，水泥110.9万吨，完成产值5.58亿元，实现销售收入3.5亿元。

【新疆蓝天七色建材有限公司】 新疆蓝天七色建材有限公司主营产品有保温隔热环保节能一体板、铝单板、铝塑板。2014年公司在原项目基础上，进行规模扩建及产业链延伸，新增加聚苯板生产线1条，年生产能力6万立方米保温材料；新增加改性苯板复合升级生产线1条，年生产能力40万平方米保温材料；新增混凝土外加剂生产线1条，年生产量减水剂5 000吨。预计增加销售额2 000万~3 000万元。公司生产的保温装饰一体板具有优良的保温、装饰性能。产品饰面采用PPG、立邦氟碳树脂漆，具有色差小、柔韧度高、附着力强、耐候性好、耐酸碱性强、自洁能力优良等优点，产品荣获新疆维吾尔自治区新型墙体材料认定。

2014年，公司生产保温装饰一体板18万平方米，完成产值5 428万元，实现销售收入4 500万元。

机械装备制造业

【概况】 机械装备制造业是师市“十二五”规划重点发展的产业之一，以天鹅农机、畅通汽车为龙头的机械设备制造行业现已形成农机设备3 000台、挂车1 000辆、环保设备1万吨生产能力。

【新疆龙净环保科技有限公司】 新疆龙净环保科技有限公司成立于2011年，主要经营产品有：电除尘器系列产品、电袋复合式除尘器、布袋除尘器、烟气湿法脱硫设备、干法脱硫设备、烟气脱硝设备、物料输送装置、干排渣系统等，其中BE型电除尘器获国家级新产品奖

和福建省优秀新产品一等奖。2014年是新疆龙净投产运营的第一年，新疆龙净按照“从属、保障、服务”的定位和市场化生存的发展方向，通过团队建设、制度建设、人才引进等措施，全面服务保障好各项事业的快速发展。公司已形成1万吨除尘、脱硫、脱硝等环保设备生产能力。

2014年，公司生产各类环保设备6 985吨，完成产值3 283万元，实现销售收入3 804万元。

【新疆天鹅现代农业机械装备有限公司】 新疆天鹅现代农业机械装备有限公司成立于2010年9月，公司致力于打造新疆农业机械装备生产基地，现已成为国内现代化棉机设备的研发与生产基地，生产出的机采棉三模设备、多功能喂花设备等产品在市场上占有主导地位，引领机采棉加工行业发展。公司自成立以来一直加强“产、学、研、用”相结合的科研体系，先后与石河子大学、山东大学等科研院所建立良好的产学研合作机制。2014年公司申报“自治区产学研联合开发示范基地”，并于同年10月获批。2014年公司组织实施农业机械制造生产线技术改造项目，通过本项目的实施使公司具有年增棉花加工设备及农机产品300台套的能力。2014年，完成产值1 946万元，实现销售收入1 483万元。

【农六师畅通专用汽车制造有限责任公司】 农六师畅通专用汽车制造有限责任公司成立于2011年4月，现已形成年加工制造载重挂车1 000辆生产能力。随着新疆经济的快速发展，交通运输业也进入快速发展时期。公司依托良好的交通区位优势以及准东矿产资源开采及煤电煤化工基地建设的有利时机，启动专用汽车制造项目。公司与河北工业大学汽车研究所建立长期技术合作关系，为公司专用汽车产业发展奠定坚强的技术后盾，促进企业技术进步和新产品研发。2014年公司对原有生产线进行智能化、自动化升级改造，技改项目实施后，企业市场竞争力提升，提高劳动生产率，促进师市汽车产业发展，优化工业产业结构。2014年，完成产值1 900万元，实现销售收入1 900万元。（祁新萍）

新疆百花村股份有限公司

【概况】 新疆百花村股份有限公司的前身是成立于1959年的“百花村饭店”。1996年在上海证券交易所成功上市，成为兵团第一家上市企业。股票代码：600721。2006年公司借股改契机，积极实施产业结构调整和战略转型，由原来传统的餐饮服务，逐步转型为集煤炭采选和煤化工于一体的资源类上市公司。是由兵团第六师控股的兵团最大的煤焦化企业集团之一。截至2014年末，公司资产总额已从2006年的2.6亿元增长到44.66亿元，形成年产原煤160万吨、焦炭80万吨、尿素21万吨、发电量1.82亿千瓦时的产能。公司旗下拥有新疆大黄山豫新煤业有限责任公司、新疆大黄山鸿基焦化有限责任公司、新疆天然物产贸易有限公司等6个子(分)公司。

【经济建设】 2014年，公司资产总额41.66亿元，负债31.68亿元，净资产9.98亿元，营业总收入11.09亿元，营业成本10.60亿元，3项费用合计3.73亿元。

2014年生产原煤50.68万吨，较2013年的121.60万吨减少70.92万吨。焦炭生产64.30万吨，较上年同期60.44万吨增加3.86万吨。生产尿素16.86万吨，较上年同期14.14万吨增加2.72万吨。

【推行混合所有制经济】 2014年，公司秉承“公开、自愿、基层优先、领导候补”原则，先后对所属子(分)公司新疆百花村数码影像技术有限公司、新疆同信物业服务管理有限公司进行股份制改造，调动各级各类人员工作积极性。改制子(分)公司当年实现平稳过渡，生产经营初见成效。

【人才培养】 先后组织公司员工、子(分)公司领导层进行为期1年的和君商学院企业管理知识培训。共组织培训20次，参训人数达1 000人次。重视“双语”教学，组织员工参加初中级职称评审继续再教育、外语考试及计算考试20人次，通过率100%。

【荣获“乌鲁木齐餐饮老字号”称号】 新疆百花村快餐连锁有限责任公司是新疆百花村股份有限公司旗下一家老字号品牌企业，也是百花村发展历史最长的基础产业。其前身为1959年4月创立的国营百花村联合食堂。近年来，多次获得各种奖项及荣誉。2014年10月，被乌鲁木齐市商务局评为“乌鲁木齐餐饮老字号”。

【新疆大黄山豫新煤业有限责任公司】 2014年公司共计生产原煤32.25万吨，完成掘进进尺439米，发电373万度，销售原煤34.7万吨，实现工业总产值9 772万元，实现工业增加值7 329万元，实现利润-7 149万元。2014年7月5日，公司大黄山煤矿+708综采工作面，在压缩密闭期间发生瓦斯爆炸事故，造成17人遇难3人重伤。

【新疆大黄山鸿基焦化有限责任公司】 公司是一家以焦化生产为基础，以煤气综合利用和化工产品生产为重点，以高端化工和精细化工为主导方向，集“焦—化—电”为一体、具有循环经济特征的综合型煤化工生产企业，也是疆内首家以焦炉煤气为原料生产合成氨/尿素的企业。2014年，公司共采购原煤105.7万吨，生产焦炭64.3万吨，生产粗苯1.23万吨，生产焦油3.45万吨，生产尿素16.86万吨，发电量6 243.38万千瓦时。共销售焦炭56.42万吨，销售焦油3.45万吨，销售粗苯1.24万吨，销售尿素22.72万吨。实现营业收入7.6亿元，实现工业总产值7.33亿元，实现工业增加值8 300万元。全年各项成本在2013年基础上降低30%。是年，公司被兵团评为“兵团循环经济示范”试点单位。

【新疆天然物产贸易有限责任公司】 新疆拜城百花村煤业有限责任公司位于拜城县黑英山乡梅斯布拉克村，隶属新疆百花村股份有限公司。公司主要开采25号主焦煤，矿井地质总储量约8 000万吨。煤质属于优质的工业用煤，其特性为低硫、低磷、特低氯、中热值。是年，公司完成生产原煤18.43万吨；完成掘进进尺1 404米；累计销售原煤15.38万吨；完成销售收入5 267.6万元；职工收入全年人均6.12万元。矿井安全改造项目（瓦斯抽采与利用）纳入国家2014年度煤矿安全改造中央预算项目。项目总投资2 696万元，资金由公司自筹70%，共计1 887万元；申请国家安全改造补助资金30%，计809万元。采煤方法改造项目（急倾斜煤层斜切分段综采放顶煤采煤方法）纳入兵团四个一批项目建设中，项目完成后，其矿井工作面年单产不低于30万吨。该项目计划投资720万元，其中公司自筹650万元，申请兵团“四个一批”专项补助70万元。

【新疆百花村股份有限公司软件园信息产品展示中心】 新疆百花村股份有限公司软件园信息产品展示中心（以下简称百花村软件园）于2001年2月经乌鲁木齐市人民政府和乌鲁木齐高新技术产业开发区管委会批准设立，由新疆百花村股份有限公司承建，是新疆第一家为中小软件开发企业提供全方位服务平台的园区。百花村软件园系乌鲁木齐市高新技术产业开发区的园外园，园区位于乌鲁木齐市中山路商业黄金地段—中山路与红旗路的交汇处，隶属新疆百花村股份有限公司。2014年，百花村软件园实现利润1 555万元，上缴国家利税403万元，上缴现金流1 694万元。

【新疆百花恒星房地产开发有限公司】 公司成立于2010年5月26日，由新疆百花村股份有限公司和新疆天润恒星投资有限公司共同投资设立，注册资本1 000万元。新疆百花村股份有限公司投资510万元；占投资额的51%；新疆天润恒星投资有限公司投资490万元；占投资总额的49%；是一家具有独立法人和独立核算的公司。截至2014年末，公司总资产8 234.21万元。负债总额5 919.22万元。2014年末公司净利润1 139.03万元，比2013年增加97.8万元，增幅为9.39%。公司目前主要从事房地产开发业务，承接五家渠仁和居百花苑小区房地产开发项目，住宅总建筑面积9.73万平方米，实际规划建设总面积8.7万平方米（其中商铺面积为2 775.33平方米），规划建设24栋商品房。开发项目预计在2015年的上半年全部交付使用。截至2014年末，已安置拆迁户211套。 （张 军 薛勇平）

建筑和房地产业 Construction and Real Estate Industry

责任编辑 李 萍
题图摄影 铁 宇

【**概况**】 2014年，五家渠市资质企业完成建筑业产值41.8亿元，同比增长69%，超额完成兵团下达的指标任务。全年在建工程项目151项，建筑施工面积327万平方米，建筑业产值较往年继续保持增长。申报兵团级文明工地20项、自治区文明工地4项、兵团昆仑杯5项、自治区天山杯1项，均通过自治区及兵团初审。截至2014年12月，共监督招投标项目498项，公开招标项目450项，邀请招标48项，中标金额共计34.9亿元。累计节约资金1.29亿元。2014年，共依法核发建设工程施工许可证226件，批准建筑施工总面积达334.97万平方米，工程总造价达165亿。

【**工程造价管理**】 2014年，审核建设工程招标控制价备案377项，工程造价总额389 999.57万元。按师市建设主管部门的要求，审核施工合同备案资料300份、监理合同备案资料220份、招标代理合同备案资料48份。为规范师市建筑市场工程造价管理，派专人协同师市发改委物价局，对五家渠地区主要建筑材料的供应厂家进行实地考察，通过调查、测算、收集整理，并根据建材市场价格变化情况，结合本地区的实际，发布五家渠市2014年1~4季度建设工程材料价格信息。

【**施工图纸审查**】 2014年，完成勘察项目审查216项，一次合格项目数209项，复审合格项目数7项，审查出违反强条累计数4条；完成施工图设计审查356项，一次合格项目数313项，复审合格项目数43项，审查出违反强条累计数149条。总建筑面积225.4万平方米。审核、签署《房屋建筑和市政基础设施工程施工图设计文件审查综合报告书》356份。按照《新疆维吾尔自治区建筑节能设计专篇（建筑专业）》的要求，认真做好工程项目节能设计专篇的审查，凡是设计达不到节能标准要求的，不颁发施工图审查合格书。发现问题，及时向设计单位进行意见反馈，设计单位均按照审查意见作修改、变更。2014年，通过审查的公共建筑及居住建筑项目节能设计已全部达到节能标准要求。严格遵照“内行专家审查”的原则，审查专家实行动态管理，不断吸收高水平责任心强的技术人员进入审图专家库，目前，专家库中已拥有28名较高业务素质及高度责任感审查专家，均为一、二级注册建筑师，一、二级注册结构师和各专业高级工程师。

（潘孟颖）

2014年建筑业企业生产经营情况年报(表一)

企业名称	建筑业总产值(万元)	签定的合同额(万元)												工程项目个数	
		合计	按时期分		按工程类别划分					按工程地域分					
			上期结转	本期新签	房屋建筑工程	公路工程	铁路工程	水利工程	其他工程	兵团内	疆内(不包括兵团)	疆外	国外	兵团内	兵团外
新疆天力建工集团有限公司	218 324	241 338	27 528	213 810	164 110	15 697	0	21 514	40 017	72	2	0	0	72	2
新疆龙腾建工有限公司	156 010	156 334	13 128	143 206	124 087	0	0	0	32 247	155 719	291	0	0	54	2
新疆广益工程建设有限责任公司	16 595	26 424.4	7 296	19 128.4	0	26 424.4	0	0	0	26 424.4	0	0	0	21	0
玛纳斯新湖兴达建筑安装工程有限责任公司	92 556	94 333	3 449	90 883	94 333	0	0	0	0	94 333	94 333	0	0	62	0
新疆银海建设有限责任公司	116 759	116 759	8 761	107 998	51 726	0	0	65 033	0	116 759	0	0	0	48	0
五家渠天顺建筑安装有限责任公司	1 241.6	1 241.6	0	1 241.6	1 241.6	0	0	0	0	1 241.6	0	0	0	4	0
新疆裕丰建设有限公司	45 299.33	46 037.07	821	45 216.07	40 723.77	0	0	0	5 313.3	46 037.07	0	0	0	40	0
新疆九安市政工程有限公司	6912	10 076.5	0	10 076.5	0	0	0	0	10 076.5	10 076.5	0	0	0	20	0
五家渠益鹏建设工程有限责任公司	12 850	13 808	0	13 808	12 518	0	0	0	1 290	13 808	0	0	0	5	0
新疆鑫达建设工程有限公司	16 000	18 748	9 200	9 548	2 621	4 329	0	2 598	0	9 548	0	0	0	54	1
新疆恒宇科建筑安装有限责任公司	5 064	16 000	0	16 000	16 000	0	0	0	0	16 000	0	0	0	28	1
新建青格达华盛市政园林工程有限公司	1 281	6 637	0	6 637	0	1 992	0	0	4 645	6 637	0	0	0	9	0
新疆芳兴建设工程有限公司	32 912	349 670	31 062	318 608	349 670	0	0	0	0	349 670	0	0	0	11	0
新疆瀚宇建筑工程有限责任公司	288	3 098	0	3 098	3 098	0	0	0	0	3 098	0	0	0	4	0
新疆鸿实建设工程有限公司	4 079	4 079	0	0	3 000	0	0	0	509	4 079	0	0	0	5	0
合计	726 170.93	1 104 583.57	101 245	999 258.57	863 128.37	48 442.4	0	89 145	94097.8	853 502.57	94 626	0	0	437	6

（任怀强）

2014年师市建筑业企业生产经营情况(表二)

企业名称	企业主项资质	资质等级	报告期计算劳动生产率的平均人数(人)					年末自有施工机械		房屋建筑施工面积(万平方米)		房屋建筑竣工面积(万平方米)	财务状况(万元)		
			合计	其中:管理人员	其中:工程技术人员	其中:一级建造师	其中:二级建造师	设备净值(万元)	总功率(千瓦)		其中:本期新开工面积		资产总额	负债总额	利润总额
新疆天力建工集团有限公司	房屋建筑总承包	贰级	7 861	692	2 063	14	78	563	3 816	108.33	77.29	73.90	147 616	13 0297	3 265
新疆龙腾建工有限公司	房屋建筑工程施工总承包	贰级	5 256	376	1 052	1	37	362	210	68.09	57.74	47.33	133 838	109 064	1338
新疆广益工程建设有限责任公司	公路工程施工总承包	叁级	548	14	180	2	0	1 607.9	4 894	0.00	0.00	0.00	12 530.24	7 821.52	715.92
玛纳斯新湖兴达建筑安装工程有限责任公司	房屋建筑工程施工总承包	叁级	3 086	26	145	0	60	3 728	3 856	56.99	52.80	55.31	25 562	15 722	8 466
新疆银海建设有限责任公司	房屋建筑工程施工总承包	叁级	7 265	5	42	0	28	0	0	34.50	30.00	33.90	18 258.5	15 572.9	961.6
五家渠天顺建筑安装有限责任公司	房屋建筑工程	叁级	50	5	4	0	2	0	0	1.10	1.10	1.10	3 153	2 453	-334
新疆裕丰建设有限公司	房屋建筑	叁级	920	1	45	1	16	103	620	49.28	49.28	48.75	11 798	7 980	1723
新疆九安市政工程有限公司	市政公用工程	叁级	82	40	22	0	20	0	0	0.00	0.00	0.00	1 244	499.5	6 89.9
五家渠益鹏建设工程有限责任公司	市政公用工程总承包	叁级	429	4	120	0	0	0	0	6.35	6.01	6.01	692.7	42.3	-12.1
新疆鑫达建设工程有限公司	市政公用工程施工总承包	贰级	103	15	50	0	38	15 079.67	590	0.34	0.34	0.33	13 892	11017	470
新疆恒宇科建筑安装有限责任公司	房屋建筑施工总承包	叁级	128	15	43	0	26	64	280	3.22	3.22	1.55	3 572.52	2 997.33	132.47
新建青格达华盛市政园林工程有限公司	市政公用工程施工总承包	叁级	18	0	10	0	8	0	0	0.00	0.00	0.00	1 378	330	48.7
新疆芳兴建设工程有限公司	建筑业企业	叁级	1 482	1	786	0	20	2 686	0	4.84	4.33	4.33	9 340	149	4 850
新疆瀚宇建筑工程有限责任公司	建筑工程施工总承包	叁级	0	1	0	0	0	0	0	0.22	0.22	0.18	834	130	21.8
新疆鸿实建设工程有限公司	房屋建筑工程施工	叁级	15	3	12	0	0	0	0	0.20	0.20	0.20	1 320	106	0
合计			27 243	1 198	4 574	18	333	24 193.57	14 266	333.45	282.54	272.89	385 028.96	304 181.55	22 336.29

(任怀强)

旧城区改造与房屋征收

【概况】 五家渠市房屋征收与补偿管理办公室(以下简称房屋征收办)主任冯世疆,党支部书记王传义,副主任陈杰、田永新。房屋征收与补偿管理办公室为正科级全额拨款事业单位,隶属师市直属管理。内设综合办公室、政策法规办公室、征收与补偿安置办公室。截至2014年,在岗工作人员32人(纳编人员11人,聘用人员21名),其中管理人员6人,专业技术人员4人,党员11人。

旧城区改造是师市党委、市政府为解决弱势群体居住条件和生活环境的一项民生工程。为彻底改善旧城区居民的居住条件和生活环境,同时使这一民生工程办好、办实,五家渠市"十二五"规划提出,力争在3~5年内完成旧城区改造工作目标。

五家渠市旧城区是在市规划区内的国有土地上,历史沿革形成的,以平房为主、建筑密度大、人均居住面积小、建设使用年限久、房屋建筑质量差、安全隐患多、市政设施不配套、环境较为恶劣的集中成片区域。截至年底还有约5 075户的房屋需要征收改造。

【推进旧城区改造】 依据《五家渠市旧城区改造基本方案》文件精神,计划启动18个片区的旧城区改造房屋征收工作,涉及房屋征收1821户,涉及征收房屋面积约43.83万平方米。2014年,五家渠市房地产市场整体行情不景气,多数开发企业没有意愿参与旧城区改造,有意参与改造的开发企业也因融资难度明显大于往年,资金不足而未能实施。政府的道路绿化项目也存在资金紧缺现象,部分道路绿化项目因资金不到位不能按计划实施。对此市政府对2014年年初下达的18个旧城区改造片区计划调整为3个改造片区。为此,房屋征收办改变工作思路,将加大清理往年未拆除的房屋作为2014年工作的侧重点,这也为2014年的房屋征收加大工作难度。

2014年,全年完成房屋征收513户,征收面积约11.05万平方米,征收资金约2.86亿元,实际支付现金1.21亿元;拆除征收房屋约10万平方米;新建安置楼房520套,安置面积约5.3万平方米,建设资金约1.69亿元;建立房屋征收档案500余份。

【房屋征收政策宣传】 2014年,房屋征收办借助有线电视、广播电台、报纸等新闻媒体宣传政策,采取征收现场挂布标、发放政策宣传单和召开座谈会等群众易于接受的形式,全方位做好政策法规的宣传解释工作,营造良好的房屋征收氛围。2014年度,在电视台分别录制《五家渠市旧城区改造房屋征收政策解读》、旧城区改造房屋征收的专题片《绿洲彩屏》《走进演播室》,征收办先后向社会发放房屋征收宣传单2000多份、发放房屋征收宣传手册200本、悬挂布标40条、张贴宣传标语70条、组织召开座谈会20余次,参会人员达800多人次。

【房屋征收队伍建设】 2014年,加强对市房屋征收办公室人员的培训,通过集中培训、现场培训和聘请自治区相关专家等形式进行培训,提高其政策水平和业务素质。推选群众代表参与房屋征收工作。组织被征收人推选威信高、责任心强、敢说、敢干的老同志,直接参与该片区的房屋征收工作。通过两年多来的实践,推选群众代表参与房屋征收工作收效非常好。

【依法征收】 在旧城区改造房屋征收过程中,往往会出现极少数要求过高,在房屋签约期限内拒不签订补偿安置协议,影响整体改造进程和大多数被征收人利益。对此,征收办及时向自治区房地产估价专业委员会申请鉴定,鉴定无误后,申请市政府依法做出房屋征收补偿决定。被征收人收到决定后在法定期限内即不申请复议,又不向法院提起行政诉讼的,市政府依法申请法院强制执行。2014年,房屋征收办上报政府做出房屋征收决定和房屋征收公告12份;政府实施强制执行3户。

【信访工作】 2014年,征收办共接待群众来访160多人次,办结率为100%,真正做到事事有回音,件件有着落。答复市三届人大四次会议人大代表提案3件。上传市政府门户网站各类政策信息31条。

【回迁安置房建设】 2014年,兵团房地产公司、北新房地产公司、兵团金园房地产公司和五家渠城投公司等房产公司开发建设的回迁房2409套。2014年底水泵厂皮革厂片区395户被征收人在汇金家园小区按期得到回迁。 (文铁强)

交通·信息产业 Transportation & Information Industry

责任编辑 李 萍
题图摄影 李 亮

交 通

【概况】 2014年，师市交通局交通基础设施建设完成固定资产总投资6.2亿元，完成兵团下达计划的141%。公路改扩建总里程328.4千米，公路建设项目8个，其中续建公路建设项目项目4个、新建项目4个，列入兵团"十件实事"的通畅公路建设项目全面完成。全年道路运输业完成客运量2 360.7万人，旅客周转量120 573.5万人·千米，货运量8 957.8万吨，货物周转量717 154万吨·千米，营业总收入374 592.2万元。全年未发生重特大交通安全生产事故，安全生产形势良好。截至2014年底，全师拥有各类汽车23 602辆，增长14.9%，其中：载客汽车10 744辆，增长45.4%；载货汽车8 211辆，增长0.6%，其他汽车4 617辆，下降7.1%。

截至2014年底，全师公路总里程4 641.6千米，按行政等级分省道901.7千米、县道974.4千米、乡道2 123.3千米、村道627.8千米、专用公路14.4千米；按技术等级分二级公路524.2千米、三级公路400.3千米、四级公路1 253.6千米、等外公路2 463.5千米。

全年管养干线公路1 929千米，累计完成公路清雪里程约1 500千米，新植道路林约10公顷，创建兵团文明示范路县道154.3千米、乡道255.5千米。全年共清除路障39处，办结路政事案2 926起，收回路产损失赔偿费7 500元、收缴罚款500余万元、制止违章建筑事案6起，未发生行政复议或行政诉讼案件。

【组织冬季军训】 2014年，1月8~10日，在五家渠鸿业公路养护中心组织应急保障队伍开展为期三天的冬季军训活动，邀请师武装部教官进行指导训练，师市路政(海事)管理局、公路工程建设管理处、公路养护管理所、公交客运管理处、驾校和鸿业公路养护中心6个单位40余人参加军训活动。

【交通运输部综合规划司到六师五家渠市进行调研】 2014年2月11日，交通运输部综合规划司司长孙国庆一行到六师五家渠市对交通运输发展情况进行调研，师长张顺帮、副师长董庆利陪同。调研组来到五家渠客运站，详细了解客运站经营、营运车辆GPS监控和春运旅客运输情况；在师市公路养护中心，听取师市交通运输发展规划、公路管理养护和路政执法队伍建设情况介绍，检阅师市交通运输应急保障队伍。

【2014年交通运输工作会议】 2014年3月28日，六师五家

交通运输部规划司司长孙国庆到师市调研交通运输工作。　（李　亮）

渠市召开2014年交通运输工作会议。六师党委常委、副师长董庆利和五家渠市人大、政协及师市机关相关部门领导、局属单位领导出席会议，师市各团场分管领导在分会场以视频会议方式参加会议。

【检查调研】 2014年6月5日，兵团郝佩祥副秘书长带领兵团交通局、安监局、公安局领导一行到六师调研检查甘莫公路安全生产和沿线团场劳务市场管理工作。
（李　亮）

五家渠邮政局

【概况】 五家渠邮政局党支部书记、局长吴立刚，党支部副书记、副局长、工会主席、蔡炳霞。五家渠邮政局下设党支部、工会、团支部、综合办公室、市场部、速递部、投递部、天山南路支局、天山北路支局、人民北路支局，共青团支局、一〇二团梧桐支局、一〇三团蔡家湖支局、一〇五团枣园支局。五家渠邮政局现有在岗员工81名，退休员工30人。大专以上学历33人、中专学历24人。

【城市投递】 2014年，五家渠邮政局共设城市投递段道9条，段道全程280千米，其中20千米以上2条，10千米至20千米的段道5条。城市投递人员编制5人；设农村邮路4条，其中梧桐、蔡家湖为二级干线邮路；共青团、枣园为自办邮路。以五家渠市为中心呈辐射状邮路，班次为周三班。

【农村投递】 2014年，五家渠邮政局农村投递段道8条，投递总长401.5千米，其中：单条线路超过100千米的段道1条，超过50千米的段道3条，50千米以下投递段道4条。投递频次为周三班。

【业务收入】 2014年，五家渠邮政局累计完成业务收入1 556.13万元，完成年计划1 550.58万元的100.36%，超计划0.36个百分点，超计划收入5.55万元，比去年同期增长6.04%。三大板块收入完成情况：邮务类业务完成收入410.71万元；完成年计划88.77%，收入结构比重为26.43%，同比下降16.79%。金融类业务完成收入993.64万元，完成年计划101.11%，收入结构比重为63.95%，同比增长15.1%。速递物流类业务完成收入149.46万元，完成年计划135.87%，收入结构比重为9.62%，同比增长40%，其他业务收入累计完成9.21万元，同比增长16.98%。

【函件业务】 2014年，五家渠邮政局以主题营销和项目开发为着力点，利用重大节日、企事业单位年庆营销为契机，结合不同主题的宣传活动，锁定服务目标，有针对性地开展营销工作。成功开发毕业生纪念册180本，实现收入0.63万元；武警四支队复员军人纪念册63本，实现收入6 300元；开发社保局邮资封10 000枚，实现收入1.6万元；开发共青团邮资封3 000枚，实现收入0.48万元；开发鸿基焦化邮资封3 000枚，实现收入1.05万元。开发无名址商函实现收入15万元，2014年全局累计完成函件收入39.8万元，完成计划164.45%。

【包裹寄递】 2014年，五家渠邮政局通过继续开展延伸服务，为包裹业务增量增收奠定坚实的基础。组织干部职工深入兵团警校、石河子商学院落实校园包裹上门寄递服务工作，现场收寄包裹465件，实现收入1.21万元；加强军民共建，通过延伸服务，为武警四支队、驻地部队复转军人上门服务收寄包裹602件，实现收入4.58万元；

认真开展"邮政包裹寄真情"主体营销活动，通过增设棉包代寄点，揽收棉包实现收入8.44万元。

【集邮业务】 2014年，五家渠邮政局积极行动销售马年红包2 000个，实现收入28.4万元，销售库存邮品及各类邮品53.28万元；全年先后3次召集当地集邮爱好者开展集邮活动，大力推广销售邮品；以兵团成立60周年为切入点，进驻企事业单位大力宣传兵团成立60周年纪念册、邮折，并积极配合昌吉函件集邮局成功举办集邮展览活动，销售兵团成立60周年各类邮资票品9.27万元，销售其他邮品1.5万元，累计完成86.63万元。

【报刊业务】 2014年，五家渠邮政局贯彻落实报刊集中营销活动，利用双休日组织管理人员开展扫商铺报刊订阅活动，在党报党刊发展上，积极与宣传部及有关单位加强沟通联系，推进党报党刊的收订进度，完成370.89万元。

【电子商务业务】 2014年，五家渠邮政局组织学习贯彻积分管理政策，开展电子商务业务劳动竞赛，通过柜员承诺、生产经营部门督办落实，有效推进业务持续发展，全年短信业务实现收入73.65万元，代开发票、车购税等业务发展完成业务收入22.49万元。

【速递物流业务】 2014年，五家渠邮政局落实"端午邮情"和"思乡月"专题营销活动，通过精心组织统筹兼顾，实现收入14.1万元。

【分销业务】 2014年，五家渠邮政局突出效益、调整结构、量质并重、稳健发展。开展酒水销售专项劳动竞赛活动，全年酒水销售额达12.77万元，实现收入5.76万元；深入农户家中进行宣传邮政农资产品，了解农户的种植结构，邀请种植户参加我局的春季农资订货会，到会人数达到90多人，现场订货9.94万元，全年农资销售75.26万元，实现收入9.38万元。

【金融类业务】 2014年，五家渠邮政局积极组织开展代理金融营销活动，不断打破常规思维和营销模式惯性，因地制宜多措并举的努力开发农牧团场金融市场，2014年全年净增余额5 148.37万元。

【安全生产】 2014年，五家渠邮政局层层签订安全生产目标管理责任书，因地制宜地制定《消防工作方案》《安全防范值班制度》，加强企业内部值班力量，对邮储网点和金库值守、生产车辆运行、外勤人员作业、在途资金安全实施重点督查，对违规操作人员及部门负责人实行重罚；深化安全检查工作，及时消除重要环节和重点部位存在的安全隐患，尤其是重点节假日期间前夕，对各网点安全生产进行全面督查，及时排除安全隐患；对重要岗位人员以及驾驶人员进行安全知识学习教育活动，增强全员安全防范意识；加强车辆安全管理，定期进行检测、维修、保养，严格执行车辆"三交"制度。

【基础设施建设】 2014年，五家渠邮政局制定邮政监督检查计划，每季度对支局、班组邮政通信质量、业务操作程序、规章制度执行情况进行一次全面检查；对用户投诉和来信来访，做到有记录、有落实、有结果、有答复；加强"6S"管理工作，继续开展好标准化示范窗口的建设，完善服务设施，规范操作流程，提高窗口营销服务水平，增强员工的营销能力，减少申告率，提高服务水平。

【业务技能培训】 2014年，五家渠邮政局高度重视职工业务知识的学习培训工作，注重职工实际操作技能的提高。年初制订《五家渠邮政局代理金融网点从业人员持证上岗工作方案》，对持证工作提出具体的要求和目标，制定考核办法及培训计划。每周对金融网点人员进行至少2次集中培训。各类资质持证情况为：保险持证率89.65%，反假币上岗资格率100%，证券（基金）持证率24.13 %，银行从业持证率17.24 %。 （王 静）

中国电信股份有限公司五家渠分公司

【概况】 中国电信股份有限公司五家渠分公司（以下简称五家渠电信公司）党总支书记、局长（经理）宋颖，党总支纪检书记、副局长（副经理）工会主席吴军，党总支副书记、副局长（副经理）李新杰。

2014年，公司现有在职员工76人，退休职工30人；其中党员30

名，通信工程师14名，政工师1名，助理工程师20名，大专以上学历53人。公司下设党总支、工会、团支部、行政办公室、政企客户部、家庭客户部、区域维护站、线路维护中心、设备维护中心、业务支撑中心、资源调度调配中心、一〇三团中心支局、共青团中心支局7个电信所。

【业务发展情况】 2014年，公司按照昌吉州分公司的经营工作部署，年初对各个销售单元进行划小承包，提高承包团队的责任心和销售能力，经营工作有效的扎实落地，先后开展落实政企团购销售工作；针对宽带、单固话不同产品客户群，利用不同营销脚本进行外呼，不仅做好营业厅的主动拦截销售活动，而且同步开展小区的入户销售活动；针对个人客户主要做好对外来单位的及时上门营销工作。全年业务预计收入完成达到100%。对每一个入驻的企业均在第一时间达成与客户的接触，其次是深度挖掘已合作企业潜力，提升客户价值。2014年公司完成20多家手机团购项目。

【业务营销】 2014年，五家渠电信公司收入完成同比增长24.87%，完成时序收入预算进度的99.21%；用户市场份额全业务达到32.95%；电信移动用户市场份额21.68%；2014年1~3季度一直位列强县之列，三季度强县考核得分101.57分。

【派单管理】 做好派单及客户维系工作的各项标准化规范落实。不断完善派单日常管控方式，将派单工作落实为客户经理的一项日常规范化动作进行执行，按照日、周、月周期进行派单的通报，根据营销结果优化营销政策及营销动作确保达到派单成功率指标。将社会渠道力量引入派单队伍，不但有效提高派单外呼质量，同时解决营销派单外呼后有效承接问题。

【通信网络安全】 2014年，坚持设备和线路巡查制度，持续开展网络资料规范管理，网络预警管理、应急管理和综合集中调度管理，后端各中心严格执行作业计划，定期对机房环境、线路进行巡检，发现隐患及时解决。2014年，五家渠电信分公司没有发生人为阻断的通信事故。

【通信网络维护】 2014年，共计开通政企客电路78条。做好客户资料、标签、光路信息，整理五家渠6架ODF架和2架MOD架上所有的光缆资料电子版。

C网基站建设　2014年配合州公司完成五家渠市贝鸟语城等五处C网建设。阳光康居C网EVDO提速。一〇一团C网基站的搬迁。

管线维护工作　2014年完成一〇三团十一连等8处的抢修任务，恢复整治区域内的电话放装能力、减少障碍发生频率提升腾龙工程各项指标。

线路工程建设　2014年，公司根据线路质量状况对市区雅居苑4个小区进行光纤入户改造。对一〇三团的六、八、九连区域进行光进铜退改造。完成13个新建小区线路建设。积极响应政企客户电路、小型企业线路建设需求，六师政府新楼通信线路等82项政企应急通信工程。

客户网络终端维护工作　2014年，全年共计查修障碍13 823起、其中宽带障碍5 623起，障碍手工单1 430起。设备中心手工处理10 000号投诉工单233条，线路中心全体人员加班加点对不达标用户线路进行整治，整治后指标由2013年末的84%提升到94.23%完成上级的考核目标。组织线路维护人员FTTH、IPTV、ONU等新技能专项学习培训，提高工作效率和工作质量。

动力电源运行维护工作　2014年上半年完成对五家渠

2014年春节前夕，中国电信集团公司副总经理高同庆调研五家渠分公司并慰问公司员工。（唐跃跃）

电信所辖机房高频开关电源巡检，其中对水库、一〇三团二连、中基AG机房增加电源模块。对五家渠及团场的全部空调进行巡检。按季度对棉纺厂等所有室外机空调进行清洗，保障机房设备工作环境。每月进行一次蓄电池补充充电，保障油机随时能正常启动。

资源管理工作 为充分盘活存量宽带资源，提高宽带设备和端口利用率，对传统DSLM和DSLAM ONU设备进行缩容，把DSLAM设备平均实占率缩容前的60.64%上升至缩容后的71.01%，DSLAM ONU设备平均实占率缩容前的48.4%上升至缩容后的52.48%。

“光进铜退”工作的开展 2014年完成五家渠市区及团场FTTB模式9 806H、F822 ONU的开通与调测工作。完成FTTH模式26小区的开通及改造。

传输、数据网络的建设和优化工作 随着用户对网络带宽的飞速需求，对传输网、数据网设备的诸多次割接使得网络设备的配置逐渐优化，重要的网络优化割接共计8次，有效适应当前业务的承载能力。

【精神文明建设】 2014年，五家渠分公司积极开展兵团级文明单位工作并通过验收。开展6期道德讲堂宣讲社会主义荣辱观教育、雷锋精神、文明餐桌等形式专题教育活动。开展“热爱伟大祖国、建设美好家园”主题教育活动，通过座谈、观看录像弘扬民族团结和爱国主义；八一慰问检察院、公安局。完成“三个一”送温暖工作，完成三八、重阳节慰问退休职工活动。组织员工参加社区保健知识讲座；组织女员工参加体检活动；完成文明办组织的百家文明单位道德讲堂评优，花园式文明单位验收，师市基层党组织建设验收，新疆电信住房补贴登记工作。

【行业行风建设】 2014年，五家渠电信公司开展“用心服务——天翼美好新生活满意服务再升级”系列宣传活动，常态化开展重点业务服务重点渠道体验，完善服务细节，实现服务监督。围绕感知体验、质量拨测、投诉管控强化服务质量监督；落实新兴业务服务标准、统一赔付标准；全面梳理网速慢等突出问题；加强投诉集约管控、严控投申诉指标、确保全年达标。继续深化落实用户个人信息保护和实名制工作。 （唐跃跃）

中国移动通信集团新疆有限公司五家渠市分公司

【概况】 2014年，新增合约办理2.5万笔；拍照目标存量客户保有率为74%，紧抓春、秋两季外来务工及校园新增市场，累计新增市场份额60%，新增客户5.1万户；累计到达客户数10.7万户；3G/4G客户规模到达2.4万户。发展宽带和乐播TV业务，通过与“广电、铁通、第三方”合作，建立全业务服务站，构建家客业务发展、服务体系，发展合作第三方2家，全业务服务站10个，2014年完成54个小区立项，覆盖户线数6 500户，累计净增FTTH付费客户数850户，乐播TV渗透率54.5%；累计净增无线宽带付费客户数900户。

【数据流量业务】 通过持续的营销活动引导及终端销售过程中的应用推荐，提升客户流量套餐档位，带动流量业务收入持续提升。数据业务累计收入完成3023万元，较上年同期增长5.3%，移动数据流量业务累计计费收入1271万元，较上年同比增长20.3%。净增3G/4G客户1.1万户。

【渠道转型】 通过加强渠道管理与指导，提升渠道营销能力，完善渠道区域规划，实现双赢。加大渠道设备接入，实现业务办理功能，安装32个分销管理平台，接入BOSS系统35个，全面覆盖自有渠道及签约社会渠道，村、连末梢渠道覆盖70%以上。强化片区管理，优化片区职责、明细工作目标，强化支撑、指导，有效提升乡镇团场市场掌控力。转变乡镇、团场营业厅经营思路，通过业务外包，按量取酬，调动渠道积极性，提升业务发展，业务办理量较同期提升1.3倍。加快城市、乡镇团场卖场建设，通过目标任务达量激励、终端合约等方式，发挥社会渠道终端销售能力，全年累计销售TD终端较2013年增长3倍。

【实名制工作】 全面落实电话客户真实身份信息登记工作。通过加大宣传力度、细分目标客户清单、开展营销活动、纳入月绩效考核、定期通报、加强督办落实，使实名制工作得到有效推进，实名制工作“回头看”100%完成。做好外呼营销，外呼平均签单率37.4%，有效的提升拍照中高端及目标存量客户保有工作，提升客户满意度。全年服务标准满意度、促销满意度排名前列。

【企业基础管理】 按照2014年年初分公司提升集中化、标准化、信息化、精细化管理水平，推进企业管理体系转型的要求。加强法律风险防控，通过培训、学习宣传公司合同管理和普法教育，强化法律维权，对公司通信设施受到侵害案件进行法律追偿。加强特殊时期的安全保卫检查，及时整改安全隐患，成立维稳小分队，积极制定应急预案，为分公司正常经营发展保驾护航。在反腐倡廉建设方面，全面落实党风廉政建设责任制；加强作风建设，密切联系群众，从源头上预防腐败行为的发生；认真执行“三重一大”决策制度，做好采购监督管理、廉政风险防控工作。

建立健全各项工会制度和工作标准，按照民主管理的要求认真落实员工提案，对员工餐厅的支出、岗位竞聘、群众路线的进度等员工广泛关注的重点工作实行企务公开，按照法律规定建立劳动争议调解委员会，为依法维护员工利益提供组织保障。发挥工会桥梁纽带与参谋助手的作用，加强班组建设，同时组织开展分公司营销进小区、劳动竞赛、一线员工业务技能大赛、羽毛球赛等活动，通过活动开展，激发员工工作的积极性、主动性和创造性。

【网络基础管理】 2014年，精确细分客户，做好核心客户维系。借助经营分析、客户标签做好目标客户的细分，通过触点营销平台开展客户后续的营销服务，信息收集、保有挽留等工作。通过对客户消费分析，制定并推荐符合客户消费需求的合约产品和回馈资源，激发客户消费需求，鼓励客户提升消费价值。深化渠道协同，加快合约体系落地。结合农村片区化、10088电话营销，有效推进合约营销在乡镇团场及细分区域的落地执行，充分发挥渠道联盟的维系作用，有效提升存量客户合约捆绑率。紧抓3G/4G一体化套餐上市契机改善客户产品结构，加强套餐营销工作，激发客户使用。结合网络承载能力，分区域对2G流量客户进行流量迁移，提升客户感知；加快4G网络建设和3G优化，特别是重点工业园区的建设力度。通过渠道协同和激励措施，加大对存量客户的推荐力度，保证新入网客户开通率不低于95%。 （张　培）

中国联合网络通信有限公司五家渠市分公司

【概况】 中国联合网络通信有限公司五家渠市分公司（以下简称联通五家渠分公司）党支部书记、总经理王世刚，党支部组织委员、宣传委员兼纪检委员、副经理王红霞（女），总经理助理刘雪萍。五家渠联通公司隶属于中国联合网络通信有限公司昌吉回族自治州分公司，2014年在职员工22人，其中党员5人，下设部门有综合部、集团客户部、渠道部、营业部、客户服务部5个部门。2014年完成收入计划的94.15%，同比2013年增长10.02%，其中2G业务完成全年预算的113.98 %，3G业务完成全年预算的82.51%，固网业务完成全年预算的86.27%，同比增长27.98%；网间结算占收比为4.56%，较预算5.88%节省1.32%，坏账控制在1.5%以内，收入贡献率由上年的9.8%提高到10.02%，改善0.22个百分点。完成利润计划98.14%。

【业务发展】 2014年，联通五家渠分公司各项业务发展呈现稳定增长态势。2G专业同比增幅为-43.44%，出账收入增幅为-22.27 %。3G专业同比增幅为42.1%，本年新发展用户累计出账率为61.7%，增幅为35.24%，3G收入占比为69.48%。固网业务2014年宽带用户较2013年同比增幅13.35%，完成全年预算的86.27%，同比增幅27.98%。

2014年，联通五家渠分公司分别在一〇五团、一〇二团、一〇三团、共青团农场新建代理网点。

（陈　玲）

非公有制经济 Non-public Ownership Economy

责任编辑 李 萍
题图摄影 铁 宇

【六师民营经济发展的基本情况】 2014年，六师全年实现生产总值204.85亿元，比上年增长12.3%（按2010年可比价，下同）。其中，第一产业增加值40.78亿元（按国家行业划分要求，农林牧渔业服务业调至三产），增长7.5%；第二产业增加值100.79亿元，增长13.0%；第三产业增加值63.28亿元，增长14.6%。三次产业占生产总值比重为20∶49∶3。三次产业对经济的贡献率分别为12.5%、53.2%和34.3%，分别拉动经济增长1.5、6.6和4.2个百分点。人均生产总值62 952元，比上年增长11%。全年货物进出口总额2.58亿美元（区域海关），比上年下降19.8%。其中，货物出口2.45亿美元，下降21.7%；货物进口0.13亿美元，增长48.8%。2014年，六师非公有制经济实现国内生产总值141.38亿元，比上年增长18.8%，占全师的比重已达69%；全师有对外贸易权的非公有制企业共有33个，实现进出口贸易额1.85亿美元，比上年下降26%，占全师的比重为71.71%；非公有制企业新增固定资产投资总额35.42亿元，仅占全师新增固定资产的25%；全年从业人数6.12万人，比上年增长19.8%，其中，全年新增安置就业人员10 173人；非公有制经济三产比为7.4∶65.1∶27.5，三产比重比上年有较明显的提高，四上非公有制企业已达169家，其中，营业收入超亿元的规模以上非公有制工业企业30家，营业收入超亿元资质以上非公有制建筑企业9家，较上年有明显的增加。2014年，全师个体工商户数为15 517个，比上年增长0.96%，实现国内生产总值40.4亿元，比上年增长3.2%。

【五家渠市民营经济发展的基本情况】 2014年，五家渠市实现地域生产总值117.26亿元，比上年增长13.2%（按2010年可比价，下同）。其中，第一产业增加值6.66亿元，增长7.7%；第二产业增加值69.67亿元，增长12.8%；第三产业增加值40.93亿元，增长14.7%。经济总量占师的57.2%。三次产业结构比为6∶59∶35。三次产业对经济的贡献率分别为4%、57%、39%。人均生产总值96 805元，增长11.7%。2014年，五家渠市非公有制经济实现国内生产总值93.79亿元，比上年增长19.8%，占全市比重的80%；其中，第一产业生产总值1.81亿元，占非公经济比重的1.9%；第二产业生产总值69.71亿元，占非公经济比重的74.3%；第三产业生产总值20.31亿元，占非公经济比重的23.8%。五家渠市全年实现各项税收收入9.14亿元，增长1.8%，非公有制企业纳税额仍然占纳税总额的绝对多数。全市有对外贸易权的非公有制企业8个，实现进出口贸易额5 025万美元，占全师比重为20%；非公有制企业新增固定资产投资总额9.56亿元，仅占全市新增固定资产的10.5%；全年从业人数2.53万人，比上年增长35.6%，其中，新增安置就业人员6 648人；非公有制经济三产比为1.9∶74.3∶23.8，二产比重在上年大幅度提高的基础上实现持续提高；四上非公有制企业已达124家，其中，营业收入超亿元的规模以上非公有制工业企业22家，营业收入超亿元资质以上非公有制建筑企业4家。

2014年底，全市登记注册的个体工商户有5 766户，实现国内生产总值14.59亿元，比上年分别增长6.7%和3.2%。全市新登记私营企业228户，注册资本23.81亿元，同比增长6%和60.6%；个体工商户875户，资金数额1.43亿元，同比增长-8.9%和3.6%；农民专业合作社57户，成员出资总额1.87亿元，同比增长42.5%和55.8%。

【民营经济发展的主要特点】 调结构、转方式、强管理，主动适应新常态。2014年，面对经济下行压力，六师五家渠市民营企业以调结构、转方式、强管理为主线，主动适应新常态，实现六师五家渠市非公经济的持续稳定增长。第二产业通过淘汰落后产能、调整行业结构、通过调整滞销产品、调整产品结构、开发新产品延长产业链、技术创新、管理创新、降低成本、增强效益等多种方式实现稳增长；新疆信发公司紧紧围绕集团的发展目标，大力开展生产、建设工作，实现产值178亿元、利税30亿元，取得可喜的成绩。第三产业通过主动适应个性化、多样化、链条化的消费特点，为消费者提供安全、舒适的购物环境、丰富体验环节、提供快速投送等新型消费方式，三产得以在逆境实现健康发展。五家渠汇嘉时代百货公司通过全面改造升级，购物环境得以明显改善、服务水平不断提升，人气聚集明显。

产业结构不断优化，三产服务业渐成气候。通过近几年的快速发展，六师五家渠市新型工业化的主导作用日趋明显，从市场主体产业登记情况看，2014年五家渠市也发生较明显的变化，出现一产业市场主体数略有增长，二产业市场主体增长缓慢，三产业市场主体蓬勃发展的新局面，三产市场主体的数量已远超第一、二产业，成为五家渠市场主体发展的主力军，有效促进人员就业、社会稳定。从经济运行的结果看，六师的非公有制经济三产比也已由上年的8.2∶65.8∶26.0调整为2014年的7.4∶65.1∶27.5；五家渠市的非公有制经济三产比也由上年的2.1∶75.6∶22.2调整为2014年的6∶59∶35，三次产业关系不断向更加合理优化的目标稳步迈进。

民营企业固定资产投资整体减速，服务业成为投资的主导产业。2014年，全师固定资产投资规模整体下降。从产业看，主要是二产投资规模下降明显；从所有制看，主要是非公有制经济投资下降所致；从客观原因看，主要是六师煤电有限公司、新疆梅花氨基酸有限责任公司、新疆昆仑钢铁有限公司、新疆六孚纺织工业园有限公司、五家渠广源铝业有限公司等大型非公有制工业企业在经历前两年的集中投资建设后，现已逐步实现计划投资目标。2014年，新的大型工业企业入驻数量较少，造成投资断档。但与此同时，随着青湖开发区的快速崛起，上年入驻的大型现代服务业加快建设步伐，成为2014年师市非公经济及至整个经济发展的投资主体，恒大集团金碧天下旅游综合体项目、深圳君豪海宁皮革城项目、新疆地王国际贸易广场总部基地项目、金科地产家居机电世博汇项目、重庆润泰亚欧国际汽车城项目等2014年完成投资愈60亿元。

【民营经济发展存在的主要问题】 主要行业受宏观经济形势影响较大，抵抗市场风险的能力较弱。2014年以来，国内经济下行压力持续加大，师市非公企业中的主要行业受经济结构调整、消化过剩产能形势的影响，产品市场受到较大影响，产品价格持续走低，造成企业生产积极性不高、资金回笼困难、经营压力持续增大，出现企业开工不足甚至停产的现象。

管理水平提升是师市民营企业普遍面临的课题。机制灵活是民营企业的最大优势，但同时管理水平的提升是民营企业面临的永恒主题。在应对当前经济发展面临的困难局面过程中，有些企业从自我做起，狠抓内部管理，制定详细的应对措施，在技术改造、产品结构调整、物流管理、成本管控等各个方面都制定较为详尽的实施

共青团农场正大集团奶牛车间的自动挤奶机。 （文定讴）

计划，也取得较为明显的成效。

【丽润国际广场开业】 1月10日，五家渠市丽润国际广场开业。丽润国际广场是师市三产服务业招商引资项目，于2011年由新疆丽润房地产开发有限公司开始投资建设，项目总投资2亿元，建筑面积约4.6万平方米。作为五家渠市重点民生工程之一，丽润国际广场汇集有精品百货、现代影城、大型超市、高档餐饮、商务酒店、品牌连锁娱乐及农贸市场等多种经营业态，为五家渠市民提供"一站式"购物生活的新环境，引领市民消费的新观念。

【北疆大型综合批发市场在新湖农场开工奠基】 8月29日，北疆综合批发市场在新湖农场开工奠基。新湖农场综合批发市场项目是由新疆汇兴工贸集团汇兴房地产开发有限公司五家渠分公司投资建设，项目建筑面积78 100平方米，总投资14亿元，一期投资为2.3亿元。一期工程计划建成农副产品批发交易区、建材批发交易区，主要包括新鲜蔬菜、水果、粮食保鲜、仓储、交易区和建材的交易仓储等基础设施。

此项目预计于2016年全部完工。届时，在新湖农场将形成北疆一个重要的大型综合批发市场，包括农副产品、建材、农机器具、家电家具、小商品、花鸟鱼虫、文化产品等十个功能区。市场的建成将会极大的促进农场的物流业发展，并对农场的产业发展和种植业调整起到市场引领的新作用，对促进职工多元增收入创造新条件。

【君豪海宁皮革城新项目签约】 9月25日，君豪海宁皮革城新项目签约。此次签约的新项目是深圳君豪置业集团在五家渠青湖经济开发区投资开发的又一城市高端综合体项目。该项目占地面积86.67公顷，总建筑面积300万平方米，商业部分集海宁皮革城、中国轻纺城、义乌小商品城于一体，项目建成后将成为具备商品批发、零售、现代物流配送、仓储、会展、休闲娱乐等多功能的综合性现代服务业新功能区。

【新疆汉光嘉业纤维科技有限公司上市】 12月5日上午，新疆汉光嘉业纤维科技有限公司挂牌上市仪式在上海市浦东新区高科技园举行（股票代码：202690），上海股权托管交易中心、五家渠市政府、一〇三团及新疆汉光嘉业纤维科技有限公司相关领导参加仪式。五家渠市副市长吴明代表挂牌企业所在地政府致辞。新疆汉光嘉业纤维科技有限公司是一〇三团的招商引资企业，于2011年3月15日在六师一〇三团蔡家湖镇成立，公司占地面积近10万平方米，主要产品为精制棉纤维素，现已形成年产精制棉1.6万吨的规模，是我国西部地区最大的精制棉生产基地。 （李　兵）

旅游业 Tourism

责任编辑 李 萍
题图摄影 李华北

【概况】 六师五家渠市旅游局行政编制3人，在职2人，下设六师五家渠市旅游质量监督管理所（正科级参照公务员管理单位编制，编制2人，在岗2人；事业编制1人，在岗1人）。

2014年，师市接待游客140万人次，同比增长22.7%，旅游综合收入3.15亿元，同比增长26%。截至年末，全师共有国家AAAA级景区2个、国家AAA级景区6个、全国农业旅游示范点2个，星级宾馆10个（客房数575间套、床位数1 520个），星级农家乐3个，入境旅行社3家、出境旅行社1家。

【旅游会议】 2014年6月，师市召开旅游工作暨郁金香节表彰大会，会上总结上一年度的旅游工作和郁金香节的工作，安排部署下半年的工作重点，表彰2014年度旅游工作8个先进单位和20名先进个人，郁金香节6个先进单位和42名先进个人，师市党委常委、五家渠市副市长李金平作总结讲话。

【宣传促销】 全年召开新闻发布会2次，节庆开幕式2次，有33家媒体宣传报道师市旅游，刊登稿件145篇；各等级景区在旅游旺季、节假日前期在周边城市，通过网络、电视、广播等进行宣传促销。先后参加新疆国际旅游商品博览会、兵团产业博览会、厦门国际旅游博览会、海峡两岸旅游博览会、新疆冬季旅游博览会，不断提升六师五家渠市的知名度和影响力；拓展媒体资源，大胆尝试利用新型媒体强化旅游推介和营销，实现景区门票网络销售；启动建设六师五家渠市旅游信息网，建立五家渠市旅游微信平台，多渠道塑造六师五家渠旅游形象。

【旅游节庆】 2014年，以“丝路花海五家渠”为主题的第九届郁金香节于4月20日至5月30日举办，133个品种180万株郁金香为新疆各族人民奉献节庆旅游盛典。整个节庆共接待游客超过35万人次，青格达湖旅游景区门票直接收入553万元；五一小长假3天共接待游客29.9万人次，同比增长30%，实现旅游综合收入9 947.5万元，同比增长25%。

荷花节、观鸟节在青格达湖景区举办丰富多彩的节庆活动，举办荷花园现场书画创作活动；“青湖风采”文艺作品征集活动；中秋咏荷笔会、荷苑赏月活动；旅游产品展销会；青湖御园生态园将举办“观音山上赏菊花”活动，10万株珍贵的金鸡菊、蛇鞭菊、松果菊、蜀葵满山遍野争奇斗艳以及温泉养身农田采摘等户外体验活动。青格达湖景区在门票优惠方面，身高1.2米以下的儿童实行免票，60周岁以上的老年人凭身份证或老年证、现役军官凭军官证、三级以上残疾人凭残疾人证享受门票减免优惠。

恒尚伯俊马术俱乐部。 （李华北）

7月16日，一〇三团甜瓜文化旅游节和一〇一团葡萄文化旅游节，召开新闻发布会。一〇三团举办"血脉之旅"沙漠徒步、沙漠"千岛湖"观光垂钓、走进瓜园采瓜品瓜等旅游亮点活动；一〇一团以葡萄为媒，文化搭台，旅游唱戏，广交疆内外朋友，促进葡萄旅游产业的快速发展。整个活动突出"自然、生态、和谐"宗旨，集农业观光、农家体验、葡萄文化、消夏避暑于一体，将为游客呈现出独具韵味的"田园风情"。同时，也在提升开发区一〇一团旅游知名度、带动职工群众多元增收等方面起到十分积极的示范带动作用，最终达到促进六师五家渠市现代农业休闲观光旅游，推动葡萄与葡萄酒产业文化发展成为五家渠市特色农业与旅游业相结合的成功典范。

【旅游项目】 恒大金碧天下"1＋10"旅游综合体积极建设，青格达湖游客服务中心、青湖御园五星级生态酒店主体，马术赛马场国际赛道、室内马术训练馆建设完工，《一城三馆一园规划》通过评审，《一万泉AAAAA级旅游景区提升规划》和一〇三团《凰家梁沙湖旅游景区控制性详规》编制完成，争取兵团旅游局旅游专项经费550万，其中青格达湖游客服务中心建设项目350万、凰家梁沙湖旅游景区基础服务设施建设200万，自治区旅游专项资金120万。

【兵地融合发展】 为共同推进昌吉州旅游业和六师五家渠市旅游业的快速发展，以"资源共享、产业融合、优势叠加、共同繁荣"为原则，签订昌吉州旅游局、六师五家渠市旅游局关于丝绸之路经济带天山北坡经济带城市旅游休闲区战略协议，共同推进两地旅游业的发展。六师旅游局与太原市旅游局加强合作，确定10项援疆举措，拓展两地客源市场，共同打造两地旅游精品线路，达到携手共赢，相互发展的目的。

【旅游安全管理】 安全问题始终是首要问题，是年，师市旅游局、旅游质监所多次、多层面、全方位、深入地对各旅游企业进行安全检查、排查，使旅游企业的安全意识不断提高、督促企业不断加强安全工作管理，已连续六年获得师市安全先进单位。

【旅游保险管理】 2014年，师市旅游局根据实际要求各旅行社严格按照先关规定，购买旅行社责任险和意外险，保障消费者权益。

【旅游市场管理】 是年，为规范旅行社经营管理，质监所累计开展旅游执法检查9次，出动检查人员25人次，接到旅游投诉10起，按照《旅行社管理条例实施细则》及旅游合同的规定，均取得令景区、旅行社、消费者满意的协调结果。

【旅游培训】 2014年，选派基层团场6名旅游管理业务干部赴山西省旅游局挂职学习；组织团场旅游分管领导赴河南安阳参加"红色旅游培训班"；组织景区管理人员参加国家旅游局举办的"新疆旅游发展研讨班"和"旅游市场营销培训班"；组织团场旅游管理业务干部参加兵团旅游局举办的"旅游执法培训班"和"景区饭店质量服务"培训班；通过培训学习，师市旅游管理干部综合素质进一步提高。送教上门服务为企业提供便利。

【党的群众路线教育实践活动】 以党的群众路线教育实践活动为契机，加强自身建设。师市旅游局将党的群众路线教育实践活动作为首要政治任务，在师市党委的统一部署下，全面完成学习教育、听取意见，查摆问题、开展批评，整改落实、建章立制3个环节的任务。师市旅游局认真组织学习，广泛征求意见，深刻剖析检查，开展批评与自我批评，制定整改方案，群众路线教育活动取得明显成效。

（李敏晶）

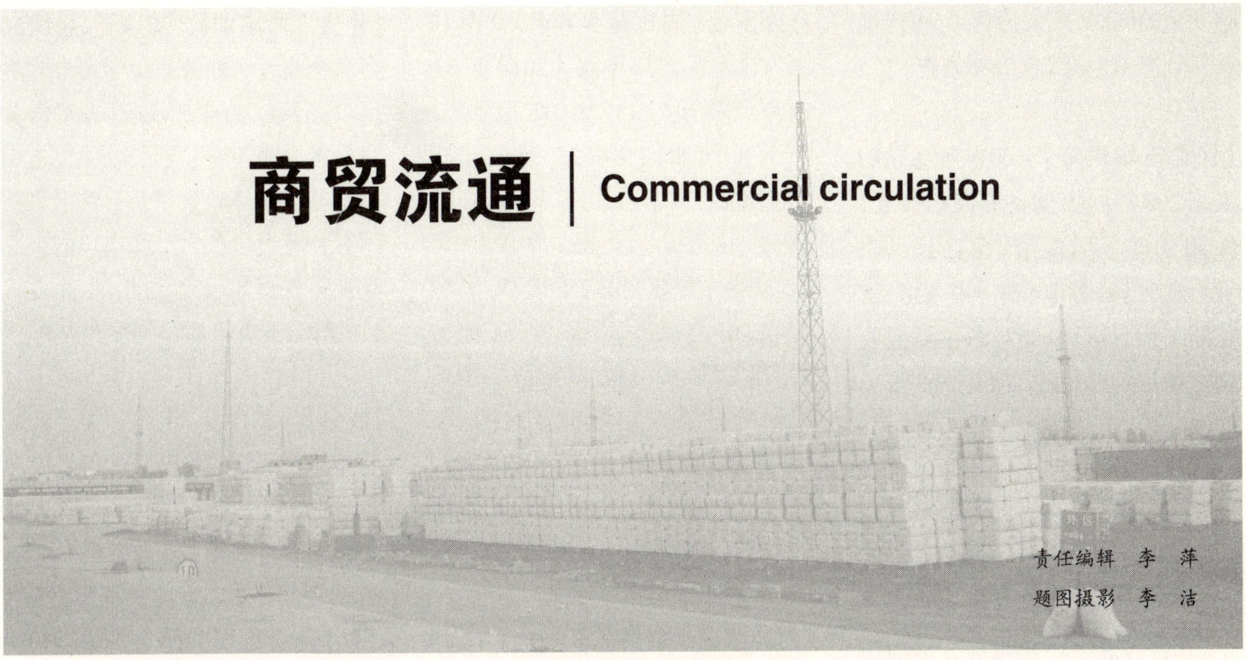

商贸流通 | Commercial circulation

责任编辑 李 萍

题图摄影 李 洁

国内贸易

【概况】 第六师五家渠市商务局行政编制7人，在职6人，下设第六师五家渠市商务综合执法大队（正科级事业单位，编制4人，在岗3人）。

2014年，六师全年批发零售业商品销售总额144.77亿元，比上年增长18.5%。全年社会消费品零售总额67.98亿元，比上年增21.6%。按行业分，批发和零售业零售额57.06亿元，增长22.4%；住宿和餐饮业零售额1亿元，下降15.7%。

五家渠市全年批发零售业商品销售总额81.11亿元，比上年下降2.8%。全年社会消费品零售总额40.19亿元，比上年增18.8%。按行业分，批发和零售业零售额34.15亿元，增长20.6%；住宿餐饮业中是住宿和餐饮业零售额0.84亿元，下降26.2%。

【市场建设和监管】 2014年，对军户农场、共青团农场、土墩子农场等团场的农贸市场，红旗农场107社区商贸物流园和五家渠西域水城农副产品批发市场等项目的新建和改扩建进行申报。推进便民蔬菜店建设。会同人社部门委托青投集团承办该项目，目前已开业5家，市民群众反映良好。便民蔬菜店采用直销模式经营，进一步减少流通环节，保证便民蔬菜店价格的优势，做到便民惠民，让老百姓吃上便宜安全的放心蔬菜。2014年8月开展“万村千乡市场工程”项目绩效评价工作，对准噶尔农资公司、方正工贸公司、新湖、芳草湖、奇台等地的承办企业、配送中心及部分“农家店”进行实地检查。截至年底，师市有万村千乡“农家店”951家，配送中心8家，全师乡村覆盖率达90%以上。通过绩效评价，师市“万村千乡市场工程”建设基本达到预期效果。

对五家渠联邦物业服务有限公司、五家渠职业技术学校2家家政服务项目承办单位进行绩效评价工作。通过几年来工作的开展，目前五家渠家政服务已初步形成网络，培训工作向更宽更深的领域拓展。指导新疆青投广告传媒有限公司运作“青湖人”网电子商务平台。该平台整合地面商铺、空中商城与消费会员，通过立体化的资讯传播与交互，实现商家、生活资讯与居民信息需求的快速匹配，达到信息、资金与消费的完美结合，形成三网合一、二方共享的格局。

【市场运行监测】 2014年，通过持续做好5个监测系统13家样本监测企业报表数据上报、分析工作，重点掌握粮、油、肉、蛋、奶、蔬菜等生活必需品的市场供求和价格变化情况，及时掌握市场动态。在加强监测预警的同时，完成消费品、生产资料部分产品进行2次专项调查。

【保障市场供应】 2014年，成功组织200吨国家储备冻肉的投放，保证节日市场繁荣，稳定节日肉价。在元旦、春节、五一等大型、重要的节假日期间，指导各主要商业网点做好商品的进货和储备，规范促销行为，实现保增长的目标。

【成品油管理】 2014年，根据兵团要求按时完成辖区内2家成品油公司28个加油站点成品油年检工作，并对成品油市场准入及流通渠道进行监督管理。在检查中，对个别违规加油站进行查处。

【典当拍卖管理】 2014年，完成拍卖典当企业年检工作，1家拍卖企业初审结果合格，3家典当企业初审结果为A。通过年检师市各拍卖企业、典当企业增强自律意识，促进企业规范经营。商业服务业发展已成为团场职工多元增收的重要途径。

对外经济贸易

【概况】 2014年，据海关数据统计，师市实现外贸进出口总额4.6亿美元，其中出口44 852万美元，下降0.65%，进口1 148万美元，同比增长34%，进口增长趋势明显。

六师现有对外贸易经营权备案企业83家，其中：贸易企业49家、有权工业生产企业34家。2014年，师市共有25家企业开展对外贸易，同比减少6家，其中12家为自产品出口企业。2014年，全师自产品出口11 758.02万美元，与上年同期的9 467.7万美元相比，增长25%。占出口总值的48%。主要出口产品：番茄酱、化肥、焦炭、发饰制品、羊绒衫、羊绒背心、染色棉纱、黄原胶、那他霉素、苏氨酸、赖氨酸、辣椒等。主要出口哈萨克斯坦等中亚五国、英国、德国、尼日利亚、阿尔及利亚、俄罗斯、意大利、美国、韩国、越南等国家和香港地区。

【对外贸易运行特点】 2014年，师市出口商品涉及食品、化工、轻工业品、纺织服装、五金矿产品、机械设备、运输工具、工农(机)具等八大类近60多个品种，出口商品结构不断优化。六师五家渠中基、新疆中基、阜康祥丰、威腾食品、好口味、艳阳天的番茄酱；新疆六孚纺织工业园有限公司的染色棉线；鸿基焦化的化肥和焦炭；新疆梅花氨基酸有限责任公司的黄原胶、那他霉素、苏氨酸、赖氨酸；新疆浩源发饰制品的假发；华春毛纺的羊绒衫、羊绒背心、迅昌电子科技的手机壳等一大批地产品的出口，促进当地产业结构调整，有力带动出口快速增长。

2014年，进口额为1 274.1万美元，与上年同期的856.55万美元相比，增长49%，主要中基公司、华春毛纺、六孚纺织加大从欧洲及周边国家进口先进设备、关键零部件及资源性产品，用以提高企业生产效率。是年，师市企业积极开展加工贸易业务，争取国家棉花加工贸易配额5 000吨，纺织企业进出口保持良好势头。

【外贸人才培训】 2014年，组织50多名企业外贸业务人员学习办理进出口经营权的业务流程、办理海关商检等业务知识、国家对外贸进出口的各类扶持政策以及自治区和兵团对外贸出口和自产品出口的鼓励政策等外贸知识，通过培训，企业人员的综合业务素质得到很大提高。

【展会】 2014年，组织各类企业重点参加哈萨克斯坦亚洲商品展览会、法国食品展、第四届亚欧博览会、厦洽会等国内外大型展会。这些展会规格高，集商品展示、招商引资、高层论坛和商务日活动为一体，为各参展单位开拓国内外市场，参与国际竞争搭建平台。在第四届亚博会上共签订内联项目9个，签约金额276.18亿元人民币；在第十二届哈萨克斯坦中国商品展上现场签约3份合同，金额60万美元；在第十八届中国国际投资贸易洽谈会上签约2个项目，价值40亿元人民币。

商务综合行政执法

【概况】 第六师商务综合行政执法大队成立于2012年3月，隶属于商务局管理，为科级全额拨款事业单位，编制4人，现有在编人员3人。主要职责：负责辖区内商务综合行政执法工作，承担师市商务领域内市场流通秩序监管与公共服务体系建设工作；负责受理、督办12312商务举报投诉和各类违法违规案件及公共服务工作；承担商务领域综合行政执法工作，依法对酒类流通、盐业、成品油、商业特许经

商务执法大队工作人员在商店进行常规检查。（商务局）

营、美容美发、典当、报废汽车回收等行业、市场进行监督检查及案件受理工作。

【酒类管理】 2014年，强化酒类市场准入制度，加大备案登记工作的力度。在搞好备案登记的同时，重点开展酒类流通追溯认证工作，根据商户的销售情况对流通随附单进行认真核对。严格酒类流通管理，全面开展酒类管理专项整治行动，对无酒类流通随附单的经营户下达整改通知书152份，并且要求经营户采购酒类产品一律要向对方索取随附单。

【酒类执法检查】 2014年，加大对假冒伪劣酒的打击力度，对辖区内酒类批发市场进行拉网式排查，共检查经营摊点280多户，查获假冒酒1 046瓶，案值近20万元。重点涉及伊力小老窖等品牌。对全师市所有酒类生产销售单位进行大规模普查，摸清酒的来源、品种、有关证照，分类排队登记造册，规范其经营行为，同时全面清理无证经营，坚决取缔无证经营户，对乱进货、乱承销、明零暗批的违法行为进行查处。期间共办理酒类零售证近260个，处罚无证经营户2个。共组织开展酒类专项执法检查40次，出动车辆120车次，出动人员460人次，全年下发责令整改通知书120份，查处10起涉嫌销售假酒案，查处假酒420瓶，合计案值105 243元。

【行业安全管理】 2014年，多次联合安监、工商、消防等多个部门对商贸流通行业进行安全执法检查；7月举办一期商务系统安全生产培训班，将安全生产月活动推向深入，起到警钟长鸣的效果；做好“7·5”敏感节点期间商贸流通场所的安保工作，落实开包检查制度，始终保持行业安全生产的高压态势，确保不出问题。（徐　凯）

成品石油销售

【概况】 新疆生产建设兵团石油有限公司第六师五家渠市分公司、新疆生产建设兵团第六师五家渠市石油有限公司经理、书记郝宏伟，副经理、工会主席张原新，副经理王璞。

2014年，在新的机制和体制下，经过信息化、自动化改造，公司已有3个加油站安装大站系统，其余17个加油站为系统站，确保加油站正常高效的运行。公司员工总数174人，内退19人，退休职工49人，设党总支1个，党支部3个，党员53名。

【储运能力】 2014年，公司运营24座加油站和1个润滑油经销部，营销网点分布于六师各农牧团场。成品油储存能力为2 795吨，其中汽油875吨，柴油1 920吨。兵团石油六师分公司油品供应量占到六师总需求量的80%以上，有力支持师市各项事业的建设和发展。

【成品油销售】 2014年，完成成品油销售76 277.2吨，同比增加6 687.75吨，完成年度任务指标的104.6%。实现销售收入65 733万元，同比增长4 567万元。单站日销量同比增长到9.09吨。

【工程建设】 公司投资建设的兵奇站于2014年9月完工，顺利通过验收并已正式营业；敦鸿站主体工程已完工，2015年上半年可建设完成；奇台站、六运湖站的改造按期完成，功能和形象明显提升；北阜和鸿泰站油气回收已完工；中心站营业厅升级、润滑油经销部及非油品库房维修按期完成。

【精神文明建设】 2014年兵团石油总公司任命专职书记主持六师分公司的党务工作,公司东线、西线和中线三个支部贴近一线开展活动。2014年共组织召开专题民主生活会2场次、党员组织生活会6场次。共有9名员工递交入党申请书,培养积极分子2人,新发展党员3名,为党组织补充新鲜血液。

兵团石油公司贯彻“快乐生活、快乐工作”的价值理念,开展丰富多彩的文化娱乐活动。积极参加兵团石油总公司“第二届企业文化节”的篮球比赛、征文活动、美好家庭及摄影作品的评选上报工作。开展迎新春联谊活动、与兄弟分公司开展春季郊游拓展联谊活动、以安全生产为主要内容的庆七一系列活动、以青年团员为主的团组织系列活动等。

是年,公司有28名在岗员工参加城镇职工补充医疗保险,对社保在团场及季节性用工的16名员工购买意外伤害保险,在兵团石油总公司简报上刊登宣传公司文明建设的稿件51篇,照片28张,同时公司汇集企业动态,业务心得、人生感悟、员工心声等编制《分公司简讯》,由领导带头积极鼓励员工分享工作和生活中的经验和想法,加强员工之间的交流。

【安全工作】 2014年初公司制定年度安全生产工作方案,并与加油站经理签订安全环保责任书。全年加强日常安全生产检查、整改力度,坚决整治隐患,加强安全生产制度体系建设。并多次跟五家渠市国民村镇银行磋商,达成上门收款业务。为适应疆内安保形势的需要,公司根据当地政府和兵团公司的要求,逐步强化对安保设备的配置力度,对所有的油站安装防护铁艺,在城镇油站出入口处制作安装铁马及配备专职安保人员,为每个油站配备大头棒、辣椒水、头盔、盾牌等防护器材。这些安保设备的配置,极大的增强了员工的安全感和自信心,同时对外部起到一定的震慑作用。2014年公司实现全年安全生产零事故。 (刘露露)

中央储备粮五家渠直属库

【概况】 中央储备粮五家渠直属库主任杜堂春,副主任李琳、刘军。中央储备粮五家渠直属库隶属于中国储备粮管理总公司新疆分公司管理,具体负责中央储备粮的收购、储存、运输、加工销售及相关业务,机构设置为“四科一室”:购销计划科、仓储管理科、安全保卫科、财务科、综合办公室。现有在职员工29人,党员16人,维吾尔、哈萨克、回族等少数民族职工5人,大专以上文化程18人,人均年龄40.5岁。

【仓储管理】 中央储备粮五家渠直属库是第六师辖区内规模较大、实力较强的国有粮食仓储企业,主要承储中央储备粮。中央储备粮是国家粮食宏观调控的重要战略物资,国务院明确赋予中央储备粮确保粮食数量真实、质量完好,确保国家需要时调得动、用得上和维护农民利益、维护粮食市场稳定、维护国家粮食安全的职能。

2014年,五家渠直属库认真落实中储粮总公司、分公司制定下发《中央储备粮仓储管理办法》《中央事权粮油数量质量监督检查管理办法》等管理规范的学习宣传,做到“有组织学习,有责任意识,有严格制度,有坚决执行”;每半月对本库所有中央事权粮食进行一次全面检查,并在《仓储保管检查单》上签署意见,告知保管员签字确认,做到有迹可循,对检查结果负责。做实仓储设施基本条件。五家渠直属库对仓房基础设施维修改造计划6项,投资171万。2014年已完工仓房扶梯改造、消防管网改造、仓房挡粮门改造、库区配电箱及路灯改造等4项。新增的仓内挂膜控湿保水项目已完成仓内墙挂膜工作;智能化粮库建设项目厂家正在逐步实施。做实仓储管理标准化。是年,结合本库实际,新制定四项仓储制度,建立完善仓储管理考核机制,将考核结果作为绩效奖惩和年底评优依据;全员签订《安全生产责任书》;2014年底通过兵团安监局“安全生产标准化二级达标企业”评审。并严格按照安全生产标准化二级企业的要求,将安全生产标准化管理融入到工作中,将安全生产标准落实到每个环节的工作。做实科技储粮项目。通过采取阶段通风、智能通风、苯板密闭门窗等一系列科学储粮方式,控制粮食储藏期间水分损耗;实施仓内挂膜控湿保水实验,积累经验数据为以后大规模实施打下基础;推进智能化粮库建设,应用粮情远程监测系统、数量在线监测系统、智能出入库管理系统进行智能化管理，提高科技储粮水平。做实仓储管理包仓制。包仓制实行专人专仓终身制，并签订《包仓责任书》，从新粮入库开始，按照新疆分公司下达的粮食损耗率标准，合理量化包仓数量标准和损耗指标。

【粮食收购】 2014年，在夏粮收购中，五家渠直属库提出"五项优化服务"：优化入库环节，加强与团场供销、农业部门的联系，对种粮大户、订单农户开展预约收购。实行24小时轮班收购。通过昼夜服务、多开卸粮点等措施，做到随到随收，不压粮、不压车，避免农民长时间等待；优化入库责任，粮食入库期间，落实门卫、检验员、司磅员等业务岗位的责任，强调保管员为粮食入库主体责任人，承担起入库小麦质量第一责任人、数量复核员、设备管理员、现场指挥员的四重身份，确保小麦安全入库；优化服务渠道，根据工作实际，把一站式客户服务中心里的检验室位置前移，避免农民跑回头路，并将自动扦样器移到更适合停车的位置。另一方面，在库内设置行车路线指示牌、限速牌，禁行区域拉起警戒线，确保库区和车辆安全；优化服务质量，在本库和收购点设立公示栏。将国家政策、收购标准等信息向农户公开，实行透明收购，让农民明明白白交粮。全体员工挂牌上岗，以周到、热情的服务态度对待售粮农户和车辆司机；优化便民措施，不断完善基础设施，扩大一站式服务中心面积，以智能化粮库建设为契机，增加过磅和检验辅助设备。设立客户休息室，配备空调和沙发，提供免费茶水和报纸。为避免交粮车辆占用交通要道，修建环库便道，方便交粮车辆排队等候。

【作风建设】 按照中储粮新疆分公司党组的要求，2014年，五家渠直属库党总支高度重视，制定"三严三实"专题教育活动方案和活动推进表，党总支召开"三严三实"专题教育活动动员大会，进行全面的思想发动，将分公司会议精神传达至全体员工，及时制定学习计划和学习日程安排，并下发学习纪律和学习制度，做到学习有计划、有考勤、有内容、有笔记、有体会。自开展活动以来，组织以观看专题纪录片形式开展党风廉政建设专题学习1场。其他场次学习以传达文件资料形式开展，其中习近平总书记系列重要讲话精神学习3场，学习相关评论文章3场。开展党性教育。直属库党总支书记和委员讲党课3次，引导党员干部把"三严三实"和"忠诚干净担当"作为修身做人的基本遵循，要时刻做到对党忠诚，为中储粮事业勤奋工作。听课人数共47人；班子成员认真撰写学习心得体会3篇，设置征求意见箱1个。

【安全生产管理】 2014年，五家渠直属库高度重视安全生产工作，提出"一二三"的工作方针，即围绕一个主线，抓住两个关键，搞好三项建设。逐步形成自我宣传、自我管理、自我检查、群防群治的安全生产管理运行机制，为企业的经营和发展保驾护航。

围绕"一个主线"层层落实安全生产责任制。始终把安全生产工作放在首位，并紧紧围绕"平安库区"这一主线开展各项工作，完善安全生产责任制度，深化由库安全生产领导小组按照"库主任—分管安全副主任—保卫科长—各科室安全员"组成的四级安全管理责任体系，深入落实年初签订的安全生产责任书，督查特殊岗位如驾驶员所签订的安全行车承诺书执行情况；抓住"两个关键"杜绝安全隐患，保证库区安全。明确安全目标，工作有方向。五家渠直属库建立一套安全生产管理目标考核制度，来实现企业各个生产环节"三无"管理目标，即无事故、无违章、无死亡。五家渠直属库安全生产领导小组按照安全检查工作方案定期对库内重点部位进行检查。对发现的隐患分门别类，确定责任人，有针对性下发整改通知书，要求小隐患不过月、中隐患不过周、大隐患不过日；搞好"三项建设"，提高安全生产管理水平。（余　娜）

供销合作企业

【第六师棉麻公司】 党委书记、总经理赵铁江，党委副书记、工会主席李新学，党委委员、副总经理庄炎勋，党委委员、副总经理李伟，财务总监沈秋萍（女）。

第六师棉麻公司位于五家渠市军垦南路1018号，公司有在岗职工42人。农艺师职称1人，会计师职称4人，经济师职称2人，注册税务师1人，注册棉检师3人，高级会计师1人，大学学历6人，大专学历28人。公司拥有注册资本3 330万元。

【经济指标完成情况】 2014年度，师棉麻公司合并报表实现利润总额1 325.1万元，净利润989万元，其中：公司本部实现利润总额1 099.8万元，净利润764万元。芳草湖监狱轧花厂亏损241万元，因合并调增主营业务收入等引起净利润增加466万元。

【棉花经营情况】 2014年度，由于2014年9~10月气温偏低等因素影响，使籽棉采摘、收购期推迟，导致棉花加工、销售进度明显晚于上年同期，同时由于新疆地区棉花统一入库公检，又较往年推迟皮棉购销期，致使2014年度新棉上市收购销数量比上年同期下降。全年累计收购皮棉10.19万吨，皮棉收购成本12.77亿元，较上年同期收购皮棉12万吨，皮棉收购成本20.85亿元相比，收购量比上年同期减少15.09%，收购成本比上年同期下降38.75%。全年销售皮棉7.06万吨，累计实现皮棉销售收入11.64亿元，上年同期销售皮棉13.50万吨，累计实现皮棉销售收入24.16亿元，与上年同期相比销售量减少47.7%，销售收入总额比上年减少51.81%。主要是由于2013年度国家进行棉花收储棉企交储即可，而2014年度国家不再实行托市收储，使棉企直接面对市场经营，2014年新棉上市后国际国内皮棉销售市场低迷的大环境引起新棉销售价格呈持续下跌趋势以及新棉收购在库公检程序的实施，销售出库、结算手续的繁杂等因素共同影响，致使皮棉销售进度滞缓，销售数量下降。

【生产经营中面临的困难与挑战】

1.2014年新棉收购、销售期比上年同期推迟40天左右，致使皮棉销量比上年同期下降47.7%。

由于2014年9~10月天气气温偏低等因素影响使籽棉采摘、收购期推迟，导致棉花加工、销售进度明显晚于上年同期，同时由于当年新疆地区棉花统一入库公检，又较往年推迟了皮棉销售期。

针对以上情况，公司积极协助植棉团场轧花厂做好棉花入库公检工作，一是组织好车辆，确保皮棉及时入库，二是积极协调公检库及时检验，及时解决入库公检出现的问题，缩短入库公检时间，使棉花客户及时查询所需皮棉指标，及时落实合同。

2.2014年全球棉花仍处于供过于求的状态，新棉销售困难重重。2014年棉花市场仍然低迷，加上国家不再实行棉花收储政策，棉花经营失去行政价格托底，对2014年新棉销售价格及市场都带来一定的不利影响。

针对新棉销售价格持续下跌趋势及市场经营难度加大等因素，公司充分做好国际国内棉花市场情况的调研，准确把握市场行情，提前布局，巩固加强客户业务联系，做好皮棉调运、上站、发运等工作，以提早锁定皮棉销售合同，促进销售进度；向植棉团场轧花厂及农工加大质量宣传力度、树立品牌意识。使轧花厂、农工明白今后加工皮棉直接面向用棉企业，只有对品级、三丝和加工品质精益求精的棉企，才能在市场竞争中站稳脚跟，确保六师棉花的市场信誉，取得较好的售价，才能实现共赢。

3.面对市场形势采取的措施。

按照兵师两级对兵团棉花产业的战略部署，做好新棉购销工作，一是准确把握国际国内棉花市场行情，及时向师市及植棉团场反馈信息。二是回访客户收集了解对棉花品质、加工质量等方面的反馈意见，提出对2015年棉花种植、加工的注意事项，以提高“准噶尔”品牌皮棉质量和竞争优势。

扩大经营区域，利用自身优势，积极尝试并开展期货贸易、电子撮合业务，以规避市场经营风险。及时掌握棉花市场动态，制定合理的销售方案，促进销售、加快资金回笼，积极加强和铁路部门的沟通，及时调运，并做好各项售后服务工作。加强资金运作，控制贷款利息。切实把握好收购贷款资金的承贷时间，确保贷款收购资金的使用效率。及时做好皮棉出库申报工作，确保缩短回笼的销售资金及时还贷时间。 （张生秀）

【加强党组织和职工队伍建设】 2014年，公司党委认真落实党员的教育、管理和服务。督导党支部加强党建工作长效机制的建设，认真落实“三会一课”、民主评议党员、党员教育培训、党员联系群众、党员干部谈话、创先争优等各项具体制度。

2014年，公司党委以创建“学习型”企业为目标，大力实施人才素质工程。给干部职工购发现代科学管理书籍，组织全体员工开展计算机知识普及活动，鼓励职工自学成才，加快人才队伍建设。

公司党委从自身抓起，发挥示范带头作用，认真坚持中心组学习制度，并吸收各部门(科室)、站、轧花厂负责人参加，做到年初有计划，年中有检查，年末有总结，发言有提纲，交流有思想，坚持理论联系实际，学习成效显著。特别是2014年公司做为师市第二批开展党的群众路线教育活动的单位之一，结合当前特殊的形势，针对民族团结等工作，在学习上更是主动、积极，采取集中学习、专题讲座、党课教育、选送干部参加师市党校培训等形式，对党员干部进行以社会主义价值体系为根本，以诚信建设为核心，加强道德建设，坚持开展"全国公民道德宣传日"活动，注重引导干部职工学习先进人物，组织党员干部职工学习焦裕禄、雷锋、牛玉儒、杨善洲、郭明义的先进事迹，观看《四风之害》等电教片。通过理论武装和典型示范，努力提高干部职工的思想政治素质。

【开展群众路线教育实践活动】 2014年，公司党委及时组建由党委班子为核心，各科室领导为骨干的群众路线教育实践领导小组，小组下设办公室，办公室又根据分工下设秘书督查组、宣传协调组，具体负责教育实践活动的日常工作深入有序开展，并根据分管工作，明确各组工作职责，从而达到安排、部署畅通，实施、落实有回应的目的。在实施过程中，力求责任划分精确、人员配备精干，从而为教育实践活动的稳步开展打下良好的基础。

公司党委坚持将党的群众路线教育实践活动作为一切工作的前提和保证，以重中之重的态势，在全体干部和党员范围内召开动员会议，从思想上提高所属各部门和干部、党员对活动的必要性和重要性的认识。学习教育不走形式，在保质完成工作任务的同时，采取集体学、自学等方式，以领导带头学、带头讲的形式，深入学习，通过学习，使党员干部，特别是领导干部提高思想认识，增强宗旨意识和群众观点。是年，集中学习17次，参加学习225人次；自学6次，参加学习90人次。同时保证教育活动中人人有笔记、人人有心得。

公司党委坚持在教育实践活动中讲求实效。在每个阶段及时召开动员会议，组织全体干部党员参加学习教育活动，做到人人有笔记、人人有心得，学习效果力争入脑，入心；2月25~28日，公司领导按照分工组织座谈，实地走访、调研，广泛征求意见；六师棉麻公司是参加第二批教育实践活动单位之一，在活动中取得较好效果，受到兵团供销系统的表扬；2月27日，组织公司部分干部职工前往兵团棉麻公司学习、取经，与兵团棉麻公司就在实践活动中取得的好经验、好方法进行交流。同时，还邀请师市党校科研部主任、高级讲师来公司进行专题宣讲，从历史背景、国情、党情、民情等方面讲解开展实践教育活动的重大意义，使广大干部党员在思想认识上提高，学习自觉性加强。

【廉政建设】 2014年，公司党委制订《棉麻公司党风廉政建设责任目标》，并对党风廉政建设责任目标进行分解，分别落实到每个领导干部和职能部门。认真落实党风廉政建设责任制，严格责任追究，加强党风廉政教育，增强领导干部廉洁自律自觉性，建立健全党风廉政制度，深化源头治理和预防腐败工作。严格执行领导干部选拔任用工作条例，用人坚持公开、公平、公正，按规定程序选拔任用。严格执行公司资金管理办法，严格物资采购销售管理，实行阳光采购销售，有效避免腐败行为的发生。党委注重自身建设，坚持民主集中制，认真执行《"三重一大"议事规则》，坚持勤政廉政，自觉接受监督，用自身的力量影响党员干部，带出一支作风过硬、素质过硬的干部队伍。（叶芙蓉）

【新疆新农现代投资发展有限公司】 新疆新农现代投资发展有限公司党委副书记、董事长、总经理王长江，副总经理兼财务总监李兰芝（女）。

2014年公司系统融资达到5.6亿元。实现销售收入6.7亿元，利润2 011万元。2014年共销售各类农资近20万吨，机械采收棉花43.33千公顷，销售农作物种子17 908吨，工业供水4 125万方，生产马铃薯原种1 256吨，马铃薯一代薯5 380吨，发放小额贷款30笔，销售鲜食葡萄180吨，生产葡萄酒100余吨。

2014年，公司有控股企业10家，分别是：新疆准噶尔农资有限责任公司、新疆盛源种业有限公司、五家渠水利水务资产经营发展有限公司、五家渠新薯种业有限公司、新疆兵农园果蔬有限公司、五家渠融信小额贷款有限公司、新疆唐庭霞露酒庄有限公司、五家渠锦禾农业有限公司、五家渠新农现代农资有限公司、新疆准噶尔种业有限公司。参股企业2家：新疆准噶尔银丰农机装备有限公司、日发新西域五家渠牧业有限公司。

【新疆准噶尔农业生产资料有限责任公司】 公司是一家经营农业生产资料的专业性企业，具有进出口经营权。2014年，有8个部门，10个子公司，南北疆20个配送中心，7个基层党支部，员工123名。

2014年公司本部销售各类农资20万吨，销售收入5亿元左右。荣获兵团商务系统“先进企业”称号；中国石油天然气公司西北化工公司“十大优秀用户”。

【新疆盛源种业有限责任公司】 新疆盛源种业有限责任公司是集生产、加工、销售为一体的六师种子产业化龙头企业，主要经营农作物常规种子的生产、繁育、销售。公司下设两个分公司：奇台分公司和芳草湖分公司。2014年，销售各类种子11 569吨，实现利润总额329万元。

【五家渠水利水务资产经营发展有限公司】 五家渠水利水务资产经营发展有限公司主要生产经营工业园区1号水厂、2号水厂、鹰湖水厂和污水处理厂及工业园区引、供、排水管网的管理和维护。公司有在册员工93人，其中党员21人。公司1号水厂水源为“500”水库引水工程管道输水，本期设计日产水量5万立方米，远期设计日产水量20万立方米。目前，一号水厂日供水量近2万立方米，是设计日产水量的40%。公司2号水厂近期设计日供水量2.5万立方米，远期设计日供水量10万立方米。目前，二号水厂日供水量近2 000立方米，是设计日供水量的8%。

2014年4月，公司接管芳草湖鹰湖水厂，鹰湖水厂日最高供水规模4 370立方米，年计划供水40万立方米。五家渠水务公司污水处理厂(水务公司三分公司)固定资产投资8 877万元，排污管道投资2 986万元，总计11 863万元；污水处理厂设计近期处理污水规模为4.5万立方米/天；远期处理规模为17万立方米/天；采用底曝式氧化沟处理工艺，采用鼓风曝气，出水经紫外线消毒，出水达标后排入沙漠。2014年9月，五家渠水务公司污水处理厂通过环评验收。11月，通过消防验收。

2014年，公司主营业务收入为5 002万元。

【五家渠新薯种业有限公司】 五家渠新薯种业有限公司成立于2011年9月。公司主营马铃薯种子，兼营农作物常规种子及农副产设备、牧草、苗木、花卉等销售，是第六师唯一一家专门从事马铃薯种薯的繁育与推广的供种企业。2014年，生产马铃薯原种1 256吨；生产马铃薯一代薯5 380吨。全年销售马铃薯原种1 256吨，微型薯450万粒，一代薯5 059吨。

【新疆兵农园果蔬有限公司】 新疆兵农园果蔬有限公司主营葡萄种植、包装、保鲜、销售和现代农业休闲观光旅游等业务，着力打造新疆“葡萄谷”旅游品牌。

2014年公司新增修建葡萄休闲观光长廊3条共计3 000平方米，铺设休闲广场1 000平方米，垂钓休闲园1 000平方米，游客接待中心400平方米，目前庄园具备葡萄园休闲观光、标准化示范、文化传播、野外餐饮等功能。8月18日公司举办五家渠第三届葡萄采摘节；8月28日，公司和师妇联、五家渠电视台举办五家渠第一届相亲大会；2014年销售鲜食葡萄180吨，共接待游客3万人次(其中山西、江苏、山东、台湾、福建等各省市领导、中央电视台心连心艺术团、外国友人和政要、中外记者等200余人)。拥有企业认养会员30余家，实现销售收入360余万元。

【五家渠融信小额贷款有限公司】 2014年，五家渠融信小额贷款有限公司共放贷款30笔，共计3 244万元，取得营业收入1 257万元。公司致力于助推师市金融改革创新，致力于服务二农、为中小企业和职工提供信贷支持，为广大个体工商户的资金需求提供方便。合法经营，规范服务，坚持“简便、快捷”的原则，开展小额贷款业务。

【新疆唐庭霞露酒庄有限公司】 新疆唐庭霞露酒庄有限公司是集生产、加工、销售为一体的示范性酒庄。采用世界领先的葡萄粒选、锥形罐发酵、重力酿造等独特工艺，聘请国内顶级酿酒师指导生产。2014年公司从意大利GAI公司引进的无菌灌装生产线正式投入使用，该生产线是师市第一条全自动葡萄酒灌装生产线，由此诞生五家渠第一瓶地产品牌葡萄酒。

2014年，收购并加工酿酒葡萄原料200吨，预计可生产葡萄酒120吨。

【新疆准噶尔银丰农机装备有限公司】 2014年，新疆准噶尔银丰农机装备有限公司拥有采棉机149台，采收棉花43.33千公顷，比上年增加15千公顷，同比增加50%，平均每台采棉机采收286.67公顷；实现作业收入9 000余万元，实现利润1 400万元。

4月29日，中共中央总书记、国家主席、中央军委主席习近平冒雨视察新疆准噶尔银丰农机装备有限公司。8月31日上午，中共中央政治局委员、国务院副总理汪洋同志视察新疆准噶尔银丰农机装备有限公司。（周　彦）

【新疆中山国际贸易有限责任公司】 2014年公司经营收入创下历史新高，较上年同期增收260万元。增收因素主要是对668份合同租金进行适当调整，增幅5%至25%；按照支持大户的发展，让大户支撑和带动小户的发展思路，对三楼进行布局调整，使三楼年增收47万元；及时投入6万多元对三楼副楼进行简单装修，避免因经营环境差造成商户流失的现象，同时使经营环境焕然一新；及时回收四楼的经营管理权，并定位为专业手机配件批发市场，为公司挽回经济损失。

经营工作取得新成就 2014年公司继续以做好对商户的服务为落脚点，积极与工商、国税等部门沟通，全年共为商户代办代审工商营业执照341份，代办国税登记证20份；积极受理消费者投诉，及时解决各类纠纷，维护消费者合法权益。全年处理内部纠纷投诉500起，受理工商部门转办案件47起，挽回消费者经济损失5.6万元。解决网上投诉460起，挽回消费者经济损失91万元。及时解决商户的实际困难、答复他们提出的问题。以此不断完善服务体系，为稳定商户、增加收入奠定基础。

安全工作保持稳定局面 2014年新疆安全形势受暴恐势力影响面临巨大压力，中山通讯市场人流量大，人员复杂的现状给安保工作加大了难度。在这种安全形势新常态下，公司加强自身建设，从思想上重视，制度上完善入手，不断提高安全防范能力和水平，继续加强开包检查、楼层巡查、十户联保等措施，全员轮流到新华北路出入口值班，加大保卫人员的培训和岗位技能训练，密切关注市场动态，及时处理各类纠纷，清理拉客人员，配合公安、工商部门开展系列打击违法犯罪行为。全年组织消防学习培训4次，开展灭火疏散演练2次，锅炉应急疏散演练1次。通过大量细致的工作，不断完善安全措施，确保公司的安全稳定。

企业文化建设 公司工会于2014年4月3日召开换届选举大会，选举产生第二届工会委员会、经费审查委员会及工会主席等，为公司工会开展民主管理、职工参政议政奠定坚实基础。公司工会以各个节日为契机组织员工和经营户开展形式多样、寓教于乐的文体活动。春节举办天桥会和联欢会；三八妇女节，召开座谈会，开展"阳光女性·幸福中国"征文活动；五一劳动节，组织员工和经营户共9支代表队进行拔河比赛，还组织员工开展登雅玛里克山爬山比赛；五四青年节，积极参与青投公司举办的"青投杯"篮球赛，并取得冠军；2014年春节前夕走访慰问困难人员11人，全年看望住院人员13人次；慰问吊唁离退休人员及员工亲属9人次。

2014年员工收入和福利水平稳步增长；按乌鲁木齐市大小西门管委会要求及时完成环境卫生整治、清扫冰雪工作；为云南鲁甸地震灾区筹集捐款22 226元；积极参与青投公司"金秋助学"计划，捐款24 000元资助一名大学生完成学业；继续荣获"重合同守信用企业"称号和天山区级"文明单位"及"平安单位"称号。（景　薇）

【五家渠烟草专卖局】 局长王彦兵。五家渠市烟草专卖局于2001年4月15日从市政府职能部门烟酒专卖局分离出来，归属国家烟草专卖局垂直管理，实行"垂直管理、专销结合、垄断经营"，两块牌子一套人马的经营模式。受上一级烟草专卖行政主管部门和地方人民政府双重领导，以上一级烟草专卖行政主管部门领导为主。烟草专卖局属法律授权的行政执法部门，承担着本市辖区烟草市场的监督管理职责。

2014年，五家渠市烟草专卖局与新疆维吾尔自治区昌吉回族自治州烟草公司合署办公。实行收支两条线的"报账制"财务预算管理。

五家渠市烟草专卖局职工人数12人，男职工7名，女职工5名，党员5人。主要担负五家渠市及辖区4个团场550户卷烟零售户的营销服务和市场监管工作。

2014年累计销售卷烟8 338箱，实现销售收入1.8亿元，单箱销售累计收入22.74万元。（赵新萍）

综 述

【概况】 2014年，六师科学技术委员会承担国家、兵团各类科技项目67项，师安排各类科技项目89项；获得兵团科技进步奖二等奖1项、三等奖1项；参加2012~2013年兵团各师党政主要领导科技进步目标责任制考核，六师五家渠市考核为优秀，名列兵团各师第一。

【科技项目管理工作】 2014年，承担实施国家各类科技项目10项、兵团各类科技项目57项，获得兵团以上科技项目经费1 814万元，比上年增长25%。师安排下达各类科技项目89项，下达科技项目经费800万元，比上年增长25%。

全年承担国家科技项目10项，其中，当年组织申报立项的有5项，延续项目5项。其中，科技富民强县行动计划4项、农业科技成果转化资金项目2项、星火计划1项、科技支撑计划1项、中小企业技术创新资金项目1项、基层科普行动计划1项；承担兵团各类科技项目57项，其中，当年组织申报立项的有33项，延续项目24项。其中，科技攻关计划4项、星火与火炬计划6项、科技援疆专项4项、博士资金专项2项、青年科技创新资金专项4项、中小企业创新资金2项、高新技术产业项目2项、重点新产品计划1项、科技成果转化项目5项、区域创新基地建设1项、农业科技园区项目1项、工程技术研究中心建设项目1项、创新型试点企业补助项目4项、国际科技合作计划2项、重大科技项目（专项）2项、知识产权专项3项、科协科普项目8项、其他项目5项。

编制下达第六师2014年度科技计划和重大科技专项计划，共安排各类项目89项（其中科技专项10项），其中，新增项目45项、延续项目44项，配套科技经费800万元。其中，新品种选育新技术研发项目8项，新品种、新技术、新成果试验、示范、推广项目32项，畜牧业项目10项，条件和平台项目4项，医疗项目11项，工业项目15项，科普项目6项，社会发展类项目2项，科技合作项目1项。

【科技成果管理工作】 2014年，组织申报兵团科技进步奖5项，有2项获奖，其中，新疆天鹅现代农业机械装备有限公司承担完成的"多功能喂花机研究与开发"项目获得二等奖，六师农业局承担完成的"西北灌溉玉米生产系列科普"项目获得三等奖。完成师市2014年科技进步奖评选工作，评选出一等奖3项、二等奖11项、三等奖20项。

【科技进步考核】 2014年，根据

《兵团各师党政主要领导科技进步目标责任制考核实施办法(试行)》和《关于开展2012~2013年兵团各师党政主要领导科技进步目标责任制考核工作的通知》的要求和师市领导的指示精神,在有关部门和单位协助下,科技局认真准备考核表及证明材料,8月份,兵团考核专家组对各师党政主要领导科技进步目标责任制进行实地考核打分,对六师五家渠市科技工作达成共识,即领导高度重视,科技工作成效显著;创新体系日趋完善,创新能力不断增强;政策措施得力,科技对经济社会发展的支撑作用明显提升。

【农业科技工作】 2014年,师本级农业科技经费年增长30%以上。2014年,师市承担实施农业科技项目80项,其中兵团以上项目26项、师项目54项,获得近1 600万元的科技项目资金支持。重点开展西甜瓜新品种选育,棉花、玉米、番茄等作物新品种选育,葡萄节水、全程机械化技术研究与示范,马铃薯脱毒种薯繁育,设施果蔬高效栽培技术研究,畜牧业高效养殖技术研究与示范,农作物高产创建,数字化团场建设等项目。是年师农科所有2个新品种获得审定命名,分别是西瓜新品种新优62号(代号子鼎3号)和甜瓜新品种新蜜62号(代号子鼎蜜10号)。师农科所首次合作承担国家973计划前期研究专项的一个子课题"哈密瓜白粉病菌毒性变异及抗病机制研究",项目进展顺利。五家渠农业科技园区(共青团农场)承担的兵团第一个重大科技项目"数字化团场关键技术集成与示范",获得项目资金600万元(师配套项目资金100万元),目前已启动了项目数字化资源库构建工作,初步搭建了数字化团场云服务平台基础架构,制定农机自主导航、播种监控、耕深监控、农机作业监控服务物联网系统和团场级农业精准生产数字化管理与服务平台的技术研究方案。

【工业科技工作】 2014年,师市承担实施工业科技项目32项,其中兵团以上项目16项、师项目16项,共获得近400万元的项目资金支持。新增新疆梅花氨基酸有限责任公司、新疆天鹅现代农业机械装备有限公司、五家渠格辉化工有限责任公司、新疆希普生物科技股份有限公司4家企业为高新技术企业。新增新疆梅花氨基酸有限责任公司、六师煤电、华春毛纺3家企业技术中心为省级企业技术中心。新认定"新疆光合元生物科技有限公司"、"新疆锦华农药有限公司"两家企业为六师五家渠市第二批科技型中小企业。

【科技合作与科技援疆工作】 2014年,设立对外科技合作专项资金110万元,用于师市"五大研发中心"与疆内外科研院所开展技术合作。师市与山西省农科院建立科技互援工作机制,引进新品种、新技术20余项。当年师农科所与农业部规划设计院合作,挂牌成立"设施园艺集成研发中心",将为师市设施农业的可持续发展起到重要的推动作用。

【知识产权工作】 知识产权工作有序开展。完成2013年专利申请资金补助,发放补助资金2万余元;联合师市有关部门开展2014年知识产权周宣传活动,在六师煤电举办知识产权培训班,会同商务局在丽润超市开展联合执法行动;组织相关人员参加在北京举办的兵团企业知识产权管理贯标培训班及在石河子举办的兵团专利行政执法培训班。

【科协科普工作】 2014年,举办师市第十一届青少年科技创新大赛,积极组织参加兵团第十二届及全国第29届青少年科技创新大赛,获得全国奖励8项,兵团奖励76项;3~6月份,组织开展以"体验科学"为主题的"中国流动科技馆"全国巡展活动,参观人数达15 000人次,为青少年零距离接触科学、体验科技、开阔眼界、增长知识搭建平台;9月20日,以"创新发展,全民行动"为主题的全国科普日活动正式启动,期间举办科普讲座,以及科普大篷车进街道、进社区,共发放科普挂图200余套、科技图书400余本、科普宣传单3 000余张;继续开展科普示范社区创建工作,2014年新创建兵团科普示范社区2个;开展师级科普教育基地和科技示范合作社认定工作,组织认定师市科普教育地2个,科技示范合作社4家。

【"科技之冬"培训】 2014年,根据师市"科技之冬"培训工作安排,创新培训模式,开展现代农业知识、农业信息化、科技项目管理、青少年科技辅导员等培训,提高广大干部职工的科学文化素养。培训内容主要有:农业信息化、玉米高产栽培技术、机采棉栽培技术、棉花轧花技术、农业全程机械化技术、现代农业知识、节水灌溉技术、畜牧业高效养殖、防灾减灾等,培训人次达5 000人次。各农牧团场也根据师培训要求，对干部职工进行各类技术培训和素质培训，培训人次达5万人次。

【专利产品】 2014年，师市共获得授权专利38件，其中发明专利6件、实用新型设计专利32件。

（董玉霞）

2014年师市部分授权专利一览表

专利名称	专利号	申请(专利权)人
一种制备高白度精制棉的方法	2012105119997	新疆光大山河化工科技有限公司
一种DNA分子及重组质粒和大肠杆菌	201310011622X	新疆梅花氨基酸有限责任公司
混糖发酵生产L-色氨酸的细菌及发酵方法	2013100578587	新疆梅花氨基酸有限责任公司
一种用于棉花采摘前促脱叶的生物菌剂的制备方法	2012104667710	新疆生产建设兵团农六师农业科学研究所
一种特高黏度精制棉的制备方法	2012102952560	新疆光大山河化工科技有限公司
噻苯隆悬浮型棉花脱叶剂	2011104472402	新疆锦华农药有限公司
一种岩棉保温装饰一体板	2014204834578	新疆蓝天七色建材有限公司
一种新型基于智能报警器的变压器防盗装置	2014202204282	乔云龙
一种裸眼3D解剖实验教学演示系统	2014202742124	侯志伟
葡萄田间采收车	2014203029191	第六师葡萄与葡萄酒研发中心
籽瓜捡拾脱籽机	2014204045577	刘伟
有机肥的原料预处理和发酵设备	2014202396085	五家渠市龙河科技肥业有限公司
一种裸眼3D物理实验教学演示系统	2014202742139	侯志伟
能便携降噪的高信噪比同期声录音调音台设备	2014203061746	云烈阳
开孔式双边挂件保温复合板	2014201301374	新疆蓝天七色建材有限公司
风幕吊杆式喷药机	2014200728673	胥新建
林带断根铺膜机	2013208972074	刘伟
籽棉打模机踩头行走机构	2013207569688	新疆天鹅现代农业机械装备有限公司
快速接头防脱安全保护装置	2013204258719	新疆农六师煤电有限公司
自走式棉模运输车	2013207569616	新疆天鹅现代农业机械装备有限公司
垃圾桶	2013205417163	游江岸
一种旋转小样机羊绒染色的辅助装置	2013206712015	新疆华春毛纺有限公司
纤维素醚反应装置	2012205333888	新疆光大山河化工科技有限公司
煤炭储运信息采集数据传输装置	2013204298716	新疆农六师煤电有限公司
一种新型全自动铝锭铸造生产线工艺装备	2013204344644	新疆农六师煤电有限公司
一种瓜菜多功能吊蔓装置	2013205773721	新疆生产建设兵团农六师农业科学研究所
打瓜捡拾脱籽机	2013204947694	刘伟
皮带输送机物料均衡给料机构	2013200260516	新疆农六师煤电有限公司
一种大型铝电解槽结构	2013200260550	新疆农六师煤电有限公司
铝电解槽阳极抬升防断路保护装置	2013200260512	新疆农六师煤电有限公司

师农业科学研究所

【负责人】 书记张卫国，所长李东方，副所长邓志斌、张爱萍（女）、袁永利、贾晓军（女）。

【概况】 第六师农业科学研究所（以下简称农科所）地处第六师共青团农场科技楼，团级建制，人员编制85人。有人员115人，其中在职人员56人，离退休人员59人。在职人员中科技人员37人，科技活动人员按学历分，研究生10人，大学本科27人；按专业技术职称分，高级17人，中级17人，初级3人。

第六师农科所隶属于新疆兵团第六师五家渠市科技局管理，属全额拨款公益一类事业单位。承担着国家、兵团、第六师下达的西甜瓜、棉花、酱用番茄、小麦、玉米、马铃薯、啤酒花、打瓜、葡萄等新品种的选育及引种试种、示范推广等课题项目的研究。下设特色作物研发中心、园艺研究室、棉花研究室、粮油研究室、设施农业研究室、科技开发办公室、科技管理办公室、项目后勤办公室、综合办公室等9个职能机构。2014年5月农科所从五家渠市搬迁至共青团农场科技楼。目前农科所在共青团科技大楼拥有1.3万平方米建筑用地，并建有1 596平方米的实验室，设立组培快繁中心、土壤养分化验室、人工气候室、植物病理实验室和昆虫实验室。农科所在共青团农场现代农业示范园区内拥有61公顷科研试验用地。在共青团设施基地有37座温室大棚，在一一一团、芳草湖农场建有棉花育种基地6公顷，在一〇三团建立甜瓜育种基地2.7公顷，在红旗农场拥有农业生产用地133公顷。

2014年，农科所实现年度总收入1 821.25万元，其中经营收入288.54万元，新增固定资产389.62万元，总支出1 598.86万元，结余15.32万元。

【科研项目】 2014年，农科所共承担科研项目40项，其中国家级2项，兵团级11项，师级27项，新争取科研经费427万元。

【科研成果】 2014年，农科所11个科研项目获第六师五家渠市科技进步奖；审定甜瓜新品种新蜜62号；登记西瓜品种新优62号；农科所承担的国家农业科技成果转化资金项目、星火项目及兵团青年创新资金等项目和六师项目共16项通过验收；棉花新品系子鼎6号和玉米新品系X1401通过自治区种子管理站的预备试验；2014年农科所获得国家授权专利1项，其中发明专利1项，实用新型专利1项；农科所制定《马铃薯脱毒种薯（苗）病毒检测技术规程》等7项五家渠农业地方标准，并于2014年10月15日发布实施。

【科技培训】 对外培训　2014年，农科所开展“下团场、送科技、送服务”活动，选派科技特派员10多人，组成3个科技服务组，为一〇二团、一〇三团、一〇八团、土墩子农场、奇台农场、北塔山牧场等9个团场开展职工技术培训和现场技术指导，内容涉及冬麦、棉花、玉米、番茄、籽瓜、设施园艺等高产栽培技术，全年共开展科技服务50余次，举办农作物实用技术培训班16期，培训职工累计达500人次，发放技术资料1 200份。

对内培训　2014年，农科所先后邀请兵团科技局王维基处长、国家玉米研究首席专家李少昆教授、石河子大学王克如教授、石河子大学吕新教授、山西省农科院专家为农科所全体科研人员进行培训，内容涉及科技管理和项目申报、玉米高产课题研究、科研项目申报、验收和报奖、转基因技术研究与应用。2014年农科所先后选派出44名科技人员到黑龙江哈尔滨、甘肃兰州、内蒙古呼和浩特、天津、陕西杨凌、乌鲁木齐、石河子等地参加各类专业知识培训，内容涉及马铃薯病毒检测、科研项目和资金管理改革、棉花产业研究、兵团科技战略管理与创新。

【专业技术论文】 2014年，农科所科技人员在省级以上刊物上共发表专业技术论文27篇，其中在国家核心期刊上发表3篇。

【科技合作】 2014年，农科所与山西农科院作物所、食用菌所、高寒所、棉花所、果树所和环境资源所签订合作协议，争取山西科技厅援疆项目7项，与农垦科学院合作申报973项目“哈密瓜白粉病菌毒性变异及抗病机制研究”并获得立项，2014年12月初农科所与农业部规划设计院合作共建设施园艺集成研发中心，并在农科所科技楼揭牌成立。2014年农科所先后选派多名科研人员参加7月20日在黑龙江省大兴安岭地区加格达旗举行的中国马铃薯大会，7月26日在乌鲁木齐举行的中国设施园艺年会，8月8日在内蒙古呼和浩特举办的中国棉花年会，11月6日在天津举办的中国无籽西瓜年会，积极加强与相关科技协会组织的科技合作和技术交流。

【科技宣传】 2014年，农科所选派科技人员参加11月在陕西杨凌举办的“第21届农业高新科技成果博览会”，积极宣传和推广农科所科研成果，发放农科所宣传册120份。2014年农科所出版《五家渠农业科技》第79期共1 500份。在新疆广播电台、兵团科技信息网、准噶尔时报、六师信息网投稿39篇，大力宣传农科所的科研成果。

【新品种选育、引进与示范推广】

2014年，农科所西瓜种植F1代鉴定材料614份，其有籽西瓜新组合220份，无籽西瓜新组合108份。新配制杂交组合100余份，通过田间鉴定筛选出表现较好的有籽西瓜组合有5个，无籽型西瓜组合4个；小果型保护地栽培新品种子鼎3号，已通过自治区非主要农作物品种登记，登记为新优62号；子鼎5号、子鼎6号已通过自治区农作物专业委员专家组田间鉴定，鉴定等级为2级；新优52号在共青团农场创建高效示范田3.3公顷，示范推广110公顷；新优43号在河南、山东，海南等地累计示范辐射推广面积170公顷。

2014年，甜瓜共种植原始材料及自交系52份，自交系选育材料752份，筛选出5个性状优异的高代自交系，配制杂交组合350个。甜瓜新品种新蜜62号通过自治区品种审定；新蜜52号良种繁育和示范推广体系在一〇三团等建立示范点，在一〇三团、北屯等地示范辐射推广面积300公顷，

2014年，籽瓜共种植原始材料及自交系51份，F1代鉴定材料68份，配制杂交组合105个，筛选出6个性状优异的高代自交系。新品系黑籽6号在奇台农场和焉耆县进行小面积试种，示范推广面积15公顷。

2014年，加工番茄种植材料共计248个，收获优良单株380个；引进加工番茄材料124余份；新品系西域红8号、金红果1号参加2014年自治区农作物品种试验。

2014年，农科所玉米种植亲本材料700多份，其中早熟亲本120个，中熟亲本400多个，晚熟亲本200多个；山西援助稳定自交系45个，低代自交系120个；新品系zf-2在2014年兵团玉米区试中，产量超过对照(郑单958)5%以上。

2014年，农科所累计生产马铃薯脱毒试管苗143万株，共种植网室24个。收获马铃薯脱毒微型种薯260余万粒，大田示范330公顷；成功筛选出适合5个马铃薯品种的茎尖培养基类型，成功培养出大西洋茎尖80个、陇薯三号茎尖60个、克新一号茎尖55个、中联红茎尖50个、费乌瑞它茎尖55个，研究制定的马铃薯茎尖培养基可使茎尖成苗率达到21.6%以上，较常规成活率提高9.2%。

2014年，农科所棉花种植品系优选单株530份，杂交组合选单株300份，南繁加带扩繁材料15份；筛选出7个适合六师种植的绒长在30.02~32.79毫米之间适宜机械采收的新品系；新品系子鼎6号通过自治区种子管理站的预备试验。

2014年，农科所从山西省玉米所引进玉米常规新品种(组合)16个，引进玉米常规种质资源自交系种质资源48份；与山西玉米所交流获得常规玉米自交系30个，糯玉米自交系25个，合作报送自治区中晚熟玉米组预试组合1个；参加自治区生产试验的糯玉米品种1个；从山西玉米所引进2个青贮玉米和2个高粱品种；从山西蔬菜所引进辣椒新品种3个，陆地种植长茄子、圆茄子新品种各1个，白菜品系或组合7个；从山西省棉花所引进14个特早熟棉花组合；从山西作物所引进多年生小麦种质资源20份。

【种子生产】 2014年，农科所繁育甜瓜种子3.33公顷，收获种子1 159千克，繁育西瓜杂交种子3.3公顷，收获种子380千克；种植马铃薯脱毒种薯温室大棚24个，面积1.1公顷，生产脱毒种薯260万粒。

2014年，农科所销售种子18.2吨，实现销售总额216.9万元，其中销售甜瓜种子906.87千克，销售额41.409万元；销售玉米种子14吨，销售额91.8万元；销售番茄种子546千克，销售额12.8万元；销售棉花种子760千克，销售额0.48万元；销售马铃薯种薯4吨，销售额70.5万元。 (唐建军)

国土资源管理 State-owned Territory Resources Management

责任编辑 李 萍
题图摄影 铁 宇

【概况】 第六师五家渠市国土资源局负责组织拟订师市国土资源管理政策、规定并组织实施，编制和实施师市国土资源规划、土地利用总体规划、矿产资源规划、基础测绘规划、年度土地利用计划和其他专项规划；组织开展师市土地、矿产资源的调查评价工作。师市国土资源局现有工作人员88人，下设5个职能科室，3个事业单位，14个团场分局，辖区总面积8 310平方千米，其中耕地面积1 839.05平方千米，基本农田面积1 471.24平方千米。

【国家土地例行督察】 2014年，国家土地督察西安局对师市开展土地例行督察工作，针对《国家土地督察例行督察意见书》(西〔2014〕5号)指出师市存在的八大类15个方面295项问题，师市党委和师领导高度重视督察整改工作，专题安排部署。截止10月底，师市例行督察整改工作已基本整改到位，通过兵团的审核初验，做好迎接西安局验收的准备工作。

【国家土地审计】 2014年，组织相关人员主动配合，按照国家审计组要求，对2008年至2013年师市所有建设用地卷宗建立台账登记，配合审计组完成师市出让金收缴情况调查、卷宗资料审查、开发区土地利用情况调查、闲置土地调查、存量建设用地调查和耕地整治情况外业调查。审计组提出师市土地利用工作方面存在滞纳金收缴、拆分批地、部门之间程序不合规、向禁止类项目供地和批而未用等问题。

【土地利用管理】 2014年，师市国土资源局重点做兵团工业和信息化固定资产项目、十大建设领域项目、十件实事项目、民生项目和对口支援项目的用地审批供应工作。累计上报兵团71个批次用地(包含133个具体项目)和20个单独选址用地，申报面积757.704 1公顷，其中农用地423.709 5公顷(耕地251.263 0公顷)，未利用地333.994 6公顷。与兵团下达给师市2014年新增建设用地计划(761.37公顷)基本持平。有效保障保障性安居工程、“双十大工程”、重点工业项目以及诸如润泰、君豪、金科等现代服务业项目新增用地需求。全年供应土地968.697 2公顷。与2013年相比，工业用地比重有所下降，商服用地比重加大。

2014年是兵团推进土地利用全程监管工作的第一年，师市国土资源局率先向兵团国土资源局申请各分局的巡查权限，开展土地利用动态巡查，将土地利用动态巡查作为各分局土地利用业务考核最核心的内容。全年累计完成各类巡查333宗，完成各类催缴、提醒、交地文书300余份。

是年，全年向师市申请处置闲置土地32宗，面积208.92公顷，多为闲置两年以上。目前已经完成处置9宗，面积69.11公顷。开展师级工业园区（包括芳草湖、红旗和奇台共计五个工业园区）土地节约集约利用评价工作。积极挖潜存量建设用地，师市同意城区E1地块（100亩）棚户区改造方案。

是年，师市遵循"政府主导、管办分离，集中交易、规范运行，部门监管、行政监察"的原则，成立师市公共资源交易中心，土地资源交易随同纳入公共资源交易平台。同时，赴湖北汉海拍卖公司，了解土地前期开发融资拍卖收益权的相关模式，探索将师市区位较好地块放在汉海公司全国招商平台上进行土地网上交易。

【土地征收储备管理】 全年征地项目18宗，面积440公顷。支出各项补偿费及安置费用1.7亿元，收取征地管理费518万元。制定2014年度储备计划，计划收储存量土地约28.67公顷，收储资金213.5万元。

【耕地保护工作】 2014年，将耕地保有量纳入各团场争先创优考核标准中；将5 440公顷高标准基本农田建设任务纳入师市国土资源局绩效考核中。制定《第六师五家渠市地规划耕保日常管理考核内容及标准》。全年上报预审报件118宗，涉及规模649.768 4公顷。上报并经兵团审核通过规划局部修改项目45宗，修改面积206.713 1公顷。涉及规划调整项目7宗，涉及调整面积为18.088 0公顷。

是年，建设项目占用耕地储备库中耕地的有54宗，共计0.23千公顷，耕地开垦费522.02万元。

是年，师市投资70.5万元，对各团场基本农田保护标志碑牌进行维修更新，统一制作保护牌47幅。对一〇五团高标准基本农田视频设备进行维修和更新。对一〇一团等13个团场开展基本农田划定工作，完成外业调查，落实基本农田面积、地类和位置，建立基本农田划定数据库，实现基本农田划定信息五级报备。开展农用地定级与基准地价评估工作。

【矿产资源管理】 2014年，签订安全生产责任书16份，制定团场年度地质灾害防治应急预案17份。下发《关于开展地质灾害防治工作检查的通知》，更新《第六师五家渠市2014年度突发地质灾害防治预案》。利用"4·22"地球日、"5·12"防灾减灾日、"6·25"地球日等特殊日期，积极开展地灾预防避让及地震知识宣传。开展在建工程压覆和地质灾害评估4次。建立健全矿产资源业务管理档案及健全矿产资源补偿费收费票据、采矿许可证电子档案。完成2014年土地卫片、矿产卫片执法监督检查监测成果网上填报工作。完成2个矿产卫片图斑核实、上报、资料整理工作。组织五家渠市粘土矿储量年报，对辖区内三类矿权现场督察，对部分布局不合理、矿山规模小而散乱的矿山企业，予以整改。

【地籍测绘管理】 2014年，全面推进地籍测绘管理工作向办公自动化迈进。创新土地登记机制，完成土地登记1 323宗，颁发国有土地使用权证933本。其中：初始登记490宗，变更登记443宗，土地登记面积共计1 040.843 9万平方米；办理土地抵押登记143宗，颁发土地他项权利证书143本，抵押土地面积332.50万平方米。

是年，完成土地勘测定界项目189宗，其中审核通过181个，审批通过勘测定界面积共计619 867.47平方米，为六师建设用地、矿产和设施农用地项目提供精准坐标、精确面积和充分保障。完成2013年地籍数据库快报数据的变更和汇总工作。

是年，稳步推进电子档案，档案案卷全部扫描。整理2013年档案1 375卷，其中永久955卷，长期84卷，短期336卷。完成国土资源异地数据灾备建设。在奇台农场国土资源分局建立备份机房，配置防火墙、服务器和存储器、消磁柜等设备。建立数据备份服务，做到师市数据中心所产生的数据时时备份在灾备服务器中。

【土地执法监察】 2014年，完善目标责任，推进土地执法力度。师与各团场签订《第六师土地执法监管共同责任目标责任书》，师局与各分局签订《第六师2014年国土资源执法监察工作目标责任书》，明确全年执法监察工作的重点，捋清各级对土地执法监管的职责。

是年，扎实做好卫片核查，成立由分管副师长曾超任组长的师市2014年土地卫片执法监督检查工作领导小组，制定下发《第六师五家渠市2014年土地卫片执法监督检查工作实施方案》,积极组织参加国土资源部和兵团国土局召开的卫片培训会。全师新增建设用地违法用地占新增建设用地宗数、面积、占用耕地面积的比例分别为13.26%、4.71%、3.06%,未突破15%的问责红线。

【信息化建设】 2014年,加强信息基础工作,推进师市国土资源系统"一张图"工程及全程综合监管平台建设。认真梳理国土资源土地管理17个业务模块约50项审批业务,进行业务流程的优化、重组和再造,进一步规范细化业务办理流程,建立标准化、公开化、规范化、格式化的审批体系,建设完善覆盖师团两级的网上业务办理系统,实现各业务"图、数、档"一体化审批,变原来串联式审批为并联式审批,报件可以同时发送到相关科室办理、会审,既提高工作效率,又减少差错发生。

是年,按照统一的标准进行梳理建库,有效整合现有专题数据库,与国土资源的计划、审批、供应、补充、执法等数据叠加,建立完善功能性更全、现势性更强的一张图数据中心,打破管理环节之间存在的壁垒,实现业务无缝管理、数据互联互通,为各业务科室行政审批和日常管理提供统一数据支撑。提高国土资源系统办事效率及透明度,增强国土资源部门的社会服务能力和国土资源政务信息公开水平。

是年,在维护兵团国土资源局门户网站六师子站的同时,与师信息办合作,建设栏目齐全,更新及时、上下统一的师局门户网站,拓宽政务公开渠道。及时把最新动态、专项工作、公示公告、办事指南、政策法规和组织人事等方面的政务信息上传到兵团国土资源局政务外网,发布信息1 500余条,依托电子政务实现行政权力阳光运行的工作机制,广泛接受社会和群众的监督。

是年,建立土地执法监察系统。通过土地执法监察系统中的高精度GPS模块,采集保存违法违规用地坐标、照片及视频等数据,相关数据及时传到师局的数据库,及时判别地类,现场确认,再通过空间分析功能,判断是否符合规划。便于巡查任务监管,提高选址、现场执法等办事效率,对于确定的违法项目,可以迅速立案查处。

是年,保障部、兵、师、团四级视频会议系统畅通。与中国电信合作,在每一个团场国土资源分局布设专用的光纤电路,配备投影仪、音响等相关设备,满足文档业务、图片和视频会议的需要,国土资源内网网络连接已全部实现师、团两级联网。有效保障2次部级、15次兵团级、21次师级视频培训及会议。

【土地管理法制宣传教育】 2014年,全面开展国土资源系统"六五"普法和法规宣传的新闻宣传报道工作。全年在省级报刊发表文章2篇,在地州级报刊发表文章12篇,在兵、师两级政务网发表文章、新闻1 600多条。落实国土资源管理法律法规知识进党校活动。4~5月,丁国勇副局长、杨燕华副局长为在兵团党校和师市党校参加城镇化、工业化培训的团处级领导讲授国土资源管理法规知识3场次,并做现场答疑。"4·22"地球日在准葛尔时报出专版一期;"6·25"土地日在各团场开展纪念宣传活动;各分局采取多种形式与所在团场、学校、工会、司法、妇联、政法办等部门密切协作,开展形式多样的宣传活动。

【纪检监察工作】 师市国土资源局严格执行中央八项规定。局党组带头精减部分会议和文件,一些土地业务单项审批会议均纳入星期一上午的局务会,统一上会研究、审批、会签。在公务接待方面,严格降低接待标准,不上烟、酒,接待费用比去年同期下降40%左右。

是年,分别与14个分局和两个事业单位负责人签订《党风廉政建设责任书》和《纠正行业不正之风目标责任书》。建立科级以上领导干部廉政档案,每个科以上干部将个人的财产进行登记和申报。并由局长给全系统党员干部上一堂廉政教育课。在7月党风廉政教育月活动中,纪检组长李竹同志在全局党员干部大会上作《兵团历史》的专题讲解。

是年,完善局党组议事规则、"三重一大"等各项制度,开好民主生活会、组织生活会。建立行风评议监督员制度,聘请行风评议员,组织开展民主评议监督活动。

(赵晓露)

教育·体育 Education & Physical Education

责任编辑　李守谦

题图摄影　钱慧芳

综　述

【教育工作会议】 2014年3月13日，师市召开教育（体育）工作会议，师市党委常委、副师长刘新跃要求提高对“民生优先”的认识，加快教育事业发展，会议部署2014年教育系统重点工作。师市教育局局长徐斌对2013年的工作进行总结，对2014年工作作了全面部署。会议印发《六师五家渠市教育局（体育局）2014年工作要点》，表彰师市2013年度管理先进学校12所。

2014年9月9日，师市召开庆祝第30个教师节大会暨师德师风演讲比赛，会议表彰15个师德师风建设先进集体，评选中小学名师、学科带头人、骨干教师191名。有4名学科带头人、骨干教师代表在会上进行经验交流。

【社会力量办学】 2014年，在师市教育局登记备案的民办教育机构有：

启蒙幼儿园　位于五家渠市长安北路，园长马娟。2014年，在园幼儿515人，教师24人，保育员6人，工勤人员11人。市政府鼓励社会力量办学，通过划拨土地，吸纳民营资本1 000万元，新建五家渠启蒙幼儿园园舍，建筑面积3 790平方米。2014年10月，启蒙幼儿园迁至新址。

蓝天幼儿园　位于五家渠商贸城，园长张莉。2014年，在园幼儿132人，教师3人，工勤人员4人，园所建筑面积430平方米。

【治理教育乱收费】 2014年，师市教育局、师市纠风办、财务局组成联合检查组分别在春季和秋季对师市34所学校的教育收费工作进行检查。春季检查的重点是义务教育阶段择校收费的八条措施的贯彻落实情况。随着师市各团场义务教育均衡发展的不断推进，学校均实行政务公开、校务公开，着力解决人民群众反映强烈的突出问题，严格执行教育部《治理义务教育阶段择校乱收费的八条措施》，没有择校乱收费情况发生，保证适龄儿童就近入学。对临时务工子女就读，一律与当地学生平等对待，未额外收取借读费、跨区费等。师市5所高中学生每学期收取200~400元的住宿费，学费收取情况是计划内团场每生每学期600元，师直750元。师直高中计划外每学期1 600~2 300元/每生，招收人数及比例严格执行有关政策。秋季教育收费检查的重点是学校学生教辅用书、服务性收费和代收费情况。经检查，各学校教辅材料均坚持“一科一辅”和自愿原则，学校没有向学生推销教辅资料和试卷的现象，更没有强制性要求学生和家长购买各种教辅材料的现象，不存在学校违规行为。学生教科书及部分教辅用书、试卷,均由当地新华书店提供,期末考试试卷由兵师教研室提供。各学校都能够认真执行国家、兵团规定的公用经费开支的项目,学校不统一向学生推销代办学生保险和购买生活和学习用品,严格执行服务性收费和代收费公示制度。

【教育基本建设与投资】 2014年,共争取上级资金1.24亿元,用于13个团场的27个教育建设项目;投资66万元,为13个团场3个街道配备居民体育健身工程设施;投资24万元,为4所青少年俱乐部完善体育器材;投资680万元,为五家渠高级中学建设塑胶田径场并列为师市十大惠民实事,当年竣工投入使用。筹措929万元(师市财政专项资金400万元),改善薄弱学校教学设备及生活设施。

【"两免一补"政策】 2014年,师市补助中小学公用经费1 834万元,惠及25 000余名学生;补助义务教育阶段寄宿生生活费654.7万元,惠及学生5 951人。其中,小学资助金额357万元,资助学生3 566人,初中资助金额298万元,资助学生2 385人。

【高中阶段助学金发放情况】 2014年,发放国家普通高中助学金153万元,资助学生3 315人;发放中央专项彩票公益金滋蕙计划资助金13.4万元,资助学生67人;发放家庭经济困难大学新生入学资助金7万元,资助学生100人;学校及社会组织资助高中贫困生57.8万元,资助学生723人。

是年,五家渠职业技术学校享受国家免学费1 354人,减免135.4万元;享受国家助学金800人,资助金额98.48万元。师市坚持实行对师市户籍初、高中毕业后继续参加职业教育的学生免除学费政策,支持职业教育的发展。

【安全检查】 2014年,师市教育局组织开展中小学安全教育日、防灾减灾日、安全生产月、交通安全日等活动,进一步提升师生安全意识和自我防护能力。认真落实校园安全责任制,开展校园法制、安全防范常识教育和传染病防治知识宣传。下发安全预警类文件10份,3.5万名师生参加各类安全宣传教育活动。制作安全宣传展板800余块,印发安全告知书5.4万份,切实落实物防、人防、技防措施。严格执行外来人员登记和证件审验准入制度。是年,进行专项检查4次,杜绝事故发生。

【学校德育和法制教育】 一是以培育和践行社会主义核心价值观为重点,将德育工作贯穿于学生日常教育与行为之中,弘扬社会正能量,用实际行动践行社会主义核心价值观。10月,在五家渠高级中学召开六师高中联盟德育研讨暨班级管理经验交流会,全师200名教师参加,获得良好的社会反响。二是在全师教育系统开展增强全民法治观念,服务全面深化改革主题法制宣传活动,预防未成年人违法犯罪,维护社会和谐稳定。开展师市青少年学生法制教育优秀多媒体课件征集活动,评选优秀作品上报教育部网站,其中2个作品获教育部优秀奖。三是办好家长学校。督促各学校健全家长联系制度,定期召开家长座谈会,认真开展"走进家庭"大家访活动,建立全员育人制度,每位班主任和任课教师都有家访任务,引导家长树立正确的成才观念,掌握科学的教育方法,提高监护人的法制意识。四是关注心理健康教育,促进学生身心健康发展,制定印发《师市中小学心理健康教育特色学校争创工作实施方案》。

【师德师风建设】 2014年,成立师德师风建设活动领导小组,制定印发《师市2014年师德教育活动实施方案》,通过开展"学风、班风、校风、师风"建设以及师德师风先进集体检查考评、结对帮扶、开门评议等活动,切实加强教师队伍师德师风建设。在师市庆祝第30个教师节大会上,举办以"倾情奉献,服务师生"为主题的师德师风演讲比赛、评选表彰师市师德师风先进学校15所。结合党的群众路线主题教育实践活动,在师市上下广泛开展百名教育管理干部进班级、千名教师访万家、万名家长评教育的"百千万"工程活动,使教职员工进一步践行了"俯下身子接地气",进一步回应了联系最远一户人家、家访最后一名家长的承诺。师市涌现出全国十大教书育人楷模陆苏新、全国优秀教师赛力克、兵团优秀教师顾卫平、兵团优秀教育工作者王新乐等一批教育战线上的时代楷模。

【教育系统对口支援工作】 11月,太原市6所优质中小学与一〇一团、一〇二团、一〇三团学校缔结友好学校；奇台农场、土墩子农场、红旗农场、六运湖农场、一〇五团引进援疆教师35名；师市组织2期40人赴山西参加教育管理干部培训班；师市幼儿园、中小学教师408人赴山西跟岗培训；太原教育科研所小学语文、数学，初中语文、数学、英语专家为六师专题培训教师1 000余名。

2014年，援疆项目资金5 963万元，新建和改扩建北塔山牧场学校教师周转房，一〇二团学校、一〇三团学校、一〇五团学校、红旗农场学校、奇台农场中学塑胶运动场，以及新湖农场幼儿园、土墩子农场幼儿园扩建等教育项目。在2014年普通高校招生工作中，争取到山西对口支援师市招生计划指标45个，满足职工群众子女就学的需要。

【语言文字工作】 2014年4月，圆满完成普通话培训和水平测试工作，参加测试72人，合格65人，合格率90.3%。开展推广普通话宣传周活动，完成河南卫视《汉字英雄》新疆特别节目来六师进行选手选拔工作。

【捐资助学】 2014年8月，师市教育局及下属事业单位人员捐款1万元，资助师市7名困难教师及4名家庭贫困中小学生。

【教育信访工作】 2014年，承接上级机关交办件6件，受理群众来信来访15件17人次，个人访7人次，重复访3人次，办案率100%，没发生越级上访事件。 （钱慧芳）

学前教育

【概况】 2014年，师市幼儿园23所（其中民办幼儿园5所），在园儿童6 203人（其中民办幼儿园1 159人），教职工485人（其中民办幼儿园60人），师市幼儿园校舍建筑面积3.76万平方米。

【落实规划】 2014年，学前教育以公办园所建设为示范稳步发展。师市出台《六师五家渠市关于加快学前教育发展的实施意见》，师市教育局编制了学前教育第二期三年行动规划，积极落实政府责任主体，认真指导五家渠市幼儿园开展工作。确定一个团场至少1所公办园的目标。审核认定20所普惠性民办幼儿园，对幼儿园等级达标进行验收。

【加大投入】 2014年，投资1 160万元，新建一〇二团公办幼儿园，改扩建军户农场、六运湖农场双语幼儿园，3所幼儿园迁入新址；市政府多方协调吸纳民营资金1 000万元，新建五家渠民办启蒙幼儿园园舍，2014年该园顺利乔迁新址，办园条件极大改善，解决600名儿童入园问题。

【加强培训】 2014年，组织幼儿教师参加中国教师发展基金会举办的首届学前教育管理与教学设计活动，获一等奖4个、二等奖10个、三等奖8个；参加兵团幼儿园自制玩教具活动，获一等奖4个、二等奖5个、三等奖9个；以幼教协会为平台，组织2次送教下团场活动及师市幼儿教师评优课活动，保教质量不断提升。

【健全保障机制】 2014年，拨付学前双语幼儿园补助经费、团场学前教育经费保障机制专项资金、学前教育综合奖补类专项资金共436.5万元，通过争取师市民办幼儿园安全补助专项经费及上级补助民办幼儿园资金23万元。 （钱慧芳）

中小学教育

【概况】 2014年，全师共有普通中小学37所。其中，小学9所，九年一贯制学校22所，完全中学3所，高级中学1所，初级中学1所，十二年一贯制学校1所。中小学生34 062人（其中，小学生17 844人，初中学生8 971人，高中学生7 247人），中小学班级数866个（小学484个，初中238个，高中144个）；

兵团第三师教师古丽娜尔来师市接受“双语”培训。图为古丽娜尔与她的学生们。 （教育局）

中小学教职工3 398人，专任教师2 942人(小学1 421人，初中1 010人，高中511人)。师市中小学校舍建筑面积40.54万平方米。师市小学适龄儿童入学率100%，初中适龄人口入学率99.1%。

五家渠市共有中小学9所，在校学生13 569人(其中，小学生6 439人，初中学生3 533人，高中学生3 597人)，中小学班级数303个(小学151个，初中82个，高中70个)，教职工1 161人，专任教师1 029人。五家渠市中小学校舍建筑面积12万平方米。五家渠市小学适龄儿童入学率100%，初中适龄人口入学率99.2%。

【师资调配与管理】 2014年，师市中小学在编在岗教职工3 069人。师市调入教职工21人，调出29人，退休86人，离职11人，去世8人；兵团派遣特设岗位教师128人。本年度特岗教师考核进编49人。

【中小学教师继续教育】 2014年，中小学教师参加继续教育培训425人，中小学骨干教师参加国培短期集中培训307人、国培骨干示范项目培训13人、国培示范性综合改革培训项目10人、国培网络远程培训513人，山西对口援建专题培训1 448人次。举办师第三期青少年科技辅导员培训班，培训66人。全年共承担来自兵团三师以及阿克苏地区、和田地区、喀什地区和克州的27名维吾尔族教师一年期双语提高培训。继续教育集中培训946人次。组织2 172名教师参加自治区、兵团两年一次的教师专业理论培训考核，圆满完成报名、考试等工作。

【校长、园长任职资格培训】 2014年，师市教育局调整选拔校领导12人，免职5人，选派8名教育管理干部到团场薄弱学校任职。8名校级领导参加国培中小学校长脱产培训班，8名校长分别参加脱产岗前、岗位提高和高级研修班培训，4名校长在区外学校参加校长“影子培训”，4名幼儿园园长参加兵团脱产岗位培训。

【教师资格认定】 2014年，认定教师资格148人。其中，职业技术学校学前教育专业应届毕业生24人、在职教师46人、社会人员78人，通过率72.7%。

【巩固提高“两基”成果】 2014年，师市小学适龄儿童入学率100%，初中阶段入学率为99%。全师人口科学文化素质进一步提升，15周岁及以上人口人均受教育年限达到11.06年。

【中考招生工作】 2014年，参加初中毕业升学考试2 885人，高中阶段毛入学率104%。师市教育局根据考试成绩和各高中的办学水平，划定录取分数线。为提高薄弱学校生源质量，促使九年义务教育学校均衡发展，在师市示范性普通高中实行指标分配录取，将五家渠高级中学的高一招生指标计划，根据各初中学校的考生人数占全师考生总数的比例直接分配到初中学校，以引导义务教育学校生源合理流向，提高薄弱学校生源质量。

【内地新疆高中班招生工作】 2014年，全师17名考生考取新疆内地高中班。完成内地新疆中职班招生15人。

【普通高中学业水平考试】 2014年，师市普通高中学业水平考试设5个考点：五家渠高级中学、五家渠二中、芳草湖农场中学、新湖农场中学、奇台农场中学。考试语种为汉语、哈语。

是年，师市参加普通高中学业水平考试6 310人，其中汉语言考试6 223人、哈语言双语考试87人，高二实验考查汉语言考生2 342人、哈语言考生38人。2 014届高中学业水平考试合格率84.9%。

【普通高考招生】 2014年，师市高三毕业生参加普通高考考生2 375人，除五家渠高级中学、五家渠二中1 271名考生集中在五家渠独立设置考区外，新湖农场、芳草湖农场、奇台农场等团场的1 104名考生，均在其户籍所在地参加由地方县、市组织的考试。

是年，普通高考上线率达98.18%。

【教研活动】 一是开展以“高效课堂”为主题的教学观摩研讨活动。举办小学语文教师素养大赛观摩研讨活动及师市中学青年教师评优课活动。二是邀请兵团、自治区、山西省的专家来师市进行专题讲座，参加人数达到1 850人次。三是改进送课下团场活动。采取五家渠地区骨干教师带去一节课，所到团场学校教师上一节课，最后共同说课、议课、评课，为团场老师提供参与、合作、交流机会，参与活动教师1 203人。四是加强课题的指导和管理。2014年,有57个课题经兵团审批并立项,在兵团"海峡两岸能力生根"课题阶段展示研讨活动中,六师参加人数104人,参赛教学案例145个,论文202篇、录像课58节、说课21节、展示课3节。五是建立六师教研基地学校。师市教育局制订了《六师五家渠市教研基地学校(学科)管理办法》,经过对申报的基层学校认真审核,选出4所教研基地学校,6所学校的部分学科为学科教研基地,聘师市教育局教研室兼职教研员52名。六是注重对教育信息的采集。创办《六师教研》,给广大教师及教育管理者搭建了一个相互学习、相互交流的平台,六师教育信息网全年接收各学校信息1 520条,上传到兵团教育信息网1 410条。

2014年,全师师生参加全国、兵团教学、科技等项比赛,有12人获全国一等奖、18人获二等奖、25人获三等奖,128人获兵团一等奖、236人获二等奖、152人获三等奖。

【青少年创新大赛】 2014年,举办六师第十一届青少年科技创新大赛,共有630幅科学幻想绘画、150项小制作小发明、35篇科学小论文、14项科技综合实践、6项青少年科技创新活动方案及585幅书法摄影作品参加比赛,为历届参赛作品最多的一届。经师市评审委员会评定,共评选小论文、小发明、小制作、科幻画、书法、摄影、科技实践活动、科技教育活动方案等项目,计一等奖22名、二等奖44名、三等奖60名、优秀奖70名,优秀组织奖12个单位。

2014年4月,参加兵团第十二届青少年科技创新大赛,分别获兵团一、二、三等奖60余项。

【学区化管理】 2014年,在首批成立师市五个学区的基础上,新成立芳新垦区学区和奇台垦区学区。

是年,成立六师高中五校联盟,扩大和辐射优质高中教育资源。

【名师工程】 2014年,落实《六师五家渠市中小学名师工程实施方案》,师市财政拨款200万元用于名师奖励和学区建设,师市开展中小学名师工程评选活动,表彰奖励中小学名师10名,学科带头人41名,骨干教师140名,共计191名。

【学校后勤管理】 2014年,深入开展放心食堂、文明宿舍、绿色生态校园创建活动。制定后勤管理工作实施方案,积极推行学校食堂公办,召开师市学校后勤管理现场观摩会,推动师市中小学校后勤管理工作又好又快发展。

【权力清单梳理】 2014年,师市教育局对权力清单进行梳理,确定行政许可3项,非行政许可审批2项,行政处罚权1项,行政征收6项,行政确认1项,行政奖励2项,审核转报2项。

【中小学教育教学管理检查】 2014年12月,师市教育局组成检查组,对师市所有中小学教育教学管理进行全面督导检查和量化考评。对检查结果进行通报,要求各学校限期整改,表彰五家渠一小等12所教育教学管理先进学校。

【义务教育学校办学基本标准达标验收】 2014年,根据《六师五家渠市义务教育学校办学基本标准督导评估实施方案》《六师五家渠市义务教育学校办学基本标准督导评估指标体系》,经师市督导组综合验收评估,师、团义务教育学校办学基本标准达标工作有了突破性进展。2011~2013年列入六师义务教育均衡发展规划的9个团场22所学校,通过兵团检查验收。

【中小学校责任督学挂牌】 2014年,师市中小学校开展责任督学挂牌工作。一是监督和指导学校开齐课程和开足课时。规范收费行为,落实相关惠民政策,防止学校在课程开设、教育收费、学生资助等方面发生违纪违规现象。二是督导和指导学校认真实施教学计划,督促教师落实备课、上课、作业批改、测试、学困生辅导、教改科研等常规工作,防止教学计划、教学常规不落实、打折扣。三是监督和指导学校、班级落实德育工作常规,认真开展德育主题和社会实践活动、学生综合素质评价等,防止德育内容空洞,摆花架子,缺乏针对性和实效性。四是监督和指导学校加强师德师风建设与评议,规范教师教学行为,防止教师体罚或变相体罚学生及排斥差生的现象。五是监督和指导学校对学生进行各种安全教育,及时搞好安全隐患排查,确保学校一方平安,防止各种安全责任事故。 (钱慧芳)

2014年师市普通中小学基本情况一览表

学校名称	办学类型	学生数				班级数				教职工数				校舍建筑面积（平方米）	占地面积（平方米）
		在校学生总数（人）	其中：小学生数（人）	其中：初中生数（人）	其中：高中生数（人）	中小学班级总数（个）	其中：小学班级数（个）	其中：初中班级数（个）	其中：高中班级数（个）	中小学教职工总数（人）	其中：专任教师（人）	其中：女（人）	其中：少数民族（人）		
总计		34 062	17 844	8 971	7 247	866	484	238	144	3 398	2 942	2 092	247	405 394	207 1292
一〇一团团子校	十二年一贯制学校	2 704	1 018	649	1037	61	24	18	19	263	219	159	—	25 556	70 620
一〇二团团子校	九年一贯制学校	1 885	1 277	608	—	39	24	15	—	163	148	108	3	15 963	66 600
一〇二团煤矿学校	九年一贯制学校	46	46	—	—	5	5	—	—	9	9	8	1	946	13 881
一〇三团团子校	九年一贯制学校	1 158	753	405	—	32	20	12	—	156	143	98	7	13 174	64 602
一〇三团砖厂小学	小学	70	70	—	—	6	6	—	—	12	11	9	—	455	2 850
一〇五团团子校	九年一贯制学校	1 117	720	397	—	33	20	13	—	119	107	73	3	8 768	73 350
一一一社区学校	九年一贯制学校	400	266	134	—	16	11	5	—	52	51	38	5	3 855	45 704
一〇六团团子校	九年一贯制学校	431	268	163	—	15	9	6	—	82	75	60	—	8 736	68 666
芳草湖农场小学	小学	2 093	2 093	—	—	40	40	—	—	127	121	103	2	11 367	27 566
芳草湖一场学校	九年一贯制学校	86	86	—	—	6	6	0	—	26	18	9	—	5 613	102 000
芳草湖三场学校	九年一贯制学校	170	170	—	—	6	6	0	—	30	29	13	—	3 917	53 336
芳草湖四场学校	九年一贯制学校	304	171	133	—	11	6	5	—	49	43	31	—	5 673	78 000
芳草湖五场学校	九年一贯制学校	556	323	233	—	15	9	6	—	69	60	34	3	8 394	88 000
芳草湖六场学校	九年一贯制学校	68	68	0	—	6	6	0	—	26	22	14	—	5 294	40 020
芳草湖农场中学	完全中学	3 155	—	1 359	1796	63	—	27	36	260	215	137	5	40 950	210 000
新湖一场小学	小学	140	140	—	—	6	6	—	—	20	17	13	—	5 598	37 823
新湖农场小学	小学	1 684	1 684	—	—	48	48	—	—	147	131	106	2	17 697	44 000
新湖农场一中	完全中学	2 250	—	1 123	1127	43	—	24	19	182	146	94	12	26 802	100 050

续表

学校名称	办学类型	学生数：在校学生总数（人）	学生数其中：小学生数（人）	学生数其中：初中生数（人）	学生数其中：高中生数（人）	班级数：中小学班级总数（个）	班级数其中：小学班级数（个）	班级数其中：初中班级数（个）	班级数其中：高中班级数（个）	教职工数：中小学教职工总数（人）	教职工数其中：专任教师（人）	教职工数其中：其中：女（人）	教职工数其中：其中：少数民族（人）	校舍建筑面积（平方米）	占地面积（平方米）
军户农场学校	九年一贯制学校	1 965	1 495	470	—	48	35	13	—	181	141	104	33	24 018	68 598
共青团农场学校	九年一贯制学校	948	603	345	—	29	17	12	—	110	96	72	4	12 479	66 600
六运湖农场学校	九年一贯制学校	578	423	155	—	18	12	6	—	71	64	41	27	7 081	53 800
土墩子农场学校	九年一贯制学校	471	325	146	—	17	12	5	—	63	56	33	13	8 032	35 638
红旗农场学校	九年一贯制学校	471	345	126	—	18	12	6	—	109	72	49	2	17 759	85 608
一〇七社区学校	九年一贯制学校	152	126	26	—	9	6	3	—	52	42	23	22	7 750	20 165
红旗农场三场槽子学校	小学	105	105	—	—	6	6	—	—	13	12	9	11	701	7 910
奇台总场小学	小学	645	645	—	—	18	18	—	—	64	54	46	3	6 915	22 000
一〇八社区学校	九年一贯制学校	310	224	86	—	9	6	3	—	59	46	31	12	7 426	55 000
一〇九社区学校	九年一贯制学校	200	168	32	—	10	7	3	—	36	33	23	4	1 800	42 180
一一〇社区学校	九年一贯制学校	277	209	68	—	10	7	3	—	49	44	29	6	9 761	74 124
奇台农场中学	完全中学	947	—	220	727	26	—	7	19	98	87	58	5	13 172	56 201
北塔山牧场学校	九年一贯制学校	394	278	116	—	11	8	3	—	57	49	27	35	4 648	24 800
大黄山社区学校	九年一贯制学校	354	248	106	—	18	12	6	—	56	53	37	—	6 479	46 800
十三户社区小学	小学	222	222	—	—	8	8	—	—	30	29	25	2	4 266	12 740
五家渠市一小	小学	2 199	2 199	—	—	48	48	—	—	130	123	99	5	11 434	24 500
五家渠市三小	小学	1 076	1 076	—	—	24	24	—	—	60	58	50	2	6 189	27 000
五家渠一中	初级中学	1 871	—	1 871	—	37	—	37	—	150	128	—	5	41 661	115 260
五家渠高级中学	高级中学	2 560	—	—	2 560	51	—	—	51	218	190	229	13	5 065	45 300

（钱慧芳）

【五家渠高级中学】 五家渠高级中学党委书记贾玮彬，校长王新乐。

五家渠高级中学占地9.2公顷，建有教学楼1栋、实验楼1栋、办公楼1栋、图书综合楼1栋、学生宿舍楼3栋、食堂1栋。图书室藏书5万余册，电子图书30余册及各类期刊200余种。有篮球训练馆1栋，建筑面积3.89万平方米。学生平均用地33.4平方米，学生平均运动场面积10平方米，绿地率44.92%。

2014年，学校在职教职工215人，其中特级教师4名，中学高级教师93名，师市中小学名师4名，学科带头人12名，骨干教师25名。有52个教学班，在校学生2 563人，住校生1 302人，其中哈萨克族“双语”教学班3个，学生112人。

在教学教研上，学校强化教育教学常规管理，严格按课程标准开设课程，认真开展课堂教学评估。充分发挥教研组长的主动性，学校开展的评优课、青年教师汇报课、高级教师示范课等形式多样的教研活动，充分调动了各层次教师的积极性。

重视师资培训。2014年，山西省实验中学选派2名专家学者到五家渠高级中学讲学授课，五家渠高级中学也派出141名教师到山西实验中学培训。是年，高考上线人数947人，上线率99.5%，本科上线68.85 %。发表论文35篇，其中25篇获奖。国家级课题研究立项18个，结题2个，其中获国家教科研成果一等奖4人。获兵团科技创新大赛一等奖2项、二等奖10项、三等奖6项。举办第二届校园文化节，为学生提供展示自己才艺的广阔平台。继续开展“校园之星”的评选活动，利用丰富多彩的第二课堂活动，丰富学生课余文化生活。在六师第十一届青少年运动会上获得高中组团体总分第一名，有8名学生被授予国家二级运动员证书，其中篮球项目5人、乒乓球项目1人、田径项目2人。

2014年，五家渠高级中学发放国家助学金123.7万元。其中，发放春季普通高中国家助学金710人60.85万元，秋季普通高中国家助学金636人54.45万元，普通高中滋蕙助学项目27人5.4万元。兵团2014学年普通高校家庭困难新生入学资助项目3万元，其中疆内30人1.5万元、疆外15人1.5万元；学校发放奖学金140人21.3万元，为144名学生减免学费或住宿费6.7万元。

五家渠高级中学重视学校的平安建设，落实安全责任制，层层签订安全责任书。认真开展校园安全隐患摸排，综治办坚持每月进行一次安全隐患排查。认真开展平安建设创建活动和反邪教警示教育活动，平安建设创建知晓率99%，平安家庭100%。充分挖掘教材中法制教育切入点，不失时机对学生进行法制教育。学校联合派出所、工商局、社区、城管办定期整治校园周边治安环境。利用特定活动日，提高学生防灾能力，制定意外事件防灾预案，组织学生应急疏散演练。 （李玉强）

【五家渠第一中学】 五家渠第一中学党委书记刘灿煌，校长刘生江，副校长王克志、李建江。

学校下设办公室、政教处、教务处、教研室、总务处、综治办、团委7个处（办、室）。现有教职工144人、37个教学班、1 700余名学生。学校有高级教师46名、中级教师61名、初级教师31名。在师市打造的名师工程中，一中有2名教师获师市名师称号，17名教师获得学科带头人称号，20名教师获得骨干教师称号。

2014年，全师16所学校3 056名学生参加中考，五家渠一中参加中考596人；全师中考分数上800分的考生16人，五家渠一中有13人；全师700分以上的考生392人，五家渠一中有194人；全师中考前10名中五家渠一中占8人，前50名中五家渠一中占36人，前100名中五家渠一中占66人。以五家渠高级中学的录取分数线，五家渠一中中考高级中学录取率达到61.07%。2014年，五家渠一中大胆改革课堂教学模式，结合初中学生的特点，将原来每节课45分钟，改为40分钟，要求老师讲20分钟，学生间相互交流自主学习20分钟，即“20+20”的教学模式，依托导学案、小卷子、周练等形式，把老师“教”的过程真正转变为学生“学”的过程，充分发挥学生的才能和学习的积极性，让每个孩子都能快乐、自觉、自主自信地学习，体验并享受学习的兴趣，努力打造高效课堂。

在开展教学改革的同时，五家渠一中坚持以研促教。一方面规范教研组的教研活动，把备课、说课、上课、评课等活动集于一身，形成良好的教研氛围；另一方面，学校采取请进来，走出去的方式，积极与兄弟学校及对口援疆学校相互交流学习。2014年3月，五家渠一中英语、物理、化学、政治、历史学科老师先后赴山西大学附中学习交流。3~4月，共青团农场、一〇二团、一〇三团部分学科老师先后来一中交流。5月，学校还承办兵团思想品德现场课大赛。11月，举行五家渠一中青年教师基本功大赛。是年，学校有12人获得国家级录像课、说课、微课大赛各等次奖项，有29人论文获得国家、兵团级各等次奖项。

五家渠一中以立德树人、教书育人为重点，以行为规范和养成教育为突破口，以培养学生的综合素质为目的，强化教师有专长、学生有特长、学校有特色的精品学校意识，努力创建以尊重的教育为主题的校园文化建设活动。

一是将爱国教育，感恩教育，理想教育，诚信教育等精细化，落实到学生的日常学习生活中；二是针对初中孩子的特点，加强行为习惯养成教育和文明礼仪教育，注重捕捉学生的闪光点，通过“十星级”学生的评选活动，扩大表彰面，从不同的维度，依照不同的标准激励学生，让学生在一中能感受到尊重，得到发展，感悟成功；三是学校开设了心理健康教育课程，并将学生的心理健康辅导课纳入学校教学计划。此外，还设立心理咨询投递箱，根据学生不同特点，帮助学生矫正心理问题，提高孩子们的心理健康水平；四是坚持在全校组织开展系列周道德大讲堂活动，采取一周一班一主题的方式，2014年开展道德大讲堂活动37次。

2014年，五家渠一中严格按照规定开齐开足各类课程。举办1次体育节和1次艺术节，为有才艺和喜欢才艺的孩子搭建展示平台，让他们自己组织、自我展示。截至2014年底，学校参加全国、自治区和兵团级才艺考试过级的学生有215人。学校开设24个社团组织，根据学生的特长和兴趣为每个社团聘请了指导老师，特别是劳技烹饪社团深受孩子们喜欢。2014年5月2日，学校承办了五家渠市迎五四青少年文化艺术节开幕式暨五家渠一中专场演出活动，受到师市各界的好评。

2014年，五家渠一中认真开展综合治理和平安创建工作，不断完善综治各项管理制度，层层签订安全稳定工作责任书，每月组织一次校舍安全排查，发现问题及时解决。利用“3·15”“5·12”“11·9”“12·4”，以及民族团结月、安全生产月和禁毒日等节点，运用主题班(团)会、国旗下讲话、黑板报、午间广播、专题讲座等形式开展防灾减灾及消防安全、道路安全、防溺水、反邪教、民族团结、法制、远离毒品等教育。（张凤晴　何自斐）

【五家渠第一小学】 2014年，五家渠一小坚持为学生终身发展奠基的办学思想，以教师队伍建设为抓手，以现代教育手段为支撑，加强学校管理，不断提高教育教学质量，开创了学校工作新局面。

是年，在师市第五督导组的指导下完成学校群众路线教育实践活动。每个党员都认真参加听讲座，学习习近平总书记讲话，学习党章，观看专题片和电影。参观一〇二团团史馆，开展问卷调查和走访，召开群众座谈会。每名教师都撰写6 000字以上的学习笔记，撰写学习心得，认真查找自身存在的“四风”问题，制订整改措施。通过教育实践活动，使学校的工作更接近群众，更好地为广大学生服务。

为了打造一支和谐向上、合作共进、真情卓越的教师团队，学校始终以师德建设为龙头，构建文明教师队伍。制定《五家渠一小师德师风活动方案》，师德教育以“为人师表，教书育人”为主，将教育与管理结合，在加强师德理论学习的同时，树立榜样，弘扬先进，以不断提升教师的道德水准。学校借助山西援教的契机，请山西专家把脉问诊，解决学校发展中的瓶颈问题，确定学校的发展定位，以特色教育形成品牌教育。派出70名学科教师到山西省实验小学跟岗学习，学习结束后，开展学区间的二级培训，通过学习、汇报、上课、听课、评课解决常态教学中遇到的实际困难，有效地将所学内化为适合自己的教学风格，达到与学区共进步的目的。

为了提升学生的思想素质，学校开展养成教育和社会主义核心价值观系列活动，开展“红领巾相约中国梦”系列活动，以及弘扬亮剑精神，做军垦好少年主题活动等。通过一系列的德育，灌输培育少年儿童对党和社会主义祖国的朴素感情，引导少先队员从小立志做社会主义合格建设者和可靠的接班人，做实现“中国梦”的参与者、创造者和贡献者。

学校实施课程改革，在特色的校本课程中立德树人，将国家课程与校本课程有机融合，开设艺体课，实现小课堂到大课堂的拓展。

（任昌玲）

【五家渠第三小学】 五家渠第三小学（以下简称五家渠三小）书记、校长田新堂。

五家渠三小占地2.67公顷，校舍面积8 000平方米，校园绿化面积9 000平方米。有25个教学班，1 300余名学生。学校建有塑胶运动场、室内体育馆和硅PU篮球场。2014年，新建陶艺室、探究室、古筝室、棋艺室，截至年末已有20余间多功能教室。学校图书馆藏书10万余册，是年新增3万册图书。五家渠三小在教学中有效地进行大课程整合，以让学生爱学、会学、善学为目标，掌握自主、合作、探究的学习方式。以“访万家”活动为抓手，综合了学校、家庭、社会三位一体的教育。融合课程改革，学生进行特色课程的学习，开设了书法班、摄影班、小主持人班、科技小制作班等30余个特色社团兴趣班，多方面培养学生的综合能力。2014年，五家渠三小成功举办“变废为宝，从我做起”科学体验活动；与师市博物馆联合开展小小讲解员培训活动；利用各种节日，开展主题社会实践活动。为促进学生的身心健康、提高学生的综合素质和终身发展打下良好基础。认真抓好安全责任书的落实，发现隐患及时排除。是年，获五家渠市人民路街道办事处安全生产暨社会综合治理一等奖。鼓励教师积极参加国培、继续教育、课题研究、大课程改革等培训。2014年，共组织教师参加国家级培训20人次，兵团级培训18人次，师市级培训91人次，校级培训130人次；采取“走出去、请进来”方法，组织40余名语文、数学、英语教师赴山西省九一小学学习。在师市首届“七彩语文杯”语文教师素养大赛中，五家渠三小教师获一等奖和最佳课堂展示奖。芦笛文化是三小根植于兵团精神的校园文化。六一期间，学校成功举办芦笛艺术节系列活动，开展“芦笛校园——拥抱春天、拼读美文”读书节活动。让每位师生都知道自己是兵团传人，不畏艰苦环境，扎根边疆，发展自我，不断成长。推进五家渠第四学区各项工作开展，教师们互相学习，共同进步。2014年，五家渠三小向学区100余名教师赠送了书籍，进行汇报交流，学区内30余名教师来三小跟岗学习交流，开展学区优质课展评活动，学区间教师进行集体电子备课。

（谢继辉）

职业教育和成人教育

【概况】 2014年，师市有1所中等职业技术学校（五家渠职业技术学校），招生460人，在校生2 046人，毕业生626人，就业率100%；教职工104人，其中专任教师81人；校舍面积3.6万平方米，其中教学及辅助用房1.88万平方米，生活用房1.1万平方米。

【职教改革】 2014年，试点现代学徒制，拓宽校企合作范围。根据校企合作的培养要求，进一步改革课程体系和教学内容，融“教、学、做”为一体，注重工学交替与工学结合，通过深入探索组建企业冠名班、与企业签订人才交流协议、校内模拟企业实训、校外设立实训基地、教学中引入企业文化、与企业共建“学徒制”试点项目等方式，达到学校与企业合一、教室与车间合一、老师与师傅合一、学生与学徒合一的“四合”办学模式，实现校企“零距离”就业合作办学。

【职教队伍建设】 2014年，大力开展职业教育中层干部管理培训，狠抓职业教育管理队伍建设，着力加强教师德育工作能力、专业教学能

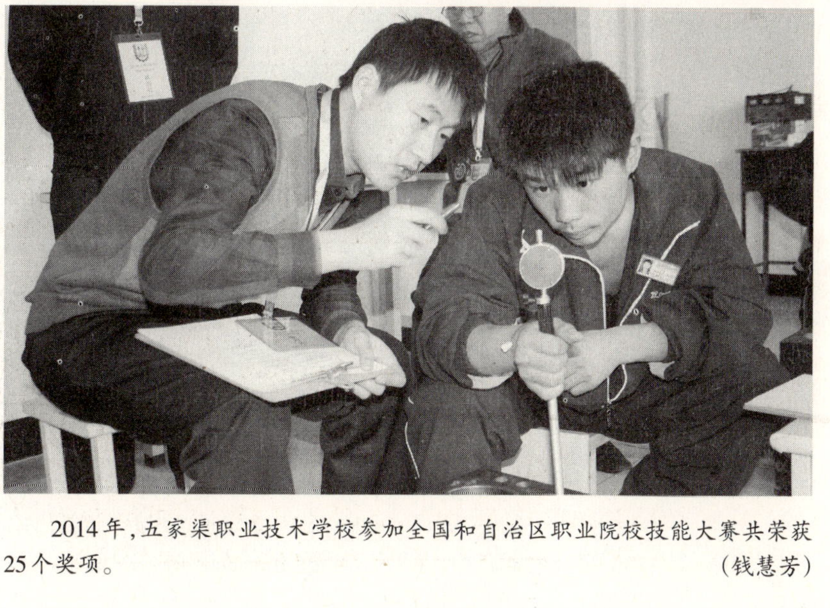

2014年，五家渠职业技术学校参加全国和自治区职业院校技能大赛共荣获25个奖项。

（钱慧芳）

力、实训指导能力和科研能力"四位一体"的锻炼和提升。一是采用任务驱动、梯队培养的模式，让教师"走出去"下企业锻炼，参加省级、国家级骨干教师培训，赴兄弟学校挂职交流等。2014年，师内外培训学习总计投入30多万元，先后选派5名骨干教师参加国家级骨干教师培训，6名教师参加兵团骨干教师培训，7名管理干部参加兵团师市学习培训；二是把教育专家、企业能工巧匠"引进来"，使师生"零距离"接触新技术、新工艺，优化师资结构，紧贴市场，增强学校教学实力；三是借山西对口援疆的东风，先后由山西选派2批10名优秀教师来师指导教学工作，传授先进教学理念和方法。同时选派23名教师和管理干部赴山西培训学习；四是结合新疆的区域特点，利用国家通用语言项目，采用人机对话双语教学，进一步提升师生的双语交流能力。

【提升教学质量】 2014年，师市组织职校师生参加校级——省级——国家级三级大赛活动。其中，在自治区职业院校技能大赛中，荣获团体一等奖1个，个人一等奖3个，工程测量项目获得全国二等奖；在全国第十一届中职学校"文明风采"大赛中，有48件作品获奖；在兵团中等职业学校信息化教学大赛中，5名教师荣获二、三等奖。职业学校毕业生专业对口率和就业率稳步提高，学生就业渠道进一步拓宽，职业教育毕业生已成为师市实用技术人才和高素质劳动者的重要来源。

【改善办学条件】 2014年，五家渠职业技术学校实训基地建设和职工培训基地建设加快推进，其中争取兵团200万元资金做强化提升服务产业发展能力运用与维修项目；投资210万元的水利施工技术实训基地建设项目已完成设备统采；申报的500万元高技能人才实训基地申报书顺利通过兵团评审；师市拨款350万元立项建设的数字校园项目已完成并投入使用；争取到的民族团结展览室资金计划2015年实施。

【自学考试工作】 2014年，高等教育自学考试报名考生459人，报考科日1 285科次；报考教师资格教育学、心理学考生129人，报考科目232科次；自考毕业生1人。

【成人高考】 2014年，成人高考报名717人，其中本科段报名37人，专科段报名680人。考试专业主要有：文史类、教育类、理工类、医学类、经济类。

【六师农广校并入五家渠职业技术学校】 2014年5月，兵团农业广播电视学校六师分校（六师农广校）并入五家渠职业技术学校，是年招生309人，毕业564人，在校生899人。 （钱慧芳）

体育工作

【概况】 2014年，师市体育局重视学校体育工作，大力开展学生体育与健康教育，积极开展亿万学生阳光体育运动，严格按照教育部颁布的教学计划，开齐、开足体育课，做好课间操，保证每生每天1小时的活动时间。切实抓住以学校为重点的青少年体育，落实师市《中小学生国家体育锻炼标准》，及格率达到95.5%以上。开展全民健身体育运动，师市乒乓球协会、羽毛球协会、篮球协会、太极拳协会、老年门球协会活动正常开展。2014年，争取资金1 950万元，将军户农场、奇台农场、一〇一团学校塑胶跑道运动场列入2014年兵团改造计划，兵团体育局、市财政拨付资金50万元用于配备校园体育活动器材。

【2014年赛事】 2014年，师市阳光体育活动形式多样、丰富多彩，竞技体育水平不断提高。成功举办中小学体育节、初中学生篮球联赛、师市青少年运动会、五家渠市第六届职工乒乓球赛暨羽毛球邀请赛；协助民政局举办五家渠市第六届职工篮球赛；承办了兵团第十一届青少年运动会，师市代表团获团体第四名的好成绩。9月，师市代表兵团组队参加自治区第八届民族运动会，取得4金12银9铜的优异成绩。11月，组队代表兵团赴京参加全国民族健身操比赛，获得优秀奖。 （钱慧芳）

驻市院校 | Colleges Located in Wujiaqu City

责任编辑 李守谦

题图摄影 苍 耳

兵团党委党校（兵团行政学院）

【概况】 兵团党委常委、副政委、兵团党委党校（兵团行政学院）校长（院长）宋浩，常务副校长（常务副院长）赵柳成，副校长（副院长）刘心鸣、金勇钢、强始学、吴珍（女）、王小平、洪向华（中央党校援疆干部），副巡视员曾宪勋，校委委员、组织人事处处长庞惠弟。

兵团党委党校（兵团行政学院）有在职教职工197人，其中专兼职教师81人（教授11人，副教授27人，讲师26人，助教3人，事业管理岗位1人，未聘13人）；其他专业技术人员18人，事业工勤人员28人，参照《公务员法》管理70人。

【中央党校、国家行政学院援助兵团党委党校（兵团行政学院）】 9月4~5日，兵团党委党校常务副校长赵柳成，副校长强始学、吴珍、王小平一行赴中央党校请示汇报工作，争取有关支持。中央党校对原援助方案进行修订，将兵团各师党校教师纳入该校培训范围，将每学期安排1~2名中央党校优秀教师赴兵团党委党校讲学改为2名，新增为兵团党委党校向中央报送有关兵团重大理论与现实问题研究成果提供便利，将每年派1名教师到中央党校学习调整为2名，每半年1名。新增为兵团党委党校赠送部分网络课程资源，将援助方案实施终止时间延长到2015年12月31日。

【国家行政学院调研组赴兵团行政学院调研】 2014年5月，国家行政学院党委委员、副院长陈立一行到兵团行政学院就兵团贯彻落实《行政学院工作条例》情况进行调研并举行座谈会。兵团党委常委、兵团副司令员成家竹出席并主持会议。国家行政学院调研组表示，此次来兵团调研除了了解兵团贯彻落实《行政学院工作条例》情况，还负有了解兵团经济发展情况和兵团对条例修改反馈意见的职责。兵团作为现代化建设的一支重要力量，更负有屯垦戍边的历史使命，干部队伍教育培训工作十分重要，以后国家行政学院对兵团的支持会继续加大。

【国家公务员局委托山东省送教上门】 7月28日~8月1日，山东省公务员局选派专家学者，在兵团行政学院举办“山东·新疆兵团公务员现代文化引领专题培训班”。国家公务员局培训与监督司副巡视员贾瑾、山东省公务员局副局长王平、兵团行政学院常务副院长赵柳成、兵团党委组织部副部长邓选斌出席开班式，兵团人力资源和社会保障局副局长彭玉兰主持开班式。培训班设置了建立覆盖城乡的公共文化服务体系、发展文化旅游促进新丝绸之路经济带建设、培育和践行社会主义核心价值观、新媒体时代政府面临的舆论挑战及应对策略、文化软实力与城市竞争力、文化品牌的发掘和策划等多场专题讲座。兵团机关、各师及团场文化宣传部门领导300人参加培训。

【教育培训】 2014年，兵团党委党校（兵团行政学院）开办常规主体班18期，专题研讨班26期，培训3 077人。承办各类对外培训班41期7 025人次。是年，该校举办兵团学习贯彻《党政领导干部选拔任用工作条例》专题研讨班、第二次中央新疆工作座谈会、自治区党委八届七次全委（扩大）会议和兵团党委六届十三次全委（扩大）会议精神宣讲骨干培训班、十八届四中全会师资班等重点专题培训班。新招在职研究生135人，累计在册489人，在读人数与上年规模持平。

【教学改革】 2014年，兵团党委党校（兵团行政学院）实施专题研讨班项目管理制，组织实施2013~2014年度优秀教学奖评选活动，推选出校内8项精品课程，1项精品课参加全国党校系统精品课评选。组织编写教学案例2个。加强对现场教学及“2+0.5”授课模式监督检查，增强教学培训针对性和实效性。推动核心课程建设，提高课程设置的稳定性、科学性。全年主体班教学培训工作得到学员普遍认可，常规主体班学员对干部培训的总体评价满意率达到90.2%，学员对教师授课效果打分平均为97.98分。

【科研工作】 2014年，兵团党委党校（兵团行政学院）组织申报省部级课题17项，立项7项，获得资助经费33万元。申报国家级课题19项，立项7项，立项数在全国省级党校中与上海、黑龙江等4所党校并列第一（含西部项目），年度项目立项数创建校以来新高。7项课题共获得155万元经费资助，立项率36.8%，立项数量和立项率均达到历史最高水平。全年在公开刊物发表学术文章103篇，其中核心期刊6篇，在《人民日报》和《光明日报》上各发表1篇。8项科研成果获省部级奖，其中一等奖1项，二等奖2项，三等奖5项。参与国务院新闻办发布的《新疆生产建设兵团的历史与发展》白皮书的撰稿工作，并根据车俊政委批示，对送审稿进行认真审阅并提出修改意见。

【图书馆】 2014年，图书馆采购纸质新书760种1 743册，其中加工入库屯垦文献资料1 104册。采购数字图书10万册，免费搜集数字图书近1 000册。图书馆已有数字图书10.22万册；接受兵团老领导及援疆干部捐赠图书965种1 360册。面向全校各部门及校领导发放《图书资料订购征求意见表》，共征集到所需订购图书280种，期刊17种，报纸10种。

【《兵团党校学报》】 2014年，《兵团党校学报》编辑、出版、发行6期，刊用稿件106篇77.8万字。开设《学习贯彻党的十八大精神》《援疆工作研究》等栏目，增设《学习贯彻党的十八届三中全会精神》《国际政治》等栏目。获得由全国高等学校文科研究会评比的全国高校优秀社科期刊奖和全国高校社科期刊特色栏目奖。

【学员管理】 2014年，制定《兵团党委党校学员党性教育大讲堂实施办法》，在常规主体班开展学员党性教育大讲堂活动。在中青年干部培训一班、培训二班开展“三进三同”党性教育实践课，开展理想信念教育、群众观点和群众路线教育、反腐倡廉等教育，集中整治学员之间相互请吃、吃请和带车住校学习等突出问题，学风发生明显转变。

【队伍建设】 2014年，兵团党委党校（兵团行政学院）引进人才20名，其中，公开招聘引进博士1名、硕士7名，选调医生1名、护士1名，招录参公管理工作人员10名。全年选送80余人次参加各种培训，选送2名教师赴第六师红旗农场挂职锻炼，2人到兵团党委统战部挂职锻炼。调整处级干部10名、科级干部（含晋升、调整岗位）9名。8月，完成兵团第四批3名援疆干部期满考核工作和第五批3名援疆干部的接收、任职工作。推选享受国务院特殊津贴专家1人、兵团有突出贡献专家2人。3人被确定为兵团英才培养计划培养人选（其中第一层次1人，第二层次2人）。10人被确定为校（院）青年才俊培养计划培养人选。

【机关党组织和群团组织建设】 2014年，兵团党委党校（兵团行政学院）围绕教学科研中心工作，狠抓机关党建尤其是党员队伍作风建设，坚持和完善党委中心组学习制度和部门党支部“三会一课”制度。认真组织开展职能绩效目标、文明部局创建和机关党建三项考核工作，举办五项考核工作业务骨干培训班，不断优化考核指标体系，增强考核科学性、实效性。

是年，机关党建考评在兵直机关46个部门中名列第五名，绩效考评荣获一等，在10个群团事业单位中名列第一。召开机关党代会和教职工代表大会，明确新一届机关党委和工会的工作目标和工作任务。群团组织积极发挥作用，开展“爱兵团、爱党校，我们在行动”为主题的青年教职工演讲比赛，组织丰富多彩的文体活动。争取兵团科协10万元资金建成两组科普画廊。6幅书法、剪纸作品入选国家行政学院建院20周年书画展。2幅书法作品在兵团成立60周年庆祝活动中获二等奖。

【行政后勤工作】 2014年，兵团党委党校（兵团行政学院）完成社会主义学院综合楼主体及附属工程、学员二号楼拆除工程、学员一号楼维修改造工程、环校北路路面铺设工程及沿路路灯、监控系统的安装。购置空调、家具、移动硬盘、办公电脑、一体机等教研办公设备，大幅提升办学条件。狠抓餐饮服务、客房服务、教学场馆服务管理三项重点工作，强化校园水暖电保障，做好全校公共区域及住家户的水电暖气日常维护、检修工作。加大校园整治、环境美化工作力度，获六师五家渠市花园式单位称号。在社会管理综合治理工作中成绩突出，获六师五家渠市社会管理综合治理二等奖。

【信息化建设】 2014年，新疆兵团干部在线学习平台系统全面升级改造，收录课程1 241门2 432学时，注册学员2.65万人，是年累计获得160余万学分。争取在线学习平台运维经费118万元，其中，新增兵团组织部转拨中组部奖励基金20万元。开通兵团电子政务内网和兵团外网协同办公网，积极推进“两网”网上业务应用。完成综合教学楼中心机房数据中心虚拟化、社会主义学院大楼无领导微格实训室等项目实施前期工作。协助兵团党委组织部、兵直党工委和兵团司法局等部门完成有关学习、考试工作。

【业务交流】 2014年，兵团党委党校（兵团行政学院）分别组织春季学期中青年干部培训二班赴上海市委党校培训40天，承办山东公务员局组织专家和教授赴兵团的送教上门培训班，组织秋季学期第21期中青年干部培训一班赴江苏省委党校培训1个月。一批教师应邀到自治区有关单位和兵师机关、师党校、团场授课。新设第七师一二三团、新疆天润乳业股份有限公司2个教学基地。

【班子建设】 2014年，坚持校党委中心组集体学习制度，组织学习7次。坚持校委会议和校（院）长办公会议议事决策制度，召开校委会议20次，其中民主生活会2次，校（院）长办公会议21次。

【党的群众路线教育实践活动】 9月20日，兵团党委党校（兵团行政学院）召开党的群众路线教育实践活动群众测评工作会议。会议由兵团第六督导组组长李文英主持，中央第十一巡回督导组成员吴祥、兵团教育实践活动办公室成员李洪亮参加会议。兵团党委党校（兵团行政学院）教育实践活动领导小组组长、副组长及部分党员干部和基层群众代表40人参加群众测评工作会议。是年，兵团党委党校（兵团行政学院）班子成员对照检查整改任务，开展专项整治，建立长效机制，主动公开整改结果，教育实践活动成效显著。围绕中心，服务大局，履行职责使命更加自觉、更加主动、更加紧密。思想进一步解放，理论联系实际进一步强化。工作要求更严、标准更高，事业心、责任心进一步增强，奋发有为的精神状态进一步显现。公款吃喝、公车私用、公款送礼等情况得到有效遏制。公务接待费20.09万元，比上年减少2.13万元，减少9.6%。公务用车运行维护费用42.97万元，比上年减少4.19万元，减少8.9%。按照领导干部办公用房有关规定，于2014年3月31日前圆满完成清理腾退办公用房，清理腾退超标面积1 374.8平方米，完成整改总面积1 239.8平方米，整改比例90.2%。兵团党委党校办公用房总面积未超标。兵团党委常委、组织部长、党校校长宋浩出席2014年兵团党委党校校委领导班子专题民主生活会，对校（院）改进作风取得的实效给予肯定。

【“访惠聚”活动】 2014年，兵团党委党校(兵团行政学院)选派8人赴三师图木舒克市四十四团参加"访惠聚"(访民情、惠民生、聚民心)活动。工作组认真细致开展驻连入户摸排工作,掌握连队基本情况。帮助连队加强基层组织建设,提升基层组织凝聚力、战斗力。和连队宗教人士交朋友,与清真寺建立联系制度,向宗教人士和信教群众宣传党的宗教政策,最大限度争取民心。想方设法改善职工群众生产生活状况。

【兵团学习贯彻《党政领导干部选拔任用工作条例》专题研讨班】 3月19~20日,兵团学习贯彻《党政领导干部选拔任用工作条例》专题研讨班在兵团党委党校举行。开班式上,中组部干部一局(公务员管理办公室)巡视员、副局长(副主任)刘晔华应邀围绕新修订的《党政领导干部选拔任用工作条例》为学员作专题报告。兵团、各师市、各院校、兵团机关及各直属机构有关领导500余人参加开班式。该班共举办3期,第二期在兵团干部学院举办。4月20~21日,第三期在兵团党委党校举行,兵团党委常委、组织部部长宋浩出席开班式并讲话。

【兵团党校(行政学院)系统第十八届理论研讨会】 7月21~22日,举行兵团党校(行政学院)系统第十八届理论研讨会。会议对82篇获奖论文的作者进行表彰。会上,代表们就如何发挥兵团在维护新疆社会稳定和长治久安中的特殊作用进行研讨。

【第二次中央新疆工作座谈会、自治区党委八届七次全委(扩大)会议和兵团党委六届十三次全委(扩大)会议精神宣讲骨干培训班】 8月5~7日,第二次中央新疆工作座谈会、自治区党委八届七次全委(扩大)会议和兵团党委六届十三次全委(扩大)会议精神宣讲骨干培训班在兵团党委党校(兵团行政学院)举行。兵团党委常委、兵团副司令员、兵团党委宣传部部长成家竹出席开班式并讲话。此次培训以第二次中央新疆工作座谈会、自治区党委八届七次全委(扩大)会议和兵团党委六届十三次全委(扩大)会议精神为内容,对宣讲团成员从宣讲内容、宣讲方式等方面进行培训。来自各师、院校党委宣传部,党校及团场骨干宣讲人员180余人参加培训。 (杜建佳)

石河子大学商学院

【概况】 石河子大学商学院党委书记、副院长陈文新,党委副书记、院长杨兴全,副院长刘丽娟(女)、冯光明,党委副书记王伟红,副院长何剑(11月任职),名誉院长王其文(北京大学光华管理学院教授)。

石河子大学商学院位于五家渠市前进东街109号,占地13.5公顷,距校本部所在地石河子市150千米。石河子大学实行教育部与新疆生产建设兵团共建、以新疆生产建设兵团管理为主的管理体制。石河子大学商学院隶属石河子大学,是石河子大学唯一一所异地办学的专业学院。

2014年,有全日制在校学生1 793人,其中本科生1 751人,硕士研究生42人。

【机构设置】 2014年,学院设有党委办公室、院长办公室、组织人事工作办公室、保卫工作办公室(与人民武装部合署办公)、离退休工作办公室、工会、学生工作办公室(与团委合署办公)、教学科研工作办公室、财务工作办公室、后勤工作办公室等10个内设机构。有医院、图书馆2个正科级直属单位。

学院有统计与金融系、商务管理系、人力资源管理系、审计系和公共教学部5个教学系部,设置统计学、金融学、电子商务、物流管理、人力资源管理和审计学6个重点本科专业。有统计学一级学科硕士学位授权点、金融学二级学科硕士学位授权点。设有商务实验中心、创新创业实验中心、兵团金融发展研究中心。学院的统计学专业达到自治区较先进水平,学院综合实力、教学科研水平在石河子大学各专业学院中处于中等水平。

【师资队伍】 2014年,学院有教职工173人。教师128人,其中教授4人,副教授43人。教师中博士11人,硕士95人,在读博士12人,硕士及以上学历教师达83%。1人国外访学,53人次参加国内各类培训和学术会议交流。1人入选"兵团英才"第三层次,1人获石河子大学"3152学科拔尖人才培养引进工程"学术骨干,1人获第二届全国高校青年教师教学竞赛三等奖,2人分获石河子大学青年教师说课比赛一、二等奖,4人获全国多媒体课

石河子大学商学院。（苍　耳）

件大赛二等奖。

学院充分利用对口支援500名教师支教计划项目，积极争取、主动交流。2014年，华中科技大学物流管理学院3位教师来院支教。学院2名干部分别在华中农业大学、重庆大学挂职。2名教师分别考取北京大学、对外经贸大学的对口支援高校博士。

【科研工作】 2014年，申报各类课题98项。立项国家社会科学基金西部专项项目1项，教育部人文社会科学研究一般项目2项，国家部（委）行业公益性科研项目3项，国家民委青年项目1项，兵团软科学研究计划项目1项，兵团科学技术研究计划一般项目3项，兵团社会科学研究一般项目2项，自治区“十二五”规划项目3项。被自治区、兵团采纳的重要咨询报告12项，获得各类纵、横向科研项目经费79.7万元。

发表论文116篇，EI检索2篇，CSSCI 13篇，中文核心期刊刊载16篇，其中教育教学研究论文3篇。出版“十二五”普通高等教育本科国家级规划教材（主编、副主编）1部，专著1部。获得自治区哲学社会科学优秀奖1项，兵团哲学社会科学三等奖1项，校级人文社科二等奖1项、三等奖2项，全国统计科研成果三等奖1项。

举办校内外专兼职教师及研究生导师讲座55场。

【教学工作】 2014年，完善专业实践教学体系。在各专业课程教学大纲的修订中，开展课程整体设计及单元设计活动。实施改革基础课授课方案，推行研究性教学，完善高年级导师制，组织学科竞赛项目和启动创新创业工作坊，为学生提供创新创业实践平台，推动本科专业综合改革向纵深发展。

组织申报、批准立项26门课程开展研究性教学，举办2次研究性教学经验交流活动。学生参与度较以往提高，教学效果良好。

制定大学英语授课改革方案，加强语言实践能力培养，强化过程管理。实施基础会计学、会计学授课改革方案，增强教师对课堂的控制，提高课堂授课质量。获批校级精品课程1门，立项校级教育教学改革项目7项。

【学科建设】 2014年，统计学被批准为校级重点学科，兵团金融发展研究中心成功立项为校级人文社会科学重点建设基地第一批项目。

【研究生教育】 2014年，硕士学位论文100%参加盲审，论文评阅良好率77.7%，2个学生论文被评为校级优秀硕士论文。1人获得国家奖学金，1人被自治区研究生创新基金项目立项（经费1万元），1人被评为校级优秀毕业生。

有2名本科生推免为商学院统计学2014级研究生，3名本科生推免为金融学2014级研究生。16名本科生分别获得兰州大学、东北财经大学、南京财经大学、深圳大学等高校免试攻读硕士研究生资格。校外录取人数历年最高。

【学生工作】 2014年，学院全面推进德育答辩工作，对48名德育答辩优秀的同学进行表彰。通过学生教学信息中心发起“无手机课堂”活动，提倡课堂新风。选送6名优秀本科学生到北京大学插班学习金融学、人力资源管理学、审计学。

申报立项16项学科竞赛项目，其中全国英语演讲大赛、金融模拟投资大赛、“用友杯”全国大学生会计信息化技能大赛、ERP沙盘对抗赛、数学建模大赛、校园模拟招聘及简历制作大赛中均取得优异成绩。企业模拟协会荣获第五届全国高等院校企业竞争模拟大赛特等奖，获得全国管理决策委员会颁发的年度“企模之星”称号。金融投资协会荣获全国大学生优秀社团、石河子大学十佳社团称号。6人获得全国大学生英语竞赛一等奖，10人获二等奖，20人获三等奖。

是年，16名学生获得国家奖学金，50名学生获得国家励志奖学金，432名学生获得优秀奖学金，10名学生获得立信专项奖学金。校级三好学生33名、优秀学生干部14名、优秀毕业生13名。院级三好学生33名、优秀学生干部28名、优秀毕业生14名。

【招生与就业】 2014年，本科生录取率100%，报到率94.18%，毕业生一次性就业率70%，协议就业率61.13%。其中，保险、金融系统95人，占就业人数的28.6%，硕士研究生录取率100%，一次性就业率90%，年终就业率100%。举办专场招聘会40场次，接待用人单位80余家，为毕业生提供就业岗位300多个。

【社会服务】 2014年，承接兵团商务局、统计局和兵团第十师横向课题5项，经费30余万元。承担兵团统计师考前培训班、会计师考前培训班等10多个校外培训班的教学任务，为兵团党校各类培训班举办12场讲座。学院培训中心举办各类培训班20期，参加培训650人。

【民族团结】 2014年，学院坚持持续性的民汉班级结对子措施，举办民族一家亲联欢会、演讲比赛、快乐维语学习、干部“一帮一”联系民族学生等活动。

【校园文化建设】 2014年，学院为鼓励大学生自主创业，促进学生创新，开设了校园创业园。举办“挑战杯”创业大赛，在大赛中五家渠青湖信息技术服务公司荣获兵团第四届“创业杯”大学生创业计划竞赛银奖。鼓励学生申报SRP项目，是年立项30项，创历年新高。

参加社区文化建设，组织暑期“三下乡”社会实践服务队。利用各种节庆日，组织师生开展运动会、文艺晚会、十佳歌手大赛、服装设计大赛、篮排球赛、团拜会等活动。

【精神文明建设】 2014年，学院与各部门签署文明创建协议书，明确各部门的创建责任，并将文明创建与各部门具体工作密切结合，年底进行检查验收评比表彰。

组织教师学习《高等学校教师职业道德规范》，大力弘扬教师勤奋工作、爱岗敬业、教书育人、为人师表的高尚道德情操和优良师德风范。评选校级师德标兵1人、优秀党员2人、优秀学生工作者2人、优秀辅导员2人、十佳班主任2人、优秀班主任8人。7人参加辅导员技能大赛，3人获得石河子大学二、三等奖，1人获得兵团三等奖。

举办学雷锋主题演讲比赛、赴敬老院慰问老人、志愿献血、义务植树等活动，促进青年学生把雷锋精神内化于心、外化于行。

先后举办新春团拜会、“我们的端午我们过”以及七夕放灯会、中秋游艺会、重阳节茶话会、冬至一家亲饺子宴、元旦晚会等节日活动。成立4个青年志愿者服务队，保证志愿服务的特色化、制度化、常态化。联合兵团中心血站成立血站服务队，与军垦路街道办事处结对子帮扶，参与家政服务、困难帮扶、贫困子女家教等方面的志愿服务。冬季组织志愿者为五家渠敬老院清扫积雪。组织100余人次参加五家渠市郁金香节为游客的服务活动。

开展校园课桌卫士、餐厅“光盘活动”，宣传文明用餐、节约用餐，引导师生树立环保、文明、节俭的意识，养成理性消费、爱护公物的习惯。（黄霁泓）

新疆兵团警官高等专科学校

【概况】 新疆兵团警官高等专科学校党委书记刘新民，党委副书记、校长延永生，党委委员、副校长张其亮、吴东林、杨习梅（女，援疆干部，7月离任）、马明亮（援疆干部，7月离任）、高岩（女，援疆干部，11月任职）、蒋若薇（女，援疆干部，11月任职）、朱建军（兵团监狱管理局挂职干部，11月任职），党委委员、纪委书记、政治处主任龚丽辉（女，兵团监狱管理局挂职干部，10月离任）。

新疆兵团警官高等专科学校是教育部批准成立的全日制普通

高等专科学校，主要为监狱、公安、法律机构培养实用型、技能型政法人才，是全国政法干警招录培养体制改革试点院校。学校占地面积12.68公顷，有教职工124人，其中专兼职教师97人，教授4人，副教授23人，硕士学位教师41人。学校设有安全保卫、治安管理、刑事执行、刑事侦查技术、司法助理、法律事务、司法警务、社区矫正等8个专业。除全日制普通学历教育外，学校还承担兵团政法干警培训任务，包括民警初任培训、岗位培训、警衔晋升培训、业务培训。

【机构】 2014年，兵团机构编制委员会办公室对学校内设机构作了部分调整。调整后共有21个内设机构，其中管理机构10个：办公室、纪检监察室、政治处、教务处、科研处、学生处、后勤处、财装处、招生就业指导处、保卫处；教学机构7个：思想政治理论教研部、基础部、警体部、信息技术与管理系、刑事司法系、应用法律系、公安系；教学辅助机构4个：心理健康教育中心、实训实验管理中心、政法干部培训中心、图书馆。以上机构政治处为副处级，其余为正科级。

【招生】 2014年，共计招录普通大专新生598人，五年一贯制大专新生150人，补录14人，完成计划的99.7%，同比增长7%。完成疆外18个省市214名学生的招录任务。

【科研】 2014年度，共申报社科基金项目14项，获批6项，包括国家科技部科技支疆项目1项，司法部全国司法行政系统理论研究规划课题2项，兵团社科基金项目1项，六师科技局项目2项。发表论文36篇，主编及参编教材16部。

【队伍建设】 2014年，经过报名、资格审查，笔试、演讲、民主测评，考察谈话、公示等环节，任命张要平等6人为正科级领导干部。

1月，由延永生校长带队，与兵团公务员局、兵团监狱局共同组成招录小组赴西北政法大学招聘教师，经过笔试、面试、体能测试及体检程序后，招录了6名法律类硕士研究生。

是年，选派15名专业课教师分别赴浙江警官职业学院、山西警官高等专科学校和上海公安高等专科学校进行进修。选派3名思想政治理论教研部教师参加内地哲学社会科学班学习。

【专业建设】 2014年，学校成立专业建设指导委员会，制订《新疆兵团警官高等专科学校专业建设实施方案》。由校长牵头成立专业建设小组，开展治安管理专业、刑事执行专业建设的交流研讨，全面梳理两个专业建设资料1 700余份，完成50余个实习实训基地的建设及协议的签署，完成400万元专业建设资金的使用审核，并通过第三方审计。5月，治安管理专业、刑事执行专业顺利通过财政支持高等职业学校提升专业服务产业发展能力项目验收。

【资助学生】 2014年上半年，发放评选出的年度享受国家助学金235人70.5万元，国家励志奖学金24人12万元，国家奖学金1人8 000元。同时，上报预评出的2 013~2014年度享受国家助学金248人74.4万元，国家励志奖学金26人13万元，国家奖学金2人1.6万元。

【民警培训】 2014年，承办各类培训班10期，培训人员1 023人。在总结以往培训班课程设置的基础上，根据培训对象的不同采取不同的课程设置，突出培训的实用性与有效性。

【自学考试】 2014年，有1 260人次本校学生报考监所管理、公安管理、法律专业本科以及教师资格教育学、心理学考试，民警学员中有179人次报考监所管理专科，有738人次报考监所管理本科。是年，共有37名考生自考本科毕业。

【驾校培训】 2014年，驾校培训合格率稳步提高。总计招生638人，已有371人领取驾驶证，培训科目一、二、三各科平均成绩均达到80%以上，在昌吉州所有驾校中名列前茅。

【兵团政法干警培训基地项目建设】 2014年，培训基地项目建设取得阶段性成果。训练场已竣工并投入使用，综合楼与实战实训楼已完工交付使用，室内训练馆项目用地划拨手续已办完，2015年可动工建设。（易国才）

文化·传媒 Culture & Mass Media

责任编辑　李守谦
题图摄影　李新文

文化工作

【概况】 师市文化局主管师市文化工作及文化事业，与师市党委宣传部两块牌子一套人马。下设文化市场管理办公室、文化市场稽查大队（正科级参公事业单位）、师市博物馆（正科级）、文化馆（正科级）4个事业单位。

【群众性文化活动】 2014年，完成师市文化产业发展规划，计划投融资330亿元，以华强集团、青鸟集团为代表的4家全国著名大型文化集团已有进入五家渠意向，园区20平方千米的土地规划已确定，要把此项目打造成新疆中华文化传播高地、兵团文化产业创新基地、新疆文化旅游集散中心。组织文化系统干部赴一〇二团开展迎新春、走基层送春联文化活动。参加兵团第七届精神文明建设“五个一工程”评选活动，选送纪录片2部、图书3本、歌曲14首、动画电影1部。共青团农场邵忠新获国家级书香之家称号，代表兵团去北京参加2014年“书香中国·北京阅读季”启动仪式。是年，接待兵团豫剧团、秦剧团、杂技团在师市各团场、社区参加庆祝兵团成立60年文化下基层文艺演出26场次。五家渠业余艺术团军垦之声合唱团参加第五届“七彩夕阳”全国中老年合唱艺术节获群星金奖、明星金奖、指挥金奖和伴奏金奖。参加兵团第八届职工文艺汇演并在师内组织5场巡演活动。

【文化交流】 2014年7月，中国文联组织国内著名艺术家来六师进行专场文艺演出和书法绘画表演。8月，海政文工团来奇台农场进行专场演出。9月，中央电视台“心连心”艺术团来师市进行专场演出。11月，山西省文化厅组织大型说唱剧《解放》来师进行4场慰问演出，让师市5 000多名观众尽享文化盛宴。

为了展示兵团、师市形象，师市代表兵团参加10月在山东济南举办的第三届中国非物质文化遗产博览会，5个系列300多件非遗产品参展，获组委会优秀组织奖和3个传承人奖。

【非物质文化遗产的保护和传承】 为保护非物质文化遗产哈萨克族毡绣布绣技艺，并使其成为少数民族职工致富的渠道，师市文化局主动为职工群众搭建致富平台，与河南开封市友谊裳苑文化公司合作，分别在河南开封市汴绣厂、五家渠市和一〇五团举办3期刺绣专业培训班。投入资金60万元，选派红旗农场、北塔山牧场基层一线喜好刺绣技艺的少数民族女职工120人进行培训，将中原的

6月12日，师市举行第九个全国“文化遗产日”暨第二届民族手工艺作品展销会。图为北塔山牧场展区现场。（宣传部）

先进文化、优秀的刺绣技艺与新疆的地域特色、民族特色有机结合，形成独特的文化品牌，成为六师文化产业的一个亮点，成为师市女职工增收致富的一条重要渠道。在第九个全国文化遗产日期间，师市在红旗农场举办第二届民族手工艺作品展销会，该场入围第二批国家级非物质文化遗产生产性保护示范基地。新疆曲子戏传承人红旗农场刘淑珍荣获全国第三届非遗保护“薪传奖”。

【文化人才培训】 2014年，师市文化局借助援疆机遇，选派10名文化艺术骨干在山西省挂职培训半年。挂职培训采取挂职培养、专业工作培训、交流研讨与参观考察相结合的方式，以文化产业改革发展为主题，为师市培训10名文化艺术领域急需紧缺的专业技术人员。

【文化馆】 2014年，师市文化馆策划、协调、组织、实施大型文化活动及会议21场，接待演职人员1 000余人，观众1.5万人次。农场公益性数字电影订购3 924场次，超额完成2 928场的任务，观众达到13.9万人次。进一步完善图书馆的各项功能，除坚持每天8小时开放制度外，还为学生和家长增加周末、节假日、寒暑假的开放服务。是年，图书馆共接待读者1.09万人次，电子阅览读者1.6万人次，解答咨询35条，推荐新书500多种，“流动书屋”图书流转近1 000册。

【文化市场】 2014年，六师五家渠市文化市场已经形成互联网上网服务、电子游戏游艺、歌舞娱乐、图书音像制品出租及零售、打字复印、印刷等行业。截至12月，师市从事文化事业的企事业共计733家，固定资产1.19亿万元，解决1 107人就业。其中，网吧60家，总投资3 193万元，从业人员158人，拥有电脑终端5 496台，经营面积1.4万平方米；电子游戏游艺及歌舞娱乐场所92家，总投资4 246万元，从业人员267人；图书、音像制品出租、零售、打字复印269家，总投资357.5万元，从业人员310人；印刷企业12家，总投资4 066万元，从业人员372人。其他文化经营行业300余家。

【文化市场执法】 2014年，师市29名基层文化市场管理人员取得行政执法证。对师市范围内的网站和文化娱乐场所开展集中整治行动，对1 200余人次进行检查，检查各类经营场所700多家，查缴非法书报刊、音像制品等251盘（册），收缴色情出版物及不健康广告2 000余份，没收58台涉嫌赌博游戏机的电路板，关闭2家不符合条件的电子游戏经营场所，立案3起，停业整顿1家。在“4·26”世界保护知识产权日期间，设立法制宣传台、制作法制宣传展板6块，接受群众咨询2 654人次，发放、赠送知识产权宣传资料1万余份。

【文化资源共享工程】 2014年，结合师市群众文化实际情况，创新充实六师文化共享频道栏目，新增栏目5个，每天播出14个小时，播出内容为7个板块。截至年末，共制作（播出）电视剧类节目25部、普法栏目剧189期、健康之路298期、综艺栏目33期、百家讲坛209期、纪录片65部、电影363部。“中国梦”新歌展播141集，安全宣传类节目19部。更新信息大篷车网络设备，全面提升大篷车资讯服务，全年流动大篷车下乡30次，服务群众500余人次。

【广电工作】 2014年，为五家渠电视台和各团场广电站人员申请办理广电执法证46个，确保守土负责、守土尽责。举办师市广播电视编辑记者（通讯员）培训班1期，培训113人。坚持广播电视安全播出不放松，严格落实值班制度，确保全年各节庆日和敏感节点安全播出。继续加大广电系统工程建设，完成五家渠电视台数字电视传输设备监控及NBG平台。投资70万元，在五家渠南工业园区架设20千米有线电视线路。

【文联工作】 2014年，师市文联在新春佳节期间，组织艺术家开展迎新春、送祝福春联展活动，展出春联200余幅。到一〇五团开展“我们的中国梦·送欢乐下基层”书画作品展活动。参加“放歌兵团”团歌评选活动，向兵团报送作品14首。举办庆祝兵团成立60周年、五家渠建市10周年剪纸作品展。

（王小莉）

六师五家渠市博物馆（将军纪念馆）

【概况】 六师五家渠市博物馆（将军纪念馆）馆长曹斌才。

六师五家渠市博物馆位于五家渠市长征中路，建筑面积5 650平方米，展厅面积4 000平方米，是全额拨款的科级事业单位。全馆共有26人，其中在编7人。内设宣教陈展部、安保部、文保非遗部、办公室3部1室。

【陈列布展】 博物馆展览分主展厅和新疆兵团丝绸之路文化产业园展示厅2个部分。

主展厅分2层6个部分。第一部分，将星璀璨、名垂青史；第二部分，红色之旅、将军摇篮；第三部分，金戈铁马、挥师新疆；第四部分，屯垦戍边、奠基伟业；第五部分，建城戍边、再创辉煌；第六部分，牢记使命、实现梦想。通过丰富而翔实的图片资料和珍贵的历史文物，采用声、光、电等现代化展示手段，以将军魂主体雕塑、六师历史浮雕墙、场景复原等表现手法集中展现了六师前身部队的124位开国将军、革命志士在中华民族解放、新中国成立和新疆和平解放的光辉历程。全面反映军垦战士热爱祖国、不怕牺牲、无私奉献、自力更生、艰苦创业、屯垦戍边、改革奋进的丰功伟绩。

新疆兵团丝绸之路文化产业园展示厅，通过产业园视频播放和规划设计沙盘向公众展示了中华文化、屯垦历史、新疆各民族文化和兵团文化，更好地履行文化戍边的职责，促进各民族的“四个认同”（对伟大祖国的认同、对中华民族的认同、对中华文化的认同、对中国特色社会主义道路的认同），维护新疆的社会稳定和长治久安。

【免费开馆】 2013年7月1日，博物馆对外试开馆，通过一年的开馆试运行，听取了各级领导、文博专家、广大市民各方面的意见和建议，重新制订了改陈方案，经过58天紧张而激烈地布展，于2014年10月6日正式开馆。博物馆无节假日，不闭馆，全年免费开放。共接待国内外参观团体近千个，先后承接团体在馆内开展爱国主义教育、革命传统教育、民族团结教育活动，以及现场会、党员活动、新队员入队仪式等563次，免费接待观众20万人次。其中，接待厅级以上干部600多位。

2014年10月7日，兵团成立60周年，中央代表团刘延东副总理和中央各部局委60多位领导参观了博物馆，自治区党委书记张春贤、兵团政委车俊陪同参观。中央、自治区、兵团的领导前后来博物馆参观。3月25日，《亮剑》作者都梁参观博物馆，与师市文学艺术家们进行座谈交流。

【党建工作】 2014年9月，文博中心（文化馆、博物馆）成立党支部，共有党员9名。文博中心党支部充分发挥博物馆、文化馆对外宣传教育的功能，承接单位团体、企事业单位、学校、武警官兵、驻市单位来博物馆参观，接受爱国主义教育。

【宣教工作】 2014年，博物馆宣教陈展部有工作人员7名，其中讲解员6名，多媒体工作人员1名。

是年，博物馆发挥社会教育职能，举办“弘扬雷锋精神、践行党的群众路线”图片展、“中国梦、劳动美”职工摄影作品展、非物质文化遗产哈萨克族毡绣布绣作品展、反腐倡廉图片展、“环保六一、绿色梦想”少儿书画展等，开展迎新春、送祝福文化下基层活动，举行向六师老军垦、困难家庭、环卫工人送书、送对联活动。在红旗农场、师市公安局分别举办书法笔会和廉政文化进警营活动，承办河南开封书画家艺术交流活动，增强博物馆的教育职能，使文博工作更贴近实际、贴近生活、贴近群众。

【为一〇三团团史馆培训讲解员】 7月，为一〇三团团史馆培训讲解员14名。通过现场参观博物馆，学习《讲解员职业道德和素养》《形体形态规范》《仪容仪表规范》《礼貌用语规范》等基础知识。同时，还组织普通话培训、六师五家渠市讲解词培训，以及现场讲解和跟车服务应知应会等全方位的培训。

【队伍建设】 2014年，博物馆组织3名业务骨干到北京干部学院参加国家文物局举办的县级文物行政负责人培训班。组织博物馆3名讲解员赴山西参加山西省骨干讲解员培训班。组织全馆人员到石河子博物馆参观学习。按照改陈布展的需要专门到昌吉州参观了文博中心、城市规则馆。邀请兵团军垦博物馆、三五九旅屯垦纪念馆的领导和工作人员来师博物馆进行交流。建立日常学习制度，使文博队伍素质得到进一步提高。

【传承非物质文化遗产】 2014年，为了有效保护、合理利用和传承非物质文化遗产，促进传承活动的开展，博物馆做了大量工作。在红旗农场召开全国第九个"文化遗产日"系列活动，举办毡绣布绣精品大赛，500多件作品参赛。 （曹斌才）

准噶尔时报社

【概况】 准噶尔时报社党组书记、副社长纪旭（女），党组副书记、社长、总编辑沈际明，党组成员、副总编辑张世昭、吴昌辉，副处级干部郭彦斌。

2014年，报社有31人（其中在编23人）。内设记者部、编辑部、专刊部、网络部、办公室、广告部6个部室。经营1个传媒公司。

【出版发行】 2014年，发行报纸1.28万份，出版报纸150期600个版面（其中正刊100期、专刊50期），刊登各类稿件7 950篇，本报记者采写稿件2 000余篇，采用通讯员稿件5 000余篇。《准噶尔在线》网站新增3个栏目，年点击率关注度逐步增加。是年，报纸和网站没有出现政治差错，没有刊登过违规广告。

【经营管理】 2014年，财务严格遵守制度，以预算定收支，运行良好。全年总收入360万元，其中师财政拨款200万元、报社事业性收费160万元。还清了历年欠款，印刷费、差旅费等做到月清年结，"三公"经费按照预算没有超标。报社与39个单位、部门建立联办、协办关系，广告公司创收提高10%，落实绩效奖励、对外发稿奖等。

【党的群众路线教育实践活动】 2014年，报社党的群众路线教育实践活动于2月动员至10月29日召开总结大会。期间，严格按照"照镜子、正衣冠、洗洗澡、治治病"的总要求，围绕"为民务实清廉"的主要内容，聚焦"四风"突出问题，完成学习教育、听取意见，查摆问题、开展批评，整改落实、建章立制三个环节的工作任务，达到预期目标。

党员干部参学率100%，每人撰写的学习笔记2万字以上。先后8次深入基层征求意见和建议126条，经过归纳、梳理，属于班子存在的突出问题19条，属于班子成员的47条。班子成员带着问题和意见认真落实"四必谈"和3轮谈心制，认真组织撰写领导班子和班子成员对照检查材料，深刻剖析。9月1日，召开专题民主生活会，师市党委宣传部部长高华生到会督导。截至年末，对年休假、绩效考核、"三公"经费管理等15个问题已整改到位。对尚未整改到位的4个问题，明确责任人和整改时限。废止制度3项，修订完善2项，新建2项。

此外，《准噶尔时报》先后刊发教育实践活动主题稿件260篇，"访惠聚"活动主题稿件130篇，向师市督导组报送信息20条。特别是重点推出的6篇深度报道（综述），反映活动进程，推介了典型做法，受到师市教育实践活动督导组的好评。

【事业单位分类改革】 2014年，报社被列为师市分类推进事业单位改革试点单位之一。根据《关于印发师市分类推进事业单位改革试点方案的通知》要求，在吃透政策的基础上结合实际提出分类建议，并按时上报模拟分类意见表及分类说明，落实实名制管理工作。同时结合报社实际，制定《准噶尔时报社推进事业单位改革试点工作方案》。9月，对分类改革情况进行"回头看"自查评估。11月，兵团批复报社为公益二类单位，根据类别拟定管理体制、人事制度、国有资产管理、收入分配、党的建设等改革方案，于12月1日已上报师市分类推进事业单位领导小组审批。

【党建工作】 报社党组下设1个支部、21名党员(退休党员4名)。

2014年,报社坚持建设“三型”(学习型、服务型、创新型)党组织,认真学习八项规定、《廉政准则》及中纪委全会精神,结合党的群众路线教育实践活动的开展,落实党风廉政建设责任制,在聘人用人、考评定级、职称申报、员工福利、岗位设置、项目申报、资金使用、版面改革等工作上,都严格执行“党组议事”“三重一大”等制度,实行民主决策。

党支部坚持“三会一课”制度。以讲大局、强素质、转作风、优服务主题实践活动为抓手,在军户农场建立党的群众路线教育联系点,与土墩子农场开展文化共建,在党员中设立党员先锋岗。报社全年上党课17次,有4名采编一线人员递交入党申请书,党员培养发展常态化。

在理论上,学习马克思主义新闻理论、新闻职业道德、法规等。业务上,坚持每周一下午评报,全年组织学习87次。邀请兵团日报副总编张富强、策划部主任孙卫东专题辅导。2014年,有17人次参加师市党委组织部组织的培训学习。同时,深入一〇五团、一〇六团、芳草湖农场、土墩子农场、青投公司开展送课下基层活动,培训基层通讯员150余人。在春节、三八、五四、七一、记者节等节点组织重温入党誓词、好记者讲好故事演讲比赛等活动,到六师五家渠市博物馆和一〇三团兵团知青纪念馆参观,组织全员开展大军训活动,增强“兵”的意识和能力。

【围绕中心进行新闻宣传】 坚持正确导向,着力抓好要闻报道。先后开辟了认真学习贯彻第二次中央新疆工作座谈会精神、学习贯彻习近平同志新疆考察重要讲话精神和认真学习贯彻十八届三中、四中全会精神专栏,坚持正确舆论导向,做到不走调、无杂音。结合师市党委十届四次全委(扩大)会议精神的宣传,设置策划了奋进在改革创新的道路上和师市党委十届四次全委(扩大)会议特刊,并以专访形式刊登师市各单位学习贯彻会议精神及实现目标任务的新思路、新举措。

聚焦兵团成立60周年、五家渠建市10周年,做好成就报道。推出建市10周年特别报道《从农垦小镇到军垦新城》《五家渠 一张靓丽的城市名片》《团镇合一体制给我们带来了什么》《文化 塑造城市的灵魂》,全景展现了五家渠建市10年经济发展与民生改善的成果,开设“我眼中的五家渠”专栏,广泛约请社会各界人士撰稿,畅谈五家渠市10年来的身边变化,挖掘10年来城市的好故事,传播10年来城市的好声音。

围绕中心工作,聚力宣传重要会议重要节点。冬春季节,师市党委扩大会议,市人大、政协两会相继召开,做到会前超前谋划、宣传预热,会中精心组织,集团作战,形成声势。会后刊发系列评论,开辟专栏,跟踪延伸。同时,对郁金香节、荷花节、第四届中国亚欧博览会、葡萄文化旅游节等重要节点和师市百日广场文化艺术节,特别是做好对中国文联戏剧志愿服务团送欢乐下基层、“心连心”艺术团慰问演出等活动的宣传。

根据师市党委中心任务和阶段性重点工作,抓好主题栏目的设置、组稿。及时报道师市“三化”建设、对口援疆的新成就以及改革发展的新成果。同时,报社还大胆尝试了观点性报道,如《让团场优势得到充分发挥》《“起跑”迅捷有力 “红利”逐步释放》《让百姓看病方便又省钱》等。积极办好办活《视点》《市长信箱》《周末回音壁》《记者观察》《新闻故事》《记忆》等品牌栏目。

以新春走基层、第十届准噶尔之春(秋)、百里垦区记者行采访活动为抓手,先后有100余人次深入田间地头、社区厂矿、园区企业、职工家庭,访民情、听民声、解民忧,

2014年7月17日,庆祝兵团成立60周年——中国文联文艺志愿服务团“送欢乐下基层”慰问演出在五家渠文化中心举行。(李新文)

采写深度报道，刊发稿件210余篇（幅）。在版面开设《新春走基层》《中国梦、我的梦》《山西人在六师》《记者在一线》等栏目，成为报纸上的特区。《爱心在边境线上传递》《说说那些暖心的事儿》《春播时节访劳模》《分红啦》等报道，深受读者欢迎。

2014年8月，报社对版面进行再改革再尝试，将原二版经济综合版，细化为《科技》《新型工业化专刊》，三版推出《法制》《党建》《准噶尔工人》《学习与实践》4个月刊，四版增设《社区天地》《老年之友》等专版。对周末版进行优化重组，在四版开设《旅游》《文化广场》《生态建设》等专栏。

2014年，报社向省级以上报刊发稿301篇，超额两倍完成外宣任务。千字稿和头条稿占65%以上。31件新闻作品获得省级以上报刊好新闻奖。通讯《哈萨克族父子接力守护边境线》、消息《奇台农场农机大户组建专业合作社》获得兵团好新闻二等奖，《沸腾的梅斯布拉克》《开水器倒时，他冲了上去》获三等奖。通讯《管玉莲：义务扫路，风雨无阻38年》、漫画《对口援疆结硕果》分别荣获新疆新闻奖三等奖。报社评出“五好”作品91件，较上年增加16件。（李新文）

五家渠电视台

【概况】 五家渠电视台党组书记韩国庆（已退二线），党组副书记、党支部书记、台长孙丽杰（女），党组成员、副台长杨生福、何立云。

五家渠电视台位于五家渠市军垦北路136号，是差额拨款的事业单位，副处级，全台工作人员81人，其中在编35人，退休2人，有党员24人。在编人员中高级职称6人，中级职称15人，初级职称12人。内设新闻部、专题部、工程技术部、节目播出部、用户管理部、广告部、总编室、办公室（财务室）等6部2室。2014年，五家渠电视台能完整转播中央电视台14套节目，以及各省、市、自治区上星节目46套，新疆及兵团节目5套，付费节目74套。自办节目4套，其中五家渠一套为新闻综合频道、五家渠二套为经济频道、五家渠三套为影视剧频道、五家渠四套为公共信息频道。至2014年底，师市12万多职工群众已看到图像清晰的数字信号节目143套，自办栏目有《五家渠新闻》《民生时间》《视点》和《走进演播室》等。

五家渠电视台新闻制作在全兵团首家由线性全面过渡到非线性并实现网络化。截至年末，五家渠电视台有新闻专题编辑系统8条、专业摄像机18台，有250平方米演播室及配套设施。

【新闻宣传】 2014年，五家渠电视台在内宣工作中，突出主题策划。为了更好地学习贯彻党的十八届四中全会精神，在不同时期分别开辟了《学习宣传贯彻十八届四中全会精神》专栏，同时在《五家渠新闻》中开辟《十八届四中全会解读》栏目，帮助广大干部群众准确理解十八届四中全会提出的新观点、新举措，营造良好的舆论氛围。“两会”期间，紧紧围绕《政府工作报告》的主要精神，以《五家渠新闻》和《绿洲彩屏》专栏作为电视主阵地，开设《聚焦两会》《群众心声》等专栏，并在两会期间面对面采访30多个人大代表和政协委员，邀请代表委员做客演播室，就城市建设及有关民生方面问题进行专谈。围绕兵团成立60周年、五家渠建市10周年、习近平总书记来五家渠市考察、第二次中央援疆工作会议、师市党委十届四次全委（扩大）会议、第四届亚欧博览会等重要新闻，五家渠电视台新闻栏目及专题部及时跟上，开办了《十年变迁》《援疆在师市》《贯彻讲话精神、狠抓工作落实》《美丽六师》等专栏，反映新部署、新目标、新举措、新成效。围绕建市10周年，《走进演播室》栏目做了《话说建市》系列访谈。分别采访了原兵团副政委、政法委书记王继亮，原师市党办主任、建市办主任梁铁军。为配合一〇三团兵团知青纪念馆开馆，栏目组随同台领导及一〇三团领导，前往北京、河北、天津等地，录制播出了《寻找周春山烈士的亲人》系列新闻报道，及《走近烈士亲人》专访，全国各大媒体对此活动作了报道。同时，录制播出了反映知青生活的8集系列专访《走近知青二代》《知青三姐妹》《回城后的故事》等节目，播出后受到社会各界的好评。发挥舆论媒介监督作用，将镜头对准群众普遍关心的民生问题。对养老、医疗、低保、危房改造、安全饮水、食品质量、供热、市政建设等进展情况进行实时跟踪报道。围绕郁金香节、荷花节、观鸟节、冰雪体育旅游节，以及“3·15”维权日、六一儿童节、“6·25”世界禁毒日、七一、十一、春节等传统节日及重要纪念日开展宣传。开辟《携手共建美好家园》栏目，对一些不文明行为进行曝光，鼓励广大群众参与到爱护自己美丽的家园行动中来。从调整产业结构为出发点，开辟《畜牧经唱响富民曲》栏目。是年再次与公安部门联手创办精品专栏《警民连心桥》。五家渠电视台坚持以做老百姓身边的记者，说老百姓身边的事，办老百姓爱看的新闻为宗旨，在《五家渠新闻》内开设《民生时间》专栏，在专栏中开设《有话要说》《民生新闻资讯》《健康生活》《美食推荐》等多个栏目，为党和人民群众之间架起了沟通的连心桥。结合党的群众路线教育实践活动，电视台专门开办了《践行群众路线》《立行立改》《走基层》《身边典型》等专栏。4月29日上午，习近平总书记来到六师五家渠市考察，虽然当时五家渠电视台的记者没有机会采访，但是记者们克服困难，第二天立即沿着总书记走过的线路采访受到接见的师市干部和职工，采写出新闻专题《总书记来到五家渠》，播出后受到观众好评。5月1日，中央电视台《新闻联播》播发的头条新闻《新疆各族干部群众：牢记总书记嘱托，共同建设团结和谐繁荣富强的社会主义新疆》中，五家渠电视台提前一天策划采访共青团农场干部职工牢记总书记嘱托的新闻就占到了1分40秒。播出的电视短消息《绣旗颂党恩》、专题片《点亮生活》、纪录片《支教的日子》等反映民生百态的好新闻好专题，引起广大群众的共鸣。

是年，《五家渠新闻》栏目播发新闻3 300多条，《民生时间》制作新闻156期，专题部《绿洲彩屏》《绿洲季风》《走进演播室》《视点》栏目共制作、播出节目118期。

2014年，电视台拓展外宣渠道，始终保持与兵团台、中央台的经常性沟通，形成良性互动机制。同时，配合好中央台、兵团台的新闻约稿或特别活动，对待约稿采取订单作业，积极提供采访线索，扎实做好报道。在配合性报道、动态消息、突发性事件的报道中，保持快速反应，使报道始终处于主动状态，在第一时间向上传送，赢得发稿先机。在发稿中不光局限于电视媒体，同时向国内及疆内主流网站及报纸投稿，形成多媒体联动发稿。

截至年末，五家渠电视台共在中央电视台发稿3条，在兵团电视台发稿485条，发稿总量居兵团各师第二，被兵团电视台评为供稿先进单位，有8部电视作品荣获自治区新闻奖和兵团新闻奖。

【利用大型活动宣传师市】 2014年，五家渠电视台牵头筹划，与内地13个省市电视台共同举办的2014年全国卫视新春戏曲晚会于春节期间分别在中央电视台、新疆电视台、兵团电视台及北京电视台、天津电视台、山西电视台等13个省市电视台播出，此场晚会还被提名为全国2014年电视金鹰奖；拍摄录制的《六师先锋颁奖晚会》，春节期间在兵团卫视播出；8月，邀请山西电视台记录片导演与五家渠电视台共同拍摄了师市参加亚欧博览会城市宣传片；与新疆电视台合作拍摄了大型纪录片《亮剑之师》；纪录片《都梁六师行》《守望青湖湿地》参加兵团成立60年纪录片展播。同时，还配合上级台录制了全国文联来师市演出及“心连心”艺术团来师市演出等文艺晚会10多场次。这些活动提升了六师在新疆及各省市的影响力。

【提升节目质量】 从2014年初开始，五家渠电视台每月组织全体采编人员召开1次新闻宣传策划会，把宣传重点落实到每个采编人员，实行精细化管理，让新闻更接地气。同时，克服人手少、时间紧、任务重等困难，做到当天的新闻当天播出，增强新闻的时效性。在宣传形式上，大胆运用现场主持人出镜和记者现场说新闻、本台评论、短评、编后语、片花、角标、模板、图表、字版、访谈等多种形式，增强新闻的可视性，达到好的宣传效果。

加大激励机制，坚持开展好新闻和好编辑、好主持人评奖。每月评出好新闻4条，每2个月评出好编辑、好主持人2名。在新春走基层采访活动中，记者编辑采制播发的22条新闻也参加评奖活动，从而激发了记者、编辑、主持人创新创优的热情。

【创办《美丽六师》《视点》专栏】 2014年6月，五家渠电视台在新闻栏目又增设了一档《美丽六师》专栏，《美丽六师》大型报道采取记者所见所闻、亲身体验的方式，展现六师大地上的自然风光、旅游资源、人文风情、人物故事、城镇化建设以及经济社会发展成果。《美丽六师》栏目人员不畏艰辛，历时120多天，从最东北端的北塔山牧场一路走到最西北端的一〇六团，足迹遍布师市14个团场，行程6 000多千米，拍摄78集系列报道，采访100多个人物、200多个场景，节目播出后受到师市领导和观众的一致好评。

7月，电视台又将已开播多年的《绿洲彩屏》《绿洲季风》两档专题栏目进行整合，创办新栏目《视点》，该栏目是一档集时政性、纪实性、知识性、服务性于一体的全新的综合性栏目，栏目紧紧围绕师市党委中心工作，立足于师市经济社会发展和日新月异的变化。通过多渠道、多视角，从不同层面进行深度报道。栏目于8月12日正式开播，截至12月30日，共播出21期，深受观众喜爱。

【队伍建设】 2014年，通过完善考核制度提高员工作风纪律方面的自律意识，强化电视从业人员职业道德、职业纪律和职业责任教育，提高电视在群众中的公信力。随着自办节目、栏目的增多，广电网络的扩大，电视台及时安排新闻采编及技术骨干到内地参加业务培训，学习先进管理经验和工作方法。邀请外省电视台记者来师市与五家渠台记者共同策划、采访、对口交流，取长补短。鼓励员工在职学历进修，学习氛围浓厚 。电视台还在注重对新人教育培训的同时，利用先进典型的示范作用带动新人的成长，涌现出一批爱岗敬业、乐于奉献的业务骨干，2014年度，五家渠电视台被师市党委宣传部评为新闻宣传工作先进单位特等奖。记者牛宏君、吴小江、杨超等分别被评为兵团电视台供稿先进个人、师市优秀通迅员、电视台先进工作者。

【安全播出】 2014年，五家渠电视台制定完善安全播出应急预案，实现机房全年全天24小时人员值班，重要节点和敏感时期实行机房双人双岗值班，开通24小时值班电话，建立畅通、快速、高效的联系协调机制。同时，加强安全播出管理，认真落实岗位责任制，机务人员做到熟练掌握整个播出系统的操作环节和要领，严格按照节目安排时间、顺序和内容准时播出，并严格遵守安全播出的应急、监听、监视制度。确保在任何时候、任何情况下不出问题。截至年末，没有发生任何安全播出责任事故。

【事业建设】 2014年，完成电视台至南工业园区20千米传输光缆线路建设，不但为南工业园区信息化发展奠定基础，而且也为师市和兵团、自治区联网建立一条信息通道。完成共青团至一〇五团40千米光缆传输建设，彻底解决西线5个团场近十年依靠电信光缆传输信号，传输损耗大，线路工作不稳定的局面。完成一〇二团至青峰水泥厂17千米光缆更新改造工程。完成南工业园区一〇一团安置房及恒大房产光纤入户，实施五家渠电视台光纤入户首例工程，为开展全市新建楼房布线，光纤入户奠定基础。

截至12月4日，实现新入网用户1 755户，安装铁通宽带用户230户，完成3 000多起网络各类故障维护，全师450千米光缆传输网络由于维护维修及时全年运行正常。

【广告部改制】 2014年，五家渠电视台广告部改制为企业化运作。改制后的公司为新疆郁金香文化传媒有限公司，成立以来，广告经营认真执行国家《广告管理法规》《广告管理条例》，受到区内外客户好评。（卓　筠）

五家渠人民广播电台

【概况】 五家渠人民广播电台台长段海晓（女），副台长李建华。

五家渠人民广播电台是全额拨款的事业单位，正科级。全台有工作人员10人。其中，本科学历7人、大专学历3人，副高级职称1人、中级职称6人。五家渠人民广播电台拥有2套播出频率：调频93.7兆赫于2006年9月5日开播，全程转播中央人民广播电台中国之声节目。调频102.1兆赫于2010年6月22日开播，以自办节目为主。发射机功率0.1千瓦。覆盖半径为50千米，包括乌鲁木齐市、昌吉市等部分地区，覆盖人口13万人。

【基础设施建设】 五家渠人民广播电台办公场所位于五家渠市振兴街379号（原师机关办公楼四楼东侧）。2014年，投资60万元的全师广播联网二期工程完工，师市大部分农牧团场都能收听到五家渠广播电台的节目，师市党委的方针、政策、决策部署通过空中电波可以在第一时间传达到基层和职工群众，进一步扩大了广播的覆盖范围，增强广播的影响力。同时，广播信号传输到团场、连队，极大地激发了基层通讯员投稿的积极性，拓宽了新闻信息来源渠道。

【节目传播与管理】 2014年，五家渠人民广播电台全天播出时间为16个小时，继续办好《五家渠新闻》《一周要闻》《媒体超市》《绿洲纵横》《健康服务》《休闲时光》《空中书场》《轻松十分》等自办栏目，自办节目播出时间占到节目播出总量的80%。同时，继续引进国内专业广播节目制作团队打造的品牌节目《中华文化大讲堂》《天下体育》《车旅杂志》《音乐大篷车》，形成重点时段自办节目“声声相伴”，休闲时段娱乐节目“时时相随”的局面，进一步提高受众的收听率。

五家渠人民广播电台把安全播出、零差错播出作为全年工作的目标，狠抓各项管理工作制度和责任制的落实，不断增强全台人员做好安全播出工作的责任感和主动性，对自办节目和引进的节目全部做到播前预审、预听，坚决把各类差错事故消除在播前。对播出设备定期进行检查维护，保持设备的正常率。对聘请的2名广播信号监听人员，加强管理，规范交接班，确保节目信号的正常播出和场所、设备的安全。5月，投入4 000元，对发射机房塌陷的地基进行修复，消除事故隐患。全年没有发生播出安全事故。

【发挥广播传播优势，提高舆论引导能力】 2014年，五家渠人民广播电台充分发挥广播迅速、快捷的优势，围绕工作中心打好主动仗，唱响主旋律，创新宣传形式。为师市跨越式发展和长治久安营造良好的舆论环境，舆论引导的及时性、针对性和实效性进一步提高。

是年，五家渠人民广播电台在《五家渠新闻》节目中继续办好和新开设的专题共有22个，做到全年有主题宣传、阶段有重点宣传、每月有专题宣传，进一步增强舆论引导的针对性。

2014年，五家渠人民广播电台共制作播出新闻247期，播发稿件3 921条。

【通联工作】 2014年，五家渠人民广播电台对年度优秀通讯员表彰的范围更加广阔，使每个单位至少有1名通讯员为电台投稿，稳定、扩大了基层通讯员队伍，提高广播新闻信息覆盖范围，提升新闻稿件质量。同时，利用现代技术建立联系通道，与基层通讯员互动，及时发布报道主题和重点，提高基层通讯员投稿的针对性，使主题宣传、重点宣传形式更加多样、内容更加丰富。对录音新闻继续实行优先采用、优先播出，进一步提高基层通讯员采制录音报道的积极性，使听众可以听到更多来自基层一线的干部职工的声音。

【对外宣传报道】 2014年，五家渠人民广播电台克服人员少、任务重的困难，集中精力抓好对外宣传报道工作，取得新突破。

在中央人民广播电台、新疆人民广播电台、兵团广播电视台、兵团日报等大台、大报上继续保持良好的刊稿形势，在更广阔的领域扩大了师市的知名度。在中央人民广播电台、兵团广播电视台刊稿数量上再创新高，在新疆人民广播电台刊稿上，新闻报道的质量进一步提高。2014年，五家渠人民广播电台共完成对外新闻宣传报道163条。其中，中央人民广播电台12条，新疆人民广播电台60条，兵团广播电视台52条，《兵团日报》39条。

（李建华）

新疆生产建设兵团出版社

【概况】 新疆生产建设兵团出版社有限责任公司（以下简称兵团出版社）社长强始学，常务副社长熊登云，副社长李书群，副总编辑杨建平。

兵团出版社属国有企业性质，实行独立核算的自主经营、自负盈亏企业制度，由兵团党委党校代管，委任一名校领导兼任董事长、社长。兵团出版社业务由兵团宣传部和兵团新闻出版局主管。

兵团出版社社址位于新疆五家渠市迎宾路619号兵团党委党校院内图书馆一楼、二楼西侧，设有社办、总编室、编辑部、项目部、财务部和发行部6个工作部门。驻外机构有乌鲁木齐办事处、北京出版发行中心。

【出版发行】 2014年，兵团出版社出版图书237种20余万册，总码洋2 589万元，营业收入338.6万元。出版的《兵团精神》《兵团之歌》《兵团发布》《兵团组歌》等图书获得社会广泛关注与好评。

是年，兵团出版社经国家新闻出版广电总局批准获得中小学语文、政治、历史、数学、物理、英语、生物七科教辅材料出版资质，这是兵团出版社获取出版资源的又一突破。兵团出版社将抓紧这一机会，强化已有选题，积极开发新选题，严格按照核准的科目开展出版业务，努力打造具有特色的中小学教辅出版机构。

【兵团成立60周年的选题及出版】 2014年初，兵团出版社召开庆祝兵团成立60周年图书策划动员大会，策划并出版了《兵团之歌》《兵团精神》《兵团组歌》《辉煌60年》等一系列图书，展示了兵团屯垦戍边60年的丰功伟绩，展现了兵团人昂扬向上的精神风貌，宣传社会主义核心价值观，弘扬兵团精神。

【项目申报与获批情况】 2014年，兵团出版社申报国家出版基金项目1项：《新疆治理丛书》（一套11册）。2013年申报的国家出版基金项目——由杨建平主持的《新疆长治久安丛书》通过国家基金委员会的审批，获得资助基金85万元，首批核拨17万元。《新疆长治久安丛书》（一套13册），预计2016年完成，作者为新疆生产建设兵团党委党校、石河子大学、塔里木大学的教授、专家。此项目的获批标志着兵团出版社的选题策划意识和能力都有了新的提升。

【农家书屋工程】 2014年，兵团出版社为兵团1 901个农家书屋（点）配套图书22个品种4.18万册。兵团出版社工作人员在农家书屋图书的配送过程中，按照农家书屋的要求，在保证图书印刷、编排、装帧质量精美的同时，及时装配图书并送达新疆自治区新华书店，为兵团农家书屋工程的实施贡献了力量。

是年，兵团出版社出版的《爷爷奶奶的故事》《危机瞬间与自救》《兵团儿女·3》3本图书入选2 013~2014年全国农家书屋重点出版物推荐目录，陕西、宁夏等地的农家书屋均有采购。

【全国图书交易博览会】 2014年8月1日，由国家新闻出版广电总局、贵州省人民政府主办的第二十四届全国图书交易博览会，在贵州省贵阳国际会议展览中心盛大开幕，兵团出版社社长强始学、副总编辑杨建平等一行5人参加图书交易博览会。

全国图书交易博览会是图书业界三大盛会（北京图书订货会、全国图书交易博览会、北京国际图书博览会）之一，简称全国书市。参展出版发行单位800多家，涉及学术研讨、产业论坛、新书签售、名家讲坛、演讲大赛等多项活动。

在博览会上，兵团出版社展位具有浓郁的兵团特色，吸引众多参展者拍照留念。国家新闻出版广电总局书记蒋建国亲临兵团出版社展位视察，并寄语："希望兵团出版社越办越好。"兵团宣传部副部长、兵团新闻出版（版权）局局长王运华、兵团新闻处处长黄小虎等对此次兵团出版社的展位设计和展示的图书表示满意。

【合作交流】 2014年，兵团出版社与国家行政学院出版社合作开发15种优质图书。与公安部禁毒委员会合作出版了《亮剑（禁毒光盘）》，此光盘全国发行。与韬奋基金会、学习出版社和中国科技出版社达成了初步合作意向。

此外，兵团出版社还积极与疆内各大出版社合作交流，先后到新疆人民出版总社、新疆电子出版社、新疆美术出版社、新疆青少年出版社等兄弟出版社进行交流学习，商讨合作共赢之策，其中，与新疆音像出版社合作出版《简明新疆屯垦戍边史》（书配光盘）的项目已经达成合作意向。

【公益活动】 2014年，兵团出版社积极参加各项社会公益活动，不断扩大出版社社会影响面。先后向一○二团、红旗农场、五家渠监狱等3个单位捐赠农业科技类、法制教育类、青少年类畅销图书400余册，价值1万余元。（李　艳）

新疆生产建设兵团出版社

新疆生产建设兵团出版社于2007年5月经国家新闻出版总署批准成立，出版范围包括政治、经济、文化、科技、工程、教育、文艺等出版物，是一家综合性的出版社，也是兵团唯一的出版社。

医疗·卫生 Medical Treatment & Sanitation

责任编辑 李守谦
题图摄影 奇台医院

综 述

【概况】 2014年，师市有师、团综合医院18所，专科医院3所，社区卫生服务机构29家，基层卫生室189家，个体医疗机构78家，综合门诊12家，学校卫生室4家，厂矿企业卫生室8家，预防医学门诊部15家，120救援中心2家，师疾控中心1家，团场（矿）疾控中心15家，师卫生监督所1个，驻团场卫生监督所4个，各级各类卫生机构共计379家。公立卫生机构编制2 688人，实际在岗2 880人，其中卫生技术人员2 460人。设置床位1 675张，师级840张，团场715张，直属企业20张，民营医院100张。

【医药卫生体制改革】 2014年，开

2014年师市卫生系统基本情况表

单位	卫生机构数(家)	床位数(张)	公立卫生机构在岗人员数(人)
师市卫生监督所	1		21
师市疾控中心	1		25
第六师医院	5	500	743
第六师奇台医院	1	260	486
十三户医院	1	80	87
一〇一团	16	100	163
一〇二团	25	60	97
一〇三团	17	65	103
一〇五团	21	30	76
一〇六团	10	20	38
新湖农场	67	100	237
芳草湖农场	63	180	365

续表

单位	卫生机构数(家)	床位数(张)	公立卫生机构在岗人员数(人)
共青团农场	14	20	47
军户农场	15	25	50
六运湖农场	3	20	35
土墩子农场	8	20	35
红旗农场	18	50	66
奇台农场	30	30	138
北塔山牧场	8	25	47
大黄山煤矿	2	20	21
现代肛肠医院	1	20	
神农中医院	1	50	
五家渠民营医疗机构	51		
合计	379	1 675	2 880

展奇台垦区(模拟)医疗集团试点工作。以农牧团场委托的方式,将红旗农场、奇台农场、北塔山牧场现有医院、社区卫生服务中心及连队卫生室的人员、资金、固定资产交由奇台医院统一管理。在人员编制、组织人事关系、资产所有权不变的前提下,建立新型师、团、连纵向一体化医疗集团,促进师、团医疗机构的人才柔性流动,不断规范和提升农牧团场卫生服务能力。截至年末,六师奇台垦区(模拟)医疗集团所属各农牧团场医院门诊病人量同比平均增幅14.8%,住院病人量增加5.5%,业务收入增幅9.1%。五家渠市多元化办医格局逐步形成。通过公开方式,引进4家民营医疗机构进入前进西街等五个社区卫生服务站,开展基本医疗及部分公共卫生服务,对社区卫生服务网络形成有效补充,卫生服务系统进一步完善。完成卫生项目7个,执行中2个,完成投资5 100万元,卫生服务条件和环境显著提升。拨付专项资金135万元,用于开展师、团合作医疗工作补助。允许红旗农场、奇台农场、北塔山牧场医院按现行财务制度,从医院当年劳务性业务收入(挂号、诊疗、治疗、护理、床位费等业务收入)中提取50%作为专项基金,用于职工考核、鼓励多劳多得、优绩优酬。建立艰苦边远困难团场在岗执业(助理)医师、技师特岗津贴。在岗执业(助理)医师、技师可按月发放特岗津贴,进一步提高边境贫困团场卫生人员待遇。组织学科带头人和骨干医师参加培训,进一步提升基层卫生人员服务能力。

【卫生援疆工作】 2014年,山西省13位援疆专家协助六师医院组建新科室5个,开设新门诊1个,开展新技术26项,参与手术1 000余例,赴农牧团场门诊诊疗1 100余人次,教学查房120人次,举行医学知识和健康讲座14场,听众累计1 500余人。师市与山西省卫生计生委签订《山西省卫生计生委对口支援新疆兵团第六师五家渠市卫生工作协议书》,明确未来3~5年山西省援助师市卫生工作的重点和方式。师市各农牧团场参加卫生对口援疆工作的已达到11个,太原市6所卫生单位分别与师市疾控中心、卫生监督所、一〇一团医院等6单位签订援助工作协议。

是年,山西省各地区累计选派卫生援疆干部32人。师市选派11名骨干医师和20名卫生管理人员赴山西省进行培训。利用山西省卫生资源,以太原市医疗专家作为师资,开展师市公共卫生服务能力的培训。

【卫生监督工作】 2014年,全师聘用监督协管员80人,监督信息员183人,基层卫生监督队伍进一步健全。完成2014年医疗机构年度校验、医疗机构及公共场所卫生监督量化升降级、生活饮用水卫生监督及食品风险抽检工作。开展打击非法行医专项整治、医疗废物专项整治、医疗卫生专项监督检查、放射防护专项检查、学校卫生专项检查等专项活动。出动监督(协管)员516次,车辆80台次,立案查处1户,罚款1 000元,取缔流动无证行医10户,没收医疗器械及宣传品8箱,下发监督意见书290份。

【公共卫生服务】 加强对基本公共卫生服务项目和资金的管理,下发《师市基本公共卫生服务实施方案》《师市12项基本公共卫生服务规范实施方案》等规范性文件,成立师市基本公共卫生服务领导小组,加强对公共卫生服务机构的指导管理。顺利完成脊灰两轮强化免疫工作,服苗率99.92%,计划免疫接种率持续保持较高水平。开展65岁老年人体检工作,截至10月底,完成体检1.57万人,完成兵团下达工作指标的104.6%。加强鼠疫、结核病、艾滋病等传染病的防控工作,顺利推进包虫病、布病、食品安全风险监测等重大公共卫生服务项目。开展健康教育,累计发放宣传画等宣传资料10种4 000余份。继续巩固无烟医疗卫生机构创建成果。

【医疗安全与质量管理】 2014年,以二级医院复审为契机,严格参照国家评审条件,按照只升不降的原则要求师级医院进行自查、整改,规范各项诊疗行为,有效降低单病种的平均住院日、平均住院费用和药品使用比例,提高诊疗效率。5月,六师医院顺利通过兵团组织的二级医院复审。认真开展打击非法行医和抗菌药物临床应用等专项整治活动,临床服务流程逐步完善,服务效能显著提高。加大对卫生技术人员的培训,选派90余人次到师市外参加短期培训。举办连队卫生员全员培训2期,专项培训3期,累计培训1 100余人次,基层服务能力明显提高。

【行业作风建设】 落实行业作风建设工作责任和目标,及时转发国家卫生计生委医务人员九不准实施方案,并对部分单位的医德档案进行抽查。严格执行“三重一大”决策制度,将党务、政务公开作为卫生工作年度考核的重要指标,大力推行党务、政务规范化、公开化。师直医疗机构全年拒收红包46人次,上交、拒收红包6.55万元,拒收购物卡500元,拒吃请28次,收到锦旗116面,感谢信51封。树立白衣天使的良好形象。 (白 鸽)

疾病预防控制

【概况】 第六师疾病预防控制中心、第六师妇幼保健中心(以下简称疾控中心)书记、主任谭华(女),副主任董思文(5月退休)。

2014年,疾控中心编制26人,在编25人,领导1人;卫生类专业技术人员24人,其他类别专业技术人员1人;高级职称1人,副高级职称3人,中级职称6人,初级及以下职称15人;本科学历12人、大专及以下学历13人。

【质量管理体系建设】 2014年12月5日,疾控中心经自治区技术监督局专家组评审通过计量认证,使中心出具的检验检测报告具有法律效力。是年,对原有的《管理手册》《程序文件》进行改版,并将生物安全内容列入其中。在日常检验检测工作中通过对检测过程和结果记录进行室间比对、人员比对、盲样考核等方法,对所有仪器设备进行定期检定或校准,保证检验工作合格率99%以上、及时率99%以上,杜绝责任事故的发生。

【加强团场疾控业务管理】 2014年,疾控中心加强师团两级疾控人员业务培训工作,特别是对外出培训人员实行规范化管理。全年派出40余人次参加国家、自治区、兵团举办的各类(突发公共卫生事件、重点传染病防治、传染病网络信息监测填报、结防、鼠防、地方病防治、免疫规划、AFP主动监测、VCT自愿咨询检测和高危行为干预、健康教育)业务学习,召开以会代培形式的团场疾控中心主任例会4期,为团场疾控业务人员举办突发公共卫生事件、重点传染病防治、传染病网络信息监测填报、结防、鼠防、地方病防治、免疫规划、AFP主动监测、VCT自愿咨询检测和高危行为干预、健康教育学习班1 815期,培训基层工作人员300余人。

【健康教育与健康促进工作】 2014年,疾控中心加大宣传力度,采取形式多样的活动,深入基层、建筑工地、公共场所及街道社区和大中专院校开展健康教育服务活动。加强公共卫生服务、健康教育与健康促进管理,普及公民健康素养知识。全师农牧团场举办各种类型的宣传咨询活动158场次，悬挂宣传条幅142条，摆放宣传展板160块，发放各种宣传资料10万余份，制作宣传栏146期、黑板报56期，电视宣传1 500次，广播宣传760次，电子屏字幕宣传120条。宣传期间，接受咨询的群众1 000余人，受教育群众12万余人，向媒体投稿120余篇，采用80余篇。全年举办健康教育知识讲座170场，受教育1.9万人次，举办各种专业培训84期，培训5 000余人。六师6个医疗卫生单位接受兵团卫生局和兵团疾控中心无烟医疗督导检查，效果得到检查组肯定。

【传染病管理】 2014年，前三季度全师报告发生乙、丙类传染病19种，报告病例1 374例，同比下降0.67%，报告发病率444.58/10万。其中发病前三位疾病分别为：感染性腹泻病、乙肝、痢疾。不良生活饮食习惯是发生这类疾病的主要原因。是年，重点加大对手足口病的监测力度，组织并完成全师8例手足口病人粪样采送样监测工作，同时对学校及托幼机构督导30余次，全师无零缺报单位，无迟报迟审卡片，无暴发疫情及突发公共卫生事件。

【应急处置工作】 2014年，疾控中心对20种传染病应急预案进行修订，举办传染病疫情及突发公共卫生事件信息管理和应急处置培训班，培训内容为国家突发公共卫生事件应急条例、应对法律法规、国家公共卫生应急预案、国家突发公共卫生事件相关信息报告管理规范，尤其着重对鼠疫、不明原因肺炎、流感、非典型性肺炎和人感染高致病性禽流感的发现、信息报告及应急处置进行培训。同时，对散发疫情、暴发疫情、突发公共卫生事件各类传染病的判断例数及三者之间的区别与联系进行详细讲解。此外，还举办人感染高致病性禽流感项目培训班。一〇一团、一〇二团、一〇三团和芳草湖农场完成职业暴露人群血清采送样任务，按计划逐月进行环境标本的采送样和结果录入。截至年末，已完成200份职业暴露人群血清检测和结果录入，228份环境标本检测和录入工作，未发现H7型阳性结果。加强全师所有辖区传染病的监测、督导和宣传教育力度，全师未发生突发公共卫生事件。

【免疫规划】 2014年，全师各单位均能正常开展免疫规划工作，及时完成月报及其他相关报表。顺利完成两轮脊灰疫苗应急强化工作，两轮强化免疫服苗率均大于99.90%，达到兵团服苗率大于95%的要求。期间，未发现AEFI病例。对所有新入学及托幼机构儿童进行接种证的查验及疫苗的查漏补种工作，查验28所小学，41所幼儿园新入学、入托儿童接种证共8 441本，补证136本（其中小学91本，幼儿园45本），补种687人，其中大部分为外地流入儿童。强化冷链系统管理，各团场接种门诊对所用冷链设备专人管理并进行温度登记。冷链设备在GAVI系统中进行录入并且记录温度，各团均能按要求完成。

【妇幼保健】 2014年，全师14个团场均开展孕产妇系统管理工作，管理覆盖率100%。全师无新生儿破伤风病例报告。1~11月，全师孕产妇死亡为零。全师14个团场均开展0~6岁儿童保健管理工作，管理覆盖率100%。实施0~4岁儿童死亡监测及新生儿缺陷监测，截至11月底，5岁以下儿童死亡7人，其中婴儿死亡6人，早期新生儿死亡5人，出生缺陷儿6人。完成五家渠市辖区部分幼儿园在园儿童705人的健康体检工作。严格出生医学证明管理，规定发放出生医学证明的各医疗机构向师疾控中心上报发放名单，审核通过后，方可再次领取出生医学证明。1~11月，全师发放出生医学证明1 786份，无漏发、错发现象发生。完成妇幼机构监测和向兵团上报妇幼年报工作。

加强对预防艾滋病母婴传播的宣传咨询，按月收集监测资料汇总上报兵团妇幼保健中心。规范管理和领发预防艾滋病母婴传播工作检测试剂，协调合理使用。截至11月，接受初次产前保健的孕产妇1 460人，全部接受艾滋病咨询和HIV抗体检测，HIV阳性孕产妇为零。住院分娩产妇921人，住院分娩活产数921人，乙肝表面抗原阳性产妇50人，乙肝表面抗原阳性孕产妇所生新生儿注射乙肝免疫球蛋白为100%。

【艾滋病项目管理】 2014年，制定六师艾滋病防治工作方案、工作计划和经费使用计划，制订相关试剂耗材分配计划。通过自愿咨询检测、娱乐场所宣传干预及大众知识宣传工作，预防控制艾滋病宣传资料发放覆盖到各类人群。对各级业务人员开展艾滋病防治咨询检测、高危行为干预培训，参加培训达到50余人次。对师市范围内监管场所的司法干警及新入监人员，以及公共娱乐场所业主、工作人员、医务人员等500余人进行艾滋病、梅毒防治宣传培训。是年，全师设置17个自愿咨询检测门诊，开展咨询检测工作。完成对师市各娱乐场所的基线调查摸底，再次核实高危场所地址及数量，通过艾滋病防治宣传和高危行为干预（主要是100%安全套推广使用），月均干预率达到95.3%。对师市各建筑工地外来务工人员开展艾防宣传和行为干预，累计干预2.95万人次。

是年，全师共检测各类人群2.1万人次，其中免费咨询检测1.78万人次，孕产妇检测2 108人，监管羁押人员检测780人次，完成对娱乐场所229名暗娼的艾滋病检测工作。对六师辖区的感染者及病人采取定期随访管理，按时发放宣传资料和安全套，对感染者及病人进行CD4检测，对其非阳性配偶进行艾滋病筛查，对符合低保目标阳性者及时纳入了低保。

【结核病项目管理】 2014年1~10月，全师共发现结核病患者184例。其中，涂阳23例，涂阴77例，未痰检59例，结核性胸膜炎25例，到位129例，总体到位率为70.11%。新涂阳患者治愈21例，涂阳患者治愈率为91.30%。结核病人的发现率为100%，能开展痰检工作的实验室正常开展痰检工作。结核病网络信息管理较前有所提高，大多数团场结核病专干对结核病专网信息能够及时录入，病人的发现率逐步提高。

【包虫病防治】 2014年，疾控中心制定包虫病防治方案，完成对全师疾控人员和项目团场各类人员的培训和前期宣传工作，共抽查8个团场的农牧职工及群众，B超检查8 000人，阳性1人。学生血清学检查952人、阳性10人，犬感染率调查889条、阳性10条，检查937只羊、感染7只，对710个人进行包虫病知晓率调查，知晓率为88.6%。对项目团场7 669条犬每月在规定时间进行统一驱虫。对人群进行规范药物驱虫。包虫病手术治疗6人，其中3人在六师医院手术，6人统一在师市疾控中心管理和服药。

是年，对包虫病防治总体上采取了健康教育、病人治疗，对犬进行药物驱虫，加强牲畜屠宰管理等综合防治措施。防治工作有方案、组织机构、记录、小结、总结。

【鼠疫监测项目】 2014年，疾控中心制定鼠防方案，举办2期培训班，培训医院感染科医生、疾控中心鼠疫防治人员和连队卫生员共76人次。有174人次参加各团场举办的培训班。8个沿沙漠一带团场都开展鼠防健康宣传活动。通过制作宣传画、宣传册、宣传板报等，使2.6万人次受到教育。一〇三团鼠防监测站，调查面积44平方千米，野鼠平均密度为5.1只/公顷，野外夜行鼠捕获率为12.2%，媒介蚤染蚤率100%，总蚤指数11.5，检验野鼠血清390份，阳性4份。监测时间、监测点的设置和数量完全符合方案要求。

【麻风病防治】 5月，疾控中心举办1期麻风病培训班，对师市麻风病防治项目方案、项目任务及要求进行相关培训。各团场亦按项目要求开展病人筛查、防治宣传和问卷调查等各项工作，芳草湖农场对已有的1例患者进行随访、慰问。

【地方病防治】 2014年，疾控中心开展碘盐监测和健康教育工作。5月，对居民食用盐进行一次抽样监测，按照《全国碘盐监测方案》要求，随机抽样监测了奇台农场、军户农场、红旗农场、新湖农场、一〇二团共5个团场合计300份盐样，检测合格率100%，碘盐覆盖率和食用率均达100%。5月，在北塔山牧场进行碘缺乏病防治宣传活动，发放碘盐5吨和500份宣传资料，提高居民食用加碘盐科学补碘的意识。9月，完成300份孕产妇和小学生尿碘采送样和结果网报工作。

【牙防工作】 2013~2014年度西部地区儿童口腔健康项目惠及六师奇台农场、新湖农场、芳草湖农场、一〇一团4个团场和十三户社区，共为1 325名7~9岁学生进行窝沟封闭充填，封闭龋齿3 021颗。

是年，开展各种形式宣传活动10次，发放各类宣传资料6 000份。另外，奇台农场作为儿童口腔局部用氟项目试点单位，保质保量完成1 000名3~6岁儿童口腔局部用氟填充工作。

【慢性病防治】 2014年，疾控中心选取五家渠市军垦路街道、一〇二团、一〇三团、军户农场4个单位开展600人的高血压、糖尿病监测工作,监测内容包括一般体检、血压测量、糖耐量实验等项目。对全师13个团场进行2次国家基本公共卫生服务项目慢病管理督导检查,提出整改措施,并在部分单位进行现场培训和指导。

【水质监测】 2014年,疾控中心对全师各个农牧团场饮用水进行监测,主要实施水样采集和实验室检测。对五家渠市及各个农牧团场的60个监测点丰水期和枯水期采集了240份枯水期的水样(出厂水120份,末梢水120份)进行实验室检测。将检测报告单反馈给相应团场,并在专网中进行监测点及水样检测结果网报。 (赵 静)

卫生监督管理

【概况】 六师卫生局卫生监督所(简称卫生监督所)党支部书记、所长张万里。

2014年9月,卫生监督所搬迁至五家渠市长征东街1 303号行政服务中心10楼。人员编制10人,其中所领导2名。下设综合办公室、医疗卫生监督科、公共卫生监督科、法制稽查科4个科室,截至年末在岗8人。卫生监督所承担全师餐饮业1 179家、公共场所571户、医疗机构369户、生活饮用水75户、学校卫生44户,共2 238家(其中五家渠市247家)经营单位的监督执法任务。

是年,卫生监督所坚持贯彻《职业病防治法》《传染病防治法》,以食品安全风险监测评估、职业病防治、放射卫生、公共场所卫生和饮用水卫生安全工作为重点,继续保持打击非法行医和非法采供血的高压态势。加强基层卫生监督体系建设,加强内部管理,较好完成全年各项任务。

【卫生监督体系建设】 2014年2月,师市聘用监督协管员80人,监督信息员183人。卫生监督所组织协管员和信息员集中7天进行统一的理论学习、现场教学和理论考核。确保全师协管员和信息员工作取得实效。

制定协管工作制度、现场巡查记录、卫生监督协管信息报告、协管投诉举报受理情况、卫生监督协管日常巡查记录、协管单位基本情况等6种簿册共2 000余本,发放给协管单位。组织学习卫生监督协管工作制度、日常巡查制度、考核与奖惩制度,并就如何运用和书写各种登记薄做了详细的讲解。

举办全师卫生监督协管员培训班1期,80余名监督协管员参加培训。举办全师卫生监督员培训班1期、举办卫生监督信息员培训4期。7月,举办全师卫生监督协管现场会,30名卫生监督协管人员参加。下发《六师五家渠市卫生监督协管考核与奖惩制度》规范卫生监督协管考核与奖惩办法。

举办全师民营医疗机构从业人员法律法规培训班1期,培训卫生人员150余人。举办打击非法行医法律法规宣传培训班1期,五家渠市零售药店、美容美体、推拿按摩、养生保健等机构的120余名负责人参加学习。举办师市在岗放射工作人员放射防护知识与法律法规培训班1期,90余人参加培训并取得《培训合格证》。

在《职业病防治法》宣传周期间,悬挂横幅7幅,发放防治法科普读物和防治知识手册各1 000余册,发放防治宣传画400幅、宣传单2 000张。出动宣传车辆2辆,人员24人次。撰写五家渠电视新闻报道1篇、滚动宣传10天。《准噶尔时报》刊稿2篇。举办公共场所卫生管理培训班2期,五家渠市市区宾馆、旅社、美容美发、公共浴室和文化娱乐场所负责人210人参加培训。

【整顿医疗秩序】 2014年,师市制定进一步整顿医疗秩序打击非法行医专项行动方案,成立由卫生局、计生委、食品药品监督管理局、师市公安局主要领导组成的打击非法行医专项行动领导小组和办公室。

制定《严厉打击非法行医行为的通告》《关于禁止在生活美容、零售药店、推拿按摩机构开展诊疗活动告知书》,印发打击非法行医宣传单2 000份。培训各医疗卫生机构、美容美体机构、零售药店、按摩机构负责人和从业人员270人次,及时传达和宣传师打击非法行医专项行动和法律法规,取得良好效果。

出动监督(协管)员516人次,车辆80台次,检查医疗机构300户次、美容养生机构30户次、药店33户次,立案查处1户,罚款1 000元。取缔流动无证行医10户,没收医疗器械及宣传品8箱,下发监督意见书260份。

【医疗卫生监管】 2014年，进行年度医疗机构校验、医疗机构卫生监督量化升降级、医疗废物专项整治、医疗卫生专项监督检查、放射防护专项检查等5次大型监督检查活动。继续做好以严把医疗机构准入关为中心，以医疗机构现场校验、医疗机构卫生监督量化公示、不良执业行为记分等7项措施为抓手的“1+7”长效监管机制，现场审核新办、变更医疗机构11家，合格11家。校验医疗机构369家（包括新增14家），其中合格315家，暂缓19家，不合格35家。监督检查中给予不良执业行为记分14家。量化公示270家，公示率达到80%以上。其中，A级单位93家，B级单位130家，C级单位46家，D级1家。

编制《放射卫生法律法规及防护知识手册》，为全师70多名从事放射诊疗工作人员进行职业健康体检和个人剂量监测。开展放射防护专项检查，从组织机构及制度建立、监护档案、人员资质、场所防护等14个方面对全师18家放射诊疗单位进行监督检查，制作监督检查表18份，下达监督意见书18份。完成兵团卫生局安排的放射诊疗防护摸底调查工作，按时上报调查情况。

【公共卫生监管】 2014年，对五家渠市区184家经营单位（理发店82家、生活美容店36家、宾馆20家、旅社23家，以及歌舞厅7家、游戏厅12家、浴室3家、影剧院1家）进行公共场所卫生监督量化分级“升降级”管理工作。

初审阶段量化评分A级单位9家，B级单位121家，C级单位47家，不及格单位7家。按10%的比例进行复审，共抽查20家，(其中A级单位2家，B级单位6家，C级单位4家，不及格单位8家)。共出动监督人员370余次，填写量化评分表184份，下发监督意见书184份。

五家渠市辖区内共有饮用水供水单位204个，均列入水质监测点。水源类型以地下水为主，其中市区4个，城市市政供水单位2个，城市自建集中式供水2个；团场200个，水厂14个，自备水井186个。有27家供水单位已取得生活饮用水供水单位卫生许可证。5~6月，开展六师范围内学校及托幼机构卫生监督检查，共检查各类学校、托幼机构27所(学校21所，托幼机构6所)，填写学校及托幼机构卫生监督检查表和卫生监督意见书各27份。通过检查，全师各教育单位的卫生状况总体较好，一〇二团学校的学生宿舍干净整洁，传染病疫情报告制度、学生晨检制度、因病缺勤制度以及突发公共卫生事件应急预案等相关制度都建立的较为完善。

【卫生监督法制稽查】 2014年5月，卫生监督所对六师范围内32家公共场所进行稽查，发现设监督分所的团场经营单位在证照管理、消毒保洁、设施配备、索证管理等方面都有明显改进。未设监督分所的团场存在：缺乏对从业人员的培训，从业人员卫生知识匮乏；经营单位未建立公共场所卫生制度和组织机构；缺乏公共场所卫生消毒设施；公共场所卫生许可证的有效期限混乱。

卫生监督所法制稽查科对4家驻团场监督所、11个农牧团场疾控中心、30个社区155个信息单位的卫生监督协管服务项目进行综合绩效考核。是年，开展公共场所量化分级管理专项稽查30家，专项稽查卫生许可档案30份、卫生行政处罚案件专项案卷5份。共考核单位196家，优秀23家，合格84家，基本合格68家，不合格21家。

【食品安全风险抽检】 2014年，卫生监督所分别于4月、6月、9月完成调理肉制品20批次，冷冻挂浆制品、冷冻鱼糜制品20批次，熟制动物性水产品10批次，餐饮店和饮品店自制饮料及食用冰20批次，学生餐20批次，外卖配送(午、晚餐)20批次，蔬菜及其制品10批次，水果及其制品10批次，粮食制品10批次，抽检鲜冻猪、牛、羊肉5批次，抽检鲜冻鸡肉和鸭肉5批次，纸制品5批次，共计8类165批的食品安全风险监测任务。当天采样，当天送样，确保样品运输储存符合要求，为抽检结果准确提供保证。

【卫生监督信息报告工作】 2014年，卫生监督所派员参加兵团卫生监督信息报告培训班。8月，卫生监督所所长张万里带队分东、中、西3个片区对驻团场监督所和团场卫生监督信息报告工作进行现场督导检查，发现存在的主要问题有：网络信息报告不及时，审核、查重信息滞后，被监督单位信息卡与卫生行政许可档案填写不一致，行政许可档案不规范。检查结果以文件形式通报全师并就各单位做好信息报告提出具体要求。

【行政处罚】 截至年末，卫生监督所监督检查医疗机构500户次，检查放射诊疗机构30户次，制作现场检查笔录、检查表500份，发放监督意见书300份。实施行政处罚7起，其中当场处罚4起、立案3起，没收药品器械50余件(盒)，罚款6 000元。无行政复议和诉讼案件发生。

公共卫生科共办理卫生许可证19份，复核42份，注销20份，变更7份。监督检查542户，出动监督员1 180人次，下发整改意见书500多份，立案处罚理发店1家，罚款500元。 (郭军刚)

六师五家渠市人民医院

【概况】 六师五家渠市人民医院党委书记杨建，副院长韩学斌(山西援疆干部，3月任职)，纪委书记肖文才(2月离任)，副院长潘戈英(女)、刘建疆、马军、石新国、梁颖(挂职)、刘毅(挂职)。

医院设有临床科室18个、医技科室6个及门诊、口腔、急诊、预防保健、紧急救援中心等。在职职工738人，其中硕士研究生16人、本科学历315人、高级职称60人、中级职称144人。是年，医院编制病床538张。门急诊病人就诊30.34万人次，同比增加4.45万人次，增长17.2%；出院患者2.34万人次，同比增加1 082人次，增长4.9%；平均住院天数8.3天，同比减少0.92天；完成手术5 881台次(其中门诊手术1 515台次)，同比增加876台次；健康体检9 107人次，紧急救援中心出诊3 481人次。业务收入1.5亿元，同比增长11%。病人满意率保持在97%以上。

【政治学习】 重点学习习总书记系列讲话，学习十八届三中、四中全会精神，学习兵团党委六届十二次全委(扩大)会议、师市党委十届四次全委(扩大)会议精神、师市维稳工作会议精神。采取个人自学和集体学习相结合的方法，抓好理论学习和专题辅导，突出实效。党委中心组集中学习11次，院领导带头上党课4次。邀请师纪委领导、兵团党校老师专题辅导2次，组织党团员参观五家渠博物馆、一〇三团兵团知青纪念馆，全面开展弘扬焦裕禄精神学习活动，践行“三严三实”，班子成员带头撰写读书笔记8万余字，党员干部撰写读书笔记不少于3千字，为群众路线扎实开展打下牢固的思想基础。

【党员干部队伍建设】 2014年，医院加强党的组织建设。调整基层党支部领导班子，充分发挥基层党组织战斗堡垒作用。做好党员领导干部轮训工作，由2名院领导及5名中层干部和机关工作人员参加兵师党校举办的十八届三中、四中全会培训班。全年发展预备党员6名，有5名预备党员转正，培养入党积极分子8名。经组织推荐，12名援疆专家在医院任实职，发挥专家在管理、技术上的作用。3名护士长报名参加竞聘护理部副主任职务，通过业务考试、科室测评、演讲竞聘、考察、公示等环节，1名走上管理岗位。严格落实《六师医院中层干部管理办法》，经年终群众测评考核，对部分称职率低于80%的中层干部岗位补贴作了相应下浮。

【党的群众路线教育实践活动】 2月19日，医院党的群众路线教育实践活动启动，10月22日召开总结会，历时8个月，后续的建章立制、整改等项工作正在进行。医院在师市总结会上，2次作为典型发言，兵团督导组检查3次，教育实践活动都得到肯定。上级督导谈心谈话3次，发放调查问卷407份、征求意见表313份。召开座谈会10次、开展谈心谈话活动30余人次，共征求到意见建议152条(其中，上级点17条，下级提82条，领导班子成员互相帮查摆问题26条)，针对领导班子提意见建议26条，针对院领导提出问题126条。领导班子和班子成员对照征求到的意见和建议，认真剖析撰写检查材料，反复修改12次，班子成员通过谈心活动，交换意见，在民主生活会上通过批评和自我批评达到“红了脸、出了汗”的效果。

【立行立改见实效】 简化接待工作，不搞公款聚餐。严格控制接待标准，减少内部接待陪同人数。上级领导检查工作或兄弟单位来考察工作，原则仅限于在医院职工食堂吃工作餐。全院招待费用同比减少50%。压缩差旅费，执行出差审批制度，严格按照职称、职务标准报销。医院车辆统一管理，严格执行派车制度，坚决杜绝公车私用现象。公车费用支出同比降幅为12%。理清医院发展思路，规范绩效考核、加强学科建设、人才储备，全面启动争创三级甲等医院工作。发挥党员先锋模范作用，兵团“5·25”特大交通事故发生时，全院人员响应迅速、到位及时、措施有力，32名危重病人得到诊治。在大黄山煤矿、中煤集团天山煤电矿难发生时，院领导带领医疗救护人员第一时间赶到现场，深入地下1 000米矿井，积极进行抢救。

【党风廉政建设】 医院党委与各科室签订党风廉政建设及纠风专项治理目标责任书。加强廉政风险防控机制建设，将岗位职责、风险特点，防范措施，归类汇总，层层分解，推动廉政建设扎实有序地开展。召开加强纪检监督、维护患者权益、强化廉政建设会议，与2014年度内采购的50万元以上24家医药耗材物资公司签订廉政承诺书。邀请法院专家上法制课1次，进行廉政法制教育。调整物资采购领导小组，规范物资采购管理办法，完善物资采购流程，多次召开采购部门和监管部门协调会，对采购量、库存量进行摸底，对统采工作进行定期抽查、及时反馈，实施阳光采购，进行事前、事中、事后监督，对问题公司予以约谈亮红灯。加强行风建设，坚持每月满意度调查制度，发放调查表2 000份，征集患者意见，并及时整改。医务工作者46人次拒收红包3.65万元，收到感谢信40封，锦旗52面。

【群团组织建设】 工会履行监督职能，职代会审议和听取医院工作报告及年度财务预算方案的报告，听取与医院发展、职工福利相关提案的落实情况的报告。妇委会组织开展三八红旗手、巾帼文明示范岗、和谐小康家庭评比活动，有12名护士获2013年度星级护士称号。年值夜班超过115天无差错的护理人员42人受到表彰，在两项护理竞赛活动中有24人获奖。9月，由党委办公室倡议，为1名白血病患者开展献爱心送温暖活动，全院525人参加捐款5.3万元。是年，投入3.05万元，保证老同志的老年报刊征订。坚持节假日院领导走访和慰问制度，走访慰问35人次，探望住院病人43人次。2月，举行趣味联欢会。9月重阳节，组织老同志参观昌吉菊花展，丰富离退休人员文化生活。

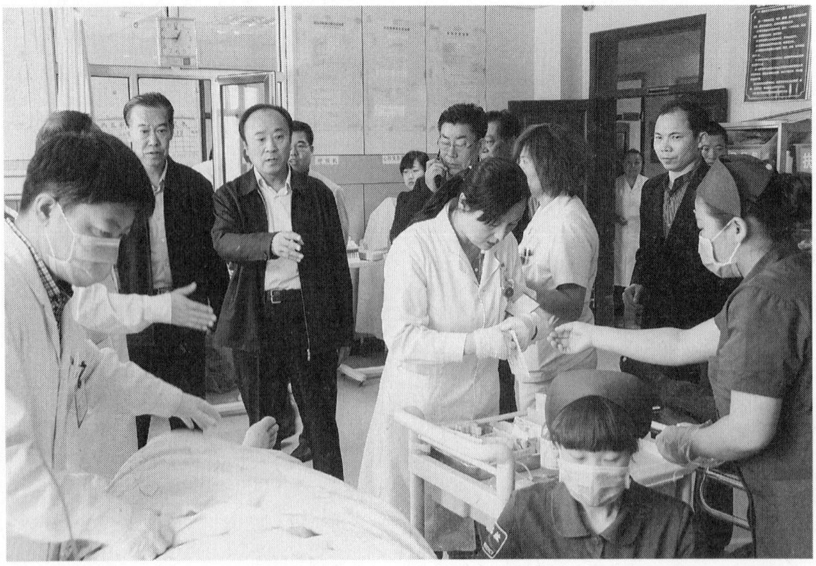

2014年5月25日，甘莫公路发生特大交通事故，师市启动突发卫生公共事件应急预案。图为师长张顺帮在六师医院指挥伤员救治工作。（六师医院）

【精神文明建设】 2014年，开办道德大讲堂4期，参加师市文明委组织的78个单位道德大讲堂比赛，获组织三等奖和最佳优秀主持奖。注册青年志愿者200余人，开展为患者理发、剪指甲送温暖活动，到团场、敬老院进行义诊，到一〇三团沙漠及社区捡拾垃圾。开展文明餐桌、公益广告宣传活动，加强文明宣传，提高文明意识。8月16日，医院正式启动兵团示范文明单位创建工作，在师市文明委指导下，经过3个多月准备，医院通过兵团示范文明单位验收。

【综合治理】 2014年，医院邀请乌鲁木齐市消防人员对全院职工分批次进行消防教育，组织全院进行消防灭火演练，更换灭火器282具。加强对医院配电室、高压氧、中心供氧及医疗、医技等各要害部门进行严格巡查，综治办协同后勤部门对消防及易燃易爆区域安全检查6次，查找安全隐患，严格安全管理。重视人力投入，新聘用3人、协警1人，同时做好监控设备升级改造，更换长期使用的监控摄像头，做到医院重点场所监控全覆盖。

是年，医院无刑事案件发生，

在师市社会管理综合治理检查中，得到检查组的肯定，并获得了消防工作先进单位称号。

【等级医院复审工作】 为确保医院二甲医院复审工作顺利进行，医院成立以院长为组长的复审迎评工作领导小组，并将全院复审工作分为管理、医疗、护理、医技、信息医学装备、药事、财务等小组，确定复审工作为三个阶段分步推进。多次召开全院动员大会，统一思想，提高认识。按照培训计划进行培训、学习、讨论和分解标准，明确责任科室和具体责任人，对照标准组织自查，找准差距，提出整改措施，限期完成整改。健全医院管理的规章制度、工作职责，修订医院管理和持续改进实施办法及保证措施。

6月16日，完成兵团评审专家对医院复审迎评工作检查，达到预期的效果。9月，医院召开争创三级甲等医院动员会，新一轮创建工作正式启动。10月，经兵团卫生局批准，医院将参照三级甲等医院管理模式试运行，医院的综合实力得到全面提升。

【临床路径管理】 2014年，医院修订单病种检查细则。确定24个病种进入临床路径，由医务处、质控办负责组织实施。通过每月医疗环节检查，对治疗效果、住院日、药品比例、总费用等指标进行质量控制，同时将检查结果与综合目标考核挂钩。是年总体入径率为75.12%，完成率为94.53%，变异率为10.78%。通过临床路径管理，有效降低单病种的平均住院日、平均住院费用和药品使用比例，提高诊疗效率，发挥临床路径管理对规范诊疗行为和控制医药费用的作用。

【抗生素管理】 2014年，医院对临床医师抗菌药物处方权进行严格把关，坚决杜绝不合理用药。制订《六师医院抗菌药物临床应用专项整治实施方案》，严格处方点评，抗菌药物使用率、抗菌药物使用强度、I类切口预防抗生素使用明显下降，基本达到卫计委抗菌药物合理使用的各项指标。1~11月，住院病人抗菌药物使用率为37.5%，使用强度为36.9。门诊抗菌药物使用率小于20%，急诊抗菌药物使用率小于40%，I类切口预防性抗菌药物使用率30%。

【基本药物管理】 2014年，落实基本药物管理制度，制定院科两级目标及奖惩办法。基本药物使用371种，为国家基本药物品种71.35%，基本药金额占比31.1%。调整药学和治疗委员会，加强处方点评，促进合理用药，药品占总收入的31%。

【感染管理】 2014年，医院加强感染管理。召开医院感染管理委员会会议2次，专题会议4次，院内培训6次，院外培训2次，国家级继续教育培训1次。每月对各科室消毒隔离措施落实、手卫生、感染病例上报等工作进行检查考核，下发整改通知单67份，查阅运行病历1 201人次，出院病历2 494人次，医院感染率为0.88%，清洁手术感染率为0.5%，符合国家标准。对新开展的手术进行检测，指导清洗、消毒及保存，降低医源性感染的风险。对全院各科室医疗废物的分类及处置进行监督检查，对运送医疗废物的专业人员进行培训与指导，严禁医疗废物流失危害社会，没有医疗废物流失事件发生。

【优质护理】 2014年，印发《护理工作质量考核评分标准》《第六师医院护理工作制度、职责》《第六师医院疾病护理常规》《第六师医院护理流程》《第六师医院护理应急预案》《护理岗位设置及护士分层管理办法》等岗位管理相关制度。扎实做好护理人员规范化培训，采取培训与考核相结合的办法，不断夯实护理人员的基本功。加强护理安全管理，落实护理不良事件上报制度，每月组织讨论分析和整改，每季出刊一期《护理警讯》。实行弹性排班，使患者从入院到出院，都能得到全方位护理。对行动不便患者实行陪检，对手术、卧床不能翻身、病危病重者及特殊患者进行床头交接班，防止并发症的发生。改革护士分工和排班方式，试行包干责任制护理工作模式，做到无缝隙护理，坚决杜绝治疗、护理分离的现象。提高护士素质，选派骨干外出进修，进行专科培训，有124人取得各类专科护理证。在全院持续开展每月一次的“月星级护士”评选和“年度星级护士”评选，促进服务水平的提高。

【财务管理】 2014年，医院加强财务管理。严格预算约束机制，执行成本核算制度，保证高效、低耗、低成本的运行机制。实行耗材、办公用品集中采购3 095万元。医院使用药品由师市药品配送中心统一竞价采购、统一配送,医院药品采购4 412万元,同比增加0.33%,确保药品配送数量、规格、剂型等满足临床需要,降低药品价格,减轻患者经济负担。

【宣传工作】 2014年,医院加强与《准噶尔时报》、五家渠电视台、五家渠人民广播电台的沟通与交流。《准噶尔时报》开辟专版对医院援疆专家、文化建设、新业务开展等情况进行宣传,利用五家渠电视台《民生》节目专栏,刊播医院新闻8期,取得良好效果。全年五家渠电视台用稿20篇,《准噶尔时报》19篇,医院出版刊物10期。在兵团刊物刊稿3篇。

【医疗安全】 2014年,认真落实首诊负责制,三级查房制、病历书写规范并进行三级质控。落实急危重症病例的抢救、报告、讨论、谈话制,明确手术前讨论谈话制,大中手术报告制。实行医疗技术分级管理,制定高风险诊疗技术目录,对高风险操作或手术实行申请、审核制度。质控办、医务处定期开展自查和督查,全年质控环节病历7 000余份、未发现丙级病历,甲级率为97%。抽调主治医师以上人员全脱产在病案室进行终末病历质控,保障归档病历的质量,避免出现丙级病历。加强医院内网管理,实现实时监控病历,避免安全隐患,对病历书写缺陷较集中的个人及科室及时进行诫勉谈话,并与绩效相挂钩,全年进行相关缺陷诫勉谈话6次。加强对科室用药情况的审查,严格自费药品审批,加大对超限用药、"大处方"的处罚,共检查处方2 400份,缺陷处方48份,处方书写合格率98%。召开医疗质量与安全管理会议2次,输血安全管理会议2次,药事委员会会议4次,病案管理委员会会议2次,科主任会议12次,临床路径管理会议4次。

是年,发生医疗投诉及医疗争议15起,无一起属于医疗事故。

【信息化建设】 2014年,医院投入1 300万元改造中心机房,安装全结构护理病历系统、院感管理系统、抗菌药物分级管理系统、重症监护系统、绩效考核管理系统等21件软件系统,增加中心服务器各8台、核心交换机2台、汇聚交换机6台。信息化系统改造的升级,提升信息化建设的管理水平,减少患者等候时间,提高医生诊疗效率,方便了患者就医。

【基础设施建设】 2014年,投入6 687万元,面积20 281平方米的晋康中医楼即将验收搬迁之际,师市又配套投入800万元,用于购置配套设施,满足医疗需求。投入280万元,解决门诊综合楼防水防渗问题,完成住院楼外墙保温、晋康中医楼改造装修、1.5T核磁室项目工程建设。完成电梯维护、医疗垃圾清运、居住区生活垃圾清运外包合同签订。拆除了阻碍新发电机正常排风的房屋,保证发电机的正常工作。

加强设备硬件建设,医院投入资金2 669万元,购置核磁共振、胃肠机、彩超、监护仪、消毒机等医疗设备。为保证晋康中医楼按时搬迁,购置病床。新设备的添置,为医疗服务和诊疗质量提供保障,方便了患者就医。

【学科建设】 院党委落实学科发展规划,依托援疆专家的优势,整合人、财、物资源,组建了耳鼻喉头颈外科、肾内血液透析科,规范内、外科室命名。与山西省人民医院签订医疗联合体合作协议书,与山西卫计委所属9所三甲医院签订医院对学科备忘录,加快学科发展。中医综合楼即将投入使用,组建成立综合ICU,编制床位16张,扩大收治重症患者能力。

是年,完成兵团、师市科研申报立项工作,兵团科研课题7项,师市科研课题16项。举办医院第十六届"五优"评比活动,上报新技术4项、新项目3项、新手术8例。全院发表论文41篇,其中国家级25篇(核心期刊2篇),省级16篇。上报兵团论文11篇。

【人才引进和培养】 2014年,院党委按照医院发展规划,引进医学本科生51人、护理人员41人,聘用其他岗位9人,缓解医护人员严重不足的问题。为加强对医务人员的培养,多次邀请上级医院的专家来院会诊病人、进行手术,并选派10名技术骨干到山西、天津等地进修深造,选派护理8人学习外地的新技术、新知识,提高医务人员的专业技术水平。

是年,培养国家级专科护士1人、省级专科护士7人,培养院级专科护士31人。同时,还加强对全体医务人员的基本理论、基本知识、基本技能的学习和培训,举办医疗继续教育培训4次，培训500余人次，护理培训及考核8次1 117人次，举办护理新知识、新业务、新技术专题讲座4次1 665人次，业务学习14次2 448人次，培训率98%，合格率95%以上。按照培训计划，周五下午作为院内业务培训日，完成院内相关法律法规、规章制度、应急预案、基本技能等各类培训共30场次，其中外请专家5场次。“三基三严”考试7次，合格率95%以上。

【对口帮扶工作】 2014年，六师医院帮扶十四师一牧场医院，选派4人到一牧场医院对口支援。应一牧场要求，从一〇五团医院选派夫妻两人代表六师医院赴一牧场工作，其中1人任一牧场医院院长，一牧场医院并挂牌为兵团第六师医院一牧场分院，对一牧场医院实行托管。六师医院还派6名卫生人员到一〇二团、一〇三团医院进行对口帮扶。免费接受团场医院实习生8人、见习生13人、进修人员5人到六师医院进修培训。完成全科医师转岗培训工作，接收团场4名全科医师，妥善安排好教学及转岗工作，提高基层团场卫生服务能力。（蔡尚权）

六师奇台医院

【概况】 六师奇台医院党委书记、副院长仵晓文，院长、党委副书记白杨，副院长李宝平，纪委书记、工会主席任瑞芳（女）。

六师奇台医院始建于1959年4月，是兵团六师驻昌吉州奇台县一所综合性二级甲等医院。医院开放床位450张，设有临床、医技、职能辅助科室40个，在职职工478名，服务人口52万人。奇台医院是六师东线部分团场以及昌吉州所属奇台县、木垒县、吉木萨尔县职工、居民定点医疗机构。2014年6月，六师组建并运行了以奇台医院为核心，由奇台农场、红旗农场、北塔山牧场等3所一级医院和一〇七团、一〇八团、一〇九团、一一〇团4所社区医疗服务中心及37个连队卫生室为主体的第六师奇台垦区（模拟）医疗集团。

【基础建设】 2014年底，集门诊、收费、药房、影像等科室及住院病房于一体，建筑面积为1.71万平方米的12层奇台医院门诊综合楼竣工。同时，医院进一步规范科室功能设置，设立独立的母乳喂养咨询门诊、新生儿室、女婴童室、孕妇学校、临床陪检中心等，使医院建设步伐加快，服务功能更趋完善。

【医疗设备】 2014年，六师奇台医院更新添置了飞利浦64排128层纳米螺旋CT、神经外科显微镜等大型医疗设备，满足职工群众日益增长的医疗需求，提升医院综合竞争力。截至年末，医院拥有1250MA大平板数字减影血管造影机、主动脉内球囊反搏泵（IABP）、32导心脏电生理记录仪、800MA数字胃肠机、膝关节镜系统、腹腔镜系统、宫腔镜系统、电子胃镜、胶囊内窥镜、乳腺钼靶X光机、化学发光仪、血凝仪、全自动生化分析仪、四维彩超、远程动态心电图机等一大批先进医疗设备。

【重点和特色专科建设】 2014年，除继续做精做强心内科、骨科两大重点专科外，又开展先天性心脏动脉导管未闭封堵术、关节镜下微创治疗膝关节术等，填补了本地区医疗技术的空白。同时，医院在山西援疆专家的帮助下，巩固发展了神经外科、泌尿外科、重症医学科、普外科、妇科等新型特色专科，相继开展经尿道膀胱肿瘤电切术、输尿管镜气压弹道碎石术、经后腹膜腹腔镜肾切除术、开颅颅内血肿清除术、颅内动脉瘤开颅夹闭术/介入栓塞术、下肢大隐静脉曲张微创激光诊疗（EVLT），以及肝包虫外囊切除术、腹腔镜下全子宫切除术、宫腔镜下电切术等手术等，攻克了本地区诸多医疗技术难关，部分诊治技术已达到三级医院先进水平。

【打造优质服务品牌】 2014年6月，六师奇台垦区（模拟）医疗集团正式成立，奇台医院借助医疗集团运行平台，发挥党、政、工、青、妇部门的职能作用，不定期组织医疗服务队深入东线垦区农牧团场、社区、连队，开展以党员志愿服务、管理对口帮扶、兵地共驻共建、青年义诊直通车、女性健康体检为主要内容的主题实践教育活动，上北塔山、进社区、下连队、入户上门服务，送医送药送健康，跟踪患者康复治疗。2014年10月7日，国家卫计委副主任陈啸宏听取奇台医院白杨院长的汇报后，对公立医院试点改革给予充分肯定，受到中共中央政治局委员、国务院副总理刘延东的认可。同时，推行全程人性化临床陪检服务，以人为本，患者至上，把主动服务变为细节服务、感动服务、温馨服务，打造优质护理服务示范活动与党的群众路线教育实践活动相结合的亮点服务精品工程品牌。

【精神文明建设】 2014年，医院开展以爱国、爱院、爱岗为主题的“十创一争”和“两讲一树”创先争优活动。“十创一争”即：创先进党支部、文明科室、和谐小康家庭、文明职工、优秀共产党员、工会积极分子、青年文明号、青年岗位能手、三八红旗手、星级护士，争当政府满意、社会满意、患者满意的医院；“两讲一树”即：讲文明、讲道德、树新风。“十争一创”和“两讲一树”活动激励职工崇德向善、提升服务水平。

【素质工程建设】 2014年，引进大中专毕业生62人，选派145人到疆内外进修培训、参加学术会议。邀请北京阜外心血管病医院、北京协和医科大学肿瘤医院等知名专家来院开展医疗巡诊、专题讲座、手术指导等学术交流5次，参加兵团级继续教育培训班4次1 300人参训。邀请法律顾问、垦区检察院检察官、六师党校讲师来医院，举办医疗纠纷、廉政教育、文明礼仪讲座6次，进一步提升干部职工的职业素养。

【提升医护质量】 2014年，医院12个临床科室实施25个病种的临床路径管理和单病种质控，有效降低平均住院费用。在护理专科建立三级护理质控，对日常基础和常规护理进行跟踪督查、跟踪评价、限期整改，保障护理质量有效持续改进。加强医院感染管理，规范消毒灭菌与监测，重点落实手术科室的术后预防与控制措施，降低医院感染发生率。

【科研工作】 2014年，医院申报兵团和六师科研项目8项，师市科技进步奖成果鉴定4项、立项3项，其中与兵团医院合作开展的《心血管介入诊疗推广研究》项目获得兵团科技进步二等奖，《基层医院护理风险管理研究与应用》项目获得师市科技进步三等奖，同时填补了六师护理科研课题的空白。是年，在国家级、省级公开刊物上发表学术论文40篇。

【对口援疆援建工作】 2014年，山西省大同市、晋中市各级医疗机构先后选派12名卫生援疆专家，分批对医院神经外科、重症医学科、骨科、普外科、妇产科、放射科进行对口支援。援疆专家把先进的管理理念和精湛的技术水平运用到科室建设中，采取门诊坐诊、医疗查房、手术示教、专题讲座等形式，注重人员技能培训，规范科室标准化建设，使新型专科建设迈上一个新台阶。

【综合治理工作】 2014年，医院面对点多、人杂、流动性强等特点，坚持人防、物防、技防“三防并举”，以群防群治力量为依托，根据不同时期、不同阶段、不同情况及时调整治安防控措施。严格落实院领导带班、中层干部值班、保卫人员门岗值班、院内执勤巡逻、消防控制室值班、科室医务人员坚守岗位为主的六重责任主体防控体系。在“7·5”敏感节点、中国—亚欧博览会、国庆、十八届四中全会、APEC会议等重大安保期间，领导靠前指挥，综治保卫协同作战，青年看家护院队随时待命，并在“7·5”期间从机关各部门抽调36人，协助门卫轮岗执勤，进行车辆检查登记。在日常工作中，坚持做到每日一次总值班、每月一次安全检查、每月一次质量运行会、每月一次全院大晨会、每月一次宿舍安全检查。开展防范恐怖袭击应急演练、消防紧

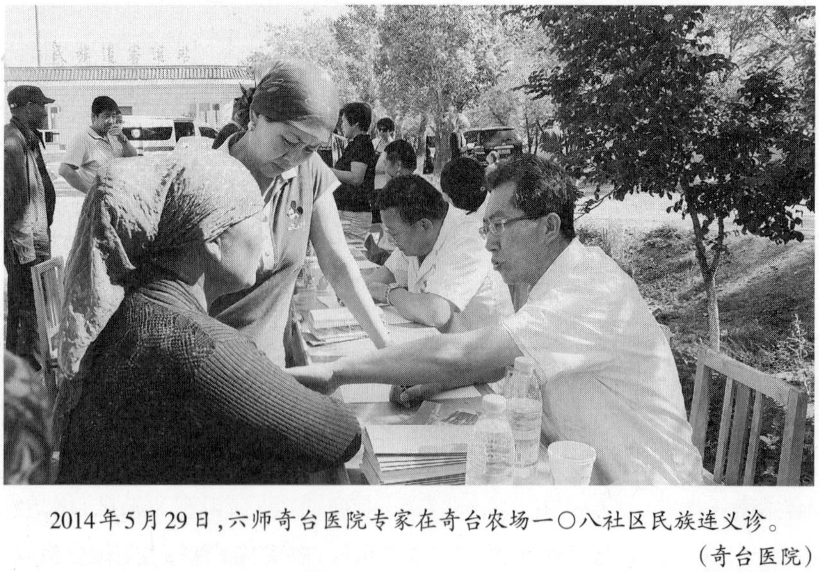

2014年5月29日，六师奇台医院专家在奇台农场一〇八社区民族连义诊。
（奇台医院）

奇台垦区(模拟)医疗集团运行启动仪式。 (卫生局)

急疏散应急演练,圆满完成敏感期维稳安保任务。

【深化公立医院改革】 2014年6月,医院作为兵团公立医院改革试点单位,整合东线垦区师、团、营、连四级医疗卫生资源,组成奇台垦区(模拟)医疗集团。医疗集团成立后,奇台医院定期选派医疗专家、援疆专家进团场、下社区连队,由返聘的高年资医师常年坐诊偏远牧场,促使优质医疗资源"下沉",逐步建立小病在社区、大病进医院、康复回社区的就医秩序,有效缓解职工群众看病难、看病贵的问题。截至年末,奇台医院组织巡回医疗123次、选派医务人员483人次、门诊就诊6 000余人次、教学查房303人次、业务培训275人次、指导病历质控207份、专题讲座11次、业务指导42次、入户走访120户、领导调研指导10次,发放健康知识宣传册8.4万份。3所分院门诊总量同比增长14.5%,住院总量增长5.5%,业务收入增长9.1%。

【信息化建设】 2014年,六师奇台垦区(模拟)医疗集团区域医疗信息化建设是以区域卫生信息共享为基础,通过先进的信息化技术为支撑,把奇台医院、团场医院、社区卫生服务中心、连队卫生室各个医疗机构通过光纤等媒质相连接,建立集团内区域信息化"三大中心(影像中心、检验中心、心电中心),以及区域公共卫生协同管理平台、全科医生协同工作平台等区域协同医疗服务平台,实现标本采集、诊断结果互联互通,方便了在家门口就医,降低患者费用。

【党的群众线教育实践活动】 从2014年2月开始,医院开展党的群众路线教育实践活动,以贯彻落实中央八项规定和纠正"四风"问题为切入点,制定《关于严禁党员干部职工大操大办婚丧喜庆事宜有关规定》《公务接待标准和车辆管理暂行办法》等22项规章制度,规范干部职工婚丧嫁娶事宜,严肃组织纪律。期间,走访职工群众70余人次,建立联系户4户,各类会议次数同期减少23%,发文数量同期减少32.5%,公务接待费用同期下降26%、车辆支出费用同期下降6.87%。门诊增设POS机,方便了患者直接刷卡划费。 (马学善)

六师十三户医院

【概况】 六师十三户医院党总支书记刘秋冬,党总支副书记、院长张育平,党总支委员、副院长骆伟。

医院编制床位80张,开放床位150张。现设有精神科、综合科(内、外、妇、儿科)、医技、职能科室等16个科室。在编职工72人,其中卫生专业技术人员64人(副高职称6人,中级职称26人,初级职称32人,大中专以上学历52人)。门诊诊疗1.86万人次,健康体检1 120人次,住院病人1 718人次,病床使用率149%,固定资产1 639万元,完成业务收入910万元,同比增长15.8%。

【突出精神病专科特色】 2014年,医院开展精神疾病物理治疗先进的MECT(无抽搐电休克治疗),通过对700余人次的治疗、观察,提高精神疾病急性期治疗效果,使精神疾病患者快速缓解,尤其对有自杀倾向的患者,效果尤为明显,受到广大患者及家属的认可和好评,社会效益和经济效益得到双丰收,填补了第六师五家渠市MECT(无抽搐电休克治疗)精神疾病物理治疗零的突破。精神病科每日住院病人达到110人左右,年平均床位使用率达到179.9%。为了减轻社会及家庭负担,从9月起,医院为在五家渠市居住的精神疾病患者免费义诊100余人次,发放1.4万元的药品。

【规范管理制度】 2014年,医院严格落实绩效管理考核细则及分配方案，建立健全绩效管理考核制度及医疗质量管理等长效机制。在医院经济有盈余的情况下，经职工代表大会讨论通过，将部分后勤业务纳入社会管理，从根本上减轻全院职工业务工作以外的劳动任务，缓解部分岗位人员紧缺的问题，改善患者的就医环境。

【强化医疗质量管理，确保医疗安全】 2014年，健全医疗质量管理长效机制，重点落实医疗质量核心制度和技术操作规程，认真落实“三基”(基础理论、基本知识、基本技能)教育和继续教育计划，全年“三基”考试平均合格率达到98%，护理技术操作考试合格率100%。着重对交接班、值班、查房、处方、病历质控、优质护理示范工程等关键环节进行监督检查，促进医护质量的持续改进。强化合理用药、合理检查、合理治疗。加强风险管理，提高医护人员的责任意识，及时消除医疗安全隐患，确保医疗安全。

【队伍建设】 2014年，医院为了留住人才，在管理制度、业务培训和工资待遇等方面，对优秀人才在聘用上优先，工资待遇上倾斜，业务培训上重视。为加速人才引进和培养，公开招录大、中专毕业生9名。选派5名医护人员及岗位业务骨干外出进修。23人参加本科、大专函授和远程学历教育在读。同时，加强专业技术人员的继续教育，不断提高专业水平，是年组织全院性业务学习24场次。每月由协作医院(兵团医院)定期选派专家来院坐诊，开展教学查房和业务讲座，医院也定期安排高年资医护人员进行授课，以提高整体医疗诊疗水平。

【加强硬件设施建设】 2014年，医院为提升诊疗水平，年内争取师财政拨款100万元，自筹资金110万元，通过师市统一招投标，为医院医技科购进数字化平板DR—X光机1台、飞利浦彩超1台、800速全自动生化分析仪1台、5分类血球分析仪1台。为临床开展工作提供有利技术支持。

【开展老年人健康体检】 2014年，对六师驻乌鲁木齐市米东区周边社区65岁及以上老年人免费进行健康体检830人次，超额完成本年度老年人健康体检工作任务。经体检发现有慢性病的人群，医院针对性地进行健康指导和健康干预，促进病情控制和预防并发症的发生。坚持利用电子大屏宣传健康知识，全年开展12期健康教育宣传，

【加强思想道德建设】 2014年，开展党的群众路线教育实践活动。充分发挥党组织在医院改革和建设中的政治核心和战斗堡垒作用，坚持“三重一大”制度，牢固树立围绕医疗抓党建、抓好党建促医疗的思路开展各项工作。完善医德医风考评、监督、奖惩体系。层层签订治理医药购销商业贿赂责任书，认真查找、广泛征求意见，针对查摆出的问题，制定整改措施，明确落实目标，不断提升全院职工的服务意识，改进职工的工作作风。全年满意度调查满意率达到99.5%。医院工会利用三八妇女节、五四青年节、“5·12”国际护士节等节日，组织全院职工开展法律法规、医德行为、公民道德规范、医护技能等知识竞赛活动，组织爱祖国、爱兵团主题歌曲合唱比赛。是年，举办两期道德讲堂。通过组织各项活动，增强职工践行社会主义核心价值观的自觉性，为医院树立良好的医德形象。

【社会治安综合治理】 2014年，通过各种宣传、培训、演练、人防、技防、物防等工作措施的落实，层层签订综合治理责任书、安全生产责任书、反邪教责任书，从严落实总值班制度，保障了医院各项工作的顺利进行，保护了患者在医院就诊期间的人身财产安全，确保本年度无集体上访事件、无参加邪教人员、无刑事案件和重大治安案件的发生，促进医院和谐发展。

【对口援助工作】 2014年9月，医院与山西省太原市精神病医院签订援建协作医疗的协议。

(李　茜)

社会生活 | Social Activity

责任编辑 李守谦

题图摄影 田粮玮

人　口

【概况】 截至2014年9月30日，师市总人口329 931人，其中汉族299 089人，少数民族30 842人。全年共出生1 787人，出生率5.53‰。其中，一孩1 147人，占64.19%；二孩608人，占34.02%；多孩32人，占1.79%。计划生育率100%。死亡1 419人，自然增长率1.14‰。全师已婚育龄妇女61 441人，采取各种节育措施56 457人，综合节育率91.89%。（石晓琳）

计划生育

【“5·29”母亲节活动】 2014年，在“5·29”母亲节活动期间，师市各单位开展以建立健全家庭发展政策，切实促进家庭和谐幸福为主题的宣传服务活动。一〇一团计生办与妇联开展好媳妇、好婆婆评选活动，对评选出12名好媳妇与好婆婆进行表彰。新湖农场计生办与相关部门组成一支志愿服务队，进家入户进行志愿服务，对计生特困户、孤寡老人、残疾儿家庭等弱势群体进行帮扶，帮助打扫卫生、提供法律咨询等服务。新湖新东、新旺等6个农业社区举办计划生育政策知识现场抢答竞赛。在新湖农场文化中心举办纪念中国计生协会成立34周年会员手工作品展，共展出作品102件，评选出优秀获奖作品10个并颁发了奖品。芳草湖农场计生办与民政、场镇社区举办以“人人健康、家家幸福”为主题的文艺演出，将文明风尚、家庭美德、优生优育、计生政策、预防艾滋病等知识，通过歌舞、小品、快板等形式表达出来。共青团农场结合习近平总书记到共青团农场视察工作的大好时机，弘扬兵团精神，开展“中国梦、兵团情”联欢会、巧手母亲手工艺作品展，“我心中的母亲”征文活动。土墩子农场计生办与学校联合召开感恩母爱主题班会。青湖路街道计生办开展歌咏比赛，比赛中穿插计生政策法规知识有奖问答。

【“7·11”世界人口日】 2014年，在第25个世界人口日活动期间，新湖农场计生办开展田间地头送知识、宣传服务到连队活动。新湖一中开展青春校园放飞梦想文艺表演活动。同时，进行青春期健康安全知识抢答比赛。芳草湖农场计生办联合有关部门对全场的流动人口进行一次集中清理清查。军户农场计生办将开展人口日活动与党的群众路线教育实践活动相结合，解决好计生工作中的最远一户人和最后一公里问题，确定辖区流动人口集中区域必访，信息交通不便计生人口必访，青年人集中的单位必访的重点入户走访群众活动。红旗农场举办“中国梦·农场梦·我的梦”职工演唱、演讲晚会，歌颂党的计生政策和农场经济社会取得的巨大成就。

【“12·1”世界艾滋病日】 2014年，在第26个世界艾滋病日期间，师市各单位计生办与疾控中心联合开展。“行动起来，向‘零’艾滋迈进”为主题的宣传活动。活动当天，师市共发放宣传单、册1.1万份，举办讲座12场次，发放宣传袋500个，发放避孕套2万只。

【男性健康日】 10月28日，为男性健康日。新湖农场一中高中班组织全体男生开展关注男性健康、科学合理减压的培训活动，通过专业医师讲解男性身体解剖图、生殖系统结构等知识，使参加培训的学生更清晰了解自身生理结构，明白性的知识，初步认识到过早性行为的危害。青湖路社区计生办慰问5户计划生育贫困父亲、残疾父亲，送上慰问金4 400元。新湖农场、奇台农场、土墩子农场、红旗农场、青湖路街道、军户农场开办男性生殖健康知识讲座并为3 341名男性进行免费检查。人民路社区发放印有关注男性健康，崇尚婚育新风宣传标语的围裙360条。

【幸福家庭风采摄影展】 2014年，师市举办幸福家庭风采摄影展，参展作品真实记录了家庭走向健康、文明、富裕、幸福的感人故事，弘扬男女平等、夫妻和睦、尊老爱幼等家庭美德，展现家庭发展、关爱女孩、敬老爱老等文明新风，体现人与自然、社会和谐发展等主题。师市并推选54幅作品参加国家举办的摄影展。

【计划生育宣传】 2014年，师市人口计生系统组织党的群众路线教育实践活动主题学习和讨论239期次，参加学习的各级计生干部3 164人次。征集人口理论论文12篇。新增固定宣传栏473个、文化墙28面、人口雕塑11个、婚育文化楼(寓)42个，以及婚育文化一条街13条。全师开展计划生育普及知识活动286场，受教育群众5.6万人。团场人口计生宣传均实现电子化、网络化。全师发放宣传册1.25万份，宣传折页1.99万份。宣传品进连入户率95%以上。

【城镇计划生育家庭奖励】 2014年，根据兵团城镇计划生育家庭奖励政策，凡是师市管辖范围内的户籍人口中持有《独生子女父母光荣证》或《计划生育父母光荣证》，且女性年满55周岁、男性年满60周岁的无固定单位人员（包括个体工商户、自由职业者、无业人员、失业人员、关停破产以及改制企业的下岗人员或原所在单位已破产并清算结束，未享受计划生育奖励金的人员）。符合条件的对象给予一次性2 000元的奖励金。

按照兵团规定的申报和审批程序，2014年，师市上报94人，享受奖励金19.1万元。

【国家计划生育“三项制度”】 计划生育“三项制度”指计划生育家庭特别扶助制度、农村部分计划生育家庭奖励扶助制度和少生快富工程。计划生育家庭特别扶助制度是对兵团所属独生子女死亡或伤病残后未再生育或收养子女家庭的夫妻实行计划生育家庭特别扶助制度。扶助资金由中央财政负担80%，兵团财务负担20%。2014年，师市共上报符合条件的扶助对象175人，享受扶助金65.27万元。农村部分计划生育家庭扶助制度奖励扶助对象按人均不低于960元的标准发放，直到亡故为止。师市符合农业户口的有军户农场、六运湖农场、红旗农场、奇台农场部分连队。2014年，师市上报111人享受奖励扶助制度，享受奖励10.66万元。少生快富工程一次性奖励专项资金由中央和兵团纳入年度预算，中央财政按每对夫妇奖励3 000元的标准负担80%，兵团财务负担20%。奖励资金发放实行“直通车”。由兵团人口计生委、财务局委托有资质的金融机构代理直接发放到目标人群。2014年，师市共上报了125户符合少生快富工程条件的项目户，享受37.5万元奖励金。

【独生子女加分政策】 2014年，对领取独生子女光荣证家庭的子女报考区内高校及内地新疆高中班、区内初中班考生进行加分。

是年，全师上报的430名考生报考区内高校可以享受加分政策。

【“十件实事”】 2014年，师市党委将免费孕前优生健康检查和计划生育长效节育奖励列为为职工群众办“十件实事”之中。

享受免费孕前优生健康检查服务包括为计划怀孕夫妇提供健康教育、体格检查、病史询问、临床实验室检查、影像学检查、风险评估、咨询指导、早孕及妊娠结局随访等20项。其中医学检查内容有14项，包括实验室检查10项，病毒筛查4项，影像检查1项。同时组织计划怀孕夫妇听一堂优生知识讲座，看一场优生宣教电视片，读一本优生科普读本，进行一次优生优育风险评估，接受一次面对面优生咨询，建立一份孕前优生检查档案。是年，师市按照东中西三片，投入25.39万元，分别在奇台农场计划生育技术服务站（医院）、一〇一团计划生育技术服务站（医院）和芳草湖农场计划生育技术服务站（医院）集中为1 209对已婚夫妇进行免费孕前优生检查。

对符合长效节育奖条件，自愿申请参加“少生快富”工程项目者，生育一孩、二孩落实输精（卵）管绝育手术者奖励4 000元/例；生育一孩、二孩落实长效节育手术（上环、皮埋）者奖励1 000元/例。计划生育节育奖励资金和“少生快富”资金一并实行“直通车”。由兵团人口计生委、财务局委托有资质的金融机构代理发放，并直接发放到目标人群。是年，师市共200户享受23.9万元的长效节育奖励。

【计划生育协会】 2014年，师市计生协会会员3.64万人，全师14个农牧团场和五家渠市3个街道，已成立协会团体326个。其中团场计生协会19个、营级计生协会35个、连队计生协会235个、企事业单位计生协会31个，另有流动人口计生协会6个。协会会员小组1 466个，计生协会服务阵地396个，合格连级协会254个，先进连级协会154个，达到五有标准的协会72个。

【优质服务】 2014年，师市计划生育服务中心为五家渠市2 635名（其中流动人口已婚育龄妇女860人）已婚育龄妇女开展免费普查妇科病活动，共查出患有妇科疾病1 055人，占全部普查人数的41%，较上年普查患病率53.3%有所减少。查出宫颈细胞学三级3例，均为40岁以上妇女，已经作为重点服务对象进行相应治疗和定期随访。为425名育龄男性进行免费常规体检。师市计划生育服务中心为1 052名流动已婚育龄妇女进行免费体检并建立生殖健康档案和重点随访记录6册，为后期进行生殖健康咨询和回访工作打好基础。

9月，计生服务中心技术服务门诊接待860人次就诊，与普查人数合计为3 495人。其中妇检人数3 180人次、宫颈刮片2 850人次、白带常规2 850人次、乳腺B超检查3 495人次、妇科B超3 688人次、取环12人，微波治疗宫颈疾病20人次，生殖道蓝氧冲洗治疗350人次，重点随访205人次。查环查孕办理流动人口孕检证明245人次。

（石晓琳）

人口和计划生育服务指导中心

【概况】 师市人口计划生育服务指导中心（简称指导中心）党支部书记、主任陈秀云（女）。

截至2014年年末，指导中心编制12人，新调入1人，在职11人，聘用2人。其中高级职称1人、中级职称8人、初级职称4人，在职本科学历4人、大专9人。指导中心下设综合办公室、计划生育技术服务站2个科室。

【党风廉政建设】 2014年，指导中心有党员7名，设立基层党支部1个，配备党支部书记1名。

2014年，围绕六型（学习型、创新型、实干型、和谐型、服务型、廉洁型）班子建设标准，抓住影响指导中心发展的重点问题与关键环节，努力把党支部建设成为一个为广大育龄群众更好地服务的坚强集体。党支部坚持把“访惠聚”（访民情、惠民生、聚民心）作为党建工作亲民、为民的出发点和落脚点，不断创新载体，密切党群干群关系。党支部带领党员开展为育龄群众提供避孕节育、生殖健康、优生优育、家庭保健体检、诊治、咨询等服务活动。在五家渠市街道、社区及驻市企事业单位开展生殖健康讲座、咨询20场次，发放计生宣传品5万余份，惠及育龄群众2万余人。为扩大生殖健康服务的覆盖面，指导中心开展迎三八、送温暖献爱心活动。5月环卫节，在城建处环卫工人中开展“我爱城市、我爱环卫”体检活动。6~8月，在驻地企事业单位开展送健康、送爱心免费体检活动。7~12月，为师市流动人口发放爱心卡，免费为他们进行生殖健康体检和孕检活动，免费为已婚育龄群众进行生殖健康检查1.47万人次，对高危人群家庭跟踪随访服务479人次，以服务的高质量、工作的高效率赢得育龄群众的满意。

【党组织建设】 2014年，指导中心强化分类培训，全面提高党员干部素质。深入开展党的群众路线教育实践活动，采取书面学习和访问了解军垦历史等形式，不断丰富党员的学习内容和形式。以政治理论、计生政策、法律法规为内容，每周五对党员干部进行学习培训。采取以会代培的方式，全年培训学习42期，每人撰写心得体会8篇，撰写1.5~2万字的读书笔记。建立健全党务公开、政务公开、考勤公开、民主评议等一整套规范化管理制度。7月1日党的生日期间，师计生委与计生服务指导中心全体党员干部赴一〇二团参观团史展览馆并重读入党誓词。12月，派出1名工作人员赴南京人口计生委进行培训学习。

【综合治理工作】 2014年，指导中心坚持创建平安和谐计生为目标，增强单位全体人员的安全防范和遵纪守法意识，特别注意抓好办公室的安全、卫生以及财务、药品库房等重点部位的管理。每月例会时对各办公室进行安全隐患排查，并聘用2名门卫加强安全管理工作。努力维护社会稳定，抓好普法知识学习，组织全体党员干部进行法律、综治平安建设和五家渠市普法学习及考试，考试合格率98%。把综治安全防范、法制教育作为全体党员干部学习的重要一课，融入到指导中心管理与服务育龄群众中去，形成事事有落实、人人有责任的责任网络体系。

是年，指导中心无重大的治安事件发生。（魏国华）

民族事务

【概况】 截至2014年末，师市总人口34.0万人，其中少数民族人口3.09万人（包括30个民族，其中回族17 803人、哈萨克族7 791人、维吾尔族1 834人、蒙古族713人，其他少数民族2 770人），占师市总人口的9%。有少数民族聚居团场5个，少数民族聚居连队（少数民族人口占单位总人口30%以上）37个。

【民族团结进步创建（兵地共建）活动】 2014年，师市制定《关于开展“五共同一促进”民族团结进步创建活动的实施意见》，全师广泛开展新疆历史、新疆民族发展史、新疆宗教演变史（三史）教育，开展形势政策教育和民族宗教政策法律法规宣传活动，下发“三史”读物200套。在民族宗教政策法规学习月活动期间，发送宣传材料5 000余份，举办各类学习班、座谈会、研讨会14期次，开办宣传栏、黑板报50余期次，受教育群众8万余人次。开展以“民族团结从我做起”为主题的第32个民族团结教育月系列活动，组织形势政策报告进校园，向各团场中小学校下发三个离不开和四个认同宣传挂图。联合师市党委宣传部共同组织中小学生开展以“我身边的民族团结故事”为主题的民族团结进步征文评选活动，收到征文2 000余篇，获奖作品121篇。

7月，由师市党委统战部联合有关部门，在红旗农场举办师市第二届阿肯弹唱会，来自乌鲁木齐、昌吉及周边地区的15名阿肯和3 000多名兵地各族职工群众参加开幕式并观看弹唱表演和体育比赛。活动期间，还展出了红旗农场、北塔山牧场、奇台农场推选出的200余件民族特色手工编织工艺品。8月，在六运湖农场举办以花儿唱响民族团结为主题的师市第二届回族花儿演唱会，5个少数民族聚居团场的200余名各族文艺爱好者同台展示了极具民族特色的歌舞表演，观看演出的职工群众有1 000余人。9月，师市代表兵团组团参加自治区第八届少数民族运动会，27名运动员参加4个大项20个小项的比赛，取得4金、12银、8铜的好成绩，并获得道德风尚奖。师市推选10人，代表兵团组队参加“丹东药业杯”全国民族健身操邀请赛，获得优秀奖。

2014年，对师市各单位开展民族团结进步创建（兵地共建）示范点建设工作进行全面验收，在30个申报达标示范单位中命名18个师级民族团结进步创建达标单位，确定五家渠市政协、五家渠高级中学、北塔山牧场学校3个单位为师级民族团结进步创建示范点。在兵地共同创建活动中，师市5个模范集体、5名模范个人受到昌吉州第十二次民族团结进步表彰大会表彰。成功推荐北塔山牧场为国务院第六次民族团结进步表彰大会模范集体，红旗农场党委书记、政委王永福为模范个人。五家渠市职业技术学校成为全国14所学校之一、兵团唯一的全国民族团结进步创建活动示范学校。

2014年9月，师市组织少数民族代表团代表兵团参加自治区第八届少数民族运动会，共收获4枚金牌、12枚银牌、8枚铜牌，并获运动会道德风尚奖。（闫文科）

【城市民族工作】 2014年，进一步健全了少数民族流动人口信息台账，推进少数民族创业、就业培训以及与五家渠市经济社会发展相适应的综合素质培训，设立少数民族便民服务中心。协调机关、街道、企事业单位与昌吉州继续开展团结共建活动、结对帮扶活动、温暖入户活动、党群连心活动，数百名师市机关干部进社区、进基层职工家庭，开展各种形式的活动498次，举办民族政策法规考试136次，受教育2.8万人次。帮扶少数民族困难职工146人，重点解决6户基层少数民族家庭在生产生活方面的实际困难和问题。

【发展少数民族经济】 2014年，师市2个团场项目被兵团民族宗教事务委员会列入重点扶持项目，争取扶持资金65万元，用于改善一〇三团、六运湖农场的少数民族连队职工的基本生活条件。组织红旗农场、奇台农场申报2014年兴边富民行动项目，争取扶持资金2 400万元，建成牲畜养殖小区3个，314户1 600余名职工群众直接受益，带动556名少数民族职工就业，人均年增收5 000元以上。同时，整合资源，聚力推进少数民族聚居团场经济社会发展，兵师累计投资2.8亿元，实施少数民族聚居团场民生项目33个，重点进行高压电、道路、安居工程、供排水、供热、农田改造等建设，师市少数民族聚居团场的社会事业和公共服务得到明显改善。5 000户少数民族职工搬进新居，新建连队道路790千米，3.01万人用上安全饮用水。少数民族聚居团场“双语”教育不断扩大，公共卫生和基本医疗服务覆盖率达到100%。为支持北塔山牧场发展，兵师两级财政各拿出1 000万元，山西省对口援疆投入5 000万元，2 013~2 014年2年共投入1.6亿元。2014年，北塔山牧场新建保障性住房160户，文化中心、支医支教中心等“十大工程”全部竣工投入使用。借助国家民族特需商品定点生产企业的扶持政策，为师市3家企业争取流动资金贷款1.5亿元，全年享受国家政策贴息资金171万元。（王　军）

宗教事务

【概况】 2014年，师市有宗教活动场所25个，其中清真寺23座、基督教堂1座、活动点1个，分布于全师8个农牧团场。其中，军户农场12座清真寺，六运湖农场4座清真寺、1座基督教堂，奇台农场2座清真寺，新湖农场2座清真寺，土墩子农场、一〇三团、红旗农场各1座清真寺，北塔山牧场1个活动点。全师有宗教教职人员23人，信教人员12 921人，经常参加宗教活动的信教群众3 026人。

【“去极端化”工作】 2014年，在师市宗教领域开展以确立正信，抵制极端，构建和谐宗教为主题的教育活动。组织师市爱国宗教人士、清真寺民主理事会成员召开声讨“5·22”“7·28”“7·30”暴力恐怖事件座谈会，师市宗教界人士主动发声、亮明态度，旗帜鲜明地揭批圣战殉教上天堂等荒唐谬论。在土墩子农场举办师市第七届“新编卧尔兹”演讲比赛，用“和平”的理念引导师市穆斯林群众树立正确、健康的信仰，分辨是非，抵制极端。围绕为民族地区和残疾人献爱心的主题开展宗教慈善周活动，宗教界累计捐款捐物5万余元。以发挥正能量，共筑中国梦为主题，继续在师市宗教界开展宗教政策法规学习月活动，探索宗教界普法常态化的方式方法，不断巩固和深化普法成果。

【宗教事务管理】 2014年，在依法管好宗教人士、管好宗教活动场所、管好宗教活动的基础上、就各单位落实《领导干部联系清真寺和与宗教人士谈话制度》的落实情况和清真寺主麻日宗教人士统一备课讲经情况进行现场检查督导。严格落实对宗教人士讲经活动的每月一次督察，将督察结果与宗教人士考核、生活补助挂钩，杜绝对古兰经有关内容随意断章取义进行讲解，违反党的民族宗教政策跨地区主持宗教活动及讲经等情况的发生。

是年，在师市宗教领域开展安全大检查，重点做好元旦、春节、国庆等重大节日期间和敏感节点宗教活动场所的安全稳定工作。多次深入维稳任务重的团场，对宗教领域可能存在的隐患进行排查和现场督导，对24座清真寺安全防范检查72次，与宗教人士谈话85人次，签订宗教管理和维稳工作责任书22份，完成24处宗教活动场所和22名宗教人士基础信息数据库建设。确保师市宗教领域持续和谐稳定。

【朝觐工作管理】 2014年，规范朝觐工作管理。为师市22名穆斯林群众办理朝觐手续，发放《穆斯林群众走有组织朝觐》宣传读本1 000册，采取与公安出入境管理部门配合查验收存护照等一系列措施。扎实做好师市制止零散朝觐各项工作，确保中央、自治区、兵团制止零散朝觐各项部署落到实处，顺利完成2014年师市朝觐计划。

（田粮玮）

2014年2月21日，师政委马新平赴北塔山牧场调研。（闫文科）

民　政

【概况】 2014年，师市民政局行政编制4人，下设第六师五家渠市社区建设指导委员会办公室(副处级公务员编制，编制3人)、第六师经常性社会捐助工作站(科级参公编制，编制2人)、第六师老龄办(参公编制1人)、五家渠市殡葬管理处(科级事业编制，编制2人)、五家渠市婚姻登记办(编制2人)。民政工作覆盖14个农牧团场、13个工交建商企业、7个流通企业、30个科教文卫等单位及市区3个街道办事处。

【救灾救济工作】 2014年，师所属的14个农牧团场先后不同程度遭受低温冷冻及雪灾、风雹、干旱多种自然灾害的侵袭，受灾面积42.7千公顷，受灾人口5.22万人次。部分农业、水利、交通、通讯、供电等基础设施遭到破坏。全年自然灾害造成直接经济损失2.87亿元。灾情发生后，师市民政局及时赶赴团场，指导团场组织灾民生活救助，同时向兵团民政局上报灾情信息23条。全年及时下拨救灾资金1 125万元，救助灾民5万余人次。举办防灾减灾日科普宣传活动，在新湖农场新湖一中组织抗震避险、逃生自救、消防演练，提高学生防灾减灾意识。

【城镇最低生活保障】 2014年，民政局全面落实兵团《关于进一步加强和改进最低生活保障工作的意见》，全年低保资金及低保补助资金2 220万元，月均享受低保人数5 529人。参加由兵团慈善总会组织的为兵团0~6岁贫困家庭儿童捐赠“贝因美”牌奶粉活动，师市民政局共向全师148名低保家庭0~6岁儿童发放奶粉。

【医疗救助】 2014年，民政局认真做好医疗救助工作。将低保对象、优抚对象和特殊重大疾病患作为救助重点。同时，将因病返贫、得大病的低收入家庭纳入救助范围。完善救助模式，分层次、分类别实施救助，充分体现越困难救助越多、花费越高、救助越多这一救助原则。扎实推进医疗救助“一站式”即时结算工作。出台《师市困难居民医疗救助“即时结算”工作方案》，实现救助对象出院时社保报销和民政医疗救助同步进行，切实解决救助对象看病难的问题。下发《关于进一步做好资助师市困难群众参加兵团居民医疗保险工作的通知》，确保参保救助工作落到实处，困难群众有病能够及时得到医治。全年医疗救助1.36万人，发放医疗救助金844.7万元。其中，门诊救助2 819人，发放救助资金141万元；参保救助9 994人、补助资金86.7万元。

【特殊困难群众救助】 2014年，民政局不断推进特殊困难群众救助工作，全年助学救助34人，发放救助资金8.68万元。冬季取暖救助4 713户，发放救助资金141.4万元。

【流浪乞讨人员救助】 2014年，民政局认真做好流浪乞讨人员救助工作。救助流浪乞讨人员10名，弃婴2名。

【参与“5·25”交通事故善后工作】 2014年，民政局参与“5·25”重大交通事故善后工作，做好死亡人员赔偿金，受伤人员生活费、医疗费以及误工补偿等840余万元善后费用的发放。

【优抚安置】 2014年，民政局按政策为116名城镇退役士兵的安置，发放自主就业补助金482.5万元。组织7名退役士兵参加兵团组织的退役士兵职业技能培训。八一期间慰问现役军人、重点优抚对象418人，发放慰问金及慰问品57.2万元，与部队召开军地座谈会46次。发放重点优抚对象2014年抚恤金354万元、医疗救助资金139万元。发放义务兵家庭优待金及立功受奖奖励780万元，其中师市配套资金500万元。

【政权和社区建设】 2014年，完成38个社区居民委员会换届选举工作。进一步提升社区服务水平，参加第二届全国优秀志愿服务项目与志愿者工作案例征集活动的申报，向兵团报送3个志愿服务项目、2个志愿服务组织和3个志愿者案例，上报2名社会工作领军人才参加选拔。上报8个团场社区创建兵团级和谐示范社区，等待兵团考核验收。组织开展廉政文化进社区活动，开展社区日常文化体育健身活动和节庆日社区专场演出。切实加强社会工作人才队伍建设，组织78人参加全国社会工作职业水平考试，举办72人参加的师市首届社会工作者职业水平考试考前辅导班，组织参加国家、兵团社会工作师培训班3期，参加培训11人。开展以弘扬社工精神、服务社区居民为主题的宣传周活动。

【婚姻登记】 2014年，办理结婚登记941对，离婚登记284对，补领婚姻证件727份，出具证明1 383份，提供婚姻登记咨询2 500余次，登记合格率100%。

【区划地名工作】 2014年，完成与昌吉州地名联检工作，共创平安边界。新命名小区9个，设置临街门牌691个，楼门牌456个，单元牌163个，户牌3 095个。协助相关部门办理界线和土地纠纷问题的答复工作。对一〇一团经济开发区南区的15条街路进行标准地名命名。做好设镇工作，加强和昌吉州的协调联系，重新调整方案，争取早日成立芳新镇。完成红旗农场和奇台农场拟设镇的请示报告。

【社会组织管理】 2014年，民政局对师市61个社会组织进行年检，合格率100%，注销协会4个。作好新成立社会组织登记工作，新登记民办

2014年7月23日，师市第三十二个民族团结教育月活动暨第六届阿肯阿依斯特盛会在红旗农场大三台沟开幕，活动期间展出了民族刺绣作品及编织工艺品。（田粮玮）

非企业单位10个，社会团体2个，卫生类和养老类社会组织发展迅速。

【收养登记工作】 2014年，民政局依法做好收养工作。全年依法办理收养登记3例，接受咨询20余次。

【孤儿生活费发放】 2014年，民政局按时足额为31名孤儿发放孤儿生活补助费13.4万元。

【老龄工作】 2014年，印发《关于支持师市养老服务业发展的通知》，对非营利性养老服务机构给予政策优惠和资金支持。为6 115名80周岁以上老年人发放高龄津贴318万元，为师市老年人免费办理老年优待证1 381个。争取上级资金570万元，在一〇二团、一〇三团各新建1所社区老年人日间照料中心、在奇台农场新建1所养老院，新增床位100张，完成五家渠市养老院承包经营的招标工作。9月9日，五家渠西林路社区老年人日间照料中心采取公建民营模式投入运营。参加全国第五届敬老爱老助老主题教育活动、中国十大寿星排行榜活动以及第四届中国老年文化艺术节。成功举办2014年五家渠市迎十一 庆重阳老年人运动会。召开2014年师市老龄工作暨老有所为表彰大会。五家渠市老年大学圆满完成书法、声乐、舞蹈、电脑、电子琴的教学工作。

【殡葬管e理】 2014年，民政局加大力度，做好殡葬宣传月的宣传引导工作。开展"军垦杯"清明节征文活动，征集文稿37篇，有12篇获奖。加快五家渠军垦生态陵园建设步伐，按照规划，完成天坛装修以及护城河、12座小桥建设。修建园区内道路4.9千米，在园区种植长枝榆、白榆等各种树木2万棵，草坪绿化1.3万平方米。完成园区内全部监控设施及维修路面、设备等相关工作，共投资1 200万元。全年火化遗体876具，火化率75%以上。落实惠民政策，为55名符合减免政策人员减免33万元，免费安葬"三无"人员4名。

是年，师市殡葬管理处荣获民政部殡葬工作先进集体称号。

【对口援疆工作】 2014年，山西省民政厅赴师市就援疆工作考察调研，对如何进一步开展好对口援疆工作交换了意见。9月10~28日，师市安排民政系统干部50余人在山西省太原市培训。经与山西省民政厅对接援疆工作，山西省民政厅将从彩票公益金中给予师市民政局50万元的支持，同时每年安排25万元的培训资金，用于师市民政干部赴山西培训。2014年9月，山西省民政厅向师市捐赠300部轮椅。（韩欣童）

劳动和社会保障 Labor and Social Security

责任编辑 李守谦

题图摄影 张志公

综 述

【概况】 2014年，师市劳动和社会保障局机关行政编制12人，在职9人，其中领导职数3人。设社会保险科、就业培训科、仲裁(工资)科、法规监察科4个职能科室。下属5个事业单位：劳动保障监察支队(参照公务员法管理)编制7人，在职7人，辖五家渠经济技术开发区、芳草湖垦区、奇台垦区3个大队，事业单位编制2人；社会保险基金管理中心(参照公务员法管理)编制153人，在职121人；职业技能鉴定中心编制5人，在职5人；劳动就业服务中心编制11人，在职11人；工伤与劳动能力鉴定办公室编制4人，在职4人。是年，成立兵团首家劳动人事争议仲裁院，科级建制，事业单位编制7人。企业1个，五家渠诚信融资担保有限公司，在职8人。

【党组织建设】 2014年，机关第八党总支共有党支部5个，党员80人。是年，完成5个党支部委员会换届选举工作。健全组织生活制度，积极开展各项活动，规范党员管理，培养发展对象1人。健全完善加强党的作风建设、规范权力运行等规章制度5项。重点抓好党员干部教育，邀请副师长刘新跃、总经济师黄立军上党课，党总支书记张鹤林为党员干部上“七个正确对待”党风廉政教育党课。严格按照《干部选拔任用条例》的规定，公开选拔使用干部14人。严肃处理违法违纪党员干部，开除党籍2人，开除公职2人。坚持后备干部在信访岗位挂职锻炼制度。对局领导班子存在的43项问题逐一排查整改。

【开展党的群众路线教育实践活动】 2014年2月，师市劳动和社会保障局开展党的群众路线教育实践活动。在学习教育、听取意见环节，除完成规定的学习篇目以外，创新学习方法，开展演讲、每人领学一篇等活动，提高大家的学习主动性和参与性。同时，4个党支部党员分别到土墩子农场4个连队和医院党支部进连入户广泛征求意见，并同连队党支部结成对子，形成长期的帮扶关系。在查摆问题、开展批评环节，通过查找问题、分析和剖析，对自身存在的问题有了更加深刻的认识，内心深处得到净化，党性得到锻炼。在党内开展的谈心谈话中，党员之间都能以诚相待，说掏心窝子话，消除了误会，增进了友谊，形成良好风气。在整改落实、建章立制环节，认真梳理出局领导班子有42条需整改事项。为把整改落到实处，新出台制度11项，已修改完善制度4项，正在修改完善制度7项，已废止制度2项，使劳动和社会保障工作逐步走向制度化轨道。

【干部作风建设】 2014年，开展窗口单位改进作风专项行动，努力使在窗口单位办事的群众少跑一回路，少排一次队，少等一分钟。工作时间坚守岗位认真履职，杜绝擅自脱岗“空窗”现象；保持饱满的工作热情和精神状态，杜绝慵懒散漫现象。是年，创建系统文明窗口36个，取消文明窗口1个。聘请15名社会监督员，对全局作风建设情况进行不定期抽查。

认真开展学习活动，打造“学习型”机关。参加、组织政治学习28次，完成兵团公务员在线学习各项任务。参加业务培训、组织调训30期144人次，组织劳动保障协理员职业资格培训2期，参加工伤保险、妇女儿童权益保护、医疗器械知识竞赛3次，举办党风廉政建设、社会保险法、法律知识考试3次。结合医疗保险、人力资源工作中存在的新问题、新情况，进行深入思考，为完善师市医疗保险制度和实现可持续发展建言献策，撰写论文69篇，被兵团人力资源和社会保障局授予优秀组织奖。其中，被兵团医疗保险学会授予2014年论文二等奖1篇、三等奖2篇、鼓励奖6篇，被兵团人力资源学会授予2013年论文一等奖、二等奖各1篇。

【综合治理工作】 健全办公楼安全管理办法，指定管理员和专职保安负责办公楼安全保卫工作，实行节假日领导带班值班制。安装监控，确保楼层、重点办公场所无遗漏。定时检查安全设施、及时更换消防栓液体，张贴安全温馨提示。

2014年8月30日，师市举办“山西援疆未就业大学生”创业培训班，山西省人社厅委派讲师为大学生们授课。 （张志公）

【宣传工作】 2014年，各单位采取多种形式宣传劳动保障法律法规以及贯彻落实师市党委决策部署的经验做法和工作举措。全年共外发稿件672篇，被国家部局委办采用1篇，兵团级报刊、网站采用94篇，师市级报刊、网站采用445篇，被团处级网站采用132篇。

【信访】 2014年，建立“一岗双责”制度，明确信访责任制并落实到人。接待来电来访1 500人次，处理师(市)长信箱、信访函件、上级和领导批转信访事项60件次。

【对口援疆】 2014年，师市领导带队赴山西省人社厅开展新一轮援疆工作的协调对接，并与山西省人社厅签订《对口支援协议书》。建立人才援疆的新机制，在推荐和引进山西省职业院校大中专毕业生到师市就业方面达成共识。

【法制建设】 2014年，受理各类依法行政案件732起。其中，劳动监察举报投诉案件160起，劳动争议案件201起，工伤认定案件369起，行政复议、行政诉讼案件2起，年末结案率100%。 （王 芳）

就 业

【就业再就业工作】 2014年，全师新增就业1.38万人，完成计划的114.6%。援助就业困难人员就业1 415人，完成计划的101%。团场劳动力转移就业1.2万人，完成计划的111%。全年引进疆内外各类技能人才5 200人。其中，招收非新疆籍劳动力2 660人，完成计划的156%。零就业家庭动态清零，城镇登记失业率控制在3%以内。全年职业培训1.32万人，完成计划的108%。其中，技能培训7 668人，创业培训593人，其他各类培训4 969人。发放小额担保贷款1.5亿元，完成计划116%。1 560名创业人员和22家劳动密集型小微企业享受小额担保贷款扶持政策。创业带动就业2 980人，实现创业促进就业的倍增效应。

【落实就业扶持政策】 2014年，抓好就业再就业优惠政策的落实，享受公益性岗位补贴1 463人2 770万元，公益性岗位社保补贴资金1 550万元。享受新参保人员社会保险补贴8 100人1 559.6万元。享受灵活就业社会保险补贴9 603人2 622万元。

【富余劳动力转移就业】 2014年，团场富余劳动力转移就业1.54万人。鼓励和支持团场职工自主创业、自谋职业增加收入。如芳草湖农场引导职工发展特色畜牧养殖、特色蔬菜反季节种植。新湖农场探索出进厂打工、进镇开店、进场养殖、进棚种菜“四进”的多元增收模式。奇台农场采取内消外输的方式引导富余劳动力走出一产走向二、三产业转移增收。鼓励和支持师市各类企业招用团场职工就业，增加工资性收入，开展团场职工变冬闲为冬忙活动。如六运湖农场、红旗农场组织职工进六师煤电、梅花氨基酸公司等企业打工增收。一〇二团、土墩子农场、共青团农场利用地域优势就近到企业打工增收。少数民族聚居的北塔山牧场分批次组织民族职工前往一〇二团鑫宝牧业公司从事畜牧养殖打工增收。挖掘农业内部增收潜力，兴办专业合作、股份合作组织，以提高团场职工非农收入。围绕师市、团场城镇化建设，大力发展服务业，转移职工就业增加职工收入。各团场充分发挥物流运输、商贸、餐饮住宿、旅游、家政服务、托老托幼等三产服务业吸纳职工转移就业创收。

【职业技能培训、鉴定】 2014年，为促进职工增收，开展团场、企业、个人所需的短平快、特色、专项能力等职业技能培训7 668人。一〇三团开展月嫂培训，一〇五团场开展汴绣培训，一〇三团、六运湖、土墩子等团场开展家政服务员、大盘鸡制作、挖掘机操作等培训。针对少数民族聚集团场开展业务指导和培训，北塔山牧场开展哈萨克少数民族150人挖掘机初级工和250人厨艺转岗专业培训，实现转移富余劳动力到二三产就业205人。

是年，加大创业培训力度。师市为一〇一团失地职工155人举办创业培训，与山西省人社厅为50名未就业大学生联合举办培训班。师市全年累计创业培训593人，完成计划的118.6%。对创业培训合格者，符合条件的给予小额担保贷款政策和后续支持服务，提高他们的创业成功率，实现以创业带动就业的倍增效应。加大以高校毕业生为重点的青年人员、富余劳动力转移等群体培训，落实补贴政策。对师技校518名师市户籍“两后生”(初、高中毕业未能继续升学的贫困家庭中的富余劳动力)落实职业教育学费减免补助政策，补助资金78.8万元，

【建立便民服务站】 2014年，落实家庭服务业促进就业工作。由师市劳动保障局、商务局牵头，依托五家渠青格达物业服务有限公司发展服务业方面的优势，在城区住宅小区建成6个五家渠家政蔬菜暨便民服务站，以满足五家渠市人民群众的生活服务需求。

【校企合作】 2014年，开展校企合作，全年引进疆内外各类技能人才5 200人。其中，招收转录大中专毕业生、复转军人3 260人。为做好高校毕业生、复转军人、农村青壮年劳动力的非新疆籍人员招录工作，由师领导带队，师市劳动保障局和用工企业多次赴甘肃、山西等省市，就劳动力招收引进工作与内地20所中高职技术院校签订校企合作协议。六师煤电、梅花氨基酸公司等多家大中型企业在甘肃、山西、山东等省份与多所技工院校举办招聘会，引进非新疆籍劳动力2 669人，其中农村劳动力(含中职院校毕业生为主)1 653人，高校毕业生915人，退役军人101人。

【公共就业服务】 2014年，为六师煤电、梅花氨基酸等大型企业，通过发布招工信息，举办招聘会，搭建供需平台，提供就业岗位6 030个，介绍成功2 720人。五家渠市举办招聘会21场次，提供就业岗位4 526个，介绍成功1 214人。

【就业援助】 2014年，一〇二团、奇台农场基层就业和社会保障服务设施建设已完成，援助1 415名

就业困难人员实现就业，巩固零就业家庭动态清零，职业培训1.32万人。（王　芳）

社会保障

【社会保险】 2014年，养老、医疗、失业、工伤、生育保险参保人数分别达到19.43万人、27.15万人、6.95万人、7.56万人、7.2万人。

职工养老、医疗、失业、工伤、生育五项保险基金征缴收入11.55亿元。其中，养老保险7.19亿元、医疗保险3.2亿元、失业保险6 460万元、工伤保险3 946万元、生育保险1 142万元。居民养老和医疗保险基金收入分别是629万元、4 270万元。

支付各类社会保险待遇23.97亿元。其中，养老保险19.4亿元、居民养老保险80.8万元、职工医疗保险统筹基金3.22亿元、失业保险待遇6 400万元、工伤保险待遇3 279万元、生育保险待遇810万元、居民医疗保险待遇2 951万元。特别是大黄山豫新煤业公司“7·5”矿难，做到经办人员在现场办公、准确解答、及时支付保险金，得到职工的赞许。

【养老保险】 2014年，对各团（场）社会保险费征缴比例，实行以本单位实际缴费人员、申报的缴费基数，按月申报缴费的方式进行。从2014年1月1日起，参加城镇企业职工基本养老保险社会统筹退休人员不再执行养老金最低保证数。调整因瘫痪等原因生活长期完全不能自理的老工人护理费标准。在确保离退休人员基本养老金按时足额发放的同时，顺利完成第十次调整企业退休人员基本养老金待遇，调整后人均月增资253元，人均养老金水平达到2 248元/月。

养老保险全面实现兵团内部及跨省转移，方便了跨地区流动的参保人员。同时，开展部队退伍转业人员社会保险转移接续工作。全年办结社会保险省外转移手续635人，兵团内部转移169人。

为方便居民参保人员的参保缴费，全师开展成年居民养老和居民医疗保险银行卡代扣工作，代扣人数为3.4万人，占成年居民应代扣人数的70%。2014年，六师社保中心依托单位，全面发放2013年度社会保险个人权益记录单。继续开展社保卡的制卡、发卡工作，累计发卡16万张。

2014年，师市需认证的离退休人员有6.76万人。其中，本地居住5.15万人，疆外居住3 999人，疆内1.21万人。为防止社会保险基金流失，离（退）休人员生存状况认证工作除了采取指纹比对、养老金资格认证表、视频、电话联系等多种方式进行协查认证外，还启动了国家人社部异地居住人员协助认证信息系统。认证离退休人员6.76万人，暂停养老金发放243人，协查死亡人数173人。

【医疗保险】 2014年，制定《六师五家渠市职工医保门诊大病、门诊慢性病管理暂行办法》和《关于调整师市职工、居民基本医疗保险政策的通知》，将基本医疗保险统筹基金最高支付限额由2万元调整为3万元，将师市居民基本医疗保险一级医疗机构统筹基金支付比例由80%调整到90%。并调整参保居民就诊实行区域网格化管理。下发《关于做好居民医疗保险门诊就医工作的通知》，明确居民就医门诊的选择按照就近就便的原则，参保居民可根据居住地，选择1~2家经批准的门诊作为本人首诊医疗机构。在芳草湖农场、新湖农场分场卫生所安装读卡器，方便周边参保职工使用社会保障卡就医。

加强定点零售药店的管理，本着成熟一家确定一家的原则，将五家渠东城大药房等5家零售药店确定为师市职工基本医疗保险定点零售药店。对五家渠市辖区内17家定点零售药店进行检查。对违规药店进行通报。引进民营医疗机构，将五家渠神农中医院第二门诊部等7家民营医疗机构确定为六师五家渠市统筹区职工、居民基本医疗保险定点医疗机构。

【工伤、生育保险】 2014年，规范工伤保险，用制度确保基金安全。根据单位上年度的工伤发生数和支付额度，确定单位的缴费费率。建立工伤申请公示制度。对农牧团场所发生的案件，就其工作特性，统一认识，然后召开工伤案例分析会，全年召开工伤认定例会11次，受理工伤案件336起。

为保障师市职工生育期间获得经济补偿和基本医疗服务，均衡用人单位生育费用负担，制定《六师五家渠市职工生育保险暂行办法》。

【失业保险】 2014年，用于支持团场、企业等18个单位失业保险资金6 200万元，有力促进职工稳定就业。为保障失业人员失业期间的基本生活，促进其再就业，提高失业人员失业金标准，由过去的享受失业保险金期限1~12个月的，每人每月按当地最低工资标准的70%领取调整到80%。领取失业保险金期限自第13个月起，每人每月按当地最低工资标准65%领取调整到75%，完成全师347人次失业人员失业金标准调整工作。

【劳动能力鉴定】 2014年，劳动能力鉴定及慢性病鉴定工作有序开展，严把单位初审关、结论公示关，不断健全医疗检查制度、医疗鉴定专家库、结论实地调查制度等工作环节。全年参加劳动能力鉴定525人，慢性病鉴定3 634人。

【社会保险基金监督】 2014年，开展对参保单位缴费基数申报的监督检查。稽核参保单位597家，稽核参保缴费人数6.73万人，查出新湖、军户、土墩子农场和一〇六团等4个单位干部少申报缴费基数550.6万元，补缴社会保险费229.95万元。缴费基数书面稽核率100%，实地稽核面55.2%。开展对医疗服务协议履行情况实施监督检查。全年医疗保险书面稽核面100%，稽核3.47万人次。慢性病就医稽核面达到80.3%，稽核"两定机构"46家。下达医疗保险《稽核通知书》36份，《整改意见书》33份，《稽核情况告知书》3份，共计查处医疗机构违规行为3 091例，拒付违规金额53.27万元，拒付率100%。针对社会保险举报事项重点开展专项稽核。查出冒领养老金4.23万元。加大对申请社保报销的外伤住院患者的调查取证工作。通过电话或实地与交警队、120急救中心调查，拒付由第三方责任人所致的外伤住院医疗费16.3万元。 （王　芳）

劳动关系

【维护劳动者和用人单位合法权益】 2014年，坚持以维护劳动者合法权益为重点，以规范劳动力市场秩序、查处各类违反劳动保障法律法规案件为突破口，建立举报专查、专项检查、不定时巡查案件检查执法制度，严厉打击各类违法行为，维护广大劳动者和用人单位合法权益。稳步推进农民工劳动合同签订，签订人数为8.3万人，签订率96%。审查23家企业集体合同，涉及职工5.08万人。

【劳动争议调解仲裁】 2014年，以构建和谐劳动关系为目标，加大劳动争议仲裁处理力度，成立兵团首家劳动人事仲裁院。认真贯彻《劳动争议调解仲裁法》和《劳动人事争议仲裁办案规则》，坚持快立、快审、快结的办案原则，积极处理各类劳动争议案件201起，庭外调解263起，结案率100%。

【劳动工资】 2014年，发布师市12个行业、131个工种(岗位)的劳动力市场工资指导价位。发布五家渠市劳动力市场工资指导价位，制定六师企业工资增长指导线，用市场手段维护劳动者的合法权益。

【劳动监察】 2014年，查处劳动保障违法案件160起，监察用工单位216家，审核用人单位规章108份，下达询问通知书10份，限期整改指令书69份。以涉嫌拒不支付劳动报酬罪向公安部门移送案件2件，行政处罚决定书3份。处理和清欠工资2 918.7万元。督促用人单位补缴社会保险费27万元，督促用人单位补签劳动合同1 200余份，行政处罚3.6万元。坚决执行农民工工资支付保障制度。下发《六师五家渠市预防和处理拖欠农民工工资管理办法》《关于规范建设领域农民工工资管理办法的补充通知》，全年收取农民工工资保证金4.19万元。落实农民工工伤保险政策。全年共有129家用人单位缴纳农民工工伤保险费1 030万元。 （王　芳）

街道·社区 Streets & Communities

责任编辑　李守谦
题图摄影　孙　霞

军垦路街道

【概况】 军垦路街道党工委书记王卫兵，党工委副书记、办事处主任张莉（女），党工委委员、办事处副主任吕建华（公安部门派驻到街道，6月任职）、谢金娥（女），武装部部长王卫兵（兼）。

军垦路街道地处五家渠市城区西部，辖区面积7.02平方千米，居民1.17万户，人口3.2万人。离退休人员6 149人（其中有3 219人社会化管理服务在街道）、失业人员7 461人（已就业7 343人）、外来务工常住人口1 065人、进城务工流动人员291人、残疾人员573人。辖区企事业单位135个、个体工商户1 219家、破产改制企业18家。街道下设军垦南路、前进西街、振兴街、向阳路、天山北路、军垦北路、西林路等7个社区，社区领导12人，专干1人，公益性岗位133人，专职综治员14人，原企业清算组人员7人。街道办事处下设党政办、社政办、综治办、武装部、计生卫生保健办、财务室、劳动保障事务所、工会、残联、工商联等10个职能部门，街道司法所为师派驻机构，工作人员2人。

【党建工作】 2014年，街道社区分别与56个辖区单位建立党建联席会议制度，共创“六联”活动（思想工作联做，共育四有新人；社会治安联防，共建稳定环境；公益事业联办，共兴社区服务；环境卫生联搞，共建优美社区；文体活动联谊，共倡文明新风；党建工作联创，共促发展进步）载体，在庆祝建党93周年总结表彰大会上，树立19个先进基层党组织、36名优秀共产党员和11名优秀党务工作者等一批先进典型，800余名党员重温入党誓词。走访慰问了辖区86名困难党员和老党员，街道组织460名党员干部赴一〇二团团史馆、师市博物馆参观。是年，街道社区发展新党员13名（其中非公企业党组织发展11名），13名预备党员按期转正（其中非公企业9名）。军垦南路等4个社区党总支申报师市基层党组织示范点。7个社区都建立青年工作站，向阳路社区被兵团团委命名为兵团青年文明社区。完成7个社区科普阵地建设，组织130人次参加师市科协举办的科普活动，更换社区科普长廊版面38块。辖属7个社区党总支和37个党支部、3个非公企业党组织分别召开专题组织生活会。组织210名党员志愿者参加“弘扬雷锋精神、清洁家园、从我做起”为主题的清洁道路护栏等志愿服务活动。街道印制2 000本《便民服务手册》，送到居民手中。深入开展党的群众路线教育实践活动，街道社区领导干部和党员干部采取多种形式集中学习16次，街道出简报34期，精简会议30%以上、公文38%以上，清理超标办公用房82平方米，广泛征求职工和居民反映突出的现实问题137条，经梳理汇总出52条，需要街道党工委解决的9条，已完成整改。

【社区建设与管理】 2014年，加强街道社区基础设施建设。投入70万元改善街道、社区办公场所和办公条件，街道各有关部门设置流程图12个，又对各部门8大类46项业务进行梳理。同时印制便民服务手册5 000本，下发社区居民手中。

配合市政府和相关部门解决辖区内群众反映下水管道不通、天然气入户、自来水管爆裂、外墙保温、平房区居民用电、下水井盖缺失损坏等民生方面的矛盾和问题。解决军垦南路社区烟酒公司、汽运司片区上下水、亚特房产和富强小区下水，以及新垦木业物业管理问题；解决前进西街社区安和园、嘉和园、荣和园小区基础设施建设以及引发多起居民集体上访、越级访的房价、拆迁安置费、过渡费、契税、楼层差价等问题；解决天山北路社区食品公司小区水电路老化、外墙保温问题；解决向阳路社区供销小区、军垦北路社区原运输公司平房区、棉纺厂家属楼以及西林路社区百花苑小区上下水堵塞及道路、绿化、天然气入户等问题；解决棚户区改造时期基础设施建设滞后，上下水堵塞等问题。同时，对7个社区128栋旧楼房进行摸底排查，制定老旧小区分步改造实施方案。2014年，军垦路街道7个社区11栋楼房进行既有建筑节能改造。已有390户居民受惠。街道社区积极协调解决居民群众反映强烈的水、暖、电、路、燃气和房屋征迁等民生问题，提供各类帮扶1 700人次262万元，对12栋3.22万平方米的居民楼进行外墙保温的节能改造。投资10万元对军垦北路社区的健身场地进行硬化，对旱厕进行维修。协助征收办做好社区棚户区改造工作。

【残疾人事业】 2014年，街道为3名符合条件的残疾人发放轮椅，发放2013年残疾人事业费81 000元、保障金63 780元、阳光家园资助家庭托养补助金40 800元及2014年残疾人居民医疗补贴金6 365元，为48名残疾人申报并缴纳2014年居民养老保险4 800元。申报2015年肢体残疾人机动轮椅车燃油补贴，申报师市残疾人自强模范、集中安置残疾人就业先进单位、缴纳残疾人就业保障金先进单位、扶残助残先进集体并获得奖励。为街道2名2013年考入大学的残疾人大学生发放助学金每人3 000元，共计6 000元。为1名学前教育的残疾儿童发放助学金3 000元。组织街道残疾人参加师市残联举办的“我梦最美”演讲比赛，残疾人崔俊铭获得鼓励奖。申报脑瘫儿童康复训练救助和肢体儿童矫正手术等项目，完成对本街道的25名白内障患者救助的申报工作。完成2013年度残疾人购买经济适用房的统计工作，完成14名残疾人儿童学前教育、残疾学生义务教育，以及高中、中职和高等教育实名制登记工作，完成5名未入学的残疾人儿童实名制登记工作。组织60名残疾人参加街道举办的法律知道讲座，为18人办理二代残疾证，完成2015年残疾人购买居民医疗保险的摸底及申报资金工作。为2名残疾人申请残疾人小额贷款，发放残疾人事业费8.1万元、保障金6.37万元。发放4名2013年在校的高中残疾人学生助学金每人1 000元，共计4 000元。发放3名脑瘫儿童康复救助金每人1 250元，合计3 750元。发放0~15周岁的9名残疾儿童救助金每人1 000元，合计9 000元。

【扶贫帮困】 2014年，街道审核发放城市最低生活保障金768户840人23.25万元，发放医疗救助30人26.25万元，发放冬季取暖救助200户6万元。春节慰问重点优抚对象、军属、特困户、困难户、低保户748人19.32万元。完成经济适用房47户、廉租房4户的审核上报工作，办理阳光家园资助家庭托养补助金4.08万元。为原下岗失业人员和符合免费服务对象等2 638人发放独生子女保健费、退休奖励金、独生子女伤残死亡扶助金等32.88万元。开展PADIS系统建档工作。

是年，实现就业423人，小额担保贷款放贷53人633万元，吸纳带动就业89人，完成师下达任务的243%。举办为期10天的社区岗位素质培训153人，协办IYB创业培训和手工制作培训班88人。为老干部订阅报刊1 400份12万余元，在节日期间慰问老年人、老干部及遗孀1 758人次25.34万元。组织65岁以上老人体检2 053人。

【群众文体活动】 2014年，组织开展街道“敬老文明号”系列创建活动，表彰老年之星、孝义之星38名。组织参加2014年全国百城千村健身气功交流展示活动第六师(团场)启动仪式暨中老年太极剑、健身气功、柔力球展示交流活动。

街道共有京剧社、书画社、诗友社、合唱团等群众文化团体60个，其中群众文体活动队伍28大类128支，已成为各社区文化娱乐活动开展的主力军。是年，举办各类文体活动15次，参加人数6 000人次。其中，迎新春联欢会、“热爱伟大祖国建设美好家园”主题系列活动深受群众欢迎。街道还参加师市元宵节大型社火表演、五一节“中国梦·劳动美”职工拔河比赛、乒乓球比赛、羽毛球邀请赛、摄影大赛、演讲比赛和篮球比赛等，有益的文体活动把居民群众紧紧凝聚在一起，促进街道社区的和谐稳定。

【精神文明建设】 截至2014年，街道辖区有各级文明单位53家，在精神文明建设中实施“五个一”工程(一堂：道德讲堂、一队：学雷锋志愿服务队、一牌：思想道德公益广告宣传牌、一桌：文明餐桌、一传播：网络传播文明风尚)为内容的创建活动。街道申报创建兵团级文明单位通过抽检验收。参加师市百家文明单位道德讲堂评优课活动，获得二等奖。

开展以共产党员为骨干的志愿者活动。是年，街道志愿者协会注册管理社区的24个志愿服务工作站、36个团体会员单位、59个志愿服务项目以及3 678名志愿者(不含团场志愿者)，他们广泛活跃在六师五家渠市各个行业、各条战线，其中党员352名。同时，还托管了新湖、芳草湖、军户、共青团农场，及一〇六团、呼图壁县农业银行等团场的志愿者协会工作。五家渠市军垦路街道社区志愿者协会的成立为社区志愿者服务提供了有效的组织保障。志愿者队伍开展养老助老、普法宣传、慰问服务、心理抚慰、文体活动、植树护绿、义务义诊、爱心捐助等公益志愿活动1 000余次，受益群众1万余人。

【武装工作】 2014年，街道武装部广泛开展征兵政策宣传活动，发送手机宣传短信2万余条，发放宣传单200余张，张贴标语70多份，悬挂横幅9条，共登记适龄青年126人，圆满完成征兵任务。街道武装部连续5年无退兵，连续3年被评为师市征兵工作先进单位。

街道民兵组织建设基本达到新形势下“市场”与“战场”的要求。是年，投入民兵配合警察昼夜值班70余天，累计出动总兵力2 700人次进行登记盘查工作。特别是在敏感时期，街道出动民兵担负执勤和夜间巡逻任务，有效地维护辖区的社会稳定。执勤期间查出问题身份证3 660个，协助公安交警查出各种违规违纪机动车1 300余辆。

【街道工会】 元旦、春节期间开展送温暖、送健康活动，慰问贫困家庭233户。为辖区26名特困职工发放双节慰问款1.3万元，为207名贫困职工每人发放1张爱心卡。

帮助辖区4个贫困家庭与工会干部结帮扶对子。开展女职工“关爱行动”救助活动，为1名单亲贫困母亲发放救助款2 000元，做到送温暖资金专款专用，给困难职工带去了温暖。

春节期间，走访慰问自治区和兵团劳模7户，送去慰问金2.96万元。为16名师级劳模发放慰问金8 000元。助残日期间，慰问残疾职工2名。街道工会和师工会领导代表山西援疆干部资助贫困家庭吕秀玲之子学费1 000元。为辖区29户贫困家庭子女申请发放“金秋助学金”6.8万元。为辖区1名困难职工申请发放大病救助金3 000元。

组织辖区8名下岗职工参加师市工会举办的职工三产特色培训班。举办1期60人参加的手工编织培训班，帮助更多妇女、残疾人和下岗工人实现创业就业。做好非公企业建会和会员发展工作，指导3家非公企业成立工会。街道劳动社保事务所荣获师市工会巾帼标兵岗荣誉称号。街道工会被师市工会授予先进职工之家。

【新闻宣传工作】 2014年，街道充分利用五家渠市及兵团、自治区媒体，扩大宣传面，加强宣传力度。在国家级刊物《社区党建》杂志发表稿件2篇，《兵团日报》图片新闻

1篇。在兵团各部局网站发稿11篇,《生活晚报》用稿3篇,《准噶尔时报》用稿35篇。截至11月15日,五家渠市广播电台用稿11篇,电视台用稿41篇(其中参与《绿洲彩屏》栏目2次、《新春走基层》栏目1次),五家渠政务网、先锋网共用稿500余篇。通过各种媒体宣传,为街道两个文明建设营造良好的舆论氛围。

是年,街道共征订《人民日报》《新疆日报》《兵团日报》等报刊杂志45种1 409份,支出费用14万余元。

【综合治理与平安建设】 2014年,街道全面推行"网格化"管理模式。3月,各社区结合劳动就业入户登记更新了住户信息,完善居民信息管理台账。各网格做到重点人员底数清、情况明,监管到位。街道建成规范警务室6个,招录的14名协警全部上岗。6个标准化警务室的人防、物防和技防已全部落实。

是年,街道开展普法讲课76场次,受教育群众3.8万人次。举办"六五"普法骨干培训班6场次,培训普法骨干560人次。积极开展法律援助、法律服务等便民利民活动。开展矛盾纠纷排查摸底专项行动12次,出动清查人员累计2 800余人次,调处化解纠纷3件,调解一般性矛盾纠纷372件,调解成功率98.6%。全年共登记流动人口3 452人,流入人口登记率100%。出租房屋1 045户,登记备案率100%。同时,办理社区流动人口居住证1 258个,办证率95%。流出人口衔接率达到90%,流出重点人员衔接率达到100%。在敏感节点、重大活动期间,严格落实值班备勤制度。全年投入民兵配合警察昼夜值班70余天。结合平安家庭创建,开展"不让毒品进我家"、拒绝邪教倡仪书等活动,对宗教场所、宗教教职人员和日常宗教活动情况进行100%摸排登记备案,对从事非法宗教活动人员掌控率达到100%。街道社区现有刑释解教人员13人,衔接帮教率100%。全年辖区共开展各类维稳治安专项整治行动21次,投入清查整治人力2 940人次。刑事案件下降到97起,同比下降48%;治安案件发生138起,下降38起,下降率为21.6%。

【军垦南路社区】

负责人 党总支书记张奎,居委会主任严彩霞(女)。

概 况 军垦南路社区成立于2005年8月,隶属于五家渠市军垦路街道办事处,辖区北至长征西街,南至迎宾大道与昌吉六工乡下三工村相邻,西至军垦路,东至天山南路、青湖南路。辖区面积2平方千米,属于复合型的综合型社区,金融、企业、商铺网点、网吧、游戏厅、歌厅、舞厅、公共娱乐场所、特种行业聚集,辖区内人口密度较大。

党总支下设6个党支部,148名党员,居委会委员成员9人,5个片区81名居民小组长,居住着汉、回、维吾尔、苗、土家、蒙古等八个民族。总户数1 640户(楼房93栋),常住人口5 210人。辖区内出租房屋205家,暂住人口600多人,居住人口特点是党员多、离退休干部多、老年人多、外来流动人口多、帮困对象人员多。辖区内国家行政单位1个,武装部1个,企事业单位17个,其中客运中心1家,金融网点4家。

军垦南路社区商业网点较多,实地统计共有1 200余家,其中大型超市3家,场所人员密集。辖区内公共娱乐场所15家,特种行业17家,重点要害部位35家。

社区服务中心用房建筑面积1 500平方米,内设有一站式服务大厅,综治警务室,图书阅览室,党员之家(电教室),法律咨询室、居民文化活动室等。社区坚持"以人为本,服务居民"的原则,紧紧围绕"全新经营社区,完善服务设施,改进服务手段,搭建服务平台,提升服务水平"的工作思路,扎实工作,开拓创新。社区先后荣获"兵团和谐示范社区"等多种荣誉称号。

【前进西街社区】

负责人 党总支书记、居委会主任杨保华。

概 况 军垦路街道前进西街社区位于五家渠市西南城乡结合部,辖区总面积0.7平方千米。总户数3 802户,总人口7 779人。离退休人员1 641人;灵活就业人员近2 000人;残疾人238人;军烈属27人;少数民族154人;社区工作人员共29人,其中在编2人,聘用和公益性岗位27人;社区设党总支1个,总支委员11人,下设10个党支部,28个党小组,管理党员402名;居委会下设"五站一室",居委会委员11人,居民代表102人,划分103个居民小组；群众文化团体10个。辖区内事业单位4个，法人企业30家，个体工商户121家，物业小区3个；区、兵团、市级文明单位4个。

【振兴街社区】

负责人　党总支书记陈树强，居委会主任张燕(女)。

概　况　振兴街社区地处五家渠市中心，军垦路以东、长安路以南、友谊路以西、长征路以北，辖区呈“田”字型，面积为0.24平方千米。居民住户1 429户，3 892人，辖区有5个居民小区(振兴花园小区、友谊小区、粮贸小区、天山商厦小区、印刷厂小区)。辖区内行政事业单位77个，商业网点1个，社区工作人员20名。

【向阳路社区】

负责人　党总支书记王冬梅(女，3月离任)，居委会主任崔新纲。

概　况　向阳路社区位于市老城区西部，社区占地0.31平方千米，社区党总支1个，党支部3个。社区五站一室健全，工作人员18人，各文化团队7个。社区辖区共有企事业行政单位7个，居民1 610户，4 224人，其中离退休人员545人，无业人员318人，残疾人80人，流动人口79人。辖区内个体工商户72家，社区设有警务室，管区民警1人，协警2人，综治员2人。

2014年，向阳路社区以“服务居民，共建和谐”为宗旨，着力打造以“健康热线”、“假期乐园”、“社会帮教”和“向阳文化”等为重点的亮点工程，全面落实公共服务和管理工作事务，先后被授予“全国和谐社区建设示范社区”、兵团“青年文明社区”等荣誉称号。

【天山北路社区】

负责人　党总支书记侯旭荣，居委会主任王家伟(女)。

概　况　天山北路社区占地面积0.9平方千米，东至友谊路，西至长安街，南至军垦路，北至北海街，辖区常住居民1 955户，人口5 036人。离退休人员483人，灵活就业人员约1 500人，残疾人122人，优抚对象24人，低保人数21人，少数民族114人。社区工作人员23人，其中在编2人，聘用和公益性岗位21人。社区设党总支1个，总支委员9人，下设6个党支部，18个党小组，管理党员191名。居委会下设“五站一室”，居委会委员9人，38个居民小组。群众文化团体9个。辖区单位5个，法人企业6家，个体工商户98家，物业小区3个。

【军垦北路社区】

负责人　党总支书记刘茵(女)，居委会主任张艳(女)。

概　况　军垦北路社区地处五家渠市西北边界，东起军垦北路、南起长安西街与向阳路社区居委会比邻、北到昌吉少管所、西至枣园西街五家渠市西界线与西林路社区居委会相望，是一个“工、农、商、学、兵、医”齐全的综合性社区。社区南北距离2.3千米，东西1.1千米，面积约2平方千米，绕社区巡逻一圈约7千米。辖区内共有巷道20余条，住宅楼27栋，医院11栋384户，青纺公司12栋488户，园艺场1栋9户；四支队家属楼1栋30户，宿舍180间。平房94排，社区居民总户数1 402户，总人口4 020人。常住人口1 135户3 105人，出租屋267户。离退休人员242人，灵活就业人员692人，残疾人87人，军烈属20人，少数民族185人(其中维吾尔族63人)。驻区企事业单位11家，个体商户25户，有武警四支队、雷达站等2个

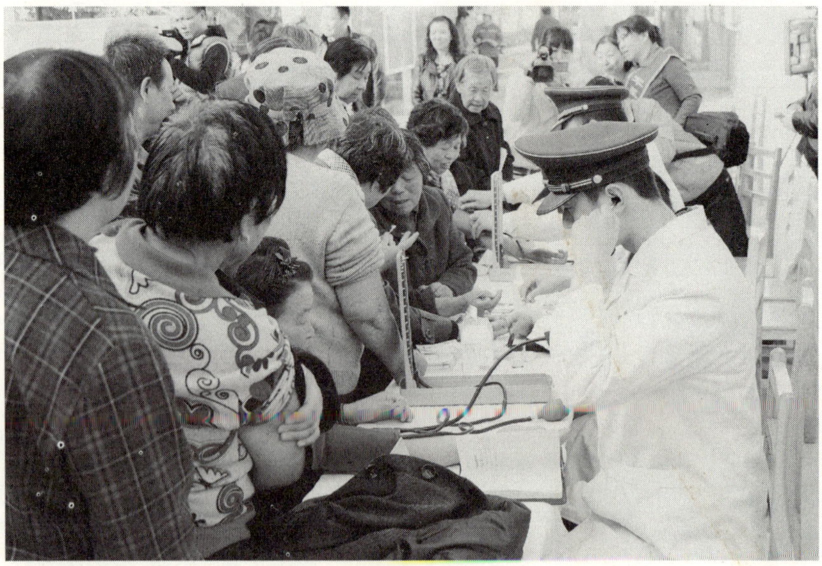

军垦路街道军垦北路社区联合武警四支队为辖区群众义诊。　(孙　霞)

驻军单位；兵团女子戒毒所、公安局看守所、拘留所3个监管部门；自发劳务市场、北海公园、师医院3个复杂场所，6个一级防火单位，5个三级防火单位，有华孚公司仓库、日杂公司鞭炮库、武警油库、水塔等12个重点部位。社区划分为青纺公司片区、汽运司片区、北海公园片区、园艺场片区、师医院片区5大片区。有物业的小区2个。社区工作人员共25人，其中在编2人，留守干部1人，聘用和公益性岗位22人；社区党总支1个，总支委员7人，党支部5个，共有党员134人。居委会下设"五站一室"，居委会委员9名，36名居民代表(居民小组长)，栋长131人，群众文化团体7个。

社区内自治区级文明单位1个，兵团级文明单位2个，师级文明单位2个。社区荣获师级社会治安综合治理先进单位、兵团和谐示范社区、师市第二批党建示范点、老干部工作先进集体、志愿者先进集体等荣誉称号。

【西林路社区】

负责人 党总支书记舒迎庆，居委会主任时君(女)。

概 况 社区辖区面积为0.87平方千米，常住居民1 128户，3 169人。离退休人员614人(其中纳入到街道档案接管人员360人)，少数民族55人，社区辖区内企业单位1个，商业网点34个，物业小区1个，下岗失业人员432人，在校学生378人，残疾人74人，军烈属2户。社区工作人员共23人，书记、主任各1名，综治员2名，劳动和社会保障协管员2名，"四岗合一"协管员1名，残疾人专职委员1名，警卫2名，保洁保绿员13人。社区有党总支1个、党支部5个、13个党小组，接转组织关系党员132人。社区划分四大片区，民主选举产生小组长19名，居民代表33名，居民委员会委员7人，协商议事委员会委员9人，社区居委会下设"五站一室"，群众文化团体8个，辖区市级文明单位1个，师级文明单位1个。

军垦路街道社区居委会一览表

社区居委会名称	党总支书记	居委会主任	总人口(人)	接转党员数(人)	文化团体(个)	低保户(户)	残疾人(人)	企事业单位(个)	物业小区(个)	商业网点(个)
军垦南路社区居委会	张　奎	严彩霞(女)	5 810	148	17	26	87	17	3	1 236
前进西街社区居委会	杨保华	杨保华	7 779	402	10	80	238	2	3	151
振兴街社区居委会	陈树强	张　燕(女)	3 892	183	9	16	65	77	4	1
向阳路社区居委会	王冬梅(女)	崔新纲	4 224	143	7	9	80	7	1	62
天山北路社区居委会	侯旭荣	王家伟(女)	5 036	191	9	19	122	11	3	98
军垦北路社区居委会	刘　茵(女)	张　艳(女)	4 020	141	7	28	87	11	2	25
西林路社区居委会	舒迎庆	时　君(女)	3 169	132	8	12	74	1	1	34

(孙　霞)

人民路街道

【概况】 人民路街道党工委书记郭建忠，党工委副书记、办事处主任孙国钧，党工委委员、办事处副主任徐俊生、乔春生。

五家渠市人民路街道办事处位于五家渠市的东北部。街道机关内设党政办、社会事务管理办、综治办、武装部、劳动社会保障所、财务统计办、综合执法办等工作机构。下设青湖南路、龙泉和东城3个社区居委会。辖区面积17.3平方千米，占五家渠城市规划面积的69.2%。截至2014年末，有包括院校、金融、水利、电力、旅游、机关在内的企事业单位68家，居民小区33个。居民11 458户3.43万人。有党总支3个，党支部11个，党员228名，其中在职党员43名，居民党员185名，选配基层专兼职党总支、支部书记14名，党总支、支部委员42名，街道党工委委员4人。街道工作人员97名，其中在编21名，派驻人员6名，企业分配干部4名，综治协警14名，政府购买服务岗位5名，公益性岗位49名。

【党建工作】 2014年，街道以开展群众路线教育实践活动为契机，着力抓好街道、社区领导班子和干部队伍建设。各社区党总支、支部书记及支部委员已全部配齐到位。确定培养积极分子6名，接转组织关系38名，落实社区党总支委员及基层党支部书记工作补贴，完成干部培训20人次。

全年组织党工委中心组学习9次，各党总支、党支部学习59次，订阅党报党刊及学习杂志18种203份。完善党员远程电教系统，开办学习园地4期，报送党建论文5篇，在职党员干部普遍撰写学习笔记和心得体会。强化对党员干部改进工作作风的教育，组织60多名工作人员举办为期3天的政策法规和业务技能培训班。

【开展教育实践活动】 2月17日，街道召开由48人参加的教育实践动员大会，成立活动领导小组和办公室，制定街道教育实践活动前期工作意见及实施方案，下发学习教育、听取意见环节的工作安排。街道党工委及基层党组织集体学习13次，交流讨论2次，发放教育实践学习读本30份，学习资料34份，出宣传板报18块，办学习园地4期，印发简报18期，外发影视新闻、稿件64篇，组织党员干部98人次进行答题考试。班子成员撰写学习笔记及心得体会1.5万字以上，其他干部的心得笔记不少于1万字。对基层党组织的教育实践活动进行3次检查指导。采取调查问卷、发放征求意见表、召开座谈会，走访联系点和联系户等方法征求意见110条，并按照要求梳理汇总后上报师市督导组。街道党工委班子成员相互和分别与街道社区部分工作人员28人进行谈话，从遵守党的政治纪律情况、贯彻中央八项规定转变作风方面的基本情况、四风方面存在的突出问题、存在问题的原因、努力方向和改进措施等五个方面认真撰写对照检查材料，8次对班子的对照检查材料进行修改完善。在教育实践活动中，征求到的意见建议110条，转交师市有关部门解决的问题53条，街道需整改解决的57条。至年底，已整改落实13条，正在解决的25条，需要一定时间落实解决的19条。在教育实践活动中，重点解决青南社区30多户居民的供水、花园小区楼房屋顶及工行小区楼房地下室漏水、人行道修缮、阳光二期19号楼房的屋顶漏水等问题，以及5幢住宅楼的外墙保温已经完成，协调城建处放置垃圾箱7个，整合社区卫生服务站2个。通过市政府购买街道社区服务岗位4个，招录增加社区协警8名，派驻街道综治、物业、安全管理人员各1名。师市党委部署开展"访惠聚"（访民情、惠民生、聚民心）工作后，党工委组织工作组以走访部分居民家庭，深入社区、单位和发放征求意见表等形式进行广泛调研，开展摸排登记重点人员523人，贫困户32户，其中"结对"帮扶25户，慰问25户，征求处理群众意见53件，开展宣传教育群众活动15场675人次，召开座谈会4次，走访群众6 013人。集中进行法制宣传教育4场165人次，发放宣传资料

人民路街道组织老党员老干部们在五家渠市军垦博物馆观看学雷锋图片展。 （蒋雨冰）

1 500份，参与值班备勤62人次，参与卡点执勤12人次，走访重点人员6人次，清查出租屋129间，清查流动人口707人次，化解矛盾纠纷3件。

【党风廉政建设】 2014年，街道党工委制定党风廉政建设目标责任书，并与基层党组织负责人签订。在党风廉政建设宣传月期间，安排社区党组织开展党风廉政建设宣传教育，利用组织党员干部开展学习、张挂横幅标语、制作宣传栏板等形式，组织各种不同形式的廉政教育进社区活动。党工委班子成员能够遵守党员领导干部廉洁自律的有关规定，按照要求对个人重大事项予以申报。全街道社区党员干部没有违法违纪现象发生。

【社区建设与管理】 2014年，落实街道各社区“两委”(社区共产党支部委员会和社区居民委员会)委员补贴3万元，更好地发挥居民骨干的作用。完善街道、社区的社会组织建设，截至年末共有社会志愿服务组织20个2 106人。全年开展活动80次。

筹集11万元，修建街道办公楼雨棚，安装自动伸缩门和实现办公楼周边的绿化。投资5万元，完成老年活动中心的美化、绿化工程。投资10万元，完善各社区的警务室和科普活动室设施。拨付1.47万元，解决困扰青湖南路社区花园小区居民多年的屋顶漏水、地下室渗水等难题。经协调筹集资金264.6万元，为东城社区阳光康居小区一期5栋楼房做外墙保温和屋顶维修。另外，青湖南路社区居委会小尾沟巷35户家庭居住在老年活动中心南侧，未纳入市旧城改造范围，长期靠兵团党委党校供水。由于管道年久失修，漏渗严重，每年给兵团党委党校造成重大损失，由于兵团党委党校无力维修和无法管理，只有断水。经街道办事处和社区居委会与市政府分管领导协调，商定了具体办法，最终使小尾沟巷居民用水问题得到解决。与热力公司协调解决君豪置业小区居民供暖后还受冻的问题。

【宣传工作】 2014年，向新闻媒介投发各类稿件355篇，其中被国家级报刊(网络)刊用28篇，兵团级刊用4篇，师市级报刊(网络)刊用323篇。完成党建、社区建设论文16篇，出宣传栏67期，宣传展板81块，悬挂宣传横幅92条，发放各类宣传单(册、品)5万余份。开展电教远程教育和多种形式的读书活动，用于订阅学习资料的费用2万元。开展科普教育，设立各种宣传栏40块，安装LED宣传屏五处，配置投影设备6套，在街道社区营造浓厚的宣传氛围。

【精神文明创建】 2014年，街道完成35家文明单位的复验申报，抽验兵团级文明单位15家。有花园式单位21家。协调19家单位开展“道德大讲堂”活动，街道及辖区19个单位参加师市文明办举办的“百家道德大讲堂”评优活动，获一等奖2个、二等奖3个、三等奖6个，16人被评选为道德讲堂优秀主持人。街道开展兵团级文明单位创建活动，完善三年来各种创建台账资料，张贴或悬挂各种文明礼仪牌匾，增加文明创建硬件设施，经过扎实努力的工作，最终通过兵团级文明单位的审核验收。

【文化活动】 2014年，街道结合庆祝兵团成立60周年、五家渠建市10周年，开展春节文艺联欢、“梦想家园”元宵社火表演，庆三八联谊会、残疾人运动会、合唱比赛、气排球比赛等各类文体活动30余次。充分发挥社区秧歌队、腰鼓队、合唱队、豫剧社等10多个文化团体的作用。参加职工健身舞大赛，举办乐在社区第二届老年人趣味运动会和老干部老年书画展。街道与东城社区在青格达湖畔举办“相约郁金香，民族团结一家亲”联谊会，组织北塔山定居牧民与街道社区工作人员欢度五一佳节。端午节，社区与居民共同包粽子送至少数民族家庭及康寿敬老院。七一期间，组织党员在党旗下宣誓、参观军垦博物馆及一〇三团团史馆等活动。

【关工委工作】 2014年，街道有老年人1 589人，纳入街道管理的退休职工253人。是年，为退休老干部每人订1份《生活晚报》、1份《老年博览》供老干部学习。各社区相继成立并完善太极拳、功夫扇、门球等老年群众组织，建立“五老”队伍，并积极参与师市组织的各项活动。在纪念党的生日之际，组织老党员志愿者清理环境卫生。重阳节期间，组织全体工作人员前往青湖康寿敬老院为老人表演节目、清理个人及居所卫生环境。东城社区组织退休党员干部到共青团农场经济开发区及花卉养植基地，以了解农场日新月异的变化。青湖南路社区对冯先义等因身体不适等原因不能按时参加学习的老党员，采取送学上门的方式保证将党的各项方针政策及时传达到每个党员。龙泉社区充分发挥老同志老有所为的作用，70岁的党员李万英长年照顾孤寡老人，并在党的生日来临之际，把自己平时卖废品所得的1 000元钱作为党费上交。寒暑假期间，各社区关工委举办以遵守交通法规，倡导安全文明行为为主题的交通安全法制讲座，参加的小学生有500余人次。组织60余名中小学生参观五家渠军垦博物馆，取得良好的教育效果。全年街道社区关工委围绕少年儿童法制宣传、气象农业知识普及、历史传统和道德教育等方面共开展30多次活动，受到群众的欢迎。

【民族宗教工作】 2014年，街道有少数民族815人，其中维吾尔族339人，回族、蒙古族等476人。有信教人员101人，其中信仰基督教（天主教）37人，伊斯兰教64人。街道党工委与各社区签订2014年度依法管理宗教事务专项治理工作责任书，开展对民族宗教人员的排查登记，建立信教人员档案。举办民族宗教政策暨“六五”普法反邪教知识竞赛。召开民族宗教政策法规宣传教育大会和举办宗教政策培训班，130余人次集中学习党的民族宗教政策以及相关法律、法规。

【综治工作】 2014年，全面部署综治、信访、维稳、普法及反邪教工作，坚持每月召开综治工作例会。与综治成员单位签订综合治理、信访稳定、防范邪教和安全生产工作目标责任书，保持综治工作常态化。与兵团警官高等专科学校签订共驻共建协议。组织438人次参加各个敏感期间的值班备勤工作，落实中央领导来五家渠市视察期间的隐患排查工作，对各成员单位进行4次综治工作检查，及时报送综治工作及值班维稳信息。

是年，组织矛盾纠纷排查活动48次，受理矛盾纠纷79件，调解77件，调成率97.1%，涉案人数280人次。化解了3起因拆迁、外墙保温及供热引发的群体性上访。办理居住证1 129份，推行便民联系卡制度。3~9月，组织人员对辖区居民进行信息采集，共设置34个居户网格，其中东城社区19个，龙泉社区8个，青湖南路社区7个。开展法制宣传39场次，受教育9 100余人次，举办工作人员、居民群众法制讲座22场次1 100余人次参加。举办法律知识竞赛4次，答题活动2次，出展板10块，悬挂横幅30余条，张贴宣传画240余张，播放法制宣传标语160余条，向辖区广大居民发出平安建设倡议书及宣传品7 000多份。全年无集体上访事件发生。

【安全、消防工作】 2014年，街道制定安全生产活动实施方案，开展安全生产大检查和安全生产月活动，重视安全生产教育，发放安全知识宣传单500多份，排查隐患36起。确定安全重点单位23个。

先后邀请乌鲁木齐市正安防火中心、师市消防队举办消防安全知识讲座和消防演练，对居民进行交通安全警示教育。全年无安全生产事故和重大消防安全事故发生。

【民政工作】 2014年，街道慰问低保户、低保残疾人、特困户和困难居民321户19.6万元，发放救助证226本。申请低保金1 583户1 884人次，发放低保金68.3万元。为19个患病家庭发放医疗救助金7.92万元。申报经济适用房24户、廉租房5户，审批购买经济适用住房3户。为146名老年人办理《老年优待证》，为32名80岁以上老年人免费体检。发放老龄津贴1 301人次7.4万元，发放义务兵优待金79.9万元。重阳节慰问70岁以上老人105名，发放慰问金1.7万元。殡葬管理工作稳步推进，全年去世23人全部实行了火化。

【社会保障工作】 2014年，街道收缴、划扣1 167名参保人员2 014、2015年居民医疗保险费9.36万元，为28人补缴基本养老、医疗保险费4.27万元。收缴、划扣居民养老保险51人的养老保险金，完成272名灵活就业人员农行划扣衔接工作，对105名灵活就业人员进行入户摸底。完成参保、暂停缴费居民1 812人的信息核对工作。发放2 954人次养老金541.86万元，发放222人次失业金21.62万元，发放424人次生活补助5.08万元，发放104名破产企业退休人员烤火费7.92万元。审核新增养老金待遇手续8人，登记上报36名离退休人员异地安置的社保相关信息，申报9人丧葬费，支付丧抚待遇金额47.34万元。申报和发放居民医保、生育、工伤待遇33人，报销金额8.41万元。为1 110名参保居民鉴定了医保门诊协议。对4家定点药店进行日常监管，审核结算2 053人次医保卡金额13.20万元。申报门诊慢性病、劳动能力鉴定58人。对2 107户2 234人展开就业失业情况调查，发布各类招聘招工信息32次。申请发放新参保276人次63.79万元的50%养老金返还，审批申报公益性岗位人员相关费用292人次327.7万元，缴纳社保费89.86万元。办理就业失业登记及换证486本。为28人办理小额担保贷款384万元。

【工会妇联工作】 2014年，街道有工会会员86人，其中女性会员54人。帮助青辰、华源两家物业公司组建工会。春节期间，工会对64户特困、贫困家庭进行救助并送上爱心卡和现金2.9万多元。救助“两癌”妇女1名、贫困单亲母亲2户、贫困居民6户子女助学金1.6万元。三八期间，街道女工委举办科普知识竞赛、红歌演唱比赛，走访慰问了18户贫困妇女。为未婚青年搭建交友平台，选送5名青年参加师市妇联举办的鹊桥会。为5户家庭发放爱心母亲邮包，举办“红丝带”女性健康知识讲座。

【青年工作】 2014年，街道团工委开展以“帮孤、助残、献爱心”、“伸出友爱之手，扶残共度人生”、“关爱老人，情系端午”等为主题的志愿者活动。青年志愿者服务队伍定期开展为孤寡老人和敬老院打扫室内外卫生，帮助老年人梳头、剪指甲、理发、洗衣服等项服务，并送去自编的文艺节目，给老人们平淡的生活带来欢笑。在学雷锋志愿者服务日，团员青年义务清洁马路护栏，使城市面貌焕然一新。积极开展青年就业、创业的宣传工作，在各社区设立就业创业咨询点，积极组织青年参加师市开办的各类就业创业培训班。

【工商联工作】 2014年，街道有非公经济组织283户，其中个体工商户231户，非公企业52户，从业人员1 120人。工商联新发展会员10家。春节期间，工商联慰问4户残疾人家庭，为他们送去米面油及慰问金2 000元。助残日期间，师市工商联领导慰问残疾人吴卫东并送去价值500元的慰问品。在开展中国光彩事业南疆行活动中，43名非公经济人士捐款2 680元。

【残联工作】 2014年，街道慰问残疾人203人次6.9万元，河南商会慰问残疾人4户2 000元。为重度精神残疾人报销费用3人3 253元。为残疾人代缴社保金40人4 000元，为60名残疾人缴纳医保2 140元。对重度残疾人发放阳光家园托养金54人3.24万元。全国助残日期间，各社区组织近100名残疾人及残疾人亲属进行座谈。重阳节期间，到青湖康寿敬老院开展送温暖活动，为敬老院83位孤寡老人赠送慰问品并表演了文艺节目。在残疾人文化周活动中，举办第二届残疾人趣味运动会，80余名残疾人及亲属参加6项比赛，活跃了残疾人的文体生活。按照新评定残疾证规定为18人办理残疾证，为8人补办了残疾证。

【民兵工作】 2014年，街道做好基干民兵整组工作，组织战备演练3次，各类物资配备齐全。做好征兵宣传工作，完成征兵任务。全年出动基干民兵，先后完成示范连紧急出动课目演示、备勤连2个月备勤以及迎接国家领导人来师市进行警棍盾牌课目演示等多项维稳汇报任务。人武办、民兵之家、民兵活动室各类设施到位，受到兵师人武部领导的好评。八一前夕，组织街社和辖区单位领导80多人进行实弹射击、参观师市民兵建设展览等军事日活动。

【计生工作】 2014年，出生的116人政策符合率均达标。发放保健费、退休奖励金407人3.9万元。用于计生宣传经费6 010元。办理《生育服务证》110人、《光荣证》41人、《新生儿落户证明》108人、《流动人口婚育证明》5人次。独生家庭生育二胎办证3人。对461人进行生殖健康检查。完成街道社区工作人员健康检查34人。

【爱国卫生工作】 2014年，街道与辖区单位签订《环境卫生治理责任书》，实行巡查和定期检查制度。充分发挥社区环境卫生服务站及保洁员的作用，每月进行卫生检查，街道进行卫生大检查3次。整顿了私搭乱建，并坚持清理城市“牛皮癣”，督促辖区单位完成环境卫生、专项整治、保洁绿化、冬季清雪等方面的工作。龙泉社区组织辖区养殖户30多人开展“携手共建美丽家园”座谈会，引导养殖户文明饲养，净化环境。

【人大工委工作】 2014年，街道有市人大代表17名，政协委员1名。年度制定街道人大工委工作计划，召开人大工委会议3次，举办1期人大代表履职培训班，提出《街道人大代表履职培训视察活动方案》，组织部分人大代表赴克拉玛依市考察学习。重视做好与市人大联系，指导街道做好工作的相关事宜。协助市人大调研4次，对代表建议、意见办理进行督查视察2次。参加“三查”活动代表20人次，收到9名人大代表建议、意见22条。17名人大代表联系选民136人。建立代表联系制度和选民联系方式，每位代表联系1户贫困选民代表，帮助解决生活上的困难。确定6名人大代表向选民进行述职。全年开展人大工作宣传活动2次，在《人大信息》发表信息8篇。完成政协委员3次视察活动，提交委员提案建议1条，开展委员联系界别群众3名，并开展建言献策活动，及时参加市政协工作会议。

【龙泉社区】

负责人　社区党总支书记李国云（女），社区居委会主任靳霞（女）。

概　况　位于五家渠市迎宾大道以南，占地面积约8平方千米，共有企事业单位11个，个体工商网点33个。辖区实有居民住户466户1 204人，其中常住居民427户1 105人，出租户39户99人；少数民族居民28人，残疾人42人，接管离退休人员130人，60岁以上老年人293人，登记失业人员96人。社区党总支委员5人，下设2个支部，接管党员32人。居委会委员7人，划分居民小组18个，小组长18人，居民代表29人。设立“一站式”服务大厅，建立党员电教室、居民学校、文化活动室、图书阅览室、残疾人康复指导站等场所。先后成立了老年协会、残疾人协会、计划生育协会，组建了秧歌队、太极拳（剑）队、门球队、中老年合唱队、健身球队、志愿者服务队、义务治安巡逻队等居民组织。

【东城社区】

负责人　社区党总支书记曹妩（女），社区居委会主任徐沛鸿

概　况　位于五家渠市东区，面积8平方千米。辖区企事业单位和居民小区多，个体工商户多，外来流动人员和出租屋多，建筑工地多，管理难度较大。辖区有机关、企事业单位46个，非公有制经济组织和新社会组织17个，个体商业网点115个。辖区总户数6 780户，总人口17 085人，暂住、流动人口4 879人，少数民族201人。有志愿者队伍5支183人。居民小区12个。学校3所学生2 966人。建筑工地8个。出租屋350间，暂住、流动人员4 879人。社区党总支开展第32个民族团结教育月活动，在青格达湖畔举办“相约郁金香，民族团结一家亲”联谊会，哈萨克牧民与社区工作者同台献艺。端午节举办“粽香飘万里、民族团结一家亲”活动，与哈萨克同胞共同包粽子，欢度传统节日。2014年经师市民族团结进步创建活动领导小组集中评审并经师市批准，成为师市首批“五共同一促进”民族团结进步创建活动达标单位。

【青湖南路社区】

负责人　社区党总支书记王春莉（女），社区居委会主任李晋峰。

概　况　位于迎宾大道以北，长征东街以南，青湖南路以东，滨河路以西，占地面积约1.3平方千米。辖区内有6家驻市单位，7个居民小区，商铺61家，施工工地4处，有居民1 624户5 851人。其中常住户1 066户2 379人，暂住户558户3 472人，少数民族人口119人。社区重点人员包括刑释解教人员1名，社区矫正人员1名。社区党总支1个，下设党支部3个，居委会有五站一室，成立有8支业余文艺团队和200余人的志愿者服务队。成立有“时尚晚霞”系列的舞蹈队、广场舞队、合唱队、柔力球队等。

人民路街道社区居委会一览表

社区居委会名称	党总支书记	居委会主任	总户数（户）	总人口（人）	低保户（户次）	残疾人（人）	企事业单位（个）	物业小区（个）	商业网点（个）
龙泉社区居委会	李国云（女）	靳　霞（女）	466	1 204	60	42	11	1	33
青湖南路社区居委会	王春莉（女）	李晋峰	1 664	5 851	192	52	17	0	59
东城社区居委会	曹　妩（女）	徐沛鸿	6 780	17 085	1 344	207	52	9	195

（蒋雨冰）

青湖路街道

【概况】 青湖路街道党工委书记杨永朝，党工委副书记、办事处主任杨红品，党工委委员、办事处副主任周拯华、林英（女）、崔斌（6月任职）。

青湖路街道办事处辖区总面积13.65平方千米。常住户6 138户，总人口17 237人。其中，少数民族137人，占总人口的0.79%。有汉、回、蒙古、满、维吾尔、俄罗斯族等12个民族。街道下设党政办、社会事务管理办、劳动和社会保障所、财务统计室、武装部、综治中心、综合执法办7个科室，并设有师市职能部门派驻机构司法所。街道共有在编人员（含社区）25名，其中行政编制6名（含3名领导），事业编制19名（包括社区工作人员11名）。在事业编制中，享受中级职称待遇的有2名。派驻机构2人，公益性岗位100人，专职综治员8人，协警8人。街道辖天山南路、猛进、龙河湾、友谊路等4个社区。

【党组织建设】 2014年，街道党工委中心组集体学习12次，通过学习统一了思想，提高了认识，理清了工作思路，明确工作重点。结合实际坚定不移贯彻执行师市党委的决定、决议，充分发挥街道党工委在各项工作中的领导核心作用。落实党工委成员分工负责制，严格落实"三严三实"要求，坚定理想信念，严守政治纪律，认真履行职责使命，及时研究分析存在的问题。严格执行街道党工委议事决策和"三重一大"制度，认真贯彻中央八项规定、兵团二十六项规定、师市八项规定，坚持"集体领导、民主集中、个别酝酿、会议决定"的原则。齐心协力解决居民群众关心的热点难点以及服务领域不宽、与辖区单位的关系不顺等问题。加强基层党组织建设，充实配齐了4个基层党支部班子，整顿后进党支部1个，完善党建"三会一课"制度。加大党员教育力度，开展党员远程教育活动15次，受教育党员1 200人次。创建党建示范点5个，其中师级2个，街道级3个。对涌现出的20名优秀党员进行表彰。带好党员队伍，发挥模范带头作用；带好职工队伍，发挥服务居民群众的主力军作用；带好党员志愿者队伍，发挥无私奉献社会作用；带好居民队伍，发挥参与社区建设的作用。2014年，辖区674名党员，其中有346名党员参加街道社区党员志愿者服务活动，树立服务品牌3个。加强社区党建"三有一化"建设，党建区域化格局已基本形成。召开辖区党建联席会2次，与辖区单位党组织开展共驻共建活动4次，组织民族团结创建活动。落实承诺公开制度，党工委公开承诺2次，在宣传栏承诺33项，其中兑现26项。落实学先进赶先进制度，全年表彰先进个人75人，先进集体6个、落实联系群众制度，开展重点走访入户活动，入户率达95%以上。落实党组织晋位升级制度，到12月底，基层党组织20个，经过民主测评考核，其中好的党组织16个，较好的4个。严格执行党建组织工作制度，发展党员5人，处理不合格党员3人。严格党费收缴，落实党建经费7.5万元，落实兼职经费补贴4.3万元，解决2个社区离退休党支部活动室问题。落实党员民主管理制度及党风廉政建设责任制，2014年辖区674名党员没有发生违法违纪行为。

【党的群众路线教育实践活动】 2014年2月17日，街道党的群众路线教育实践活动启动，于9月30日基本结束。街道党工委和4个社区党总支、20个党支部、45个党小组、674名党员和广大居民群众参与了教育实践活动。街道党工委聚焦反对"四风"，扎实开展活动。切实打好"学习教育，听取意见"这个基础。集中理论学习18次，召开专题党工委会议5次，组织观看电教片12次，采取集中自学等8种形式的学习活动，党工委征求意见138条，抓住查摆问题，开展批评这个关键。通过多种方式查找出党工委班子存在的14个方面38项问题，召开高质量的专题民主生活会，正在整改的有3条，其他的问题都已整改。3月底，出台建章立制制度汇编。通过教育实践活动，各级党组织和党员干部纪律意识和责任意识明显增强，在职人员的作风有所转变，"四风"得到有效遏制，"三公经费"节约有余，把有限的经费用在了居民生活和困难人员救助上。

【宣传思想工作】 2014年，制定《青湖路街道2014年宣传工作要点》《青湖路街道对外宣传报道奖励办法》，对街道、社区的宣传任务、宣传重点及奖惩措施进行详细安排。重点宣传了十八大精神，十八届三中、四中全会精神，兵团党委六届十二次全会以及师市十届四次全委(扩大)会议精神。街道举办十八届三中、四中全会精神专题讲座各1次,同时组织在职党员60余人参加十八届三中、四中全会精神知识考试。街道、社区通过宣传栏、电子显示屏等方式,做好宣传工作。全年制作宣传版面8块,向党员干部发放学习资料500余册。

【机要保密工作】 2014年,街道对收到的师市党委及市政府等各部门的文件全部按时处理,阅读后整理归档,凡属机密文件、材料一律由党政办公室保管,不得任意交他人代收代转。坚持"谁上网、谁负责"的原则,街道对所有的计算机进行逐台检查,凡上互联网的计算机均没有存放涉密信息。街道安排专人对辖区46台电脑进行2次保密专项检查。

【老干工作】 2014年,接转离(退)休干部185名,其中离休干部5名,团处级干部13人,异地居住33人。街道退休干部3名。开展"四就近"服务工作。制定亲情服务承诺制度,定期上门走访,登门服务。对社区老干部档案资料,实行动态化管理。街道党工委坚持领导干部联系老干部制度和看望慰问制度,及时了解老干部的要求,帮助他们解决生活中遇到的各种困难和问题。猛进社区举办老干部书画展,对青少年进行亮剑精神教育,安排老干部到石河子、一〇二团、共青团参观学习。为老干部订阅《生活晚报》150份,其中给在内地居住的老干部订阅5份。在庆祝兵团成立60周年之际,看望了5名入党60年的老党员。

【精神文明创建活动和文化工作】 2014年,街道辖内有自治区级(兵团级)文明单位5个,师(市)级文明单位共6个。完成五家渠市先进城市验收的材料准备工作。在街道、社区开办6期"道德讲堂"。由关工委、团工委牵头,开展5次教育活动。举办街道社区第五届文艺汇演,投入资金打造两个科普示范社区。参加师市庆祝兵团成立60周年和五家渠建市10周年庆祝活动2次1 500人次。节日期间,开展文体活动8次,1 390人参加。

【社区"网格化"管理】 2014年8月,街道对社区的"网格化"工作进行专项抽查,每个社区抽查40户常驻户、25户流动户。通过抽查,准确率达95%以上。

【信访工作】 2014年,街道党工委建立信访工作机制,落实责任追究制,集中力量解决遗留问题。5个领导挂钩4个社区,抓信访工作落实。全年街道领导共接待个人来访100余人次,协调解决大的信访问题25件,街道未发生越级上访事件。

【统战、民族宗教、民族团结工作】 2014年5月,开展兵团第32个民族团结教育月活动。进行1次民族团结教育讲课、对少数民族困难群众慰问1次、给少数民族残疾人送温暖1次,开展和昌吉市延安北路街道的兵地共建活动。慰问台胞台属4户,召开街道民族团结进步创建大会,对街道辖区4个先进单位、16个先进个人进行表彰。

【武装工作】 2014年,加强民兵整组工作,充分发挥民兵维稳的作用,先后两次派出民兵参加乌鲁木齐市、师市维稳巡逻189天。完成师市下达的维稳任务。为20人(户)发放优抚金19.8万元,密切了军民关系。

【关工委工作】 2014年8月,街道举办"老少共筑中国梦"讲故事比赛,学生王新月、张雨露分别给大家讲述了《五家渠,我深爱的家乡》《我的中国梦、兵团梦》感人的故事。在街道、社区共举办暑期课堂13次,参与青少年达到200人。

街道利用寒暑假组织老干部对青少年进行革命传统教育、爱国主义教育及法律法规培训12次。通过"金秋助学""一米阳光"等项活动,老同志主动献爱心,关爱弱势群体,增强学习困难学生的学习信心。

【共青团工作】 2014年,青湖路街道有28岁以下青年1 286人,共青团员238人,占青年比例18.5%。有团工委1个,团支部5个。

街道社区举办青少年安全警示教育讲座,天山南路社区组织青少年观看道路交通事故警示片,开展"环保六一、绿色梦想"征文活动,友谊路社区开展交通安全宣传活动,龙河湾社区举办《感恩父母》道德讲堂。青湖路街道团工委组织青少年开展志愿者服务8次,通过3月学习雷锋月,开展整治辖区卫生,看望、帮助困难家庭、空巢老人。街道团工委组织青少年开展法制教育活动4次,让青少年掌握基本的法律知识,用法律来维护自己的合法权益。2014年为35名青年提供小额担保贷款368万元。

举办社区就业创业培训班，参加人数120人。举办创业培训班（SYB），29人参加。同时，为17名青年提供就业岗位。

【工会工作】 2014年，街道辖区单位30个，668家个体工商户，现有工会会员143人。

2月，组织4支社火队和24盏灯参加师市工会举办的社火和灯展活动，其中社火获得三等奖。3月，各社区根据自身实际情况，组织开展丰富多彩的三八节庆祝活动。4月，组织居民和非公企业及个体户60余人参加民营企业招聘周。五一期间，工会举办第五届职工运动会，有200人次参加比赛。9月，参加庆祝兵团成立60周年、五家渠市建市10周年健美操大赛，获得第三名。2014年，慰问困难劳模家庭9户，发放慰问金1.05万元；对107名生活困难的职工进行生活救助，每户400元，共计4.28万元；为17名困难职工家庭子女申请“金秋助学”，帮助他们圆了大学梦，救助金4万元；慰问困难人员8 000元。

【妇联工作】 2014年，街道有妇女5 389人，占人口总数的31%。

3月8日，街道妇联举办“现代女性、和谐家庭”讲座，街道、社区50多名女性参加活动。开展师市书香“三八”阳光女性活动，举办2014年师市妇女儿童权益保障法律法规知识竞赛答题活动，1 000多名妇女参加答题。为7名贫困母亲发放“母亲邮包”，对困难女性进行各种救助。

【工商联工作】 2014年3月，推荐替补了1名师市工商联三届执委会委员。组织企业家参加师市工商联举办的活动日2次，开展非公经济人士理想信念教育活动1次。进行就业失业情况和发展混合所有制经济问题调查，较好地完成师市工商联下达的工作任务。

【民政工作】 2014年，强化对弱势群体的救助。为298户327人发放低保金35万元，为350人次申请发放低保金和各类补贴34.7万元。为102户（名）困难居民申请医疗救助，解决其他弱势群体救助21.5万元，为83户困难家庭发放救助款3.2万元。节日期间，走访慰问821户、慰问金（物品）19.5万元。解决48户低收入家庭住房问题，4户低保户住进了廉租房，为24户居民申请经济适用房。为11名优抚对象发放慰问金40万元，为6家优抚对象挂上“光荣之家”的牌匾。为10幢居民楼做了外墙保温，总面积3.77万平方米。完成征收搬迁108户。街道有志愿者服务工作站17个，团体会员单位9个，志愿服务队伍17支，志愿者服务项目5个，注册志愿者2 117人，累计服务时间6 457小时。

【计生工作】 2014年，街道为辖区1 164名独生子女父母发放独子费8.08万元。辖区新出生婴儿47人。着力抓好计生人口政策宣传培训活动。加强基础业务建设，顺利接受兵团计生委来街道现场抽查，得到好评。

【残联工作】 2014年，残联事业费支出：精神病药品补贴15人7 500元；重残补助40人20 000元；智残补助14人7 000元；助残日发放慰问金58人11 600元。8月15日，街道残联、“五协会”组织1次夏令营，使用经费15 000元；为54名低保残疾人发放21 600元救助卡。其他救助：为享受交通银行救助的1名残疾大学生申请发放助学资金3 000元；为1名享受国家彩票公益金学龄前儿童资助的残疾儿童申报发放2012、2013两年的助学资金6 000元；为6户危房改造的贫困残疾人申报发放危房改造资金12 000元；为34名贫困就业年龄段的重度残疾人申报发放阳光家园居家托养资金20 400元；为街道31名无养老保障的残疾人办理2013年的城镇居民养老保险，并申请到每人补助100元，共补助3 100元。组织5名低视力残疾人参加低视力适配助视器验配筛查工作。3月8日，发放师市残联慰问贫困残疾妇女物品40件。

【劳动保障】 2014年，办理就业失业登记证257本，办理就业困难人员认定52人，为168位扩面人员申报2014年社保补贴返还资金39.3万元，为93位公益性岗位人员申请岗位补贴174.3万元，社保补贴78.3万元。为269名灵活就业人员返还2013年下半年养老保险补贴33.78万元。实现灵活就业1 641人，小额担保贷款35人，金额368万元，为企业推荐贷款100万元，安置就业85人，完成目标任务的184%。组织职业资格培训30人次，举办培训班两期20天，培训145人。办理职工养老保险工作参保48人，办理居民医疗保险参保1 778人，完成任务的100%。收缴居民医疗保险费15.64万元。做好离退休人员管理服务，协查认证异地居住退休人员899人，办理医疗保险报销35人，金额37.2万元，加强定点零售药店管理，结算医疗费84.65万元。

【财务统计】 2014年，师市共预算拨款给街道资金1 319万元，其中五家渠市财政拨款资金501万元，师市其他各项专项资金拨款818万元。街道加大政策的执行力度，做到专款专用，节约“三公”经费，严肃财政纪律，各项财务支出没有超支，略有结余。

【司法调解】 2014年，街道人民调解委员会共上法制课4次，受教育800多人次；会同残联、计生、综治、劳动社保等部门在有关纪念日设立咨询台，发放宣传单5 000多份，进行法律咨询。各社区刊出宣传展板17块，街道司法所上报各类信息48篇，在师司法行政网站刊出32篇，兵团司法行政网2篇、兵团普法网6篇、《准噶尔时报》5篇，在报刊杂志发表3篇。街道申报诚信守法企业1个，依法行政示范单位2个，民主法制示范社区4个。街道司法所组织矛盾纠纷排查活动18场次。征订《人民调解》杂志10册，排查调处各类矛盾纠纷1 052件，其中口头97件，建卷955件，调解率100%，调解成功率99%。没有发生民转刑案件和调解员违规违纪情况。

【人大工委工作】 2014年，街道人大工委由5人组成，共有代表17人，是年底补选代表1名，分2个代表组。三届人大四次会议共提出意见建议20件，均得到落实和回应。街道17位人大代表分布于4个社区，其中街道社区在职代表10人，银行2人，非公企业代表3人，工业园区1人，退休代表1人。是年，共针对20件人大建议开展督查工作6次，全年迎接人大调研活动8次。年内参加市人大常委会的专项活动6次8人。代表接待选民54人，设立人大代表联系选民信箱5个。年末，街道人大工委慰问看望贫困选民32人。全年共开展代表活动5次，学习5次，写心得体会16篇。12名代表参加市人大常委会的专项培训。安排5名代表在各自选区述职，街道获得市人大常委会颁发的优秀人大工委的表彰。

【综合治理】 2014年，街道与各社区及辖区单位签订《社会管理综合治理等责任书》60余份。社会管理综合治理工作和平安建设工作扎实有效，社区警务室建设不断加强，严厉整治非法宗教活动，防范“三股势力”等邪教组织的渗透破坏活动，强化重点人员的管控，做好预防青少年违法犯罪的教育。在敏感节点加强治安防控工作。壮大群防群治队伍，落实社区工作人员“一岗双责”制度。办理流动人口居住证1 872人，办证率达到95%。

【平安建设】 2014年，加大学习教育力度，使街道、社区综治队伍整体素质得到明显提升。加强群防群治网络建设，在人防上，加强治安防范队伍建设，强化治安防范队伍的管理。6月，从街道民兵应急分队抽调10人配合特警担负82天的维稳巡逻任务。9月，接到师市人武部命令，由街道武装部葛斌带领10名民兵，赴乌鲁木齐市参加为期45天的维稳巡逻任务。任务结束后，得到师市两级人武部领导的一致好评。

【安全工作】 2014年，街道始终把安全工作纳入党工委重要议事日程，全年组织安全检查12次。坚持将安全工作与其他工作同安排、同部署、同检查、同总结，做到警钟长明。成立安全工作领导小组，形成党政领导亲自抓，分管领导具体抓，街道综治办安全员、社区综治员协助抓的安全工作格局，街道、社区形成安全管理网络，做到组织到位，人员到位。

是年，街道、社区悬挂横幅20条，出板报30块，召开由居民代表、居民小组长参加的座谈会6次，举办培训班1次。

【防范处理邪教工作】 2014年，街道制定邪教重点人员“三控一”值班表，在重要敏感时期，始终坚持24小时监控制度，确保不发生问题。坚持对重点人员、重点户进行走访慰问。密切注视辖区内的异常情况和动向，取得很好的效果。

【预防青少年违法犯罪】 2014年，四个社区在两个假期共有780余名中小学生到社区报到，各社区精心组织老同志进行接待登记，录入信息。在两个假期到社区报到的学生，占社区居住的学生90%以上。暑假期间，各社区都相继成立中小学生义务巡逻队伍，他们在楼院、巷道之间开展义务巡逻。在放假期间，街道、社区组织开展多种多样的文体活动，丰富青少年的假期生活，实现假期中小学生零犯罪的管理目标。

【"访惠聚"工作】 2014年，市政协副主席杨阜正任组长，街道抽调3名工作人员参加师"访惠聚"（访民情、惠民生、聚民心）工作组，工作组对街道的6 138户1.72万人进行走访入户摸底调查，并慰问了5位入党60周年的老党员、慰问了离休干部（遗孀）15人、残疾人、低保户35户，摸排走访信教群众62人，参与街道举办的制止非法宗教等各项活动，受到师市党委统战部的好评，街道1名工作人员受到师市的表彰。

【龙河湾社区】

负责人　党总支书记于联胜，主任高丽（女）。

概　况　龙河湾社区地处新落成的滨河公园二期旁，南至长征东街、东至滨河路、西至友谊路、老龙河、北至北海西街、呈哑铃状，辖区面积为5.6平方千米。

社区总计848户，总人口2 949人。分为8个居民小区，社区党总支共有党员30人，支部委员5人，居民委员会委员7人，协商议事委员会委员9人，民主选举小组长19人，居民代表33名，居委会下设"五站一室"。

社区工作人员共有21人，其中书记1人，社区主任1人，专干1人，综治员2人，劳动保障站2人，四岗合一2人，保洁保绿11人，门卫2人。

【友谊路社区】

负责人　党总支书记纪昆山，主任王谏立。

概　况　友谊路社区地处五家渠市中部，辖区面积3.5平方千米，社区常住居民1 279户，3 379人，有汉族、维吾尔族、回族、蒙古族、壮族、土家族等6个民族组成。社区在册党员323人，社区党总支分设7个党支部，社区现有幼儿园、老年活动中心、商业网点、社区医疗网点，警务室等配套服务设施，注册的438名志愿者服务于社区居民中，社区五站一室功能齐全。为民办事服务效率高。近年来，友谊路社区先后7次被评为市级就业先进社区、社区建设量化考核先进单位、社区建设先进单位等称号。

【猛进社区】

负责人　党总支书记乔洁（女），主任陈锦明。

概　况　猛进社区位于五家渠市商业中心繁华地段，辖区范围：东至青湖南路，南至前进西街，西至天山路，北至长征路。辖区16个单位，其中事业单位2个，学校1个，医院1个，金融单位4个，非公有制企业1个，企业单位4个，常住居民1 994户，5 135人。

猛进社区地处五家渠商业地段，流动人员多，经营户多，社区共有工作人员27人，"五站一室"人员配备齐全。社区居委会委员有9人，居民小组53个，居民代表65人。有4个党支部，12个党小组。

【天山南路社区】

负责人　党总支书记高燕（女，6月离任），主任戴红红（女，12月离任）。

概　况　天山南路社区成立于2005年8月，位于青湖路以西，人民巷以东、新华街以北、前进西街以南，居民区内有人民巷、团结巷、建设巷、兴农巷、猛进巷五条巷道，是一个典型的居民住宅小区。拥有住户2013户，人口5119人。目前社区有党总支1个，支部4个，党总支委员5人，居委会委员5人，居民小组38个，居民代表和小组长38人，社区"五站一室"配备齐全。

青湖路街道社区居委会一览表

社区居委会名称	党总支书记	社区主任	总人口（人）	总户数（户）	低保户（户）	残疾人（人）	企事业单位（个）	物业小区（个）	商业网点（个）
天山南路社区	高燕（女，6月离任）	戴红红（女，12月离任）	5 119	2 013	21	62	3	5	108
猛进社区	乔　洁（女）	陈锦明	5 790	1 998	28	32	17	4	2
龙河湾社区	于联胜	高　丽（女）	2 949	848	9	9	2	0	43
友谊路社区	纪昆山	王谏立	3 379	1 279	35	29	6	1	4
合计			17 237	6 138	93	132	28	10	157

（李富娟）

十三户社区

【负责人】 十三户社区党委书记、工会主任刘德智，党委副书记、管委会主任祁刚（回族）。

【概况】 十三户社区常住人口1 664户3 528人，暂住人口435户854人。辖区内有2个居民委员会，5家企事业单位，19个商业网点。社区现有在编人员7名，公益性岗位38人，综治员4人。下辖1个党总支、7个党支部，有党员508人，其中离退休党员323人，下岗人员中党员119人，在职党员66人。

【党建工作】 2014年，社区党委坚持开展党的群众路线教育实践活动，统筹抓好基层组织建设。努力增强基层党支部班子成员综合素质，提升党支部领导水平。开展整顿软弱涣散党组织专项活动，对8个基层党组织进行摸底排查和分类定级，制定整顿方案和措施，选配思想端正、有能力的党员担任党支部书记，集中培训基层党支部书记15次，组织党员收看电教片8场。开展党建示范点创建工作，社区办公室党支部申报为第三批师级基层党建示范点创建单位。组织退休党支部开展党员设岗定责活动，强化离退休干部党员离休不离党，退休不褪色的党性意识。组建一支16名退休党员为骨干的社区义务巡逻队，从4月16日至9月30日，423人次义务值勤118天。12名退休支委每周义务发送《生活晚报》330份。同时，借助给退休干部发送报纸的机会，主动与退休党员谈心，了解情况，增进感情，引导离退休党员自觉交纳党费。社区办公室在职党员、工作人员全部公开承诺服务事项，公示服务承诺书48份。深入开展为民便民服务活动，携手驻区学校开展关爱下一代捐助困难学生活动，在重点时段开展护校行动，确保学生上下学安全。协同驻区医院为社区65岁以上老职工进行义诊，完善健康档案，推动共驻共建工作深入进行。严格把关，发展党员程序规范。是年，发展党员1名，培养入党积极分子2名，3名预备党员履行了转正手续。严格执行党费收缴管理规定，及时调整党费交纳基数。2014年，收缴党费3.06万元。

【党的群众路线教育实践活动】 2014年2月20日，十三户社区党的群众路线教育实践活动正式启动，自上而下分两个批次开展。社区党委和管委会领导成员带头先行、精心实施，领导干部认真负责，广大党员积极参与，职工群众热情支持，确保活动不虚、不空、不偏、不走过场。社区领导班子成员集中学习21天，集体讨论4次，给党员上党课12次，撰写心得体会9篇，撰写读书笔记10.8万字。社区参加学习人数达到500人次。学教活动中收集涉及民生方面的意见、建议58条，涉及社区管委会领导班子"四风"问题的15条，班子成员的39条，共计6大类112条。通过整改落实，立说立办，已经解决的问题有92条，进入完成阶段的有12条。对暂时不具备条件，需要上级部门协调解决的问题8个，已向师市相关部门和领导作出专项报告。在学教活动民主测评中，满意率达到100%，取得明显成效。

【"访惠聚"活动】 2014年3月，师市选派2名工作人员进驻社区，在入户走访、联系群众、扶贫帮困、维护社会稳定，以及掌握情况等方面做了大量工作，发挥积极作用，得到群众的普遍认可。期间，走访入户1 565户次，清查出租房屋104间，清查流动人口757人。发放宣传单1 030份，参与值班备勤55人次，参加定点巡逻136人次，参与卡点执勤24人次，化解矛盾纠纷25件。协助社区加快基础设施建设，当年完工建设节能改造外墙保温工程及给排水管网改造工程。

【精神文明建设】 2014年，社区深入开展学雷锋，讲文明、树新风公益活动。社区志愿者在平凡的岗位，从普通的小事做起，长期开展志愿服务，义务打扫卫生，清运巷道积雪，用实际行动赋予雷锋精神新的活力和时代特色。

开展"我评议、我推荐身边好人"活动，评选社区道德模范，发现身边的好人好事，树立社区级道德模范15人，并以他们的事迹为题材举办道德讲堂，广泛宣传，大力表彰，营造学先进，人人争当道德模范的良好氛围。

社区加强对青少年的教育管理，以假期社区社会实践活动为载体，加强青年学生思想政治工作，进行学生素质教育。是年寒暑假，社区倡导辖区11名学生，以社区居民群众的生产生活需要为出发点，开展为期一周的环境保护、卫生清扫、法制宣传、治安巡逻、困难帮扶等服务活动。在实践中了解社区，了解社会，增强建设国家，回报社会的责任感和使命感。提升素质，锻炼能力，达到社会实践的目的。

【文化体育活动】 3月7日，举办庆三八联谊活动，社区干部、职工及社区居民自编、自导、自演了独唱、合唱、歌曲联唱、舞蹈等文艺节目，广大妇女在欢歌笑语中度过了妇女节。4月26日，举办庆五一趣味运动会。8月20日，在师市老年体协举办的柔力球大赛中，社区柔力球队获得优秀奖。9月29日，在师市工会举办的职工健排舞比赛中，荣获组织优胜奖。同时，社区利用妇女之家、农家书屋、远程教育系统，开展好"文化之冬"活动，丰富广大职工群众的文化生活，扩大了受教育的机会。

【社区建设】 2014年，新建小区道路2千米，增设了人行道，做到人车分流。安装路灯58盏，完成小区亮化工程。安装监控摄像头95个，监控覆盖率80%。铺设花砖硬化健身广场980平方米，老楼房前硬化1 100平方米。4月，社区给排水管网改造工程动工建设，管网总长度4 772米，项目总投资493.6万元。10月，该项目建成，彻底解决社区供排水存在的问题。是年，完成社区21栋住宅楼既有建筑节能改造，改造总面积4.5万平方米，项目总投资781.46万元。

成立老年人日间照料中心，使用面积250平方米，每日为老年人提供中午和晚餐服务，社区给老年人定制了就餐须知卡片，采取提前订餐、提前退餐、电话或口头订餐的方式，做到节约就餐。制定合理的营养食谱、菜谱，一周之内不重复，严格遵守老年日间照料中心的规章制度，并经常征求就餐老人意见、建议，做到服务周到、营养、卫生，符合老年人饮食需求。截至年末，就餐老人已达到30多人，在照料中心的老人和社区居民都很满意。

年初，制订《2014年度社区安全生产工作计划》，明确责任任务。对辖区单位开展强化安全基础、推动安全发展为主题的宣传活动，悬挂横幅3条，播放教育片6场。举办消防知识讲座1次，参加学习人员186人次。进行安全生产检查10次，排查出隐患5处，对检查不合格单位下发整改通知书共计8份33处。

【人口与计划生育工作】 2014年，社区发放《婚育与健康》手册60份，《人口与计划生育知识》宣传单180份，发放《妇女两癌知识手册》140份，举办3期《育龄群众应知应会》学习班，参加325人次。上门登记采集信息，力争做到不漏户、不漏人，共核对老楼房人口信息790户，核对新楼房常住人口信息113户，录入外地新入住居民信息147户。为181户独生子女父母发放独生子女保健费9 955元，为2户家庭颁发独生子女父母光荣证，为符合计生政策的8户家庭发放生育服务证，开具婚育状况证明5份，并为居民免费发放避孕药具。审核2014年符合享受退休独生子女父母7人，一次性发放奖励金，并对83名妇女进行妇科病检查。

【综治、平安创建与普法】 2014年，社区强化社会网格化巡控管理力度，将辖区划分成3级网格，全力维护社区稳定。是年，发生刑事案件4起，治安案件5起，比去年同期有所下降。同时，社区开展为期1年的严厉打击暴力恐怖活动专项行动，结合实际坚持严控、严治，让恐怖分子、宗教极端分子不敢到社区作案。是年，没有发生暴力恐怖活动和宗教极端活动。

对辖区内居民进行不定期走访，排查登记工程工地民工127人。加强重点部位的防控，在学生上下学期间协助学校值班人员防范值勤，加强学校的安全保护能力，进行护校护园、夜间巡逻130次。

对流动人口采取"以房管人、以证管人"的办法，每月摸排出租房屋，建立租赁房屋档案，签订治安责任书。办理居住证154个，采集DNA信息139人。对重点帮教人员，建立有民警、社区、家人组成的帮教小组，保持联系，掌握现实状况。对精神残疾的12人建立帮扶关系。

【信访工作】 2014年，社区落实信访工作"一把手"负总责、分管干部具体抓的领导责任制。每月定期进行矛盾纠纷排查，建立排查台账，较好地掌握矛盾纠纷的总体情况，对可能引发重大治安和群体性事件苗头的问题给予高度警惕，及时进行分析，研究防范措施和解决办法。做好维稳监控，对不稳定因素和群体性事件苗头早发现、早化解、早控制、早处置，切实把各类问题解决在萌芽状态。坚决遏制到师市、赴兵团、进京集体上访和群体性事件的发生，有效维护社区和谐稳定的社会环境。

是年，共调处矛盾纠纷27起，调处成功27起，成功率100%，为小区居民提供团结祥和的生活工作环境。

【工会和妇联工作】 2014年，社区工会继续开展面对面、心贴心、实打实服务职工群众的活动。与困难群众结成帮扶对子，了解他们的实际困难，真正把服务落到实处。认真做好困难劳模生活救助，健全劳模档案。认真做好困难职工档案更新工作，及时为符合条件的职工提供生活救助。同时，对社区单亲贫困母亲进行调查摸底，对他们存在的困难及时给予解决。

社区妇联组织育龄妇女参加计划生育知识应知应会学习，开展3期答题活动，参加人员523人次。举办妇女儿童权益保障法律法规知识答题活动，参与人数128人，其中妇女104人，收回答题卡128份，参与率100%。通过学习宣传，37名妇女参加女职工安康重大疾病保险。为83名女职工进行免费体检。开展“我与中国梦”主题宣传教育活动，组织女职工学习党的十八大精神。表彰一批三八红旗手、三八红旗集体、优秀女工小组长、优秀女工小组等先进集体和先进个人，举行丰富多彩的庆三八文艺演出活动，

十三户社区退休一支部召开组织生活会，支部全体党员重温入党誓词。（李　莉）

开展巾帼文明岗创建活动，十三户医院综合科荣获师市巾帼文明岗称号，同时做好师级巾帼文明岗的自查工作。开展寻找最美家庭活动，十三户社区推荐2个家庭为社区最美家庭。组织“好家风、好家训、好家书”宣传活动。

【民政工作】 2014年，共审批低保户179户（204人），发放低保金7.76万元，发放实物价值6 000元，发放救济补助金1.2万元，低保残疾人生活补贴7 800元。对低保资金实行专户管理，专款专用，实现应保尽保、规范化管理及社会化发放的要求。接待低保来访人员11人次。为5名重病困难人员申请医疗救助金4.73万元。协调准噶尔房产公司出资8 000元，救助3名贫困学生。

落实现役军人、烈属、伤残军人抚恤及生活补助费政策，按时发放定期生活补助费3人2.0万元，发放优抚对象补助金3人1 800元，发放上半年抚恤金3人1.09万元。

【劳动保障】 2014年，为315人办理就业失业登记证，为公益性岗位人员34人申领发放资金91万元。为灵活就业人员396人发放社保补贴63.84万元。截至年末，男40岁、女35岁以下人员402人均已就业。办理小额担保贷款6笔，贷款额度65万元。开展社会保险服务。保险扩面2个单位并代办社保业务；个人扩面建档15人，接续5人，上缴保险费25万元。签订职工养老、医疗保险代扣协议56份，居民医疗保险代扣协议82份，核对信息48人次。做好社会保险费的代收代缴和药费报销等项工作。疆内外异地人员定点医疗机构信息维护52人次，转诊转院审批193人次，为职工医疗、居民医疗、工伤旧病复发人员报销药费108人次45.65万元。加强参保人员社会化管理，进行生存调查比对指纹209人次，协查认证34人次，上门认证8次，疆外异地邮寄生存状况协查认证240人，全部按时返回，成功率100%。

【助残帮困送温暖】 2014年，春节

期间走访慰问各类人员167人，慰问金11.59万元。其中，困难居民135人，慰问金7万元；低保人员15人，慰问金1.92万；优抚对象17人，慰问金2.67万元。慰问3名困难党员，每人送上800元慰问金和节日祝福。是年，为享受低保的残疾人员发放一次性生活补贴7 800元。为15户低保户共发放面粉15袋、大米15袋、清油150千克及日用品15份，共计6 000元。为低保人员发放门诊救助金15人7 500元。为享受低保的15名困难人员申请冬季取暖补助金4 500元。为5名重病困难人员申请医疗救助金4.73万元。

【老干部工作】 2014年，社区党委整顿软弱涣散的退休第一党支部，选配觉悟高、能力强、热心公益活动的老同志担任党支部书记，并选派其参加第10期兵团老干部党支部书记培训班。及时做好基层党组织建设，保证基层退休党支部组织健全，人员到位，活动正常开展。健全老干部联络员工作制度，社区以4个退休党支部为平台，由12名退休党支部负责人，作为社区鳏寡孤独和"空巢"老干部及遗孀(属)日常的联络员，坚持进行经常性走访、探望，了解掌握有关情况。落实老干部各项政治待遇，做好老干部阅文和订阅老年报刊工作。是年，投入资金2万余元，为离退休干部党员赠订《生活晚报》338份。春节和国庆节期间，走访慰问离休干部和遗孀(属)，发放慰问金，并送上兵团成立60周年特别纪念邮折和慰问信。

十三户社区管理委员会一览表

社区名称	党委书记	社区管委会主任	总人口(人)	低保户(户)	残疾人(人)	企事业单位(个)	物业小区(个)	商业网点(个)
十三户社区管理委员会	刘德智	祁刚	4 382	15	78	5	2	19

(李　莉)

大黄山社区

【负责人】 大黄山社区党委书记李炳田，管委会主任黄理均。

【概况】 第六师大黄山社区位于距离五家渠市以东136千米、北距216国道7千米的六师大黄山煤矿地区。是师市批准成立的全额拨款师市直属事业单位，隶属于师市民政局管辖。管委会管辖区域占地面积5.49平方千米，截至年末，人口3 683人，常住人口3 055人，暂住人口628人，60岁以上751人，少数民族87人。社区有工作人员7名，其中，编制内工作人员6名，师市团委安排志愿者1名，本科学历6人。驻社区国有企业为大黄山豫新煤业有限责任公司，外资企业为新疆艾斯米尔焦化有限责任公司；驻社区公共事务单位有五家渠垦区大黄山派出所、大黄山劳动保障事务管理所、大黄山司法所。辖区内95%的居民为豫新公司在职或离退休职工。管委会目前承担着社区党建、民政、计生、残联、综合治理等公共事务管理的多项职能。

【党组织建设】 2014年初，社区党委根据实际情况，结合各级领导推荐，由社区党政领导、管委会部门负责人、驻社区企业部门领导组成一支业务能力强，工作经验丰富的党委和管委会领导班子，为社区党组织建设各项工作顺利开展奠定基础。同时，充实了老龄党支部、综治委等与开展社区党建工作息息相关的组织和部门的人员，制定和完善各类规章制度，有效地规范工作人员的行为和调动了工作人员的积极性。

【群众文化工作】 2014年，重视活跃居民文化娱乐生活。指派管委会工作人员专门负责文体工作，制定活动计划，并严格按照计划从日常的训练和赛前准备全面给予督导。同时，加大硬件投入，为社区各文化团体购进服装、设备，维修活动场地的水、电、暖等设施，使群众性的舞蹈、气功、保健操等文化活动在社区广泛开展起来。据统计，全年下辖单位共组织各类活动20次，投入活动经费4.5万元，参加2 400余人次。7月，社区选派5名骨干，参加师市老年体协举办的老年门球培训班。8月，选派2名退休职工参加气排球培训班。选派3

人参加太极功夫扇培训班。同时，积极与豫新公司协调推动门球场的建设。为庆祝第十四个老年节，9月28日，举办有370余名老年人参加的麻将、象棋、扑克、扎气球、青蛙跳水、保龄球等趣味比赛。9月30日，与白杨河矿区职工进行健身秧歌、太极剑表演和交流。

【综合治理】 2014年初，管委会对综合治理工作进行统一部署，有计划地组织普法、帮教、安全检查、隐患排查等综合治理各项工作开展。形成由社区管委会牵头，以派出所、司法所、驻社区豫新公司综治办为主要力量的综合治理工作体系。会同豫新公司综治办对社区的流动人口进行3次大范围清理。同时，管委会定期召开综合治理会议12次，对下属单位进行不定期检查12次，提出整改意见53条。

是年，社区举办大型普法活动8次，调解矛盾、民事纠纷7起，调处7起，调处率100%。进学校为学生上法制课3次，全年未发生非正常上访事件。

【计生工作】 2014年，大黄山矿区出生14人，男孩5人，女孩9人，收取一胎生育服务证12个，其中特批生育3人。发放2个一孩生育服务证、11个落户证明、7个独生子女证，并将新生儿录入计生全员人口信息系统。发放计生用品80人次，组织社区在职妇女进行健康检查，检查项目有妇检、B超查环等项目，社区通过发放宣传品、制作板牌等形式，进行广泛、深入的进行计划生育宣传。9月，带领6对夫妻去师奇台医院进行孕前优生健康检查。举办计生人员培训班1期，就更新的计生信息录入系统和计生政策对社区及豫新公司10名计生工作人员进行培训。

【残联工作】 2014年，社区为6名残疾人发放阳光家园补助金3 600元，同时为6名残疾人申报2015年度阳光家园补助金，为15名残疾人购买居民医疗保险，其中14名残疾人的保险转入社保，另外1名为其发放2014、2015两年的现金。为8名残疾人购买养老保险，为2名行动不便人员发放了轮椅，将残疾人数据录入残疾人统计事业年报系统，并顺利通过审核。5月，推选学校老师参加“我梦最美”演讲比赛并取得第二名的好成绩。1名残疾人被评选为师市自强模范，为社区内残疾人树立榜样。为2名残疾人发放大黄山社区管理委员会残疾人自主创业奖励金9 760元，为1名残疾人发放残疾人机动车驾驶培训费3 700元，为2名白内障患者发放复明手术通知单，如果符合手术条件，将为其报销手术费用。

【宣传报道】 2014年，社区有14篇稿件被师级媒体采用，3篇被兵团级媒体采用。10月，开通大黄山社区管理委员会公众微信平台，以此，将党和国家的路线、方针、政策和社区内好人好事进行宣传报道，促进社区居民正能量的聚集。

【老龄工作】 2014年，社区认真抓好老干部的政治理论学习。为使老干部及时了解党的方针、政策、时事要闻，社区为每一位离退休老干部订阅了《老年康乐报》《生活晚报》《金秋》等报刊，同时积极组织老干部自愿订阅其他党报党刊。社区以切实保障老干部的生活福利待遇为重点，认真落实中央、兵团、六师老干部各种生活待遇和政策规定，老干部的“两费”都能按时按规定发放。坚持节日慰问和老干部生病住院进行看望的制度。是年，集中慰问老干部3次。对于老干部反映的离退休费、补贴、医疗保险、体检等问题都及时进行落实，并且在最短时间内给予满意答复。全年为288人次发放高龄津贴36 960元，办理优待证22个，为10位80岁高龄老人、135名65~79岁居民进行免费体检，并将体检结果及时向本人反馈。

【民政工作】 2014年，社区的民政工作正常有序展开。严格低保申报程序，实行动态管理下的应保尽保，实行能进能出，全年退出低保3户，增加1户。截至年末，享受低保16户18人，享受低保人数占社区总人口的0.5%，是年共计发放低保金4.91万元。在救助工作上，社区发放各类慰问、医疗救助、临时救助金等共计7.89万元。申报大病救助8人，已拨付并发放5人救助金2.69万元。对救助金发放情况建立档案，做到手续完备，透明公开。春节期间，拥军慰问11户，发放慰问金4 200元。八一期间，慰问伤残军人及军属6户，慰问金1 200元及食用油6桶。发放伤残军人抚恤金6 870元。 （梁 超）

梧桐镇

【概况】 梧桐镇党委书记魏凤云(女),镇党委副书记李春平,镇纪委书记后新山,镇党委委员孙孝贵、后新山、蒋慧(女)、衡敦辉、范宗礼、马良臣、张志强,镇人大主席魏凤云(女),镇人大副主席蒋慧(女),专职人大副主席李宏(女,科级)。梧桐镇镇长李春平,副镇长孙孝贵、后新山、衡敦辉、范宗礼、李斌(科级)、甘润伟(科级)。

【镇人大工作】 2014年,梧桐镇贯彻执行市人大常委会的决议、决定,收集、归纳、上报代表建议9件,并对一〇二团梧桐镇承办的3件代表建议进行督查督办,将办理结果和进度及时向代表进行答复解释。举办市镇两级人大代表第一期培训班。培训内容为理论学习和视察调研。邀请市人大常委会主任刘毅和人大机关代表人事工作委员会主任胡永蕙来梧桐镇培训授课,参加培训的人大代表65名。

2014年11月12日,一〇二团梧桐镇召开市镇两级人大代表议案建议视察调研工作会议。52名人大代表参加会议,会议对代表2015年议案建议的提交撰写做了安排部署,全体代表听取了梧桐镇镇政府对镇人大代表2014年代表建议的办理落实情况的答复说明。

【镇人民政府工作】 2014年,梧桐镇实现留地税收6 800万元,综合经营利润2 586万元。

是年,现代服务业保持平稳增长。实现增加值3.97亿元、增长9%。团镇工商经营业主由2013年868户,增长到1 260户;全年道路交通运输业增加值同比增长26.4%,突破0.6亿目标;批发零售业商品销售总额9.98亿元,比上年增长57.6%;社会消费品零售总额7.19亿元,同比增长25.6%,其中住宿餐饮业零售额1.07亿元,同比增长28.6%。

新型工业寻求新突破 2014年,实现工业增加值2.13亿元,增长221%。全年坚持提升、提质、提量,把工作的重心放到现代石油项目建设,特别是对浩源发制品项目跟踪服务和建筑业市场强化管理上,实现工业发展质的提升和安全生产无事故的良好局面。

2014年11月12日,梧桐镇人大代表对团镇农贸市场建设项目进行实地视察。 (孙天山)

是年,招商企业实现产值6.01亿元,建筑业实现增加值0.49亿元的目标,为工业强镇奠定基础。

农业现代化稳步推进 2014年,实现增加值2.19亿元、增长14.6%。把进一步调优作物种植结构作为发展现代农业的方向,落实作物种植面积5.73千公顷。把大力发展畜牧业作为农业发展的动力,依托鑫宝牧业60万只湖羊养殖基地的龙头带动作用,采取扶持、引导、激励等优惠政策,实行带地、带资入社等多种形式,抓好畜牧专业合作社建设,实现良好的经营效果。

是年,团场用于畜牧业发展土地流转经营地333.3公顷,组建规范的有一定规模的畜牧专业合作社4个,入会社员507人。团镇年末牲畜存栏10.7万头(只),出栏8.8万头(只),实现畜牧增加值0.78亿元,增长24.57%。 (段 娜)

蔡家湖镇

【概况】 蔡家湖镇党委书记陈治权,镇党委副书记闫河江,镇党委委员王明虎、陈文军、潘军(女)、李生刚、严福,镇纪委书记潘军,镇纪委副书记陈建春,镇人大主席陈治权,镇人大副主席王明虎(兼)、张

2014年9月1日，五家渠市蔡家湖镇举办人大代表培训班。 （何姜萍）

献忠（专）。蔡家湖镇镇长闫河江，副镇长陈文军、李生刚、严福、焦继武（专职）、潘军（女）、徐军（专职，11月离任）。

【镇人大工作及“团镇合一”的探索】 2014年，积极探索“团镇合一”的管理模式，激发团镇发展活力。机关由8个科室整合为7个局、委、办。转换公务员身份52人。将原有14个事业单位整合成医院、学校、五个中心（农业技术服务中心、文化中心、城镇建设综合服务中心、核算中心、社会事务服务中心），纳编53人。成立亮剑恒丰农业公司。团镇经营性资产整体进入农业公司，农业公司所属12个农业连队整合成8个作业区，团镇与农业公司实行机构、人员、资产、收入分配“四分开”。加强人大监督，团镇重大会议、重大活动、公开招聘工作人员等都邀请镇人大代表参与监督。在镇人大会议闭会期间的学习和活动时，邀请市人大代表同时参加，市镇两级代表共同履职。加强代表培训，增强代表履职能力，举办市镇人大代表培训班2期，组织代表集中学习和参加团镇业余党校学习，为52名代表每人订阅1份《新疆人大》杂志。组织人大代表到五家渠将军纪念馆和一○二团团史纪念馆参观学习。组织人大代表到蔡家湖镇团结街社区日间照料中心视察项目建设情况。组织人大代表视察《关于推进一○三团天然气入户工程的建议》和《关于加强一○三团蔡家湖镇供暖改造建设的建议》落实情况，并对两项建议的落实进行重点督办。对市一届人大二次会议期间，镇人大代表所提的9件建议以召开专题交办会的方式，交政府研究办理。

是年，上报市人大信息11篇。

【镇人民政府工作】 2014年，完成团镇旅游发展规划、凰家梁沙湖生态区控制性详细规划以及城镇近期控制性规划。引入3家物业公司入驻蔡家湖地区。利用中央及山西援建资金4 336万元，完成城镇集中供热、基层党组织活动室及老年日间照料中心联建楼等项目。投资4 531万元，实施城镇保障性安居工程配套基础设施建设项目。投资524.3万元，建设团学校风雨操场；投资136.5万元，完成团学校清真食堂项目。投资638万元，完成兵团知青纪念馆建设项目。投资159.6万元，完成蔡家湖镇振兴路、西环路的道路亮化工程。投资500万元，完成新建胜利西街道路工程。投入300万元，完成原十五连45户整体搬迁工作。镇政府办理人大代表建议9件，办结率100%。

2014年，镇财政总收入2 318.7万元，完成预算77.16%。其中公共财政预算收入1 218.7万元，完成预算63.9%，税收分成收入700万元，非税收入518.7万元。五家渠市财政转移支付收入1 100万元，完成预算100%。财政预算支出2 318.7万元。其中，一般公共服务支出210.97万元，国防支出6.29万元，公共安全支出26.12万元，教育支出560.18万元，文化体育与传媒支出27.49万元，社会保障和就业支出179.1万元，医疗卫生支出951.9万元，城乡社区事务支出110.3万元，农林水事务支出235.8万元，交通运输支出10.57万元。全年收支平衡。 （胥执高）

责任编辑 李 萍
题图摄影 高 雄

一〇一团

【概况】 区团党委书记、政委张静，区团党委副书记、开发区管委会主任、一〇一团团长戴春智，区团党委常委、开发区管委会副主任、一〇一团副团长张术华，区团党委常委、纪委书记、开发区管委会副主任、一〇一团副政委侯霞（女），区团党委常委、开发区管委会副主任、一〇一团副团长张新建（10月离任华亿资产经营投资有限公司董事长），区团党委常委、开发区管委会副主任、一〇一团副团长、总会计师周明亮，区团党委常委、开发区管委会副主任、一〇一团副团长孔向明（援疆挂职干部），区团党委常委、工会主席、开发区管委会副主任、一〇一团武装部部长梁斌，区团党委常委、开发区管委会副主任宋新疆，一〇一团总农艺师赵学军，调研员马志龙。

区团行政区划面积91.04平方千米，农作物播种面积2.31千公顷，园林水果（葡萄）种植面积0.94千公顷。2012年4月20日，成立五家渠青湖生态经济开发区，发展现代服务业，2014年3月14日，升格为兵团级经济开发区。

是年，五家渠青格达湖旅游度假区，被评为“美丽中国”十佳度假区（综合体），同时获得2014年度政治工作先进单位。区团建制单位34个，其中，农业单位6个，工、交、建、商、服务业17个（国有企业1个、国有服务业1个）；行政事业单位11个；个体工业18个。

是年区团年末人口8 933人（少数民族884人），3 037户。不包括团部3个街道中的13个单位10 615人。年末在岗职工2 152人，其中，农业连队年末在岗职工人数1 276人（连队干部113人、承包职工1 163人），工交建商服企业年末在岗职工人数269人，行政事业单位年末在岗职工人数607人（学校277人、医院179人、农业技推广站16、畜技站4人、幼儿园40人、核算中心4人、交通管理站4人、广播站3人、机关58人、社会事业服务中心22人）。年末全社会就业人员11 535人，其中，第一产业1 735人，第二产业4 212人，第三产业5 588人。

【招商引资】 2014年10月13日，五家渠市人民政府与深圳君豪置业集团有限公司签约君豪新疆中国轻纺城义乌小商品城项目，在区团南区落地，总投资约80亿元，建筑面积约160万平方米。主要引进中国轻纺城、义乌中国小商品城，建设君豪天街、电子商务楼、商业物流、配套生活社区等。计划2018年全部建设完成；10月17日，五家渠市人民政府与北京鸿德福瑞投资有限公司签约新疆O2O智慧城项目，在区团南区落地，总投资15亿元，建筑面积30平方米，主要建设O2O体验购物中心、数字体验式街区、智慧配套区等。计划2017年全部建设完成。

【经济建设】 2014年，区团实现国内生产总值（现价）128 114万元，增长24.4%。其中，第一产业13 509万元，下降19.8%；第二产业43 627万元，增长101.3%（其中：工业5 885万元、下降4.9%，建筑业37 742万元、增长150.4%）；第三产业70 978，增长11.2%。是年综合财务盈利4 370万元。三次产业所占比重11∶34∶55。

是年，农林牧渔业总产值（现价）3.736 7亿元，下降18.02%。

是年农作物总播面积2.31千公顷，其中：粮食作物播种面积0.28千公顷，总产量2 908.8吨（其中：小麦播种面积0.099千公顷，产量627.8吨；玉米播种面积0.11千公顷，产量1 640吨；水稻播种面积0.027千公顷，产量251吨），马铃薯播种面积0.034千公顷，产量310吨，高粱播种面积0.007千公顷，产量77吨；棉花播种面积1.35千公顷，长绒棉产量2 454吨；蔬菜种植面积0.34千公顷，产量42 950吨；酱用西红柿0.16千公顷，产量20 740万吨；甜瓜种植0.082 3千公顷，产量3 472吨；葵花籽种植0.071千公顷，产量296吨；枸杞种植0.003公顷，产量9.6吨；其他作物种植0.02千公顷，产量903.6吨；葡萄年末实有种植面积0.94千公顷（挂果面积0.704千公顷），产量8 209吨。年末牲畜存栏数1.83万头（只），下降23.1%；家禽数7.76万头（只）；肉类总产量2 276吨，奶类总产量1 860吨，禽蛋总产量1 606吨。

实现工业总产值（现价）22 769.62万元，下降24.59%，主要产品产量：潜水泵547台；滴灌带1 001万米；滴灌带935吨，塑料波纹管42吨；塑料颗粒4 000吨，排气管4 400根，炉排辅件3 528.7吨，全纸筒、编织袋等56 950个，水泵6套，家具9 332件；红砖510万块；水泥预制板1 600立方米；木板875张，有机肥1 600吨，苯板360吨；400克瓶装番茄酱罐头10.51万件；850克马口铁番茄酱罐头7.29万件；3千克马口铁番茄酱罐头1.23万件；蜂蜜560吨；食用油200吨。

建筑业实现产值（现价）162 665万元。社会消费品零售总额7.7 019亿元，增长26.9%。民用车辆拥有2 836辆，客运量38万人，旅客周转量1 140万人/千米；货运量460万吨，货物周转量13 800万吨/千米，营运业务收入6 500万元，运输纯收入1 600万元（个体），机动车辆驾驶员1 097人。

是年，购置农机具39台，总价值316.42万元，其中，补贴68.46万元。

【固定资产投资】 2014年，固定资产投资81.938 5亿元。五家渠青湖生态经济开发区南区道路工程项目自筹资金3.39亿元；五家渠青湖生态经济开发区南区基础设施配套项目自筹资金900万元；新疆君豪国际皮革城项目自筹资金13.13亿元；新疆亚欧国际汽车城项目自筹资金3.36亿元；新疆金科家居世博汇项目自筹资金7.53亿元；新疆地王企业总部基地项目自筹资金6.55亿元；西域国际农产品交易中心项目自筹资金1.10亿万元；恒大金碧天下项目自筹资金36亿元；恒尚马术俱乐部项目自筹资金2.59亿元；青湖御园旅游综合体项目自筹资金7.53亿元；潜水泵厂厂房建设项目自筹资金670万元；恩美幼儿园项目自筹资金119万元；妇幼保健建设项目自筹资金200万元；新疆华丽包装瓦楞纸箱生产项目自筹资金1 380万元；全国重点中小河流治理一〇一团段项目国家预算内资金投资2 060万元；其他项目自筹资金2 213万元。

【党的群众路线教育实践活动】 2014年，按照兵师党委的统一部署，区团分两批历时8个多月在区团党委班子、机关干部和基层单位45个党组织1 254名党员中，组织实施以“为民、务实、清廉”为主要内容的党的群众路线教育实践活动，参与覆盖面达100%。“四风”问题专项整治收到明显成效，公务接待、用车和干部作风“四难”等违反“八项规定”的现象得到明显遏制，区团各类会议数量比去年同期减少21%，会议经费比去年同期减少43%，四大公文发文比去年减少23.6%，压缩评比表彰活动达50%。调整清理的办公用房面积42.93平方米，查处违规操办婚礼问题1例，立案处理违规干部1人。“三公”经费较上年同期下降32%。影响职工群众切身利益的热点难点和深层次问题等87项整改任务得到有效解决。

【维稳戍边】 2014年，全团完成乌鲁木齐市"网格化"巡逻执勤和重点目标要害部位守护任务，累计出动民兵326人次，全力配合师市做好迎接习近平总书记、全国总工会视察和兵团60周年大庆装备展示训练保障任务；完成6名新兵的征集任务，全年投入武装工作的资金达120万元。建立健全群防群治防控体系，加强区团治安大队、连队治安员、老年看家护院队等维稳队伍建设，重点对南区和造纸厂警务室进行改建，开展矛盾纠纷排查调解、领导包片接访，全年共发生民事纠纷23件，调成23件，调解率和调成率均为100%。妥善解决处理土地房屋征收、商贸城门头改造工程、潜水泵厂改制职工上访等问题，全年信访总量为36批219人次，同比总批次和上访人数分别下降45%和36%。强化了安全生产专项整治工作，争取师市支持资金309万元，完成商贸城消防工程改造项目。全年无安全事故发生。

【开发区建设】 2014年3月14日，五家渠青湖生态经济开发区升格为兵团级经济开发区，兵团批复开发区规划面积20.93平方千米，分为三个行政区域，按照"生态、文明、现代"的发展理念，重点发展商贸、物流、会展、旅游、娱乐、文化、科教等现代服务业，南区的6.44平方千米重点发展商贸物流业，湖区的7.75平方千米，重点发展旅游会展业、北Ⅰ区的6.74平方千米重点发展科教文化产业。配合师市完善青湖商务区控制性详细规划、兵团科教文化产业园总体规划的调整编制工作。

整个开发区已落地的现代服务业项目共有8家，总投资达564亿元。其中南区5家（君豪海宁国际皮革城、新疆亚欧国际汽车城、新疆金科家居世博汇、新疆地王企业总部基地、西域国际农产品交易中心项目）投资326亿元，总建筑面积750万平方米，建设周期分3~5年。湖区3家（恒大金碧天下、恒尚·伯骏马术俱乐部、青湖御园旅游综合体项目），投资238亿元。8家现代服务业项目，2013年完成投资55.55亿元，2014年完成投资71.26亿元。

南区共规划有"四纵十一横"共15条道路，与各招商项目同步启动，2013年实施7条道路及相关配套工程建设，总投资77 489万元。2013年完成投资15 000万元，2014年完成投资3 400万元。

2014年，签约投资95亿元的君豪·新疆中国轻纺城、义乌中国小商品城和新疆O2O智慧城项目。围绕招商项目的落地，做好土地承包调整、房屋征收拆迁、职工分流安置等工作，支付补偿款约2.56亿元。

北Ⅰ区的"一城三馆一园"（一城：大唐北庭城。三馆：中国屯垦博物馆、丝绸之路国学馆、西域民族文化馆。一园：现代游乐园）规划方案正在编制，预计总投资320亿元。

新疆金科家居世博汇项目，总投资100亿元，建筑面积200万平方米，其中，住宅135万平方米，商业65万平方米，主要建设家居城、机电城、金融服务区等，2013年完成投资58 000万元，2014年完成投资75 000万元。

君豪海宁国际皮革城项目，总投资50亿元，建筑面积110万平方米，其中，住宅60万平方米，商业50万平方米，主要建设皮革城、服装城等，2013年完成投资50 000万元，2014年完成投资62 000万元。

新疆亚欧国际汽车城项目，总投资60亿元，建筑面积210万平方米，其中，住宅130万平方米，商业80万平方米，主要建设汽车4S店、高档汽车专业酒店、汽车会所、汽车公寓等，2013年完成投资1 500万元，2014年完成投资33 600万元。

新疆地王企业总部基地项目，总投资110亿元，建筑面积240万平方米，其中，住宅150万平方米，商业90万平方米，主要建设新疆总部基地、奥特莱斯广场等，2013年完成投资24 000万元，2014年完成投资66 000万元。

西域国际农产品交易中心项目，总投资6.8亿元，商业建筑面积28万平方米，主要建设内容为：农产品展示交易、物流配送（西域大厦、综合馆、国际馆、国内馆、花鸟鱼馆、检验检疫服务中心、立体式仓储、电商配送中心、商服中心等），2014年完成投资11 000万元。

【区团改革】 2014年，区团机关原有机构8个，调整后有机构7个，原机关发工资干部66人（含武装部），调整后有58人（含武装部），分流干部8人，其中3人到事业单位，5人到华亿公司。成立五个中心（文化中心3人、城镇建设综合服务中心4人、核算中心4人、农业技术服务中心16人、社会事务服务中心22人），根据兵团、师市核定事业单位编制54个，区团实际使用编制47个，相应的党组织已成立。成立区团社会管理委员会，成立1个“社会事务服务中心”，4个社区（由原一连为“南泉社区”，原二连、三连、四连、造纸厂合并为“双狮社区”，原五连、六连、七连合并为“新圆屯社区”；原八连为“冯家坝社区”）；将公共服务延伸到4个社区管理。

【职工多元增收】 2014年，采取职工自建、区团补贴的方式，在区团南区建设设施大棚62座，以种植高效的花卉、果林为主，职均收入达到10万元。以合作社、协会等科学经营方式，优化农业内部结构，并通过“复播、复种、套种”等多种高效种植模式，合理有效引导职工进行特色种植，在北部连队发展黄瓜、芹菜、山药、豇豆、辣椒、菜用土豆等蔬菜种植面积比上年增加1 000亩。亩均收益提高800~1 500元，平均亩收益1 150元，职工增收115万元，人均增收95元。

发挥好蔬菜公司和葡萄公司作用，鼓励职工发展农产品初深加工，在连队开设蔬菜清洗加工、分选、包装、储藏，产品加工升级增加效益。分选胡萝卜等蔬菜1万吨，职工增收60万元，人均增收50元。葡萄分选、包装职工增收40万元，人均增收33元。种植业劳动力转移就业300人次，组织职工务工640人次。自主创业典型示范户14户，青年职工创业带头人24人，完成职业技能和创业培训220人次。鼓励职工成立农业合作社，区团已成立农工专业合作社23个，在专业合作社效益分红等方面实现人均增收105元。鼓励农业职工土地流转工作，2014年，165名职工进行土地流转，流转面积5 530亩，每亩土地流转受益在200~500元，最大收益达800元，职工土地流转受益总额在239万元，人均增收201元。

各类政策性补贴资金落实到位，区团828人次低保户发放低保金33万多元。为特困户、贫困户、困难党员等各类人员404人发放慰问金20多万元。为区团新成立的嘉鑫合作社和五家渠新发种植农民专业合作社发放产业化专项资金40万元。截至2015年2月中旬支付补偿款约5 300万元。师市给区团16户人家发放小额担保款100万元。师市给区团275名“4050”人员发放社保补贴77 097.15元。中央财政给区团202名种植棉花人员发放2014年目标价格财政补贴1 350万元。

区团职工多元增收工作，全面完成三年攻坚行动计划各项目标任务，实现农牧工家庭人均纯收入实现2 455.34元。其中经营性收入187.4元，二、三产业收入114.5元；工资性收入845元，转移性收入1 291.56元，财产性收入16.87元。

2014年实现农牧工家庭人均可支配收入14 423元，同比增长28%；其中经营性收入6 458元，增速15.2%，工资性收入3 647元，增速29.4%，转移性收入1 068.87元，增速120.6%。其增量和增速均位居全师各农牧团场第一名。

【党建工作】 2014年，投入10万元完善基层单位党建阵地，召开党建工作例会12，开展调研215次，记民情日记604篇，帮助联系点协调解决实际困难260件次，落实生产生活和阵地建设等方面的资金120万元，排查化解矛盾纠纷67起，办好事实事126件。全年落实党建工作经费68万元。纪念建党92周年，拿出5.7万元，表彰5个先进基层党组织，41名优秀党员，5名优秀党务工作者，24名优秀党建论文获奖人员。发展党员10名。订购和自编学习资料5 000余份。全年召开常委会19次，主任办公会13次，领导碰头会22次，中心组集中学习25次。机关和基层单位的理论学习，做到每周不少于1个小时的集中学习。全年各基层单位平均学习达到15次，参学率达到85%以上。

【社会事业】 2014年，区团全年为3 105人次发放低保金95.55万元；发放医疗救助、慰问补贴、计划生育等各类资金209万元。

全团有普通中学1所，小学1所，农广校1所。年末在校学生2 705人（少数民族学生251人），其中，小学在校学生1 018人，初中在校学生648人，高中在校学生1 039人；学校教职员工277人。高中毕业生277人，录取248人（新疆内182人、新疆外66人），其中一本1人，二本8人，三本12人，专科227人，上线率达98%。全年落实“两免一补”各项费用100万元。

是年，区团有医院1所，职工医院1所，病床100张，基层卫生室17个，疾病控制中心1个，年门诊就诊人数7万人次，临床住院人数3 022人次，实现收入1 200万元。基层卫生室13个，基层卫生人员

15人。全年发放各类计生奖励辅助资金28.45万元。是年，聘用卫生专业技术人员134人(高级职称7人、中级职称64人、初级职称63人)；学校专业技术人员240人(其中，高级职称50人、中级职称112人、初级职称58人)； 幼儿园1所，在园幼儿数232人，幼教及保育人员20人。

【人民生活】 在岗职工2 142人，在岗职工职均收入44 245元(不含庭院经济)，增长18.3%，连队常住居民人均纯收入14 013元。

【廉政建设】 2014年，全年党委中心组集中学习25次，召开常委会19次。区团综合体制改革、园区项目工程建设、农业承包经营、财务预决算以及机关公务员纳编、干部人事调整、人才公开选拔招聘等“三重一大”事项，严格按照程序，提交党委常委会讨论决定，结合中央“八项规定”和兵团、师市党委关于厉行节约的有关规章制度以及反对“四风”的工作要求，区团党委及时研究明确年度党风廉政建设和反腐败工作，落实责任主体，主要领导带头履行党委“第一责任人”“一岗双责”的责任，坚持对党风廉政建设重要工作亲自部署、重要案件亲自督办、重大问题亲自协调。2014年，区团纪委认真受理群众信访举报9件，信访了结3件，初核办结5件，立案查处2件，查处通报领导干部为子女大办婚事违反八项规定的案件1起，对违反规定的6个单位16名干部进行责任追究和诫勉谈话。

【干部队伍建设】 严格按照《党政领导干部选拔任用工作条例》的有关规定和要求，完善并规范民主推荐、组织考察、会议讨论决定、区团党委委员票决制、任前公示和公开选拔录用等工作程序，全年调整和选拔任用干部28名。提拔任用正科级干部1名，享受正科级待遇1名，享受副科级待遇2名，提拔正连级干部4名，提拔副连级干部7名，平级交流干部13名，派出29名干部参加兵、师党校培训。

【老干、关工委工作】 2014年，落实专项资金15万元，使“五好”创建活动健康开展。离退休干部每人征订两报(《老年康乐报》《生活晚报》)一刊(《老年之友》)520份。配备远程教育电教设备、图书架、麻将桌、大型液晶电视、DVD以及乒乓球桌等活动用品，全年开展各类赛事活动14次，参加人数达1 200人次。先后2次组织120名离退休干部到南区现代服务业现场和亚欧博览会会馆参观。2014年区团关工委被师市评为先进单位。在师市老年体协举办的柔力球，太极剑，太极拳三项活动中均取得第一名。

【工会工作】 2014年，召开团级职代会1次，民主议事会4次。在金科房产和禹顺节水两家非公企业成立工会组织，全年共新增会员1 163人；以“工人先锋号”创建活动为载体，全年开展劳动竞赛活动30余场次，参与人数上万人次，并获得兵团“安康杯”竞赛优胜企业奖。协助兵、师工会在南区润泰汽车城召开兵团工会“建功‘十二五’、促进新跨越”劳动竞赛推进会；吴志强等2人获师市准噶尔劳动奖章，职工刘冬梅荣获“兵师职工自营经济多元增收百佳示范户”，林娟在全国第二届“书香三八”读书征文活动中，获全国“入围奖”。为南区职工综合文化活动中心项目争取援助资金15万元。为315户困难职工建立困难职工档案，全年帮扶慰问困难职工191人次，共发放救助金和小额担保贷款55.6万元。

【妇联工作】 做好关注妇女、关注儿童、关注贫困母亲、关注残疾人“四个关注”工作，救助贫困母亲和贫困儿童活动4次，发放救助金4万余元。发放“爱心”书包60个。投资5万元为区团1 000名妇女购买中华女性安康保险，为40名贫困母亲进行免费检查，举办预防艾滋病知识培训测试1次，女性健康知识讲座1次，为7名贫困母亲发放“母亲邮包”。受理来信来访5件5人次，办结率100%。在三八、六一、母亲节期间慰问贫困妇女20人、特困学生2人；为4名癌症患者争取到“贫困母亲‘两癌’救助”项目款4万元；全年培训妇女达410人。开展妇女拔河比赛、“家庭助廉”、“双学双比”“巾帼建功”“五好文明家庭”等文化活动。

【共青团工作】 以建党93周年、五四运动95周年为契机，开展“中国梦”主题教育活动，举办专题讲座10期；召开共青团五家渠青湖经济开发区一〇一团第十二次代表大会；组织48名团员代表六师参加兵团第二届少年军校技能比武大赛，荣获三等奖。集中开展以“学雷锋、树新风”为主题的志愿服务活动，全年服务人数达1 500人次。发展新团员168名，表彰优秀团员、优秀团干部65名。联合政法办、派出所等部门开展一系列校园周边环境整治活动。为吕多鑫等5名贫困大学生发放“国酒茅台·国之栋梁”助学金2.5万元；大学生连官张青荣获自治区、兵团、师市青年职工创业项目带头人称号。发放创业增收款3.6万元。与山西省团市委签订3年6万元的工作经费援建协议。完成中国青年网站刊稿3篇，兵、师新闻媒体刊稿21篇，大学生西部计划志愿者网站、兵团团委网、五家渠政务网、先锋网发布信息56篇。

【统战、侨务工作】 全年共向五家渠市政协报送调查报告3份，最终形成提案3份，办复3件。开办涉台教育专题节目10期，组织机关干部进行“涉台教育知识”考试2次。与台湾客商杰尼而种子集团公司签订280亩种西瓜制种繁育合同。以第32个民族团结教育月活动为契机，发放宣传资料2 000余份。区团拿出8 640元资金，走访慰问少数民族困难31户，为少数民族群众办好事、实事78件。以落实“宗教工作目标责任制”为抓手，将宗教工作纳入社会治安综合治理目标管理，列入年度政工考核，实现区团“两教”私设聚会点和零散朝觐“零”的目标。

【工商联工作】 紧扣党的组织，发挥工商联在非公有制经济人士参与政治和社会事务中的主渠道作用。2014年，共走访重点民营企业13家，与8家农民专业合作社进行专题调研，撰写调研报告5篇。区团华强家私、龙腾建工、汇嘉时代等13家非公企业积极为19名困难大学生捐款8.8万元，圆他们的大学梦。帮助会员企业引进技术人才和普通劳动力50余人，为五家渠华丽包装有限公司申请到30万元的专项资金。发挥工商联在非公经济党建工作促进非公企业“党的组织和党的工作”全覆盖。发展10多名入党积极分子。

【信访工作】 2014年，成立由党政领导任组长，分管领导任副组长，机关科室主要负责人为成员的信访工作领导小组，区团有信访科，有专门的接访场所，有1名专职信访干部，区团25个基层单位书记是信访联络员。随着“区团合一”跨越转型的步伐不断加快，土地征用、房屋征迁、富余劳动力转移就业等热点问题引发的社会矛盾集中出现。开展领导干部大接访活动。全面落实信访工作分级责任制，区团领导、科室领导信访挂钩联系职责和“五包一保”责任工作目标，全年区团共发生民事纠纷23件，调成23件，调解率和调成率均为100%。信访总量为36批219人次，同比总批次和上访人数分别下降45%和36%。

一〇一团农业连队情况统计表

连队名称	党支部书记	连长	地名	总人口（人）	种植面积（公顷）		粮食作物总产量（吨）	经济作物总产量（吨）				年末牲畜存栏头（只）	在岗职均收入（元）	人均收入（元）
						葡萄		棉花（籽棉）	葡萄	蔬菜	酱用番茄			
一连	张　青	吴志强	骆驼泉子村	1 371	285		32	—	153	21 150	—	4 814	63 759	—
二连	张爱莲	杨秋玲	绿杨村	1 339	20.4	4.6	—	—	33	2 440	—	4 400	24 700	—
三连	梁战友	张全军	双狮村	1 334	881.6	305	1 712	1 658	1 624	1 852	—	8 700	26 491	—
四连	程　惠	魏久华	龙中村	1 050	461.36	202	83.73	762	828	2 070	—	764	39 100	—
六连	钟颖卓	宋新平	土园屯村	644	812	374	—	1 143	1 792	12 629	12 007	600	58 687	—
七连	时晓东	顾　青	豫庄村	462	611	50.06	885	205	17.3	1 481	1 204	281	38 414	—
八连	刘新才	姜　明	冯家坝村	1 110	494	7.3	984	966	130	6 697	4 055	7100	55 934	—

（赵　学）

一〇二团

【概况】 党委书记、政委魏凤云(女),党委副书记、团长李春平,党委常委、副团长孙孝贵,党委常委、副政委、纪委书记、武装部部长后新山,党委常委、副政委、工会主席、妇联主席蒋慧(女),党委常委、副团长衡敦辉,党委常委、副团长范宗礼,党委常委、副团长马良臣(回族),党委常委、副团长张志强(援疆干部),总经济师刘志江(5月任职)

2014年,一〇二团梧桐镇拥有土地面积345平方千米,耕地面积9.02千公顷,林地面积1.26千公顷。所辖9个农业连队,12个国有企事业单位,20家民营企业,年末,全团常住人口2万人,流动人口2.26万人,计划生育率100%。全团从业人员8 346人,其中,从事第一产业人员2 313人,从事第二产业人员1 682人,从事第三产业人员4 351人。

【经济建设】 2014年,全年完成生产总值8.23亿元,增长36.5%,完成固定资产投资16.4亿元,增长24%,三次产业结构比由31∶11∶58调整为22∶19∶59,实现职工多元增收3 600元,连队常住居民人均可支配收入1.45万元,留地税收6 800万元,综合经营盈利2 586.16万元。

农林牧渔业实现总产值4.53亿元。粮食播种面积0.6千公顷,小麦总产量4 061吨;酱用番茄播种面积0.67千公顷,总产量6.51万吨;棉花播种面积1.88千公顷,皮棉总产量3 693吨;酒用葡萄2 789吨。

是年年末,牲畜存栏10.7万头(只),肉类总产6 391吨,山羊绒总产量6.8吨,绵羊毛总产量40吨,牛奶总产量980吨,禽蛋类总产640吨,水产品产量591吨。

全年实现工业总产值7.46亿元。主要工业行业有:农副产品加工、石油化工、耐火材料、建筑用混凝土、工艺毛发制品、屠宰及肉类加工冷冻、糕点食品、塑化加工、橡胶制品、纸箱加工。其主要工业产品产量:商品混凝土42.05万立方米,假发77万套,番茄酱6 634吨,牛羊排酸肉3 353吨。

交通运输、批发零售业及住宿餐饮服务等第三产业,实现总产出6.22亿元,增长12.3%。随着五家渠东工业园区建设和大企业纷纷落户,带动团场商贸流通市场迅猛发展,餐饮服务业、批发、零售业等相关的第三产业呈现出蓬勃发展的势头。交通运输业货运量394万吨,客运量达到140万人次,房地产开发继续保持较快的发展势头,全年开工面积15.5万平方米,其中住宅8万平方米,商业用房7.5万平方米。

【党的群众路线教育实践活动】 2014年,团镇党委在全团41个基层党组织1 500名党员干部中,开展为期8个多月的党的群众路线教育实践活动。集中理论学习10次,召开专题常委会、联席会议8次,开展谈心谈话126人次,深入基层调研召开座谈会25次,走访入户1 100余户,征求意见建议387条。各基层组织在党委的直接领导下,强化意识、狠抓落实,切实抓好"学习教育,听取意见"这个基础,抓住"查摆问题,开展批评"这个关键,把握"整改落实,建章立制"这个根本。党委班子梳理10类28项整改事项,落实率已达到97%,班子成员个人认领的整改事项落实率均达到98%,通过强化制度建设、狠抓责任落实,全年"三公"经费下降25%,清理机关超标准办公用房21间444平方米。

【城镇建设】 2014年,城镇化坚持稳速度,重基础,求内涵,强功能的工作思路,全年在完成师市下达保障性住房建设任务100套的前提下,把城镇建设投资的重心放到城镇基础设施配套建设和城镇管理能力上来,放到产城融合发展的大局上来,先后投资3 550万元,其中:投资1 200万元,完成集中供热管网改造一期工程;投资500万元,完成2 000余户居民天然气入网等工程;投资1 690万元,完成农网改造升级项目;投资160万元,完成交通信号灯项目。完成长年议而未决的煤矿430户居民整体搬迁工作,凤凰路以东130户居民危旧住房改造搬迁安置和团驻乌单位居民危旧住房改造的洽谈推进工作。

【惠民实事】 2014年,党委以民之所愿为施政所向,承诺为民办好的"十件实事",全部得到落实。全年发放困难补助金、救济金和大病救助资金58万元，为71名考入高等院校学生发放助学奖学金16.9万元，投资36万元新建团镇劳务市场，按照师市劳动力转移三年攻坚计划要求，落实一线富余劳动力转移430人，落实新增就业人员600人，按照师市党委的要求，高度重视北塔山移居哈萨克牧民生产生活安置工作。针对团镇流动人口大于常住人口，社会管理压力大的实际，实施部分城镇公共卫生市场化管理，新招聘幼儿教师10名，联防队员10名，交通协警5名，城镇执法队员5名，民兵27名。

投资538万元完成基层党组织活动室及党员远程教育项目；投资200万元完成梧桐镇人民法庭建设项目；投资800万元完成道路交通管理站建设项目；投资206万元完成有线电视网络全覆盖项目；投资1 251万元完成“双语”幼儿园及民族餐厅改造项目；投资177万元完成道路交通高清电子警察监视系统建设项目；投资100万元完成农二连小康村道路硬质化项目；投资800万元完成城镇排污工程；投资300万元完成连队安全饮水工程；投资571万元完成以工代赈支斗渠防渗工程；投资800万元完成城镇市政道路工程；投资400万元完成城镇道路亮化工程等建设项目。

【党的建设】 2014年，在强学、勤思、善做、严纪上下功夫，强化理论武装，强化执行能力、领导水平，围绕十八届三中、四中全会精神和习总书记系列讲话精神，立足岗位职能，岗位责任召开领导干部专题研讨会6次，根据岗位分工，选准主题主线，组建10个工作组开展专题调研活动150人次，撰写调研报告36篇，切实加强党委对人大、政府工作的领导，高度重视人大组织开展的各类活动，支持行政依法管理经济社会事务工作。支持工青妇等群工组织独立开展工作。在办事透明、公正上见行动，严格遵守干部选拔任用条例，全年常委会研究干部4次，调整干部26人，其中提拔任用1人，岗位调整6人，全年通过人才交流等形式招录专业技术人才19名。高度重视人才培养工作，全年选送64名干部参加兵师组织部调训培训工作。在创新机制，增强活力上求突破，全年来党委围绕基层党建转机制、增活力主题，积极探索社区连队党建平移，四个转型工作新机制，其创新的方式方法，平移的机制措施得到上级组织部门的认可。同时，党委注重打基础、立长远，先后出资232万元，完成连队和部分基层单位办公条件修缮改造。落实党建经费80余万元，使基层支部活动正常开展。在廉洁从政，反腐治贪上见实效，全年围绕党风廉政建设建立干部廉政档案176份，签订目标责任书90份，围绕廉政教育主题，开展廉政宣传，家庭助廉等活动。围绕重点工程建设，开展专项督查16次，围绕行业纠纷对团子校“两免一补”政策的落实和团医院药品采购等行为进行检查，围绕举报投诉必查，违法违纪必究，全年受理群众举报案件3起，立案2起，核查2起，处理违纪干部2人。

【维稳工作】 2014年，围绕新疆社会稳定和长治久安，累计抽调150名民兵，圆满完成习总书记考察师市、兵团60年大庆活动，“7·5”、亚欧博览会等各项维稳处突、巡逻执勤任务。开展团镇400名干部职工普训工作，根据形势的需要，特别是在“5·22”事件发生后和国家举办的APEC会议期间，团镇组织民兵人员累计1 200人次，开展加强内保、设卡防范、巡逻执勤，确保团镇和谐稳定的社会秩序，彰显了团镇民兵武装力量的能力和作用。

【社会稳定】 2014年，实行领导挂钩，部门参与，任务明确，分片包干工作机制，完成长年议而未决的煤矿430户居民整体搬迁工作，凤凰路以东130户居民危旧住房改造搬迁安置和团驻乌单位居民危旧住房改造的洽谈推进工作。针对团镇流动人口大于常住人口，社会管理压力大的实际，实施部分城镇公共卫生市场化管理，新招聘联防队员10名，交通协警5名，城镇执法队员5名，全脱产应急分队民兵50名，确保人员落实，防范到位，做到强化机制抓预控。针对团镇建筑开发企业较多，工程项目多，管理不规范等信访矛盾始终处于高压态势的现状，团镇党委扎实推行信访代理新机制，取得良好实效。截至年末，团镇信访总量225批次，与上年同期相比，信访总量虽有所上升，但赴兵团集体访2批46人次，比上年下降33%，赴师市集体访7批121人次，比上年下降70%。

【教育事业】 2014年，小学教师参加国培人数33人，3人赴内地学习，远程培训22人，到乌鲁木齐参加培训18人次，31人参加第一学区教学教研活动。中学赴内地参加国培10人，远程培训18人，继续教育13人，65人次参加第二学区教学教研活动，请山西教育专家和优秀教师到校讲课、评课3次，整体教学质量有较大的提高。

以各教研组为单位定期推出师德师风、安全、法制、师德讲座、演讲等活动，曾富婷老师参加第二学区师德师风演讲比赛获得第一名。经检查评比，学校获六师师德师风建设先进单位荣誉称号。

在兵团十二届青科赛中，刘建红老师辅导的科幻画获2个兵团一等奖、2个兵团二等奖，王志岗老师的科技制作获2个兵团二等奖。

在六师中学课堂教学评优课活动中，侯文文老师获一等奖、张琪老师获三等奖。侯文文在师市组织的青年教师讲课大赛中获初中英语一等奖，一〇二团校小学语文、初中体育被师市教育局定为学科教研基地。

2014年中考，在联考的四校中(一〇一团学校、一〇二团学校、一〇三团学校、共青团学校)一〇二团学校成绩斐然，在四校联考的八门功课中，取得三科第一，三科第二，连续五年取得优异成绩，实现五连冠。800分以上的考生全师只有3所学校拥有，其中该校学生宋梦洋榜上有名。

学校开展有声有色的阳光体育活动，初中男子篮球队获师市中片赛区亚军；初中田径队在六师十一届青少年运动会上获团体总分第三名，乒乓球队获男子团体第四名、女子团体第六名。

是年，一〇二团投资730余万元的塑胶跑道项目和投资340余万元的室内篮球馆项目已全部竣工，生活辅助用房也在陆续投入使用，学校面貌焕然一新，校园环境和教师的工作、生活环境，学生的学习生活条件有巨变。

接受安排少数民族教师、米东区和北塔山借读的47名哈萨克族学生和3名来自喀什的维吾尔族教师在团学习和工作。并组织学生参加全球华人学生作文大赛。选派1名骨干教师赴南疆少数民族聚居团场支教。荣获2014年度师市百家文明单位“道德讲堂”评优课三等奖。

【医疗卫生事业】 2014年，一〇二团有卫生人员97人，其中团医院77人，疾控中心8人，基层卫生室11人，卫生科1人。

是年，医院业务用房面积4 813.37平方米，固定资产近667万元，设置内儿科、外妇科、门诊部、放射科、检验科等13个临床和辅助科室，编制床位60张。在职人数77人，卫生技术人员69人，其他技术人员8人；副高职称5人，中级职称26人，初级职称51人；本科20人，大专49人，中专19人。承担着团场城镇居民和五家渠东工业园区以及周边乡村群众共近5万人的医疗卫生工作。医院坚持以病人为中心，各项工作有序进行，截至2014年11月，医院门诊诊疗人次49 201人次，住院病人1 751人次，床位使用率76.20%。

疾控中心现有8人。其中管理人员1人，卫生技术人员7人；中级职称2人，无职称2人；本科2人，大专2人，中专2人。疾控中心负责传染病防控、卫生监督管理、免疫规划、儿童保健、健康教育、慢性病地方病职业病防治以及学校卫生等工作。

基层卫生室10个，有卫生人员11人。其中中级职称2人，初级职称9人；大专1人，中专8人，初中2人。除煤矿卫生室外全部为甲级卫生室。基层卫生室承担着防病治病、计划生育、健康教育、计划免疫、康复及爱国卫生等工作。

为普及基本卫生公共服务项目免费政策和有关内容，发放《国家基本公共服务项目》1 000本；组织协调完成65岁以上老年人健康体检861余人；加大慢性病管理力度，完善健康档案录入工作；加强爱国卫生运动工作，重点治理脏、乱、差效果显著，为职工群众营造整洁、净化、绿化、亮化的温馨生产、生活环境。依法加强食品安全综合协调工作，认真履行卫生监督执法职能，定期对辖区内的8家个体诊所、7家药店、10家酒店、59家旅馆、300余家餐饮及210家公共场所进行检查。

【宣传文化】 2014年，更换、制作甘莫公路宣传板24块，灯箱264个；在府东路制作悬挂灯箱48个，长安路28个；在八一路设宣传栏100块，文化广场宣传栏11个，4个招手站点48块。在文化广场、机关LED电子大屏滚动标语189条

2014年2月兵团党委常委、副司令员孔星隆(左二)前往一〇二团检查指导畜牧业发展。 (孙天山)

次。另外为三连、龙泉路社区内外宣传共制作版面89块(条)。以5月民族团结教育月为契机,加强民族团结教育。下发《做好民族团结教育月活动的通知》,开展系列活动。团子校举办民族团结联谊会,团医院组织医护人员到民族村义诊,组织地方群众来团八一纪念馆参观。十八届四中全会召开及习近平主席来新疆考察后,全力做好习近平主席讲话精神的宣传学习,大力宣传讲话精神。通过党委中心组带头学,党员干部普遍学,领会精神,用实际行动把兵团建设成为安边固疆的稳定器、凝聚各族群众的大熔炉、先进生产力和先进文化的示范区;通过丰富多彩的艺术手段,充分展示了团场"三化"建设取得的成就。六一期间,团子校、幼儿园进行"迎六一"汇报演出,广场文化丰富多彩,满足广大职工群众的业余文化生活。

做好党的群众路线教育实践活动、"三民"活动2项活动的对内对外宣传报道,2项活动上报稿件38条,信息简报51条。

【团场改革】 2014年,针对农业生产葡萄管理产权不明,效益不佳状况,推行职工责任主体明确,两费自理经营模式,使葡萄种植由2013年经营亏损57万元,转变为2014年经营实效,产值900万元,及时遏制经济效益下滑局面。针对五家渠城投公司与团镇合作经营效果极差的现实,团镇党委果断决策,及时中断与对方的合作,采取买断股权的方法,将城投公司资产收回自行管理,有效地将亏损源遏制在萌发期。

【人民生活】 2014年,全年完成生产总值8.2亿元,增长33.4%,实现职工多元增收3 600元,连队常住居民人均可支配收入1.8万元,落实一线富余劳动力转移430人,落实新增就业人员600人。

一〇二团农业连队情况统计表

连队名称	党支部书记	连长	地名	总人口(人)	播种面积(公顷)	粮食作物总产量(吨)	棉花总产量(吨)	总产值(万元)	年末牲畜存栏(头/只)	劳均纯收入(元)	人均纯收入(元)
一连	杨翠明	姜国强	黄土沟	1 035	540.62	178	1 301	9 600	8 268	19 986	19 800
二连	侯迎强	张锡峰	大疙瘩村	814	429.85	308	680	3478	2 520	18 789	14 000
三连	益进江	罗虎庭	上家滩村	537	721.6	486	2 728	6 613	72 514	19 379	15 000
四连	张长江	郑洪林	泉水地	955	488.81	1 076	355	86 72	11 800	18 618	14 326
五连	陈振刚	陈宏伟	大平滩村	628	597.27	119	932	4 272	3 630	17 995	14 264
六连	陈建梅	李　斌	四分海子	456	734.03	544	1 339	2 615	1 020	18 031	14 878
七连	魏建民	张锡磊	黄家梁	519	501.68	125	463	2 713	135	17 953	14 980
八连	康国军	姜留军	凤凰台	223	278.3	17	474	1 459	1 720	17 035	13 221
九连	王　军	陈方雄	唐南村	420	413.17	699	847	1 978	2 983	17 906	14 940

(段　娜)

一〇三团

【概况】 党委书记、政委陈治权，党委副书记、团长闫河江，党委常委、副团长杨敦勤，党委常委、副政委、武装部部长王明虎，党委常委、副团长陈文军，党委常委、纪委书记、工会主席、妇联主席潘军(女)，党委常委、副团长李生刚、严福。

2014年，团镇综合改革后，有团镇机关机构设置7个：纪律检查委员会机关，监察局与纪委机关合署办公；党政办公室、镇人大与党政办公室合署办公；政工办公室；政法办公室；经济发展局；财政局挂财务局牌子；社会事业发展局。工会(挂妇联牌子)；团委；武装部单设，不占团镇机关机构数。事业单位有：学校、医院、疾病预防控制中心(鼠防站)、农业技术服务中心、文化中心、城镇建设综合服务中心、核算中心、社会事务服务中心。新疆亮剑恒丰农业有限公司下设8个作业区，第一作业区(一连、二连作业点)，第二作业区(三连，六连作业点)，第三作业区(五连、七连作业点)，第四作业区(八连、九连作业点)，第五作业区(十连作业点)，第六作业区(十二连作业点)，第七作业区(十三连作业点)，第八作业区(十四连作业点)。驻团派出单位有：蔡家湖派出所、蔡家湖国家基本气象站、蔡家湖工商行政管理点、一〇三团土地分局、一〇三团房管所、一〇三团司法所、一〇三团社会保险基金管理所、蔡家湖邮政支局、一〇三团电信支局、中国农业银行蔡家湖支行、一〇三团信用社、五家渠国民村镇银行一〇三团支行、五家渠市交警大队蔡家湖中队、蔡家湖镇税务所(7月撤销)。2014年，全团出生100人，出生率为7‰。死亡134人，死亡率为9‰。年末总人口15 780人，其中男8 353人，女7 427人。总户数6 825户。蔡家湖镇人口10 248人。单位(作业点)人口5 532人。团土地面积430.996 9平方千米。通自来水、电话、有线电视的作业点12个。

【团镇综合改革】 2014年，一〇三团驻蔡家湖镇被第六师五家渠市列为综合改革试点单位。制定《一〇三团蔡家湖镇综合改革试点工作实施方案》。六师五家渠市机构编制委员会批准《一〇三团蔡家湖镇机关机构设置、职能配置和人员编制规定》。一〇三团蔡家湖镇机关设7个工作机构。党委研究决定，成立新疆亮剑恒丰农业有限公司。六师五家渠市机构编制委员会批复一〇三团蔡家湖镇将团镇农业科研类、文化类、交通环保城建类、经济监督和信息咨询类、社区服务类事业单位进行整合。将一〇三团蔡家湖镇农业技术推广站、林业管理站、畜牧兽医站合并，成立“一〇三团蔡家湖镇农业技术服务中心”；在一〇三团蔡家湖镇广播电视站的基础上，合并文化站、文管办职能，成立“一〇三团蔡家湖镇文化中心”；在一〇三团蔡家湖镇交通管理站基础上，合并环保、城建、房管等职能，成立“一〇三团蔡家湖镇城镇建设综合服务中心”；在一〇三团蔡家湖镇会计核算中心的基础上，成立“一〇三团蔡家湖镇核算中心”、“一〇三团蔡家湖镇社会事务服务中心”。至此团镇综合改革工作全面完成。

【党建工作】 全年党委中心组学习23次，领导授课6次，下基层讲党课8次，组织观看《焦裕禄》等电教片5次，召开学习心得交流会3次，邀请兵团党校教授和师市领导授课各1次。团镇领导每人撰写笔记2万字以上。召开6次常委会议专题研究党建工作，确定党建工作议题6个，通过“五延伸一报告”征求意见建议11条；共征得各类意见建议370条，经梳理164条，已整改落实完成147个。已建成5个师级、8个团级党建示范点。新建胜利街社区党员活动室。新成立2个社区党支部，8个作业区党支部。完成兵师调训干部56人次。完成培训各类技术人才500多人次。

【经济建设】 2014年，实现生产总值146 811万元。其中第一产业实现生产总值65 847万元，第二产业实现生产总值53 645万元，第三产业实现生产总值27 319万元。2014年播种面积9.002千公顷。其中粮食作物小麦1.084千公顷，玉米0.091千公顷，马铃薯0.007千公顷；油料作物向日葵0.075千公顷，打瓜0.008千公顷，棉花5.01千公顷；瓜果类甜瓜1.87千公顷，酿酒葡萄0.027千公顷，工业用西红柿0.81千公顷，工业用辣椒0.027公顷。

当年卖出牛3 200头，猪6.8万头，羊1.93万头，家禽14万只。畜产品产量：牛489吨，猪4 856吨，羊351吨，家禽280吨，绵羊毛26吨，山羊粗毛20吨，绵羊皮100张，牛奶2 800吨，蜂蜜96吨，禽蛋产量155吨。年末农业机械总动力29 597千瓦，其中柴油机动力22 397千瓦，电动机动力7 200千瓦。全团拥有民用车辆2 606辆。客运量85.5万人次，旅客周转量4 532万人千米，货运量130万吨，货物周转量10 790万吨千米，营运业务收入6 668万元，个体运输纯收入2 867万元。

【人民生活】 2014年，全团在岗职工3 352人，工资总额11 859.5万元，其中基本工资10 783.5万元，绩效工资891.7万元，工资性津贴和补贴184.3万元，在岗职工年人均工资35 380元。

【社会事业】 2014年，有普通初级中学1所，小学1所。普通中学专任教师80人，小学专任教师83人。普通中学在校学生415人，其中女生208人。小学在校学生823人，其中女生412人。初中升高中升学率73%。农业科技与服务单位1个。医院1所，医院、卫生院有床位65张。医院卫生技术人员96人，其中执业(助理)医师23人，卫生防疫人员9人。有调频广播发射台1座，广播电视无线发射台1座，自办广播、电视节目各1套。广播电视、数字电影从业人员11人。

【劳动和社会保障工作】 2014年，新增就业560人，富余劳动力转移520人，组织农业单位人员外出务工893人次，城镇失业率控制在3%以内。开展各类职业培训455人次。新签劳动合同18人，解除劳动合同12人，终止劳动合同156人。审核上报工伤6件，组织劳动能力等级鉴定2次，共计50人；慢性病鉴定1次，共计214人。解决拖欠民工工资事件3起，涉及人员25人，为农民工讨回工资42万元。办理就业困难决定302人，换发新版《就业失业登记证》2 417人。审核、发放2011年至2013年初次参加社会保险347人的社会保险补贴85万元。为1 167人进行面对面就业失业情况调查。发放小额担保贷款810万元。按时足额交纳五项保险统筹3 622万元，征缴职工3 926人社会保险费1 290.45万元。征收灵活就业人员1 874人社会养老保险费1 256.5万元，居民养老保险参保人数747人，居民医疗参保人数4 754人，发放社会保险各项待遇501人次249.1万元。发放4 703名离退休人员的养老金1.21亿元。

【民政工作】 2014年，为135户165名低保人员发放低保金66.5万元，发放医疗救助金139 209元，发放金秋助学救助金3人8 000元，发放临时救助金5人16 500元，发放伤残军人、在乡老复员军人、参战涉核退役军人生活补助金、优抚金35万元，发放高龄补贴1 796人次28万元。殡葬改革火化率达到70%以上。

【社区工作】 2004年9月，成立社区建设指导委员会。2005年3月，成立社区建设指导办公室。2005年4月，成立胜利社区和团结社区。2012年3月，将胜利社区更名为“胜利街社区”，将团结社区更名为“团结街社区”。2014年3月，成立香甜路社区。2014年9月，成立和谐社区。

胜利街社区 以蔡家湖镇胜利街为界，胜利街以南为胜利街社区。辖区面积1.1平方千米，社区内有文化东区、文化西区、安民小区、健康小区、新建小区5个小区。社区总户数1 595户，常住人口4 236人，暂住人口889人，流动人口376人。社区党支部有党员45人，流动党员20人，社区干部7人，社区工作人员2人。2014年7月，从原机械厂搬至新建的社区综合楼，建筑面积1 426平方米。社区设一站式服务大厅，党员电教室、文化活动室、图书室、警务室、办公室等设施。2014年，社区党支部对支部委员进行增补，组织党员学习12次，召开民主生活会1次。按照社区居委会选举办法，进行社区居委会改选。常年开展社区广场文化活动，组织30多人参加师市举办的太极拳、柔力球、气功比赛，举办残疾人文体活动周，图书阅览室常年为居民开放。利用板报、宣传月等形式开展文明市民、民族团结、礼貌用语、法律知识、居民行为规范、公民道德建设等内容的宣传教育活动。完成团劳动部门就业失业登记普查918人，办理老年证7人，为10户低收入及低保户家庭分配廉租房，协助拆迁房屋14户，办理居民医保、养老保险306人，低保评审63人次，办理80岁老年人补助74人，畜牧养殖普查102人，安全检查200多人次。元旦、春节慰问困难户16人，发放慰问金1.4万元，代金券3 200元；

慰问军属10人，发放慰问金3 000元；慰问离退休干部10人，发放慰问金8 300元。开展助残日活动，发放慰问金7 200元。

团结街社区　以蔡家湖镇胜利街为界，胜利街以北为团结街社区。社区居民委员会下设创业小区、商业小区、文明小区、建设小区、农垦小区5个小区。社区党支部有党员65人，其中离退休党员60人，干部党员5人。开展党的群众路线教育实践活动学习5次，党支部会议3次，专题民主生活会1次。出黑板报6期，每人写10 000字的学习笔记，2份学习心得，发放宣传资料50份，写宣传稿件20多篇。完成第三届社区居委会的换届选举工作；参与第三次全国经济普查和城镇劳动力就业和失业人员情况调查；低保救助49人次，大病医疗补助3人次；12名低保人员领取廉租房；在第24次全国助残日活动中发放住房补助、家庭托养人员补助、低保户补助金等共计73 804元；慰问贫困户发放慰问金26 300元；慰问离退休干部、遗孀、军属、劳模发放慰问金6 400元。为老年人办理80岁高龄补贴17人次，老年证20人次。

香甜路社区　东以五蔡公路为界，西以六连大桥（猛进干渠以西）为界，南以五蔡路分叉的西外环路口为界，北以（龙河街）十五支渠为界。新建住宅楼11 344户，平房待拆户541户，总人口2 156人，流动人口1 000人。2014年3月，香甜路社区成立后，5月，完成社区党支部的改选工作，成立香甜路社区第一届党支部委员会。6月25日，完成社区第一街居民委员会的选举工作。社区党支部有党员18人，其中离退休党员15人，干部党员3人。社区党支部按照团镇党委的统一部署，扎实开展第二批党的群众路线教育实践活动。完成普法教育的学习、考试。排查流动人口48户137人，出租屋35间。发放反邪教宣传单200多份，签订“家庭拒绝邪教”承诺书卡150份，调解民事纠纷10起。先后慰问弱势群体13人次，发放慰问金25 665元；发放低保金15人，47 561元；门诊救助、大病救助、助残救助7人次，救助金额67 000元。办理高龄补贴10人，老年证54人，居民医疗保险135人。为老人免费体检41人次。胜利西街道路西延，协助拆迁居民70户。组织老干部、老年志愿者参加广场舞比赛、师市老年运动会开幕式表演。

和谐社区　东以十七支猛进干渠为界，西以二屯苦沟为界，南以十八支五蔡路向西延伸路为界，北以十四连望干子为界。总户数1 130户，总人口4 018人，流动人口1 500人。和谐社区于2014年9月5日成立，11月15日，成立和谐社区党支部。社区办公地点设在亮剑恒丰农业有限公司第四作业区八连作业点。

【宣传文化工作】　2014年，在各级报刊台用稿1 106篇（条），其中国家级3篇（条），省级165篇（条），省级以上网络用稿108篇（条），地州级830篇（条）。党报党刊工作圆满完成。放映数字电影270场。建成“兵团知青纪念馆”和“亮剑团史馆”。2014年，文化部对全国文化先进单位（文化先进县、市、区）进行评选和复查，六师一〇三团蔡家湖镇经过文化部复查合格，继续保留“全国文化先进县（团）”荣誉称号。

【招商引资工作】　引进五家渠鑫泰燃气有限公司，投资3 595万元建设城镇天然气输配项目；引进五家渠浩兴热力有限公司，解决供热不均衡问题。完成一〇三团农副产品深加工园控制性规划编制工作，经师市规划委员会正式评审并下达控规批复。积极深入落地企业，为企业协调解决相关难题。建立招商企业与政府协调联系机制。全年接待投资商29家。12月5日，新疆汉光嘉业纤维科技有限公司在上海股权托管交易中心Q板挂牌上市。

【兵团知青纪念馆、亮剑团史馆揭牌试开馆】　2014年11月6日，一〇三团蔡家湖镇举行兵团知青纪念馆及亮剑团史馆揭牌暨试开馆仪式，副师长梁俍参加揭牌仪式。

兵团知青纪念馆、亮剑团史馆在一〇三团原幼儿园的基础上进行改扩建，改扩建面积1 594.36平方米，其中新建序厅111平方米，观光长廊170.8平方米。总投资638万元。

兵团知青纪念馆、亮剑团史馆共二层，一层为兵团知青纪念馆，二层为亮剑团史馆。兵团知青纪念馆分设序厅、3个展厅、1个展区，分别用文字、图表、图片、展板、文物、雕塑、视频播放系统展示上海市、天津市、北京市、江苏省、浙江省、武汉市等支边知识青年响应党和国家号召，在新疆兵团工作、生活的场景；有扎根兵团，奉献青春年华的周春山烈士；有各行各业做出突出贡献、荣获全国先进的典型代表；有文化文艺界做出成绩的文化名人；有知青在20世纪70年代以后创作的文学作品、影视剧、刊物等。亮剑团史馆分设5个展厅、1个展区、3个荣誉室。分别用文字、图片、图表、文物、雕塑展现一〇三团的历史沿革，在抗日战争时期、解放战争时期，在剿匪平叛、帮助地方建党建政等方面做出的历史贡献；在屯垦戍边、开发建设蔡家湖，建设现代化农场方面做出的贡献；在维稳戍边、建城戍边、“三化”建设中做出的成绩，以历史为主线再现一〇三团的历史进程。

一〇三团农业连队情况统计表

连队名称	党支部书记	连长	地名	总人口（人）	播种面积（公顷）	粮食作物总产量（吨）	经济作物总产量（吨）			总产值（万元）	年末牲畜存栏（头/只）	劳均纯收入（元）	人均纯收入（元）
							棉花	工业用番茄	甜瓜				
一连	韦向东	李涛	沙山子村	712	552	1 424	170	1 598	1 117	2 281	1 975	38 000	18 000
二连	李小泉	李正德	军垦村	1 004	724	812	821	9 590	2 165	3 892	12 069	24 708	17 005
三连	张建昌	赵心平	蔡南村	700	980	917	442	11 588	14 462	8 188	5 791	38 000	18 000
五连	陈　记	陈记	蔡家湖镇	1 081	606	310	342	11 988	6 455	6 499	12 213	23 800	12 600
六连	邓才忠	邓才忠	西庄子村	615	749	1 477	366	7 192	10 131	6 579	11 943	22 000	12 000
七连	张　革	陈军	莱北庄子村	468	916	1 307	454	11 988	8 477	6 736	11 318	27 000	12 000
八连	王洪兵	陈文革	黄蒿村	590	840	1 246	640	5 754	7 698	4 345	3 181	32 500	23 800
九连	李恩俊	李恩俊	兴旺村	720	925	522	592	10 789	4 450	5 801	2 871	23 400	11 620
十连	李振江	李振江	马家庄子	552	712	87	513	6 298	8 521	4 416	1 106	32 193	12 245
十二连	彭爱梅	陈文革	新渠城子	463	512	141	424	15 680	3 330	3 396	1 070	33 577	11 920
十三连	李洪斌	张　宏	朱家庄村	460	653	306	354	8 791	5 968	4 144	1 752	35 000	25 000
十四连	张惠霞	陈　纪	中庄子村	360	498	727	138	3 169	10 840	4 217	4 007	36 524	9 508

（胥执高）

共青团农场

【概况】 党委书记、政委胡晓江，党委副书记、场长刘振江，党委常委、副政委、纪委书记、武装部部长曹天龙，党委常委、副场长曹勇，党委常委、副政委马小军，党委常委、副场长于德新，党委常委、副场长李玉虎，党委常委、副政委、工会主席徐琼（女），总农艺师赵兴国。

2014年，团场总人口1.2万人，在册职工人数1 689人，离退休人员1 699人；农场规划总面积22.87千公顷，可耕地面积18千公顷，有耕地13.33千公顷。

【经济发展】 2014年，全年实现生产总值6.59亿元，增长27.9%。其中：一产4.26亿元，增长10.7%；二产0.97亿元，增长339.5%；三产1.36亿元，增长28.3%；社会固定资产投资总额4.8亿元，增长22.75%；农牧工家庭人均纯收入2.171 8万元；实现利润3 574万元，增长21.5%。农业内部种植业、果蔬园艺业、畜牧业产值比由上年的50∶15∶35调整为40∶18∶42。是年，申报项目和惠农资金共计4 117万元，其中项目资金2 100万元，农作物、畜牧、农机等各类惠农补贴资金2 017万元；全年共承接上级春播、中耕、灌溉、喷施脱叶剂、葡萄管理、肥料应用、设施农业、复播青贮等10次大型农业生产现场会，通过兵团万亩玉米高产创建项目的验收；争取国家补贴资金343万元，动员职工新购置大中型拖拉机、农机具、葡萄埋土机、葡萄整沟机、葡萄修剪机共计263台（架），小麦、棉花、番茄、玉米已

100%实现农业机械全程机械化。

2014年，牲畜存栏8.19万头（只），同比增长112%。全年肉类产量1.2万吨、奶产量8 400吨，禽蛋产量10 500吨。果蔬园艺实现产值2.17亿元，较上年增长72%，占农业总产值的18%。葡萄园面积1.34万亩，鲜食和酿酒葡萄总产达到15 540吨，较上年减亏600余万元。

【党建工作】 2014年，党委中心组集中学习18次，集体研讨4次，座谈交流5次；邀请兵团、师市党委党校专家授课4次，开展理论测试、知识竞赛4次。20个党支部集中学习160余次；观看专题片51部次。农场党的群众路线教育实践活动全面启动，农场党委班子和基层20个支部566名党员干部参加教育实践活动。共征求到意见、建议529条，经归纳合并为158条，解决涉及职工群众用水用电难、出行难、就医难等突出问题80余件，解决生产生活小困难240余件，化解矛盾纠纷180余件。先后选送90余名党政领导干部和企业管理干部到师市和疆内外学习。班子成员和各基层党支部先后帮助1 400余名职工办理小额贷款1.6亿元，为职工推广6项农业生产新技术，创建高产示范田118块1.33千公顷。

【职工多元增收】 2014年，通过企业+基地模式的实施，促使企业与职工群众结成利益共同体，加快共同发展。围绕龙头企业，全场已建成蔬菜、花卉苗木、畜牧三大产业基地，惠及职工700多户。通过支部+合作社模式的实施，促使专业大户、致富能手和产业化带头人创办、领办各类产业协会。组建种植、养殖、农机等领域的专业合作社16个，入社社员750人。通过党小组+农户模式的实施，基层党支部把产业相同的党员划分为党小组，根据职工群众的发展需求，以建立特色种植示范田为依托，党员与农户手拉手结对子，建立小型产业基地。通过鼓励职工土地流转、增加经营地外包地种植、进厂务工、进城打工、发展畜牧养殖等形式增加职工收入。年末，人均收入较上年增加3 738元。其中农业经营性人均收入10 150元，二、三产业经营性人均收入1 724元，工资性人均收入3 959元，财产性人均收入1 086元，转移性人均收入4 799元。

【精神文明建设】 2014年，共青团农场以先进文化为引领，以兵团成立60周年和五家渠市成立10周年为契机，大力唱响兵团精神和亮剑精神，积极组织开展20余场次丰富多彩、形式多样的群众文化活动，3万余人参与文化活动，内容涉及音乐、舞蹈、戏曲、演讲、红歌比赛系列文化活动。在完善文化基础设施建设上，农场实施文化信息资源共享、数字电影放映、农家（社区）书屋、农场文化人才培训等重点文化惠民工程。农场文化中心投入使用。同时以开展道德实践活动为抓手，积极开展社会主义核心价值观教育系列活动，提高职工群众整体文明素质。年内，在地区级以上报刊发表新闻稿件600余条，其中：在《中国农垦》《中国民兵》等国家级刊物发表7篇，完成任务的350%；在《新疆日报》《兵团日报》等省级报刊发表110篇，完成任务的220%；省级以上网络用稿100余条；地州级网络用稿100余条；兵团电视台用稿16条；兵团人民广播电台用稿16条；《准噶尔时报》用稿160余条；五家渠电视台采用新闻信息67条；五家渠人民广播电台用稿92条，农场对外报刊宣传名列全师各团场前茅。

【十件实事】 2014年，投资200万元装修职工文化活动中心，年末投入使用；投资1 500万元新建100套保障性住房；投资100万元，建成残疾人康复中心，让全场219名各类残疾人在家门口实现康复锻炼；园区1.8万亩土地由职工承包种植，为贫困职工群众让利近20万元；投资100万元对二连滴灌泵站和配套设施进行更新改造，彻底解决职工用水困难；对1 000余名职工进行技能培训，提高职工增收致富本领；争取上级及援疆资金137万元，为医院配备先进医疗设备，改善职工群众就医环境；投资300余万元，对场区冬季供暖设备和部分管网进行升级改造，彻底解决冬季取暖问题；为520户农业受灾职工发放980余万元农业理赔款，确保职工顺利抗灾自救。

【国家级农业示范园区】 2014年12月18日，六师五家渠国家科技园区管委会在共青团农场正式挂牌。六师五家渠国家科技园区批复于2012年2月，整个园区占地6.67千公顷，分别由核心区、示范区、辐射区三大块组成。

六师五家渠国家科技园区管委会的挂牌，不仅使科技园区在管理上步入快车道，而且在加快农业科技创新，持续增强农产品供给保障，力争在高起点上实现新突破提供新的支撑点。

【社区工作】 农场社区分为青城、滨河两个辖区，面积2.1平方千米，有693户2 187人，回、哈、维等少数民族19户71人，暂住人口696人，离退休人口233人。

2014年，对56名党员按区域划分为四个党小组并对每名党员做到"三知"即：知去向、知现状、知思想，以抓班子建设为突破口，通过参加农场相关部门举办的各类培训班，党支部组织党员上党课、观看电教片等活动。是年，参加师市组织的培训学习班3期3人次，场内组织的学习12场43人次，社区组织的学习8场120余人次。在发挥社区青年工作方面上，有意识培养青年人应对繁杂社会事务的能力，对那些工作表现突出、群众基础好的，纳入入党积极分子重点培养对象。2014年共有2名社区工作人员及1名个体工商户被列为入党重点培养对象。

2014年，紧紧抓住信息录入不放松，以农场治安队、驻场派出所为主体，社区全体工作人员参与，老军垦巡逻队协同，先后8次，出动人员80余人次对辖区人员进行清查，对出租房和流动人口进行详细登记并建立辖区"全员人口电子信息档案"。是年，协同司法所、交警队、派出所、安全办、政法办开展法制宣传教育月活动，积极向广播站投稿，利用电教片、悬挂宣传横幅以及展板、发放宣传单等形式向居民群众宣传法律法规，提升居民维权意识，使懂法、知法、用法的人逐步增多。搭建宣传平台揭批邪教。7月，协同政法办制作1 500份《共青团农场2014~2016年家庭拒绝邪教承诺书》，入户讲解并一一签名，涉及人数达1 800余人，发放宣传单2 000多份，展出彩绘展板11块，横幅4条。全年向农场广播电视站投稿46篇，组织居民观看法律、反恐电教片4场次，参加人数260余人次。在坚持矛盾纠纷排查月上报制度上，做到早发现、早处置，切实将不稳定因素化解在萌芽状态，全年调解处理居民矛盾纠纷24起，调处成功率98%。截至年底，累计办理发放居住证630余人，占应办人数的96%。

在综合治理上，社区以农场治安队为主导，以驻场单位司法所、派出所为支撑点，以社区老军垦治安联防队为震慑力，社区全体工作人员参与，建立治安管理、安全防范、巡逻检查工作制度。7月，采取24小时巡逻对可疑车辆、重点人员进行盘查防范措施，从而使治安、刑事案件的发案率较上半年有明显下降。在做好以上工作的同时组织社区党员、干部、居民群众参加农场相关部门举办的"六五"普法、安全防范、反邪教、"反对三股势力，维护社会稳定"等知识讲座、电教片学习班6期，参加学习培训人员460余人次。上街宣传法律知识2次，挂横幅6条，发放宣传单900余份。

共青团农场农业连队情况统计表

连队名称	党支部书记	连长	地名	总人口（人）	播种面积（公顷）	粮食作物总产量（吨）	棉花总产量（吨）	总产值（万元）	年末牲畜存栏（头/只）	劳均纯收入（元）	人均纯收入（元）
一连	白万兵	马占奎	二道坝村	472	793.6	1 075.55	4 234	6 681.4	2 617	11 5344.1	22 577.04
二连	郑新银	刘世勇	西水行村	551	585	981.90	2 930.12	20 04.4	3 735	3 5436.35	6 545.24
四连	王坚强	薛　辉	芨芨庙村	1 488	432.9	660.3	2296.4	15 36.7	3 616	42 000	18 000
五连	魏加宾	李建军	粮台庄村	582	547.7	185	3 138.12	1 959.1	2 900	45 800	25 000
六连	赵　虎	李多全	上西滩村	646	590.6	149.49	3 443	2 134.2	5 445	55 000	24 000
七连	朱洪斌	薛新伟	西滩村	489	374.6		2 247.44	1 370.6	4 189	53 000	13 400
八连	包钱海	秦大伟	下西滩村	641	485	629.75	2 473.6	1 655.2	2 387	37 000	20 500

（秦开明）

一〇五团

【概况】 党委书记、政委王明生，党委副书记、团长孙孝宝，党委常委、副团长冯德仁，党委常委、副政委、纪委书记袁洪波，党委常委、副政委、武装部部长、工会主席王建江，党委常委、副团长马德胜（2014年10月调离），党委常委、副团长张继锋，党委常委、副政委郭丽（2014年5月调入），党委常委、副团长韩爱国（山西援建干部），总农艺师朱建洲。

一〇五团成立于1959年，2005年11月与一一一团合并，成立一〇五团（中心团场）。全团土地规划总面积23千公顷，耕地面积8.4千公顷，主要种植棉花、小麦、番茄、西甜瓜等农作物。2014年，全团年末总人口13 406人，当年人口出生率8.45‰，自然增长率2.96‰。年末从业人数4 779人，其中，在职职工3 180人，个体劳动者1 682人。全团拥有11个农业连队，有学校2所、医院1所，团直单位有6个，其中，水电服务中心2个、轧花厂2个、国资公司1个、朝阳葡萄公司1个。

全团总播种面积9.7千公顷，其中，棉花4.69千公顷，皮棉总产11 478吨，平均每公顷单产2 445千克；粮食播种面积1.39千公顷，粮食总产12 430吨，平均每公顷单产8 940千克；番茄播种面积0.58千公顷，总产72 967吨，平均每公顷单产125 805千克；西甜瓜播种面积0.77千公顷，总产29 575吨。

【经济建设】 2014年，全团完成生产总值46 546万元，同比增长8.6%。其中，第一产业增加值22 864万元，第二产业增加值5 821万元，第三产业增加值17 861万元。

年末，农林牧业总产值57 795万元，其中，农业总产值40 373万元，林业总产值588万元，牧业总产值7 632万元，农业服务业总产值9 022万元。主要农产品产量：粮食总产量12 430吨，棉花总产量（皮棉）11 478吨，西甜瓜总产量29 575吨；牲畜存栏2.73万头（只），出栏4.93万头（只）；年产肉类3 404吨，羊毛15吨，牛奶480吨，禽蛋135吨。是年末，农业机械总动力38 285千瓦。

2014年，完成工业总产值38 822万元。主要工业产品产量：滴灌带3 853万米，红砖4 760万块，面粉1 500吨。全年完成建筑业总产值9 718万元，企业施工房屋建筑面积30 122平方米，竣工面积2 755平方米，房屋竣工产值6 618万元。全社会固定资产投资59 517万元，社会消费品零售总额33 084万元。

【农业现代化建设】 2014年，一〇五团现代农业发展按照"稳粮、优棉、兴畜牧、精果蔬"的思路，坚持以提高土地产出率、资源利用率、劳动生产率为重点，以职工增收、团场增效为目的，着力构建优势棉业、特色林果业、现代畜牧业的发展新格局，不断推进农业结构优化升级，夯实农业发展基础，农业现代化建设取得较好成绩。

物质装备水平不断提高。完成高标准农田面积1 493公顷，累计4 160公顷，使标准化农田面积占全团耕地面积的56.5%。农田水利建设稳步推进，滴灌升级改造1 333.3公顷。购置大型拖拉机41台，大型农具119台，棉花机械采收占80%，番茄100%实现机采，主要农作物耕种收综合机械化率达到93.9%。

农业科技水平明显加快。农业信息化建设取得新进展。建设控制信息中心，将农机和水利信息化以及专家决策系统有效整合，实现滴灌自动化的远程控制和数据的远程传输。GPS导航播种333.3公顷，精准施基肥20公顷。新科技、新技术应用力度增强。推广浅播浅耙、一穴一粒精量播种3 333.3公顷，改棉花打药机40台，落实棉花化学封顶1 333.3公顷。作物高产创建活动扎实推进。番茄最高单产14.5吨，棉花最高单产554千克，玉米最高单产1 329千克，小麦最高单产722千克。农业科技进步贡献率达到59%。

农业结构水平不断优化。加快畜牧标准化养殖基地建设，新建5个畜牧标准化养殖小区，建设圈舍83栋。突出抓好果蔬园艺业发展，新建50座温室大棚，通过发展葡萄种植和棚架下养殖，取得较好经济效益，种植水蜜桃13.3公顷，已初步达产见效。果蔬园艺业总产值2.2亿元，占农业总产值的20%，农产品加工产值与农业总产值的比例达到58%。

经营管理水平稳步推进。农工专业合作社快速发展。在工商部门注册登记各类专业合作社13个，其中种植专业合作社2个、畜牧养殖合作社4个、果蔬园艺业合作社6个，农机合作社1个，入社职工563人，农业产业化组织带动农工的比重达到56%。规模化种植水平不断提高。出台信贷扶持政策，鼓励职工外出承包土地7 466.7公顷，职均管理定额达到6.7公顷，职均农业增加值130 325元，实现土地生产率3 893元。

社会化服务水平不断完善。加大农资集中采供力度，按照师市文件要求，由准噶尔农资公司为农资采供的供货单位，大宗农资统一采供比重达到62%。

职工生活水平明显提高。农牧工家庭人均纯收入21 851元，城镇化率为67.4%。

可持续发展水平稳步推进。重视生态保护，大力实施人工造林，营造“三北”防护林133.3公顷，森林覆盖率达到28.6%，有效构筑了以林为主、林灌结合的四级生态防护“绿色屏障”，实现人与自然和谐相处的局面。坚持以水定地，严守“三条红线”，实行最严格的水资源管理制度，退出330千克以下的农田333.3公顷，改种饲草料等作物，保持水土平衡。

【场镇建设】 2014年，投资1.4亿元，新建保障性住房550套，实施农村安居工程500套，新建嘉欣酒店，建设基层党建活动室和学校风雨操场，改造和维修供热、排污、屋顶屋面、硬质化路面、车库以及广场、幼儿园、养老院等基础设施，新建城镇道路2.5千米，铺设连队砂石路面46千米、柏油路面22千米，渠道防渗30千米。把资金向一一一社区倾斜，投入4 000余万元，新建保障性住房建设，实施基层党建项目，维修改造社区办公楼、广场、幼儿园，改造住宅小区管网、建设城镇道路等工程。

【社会事业】 2014年，实施低保家庭救助及大病医疗救助等民生工程，解决140户低保特困家庭住房问题，实现本团户籍人员养老保险参保率达98%以上，城镇居民医疗保险参保率达到100%，养老、医疗保险综合参保率达到99%以上。实现学前教育两年入园率达到100%，义务教育入学率、巩固率保持在99%以上。加强社区服务功能，为4个社区配齐专职书记、主任，新建枣园香社区办公楼和健身馆，改建、维修4个社区办公场所，建设老年活动室和门球场。

是年，一〇五团共有学校2所，教职员工164人，各类专业技术教师147名，其中，少数民族教师8名。在校学生1 631名，住校生269人。有幼儿园2所，在园儿童320人，幼儿教职工人数共22人，其中幼儿教师13人，保育员3人，后勤人员6人。

是年，有医疗卫生机构2个，拥有专业技术人员72人，管理人员4人，有30张床位。全团共有基层连队卫生室14个，拥有基层医务人员14人。有疾病预防控制中心1个，共有工作人员7人。

【党的建设】 坚持党委中心组学习制度，全年组织党委中心组学习13次，坚持周一、周五机关集中学习76次，组织引导各基层中心组学习11次。班子成员和机关科室共撰写专题调研报告12份。完善选人用人机制，调整、选拔任用干部71人，接收师市分配和本团大学生43名，其中面向社会公开招录大学生18人，实现“一连两生”或“一连三生”目标。接受并认真做好4名少数民族干部挂职培训任务。加强干部教育培训，全年组织培训干部1 100人次，选送53名干部到疆外培训学习，优化干部人才结构，提升干部队伍整体素质。全年投入资金50万元，为各基层支部配齐电脑、打印机、投影仪等现代化工作设备；建立2个先进党建示范点，选树党员典型31名，“五好”党支部7个。严查违法违纪案件，查处违反党纪党规案件3起4人，转立案3件，给予党纪处分4人。

【社区建设】 2014年，加强基础设施建设，完善社区配套服务功能。团场自筹538万元新建枣园香社区1 584平方米二层办公楼；在山西省晋城市总工会的帮助下，投资20万元援建资金新建枣园香社区健身馆，免费向居民提供健身服务。团场投资50万元将原幼儿园办公场所面积884平方米，改建为新城路社区办公室、老年活动室、门球场。山西省对口援建团场头道湾社区基层党组织和党员远程教育办公楼项目，总投资430万元，项目建成可实现头道湾社区党员及居民群众集中学习教育。

是年，团场投资57万元解决景苑小区、阳光小区、清华苑小区花砖损坏修复、路面扩张问题；在春季各社区党支部书记带头带领社区干部走家入户，宣传教育居民群众做好自家门前环境卫生的重要性，发放宣传单900余份，签订门前三包责任书800份；抓安全，通过"5·25"重大交通事故的教训，走家入户做安全生产宣传工作，发放安全宣传单1 300余份，同出租屋房东签订《房屋出租治安责任担保书》378份，同时对外来务工的流动人口进行用水、电、燃气、易爆、出行等方面的安全知识教育；通过社区工作人员入户走访登记，及时向团领导汇报请示，团场出资20万元完成各小区屋顶防渗工程。解决新城路社区、友好路社区屋顶常年漏雨问题。通过社区为辖区居民解决邻里纠纷矛盾问题共计80余条，化解居民群众矛盾30起。

两节期间，由社区工作人员走访慰问残疾户、孤寡老人等特困户15户，为他们送去慰问品和慰问金；3月学雷锋日，社区指导办、枣园香、友好路、新城路社区在团敬老院开展"践行志愿者活动"，组织青年志愿者积极参加为老服务志愿活动，由社区干部带头带领青年志愿者，主动帮助孤寡老人梳头、打扫房间、唠家常等。制作"以廉为荣、以贪为耻、勤劳节俭、厉行节约"及八项规定的廉政教育宣传牌，在枣园路集市路口处设立宣传阵地，社区工作人员利用扩音器现场进行廉政文化教育宣传宣读，并将活动深入到居民家中，发放廉政教育宣传单、家庭助廉倡议书300余份。

【职工多元增收】 2014年，通过新增辣椒、西甜瓜、南瓜、山药等高效作物种植1.2万亩，依托发挥天康加美、亨丰置业、朝阳科技牧业等龙头企业优势，示范带动职工发展畜牧业。全年牲畜出栏5.95万头（只），禽3.61万羽，调整优化农业内部结构；加大棉花、番茄、辣椒机械采收和滴灌自动化的推广力度，新增机械采收面积866.7公顷，滴灌自动化面积333.3公顷，依靠科技创新促进高产高效；协调3家金融机构为职工联系贷款近3亿元，发挥农机合作社优势，集体组织机车到周边家庭农场对外代耕，认真研究解决职工资金、技术、植保及农机困难，鼓励职工外出承包土地面积达7 466.7公顷；积极与师市园区大型企业联系，转移富余劳动力230人，引导职工利用冬闲外出务工400余人。为130名团场困难职工和富余劳动力提供小额担保贷款450万元，引导他们从事流通、商贸、餐饮、维修、家政等服务行业促进增收。通过以上措施，2014年全团实现增收5 728.6万元，实现人均纯收入21 852元，较上年增长19.2%。团场职工增收工作荣获兵团多元增收工作三等奖、师市多元增收工作一等奖。

【人民生活】 2014年，全团总人口13 406人，总户数4 928户，当年人口出生率8.45‰，自然增长率2.96‰。年末从业人员4 779人，其中，在职职工3 180人，个体劳动者1 682人。解决140户低保特困家庭住房问题，实现本团户籍人员养老保险参保率达98%以上，城镇居民医疗保险参保率达到100%，养老、医疗保险综合参保率达到99%以上。全团人均可支配收入17 989元，增长率13.4%。

一〇五团农业连队情况统计表

连队名称	党支部书记	连长	地名	总人口（人）	播种面积（公顷）	粮食作物总产量（吨）	棉花总产量（吨）	总产值（万元）	年末牲畜存栏（头/只）	劳均纯收入（元）	人均纯收入（元）
二连	周利民	赵金忠	邓家庄村	829	1 046	494	2 928	3 291	347	46 982	16 151
三连	刘军林	刘军林	小干海子村	625	458	330	1 373	816	260	42 008	31 000
四连	马志强	李向升	大干海子村	650	639	1 491	517	4 506	856	80 300	26 500
六连	韦彦仕	陈刚	红柳洼村	847	1 127	2 221	934	5 920	310	79 000	31 000
七连	单维升	刘克贵	破城子村	428	621	1 530	1 697	2 098	198	44 500	31 000
朝阳葡萄公司	王运杰	高国正	朝阳沟村	169				181	497	42 592	14 197
九连	赵金武	马志波	园林排	48	1 102	1 295	1 790	4 552	517	55 419	36 000

续表

连队名称	党支部书记	连长	地名	总人口（人）	播种面积（公顷）	粮食作物总产量（吨）	棉花总产量（吨）	总产值（万元）	年末牲畜存栏（头/只）	劳均纯收入（元）	人均纯收入（元）
十一连	郭建国	张大军	东戈壁村	290	1 158	2 179	3 664	3 892	754	57 420	39 560
十二连	李灵喜	郑永康	下甘沟村	241	571	274	2 288	6 076	7 495	45 800	5 030
十三连	张新江	马五十	南戈壁村	367	400	770	1 191	1 066	497	23 157	8 093
十四连	刘万荣	贾其中	北戈壁村	635	996	1 794	2 762	4 080	2 649	90 000	32 000
十八连	周斌	武会民	西戈壁村	458	406	890	1 315	1 256	1 749	35 500	7 750

（邓丽华）

一〇六团

【概况】 党委书记、政委杨建玲（女），党委副书记、团长李继军，党委常委、副团长王兴刚，党委常委、纪委书记兼工会主席杨忠刚，党委常委、副团长王康武（5月28日调离），党委常委、副政委、武装部部长方建平，党委常委、副团长贾新建、曹建斌、池锦山（5月28日调入）。

一〇六团总面积18.84千公顷，土地面积10千公顷，播种面积4.93千公顷。团场管辖有22个家庭农场。团场总人口7 102人（包括乌市工区和一〇六团煤矿），少数民族人口260人，在册职工1 763人，离退休人员1 936人，在校学生502人。团场下辖农业连队7个、团直涉农服务单位5个，有九年义务制学校1所，医院1所（5个卫生室），1个社区居委会，1个葡萄公司，1个驻乌市工区。

【经济建设】 2014年，全团实现社会生产总值27 318万元，增长16%，其中一产增加值16 699万元，增长12%；二产增加值4 000万元，增长38.3%；三产增加值6 619万元，增长14%。三产比例61∶15∶24，完成全社会固定资产投资4 620万元，较上年增长82%。实现利润1 856万元，团场负债率从上年的104.5%下降到97.9%，下降6.6%。种植的5 187公顷棉花，总产籽棉22 492吨。种植107公顷鲜食葡萄，销售商品葡萄总产1 295吨，种植的2 400亩酿酒葡萄，总产622吨，种植番茄147.8公顷，交售商品番茄2 710吨。全团年末牲畜存栏数达到21 000头（只），实现畜牧业总产值600万元。通过连队功能转换，发展设施农业，五连建设的12座食用菌大棚均实现盈利，一连的8座温室大棚定植鲜食葡萄。筹集资金400万元（职工出资300万元，团场出资100万元）新打抗旱机井22眼，完成新修防渗渠道2.5千米。

【社会事业】 2014年，有普通中学1所，教职员工82人，其中各类专业技术教师80人，在校学生510人，其中住校学生75人，有幼儿园1所，教职工7人，共收入园儿童108人。是年，有医疗卫生机构1个，拥有专业技术人员38人，管理人员3人，有20张床位，基层医务人员5人，有防疫站1个，防疫工作人员3人。是年，有调频广播发射台1座，广播电视无线发射台1座，自办节目1台，工作人员6人，有线电视入户1 458户，有线电视覆盖率达到100%。共发放各类保障、救助、慰问金108万元。是年，团场城镇化建设方面通过引资新建了马桥古韵小区104套保障性住房，完成农村安居工程250户，棚户区改造400户。7月，文化中心投入使用。

【团场改革】 2014年，团场加快体制机制的改革，完成葡萄公司鲜食葡萄管理改制，打破团场垫资经营的管理方式，全面推行生产费用自理，当年团场和承包人员均实现盈利。把经营性单位逐步推向市场，完成马桥宾馆的承包管理，扭转马桥宾馆长期以来亏损经营的局面。规范城镇管理，打破团场大包大揽的管理方式，引入企业参与到城镇物业、供暖管理，特别是供暖实施承包管理之后，冬季供暖工作职工群众普遍满意。

【人民生活】 2014年，全团购买楼房职工1 001户，人均住房面积37平方米。职工群众家庭拥有轿车312辆，全团拥有固定电话1 358部，电信、联通、移动用户总计3 190户，通讯互联网入户720户，连队常住人口人均可支配收入14 018元，比上年增长22.8%。是年，团场的大中专毕业生自编自演一套文艺节目，在元旦演出2场，场场观众爆满，活跃了职工群众的文化生活。

【多元增收】 通过劳资部门加大职工技能培训，提高职工群众的生产技能，积极向师市招商引资企业和团场周边城市加大劳务输出，长期在外务工114人，季节性务工人员126人。针对团场人多地少的实际现状，加大土地流转力度，扩大职工承包定额，继续鼓励职工外出承包土地，针对团周边家庭农场多，发挥团职工农业技术好的优势，团场职工在团外承包土地面积达到2千公顷。积极争取、全面落实上级各类支农惠农政策和资金，通过畜牧业养殖贷款、小额担保贷款、青年创业贷款，提高转移性收入；通过团场城镇化的发展，给商贸流通工作带来机遇，鼓励职工购买商铺，引导职工转变理财方式，通过加入相应的专业合作社投资入股等增加收入，确保职工财产性收入比往年有提高，全年实现人均多元增收2 760元以上。

【十件实事】 切实做好关系民生的各项工作，完成惠及民生的十件实事：一是加快“三集中”工作，连队功能转换取得成效；二是根据职工群众的需求，新建104套保障性住房；三是争取山西省对口援建，完成基层社区党建文化活动室建设；四是争取上级支持，完成新建幼儿园工程项目；五是争取师市支持，对团部和通连公路进行维修；六是与乌鲁木齐市政府沟通协调，乌市工区棚户区改造工作取得重大进展；七是完成殡仪馆建设项目，将殡仪馆迁出居民区；八是应职工群众的需求，引进国民村镇银行在团建一个分行投入使用；九是引进物业公司，解决城镇物业管理问题；十是建设农机存放中心，解决农机具存放难题。在抓好落实十件民生工程的同时，加强扶贫帮困弱势群体社会救助工作。共发放各类保障、救助、慰问金108万元，开展老人、妇女免费体检等多项活动。

【法治建设】 2014年，加强法治队伍建设，对行政执法人员进行培训，使12名行政执法人员取得执法证。严格依法办事，树立起职权由法定、有权必有责、用权受监督、违法受追究的思想。从严打击违法行为，牢固树立法律面前人人平等、执法必严、违法必究的思想，维护社会主义法律的权威与尊严。

【维护稳定】 2014年，团场加大维稳经费投入，参与团内治安、巡逻、设卡点执勤累计6 000人次，到师市及乌鲁木齐维稳执勤累计4 090人次。各单位和司法、公安、政法办、信访办、群团组织积极参与，健全完善矛盾排查、预警、化解和处置机制。把源头治理、动态管理和应急处置有机结合，继续扎实推进矛盾纠纷排查化解工作，做到发现在早、防范在先、处置在小。治安、刑事案件均比上年下降。高度重视并全面推进民族团结，与呼图壁县开展民族团结进步兵地共建活动，利用马桥故城民族团结教育基地，举办2次兵地团结共建活动。强化落实安全生产责任制，落实“一岗双责”、党政同责，严格开展安全、消防隐患排查、“打非治违”行动，从源头上消除安全隐患。

【党的建设】 2014年，团场有党委1个，基层党总支1个，基层党组织18个，党员486人。以“为民、务实、清廉”为主题，按照“照镜子、正衣冠、洗洗澡、治治病”的总要求，开展党的群众路线教育实践活动。党员干部帮扶贫困户105户，团场各级党组织共完成惠民事项206件。畅通民意渠道，整体推进全团党务公开工作，全面推行“三议两公开”制度。招录应届大学毕业生17名，新发展党员6名，其中一线职工、大中专文化程度比例达到90%。加强兵地交流，推进民族团结，与呼图壁县积极开展民族团结进步兵地共建活动，利用马桥故城民族团结教育基地，举办2次兵地团结共建活动。

一〇六团农业连队情况统计表

连队名称	党支部书记	连长	地名	总人口（人）	播种面积（公顷）	粮食作物总产量（吨）	经济作物总产量（吨）					年末牲畜存栏数（头/只）	劳均收入（元）	人均纯收入（元）
							棉花	番茄	打瓜	南瓜	油葵			
一连	马崇伦	陈正先	北四角海子村	3 46	542.5	242	2 474	140	80	123	55	2 350	34 047	21 845
二连	史继虎	王建军	新地村	472	710		2 652	1 630	120	452	67	5 615	34 500	17 800
三连	杨光强	宋永刚	下湖村	308	400		1 762	15 900	79	150	89	3 490	38 110	21 500
四连	罗　芳	韩　平	马桥村	590	787		3 256	3 500	114	126	96	6 000	33 300	19 700
五连	张江平	刘传江	城南庄村	799	1092		2 990	3 200	121	550	125	5 210	38 900	24 500
六连	杨立江	吕大兵	下四角海子村	591	685		3 166	2 400	96	56	89	4 000	38 070	18 310

（郭银川）

芳草湖农场

【概况】 党委书记、政委王晓明，党委副书记、场长董现荣，党委常委、副政委、纪委书记魏玉存，党委常委、副政委黄人权、赵晓明（援疆干部），党委常委、副场长王新生、潘进彬、原文祥（援疆干部）、徐志明，党委常委、副场长、工会主席李晓岚（女），党委常委、武装部部长刘国庆，总农艺师刘飞云。

芳草湖农场土地总面积960平方千米，种植面积26 667公顷。农场有常住人口6.4万人，下辖1个场镇社区，6个居委会，6个农业社区，36个农业连队。规模以上工业企业28家，个体工业200多家，学校7所，县级二甲医院1所，卫生服务中心6个，卫生室47个，有公、检、法、司、工商、税务、银行、保险、通信等30多个驻场单位。

【经济发展】 2014年，芳草湖农场实现生产总值29.3亿元，增长22.8%，三次产业结构调整为36：34：30，固定资产投资12亿元，实现人均收入19 116元，农场基础设施投入占固定资产投资比重达到35.4%。非公有制经济总量在农场经济总量的比重达到66.5%，非有公制经济投资占农场投资总量的比重达到92%。全年，农场实现利润3 000万元。

农场实现农业增加值10.7亿元，增长11.8%。完成总播种面积25.73千公顷。其中，棉花种植面积18.53千公顷（机采棉占98%），总产10.8万吨；番茄种植面积1.93千公顷（机采占84.5%），总产20.8万吨；小麦种植面积1.07千公顷，总产6 794吨；酿酒葡萄总产6 219吨，鲜食葡萄2 400吨。完成造林面积0.4千公顷。年末，牲畜存栏15.52万头（只）。以畜牧业和设施园艺为突破口加快农业结构调整，新建圈舍140栋，已累计建设302栋，新建日光温室23座，已累计建设132座，农工专业合作社已达98个，有3个合作社被师市命名为先进示范基地。解决20多名贫困女职工就业，为59个养殖合作社398户养殖规模户发放贷款6 100万元。完成6个农业科技试验项目，引入肉羊种羊250只。2014年，实现职工增收3 186元。

是年，年存栏5 800只种羊及年产5万吨饲料厂综合项目已达成意向。农场完成16个招商项目的备案工作，全年招商引资到位资金6.2亿元。以畜牧业和设施园艺为突破口加快农业结构调整，新建圈舍140栋，已建设302栋；新建日光温室23座，已建设132座；投资3.3亿元实施农业基础设施建设，落实各项惠农政策补贴资金1 343万元。

【团场改革】 2014年，在推进农场改革中，农场把酿酒葡萄种植由发放管理工资变为费用自理承包管理，杜绝走团场垫付的老路。制定林权改革实施办法和畜牧养殖区建设管理办法，新增林权改革面积366.7公顷，新建养殖圈舍140栋。积极落实兵团棉花目标价格改革试点工作，严格规范家庭农场管理。农场领导和科室挂钩基层单位，督促基层单位整体工作，与基层单位绩效挂钩。在推行政企分开上，多次到试点团场进行学习，成立改革领导小组、制定改革实施方案。

【党建工作】 2014年，全场101名干部深入36个连队和6个社区开展帮联，1 130名党员干部结对帮扶2 065人。党委班子坚持边学边改，立查立改，班子23项整改措施已经完成整改13项，整改措施需解决的456条突出问题已经完成整改398条。农场新提拔正科级干部8名，副科级干部9名，安置大学生22名，公开招聘基层干部7名。抓好党员队伍建设，举办各类培训班160期，选派99名基层干部参加兵师组织的培训班。开展场镇社区与连队党员双轨制教育管理，被师市党委组织部确定为典型创新案例。全年发展新党员40名。

【精神文明与文化活动】 2014年，芳草湖农场在精神文明创建工作中，征集报送讲文明、树新风公益广告作品12幅，推荐上报12名第四届兵团道德模范候选人，选送作品参加兵团第七届精神文明建设"五个一"工程评选，落实善行义举四德榜设立工作，参加师市百家文明单位道德大讲堂评优课，农场获得二等奖和优秀主持人奖。农场向师市文明委推荐申报兵团文明单位1个，命名表彰农场文明生态小康连队2个，完成兵团、师市文明单位复查验收工作单位3个。农家书屋新增图书3 960册，购买摄像机5台。2014年，农场用于文化场地建设、健身器材购置、党报党刊征订等文化建设费用超过350万元。开展形式多样的文化活动，举办、承办迎新春文艺晚会、山西省《解放》剧组慰问演出等17场文化活动，受益干部群众11万人次。在师市"好记者讲好故事"比赛中，分获一、二等奖。选送18名宣传文化骨干外出培训，开展文化市场综合检查6次。农场文联机构健全、艺术创作艺术三进活动正常开展。完成100首眉户戏词曲收集整理上报工作。加强广播电视基础设施建设，投入500多万元对1 500平方米的广播电视新址办公楼进行装修。完成数字电视整转40栋，安装入户650户，新建楼房入户1 425户，完成投资38万元。全年累计实现安全播出1.4万小时，制作《廉政准则之歌》等各类专题片11部，完成电影放映330场。

【社会事业】 2014年，新建市政道路7.6千米、通连公路26千米、市政排污管道31千米、污水提升泵站1座，新建一次管网1.8千米、换热站2座，新建供水管网2.6千米。调整充实综合治理维稳和专项工作领导机构3个，召开6次专题会议、10次综治例会研究部署重大工作任务，在敏感节点召开6次联席会议分析研判形势。抽调100名农场干部成立第二民兵应急连与基层单位维稳人员长期坚守在维稳一线和重点部位，建立便民联系卡制度，流动人口登记率100%、出租房屋登记备案率100%。全年投入综治维稳经费400万元。2014年4月29日，农场100名民兵代表兵团民兵接受中共中央总书记、国家主席、中央军委主席习近平的检阅。

农场13家非公企业已建立工会组织7家，利用援疆资金成立首家芳欣布料加工专业合作社，首批接到的订单吸引20多名女职工就业。争取上级贴息贷款100万元实施职工自主创业项目建设，新建140吨红薯粉丝加工厂项目，带动18名困难职工及待业青年就业。把50万元困难职工帮扶资金分到31户困难职工家庭参与合作社经营，户均增收1 600元。为37户困难职工申请大病救助，发放救助金6.4万元。为43名困难职工子女申报金秋助学，两节期间送温暖走访慰问劳模、困难职工251户，发放慰问金13万元。为40户困难职工争取春播受灾救助资金4万元。2014年，全场开展各类劳动竞赛43次，发放奖励资金53.6万元。对100户和谐小康家庭、100名诚信职工进行表彰奖励。

【人民生活】 2014年，发放小额担保贷款、灵活就业人员补贴、养老保险和公益性岗位补贴5 597.3万元。争取50万元帮扶资金扶持31户困难职工进入9家养殖合作社，年底户均分红1 600元。"两免一补"政策惠及义务教育阶段的4 751名学生，投入277万元改善学校的办学条件，3所农业社区学校的初中部撤并到农场中学。发放慰问及救助、低保、残疾人事业费、优抚金1 308万元。全年新增居民养老保险414人，新增灵活就业保险240人。委托11家房地产开发公司开工建设保障性住房1 302户12.8万平方米，完成棚户区改造700户，解决困难职工家庭住房370户，新增租赁补贴发放100户，已完成节能改造150户。完成连队"一事一议"项目5个，投资662

万元。安装连队路灯178盏，新建供热管网1 170米，新增农业社区锅炉2个，新修连队道路5千米。实施文化惠民工程，农场投入活动经费15.3万元。

【园区工作与招商引资】 芳新工业园区位于六师芳草湖农场场部以东10千米，规划面积15.71平方千米。区内规划农副产品精深加工、机械装备制造、新型建材、棉纺织服装加工和仓储物流五大功能区。到2014年，芳新工业园区基础设施建设已累计完成投资8 000万元。建设道路20千米，绿化面积53.3公顷，排水管网2.6千米，架设电路13.6千米。

2014年，招商引资新建项目11个，到位资金6.19亿元。园区新增工业产值5.75亿元，新增工业增加值1.36亿元。

园区党工委一班人，深入园区入驻企业开展调研和摸底调查工作，了解企业的基本情况和本年度的生产经营及职工队伍稳定状态。帮助企业解决工作中存在的问题和困难，并且做好服务和协调工作，使企业发展得到有力保障。制定和完善园区管理实施办法，部门岗位职责等相关制度。组织人员对主道路7 000多米林床进行铲草、松土、林床修理，加强园区绿化、美化管理工作。对园区1 500米林床管道进行维修，完成园区近2.3千米管道的引水工作。2014年，投资5 000元对园区排污泵站进行改造和维修，保证园区的污水排放。（新　梅）

【老生地社区】 党委书记徐军（6月离任），主任王斌。

老生地社区有5个农业连队和1个轧花厂。2014年，年末总人口5 592人，其中少数民族人口11人。社区从业人员1 576人，其中，职工1 492人，干部76人，个体劳动者84人。人口出生率10.54‰，人口自然增长率为4.86‰。

老生地社区拥有土地面积13.83千公顷，耕地面积5.2千公顷。是年，播种总面积3.91千公顷，其中，棉花种植面积3.57千公顷，皮棉总产7 007.5吨；番茄种植面积129.4公顷，总产15 306吨；油料种植面积37公顷，总产138.8吨；打瓜种植面积39.5公顷，总产130.4吨；其他作物种植面积131.7公顷。鲜食葡萄种植面积66.3公顷。年末，牲畜存栏19 689头（只），肉类总产量1 044.3吨，牛奶142.1吨，羊毛18.13吨，羊绒48千克，禽蛋6.65吨。农牧业机械总动力20 979.1千瓦。实现农业总产值2 884.8万元。

老生地社区社会人均纯收入19 898元，从业人员年均收入53 751元，人均生活消费性支出8 686元。职工年均货币工资44 567元，职工参加养老保险、医疗保险、失业保险1 303人，失业保险金66.21万元，养老保险金662.37万元，医疗保险金264.83万元。

2014年，老生地社区党委以“三民”活动（访民情、惠民生、聚民心）、百名干部下基层、千名党员结对子活动和三优秀一评选活动（基层优秀共产党员、优秀基层干部、优秀基层党组织评选活动）为载体，继续坚持领导干部包挂连队、领导干部扶贫帮困结对子和连队干部分片管理制度，大力改进工作作风，密切党群、干群关系。使基层党组织书记真正成为政治立场坚定、综合素质好、群众威信高的领头雁、带头羊。

2014年，党委开展群众路线教育实践活动，老生地社区有1个党委，8个党支部和312名党员参加这一活动。活动从2014年5月开始，到9月结束。为保证教育实践活动参加学习人员全覆盖，社区各单位党支部采取寄学、送学、帮学等多种形式，送学53人、寄学37人、帮学23人、其他参加学习人员10人。集中解决社区、连队党组织和广大党员严守政治纪律、履行职责使命和“四风”方面存在的突出问题，积极解决职工群众关切的热点问题，注重找准和解决关系职工群众切身利益的实际问题，把改进作风的成效真正落实到党的基层组织，真正让职工群众受益。

在开展群众路线教育实践活动中，老生地社区把《芳草湖农场党的群众路线教育实践活动宣传单》和《致外地居住党员的一封信》寄给农场外居住的党员，外地居住党员在开展群众路线教育实践活动期间积极向连队党支部或社区党委活动办公室寄回读书笔记、心得体会，并为社区发展提出一些意见和建议。为提高群众的知晓率和参与率，老生地社区五连党支部还向连队居民下发《开展群众路线教育活动告知书》。对文化素质较高、有条件的流动党员开展网络学习活动。建立流动党员QQ群，使流动党员能及时掌握和了解社区教育实践活动动态。老生地社区三连共产党员李生兵被师市党委评为优秀共产党员和道德模范荣誉称号。

老生地社区农业连队情况统计表

连队名称	党支部书记	连长	地名	总人口(人)	播种面积(公顷)	粮食作物总产量(吨)	经济作物总产量(吨)			总产值(万元)	年末牲畜存栏(头/只)	劳均纯收入(元)	人均纯收入(元)
							棉花	番茄	玉米				
一连	曹天明	马新民	唐家梁村	636	947	6.4	4 365	2 466	4 555	2 091	54 578	25 148	16 677
二连	何立存	马新军	小东沟村	372	781	19.5	2 579	7 019	3 101	3 504	55 793	21 514	16 616
三连	苗精强	闫长城	老生地镇	894	830	12.5	3 979	4 614	53 322	4 620	56 635	24 173	16 682
四连	何玉伟	杨忠军	旧沟村	341	536	27.7	2 423	—	2 948	1 954	53 962	19 887	16 715
五连	刘长松	李玉明	夹滩村	642	1 150	21.2	4 233	1 205	6 389	4 859	56 268	24 098	16 600

（马忠军）

【白蒿滩社区】 党委书记陶克银，场长甘润国。

白蒿滩社区土地总面积11.33千公顷，可耕地面积5.87千公顷。2014年，年末总户数2 213户，总人口5 758人，其中，男2 950人，女2 808人；哈萨克族6人，维吾尔族12人，回族3人，蒙古族17人，满族2人，其他少数民族16人。当年人口出生率10.65‰，人口自然增长率0.71‰，死亡率7.61‰。社区从业人员1 799人，其中，种植业从业人员1 611人，牧业从业人员21人，工业从业人员44人，个体劳动者46人。2014年，下辖农业连队6个，轧花厂1个，驻社区单位有卫生所1个。

白蒿滩社区土地种植面积5.11千公顷，其中，小麦267.8公顷，棉花4.39千公顷，番茄0.31千公顷，葵花0.003千公顷，辣椒0.002千公顷，打瓜0.004千公顷，苜蓿0.11千公顷。当年实现农业总产值22 075.6万元。其中，生产皮棉8 294.6吨，收入19 648万元，棉籽18 097吨，收入2 533.4万元，短绒1 580.2吨，收入410.9万元；番茄总产33 551吨，收入1 476.2万元。收取职工土地承包费2 117.5万元，实现利润3 189.8万元。2014年，年末牲畜存栏41 357头（只），其中，牛246头，马128匹，驴8头，猪8 899头，羊32 076只，家禽1 365只。肉产量1 431.2吨，奶类产量888.7吨，畜牧业总产值3 446.1万元。

白蒿滩社区卫生服务中心有医护人员15人，病床12张，基层连队有卫生室6个，有频谱治疗仪1台。开设有中医、西医门诊，有内科、外科、化验等医疗科室。

白蒿滩社区农业连队情况统计表

连队名称	党支部书记	连长	地名	总人口(人)	播种面积(公顷)	粮食作物总产量(吨)	经济作物总产量(吨)			总产值(万元)	年末牲畜存栏(头/只)	劳均纯收入(元)	人均纯收入(元)
							棉花	番茄	玉米				
一连	洪 涛	郭延金	倒渠滩村下白蒿滩村	1 276	1 003	110	4 415	9 938	—	1 011	8 067	9 321	2 655
二连	高锦强	吕 刚	中渠村	664	559	414	2 011	5 596	—	593	1 034	11 610	2 973
三连	高连昌	张宏生	六扈半村	1 068	712	241	2 791	4 443	—	594	11 255	7 187	1 851
四连	张连军	王志春	西高梁村	963	810	168	3 487	6 592	—	756	10 596	9 503	2 615
五连	袁 堂	刘伟银	青疙瘩庄村	490	581	99.9	2 689	785	93.1	408	963	7 297	2 764
六连	王多武	王亮和	李家海子村蘑菇湖村	725	992	252	4 469	6 196	119.8	911	655	12 336	4 186

（周凌云）

【大东沟社区】 党委书记魏玉和，主任高立军。

大东沟社区总人口5 637人，有在册职工1 412人，一线承包职工1 222人，退休职工1 123人，有管理干部84人。有党支部8个，党员296人，离退休党员75人。有团总支1个，团支部7个，团员13人。基层连队卫生室5个，职工党员干部远程教育活动室6个。成立养殖联社1个，养殖连社6个，管水协会6个，农机合作社6个，牛羊猪养殖合作社1个，枸杞种植合作社1个，枸杞种植面积510公顷。

2014年，大东沟社区土地种植面积43.3千公顷。其中，棉花种植面积3.91千公顷，总产1.95万吨；番茄种植面积0.448千公顷，总产4.2万吨；玉米种植面积0.01千公顷，总产160吨；其他作物种植面积0.082千公顷。全年实现生产总值1.82亿元，当年实现利润1 753万元。大东沟社区鼓励职工多元增收，先后成立养殖合作社。24栋羊圈养羊3 842只，其中，从甘肃购进560只。并且，对外地购进的羊防疫工作全部到位。每栋圈舍以连队合作社的名义给养殖户贷款10万元，作为购羊款。饲草料储备到位，青贮玉米1 300吨，棉叶930吨，棉壳650吨，玉米秆200吨，甜菜渣250吨，精饲料玉米156吨。

2014年，有大中型拖拉机168台，小型拖拉机台机引农具157台(架)，链式机车26辆，各种农机具262台(架)，联合收割机7台，民用汽车209辆。

大东沟社区学校是一所九年制学校，校舍总面积4 451平方米，有教职工35人，有小学6个班级283人，学前班1个50人。2014年8月，农场将大东沟社区初中部撤销，合并到农场中学。

大东沟社区卫生服务中心有19名医护人员，有20张病床，医疗保健人员3 945名，有6个农业连队卫生室。

大东沟社区农业连队情况统计表

连队名称	党支部书记	连长	地名	总人口(人)	播种面积(公顷)	粮食作物总产量(吨)	棉花总产量(吨)	番茄总产量(吨)	总产值(万元)	年末牲畜存栏(头/只)	劳均纯收入(元)	人均纯收入(元)
一连	王亚成	张得东	大东沟	1 053	1 002.3	91	1 420	7 664	1 601	1 120	36 300	13 200
二连	吴玉成	张从海	大东沟	812	1 112.3	66	1 423	15 654	1 988	2 010	32 000	12 000
三连	王红勇	方继才	庙公地	310	401	—	1 364	7 101	1 547	1 620	32 160	11 200
四连	李成文	潘发亮	潘家庄	604	203	—	1 530	3 251	1 636	2 301	33 890	11 450
五连	王永清	王新疆	下岌岌梁村	446	—	—	1 440	4 950	1 605	890	33 450	13 100
六连	姚新平	蒋瑞明	下西沟村	361			1 101	1 156	1 386	1 520	35 100	13 200

(裴成龙)

【东河坝社区】 党委书记宋建新，场长赵卿。

东河坝社区土地总面积14千公顷，可耕地面积7.3千公顷，林地面积0.35千公顷，总播种面积5.172千公顷。年末总人口6 258人，其中，少数民族人口47人。年末从业人员1 805人，其中，职工1 773人，个体劳动者32人。东河坝社区下属单位7个，其中，农业连队6个，轧花厂1个。

2014年，东河坝社区小麦种植面积0.355千公顷，总产2 287吨；玉米种植面积0.181千公顷，总产2 988吨；水稻种植面积0.167千公顷，总产1 190吨；棉花种植面积3.4千公顷，总产6 473.9吨(皮棉)；番茄种植面积0.325千公顷，总产32 984.5吨；酿酒葡萄种植面积0.518千公顷，总产1 459吨；其他作物种植面积0.485公顷。全年营业总收入25 967.75万元，职工平均工资47 589元。2014年，东河坝社区年末牲畜存栏2.44万头(只)，自营经济总收入5 123.49万元，户均收入43 892元。加大产业结构调整，退出低产田130公顷，积极引导职工种植订单农业，大力推广应用农业科学技术。投资16万元，完成滴灌改建35公顷，100%地实行节水灌溉农业。投资20.5万元，修建防渗渠1.86千米。投资200万元，对轧花厂进行技改。

2014年，东河坝社区学校普

通初中在校学生22人，小学在校学生65人，各类教师数41人。有医疗卫生机构1个，拥有专业卫生技术人员14人，有病床12张。

东河坝社区干部对职工管理由指令型转变为服务型，很大程度上调动了职工自主意识和劳动积极性。围绕经济建设，东河坝社区党委充分发挥思想政治工作的优势，开展文明单位、小康连队、和谐小康家庭等创建活动，在7个连级党支部开展党的群众路线教育实践活动，加强基层党组织建设。2014年，东河坝社区党委，在建党94周年活动中被芳草湖农场党委评为营级先进基层党组织，三连党支部被评为连级先进基层党支部，四连被授予先进集体称号。

东河坝社区农业连队情况统计表

连队名称	党支部书记	连长	地名	总人口（人）	播种面积（公顷）	粮食作物总产量（吨）	棉花总产量（吨）	总产值（万元）	年末牲畜存栏（头只）	劳均纯收入（元）	人均纯收入（元）
一连	王兵	祖宏涛	西渠村	442	891	1 569	1 286	3 684	2 505	35 891	18 952
二连	戴明	郭康江	移户地	562	1 048	1 930	1 223	3 297	6 169	36 274	19 254
三连	李荣宝	吴礼斌	龙家湾	419	428	457.8	366	1 589	2 050	31 311	19 351
四连	段长江	黄振江	三十份子	360	389	196.5	649	1 613	1 022	31 009	18 950
五连	刘炳德	曹定喜	大庄渠	370	400	191	537	1 797	1 189	30 547	19 853
六连	踪　诚	刘东明	红柳滩	353	863	948	855	3 684	1 331	30 007	23 005

（杨　华）

【正繁户社区】 党委书记张斌，主任钱惠。

正繁户社区辖区面积15平方千米，下设6个社区，有工作人员48名。社区户数16 932户，总人口45 124人，年流动人口2万人次。正繁户社区党委下设16个党支部，其中，1个服务中心党支部，6个社区党支部、6个老年党支部、3个非公有制经济党组织，管理党员642名。辖区单位48家，其中，机关企事业单位33个，个体商业网点1 395家。

2014年，场镇社区服务中心党委以党建工作为中心，制定《场镇社区开展党的群众路线教育实践活动方案》。5月30日，场镇社区召开社区全体党员干部以及老年支委、居民党员代表90余人的动员大会。制作群众路线教育实践活动图版10块，给党员干部发放各类宣传书籍和资料500余册，给居民群众发放宣传单3 000余份。在学习上采取集中学习、自学、看电教片等形式，党委中心组先后集中学习达11次，组织党员干部集中学习达22次。协调有关部门，解决天星东路新民巷42户居民吃水问题，解决3户居民与邻居之间因楼层漏水、门面房饭店排烟影响楼上正常生活问题。为享受低保家庭、孤寡老人、贫困家庭提供帮扶，为低保户按时发放低保金44.46万余元，为60户困难户解决住房困难，使他们迁入新的廉租房。

开展数字社区建设，录入常住人口信息50余万条，流动人口信息5万余条，其他信息3万余条。掌握每户居民50项资料，每个流动人口的66项资料，每户出租房屋的52项资料，每个非公有制企业的77项资料，每户商铺19项资料，信息资料收集总量达350多万条。建立网格化体系管理，将场镇15平方千米划分成6个社区95个小网格，聘用95名楼栋长、小区长担任网格里的格长。建立爱心超市平台，为享受低保家庭、孤寡老人、贫困家庭提供帮扶，发放救助面粉1 850千克，清油555千克，救助金37 263元，为居民捐赠衣物200余件。组建文艺社团组织3个，成立各类文化团体12个。社区每年平均组织开展文化活动30场次，参加人数达20 000人次。

开展各类群众文化活动20场次。常年组织开展各种广场文化活动达30余场次，参与人数5 000人次。居民自娱自乐文化活动达260场次，参加人数达20 000人次。承办为期一周的师市西线片区老年三项比赛教练员培训班，承办由300个队员参加的全国百城千村健身气功交流展示五家渠西线片区启动仪式，并在比赛中取得全部赛事第一名。参加第十一届五家渠老年门球比赛，获优胜奖。参加西线片区老年门球交流赛1次，开展和六师新湖农场老年门球友谊赛1次。举办戏曲文化周活动，开展与乌鲁木齐、呼图壁县、玛纳斯县迷糊戏文化交流演出活动，参加新疆第三届乡村艺术节暨曲子文化节演出活动，获优胜奖和优秀演员奖。

2014年3月，场镇社区接收安置哈密市5名少数民族挂职干部。场镇社区党委安排专人对挂职干部的生活、学习、工作等方面进行负责，为他们购置齐全的生活用品。建立健全各项管理规章制度，聘请退休教师每周一、三、五为他们辅导汉语基础知识，给每个挂职干部安排1名帮带人。（王 森）

【丹坂社区】 党委书记李兆云，场长代福山。

丹坂社区有7个农业连队，1个场直单位，2个文教卫生单位。有土地面积20.9千公顷，可耕面积8.13千公顷。年末总人口3 541人，其中，少数民族人口4人。从业人数1 635人。人口出生率5.07‰，人口自然增长率1.62‰。

2014年，丹坂社区总播面积7.47千公顷。其中，小麦种植面积1.128千公顷，总产7 490吨；棉花种植面积4.98千公顷，总产25 165吨；辣椒种植面积0.012千公顷，总产391吨；打瓜种植面积0.458千公顷，总产1 272吨；玉米种植面积0.011千公顷，总产143吨；番茄种植面积0.537千公顷，总产44 105吨；食葵种植面积0.2千公顷，总产689吨；马铃薯种植面积0.016千公顷，总产634吨；新植酿酒葡萄0.824千公顷。全年实现生产总值17 867万元，其中，第一产业17 764万元，第二产业74万元，第三产业29万元。当年，种植业产值14 845万元，林业产值3.7万元，牧业产值2 177万元，农林牧渔服务业产值738万元。全场农牧机械年末总动力14 393千瓦，个体工业完成增加值28.3万元。全社会固定资产投资991万元，其中，基本建设投资991万元。

丹坂社区拥有各类专业技术人员136人，其中，中级以上58人。有普通初中和小学1所，有教职工48人，其中，教师45人，教辅人员3人。教师中有专业技术人员46人，中级以上专业技术人员32人。在校学生306人，其中，小学生175人，中学生131人，适龄儿童入学率达99%。有计算机85台，学生享受“两免一补”政策。社区有卫生所1所，医护人员14人，病床15张，连队有卫生室6个，医护人员6人，甲级卫生室6个。医疗机械齐全，年诊治病人约1.79万人次。社区为312名65岁以上老人办理老年优惠待遇证，有72人享受最低生活保障金。

在种植方面，在棉花上凸显五早促一早，各项工作突出早、快、细、实，使棉花生育期较历年提前6~10天。在酿酒葡萄种植上，严格按照葡萄标准化生产模式进行管理。抓好农机协会和灌水协会工作，使协会成员参与到生产管理和民主决策中，促进社区经济发展、农业增产、职工增收。创建高产示范片（点），发挥示范片（点）的带动辐射作用。推广新技术运用，增加农业生产科技含量。退出低产田，压缩高耗水作物种植面积666.7公顷。在畜牧业发展上，引进一些发展潜力大、市场前景好、辐射带动力强的养殖能人发展合作社，带动职工以入股或托养形式创收。年内，社区发展农民专业合作社19家，加入合作社的职工有105户。年末牲畜存栏2.24万头（只），其中，猪5 800头，羊16 000只，牛800头。畜牧业总产值239.5万元。

社区围绕开展科普之冬（春）活动，开展农业科技知识宣讲。先后举办种植、养殖等培训班，参训人数9 300人次。社区农业、畜牧业新技术、新品种覆盖率达到96%。改善职工群众居住环境、卫生状况和生活质量，提高文明生态小康连队建设水平，年内铺修通连柏油路面2.6千米、砂石公路5千米，安装太阳能路灯22盏，更新植被道路林10公顷。开展诚信职工，和谐家庭的宣传教育和精神文明单位与十星级文明户评选活动，在各连队设立善行义举四德榜、道德讲堂，连队职工上榜率达70%以上。坚持开展文化体育活动，精神文明建设有声有色。深入开展全民法制教育，强化社会治安综合治理，加大各类信访矛盾纠纷的摸排和调处力度，健全完善社区治安巡逻制度，为经济发展营造良好的平安环境。计划生育网络健全，群众生育观念增强，经常性工作积极主动，各项指标达到标准。社区低保应保尽保，工会、共青团、妇联等群团组织发挥积极作用，健全规章制度，巩固和规范连务公开制度，三个文明建设协调健康发展。

丹坂社区农业连队情况统计表

连队名称	党支部书记	连长	地名	总人口（人）	播种面积（公顷）	粮食作物总产量（吨）	棉花总产量籽棉（吨）	番茄总产量（吨）	玉米总产量（吨）	总产值（万元）	年末牲畜存栏（头/只）	劳均纯收入（元）	人均纯收入（元）
一连	林金丰	黄金磊	火烧洼村	628	592	1 390	2 192	9 805	1 390	2 889	2 712	49 220	17 085
二连	寇成强	王多兵	丹坂村	437	443	1 149	1 718	3 962	1 024	2 569	986	48 931	16 347
三连	杜占西	王多强	大湖村	1 444	634	1 137	3 000	1 889	1 137	2 623	1 571	42 134	14 597
四连	杨永福	黄文国	五斛地村	529	654	1 380	2 835	3 593	1 380	2 602	735	47 350	16 698
五连	蒋锴清	刘道明	董家场子村	464	560	1 110	2 506	213	912	2 599	1 693	45 074	17 028
六连	张世举	孙业军	桑家渠村	565	676	1 417	2 828	6 106	1 273	2 928	1 139	47 393	18 789
七连	牛全军	高福宽	桑家渠村	1 119	538	392	2 776	—	361	2 387	3 300	47 235	13 832

（李树楷）

【官地社区】 党委书记陈会蓉，主任申林军。

官地社区有土地总面积13.35千公顷，耕地面积6.27千公顷，年种植面积3.47千公顷，林地面积0.91千公顷，放牧面积1.28千公顷。总户数2 976户，总人口8 235人。实有从业人员1 970人，其中农业从业人员1 712人，工业从业人员180人，交通运输业从业人员23人，零售业25人，餐饮业12人，其他从业人员18人。有党支部8个，党员389名，团总支1个，团支部8个，团员33人。有基层连队卫生室6个（达到甲级卫生室标准的6个），远程教育活动室6个，农家书屋6个。

是年，官地社区总播种面积3.62千公顷，其中棉花种植面积3.17千公顷，籽棉总产15 452吨；番茄种植面积0.22千公顷；玉米种植面积0.18千公顷，总产1 775吨；种植酿酒葡萄0.51千公顷。完成生产总值24 946.58万元，农业总产值19 682万元。年末农牧业机械总动力23 478千瓦。

是年，官地社区继续按照“减棉、稳粮、增畜牧、强特色”的方针，紧紧围绕职工多元增收这一核心，全面推广优良抗病棉花品种，棉花宽膜覆盖率达到90%，作物机采、机收达到95%以上。同时，结合市场需求，加大作物调整，种植青贮、葫芦、苜蓿、红薯等特色作物，将0.51千公顷酿酒葡萄分步、分层次实施费用自理落实到承包户，以实现合理作物结构调整，职工增收、社区增效目标，为职工多元增收致富奠定基础。

是年，官地社区牢固树立“群众第一、民生优先、基层重要”的理念，按照党的群众路线教育实践活动和“三民”活动要求，集中力量办大事、实事，千方百计找项目、抓落地，努力让各族群众生活得更加幸福。社区党委高度重视，集中力量，在官地社区二连、三连、五连新建7座泵站，改建14座泵站，新修2.4千米的防渗渠，6.5千米的条田路实现硬质化，完成配套的林床修整。为2个农业连队完成自来水改造，新修4千米柏油路。

是年，官地社区畜牧业发展势头旺，加快规模化养殖区建设，成立盛牧兴养殖合作联社，目前，已建圈舍36栋，固定圈舍面积21 400平方米，年末牲畜存栏30 500头（只），使畜牧业成为连队承包职工增收的重要途径。大力加快设施农业建设步伐，已成立味源果蔬合作社，建果蔬大棚97座，全部承包到个人，栽种了鲜食葡萄、大枣、苹果等，目前97座设施大棚各类苗木长势良好，成为职工多元增收新的增长点。在五连（原酒花二连旧居民区），投资600多万元建成15个现代化的蘑菇种植大棚。2014年由社区申报、兵团工会批复的自主创业示范项目“盛兴薯业”已建成并开工，已正式投入生产，年产140吨红薯粉条，带动社区133.33公顷产业结构优化调整，近100户职工增收。

是年，官地社区加大精神文明创建力度，大力推进连队基础设施建设，在上级党委的支持和扶持下，投资1 200万元对四连、六连开始实施美丽中心连队建设，投资16

万元完成一连、三连、六连基础绿化工程，新增绿化面积5.53公顷，新风景树7 500株，三连、四连、五连办公室装上路灯，投资五连办公室和干部食堂宿舍完成加顶部粉刷墙体工程。

是年，官地社区结合开展爱国卫生运动，投入人力、物力对社区内居民环境、道路两边的林带卫生进行整治，投入2 260多人次，对环境卫生进行整治，使社区居民居住环境有了改观。组织车辆拉运土方1万余立方米，对贯穿辖区的甘莫公路段的路、林床进行修整。社区还以评选十星级文明户、诚信职工等活动为载体，引导社区职工移风易俗、尊老爱幼、邻里团结，倡导文明新风尚。全面落实社会保障制度，基本医疗和失业保险稳步推进，1 851名职工参加社会养老保险，2 069人办理居民医疗保险。

是年，官地社区及各单位加大民族团结教育工作力度，引导各民族牢固树立“三个离不开”的思想，把维稳工作作为重中之重的工作来抓。为加强社区的稳定，社区多次召开专题会议，进行安排，重点是对辖区内的外来流动人口的排查，成立处置突发事件领导小组作为维稳处突指挥部，周密筹划，制定社区的维稳处突紧急预案，并成立由各连队和轧花厂的精干人员组成40人的维稳处突应急小分队，各单位分别组建10人的民兵小分队，负责巡逻、执勤和处突工作。

是年，官地社区共为国家输送优质兵源7名。同时抓好民兵集训工作，按照农场武装部的工作安排，认真做好民兵整组工作，72人加入农场的民兵应急营和机炮连。

官地社区农业连队情况统计表

连队名称	党支部书记	连长	地名	总人口（人）	播种面积（公顷）	粮食作物总产量（吨）	经济作物总产量（吨）		总产值（万元）	年末牲畜存栏（头/只）
							棉花	番茄		
一连	李　争	陈运平	十户地村	603	483	51.5	1 775.4	—	1 880	1 358
二连	李　伟	许　东	南沟渠村	966	843	235	2 589	2 660	5 294	7 713
三连	张玉水	赵全成	任家口子村	948	709.2	161.1	1 822	3 246	2 259	1 282
四连	赵全成	张清亮	渭户村	847	624.1	726	2 143.7	4 551.8	5 642	1 978
五连	刘世成	郭忠文	小东滩村	1 272	631.8	478	1 679.2	3 338.9	4 047	1 7385
六连	史忠岩	杜发云	官地镇	3 599	872.6	80	2 678.7	5 169.2	5 824.6	4 784

（王水英）

新湖农场

【概况】 党委书记、政委甘润明，党委副书记、场长王永信，党委常委、副场长李京宁（5月调离），党委常委、副场长王军（5月任职），党委常委、副场长宋魁，党委常委、副政委杨新平，党委常委、副场长李发泰（2月调离），党委常委、纪委书记李建军，党委常委、副场长李娜（女，12月调离），党委常委、工会主席、武装部部长赵永刚，党委常委、副场长郜惠俊（对口援建干部），党委常委、副政委赵仁杰（2012年4月山西省临汾市对口援建干部）。

2014年，全场土地总面积98.10千公顷，规划宜农面积48.03千公顷，现已开垦34.215千公顷，耕地总面积20千公顷，园地0.017千公顷，林地0.7千公顷，宜牧草场12.6千公顷。农场辖区内有团级单位1个（监狱），下辖营级建制单位27个，连级单位66个，驻场单位18个。农场现有常住人口4万人，总场新湖镇镇区规划面积30平方千米。

【经济建设】 2014年，种植的作物主要有棉花、番茄、玉米、小麦等。棉花23.2千公顷，总产12.16万吨；番茄1.167千公顷，总产22.5万吨；玉米0.88千公顷，总产1.15万吨；小麦2.56千公顷，总产1.58万吨。实现棉花机采面积16千公顷。

是年，实现生产总值23.3亿元，比上年增长24%，其中一产10.8亿元，增长11.9%；二产6.5亿元，增长34%；三产6亿元，增长40.7%；完成固定资产投资13.5亿元，人均收入2.1万元，比上年增长24%。实现利润5 369万元。

2014年，农场畜牧存栏25.1万头（只），禽类存栏达到55万羽，畜牧业增加值为2.7亿元，增速达到50%。

场内有4座中小型水库，蓄水能力约2 500万立方米。全场年均大河引水量为2.1亿立方米。另有抗旱机井321眼，年提水能力3 500万立方米。场内现有农电网总长度1 100千米，有35千伏变电所2座，主变压器5台，装机容量12 600千伏安。全场现有农业机械总动力103 138千瓦，有大中型拖拉机1 156台，配套农具1 680件，采棉机17台。

【团场改革】 2014年，总场机关改革前有12个部门机构，现有部门机构9个（含群团机关），减少3个。兵师核编机关人数85人，改革过程中逐步分流至70人。置机关工作岗位50个（含总场领导），实际空编率28.5%，形成“小机构大服务”的格局。16名机关工作人员充实到两大公司。事业单位完成整合纳编和工资套改工作。改革前，农场事业单位有工作人员227人，实际纳编121人，分流106人；建成12个社会事务工作站，实施“一门进入、一口受理、一次结办”的服务机制；通过机构整合、人员精减，农场公共预算较上年减少1 181万元，管理人员减少77人，人员费用减少486.68万元，整体费用较上年减少1 320万元。

新湖农场场镇新貌。　（高　雄）

【党建工作】 2014年，农场党委共召开常委会26次，全委会5次，党委中心组学习15次，挑选18名素质较强的干部充实到基层党支部书记队伍；下拨基层党组织活动经费270余万元，“六比三评”创新案例获得师市优秀奖，新野社区十连获得师级党建示范点，有2个党建调研课题获得师二等奖。选拔任用8名大学生干部到机关、两大公司任职，并安排3个月至1年的基层挂职锻炼时间。2014年，农场荣获兵团级先进集体6个，师级先进集体27个。

【招商引资】 2014年，农场坚持“生态立镇、有机强镇、玫瑰亮镇”的城镇发展定位，依托良好的交通、区位、资源优势，签约项目29个，协议资金32.47亿元。签约项目主要有：日发新西域五家渠牧业有限公司投资9.5亿元的30万只现代有机肉羊产业建设项目，五家渠宏寓房地产开发有限责任公司投资2.2亿元的银河华府开发项目，新疆恒亚世纪投资有限公司投资8 000万元的旅游大厦城市综合体项目，新光油脂有限公司投资6 500万元的新湖分公司搬迁项目，新疆天翔力房地产开发有限公司投资6 000万元的新湖农场天翔航空花苑住宅小区（西区）建设项目，新疆润林、新铭、晨光三家农业合作社投资5 400万元的10万只肉羊养殖基地项目，胜源养殖专业合作社投资1 000万元的12万羽蛋鸡养殖项目，玛纳斯县新湖德润商贸有限公司投资1 200万元的3.5万吨牧草仓储场项目等。

【城镇化建设】 2014年，投资1.1亿元建设1 004户保障性住房，投资1 225万元建设一座幼儿园，投资290万元建设迎宾路社区服务中心，投资3 126万元实施集中供热改建及配套工程，投资1 380万元兴建场镇生活垃圾处理工程，投资3 200万元的高标准农田建设项目，投资2 400万元实施美丽中心连队建设；投资144万元实施三北防护林建设项目，筹集1 900万元完成农业社区防渗渠维修，筹集810万元新建10眼抗旱井和13眼职工生活井。

【维稳戍边】 农场始终贯彻“稳定压倒一切”的方针，保持总场社会大局的和谐稳定。农场先后三次组织民兵260人赴乌市执行维稳备勤共计150天，圆满完成维稳备勤任务。加强维稳阵地建设，投资720万元建成民兵训练基地，已投入使用，为各社区配备协警54人，12个标准化警务室发挥服务职工群众、确保一方平安的作用。在敏感日和重大节日及时启动治安卡点一级响应，全年累计治安维稳执勤135天，检查车辆4.7万辆，人员14.6万人，有效杜绝和震慑不法分子的流入。4月29日习总书记在视察兵团第六师时，农场民兵应急三营反恐连在五家渠接受习总书记的接见和慰问。

【精神文明建设与文化活动】 2014年，新湖农场有4个连队荣获师市文明生态连队，15个单位通过师级文明单位验收，3个单位通过兵团文明单位验收。农场始终坚持“文化兴场，文化强场，文化塑场”的原则，在各阶段卓有成效地开展精彩纷呈的文化活动，在全场形成浓厚的文化氛围。文化惠民落到实处。每个社区都有一个文化活动室、一个书屋、一支文艺骨干宣传队伍，丰富群众业余文化生活；社区16个文体协会450名协会会员常年开展广场舞、健身操、戏曲表演等文化活动。注重培养有组织能力、有专业技能的文艺骨干队伍，全年送出去培训文艺骨干20人次，在农场举办文体培训班8期，普及到600余人，引导带动更多居民参与到丰富多彩的文化活动中来。截至12月，新湖农场文联共组织开展文化艺术活动31场次，参与演出人数达到7 600多人，观众达到3.2万多人次，农场共投入活动资金308万元。同时，加大新闻宣传报道力度，完成中央级稿件7篇，省级报刊稿件197篇，省级电视新闻93条，省级网络发稿1 533篇；地州级报刊、电视台发稿共计673篇。获师市文化工作、广播电视工作先进单位、新闻宣传工作二等奖。1人荣获新华网、兵团日报“十佳”通讯员。

【社会事业】 2014年，投资1 300万元完成1 002户职工危房改造工程，投资320万元的养老院投入运营。为202户符合条件的一线农户和灵活就业人员发放多元增收小额贴息贷款2 211万元，为畜牧企业及1 263户合作社社员发放畜牧业贴息贷款4 000万元，为3 754户低保户发放保障金399.87万元。投入126.3万元对59户大病患者进行医疗救助，投入1 185万元对文化教育、医疗卫生等配套服务设施进行完善。2 107户计划生育家庭享受到国家、兵师各项计划生育奖励、扶助、优惠政策，奖励资金达104.19万元，占计划生育事业总投入的74.57%。是年，农场工会为34位高中贫困毕业生申请上级金秋助学金8.6万元，为8位特困职工申请上级大病医疗救助2.4万元；农场妇联为7位“两癌”贫困母亲申请上级救助金7万元，为24位单亲贫困母亲申请上级救助金2.4万元。

【社区工作】 2014年，对3 754户低保户进行入户走访核实，申请发放保障金额399.87万元；在救助服务上，为330户困难家庭申请住房补贴，申请大病医疗救助206人次，发放医疗救助金160.425 4万元；在老龄服务上，为320名65岁以上老年人办理老年优待证。在元旦、母亲节、端午节、中秋节期间，针对辖区贫困户、残疾人等弱势群体积极开展送春联、发放母亲邮包、送粽子等慰问活动，同时社区老年文体协会积极发挥自身职能作用，积极开展庆元旦、庆三八、“欢乐和谐、共迎中秋”等一系列文艺活动，为增进社区居民邻里感情和促进社区与居民间的相互融合起到积极作用。抓好科普宣教，展出拒绝邪教图片12幅；强化治安管理，对社区内流动人口、出租房进行重新梳理并登记造册；加大巡逻力度，发放警民联系卡1 350余张，形成群防群治、整体联动的工作格局；对辖区信教、老上访户和社区矫正人员加大监督力度，通过定期上门走访和询问邻居等方式了解他们的生活状况及思想动态，防止恶性事件发生。

【人民生活】 2014年末总人口41 206人，总户数13 776户，全社会年末从业人员14 379人，在岗职工人数7 466人，人口出生率5.74‰，自然增长率1.87‰。全场人均收入21 000元。争取上级资金145万元，救济灾民4 865人次，为3 754户低保户发放保障金399.87万元，为427户困难职工发放医疗救助金102.1万元，为172户军烈属和义务兵家属发放慰问优待金21.6万元。全场8 867名离退休人员工资按月足额发放，为996位老年人免费体检，为2 278位老人发放老龄补贴41万元。为2 488名男性免费进行男性健康体检；为30名贫困生争取到香港道德会北大助学金会每年3万元的助学金。2014年新增个体工商户199户，带动从业人员2 100人，实现人均增收3 790元；进厂打工人员1 735人，实现创收2 819万元；职工外出承包租赁土地11万亩，纯收入800多万元；已注册登记各类农工专业合作社60家，发展社员5 723人；非种植业收入增长较快，种植业经营性以外的收入比重占到总收入的52.5%，全年实现农业一线劳动力转移就业600人。

【新疆新湖晨光农业发展有限责任公司】 董事长、党委书记兼总经理贾新兵，监事会主席、纪委书记、工会主席兼综合管理部部长李奇生，副总经理兼生产技术部部长李正河，副总经理兼产业化办公室主任卢宗安，副总经理吕付庆，财务总监兼财务部部长王以生，总畜牧师谭磊 。

2014年2月成立新疆新湖晨光农业发展有限责任公司(简称农业公司)和中共新疆新湖晨光农业发展有限责任公司委员会，5月8日注册完成。农业公司资产总额40 931万元，资产负债率为70%。农场作为出资人，授权农业公司对各作业区轧花厂、经营地和职工身份地进行管理和经营。农业公司按照“产权清晰、权责明确、政企分开、管理科学”的现代企业制度要求，建立规范的法人治理结构。同时，按照决策机构、监督机构、运营机构相互独立、相互制衡的原则，设立董事会、监事会和经理层(总经理办公会)的组织机构，明确权责、规范议事规则，各司其职，各负其责，有效行使决策权、监督权和执行权。因公司为国有独资公司，所以不设股东会，由出资人行使股东会职权，经出资人授权，公司董事会行使《公司法》规定的股东会的部分职权。按照《新湖农场晨光农业发展有限责任公司“四分开”方案》核定，农业公司设立董事会、监事会、经理层和3个内设机构，公司机关编制18人，实际在编在岗18人。下设6个作业区，36个作业点水管处、物资供应中心。公司的董事长、总经理及监事会主席和董事会、监事会成员由农场党委任命，内设部(室)的部长(主任)、副部长(副主任)由总场党委推荐、公司聘任，其他职员由公司予以聘任。公司董事会、监事会、总经理办公会均正常运行。

2014年，晨光农业公司种植的作物主要有棉花、番茄、玉米、小麦等。棉花23.2千公顷，总产12.16万吨；番茄1.167千公顷，总产22.5万吨；玉米0.88千公顷，总产1.15万吨；小麦2.56千公顷，总产1.58万吨。实现棉花机采面积16千公顷。棉花加工质量大幅度提升，加工的皮棉一、二、三级品率达到97.4%，特别是长度28毫米以上达到91%；畜牧业发展稳步推进，年末牲畜存栏25.1万头(只)，畜牧业产值占农业产值的35%。现有国家级养殖示范基地2个，兵团级示范合作社3家，师级示范基地、示范合作社各4家，新建成10万只肉羊养殖基地1个，20万羽蛋鸡养殖示范场2个。

2014年，农业公司在农场党委的正确领导下，紧紧围绕“职工增收、公司增盈、农场增效”这一目标，勤勉履职，创新思路，扎实推进公司各项工作。实现生产总值10.8亿元，比上年增长11.9%，人均收入2.1万元，比上年增长24%。实现利润6 180万元。

【新疆新湖新晨资产投资经营有限责任公司】 党委书记、董事长孟新国，党委副书记、总经理陈昕，党委委员、监事会主席、纪委书记、工会主席兼综合管理部部长后新军。

2014年2月9日，新湖农场按照兵团《关于深化团场改革试点工作的指导意见》文件的要求，根据《公司法》的规定，国资公司与农场实行机构、人员、资产、收入分配“四分开”。农场作为出资人，授权国资公司对权属企业以参股或控股方式进行投资管理和经营。国资公司及其权属企业均按照“产权清晰、权责明确、政企分开、管理科学”的现代企业制度要求，建立规范的法人治理结构。同时，按照决策机构、监督机构、运营机构相互独立、相互制衡的原则，设立董事会、监事会和经理层(总经理办公会)的组织机构，明确权责、规范议事规则，各司其职，各负其责，有效行使决策权、监督权和执行权。因公司为国有独资公司，所以不设股东会，由出资人行使股东会职权，经出资人授权，公司董事会行使《公司法》规定的股东会的部分职权。公司机关内设机构改制为综合管理部、财务部、资产运营部、对外经济合作(招商)办等4个部门，现暂时成立综合管理部、财务部、对外经济合作(招商)办等3个部门。按照《新湖农场新晨国有资产经营投资有限责任公司“四分开”方案》核定,公司机关编制20人,实际在编在岗11人。公司的董事长、总经理及监事会主席和董事会、监事会成员由农场党委任命,内设部(室)的部长(主任)、副部长(副主任)由总场党委推荐、公司聘任,其他职员由公司予以聘任。公司董事会、监事会、总经理办公会均正常运行。新注册成立3家下属公司(新思源自来水有限公司、新洁丽家政服务公司、新锦农副产品购销有限公司),使国资公司由原来下属3家公司(百迪塑料制品有限责任公司、绿蕾综合加工有限公司、新振热力有限公司)增加到6家下属公司。

2014年公司实现生产总值1 224.8万元,较上年增加88.3万元,利润减亏502万元,超额完成农场下达目标任务。 (李天翠)

【新东社区管理服务中心】 党委书记王连成,党委副书记、主任张希明,党委副书记、工会主席徐占先,副主任王磊、副主任杨忠权。

2014年,新东社区土地总面积1.43万公顷,可耕地面积为0.68万公顷。种植面积5.78千公顷,其中,棉花4.33千公顷,番茄0.214千公顷,红薯0.133千公顷,打瓜0.118千公顷,油料0.12千公顷;棉花总产23 105.5吨、番茄总产4 360.2吨。全年完成生产总值2.15亿元,职均收入3.68万元,人均21 500元。

是年,新东社区党委还为职工办“十件实事”。一是争取资金250万元建成中心连队幼儿园、老年活动中心综合大楼,目前已交付使用;二是投资140万元建成36 000平方米的职工休闲娱乐健身广场,为社区职工解决文化活动场所问题;三是投资170万元完成场部自来水改造工程,实现昼夜自动化供水,解决长期困扰场区2 600名居民的吃水难问题;四是投资500万元建设新湖屯垦文化馆,目前,老礼堂翻新改造工程已完工,展现新湖人民屯垦戍边的光荣历史,2015年6月向社会开放;五是投资300万元在各连队实现农田道路硬质化,建成高标准条田林1 500亩,美化绿化连队;六是投资500万元,对一、四、五、六、七5个连队支渠进行防渗改造;七是帮助52户种养殖户解决贴息贷款223万元,为贫困职工从事种养殖解决困难;八是集资2 200万元建成新东社区大棚蔬菜种植专业合作社,建标准化大棚22栋,骨干职工带头,带动连队职工居民参与特色种植增收,目前已全部承包种植了玫瑰、虫草等特色作物;九是利用“两节”期间慰问困难党员、特困职工、涉核人员、三无人员等104人,发放金额21.17万元。为26名大病职工救助,救助金25.8万元;十是为65岁以上143名老人免费体检。十件实事受到广大职工群众的欢迎。

新东社区农业连队情况统计表

连队名称	党支部书记	连长	地名	总人口(人)	播种总面积(公顷)	经济作物总产量(吨)		总产值(万元)	年末牲畜存栏(头/只)	劳均纯收入(元)	人均纯收入(元)
						番茄	棉花				
一连	刘永伟	王吉忠	王家庄	852	11 363	1 745.76	3 570	2 499	3 515	35 432	21 200
二连	董永录	张　东	南梁村	492	9 891.52	—	3 005	2 103	2 584	33 698	20 100
三连	史鲁敬	刘卫兵	北野鹿湾	989	944.66	2 046.55	3 756	3 380	2 589	38 962	22 200
四连	吴德贵	盛红军	上坑湾村	553	115 93.00	572.66	2 819	1 973	2 365	35 450	21 300
五连	倪　斌	王克俊	下坑湾村	468	8 020.00	—	1 447	1 512	1 230	36 472	21 700
六连	魏生光	刘鲁平	西沟二村	940	17 213.00	5 208.53	5 263	4 736	3 521	36 724	21 893
七连	姜秀波	张　军	下东沟村	517	15 837.32	990.92	6 130	4 291	2 105	35 690	21 600
林管站	—	蒋宏斌	—	—	2 200.00	—	79 8.5	638	562	39 856	22 800

(屈小原)

【新野社区管理服务中心】 党总支书记潘生龙，主任、党总支副书记刘和平，党总支副书记、工会主席仲登军，副主任吴丛虎。

2014年，新野社区总面积15.33千公顷，可耕地面积6.933千公顷。农作物种植面积5.87千公顷。其中棉花5.73千公顷，完成籽棉总产27 882吨，比上年净增7 482吨，完成公司下达棉花回收任务的101%。实现生产总值2亿元，职均收入4.5万元，人均收入2.2万元。

2014年，固定资产投资23 208.86万元，固定资产增加值4 292.83万元，固定资产累计折旧13 112.28万元，营业盈余3 296.34万元。全社区职工参加养老保险、医疗保险、工伤保险和生育保险1 483人，养老保险总额752.66万元，医疗保险总额301万元，失业保险总额75.27万元，工伤保险总额54.5万元，生育保险总额9.4万元。2014年，新野社区拥有卫生服务站1个，卫生室9个，医务人员14人，其中大专以上13人，中专1人，中级职称6人，卫生所有住院观察治疗床位5张，年就诊人数3 214人次，儿童五苗（百白破、麻疹、卡介苗、糖丸、乙肝）接种率100%。2014年，新野社区全社会从业人员1 561人，其中第一产第二产业49人。第三产业143人，生产总值186万元。

新野社区农业连队情况统计表

连队名称	党支部书记	连长	地名	总人口（人）	播种面积（公顷）	粮食作物总产量（吨）	经济作物总产量（吨）		年末牲畜存栏数（头/只）	劳均纯收入（元）	人均纯收入（元）
							番茄	棉花			
八连	田贵栋	刘明	西双井子村	438	953.8	—	1 116	2 387	625	38 900	22 100
九连	肖尔军	吕大宏	南野骡子湾村	458	619.5	—	1 925	2 520	85	39 100	22 150
十连	郑开峰	张兆海	小李庄村	760	986.9	—	1 460.4	3990.9	10	40 200	22 800
十一连	高振新	吕大勇	大沙窝村	950	862.3	—	3 380	3 548	14	39 500	22 400
十二连	石艳兵	李庭华	半腰地	538	958.72	—	2 348	3 305	547	39 200	22 300
十三连	蒲正军	何玉平	大洼坑	232	585.8	—	806	1 249.71	240	38 500	21 900
十四连	张振华	张仕臣	西沙包村	536	716.1	325	1 380	2 443	1 130	39 000	22 200
三十六连	马建军	唐天江	—	758	640.8	—	—	1 460.97	205	33 200	19 000

（屈志和）

【新旺社区管理服务中心】 党委书记李小江，党委副书记、主任姬永春，副主任陈宝龙、汤平，社区副书记、工会、妇联主席王诗云。

2014年，新旺社区有土地面积为21.13千公顷，其中，耕地面积6.47千公顷，常年种植面积5.53千公顷。种植棉花4.03千公顷，总产籽棉18 474吨，单产0.306吨；种植番茄0.442千公顷，种植葡萄0.2千公顷。实现生产总产值1.9亿元。一线承包职工职均收入达到4.2万元，人均收入2.4万元。

社区有卫生所1所，中心卫生室1个，连队卫生室7个，医务人员30人，年就诊人数1.2万人次，初级卫生保健覆盖率100%，儿童计划免疫接种率95%。2014年年末全场职工参加失业保险1 549人，养老保险1 549人，医疗保险1 549人。

2014年，新旺社区调整产业结构，以转型跨越发展，职工多元增收为主线，在稳定棉花面积的基础上，大力发展林果业，在原有0.24千公顷鲜食葡萄的基础上，新建葡萄园0.067千公顷，并通过社区2 000吨组装式保鲜库进行冷藏保鲜，实现反季节销售，最大限度地提升林果业种植效益和产品附加值，增加职工收入。当年，种植苹果0.133千公顷，草莓13.33公顷，苜蓿33.33公顷。

新旺社区农业连队情况统计表

连队名称	党支部书记	连长	地名	总人口（人）	播种面积（公顷）	经济作物（棉花）总产量（吨）	总产值（万元）	年末牲畜存栏（头/只）	劳均纯收入（元）	人均纯收入（元）
十五连	彭光友	周四海	东兴兴地村	1 202	871.9	3 794	2 732	1 231	42 800	24 000
十六连	陈艳伟	吕大湖	中沙窝岛	153	241.5	1 097	799	400	43 000	24 000
十七连	吕大成	董建新	杨家湾	575	1055	4 599	3 311	2 900	40 000	22 700
十八连	宁天刚	宁天刚	高家大庄	587	759	3 243	2 262	3 560	42 000	23 800
十九连	杨忠平	杨忠平	舍腰沟	669	703.1	3 112	2 241	9 875	43 000	23 890
二十连	李天刚	于双林	刘家团庄	337	386.5	1 250	900	756	42 600	24 000
二十一连	陈发健	董永斌	东戈壁	1 278	456.5	2 081	1 452	1 690	42 900	24 000

（孙建歌）

【新户社区】 党委书记敬广德，党委副书记、主任刘家松，副主任杨忠军，副书记付爱国，副主任张智郡。

新户社区2014年种植总面积4.81千公顷，其中，小麦0.74千公顷，番茄0.053千公顷，玉米0.27千公顷，油料0.75千公顷，蔬菜0.078千公顷，葡萄0.007千公顷，棉花2.33千公顷，林床面积0.58千公顷。实现生产总值1.5亿元，职均收入3.6万元，人均收入1.99万元。

2014年，新户社区有卫生所1个，卫生室10个，医务人员14人，大专以上11人，中专以上3人，卫生院有病床10张，X光机1台(200MA)，心电图机1台，显微镜1台，洗胃机1台，神灯2台，另有相应的医疗设备，年就诊人数13 237人次，年住院观察人数1 243人次，儿童五苗接种率均在98%以上。年末职工参加社会保险人数达1 037人。2014年，新户社区被农场授予“人口和计划生育工作先进单位”，二十五连、轧花厂分别被农场授予先进基层党支部和先进单位称号。

新户社区农业连队情况统计表

连队名称	党支部书记	连长	地名	总人口（人）	播种面积（公顷）	粮食作物总产量（吨）	经济作物（棉花）总产量（吨）	总产值（万元）	年末牲畜存栏（头/只）	劳均纯收入（元）	人均纯收入（元）
二十二连	杜西平	李春金	赵家庄	684	914	705	1 230	3 612	5 023	32 300	18 300
二十三连	赵明旭	赵明旭	四段地村	723	957	757	1 216	3 587	4 985	34 100	19 400
二十四连	徐东兴	赵明军	大浪湾村	753	978	789	1 198	3 378	4 216	34 900	19 900
二十五连	屈志德	刘　东	上东戈壁	809	965	763	1 329	3 921	4 436	35 500	20 200
二十六连	鲍晓东	毛忠源	独沙窝村	863	992	789	1 369	3 964	4 358	35 900	20 500

（赵建英）

【新民社区】 主任兼党委副书记单学权，党委书记姜红星，党委副书记、工会主席张学明，副主任赵明健、柴兵、张华。

2014年，新民社区种植棉花1.47千公顷，总产7 500吨，总产值5 650万元；冬春小麦0.67千公顷，总产4 000吨，总产值1 100万元；油料及饲草0.8千公顷，总产6 000吨，总产值2 300万元。全年生产总值1.7亿元，职均收入3.4万元，人均收入1.95万元。

是年，新民社区招商引资事业取得突破性进展，共有日发新西域、天山朝阳、新雅景、德汇凯、新汇嘉、胜源蛋鸡等6家养殖企业落户新民社区，建成标准圈舍80幢，社区年末牲畜存栏达到5.6万头（只）。

是年，新民社区卫生所有医务人员10人，其中中医师2人，护师3人，医士4人，防疫员1人；有职称人员达100%，大专以上6人，中专4人。卫生所有病床10张，年就诊人数达4 000余人次，儿童五苗接种率达100%。

新民社区农业连队情况统计表

连队名称	党支部书记	连长	地名	总人口（口）	播种面积（公顷）	粮食作物总产量（吨）	经济作物（棉花）总产量（吨）	总产值（万元）	年末牲畜存栏数（头/只）	劳均纯收入（元）	人均纯收入（元）
二十七连	薛宗平	张生福	吴家庄、刘家庄	443	310	560	1 017	765.8	4 200	33 500	18 800
二十八连	房　明	陈长青	陈家庄	1 424	942	800	2 349	1 768.8	4 800	33 800	19 200
二十九连	郭　杰	薛宗新	东戈壁、下干校	633	967	1 380	2 094	1 576.8	3 800	33 900	18 900
三十连	李　强	刘　明	高梁子	357	385	960	1 312	988	38 000	35 400	20 200
三十一连	苏文东	何　飞	洪水槽	310	330	300	938	706.3	5 200	33 000	18 800

（张永新）

【新原社区】 党委书记王松柏（9月任职），党委副书记、主任李祥路（9月任职），副主任王立勇（9月任职）、丁勇（9月任职）、仇小龙（9月任职）。

土地总面积16.34千公顷。可耕面积3.68千公顷，已耕面积3.18千公顷，保护面积3.61千公顷，保护率98.2%，种植面积3.05千公顷。其中，主要农业面积产量有冬小麦0.24千公顷，总产1 098吨；玉米0.30千公顷，总产2 980吨；油料0.13千公顷，总产350吨；蔬菜0.096千公顷，总产4 570吨；葡萄0.014千公顷，总产310吨；番茄0.157公顷，总产1 483.65吨；打瓜0.013公顷，总产30吨；棉花1.87千公顷，总产9 780吨；加工皮棉3 816吨，棉籽5 860吨。生产总值1.5亿元，职均收入3.45万元，人均收入1.96万元。

新原社区连队情况统计表

连队名称	党支部书记	连长	地名	总人口（人）	播种面积（公顷）	粮食作物总产量（吨）	经济作物（棉花）总产量（吨）	总产值（万元）	年末牲畜存栏（头/只）	劳均纯收入（元）	人均纯收入（元）
三十二连	李浩远	朱向胜	西草滩	480	1 050	1 080	3 101	2 701	1 030	33 800	19 400
三十三连	朱军章	朱保泉	猪头湖	671	1 070	950	3 334	2 065	2 980	34 300	19 600
三十四连	朱社章	朱保生	夹坝渠	278	457	468	1 040	1 203	760	34 500	19 800
三十五连	刘豫鲁	侯琢亮	转槽庄	301	698	590	2 305	2 123	820	35 620	20 400

（杨忠永）

【兴达建筑安装工程有限责任公司】 董事长王建明，党委书记、工会主席杨晓忠，党委副书记、监事会主席张平原，副总经理王培云，副总经理、总会计师刘超，副总经理、总工程师陆红新，副总经理、大昊房产开发公司总经理张慧敏。

2014年共完成产值1.12亿元，创利润206万元，职均收入2.5万元。

二分公司：其前身为租赁站，建于1998年。主要从事建筑设备的租赁和工程机械的对外施工，现有钢模板2 689.82平方米，钢管4 095.5米，铲车1辆，挖掘机1辆。

2014年，铲车、挖掘机、设备租赁累计创利润30万元。

天信商混站：有商混泵车2辆，商混罐车3辆。2014年，商品混凝土出售累计创利润170万元。

二道桥预制厂：2014年对外承包，向公司交纳4.1万元管理费。

钢窗厂：2014年对外承包，向公司交纳9.3万元管理费。

项目部：新湖兴达建筑安装工程有限责任公司有项目部22个，各项目部主要承建房屋建筑、水利水电施工等。2014年，兴达公司共承建各类大小工程25项。新湖劳务服务综合楼工程，山西省对口支援第六师新湖农场幼儿园建设工程，新湖新东社区、新野社区、新户社区、新民社区美丽中心连队活动室及室外供热、排水建设工程，第六师新湖农场青龙华庭一期(1号、2号、3号、4号、5号)住宅楼建设工程等建设项目均得到业主的好评。 (谢平珍)

【新湖农场水管处】 党总支书记何立荣，党总支副书记、处长魏玉彪，党总支委员、副处长兼工会主席李春亮，党总支委员、副处长梁安民，党总支委员、副处长李新勇，党总支委员、总工程师兼工程井电办公室主任王文献，党总支委员、副处长兼人饮水供水厂厂长马新革。

2014年，水管处共有效完成人饮供水252万立方；农业生产引、提供水2.201亿立方；创水管生产总值3 996万元；2014年，灌区共新打井50眼，其中更新井33眼，新建井17眼。全年共引提水量22 013.60万方，其中引玛河河水11 959.06万方、引塔河水1 978.73万方，引八师玛管处河水825.21万方，引玛县井水2 783.61万方，引鹰湖水库水量1 240.70万方，开采地下水3 226.29万方。全年共完成供水15 756.24万方，供到斗口水量14 779.34万方，渠系综合利用率为72.7%，有效地保证农场农业灌溉用水。累计有效完成灌溉面积为306.13万亩。实现各类农作物亩均7.3灌次。 (赵明正)

【新湖百迪公司塑料加工有限责任公司】 党支部书记李春军，经理杨忠军。

新湖百迪公司2014年共生产地膜900吨，滴灌带600万米，软管20吨，PE管材150吨，年生产总值2 800万元，职均收入达25 000元。

公司生产主要产品有：单翼迷宫式滴灌带、地面管材、软管灌溉产品及各种规格的地膜以及PE管材等。除供应新湖市场外，产品还广销呼图壁705、天山牧业、一〇五团、芳草湖农场、六户地、北五岔等地区。百迪公司产品性能优良，质量稳定可靠，售后服务周到，深受农户好评。公司购置成套产品检测设备，设有理化室，并配有专业测试员，在确保产品质量方面提供保障。公司成立的售后服务部对产品质量实施全过程跟踪服务。公司已通过lS09001—2000质量管理体系认证，有严格的质量保证体系。

是年，公司在“以销定产”经济形势下，公司干部和每名成员都有销售任务，加大“提前订货优惠多多”的宣传力度，促使用户积极主动与公司签订订货合同，实现产销两旺，其中地膜面积占新湖农场的50%，滴灌带、软管产品等占40%。 (姜红英)

【新湖农场医院】 党总支书记、院长王宝印，支部班子成员5人。

新湖农场医院设有门诊部、住院部、计划生育技术服务指导站，开设床位100张，有职能科室5个。临床科室有内科、外科、儿科、妇产科、手术麻醉科、口腔科、中医理疗科。医技科室有检验科、放射科、B超室、心电图室等。设有药供科、供应室。现有职工118人，其中副高级职称人员13人，中级职称人员38人，初级职称人员64人。

医院配有国产500MA数字化X光机(DR)、全自动生化仪、血球仪、糖化血红蛋白仪、免疫发光仪、意大利产百胜彩超机、西门子彩超、国产十二导心电图机、多参数生命监护仪、麻醉机、高频热疼痛治疗仪等医疗设备80台(件)。2014年门诊量达64 800人次，住院病人3 400人次，健康体检及征兵体检1 542人次，为65岁以上老年人免费体检1 724人次。 (王艳萍)

【新湖场镇管理服务中心】 党总支书记吕明辉。

新湖场镇管理服务中心是农场唯一一家集经营与服务为一体的国有企业。经2014年8月农场综合改制，将经营部门与服务部门进行分离，场镇中心由原来的“两室六个部门”改为“两室两个部门”，“两室”即财务办、政工办；“两个部门”有绿化站和环卫站。 (张 雪)

【物资供应中心】 书记田发兴，经理宋波。

物资供应中心是农场唯一的商贸流通企业，担任着农场2万多公顷农作物所需各类物资采购、服务、供应工作。2014年销售化肥2 750吨，农药15吨，石灰51吨，销售副油30吨，完成销售收入1 100万元，减亏9.7万元，职均收入3万元。 （白东峰）

【绿蕾综合加工有限责任公司】 党支部书记许云涛，副书记、经理张明仕，副总经理兼工会主席徐斌。

公司主要经营熏醋、拉面加工生产、销售。“蓓香”牌熏醋曾于1995年获得国家农业博览会银质奖。2010年3月获得QS质量安全认证。2014年生产散醋55吨，包装醋442吨，销售383.5吨；空心面生产6吨，销售4吨，实现销售收入458.8万元；实现工业总产值482万元。 （钱明芳）

军户农场

【概况】 党委书记、政委李鹏，党委副书记、场长张伍平，党委常委、副场长黄蓓（壮族），党委常委、副场长郑新华、姜鹏，党委常委、副政委、武装部部长李骞，党委常委、纪委书记、工会主席张春秀（女，回族），党委常委、副场长田联虎（援疆干部），总畜牧师赵卫国（5月任职）。

2014年，军户农场占地面积9.73千公顷，其中耕地5. 007千公顷。共有27个单位构成，其中农业连队9个，非农业单位13个，外地驻场单位5个。年末常住户人口14 747人（由汉、回、哈、维等15个民族组成），在册职工2 796人，离退休人员2 299人。农场有基层党支部21个，党员730名；学校1所，教师141人，学生1 935人（其中中学生470名、小学生1 465名）；医院1所、连队卫生室9个，医护人员50名。

【经济建设】 全场实现生产总值4.2亿元，同比增长8.3 %，其中一产完成3.28亿元，二产完成0.09亿元，三产完成0.85亿元。全社会固定资产投资2.02亿元，农牧工家庭人均纯收入17 781元，增长22.6%。

【十件实事】 投资969万元完成排水续建及供热管网改造工程，投资3 675万元完成军榆公路改造工程，投资840万元完成农网改造升级工程，投资4 572万元完成保障性住房及配套基础设施项目，投资1 389万元实施场镇道路路基及五连至墓地道路工程。投资637万元实施学校室内活动室续建及学校塑胶运动场及餐厅项目，投资515万元实施医院综合楼续建及附属工程，投资675万元新建文化健身广场及公共健身场地，投资100万元新建四连中心连队活动室、幼儿园及广场工程，投资525万元完成350户农房改造工程，引资150万元新建5座移动通信基站。

【招商引资】 招商工作围绕农副产品精深加工为主，以占地面积少、产值高、税收高、新增就业岗位多的项目为重点，加大招商引资力度。是年新建项目1个，签约额2 000万元，到位资金150万元；续建3个，到位资金5 560万元。

【农业现代化建设】 农作物种植面积6.23千公顷，其中玉米3.85千公顷（含制种玉米2.75千公顷），番茄0.508千公顷，葡萄0.44千公顷（含酿酒葡萄0.229千公顷），啤酒花0.238千公顷，小麦0.78千公顷，食葵0.35千公顷。

投资550万元实施0.33千公顷标准化农田改造项目，投资500万元实施保护性耕作农机库建设项目，投资176万元实施葡萄节水灌溉项目，投资180万元实施二连渠道防渗工程，投资400万元在五连实施林下养殖项目，引资300万元新建木腐菌菌包加工厂，引资400万元完成40万只肉鸡养殖项目续建工程，投资95万元完成五站一室附属工程。

【新型工业化建设】 2014年，坚持以资源为依托，以项目为支撑，以丰富的农产品基地为平台，以招商引资为抓手，围绕精深加工项目发展农场工业，实现工业经济的快速发展。引资2 800万元完成15万吨新型建材续建项目，现已投入试运行；引资2 000万元新建的红花、辣椒加工生产线项目已开工建设；引资2 600万元实施农副产品批发市场续建项目。新型工业化走出一条依靠龙头企业，自我发展、自主创新的道路。

【畜牧业现代化建设】 以合作社带动园区建设，继续推进规模化、标准化、现代化养殖。肉产量9 273吨，产奶1 510吨，产蛋1 380吨。牲畜年末存栏4.25万头（只），其中牛1.9万头，羊2.23万只，猪0.038万头，禽14.2万只。畜牧（禽）业销售收入3.01亿元，实现综合利润1.2亿元。林下养禽试点获得成功。

投资600万元，完善规范新武、万恒泰、新康等8个标准化养殖园区建设；投资400万元，启动5万只林下土鸡养殖项目。共注册专业养殖合作社28个（当年新增2个），入社社员940人，占全场养殖人员60%。

【党建工作】 2014年，农场党委分别与21个基层党组织书记签订党建工作责任书，每月5号召开党建工作例会。3条信息被中组部《共产党员手机报》专栏采用。投资50多万元完成2个党建示范点建设，投资104万元完善5个连队组织阵地建设。征求意见建议19条，形成调研报告27篇，为职工群众办好事1 100余件。

【精神文明】 按照精神文明建设“五个一”创建要求，扎实推动职工思想道德建设，促进职工群众思想道德素质的提高。一是年内完成农场兵团级文明单位申报验收、2个师级文明单位已验收批复；二是成立道德讲堂工作机构，开展道德讲堂活动2次；三是按照“五个一”要求，在场区显要位置设立公益广告宣传牌；四是由135人组成的14支志愿服务队常年从事扶贫帮困、科技服务、亲情陪护、课外辅导等活动，受到好评；五是团组织、学校共同组成的文明传播小组，利用QQ群、微博大力开展社会公德、职业道德、个人品德宣传教育；六是在贯彻执行中央八项规定、落实改进作风、厉行节约有关规定中，农场倡导的餐桌礼仪、节约就餐、文明用餐、勤俭办等事业均得到落实。

【多元增收】 以畜牧养殖业、设施园艺业、现代服务业为抓手，继续拓展“龙头企业+基地+合作社”组织模式，发挥专业合作社示范引领作用，促进职工多元化、多渠道创收。落实提升职工技能促增收，依托“三化”建设辐射带动促增收，扩大畜禽养殖规模、提升设施园艺科技含量、拓宽饮食服务、商贸流通、农机运输促增收格局。以协调贷款、技术项目扶持促进富余劳动力转移，激发职工群众多元创收热情，全场农牧工家庭人均多元增收17 781元，净增3 281元，同比增长22.6%。

【人民生活】 2014年末总人口14 747人，总户数5 730户，全社会年末从业人员4 720人，在岗职工人数2 796人，人口出生率11.51‰，自然增长率6.17‰。缴纳五大社会保险基金2 510.9万元，2 208名离退休人员退休工资按月足额发放。年终兑现农产品款8 562万元，全场农牧工人均收入17 781元。场镇居民小区实现统一供水、统一排水、统一供暖、统一供气（液化气）、统一防控城市化管理。

【社会事业】 2014年，全团发放救灾金10.3万元、低保金110.9万元，慰问受灾困难家庭167户，为61名现役军人发放慰问金1.9万元；为退役士兵发放自主就业金11.4万元。发放医疗救助16.14万元、发放残疾人慰问金17万元、残疾人低保金60万元。为残疾人申请小额担保从业贷款64万元；发放危旧住房补助金10.15万元；为272名残疾人缴纳居民医疗保险1.4万元；为218名残疾人购买居民养老保险2.2万元。为195户发放救灾资金21.75万元，解决119户低收入家庭住房。门诊接待病人15 264人次，收住入院患者679人次，为65岁以上老人免费体检670人次，为80岁以上老人体检62人次，为高龄宗教人士免费体检20人，为肝包虫病人体检200人，义务为敬老院老人免费送医送药。以优惠减免方式为特殊群体职工减负11.79万元。

【社会创新管理】 2014年，场区、连队实现“网格化”管理全覆盖，治安防控率为95%，社会治安、安全生产总体平稳。落实社会创新管理专项经费160万元。巩固场、连队、综治协管员三级矛盾纠纷排查网络，常态化巡控、“三防”能力进一步增强，社会综合治理能力得到提升。治安案件发案同期相比下降7.7%，刑事案件同比下降9.1%。

军户农场农业连队情况统计表

连队	党支部书记	连长	地名	总人口（人）	播种面积（公顷）	粮食作物总产量（吨）	经济作物总产量(吨)									年末牲畜存栏（头/只）	劳均收入（元）	人均收入（元）
							冬小麦	番茄	酒花	制种玉米	常规玉米	青贮玉米	鲜食葡萄	酿酒葡萄	大葵			
一连	海建国	秦　勇	毛家庄	1 504	680.93	3 228.4	618.2	7 219.3	—	1 425.7	1 056	—	—	1 236		2 920	30 000	10 000
二连	薛晓伟	马卫东	二畦镇东	2 059	465	1 353	—	1 2661	694	1 124.3	—	—	—	480	73	12 000	37 000	18 000
三连	蒋文斌	马金权	头畦村	1 063	686	164 80.49	723	12 520	—	1 701.9	—	—	—	594		1 042	49 700	15 000
四连	宁振法	拜福祥	李家庄	1 218	7 68.16	2 643.94	—	10 990	—	2 643.9	—	—	—	249	282	3 555	27 000	9 000
五连	陈银虎	张玉新	冶家庄	986	552.6	3 326.42	606.9	2 176	—	2 389.3	—	—	—	201	286	5 679	59 607	15 536
六连	马金勇	张栋梁	楼庄子	1 226	879.2	3 848.54	225.4	1 2521	—	2 368.8	—	—	—	—	307	2 005	26 200	6 380
八连	李冬刚	陈志远	西阿萎滩	1 189	729.7	4 146.19	307.6	—	—	3 290.5	—	—	—	188		3 831	50 000	16 000
九连	胡一奇	薛成松	洪沟村	1 342	875.9	1 288	1 706	—	—	—	550	—	—	—	3	9 000	29 000	9 000
十连	张　坤	马占奎	唐渠村	1 740	591	1 452.2	1 452	—	—	—	—	34 000	—	—	—	12 891	35 000	35 000

（李林春　任美玲）

六运湖农场

【概况】 党委书记、政委边丽娟（女），党委副书记、场长李发泰，党委常委、副场长苏彦明，党委常委、副场长蔡斌，党委常委、副场长（援疆干部）张毅，党委常委、工会主席、武装部部长敬开豹，党委常委、副场长孙永强，党委常委、纪委书记、工会主席吴雪红，党委常委、副场长白成社，调研员杨锡涛。

2014年，土地面积5.4千公顷，耕地面积3.37千公顷，播种面积3.35千公顷。农场是两种所有制，收取土地承包费的土地面积1.59千公顷。农场年底人口2 752户，6 883人，其中回族及其他少数民族人口2 941人，占总人口的42%。农场从业人员2 838人，其中从事种植业的1 166人，占41%；从事个体经营的1 163人，占40%；退休人员1 279人。年末职工人数893人，其中连队职工628人。农场机关设12个科室，下属6个农业连队，还有医院、学校、社区、林管站、水管所、农经站、城镇管理服务中心等共13个单位。2014年引水2 108.79万方，其中三宫河引水901.54万方，四宫河引水70万方，在沙漠管理处购水564万方，电力机井抽水431.25万方，上年水库存水引入142万方，保证全年农田用水。全年实现生产总值1.59亿元，人均收入1.42万元，新增固定资产5 092万元，实现利润830万元。

【党建工作】 周一、周五为学习日，党委理论学习12次，专题会议7次，开展群众路线教育实践活动，全场有562名党员干部参加教育实践活动，征集43条建议，15条意见。领导谈心谈话125人次，成立“访惠聚”小组6个，建立工作联系点12个，建立党员联系户180户，帮扶困难户135户，结“穷亲”135对，解决各种困难185件。2014年全场党支部14个，党员423名，全年培养积极分子27名，发展新党员5名，预备党员转正6名，评选优秀党员23名，先进党支部2个，修订完善制度12个，新建制度8个。

【农业生产】 2014年，播种面积3.35千公顷。其中：小麦0.2千公顷，亩产458千克，总产1 374吨；棉花0.153千公顷，亩产籽棉351千克，总产810.1吨；制种玉米0.32千公顷，亩产464千克，总产2 227.2吨；食葵2.43千公顷，亩产265千克，总产96 725吨；打瓜0.087千公顷，亩产185千克，总产240.5吨；辣椒0.067千公顷，亩产2 500千克，总产2 500吨；葫芦0.06千公顷，亩产185千克，总产166.5吨；其他作物0.025千公顷。2014年末牲畜存栏牛1 200头，羊27 700只，猪2 500头，狐狸900只，貉500只。年产肉900吨，蛋600吨，奶1 400吨，从业户数350户，户均收入2.9万元。

2014年，完成造林50亩，在秋季完成200棵大树带土移栽，农场有35亩苗圃，2014年提供各种树苗1 463株。

【惠农政策落实】 2014年，下发农机补贴148万元，良种补贴4.69万元，种植业保险补贴282.6万元，一喷三防补贴1.5万元，良繁种羊补贴1.7万元。

【农业现代化建设】 2014年，滴灌面积3.35千公顷，占播种面积的100%，其中渠水系统2.68千公顷，首部40处，井水系统0.663千公顷，节水灌溉用于所有的作物。2014年，因井水不足含沙量大，影响正常灌溉，农场对滴灌进行改造，共改造井带滴灌3座（一连、三连、六连），投资9.6万元，改造管道长度3.2千米。投资600万元修建了5千米防渗渠道，解决渠系"跑、冒、渗、漏"问题，提高渠水利用率。争取农机补贴148万元，新购大中型轮式拖拉机17台，联合收割机1台，精量播种机11台，驱动耙2台，犁2台，清粮机5台，整地机3台，压捆机2台，秸秆返田机1台，打药机1台。蔬菜大棚70座，配有自动卷帘机和滴水系统。邀请石河子和山西农业专家就蔬菜冷藏保鲜、玉米制种技术造价培训，受训人数500多人次。根据市场需要组织食葵、葫芦等高效作物生产，实行以提高单位面积为特点的集约经营，面积占到82%。

【城镇化建设】 2014年，廉租房开工306户，面积2.7万平方米，投资1 600万元，实际完成：汇隆苑小区开工7栋，完成4栋；美乐康居小区开工4栋，只完成主体工程。2014年困难职工有45户已办理登记协议，部分已入住。棚户区改造工程投资300万元。农村安居工程配套基础设施投资172万元，计划任务100户，实际完成52.1万元。保障性安居工程配套基础设施投资2 211万元。煤改气工程100户，每户补助600元。连队活动室1 243.9平方米，投资367.2万元。"一事一议"（第一批）一、五、六连投资225万元。"一事一议"（第二批）二、三连投资154万元。中心干渠景观工程投资842.99万元。卫生公厕工程面积100平方米，投资40万元。城镇基础设施投资390万元。一、四连污水处理厂及殡仪馆道路硬化工程投资180万元。

【深化改革】 2014年，农场新设城镇管理服务中心。新增专业合作社3家。注册资金1 150万元，会员21户，养殖合作社3个。一连绿康牛羊养殖专业合作社，会员5人，投资2 000万元，占地60亩，现有牛150头。五连牧新源牛羊专业养殖合作社，占地170亩，已有育肥牛50头，育肥羊500只，生产母羊1 800只。当年出售育肥羊4 859只。豫新缘狐狸养殖专业合作社，现有种狐900只，貉子500只，占地4公顷。玉亮专业农机合作社投资200万元，社员5人；佳诺农机专业合作社投资50万元，社员7人。2014年，农场大力推进殡葬改革，对墓地进行长期的规划，一连为少数民族公墓安葬地，占地面积13.33公顷；二连、四连、五连均为汉族公墓安葬地，二连10公顷，四连10公顷，五连30公顷。并建立殡葬管理制度，安葬需到民政部门办理手续，形成制度，2014年，已办安葬手续24份。

【社区工作】 2014年，农场育龄妇女1 975人，其中已婚1 329人，避孕妇女1 228人，占92%。2014年出生63人，占4.3‰，建立常住人口台账，清理无证生育户1户，办理独生子女光荣证1份，组织125名妇女进行两癌筛查，对10对夫妇进行孕前体检。农场有60岁以上老人942人，占总人口13.8%，有80岁以上老人97人。发放生活补助金55 434元，走访慰问63名离退休人员，5名行动不便的老干部，3名离休干部遗孀。

【维护社会稳定】 农场贯彻中央和自治区部署，全力维护社会稳定大局，建立常态化信息研判体系，制定《六运湖农场维护社会稳定情报信息奖励办法》，坚持日分析，日研究，做到耳聪目明信息灵。农场与阜康市武警兵团指挥驾训基地、阜康69245部队、准东石油基地公安局、交警大队建立"五联一共享"机制。2014年治安案件39起，结案39起，纠纷矛盾173起，调解成功173起。对信访工作，领导干部接访常态化，全年未发生赴京赴兵团赴师上访。在安全生产方面，农场开展安全生产月活动，党政领导齐抓共管，全年未发生事故。

【精神文明与文化活动】 2014年，农场完成“六五”普法任务，提高职工学法、用法、守法、依法维权能力，增强法制观念，农场有37人参加师市组织的执法培训，并取得执法资格。农场开展文明单位、文明连队、文明庭院、文明户等精神文明创建活动。五连、六连申报师级文明生态小康连队称号，四连、医院荣获师级文明单位。在青年中开展学雷锋志愿服务月活动，组织50名团员青年开展志愿助残、法制宣传、洁净家园、关爱农民工子女志愿服务活动。在学校强化道德教育、优化道德环境、健全道德制度，使他们成为有理想、有道德、有文化、有纪律的四有新人。与阜康联办春节大拜年活动，承办师市第二届花儿艺术节活动，五家渠豫剧团、歌舞团慰问演出，丰富了群众文化生活。参加师市举办的夕阳红健身表演、道德大讲堂，并取得第二名。在九九重阳节开展老年趣味运动会，项目有踢毽子、丢沙包、夹乒乓球、夹玻璃球，60多位老人给大家表演了太极拳、柔力球、健身球和太极功夫等。

【人民生活】 2014年，农场有证残疾人196人，享受城镇最低生活保障标准145人。为残疾人居家托养服务，全年发托养费43人25 800元。为残疾人发住院补助191 369元，养老保险补助14 500元，教育补助12 000元。全场参加养老保险3 012人，其中在职2 859人，全场有退休人员1 279人，全年发养老金2 905.12万元。2014年，根据中央文件为退休职工增加10%的养老金。低保256户，486人，发低保金1 120 779元。发放老年人生活补助184人共15 990元。困难救助20人，医保救助137 607元。三无人员门诊救助129人6.45万元。全场2 752户，场部已建成住房4栋，累计57栋，可安排1 782户，占65%、粮油供应充足，场部有4家粮油店，肉食、蔬菜店、副食及个体商铺18家，可供职工选购。年末从事交通运输人员216人，拥有各类民用车辆1 583辆。年客运量14.2万人次，货运量为25.5万吨。年末营运业务收入2 041万元，纯收入1 531万元。

【社会事业】 农场医院实有职工35人，其中医生8人，医技3人，护理18人，管理人员3人。主要设备有数字化X光摄影系统1套，半自动生化仪，黑白超声诊断仪，心电监护仪，电除颤仪，电动洗胃机，床头呼叫系统等。2014年，完成门诊诊疗10 343人次，住院病人270人次，病床使用率27.8%，治愈率8.9%，好转率79.6%，转院10人次。总投入85.3万元，总支出275.9万元。在公共卫生服务方面，建立电子信息档案5 994人；对65岁以上300位老人进行体检；对323名高血压患者和143名糖尿病患者进行登记管理；接种各种疫苗1 346人次；对全场69名孕妇建卡访视，新生儿访视52人；将9名重度精神病患者纳入管理。对19家餐饮进行检查，发健康证94份。有线电视入网1 500户，调频广播覆盖全场各队。主要设备有摄像机、编辑机、放映机、数字硬盘播放机等。2014年共播农场新闻150条。制作专题片1部，完成廉政访谈14期，每日有30分钟播放宣传教育普法及安全警示等相关内容。广播完成五家渠新闻72篇，兵团新闻7条，《兵团日报》2条，《准噶尔时报》16条，新华网4条，政务网90条。全年放电影180场。

农场学校教职工70人，其中少数民族教工占22%，在校学生578人，其中小学423人，初中155人，共有18个教学班（小学12个班，初中6个班）。学校有初中教学楼、小学教学楼、宿舍楼、餐厅各1栋。2014年，初中毕业生51人，其中9人考入五家渠高级中学，1人考入山东高级中学，2人考入广州高级中学，11人考入奇台高级中学，25人考入乌鲁木齐市、五家渠等地技校。学校坚持“立德树人、德育为先”理念，努力评选安全校园、文明校园、书香校园，以人为本促进学生全面健康发展。为提高教师业务水平，2014年派1名教师赴山西学习，派2名教师到石河子大学学习，派4名教师到五家渠一中挂职学习，派多名小学教师到五家渠听示范课。2名教师参加师市评优课大赛，并分别获二、三等奖。投资20万元开办“双语”幼儿园，解决140名幼儿入学问题。

六运湖农场农业连队情况统计表

连队名称	支部书记	连长	地名	总人口(人)	播种面积(公顷)	经济作物总产量(吨)				牲畜存栏(头/只)	劳均纯收入(元)	人均纯收入(元)
						葵花	葫芦	棉花	制种玉米			
一连	赵忠贤	祁　伟	楼楼庄	1 500	526	1 000	350	—	320	5 200	1 500	12 000
二连	马金军	闫付林	蘑菇场	780	450	1 273	212	18	93	9 618	18 500	11 500
三连	杨德金	马付军	蘑菇场	636	340	960	247	10	—	4 620	18 700	12 300
四连	李春芝	李进东	康家槽子	850	548.6	1 344	176	—	—	3 200	36 000	18 600
五连	郭　伟	吴建明	南庭	1 126	753	1 820	240	30	940	6 927	24 800	11 260
六连	陈崇学	赵成义	下罗泉沟	865	573	1 280	—	—	865	—	36 500	22 000

（武振海　李书明）

土墩子农场

【概况】 党委书记、政委张希勇，党委副书记、场长闫长春，党委常委、纪委书记、武装部部长马金刚，党委常委、副场长马文华(女，回族)，党委常委、副政委、工会主席廖军，党委常委、副场长王志成，党委常委、副政委翟纪亭(援疆干部)，党委常委、副场长徐公赦，副调研员马国芬(女，回族)。

2014年，农场确权划界土地总面积8.47千公顷，其中耕地面积6.67千公顷。年内种植面积4.87千公顷。高新节水滴灌面积3.6千公顷。主栽作物有：小麦、玉米、棉花、打瓜、番茄、葵花、南瓜等。农场有5个生产连队，8个企事业服务单位，5个外派驻场单位。招商引资及服务业单位8家，累计共35家。年内农场常住户2 325户，人口6 115人，户均2.63人。年内从业人数2 718人，其中在职职工1 109人，离退休人员1 212人。非公有制经济单位从业人数1 541人。年内农场人口出生率13‰，人口自然增长率0.9‰。农场汉族人口占总人口的63.6%，少数民族人口占37.4%；少数民族主要是回族、哈萨克族、维吾尔族等。农场有一条独立管理、联合使用的甘河子水系，每年来水量5 000万—6 000万立方米。2014年农场共利用甘河子河水1 159万立方米，抽取土墩子农场地下水859万立方米，购买引额济乌工程水839万立方米。为了截取甘河子河床的渗漏水资源，兵团第六师、土墩子农场共同于2011年9月在甘河子山区修建了一座小型水库，库容616万立方米。

【经济发展】 2014年，农场有工业企业10家，新引进企业2家分别为陈开发炒货厂、果源饮料。累计完成工业产值25 403万元。农场有个体4家，全年完成产值970万元。全社会建筑业完成生产总值9 427万元，建筑业增加值9 424万元，比上年2 151万元增加1 976万元，增长91.8%。农场加大固定资产投入，全年共投入21 000万元；新增农机固定资产1 169万元，购置农机具118台(架)。首次引进280马力拖拉机1台、凯斯收割机1台、国外先进犁3台、打捆机6台，搂膜机50台。年内农场有餐饮业及商店205家，全年产值8 857万元。2014年，农场实现生产总值2.87亿元，增长27%，人均可支配收入1.41万元。农场非公有制企业经济从业人数1 113人，占全场总人数的20.6%；实现非公有制经济生产总值6.378亿元，占全场生产总值的41.5%。

【社会事业】 2014年，农场有全日制九年一贯制寄宿学校1所，有教职员工64人，其中特岗教师13人，工勤人员5人，在编教师46人，在编人员中借调五家渠一小1人，山西运城援疆教师8人。在校学生471人。其中：少数民族学生315人，汉族学生156人；男生238人，女生233人；中学生146人，小学生325人。开设17个教学班，其中有5个初中班，12个小学班。农场有幼儿园1所，其中西泉有幼儿教学点1个；幼儿园有教职工15人，学龄前儿童201人。年内幼儿入园人数由86人增加到201人。年内农场有电视转播台、调频广播站、移动电话营业厅、联通电话营业厅、中国邮政网点、上户沟乡农村信用社、兵团农业银行阜康支行土墩子金融点、福利彩票投注站、体育彩票投注站、供电局、加气站等服务机构各1所。有线电视用户1 800户，网络总长75千米，广播电视覆盖率91%。年内农场有医疗卫生机构5个，设定病房床位20张，卫生技术人员36人。有个体诊所1家，个体药店2家。新引进炒货加工、钙果饮料及低氘水等4家工业企业，其中2家企业当年建成当年投产。引进新型建材、矮化果木及免埋葡萄、肉羊养殖等招商项目8个，协议总投资1.87亿元，到位资金1.15亿元。

【农场改革与发展】 2014年，农场抢抓历史机遇，加强项目的储备、申报、争取工作。工程建设项目21项，项目总投资14 221万元，其中：国家拨款和上级投资6 205万元，对口支援资金300万元，农场自筹6 291万元。在管理和实施好在建项目的同时储备基础设施、文教卫生、科技等项目12个。委托六师勘测设计院有限责任公司编制完成《土墩子农场连队功能转型规划》《土墩子农场中心连队居住小区规划》。创新延伸政府职能方式。农场已注册成立8个农工专业合作社，2014年新增3个合作社。鑫森源农林专业合作社已发挥较好的带动示范作用。鑫森源合作社采取以职工带地入社、成本民主管理、工资底线保障、利润比例分成的运行模式带动了58名职工增收致富。

【党建工作】 2014年，农场以建设“三型”政党为核心，全面推进党的建设科学化水平。全年组织开展中心组学习14次，农场领导完成7天集中学习，机关干部完成4天集中学习，基层党支部完成3天集中学习。已建立制度26个，完善制度4个，废除制度4个，需要出台的制度7个。农场党委坚持“一班人”共同抓，“一岗双责”具体抓，总体部署、整体推进的原则，全年召开党委常委会4次，纪委常委会9次，专题研究党风廉政建设问题。制定下发《农场党委班子成员党风廉政建设责任分工》，把反腐倡廉工作任务分解到班子成员，按照“一级抓一级、层层抓落实的”工作要求，层层签订党风廉政建设责任书22份。建立农场财经领导小组和改革领导小组，制定《财经领导小组议事规则》，修改完善《农场常委会议事规则》。重视老年党支部建设，认真落实老干部待遇，为老干部发放各类慰问金1.3万元。投资10万多元，改善老年活动中心环境及硬件设置配套。投入资金700余万元，对全场10个基层党支部活动场所办公硬件设施进行改善更新。注重人才培养，加强教育培训力度。选送1名领导干部参加中央党校培训，4名领导干部和3名基层干部参加兵团党校培训。全年先后选派49名党员干部参加兵师党校的各类培训学习，5名干部参加山西省委开展的行业培训。完善人才聚集机制，通过师市引进大学生8名，引进援疆人才13名。全年新发展党员5名，收缴党费3.2万元。基层1名党务工作者、1个基层党组织受到师市党委表彰。兵师新闻媒体对基层党建工作进行2次专题采访。先后召开老同志、机关部门、基层单位、宗教人士、周边企业、职工代表等多层面的座谈会16次，收集整理意见37条。按规定做好会前准备，召开5次专题会议，集体讨论修改对照检查材料，认真开展专题民主生活会。农场党委班子共征求“四风”方面的意见26条，班子成员已全部认领并整改落实到位。党委班子成员征求“四风”方面的意见共227条，全部整改落实到位。

【精神文明建设与文化活动】 2014年，农场结合群众路线教育实践活动，精神文明建设不断推进。学校通过请督导组领导上专题党课，观看廉政教育片，师德师风专题学习等多种形式强化教师的理论素养。与援疆教师开展“一帮一”结对子拜师活动，以教研组为单位的听课评课活动，家长开放周，青年教师基本功大赛等活动提升教育教学质量。参加六师中学教师课堂评优活动，参赛4人分别获得一、二、三等奖的成绩。农场医院建立干部职工述学、考学、评学机制，制订出台《党员职工学习制度》，请兵团医院、师医院专家来院进行理论讲座、义诊活动，提高医护人员的理论专业知识。农场开展少先队礼仪示范课、“国学经典诵读”、宣讲社会主义核心价值观团课、诗歌朗诵等活动，深入开展“我的中国梦”主题教育活动。开展民汉青少年“手拉手”活动，结对10对，开展民族团结图片展2次，参与总人数1 500余人次。农场以“感恩农场、奉献社会”主题活动为契机，开展“土墩子农场庆祝元旦、春节文艺歌唱比赛、交际舞比赛”，庆“三八”座谈会和以拔河、跳绳、同心协力等活动为主的职工趣味运动会，并慰问劳模、先进。开展迎十一广场舞比赛，开展廉政文化进连队活动月宣传活动。医院免费为职工义诊1 200余人次。在农忙时节，农场出动宣传车5次，深入田间地头开展法律维权宣传活动。

【人民生活】 全年走访、慰问特困户、困难户、五保户等共计256户，投入资金16.85万元。为54人申请门诊救助2.7万元，为112户低保家庭申请冬炭费3.72万元。为14名贫困低保、低收入人员发放医疗救助金10.96万元，慰问军属42户，发放慰问金1.44万元。为农场重点优抚对象发放抚恤金2.69万元，为8名义务兵发放义务兵优待金15.6万元，为2名自谋职业退役士兵发放一次性补偿金6.8万元。对80周岁以上老年人发放高龄津贴5.57万元。2014年，向上级民政部门争取殡葬服务站建设项目，主体已完工，计划2015年投入使用。全年发放各类救助、低保、慰问金86.1万元。其中走访慰问贫困残疾人45人，发放救助款4.5万元。为2名贫困精神病患者救助金额2 300元。对43名低保户中二级以上重度残疾人每人每年发放500元门诊救助，共计2.15万元。对3名残疾学生发放补助4 200元。为38名残疾人补贴居民养老3 800元，为71名残疾人补贴居民医疗2 050元。为28名残疾人发放居家托养资金1.68万元。为4名重度肢体残疾人配送轮椅，为60名各类残疾人免费配送助行器、坐姿椅、助立器、生活自助具、腋杖、盲人手表、助听器等种康复辅助器具。为43户困难残疾人发放冬季取暖救助金1.29万元。为3名残疾人申请残疾人贴息贷款。为16户残疾人发放住房补贴4.9万元。

【社区工作】 2014年，对残疾人和空巢老人实施困难帮扶服务，落实对残疾人的有关政策，两节期间49户贫困、残疾人家庭享受补助。为6名重大疾病患者申请医疗救助，为30名贫困人员申报最低生活保障金，协助农场各部门做好居民医疗保险1 117人，办理灵活就业人员2名，居民养老20人。办理少生快富工程4户，全年入户5次。社区服务不断扩大逐步完善，加大场区亮化、净化、绿化、美化工程的管理力度。加大积雪清理管理力度，方便农场居民出行。完成居民养老保险医疗保险收缴工作，新增养老保险150人，新增医疗保险138人。开展多项居民文化活动，丰富职工文化生活。完成辖区居民建档工作，实现一户一档一卡。

【园区工作与招商引资】 2014年，招商落地工业企业共有4家，项目协议总投资1.23亿元，实际到位资金5 519万元。开发炒货厂实现当年投资建设，当年投产运营。果源饮料有限公司投资2 000万元建设果钙饮料及低氘水加工项目基本建成。引资3 080万元实施农贸市场及商业街建设项目和加油站建设项目。

（王志财）

红旗农场

【概况】 党委书记、政委王永福，党委副书记、场长王万里，党委常委、副政委陈宏伟，党委常委、副场长范新兵，党委常委、副场长、武装部部长周青松，党委常委、副场长马忠国、师令生（援疆干部）、丁文权，党委常委、纪委书记王晖（女，2014年4月离任）、汪炜（2014年5月调任），党委常委、工会主席汪炜（2014年5月离任）、冯永莲（2014年5月调任），总农艺师龚禄昌，总经济师冯永莲（女2014年5月离任），调研员邵俊才。

2015年，红旗农场辖社区（一〇七、场镇）2个、农牧业连队13个、场属企事业单位26个、招商引资企业14个。总户数5 162户，总人口13 501人，其中少数民族 人口1 789人。人口出生率11‰，人口自然增长率3.6‰。全民所有制在岗职工1 089人，集体所有制从业人员3 047人。年末从业人员6 068人。工农业总产值95 899万元，生产总值59 481万元。

【经济建设】 全场总播面积12.22千公顷。粮食作物面积6.49千公顷，总产量63 455吨。其中小麦4.99千公顷，总产量41 459吨；玉米1.5千公顷，总产量21 996吨；番茄0.336千公顷，总产量55 396吨；红花1.109千公顷，红花籽总产量1 664吨，红花绒总产量300吨；甜菜0.174千公顷，总产量13 288吨；啤酒花0.037千公顷，总产量280吨；棉花0.075千公顷，总产量147

吨；打瓜2.707千公顷，总产量8 933吨；蔬菜0.117千公顷，总产量5 167吨。

年末牲畜存栏12.41万头（只）。肉类总产量3 167吨，奶类总产量1 648吨，禽蛋总产量205吨，鱼类总产量430吨。

农林牧副渔总产值60 251万元，比上年增长35.6%，其中种植业36 053万元，增长58.2%；林业2 864万元，增长4.1%；畜牧业19 031万元，增长13.5%；渔业453万元，增长42.9%。

全场有工业企业14家，门类有电力、粮油加工、食用色素加工、番茄酱生产、膨润土、红砖、滴灌带生产、商品砼生产等。从业人员696人。工业总产值33 040万元。主要工业产量：膨润土8 850吨，产值1 550万元；红砖2 100万块，产值2 100万元；植物油560吨，产值1 068万元；面粉7 500吨，产值2 350万元；番茄酱4 480吨，产值3 050万元；色素46吨，产值2 070万元；脱水蔬菜762吨，产值1 652万元；供电4 527万度，产值2 689万元；完成建筑面积46 608平方米，建筑业产值9 466万元。

商贸批零网点264个，从业人员447人，营业收入17 130万元；餐饮网点64个，从业人员306人，营业收入2 590万元。全场有汽车1 124辆，其中载客汽车426辆（含家用）。旅客周转量5 070万人千米，增长30%；载货汽车158辆，货运周转量26 000万吨千米，增长58%，年客货营运收入15 497万元。

2014年，实现生产总值（GDP）59 481万元，增长28%。其中一产28 327万元，增长41.6 %；二产13 627万元，增长24.8%；三产17 527万元，增长13.8%。固定资产投资21 944万元。三次产业结构比例为47∶23∶30。

农业机械总动力增长52 934千瓦。有大中型拖拉293台，总功率18 328千瓦，配套农具735部；小型拖拉机1 855台，总功率26 513千瓦，配套农具2 388部；联合收割机33台，总功率2 714千瓦。农业全程机械化率达到98 %，机电井520眼，配套电机520台，总功率16 640千瓦。

【社会事业】 全场各类在职专业技术人员297人，其中高级27人，中级130人。有九年一贯制学校2所，民族小学1所。在校学生827人，其中少数民族学生235人。专任教师172人，其中少数民族教师43人。“双语”幼儿园3所，在园幼儿412人。有医院2所，连队卫生室13个，医护人员60人，病床40张。农场医院加入奇台垦区医疗集团，挂牌为第六师奇台医院分院。

【人民生活】 全社会消费品零售总额17 130万元，增长31%。人均收入17 938元，增长24.8 %。发放低保金、救助金、慰问金等360万元；农机、粮食等各类转移性补贴1 897万元。职工多元增收成效显著，人均年增收5 830元，人均纯收入21 216元。实施兴边富民工程，投资1 200万元修建养殖区圈舍20栋。

【惠民实事】 以保障性住房、完善公共服务设施为重点的十件实事全面完成，各族职工群众的生产生活条件改善，职工群众的幸福指数提高。完成保障性住房100套，棚户区改造400户。农村安居工程104户，231户老弱病残无房户搬进公租房。

【文化建设】 2014年，制作反映农场文化建设专题片《发挥文化引领作用凝聚改革发展力量》，向国家申报全国文化先进单位，被国家文化部授予“民族文化之乡”称号。国家级非物质文化遗产——哈萨克族毡绣布绣孵化园被国家文化部命名为非物质文化遗产传承性保护基地，是兵团唯一一家获此殊荣的单位。中央电视台第七套农广天地栏目专程来农场摄制哈萨克族毡绣布绣工艺专题片，对扩大和提升农场文化的传播力起到积极的推动作用。

【招商引资】 2014年，招商引资企业3个，签约资金2.2亿元，落地资金1.2亿元。主要是特变电光伏发电。

【民族团结】 2014年，全面启动“五共同一促进”活动。成功举办师市第二届农场第六届阿肯弹唱会。农场政委王永福同志获“全国民族团结模范个人”称号。与吉木萨尔县开展民族团结兵地共建活动，荣获“师市民族团结进步共建活动兵地共建示范团场”称号。

【党工团妇建设】 全场28个基层党组织，1 000多名党员参加第二批群众路线教育实践活动。各基层党组织还积极开展“访民情、惠民生、聚民心”活动。积极开展基层服务型党组创建、党建带群建活动纵深发展。农三连党支部获师市基层党建载体创新示范支部。干部人才队伍建设加强，引进大学生21名。农场被师市党委授予基层组织建设先进团场称号。

【社区管理】 一〇七社区　主任张天顺（副处级），副主任达吾提（哈萨克族副处级）。

社区总人口1050人，其中以哈萨克族为主的少数民族人口265人。设有社政办工作机构，有工作人员12人。主要负责农场机关对口业务、社区日常事务管理及社区水、电、路、林、供热、环境卫生等。有九年一贯制民汉学校1所，教职工53人，其中少数民族教职工30人；在校学生178人，其中少数民族学生155人。有医院1所，医护人员26人，病床20张。有兽医工作站1个，负责社区畜禽疫病的防疫与治疗。有个体商品零售点7个。

场镇社区　书记张桂丽（女），主任马沙海（回族）。

下设环卫队、自来水站、劳动保障服务站。主要负责场镇供水、绿化、环境卫生、社区居民养老保险、医疗保险等工作。为了进一步拓展社区服务功能，增强社区的凝聚力，社区积极组织开展各项文体活动，坚持做到天天有活动，月月有比赛。

红旗农场农业连队情况统计表

连队名称	党支部书记	连长	地名	总人口（人）	播种面积（公顷）	粮食作物总产量（吨）	经济作物总产量（吨）							总产值（万元）	年末牲畜存栏（头/只）	劳均纯收入（元）	人均纯收入（元）
							番茄	打瓜	红花绒	红花籽	棉花	酒花	甜菜				
农一连	鲁建新	鲁建新	东渠	870	899	3 449	22 550	360	17	97	—	—	—	3 426	7 864	32 827	18 500
农二连	朱长海	朱长海	西渠	1 227	901	3 497	—	966	45	250	—	280	13 288	3 263	10 971	33 878	17 050
农三连	黄国新	黄国新	青格达	772	1 070	3 828	—	1 605	58	325	—	—	—	4 000	12 096	52 687	23 000
农四连	辛真明	马维军	西槽子	996	1 492	6 305	—	1 600	21	114	—	—	—	4 429	12 440	42 417	21 228
农五连	魏　勇	魏　勇	东槽子	795	1 135	5 072	—	1 394	38	210	—	—	—	4 474	7 408	41 099	20 062
农六连	马义文	马义文	北槽子	813	926	2 934	—	1 469	—	—	—	—	—	4 296	10 623	40 283	20 320
农七连	杨培齐	杨培齐	丰盛堡	403	588	1 611	—	757	41	230	—	—	—	2 041	6 730	34 995	20 153
农八连	唐学文	李林年	高窝堡	748	836	5 476	—	265	41	225	—	—	—	3 595	9 702	40 280	18 030
农九连	杜红勇	刘德勇	十二户	1 334	936	14 482	32 846	181	27	153	147	—	—	3 991	12 060	34 623	17 210
农十连	曹大新	白　山	一棵树	520	725	3 907	—	244	11	61	—	—	—	3 115	9 729	28 440	14 010
农十一连	高升元	邓德明	五厂湖	247	234	264	—	625	—	—	—	—	—	840	403	31 077	16 160
农十二连	彭庆安	靳红疆	叶家湖	463	271	2 981	—	—	—	—	—	—	—	1 140	5 088	29 350	14 160
草原站	阿斯力汉	阿斯力汉	大三台沟	743	553	2 792	—	53	—	—	—	—	—	2 938	23 252	22 360	10 120

（李义强）

奇台农场

【概况】 党委书记、政委吴国丰，党委副书记、场长郭怀安，党委常委、副政委董猛，党委常委、副场长李彪仁，党委常委、副场长王康武（2014年5月任职），党委常委、纪委书记罗刚，党委常委、副场长袁存杰，党委常委、工会主席徐桂香，党委常委、副场长谭小刚，党委常委、武装部部长祁炳耀，总农艺师池锦山（2014年5月离任），总经济师 韩富强，总工程师解本良（2014年5月任职）。

2014年，奇台农场辖6个社区（一〇八、一〇九、一一〇、留守办、八道滩、开垦庙），共计29个生产连队。场属营级事业单位16个，企业单位7个。总户数10 641户，总人口27 688人（少数民族人口2 016人）。在岗职工4 775人，年末从业人员13 234人。工农业总产值332 934万元(当年价,下同),生产总值177 920万元。完成固定资产投资10.71亿元。

【经济建设】 全场总播面积22.64千公顷(不包括复播面积)。粮食作物播种面积15.88千公顷(不含复播面积),总产量15.39万吨。其中,小麦10.88千公顷,总产8.81万吨;玉米4.84千公顷,总产6.25万吨;大麦0.037千公顷,总产225吨。主要经济作物有油料、甜菜、啤酒花、打瓜、薯类、南瓜、蔬菜、西甜瓜。年末牲畜存栏19.52万头(只),肉类总产量9 224吨,奶类总产3 920吨,羊毛总产560吨,禽蛋总产440吨。

农林牧总产值102 041万元,比上年增长5.6 %,其中,农业68 013万元,增长8.6 %;林业841万元,增长40.9%;牧业33 187万元,增长—0.6%。

全场有工业企业140家,门类有电力、煤炭、造纸、粮油加工、酿造、修理、钢门钢窗制作、干馏炭、麦芽生产、淀粉生产等,年总产值230 893万元,同比增长16.6%。建筑业年均从业人员2 086人,施工面积492 785平方米,当年竣工面积492 785平方米,总产值45 299.3万元。全场有汽车1 821辆,其中,载客汽车1 081辆(含非营运),营运载客汽车客位1 171人,客运量60万人次,旅客周转量6 000万人千米;载货汽车492辆,总吨位9 803吨,货运量198万吨,货物周转量55 645万吨千米;农用运输车179辆;其他车辆248辆。年客货营运收入30 605万元。

三次产业生产总值为177 920万元,增长27.4 %(可比价)。其中,第一产业47 463万元,增长0.1%(可比价);第二产业78 271万元,增长35.1 %(可比价);第三产业52 186万元,增长44.9 %(可比价)。三次产业比重为27:44:29。

农业机械总动力112 611千瓦。有大中型拖拉机305台,总功率13 810千瓦,配套农具613部;小型拖拉机2 731台,总功率31 239千瓦,配套农具2 242部;联合收割机178台,总功率21 467千瓦;机井2 558眼,配套电机2 842台,总功率127 098千瓦,机电灌溉面积2 982公顷。

【人民生活】 年末全社会从业人员13 234人,全年社会消费品零售总额47 412万元。人均收入17 096元,职工工资总额17 802万元。

【城镇化建设】 2014年,在城镇建设中,农场按照“高起点规划、多功能布局、全方位启动、分阶段实施”的原则,不断推进团场小城镇建设。农场先后投资3 850万元,修建5条城镇道路延伸工程4千米(农场北环路、府前街、公园路、规划路、一一〇社区中心路)。完成4个住宅小区建设,新建保障性住房1 286套(其中特困家庭保障房300套)。实施农场1 500户天然气管道入户、一一〇社区文化广场、一〇八社区人饮水改造等城镇基础设施配套工程。推进边远连队拆迁和职工向城镇转移居住的力度。2014年全场700余户职工从农业连队搬迁到城镇居住。

【新型工业化建设】 2014年,农场继续加大招商引资力度,不断改善招商环境,由招商向选商转变,土地由分片开发向集中连片过渡,改变土地出让模式,完善招商政策,在做好续建项目的同时,做好光伏发电、达凯瑞保水剂等新建项目的落地和跟踪服务工作。全年实施固定资产项目64个(包含续建和新开工项目),累计完成固定资产投资10.27亿元,其中上级资金项目开工建设43个,完成投资2.67亿元,招商引资项目开工建设21个,完成投资7.6亿元。

【农业现代化建设】 2014年,农场先后投入4 000万元新建规模化养殖场(区)10个,建设圈舍100栋50 000平方米;种植青贮玉米333.33公顷,保证满足畜牧业发展饲草料需求。同时,加快培育畜牧业市场主体,建有畜牧业公司3家,畜牧专业合作社30家。年末牲畜存栏20.2万头(只),出栏23万头(只),实现畜牧业产值3.6亿元,在大农业比重达到30%。在农业产业化方面,农场以粮食高产创建示范区为抓手,着力推进各种农作物高产高效。亩效益达到2 000元以上的作物(枸杞、瓜类、食葵)面积5.34千公顷,亩效益达到5 000元以上的作物(啤酒花)面积209.33公顷,亩效益达到10 000元以上的作物(大棚蔬菜、苗圃)96.33公顷。农业部小麦2.8千公顷整建制高产创建示范片,实产579千克/亩。玉米千亩高产田,亩产1 224.7千克,农业部玉米133千公顷高产创建,目标1 000千克/亩,实产1 036千克/亩。

【三产服务业】 2014年，农场发挥一万泉旅游文化公司的龙头引领作用，完成一万泉旅游发展总体规划，兵团接待中心、手工十八坊饮食一条街已完成土建工程；利用一〇八商贸物流园区建成酒店宾馆、金博瑞批发市场等。庞大集团、华泰物流、金博瑞农产品交易中心等26家企业入驻一〇八商贸物流园区。园区建有各类商业面积达26万平方米，共有商户870户，其中从事餐饮的商户81家，从事宾馆服务业的17家，从事汽车4S服务和物流等其他服务业772家。

【深化改革】 农场党委以“政企、政资、政事、政社”四分开为突破口，坚持内设机构、人员编制、管理费用“三个只减不增”原则，推进团场机构改革、转变职能。以田奇农业公司为经营主体，按照市场化运作农林牧等各项经营事务。以大奇国资公司为经营主体，对农场的国有股份、资产及下辖31家企业（含工业、物流、农副产品加工企业），8家参股企业进行经营管理。成立1个城镇管委会及办公室，7个片区管委会，5个社区居委会。积极推进社会化服务：完善社会服务功能，构建团场—社区—居委会的三级社会管理架构；加大政府购买社会服务力度，对1个中心城镇3个小镇的物业、环卫、供暖对外进行承包，完善公益性社会服务设施建设。社区连队目前共有各类合作社62个，2014年新增各类合作社39个，使农业大户、专业合作社成为连队闯市场带头。参与六师奇台医院牵头成立的奇台垦区医疗集团组建整合工作，并将现有农场医院的人财物全部交由奇台垦区医疗集团进行管理，实现双向转诊，各尽所能，专家下到了基层，群众得到优质医疗服务。

【教育实践活动】 奇台农场第二批党的群众路线教育实践活动动员大会于2014年2月19日召开，共有75个党总支、支部，2 370名党员，880名干部，9个企业单位，8个社区，6个教育单位，7个医疗卫生单位，8个事业单位，30个农业连队在内的70个单位参加。活动中，奇台农场党委坚持以问题为导向，聚焦“四风”问题。农场党委下派11个督导组，深入到18个场直单位、6个农业社区、29个连队进行督导和调研。一是认真落实“两方案一计划”，党委班子共计征求意见建议37条，整改落实36条，整改落实率97%；两名主要领导征求意见建议53条，整改落实率100%；班子副职领导征求意见建议173条，整改落实率为100%；机关党支部征求意见建议18条，整改落实率100%；社区党总支征求意见建议78条，整改76条，整改落实率97.4%；连队党支部征求意见建议348条，整改340条，整改落实率97.7%。企事业单位党组织征求意见建议253条，整改248条，整改落实率98%。二是各项制度的得到有效落实，重新制定16项制度，其中：民生类7项、党建类5项、财经类4项，完善2项制度，废除4项制度，计划新建立4项制度。加强财务管理，制定《奇台农场财务管理办法》等5个相关办法，对基层财务管理进行定期和不定期考核。加大财务公开力度，对涉农补贴资金、社保资金、土地承包费等相关事项进行全面公开。与兵团农行合作为社区连队安装35部刷卡电话。对土地承包费、农业保险费等各项费用实现刷卡缴费，杜绝现金往来。农场党政下发文件比上年下降10%；各类会议比上年减少15%，“三公”经费比上年同期减少10%。调整清理3个机关科室、4个社区、场直单位的办公用房面积，整治软弱涣散基层党组织2个，解决18名干部“走读”问题。15项缴费、收费、办证权力下放到一〇八社区等8个社区服务中心，实现居民办事不出社区。农场争取项目和自筹资金完成住房、教育、医疗、社会保障和便民设施等民生项目64个。解决36个职工群众反映强烈的突出问题。

【廉政建设】 2014年，农场党风廉政工作中，农场党委建立健全重大事件报告制度、监督制度、诫勉谈话制度等，20名干部按要求报告操办婚、丧事宜情况，解决18名干部“走读”问题，全场干部述职述廉238人次，任前廉政谈话58人次，诫勉谈话13人次。对拟提拔干部，坚持民主推荐、考察预告、廉政鉴定和公示。同时，加大查办违纪违法案件力度。共受理群众信访举报17件，初核13件，转立案4件，给予党政纪处分4人，收缴违纪款19.07万元。落实“收支两条线”的管理规定，集中开展历时2个多月的“小金库”专项清理工作，清理“小金库”25个，收缴违纪资金141万元，对3起违反八项规定的典型案例进行通报。制定完善8项整改制度。

【群众文化建设】 2014年，改造文化活动中心电路设施，配备20万元的音响、灯光，为一〇八社区文化活动中心配备10万元活动器材，为各类协会、兴趣社团配备5万元音响、电视、电子琴、卡拉OK、乒乓球桌等器材。邀请大同市选派3名广播电视制作人员、5名社区文化服务工作人员来场指导工作。为基层配备各类图书5 000余册，拥有县级“文化信息资源共享工程”1家。职工书屋建成30家，实施电影放映工程，当年放映电影350场，观众达万余人次。在抓好节庆文化、百日广场文化活动的基础上，在全场巩固、培育、组织16支(3个秦腔票友社)群众文化队伍，组织开展职工文艺演出20场次。结合农场特点，3个新疆曲子戏票友组织不定期活动，民间社火展演、老年秧歌、健身广场舞等群众文化活动丰富多彩。场党委还特别邀请山西大同市文工团艺术家来场慰问演出5场次，受益观众达1.5万人次。海政文工团来场慰问退伍海军，宋祖英、吕继宏等明星登台现场演唱，让退伍海军和广大职工群众享受了文化大餐。

【社会事业】 2014年，农场养老和医疗保险覆盖率达到100%，社会保险征缴率达到100%，小额贷款发放1 054万元，就业困难人员社保补贴250万元；全年共发放民政资金614.5万元，受益人数9 256人次。发放残疾人慰问、住房补助、医疗报销、贫困资助等各项资金31.1万元，为319名残疾人申领低保，为604名残疾人购买城镇居民医疗保险，帮助588名残疾人实现就业。落实兵团“十件实事”，为122对符合条件的育龄夫妇进行免费孕前优生健康检查，加强和完善全员人口信息入库率和准确率，对2.8万人的个人基本信息实现系统管理和服务。

在教育教学方面，农场有完全中学1所，九年一贯制学校3所，完全小学1所。2014年，积极与大同市对接，5所学校与大同市6所学校建立友好学校，12名教师、8名医生先后来场支教支医。通过改革卫生系统服务能力和服务水平都有了较大提升，门诊就诊人数比往年增加10%，住院人数比往年增加7%，医疗收入比往年增长10%；专家下基层30余次，就诊人数达到600余人次，群众得到优质医疗服务。

农场广播电视站有工作人员19人，下设新闻部、工程部和3个社区维修站点。完成一一〇社区机房改造；配合数字化平移工作，完成辖区20余千米主干光缆铺设工作，年底全面完成有线电视数字化平移收尾工作。2014年，兵团电视台用稿90篇，五家渠电视台用稿130篇，中央人民广播电台用稿1篇，省级报刊用稿26.5篇。地州级报刊用稿92篇；省级网站用稿698.5篇，制作专题片7部；自办广播123期，电视新闻96期；完成公益电影放映350场次。2014年3月，被五家渠电视台评为2013年度供稿先进集体，被兵团广播电视台评为2013年度兵团广播电视通联供稿先进单位。

【老年体育协会】 奇台农场老年体协成立于2007年1月。老年体协组织机构8个，其中团场1个，社区7个，组织成员共68人。全场能长期坚持老年体育活动人员约350人，间接参加老年体育活动的约1 500人。农场有各类体育活动器材189件，老年活动场所47个，占地面积6 600平方米(其中：室内47个，室外19个1 800平方米)。有舞蹈、棋牌、太极拳(剑)、戏曲、木兰扇、柔力球、健身球、气功、秧歌、百缘民间艺术等12个协会。2012年，农场成立一〇八社区和奇台总场老年体协门球队，至2014年门球队已有队员30人。

是年8月27日，第六师五家渠市老干局、师市老年体协主办，奇台农场协办的2014年全国百城千村健身气功交流展示启动仪式暨健身气功、太极剑、柔力球交流展示(东线片区)活动在奇台农场开幕。来自奇台农场、六运湖农场、红旗农场、大黄山煤矿3个单位8个代表队195名中老年人同台角逐。

【十件实事】 一是完成公共租赁住房1 286套(其中困难职工家庭保障房300套)。二是更新机井30眼，新增节水滴灌面积5万亩。三是已完成天然气管道入户1 500户。四是完成山西援建的一〇八社区人饮水改造项目。五是为全场2 463名65岁以上老年人免费进行体检。六是完成一一〇社区职工文化广场修建工程。七是学校风雨操场已开工。八是养老院主体已完工。九是职工转移就业创业市场已开工建设。十是完成职业技能、创业、岗前、综合素质等各类培训800人。

【社会稳定】 在信访稳定工作中

农场党委狠抓信访工作，抓好应急营的民兵整组、应急处突军事训练工作，按照上级要求，组织1批次、共计98名民兵参加西山备勤和乌鲁木齐维稳执勤；圆满完成15名新兵的征集工作；师市武装部通过远程监控观看农场组织的38名民兵和警卫联合组织的护库演练，受到上级军事部门的好评。在社会治理工作中，在全场范围内开展“加强法制宣传教育、切实维护社会和谐稳定”专项法制宣传教育活动。邀请兵团党校老师以及垦区公安局、司法局法律专业人员深入机关、社区、连队及企事业单位进行专项法制宣讲；推进社会治理体系建设，在农场社区设置社会治理办公室，在连队成立社会治理工作站。明确机关、社区、连队三级组织职责任务，建立联席会议制度。在社区推行网格化服务管理。构建“居民委员会—网格责任小组—居民组长”的三级网格组织体系，真正实现社区管理和服务的全员化、信息化和精细化。

【一〇八社区】 书记崔仕亚，主任卜凡强，副主任陈茹玲（女）、曹海。

辖5个农牧生产连队，有居民1 617户，总人口4 708人（少数民族人口838人），在岗职工1 304人，从业人员1 739人。总播面积3.88千公顷，其中粮食作物播种面积2.89千公顷，总产量30 045吨。主要经济作物：薯类0.003千公顷，总产量30.4吨；甜菜0.14千公顷，总产量13 926吨；啤酒花0.062千公顷，总产量182.1吨；打瓜0.059千公顷，总产量121吨。年末牲畜存栏36 056头（只），肉类总产量11 572.59吨，羊毛总产量28.6吨，奶类产量1 128吨，禽蛋产量56.6吨。农林牧副总产值16 599万元，人均纯收入19 083元，在岗职工人均纯收入28 000元，从业人员平均纯收入22 750元。农业机械总动力20 076千瓦。有大中型拖拉机53台，总功率2 910.6千瓦，配套农具141部；小型拖拉机156台，总功率2 063.9千瓦，配套农具255部；联合收割机21台，总功率1 939千瓦；有机井116眼，配套电动机116台，电动机总功率5 520千瓦，机电灌溉面积58 262亩。化肥施用量4 491吨，折合纯量2 164吨。地膜使用量80吨，覆盖面积22 892亩。

有汽车367辆，其中，载客汽车219辆，客位615人，客运量2.9万人次，旅客周转量215万人千米；载货汽车12辆，总吨位86.4吨，年货运量5.8万吨，货物周转量880万吨千米；农用运输车240辆。客货营运收入598万元。

一〇八社区连队情况统计表

连队名称	党支部书记	连长	地名	总人口（人）	播种面积（公顷）	粮食作物总产量（吨）	经济作物总产量（吨）			总产值（万元）	年末牲畜存栏（头/只）	人均纯收入（元）
							土豆	甜菜	酒花			
一连	刘才林	何江宏	大拐弯	802	1 374.5	13 666	—	3 171.2	—	6 860	12 387	27 902
二连	王 芳	杨鹏	平 渠	1 087	858.4	9 401	30.5	4 224.7	182.1	3 437	8 449	27 338
三连	刘跃才	闫素萍	古 堡	616	893.8	10 556	—	3 494.6	—	3 885	6 707	27 808
四连	黄步华	黄立东	达巴罕口	390	607.4	7 641	—	2 405	—	2 387	5 205	29 076
民族连	张天然	努尔	骆驼井子	221	150	2 112	—	630.5	—	881	3 308	16 424

【一〇九社区】 主任曹英敏，党总支书记骆新刚，副主任王志辉、张令海。

辖4个农业生产连队，有居民1 339户，总人口3 583人（少数民族人口152人），在岗职工861人，从业人员1 384人。总播面积2.78千公顷，其中，粮食作物播种面积1.82千公顷，粮食总产量19 178吨。主要经济作物：甜菜0.009千公顷，总产量903吨；薯类0.005千公顷，总产量42吨，油料0.211千公顷，总产量802吨；枸杞133.3公顷，总产量118吨；打瓜174.7公顷，总产量301吨；裸仁南瓜0.177千公顷，总产量305吨；西甜瓜0.108千公顷，总产量4 860吨。年末牲畜存栏14 377头（只），肉类总产量1 133吨，羊毛总产44吨，奶类总产818吨，禽蛋总产29吨。农林牧服总产值15 136万元，人均纯收入19 400元，从业人员平均纯收入31 000元，职均纯收入40 500元。农业机械总动力24 326千瓦。有大中型拖拉机46台，总功率4 890千瓦，配套农具88部；小型拖拉机453台，总功率5 993千瓦；配套农具296部；联合收割机28台，总功率4 480千瓦；机井85眼，配套电机85台，机电灌溉面积2 775.5公顷。化肥施用量3 329吨，折合纯量1 530吨；地膜使用量76吨，覆盖面积1 442.2公顷。

一〇九社区连队情况统计表

连队名称	党支部书记	连长	地名	总人口（人）	播种面积（公顷）	粮食作物总产量（吨）	经济作物总产量（吨）	总产值（万元）	年末牲畜存栏（头/只）	劳均纯收入（元）	人均纯收入（元）
一连	陆德宏	冯金福	背梁子	931	913.3	7 391	93 025	5 139	5 893	25 500	21 200
五连	赵　立	孙志远	高架子	402	860	6253	91 205	4 767	5 156	28 500	17 500
六连	赵连荣	蒋永刚	骆驼井	600	540	3 790	2 142	2 999	1 869	24 500	17 825
七连	李卫国	帅学军	泻洪滩	341	453	1 886	4 350	2 002	1 459	27 500	21 000

【一一〇社区】　党总支书记蒋旭晴，主任丁素民，副主任王嵘。

辖5个农牧生产连队，有居民1 924户，总人口5 177人（少数民族人口529人），在岗职工928人，从业人员1 366人。总播面积3.36千公顷，其中，粮食作物播种面积1.51千公顷，总产量11 400.4吨。主要经济作物：薯类0.006千公顷，总产量56.5吨；甜菜0.11千公顷，总产量10 073吨；啤酒花0.028千公顷，总产量78.7吨；打瓜0.071千公顷，总产量148吨；裸仁南瓜0.51千公顷，总产量999吨；蔬菜0.11千公顷，总产量6 615.4吨。年末牲畜存栏27 001头（只），肉类总产量2 056吨，羊毛总产量137吨，奶类产量205吨，禽蛋产量78吨。人均纯收入7 384.7元，在岗职均纯收入41 197元，从业人员平均纯收入27 987.4元。

有机井97眼，配套电动机97台，电动机总功率5 759千瓦，机电灌溉面积3.28千公顷。化肥施用量4 408吨，折合纯量2 041吨。地膜使用量69吨，覆盖面积1.58千公顷。

一一〇社区连队情况统计表

连队名称	党支部书记	连长	地名	总人口（人）	播种面积（公顷）	粮食作物总产量（吨）	经济作物总产量（吨）					总产值（万元）	年末牲畜存栏（头/只）	劳均纯收入（元）	人均纯收入（元）
							甜菜	土豆	蔬菜	裸仁南瓜	其他				
一队	高卫泽	田小洪	涝坝村	436	636.2	2 554	5 731	—	907	196	636	2 828	5 769	3 5000	2 0000
二队	贾祥建	魏祥林	芨芨湖	438	6 105	490	1 300	—	—	350	480	1 296	8 109	3 1400	2 0342
四队	郭胜山	陆峰	杨树屯	745	693.4	415.185		130	92	234	2 396.79	2 600.25	8 044	2 8500	9745
六队	赵学超	雷　星	老沙包	575	8 813	907	850	84	276	132	812	2 800	8 594	3 0000	2 4500
园艺连	程相龙	孙云德	三十里大墩	356	4 243	1 021	6.3		18	90	88	1 377	4 680	3 9670	1 9914

【开垦庙社区】　党总支书记严军，主任张建伟，副主任王维斌。

辖4个农业生产连队，有居民853户，总人口3 422（少数民族人口9人），在岗职工47人，从业人员1 466人。总播面积3.16千公顷，其中，粮食作物播种面积2.43千公顷，总产量19 798吨。主要经济作物：薯类0.166千公顷，总产量1 512.7吨；油料0.082千公顷，总产量145.62吨；蔬菜0.006千公顷，总产量184.75吨。年末牲畜存栏46 712头（只），肉类总产量2 003.4吨，羊毛总产量115.62吨，奶类总产量185.36吨，禽蛋总产量119.12吨，蜂群6 554箱，蜂蜜总产量176.96吨。农林牧服总产值14 875.1万元，人均纯收入13 202

元，从业人员平均纯收入33 831元，在岗职均纯收入41 805元。

农业机械总动力11 260千瓦。大中型拖拉机39台，总功率3 113千瓦，配套农具80部；小型拖拉机604台，总功率7 822千瓦，配套农具599部；联合收割机20台，总功率1 648千瓦。年化肥施用量2 205吨，折合纯量1 001吨。

汽车214辆。其中，载客汽112辆，客位524人，客运量11万人次，旅客周转量264万人千米；载货汽车60辆，总吨位562吨，货运量84万吨，货物周转量1 762万吨千米；农用运输车29辆，客货营运业务收入1 123万元。

开垦庙社区连队情况统计表

连队名称	党支部书记	连长	地名	总人口（人）	播种面积（公顷）	粮食作物总产量（吨）	经济作物总产量（吨）			总产值（万元）	年末牲畜存栏（头/只）	劳均纯收入（元）	人均纯收入（元）
							红花	土豆	蔬菜				
一队	苏发林	范学军	十三户	700	682.9	5 094.2	38.4	285	41	1 723.44	6 783	28 457	13 497
二队	武元军	褚汉民	董家槽	1 324	1 064.62	7 760.7	31.87	740.3	69.9	2 245.06	16 821	34 926	13 823
三队	张海年	陈金海	楼庄子	751	716.9	3 821.88	56.11	352.28	32.85	1 345	7 021	36 299	12 857
四队	王凤萍	王建新	碱沟	544	699.18	3 121.32	19.24	135.12	41	1 070	16 087	22 081	13 111

【八道滩社区】 党总支书记李国华，主任李生银，副主任洪彦忠。

辖5个农业生产连队，有居民1 070户，常住人口3 206人，在岗职工34人，从业人员1 543人。总播面积4.618千公顷，其中，粮食作物播种面积4 .163千公顷，总产量40 794吨。主要经济作物：油料0.315千公顷，总产量1 227吨；薯类0.071千公顷，总产量627吨；啤酒花0.055千公顷，总产量164吨。年末牲畜存栏36 500(只)，肉类总产量1 941.4吨，羊毛总产89吨，奶类总产400吨，禽蛋总产100吨。农林牧副总产值19 369万元，人均纯收入19 720元，从业人员平均纯收入37 500元，在岗职均纯收入39 796元。

八道滩社区连队情况统计表

连队名称	党支部书记	连长	地名	总人口（人）	播种面积（公顷）	粮食作物总产量（吨）	经济作物总产量（吨）			总产值（万元）	年末牲畜存栏（头/只）	劳均纯收入（元）	人均纯收入（元）
							油料	土豆	酒花				
一队	赵新仓	张学军	八道滩	880	810	6 790	1 227	502	164	4 148	6 269	40 800	20 150
二队	白玉本	王开召	闸湾	546	980	8 428.9	—	—	—	3 584	5 315	39 500	19 840
三队	李　霞	张　伟	小堡	344	759	5 716.9	—	23.5	—	2 977	4 780	38 700	19 800
四队	张旭明	谢香军	戈壁村	459	732	9 098	—	103	—	3 425	5 493	41 500	21 800
五队	刘福财	赵尔忠	庙湾子	977	1 337	10 760	—	—	—	5 235	14 643	38 713	19 600

【留守办】 党总支书记李广奇，主任刘兆豪，副主任安克明。

辖6个农业生产连队，有居民1 707户，总人口5 594人(少数民族人口237人)，在岗职工1 589人，从业人员2 071人。总播面积5.19千公顷，粮食作物播种面积3.79千公顷，粮食总产量44 556吨。主要经济作物：油料0.647千公顷，总产量2 524吨；薯类0.037千公顷，总产量329吨；啤酒花0.107千公顷，总产量293吨；打瓜0.215千公顷，总产量389吨。年末牲畜存栏37 996头(只)，肉类总产量785吨，羊毛总产55吨，奶类产量1 408吨，禽蛋总产60吨。农林牧副总产值23 892万元，人均纯收入10 539元，从业人员平均纯收入28 469元，在岗职均纯收入22 057元。

农业机械总动力32 185千瓦。大中型拖拉机70台，总功率

4 040千瓦，配套农具135部；小型拖拉机438台，总功率5 773千瓦，配套农具345部；联合收割机34台，总功率2 752千瓦；机井224眼，配套电动机224台，总功率19 014千瓦，机电灌溉面积5.19千公顷。化肥施用量7 532吨，折合纯量4 047吨，地膜使用量159吨，覆盖面积3.052千公顷。

载客汽车169辆，客位676人，客运量12万人次，旅客周转量404万人千米；载货汽车56辆，总吨位730吨，货运量60万吨，货物周转量3 382万吨千米。客货营运业务收入1 767万元。

留守办连队情况统计表

连队名称	党支部书记	连长	地名	总人口（人）	播种面积（公顷）	粮食作物总产量（吨）	经济作物总产量（吨）				总产值（万元）	年末牲畜存栏（头/只）	劳均纯收入（元）	人均纯收入（元）
							糯玉米	土豆	打瓜	酒花				
园艺场一队	李文胜	张志成	四十里腰站	1 468	1 069	7 124	728	35	245	293	5 610	7 232	34 146	12 379
园艺场二队	宋德荣	高宝琛	原一分场四队	689	282	2503	101		15	—	2 634	4 925	32 781	5 233
一分场一队	徐才林	蔡明生	原一分场一队	592	442	4 442	342		48	—	2 019	4 510	30 500	9 318
中心连队	李文新	刘召才	种子队	987	1 472	11 789	1 035	173	81	—	4 459	10 164	40 636	15 480
一分场四队	王福才	席斌	西榆树窝子	702	931	6 955	674	—	—	—	3 959	5 359	34 451	11 423
一分场五队	张守国	蔺元金	牛庄子	864	993	11 743	721	121	—	—	5211	5 806	29 648	7 821

【卫生系统】 医院党总支书记、副院长陈东，卫生科第一科长、院长赵辉，卫生科长、副院长张国新，疾控中心主任王建新，卫监所所长马爱民。

奇台农场卫生系统下辖1所医院、1所疾控中心、3个社区卫生服务中心、22个连队卫生室，全场总人口3.4万人（包括一〇八、一〇九、一一〇社区）。团场外就诊率10%。担负着全场职工群众的医疗、预防、保健、康复、健康教育、计划生育、公共卫生等工作，全场卫生系统共有干部职工124人，其中卫生专业技术人员111人（副高3人、中级35人、初级73人），后勤管理人员13人；本科3人，大专42人，中专64人，其他13人。2014年度取得师市卫生工作二等奖，疾控工作连续三年获得师市疾控工作第一名的荣誉。

【奇台垦区电力公司】 党总支书记党晓霞，经理付加远。公司有在岗职工114人，其中管理人员12人，有35千伏变电站6座，变电容量101 750千伏安，电网电压有3千伏、10千伏、0.4千伏三个电压等级。其中，有35千伏输电线路88.71千米，10千伏供电线路659.38千米，0.4千伏配电线路320.28千米。有居民生活用电户11 037户，小型加工维修用电户270多户，大中型工业企业30多家，农业排灌机井728眼。供电营业区总面积为525平方千米，供电区域：一〇八社区、一〇九社区、一一〇社区、奇台总场、奇台县半截沟镇大庄子行政村、腰站子行政村；老奇台镇牛王宫、榆树窝子部分行政村。运行的水力发电站有3座，总装机容量2 310千瓦。供电呈现点多、线长、面广，用户分散，以农业排灌为主的特点。

2014年，公司完成转供电量1.22亿千瓦时，供电保障率达到98%以上，电量回收率达到94.8%，电费回收率达到100%。实现产值4 539万元，职均收入3万元。2014年，投资770万元完成农电网完善项目：一〇九团七连35千伏变电所改造及调度系统的安装，现变电所改造基本完成，调度系统还未开始建设。

【奇台农场水管处】 书记窦万春，处长王寿忠。水管处有在岗职工54人，其中管理人员17人，有各类专业技术人员12人，下辖6个配水点。

辖区河系开垦河引水主干渠8.03千米，供水支斗渠共计902.8千米，年均引水量3 770万立方米。所辖2座水库可蓄水400万立方米（其中，1号库可蓄水80万立方米，2号库可蓄水320万立方米），是年共引水3 281万立方米；已修建河系防洪坝46.2千米（其中开垦河32.7千米，麻沟河13.5千米);2条自来水引水主管道从南至北全长87千米,供水支管道遍布全场,共计长度340千米。是年,全场地表水引水4 430万立方米,供水3 400万立方米。灌溉水费收入316.4万元,自来水水费收入251万元,实现利润总额60万元。

【新疆田奇农业科技有限责任公司】 经理丁素。新疆田奇农业科技有限责任公司成立于2013年3月26日,5月9日在自治区工商局正式注册,公司名称为“新疆田奇农业科技有限责任公司”,简称“奇台农场农业公司”,注册资金1 000万元。公司董事会人员由7人组成,监事会人员由5人组成,公司有管理人员5人。主要经营范围:啤酒花、设施园艺、订单农业,经营地、退耕还林枸杞地、公有农机具、畜牧业、农业经济合作组织,投资性畜牧养殖及裕繁种羊场经营管理工作。

【大奇国资公司】 总经理范明理。公司注册资金1 000万元,有工作人员4名,目前已接收划拨的国有资产2 600万元,下辖31家企业(含工业、物流、农副产品加工企业),8家参股企业。主要是对农场国有股份、资产按市场机制进行经营运作。 (陈天军)

北塔山牧场

【概况】 党委书记、政委杨科生,党委副书记、场长巴合提拜(哈萨克族),党委副书记陈斌(5月任职),党委常委、副场长木合布利(哈萨克族)、赵卫国(5月离任)、刘巨敏、魏栋(山西援疆干部)、邱文忠(5月任职),党委常委、副政委、武装部部长潘新平,党委常委、纪委书记、工会主席陈斌(5月离任)、杨海东(5月任职)。

2014年,兵团第六师北塔山牧场下辖20个基层单位,其中,农业单位3个(草建连、农一连、农二连),畜牧业单位3个(畜牧一连、畜牧二连、畜牧三连),工业单位4个(煤矿、石灰石矿、花岗岩矿、焦化厂),事业单位4个(学校、幼儿园、医院、疾控中心),站、所6个(广播电视站、林管站、物业站、兽医站、交通管理站、房管所)。全场年末总户数户,总人口3 657人,其中,少数民族人口3 423人(哈萨克族3 418人,乌孜别克族1人,柯尔克孜族1人,蒙古族3人),占全场总人口的90%。全场出生32人,死亡16人。在册职工1 020人,退休人员416人,其中离休干部2人,离休职工2人。

【经济发展】 2014年,全场实现国内生产总值1.21亿元,增长19.7%。其中,第一产业1 946万元,增长20%;第二产业5 155万元,增长34%;第三产4 979万元,增长5%。实现利润总额800万元;农业总产值2 147万元,牧业总产值3 500万元,增长1.18%。各类作物播种总面积0.995千公顷,总产量5 557吨,增长1.07%。粮食作物0.821千公顷,总产量5 079吨。其中,小麦0.767千公顷,总产4 484吨;玉米0.027千公顷,总产330吨。主要经济作物0.004千公顷,总产量225吨。其中,油料0.02千公顷,总产51吨;薯类0.007千公顷,总产150吨;打瓜0.002千公顷,总产24吨;饲草料(苜蓿)0.134千公顷,总产700吨。年末牲畜存栏5.06万头(只),其中,羊4.65万只,马0.15万匹,牛0.21万头,骆驼0.05万峰;畜产品总产量1 122吨,其中,肉类总产量1 015吨,绵羊毛92吨,山羊毛10吨,山羊绒2吨,骆驼毛3吨。煤矿生产原煤39万吨,总产值7 410万元,同比增长2.8%。全场拥有汽车91辆,其中,载客汽车65辆,大客车4辆,客运量5.6万人次,旅客周转量860万人千米,载货汽车19辆,总吨位12万吨,货物周转量1 386万吨千米,年客货营运收入810万元;摩托车498辆。农业机械总动力250千瓦。小型拖拉机15台,总功率850千瓦,机井24眼,机电灌溉面积800公顷。

【党建工作】 2014年,牧场9个基层党组织和247名党员参加历时8个多月的党的群众路线教育实践活动,举办特种行业机动车双证培训班及职工三产特色培训班,使场内130多名牧民学到就业技能。通过教育实践活动,使牧场的“四风”问题得到有效整治,党群干群关系密切,党员干部作风明显好转,群众满意率达到99.6%。选优配强5个党支部的书记,注重对26名大学生的培养使用,选聘12名高校毕业生到连队工作,创建畜牧三连和草建连2个党建工作示范点。落实中央八项规定和兵团、师市党委改进作风各项规定,压缩会议8.3%、文件12.9%、评比表彰活动15.8%,调整多占办公用房33平方米,压缩“三公”经费20%以上,节约会议经费近2万元。2014年,牧场领导班子考评是历史上最好的一年，对党委填“好”的达到93%，比2013年多近10个百分点。班子成员的优秀率全部在70%以上。

【精神文明建设和文化活动】 2014年，实施送电影下连队工程，全年免费为职工群众放映电影230余场次。举办文艺汇演、歌咏比赛、春节文艺晚会等活动。开展阿肯阿依特斯、赛马、叼羊、民族舞蹈等群众性文化体育活动。投资800万元，完成2 057平方米职工文化活动中心的内部装修。广播电视站自办场内新闻节目30多期。举办牧场职工文艺汇演活动。

【社会事业】 2014年，全场有汉、哈九年一贯制寄宿制学校1所，幼儿园1所，在校学生361人，其中，初中104人，小学257人，幼儿园140人。班级3个，其中，初中3个，小学8个，学前班中班1个，小班1个。全校（含幼儿园）教职员工76人，其中，专任教师39人（其中少数民族教师30人）；代课教师9人；生活教师5人；干部3人，其中，少数民族干部1人；校工9人，其中，少数民族校工2人；特岗教师7人，支教教师3人。全校各类在职专业技术人员41人，其中，高级教师17人，中级教师5人，初级教师22人。全年参加中考学生32名，最高分452分。发放“两免一补”等补助金31 400万元，学前两年“双语”教育覆盖率达94%。全场有医院（含疾控中心）1所，共41人，其中医务人员33人（其中少数民族25人），支医医技人员1人，工勤人员5人；连队卫生室6个，卫技人员8人，其中中级职称8人，初级职称25人，病床25张。

【人民生活】 全年服务业实现产值1 267万元（其中交通运输实现产值816万元，批发和零售贸易实现产值261万元，住宿餐饮业实现产值190万元），人均收入12 000元，劳均收入31 329元，职工工资总额3 208万元，完成全社会固定资产投资16.16亿元，增长332%。发放离退休金1 195万元。全场享受低保538人，发放最低生活保障和低保户生活补助金208万元，发放困难学生救助金6万元，发放自然灾害救助金100万元，发放各类计划生育独生子女保健费51 760万元，发放少生快富项目资金12 000元，发放重度残疾人养老保险补贴2 600元，发放老年生活补助1.3万元，发放大病医疗救助金11万元，发放金秋助学金4.5万元，发放慰问金42万元。儿童享受免费医疗接种率100%。有职工文化中心3个，职工文化活动室6个，篮球场8个，室外健身场10个，牧场广播电视站1个，连队广播电视室6个，广播电视站（室）工作人员8人，其中，连队广播电视室4人。有线电视用户286户，传输电视节目29套，电视人口覆盖率75%。有摄像机3台，电视设备160台（件），移动电话2 986部，互联网用户35户。

【“三化”建设】 2014年，牧场党委加大“三化”建设的投入力度，农业方面，大力推广应用农业种植新技术，投资152万元新建8座反季节温室蔬菜大棚，完成草建连0.193千公顷饲草料地滴灌和沙拉巴斯陶0.02千公顷滴灌项目。全场主要农作物实现总产量6 303吨，实现产值1 356万元。畜牧业全场牲畜存栏总数7.5万头（只），引进多赛特种公羊5只，湖羊多胎种羊5只，阿勒泰大尾种羊15只，完成牲畜品种改良2.1万头（只），强制免疫牲畜实现全覆盖，畜牧业实现产值3 500万元，北塔山牧场绿康有机食品1.2万头（只）畜产品深加工基地建设项目年内完成主体建设工程。工业方面，工业园区产业发展规划编制工作正式启动，委托新疆化工设计研究院有限公司编制完成北塔山牧场工业园区规划。牧场99MM风能发电项目建设进展顺利，中国三峡、哈密凤阳、北京京能3家招商企业相继落地牧场并开工建设，2014年工业完成投资15.23亿元，其中哈密凤阳公司风电项目年内实现发电。总投资1.4亿元一期300万吨石灰石破碎分级生产线，年内完成投资1 250万元。与金正能源公司签约建设500万吨煤热解，50万吨油煤混合加氢，提炼15万吨金属镁、30万吨金属硅铁大型煤基多年产项目。煤矿完成原煤生产39万吨，实现产值7 410万元，同比增长2.8%。通过与昌吉、奇台供电公司的对接沟通，4个基层连队及驻场单位、驻警、驻军边防部队全部接通高压电。城镇化建设续建及新建项目15个，投资3 942万元新建166户保障性职工住房。医院医技楼投入使用，完成场部职工文化中心和干部、教师、医技人员周转房内部装修。投资1 600万元完成场部背北路基础工程、天然气入户管网安装工程。

【惠民实事】 投资37万元，为畜

牧二连职工群众安装风光一体路灯。为基层连队51户职工群众发放农牧业小额贴息贷款260万元。投资370万元解决草建连、畜牧二连居民吃水困难。为场内15名家庭贫困大学生发放助学金4.5万元。投资26万元，购买1辆垃圾车和4个垃圾箱。投资55万元对场部幼儿园进行装修并购买配套设施。全年慰问各类贫困户541户，发放慰问金42万元，为526户生活困难职工发放冬季取暖费15万元。为538人发放低保金208万元。发挥特岗教师及支教教师的帮扶带动作用，提高牧场教师的教育教学水平。完成牧场医院进入奇台垦区医疗集团工作，提升牧场医疗服务水平。

【民兵工作】 2014年，按照兵团党委提出的“建设全国一流民兵队伍的一流队伍”的目标，着眼履行维稳戍边历史使命，狠抓民兵队伍建设，着力提高民兵应急处突能力，组织115名民兵与边防部队开展赴边联训，并参加昌吉军分区“天池—2 014”边境维稳处突演习；继续深化“军警兵民”四位一体的边境联防体系，在联防战备执勤工作中，民兵应急分队发挥作用明显，配合驻军边防部队做好巡边、管边、控边工作，确保边境安全稳定；加大征兵宣传力度，筹备召开征兵工作会议，抓好征兵工作环节，按计划征兵5名，圆满完成征兵工作任务；在敏感时期和各个节点，坚持24小时带班、值班和备勤；边境民兵小分队圆满完成全年护牧守边任务；在全场开展“爱民固边模范连队(单位)”创建活动，2014年，牧场被师市授予“爱民固边模范团场”荣誉称号。

【维护稳定】 健全综治工作机构，落实维稳工作措施。召开政法综治工作会议，制定实施方案，成立组织机构，与8个基层单位签订综治、平安建设、防范和处理邪教等工作责任书，开展专项整治行动，确保牧场安全稳定。组织开展道路交通、“7·5”敏感期、第三届亚欧博览会、党的十八届四中全会期间维稳安保等专项行动。加强基础建设、严防“三股势力”暴恐活动。在敏感节点、重要时段坚持领导干部带班、值班，并组织维稳力量24小时巡逻防控，启动治安卡点，盘查登记车辆2 150余车次，随车物品1 200余件，有效地维护牧场的安全稳定。加强连队警务室建设，公开招录连队警务室协警8名，保证连队警务室工作正常开展。坚持“谁主管、谁负责，谁用工、谁负责”的原则，加强重点管理。先后对场镇建设工程工地、外来流动人员和无证、无照车辆进行排查登记6次，对重点要害部位安全检查4次。利用广播电视、警示教育和“一墙一窗”等形式开展反邪教宣传教育，广播宣传210次，电视宣传140次，警示教育36场次，文体活动25场次，散发宣传资料1 500多份，张贴反对邪教挂图72幅，受教育人数达到3 500多人次，巩固无邪教单位3个，无邪教连队4个，表彰奖励无邪教连队3个。2014年牧场获得师市社会治安综合治理二等奖。

北塔山牧场农牧连队情况统计表

连队名称	党支部书记	连长	地名	总人口(人)	少数民族人口(人)	年末从业人数(人)		播种面积(公顷)	作物总产量(吨)		总产值(万元)	年末牲畜存栏(头/只)	劳均纯收入(元)	人均纯收入(元)
						职工	个体劳动者		粮食作物	经济作物				
畜牧一连	库尔肯	—	库甫沟村	575	119	22	—	—	—	—	655	11 000	28 000	11 060
畜牧二连	马建峰	阿达勒	脱浪岗村	427	426	137	—	—	—	—	—	17 500	28 570	12 400
畜牧三连	瓦提汗	—	王屋珠尔特村	473	473	97	—	—	—	—	—	11 734	11 174	8 500
草建连	巴合提别克	—	乌伦布拉格村	386	378	68	—	—	—	—	79 5000	5 251	10 000	8 000
农一连	刘泽成	杰恩斯汗	骆驼井村	325	317	68		208	181	21	15 7500	3 000	40 000	1 100
农二连	李保林	木合亚提	三场槽子村	878	852	256	39	582	245		2 300	3 269	27 000	13 200

（夏国富）

人 物 | Figures

责任编辑 王元武

题图摄影 秦开明

先进人物

【全国民族团结进步模范个人】

王永福 男，汉族，1958年2月出生，新疆奇台县人，1976年4月参加工作，中共党员，大学学历，高级经济师，现任兵团第六师红旗农场党委书记、政委。

红旗农场地处准噶尔盆地东南缘，有维、哈、回、蒙等11个少数民族。其中一〇七团哈萨克族占51.8%，四季游牧，生产生活条件极为落后。2008年8月，夏牧场连降大雨，引发山洪，王永福迅速赶往灾区，召开抢险救灾现场会，拟定方案，组织力量抗灾自救，并亲自投入到抢险之中，转移群众，抢修房屋，抢救牲畜。当年9月，王永福带领有关人员进毡房、看圈舍，征求牧民意见，倾听牧民心声，徒步数百千米查看地形，选定牧民定居点。2009年定居点破土动工，2010年完成500套砖混住房、175 000平方米棚圈建设。为提升牧民多元增收能力，近年来举办各类培训班12期，培训牧民1 583人次。为使牧民搬得下、稳得住、有发展、能致富，筹措资金打井33眼，整理复垦耕地3万亩，建蔬菜大棚5座。昔日的沙漠戈壁，今日已是满眼绿色，牛羊成群，奶茶飘香。2007年，为挖掘保护传承民族传统文化，让文化遗产活起来，在王永福的组织领导下，挖掘整理的哈萨克族毡绣布绣传统手工艺被国家列入第二批非物质文化遗产名录。依托这一文化瑰宝，兴建了集设计、生产、展销为一体的民族传统手工艺作品孵化园，使200多名哈萨克族妇女实现多元增收。2009年，开发建设了大三台沟旅游景区，2012年大三台沟被国家评为AAA级景区。王永福鼓励引导牧民在景区开办牧家乐，并为开办牧家乐的每户牧民协调小额贷款5万元，配送蒙古包一顶。目前，景区牧家乐已达56家，年创收200万元。经王永福在常委会上提议，先后安排29名少数民族未就业大学生，安置哈萨克族复转军人9人，与五家渠工业园、准东煤化城沟通协调，先后有138名哈萨克族青年实现就业，人均年收入达2.6万元。王永福走到哪里，就把民族团结讲到哪里、抓到哪里。每年都派宣讲组深入牧区宣讲“五观”“三史”和党的民族理论、民族政策，亲自为牧民宣讲党的民族政策。哈萨克族适龄儿童全部接受“双语”教育，入园率、九年义务教育入学率和完成率分别达95%、100%、97%。2013年，定居后的牧民们送给王永福一

面"心系牧民促增收,草原盛开团结花"的锦旗。（周晓丽）

【全国优秀教师】

赛力克 男,哈萨克族,北塔山牧场学校教师。距离兵团第六师师部五家渠市450千米的中蒙边境北塔山,是第六师北塔山牧场所在地。北塔山牧场是国家边境贫困少数民族聚居团场,地处边境,一年四季风沙、暴雪、洪水等自然灾害频繁发生,自然和生活条件极其恶劣。牧场常住人口3700余人,97%为哈萨克族。

北塔山牧场寄宿制学校有教职工80余人,学生370名。虽然地处条件艰苦的遥远的边陲,但是北塔山牧场学校的教师依然在此深深扎根,用生命和对教育事业执着的追求,浇灌着祖国的花朵,用自己的语言和行动书写了一曲曲民族团结、教书育人的诗篇,这其中就包括优秀的哈萨克族教师——赛力克。2014年,赛力克荣获"全国优秀教师"荣誉称号,并受邀赴北京参加全国庆祝第30个教师节表彰大会,受到国家领导人的亲切接见。

2003年,大学毕业的赛力克放弃了留在乌鲁木齐市就业的机会,立志改变家乡的教育面貌,义无反顾地回到了自己的故乡——兵团第六师北塔山牧场,当了一名普通的中学教师。北塔山的生活是清苦的,但选择了"人类灵魂工程师"这个光荣的职业,赛力克时刻牢记自己肩上的职责与使命,为北塔山牧场的教育事业尽心尽力做着自己的工作。

刚参加工作时,正好赶上兵团"两基"(基本普及九年义务教育、基本扫除青壮年文盲)攻坚,北塔山牧场的任务最重。牧场将赛力克安排在教育中心,作为"两基"专干,负责"两基"验收工作。那时的北塔山牧场,教学点分散,教学条件差,学生生源不固定,流失情况严重,控辍保学工作难度很大。赛力克与一同参与"两基"攻坚的教师一起,带着干粮住在学校加班加点地统计、汇总"两基"数据,背着行李到山里去寻找辍学的儿童,挨家挨户地做工作劝其返校。多少个毡房留下了他寻访的足迹,多少个日夜熬红了他的双眼,经过两年的不懈努力,北塔山牧场作为六师最后一个通过"两基"验收的单位,终于在2005年通过教育部和兵团的验收审查。在"两基"验收过关的时候,赛力克由于劳累病倒在了办公室,被同事送到了医院。

从普及"双语"教学开始,赛力克又全身心地扑在这一工作上,为学校领导献计献策。经过9年的努力,现在牧场学生接受"双语"教学率已达100%,学生汉语的听说读写水平有很大提高,教师的汉语教学能力也在逐年提高。赛力克在做好本职工作的同时,还积极宣传国家政策,为哈萨克族牧民宣讲国家内地新疆高中班的各项政策措施,鼓励符合条件的学生报考内高班。迄今为止,从北塔山走出的内高班考生已达11人。

作为北塔山牧场土生土长的孩子,赛力克心中最深刻的记忆便是当初上学时的艰辛:北塔山牧场学校的学生都是哈萨克族,之前由于居住分散(最远连队距场部47千米,而且是蜿蜒曲折的山路,冬天害怕下大雪,夏天害怕下暴雨),牧民生产方式就是放牧牛羊。随时转场给孩子们的上学带来了诸多的不便,遇到牧民转场时,教师就骑着马转毡房地教,遇到风霜雨雪时经常出现险情耽误课程,影响了学生的就学,阻碍了牧场教育事业的长久持续发展。从进入学校的第一天起,赛力克就将改变牧场教育现状作为自己的责任,积极为团场和学校领导出谋划策。在学校领导的积极鼓励和支持下,赛力克利用自己汉语水平高、沟通能力强的优势,带着领导的嘱托和牧场老百姓的希望,拿着学校的发展规划方案,与校领导一起跑项目、争资金,为牧场学校条件的改善尽自己的一份绵薄之力。

在上级教育行政部门的支持和牧场领导的不懈努力下,学校有了崭新的教学楼、宿舍楼、实验室和食堂。散落在方圆近百千米的随父母转场就学的孩子终于有了可以栖身落脚的学习场所,流失的牧民子女也逐渐返回了校园,重新背起了书包、拿起了课本。

作为新时代的教师,赛力克时刻提醒自己要与时俱进,不断学习理论知识和实践技能。工作中需要什么,他就学习什么,学习什么,就钻什么,钻什么,就像什么。他不断追求着自己的理想,践行着自己的人生目标:播种科技星火,培育一代新人。

如今的赛力克,除担任教育中心干事以外,还兼任学校十几节课的计算机教学任务。通过他的努力，哈萨克族学生使用计算机的能力大幅度提高，制图、表格、文档编辑等基本技术操作熟练。在教学过程中，他深深认识到在农村小学开展农业科普知识教育的重要意义。赛力克结合自己的教学目标，系统地设计了教学计划，因地制宜开展各种课外科技活动。在赛力克的带动和鼓励下，一批批学生走出了课堂，将课堂知识与牧场的生产结合起来，创新社会实践成果，普及了牧民的科学文化知识，得到牧场职工群众的普遍赞誉。赛力克的教学创新，既深化了教学目标，又培养了学生从小树立热爱家乡、热爱农牧业生产的思想理念，提升了学生的综合素质。

2012年，师市教育局为提升北塔山牧场学校的教学水平，为北塔山牧场学校招聘了一批汉族特岗教师，并选派了一批教学水平高、敬业精神强的汉族教师赴北塔山牧场学校支教，为北塔山牧场学校注入了新的生机与活力。为更好地与汉族教师进行沟通、交流，学校派赛力克作为支教教师与学校沟通的桥梁，积极帮助汉族教师学习哈语，帮助哈萨克族教师提升教学水平。赛力克认真履行了“桥梁与纽带”的作用，积极与汉族支教教师沟通，安排了民汉教师“双语”教学教研讨论，组织哈萨克族教师跟班听课、汉族教师评课等一系列活动，课堂教学饱含着激情，办公室里充满了欢声笑语，大家都感觉收获很大。

在赛力克的日记本上记着歌德的一句名言：“你若要喜爱你自己的价值，你就得给世界创造价值！”赛力克的人生追求也是如此，北塔山牧场学校的变化见证了赛力克的辛勤付出，一批批从北塔山走出去的学生见证了赛力克对北塔山教育事业的忠诚。赛力克不会忘记，今天他所做的一切，都是为了践行当年他自己的诺言：为了家乡教育面貌的改变而努力工作！

（钱慧芳）

【全国教书育人楷模】

陆苏新 男，汉族，1960年6月出生，中共党员，六师五家渠市高级中学教师，特级教师。在28年的高中教学中，他坚持精心备课，不断改进教法，曾获全国模范教师、兵团师德标兵、全国农垦系统优秀教师等荣誉。在36年的教学生涯中，他担任班主任、年级主任等工作20年，担任学校教务主任、教研室主任等职16年，任高级教师16年。2014年，陆苏新被评为全国教书育人楷模。

1978年7月，陆苏新高中毕业，正好赶上从初中开始开设英语课，通过考试他以排名第二的好成绩被录用，留校任教。后来，新湖南山煤矿筹建初中却一直没有人去，他便主动要求到新湖最艰苦的山区煤矿去教学。

学校教师不足，他一个人担任了初中三个年级的数学、物理、化学等科目的教学工作，每天上8节课，白天上课，晚上备课，每天休息不到6个小时。就这样，他在山区煤矿一干就是5年，直到煤矿破产，他才被调到团场学校任教。这5年多的时间里，他一刻也没有离开过学生们，和学生们一起学习、一起上山挖贝母，为学生们购买学习用品，在实践中教给学生生活的本领，在活动中教会学生学习，用心引导学生们健康成长。

在他的教导下，每年都有一到两名学生在地区高中升学考试中获得优异成绩，使得山区煤矿的学生都顺利地考上了高中，无一人留下，其中还有30%是当地的哈萨克族学生。矿上的家长都说组织上给他们派来了一个好老师，山下的人都说，山沟里真的飞出了“金凤凰”。

作为班主任，他一直严格要求自己，无论春夏秋冬，每天他都是第一个到校，最后一个离开。学生生活有困难，他便拿出自己积攒的钱为学生们救急。他班上有名学生患上了白血病，他主动捐款，平凡之处，师生情深。

他被调入学校教研室担任主任职务后，常常挑灯夜战，上网查找资料，直至黎明。他撰写的论文发表在《伊犁教育学院学报》上，并获一等奖。他带领学校数学课题组22人经过3年潜心研究的成果得到全国数学界著名专家的肯定。目前，他主持的3个全国教育科研“十一五”“十二五”规划课题也已结题，均获全国教育科研成果一等奖。在他的带领下，学校已承担国家级课题6个、省级课题8个、校级课题50多个。

作为教研员，他年年都要听课120多节。他始终坚持以提高教师课堂教学水平为中心，使教研真正为教学服务。2007年5月以来，学校高中新课程实验的重担又压到了他的肩上，他先后为学校教师开办课改培训讲座累计100多小时，编写学校高中新课程实施方案16个，印刷《高中新课程文件汇编》等达几百万字。2008年10月，又代表六师参加兵团高中课改检查工作，得到兵团高中课改办的好评，学校被自治区评为课改先进学校。

陆苏新把事业看作是一种过程，一种追求，每天的点滴学习，每日些微浸润，日积月累，正不断壮大其生命的容量，在精神生命的追求中创造着自己，也创造着别人。他始终相信：收获属于勇于锤炼自我、突破自我、努力耕耘的人。（钱慧芳）

【兵团道德模范】

范春霞 女，汉族，1962年出生，中共党员，兵团第六师北塔山牧场医院医生。1988年10月，范春霞从石河子医学院医疗系毕业后来到兵团第六师最偏远、条件最艰苦的北塔山牧场医院工作。从医26年间，范春霞行走在山里的沟沟坎坎里，从病魔和死神手中夺回了近百人的宝贵生命，被哈萨克族群众亲切地称为“救命恩人”。在与哈萨克族牧工长期的交往中，范春霞学会了哈萨克语，并渐渐和牧工们建立了深厚的情谊。在崎岖坎坷的山路上，范春霞走过了自己的少女时代。由于工作表现突出，2014年她被兵团授予“敬业奉献道德模范”荣誉称号。

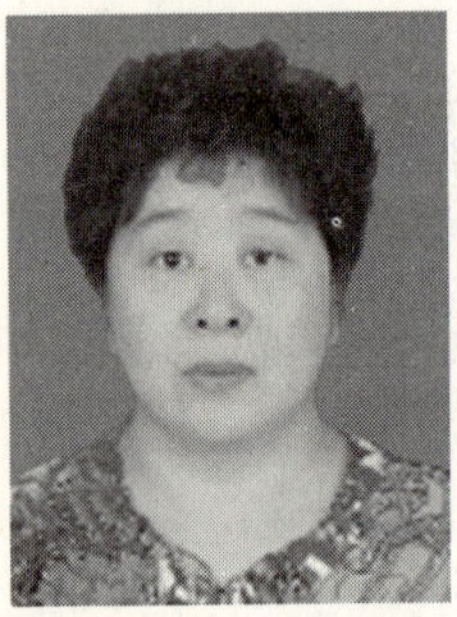

范春霞的心里一直有着最深切的牵挂，那就是北塔山牧场的少数民族患者。北塔山牧场是少数民族聚居的边境团场，经济发展缓慢，基础设施落后，职工生活水平偏低。自毕业来到牧场医院工作后，范春霞看到这里医疗条件差，职工患了病大多要转院，她便立志要提高医术，用实际行动服务患者。

二十几年来，范春霞下连队、走畜群、进毡房，调查了解并处理解决基层医疗工作困难。每当连队医务室遇到危重、疑难病人，不论春夏秋冬，白天夜晚，只要报信，她就立即前往。牧场牧工由于居住分散，就医治病比较困难，她主动前往畜群送医送药巡诊治病。2003~2005年，哈萨克族老人塔合因病瘫痪，身上多处部位长了褥疮，并造成骶尾部局部组织溃烂坏死。范春霞得知情况后，每天上班前和下班后都去看望老人，给他翻身、擦洗身子、清创治疗、按摩。在范春霞的倡议下，北塔山牧场医院的医护人员还为老人捐款1000余元。2013年12月的一天傍晚，牧工洪卫血压突升，情况危急。范春霞得知后，立刻赶到洪卫家中查看病情，并到边防营找来急救药品给洪卫服下，第二天早上洪卫就转危为安。洪卫的家人喜极而泣，一个劲儿地对范春霞说：“谢谢！”2014年，牧场先后有十几名哈萨克族产妇难产生命垂危，每次接到报信后，她都立即前往，经她抢救产妇们均转危为安。对范春霞来说，类似的事情太多了。范春霞为北塔山牧场的医疗卫生事业做出了贡献，实现自己刚参加工作时立下的志愿。

长期工作在偏远的北塔山牧场，照顾不了父母、孩子，范春霞失去了许多家庭的快乐，也错过了很多不错的工作机会，但看到牧场患者求助的目光和病痛解除后的感激，范春霞以爱岗敬业为动力，继续履行着治病救人的职责。对家人来说，她也许不是一个合格的母亲、妻子、女儿，但对北塔山牧场的广大牧工来说，她是当之无愧的白衣天使。（韩　飞）

逝世人物

杨文武（1940~2013）男，汉族，湖南武冈人，1940年4月出生，1965年9月参加工作，1966年12月加入中国共产党，原农六师水利管理处助理调研员，2013年1月22日病逝，享年73岁。

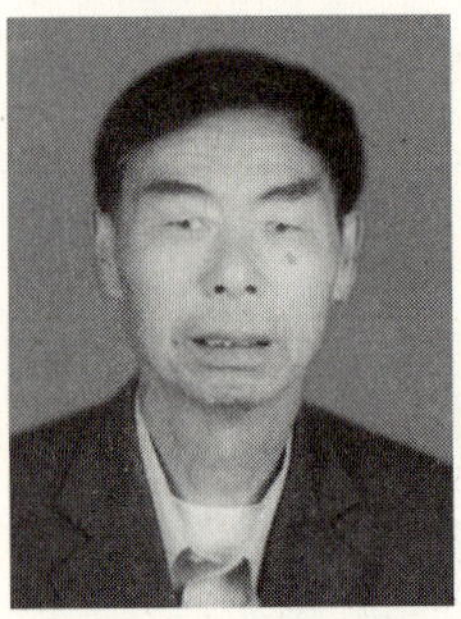

杨文武同志1965年8月毕业于湖南省农学院，1965年9月一〇一团六连任技术员，1969年7月在六师一〇一团九连任副连长，1970年5月在六师一〇一团二营任技术员，1976年4月在坦桑尼亚任技术员，1978年6月在六师一〇一团指挥部任技术员，1978年10月在坦桑尼亚任技术员，1979年9月在农六师一〇一团营部任技术员，1981年2月在农六师共青团农场任干事、农艺师，1982年1月在农六师共青团农场生产科任副科长，1984年5月在农六师共青团农场生产科任科长，1984年11月在农六师共青团农场任场办主任，1987年2

月在农六师共青团农场生产科任科长，1988年7月在农六师共青团农场任高级农艺师，1989年3月在农六师共青团农场任副场长，1994年12月在农六师水利管理处任副处长，1999年6月在农六师水利管理处任助理调研员，2000年5月退休。（王玉霞供稿 邹 英供图）

周汉儒（1930～2013）男，汉族，甘肃省渭源县锹峪川中寨村人，1930年5月出生，1953年6月加入中国共产党，大专学历，原六师卫校党委书记，2013年2月1日逝世，享年83岁。

周汉儒同志1949年9月参加中国人民解放军，1953年9月在六军十七师医院儿科工作，1955年在自治区人民医院进修，1956年在农六师医院先后担任儿科主治医师、内科主任，1960年在武汉医学院儿科进修，1961年任农六师医院儿科主任，1979年任农六师医院业务副院长职务，1987年任农六师卫校党委书记兼农六师医院副院长，1988年任农六师卫校党委书记，1992年离休。（王玉霞）

杨文轩（1929～2013）男，汉族，陕西勉县人，1929年9月出生，初中文化程度，1949年9月加入中国共产党，原六师一○五团团长，2013年2月9日逝世。

杨文轩同志1948年3月参军入伍，1958年5月转业到黑龙江省宝泉岭农场工作，1962年2月进疆在芳草湖农场分场任党委副书记、党委书记等职，1982年11月任一○五团团长、党委副书记、代书记，1988年8月离休。

（王玉霞供稿 邓丽华供图）

刘汉章（1925～2013）男，汉族，河南省禹县人，1925年12月出生，1950年5月参加工作，1960年3月加入中国共产党，原芳草湖农场糖厂副厂长（副处级），2013年4月22日逝世，享年88岁。

刘汉章同志1950年5月在呼图壁芳草湖区工所任财粮干事，1954年1月在呼图壁芳草湖区公所任秘书，1958年9月任芳草湖人民公社副社长，1961年7月在芳草湖总场任行办、财务科 行办主任、财务科科长，1968年1月在芳草湖总场集训班学习，1970年5月在芳草湖一分场参加劳动，1972年10月在呼图壁芳草湖粮站协助工作，1974年8月在芳草湖糖厂任财务科科长，1978年10月任芳草湖糖厂副厂长，1986年1月退休。

（王玉霞供稿 韩光磊供图）

张德维（1929～2013）男，汉族，陕西省乾县人，1929年10月出生，1949年6月参加工作，大学文化程度，中国共产党党员，原六师农科所所长，2013年5月10日因病逝世，享年84岁。

张德维同志1949年6月入伍在六军教导团随营学校就读，1949年10月在六军十七师五十一团历任副班长、分队长、副队长、农业技术指导员等职，1952年12月在六军农训班学习，1953年3月在农六师十六团农场任生产股参谋、政治处团俱乐部主任，1954年9月在新疆八一农学院农学系学习，1956年8月在农六师司令部历任作业科科员、种子室主任、农牧科第一副科长、农林科科长等职，1965年4月在农六师文工团任协理员，1969年11月在农六师勘测队任队长，1972年2月在农六师农科所任教导员，1975年5月任农六师一○九团副团长，1977年3月任农六师一○二团副团长，1980年8月任农六师农科所所长，1989年9月离休。（王玉霞）

刘伯英（1930～2013）男，汉族，陕西省富平县人，1930年9月出生，中国共产党党员，原六师技校总务办公室主任（享受团级待遇），2013年10月20日病逝，享年83岁。

刘伯英同志1949年6月在甘肃张掖参加革命，先后任张掖三军政治部会计、宣传干事、文教等职务，1953年7月任农六师八一农场一分场文教、干部处干事，1955年11月任农六师天山二场机耕队队长，1960年7月任农六师一管处生产科技术员、保管，1963年6月任农六师一○九团六连连长，1973年3月任六师拖修厂车间主任，1974年9月任农六师奇台修理厂生产办主任，1977年任昌吉州水泥厂供销科科长，1981年任农六师技校总务办公室主任，1984年5月离休。

（王玉霞）

史和乾（1940～2013） 男，汉族，河南省襄城县人，1940年10月出生，原大黄山煤矿副矿长，2013年10月20日因病逝世，享年73岁。

史和乾同志1958年参军，1958年在7386部队服役，1961年转业在六师看守所任警卫，1967年在大黄山煤矿值班排工作，1969年在大黄山煤矿三连工作，1970年在大黄山煤矿一分厂劳改队任副队长，1976年任大黄山一分厂副厂长，1981年任大黄山一分厂厂长，1986年任大黄山煤矿副矿长，1994年12月退休。

（王玉霞供稿　梁　超供图）

邹昌石（1927～2013） 男，汉族，广东省丰顺县人，1927年4月出生，1949年1月参加工作，1950年2月加入中国共产党，中专文化程度，原六师防疫站站长，副主任医师职称。2013年11月因病逝世，享年86岁。

邹昌石同志1949年1月在华北解放独立一师六团一营任卫生员，1949年5月在西北野战军六军十七师收容站（医院）任护士、调剂员，1951年10月先后在四十九团卫生队、农六师八一农场卫生队任司药，1955年3月在兵团卫生学校学习，1956年6月在六师门诊部、猛进农场卫生队任司药，1960年4月在六师第二医院任防保助理员，1960年至1975年8月先后在六师新湖农场、工程团、一〇一团卫生队任副队长，1975年8月在昌吉州第二防疫站任站长，1976年7月在自治区曙光机器厂医院任院长，1979年7月任农六师防疫站站长，1986年11月离休。　（王玉霞）

李钧文（1929~2014） 男，汉族，1929年11月出生，2014年3月1日逝世，享年85岁。

李钧文同志1951年1月入伍参军，在四师十二团三营炮兵连任文化干事，服役期间荣立三等功1次，1955年1月复员后在六师地工科工作，1955年9月任六师八一农场试验场技术员，1959年3月在农六师水管处水工改良站任副站长，1960年3月至1968年12月在西线管理处基建科和六师灌溉科任技术员，1969年1月在“五七干校”劳动，1973年1月在农六师水利营生产办公室任技术员，1978年11月任农六师基建处助理工程师，1984年8月任六师司令部灌溉渔业处副处长（副团级），1989年7月正式退休。　（李　杰）

李立言（1930～2014） 男，汉族，1930年10月出生，山西襄汾县人，原六师工交处副处长，2014年4月24日病逝，享年84岁。

李立言同志1949年9月参加中国人民解放军；1949年9月在中国人民解放军第六军后勤部汽车队任驾驶员；1951年12月在六军十七师运输大队汽车队任驾驶员；1956年6月在农六师十六团后勤汽车班、汽车排历任副班长、副排长；1959年8月在农六师汽车队历任队长、副政治指导员、政治指导员；1969年11月在农六师一〇三团汽车队任政治指导员；1973年12月在农六师汽车队任政治指导员；1975年7月在昌吉州汽车运输公司二队任队长；1978年8月先后在昌吉州农垦局运输科任科长、农六师运输公司任经理；1982年10月任兵团农六师工交处副处长；1991年10月光荣离休。

（周　雁供稿　李　杰供图）

荣誉与表彰 Honour and cite commend

责任编辑 李 萍

题图摄影 张世昭

获得国家部委、自治区、兵团表彰的先进集体名录(28)

受表彰单位	荣誉称号	证书颁发机关	颁发时间
第六师五家渠市职业技术学校	第二批全国民族团结进步创建活动示范学校	国家民族事务委员会	2014.9
北塔山牧场	全国民族团结进步模范集体	国务院第六次民族团结进步表彰大会	2014.9
文化局	全国文化系统先进集体	人力资源和社会保障部、文化部	2014.12
六师五家渠市	经复查保留“全国文化先进单位”荣誉称号	文化部	2014.12
芳草湖农场	经复查保留“全国文化先进单位”荣誉称号	文化部	2014.12
一〇三团	经复查保留“全国文化先进单位”荣誉称号	文化部	2014.12
红旗农场	2014~2016年度中国民间文化艺术之乡	文化部	2014.12
第六师检察分院	第四届全国文明单位	中央精神文明建设指导委员会	2015.2
第六师党委党校	经复查保留“全国文明单位”荣誉称号	中央精神文明建设指导委员会	2015.2
共青团农场四连	全国文明村镇	中央精神文明建设指导委员会	2015.2

续表

受表彰单位	荣誉称号	证书颁发机关	颁发时间
六师司法局	“1+1”中国法律援助志愿者行动2013年度先进单位	司法部	2014.7
六师统计局	第三次全国经济普查先进集体	国务院第三次经济普查领导小组	2014.12
一〇三团团委	首届中国青年志愿服务项目大赛银奖	共青团中央、民政部、中国志愿服务联合会	2014.12
奇台农场	全国生态建设先进集体	国家林业局	2014.3
奇台农场	2014年度兵团促进团场职工多元增收工作先进团场二等奖	新疆生产建设兵团	2015.5
军户农场	2014年度兵团促进团场职工多元增收工作先进团场三等奖	新疆生产建设兵团	2015.5
第六师新湖农场昕望农业开发合作社	2014年度兵团促进团场职工多元增收工作先进典型一等奖	新疆生产建设兵团	2015.5
第六师军户农场新康蛋鸡养殖合作社	2014年度兵团促进团场职工多元增收工作先进典型二等奖	新疆生产建设兵团	2015.5
第六师六运湖农场绿康养殖合作社	2014年度兵团促进团场职工多元增收工作先进典型二等奖	新疆生产建设兵团	2015.5
第六师芳草湖方溢畜禽养殖合作社	2014年度兵团促进团场职工多元增收工作先进典型二等奖	新疆生产建设兵团	2015.5
第六师新湖新屹养殖合作社	2014年度兵团促进团场职工多元增收工作先进典型三等奖	新疆生产建设兵团	2015.5
第六师五家渠市青湖路街道友谊路社区	2014年度全国社区侨务工作示范单位	国务院侨务办公室	2014.12
“瑜您同行”关爱农民工子女服务队	首届中国青年志愿服务项目大赛银奖	共青团中央、民政部、中国志愿服务联合会	2014.12
前进西街社区第四党支部	兵团离退休干部先进党支部	中共新疆生产建设兵团委员会 新疆生产建设兵团	2014.8
五家渠垦区(市)检察院	全国检察机关“文明接待室”	最高人民检察院	2014.1
第六师检察分院	继续保持全国检察机关“文明接待室”	最高人民检察院	2014.1
五家渠垦区(市)检察院公诉科	集体一等功	最高人民检察院	2014.4
第六师检察分院驻新湖监狱检察室	第四届全国检察机关派驻监管场所一级规范化检察室	最高人民检察院	2014.1
五家渠市青湖路街道友谊路社区	全国社区侨务工作示范点	国务院侨务办公室	2014.11

获得国家部委、自治区、兵团表彰的先进个人名录(37)

姓名	性别	族别	单位	职务	荣誉称号	证书颁发机关	颁发时间
李振华	男	汉	第六师机动车驾驶员培训学校	副校长	2014年度全国交通技术能手	交通运输部	2014.6
朱凤莲	女	汉	新疆准噶尔农业生产资料有限公司	东线市场部经理	兵团劳动模范	新疆生产建设兵团委员会、新疆生产建设兵团	2014.9
柏岗	男	汉	兵团女子强戒所	警戒大队副教导员	全国监狱劳教(戒毒)工作先进个人	司法部	2014.1
吴滔	女	汉	兵团女子强戒所	强戒大队科员	全国监狱戒毒系统教育质量年活动表现突出个人	司法部	2014.8
闫学亮	男	汉	师市文化市场管理办公室、文化执法稽查大队	副主任科员	2014年全国“扫黄打非”先进个人	全国“扫黄打非”工作小组	2015.1
邵忠新	男	汉	共青团农场政工办	副主任	首届全国“书香之家”	国家新闻出版广电总局	2014.4
陆苏新	男	汉	五家渠高级中学	教研室主任	2014年度全国教书育人楷模	国家教育部	2014.9
赛力克	男	哈	北塔山牧场学校	教师	全国优秀教师	国家教育部	2014.9
武　军	男	汉	五家渠军垦路街道武装部	武装部副部长	优秀学员	兵团军事部	2014.7
王彦梅	女	汉	奇台农场地毯厂	厂长	全国巾帼建功标兵	中华全国妇女联合会	2015.3
赵永刚	男	汉	新湖农场机关	武装部部长、工会主席	兵团军事部优秀专武干部称号	兵团军事部	2014.1
甘润明	男	汉	新湖农场机关	政委	兵团军事部党管武装好书记称号	兵团军事部	2014.1
张士飞	男	汉	一〇一团第四作业点	职工	职工自主创业典型示范户	新疆生产建设兵团	2015.5
冯　华	男	汉	一〇二团五连	职工	职工自主创业典型示范户	新疆生产建设兵团	2015.5
马海宝	男	回	一〇三团二连	职工	职工自主创业典型示范户	新疆生产建设兵团	2015.5
包胜才	男	汉	一〇五团十三连	职工	职工自主创业典型示范户	新疆生产建设兵团	2015.5
方德友	男	回	一〇六团五连	职工	职工自主创业典型示范户	新疆生产建设兵团	2015.5
马贵兵	男	汉	芳草湖农场丹板社区一连	职工	职工自主创业典型示范户	新疆生产建设兵团	2015.5
韩国城	男	汉	共青团农场五连	职工	职工自主创业典型示范户	新疆生产建设兵团	2015.5
许伯成	男	汉	红旗农场七连	职工	职工自主创业典型示范户	新疆生产建设兵团	2015.5
刘钇杉	女	汉	军户农场二连	职工	职工自主创业典型示范户	新疆生产建设兵团	2015.5
骆兵山	男	汉	奇台农场开垦社区一队	农工	职工自主创业典型示范户	新疆生产建设兵团	2015.5

续表

姓名	性别	族别	单位	职务	荣誉称号	证书颁发机关	颁发时间
谭　磊	男	汉	新湖农场青年养殖专业合作社	社长	职工自主创业典型示范户	新疆生产建设兵团	2015.5
王　鹏	男	汉	一〇二团彩虹步行街酷乐KTV	企业法人	青年职工创业项目带头人	新疆生产建设兵团	2015.5
张卫强	男	汉	一〇五团四连	职工	青年职工创业项目带头人	新疆生产建设兵团	2015.5
马　凯	男	回	五家渠市博创农民养殖专业合作社	副理事长	青年职工创业项目带头人	新疆生产建设兵团	2015.5
张　静	女	汉	第六师五家渠市芳新街社区	个体	青年职工创业项目带头人	新疆生产建设兵团	2015.5
李国印	男	汉	第六师芳草湖农场丹板社区兽医站	副站长	青年职工创业项目带头人	新疆生产建设兵团	2015.5
苏　元	男	汉	第六师新湖农场新旺社区十八连	职工	青年职工创业项目带头人	新疆生产建设兵团	2015.5
马付龙	男	回	第六师军户农场万恒泰肉羊养殖合作社	总经理	青年职工创业项目带头人	新疆生产建设兵团	2015.5
袁战强	男	汉	第六师土墩子农场四连	职工	青年职工创业项目带头人	新疆生产建设兵团	2015.5
方　磊	男	汉	第六师奇台农场	理事长	青年职工创业项目带头人	新疆生产建设兵团	2015.5
王　刚	男	汉	第六师豫新缘养殖专业合作社	理事长	青年职工创业项目带头人	新疆生产建设兵团	2015.5
杨顺香	女	汉	一〇三团八连	职工	全国孝亲敬老之星	全国敬老爱老助老主题教育活动组委会	2014.7
许强国	男	汉	第六师疾控中心	副科长	全国艾滋病防治工作先进个人	社保部、国家计生委	2014.9

获得国家部委、自治区、兵团厅局级表彰的先进集体名录(135)

受表彰单位	荣誉称号	证书颁发机关	颁发时间
第六师新湖农场社区党支部	离退休干部先进党支部	兵团党委办公厅、兵团办公厅	2014.8
五家渠市军垦路街道前进西街社区第四党支部	离退休干部先进党支部	兵团党委办公厅、兵团办公厅	2014.8
第六师五家渠市党委老干部局	离退休干部工作先进集体	兵团党委办公厅、兵团办公厅	2014.8
第六师一〇二团党委	离退休干部工作先进集体	兵团党委办公厅、兵团办公厅	2014.8
第六师监狱管理局	兵团监狱系统2014年度安全生产先进单位	兵团监狱管理局	2015.1
第六师五家渠监狱	兵团监狱系统2014年度安全生产先进单位	兵团监狱管理局	2015.1

续表

受表彰单位	荣誉称号	证书颁发机关	颁发时间
第六师新湖监狱	兵团监狱系统2014年度安全生产先进单位	兵团监狱管理局	2015.1
第六师芳草湖监狱	兵团监狱系统2014年度安全生产先进单位	兵团监狱管理局	2015.1
第六师一○三团蔡家湖镇团委	兵团五四红旗团委	兵团团委	2015.4
第六师新湖农场团委	兵团五四红旗团委	兵团团委	2015.4
第六师奇台医院团委	兵团五四红旗团委	兵团团委	2015.4
第六师军户农场二连团支部	兵团五四红旗团支部(总支)	兵团团委	2015.4
第六师土墩子农场学校团支部	兵团五四红旗团支部(总支)	兵团团委	2015.4
第六师芳草湖农场东河坝社区三连团支部	兵团五四红旗团支部(总支)	兵团团委	2015.4
文化馆	2014“梦想之翼”中国特长生港澳艺术节交流演出最佳节目创意奖	中国诗歌学会影视诗歌专业委员会、中国青少年“梦想之翼”才艺展示活动委员会	2014.2
《准噶尔时报》	中国十佳创新企业报	中国企业报协会	2015.1
六师医院	兵团示范文明单位	兵团精神文明建设指导委员会	2015.3
奇台医院	兵团示范文明单位	兵团精神文明建设指导委员会	2015.3
奇台垦区司法局	兵团示范文明单位	兵团精神文明建设指导委员会	2015.3
六师检察分院	兵团示范文明单位	兵团精神文明建设指导委员会	2015.3
国网五家渠市供电公司	兵团示范文明单位	兵团精神文明建设指导委员会	2015.3
五家渠市道路运输管理局	兵团文明单位	兵团精神文明建设指导委员会	2015.3
第六师中级人民法院	兵团文明单位	兵团精神文明建设指导委员会	2015.3
五家渠垦区人民法院	兵团文明单位	兵团精神文明建设指导委员会	2015.3
五家渠垦区人民检察院	兵团文明单位	兵团精神文明建设指导委员会	2015.3
芳草湖农场中学	兵团文明单位	兵团精神文明建设指导委员会	2015.3
军户农场机关	兵团文明单位	兵团精神文明建设指导委员会	2015.3
奇台垦区电力公司	兵团文明单位	兵团精神文明建设指导委员会	2015.3
农业银行五家渠兵团分行	兵团文明单位	兵团精神文明建设指导委员会	2015.3
农业银行五家渠兵团分行芳草湖支行	兵团文明单位	兵团精神文明建设指导委员会	2015.3
农业银行五家渠兵团分行新湖支行	兵团文明单位	兵团精神文明建设指导委员会	2015.3

续表

受表彰单位	荣誉称号	证书颁发机关	颁发时间
农业发展银行兵团五家渠分行	兵团文明单位	兵团精神文明建设指导委员会	2015.3
农业发展银行芳草湖兵团支行	兵团文明单位	兵团精神文明建设指导委员会	2015.3
农业发展银行新湖兵团支行	兵团文明单位	兵团精神文明建设指导委员会	2015.3
电信有限公司五家渠市分公司	兵团文明单位	兵团精神文明建设指导委员会	2015.3
五家渠邮政局	兵团文明单位	兵团精神文明建设指导委员会	2015.3
五家渠一中	兵团文明单位	兵团精神文明建设指导委员会	2015.3
五家渠工商行政管理局	兵团文明单位	兵团精神文明建设指导委员会	2015.3
第六师农业科学研究所	兵团文明单位	兵团精神文明建设指导委员会	2015.3
五家渠市长安街消防中队	兵团文明单位	兵团精神文明建设指导委员会	2015.3
五家渠一小	兵团文明单位	兵团精神文明建设指导委员会	2015.3
五家渠市城市建设管理处	兵团文明单位	兵团精神文明建设指导委员会	2015.3
司法局	兵团文明单位	兵团精神文明建设指导委员会	2015.3
水利管理处	兵团文明单位	兵团精神文明建设指导委员会	2015.3
五家渠市气象局	兵团文明单位	兵团精神文明建设指导委员会	2015.3
五家渠高级中学	兵团文明单位	兵团精神文明建设指导委员会	2015.3
五家渠垦区公安局	兵团文明单位	兵团精神文明建设指导委员会	2015.3
五家渠二中	兵团文明单位	兵团精神文明建设指导委员会	2015.3
五家渠三小	兵团文明单位	兵团精神文明建设指导委员会	2015.3
五家渠路政海事局	兵团文明单位	兵团精神文明建设指导委员会	2015.3
武警兵团指挥部司令部训练基地	兵团文明单位	兵团精神文明建设指导委员会	2015.3
第六师监狱管理局	兵团文明单位	兵团精神文明建设指导委员会	2015.3
一〇二团学校	兵团文明单位	兵团精神文明建设指导委员会	2015.3
第六师棉麻公司	兵团文明单位	兵团精神文明建设指导委员会	2015.3
五家渠客运服务中心站	兵团文明单位	兵团精神文明建设指导委员会	2015.3
五家渠市人民政府青湖路街道办事处	兵团文明单位	兵团精神文明建设指导委员会	2015.3
五家渠市自来水公司	兵团文明单位	兵团精神文明建设指导委员会	2015.3
国网新疆电力公司芳草湖供电公司	兵团文明单位	兵团精神文明建设指导委员会	2015.3

续表

受表彰单位	荣誉称号	证书颁发机关	颁发时间
兵团五家渠女子强制隔离戒毒所	兵团文明单位	兵团精神文明建设指导委员会	2015.3
五家渠市人民政府军垦路街道办事处	兵团文明单位	兵团精神文明建设指导委员会	2015.3
五家渠市人民政府人民路街道办事处	兵团文明单位	兵团精神文明建设指导委员会	2015.3
五家渠电视台《都梁六师行》	庆祝兵团成立60周年纪录片展播三等奖	兵团文化广播电视局	2014.11
第六师司法局	信息工作先进单位	兵团司法局	2014.1
一一一团人民调解委员会	兵团模范人民调解委员会	兵团司法局	2014.1
奇台总场人民调解委员会	兵团模范人民调解委员会	兵团司法局	2014.1
第六师司法局	政务信息工作先进单位	兵团司法局	2014.1
芳草湖农场司法所	全国“六五”普法中期先进集体	全国普法办	2014.3
第六师教育局	兵团中小学“三个创建”活动先进单位	兵团教育局	2014.8
一〇二团学校	兵团中小学“三个创建”活动示范学校	兵团教育局	2014.8
一〇一团学校	兵团体育传统项目学校	兵团体育局	2014.12
五家渠一中	兵团阳光体育特色学校	兵团体育局	2014.12
一〇二团学校	兵团校园足球示范学校	兵团体育局	2014.12
五家渠市三小	2014年度兵团消防安全教育示范学校	兵团公安局、兵团教育局	2015.1
红旗农场中学	2014年度兵团消防安全教育示范学校	兵团公安局、兵团教育局	2015.1
第六师教育局教研室	2014年度兵团先进教研室	兵团教学研究室	2014.12
第六师教育局教研室	兵团小学语文青年教师阅读教学评比活动最佳组织奖	兵团教学研究室	2014.5
第六师教育局教研室	2014年兵团中学思想品德、思想政治现场课大赛优秀组织奖	兵团教学研究室、兵团教育学会	2014.5
第六师统计局	兵团统计工作综合奖二等奖	兵团统计局	2014.11
一〇三团团委	2013年兵团大中专学生志愿者暑期“三下乡”社会实践活动优秀组织奖	兵团团委、兵团教育局、兵团文明办、兵团农业局、兵团卫生局、兵团司法局、兵团科协、兵团学联	2014.1

续表

受表彰单位	荣誉称号	证书颁发机关	颁发时间
“刘金栋受贿、违反廉洁自律案”办案组	兵团纪检监察系统优秀办案集体三等奖	兵团纪委、兵团监察局	2015.3
六师五家渠市纪委监察局	兵团纪检监察系统办案先进单位二等奖	兵团纪委、兵团监察局	2015.3
奇台农场工会	兵团工会帮扶工作先进集体	兵团工会	2014.12
奇台农场	开发建设新疆奖状	自治区总工会	2014.4
军户农场	安全生产先进单位	兵团安全委员会	2015.1
新湖农场林业站	林业有害生物预测预报中心站	兵团林业局	2014.3
新湖农场政工办	党员干部现代远程教育示范终端站点	兵团党委组织部	2014.4
新湖农场武装部	征兵工作先进单位	兵团武装部	2014.7
新湖农场工会	2014年度工会经审工作先进集体	兵团工会	2014.7
新湖农场	2014年度防火工作先进团场	兵团防火委	2015.3
军户农场	2014年年度防火工作先进团场	兵团防火委	2015.3
第六师看守所	兵团优秀公安基层单位	兵团公安局	2015.2
第六师公安局“3·20网络投资诈骗案”专案组	2014年度兵团公安机关优秀专案组	兵团公安局	2015.2
第六师第三次全国经济普查领导小组办公室	第三次全国经济普查先进集体	国务院第三次全国经济普查领导小组	2014.12
第六师统计局	兵团统计工作综合奖二等奖	兵团统计局	2014.11
第六师五家渠市项目办	大学生志愿服务西部计划绩效考核优秀等次项目办	全国大学生志愿服务西部计划项目管理办公室	2014.12
第六师新湖农场项目办	大学生志愿服务西部计划绩效考核优秀等次项目办	全国大学生志愿服务西部计划项目管理办公室	2014.12
五家渠三小少先队大队	自治区优秀少先队集体大队	自治区团委、教育厅、少工委	2014.1
六师五家渠市团委	兵团共青团工作绩效考核红旗单位	兵团团委	2014.12
一○二团团委	兵团五四红旗团委	兵团团委	2014.5
共青团农场团委	兵团五四红旗团委	兵团团委	2014.5
新疆青格达生态区投资开发集团有限公司团委	兵团五四红旗团委	兵团团委	2014.5
一○一团四连团支部	兵团五四红旗团支部	兵团团委	2014.5
一○五团中心学校团总支	兵团五四红旗团支部	兵团团委	2014.5

续表

受表彰单位	荣誉称号	证书颁发机关	颁发时间
奇台农场一〇八社区机关团支部	兵团五四红旗团支部	兵团团委	2014.5
五家渠职业技术学校13级学前教育团支部	兵团五四红旗团支部	兵团团委	2014.5
新疆华春毛纺有限公司机关团支部	兵团五四红旗团支部	兵团团委	2014.5
第六师五家渠市项目办	兵团大学生志愿服务西部计划优秀项目办	兵团团委、大学生志愿者服务西部计划兵团项目办	2014.5
五家渠二中	第二届兵团少年军校军事技能大赛三等奖	兵团团委、兵团军事部政治部、兵团教育局、兵团少工委	2014.12
一〇一团鲜食葡萄标准化生产青年示范基地	第二批兵团“农产品标准化生产青年示范基地”	兵团团委	2014.12
第六师五家渠垦区人民检察院公诉科	第三批兵团“青少年维权岗”单位	兵团创建“青少年维权岗”活动领导小组	2014.1
第六师五家渠市芳草湖垦区公安局刑事侦查大队	第三批兵团“青少年维权岗”单位	兵团创建“青少年维权岗”活动领导小组	2014.1
五家渠电视台	第三批兵团“青少年维权岗”单位	兵团创建“青少年维权岗”活动领导小组	2014.1
第六师新疆光大日月油脂科技有限公司浸出车间	2014年度“兵团青年安全生产示范岗”集体	兵团团委	2014.11
第六师新疆天鹅现代农业机械装备有限公司钳工车间	2014年度“兵团青年安全生产示范岗”集体	兵团团委	2014.11
第六师新疆梅花氨基酸有限公司化工生产线电器班组	2014年度“兵团青年安全生产示范岗”集体	兵团团委	2014.11
一〇二团幸福路社区	首批兵团“青年文明社区”	兵团团委、兵团民政局	2014.5
第六师军垦路街道向阳路社区	首批兵团“青年文明社区”	兵团团委、兵团民政局	2014.5
芳草湖农场	兵团妇联基层组织建设示范团场	兵团妇联	2014.1
一〇三团十二连	兵团妇联基层组织建设示范连队	兵团妇联	2014.1
一〇六团一连	兵团妇联基层组织建设示范连队	兵团妇联	2014.1
军户农场五连	兵团妇联基层组织建设示范连队	兵团妇联	2014.1
六运湖农场五连	兵团妇联基层组织建设示范连队	兵团妇联	2014.1
土墩子农场一连	兵团妇联基层组织建设示范连队	兵团妇联	2014.1
青湖南路社区	兵团妇联基层组织建设示范社区	兵团妇联	2014.1

续表

受表彰单位	荣誉称号	证书颁发机关	颁发时间
第六师水利管理处	兵团妇联基层组织建设示范机关事业单位	兵团妇联	2014.1
第六师垦区法院	兵团妇联基层组织建设示范机关事业单位	兵团妇联	2014.1
第六师妇联	妇女创业就业奖	兵团妇联	2014.1
城建处靓丽保洁保绿服务部	兵团三八红旗集体	兵团妇联	2014.3
准噶尔时报社采编部	兵团三八红旗集体	兵团妇联	2014.3
第六师妇联	“母亲健康快车”项目实施先进单位	兵团妇联	2014.9
五家渠质量技术监督综合检测检验所	自治区质监系统量值比对工作先进单位	自治区质量技术监督局	2014.11
五家渠纤维检验所	自治区纤维检验局2014年度业务工作目标管理优秀单位	自治区纤维检验局	2014.11
芳草湖垦区检察院	兵团先进基层检察院	兵团人民检察院	2015.1
第六师检察分院职务犯罪侦查局	优秀反贪局	兵团人民检察院	2015.1
奇台垦区检察院职务犯罪侦查局	优秀反贪局	兵团人民检察院	2015.1
第六师外事局	兵团外事工作先进集体	兵团外事侨务旅游局	2014.12

获得国家、自治区、兵团厅局级表彰的先进个人名录(176)

姓名	性别	族别	单位	职务	荣誉称号	证书颁发机关	颁发时间
彭　冬	男	汉	师市安监局	主任科员	自治区安全生产先进个人	自治区安监局	2015.2
李京宁	男	汉	五家渠经济技术开发区	副主任	兵团安全生产先进个人	兵团安委会	2015.2
俞青山	男	汉	红旗农场	安办主任	兵团安全生产先进个人	兵团安委会	2015.2
张全国	男	汉	共青团农场	安办主任	兵团安全生产先进个人	兵团安委会	2015.2
唐　洁	女	汉	水管处	安办副主任	兵团安全生产先进个人	兵团安委会	2015.2
刘　文	男	汉	师市特检中心	总工程师	兵团安全生产先进个人	兵团安委会	2015.2
张增强	男	汉	一〇二团	工业科科长	兵团安全生产先进个人	兵团安委会	2015.2
夏新江	男	汉	一〇六团	安办主任	兵团安全生产先进个人	兵团安委会	2015.2
林淑君	女	汉	军户农场	安办主任	兵团安全生产先进个人	兵团安委会	2015.2
张　建	男	汉	鸿基焦化	安环部总监	兵团安全生产先进个人	兵团安委会	2015.2
赵中剑	男	汉	师市安监局	主任科员	兵团安全生产先进个人	兵团安委会	2015.2
朱　强	男	汉	第六师五家渠市交通局	局长	2014年度中国公路学会“会员之星”	交通运输部公路学会	2014.12
陈　萍	女	汉	退休干部	六师原政委	离退休干部先进个人	兵团党委办公室、兵团办公厅	2014.8
张治书	男	汉	退休干部	人大原副主任	离退休干部先进个人	兵团党委办公室、兵团办公厅	2014.8

续表

姓名	性别	族别	单位	职务	荣誉称号	证书颁发机关	颁发时间
王 彪	男	汉	退休干部	一〇一团原副团长	离退休干部先进个人	兵团党委办公室、兵团办公厅	2014.8
李培龙	男	汉	退休干部	一〇二团综治办原主任	离退休干部先进个人	兵团党委办公室、兵团办公厅	2014.8
王守业	男	汉	退休干部	一〇五团	离退休干部先进个人	兵团党委办公室、兵团办公厅	2014.8
郭贯三	男	汉	退休干部	新湖农技推广站原站长	离退休干部先进个人	兵团党委办公室、兵团办公厅	2014.8
汪建忠	男	汉	退休干部	红旗育才路社区原书记	离退休干部先进个人	兵团党委办公室、兵团办公厅	2014.8
王德贞	男	汉	退休干部	一一〇团退休干部	离退休干部先进个人	兵团党委办公室、兵团办公厅	2014.8
张庆友	男	汉	退休干部	六师原味精食品厂	离退休干部先进个人	兵团党委办公室、兵团办公厅	2014.8
马育宏	男	汉	退休干部	青湖路街道原党工委书记	离退休干部先进个人	兵团党委办公室、兵团办公厅	2014.8
刘运琴	女	汉	第六师干休所	所长	离退休干部工作先进个人	兵团党委办公室、兵团办公厅	2014.8
章金戈	女	汉	五家渠市军垦路街道党政办	主任科员	离退休干部工作先进个人	兵团党委办公室、兵团办公厅	2014.8
刘旭亮	男	汉	第六师一〇一团政工办	主任	离退休干部工作先进个人	兵团党委办公室、兵团办公厅	2014.8
牛 军	男	汉	人行五家渠支行	副股长	优秀共产党员	中共中国人民银行乌鲁木齐中心支行机关委员会	2015.6
杨新生	男	汉	人行五家渠支行	主任科员	优秀共产党员	中共中国人民银行乌鲁木齐中心支行机关委员会	2015.6
尹彩秀	女	汉	新疆大黄山豫新公司职工文化活动中心卫生班	班长	兵团三八红旗手标兵	兵团妇联	2014.3
梁 欣	女	汉	五家渠市青湖路街道	妇联专干	兵团三八红旗手	兵团妇联	2014.3
关小琴	女	汉	第六师五家渠市人民检察院案件管理办公室	主任	兵团三八红旗手	兵团妇联	2014.3
耿玉香	女	汉	第六师五家渠市一〇二团医院	院长	兵团三八红旗手	兵团妇联	2014.3
张 丽	女	汉	第六师五家渠市新湖农场新原社区三十三连	职工	兵团三八红旗手	兵团妇联	2014.3
毛小芳	女	汉	第六师五家渠市芳草湖农场北方龙腾纱网厂	厂长	兵团三八红旗手	兵团妇联	2014.3
王彦梅	女	汉	第六师五家渠市奇台农场地毯厂	厂长	兵团三八红旗手	兵团妇联	2014.3
马兰英	女	汉	第六师五家渠市公安局刑事警察支队	副队长	兵团三八红旗手	兵团妇联	2014.3
高明阳	男	汉	第六师芳草湖监狱	副监狱长	三等功	兵团监狱管理局	2014.6

续表

姓名	性别	族别	单位	职务	荣誉称号	证书颁发机关	颁发时间
单爱国	男	汉	第六师监狱管理局	局长	嘉奖	兵团监狱管理局	2014.6
周　虹	男	汉	第六师监狱管理局	副局长	嘉奖	兵团监狱管理局	2014.6
史新伟	男	汉	第六师芳草湖监狱	监狱长	嘉奖	兵团监狱管理局	2014.6
李　勇	男	汉	第六师五家渠监狱	副监狱长	嘉奖	兵团监狱管理局	2014.6
齐　辉	男	汉	第六师新湖监狱	纪委书记	嘉奖	兵团监狱管理局	2014.6
王　俊	男	汉	第六师监狱管理局	生产科科长（副调研员）	兵团监狱系统2014年度安全生产先进个人	兵团监狱管理局	2015.1
曹　刚	男	汉	第六师五家渠监狱	生产科科长	兵团监狱系统2014年度安全生产先进个人	兵团监狱管理局	2015.1
张春海	男	汉	第六师新湖监狱	副监狱长	兵团监狱系统2014年度安全生产先进个人	兵团监狱管理局	2015.1
王　博	男	汉	第六师芳草湖监狱	一监区副监区长	兵团监狱系统2014年度安全生产先进个人	兵团监狱管理局	2015.1
牛晶祺	男	汉	第六师新湖监狱	狱内侦查科副科长	2014年度优秀狱内侦查员	兵团监狱管理局	2015.2
陈　斌	男	汉	第六师新湖监狱	一监区副监区长	2014年度兵团级个别教育能手	兵团监狱管理局	2015.3
任　梦	男	汉	第六师芳草湖监狱	二监区管教	2014年度兵团级个别教育能手	兵团监狱管理局	2015.3
武永峰	男	汉	第六师五家渠监狱	纪检组长	2014年度兵团级个别教育能手	兵团监狱管理局	2015.3
王怡蓝	女	汉	第六师一〇二团学校	学生	兵团优秀共青团员	兵团团委	2015.4
陈沫羽	女	汉	第六师一〇五团中心学校	学生	兵团优秀共青团员	兵团团委	2015.4
马　斌	男	回	第六师六运湖农场学校	学生	兵团优秀共青团员	兵团团委	2015.4
安志才	男	汉	第六师奇台农场总场中学	学生	兵团优秀共青团员	兵团团委	2015.4
刘筱颖	女	满	第六师五家渠第一中学	教师	兵团优秀共青团员	兵团团委	2015.4
李　锴	男	汉	第六师五家渠高级中学	团委副书记	兵团优秀共青团干部	兵团团委	2015.4
许　洁	女	汉	第六师共青团农场	团委书记	兵团优秀共青团干部	兵团团委	2015.4
郭　磊	男	汉	第六师煤电有限公司	团委书记	兵团优秀共青团干部	兵团团委	2015.4
范春霞	女	汉	北塔山牧场医院	医生	兵团道德模范	兵团精神文明建设指导委员会	2015.3
王　珏	男	汉	六师司法局一〇一团司法所	所长	兵团先进工作者	兵团党委	2014.1
王　超	男	汉	六师司法局红旗农场司法所	所长	全国“六五”普法中期先进个人	全国普法办	2014.3

续表

姓名	性别	族别	单位	职务	荣誉称号	证书颁发机关	颁发时间
马　超	男	回	六师司法局新湖农场司法所	科员	兵团司法行政系统优秀调研成果三等奖	兵团司法局	2014.4
闫新泽	男	汉	奇台垦区司法局北塔山司法所	所长	兵团司法行政系统优秀调研成果优秀奖	兵团司法局	2014.4
滕绍兵	男	汉	奇台垦区司法局	局长	兵团司法行政系统优秀调研成果优秀奖	兵团司法局	2014.4
马金霞	女	回	奇台垦区司法局	副局长	兵团司法行政系统优秀调研成果优秀奖	兵团司法局	2014.4
李　宁	女	汉	奇台垦区司法局	科员	政务信息工作优秀信息员	兵团司法局	2014.1
胡　艳	女	汉	六师司法局一〇二团司法所	副所长	兵团模范人民调解员	兵团司法局	2014.1
曾广炎	男	汉	六师司法局新湖农场司法所	科员	兵团模范人民调解员	兵团司法局	2014.1
强　磊	男	汉	六师司法局青湖路街道司法所	科员	兵团模范人民调解员	兵团司法局	2014.1
曹殿辉	男	汉	六师五家渠市纪委监察局	检查一室主任	兵团纪检监察系统优秀办案人员	兵团纪委、兵团监察局	2015.3
王新乐	男	汉	五家渠高级中学	校长	兵团优秀教育工作者	兵团教育局、兵团人力资源和社会保障局	2014.9
顾卫平	男	汉	五家渠第一中学	教师	兵团优秀教师	兵团教育局、兵团人力资源和社会保障局	2014.9
王新乐	男	汉	五家渠高级中学	校长	自治区特级教师	新疆维吾尔自治区人民政府办公厅	2015.1
徐金凤	女	汉	五家渠高级中学	教师	自治区特级教师	新疆维吾尔自治区人民政府办公厅	2015.1
何　玲	女	汉	五家渠第二中学	教师	2014年度兵团优秀“三区”支教教师	兵团教育局	2014.12
马继海	男	汉	第六师教育局教研室	教研员	2014年度兵团优秀教研员	兵团教育研究室	2014.12
苏新华	女	汉	五家渠第一中学	教研室主任	2014年度兵团优秀教研员	兵团教育研究室	2014.12
李文平	女	汉	五家渠第一小学	教研室副主任	2014年度兵团优秀教研员	兵团教育研究室	2014.12
陈　培	女	汉	一〇三团统计办	工作人员	兵团第三次全国经济普查工作先进个人	兵团第三次全国经济普查领导小组	2015.1
杨　玲	女	汉	一〇三团五连	政工员	2013年度兵团优秀共青团员	兵团团委	2014.5
杨　玲	女	汉	一〇三团五连	大学生志愿者	兵团大中专学生志愿者暑期“三下乡”社会实践活动优秀大学生	兵团团委、兵团教育局、兵团文明办、兵团农业局、兵团卫生局、兵团司法局、科协、学联	2014.1
李文涛	男	汉	一〇三团七连	七职工	2013年“兵团青年创业项目带头人”	新疆生产建设兵团	2014.5
张兰兰	女	汉	一〇三团威力家电公司	经理	兵团“三化”建设（城镇化建设）青年积极分子	兵团团委	2014.4

续表

姓名	性别	族别	单位	职务	荣誉称号	证书颁发机关	颁发时间
王　瑜	女	汉	一〇三团经济发展局	职工	2014年兵团“团场好青年”——道德好青年	兵团团委	2014.12
王　瑜	女	汉	一〇三团经济发展局	职工	2014年度兵团优秀巾帼志愿者	兵团妇联、兵团文明办	2015.1
肖永革	男	汉	一〇三团政工办	副主任	2014年度兵团优秀通讯员	新华社新疆分社党组、兵团日报社党委	2014.12
白庆芬	女	满	五家渠振兴街社区	四岗和一协管员	第三次全国经济普查最美普查员	兵团第三次全国经济普查领导小组办公室	2014.9
杨彦虎	男	回	军户农场机关	工会副主任科员	工会帮扶工作先进个人	兵团工会	2014.12
张金中	男	汉	军户农场机关	政工办副主任	民族团结进步先进个人	昌吉回族自治州人民政府	2014.9
任佳民	男	回	军户农场二连	职工	青年职工创业项目带头人	新疆生产建设兵团	2014.5
马新武	男	回	军户农场九连	职工	青年职工创业项目带头人	新疆生产建设兵团	2014.5
韩卫青	男	汉	新湖农场机关	机要局局长	兵团保密工作先进个人	兵团保密局	2014.4
马兰英	女	汉	第六师五家渠市公安局	刑事侦察支队副支队长	个人二等功	兵团公安局	2015.2
王　政	男	汉	第六师五家渠市公安局	消防支队支队长	2014年度兵团防火安全先进个人	兵团防火委	2015.3
白海彬	男	汉	第六师五家渠市公安局	消防支队副支队长	2014年度兵团防火安全先进个人	兵团防火委	2015.3
朱立星	男	汉	第六师五家渠市公安局	国保支队反邪教科科长	兵团公安机关“双二十佳”先进个人	兵团公安局	2015.2
马　明	男	汉	第六师五家渠市公安局	刑警支队法医	兵团公安机关“双二十佳”先进个人	兵团公安局	2015.2
江　鹏	男	汉	第六师五家渠市公安局	政治处宣传科科员	兵团公安系统2014年度“十佳通讯员”	兵团公安局	2015.2
李　亮	男	汉	第六师五家渠垦区公安局	猛进派出所科员	兵团公安机关“二十佳社区民警”	兵团公安局	2015.2
王　菲	男	汉	第六师五家渠垦区公安局	刑事侦查中队中队长	兵团公安机关“双二十佳”先进个人	兵团公安局	2015.2
孙吉树	男	汉	第六师芳草湖垦区公安局	刑侦大队大队长	兵团优秀人民警察	兵团公安局	2015.2
胡招军	男	汉	第六师芳草湖垦区公安局	刑事侦查大队技术室主任	兵团公安机关“双二十佳”先进个人	兵团公安局	2015.2

六师五家渠市职工生育保险暂行办法

师市办发〔2014〕3号

第一章 总则

第一条 为保障职工生育期间获得经济补偿和基本医疗服务，均衡用人单位生育费用负担，促进公平就业，根据《中华人民共和国社会保险法》和《新疆生产建设兵团职工生育保险暂行办法》，结合六师五家渠市实际，制定本办法。

第二条 六师五家渠市范围内各类企事业单位、机关、社会团体、有雇工的个体经济组织和其他社会组织（以下统称用人单位）及其职工或者雇工（以下统称职工），适用本办法。

用人单位应当按照属地管理原则，参加所在统筹区的生育保险，按照有关规定，为所有职工缴纳生育保险费，职工个人不承担生育保险费。

第三条 师市职工生育保险业务经办流程和网络系统按照兵团统一办法实施，基金实行师级统筹。

第四条 师市劳动保障行政部门负责本辖区职工生育保险工作。社会保险经办机构具体承办生育保险事务。

第二章 生育保险基金

第五条 生育保险基金由用人单位缴纳的生育保险费、生育保险基金的利息收入、生育保险费滞纳金和依法纳入生育保险基金的其他资金构成。

第六条 生育保险基金按照“以支定收，收支平衡”的原则筹集和使用。

第七条 用人单位按职工工资总额的0.5%按时足额缴纳生育保险费。

第八条 生育保险费的征缴按照社会保险费征缴规定执行。

第九条 生育保险基金存入财政专户并实行预算管理，执行国家统一的社会保险基金管理办法。

生育保险基金的财务和会计管理，按照国家《社会保险基金财务制度》和《社会保险基金会计制度》的有关规定执行。

生育保险基金计息及滞纳金收缴办法，按照国家及兵团有关规定执行。生育保险基金不计征税费。

任何单位或个人不得将生育保险基金用于违规投资运营，不得用于平衡其他政府预算，不得用于兴建、改建办公场所和支付人员经费、运行费用、管理费用，或者违规挪作其他用途。

第十条　生育保险基金用于下列支出：

（一）女职工产假生育津贴；

（二）计划生育手术休假津贴；

（三）女职工生育医疗费用；

（四）计划生育手术医疗费用；

（五）女职工计划内妊娠自然流产医疗费用；

（六）法律、法规规定的其他情形。

第三章　生育保险待遇

第十一条　职工享受生育保险待遇，应当同时符合下列条件：

（一）所属用人单位依照本办法参加生育保险并依法为职工缴纳生育保险费的；

（二）符合国家及兵团人口与计划生育有关规定生育或者实施计划生育手术的。

第十二条　生育保险待遇包括生育医疗费用和生育津贴。

第十三条　生育医疗费用包括生育的医疗费用和计划生育的医疗费用及法律、法规规定的应当由生育保险基金支付的其他项目费用。

生育的医疗费用指女职工在孕产期内因怀孕、分娩发生的医疗费用，包括诊治妊娠合并症、并发症的医疗费用。

计划生育的医疗费用指职工放置或者取出宫内节育器、施行输卵管或者输精管结扎及复通手术、实施人工流产术或者引产术等发生的医疗费用。

第十四条　职工符合国家及兵团计划生育规定生育，在妊娠期、分娩期、产褥期内发生的医疗费用以及实施计划生育手术的医疗费用，属于生育保险医疗服务范围的，由生育保险基金按有关规定予以支付。妊娠合并症、并发症的医疗费用由生育保险基金按职工医疗保险待遇标准支付。

参保男职工未就业配偶依法享受生育医疗费用待遇，其符合计划生育规定所发生的生育医疗费用，由生育保险基金按照所在统筹区女职工生育保险待遇的50%标准予以支付。妊娠合并症、并发症的医疗费用由生育保险基金按统筹区居民医疗保险待遇标准支付。

第十五条　生育津贴是职工按照国家规定享受产假或者计划生育手术休假期间获得的工资性补偿，师市各类企业单位按照职工本人养老保险缴费工资标准计发，机关、事业单位按医疗保险缴费工资计发。职工在领取生育津贴期间，用人单位可以不支付工资。

第十六条　生育津贴支付期限按照国家及兵团关于产假的规定执行。女职工生育享受98天产假；难产的，增加产假15天；晚育的，增加产假30天；生育多胞胎的，每多生育一个婴儿，增加产假15天。女职工怀孕未满4个月流产的，享受15天产假，怀孕满4个月流产的，享受42天产假。

第十七条　职工领取生育津贴、报销医疗费用，应当在所在统筹区社保经办机构办理手续，并提交下列证明材料：

（一）职工生育、流产的，应提交所在统筹区计划生育部门出具的计划生育证明和定点医疗服务机构出具的婴儿出生、死亡或者流产证明；

（二）职工实施计划生育手术的，应提交定点医疗服务机构出具的计划生育手术证明；

（三）出院证明、住院发票、费用清单及病历复印件等生育保险费用结算所需的相关材料。

第十八条　女职工因生育引起疾病死亡，属于非责任事故的，提交卫生行政等相关部门证明材料后，可从生育保险基金中给予一次性经济补偿8000元。

第十九条　有下列情形之一的，生育保险基金不予支付：

（一）职工生育或者实施计划生育手术期间，因医疗事故发生的医疗费用；

（二）各种不育（孕）症、性功能障碍等人工辅助生殖技术诊疗项目发生的医疗费用；

（三）违反国家及自治区、兵团计划生育规定生育的医疗费用；

（四）不属于生育保险医疗服务范围的医疗费用；

（五）未经批准在统筹区内非定点医疗机构发生的生育医疗费用（急诊、抢救的除外）；

（六）按照国家规定已由公共卫生服务项目或者基本医疗保险基金等支付的生育医疗费用；

（七）按照国家及兵团规定的其他生育保险基金不予支付的费用。

第四章 管理和监督

第二十条 社会保险经办机构具体承办生育保险参保、登记、管理、支付等事务，提供生育保险服务。

卫生、食品药品监督管理、人口计生、财务、审计等部门以及工会、妇联等组织，按照各自职责，负责与职工生育保险有关的管理工作。

第二十一条 社会保险经办机构的人员经费和经办生育保险发生的基本运行费用、管理费用，由同级财政按照国家规定予以保障。

第二十二条 生育保险医疗服务按照国家有关规定实行医疗机构和计划生育服务机构定点协议管理。社会保险经办机构应当根据本统筹区参加生育保险人员生育和计划生育医疗服务需求，与医疗服务机构签订生育保险定点服务协议，明确双方的权利、义务和责任，并按照协议进行监督、管理。

定点医疗服务机构应当遵守生育保险有关规定，严格履行服务协议，及时为参加生育保险人员提供合理、必要的医疗服务。

参加生育保险的职工可以自行选择所在统筹区的定点医疗服务机构进行产前检查、住院分娩或者实施计划生育手术。

需急诊、抢救的，可在非定点医疗服务机构就医，所发生的费用按规定由生育保险基金支付。

第二十三条 生育保险医疗服务范围可按照兵团有关生育保险药品目录、诊疗项目目录、医疗服务设施项目目录和产前检查项目目录等规定执行。

第二十四条 职工就医发生的应当由生育保险基金支付的生育医疗费用，由社会保险经办机构与定点医疗服务机构直接结算。

第二十五条 职工在统筹区以外生育的，其生育医疗费用结算范围和标准按照参保地有关规定执行。

第二十六条 六师五家渠市女职工生育保险住院分娩(包括顺产、器械产、侧切产、剖宫产等)医疗费用，实行总额控制下的按平均定额付费方式支付。正常产2000元，器械产、侧切产2500元，剖宫产5500元。多胞胎生育的，每多生育一个婴儿增加400元。常规产前检查600元。

第二十七条 劳动和社会保障行政部门应当加强对用人单位和个人遵守社会保险法律、法规、规章情况的监督检查。

劳动和社会保障行政部门对生育保险基金收支、管理等情况进行监督检查。发现存在问题的，应当提出整改建议，依法作出处理决定或者向有关行政部门提出处理建议。检查结果应当定期向社会公布。

第二十八条 任何组织和个人有权对生育保险违法行为进行举报、投诉。社会保险行政部门应当及时依法处理。

第五章 法律责任

第二十九条 用人单位未依法为职工缴纳生育保险费，造成职工不能享受生育保险待遇的，按照《女职工劳动保护特别规定》第八条规定，由用人单位按照女职工产假前工资的标准支付生育津贴，按照本暂行办法规定的项目和标准支付生育医疗费用。

对未依法为其职工缴纳生育保险费的用人单位，按照社会保险法第六十三条、第八十六条等有关规定处理。

第三十条 社会保险经办机构以及医疗机构、药品经营单位等社会保险服务机构，以欺诈、伪造证明材料或者其他手段骗取生育保险基金或者待遇的，按照《中华人民共和国社会保险法》第八十七条处理。

第三十一条 其他法律责任事项按照《中华人民共和国社会保险法》第十一章有关规定执行。

第六章 附则

第三十二条 参保职工所属用人单位已为其缴纳生育保险费但不足12个月的，待缴费满12个月后，再计发生育医疗费、生育津贴等相关待遇。

第三十三条 已参加师市居民基本医疗保险的未就业居民生育医疗费用、在住院分娩期间新生儿发生的医疗费用，按照居民基本医疗保险有关规定执行。参保人员不得重复享受有关待遇。

第三十四条 本暂行办法由师市劳动和社会保障局负责解释。

第三十五条 本暂行办法自2014年1月1日起施行。原生育保险有关政策规定与本办法不一致的，以本办法规定为准。

（2014年2月27日）

六师五家渠市支持社会养老服务业发展

师市办发〔2014〕11号

各团(场)、公司、院(校),五家渠经济技术开发区,各街道办事处,十三户社区、大黄山社区,师市机关有关部门:

为全面贯彻落实《国务院关于加快发展养老服务业的若干意见》(国发〔2013〕35号)精神,进一步完善师市社会养老服务体系,健全社会化养老服务机制,大力推进老年社会福利事业的发展,满足老年人日益增长的社会养老服务需求,实现"老有所养"目标,现就六师五家渠市支持社会养老服务业发展通知如下。

一、扶持对象和范围

在师市行政区域内,根据老年人的养老需求建设的以生活护理服务为基本保障型养老服务机构,包括老年社会福利院、敬老院(养老院)、老年福利服务中心、老年公寓等非营利性养老机构;以社区托老服务为主的社区配套型养老机构(社区老年人日间照料中心、托老站等)。以上机构经民政部门审批,取得《养老机构设立许可证》依法办理民办非企业单位法人登记,或取得《事业单位法人证书》(属医疗机构范畴的养老机构同时须取得《医疗机构执业许可证》)可享受政策优惠和资金支持。社会力量采取承包、租赁、合营等方式与政府合作经营以及社会力量独资建设经营的非营利性养老服务机构,享受同等优惠政策。在工商部门注册的营利性养老机构,不享受优惠政策。

(一)建立养老机构补助制度

对按标准建设并取得《养老机构设立许可证》《民办非企业单位登记证书》或《事业单位法人证书》的非营利性养老服务机构,给予养老机构床位补贴。对按标准建设、按规定运营的新增养老机构、租赁形式兴办的养老机构,按入住满一个月以上的老人实际占用床位数,给予每月每张床位100元床位补贴。

(二)建立社区居家养老服务补助制度

对新建、改(扩)建的社区老年人日间照料中心或托老所,内部基础设施配备,年正常开放260天以上的,由市财政给予一次性资助10000元。对具有六师五家渠市户籍且居住在户籍地的,年满80周岁及以上的高龄老人或年满60周岁的"三无""五保"、孤寡、低保对象、独居等特殊老年群体实施购买服务。根据日间照料中心(或托老所)老年人实际人数、实际天数由市财政按每人每天9元给予伙食补助。

(三)加大对养老服务业发展的政策扶持力度

1. 优先审批建设项目及用地。师市发改部门对符合土地、规划、环保等规定以及建设资金落实到位的养老服务机构的基本建设项目,予以备案、核准或审批。民间资本设立的非营利性养老机构与政府开办的养老机构依法使用国有划拨土地。对营利性养老机构建设用地,按照国家对经营性用地依法办理有偿用地手续的规定,优先保障供应。严禁改变养老设施建设用地用途搞房地产开发。

2. 税费优惠政策。落实好国家现行支持养老服务业的税收优惠政策,对养老机构提供的养护服务免征营业税;对非营利性养老机构自用房产、土地免征房产税和城镇土地使用税;对符合条件的非营利性养老机构按规定免征企业所得税;对非营利性养老机构建设免征有关行政事业性收费;对营利性养老机构建设要减半征收有关行政事业性收费;对养老机构提供养老服务要适当减免行政事业性收费。境内外资本设立的养老机构享有同等的税收优惠政策。

3. 收费优惠政策。政府主办和特许经营的供水、供气、供暖、供电、通信、有限(数字)电视等经营单位,应为非营利性养老服务机构给予收费优惠。其中用水、用气(暖)、用电按居民生活类价格执行,超出部分在核定的额度内由政府给予补贴。同时,减半收取有线电视入网费和城市生活垃圾费。

4.接受捐赠。养老服务机构可以接受社会捐赠,受赠款物的使用,应当尊重捐赠人的意愿;捐赠人没有明确使用意愿的,应当用于改善养老服务机构的设施设备和服务对象的生活条件;捐赠资金的使用应当接受有关部门的审计和监督。对企事业单位、社会团体和个人向非营利性养老机构的捐赠,准予在计算其应纳税所得额时按税法规定比例扣除。

5.支持养老服务机构开展老年医疗卫生和老年病护理服务。养老服务机构所办医疗机构已取得《医疗机构执业资格许可证》并符合基本医疗保险定点医疗机构资格条件的,经审批可纳入城镇职工(居民)基本医疗保险定点范围,其收养的基本医疗参保人员,在定点的养老服务机构所办医疗机构就医所发生的医疗费用,按基本医疗保险有关规定支付。支持养老服务机构与周边医院、社区医疗卫生服务机构合作,促进养医结合,实现资源共享。

6.从业人员培训和就业。教育、劳动、民政部门要支持高等院校和中等职业学校增设养老服务相关专业、课程,扩大人才培养规模,加快培养老年医学、康复、护理、营养、心理和社会工作等专业人才,制定优惠政策,鼓励大中专院校毕业生从事养老服务工作。依托院校和养老机构建立养老服务实训基地。加强老年护理人员的培训,对符合条件的参加养老护理职业培训和职业技能鉴定的从业人员按规定给予补贴,在养老机构和社区开发公益性岗位,吸纳城镇就业困难等人员从事养老服务。养老机构要积极改善养老护理员工作条件,加强劳动保护和职业防护,依法缴纳养老保险等社会保险费,提高职工工资福利待遇。科学设置专业技术岗位,重点培养和引进医生、护士、康复医师、康复治疗师、社会工作者等具有执业或职业资格的专业技术人员。对在养老机构就业的专业技术人员,执行与医疗机构、福利机构相同的执业资格、注册考核政策。

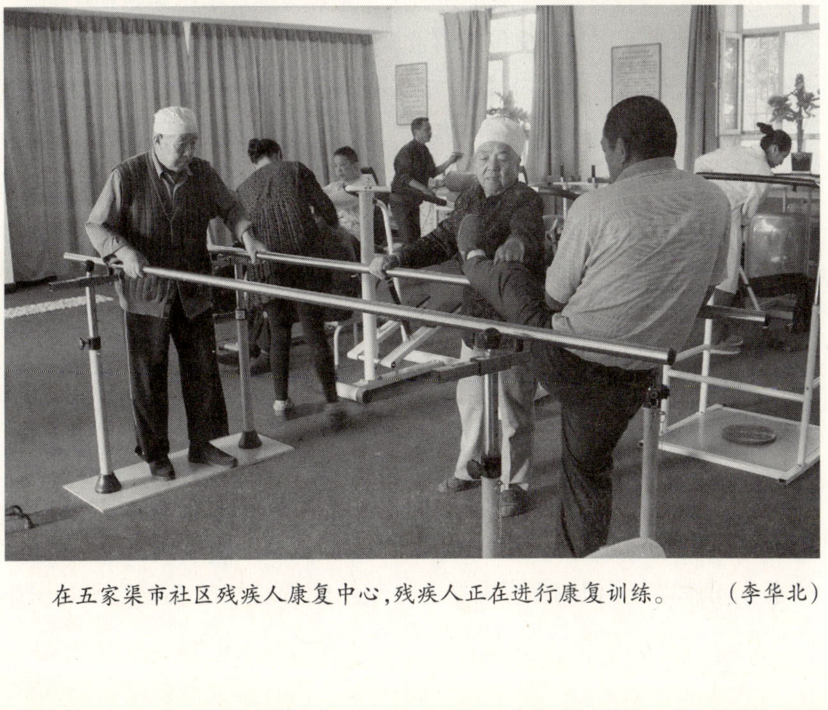

在五家渠市社区残疾人康复中心,残疾人正在进行康复训练。　(李华北)

(四)建设专业化和志愿者相结合的养老服务队伍

把建设养老服务队伍与促进社会就业结合起来,将养老服务技能培训纳入就业培训体系,落实相关优惠政策,提供免费技能培训。鼓励就业困难人员到养老服务机构就业,并按规定享受岗位补贴和社保补贴政策。下岗失业人员兴办养老服务机构或养老服务机构吸纳下岗失业人员,经相关部门批准,可享受下岗失业人员再就业税收优惠政策。要积极倡导、发展志愿者队伍,为志愿者、义工参与养老服务提供必要的条件。加强养老服务管理人员和护理人员业务培训,逐步推进国家职业资格培训考核制度,实行持证上岗。探索建立在养老服务中引入专业社会工作人才机制,引导和鼓励相关专业毕业生从事老年服务,不断提高养老服务队伍的专业化水平。

二、加强组织领导,认真落实责任

各单位要加强对养老服务事业的领导,把发展老年人社会福利事业列入重要日程抓紧抓好;要合理制定养老服务事业发展规划,将其纳入经济社会发展总体规划和年度重点工作、为民办实事项目。各部门要相互协调,切实抓好各项优惠政策的落实。民政部门要加强对各类养老服务机构的管理,逐步完善适应新形势发展需求的管理运行机制,建立完善养老服务机构年检制度。同时,民政、财政部门要加强对补贴资金使用情况的监督检查,确保补贴资金的合理使用,促进师市养老服务事业又好又快发展。

(2014年3月20日)

关于印发《六师五家渠市团场土地承包经营权证管理办法(试行)》等4个文件的通知

各团(场),师市机关相关部门:

《六师五家渠市团场土地承包经营权证管理办法(试行)》、《六师五家渠市农牧工农用土地承包经营权抵押贷款管理办法(试行)》、《六师五家渠市农牧工农用土地承包经营权流转管理办法(试行)》和《六师五家渠市活畜抵押贷款管理办法(试行)》已经师市同意,现印发给你们,请一○二团、芳草湖农场、新湖农场、军户农场、奇台农场结合实际,经团场职代会或职工议事会通过后先行试点实施。

六师办公室　五家渠市人民政府办公室

2014年5月22日

六师五家渠市团场土地承包经营权证管理办法(试行)

第一条　为稳定和完善团场土地承包关系,维护承包方依法取得的土地承包经营权,加强团场土地承包经营权证管理,参照《中华人民共和国农村土地承包法》和《新疆生产建设团场章程(试行)》,结合师市实际,制定本办法。

第二条　团场土地承包经营权证是团场土地承包合同生效后,国家依法确认承包方享有土地承包经营权的法律凭证。团场土地承包经营权证只限承包方在所属团场内使用。

第三条　实行团场内土地承包经营的承包方,由团场颁发土地承包经营权证。

实行其他方式承包经营的承包方,经依法登记,由团场颁发团场土地承包经营权证。团场农业行政主管部门负责土地承包经营权证的备案、登记、发放等工作。

第四条　团场土地承包经营权证所载明的权利有效期限,不能超过土地承包合同约定的承包期。

第五条　团场土地承包经营权证由团场农业行政主管部门按照师市农业局的统一要求印制,应包括以下内容:

(一)名称和编号:“2014-XH-12345”或“2014-101-12345”,第一部分代表年份,第二部分代表团场的番号,例如“XH”代表新湖农场,第三部分为证件的具体编号;

(二)发证机关及日期;

(三)承包期限和起止日期;

(四)承包土地名称、坐落、面积、用途;

(五)团场土地承包经营权变动情况;

(六)其他应当注明的事项。

第六条　团场土地承包经营权证颁发程序:

(一)由承包方(团场职工及通过招标、拍卖、公开协商方式等)向团场提出颁发团场土地承包经营权证的书面申请。

(二)团场农业行政主管部门或由团场授权的农业公司对作业

点(原农业连队)报送的申请材料予以审核。

第七条　团场土地承包经营权证登记簿记载团场土地承包经营权的基本内容。团场土地承包经营权证、团场土地承包合同、团场土地承包经营权证登记簿记载的事项应一致。

第八条　团场土地承包经营权证登记簿、承包合同登记及其他登记材料,由团场农业行政主管部门管理。

第九条　连队经营管理人员和团场农业行政主管部门在办理团场土地承包经营权证过程中应当履行下列职责:

(一)查验申请人提交的有关材料;

(二)就有关登记事项询问申请人;

(三)如实、及时地登记有关事项;

(四)需要实地查看的,应进行查验。在实地查验过程中,申请人有义务给予协助。

第十条　承包期内,承包方按互换方式流转土地承包经营权的,经申请,可办理团场土地承包经营权证变更。

第十一条　团场土地承包经营权证严重污损、毁坏、遗失的,承包方应向连队经营管理人员提交换发、补发的书面申请。经连队经营管理人员初审后,报请原发证机关办理换发或补发手续。在换发或补发团场土地承包经营权证时,应注明"换发"或"补发"字样。

第十二条　承包期内,承包方因退休、死亡、调离等不可抗拒因素不能继续承包团场土地或违反团场管理相关规定的,团场农业主管部门应当依据相关证明或处理决定等注销其团场土地承包经营权证。

第十三条　师市农业行政主管部门要加强对团场土地承包经营权证的发放管理。团场农业行政主管部门要完善团场土地承包方案、团场土地承包合同、团场土地承包经营权证及其相关文件档案的管理制度,建立健全团场土地承包信息化管理系统。

第十四条　对违规发放团场土地承包经营权证,应追究相关责任人的责任;构成犯罪的,将移送司法机关处理。

第十五条　颁发团场土地承包经营权证,除工本费外,团场不得向承包方收取任何费用。团场土地承包经营权证工本费的支出要严格执行国家有关财务管理规定。

第十六条　本办法由师市金融办、农业局负责解释。

第十七条　本办法自印发之日起施行。

六师五家渠市农牧工农用土地承包经营权抵押贷款管理办法(试行)

第一章　总则

第一条　为更好地促进团场经济社会发展和职工对金融服务的需求,解决团场融资担保难问题,参照《中华人民共和国土地管理法》《中华人民共和国农村土地承包法》《农村土地承包经营权流转管理办法》《贷款通则》等有关规定,根据《新疆生产建设兵团团场章程(试行)》,结合师市实际,制定本办法。

第二条　本办法所称土地承包经营权抵押贷款是指土地承包经营权人在不改变土地所有权性质、不转移土地占有和农业用途的条件下,将土地承包经营权及地上附着物作为债权担保向金融机构贷款的一种信贷方式。当债务人不履行债务时,金融机构有权依法处理土地承包经营权及地上附着物,用于偿还其债务。

第三条　本办法适用于在师市从事农业生产经营的农业专业合作社、农业公司,其生产经营项目符合兵、师政策。

第二章　贷款准入条件

第四条　团场土地承包经营权抵押贷款发放坚持"办理自愿、风险自负、收益自理"的原则。

第五条　借款人依照本办法设定土地承包经营权抵押,必须取得由团场颁发的《团场土地承包经营权证》。

通过互换、出租、入股、代耕或者其他符合有关法律和国家政策规定的方式流转取得的土地承包经营权抵押时，还应提供土地承包经营权流转合同和原土地承包经营证所有者出具同意抵押的书面证明。

第六条 借款人申请贷款应向贷款金融机构提供下列资料：

（一）借款人个人情况及有效身份证明；

（二）生产经营资料；

（三）借款用途资料；

（四）所在团场颁发的《团场土地承包经营权证》；

（五）抵押物权证所有者同意土地承包经营权抵押书面证明；

（六）通过流转取得的土地承包经营权抵押时还应提供土地承包经营权流转合同和土地承包证所有者及所在团场出具同意抵押的书面证明；

（七）抵押物共有权人同意抵押的书面资料；

（八）企业法人、专业合作社等经济组织还需提供工商注册登记、组织机构代码证书、组织章程等文件；

（九）金融机构需要提供的其他有关资料。

第三章 土地承包经营权抵押价值评估

第七条 团场土地承包经营权抵押价值可以由抵押当事人共同协商确定，也可以由中介机构评估确定，中介机构评估产生的费用，由借贷双方在贷款合同中商定。

第八条 团场土地承包经营权抵押价值的确定应综合考虑土地所在区域、种植、养殖品种、土地承包经营权及租金实际支付剩余期限、流转价款、支付价款、地面作物的预期收入、受让双方意愿等因素，同时要考虑抵押土地的土地权证所有者是否已缴纳“五保三费”。如果没有缴纳“五保三费”，土地的抵押价值要扣除“五保三费”的价值。

第四章 团场土地承包经营权抵押登记、变更及注销

第九条 团场农业行政主管部门为土地承包经营权抵押登记机关。

第十条 团场土地承包经营权抵押登记可由抵押双方当事人共同到登记机关办理或委托代理人到登记机关办理。抵押合同自抵押登记之日起生效。

第十一条 借款人办理团场土地承包经营权抵押登记，应当提交下列资料：

（一）团场土地承包经营权抵押登记申请书；

（二）借款申请人、抵押人基本资料；

（三）借款合同和抵押合同；

（四）团场土地承包经营权证；

（五）通过流转方式取得团场土地经营权的，还需出具团场土地承包经营权流转合同和原权证所有者及所在团场同意抵押的证明；

（六）抵押物共有权人同意抵押的书面资料；

（七）登记机关要求的其他资料。

委托代理人办理团场土地承包经营权抵押登记的，还应提交代理人身份证明文件和授权委托书。

第十二条 抵押人在抵押期间或抵押期届满要求变更或注销抵押登记的，必须由抵押权人出具债务履行完毕或其他同意变更或注销证明。

第十三条 抵押合同发生变更或者终止时，抵押当事人或其委托代理人应当在变更或者终止之日起15日内，到原登记和记载部门办理变更或者注销抵押登记和记载。

第十四条 委托代理人办理团场土地承包经营权抵押变更、注销登记的，还应当提交代理人身份证明文件和授权委托书。

第十五条 团场土地承包经营权抵押期间，抵押人不得将抵押物再次抵押或流转（互换、出租、入股、代耕）。

第十六条 团场土地承包经营权抵押期间，抵押土地土地承包经营权证所有者要按照团场要求，按时足额地缴纳“五保三费”或土地租金。

第十七条 加强抵押物监管，对抵押物价值发生较大变化的，金融机构要及时追加其他担保，确保贷款资产安全。

第五章 贷款流程及管理

第十八条 团场土地承包经营权抵押贷款的操作程序：

贷款申请→贷款调查→抵押物价值评估→贷款审查、审批→办理抵押登记手续→签订抵押借款合同→贷款发放→贷后检查→贷款归还→到期归还土地权证。

第十九条 债务履行期届满，借款人应按借款合同规定及时偿还贷款本息。无法正常偿还的，抵押权人可与抵押人协商以抵押的团场土地承包经营权竞拍再流转，所得价款支付“五保三费”后再偿还金融机构贷款本息。协商不成的，抵押当事人可依法申请仲裁或向人民法院提起诉讼。

第六章 附则

第二十条 本办法先在试点

团场农业专业合作社和农业公司中试行，试行期为2年。

第二十一条　本办法未尽事宜，依据相关法律法规办理。

第二十二条　本办法由师市金融办负责解释。

第二十三条　本办法自印发之日起施行。

六师五家渠市农牧工农用土地承包经营权流转管理办法(试行)

第一章　总　则

第一条　为了维护团场土地流转双方当事人的合法权益，规范团场土地承包经营权流转行为，促进土地资源的优化配置和合理利用，参照《中华人民共和国农村土地承包法》《农村土地承包经营权流转管理办法》和《新疆维吾尔自治区实施〈中华人民共和国农村土地承包法〉办法》以及《新疆生产建设兵团团场章程(试行)》，结合师市实际，制定本办法。

第二条　本办法适用于师市辖区内团场土地承包经营权的流转。

第三条　本办法所称团场土地是指国有土地和集体所有的耕地、林地、草地以及其他农业用土地。

第四条　团场农业行政主管部门负责管理本辖区内团场土地承包经营权流转。

第五条　团场土地承包经营权流转的主体是承包团场土地的农牧工。土地承包者有权按照本办法自主决定所承包土地是否流转，流转的对象和方式。必须在团场内部流转，流转的受让方必须是团场的专业合作社、团场的企业或职工。

第六条　团场土地承包经营权流转应当遵循下列要求：

(一)应当遵循“平等协商、自愿、有偿”的原则，任何组织和个人不得强迫或者阻碍承包方进行土地承包经营权流转；

(二)受让方不得改变土地所有权的性质和土地的农业用途；

(三)流转的期限不得超过土地承包期的剩余期限；

(四)受让方须有农业经营能力；

(五)土地流转实行一次性流转，不得再次流转。

第七条　用土地承包经营权抵押贷款的借款人，如出现违约，抵押权人可依据借款合同将抵押的土地承包经营权在团场内竞拍流转，所得价款扣除“五保三费”后优先受偿。

第八条　团场土地承包经营权流转产生的费用，由流转双方协商确定。团场土地承包经营权流转收益归承包方所有，任何组织和个人不得侵占、截留、扣缴。

第九条　流转的土地不得变性。

第二章　流转的形式

第十条　土地承包经营权可以依法采取互换、入股、出租、代耕或者其他符合有关法律和国家政策规定的方式流转。

(一)互换是指承包方之间为方便耕作或各自需要，对属于同一团场的承包地块进行交换，同时交换相应的土地承包经营权。

(二)入股是指实行家庭承包方式的承包方之间为发展农业经济，将土地承包经营权作为股权，自愿联合从事农业合作生产经营；其他承包方式的承包方将土地承包经营权量化为股权，入股组成股份公司或者合作社等，从事农业生产经营。

(三)出租是指承包方将部分或全部土地承包经营权以一定期限租赁给团场职工以外的人从事农业生产经营。出租后原土地承包关系不变，原承包方继续履行原土地承包合同规定的权利和义务。承租方按出租时约定的条件对承包方负责。

(四)代耕是指承包方因生产经营能力或有稳定的非农收入但又不愿放弃承包地经营权等原因暂时将承包地交由他人耕种经营。代耕后原承包方与发包方的权利和义务关系不变。

第十一条　承包方依法采取出租、入股、代耕方式将团场土地承包经营权部分或者全部流转的，承包方与发包方的承包关系不变，双方所享有的权利和承担的义务不变，但当事人应当到团场农业行政主管部门备案。

第十二条　双方自愿将土地承包经营权进行互换的，其原享有的承包权利和承担的义务也相应互换，并到团场农业行政主管部门办理团场土地承包经营权变更登记手续。

第十三条　承包方之间可以自愿将承包土地入股发展农业合作生产，但股份合作关系解除时入股土地应当退回原承包职工。

第三章　促进土地适度规模经营

第十四条　按照“依法、自愿、有偿”原则，在不改变土地性质和土地农业用途以及不损害职工土地承包权益的前提下，允许职工以互换、股份合作、出租等形式流转土地承包经营权，发展多种形式的适度规模经营。

第十五条　积极鼓励有资金、懂技术、善经营、会管理的种养专业户、农业产业化龙头企业等农业经营主体，连片主营职工流转的土地，领办团场职工专业合作社，建立农业示范基地和园区，开展适度规模经营。

第十六条　鼓励和支持职工以土地承包经营权入股的形式组建合作社，为发展适度规模经营提供载体和平台。

第十七条　发展规模化畜禽养殖所需用地，视为农业内部生产结构调整用地，团场应鼓励和引导职工流转土地承包经营权发展畜禽养殖规模经营。

第四章　流转的登记与管理

第十八条　所有土地的流转，必须经发包方同意。

第十九条　承包方流转团场土地承包经营权，必须与受让方在团场书面同意且双方协商一致的基础上签订土地承包经营流转合同。团场土地承包经营权流转合同一式四份，流转双方各执一份，发包方和团场农业行政主管部门各备案一份。

第二十条　团场土地承包经营权流转合同包括以下内容：

（一）双方当事人的姓名、住所；

（二）流转土地的四至、名称、坐落、面积、质量等级；

（三）流转的期限和起止日期；

（四）流转土地方式和用途；

（五）双方当事人的权利和义务；

（六）流转价款及支付方式；

（七）违约责任。

第二十一条　承包期内承包方采取出租、入股、互换方式流转土地承包经营权的，必须到团场农业行政主管部门登记。

土地承包经营权采取互换方式流转的，可以根据《六师五家渠市团场土地承包经营权证管理办法（试行）》申请团场土地承包经营权证变更。

第二十二条　团场土地承包经营权流转程序：

（一）申请。团场土地承包经营权流转的双方当事人共同向发包方提出书面申请，包括流转的条件、类型、地名、土地面积及流转的形式，经发包方同意，并签订书面意见。

（二）依法签订合同。经双方协商，签订团场土地承包经营权流转合同。

（三）进行鉴证和登记。签订的团场土地承包经营权流转合同由承包方向发包方所在连队申请登记，连队负责人将土地承包经营权流转合同报团场行政主管部门鉴证、登记、备案存档。

第二十三条　申请登记应如实提供下列材料：

（一）原承包合同文本；

（二）土地承包经营权流转合同文本；

（三）双方身份证或资格证明；

（四）发包方书面意见；

（五）其他有关证明材料。

第二十四条　团场农业行政主管部门办理土地承包经营权流转登记，应当依照法律、法规和有关政策规定，认真审查下列内容：

（一）原承包合同和团场土地承包经营权证的真实性、合法性；

（二）受包人或受让人是否具有经营能力；

（三）是否经发包方同意或备案；

（四）是否超过原承包合同的期限；

（五）合同主要条款是否完整，内容是否清楚，有关条款是否可行，文字表达是否准确；

（六）需要审查的其他内容。

第五章　纠纷处理和责任追究

第二十五条　有下列情形之一的团场土地承包经营权流转无效：

（一）违反国家法律、法规和政策规定的；

（二）恶意串通，损害国家、兵团、师市、团场或者第三人利益的；

（三）未经发包方同意而擅自流转的；

（四）强迫承包方进行流转的；

（五）改变土地农业用途的；

（六）违反兵、师有关规定的。

第二十六条　流转一方当事人采取欺诈、胁迫等手段，使对方在违背真实意愿的情况下签订的流转合同，受损害方有权依法请求人民法院变更或者解除。

第二十七条　因团场十地承包经营权流转发生纠纷的，双方当事人可以通过协商解决，也可以向连队、团场申请调解解决。

当事人不愿协商调解或者协

商调解不成的，可以直接向人民法院起诉。

第二十八条　任何组织和个人侵占、截留、扣缴土地承包经营权流转收益的，应当退还。

第二十九条　兵团机关及其工作人员利用职权强迫、阻碍承包方进行土地承包经营权流转，给承包方造成损失的，应当承担损害赔偿等责任；情节严重的，由上级机关或所在单位给予直接责任人行政处分；构成犯罪的，移交司法机关依法处理。

第六章　附则

第三十条　不宜采取家庭承包方式的荒沟、荒碱地等土地，通过招标、拍卖、公开协商等方式承包的，经依法登记取得土地承包经营权证或者林权证等证书的，其经营权流转可参照本办法执行。

第三十一条　团场土地承包合同管理、土地承包经营权流转服务与指导、土地承包纠纷调解与仲裁经费列入同级财政预算。

第三十二条　本办法实施之前已经流转土地承包经营权流转的当事人，必须到团场追补登记、备案、存档手续。

第三十三条　本办法自印发之日起施行，在试点团场试行2年。

第三十四条　本办法由师市金融办、农业局负责解释。

第三十五条　本办法自印发之日起实施。

六师五家渠市活畜抵押贷款管理办法（试行）

第一章　总则

第一条　为解决团场合作社、企业、职工等经营主体融资难融资贵的问题，促进合作社和企业健康发展，帮助团场职工增收致富，根据国家有关法律法规规定，结合师市实际，制定本办法。

第二条　本办法适用于师市畜牧业合作社、农业公司、从事畜牧业生产经营的团场职工。

第三条　本办法所称活畜抵押贷款是指活畜所有权人将和保险公司、担保公司、第三方监管公司等具有风险保障功能机构（统称风险保障机构）中的一方或多方合作后的活畜作为债权的担保进行贷款的一种信贷方式。当债务人不履行债务时，债权人有权依法将活畜所有权变现，所得的价款用于偿还所欠债务。

第四条　本办法所指能够抵押的活畜是能繁母羊、能繁母牛和能繁母猪。

第五条　活畜抵押贷款应遵循“行政扶持、金融支持、风险保障、主体明确”的原则。

（一）行政扶持。师市、团场拿出专项财政资金为活畜所有权人抵押贷款的活畜进行风险保障。师市、团场、借款主体承担活畜风险保障所产生费用比例为7:1:2。

1.师市、团场对风险保障产生的费用要求：

（1）师市的畜牧业合作社和农业公司可以享受风险保障费用补助。

（2）师市、团场补助的风险保障费用，要求所有风险保障机构的费率之和不超过（含）3.5%；超过3.5%的按3.5%计算补助金额，超支部分由借款人自行承担。

（3）师市每年给每个畜牧业合作社、农业公司的风险保障费用补助不得超过100万元人民币。

（4）已经享受国家畜牧业保费补助的畜牧种类（奶牛、能繁母猪、生猪）不再享受师市、团场风险保障费用补助，但符合第四条规定的畜种，活畜所有权人可以按照本办法到金融机构进行抵押贷款。

2.补助资金拨付程序：

（1）活畜所有权人与金融机构签订贷款协议放款后，出具金融机构的贷款协议、风险保障机构的合作协议以及团场需要的其他证明材料，到所在团场农业行政主管部门申请风险保障费用补助。

（2）由团场农业行政主管部门对申请人提供材料进行审核。

（3）对符合条件的申请人发放补助。

（4）师市补助程序：由团场统一向师市农业局提出申请，经师市农业局核准，向师市财务局出具证明，师市财务局据证向团场财务部门拨付，团场财务部门再按照团场补助程序发放。

（5）团场补助程序：由团场农业行政主管部门向团场财务部门

出具证明,团场财务部门据证向相应的风险保障机构拨付。如果申请人只和一方风险保障机构合作,团场财务部门向风险保障机构直接拨付补助;如果申请人和多方风险保障机构合作,团场财务部门按照保险公司、担保公司、第三方监管公司、其他风险保障机构的顺序优先拨付。

(二)金融支持。涉农金融机构应加大力度优先扶持团场畜牧的养殖、生产、销售等生产经营环节的资金需求。

(三)风险保障。风险保障机构应积极参与活畜抵押贷款业务,为借款人提供风险保障产品,增加有效的风险保障。

(四)主体明确。符合第二条的借款主体可根据自身实际,对接此项贷款政策。

第二章　贷款准入条件

第六条　申请借款的法人应同时具备下列条件:

(一)有固定的生产经营服务场所,自有资金比例不低于30%,开展正常的生产经营活动;

(二)具有健全的财务管理制度,能按时向金融机构报送相关材料;

(三)依法从事法人章程规定的生产、经营、服务活动;

(四)资信良好,具有偿还贷款本息的能力,无不良信用记录;

(五)团场、金融机构规定的其他条件。

第七条　申请借款的职工应同时具备下列条件:

(一)成年并且未退休,具有完全民事行为能力或经营能力的职工;

(二)具备按期偿还贷款本息的能力;

(三)团场、金融机构规定的其他条件。

第八条　借款人申请贷款向贷款金融机构提供的资料:

(一)借款人个人情况及有效身份证明;

(二)生产经营资料;

(三)借款用途资料;

(四)活畜风险保障合同;

(五)企事业法人、专业合作社等经济组织还需提供工商注册登记文件、组织机构代码证书、组织章程等文件;

(六)金融机构需要审查的其他资料。

第三章　活畜抵押价值评估

第九条　活畜抵押价值由抵押当事人共同协商或由中介机构评估确定,中介机构评估产生的费用由借贷双方在贷款合同中商定。

第十条　活畜抵押价值的确定应综合考虑所在区域、养殖品种、市场价款、受让双方意愿等因素,原则上估价取值以最近3年和最近3个月平均市场价二者中的较低者,来确定抵押活畜的价值。

第四章　贷款流程及要求

第十一条　活畜抵押贷款业务受理后,贷前调查人员除按照一般的调查方式和内容对借款人、主体资格、经营状况等进行调查外,还应对活畜风险保障合同的真实性、合法性和有效性进行调查了解。

第十二条　活畜抵押贷款的操作程序:

贷款申请→贷款主体与金融机构和风险保障机构签订多方协议→贷款调查→抵押物价值评估→贷款审查、审批→办理抵押登记手续→签订抵押借款合同→贷款发放→贷后检查→贷款归还。

第十三条　贷款人应把好贷款用途关,防范信贷风险,借款人取得贷款必须用于畜牧业生产。

第十四条　风险保障机构给单一活畜的赔偿费必须能够抵偿单一活畜贷款的本金。

第十五条　在抵押合同签订后,活畜资产抵押授信业务的授信申请人、授信人和抵押人应在约定的期限内到五家渠市工商行政管理部门办理活畜资产抵押登记手续。并提交以下资料:

(一)经抵押合同双方当事人签字或盖章的《动产抵押登记书》;

(二)抵押合同双方当事人主体资格或者自然人身份证明文件。委托代理人办理动产抵押登记的,还应提交代理人身份证明文件和授权委托书。

第五章　贷后管理及违约处理

第十六条　贷款发放后,金融机构要对借款主体的资金运营情况加强监督检查,确保信贷资金按约定贷款用途使用。团场要根据实际需求,配合监督管理。

第十七条　金融机构应加强贷款的跟踪检查和贷后管理工作,当借款人未按期还本付息时,应积极催收,并及时与风险保障机构联系协商。

第十八条　债务履行期届满,借款人应按借款合同规定及时偿还贷款本息;无法正常偿还的,抵押权人可与抵押人协商以抵押的活畜变现所得价款受偿;协商不成的,抵押当事人可根据合同约定,向人民法院提起诉讼。

第六章 附则

第十九条 本办法先在试点团场畜牧业合作社和农业公司中试行，试行期为2年。

第二十条 本办法未尽事宜，依据相关法律法规办理。

第二十一条 本办法由师市金融办负责解释。

第二十二条 本办法自印发之日起施行。

（2014年5月22日）

六师五家渠市促进团场职工多元增收奖励办法（试行）

师市办发〔2014〕29号

第一条 为全面落实团场职工多元增收的各项目标任务，根据师市《关于促进团场职工多元增收的指导意见》和《师市团场职工多元增收三年攻坚行动计划（2013~2015年）》，结合师市实际，制定本办法。

第二条 对促进职工多元增收先进团场和先进典型进行奖励，旨在引导和促进团场采取切实措施，不断调整经济结构、推动产业升级、促进发展方式转变，实现团场职工多元、快速、持续增收。

第三条 奖项设置

（一）促进职工多元增收先进团场奖，主要是奖励师市促进团场职工多元增收工作突出成效显著的团场。设一等奖1名、二等奖2名、三等奖3名。

（二）促进团场职工多元增收先进典型奖，主要是奖励在促进团场职工多元增收工作中带动示范作用明显的新型农业经营主体、职工自主创业典型示范户和青年职工创业项目带头人。其中，新型农业专业合作组织先进典型5家，职工自主创业典型示范户和青年职工创业项目带头人先进典型各10户（人）。

第四条 奖励标准

（一）促进职工多元增收先进团场奖：一等奖50万元、二等奖40万元、三等奖30万元，主要用于职工多元增收贷款贴息和扶持促进团场职工多元增收示范作用明显的项目。

（二）促进职工多元增收先进典型奖：奖励新型农业专业合作组织5万~10万元／家，职工自主创业典型示范户和青年职工创业项目带头人5000元／人。

第五条 奖励方式

对获奖单位和个人除发放奖金外，师市将颁发荣誉奖牌，并给予通报表彰。

第六条 促进职工多元增收先进团场的确定，采取增收任务完成情况考核和综合评价相结合的办法，总分100分。其中，增收任务完成情况考核占70%的权重，综合评价占30%的权重（详见附件）。

增收任务完成情况考核以师市确定的团场职工多元增收目标为依据，按照各项任务完成情况和指标权重计分。

综合评价由师市促进团场职工多元增收工作领导小组办公室组织师市相关部门对团场职工多元增收工作开展情况进行总体评价。

奖励方案经师市促进团场职工多元增收工作领导小组审议后，报师市党委研究确定。

第七条 职工多元增收先进典型的确定，由团场和师市机关相关部门考核推荐，经师市促进团场职工多元增收工作领导小组检查验收后提出奖励名单，报师市党委研究确定。

第八条 师市促进团场职工多元增收工作领导小组办公室（师市党委政研室）负责相关部门考核及综合评价资料的收集和汇总整理工作，依据考核和评价情况向师市促进团场职工多元增收工作领导小组提出奖励建议方案。同时，对综合评价项目中的促进多元增收组织领导工作情况、职责责任落实情况、增收目标任务分解落实情况和多元增收长效机制建立情况等进行评价。

师市统计局负责团场职工增收目标及收入构成指标完成情况的统计核定工作（包括农牧工家庭人均纯收入目标任务、农业经营以外收入比重目标任务和财产性收入目标任务完成情况）。

师市农业局负责制定高效作物种植目标任务、规模化养殖基地及畜牧业产值占农业总产值的比重目标、农业职工家庭产业化覆盖率及兵团级农工专业合作示范社目标任务完成情况考核细则，并提供考核结果。

师市劳动和社会保障局负责制定种植业劳动力转移就业目标任务、组织职工务工人数目标任务、职工职业技能和创业培训目标任务完成情况考核细则，并提供考核结果。

师市工会和团委负责制定职工自营经济自主创业典型示范户和青年职工创业项目带头人目标任务完成情况考核细则，并提供考核结果。

师市党委宣传部负责对团场营造促进团场职工多元增收舆论氛围情况进行评价。

第九条　促进职工多元增收先进团场和促进职工多元增收先进典型每年奖励一次。

条十条　奖励资金渠道。促进职工多元增收先进团场的奖励资金列入师市财务（政）年度预算，职工多元增收先进典型奖励资金从相关部门项目资金或奖励资金中予以安排。

第十一条　2014年和2015年职工多元增收目标，依据《师市团场职工多元增收三年攻坚行动计划（2013~2015年）》确定。

第十二条　对考核奖励过程中数据严重失真、材料失实的单位将取消奖励资格，并给予通报批评收回奖励。同时，追究单位主要负责人和当事人的责任。

第十三条　本办法由师市促进团场职工多元增收工作领导小组办公室负责解释。

（2014年9月1日）

六师五家渠市引进民营医疗机构开展社区卫生服务管理办法（试行）

师市办发〔2014〕35号

为统筹利用医疗卫生资源，鼓励民营医疗机构进入社区卫生服务，形成投资主体多元化、投资方式多样化的办医体制，满足居民基本医疗和公共卫生服务需求，按照国务院《关于发展城市社区卫生服务的指导意见》（国发〔2006〕10号）、《城市社区卫生服务机构管理办法（试行）》（卫妇社发〔2006〕239号）以及《关于进一步鼓励和引导社会资本举办医疗机构意见的通知》（国办发〔2010〕58号）等精神，结合师市实际，制定本办法。

第一章　总则

第一条　师市鼓励民营医疗机构进入社区卫生服务领域。

第二条　社会资本举办的社区卫生服务机构要符合师市医疗卫生服务机构的规划和设置要求。

第三条　社会资本举办的社区卫生服务机构为非营利性机构，保障其公益性质。

第二章　准入

第四条　坚持公平、公开引入社会资本举办社区卫生服务机构，通过公平竞争的方式确定申办主体。具有举办社区卫生服务机构经验、社会信誉和服务质量较好的医疗机构，予以优先考虑。

第五条　民营医疗机构举办社区卫生服务机构要根据《医疗机构管理条例》《医疗机构管理条例实施细则》《城市社区卫生服务机构管理办法（试行）》《社区卫生服务中心基本标准》《社区卫生服务站基本标准》进行设置审批和执业登记；按照医疗机构审批流程办理行政审批手续。在取得《医疗机构执业许可证》与师市卫生行政部门签订协议后，方可向居民提供社区基本医疗服务。经过适当时间稳定诊疗经营服务后，民营医疗机构可以向卫生主管部门提出申请，经卫生主管部门核准审批，再逐步扩大规定地域范围内的社区公共卫生服务项目。政府通过购买服务的方式向提供社区公共卫生服务的民营医疗机构按相关标准和要求支付相关费用。

第六条　引入的民营医疗机构必须依法独立承担政府许可的诊疗和其他卫生服务项目过程中发生的刑事和民事责任，民营医疗机构聘用的从业技术人员必须具有法定执业资格，要配备适宜学历与职称层次的从事临床、中医（含中西医结合、民族医）等专业的执业医师和护士以及药剂、检验等其他卫生技术人员。

第七条 引入的民营医疗机构主要负责人要与举办方有法定的劳务或协作关系，不得伪造、涂改、出卖、转让、出借、出租《医疗机构执业许可证》。

第三章 引入的民营医疗机构权利和义务

第八条 引入的民营医疗机构要按照社区卫生服务管理规范和要求，履行提供社区基本医疗服务的职能。严格遵守国家有关法律和技术规范，加强对医务人员的教育，实施全面质量管理，预防服务差错和事故，确保服务安全。引入的民营医疗机构或医务人员在服务社区居民过程中与患者发生医疗卫生纠纷的，独立承担相应的法律责任和民事责任。

第九条 引入的民营医疗机构要按照规定申请基本医疗保险定点服务资质。签订服务管理协议，实行协议管理，严格按照管理协议的内容执行。

第十条 引入的民营医疗机构提供的基本医疗服务实行政府指导价，严格按照收费标准进行收费。

第十一条 引入的民营医疗机构在条件成熟后，服务社区居民的药品等相关物品的采购将由师市药品集中采购中心统一负责，基本药物品种实施零差率销售，执行零差率销售造成的政策性收入损失由师市财政资金给予补偿，具体补偿办法由师市卫生局会同师市财务局、劳动和社会保障局共同制定。

第十二条 引入的民营医疗机构纳入医疗卫生职称评定，在技术职称评定、继续教育、全科医生培养、职业技能培训等方面享受同等政策。

第十三条 引入的民营医疗机构与政府办医疗机构在预约挂号、双向转诊和分级医疗、应急医疗保障与服务等方面开展合作，提供全天无假日医疗服务。支持政府办医疗机构与社会资本举办社区卫生服务机构之间的合作与交流。

第四章 引入的民营医疗机构监管和退出

第十四条 引入的民营医疗机构自取得《医疗机构执业许可证》与卫生行政部门签订协议后，除遇不可抗拒因素外，未经卫生行政部门同意1年内不得申请退出社区卫生服务体系；主动申请退出的，需提前3个月向师市卫生局提出书面申请，同时递交医疗机构注销或变更申请。

第十五条 由师市卫生局或师市卫生局委托授权的机构负责引入民营医疗机构的日常管理和监督考核，考核结果作为师市支付购买公共卫生服务资金的依据，考核实施百分制。相关卫生服务项目考核成绩在95分以上的，政府支付用于购买公共卫生服务的资金提升5%；考核成绩在75分以下的，政府支付用于购买公共卫生服务的资金降低5%。绩效考核指标及公共卫生服务量化指标由师市卫生局另行制定。

第十六条 引入的民营医疗机构将纳入行业医疗监督执法和医疗质量监管范围。对非卫生技术人员行医、超出登记诊疗科目范围开展的诊疗活动、大处方、过度医疗、乱收费、违法违规发布医疗广告欺骗患者谋取不当利益，发生重大医疗事故、弄虚作假骗取医疗保险基金等行为要进行重点监督，依法查处。

第十七条 要加强对引入的民营医疗机构财务资产监管，确保政府投入的资金、房屋、设备等资产规范使用。社会资本举办的社区卫生服务机构在退出社区卫生服务体系或注销、吊销执业资质后，政府投入的设备、房屋由政府收回处置。

第十八条 引导引入的民营医疗机构健康发展，完善内部管理制度，建立医疗服务信息公开制度，面向社会公开诊疗服务项目、流程、规范以及医务人员资质、医疗服务收费标准、药品价格等基本事项。加强医疗机构行业自律，增强社会责任意识，提高医疗机构整体医疗质量和社会诚信度。鼓励其参加医疗责任保险，发挥第三方调解机制作用，提高医疗机构抗风险能力。

第十九条 引入的民营医疗机构每年要参加卫生行政部门的业务指导、评价及绩效考核，自觉接受所在社区的日常监督和管理。社区对医疗机构的评价将纳入绩效考核重要内容，卫生行政部门将根据绩效考核结果给予奖励和处罚。

第二十条 有下列情形之一的，师市卫生局将终止协议并责令退出社区卫生服务体系。

（一）医疗机构等级评审周期内被评定为D级医疗机构的；

（二）连续两年绩效考核不合格或主要工作指标未能按照卫生行政部门要求完成的；

（三）一个校验周期内受到卫生行政处罚或举报投诉两次以上（含两次）调查属实的；

（四）不符合医疗机构资质要求或不适合承担社区卫生服务职能并造成恶劣影响的。

第二十一条　强化对引入的民营医疗机构的监管，《医疗机构执业许可证》每年校验一次。达到暂缓校验情况的，将依法暂缓校验；暂缓校验期满仍不合格的，将依法予以注销。执业期间发生违法行为的，将依法严肃处理并吊销《医疗机构执业许可证》。

第二十二条　本办法自发布之日起施行，由师市卫生局负责解释。　（2014年9月24日）

六师五家渠市本级会议费管理暂行办法

师市党办发〔2014〕11号

第一章　总则

第一条　为进一步加强和规范师市本级会议费管理，精简会议，改进会风，提高会议效率和质量，节约会议经费开支，参照《中央和国家机关会议费管理办法》《新疆维吾尔自治区本级会议费管理暂行办法》和《新疆生产建设兵团本级会议费管理暂行办法》，结合师市实际情况，制定本办法。

第二条　师市本级党政机关、事业单位、群众团体（以下简称各单位）召开的各类会议的分类、审批和会议费管理等，适用本办法。

第三条　各单位召开会议应当坚持厉行节约、反对浪费、规范简朴、务实高效的原则，严格控制会议数量、天数和参会人数，规范会议费管理。

第四条　各单位召开的会议实行分类管理、分级审批。

第五条　各单位应当严格会议费预算管理，控制会议费预算规模。会议费预算要细化到具体会议项目，执行中不得突破。

第二章　会议分类、审批和组织

第六条　师市本级会议的分类：

一类会议。师市党委召开的党代会、党委全委（扩大）会议，市人大、政协“两会”，师市党委、师市直接召开的全局性工作会议，师市纪委召开的纪委全委会议。

二类会议。以师市党委、师市名义召开，由各单位承办的会议。师市机关各部门召开的年度工作会议。

三类会议。各单位召开的各类专业性会议及其他会议等。

第七条　师市本级会议审批程序和要求：

一类会议。由师市党委常委会、师长办公会研究同意后，由承办单位提出会议费预算报师市党委、师市批准后执行。

二类会议。各单位于每年11月底前，将下一年度会议计划（包括会议名称、召开理由、主要内容、时间地点、代表人数、工作人员数、所需经费及列支渠道等）按程序报师市党委、师市审批同意，并列入本单位下一年度财务预算后执行。各单位承办的二类会议原则上每年不得超过1次。

三类会议。各单位于每年11月底前，将下一年度会议计划（包括会议名称、召开理由、主要内容、时间地点、代表人数、工作人员数、所需经费及列支渠道等）经本单位研究并报师市分管领导审批同意，并列入本单位下一年度财务预算后执行。

以师市党委、师市名义临时召开的会议，由承办单位提前将会议计划（包括会议名称、召开理由、主要内容、时间地点、代表人数、工作人员数、所需经费及列支渠道等）按程序报师市党委、师市审批同意后方可执行。

第八条　严格控制会议会期。一类会议会期根据工作需要从严控制；二、三类会议会期原则不得超过2天，其中会议报到和离开时间合计不得超过1天。

第九条　严格控制会议规模。

一类会议。参加会议人员按照师市党委常委会、师长办公会决定的范围确定，严格限定会议代表和工作人员数量，驻会工作人员不得超过会议代表人数的20%。党代会因特殊情况，驻会工作人员也不得超过代表人数的30%。

二类会议。参会人员不得超过100人，其中工作人员控制在会议代表人数的10%以内。会议原则上只开到团场一级，一般不得要求团场主要领导参加。确需各团场主要领导参加或召开到团场连队一级的会议，需报经师市主要领导批准。参会人员超过100人的会议，如安全生产、维护稳定、社会管理等会议，需报经师市主要领导批准。

三类会议。参会人员不得超过50人，其中工作人员控制在会议代表人数的5%以内。

第十条　各单位召开会议应当改进会议形式，充分运用电视电话、网络视频等现代信息技术手段，降低会议成本，提高会议效率。

传达、布置类会议优先采取电视电话、网络视频会议方式召开。电视电话、网络视频会议的主会场和分会场应当控制规模，节约费用支出。

第十一条　不宜采用电视电话、网络视频形式召开的会议实行定点管理，应当到师市本级政府采购定点宾馆召开，按照协议价格结算费用。

第十二条　未经师市党委、师市批准，各单位不得到师市各团场和企业召开会议。

驻师市各单位、各部门参会代表不安排住宿。

各单位召开的无外地代表参加的小型会议，原则上在单位内部会议室召开，不安排住宿。

第十三条　严格执行会议用房标准，会议住宿用房以标准间为主，不得额外配发洗漱用品。会议会场一律不摆花草，不制作背景板，不提供水果。会议用餐安排自助餐或工作餐，严格控制菜品种类、数量和份量，严禁提供高档菜肴和借会议名议组织会餐或安排宴请。

严禁到风景名胜区召开会议；严禁组织会议代表旅游和与会议无关的参观；严禁组织高消费娱乐、健身活动；严禁以任何名义发放纪念品。

不得以会代训，各单位举办培训班应按照有关规定执行。

第三章　会议费开支范围、标准、来源和报销支付

第十四条　会议费开支范围包括会议住宿费、伙食费、会议室租金、交通费、文件印刷费、办公用品费。

交通费用是指用于会议统一组织的代表考察、调研等发生的交通支出。

会议代表参加会议发生的城市间交通费，按照差旅费管理办法的规定回单位报销。

严格控制会议文件印刷费用支出，一类会议要精简会议材料和简报；二类会议原则上不安排文件印刷费和办公用品费。

第十五条　会议费开支实行综合定额控制，各项费用之间可以调剂使用。

会议费综合定额标准如下：

（单位：元）

会议类型	住宿费	伙食费	其他费用	合计
一类会议	150	120	50	300
二类会议	100	100	20	200
三类会议	60	80	10	120

其他费用包括会议室租金、交通费、文件印刷费、办公用品费等。

综合定额标准是会议费开支的上限，各单位应在综合定额标准以内结算报销。

第十六条　会议费来源。

一类会议。由师市机关事务管理局根据师市党委常委会、师长办公会决定和批准的会议预算，在师市本级会议费中支出。

二、三类会议。会议费由会议承办单位在部门预算会议费中支出，不得挪用其他资金。

师市党委、师市临时决定召开的会议，由师市机关事务管理局根据审批同意的文件、预算报告，核销会议费。

第十七条　会议费的报销支付。

会议承办单位应当在会议结束后5个工作日内，及时将会议审批文件、会议通知及实际参会人员名单、定点宾馆等会议服务单位提供的费用原始明细单据、电子结算单等凭证报送师市机关事务管理局，由师市机关事务管理局按程序核销会议费。

师市机关事务管理局要严格按规定审核会议费开支，对超范围、超标准开支的经费不予报销。

由师市机关事务管理局直接支付宾馆的费用包括住宿费、伙食费、会议室租金；其他费用开支，由

办会单位严格按照财务支付制度和公务卡管理制度的有关规定执行，以银行转账或公务卡方式结算，禁止以现金方式结算。

第十八条　各单位召开会议不得向参会人员收取会议费，不得以任何方式向团场、下属机构、企事业单位转嫁或摊派会议费。

不得使用会议费购置电脑、复印机、打印机、传真机等固定资产以及开支与本次会议无关的其他费用；严禁套取会议费设立“小金库”；严禁在会议费中列支公务接待费。

第四章　会议费公示和年度报告制度

第十九条　各单位应当建立健全会议费信息公开制度，除依照法律法规和有关要求必须保密的会议外，按照及时、方便、多样的原则，以适当的方式公开会议的名称、主要内容、参会人数、经费开支等情况。

第二十条　各单位应当于每年3月底前，将本单位上年度会议计划和执行情况（包括会议名称、主要内容、时间地点、代表人数、工作人员数、经费开支及列支渠道等）形成书面报告报师市党委办公室、师市办公室。

第五章　管理职责

第二十一条　师市党委办公室、师市办公室的主要职责：

（一）会同财务部门制定或修订师市本级会议费管理办法，并对执行情况进行监督检查；

（二）负责师市党委、师市召开的一类会议的组织、协调和相关服务工作；

（三）对一类会议的会议费报销凭据进行审核把关，确保来源合法，内容真实、完整、合规；

（四）负责师市本级下一年度二类会议计划的汇总、呈报及反馈工作，同时负责三类会议计划的汇总工作；

（五）对各单位报送的会议年度报告进行汇总分析，提出加强管理的措施。

第二十二条　师市机关事务管理局的主要职责：

（一）依据批准的会议计划，对各单位年度预算中二、三类会议经费预算进行审核；

（二）对需要报销的会议费凭证、单据进行审核，支付会议宾馆费用；

（三）负责师市本级定点宾馆采购工作的组织，督促定点宾馆加强内部监督管理，建立内部制度，严格执行采购价格和管理要求，杜绝不必要的支出，减少浪费。

第二十三条　承办会议的单位的主要职责：

（一）负责本单位承办的下一年度会议计划、经费预算的申请和报批工作；

（二）负责本单位承办的二、三类会议的组织、协调和相关服务工作；

（三）对承办的会议费报销凭据进行审核把关，确保票据来源合法，内容真实、完整、合规；

（四）按规定报送会议年度报告，对会议经费开支进行公示，加强对本单位会议费使用的内控管理。

第六章　监督检查和责任追究

第二十四条　师市党委办公室、师市办公室会同有关部门加强对各单位会议费管理和使用情况的监督检查。对违反本办法规定，有下列行为之一的，依法依规追究会议主办单位和相关人员的责任：

（一）未经审批擅自召开会议的；

（二）以虚报、冒领等手段骗取会议费的；

（三）虚报会议人数、天数等进行报销的；

（四）违规扩大会议费开支范围，擅自提高会议费开支标准的；

（五）违规报销与会议无关费用的；

（六）会议经费开支情况不按规定进行公示的；

（七）其他违反本办法行为的。

有违反上述规定的，由师市党委办公室、师市办公室会同财务部门责令改正，追回资金，并经报批后给予通报批评。对直接负责的主管人员和相关责任人，按规定给予行政处分。对于严重违纪的行为，纪检监察部门按照党纪政纪给予处理。行为涉嫌违法的，移交司法机关处理。

会议定点宾馆有关工作人员违反规定的，按照师市本级政府采购定点宾馆管理的有关规定处理。

第二十五条　各单位会议管理工作应自觉接受审计监督、社会监督、舆论监督，对接受的举报，应及时查处。

第七章　附则

第二十六条　团场应按照本办法规定，结合实际，制定本单位会议费管理具体规定。师市本级部门、单位经费不在师市机关事务管理局管理的单位参照本办法执行。

第二十七条　本办法由师市党委办公室、师市办公室及师市机关事务管理局负责解释。

第二十八条　本办法自印发之日起施行。此前与本办法不符的有关会议费规定停止执行。

（2014年12月25日）

五家渠市物业管理办法(试行)

五政办发〔2014〕1号

第一章 总则

第一条 为了规范物业管理活动,维护业主、物业使用人和物业服务企业的合法权益,根据《中华人民共和国物权法》和国务院《物业管理条例》等有关法律、法规,结合五家渠市实际制定本办法。

第二条 本市行政区域内的物业管理适用本办法。

第三条 本办法所称物业管理,是指业主通过选聘物业企业,由业主和物业服务企业按照物业服务合同约定,对房屋及配套的设施设备和相关场地进行维修、养护、管理,维护物业管理区域的环境卫生和相关秩序的活动。

第四条 五家渠市房产行政管理部门负责全市物业管理活动的统一监督管理工作。

发展改革、建设、国土、规划、工商、司法、财政、公安、环保、信访、民政、质监、卫生、综合执法等部门,各街道办事处及社区居民委员会、镇人民政府,青湖生态经济开发区管委会按照部门和单位职责,与房产行政管理部门共同做好辖区内物业管理相关工作。

供水、供电、供气、供热、排水、通信、有线电视、宽带数据传输等专业经营单位应当配合政府及各行政主管部门做好物业相关服务工作,依法开展经营活动。

第五条 五家渠市各街道办事处、镇人民政府、开发区管委会负责组织、指导本辖区业主大会成立和业主委员会选举、换届工作,监督业主大会和业主委员会依法履行职责。协调社区建设与物业管理的关系,调解处理物业管理纠纷。

社区居民委员会协助各街道办事处、镇人民政府、开发区管委会做好物业管理有关工作,并依法参与首次业主大会会议筹备工作。

第二章 业主、业主大会、业主委员会

第六条 房屋的所有权人为业主。

业主在物业管理活动中,享有下列权利:

(一)按照物业服务合同的约定,接受物业服务企业提供的服务;

(二)提议召开业主大会会议,并就物业管理的有关事项提出建议;

(三)提出制定和修改管理规约、业主大会议事规则的建议;

(四)参加业主大会会议,行使投票权;

(五)选举业主委员会成员,并享有被选举权;

(六)监督业主委员会的工作;

(七)监督物业服务企业履行物业服务合同;

(八)对物业共用部位、共用设施设备和相关场地使用情况享有知情权和监督权;

(九)监督物业共用部位、共用设施设备专项维修资金的管理和使用;

(十)法律、法规规定的其他权利。

第七条 业主在物业管理活动中,履行下列义务:

(一)遵守管理规约、业主大会议事规则;

(二)遵守物业管理区域内物业共用部位和共用设施设备的使用、公共秩序和环境卫生的维护等方面的规章制度;

(三)执行业主大会的决定和业主大会授权业主委员会作出的决定;

(四)按照国家有关规定交纳专项维修资金;

(五)按时交纳物业服务费用;

(六)法律、法规规定的其他义务。

第八条 因买卖、赠与、继承等法律关系已经合法占有房屋,但尚未依法办理所有权登记的,在物业管理中享有业主权利,承担相应义务。

业主不得以放弃权利、房屋闲置等为理由不履行义务。

第九条 物业管理区域内全体业主组成业主大会。

物业管理区域的划分,应当综合考虑物业宗地范围、业主对物业共用部位共用设施设备公平享有

权利和承担义务的可行性。

第十条　同一个物业管理区域内的业主，应当在物业所在地的街道办事处或者镇人民政府、开发区管委会的指导下成立业主大会，并选举产生业主委员会。只有一个业主的，或者业主人数较少且经全体业主一致同意，决定不成立业主大会的，由业主共同履行业主大会、业主委员会职责。

第十一条　物业管理区域内，已交付使用的房屋有下列情形之一的，应当召开首次业主大会会议：

（一）已交付的房屋专有部分建筑面积达到物业管理区域内建筑物总面积的50%以上，且交付业主人数达到业主总数50%以上的；

（二）自首位业主入住之日起满两年且业主入住率达到25%以上的。

第十二条　物业管理区域符合本办法第十条规定的，开发建设单位应当及时向物业所在地街道办事处或者镇人民政府、开发区管委会提出筹备业主大会书面申请，并在物业管理区域内公告。开发建设单位未及时提出筹备业主大会书面申请的，业主可以直接向物业所在地街道办事处或镇人民政府、开发区管委会、提出筹备业主大会书面申请。

街道办事处或镇人民政府、开发区管委会应当自收到报告之日起六十日内，组织业主成立业主大会筹备组，筹备召开首次业主大会会议。

业主大会筹备组由业主代表、建设单位、街道办事处（或镇人民政府、开发区管委会）、居民委员会组成，筹备组成员人数应为单数。其中，业主代表人数不得少于总人数的二分之一，筹备组组长由街道办事处（或镇人民政府、开发区管委会）担任。筹备组成员名单应当由街道办事处（或镇人民政府、开发区管委会）在物业管理区域内进行书面公告。

筹备组应当自组成之日起90日内完成筹备工作，组织召开首次业主大会会议。

第十三条　首次业主大会召开费用由开发建设单位承担。

第十四条　由业主大会决定以下事项：

（一）制定和修改管理规约、业主大会议事规则；

（二）选举业主委员会或者更换业主委员会委员；

（三）确定物业服务内容、标准；

（四）选聘和解聘物业服务企业；

（五）筹集和使用专项维修资金；

（六）改建、重建建筑物及其附属设施；

（七）改变物业共有部分的用途；

（八）利用共有部分进行经营以及所得收益的分配与使用；

（九）法律、法规或者管理规约确定应由业主共同决定的事项。

决定第（五）、（六）项事项，应当经专有部分占建筑物总面积三分之二以上的业主且占总人数三分之二以上的业主同意；决定其他事项，应当经专有部分占建筑物总面积过半数的业主且占总人数过半数的业主同意。

第十五条　业主委员会由5~11人单数组成。

业主委员会委员候选人可通过自荐，业主举荐，居委会推荐等方式产生。业主委员会应当自选举之日起七日内召开首次会议，推选业主委员会主任1名、副主任1~2名，所在居民委员会书记或主任（副主任）兼任业主委员会名誉主任，负责指导和监督业主委员会工作。

业主委员会会议应当有过半数委员出席，做出的决定应当经全体委员半数以上同意并签名，同时书面告知所在小区业主并在显著位置张贴公示。

因客观原因未能选举产生业主委员会或者业主委员会委员人数不足总数的二分之一的，新一届业主委员会产生之前，可以由物业所在地的社区居民委员会在街道办事处、镇人民政府、开发区管委会的指导下，代行业主委员会的职责。

第十六条　业主大会会议分为定期会议和临时会议。

业主大会定期会议应当按照业主大会议事规则的规定由业主委员会组织召开，每年至少召开一次。

有下列情形之一的，业主委员会应当及时组织召开业主大会临时会议：

（一）经专有部分占建筑物总面积20%以上且占总人数20%以上业主提议的；

（二）发生重大事故或者紧急事件需要及时处理的；

（三）业主大会议事规则或者管理规约规定的其他情形。

召开业主大会会议，应当提前15日通知全体业主，同时邀请居民委员会参加，业主委员会应当做好业主大会会议记录。

第十七条 业主委员会委员实行任期制，每届任期不超过四年，可连选连任，业主委员会委员具有同等表决权。业主委员会任期内，委员出现空缺时，应当及时补足。业主委员会委员候补办法由业主大会决定或者在业主大会议事规则中规定。业主委员会委员人数不足总数的二分之一时，应当召开业主大会临时会议，重新选举业主委员会。

第十八条 业主委员会应当自选举产生之日起三十日内，持业主大会会议决议、议事规则、管理规约等资料向社区居民委员会提交备案材料，由社区居民委员会核实资料后，上报所在地人民政府房地产行政主管部门进行备案。

第十九条 业主委员会任期届满前三个月，应当召开业主大会会议进行换届选举。换届选举结束后，业主委员会应当及时将业主委员会印章、档案资料以及属于全体业主的财物等移交给新一届业主委员会。不及时移交的，社区居民委员会应当协调督促其移交；拒不移交的，物业所在地公安机关应当予以协助。

第二十条 业主委员会组成人员有下列情形之一的，其业主委员会委员资格自行终止：

(一)本人、配偶及其直系亲属在本物业管理区域的物业服务企业任职的；

(二)因物业转让、灭失等原因不再是业主的；

(三)因健康原因丧失履行职责能力的；

(四)依法被追究刑事责任的；

(五)法律、法规以及管理规约规定的其他情形。

第二十一条 业主委员会委员有下列情形之一的，由业主委员会二分之一以上委员或者持有20%以上投票权数的业主提议，业主大会或者业主委员会根据业主大会的授权，可以决定是否终止其委员资格：

(一)以书面方式提出辞职请求的；

(二)不履行委员职责的；

(三)利用委员资格谋取私利的；

(四)拒不履行业主义务的；

(五)侵害他人合法权益的；

(六)因其他原因不宜担任业主委员会委员的。

业主委员会委员资格终止的，应当自终止之日起三日内将所保管的档案资料、印章及其他应当移交的财物，移交给业主委员会；不及时移交的，社区居民委员会应当协调督促其移交，拒不移交的，物业所在地公安机关应当予以协助。

第二十二条 业主大会、业主委员会工作经费由全体业主承担，也可以从物业共有部分经营所得收益中列支。工作经费的收支情况，应当定期在物业管理区域内公告，接受业主监督。

工作经费筹集、管理使用和业主委员会成员报酬的具体办法由业主大会决定。

第三章 前期物业管理

第二十三条 前期物业管理，是指在业主或业主大会选聘物业服务企业之前，开发建设单位委托物业服务企业进行物业管理服务的活动。

第二十四条 开发建设单位对新建物业，应当通过招投标方式选聘具有相应资质的物业服务企业进行物业管理。投标人少于三个或者住宅物业建筑面积在二万平方米以下、非住宅物业建筑面积在一万平方米以下的，经房产行政管理部门批准，可以采用协议方式选聘具有相应资质的物业服务企业。

第二十五条 新建物业出售前，开发建设单位应当委托物业服务企业进行前期物业管理，并签订前期物业服务合同。

前期物业服务合同可以约定期限，期限未满、业主委员会与物业服务企业签订的物业服务合同生效的，前期物业服务合同终止。

第二十六条 开发建设单位出售新建房屋之前，应当制定临时管理规约，并在售房时将前期物业服务合同和临时管理规约作为房屋买卖合同的附件，向购房人明示。购房人在购买新建房屋时，应当对前期物业服务合同和临时管理规约予以书面确认，并受其约束。

开发建设单位制定的临时管理规约，不得损害购房人的合法权益。

第二十七条 前期物业服务企业承接物业时，应当对物业共用部位、共用设施设备进行查验。在办理物业承接验收手续时，开发建设单位应当向前期物业服务企业移交下列资料：

（一）竣工总平面图，单体建筑、结构、设备竣工图，配套设施、地下管网工程竣工图等竣工验收资料；

（二）设施设备的安装、使用和维护保养等技术资料；

（三）物业质量保修文件和物业使用说明文件；

（四）物业管理所必需的其他资料。

前期物业服务企业应当在前期物业服务合同终止时将上述资料移交给业主委员会。

第二十八条 新建住宅时建设单位应当设计配置具备水、电、暖、通风、采光等基本使用功能和条件的物业服务用房、业主委员会用房，且位于地面的部分应当不低于50%。

物业管理用房建筑面积按照物业项目总面积一定比例在物业管理区域内配置，具体比例如下：

（一）房屋建筑总面积不足10万平方米的，物业管理用房按照房屋建筑总面积3‰以上的比例配置，且不得低于100平方米；房屋建筑总面积在10万平方米以上的，物业管理用房的配置以300平方米为起点，超过10万平方米的部分，按照超过部分建筑面积2‰的比例增加配置，超过50万平方米的部分，按照超过部分建筑面积1‰的比例增加配置。

（二）业主委员会用房从物业管理用房中调剂，物业服务区域内房屋建筑总面积不足10万平方米的，不得低于30平方米；房屋建筑总面积在10万平方米以上的，不得低于50平方米。

老旧小区根据实际情况参照执行。

居住区（居住区、小区、组团）内配套建设的物业管理用房的位置和建筑面积应在项目修建性详细规划总平面图中注明，城市规划行政主管部门将其作为修建性详细规划的审查内容之一进行审查，且一经审查通过，不得擅自更改调整。房产行政主管部门在核发房屋预售许可证和办理房屋所有权初始登记时，应当注明物业管理用房房号。

第四章 物业管理服务

第二十九条 物业服务企业应当具有依法核发的物业服务企业资质证书，并按照核定的资质等级承揽相应的物业服务业务。

第三十条 一个物业管理区域由一个物业服务企业实施物业管理。业主委员会应当与业主大会选聘或者续聘的物业服务企业签订书面物业服务合同。

物业服务企业应当于合同签订之日起15日内将物业服务合同报当地政府房产行政管理部门和所在街道办事处备案。

第三十一条 物业服务企业承接物业时，应当与业主委员会办理物业验收手续。业主委员会应当向物业服务企业移交本办法第二十七条第一款规定的资料。

第三十二条 物业管理用房的所有权依法属于业主。未经业主大会同意，物业服务企业不得改变物业管理用房的用途。

第三十三条 物业服务企业可以将物业管理区域内的专项服务业务委托给专业性服务企业，但不得将该区域内的全部物业管理一并委托给他人。

第三十四条 物业服务合同期限届满三个月前，业主委员会应当组织召开业主大会决定选聘或者续聘物业服务企业，并将决定书面告知物业服务企业；业主大会决定续聘的，业主委员会应当在物业服务合同期限届满一个月前与物业服务企业续签物业服务合同。物业服务企业决定不再续签物业服务合同的，应当在物业服务合同期限届满三个月前书面告知业主委员会。

第三十五条 物业服务合同期限届满业主大会决定选聘新的物业服务企业或者物业服务合同依法解除的，原物业服务企业应当在物业服务合同终止之日起30日内履行下列交接义务，并撤出物业管理区域：

（一）移交物业共用部分；

（二）移交本办法第二十七条第一款规定的相关资料；

（三）移交物业服务期间形成的物业和设施设备使用、维护保养和定期检验等技术资料，运行、维护保养记录；

（四）结清预收、代收的有关费用；

（五）法律、法规、规章规定和物业服务合同约定的其他事项。

第三十六条 业主应当根据物业服务合同的约定按时交纳物业服务费用。

物业服务企业已经按照合同约定以及相关规定提供服务，业主不得以房屋空置、存在开发遗留问题或者不需要物业服务等为由，拒交物业服务费。

已竣工但尚未出售或者尚未交付物业买受人的物业，物业服务费用由建设单位交纳。

第三十七条　物业服务区域内，供水、供电、供气、供热、通信、有线电视、宽带数据传输等专业经营单位应当向最终用户收取费用。物业服务企业接受专业经营单位委托代收供水、供电、供气、供热、通信、垃圾清运、有线电视使用、宽带数据传输等费用的，代收服务费由委托单位支付，不得向业主收取手续费等额外费用。

专业经营单位不得强制物业服务企业代收费用，不得因物业服务企业拒绝代收有关费用而停止向最终用户提供服务。

物业服务企业不得以代收代缴供水、供电、供气、供热、通信、垃圾清运、有线电视使用、宽带数据传输等费用作为强制收取物业服务费的手段。

第三十八条　物业管理用房的用水、用电、用气、用热等有关费用，应当由物业服务企业从物业服务费中支出。

第三十九条　物业服务企业应当协助做好物业服务区域内的安全防范工作。在安全事故发生时，应当采取应急措施，并及时向有关部门报告，协助做好救助工作。

第五章　物业的使用与维护

第四十条　开发建设单位应当按照国家规定和房屋买卖合同约定的保修期限、范围等承担建筑物及附属设施设备的保修责任。保修期限届满后，业主对专有部分负责维修、养护；业主专有部分以外的共用部位、共用设施设备，由物业服务企业按照物业服务合同的约定负责维修、养护。

第四十一条　供水、供电、供气、供热、通信、有线电视、宽带数据传输等专业经营单位，应当承担业主分户计量装置及入户端口以外设施设备的维修、养护、更新等责任及费用。

第四十二条　业主、物业使用人应当遵守管理规约和物业服务合同的约定，爱护物业管理区域内的共用部位、共用设施设备。

物业管理区域内禁止下列行为：

（一）损坏房屋承重、抗震结构或者房屋外貌；

（二）私自占用、损坏共用部位、共用设施设备；

（三）违反物业管理区域规划搭建建筑物、构筑物；

（四）侵占绿地、毁坏花草树木；

（五）乱设摊点、乱停车辆；

（六）乱倒垃圾、堆放杂物；

（七）擅自在建筑物、构筑物上悬挂、张贴、涂写、刻画；

（八）影响其他用户采光、通风及其他生活便利；

（九）排放或者堆放有毒有害物质，堆放易燃易爆物品或者排放超过规定标准的噪音；

（十）违反规定饲养宠物、家禽、家畜；

（十一）从事危害公共利益的活动；

（十二）法律、法规及管理规约禁止的其他行为。

物业建设单位、业主大会可以在临时管理规约、管理规约中对本条第二款所列行为作出详细禁止性规定。业主大会、业主委员会和物业服务企业对本条第二款所列行为，有权依照法律、法规以及管理规约，要求行为人停止侵害、消除危险、排除妨害、赔偿损失；业主对侵害其合法权益的行为，可以依法向人民法院提起诉讼。

第四十三条　物业管理区域内按照规划建设的公共建筑和共用设施，不得擅自改变用途。

业主依法确需改变公共建筑和共用设施用途的，应当在依法办理有关手续后告知物业服务企业；物业服务企业确需改变公共建筑和共用设施用途的，应当提请业主大会讨论决定同意后，由业主依法办理有关手续。

第四十四条　业主大会决定利用共有部分、共用设施设备进行经营的，由业主大会依照有关规定取得相关许可、确定收费标准，可以委托物业服务企业代为管理，并向其支付报酬。所获得的收益属全体业主共有，主要用于补充专项维修资金，也可以按照业主大会的决定使用。对业主委托代收的经营性收益，物业服务企业应当单列核算，定期公布，接受业主的监督。

第四十五条　物业管理区域内，规划用于停放机动车辆的车位、车库，应当通过出售、附赠、出租等方式满足业主的需要。

占用物业管理区域内业主共有道路、场地停放机动车辆的，由业主大会决定是否收取场地占用费、收取标准和用途等事项。业主大会决定收取机动车辆场地占用费的，场地占用费所得收益属于全体业主共有，业主委员会可以委托物业服务企业代为收取。

第四十六条　业主、物业使用人应当按照规划行政管理部门批准或者不动产登记簿载明的用途使用住宅，不得擅自改变其使用性质。确需改变的，除遵守法律、法规以及管理规约外，应当经有利害关系的业主同意，并依法经有关行政管理部门审批。

第四十七条　物业存在安全隐患，危及公共利益及他人合法权益时，业主应当及时维修养护，有关业主应当给予配合。业主不履行维修养护义务的，经业主大会或业主委员会同意，可以由物业服务企业维修养护，费用由责任人承担。

第四十八条　住宅物业、住宅小区内的非住宅物业或者与单幢住宅楼结构相连的非住宅物业的业主，应当按照国家有关规定交纳专项维修资金。

第四十九条　业主分户账面住宅专项维修资金余额不足首期交存额30%的，应当及时续交。成立业主大会的，续交方案由业主大会决定。

第六章　旧住宅区物业管理

第五十条　对已建成交付使用，但配套设施不齐全、环境质量较差的旧住宅区，市人民政府应当采取措施进行改造整治。各街道办事处负责对辖区内的老旧居民小区物业管理情况进行全面普查，将普查结果报市房产行政管理部门，房产行政管理部门会同发展改革、城市规划部门编制全市旧住宅区综合改造、管理的中长期规划和年度计划，报市人民政府批准后组织街道办事处实施。

第五十一条　旧住宅区实施综合改造前，应当由当地政府、街道办事处组织召开业主大会，落实改造管理方案，签订管理规约。

第五十二条　旧住宅区可以实行专业管理、自行管理和社区管理等模式。

第七章　法律责任

第五十三条　业主、物业使用人违反业主规约的，应由业主委员会授权物业服务企业予以制止，并依照业主规约进行处理。

第五十四条　业主、物业使用人不按时缴交物业管理服务费的，物业服务企业可以催缴、限期交付；逾期仍不交付的，可按每日加收欠交金额1‰的滞纳金，合同另有约定的从其约定；经催收仍不交付的，物业管理公司可依法向人民法院起诉。

建设单位、业主不按时缴交物业维修基金的，业主委员会可以催缴，限期交付；逾期仍不交付的，可按每日加收欠交金额1‰的滞纳金，经催收仍不交付的，业主委员会可依法向人民法院起诉。

第五十五条　业主大会、业主委员会作出的决定违反本办法的，由物业行政主管部门责令其限期改正或者撤消其决定，并通告全体业主、使用人。

第五十六条　物业服务企业违反第二十九条、第三十条规定，未取得物业管理资质或已被物业行政主管部门取消物业管理资质，从事物业管理活动的，物业行政主管部门应当责令其限期改正，降低或取消其资质等级，并可处以3 000元以上10 000元以下的罚款。

第五十七条　物业服务企业违反法律法规和本办法，损害业主、使用人合法权益的，应当予以赔偿，有关行政主管部门应当依照国家法律法规依法处理。

第五十八条　物业行政主管部门及其工作人员玩忽职守、徇私舞弊、贪污受贿的，由其所在单位或上级主管部门给予行政处分；构成犯罪的，由司法机关依法追究其刑事责任。

第八章　附则

第五十九条　本办法所称共用部位是指：属于业主共有共用的房屋主体承重结构部位（包括基础、内外承重墙体、柱、梁、楼板、屋顶等）、门厅、楼梯间、电梯井、走廊通道等。

本办法所称共用设施设备，是指物业区域内供排水和供气管道、水箱、加压泵、电梯、天线、照明和消防设施、绿地、道路、沟渠、池、井、非经营性车场车库、公益性文体设施和共用设施设备使用的房屋等。

第六十条　本办法自印发之日起施行。

（2014年2月27日）

五家渠市消费维权“一会两站”规范化建设实施方案

五政办发〔2014〕2号

为加快推进五家渠市消费维权体系和“12315”行政执法体系建设，切实保护广大消费者的合法权益，促进社会和谐稳定，按照五家渠市人民政府积极推进社会管理创新和构建扩大消费需求长效机制的部署，结合五家渠市实际，现制定本方案。

一、指导思想

坚持以科学发展观为指导，以保障民生为出发点和落脚点，以组织规范、制度规范、程序规范、运行规范为工作重点，进一步加强基层消费维权网络规范化建设，整合消费维权社会资源，扩大消费维权网络覆盖面，创新社会管理，强化维权服务，全面提升维权效能，更好地为广大消费者服务，促进全市经济社会跨越式发展。

二、工作目标

按照“政府推动、社会共建、规范管理、依法维权”的原则，大力推进“一会两站”规范化建设工作，建立健全覆盖全市、上下联动、反应迅速、工作规范、高效便民的基层消费维权网络，推动消费维权社会管理工作整体上层次、上水平。力争在2014年底实现全市社区、连队、学校、大型商场超市“一会两站”基层维权网络全覆盖。

三、主要措施

（一）加大“一会两站”网络建设力度。消费者协会分会、消费者投诉站是消协的组织网络和社会监督网络，“12315”联络站是辖区工商局消费维权的工作网络。各部门要高度重视“一会两站”建设工作，采取切实有效措施，加大工作力度，加快推进“一会两站”组织网络和工作网络全覆盖，力争每个团镇、区团、街道办事处建立一个消费者协会分会，每个社区、连队、学校、大型商场超市建立一个消费者投诉站和“12315”联络站，为广大消费者就近解决消费纠纷提供组织和工作保障。

（二）加强“一会两站”规范化建设。各单位要按照“一会两站”规范化建设的要求，统一规范名称、机构设置、工作职责，完善办公设施和条件，把“一会两站”建成为宣传法律政策、普及消费知识、联系人民群众、反映民意诉求、化解消费纠纷、保障消费权益、维护社会稳定的窗口。

1. 统一规范名称。消费者协会分会名称统一规范为五家渠市消费者协会××镇（街道）分会。投诉站和“12315”联络站名称统一为五家渠市××镇（街道）××连（社区）消费者投诉站、“12315”联络站。“两站”实行两块牌子，一套人员，合署办公，由社区、连队、学校、商场负责同志兼任站长，负责日常工作。

2. 统一机构设置。消费者协会分会实行理事会制，理事会一般由5~7人组成，设会长1名，副会长2~3名，分别由镇政府（团场、街道办事处）领导、工商局和相关部门负责同志担任。每个分会设秘书长1名，由工商局负责人担任，负责日常工作。

3. 统一工作职责。消费者协会分会的工作职责：组织开展消费教育引导和消费维权法律法规的学习宣传活动，为消费者提供科学消费信息和咨询服务；参与或配合有关行政部门组织的对商品和服务的监督、检查；受理和处理消费者投诉；对消费者投诉站进行业务指导；收集、汇总、分析本辖区内的消费维权情况，编发消费提示；根据需要召开分会理事会，对本辖区消费维权工作进行协调和指导，按照上级协会工作要求，开展本辖区消费维权工作。

消费者投诉站和“12315”联络站的工作职责：组织开展消费教育引导工作；宣传法律法规和消费知识；解答消费者咨询、受理、调解消费者的一般性申（投）诉；对商品和服务进行社会监督；对发现的违法经营行为线索，涉及工商部门的及时向辖区工商部门反映、由辖区工商部门按照职能和程序依法处理，涉及其他部门的及时向有关部门反映；接受工商、消协的业务指导，承办所在辖区、单位、行业的消费维权工作。

（三）改善“一会两站”工作条件。各单位要从实际出发，因地制宜，积极采取措施，改善“一会两站”工作条件，确保做到“七有”，即：有兼职工作人员、有合署办公场所、有处理申（投）诉的电话、有规范的分会（站）标识牌、有统一规格的职责宣传栏、有投诉办理情况登记簿、有配套的工作制度。有条件的单位可推行无纸化办公，确保消费者咨询和申（投）诉有门，办事有人，工作有制度有流程，办理结果有反馈。各级消协要积极指导协调一会两站“七有”工作条件落到实处。

（四）建立完善工作制度。一是建立健全申（投）诉受理制度。“一会两站”要建立完善的消费者申（投）诉受理制度，明确接待、登记、调解、报告、归档和报送等基本工作程序。对移交或上报有关部门的疑难问题，“一会两站”要全程跟踪将处理结果向消费者反馈，做到消费者申（投）诉件件有登记，事事有回音。二是建立健全工作联系制度。工商部门与辖区“一会两站”要建立日常工作联系机制，定期上站巡访和检查，及时了解和指导“一会两站”的建设及日常工作，研究协调解决“一会两站”工作中遇到的困难和问题。三是建立健全例会制度。工商部门和消费者协会要定期召开“一会两站”负责人工作会议，研究工作、交流情况、总结经验，做好会议记录。四是建立健全信息报送制度。“一会两站”应定期向辖区工商局和上级消费者协会报送申（投）诉处理情况，统计报表、工作情况、意见建议、典型案例等。工商部门要及时将“一会两站”提供的消费者申（投）诉信息补录到12315申诉举报信息管理系统。五是建立健全学习培训制度。工商部门要重视加强“一会两站”的培训工作，认真组织消费维权联络员学习消费者权益保护法律法规，消费纠纷调解和处理经验、假冒伪劣商品识别常识等，不断提高“一会两站”工作人员的工作水平和处理消费纠纷的能力。

（五）推进形成消费维权整体合力。各单位要按照消费维权职能、工作性质和工作需要，积极探索整合维权社会资源的有效途径和方式，推进建立“政府统一领导、多部门协作配合、全社会支持共建”的社会化消费维权网络体系。着力健全完善多部门协作联系制度，明确相关工作任务和职责，落实责任，提高效率，形成长效工作机制，充分调动社会各方面的力量，共同做好消费者权益保护工作。

四、工作要求

（一）加强领导，精心组织。“一会两站”是建立社会主义和谐社会的重要内容，是密切政府与群众关系的桥梁和纽带，是深化消费维权工作、为消费者办实事的重要举措。各单位要高度重视，加强领导，狠抓落实，推动此项工作的顺利开展。

（二）密切协作，形成合力。各单位要会同消费者协会共同研究制定“一会两站”具体管理办法，密切协作，形成整体工作合力。建立工作联席会议和情况通报制度，充分发挥优势，上下联动，资源共享，加快推进“一会两站”规范化建设。

（三）因地制宜，稳步推进。各单位要按照“统筹规划、合理布局、分步实施、注重实效”的原则，稳步推进“一会两站”建设，设立一个、规范一个，切实把提高“一会两站”覆盖面与加大消费维权工作实效有机结合起来，更加方便、快捷、高效地维护消费者合法权益。

（四）抓好示范，以点代面。2014年在全市创建10个消费者投诉站和“12315”联络站示范联系点，充分发挥其典型引导和示范作用，促进“一会两站”建设整体上水平。

（五）强化督办，狠抓落实。各单位要把“一会两站”建设工作纳入目标责任制管理范围，不定期了解工作进展情况，及时督促检查，严格考核。各级工商部门要加强对“一会两站”的工作指导，注意掌握工作动态，及时发现和解决问题，确保各项工作措施和目标落到实处，取得实效。

（2014年2月28日）

五家渠市促进广告业发展实施意见

五政办发〔2014〕4号

为促进五家渠市广告业健康发展，全面提升广告业的专业水平和整体竞争力，充分发挥广告业在服务师市经济社会发展方面的重要作用，根据自治区人民政府办公厅《关于促进广告业发展的意见》（新政办发〔2013〕9号）精神，结合五家渠市实际，特制定本实施意见。

一、指导思想

贯彻落实党的十八届三中全会和自治区第八次党代会精神，以邓小平理论、"三个代表"重要思想、科学发展观为指导，以"创新驱动、转型发展"为主题，实施自治区重大文化产业项目带动战略，坚持经济效益和社会效益并重，努力实现广告业协调、健康、可持续发展；促进广告业加快发展，着力提升五家渠市广告业发展的整体水平和核心竞争力，营造宽松良好的广告业发展环境。

二、目标任务

大力推进五家渠市广告战略实施，加快推进五家渠市广告业健康、有序发展，重点打造五家渠青湖经济开发区"高增值、强辐射、广就业"的现代服务业产业聚集区。坚持经济效益与社会效益、市场主导与政府引导、促进发展与加强监管的有机结合，进一步发展壮大广告业的规模与实力，增强市场竞争能力，提升服务经济社会发展的水平。

（一）促进广告产业的专业化、规模化发展，提升广告策划、创意、制作的整体水平。以创建优秀品牌为基础，以广告企业为主体，以优势媒体为先导，以旅游文化开发和建设"首府后花园"为契机，大力发展广告业，使广告业总体发展水平与师市经济社会发展相适应。到2020年，五家渠市广告企业年营业额达5 000万元以上，年均增长8%。年营业额200万元以上的广告企业10家以上；年营业额500万元以上的广告企业5家以上。初步形成布局合理、结构优化的广告产业体系。

1. 大众媒体广告。以电视、广播、报纸等新闻媒体为依托，做大做强广告发布平台，发展广告媒介代理企业集群。

2. 营销企划广告。把握广告与营销传播一体化的趋势，培育创意设计、市场调研、品牌策划、品牌管理、包装推广、整合营销、展示展览等相关行业，重点培育5家具备一定规模的广告策划企业，为大企业和著名品牌提供综合性广告服务，提高承担大型活动策划执行能力。

3. 户外广告。按照国家、自治区和兵团相关标准，依法科学规划户外广告的发布空间和设置，严格执行户外广告设置的招标、挂牌和拍卖工作，提高政策的科学性、前瞻性和稳定性。促进户外媒体不断升级改造，户外广告市场规范有序发展。

4. 印刷品广告。积极把握印刷品广告发展趋势，实现一般形式印刷品广告稳中有升，固定形式印刷品广告（DM 广告）新兴市场得到有效拓展，重点发展一批印刷品广告经营企业。

5. 楼宇、店堂、车载广告。广告企业开拓创新，发布媒介的能力明显增强，利用写字楼、高档小区、商场、超市以及公交车、客运车辆、出租车等内部空间发布的广告日趋繁荣。

6. 互联网、通信（手机）、动漫等新媒体新形式广告。以互联网和通讯网等广告传播技术的发展为基础，推动广告经营单位逐渐向数字化、网络化转型。

（二）支持广告业创新发展，培育具有竞争力的广告企业。鼓励广告企业加强科技研发，加速科技成果转化，提高运用新设备、新技术、新材料、新媒体的水平。鼓励广告企业与新型物流业态相结合，促进数字、网络等新技术在广告服务领域的应用，推动网络、数字和新兴广告媒体发展，形成传统媒介与新兴媒介的优势互补与联动发展。

（三）发挥广告协会作用，加强广告业人才培育。广告协会每年组织广告从业人员培训以及赴内地发达地区参观考察，鼓励广告从业人员积极参加广告审查员和广告职业技术水平培训考试，优化广告从业人员队伍。

（四）推进公益广告事业发展。鼓励支持增加公益广告设施和发布渠道，结合重大节庆、纪念日，组织开展公益广告作品竞赛活动，采取鼓励措施提高公益广告的刊播比例，提高广告经营者参与公益广告活动的积极性，扩大公益广告宣传阵地和社会影响。通过公益广告宣传活动，积极营造全社会重视的良好氛围，更好地服务社会主义精神文明建设。

（五）健全完善广告业发展机制，优化广告资源配置。立足师市产业布局，以农产品、旅游、特色产品等为重点，精心打造地域特色文化精品，推动地域特色文化繁荣发展。鼓励广告企业就近设点，充分利用地缘、人缘优势，主动沟通，贴近服务，优化布局。鼓励广告企业与驰名、著名商标品牌企业建立联合开发市场机制，提高对优势广告资源的开发利用水平。

（六）提升品牌带动效益和广告业服务品牌建设能力。通过实施品牌战略，做大做强优势广告产业品牌。将广告企业的品牌建设作为五家渠市实施商标战略的重要组成部分，积极开展广告业驰名商标、著名商标的创建培育活动。指导广告经营主体注册服务商标，申报驰名、著名商标。同时，大力推介驰名、著名商标企业，促进广告企业的创意优势与品牌资源有效整合，支持广告企业、媒体为本地特色农业、旅游业、林果业等提供个性化、专业化宣传和品牌打造服务。

（七）完善广告监管制度。坚持"综合治理、标本兼治"的原则，构建政府监管、行业自律、社会监督的广告监管模式，各类媒体要增强自律意识，创新审查监管措施，加大监测和检查力度，深入开展虚假违法医药广告专项治理行动，营造公平竞争的广告市场发展环境。抓好广告发布前行政指导、发布中监测、发布后监管三个环节的管理，对情节严重、影响恶劣、群众反映强烈的虚假违法医疗、药品、医疗器械、保健食品广告等行为进行重点专项治理和严厉打击，净化广告市场秩序。要健全广告监测体系，完善虚假违法广告整治联席会议制度，加强协调联系，强化社会监督，发挥行业自律作用，保障广告市场健康有序发展。

三、组织领导及措施

为切实加强对五家渠市广告业发展工作的组织领导，市政府成立以师市分管领导为组长，师市发改委、宣传部、财政局、国土局、城建处、税务、工商、金融等单位为成员的五家渠市促进广告业发展领导小组。领导小组办公室设在五家渠工商局，负责日常工作。各部门要加强沟通，建立相应的工作协调机制，解决工作中遇到的问题，推动广告业快速发展。

（一）加强五家渠市广告业的指导，将广告作为新兴文化产业加以鼓励培育和扶持，鼓励创作，促进创新。对在中国广告长城奖、黄河奖、中国元素奖、民族团结公益广告奖等国家级知名广告赛事中获奖的单位和个人进行奖励。加强对广播电视媒体和报刊出版单位管理，积极发布公益广告，服务地方经济发展（由师市党委宣传部牵头）。

（二）加大五家渠市广告业从业人员培训等工作的投入力度。每年安排一定的品牌广告宣传专项资金，用于热爱公益事业，并在自治区、师市制作发布行业内有影响力的自治区级重点广告企业在区内外进行广告宣传的补贴，由五家渠市促进广告业发展领导小组办公室审定后，每个企业每年补贴2万元。对符合国家、自治区、师市文化产业政策且技术含量高、创意好的项目给予支持，帮助广告企业争取国家项目资金支持（由市劳动局、财政局和行业主管部门牵头）。

（三）依据国家促进文化产业和现代服务业发展的政策，放宽市场准入，支持投资人以商标知识产权等非货币资产出资设立广告企业（比例最高达企业注册资本的70%）以及以动产抵押、商标权质押、股权出资等方式获得资金支持。推动企业运用广告树立品牌，增强企业形象和品牌意识，做好企业形象及品牌的培育、管理运用和保护工作，提高特色优势和品牌优势，不断提高五家渠市特色品牌的知名度和竞争力（由五家渠工商局牵头）。

（四）积极落实国家和自治区对广告业发展的各项税收优惠政策，支持广告业发展。按照财政部、国家税务总局、海关总署《关于深入实施西部大开发战略有关税收政策问题的通知》（财税〔2011〕58号）和财政部、国家税务总局《关于新疆困难地区新办企业所得税优惠政策的通知》（财税〔2011〕53号）等有关规定，对符合条件的广告企业给予税收优惠（由市税务部门牵头）。

（五）对广告企业发展用地给予支持，将广告企业用地纳入土地利用总体规划（由市国土局牵头）。

（六）加大对广告企业的信贷支持，积极探索适合广告产业发展的融资和配套服务方式。对具有自主知识产权、广告创意设计竞争优势的企业，在控制风险的前提下拓宽质押品范围，优化合同抵押和知识产权质押贷款相关产品和流程设计，积极提供信贷支持（由人民银行牵头）。

（2014年3月20日）

索 引

说 明

一、本索引采用主题分析法编制。范围包括分目、目。人名、附录、表格、彩图、内文图、荣誉表彰不作索引。

二、分目按词首字汉语拼音音序排列，条目归属其下。

三、分目用黑体字，目用宋体字表示。

四、索引款目前的数字表示内容所在的页码，数字后面的拉丁字母(a、b、c)表示栏别(从左至右)。

C

D

H

J

M

S

T

X

Y

文化遗产日活动

师市党委常委、副政委、政法委书记吕清及师市党委宣传部、文化局、妇联、博物馆的领导在活动现场。

为更好地传承中国非物质文化遗产——哈萨克族毡绣布绣，2014年6月12日，师市党委宣传部、文化局、妇联、博物馆及红旗农场联合在红旗农场举办第九个"文化遗产日"活动暨民族手工艺品展销会。师市党委常委、副政委、政法委书记吕清及师市党委宣传部、文化局、妇联、博物馆的领导参加了活动。

"文化遗产日"活动在红旗农场启动，民族手工艺品展览分别在红旗农场、奇台农场和北塔山牧场三个地点同时展出。展销会现场，红旗农场还组织了哈萨克民族舞蹈和新疆曲子戏演出，吸引了众多职工群众前来观看。

（图文/ 师市党委宣传部 准噶尔时报社）

庆祝全国第十个"文化遗产日"暨兵团首届"文化遗产日"系列活动启动仪式在新湖农场举行。

（史 涛）

北塔山牧场的毡绣布绣手工艺品展示。

牧民展示自己的手工艺品。

手工艺品展示。

精美的手工艺品。

活动现场职工群众自编自演民族舞蹈。

红旗农场的哈萨克族毡绣布绣。

扎实开展

师市曲子戏、眉户戏专场晚会合影。

眉户戏爱好者在自家小院里自娱自乐。

演奏眉户戏的主要乐器。

芳草湖农场眉户戏狄式传承人在农场演出。

芳草湖农场眉户戏狄式传承人。

红旗农场曲子戏剧团与乌市枫叶剧团联谊演出。

红旗农场政委王永福(右一)与农场曲子戏班同台演出。

师市非物质文化遗产保护工作坚持“保护为主、抢救第一、合理利用、继承发展”的工作方针，认真做好非物质文化遗产的挖掘、整理、建档、宣传、保护工作。在5个团场成立6个非物质文化遗产传习所，建立2个哈萨克毡绣布绣展销基地，其中红旗农场哈萨克毡绣布绣展销基地为国家级非物质文化遗产生产性保护示范基地。

截至2014年，已确定师市级非物质文化遗产名录16项，公布非物质文化遗产项目代表性传承人16人，13个项目被列入兵团级非物质文化遗产扩展项目名录。新疆曲子戏、新疆眉户戏、土碱烧制技艺、哈萨克毡绣布绣4个项目被国务院列入国家级非物质文化遗产名录，2人获得全国非物质文化遗产先进个人称号，3人获国家非物质文化遗产“薪传奖”，先后代表兵团参加3届国家级非物质文化遗产博览会，获得8个单项奖和3次优秀组织奖。

(图文/ 五家渠博物馆)

非物质文化遗产保护工作

师市毡绣布绣传承人阿瓦义、库拉西在传习所门前合影。

国家文化部颁发的国家级非物质文化遗产牌匾。

哈萨克族毡绣布绣培训学习。

传承人库拉西在指导绣娘刺绣。

手工织绣。

挖灶准备烧碱。

土碱烧制中。

土灶碱烧制成品。

用土碱和面制作的面条。

新疆中基番茄制品有限责任公司和青投集团旗下新疆国际大巴扎联合展区。

新疆蓝天七色建材有限公司展位。

新疆金正薯业有限公司展位。

2014年9月2日，第四届亚欧博览会在乌鲁木齐市正式开幕，此届博览会以"开放合作，共建丝绸之路经济带"为主题，师市有4家企业及1个团场共申请5个专业展位。

师市专业展位与兵团各师局展位融为一体，兵团专业展位以"兵团红"为主色调，反映师市国家级经济技术开发区的宣传图片格外醒目。师市新湖农场申请农产品展位1个，新疆中基番茄制品有限公司和国际大巴扎在兵团形象展区进行展示。师市展区共有番茄酱、金晶玻璃、七色板业、红薯粉、熏醋、枸杞、玫瑰精油、新疆特产等30余种产品参展。

此届博览会的召开恰逢"丝绸之路经济带"战略构想提出一周年之际，博览会广邀丝绸之路经济带和新亚欧大陆桥沿线以及21世纪海上丝绸之路重要节点国家、地区嘉宾与会，吸引了来自五大洲的60个国家和地区参会。

（图/文 除署名外均为李华北供稿）

亚欧博览会外景。

师市展位亮相第四届亚欧博览会

新疆中基番茄制品有限责任公司和青投集团旗下新疆国际大巴扎联合在兵团形象展区设立展位，向外推介师市形象。　　（李新文）

新疆金晶节能新材料有限公司展位。

游客正在新湖农场展位购买商品。

以红色为主色调的兵团展厅。

兵团厅展位。

五家渠国家级科技园区挂牌仪式。

五家渠国家级科技园区在共青团农场挂牌

园区科技楼。

新疆万达现代农业装备股份有限公司外景。

2014年12月18日，五家渠国家级科技园区管委会在共青团农场正式挂牌。六师党委常委、副师长姜振东参加挂牌仪式。该园区批复于2012年2月，整个园区占地6 667公顷，依托共青团农场国家级现代农业示范区，分别由现代农业节水灌溉示范基地、设施农业示范基地、特色林果业示范基地、现代畜牧业养殖示范基地4个示范基地组成。截至2014年，该园区已入驻农产品加工企业30余家，注册"双渠"牌蔬菜等20余个品牌，基本形成了以棉花、小麦、加工番茄、鲜食酿酒葡萄和优质畜禽为主导的良种繁育推广、标准种养殖和农产品深加工为一体的产业链。

（图/文 秦开明）

唐庭霞露葡萄酒庄。

科学育种。

智能连栋温室外景。

5000头西部准噶尔牧业养牛场投产试运行。

唐庭霞露葡萄酒窖。

游客参观连栋温室。

现代农业装备。

连栋温室内的花卉。

连栋温室。

新疆正大食品有限公司现代化蛋鸡示范场外景。

五家渠的

老建筑

六师第一座师机关办公楼。位于师部老机关院内，建于1954年，当时是全师各项工作的指挥中枢，该楼一直持续使用到1994年。

祖国边陲新城五家渠市仅有60多年的历史，没有引人自豪的名胜古迹。但是，在这块土地上，由于各级党组织和所在单位的关照，却依然保留着超过30年的、让人骄傲的老建筑。至今，它们还默默地耸立在垦区的土地上，它们是六师几代人屯垦戍边、艰苦创业的见证。

难能可贵的是，这些建筑有不少还在使用，还在为垦区做贡献。我们不能忘记这些老建筑在五家渠发展进程中所发挥的作用，对于其中有价值的更应该做好保护、利用和开发，使其反映出它们原有的价值特性和历史定位，把它们作为六师和五家渠市的宝贵财富。（图文/李守谦　刊头题字/秦开明）

师医院原门诊楼。位于军垦北路555号。1981年底，六师医院从米泉县羊毛工乡柳树庄子村迁回五家渠后开始建设门诊楼，并于1982年投入使用。2007年12月，门诊楼改建为六师医院行政楼。

师党委常委会议室（高干会议室）。位于师部老师机关院内，建于1962年，1963年启用。当年，师党委的许多重要决策都是在这里做出的。

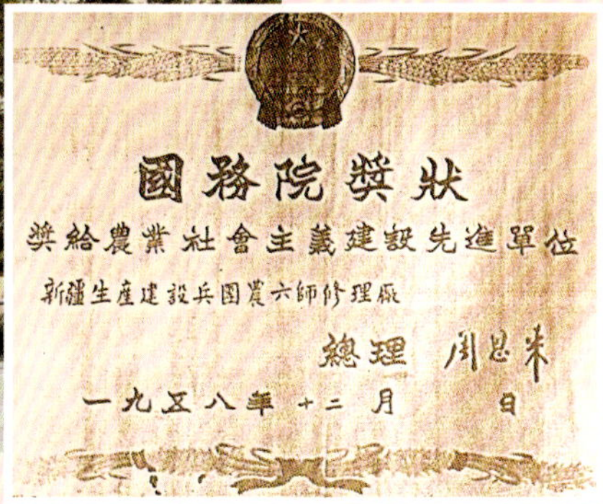

國務院獎狀

獎給農業社會主義建設先進單位

新疆生產建設兵團農六師修理廠

總理 周恩来

一九五八年十二月 日

五家渠微车厂办公楼。位于军垦南路683号，建于1985年。微车厂前身是1952年组建的八一农场修理厂。1958年，制造出兵团第一台天山26型轮式拖拉机。为此，国务院总理周恩来签发了奖状。该厂生产的多种汽车散热器曾被自治区和农牧渔业部评为优质产品，微车厂亦是国家机械委员会审定的新疆16个重点企业之一。微车厂办公楼于2005年8月移交给军垦路街道办事处使用。

五家渠地区第一座多层住宅楼（塔式楼）。位于长安西街966号楼西侧，建于1982年，部分师领导曾在此楼居住。

猛进水库泄水涵洞。位于猛进水库东坝堤，建于1955年8月，于当年10月6日竣工，最大过水量为每秒20立方米。猛进水库通过此涵洞，为猛进农场、十六团及昌吉、米泉两地9个自然村24千公顷农田提供灌溉用水。还向下游八一水库每年输水4 200万立方米。

五家渠第一座大功率发电机房。位于军垦北路986号卫校小区院内，建于1957年，当时装机容量为200匹马力，后扩建为400匹马力。主要供应师部地区机关和居民生活用电及部分企事业单位生产经营用电。该机房一直持续使用到1964年乌鲁木齐供电局开始向五家渠供电。

六师第一座宾馆。位于五家渠振兴街379号（五家渠文化广场北侧），1982年底竣工投入运营，设有床位240个，餐厅可同时接待250人就餐。1994年4月，宾馆迁至军垦南路375号（师供销公司办公楼处），原宾馆楼改建为六师机关办公楼。

兵团知青纪念馆 亮剑团史馆揭牌试开馆

一〇三团兵团知青馆序厅。（文定讴）

兵团党委常委、宣传部部长郭永辉（左一）到一〇三团调研，并参观兵团知青纪念馆。（马德存）

六师五家渠市党委书记、政委马新平（前排左二）参观兵团知青纪念馆。（马德存）

2014年11月6日，一〇三团建设的兵团知青纪念馆及亮剑团史馆揭牌暨试开馆仪式在蔡家湖镇举行，六师副师长梁偎参加揭牌仪式。

兵团知青纪念馆、亮剑团史馆在一〇三团蔡家湖镇原幼儿园基础上改扩建而成，总面积1 594.36平方米，总投资638万元。

兵团知青纪念馆、亮剑团史馆共二层，一层为兵团知青纪念馆，二层为亮剑团史馆。兵团知青纪念馆分设序厅、3个展厅、1个展区，分别用文字、图表、图片、展板、文物、雕塑、视频播放系统展示上海市、天津市、北京市、江苏省、浙江省、武汉市等支边知识青年响应党和国家的号召，在新疆兵团工作、生活的场景。亮剑团史馆分设5个展厅、1个展区、3个荣誉室。分别用文字、图片、图表、文物、雕塑展现一〇三团的历史沿革，在抗日战争时期、解放战争时期，在剿匪平叛、帮助地方建党建政等方面做出的历史贡献；在屯垦戍边，开发建设蔡家湖，建设现代化农场方面做出的贡献；在维稳戍边、建城戍边、"三化"建设中做出的成绩，以历史为主线再现一〇三团的历史进程。

（图/文 除署名外均为胥执高供稿）

兵团知青纪念馆、亮剑团史馆外观图。

六师五家渠市党委常委、副师长梁俍(前一)为兵团知青纪念馆、亮剑团史馆试开馆致词。

五家渠市副市长杨治国(左二)、五家渠市人大副主任蒋玲(右一)为兵团知青纪念馆揭牌。

王近山将军像。 (文定讴)

周春山烈士像。

程悦长将军之女程芳龄(前)参观亮剑团史馆展厅。 (耶 飞)

兵团知青馆内部展品。

兵团武警四支队九中队、十中队到"两馆"参观并举行新队员入队宣誓。 (耶 飞)

天津支边知识青年周春山烈士的弟弟周广禄(右二)、周军华(右一),表妹徐文蓉(左二)参观兵团知青纪念馆。

上海知青杨永青(右一)、李梦桃(左一)参观兵团知青纪念馆。 (耶 飞)

一〇三团学校学生到团史馆参观,接受团史教育。 (耶 飞)

一等奖 《士兵出击组照》。 （杨晓明）

六师五家渠市 “中国梦 劳动美”职工摄影展

一等奖 《士兵出击组照》。 （杨晓明）

2014年，在五一劳动节来临之际，为贯彻师市党委十届四次全委（扩大）会议精神，庆祝兵团成立60周年和五家渠市建市10周年，由师市工会、师市党委宣传部联合主办，军垦博物馆承办的“中国梦·劳动美”职工摄影展，在师市各单位广大摄影爱好者的热情参与下开展。

摄影展以弘扬劳模精神、兵团精神和亮剑精神为主旨，回望兵团60年光辉历程。从跃马横刀到铸剑为犁；从人拉肩扛到机器轰鸣。军装的草绿色渐淡了，锄头伴着地窝子进了博物馆，芦苇丛被楼群取代，工厂、商厦，小区、公园，城市的面貌跃然眼前。

这次摄影展在一个多月的时间里向师市职工群众征稿，共收到41名参赛者的作品229幅。由师文联、准噶尔时报社及摄影专家组成评委会，对作品进行反复甄选、评比，得出公正的评比结果，此次展出的作品60幅（组）入选佳作，其中一等奖2个，二等奖4个，三等奖6个，优秀奖18个。

这次影展，作者均来自职工群众，作品都定格于劳动者的劳动瞬间，自己的职工，拍身边的人和事，200多幅作品从不同视角记录师市各行业劳动者在实现“中国梦”的过程中，展示“劳模光荣，劳动伟大”的主基调，引领广大职工群众增强劳模意识，倡导劳模精神，为师市的各项建设提供强有力的社会保障。

（文/唐　勇）

一等奖 《麦场组照》。 （曹　敏）

二等奖 《收工》。（姚军灵）

二等奖 《阳光体育》。（杨晓明）

二等奖 《我运动、我快乐》。（杨晓明）

二等奖 《收获》。（唐 勇）

二等奖 《敬老之星》。（肖文才）

三等奖 《花开啦》。（陈春燕）

三等奖 《风雪中的小商贩》。（唐 勇）

三等奖 《收获》。（肖文才）

三等奖 《彩绘人生》。（肖文才）

三等奖 《劳动之美》。（杨晓明）

2014年7月30日，2014届志愿者出征仪式。

2014年 大学生志愿者在行动

2014年8月30日，师市机关志愿者在五家渠市兵农葡萄庄园大型“相约金秋”相亲服务活动合影。

2014年7月，六师五家渠市新招募大学生志愿者94人（其中西部计划54人、研究生支教团20人、三支一扶20人），在岗大学生志愿者共143名，分别在教育、卫生、团场、企业、党政机关等30多个岗位开展志愿服务。师市团委于7月28～30日对新志愿者进行为期3天的岗前培训。出征仪式上，表彰12个基层农牧团场项目办和30余名优秀大学生志愿者。工作之余，志愿者积极参加新湖农场、土墩子农场义务拾棉花活动，协助相关部门做好“送欢乐 下基层”中国文联文艺演出、中央电视台心连心艺术团赴六师慰问演出、山西文化援建“解放”演出及师市“相约金秋”青年相亲会等志愿服务活动。一日志愿者，终生志愿情；聚是一团火，散作满天星！无论一年，两年，还是三年，志愿生涯注定在每个志愿者的生命中留下深刻的青春印记。

2014年7月，六师五家渠市团委西部计划大学生志愿者项目办荣获兵团“优秀项目办”荣誉称号，12月获得“2013～2014年度全国大学生志愿者服务西部计划绩效考核优秀等次项目办”称号；并在广州举办的首届中国青年志愿服务项目大赛中，六师“瑜您同行”关爱农民工子女志愿服务队荣获大赛银奖。

（文/孔德红　图/郑丽亚）

2014年10月24日，师市机关志愿者在土墩子农场拾棉花。

志愿服务队与农场少数民族学生交流谈心。

2014年12月5日，志愿者到西林路社区开展志愿服务。

“瑜您同行”关爱农民工子女志愿服务队发起人王瑜在为北塔山小朋友戴帽子。

2014年9月4日，在五家渠二中举办“浓情五家渠，情系你我他”师市机关大学生志愿者与农民工子女合影留念。

2014年11月8日，“瑜您同行”关爱农民工子女志愿服务队在北塔山举行爱心捐助活动。

2014年9月4日，五家渠二中“浓情五家渠，情系你我他”师市机关大学生志愿者与农民工子女中秋联谊活动合影。

2014年11月7日上午，“瑜您同行”关爱农民工子女志愿服务队在移动公司门前向行人发宣传单号，召市民为贫困生捐助衣物。

志愿者看望老人。

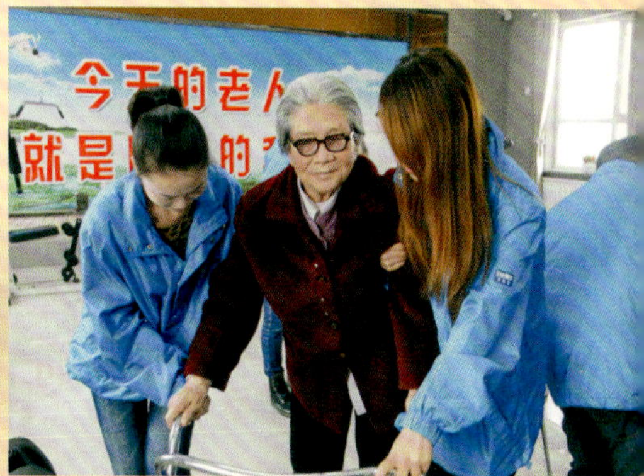

志愿者帮扶关爱社区老人。

1

2

五家渠职业技术学校

3

五家渠职业技术学校是一所集师市技校、护理学校、教师进修学校、农广校、广播电视大学为一体，涵盖大中专学历教育、职工培训、职业技能鉴定等多个办学层次的兵团级重点职业教育学校，学校实行一套人马，多地培养的管理模式。校园占地26.67公顷，建筑面积达5万多平方米，固定资产近亿元，拥有功能齐全、设备完善、网络全覆盖的基础设施，具有一流的师资队伍和优美的学习、生活环境，具备较好的学习和实训条件，能够充分满足现代职业教育教学的要求。建校35年来，学校积累了丰富的办学经验，形成了自身的办学特色，积淀了丰厚的文化底蕴，培养出了大批的技术型人才，为促进师市地方经济建设和社会发展做出积极的贡献，赢得良好的社会声誉。学校先后被授予"兵团级重点职业技术学校"、"职业指导教学训练、机电设备安装与维修、水利水电工程技术、信息化教学、汽车运用与维修5个国家级实训基地"、"国家第二十三、第二十五所职业技能鉴定所"、"全国民族团结进步示范学校"、"北京交通大学社会实践基地"、"兵团综合性职业培训基地试点单位"、"自治区级文明单位"、"师市政治优胜单位"、"综合治理先进单位"等称号。（图文/除署名外均为张淑琴供稿）

4

5

6

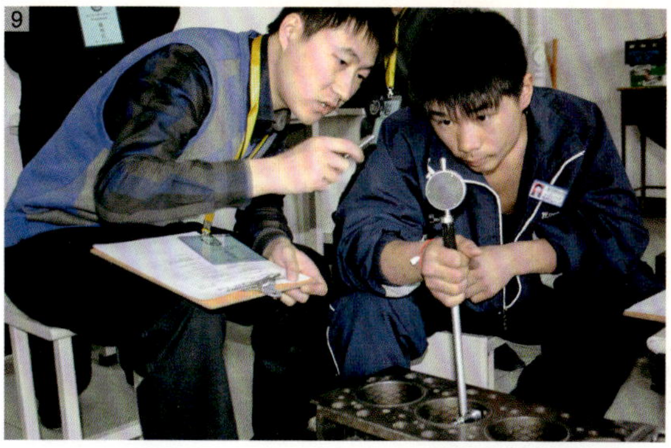

1 2014年7月30日，人力资源和社会保障部职业技能鉴定中心副主任艾一平来校调研。

2 2015年4月17日，学校举行校企供需见面会，邀请到24家疆内外用人单位为学校学生提供500多个就业岗位。师副师长刘新跃出席见面会并作讲话。

（李华北）

3 兵团妇联主席张新荣领导来校看望少数民族学生。

4 2014年5月21日，学校组织学生赴青格达湖湿地参观。

5 2014年6月11日，学校代表兵团组织参加全国职业技能大赛。

6 化工专业学生实际操作。

7 实训基地教师为学生授课。

（史　涛）

8 2014年10月29日，在兵团职业教育教学成果展示会上展风采

9 校级技能大赛比赛现场。

10 2014年4月18日，校企供需见面会。

11 护理专业学生礼仪实训。

12 2014年10月28日，迎新生文艺演出。

新疆科技职业技术学院院长梁军疆。

新疆科技职业技术学院

2015年2月28日，学院组织全体教职工进行思想政治学习。

2015年4月5日，学生参加五家渠市第十届郁金香节志愿活动。

新疆科技职业技术学院是自治区人民政府批准、国家教育部备案、以培养高级技能型、应用型人才为目标，具有独立颁发国家承认学历资格证书的全日制国家普通高校(教育部编制高等院校统招代码5044)。

学院于2014年5月6日正式落户位于乌鲁木齐市后花园五家渠市猛进南路980号，总用地38公顷，规划建筑面积30万平方米，总投资约5亿元，规划招生规模1万人。目前，学院在校高职学生2014级302人，2015级322人。中职学生316人，共计940人。民族学生占总人数比例为41.3%，其中维吾尔族学生127人，占总人数的20.3%。学院现设置人力资源管理、电子商务、市场营销、会计与审计、电气自动化技术、计算机网络与安全管理、旅游管理、工商企业管理八个专业。

学院在“理念引导，定位先行，文化决胜，创新发展”的引领下，以培养高技能、高素质、高质量的管理型，技能型人才为目标，启动实施“教师培养六大工程”。学院现有教职员工234人，专任教师153人，其中硕士研究生42人，高级职称33人，实训指导教师40人。

学院教学设备先进，基础设施完备。有多媒体语音教室、计算机教室、图书阅览室、电子阅览室、形体室、电气自动化实训室、工商管理实训室、计算机网络与安全管理实训室、会计电算化实训室等现代化教学活动设施，为学生提供优质的教育资源及轻松愉快的学习环境。

学院采取封闭式军校化管理模式，对师生实施军校化管理。注重对学生的生存能力、生活能力、学习能力、就业能力、发展能力五大能力培养，为“富国戍边”做贡献。

(文/宋秋霞　图/宋　健)

2014年9月11日，新学年学院领导检查、指导工作(左起副院长张良柱、院长梁军疆、副院长王强)。

2014年12月30日元旦文艺汇演，学院与新疆蒙牛乳业签订实习实训协议，举行授牌仪式。

2014年新生军训。

2014年12月2日，学院组织学生进行军事素质大比武。

2015年4月，学生利用课余时间在图书室学习。

2015年5月6日，举办第一届大学生运动会。

2015年3月5日，学院组织学生在五家渠市广场开展学雷锋活动。

兵团歌舞团表演舞蹈《红旗颂》。

兵团魂

庆祝兵团成立60周年

中国文联文艺志愿服务团“送欢乐下基层”慰问演出在五家渠市举行

2014年7月17日，庆祝兵团成立60周年——中国文联文艺志愿服务团“送欢乐下基层”慰问演出在五家渠文化中心举行。演出以“兵团魂”为主题，共分为“故事—不是传说”“奇迹—不是神话”“兵团魂—是守土开疆，共筑中国梦”3个篇章。艺术家刘兰芳、刘斌、郭蓉、岳红、徐涛，戏曲名家王艳、王红丽、惠敏莉、王琴和艺术家迪丽娜尔、斯琴格日乐、乌兰图雅等纷纷登场，为兵团干部职工们奉献了一场主题鲜明、情感真挚、内涵丰富的文化盛宴。

（图文/除署名外均由李新文供稿）

中央国家机关青联委员、空军政治部文工团藏族独唱演员阿斯根演唱《爱中华》。

国家一级演员、中国戏剧梅花奖获得者王红丽表演豫剧《抬花轿》。

中国文联副主席、著名评书表演艺术家刘兰芳表演评书《康熙买马》。（宣传部）

国家一级演员刘斌演唱《当兵的人》。

著名相声表演艺术家牛群、中央电视台主持人雅娟。

兵团歌舞团表演舞蹈《掀起你的盖头来》。

兵团歌舞团表演舞蹈《五星红旗》。

中国文艺志愿者协会理事、海政文工团著名歌唱家霍勇演唱电视剧《戈壁母亲》片尾曲《我的母亲》。 （李华北）

著名手风琴表演艺术家杨帆表演手风琴独奏《中国风》。

中国文联副主席、中国舞蹈家协会副主席、维吾尔族舞蹈家迪丽娜尔表演舞蹈《思念》。

全国政协委员、2006年星光大道总冠军普米族歌手茸芭莘那演唱《唱支山歌给党听》。

被誉为“蒙古之花”蒙古族歌手乌兰图雅演唱《套马杆》。

六师五家渠市2014年全国百城千村健身气功活动

2014年全国百城千村健身气功交流展示活动新疆兵团第六师五家渠市启动仪式暨中老年健身气功、太极剑、柔力球交流展示活动开幕式现场。

中线片区运动员代表队。

活动裁判员卢文静宣誓。

2014年8月20日，由国家体育总局健身气功管理中心，六师五家渠市党委老干局，六师五家渠市体育局、民政局，六师五家渠市老年人体育协会联合举办的“2014年全国百城千村健身气功系列展示活动新疆兵团第六师五家渠市启动仪式暨中老年健身气功、太极剑、柔力球交流展示活动”在五家渠市文化广场拉开帷幕。

启动仪式上，100多名来自六师各个健身气功站点的健身气功爱好者冒雨表演了健身气功养生十二功法。六师五家渠市太极拳剑代表队展示了32式太极剑。运动员身着统一服装，以舒展的身姿、流动的气韵、整齐划一的动作，充分展现出老年朋友们健康向上的精神风貌和浓郁的科学健身和谐氛围。

太极剑，健身气功，柔力球3个项目的展示交流活动分东、中、西3个片区进行。

经过展示交流，军垦路街道、一〇二团、一〇一团3支代表队获三十二式太极剑项目优胜奖；军垦路街道、人民路街道、一〇三团3支代表队获健身气功十二功法项目优胜奖；一〇一团、青湖路街道、军垦路街道、人民路街道4支代表队获柔力球项目优胜奖；军垦路街道、一〇一团、青湖路街道、人民路街道4支代表队荣获团体总分优胜奖及组织奖；一〇二团、一〇三团、准噶尔物资公司、共青团农场、十三户社区5支代表队荣获团体总分优秀奖及道德风尚奖。

（图/文　杜　莉）

启动仪式上，健身气功爱好者冒雨表演健身气功——养生十二功法。

四十二式太极剑展示。

山西省非物质文化遗产精品展在五家渠

2014年9月19—20日，山西省非物质文化遗产精品展在五家渠市展出。此次展出包括省级以上非物质文化遗产项目20多个，传承人手工技艺作品和产品600多件，主要有传统美术类项目“堆锦”、“广灵剪纸”、“黎侯虎”、漆画和雕刻等。其作品生动传神、招人喜爱，具有浓厚的华夏民间文化气息。

（图/文　文定讴）

彩页责任编辑
1～4、47页 文定讴
5～24、44、45、48页 王元武
25～35页 皇甫志辉
36～43、46页 李 萍

师市"残疾人自强模范"樊程程

2011年10月16日，樊程程在第八届全国残疾人运动会男子标枪F40级比赛中，以40.59米的成绩获得亚军。

2011年10月，樊程程荣获第八届全国残运会F40级标枪、铁饼银牌，铅球铜牌。

樊程程

樊程程，男，生于1984年，家住六师红旗农场农六连，身高不足1.3米，是一位遗传性先天侏儒症患者。他虽然是肢体残二级，但自小喜欢铅球、铁饼等投掷类运动项目，经常自己练习。2006年，樊程程经师市残联推荐，在兵团正式开始残疾人运动项目的系统训练，由于勤奋刻苦，他的训练成绩不断提升。2007年至2014年底，樊程程多次代表兵团参加全国比赛，并多次入选国家队，代表中国参加各类重大国际赛事，取得了较好成绩，为师市及兵团争得了荣誉。2007年5月，樊程程获全国第七届残运会铅球和铁饼第一名；2010年7月，获全国残疾人田径锦标赛铅球第二名、铁饼第一名；2011年10月，获全国第八届残运会标枪和铁饼第二名、铅球第三名，"体育道德风尚奖"；2015年9月，获全国第九届残运会暨第六届特奥会铁饼第二名、标枪和铅球第三名。2011年10月，樊程程被中国残疾人联合会、国家体育总局授予"全国残疾人体育先进个人"称号；2014年5月，被师市残联评为"残疾人自强模范"。

（图/文 邱玉华）

2012年8月30日，樊程程在英国参加伦敦残奥会。

樊程程在进行铁饼训练。

2007年5月，樊程程荣获第七届全国残运会F40级铅球、铁饼金牌。

樊程程在进行标枪训练。

2010年12月，樊程程获得首届亚洲残运会F40级铅球项目第五名。